〔南朝〕顧野王 撰

姚永銘 校證

《原本玉篇殘卷》校證

浙江古籍出版社

圖書在版編目(CIP)數據

《原本玉篇殘卷》校證 /（南朝）顧野王撰；姚永銘校證. -- 杭州 : 浙江古籍出版社，2023.12
ISBN 978-7-5540-2801-8

Ⅰ. ①原… Ⅱ. ①顧… ②姚… Ⅲ. ①漢字－字典－研究－中國－南朝時代 Ⅳ. ①H162

中國國家版本館CIP數據核字（2023）第230473號

《原本玉篇殘卷》校證
〔南朝〕顧野王　撰　姚永銘　校證

出版發行　浙江古籍出版社
（杭州市體育場路347號　郵編：310006）
網　　址　https：//zjgj.zjcbcm.com
策劃編輯　陳小林
責任編輯　翁宇翔
責任校對　吳穎胤
封面設計　時代藝術
責任印務　樓浩凱
照　　排　浙江大千時代文化傳媒有限公司
印　　刷　浙江海虹彩色印務有限公司
開　　本　787 mm × 1092 mm　1/16
印　　張　59
字　　數　1190千
版　　次　2023年12月第1版
印　　次　2023年12月第1次印刷
書　　號　ISBN 978-7-5540-2801-8
定　　價　398.00圓

我與《玉篇》殘卷的不解之緣

（代　序）

1980 年，我有幸考入復旦大學。大約在大二下學期的一個晚上，許寶華先生代表漢語專業給我們這一屆的同學作動員報告。他幽默風趣的語言給我留下了深刻的印象，更堅定了原先自己選擇語言專業的決心。

從大三開始，我們正式進入語言專業學習。其中，為人非常低調的陳炳迢先生給我們開設了兩門課程："詞典學概論"和"中國辭書學史"。陳先生的課很有特色，除了一般的講授以外，他每回上課，總是背著一個大大的包，裡邊裝著各種各樣的辭書，讓我們對辭書有一個直觀的感受。有時候甚至還背一包，拎一袋。印象特別深刻的是，有一次他帶了一個卷軸，上課的時候就在那個不大的教室裡把那卷軸慢慢展開。那卷軸就是原藏日本的卷子本《玉篇》殘卷（當然我們看到的不是原件），儘管時間有限，不容我們細細端詳，但是那古樸的字體、典雅的裝幀還是相當震撼人心的。這大概就是我跟《玉篇》殘卷的初次偶遇吧！ 1991 年陳炳迢先生不幸逝世，周斌武先生以"辭書苑中一園丁"為題，撰文悼念陳炳迢先生。周先生是我的畢業論文指導老師，他精通音韻學，又擅長書法，給我們專業開設"音韻學""中國語言學論著選讀"等課程，他用毛筆書寫的講義我至今還保存著。周先生有兩件事給我印象非常深刻。一是周先生經常去學生宿舍輔導功課，有一次中途淌鼻血，我們都勸他早點回去，他只是用手帕簡單擦了一下，依然為我們輔導，確實感人至深。二是他的音韻學課，期末不考試，只是要求我們做一個作業，自己打分（嘿嘿，做學生的大概都喜歡此等好事）。當時我們大家都非常認真，並不因為不考試而有任何懈怠。周先生為我們打下的音韻學基礎，我一直受用至今。1999 年畢業十五周年同學會，晚上師生聚餐時，我就坐在周先生邊上，也許是他發現我發胖了，特意傳授了他的養生秘訣：吃飯七分飽。唉，怪自己控制力差，一直到現在也沒有做到。

1985 年，中華書局出版了《原本玉篇殘卷》一書，內容包括日本《東方文化叢書》所收的"心部"殘卷，羅振玉、黎庶昌先後在日本發現的卷子鈔本。但是當時囊中羞澀，面對將近十元的定價，遲遲下不了手。由於印量有限，此書後來就不易買到。皇天不負有心人，有一次在紹興的一家書店裡再一次偶遇此書，機會不容錯過，儘管品相不是最好，這次毫不猶豫就下手了。

買到此書以後，時時翻閱。當時感覺此書雖只是一個殘卷，它的出版，無疑還是給讀者瞭解《玉篇》原貌、研究中國辭書編纂史、中國語言學史提供了極佳的材料。但是作為一部字典，没有編製索引，查檢多有不便，這不能不説是一個極大的缺憾。為此，我利用了一個暑假的時間，將《原本玉篇殘卷》的內容輸入了電腦。儘管當時字庫小，很多生僻字根本無法輸入，但畢竟還是大大方便了檢索。更重要的是，通過逐字輸入，相當於仔仔細細地從頭至尾讀了一遍《原本玉篇殘卷》。

在《玉篇》的編纂史上，唐代孫強增字算是比較重要的一件事。我們在閱讀一些語言學史、辭書學著作時發現，孫強增字竟然有截然不同的兩種説法，一説在公元 674 年，一説在公元 760 年。為此，我寫了《孫強增字在哪一年》一文（豆腐乾），刊載在《辭書研究》雜誌上。説到《辭書研究》，不得不説一説老同學葉玉秀。葉玉秀畢業後分配在上海辭書出版社語詞編輯室，後來又調到該社《辭書研究》編輯部工作。我曾經給《辭書研究》投過稿，但得到的多是留用通知，見刊不易。葉玉秀從那些留用稿中發現了我的稿件，就馬上予以刊登，所以 2002 年我有兩篇文章刊載在《辭書研究》上，都是因為“朝中有人”的關係。還有一件至今難忘的事：上海辭書出版社曾經出版過《字彙 字彙補》一書，印量很小，多方購買未果，只好向葉玉秀求助，她把出版社僅剩的一部《字彙 字彙補》慷慨地送給了我。為我推薦稿件的還有老同學楊舸。我的第一篇勉強稱得上論文的文章——《“半菽”與“卒乘”——辭書勘誤二則》就刊發在《上海大學學報》上，當時楊舸就在上海大學任教。謝謝兩位老同學！

在南京大學中文系博士後流動站工作期間，曾經向《古漢語研究》投過一篇稿。三個月未見任何回音，我就把它投給了香港中文大學的《中國語文通訊》，並且很快就見刊了。有一天，我的聯繫導師魯國堯先生急匆匆地告訴我：《古漢語研究》準備刊用你的稿件，結果發現已經刊載在《中國語文通訊》上了。你趕快另外寄一篇稿件給《古漢語研究》。我就把自己比較熟悉的《原本玉篇殘卷》拿出來，將其中“野王案”與《説文》有關的內容輯出來，寫成了《顧野王之〈説文〉研究索隱》。這是我第一篇與《玉篇》殘卷有關的論文。

文學專業的楊光俊同學曾經是大學兩年的舍友，後來他去了日本，是日本櫻美林大學《漢語與漢語教學研究》的主編。有一次他向我約稿，特別提到了希望能夠通俗一點。語言學專業的論文，尤其是古漢語的論文，往往是非常小衆的，要通俗還真有點難度。考慮到這是在日本創辦的刊物，我想最好是跟日本有那麼一點瓜葛。大約在 2005 年去上海師範大學參加首屆佛經音義研究國際學術研討會，會上碰到安徽師範大學儲泰松先生。

他熱情邀請我參加在他們那兒舉辦的中古漢語學術研討會。我對中古漢語向來没有研究，感到難以提交論文。後來考慮《玉篇》是中國第一部楷書字典，時代又恰好屬於中古，何不以《玉篇》為論題?《原本玉篇殘卷》“諍”字下有“今上以為争字”的話（見右圖），有研究者認為這是梁武帝重視異體字研究的證據。我們憑藉著對《玉篇》體例的瞭解，又窮盡式地考察了《原本玉篇殘卷》中“上”“亦”等字的寫法，考定所謂的“今上”，實際上應該是“今亦”，與梁武帝没有半毛錢關係，於是就寫成了《可疑的“今上”》。此文與日本有關(《玉篇》是從中國流入日本，時間大約在唐代；後來《殘卷》又從日本回傳中國，時間在清末），又相當通俗，恰好符合要求。好在參會以後並没有急於投稿，這次正好聊以塞責。此文刊載在 2011 年的《漢語與漢語教學研究》上，拿到樣刊後，發現同期刊物中排在我前面的是吴悦先生的《“麻雀”考》一文，該文利用中外語言資料（包括書面文獻資料和田野調查資料），詳細考證了“麻將”與“麻雀”的關係（包括兩者的先後關係以及語音上的關聯），非常精彩。吴先生是復旦 1977 級

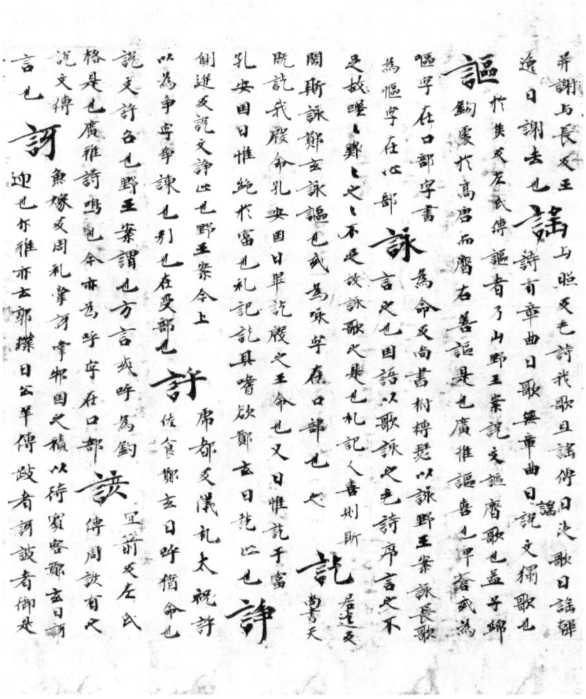

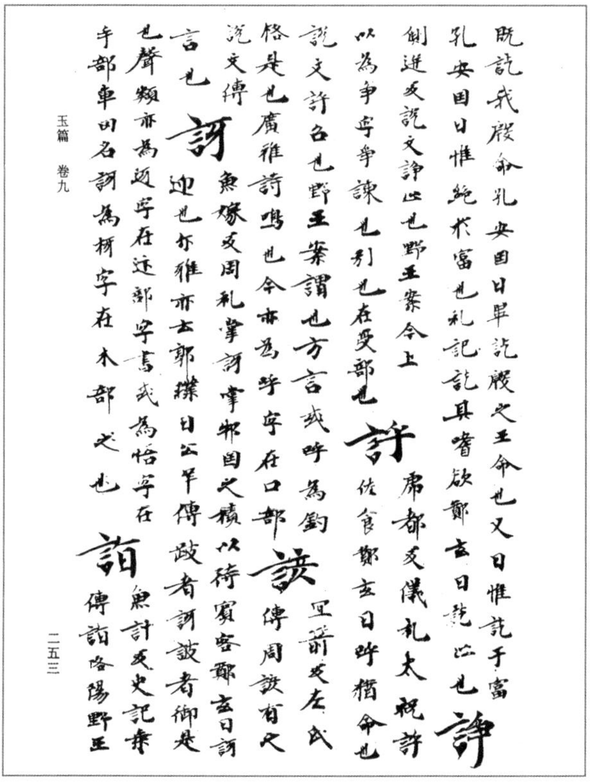

卷子本《玉篇》殘卷局部

的，1981 年，吴先生還在讀本科期間，就在《復旦學報》上發表論文，畢業後留校，是我們這屆漢語專業的班主任。

1996 年到 1999 年，我在杭州大學師從祝鴻熹先生攻讀訓詁學方向博士學位，博士論文的選題是“《慧琳音義》語言研究”。《慧琳音義》是唐代佛經音義的集大成之作，既有大量新撰的音義，也收録了《玄應音義》、《慧苑音義》、《法花音訓》（窺基）等早期佛經音義，而這些佛經音義又與《玉篇》關係非淺。

進入 21 世紀，個人的研究興趣集中在日本高僧空海所撰的《篆隸萬象名義》上，而《名義》恰恰又是以《玉篇》為主要參考對象而編撰的第一部日本漢文字書，研究《玉篇》與研究《名義》可以相輔相成，歷時將近 20 年，在完成《〈篆隸萬象名義〉箋正》的基礎上，《〈原本玉篇殘卷〉校證》一書也幾乎同時完成。

同事真大成教授熱心關注拙撰的出版事宜，有意將拙撰列入浙江大學漢語史研究中心的“漢語史研究叢書”中，並安排專家外審。外審專家蔣冀騁、蘇芃兩位先生提出了諸多寶貴意見，讓我受益非淺。後因“漢語史研究叢書”字數以四十萬字為限，拙撰至少需删減一半方能列入其中。

在這尷尬時刻，我向素未謀面、僅有一次短信聯繫的浙江古籍出版社副總編輯陳小林先生求助（我當時以為陳先生是該社普通編輯），陳先生慷慨伸出援手，爽快地答應接受書稿，並且承諾出版經費由他出面想辦法，這徹底解決了我最大的後顧之憂。令人驚喜的是，浙江古籍出版社申請了 2022 年度國家出版基金，並獲得了資助。

在拙稿撰寫過程中，同事陳東輝、李乃琦等慷慨提供了若干日文資料及相關信息，程天星、吴晶同學在本科學習期間分别幫我核對了《史記》《漢書》的引文，浙江大學漢語史研究中心給予了若干資助，謹此致謝！需要感謝的人和事還有很多，此不一一。

小學書的深度整理是一件費時費力的工作，拙撰最多只能算是一種嘗試，遺憾、謬誤之處所在多有，懇請方家不吝賜正！

2023 年 11 月 30 日

目録

参考文獻………………………………921

凡　例

一、以《續修四庫全書》影印本為底本，參校中華書局本《原本玉篇殘卷》。

二、各部次序及部内字頭次序參酌《篆隸萬象名義》及《殘卷》體例。

三、首録《殘卷》原文，遇有訛誤者，校正文字用［　］，衍文用（　），缺文用〈　〉，未能遽定的缺文用〈□〉。

四、《續修四庫全書》本、中華書局本、《新撰字鏡》以外增補若干條，字頭一律外加□以示區別。

五、遇有漫漶不清難以辨識者，一律以□示之。

六、為方便讀者閲讀查考，凡形音義有比較詳細考證並有一得之見者，加△標記，目録中以＊號標出。

七、以下書名采用簡稱：

許　慎《説文解字》	簡稱《説文》
顧野王《原本玉篇殘卷》	簡稱《殘卷》
空　海《篆隸萬象名義》	簡稱《名義》
陳彭年等《大廣益會玉篇》	簡稱《玉篇》
行　均《龍龕手鏡》	簡稱《龍龕》
玄　應《一切經音義》	簡稱《玄應音義》
慧　琳《一切經音義》	簡稱《慧琳音義》
希　麟《續一切經音義》	簡稱《希麟音義》
可　洪《新集藏經音義隨函録》	簡稱《可洪音義》
吕　浩《篆隸萬象名義校釋》	簡稱吕氏校釋
吕　浩《〈玉篇〉文獻考述》附原本《玉篇》殘卷校點本	簡稱吕校本

【玉篇卷一】

〖玉部第七　　凡　字〗[1]存二字

珮，蒲背反。《周礼》："玉苻［府］掌玉［王］之〈服〉玉、佩〈玉〉、珠玉。"鄭玄曰："佩，玉［王］所芇［帶］玉也。"《大戴礼》："珮上有口［雙］衡，下有雙璜、衝牙、璸珠以納其間。"《礼記》："天子佩白玉，公侯佩山玄玉，大夫佩水倉玉，世子佩瑜玉，〈士〉佩瑜瓊。孔子佩象環五寸。"野王案：九帶物扵身皆謂之佩。"〈左〉佩帨悅、刀、厲、小錐門［鑴］、金鐩，右佩箴、管、線、纊"、《楚辞》"紉秋蘭以為佩"並是也。[2]

《周禮・天官・玉府》："玉府掌王之金玉、玩好、兵器，凡良貨賄之藏，共王之服玉、佩玉、珠玉。"鄭玄注："佩玉者，王之所帶者。"《大戴禮記・保傅》："上車以和鸞為節，下車以珮玉為度。上有雙衡，下有雙璜、衝牙、玭珠以納其間。"《禮記・玉藻》："天子佩白玉而玄組綬，公侯佩山玄玉而朱組綬，大夫佩水蒼玉而純組綬，世子佩瑜玉而綦組綬，士佩瓀玟而緼組綬，孔子佩象環五寸而綦組綬。"《慧琳音義》卷三二《觀彌勒菩薩上生經》音義："荷珮，下裴貝反。顧野王云：'九帶物於身謂之珮。'《說文》：'珮，所以象德也。從玉，凧聲。'或從人作佩，亦同用也。"又卷九四《續高僧傳》卷二九音義："珩珮，下裴姝［妹］反。鄭註《禮記》云：'珮，玉［王］所帶玉也。'"《禮記・內則》："左佩紛帨、刀、礪、小觿、金燧，右佩箴、管、線、纊、施縏袠、大觿、木燧。"《楚辭・離騷》："扈江離與辟芷兮，紉秋蘭以為佩。"王逸注："佩，飾也，所以象德。故行清潔者佩芳，德仁明者佩玉，能解結者佩觿，能決疑者佩玦，故孔子無所不佩也。"《殘卷》："佩，蒲賚反。《說文》：'玉佩也。所以象德也。'《字書》或為佩［珮］

---

① 此處原缺，據《殘卷》體例及《名義》補。
② 本條內容不見於《原本玉篇殘卷》，此據《新撰字鏡》第366—367頁。

字，在玉部。"[①]《説文》："佩，大帶佩也。从人，从凡，从巾。佩必有巾，巾謂之飾。"《名義》："珮，蒱背反。王帶玉也。"《類聚名義抄》："珮，《玉》云：'凡帶牜［物］扌［扵］身皆謂之珮。《説文》為佩字也。'"（163•3）

瑩，聿瓊、為明〈二〉反。《毛詩》："充耳琇瑩。"傳曰："瑩，美石也。"《説文》："瑩，玉色也。"又才［于］坰反。《廣雅》："瑩，磨也。"野王案：謂磨拭珠玉使蔟光明也。或為鎣字，在金部。[②]

《詩經・衛風・淇奧》："有匪君子，充耳琇瑩，會弁如星。"毛傳："瑩，美石也。"《説文》："瑩，玉色。从玉，熒省聲。一曰石之次玉者。《逸論語》曰：如玉之瑩。"《廣雅・釋詁三》："鎣，磨也。"曹憲音"胡宾"。《類聚名義抄》："瑩，聿瓊、為明反。美石也，玉道［色］也。又才［于］坰反，广［磨］也，謂广［磨］拭珠玉使發光明也。"[③]《慧琳音義》卷八《大般若波羅蜜多經》卷五八四匠音義："匠瑩拭，次縈敻反。《廣雅》：'瑩，磨也。'謂摩拭珠玉使發光明也。《韻英》：'摩拭也。從玉，從烾省聲也。'"《慧琳音義》卷九一《續高僧傳》卷三音義："瑩心，上縈定反。傳文從金作鎣。《廣雅》：'摩也。'謂摩拭珠玉等使發光明也。《説文》：'玉色也。從玉，從熒省聲也。'"《慧琳音義》卷六二《根本説一切有部毗奈耶雜事律》卷四音義："瑩體，縈暎反。《毛詩傳》云：'瑩，美石也。'謂摩拭珠玉從［使］發光明也。《説文》：'玉色也。從玉，熒省聲。'亦從金作鎣。"《名義》："瑩，為明反。"《類聚名義抄》："磨瑩，《玉》云：'聿瓊、为明反。美石也，玉色也。又才［于］坰反。广［磨］也，謂广［磨］拭珠玉使發光明也。'"（164•5）

---

① 本條內容不見於《原本玉篇殘卷》，此據《新撰字鏡》第368頁。
② 《名義》："鎣，胡駒［駉］反。治器。"
③ 《類聚名義抄》第164頁。

【玉篇卷三】

〖人部苐廿三　　凡　字〗①存二字

佩，蒲賫反。《說文》："玉佩也。所以象德也。"《字書》或為佩［珮］字，在玉部。②

《説文》："佩，大帶佩也。从人，从凡，从巾。佩必有巾，巾謂之飾。"《殘卷》："珮，蒲背反。《周礼》：'玉苻［府］掌玉［王］之〈服〉玉、佩〈玉〉、珠玉。'鄭玄曰：'佩，玉［王］所𢃄［帶］玉也。'《大戴礼》：'珮上有□［雙］衡，下有雙璜、衝牙、蠙珠以納其間。'《礼記》：'天子佩白玉，公侯佩山玄玉，大夫佩水倉玉，世子佩瑜玉，〈士〉佩瑜瓊。孔子佩象環五寸。'野王案：凡帶物扵身皆謂之佩。'〈左〉佩粭帨、刀、厲、小錐門［鑴］、金鐩，右佩箴、管、線、纊'、《楚辞》'紉秋蘭以為佩'並是也。"③《慧琳音義》卷三六《金剛頂瑜伽大樂金剛薩埵念誦法（前譯）》音義："佩衆，裴妹反。《說文》：'大帶曰佩。從人，從凡。佩必有巾，巾為之飾，故從巾。'"《名義》："佩，蒲貸反。大帶也。"《名義》"蒲貸反"當作"蒲賫反"。

儉，渠儼反。《尚書》："恭儉惟德。"野王安［案］：儉，約也，不奢之稱也。《論語》曰"禮，與其奢也，甯儉"是也。《國語》曰："器無彫鏤，儉也。"④《廣雅》："儉，小也。"⑤

---

① 此處原缺，據《殘卷》體例及《名義》補。

② 本條內容不見於《原本玉篇殘卷》，此據《新撰字鏡》第368頁。《名義》："珮，蒲背反。王帶玉也。"

③ 本條內容不見於《原本玉篇殘卷》，此據《新撰字鏡》第366—367頁。

④ "彫鏤"當作"彤鏤"，參王引之《經義述聞》卷十九"彤鏤"條。

⑤ 本條內容不見於《原本玉篇殘卷》，此據《帝範》下。

《尚書·周官》："恭儉惟德，無載爾偽。"《慧琳音義》卷三《大般若波羅蜜多經》卷三三二音義："廉儉，下渠儼反。顧野王曰：'儉，約也。'《廣雅》：'少也。'"《帝範注》下："野王案：儉，約也，不奢之稱也。《論語》曰：'禮，與其奢也，寧儉也。'"《論語·八佾》："禮，與其奢也，寧儉。"《國語·周語下》："器無彤鏤，儉也。"韋昭注："彤，丹也。鏤，刻金飾也。"《廣雅·釋詁三》："儉，少也。"《殘卷》"小"當作"少"。

【玉篇卷五】

〖口部苐五十七　　凡　字〗[①]存一字

咇，蒲結反。《字書》或飶字也。苾［飶］，芬香也，在食部。或為馝字，在香部。或為苾字，在草部。或為䬾字，在黍部。[②]

《殘卷》："飶，蒲結反。《毛詩》：'有飶其香。'傳曰：'飶，芬香也。'《説文》：'食之香也。'或為苾字，在草部。[③]或為咇字，〈在〉口部。[④]或為馝字，在香部。[⑤]或為䬾字，在黍部。[⑥]"《香藥字抄》："咇，蒲結反，《字書》或飶字也。飶，芬香也，在食部。或為馝字，在香部。或為苾字，在草部。或為秘［䬾］字，在黍部。"《香藥字抄》："馝，蒲結反。《埤蒼》：'大香也。'或為飶字，在食部。或為咇字，在口部。或為苾字，在中［艸］部。或為馝［䬾］字，在香［黍］部。"《香藥字抄》："飶，……《聲類》或為咇字，在口部。"《香藥字抄》："苾，蒲結反。《毛詩》：'苾苾芬芬，祀事孔明。'戔云：'苾苾然芬香也。'或為飶字，在食部。《字書》或為馝字，在香部。又為咇字，在口部。或為秘［䬾］字，在黍部。"戔通箋。《名義》："咇，蒲结反。芳香也。馝字。"吕氏校釋："咇、馝、苾三字同。"

① 此處原缺，據《殘卷》體例及《名義》補。
② 本條內容不見於《原本玉篇殘卷》，此據《香藥字抄》第3頁。
③ 日本石山寺藏《香藥字抄》："苾，蒲結反。《毛詩》：'苾苾芬芬，祀事孔明。'戔云：'苾苾然芬香也。'或為飶字，在食部。《字書》或為馝字，在香部。又為咇字，在口部。或為秘［䬾］字，在黍部。"《名義》："苾，蒲結反。芬香，穀香也。秘［䬾］字。"
④ 《香藥字抄》作"飶，……《聲類》或為咇字，在口部"。又："咇，蒲結反，《字書》或飶字也。飶，芬香也，在食部。或為馝字，在香部。或為苾字，在草部。或為秘［䬾］字，在黍部。"《名義》："咇，蒲结反。芳香也。馝字。"
⑤ 《香藥字抄》："馝，蒲結反。《埤蒼》：'大香也。'或為飶字，在食部。或為咇字，在口部。或為苾字，在中［艸］部。或為馝［䬾］字，在香［黍］部。"《名義》："馝，菩结反。大香也。"
⑥ 《名義》："䬾，蒲结反。䬾，香也。苾也。"

【玉篇卷六】

〖手部苐六十七　　凡　字〗[1]存二字

擥，此擥字也，又擥［擥］字也。力甘、力敢二反。《説文》："撮持也。"《廣雅》："擥，取也。"[2]

《説文》："擥，撮持也。从手，監聲。"《廣雅·釋詁一》："擥，取也。"《玉篇》："擥，力甘、力敢二切，持也。"又："擥，力甘、力敢二切，手擥取也。攬，同上。"《慧琳音義》卷七二《阿毗達磨顯宗論》卷十五音義："不攬，勒敢反。王逸注《楚辭》云：'攬，持也。'顧野王云：'攬物引類也。'《古今正字》：'攬，撮持也。從手，覽聲。'覽音同上。或作擥，古文作擥也。"又卷四四《無所有菩薩經》卷三音義："承攬，藍敢反。《考聲》：'攬，收也。'《廣雅》：'取也。'王逸註《楚辭》：'持也。'《説文》：'從手，覽聲。'古文作擥［擥］，亦通。"《名義》："擥，力甘反。持也，取也。"吕氏校釋："擥同擥。"

攢，〈子幹反〉。[3]讚字。讚，頌也，鮮也。[4]

《方言》卷十三："讚，解也。"郭璞注："讚訟，所以解釋理物也。"[5]"訟"與"頌"音義同。《殘卷》："讚，子旦反。《方言》：'讚，鮮也。'郭璞曰：'讚訟，所以解釋物理也。'《釋名》：'稱人之美曰讚。'案：讚訟者，所以佐助㠯引褒楊［揚］

① 此處原缺，據《殘卷》體例及《名義》補。
② 本條內容不見於《原本玉篇殘卷》，此據《新撰字鏡》第368頁。
③ 反切據《玉篇》《新撰字鏡》補。
④ 本條內容不見於《原本玉篇殘卷》，此據《新撰字鏡》第368頁。
⑤ 《廣韻·翰韻》："攢，訟也。"

其德美也。《尚書》‘益贊于禹’亦是也。”《玉篇》：“攢，子幹切，解也。”又：“讚，子旦切，解也，發揚美德也。今並為贊字，在貝部。《字書》或為攢字，在手部也。”《名義》：“攢，子令［幹］反。頌也，鮮也。”吕氏校釋：“疑當作‘子全反’。‘頌也，鮮也’為‘讚’字義。”△按：“子全反”亦誤。“攢”有平聲一讀，然其聲母為濁音，且與“解也”“頌也”音義不相匹配。疑反切下字“令”為“幹”字右旁之訛。《殘卷》“舲”字下引《淮南子》“舲舟”，今本《淮南子》誤作“幹舟”，與此正相近似。

【玉篇卷七】

〖肉部第八十二　　凡　字〗[①]存一字

膠，古交反。《考工記》："麀膠青白，馬膠赤白，牛膠大［火］赤，鼠膠黑，奐膠餌，犀膠黃。"鄭玄曰："皆謂煮取其皮也，或用角。餌者，夂［色］如餌也。"野王案：所以連綴物令相粘著也。又曰："輪人為輪，施膠必厚。"《庄子》"聖人不斵，悪用膠"是也。《夲草》："白膠，一名麀角〈膠〉，煮〈麀角〉作之。阿膠，一名傳［傅］致膠，者［煮］牛皮作之，出東阿。"《毛詩》："德音孔膠。"傳曰："膠，固也。"《禮記》："殷［周］人養国老扵東膠。"[②]鄭玄曰："東膠夂太學也。……膠之言糾也。"案：訓糾夂与摎同，在手部。[③]《方言》："膠，詐也。涼州西南之間曰膠，闗之東西或曰膠。"《廣雅》："膠，欺也。膠葛，深（之）遠也。"駈馳為轇字，在車部。[④]

《説文》："膠，昵也，作之以皮。从肉，翏聲。"《周禮·考工記·弓人》："鹿膠青白，馬膠赤白，牛膠火赤，鼠膠黑，魚膠餌，犀膠黃。"鄭玄注："皆謂煮用其皮，或用角。餌，色如餌。"《慧琳音義》卷六十《根本説一切有部毗奈耶律》卷六音義："黐膠，上耻知反。《考聲》云：'黐膠者，擣木皮煎而作之，可以黏捕鳥雀也，似膠。'下音交。顧野王云：'膠者，黏也，所以連綴物令相黏著也。'"《周禮·考工記·輪人》："輪人爲輪……容轂必直，陳篆必正，施膠必厚，施筋必數，幬必負幹。"《莊子·德充符》："聖人不謀，惡用知？不斵，惡用膠？無喪，惡用德？不貨，惡用商？"《本草綱目》

① 此處原缺，據《殘卷》體例及《名義》補。
② 《慧琳音義》卷八五《辯正論》卷四音義："東膠，絞爻反。……《禮記》云：'殷人養國老於東膠。'鄭注云：'東膠，亦大學名也。'"亦作"殷人"，與《殘卷》同。
③ 《名義》："摎，力周反。撓也，糾也，束也，拚也，将也。"
④ 本條內容不見於《原本玉篇殘卷》，此據《香字抄》67 頁，僅據《殘卷》用字習慣稍加改動。《名義》："轇，古爻反。徃来皃。"

卷五十引《本經》："白膠，一名鹿角膠，煮鹿角作之。阿膠，一名傅致膠，煮牛皮作之。"[1]《詩經·小雅·隰桑》："既見君子，德音孔膠。"毛傳："膠，固也。"《禮記·王制》："殷人養國老於右學，養庶老於左學。周人養國老於東膠，養庶老於虞庠。"鄭玄注："東膠，亦大學，在國中王宮之東西序。……膠之言糾也。"《方言》卷三："膠，譎，詐也。涼州西南之間曰膠，自關而東西或曰譎，或曰膠。"《廣雅·釋詁二》："膠，欺也。"《廣雅·釋訓》："膠葛，驅馳也。"《史記·司馬相如列傳》："置酒乎昊天之臺，張樂乎轇輵之宇。"司馬貞索隱引郭璞云："言曠遠深貌也。"《文選·左思〈吴都賦〉》："東西膠葛，南北峥嶸。"李善注："膠葛，長遠貌。"《楚辭·遠遊》："騎騎膠葛以雜亂兮，斑漫衍而方行。"洪興祖補注："轇，音膠。轕，音葛。車馬喧雜皃。一云：猶交加也。一曰：長遠皃。一曰：驅馳皃。"《名義》："膠，古爻反。固也，詐也，欺也，作也。"吕氏校釋："'爻'字原誤作'犮'。"按："犮"當為"交"字，吕氏據《玉篇》校改為"爻"，恐非是。《廬山遠公話》："交期朋友往還，一别無由再見。"S.2073"交"作"[illegible]"，與"犮"形近。《唐韻殘卷·効韻》（蔣斧印本）："膠，膠黏物。又音交。"《廣韻·肴韻》"膠"音"古肴切"，《集韻·爻韻》"膠"音"居肴切"，並與"交"屬同一小韻。《名義》"作也"義未詳，疑為"詐也"之誤重。

① 《神農本草經輯注》卷二："白膠，一名鹿角膠。……煮鹿角作之。"《新修本草》（輯復本第二版）卷十五："白膠，……一名鹿角膠，生雲中，煮鹿角作之。阿膠……一名傅致膠，生東平郡，煮牛皮作之。"

【玉篇卷八】

〖心部第八十八　　凡四三三字〗[①]存五字，殘二字

〈愇，于匪反。〉[②]与怨惏同，為忿恨之恨也。

"怨惏"疑當作"怨憾"，《廣雅・釋詁四》："倖，怨，愇，懞，恷，忦，悔，吝，懟，憾，很，恨也。""怨""憾""愇"義同，"惏""憾"形近。[③]《殘卷》"鐽"字條下曰："野王案：鐽猶怨憾也。"

《漢書・敘傳》："豈余身之足殉兮，愇世業之可懷。"蕭該《音義》曰："劉氏及《廣雅》並云：'愇，恨也。'"《名義》："愇，于匪反。恨也。"

愍，眉陨反。《説文》：古文閔字也。閔，病也，在門部。

《説文》："閔，弔者在門也。从門，文聲。𢙇，古文閔。"

《詩經・邶風・柏舟》："覯閔既多，受侮不少。"毛傳："閔，病也。"《名義》："[illegible]［愍］，眉陨反。多病也。"又："閔，眉陨反。病也。愍字。憫字。"

呂校本字頭作"𢙇"。按：原書作"[illegible]"，應是"[illegible]"字，當據《名義》改作"愍"。呂氏據《説文》改作"𢙇"，不可從。若《殘卷》字頭作"𢙇"，當入思部而非心部，《名

---

① 此處原缺，據《殘卷》體例及《名義》補。

② 字頭及反切原缺，據《名義》補。

③ 王維《王右丞集》卷二一《京兆尹張公德政碑》："小人戚而君子泰。"趙殿成箋注："戚，《唐文粹》作感。"獨孤及《昆陵集》卷二十《祭滁州李庶子文》："往歲滁城之會，俱未以少別為感。"《文苑英華》"感"作"感"。堪為佐證。

義》思部有“悪”字，即為“㥶”字之異構。[①]

悬，古顏反。《説文》：古文姦字也。姦，私也，邪也，為也，賊在外也，在女部。

《説文》：“姦，私也。三女。悬，古文姦从心，旱聲。”《玉篇》：“姦，古顏切。姦邪也。”《名義》：“悬，古顏反。邪偽也。”[②]

“為也”當作“偽也”。《廣雅·釋言》：“姦，偽也。”《慧琳音義》卷十四《大寶積經》卷八四音義：“姦詐，諫顏反。《蒼頡篇》云：‘姦，偽也。’”

《文選·張衡〈西京賦〉》：“重門襲固，姦宄是防。”薛綜注：“姦，邪也。”李善注引孔安國《尚書傳》曰：“寇賊在外曰姦，在內曰宄。”

愅，公翮反。《字書》：亦諽字。諽，更也，變也，飭也，謹也，戒也，在言部。

《説文》：“諽，飾也。一曰更也。从言，革聲。讀若戒。”《殘卷》：“諽，柯核反。《毛詩》：‘不長夏以諽。’傳曰：‘諽，更也。’野王案：諽猶改變也。《周易》‘天地革而四時成’‘湯武革命從乎天’是也。《説文》：‘一曰餝也。’《蒼頡萹》：‘一曰或［戒］也。’《聲類》：‘謹也。’《字書》或為愅字，在心部。”

字或作“革”。《詩經·大雅·皇矣》：“不大聲以色，不長夏以革。”毛傳：“革，更也。”《文選·袁宏〈三國名臣序贊〉》：“風美所扇，訓革千載，其揆一也。”李善注引《蒼頡篇》曰：“革，戒也。”

《殘卷》“餝”為“飾”之俗字，“餝”“飭”均當作“飭”，“革”“飭”“戒”“謹”義同。

愬，所革反。《周易》：“愬愬，終吉。”王弼曰：“處多懼之地，故曰愬愬也。”《公羊傳》：“愬而再拜。”何休曰：“愬，驚皀也。”《説文》：亦訴字也。野王案：訴，告也，譖也。又音蘓故反，在言部。[③]

① 朱保華《原本〈玉篇·心部〉殘卷校點考證》（《中文自學指導》2001年第5期）認為“原本與《名義》將悳列於心部，乃於字書體例有違”。

② 《名義》“邪偽也”似當作“邪也，偽也”。

③ 《名義》：“訴，蘓故反。譖也，毁也，悪也。愬字。告也。”

《說文》："訴，告也。从言，㡿省聲。《論語》曰：訴子路於季孫。謝，訴或从言、朔。愬，訴或从朔、心。"《殘卷》："訴，蘓故反。《論語》：'公伯遼訴子路扵季孫。'馬融曰：'訴，〈譖〉也。'野王案：《左氏傳》'訴公扵晉侯'是也。《說文》：'訴，告也。'野王案：訴者所以告寃枉也，故《楚辞》'訴靈德［懷］之鬼神'是也。《廣雅》：'訴，毀也。''訴，恶也。'或為愬字，在心部。"

《周易·履》："九四，履虎尾愬愬，終吉。"王弼注："逼近至尊，以陽承陽，處多懼之地，故曰履虎尾愬愬也。"《公羊傳·宣公六年》："靈公望見趙盾，愬而再拜。"何休解詁："愬，驚貌。"①

惸，仇營反。《尚書》："無害惸獨。"孔安国曰："惸，單也，謂無兄弟也。無子曰獨。"《周禮》："凢逺近、惸獨、老紉［幼］之欲有復扵上者。"鄭玄曰："無兄弟曰惸。"《字書》忽煢字。煢煢，無所依也，在卂部；② 或為嬛字，〈在女部。〉③

《尚書·洪範》："無虐煢獨而畏高明。"孔安國傳："煢，單，無兄弟也。無子曰獨。"《周禮·秋官·司寇》："凡遠近、惸獨、老幼之欲有復於上而其長弗達者，立於肺石。"鄭玄注："無兄弟曰惸，無子孫曰獨。"《名義》："惸，仇營反。單也，獨也。""獨也"蓋為誤訓。《類聚名義抄》："惸，《玉》云：'亦煢。'"（266•2）

憥，力高反。《說文》：古文勞。〈勞，功也，度也，病也，對［勤］也。在力部。〉

《說文》："勞，劇也。从力，熒省。熒火燒冂，用力者勞。憥，古文勞从悉。"《名義》："憥，力高反。功也，度也，病也，對［勤］也。"又："勞，力高反。疲也，事也，疾也，劇也，嬾也，助也。"

---

① 《殘卷》本作"皀"，正字作"皃"，《殘卷》"皀"，均為"皃"字。朱保華《原本〈玉篇·心部〉殘卷校點考證》（《中文自學指導》2001 年第 5 期）録作"儿"，蓋誤以"皃"為"兒"。
② 《名義》："煢，瞿營反。單也，无兄弟也。"
③ "在女部"三字依《殘卷》體例補。

【玉篇卷九】

〖言部第九十一　　凡□□□字〗①存三一四字

［以上闕］

誥，古到反。《尚書》："作仲虺之誥。"孔安国曰："以諸侯相天子，會同曰誥。"《尒雅》："誥，告也。"野王案："乃供［洪］大語［誥］治"是也。又曰："誥，謹也。"郭璞曰："所以約謹戒衆也。"《尚書大傳》："何以謂之誥？風告也。"②

《尚書·仲虺之誥》："仲虺之誥。"孔安國傳："仲虺，臣名。以諸侯相天子，會同曰誥。"《爾雅·釋詁上》："誥，告也。"《尚書·康誥》："周公咸勤，乃洪大誥治。"《爾雅·釋言》："誥，誓，謹也。"郭璞注："皆所以約勤謹戒衆。""勤"字王引之《經義述聞》卷二一"自誥"條改為"勒"，可從。《希麟音義》卷十《琳法師別傳》卷上音義："誥誓，上古到反。誥，告也。《周書》云：'成王將黜，殷作《大誥》。'孔傳云：'陳大道以誥天下衆國也。'……《爾雅》云：'誥、誓，謹也。'郭璞注云：'皆所以約勒謹戒衆也。'"《玄應音義》卷七《等集衆德三昧經》卷上音義："典誥，告到反。《尒雅》：'誥，告也，亦謹也。所以約謹戒衆也。'"《名義》："誥，

---

① 此處原缺，據《殘卷》體例補。具體字數，《名義》為359字，《新撰字鏡》載有"言部第卌四百七十四字"。考慮到《名義》屢屢將《殘卷》同部異體字歸併，《新撰字鏡》又屢屢將《殘卷》一個字頭分成兩個甚至三個字頭，《玉篇》原字頭數應多於359字，但絶不可能是474字。
呂校本依《續修四庫全書》本先列詰部，次列言部，不妥。《殘卷》詰部列"第九十二"，曰部列"第九十三"，詰部後應為曰部，而非言部。《名義》亦先列言部，次列詰部。類似的有先玉後玨、先土後垚、先田後畕、先見後覞、先立後竝、先木後林、先朩後朮、先禾後秝、先弓後弜、先爻後㸚、先水後沝、先巜次巛後巜、先夕後多、先幺後丝、先火次炎後焱、先山後屾、先犬後㹜、先虎後虤、先魚後䲆、先虫次䖵後蟲、先干後幵、先辛後辡。
② 本條《殘卷》內容不見於《原本玉篇殘卷》，此據《新撰字鏡》第687頁。

古到反。告也，謹也，語也。”[①]

……

〈話〉[②]，胡快反。《尚書》：“乃話民之弗率。”孔安国曰：“話，善言也。”《説文》：“合會善言也。”《廣雅》：“話，調也。”謂啁調也。《聲類》：“訛言也。”

《尚書·盤庚》：“乃話民之弗率，誕告用亶其有衆。”孔安國傳：“話，善言。”《説文》：“話，合會善言也。从言，𠯑聲。《傳》曰：告之話言。”《廣雅·釋詁四》：“話，調也。”《玄應音義》卷十七《俱舍論》卷十二音義：“俗話，籀文作譮，古文作䛡、語二形，同，胡快反。《廣疋》：‘話，調也。’謂調戲也。《聲類》：‘話，訛言也。’”《殘卷》：“譺，奐記反。《説文》：‘譺，咍[騃]也。’《蒼頡萹》：‘譺，欺也。’《廣雅》：‘譺，調也。’野王案：相啁調也。”《慧琳音義》卷七一《阿毘達磨順正理論》卷五四音義：“耽話，籀文作譮，古文作䛡、誺二形，同，胡快反。《聲類》云：‘話，訛言也。’《廣疋》：‘話，調也。’調謂戲也。”《名義》：“話，朝[胡]快反。謂也，調也。譮也，話字。”

譮，《説文》：籀文話字也。《聲類》：或儈字也。儈，合儈市也，[③]音古會反，在人部（人部）。[④]《字書》古文為䛡字，在舌部也。[⑤]

《説文》：“話，合會善言也。从言，𠯑聲。《傳》曰：告之話言。譮，籀文話从會。”《玄應音義》卷六《妙法蓮華經》卷五音義：“魁膾，下古外反。……膾，切肉也。未詳所出立名。經文有作儈。《聲類》：‘儈，合市人也。’”“合儈市”猶“合會市”。《慧琳音義》卷十五《大寶積經》卷九二音義：“世話，胡快反。《説文》云：‘會善言也。

---

① 《名義》“語也”當為“告”字之義。古“誥”“告”通。《禮記·緇衣》：“尹吉曰：‘惟尹躬及湯咸有壹德。”鄭玄注：“吉當為告。告，古文誥，字之誤也。尹告，伊尹之誥也。”《吕氏春秋·節喪》：“姦人聞之，傳以相告。”高誘注：“告，語也。”

② 《殘卷》字頭原缺，據反切及正文補。

③ 朱葆華《原本〈玉篇〉殘卷言部點校考證》（《青島大學師範學院學報》2004年第2期）標點作“儈合、儈市也”，非。

④ “人部”二字重出，當為衍文，黎本無。《名義》：“儈，古會反。市。或譮，市也。”

⑤ 《名義》：“䛡，朝[胡]快反。話字。啁調也。”

從言，昏聲。’《考聲》：‘話，調也。’或作譮，古文作譮。”又卷五六《正法念處經》卷三二音義：“調話，古文譮、譮、諙三形，同，胡快反，會善言也。”《新撰字鏡》：“譮，許界反。諙，二話字作。”又：“譮，許界反。奴［怒］聲。”

諈，竹恚反。《尒雅》：“諈諉，累〈也〉。”郭璞曰：“以事相属累為諈〈諉〉也。”

“為諈也”三字，“諈”下脱“諉”字。《爾雅·釋言》：“諈諉，累也。”郭璞注：“以事相屬累為諈諉。”《慧琳音義》卷八四《集古今佛道論衡》卷三音義：“諈諉，上竹恚反，下女恚反。郭注《尒雅》云：‘以事相囑累為諈諉也。’”《玉篇》：“諈，竹恚切，託也。《尒雅》曰：‘諈諉，累也。’”《名義》：“諈，竹恚反。累也，諉也。”《新撰字鏡》：“諈諉，上似［竹］恚反，下女恚反。二字累也，詐［託］也。”

諉，女恚反。《漢書》：“尚有可諉者。”孟康子曰：“諉，累也。”蔡謨曰：“諉，託也。”猶言“委罪彭生”也。

《漢書·賈誼傳》：“然尚有可諉者曰疏。”顏師古注引孟康曰：“諉，累也。以疏為累，言不以國也。”又引蔡謨曰：“諉者，託也。尚可託言信越等以疏故反，故其下句曰‘臣請試言其親者’，親者亦恃彊為亂，明信等不以疏也。”《左傳·莊公元年》：“秋築王姬之館于外。為外，禮也。”杜預注：“齊彊魯弱，又委罪於彭生，魯不能讐齊，然喪制未闋，故異其禮，得禮之變。”

警，居影反。《尚書》：“〈洚〉水警予。”孔安国曰：“警，戒也。”《周礼》：“正歳，則以法警戒群吏。”鄭玄曰：“警謂敇解之也。”[①]《左氏傳》：“〈以〉警于夷。”杜預曰：“警懼戎狄也。”又曰：“軍衛不徹，警也。”《礼記》：“大〈昕〉鼓徵，所以警衆也。”鄭玄曰：“警猶起也。”《廣雅》：“驚驚［警警］，不安也。”或為儆字，在人部也。[②]

---

① “敇解”當作“敇戒”。《文選·潘岳〈西征賦〉》：“發閿鄉而警策，愬黃巷以濟潼。”李善注引鄭玄《周禮注》曰：“警，敇戒之也。”吕校本作“敇敬”，誤。此字右旁漫漶，左旁顯為“角”，絶非“敬”字。

② 《名義》：“儆，羈影反。戒也，起也。”

《尚書·大禹謨》："帝曰：'來，禹，洚水儆予。'"孔安國傳："儆，戒也。"《周禮·天官·宰夫》："正歲，則以灋警戒羣吏，令脩宮中之職事。"鄭玄注："警，敕戒之言。"①《左傳·莊公三十一年》："凡諸侯有四夷之功則獻于王，王以警于夷。"杜預注："以警懼夷狄。""夷狄""戎狄"於義兩通。《左傳·宣公十二年》："且雖諸侯相見，軍衛不徹，警也。"《禮記·文王世子》："天子視學，大昕鼓徵，所以警衆也。"鄭玄注："警猶起也。"《廣雅·釋訓》："警警，不安也。"《名義》："警，居影反。戒也，起也，衆也。"②《新撰字鏡》："警，几影反，上。憼、儆二字，上古文。警，戒也，起也，乑也，誡［誡］也。"

謐，莫橘反。《尒雅》："謐，靜也。昚也。"野王案：《韓詩》"賀以謐我"ミ是。③

《爾雅·釋詁上》："謐，靜也。"字或作"溢"。《爾雅·釋詁下》："溢，慎也。""昚"，古文慎。《詩經·周頌·維天之命》："假以溢我，我其收之。"毛傳："溢，慎。"《説文》："誐，嘉善也。从言，我聲。《詩》曰：誐以溢我。"字並作"溢"。《名義》："謐，莫橘反。靜也，眘［昚］也。"《新撰字鏡》："謐，亡必反。不散之皃，靜也，昚也。"

謙，去兼反。《周易》："謙輕也。""天道虧盈而益謙，地道變盈而流謙，鬼神害盈而福謙，人道悪盈而好謙。謙尊而光，卑而不可踰。"野王案：謙猶沖讓也。④《尚書》"滿照［招］損，謙受益"也是［是也］。《国語》："謙謙之德。"賈逵曰："謙謙猶小小也。"《説文》："謙，敬也。"《蒼頡萹》："謙，虚也。"

《周易·雜卦》："謙輕，而豫怠也。"《周易·大有·象傳》："天道虧盈而益謙，地道變盈而流謙，鬼神害盈而福謙，人道惡盈而好謙。謙尊而光，卑而不可踰，君子之終也。"

---

① 胡吉宣《玉篇校釋》以為"今本注作'敕戒之言'，後人所改。敕，戒也。解，説也。敕解即敕戒之言"。按：此説似是而非。《殘卷》作"敕解之也"，則"解"為動詞，非名詞。

② 《名義》"衆也"當為誤訓。《新撰字鏡》"乑"當為"衆"之訛字。

③ "ミ"非重文符號，當是"丶"之訛，"丶是"即"是也"。"護"字頭下"在音ミ部"猶"在音部也"。

④ 清湯球輯臧榮緒《晉書》卷一："而公遠蹈謙損，深履沖讓。""謙損"猶"沖讓"，"謙"猶"沖讓"之"讓"。

《國語·晉語一》："嗛嗛之德，不足就也。"韋昭注："嗛嗛猶小小也。""嗛嗛""謙謙"音義同。《説文》："謙，敬也。从言，兼聲。"《名義》："謙，去嬐反。輕也，敬，虚也。""謙輕也"為引證，《名義》誤以為釋義。《新撰字鏡》："謙，苦兼反，平。敬也，輕也，讓也，庡也，退也。"亦誤以"輕也"為釋義。

誼，魚寄反。《周礼》："六德曰誼。"鄭玄曰："誼者，能制事〈宜〉也。"《周易》："理財正辞，禁民為非曰誼。"又曰："堅柔之誼際無咎也。"王弼曰："議[誼]猶理也。"《毛詩》："宣照誼問。"傳曰："誼，善也。"《礼記》："誼者，宜也。"《謚法》："除天之際曰議[誼]，〈善〉能制命曰誼，行議不疾曰誼。"今並為義字，在我部。①

《周禮·地官·大司徒》："以鄉三物教萬民，而賔與之。一曰六德：知、仁、聖、義、忠、和。"鄭玄注："義，通斷事宜。""制""斷"義同。《周易·繫辭下》："理財正辭，禁民為非曰義。"《周易·解·象傳》："剛柔之際，義无咎也。"王弼注："義猶理也。"《殘卷》因避諱"剛"作"堅"。"誼際"二字倒文，黎本已乙正。吕校本改作"際議"，不可從。此處字頭作"誼"，引文當與字頭保持一致。"議猶理也"，"議"字《殘卷》黎本、今本《周易》並作"義"，當作"誼"。《詩經·大雅·文王》："宣昭義問，有虞殷自天。"毛傳："義，善。""除天之際"，"際"為旁注字。《續通志》卷一百二十《謚略》中宋蘇洵《嘉祐謚法·增多謚》："制事合宜曰義，見利能終曰義，除去天地之害曰義，先君後己曰義，取而不貪曰義。""除去天地之害曰義"蓋取自《禮記·經解》："除去天地之害謂之義。""除天之際"疑當作"除天之害"。"能制命"前脱"善"字。《慧琳音義》卷十二《大寶積經》卷十二音義："之誼，宜寄反。鄭注《周禮》云：'能制事宜曰誼。'《考聲》云：'人之所宜也。'《謚法》曰：'善能制命曰誼，行議不疾曰誼。'正作誼，從言，宜聲。"《名義》："誼，宜寄反。理也，善也，義也，宜也。"《新撰字鏡》："誼，□□反，去。義字同，宜也，善也，理也。"《類聚名義抄》："之誼，《玉》云：'今為義字也。'"（98•1）

諁，魚何反。《説文》："喜善也。"

① 《名義》："義，臭琦反。理也，善也，宜也。羛字。"

吕校本“喜”字改作“嘉”。《説文》：“誐，嘉善也。从言，我聲。《詩》曰：誐以溢我。”《廣韻·歌韻》：“誐，嘉善也。《詩》云：‘誐以謐我。’”《詩經·周頌·維天之命》：“假以溢我，我其收之。”毛傳：“假，嘉。”《殘卷》“謐”下引《韓詩》作“賀以謐我”。《廣雅·釋言》：“賀，嘉也。”據此，則以作“嘉”為是。《名義》：“誐，魚河反。喜善也。”《新撰字鏡》：“誐，奥何反。嘉喜也。”“喜善”“嘉喜”皆當作“嘉善”。

詡，吁雨反。《毛詩》：“川澤詡詡。”傳曰：“詡詡然大也。”《礼記》：“德蔱楊［揚］，詡万物。”鄭玄曰：“詡猶普也，遍也。”又曰：“喪事主哀，會同主詡。”鄭玄曰：“詡謂慜而有勇，若斉國佐也。”《蒼頡萹》：“詡，和也。”恤人者也。《説文》：“人語也。”

《詩經·大雅·韓奕》：“孔樂韓土，川澤訏訏。”毛傳：“訏訏，大也。”陸德明音義：“訏，況甫反。”“詡”“訏”音同。《禮記·禮器》：“德發揚，詡萬物者。”鄭玄注：“詡，普也，偏也。”《禮記·少儀》：“賔客主恭，祭祀主敬，喪事主哀，會同主詡。”鄭玄注：“詡謂敏而有勇，若齊國佐。”“慜”與“敏”可通用。《管子·樞言》：“彼欲貴我貴之，人謂我有禮；彼欲勇我勇之，人謂我恭；彼欲利我和［利］之，人謂我仁；彼欲知我知之，人謂我慜。”《慧琳音義》卷二四《方廣大莊嚴經序品》卷四音義：“敏捷，上旻殞反。孔注《尚書》：‘敏，疾也。’《考聲》：‘敏，聰悟也。’亦達也。《説文》：‘從支［攴］，每聲。’或從民作敃。經從心作慜，誤用也。”又卷九二《續高僧傳》卷九音義：“詡法，吁宇反。《蒼頡篇》云：‘詡猶和也。’”《説文》：“詡，大言也。”“人語也”疑當作“大語也”。《名義》：“詡，吁甫反。普也，遍也。”

諓，似剪反，子踐反。《尚書》：“諓諓靜言。”野王案：《説文》：“諓，善言也。”《國語》：“又案和是諓諓者。”賈逵曰：“諓諓，巧言皀也。”《公羊傳》：“其惟諓諓。”何休曰：“諓諓，淺薄之皀也。”《楚辞》：“讒人諓諓孰何[①]怼？”王逸曰：“讒言皀也。”

① “何”，黎本、吕校本改作“可”，可從。

《尚書·秦誓》："惟截截善諞言，俾君子易辭。"孔安國傳："惟察察便巧，善為辨佞之言，使君子迴心易辭。"[①]《説文》："諓，善言也。从言，戔聲。一曰：謔也。"《國語·越語下》："吾猶禽獸也，又安知是諓諓者乎？"韋昭注："諓諓，巧辯之言也。"《殘卷》"案和"，"案"，黎本、吕校本改作"安"；"和"字旁注"知"字，吕校本改作"知"，可從。《公羊傳·文公十二年》："其為能變奈何？惟諓諓善竫言。"何休解詁："諓諓，淺薄之貌。"陸德明音義："諓諓，徐在淺反，又子淺反，又音牋。《尚書》作截，淺薄貌也。賈逵注《外傳》云：'巧言也。'善竫，在井反，撰也。本或作諞，皮勉反，又必淺反。"《楚辭·九歎·憂苦》："讒人諓諓孰可愬兮？"王逸注："諓諓，讒言皃也。《尚書》曰：'諓諓靖言。'"《殘卷》"静言"與"竫言""靖言"音義同。"熟"通"孰"，吕校本徑改作"孰"。《名義》："諓，子踐反。善言也，讒言也。"《新撰字鏡》："諓，字衍、市偃二反，上。不實言也，諂也。"

调［詷］[②]，徒貢反。《説文》：'共同也。一曰：譀也。'《蒼頡篇》：'（蒼）〈詷〉[③]，會也，亦調也。'《聲類》又儈也。《字書》：'謥調也。'"

《説文》："詷，共也。一曰：譀也。从言，同聲。《周書》曰：在夏后之詷。"《殘卷》："謥，且送反。《蒼頡篇》：'謥，詷也。'《聲類》：'謥，獪也。'今亦為愡字，在心部。""謥"即"謥"之訛字，"謥"同"謥"。"謥調"當作"謥詷"，黎本、吕校本徑改作"謥詷"，可從。《名義》："詷，徒貢反。會也，調譀也。"《新撰字鏡》："詷，徒弄反，去。大腹也，會也，調也，共同也，諏［譀］也。"

譞，呼緣反。《説文》："譞，慧也。"野王案：謂慧〻也，與儇[④]字同，在人部。

吕校本作"謂慧慧也"，黎本後一"慧"字空缺，疑當作"謂譞慧也"。"〻"為"譞"之替代符，而非"慧"之重文符。《説文》："譞，譞慧也。从言，圜省聲。"《名義》：

① 《殘卷》："諞，裨蟬、皮免二反。《尚書》：'截截善諞言。'孔安国曰：'巧善為辯佞之言也。'""巧"字當屬上，《殘卷》誤。

② 《殘卷》原訛作"調"，黎本、吕校本徑改作"詷"。

③ 《殘卷》"蒼"蓋承上《蒼頡篇》而訛，當作"詷"。吕校本徑删"蒼"字。按《殘卷》引《蒼頡篇》體例，釋義一般出字頭，故補"詷"字。

④ 《名義》："儇，呼縁反。利也，慧也，了也，疾也。"

“譞，呼緣反。慧也。”《新撰字鏡》：“譞，呼結［緣］反。慧也，慧了也。儇字。譞，上字。”

誧，布徒、澤古二反。《說文》：“誧，大也。一曰：人相助也。”《廣雅》“誧，謀也”“誧，諫也”。

“澤古”之“澤”疑當作“滂”。“誧”字《廣韻·姥韻》音“滂古切”，“誧”為滂母字。《說文》：“誧，大也。一曰：人相助也。从言，甫聲。讀若逋。”“布徒反”與“逋”音同。《廣雅·釋詁四》：“誧，謀也。”又：“誧，諫也。”“諫也”義當為“諫”字，說詳下“諫”字條。《名義》：“誧，布徒反。大也，助也，謀也，諫也。”《新撰字鏡》：“誧，布徒反。大也，人相助也，謀也，諫也。”

諰，思理反。《說文》：“思之意也。”《蒼頡篇》：“言且忍之。”《聲類》：“知之也。”

《說文》：“諰，思之意。从言，从思。”“言且忍之”當作“言且思之”。《箋注本切韻·止韻》（S.2071）：“諰，言且思之。”王仁昫《刊謬補缺切韻·止韻》：“認，言且思之。”“認”當作“諰”。“諰”誤作“認”，猶《殘卷》“思”誤作“忍”。《全唐詩》卷五四李商隱《流鶯》：“曾苦傷春不忍聽，鳳城何處有花枝？”校：“忍，一作思。”堪為佐證。黎本、吕校本徑改作“思”。《名義》：“諰，思理反。思意也。”《新撰字鏡》：“諰，所紫反，平［上］。言語也，相謂語也。又胥思反。”

設，尸熱反。《周禮》：‘設官分職。’野王案：設猶量［置］也。《毛詩》：‘肆莚設席。’傳曰：‘設席，重席也。’《韓詩》：‘鐘鼓既設。設，陳也。’《公羊傳》：‘推之所設。’何休曰：‘設，施也。’《國語》：‘必設以此。’賈逵曰：‘設，許也。’《廣雅》：‘設，合也。’”

《周禮·天官·序官》：“惟王建國，辨方正位，體國經野，設官分職，以為民極。”鄭玄注引鄭衆云：“置冢宰、司徒、宗伯、司馬、司寇、司空，各有所職而百事舉。”“設猶量也”之“量”字，黎本、吕校本徑改作“置”，是。《詩經·大雅·行葦》：“肆筵設席，授几有緝御。”毛傳：“設席，重席也。”《詩經·小雅·彤弓》：“鐘鼓既設，一朝饗之。”《廣雅·釋詁二》：“設，陳也。”《公羊傳·桓公十一年》：“權之所設，舍死亡無所設。”何休解詁：“設，施也。”《殘卷》“推”字，黎本作“讙”，非；今本《公羊傳》作“權”，吕校本改作“權”，可從。《國語·吴語》：“必設，以此民也封於江淮之閒，乃能至於吴。”韋昭注：“設許其勸勉者，以此民封之於江淮閒以恐之，必速至也。”《廣雅·釋詁一》：“設，合也。”《名義》：“設，尸熱反。置也，施也，合也。”《新撰字鏡》：“設，職［識］列反。施也，合也。”

護，胡故反。《史記》：“卆調護太子。”如淳曰：“調護猶營護也。”又曰：“強載[①]車，臥而護之。”野王案：謂監護經略之也。又《抱璞子》云：“以狸頭治鼠瘻，喙［啄］木護齲。”則護亦治也。《方言》：“挾，護也。”郭璞曰：“挾持護之。”[②]《漢也[③]書》：“以吏事護高祖。”野王案：護，救視也。《蒼頡篇》：“護，辨也。”《廣雅》：“護，助也。”樂名《大護》，《字書》為頀子［字］，在音〻部。[④]

△按：“卆”，黎本《殘卷》作“夲”，為“幸”之古字，吕校本徑改作“卒”。“卆”當為“卒”字（俗作“卆”）。今本《史記·留侯世家》：“上曰：‘煩公幸卒調護太子。’”《漢書·張良傳》、《新序·善謀》、《太平御覽》卷一四七引《史記·張良世家》亦作“幸卒”。“幸卒”不辭。古香齋《初學記》卷十引《史記》作：“上大驚，曰：‘煩公等卒調護太子。’”[⑤]“公等”之“等”蓋承上“臣等”而衍，上文“吾求公數歲，公辟逃我，今公何自從吾作游乎”，均作“公”，不作“公等”。“等”俗作“䓁”，與“幸”形近。疑《史記》本作“煩公卒調護太子”，一本又作“幸公調護太子”（幸為冀幸義），今本蓋雜糅兩者。“監護經略”猶監領、統領。《漢書·張良傳》：“上雖疾，彊載輜車，卧而護之。”顏師古注：“護謂監領諸將。”《史記·樂毅傳》：“樂毅於是并護趙、

---

① 《殘卷》“載”下旁注“輺”字，今本《史記》“輺”作“輜”，吕校本徑改作“輜”，可從。
② 吕校本作“《方言》：挾護也。郭璞曰：挾特護之”，誤。今本《方言》作“扶，護也”，郭璞注作“扶挾將護”。周祖謨校箋：“扶，原本《玉篇》護下《玄應音義》卷一卷十引均作挾，當據正。”“挾特護之”《殘卷》本作“挾持護之”。
③ 吕校本徑删“也”字。按：“也”字當置於“之”字之後，“漢”字之前。
④ 吕校本録作“在音音部”，徑删後一“音”字。按：“〻”非重文符，“〻”同“丶”，“在音〻部”猶“在音部也”。“謐”字下“〻是”猶“是也”，堪為佐證。《名義》：“頀，胡故反。護也，湯樂也。”
⑤ 董治安主編《唐代四大類書》頁 1595，清華大學出版社 2003 年。

楚、韓、魏、燕之兵以伐齊。”司馬貞索隱：“護，謂總領之也。”《抱朴子·內篇·對俗》：“故老子有言：以狸頭之治鼠漏，以啄木之護齲齒。”“瘻”“漏”音義同。《殘卷》“齲”下脱“齒”字。《公羊傳·宣公十五年》：“什一者，天下之中正也。什一行，而頌聲作矣。”何休解詁：“中里為校室，選其耆老有高德者名曰父老，其有辯護伉健者為里正。”陳立義疏：“《晉書·紀瞻傳》：‘帝使謂瞻曰：卿雖病，但爲朕卧護六年，所益多矣。’護猶治也。”《史記·蕭相國世家》：“高祖為布衣時，何數以吏事護高祖。”司馬貞索隱引《説文》云：“護，救視也。”日本中算《妙法蓮華經釋文》卷上：“護，胡故反。《字林》云：‘救視也。’”《廣雅·釋詁二》：“護，助也。”《殘卷》：“頀，胡胡［故］反。《周礼》：‘乃奏㚟則，歌小吕，舞《大頀》以奏先妣。’①《白虎通》：‘湯樂曰大頀也。言羕襄能護民之急也。’②《廣雅》：‘頀，〈護〉也。’③”《名義》：“護，胡故反。救視也，辦助也，治也。”《新撰字鏡》：“護，胡故反，去。猶營衛也，救視也，助也。”

讃，胡退反。《説文》“中正［止］也。《司馬法》曰：師多則民讃〻之〻止”是也。④《蒼頡篇》：“讃，譯［譟］也。”《聲類》：“相勘［欺］也。”

《説文》：“讃，中止也。从言，貴聲。《司馬法》曰：師多則人讃。讃，止也。”《殘卷》當據改作“讃，中止也。《司馬法》曰：師多則民讃之。讃，止也”。⑤《玉篇》：“讃，胡退切，中止也，譯也。”《名義》：“讃，胡退反。正［止］也，譯也，中（也，）止也。”“譯”，△吕校本作“譯”，誤。“譯”“譯”均為“譟”之訛字。俗字“皋”或作“睾”，與“睪”每每相混。《殘卷》：“譟，胡報反。《蒼頡篇》：‘譟，譟讃也。’《聲類》：‘譟讃，相欺也。’”《名義》：“譟，胡報反。讃也，相欺也。”《新撰字鏡》：“讃，胡退反。中止也，譯［譟］也。”《蒼頡篇》當作“讃，譟讃也”。“相勘也”當作“相欺也”。

---

① 《周禮·春官·大司樂》：“乃奏夷則，歌小吕，舞《大濩》以享先妣。”《殘卷》“享”誤作“奏”。
② 《白虎通·禮樂》：“湯樂曰大護……湯曰大護者，言湯承衰能護民之急也。”《殘卷》“羕”為“承”之俗字，“襄”為“衰”字之訛。
③ 《殘卷》原有闕字，據《廣雅·釋詁四》補。
④ 吕校本作“《司馬法》曰師多則民讃，讃止也”，非。《殘卷》引《説文》，若《説文》有引證，則往往以“是也”煞尾。
⑤ 《廣雅·釋詁三》：“蹟，止也。”王念孫疏證無釋，疑“蹟”為“讃”字之訛。《文選·左思〈魏都賦〉》：“齊被練而銛戈，襲偏裻以讃列。”李善注：“《説文》曰：‘讃（列），中止也。’然讃列，或止或列。”

譒，補佐反。《説文》："譒，敷也。《尚書》曰'王譒告之'是也。"野王案：此亦播字同，在手部也。[①]

《説文》："譒，敷也。從言，番聲。《商書》曰：王譒告之。"《尚書·盤庚上》："王播告之，脩不匿厥指。""譒""播"音義同。《名義》："譒，補佐反。敷也。"《新撰字鏡》："譒，補佐反。播字。敷也。"

託，他各反。《公羊傳》："託不得已。"何休曰："囙託以也。"《論語》："可以託六尺之孤。"野王案：《方言》："託，寄也，凡寄為託。"《廣雅》："託，依也。""託，累也。"[②] **或為侂字，在人部。**[③]

《公羊傳·莊公八年》："託不得已也。"何休解詁："師出本為下滅盛興，陳、蔡属與魯伐衛，同心又國遠，故因假以諱滅同姓，託待二國為留辭主，所以辟下言及也。加以者，辟實俟。"《殘卷》"因託以"猶"因假以"，下有脱文。《論語·泰伯》："曾子曰：'可以託六尺之孤，可以寄百里之命，臨大節而不可奪也。'"《方言》卷二："餬，託，庇，寓，媵，寄也。齊衛宋魯陳晉汝潁荊州江淮之間曰庇，或曰寓。寄食為餬，凡寄為託，寄物為媵。"《廣雅·釋詁四》："仛，依也。"曹憲音"託"。今本《廣雅》未見"累也"義。《慧琳音義》卷三《大般若波羅蜜多經》卷三四六音義："囑累，下力偽反。王注《楚辭》云：'重也。'《左傳》：'相時而動，無累後人。'劉兆注《公羊》云：'累，次積也。'《廣雅》：'委，託，累也。'"《廣雅·釋言》："委，累也。"王念孫疏證："各本皆作'委，閡也'。案：委與閡義不相近，此因委下脱去'累也'二字，而下文'閡'下又有脱字，遂誤合爲一條。《文選·赭白馬賦》注云：'《廣雅》曰："委，累也。"言累加之也。'今據以補正。委之言委積也。《大戴禮·四代篇》云：'委利生孽。'"按：據慧琳所引，《廣雅》或脱"託"字。《慧琳音義》卷二七轉録大乘基《法花音訓》

---

① 《名義》："播，補佐反。種也，散也，揚也，放也，棄也，希［布］也。"
② 《廣雅·釋詁四》："仛，依也。"曹憲音"託"。△今本《廣雅》未見"累也"義。《慧琳音義》卷三《大般若波羅蜜多經》卷三四六音義："囑累，下力偽反。王注《楚辭》云：'重也。'《左傳》：'相時而動，無累後人。'劉兆注《公羊》云：'累，次積也。'《廣雅》：'委，託，累也。'"《廣雅·釋言》："委，累也。"王念孫疏證："各本皆作'委，閡也'。案：委與閡義不相近，此因委下脱去'累也'二字，而下文'閡'下又有脱字，遂誤合爲一條。《文選·赭白馬賦》注云：'《廣雅》曰："委，累也。"言累加之也。'今據以補正。委之言委積也。《大戴禮·四代篇》云：'委利生孽。'"
③ 吕校本"侂"作"任"，誤。《名義》："侂，恥各反。寄也，依也，累也。"

引《廣雅》亦作“委，託，累也”。《名義》：“託，他各反。寄也，依也，累也。”《新撰字鏡》：“託，他各反。寄也，累也。”

記，居意反。《尚書》：“撻以記之。”孔安国曰：“記識其過也。”野王案：《礼記》：猶錄是書。記，所以錄識之也。[①]又曰“今王即命：記功”是也。《礼記》：“太史執簡記。”鄭玄曰：“記，（礼）書也。”《說文》：“記，疏也。”《聲類》：古文為近［迈］字，在斤［丌］部也。[②]

《尚書·益稷》：“侯以明之，撻以記之。”孔安國傳：“當行射侯之禮，以明善惡之教。笞撻不是者，使記識其過。”《尚書·舜典》：“扑作教刑。”孔安國傳：“扑，榎楚也，不勤道業則撻之。”孔穎達疏引《益稷》云：“撻以記之。”《尚書·洛誥》：“今王即命曰：‘記功。宗以功，作元祀。’”《禮記·王制》：“大史典禮執簡記，奉諱惡。”鄭玄注：“簡記，策書也。”疑《殘卷》衍“礼”字。“簡記，策書也”猶“簡，策也；記，書也”。《廣雅·釋詁四》：“記，書也。”《名義》：“記，居意反。疏也，録也。”《新撰字鏡》：“記，居意反。識其過也，録也，憶也。”

譽，餘庶、与舒二反。《尚書》：“冈［罔］違道以于［干］百姓之譽。”孔安国曰：“不違道求名。”《毛詩》：“以永終譽。”箋云：“譽，聲美也。”《国語》：“王𣎆子譽諸朝（廷）。”賈逵曰：“譽，稱也。”《礼記》：“孔子曰：君子不曰［口］譽人，則民作怨［忠］。”鄭玄曰：“譽，繩也。”

《尚書·大禹謨》：“罔違道以干百姓之譽，罔咈百姓以從己之欲。”孔安國傳：“干，

① 吕校本作“《礼記》猶録是書，記所以録識之也”。△按：此處“《禮記》”疑有誤。《禮記》無“猶錄是書”云云，此其一；下文“又曰”下為《尚書》文，足證此處不當有《禮記》，此其二。野王案語為釋《尚書》“記之”之義，非引證，此其三。疑當讀作“記猶録也，書記也，所以録識之也”。《玉篇》：“記，居意切。録也，識也。”《漢書·揚雄傳上》：“因江潭而淮記兮，欽弔楚之湘纍。”顏師古注：“記，書記也，謂弔文也。”《釋名·釋典藝》：“記，紀也，紀識之也。”“録識之也”與“紀識之也”義同。

② 吕校本作“《聲類》古文為近字，在斤部也”。△按：若為“近”字，當在辵部，且“近”字與“記”字音、義均異。“近”當是“迈”字之訛。《殘卷》：“迈，居意反。《毛詩》：‘往迈王舅。’傳曰：‘迈，已［己］也。’戔云：‘迈，辞也。’《說文》：‘古之遒人以木鐸記時言，故従辵従丌聲也。’《聲類》此古文記字也，在言部。”

求也。失道求名，古人賤之。”《詩經·周頌·振鷺》：“庶幾夙夜，以永終譽。”鄭玄箋：“譽，聲美也。”《國語·周語中》：“明日，王叔子譽諸朝。郤至見召桓公，與之語。”《説文》：“譽，誦也。”小徐本作“稱也”。許氏蓋取賈逵義。《禮記·表記》：“子曰：‘君子不以口譽人，則民作忠。’”鄭玄注：“譽，繩也。”《名義》：“譽，餘鹿［庶］反。美也，繩也。”《新撰字鏡》：“譽，余攄反。稱也，譝也。”按：“繩”與“譝”音義同。《廣雅·釋詁四》：“譝，譽也。”《玉篇·言部》：“譝，視陵切，譽也。”《殘卷》：“譝，視陵反。《左氏傳》：‘故譝息嬀。’杜預曰：‘譝，譽也。’[①]《字書》或為憴字，在心部。[②]今或〈為〉繩字，在糸部。[③]”

謝，似夜反。《左氏傳》：“使邪鄭如秦〈謝〉緩賂。”野王案：《説文》：“謝，辞也。”謂相辞謝也。《国語》“子尗聲伯如晉謝季文子”是也。《禮記》：“大夫七十而致圡，若不得謝。”鄭玄曰：“謝猶聽也。”《楚辞》：“願〈歳〉并謝，與長友〈兮〉。”王逸曰：“謝，去也。”

《左傳·僖公十年》：“於是丕鄭聘于秦，且謝緩賂，故不及。”“丕”，為“丕”之俗字。《干禄字書》：“丕丕，上通下正。”《廣韻·脂韻》：“丕，大也。亦姓，《左傳》：‘晉大夫丕鄭。’丕，上同。”《殘卷》“邪”當為“邳”字之訛。黎本《殘卷》“緩”作“謝”。按：羅本《殘卷》、吕校本脱“謝”字，當作“謝緩賂”。《説文》：“謝，辤去也。从言，䠶聲。”[④]《國語·魯語上》：“子叔聲伯如晉謝季文子。”《禮記·曲禮》：“大夫七十而致事，若不得謝。”鄭玄注：“謝猶聽也。”《殘卷》“圡”當作“士”，“士”“事”音義同。《楚辭·九章·惜往日》：“願歲并謝，與長友兮。”王逸注：“謝，去也。”“願”字，吕校本録作“明”，改作“願”。按：“願”本作“[草書]”，為“願”字草書。《名義》：“謝，似夜反。聽也，去也，辞也。”《新撰字鏡》：

---

① 《左傳·莊公十四年》：“蔡哀侯為莘，故繩息嬀，以語楚子。”杜預注：“繩，譽也。”陸德明音義：“繩，食承反，《説文》作譝。”
② 《名義》：“憴，視陵反。譽也。”
③ 《殘卷》：“繩，視升反。……繩譽之繩為繩［譝］字，在言部。”《名義》：“繩，視升反。索也，度也，直也。”
④ 《文選·左思〈魏都賦〉》、又《江淹〈別賦〉》、《枚乘〈七發〉》李善注三引《説文》，均作“謝，辭也”，與《殘卷》所引合。

“謝，似夜反，去。住［往］也，去也，聽也，從也，……辞也。”[①]

謠，与照反。《毛詩》：“我歌且謠。”傳曰：“徒歌曰謠。”《韓詩》：“有章曲曰歌，無章曲曰謠。”《說文》：“獨歌也。”

“与照反”，吕校本、《名義》同。△按：當作“与昭反”。《廣韻·宵韻》音“餘昭切”，《集韻·宵韻》音“餘招切”。《龍龕手鏡·言部》：“謡，正，余照反。歌謡。《爾》云：‘途歌謂之謡也。’”反切下字為“照”，但此字列言部平聲下，當亦為“昭”字之訛。《詩經·魏風·園有桃》：“心之憂矣，我歌且謠。”毛傳：“曲合樂曰歌，徒歌曰謠。”《初學記》卷十五：“《韓詩章句》曰：‘有章曲曰歌，無章曲曰謡。’”《説文》：“䚻，徒歌也。从言、肉。”《玄應音義》卷十五《五分律》卷一音義：“歌謠，與招反。《説文》：‘獨歌也。’《爾雅》‘徒歌爲謠’是也。”《藝文類聚》卷四三：“《説文》曰：‘詠詩曰歌。獨歌謂之謡。’”引《説文》均與《殘卷》同。[②]《名義》：“謡，与照［昭］反。獨歌也。”《新撰字鏡》：“謠，与招反，平。獨歌也，又徒歌為搖［謠］是也。”

謳，於矦反。《左氏傳》：“謳者乃山［止］。”野王案：《說文》：“謳，齊歌也。”《孟子》“綿鉤［駒］處於高唐而齊右善謳”是也。《廣雅》：“謳，喜也。”《埤蒼》或為嘔字，在口部。[③]《字書》為慪字，在心部。[④]

《左傳·襄公十七年》：“今君爲一臺而不速成，何以爲役？謳者乃止。”《説文》：

---

① 《玄應音義》卷二四《阿毗達磨俱舍論》卷一音義：“等謝，似夜反。《廣雅》：‘謝，徃也，去也。’”《新撰字鏡》“住”當為“往”字之訛。《廣雅·釋詁一》：“乃，昝，遂，邁，行，徃，歸，迋，往也。”無“謝”字。

② 馮方《〈原本玉篇殘卷〉徵引〈説文·言部〉訓釋輯校（一）》（《古籍整理研究學刊》2002年第6期）認為“今本《説文》無此字條。《慧琳音義》五八·20‘歌謡’條下引‘《説文》獨歌也’所訓同。可見唐本《説文》或有‘謡’字訓‘獨歌’。丁福保補説文逸字未舉，當補”。胡吉宣、张舜徽、徐前師、熊加全均以為今本《説文》脱“謡”篆。按：此説恐不可從，今本《説文》“䚻”即“謠”字。《説文》：“䚻，徒歌也。”“徒歌”“獨歌”義同。段玉裁以為“䚻”“謠”古今字。《説文》有“䚻”無“謠”，《殘卷》有“謠”無“䚻”。《殘卷·系部》“繇”字下亦未列“䚻”為“繇”之或體。

③ “嘔”字，吕校本録作“謳”字，改為“嘔”字。按：《殘卷》本作“嘔”，顯為“嘔”字。《名義》：“嘔，乚侯反。歌也，喜也，吟也。”

④ 《名義》：“慪，烏侯反。謳字。歌也，憙也，吟也。”

“謳，齊歌也。从言，區聲。”《孟子·告子下》：“昔者王豹處於淇而河西善謳，綿駒處於高唐而齊右善歌。”《玄應音義》卷五《獨證自誓三昧經》音義：“謳合，又作嘔、慪二形，同烏侯反。《尒疋》：‘徒歌曰謳。’《廣雅》：‘謳，喜也。’”《名義》：“謳，於侯反。歌也，喜也。”《新撰字鏡》：“謳，嘔、慪二形，烏侯反，平。齊歌曰嘔，喜也，詐也，諂也。”

詠，為命反。《尚書》：“拊榑［搏］〈琴〉瑟以詠。”野王案：詠，長歌言之也。《国語》“以歌詠之”、《毛詩序》“言之不𧰼，故嗟歎之，嗟歎之不𧰼，故詠歌之”是也。[①]《礼記》：“人喜則斯陶，〈陶〉斯詠。”鄭玄：“詠，謳也。”或為咏字，在口部也（之）。[②]

《尚書·益稷》：“搏拊琴瑟以詠。”《殘卷》脱“琴”字。《國語·周語下》：“詩以道之，歌以詠之。”韋昭注：“詠，詠詩也。《書》曰：‘歌永言，聲依永。’”《禮記·檀弓》：“人喜則斯陶，陶斯咏。”鄭玄注：“咏，謳也。”陸德明音義：“咏，音詠。”《名義》：“詠，為命反。哥也，謳也。”

訖，居迄反。《尚書》：“天既訖我殷命。”孔安国曰：“畢訖殷之王命也。”又曰：“惟訖于富。”孔安国曰：“惟絶於富也。”《礼記》：“訖其嗜欲。”鄭玄曰：“訖，止也。”

《尚書·西伯戡黎》：“天既訖我殷命。”孔安國傳：“天已畢訖殷之王命。”《名義》：“訖，居迄反。止也。”《尚書·吕刑》：“典獄非訖于威，惟訖于富。”孔安國傳：“非絶於威，惟絶於富。”《禮記·祭統》：“及其將齊也，防其邪物，訖其嗜欲。”鄭玄注：“訖猶止也。”《新撰字鏡》：“訖，居乚反，入。止也（，讓）。”[③]

諍，側迸反。《説文》：“諍，止也。”野王案：今上［亦］以為争字，爭，諫也，

---

① 《殘卷》本作“言之不足故嗟〻歎〻之〻不足，故詠歌之”，吕校本作“言之不足，故嗟歎之，嗟嘆之不足，故詠歌之”，“嘆”當作“歎”。

② 《殘卷》“之”字旁注刪節符“〻”。《名義》：“咏，為命反。歌也。詠字也。”

③ 《新撰字鏡》“訖”字下即為“讓”字，此處“讓”字蓋蒙下誤衍。

引也。在受［妥］部也。

《説文》："諍，止也。从言，爭聲。" 又："爭，引也。从妥、厂。" 吕校本 "引" 誤作 "别"，"妥" 誤作 "受"。"今上" 之 "上" 當為 "亦" 字，詳參拙文《可疑的 "今上"》。①《名義》："諍，側迸反。引也，諫也。"《新撰字鏡》："諍，且［側］迸反，去。諫也，訟者也，諫，猶止也，引也。"

評，虖都反。《儀礼》："太［九］祝評佐食。" 鄭玄曰："呼［評］猶命也。"《説文》："評，召也。" 野王案：謂也。《方言》"或呼［評］為釣［鉤］格" 是也。《廣雅》："詩［評］，鳴也。" 今亦為呼字，在口部。②

《儀禮・特牲饋食禮》："凡祝呼佐食，許諾。" 鄭玄注："呼猶命也。"《説文》："評，召也。从言，乎聲。"《方言》卷五："鉤，宋楚陳魏之間謂之鹿觡，或謂之鉤格。自關而西謂之鉤，或謂之鏾。" 郭璞注："或呼鹿角。"《殘卷》有誤。《廣雅・釋詁二》："評，鳴也。"《名義》："評，虎都反。命也，召也，鳴也。"《新撰字鏡》："評，虖都反。命也，召也，鳴也。呼字。"

諺，宜箭反。《左氏傳》："周諺有之。"《説文》："傳言也。"

《左傳・隱公十一年》："周諺有之曰：'山有木，工則度之；賓有禮，主則擇之。'" 陸德明音義："諺，音彥，俗言也。"《名義》："諺，宜箭反。傳言也。"《新撰字鏡》："諺，奂變反。傳言。"

訝，魚嫁反。《周礼》："掌訝，掌邦国之〈等〉積［籍］以待賓客。" 鄭玄曰："訝，迎也。"《尔雅》亦云，郭璞曰："《公羊傳》'跛者訝詖者御' 是也。"《聲類》

① 《可疑的 "今上"》，日本櫻美林大學孔子學院《漢語与漢語教學研究》第 2 号（2011 年），日本東方書店。
② 《名義》："呼，火胡反。息出曰呼也。"

亦為迓字，在辵［辵］部。[①]《字書》或為悟［捂］字，在手部。[②] 車冈名訝為枒字，在木部之也。[③]

《周禮·秋官·掌訝》："掌訝，掌邦國之等籍以待賔客。"《殘卷》脱"等"字，"積"當為"籍"字之訛。《周禮·秋官·序官》："掌訝中士八人，府二人，史四人，胥四人，徒四十人。"鄭玄注："訝，迎也。鄭司農云：訝讀爲跛者訝跛者之訝。"《爾雅·釋詁下》："訝，迎也。"郭璞注："《公羊傳》曰：'跛者迓跛者。'"按：《公羊傳·成公二年》："於是使跛者迓跛者，使眇者迓眇者。"何休解詁："迓，迎。"陸德明音義："迓，本又作訝，五嫁反，迎也。"《穀梁傳·成公元年》："使跛者御跛者，使僂者御僂者。"范甯集解："御音迓，迓，迎也。"《殘卷》蓋糅合《公羊》《穀梁》二傳。《名義》："訝，魚嫁反。迎也。"

本條末尾"之也"二字吕校本徑删。按：可删"之"字，保留"也"字。

詣，魚計反。《史記》："乘傳詣洛陽。"野王案：詣，到也。《蒼頡萹》："詣，至也。"《説文》："候至也。"

《史記·田儋列傳》："田横迺與其客二人乘傳詣雒陽。"《慧琳音義》卷四十《大吉祥天女十二契一百八名無垢大乘經》音義："詣世尊所，上倪計反。顧野王云：'詣，到也。'《蒼頡篇》云：'至也。'《説文》云：'候至也。從言，旨聲。'"《文選·王褒〈洞簫賦〉》："優游流離，躊躇稽詣，亦足耽兮。"李善注引《蒼頡篇》曰："詣，至也。"《名義》："詣，魚計反。到也，至也，祈［往？］也。"《新撰字鏡》："詣，五計反，去。進也，至也，趣也，進到也，向也。"

訒，而振反。《論語》："其言也訒……為之難，言之得〈無〉訒乎？"孔安国曰："訒，難也。"《説文》："訒，鈍也。"

---

① 《名義》："迓，午嫁反。訝字也。迎也。"
② 《名義》："捂，吴故反。迎也，逆也，逐也，小柱也。"
③ 《名義》："枒，奐嫁反。也乎［牙］反也。木名也。"

《慧琳音義》卷八七《十門辯惑論》卷下音義："訒兮，上人振反。《論語》云：'仁者其言也訒。為之難，言之得無訒乎？'《説文》：'頓也。從言，刃聲。'"《論語·顏淵》："司馬牛問仁。子曰：'仁者其言也訒。'曰：'其言也訒，斯謂之仁已乎？'子曰：'為之難，言之得無訒乎？'"何晏集解引孔安國曰："訒，難也。"《説文》："訒，頓也。从言，刃聲。《論語》曰：其言也訒。""鈍""頓"音義同。《名義》："訒，而振反。難也，鈍也，讀也，解也。"[①]《新撰字鏡》："訥、訒，上奴骨反，入。遲鈍。下而振反。二合，難也。"《類聚名義抄》："所訒，《玉》云：'フ［不］忍言也。'"（86•3）

講，古項反。《論語》："學之不講，聞義不能従［徙］也。"野王案：講謂談論以解説訓誥也。《左氏傳》："講事不令。"杜預曰："講，謀也。"《国語》："一時講武。"賈逵曰："講，習也。"又曰："仁者講功。"賈逵曰："講猶論也。"《史記》："沛公之有天下，業以講鮮。"蘇林曰："講，和也。"《説文》："和鮮也。"《廣雅》："講，讀也。"

《論語·述而》："子曰：'德之不脩，學之不講，聞義不能徙，不善不能改，是吾憂也。'""解説訓誥"疑當作"解説訓詁"。《漢書·淮南王傳》："使為《離騷》傳，旦受詔，日食時上。"顏師古注："傳謂解説之，若《毛詩傳》。"《公羊傳·定公元年》："主人習其讀而問其傳。"何休解詁："傳謂訓詁。""解説"與"訓詁"同義。《左傳·襄公五年》："《詩》曰：'周道挺挺，我心扃扃。講事不令，集人來定。'"杜預注："講，謀也。"《國語·周語上》："三時務農而一時講武。"韋昭注："講，習也。"《國語·魯語上》："夫仁者講功而知者處物。"韋昭注："講，論也。"《史記·項羽本紀》："項王、范增疑沛公之有天下，業已講解。"裴駰集解引蘇林曰："講，和也。"《説文》："講，和解也。从言，冓聲。"《廣雅·釋言》："講，讀也。"《名義》："講，古項反。誥也，謀也，習也，論也，和也。"《新撰字鏡》："講，江項反，平。悅也，諆也，肆也，宣也，論也。"《類聚名義抄》："講，《玉》云：'和解也，談也。'"（92•6）

䜄［譄］，逹曽反。《淮南》："子産䜄［譄］辞。"許尗重曰："䜄［譄］，傳也。"野王案：謂傳道言之也。《周易》"咸其輔頰舌，䜄［譄］口説也"是。《説

① "讀也，解也"為下"講"字釋義羼入此條。

文》："移書也。"今亦為滕字，在水部。[①]

《淮南子·繆稱》："子產騰辭，獄繫而無邪。"高誘注："騰，傳也。""騰"與"謄"音義同。《周易·咸》："象曰：咸其輔頰舌，滕口説也。"吕校本引《周易》"也"字在引號後，改"也是"作"是也"。按：今本《周易》作"滕口説也"。《説文》："謄，迻書也。从言，朕聲。"《名義》："謄，達曽反。傳也，移也，書也。"

訥，奴骨反。《論語》："君子欲訥於言。"苞（苞）咸曰："訥，遲鈍也。"《説文》："難也。"

《論語·里仁》："子曰：'君子欲訥於言而敏於行。'"何晏集解引包咸曰："訥，遲鈍。"《説文》："訥，言難也。从言，內聲。"《玄應音義》卷八《維摩詰所説經》卷中音義："訥鈍，又作吶，同，奴骨反。訥，遲鈍。《説文》：'訥，難也。'"又卷九《大智度論》卷六音義："訥口，又作吶，同，奴骨反。訥，遲鈍也。《説文》：'訥，難也。'"《慧琳音義》卷二四《大唐新譯方廣大莊嚴經》卷三音義："謇訥，下奴骨反。包注《論語》云：'訥，遲鈍也。'《説文》云：'難也。從言，內聲。'"《殘卷》及兩《音義》引《説文》均無"言"字，與《名義》同，而與今本《説文》《玉篇》不同。《名義》："訥，奴骨反。遲鈍也，難也。"《新撰字鏡》："訥、訒，上奴骨反，入。遲鈍。下而振反。二合，難也。"

吕校本"苞苞咸"删去後一"苞"字，是。

讑，子雅反。《説文》："讑，諑也。"

《説文》："讑，讑娽也。从言，虘聲。"《名義》："讑，子邪反。讑諑。"《新撰字鏡》："讑，子耶反。諑也。"

△《殘卷》"子雅反"似有誤。《廣韻·麻韻》《名義》均作"子邪反／切"。《殘卷》"邪"訛作"雅"屢見。"耈"字條下"耈，子雅反"、"欲"字條下"頟［貪］欲，謂雅淫也"、"歋"字條下"為雅字也"，"雅"均為"邪"字之訛。《廣雅·釋言》：

---

① 《名義》："滕，達登反。登也，傳也，水上誦［涌］也。"

“謯，婇也。”曹憲音“嗟”，與《名義》“子邪反”、《新撰字鏡》“子耶反”音同。

讎，視周反。《毛詩》：“無言不讎。”傳曰：“讎，用也。”《左氏傳》：“憂必讎焉。”杜預曰：“讎，對也。”《尔雅》：“迊[①]也。”郭璞曰：“讎猶疇也。”《漢書》：“酒輙讎數倍。”《音義》曰：“讎亦售也。”又曰：“以考星度，未能讎也。”鄭衆曰：“相應為售。”劉向《别録》：“讎授[挍]中经。”野王案：謂考挍之也。《說文》：“讎，猶應也。”《廣雅》：“讎，輩也。”《毛詩》：“不我能畜，反以我為讎。”箋云：“憎我恶也。”野王案：讎猶怨憾也。《尚書》“橅我則右[后]，虐我則讎”是也。《礼記》：“父讎不与共載天，兄弟之讎不反兵，交遊之讎不同国。”野王案：讎亦仇也。

《詩經·大雅·抑》：“無言不讎，無德不報。”毛傳：“讎，用也。”《左傳·僖公五年》：“臣聞之：無喪而感，憂必讎焉；無戎而城，讎必保焉。”杜預注：“讎猶對也。”《爾雅·釋詁上》：“讐，匹也。”郭璞注：“讐猶儔也。《廣雅》云：‘讐，輩也。’”“儔”與“疇”音義同。“售”為“售”之俗字。《漢書·高帝紀》：“高祖每酤留飲酒，讎數倍。”顏師古注引如淳曰：“讎亦售也。”《漢書·律曆志上》：“乃者有司言曆未定，廣延宣問，以考星度，未能讎也。”顏師古注：“讎，相當。”《史記·封禪書》：“五利妄言見其師，其方盡，多不讎。”司馬貞索隱引鄭德云：“相應為讎。”《史記·曆書》：“廣延宣問，以理星度，未能詹也。”裴駰集解：“徐廣曰：‘詹，一作售也。’”司馬貞索隱：“《漢書》作讎，讎即售也，故徐廣作售。韋昭云：‘讎，比校也。’鄭德云：‘相應為讎也。’”《殘卷》蓋當作“鄭德曰：‘相應為讎。’”《慧琳音義》卷七七《大周刊定衆經》卷三音義：“讎挍，上壽流反，下交孝反。杜注《左傳》云：‘讎，對也。’《爾雅》：‘匹也。’劉向《別録》云：‘讎挍[中經]。’謂考挍之也。《風俗通》云：‘二人對挍為讎挍。’《集訓》又云：‘二人對本挍書曰讎。’《説文》：‘讎，譍也。從言，雔聲。’”吕校本“讎挍中经”録作“讎授中經”。《説文》：“讎，猶譍也。从言，雔聲。”《廣雅·釋詁一》：“讎，輩也。”《詩經·邶風·谷風》：“不我能慉，反以我為讎。”鄭玄箋：“君子不能以恩驕樂我，反憎惡我。”《殘卷》“憎我恶也”當作“憎恶我也”。《慧琳音義》卷三二《藥師瑠璃光七佛本願功德經》卷上音義：“讎隙，上受周反。《毛詩》云：‘讎，憎惡我也。’顧野王云：‘怨憾也。’又云：‘讎亦仇。《尚書》云：撫我則后，虐我

① “匹”之俗字。

則讎。《禮記》云：父母之讎不與共載天，兄弟之讎不反兵，交遊之讎不同國。'《説文》：'從言，雠聲。'"《禮記·曲禮》："父之讎弗與共戴天，兄弟之讎不反兵，交遊之讎不同國。"《名義》："讎，視周反。用也，對也，匹也，疇也，應也，輩也，怨也。"

譥，下硌［啟］反。《説文》："待也。"野王案：謂於類待也。《聲類》亦傒［徯］字也，徯在彳部。[①] 或為竢字，在立部也。[②]

《説文》："譥，待也。从言，伿聲。讀若餈。"《名義》："譥，下啟反。待也，過也。"

諐［僁］，去纏反。《尚書》："帝德冈。"孔安国曰："諐，過也。"《左氏傳》："用諐厥位。"杜預曰："諐，失也。"又曰："王諐于厥身。"杜預曰："諐，恶疾也。"《説文》此籀文字，篆文為愆字，在心部。[③]《聲類》或為遃字，在辵［辵］部。[④] 或為辛［㐉］字，在辛［㐉］部也。[⑤]

吕校本"諐"作"譥"。按："譥"同"徯"，與"去纏反"音不合。此當為"僁"字。《尚書·大禹謨》："皋陶曰：帝德罔愆，臨下以簡，御衆以寬。"孔安國傳："愆，過也。"《左傳·昭公二十六年》："至于幽王，天不弔周，王昏不若，用愆厥位。"杜預注："愆，失也。"《左傳·昭公二十六年》："至于夷王，王愆于厥身。"杜預注："愆，惡疾也。"《説文》："愆，過也。从心，衍聲。寒，或从寒省。諐，籀文。""僁"為"諐"之異構。《龍龕·心部》："𢡪，古；愆、㥶，二俗；愆，正。去乹反。過也。失也。""愆"之俗體"㥶"與《殘卷》篆文"㥶"字形相同。《名義》："遃，綺連反。過也。諐也。"《説文》："㐉，辠也。从干、二。二，古文上字。凡㐉之屬皆从㐉。讀若愆，張林説。"

吕校本"或為㐉字，在㐉部也"，兩"㐉"字均誤作"辛"。

---

① 《名義》："徯，遐啓反。待也，道也。竢字，蹊字。"
② 《名義》："竢，胡啓反。待也。僁字，徯也［字］。"
③ 《名義》："愆，去連反。失，過。"《新撰字鏡》："愆，餘忍、去連二反。諐也，過罪也，殃也，失也。"
④ 《名義》："遃，綺連反。過也，諐也。"
⑤ 《名義》："辛［㐉］，綺虔反。辠也，過也，失也。"

警，古弔反。《說文》："痛呼也。"《蒼頡篇》："大呼也。"野王案：此亦与噭字同，在口部。或為嘂字，在㗊部。《漢書》："及警者為之，則苟鉤釽析辞［乱］而已。"晉灼曰："此警字。"

《説文》："警，痛呼也。从言，敫聲。"《漢書·藝文志》："及警者為之，則苟鉤釽析而已。"晉灼注："警，訐也。"顔師古注："釽，破也，音普革反，又音普狄反。"《殘卷》："訆，公弔反。《說文》：'訆，忌［忘］言也。《春秋傳》曰"或訆宋大廣［廗］"是。'《字書》或叫字也。"[①]又："嘂，布［古］即［弔］反。《周礼》：'雞人掌呼旦以嘂百官。'鄭玄曰：'以驚起百官，使早與［早興］也。'又曰：'銜权［枚］掌桀［禁］嘂呼。'野王案：嘂忩呼也。《說文》：'高聲也。一曰：大呼也。《春秋公羊傳》曰"魯公嘂然而哭"是。'《尔雅》：'大埵［壎］謂之嘂也。'或為噭字，或為叫字，並在口部。或為訆字，在言部。"《名義》："警，古予［弔］反。大呼也，痛呼也。"《新撰字鏡》："警，經市［吊］、起交二反。𠮷也，呼也，叫也。喚，招也，許［訐］也，"

吕校本"辞"改為"亂"。按：當作"乱"。《殘卷》"亂"多作"乱"，"辞""乱"形近。

謍，胡瓊反。《毛詩》："營營［謍謍］青蠅。"傳曰："謍謍，往來皀也。"《說文》："謍，小聲也。"今並為謍［營］字，在宫部也。[②]

吕校本依《殘卷》録《毛詩》為"營營青蠅"。按：此處字頭為"謍"，引例當與字頭保持一致。《詩經·小雅·青蠅》："營營青蠅，止于樊。"毛傳："營營，往來貌。"《説文》："謍，小聲也。从言，熒省聲。《詩》曰：謍謍青蝇。"《名義》："謍，胡瓊反。往來皃。"《新撰字鏡》："謍，胡瓊反。營字。"

吕校本作"今並為謍字，在宫［言］部也"。按："謍"本為言部字，依《殘卷》體例，此處當為列"謍"之異部異體"營"。今本《詩經》正作"營營青蠅"。

---

① "忌言也"當為"忘言也"之訛，"忘"通"妄"。"大廣"當作"大廗（廟）"，"廟"俗作"廗"，與"廣"形近。

② 《名義》："營，胡瓊反。部也，治也，或也，衛，度也，上也，得也。"

譊，狃［狃］交反。《歸藏》："求息得酒，言語譊譊。"野王案：譊譊猶讙呼也。《荘子》"奚以夫譊譊為乎"是也。《說文》："恚呼。"《蒼頡篇》："訟聲也。"《廣雅》："譊，鳴。"亦与呶字同，在口部也。[①]

《玄應音義》卷八《无量清淨平等覺經》下卷音義："事譊，女交反。譊譊，讙呼也。《廣雅》：'譊，鳴也。'《説文》：'譊譊，恚訟聲也。'"[②]《慧琳音義》卷十六轉録作"世事譊譊，女交反。《歸藏》：'言語譊譊。'顧野王云：'譊譊猶讙呼也。'《説文》：'恚呼也。從言，堯聲。'"《玄應音義》卷二十《孛經抄》音義："譙譊，……下女交反。譊譊，讙呼也。《蒼頡篇》：'訟聲也。'"《慧琳音義》卷三四轉録作："譙譊，……下女交反。譊譊，讙呼也。《廣雅》：'譊，鳴也。'《説文》云：'恚呼也。'《蒼頡篇》：'訟聲也。'"堪與《殘卷》相佐證。

吕校本脱末尾"在口部也"之"也"字。

《名義》："譊，狃交反。讙呼也，恚呼，鳴也。"《新撰字鏡》："誂、譊，二同，安［女］交反。譊譊，讙呼也，鳴也，乱也。"

諎，壯百反。《考工記》："鍾侈則諎。"鄭玄曰："諎諎然大外聲也。"《說文》："大聲也。"或為唶字，在口部。[③]**《字書》或為咋字，〈在〉口部之［也］。**[④]

《周禮·考工記·鳧人》："鍾已厚則石，已薄則播；侈則柞，弇則鬱。"鄭玄注："柞讀爲咋咋然之咋，聲大外也。"《說文》："諎，大聲也。从言，昔聲。讀若笮。唶，諎或从口。"

《名義》："諎，壯百反。大呼也，鳴也。"《新撰字鏡》："諎，壯百反。唶字。"

譟，桒到反。《周礼》："車徒皆譟。"鄭玄曰："譟，讙也。"《方言》："譟，音也。"《說文》："擾也。"《廣雅》："鳴也。"《聲類》："群呼煩擾耳也。"

---

① 《名義》："呶，女交反。婦［號］呶，讙呶也。""婦"字右旁"帚"與"號"字右旁"虎"（虎）形近。

② 黄仁瑄校注："今本作'譊，恚呼也'。"按：《玄應音義》"恚"下脱"呼也"二字，"訟聲也"當為《蒼頡篇》之釋義。上揭《玄應音義》卷二十《孛經抄》音義、《慧琳音義》卷三四音義均其證。

③ 《名義》："唶，子夜反。咀也。"

④ 《名義》："咋，壯百反。詐字也。"

《玄應音義》卷二二《瑜伽師地論（大唐新譯）》卷三三音義："諠譟，下桑到反。《説文》：'譟，擾耳孔也。'《聲類》：'譟，群呼煩擾也。'"《名義》："譟，桑到反。讙也，鳴也。"《新撰字鏡》："譟，蘓到反。群呼讙也。"又："𧭼，桑到反，先高反，乱語也。"

諛，与珠反。《尚書》："僕臣諛，厥后自聖。"孔安国曰："諂諛也。"《莊子》："不擇是非而言謂之諛。"《蒼頡篇》："諂從也。"

《尚書·冏命》："僕臣正，厥后克正；僕臣諛，厥后自聖。"孔安國傳："言僕臣皆正，則其君乃能正；僕臣諂諛，則其君乃自謂聖。"《慧琳音義》卷三一《佛説慧印三昧經》音義："諛諂，上喻須反。又去聲，今不從。《莊子》云：'不擇是非而言諛也。'《蒼頡篇》云：'諛，諂從也。'孔注《尚書》云'諛，諂也。'《説文》：'從言，臾聲也。'"《名義》："諛，与珠反。諂諛也。"《新撰字鏡》："䛗、諛，同字，以珠反，平。不擇是非謂之諛，諂誑也。"

吕校本引《蒼頡篇》作"諂，從也"。按：此為釋"諛"字，當作"諂從也"，上揭《慧琳音義》引《蒼頡篇》正作"諛，諂從也"。

諺，千紺反。《説文》："相怒使也。"

《説文》："諺，相怒使也。从言，参聲。"《名義》："諺，千紺反。相怒使也。"《新撰字鏡》："諺，叱［七］紺反。伺也。"

讇，丑冄反。《周易》：'君子上交不讇，下交不嬻。'野王案：《説文》：'諂，諛也。'《公羊傳》曰：'讇乎隱公。'何休曰：'讇猶佞也。'《礼記》：'立容欺卑，無讇。'鄭玄曰：'諂謂傾身以有下也。'《莊子》：'晞意〈道〉言謂之讇也。'"

《周易·繫辭下》："君子上交不諂，下交不瀆，其知幾乎？"《禮記·玉藻》："立容辨卑，毋讇。"鄭玄注："辨讀為貶，自貶卑，謂磬折也。讇為傾身以有下也。"《殘卷》“欺”字原作“𣢾”，當為“貶”字之形近而訛。吕校本改作“貶”，可從。“有下”，《殘卷》、今本《禮記》同。阮元《十三經注疏挍勘記》：“惠棟挍宋本亦作有，閩本同，岳本同，嘉靖本同，《考文》引足利本同，《釋文》出‘有下’，宋監本同。……監、毛本‘有’誤‘自’，衛氏《集説》同。”然《康熙字典》《經籍籑詁》《説文解字義證》《説文通訓定聲》諸書“讇”字下均引作“自下”，可據改。

《慧琳音義》卷三一《佛説慧印三昧經》音義：“諛諂……下丑斂反。《周易》云：‘君子上交不諂，下交不嬻。’何注《公羊傳》云：‘諂猶佞也。’鄭注《孔［礼］記》：‘諂謂傾身以有下也。’《莊子》云：‘希意道言謂之諂。’《説文》云：‘諂，諫［諛］也。從言，函［臽］聲。’或作讇。”《莊子·漁父》：“非其事而事之謂之摠，莫之顧而進之謂之佞，希意道言謂之諂，不擇是非而言謂之諛，好言人之惡謂之讒，析交離親謂之賊，稱譽詐僞以敗惡人謂之慝，不擇善否兩容頰適偷拔其所欲謂之險。”《殘卷》脱“道”字，吕校本同。

《名義》：“讇，丑冄反。佞也，諂也。”《新撰字鏡》：“讇，是塩反。世俗音語耳，諂諛。”

諂，《説文》或讇字也。

《説文》：“讇，諛也。从言，閻聲。諂，讇或省。”《名義》：“諂，讇字，疑也，悦也。”①《新撰字鏡》：“謟、諂，……下丑冄反，上。疑也，諛也。”

謷，五勞反，五交反。《尚書大傳》：“出教不得民心，則民讙謷。”野王案：謷亦讙也。《説文》：“不肖人也。一曰：哭不悲也。”

《説文》：“謷，不肖人也。从言，敖聲。一曰：哭不止，悲聲謷謷。”《名義》：“謷，五交反。讙也，不肖人也。”

胡吉宣《玉篇校釋》：“謷謷爲哭不悲而徒有號讙聲，今俗謂乾號是也。”熊加全認為“胡氏所言是也”。△按：此説恐不可從。《漢書·食貨志上》：“犯令，法至死，制度又不定，吏緣為姦，天下謷謷然，陷刑者衆。”顏師古注：“謷謷，衆口愁聲也，音敖。”

① “疑也，悦也”為“謟”字義，《名義》誤“謟”為“諂”。

字或作“嗸”“嗷”。《詩經·小雅·鴻雁》：“鴻雁于飛，哀鳴嗸嗸。”陸德明音義：“嗸，本又作嗷，五刀反，聲也。”又或作“熬”。《漢書·陳湯傳》：“作治數年，天下徧被其勞，國家罷敝，府臧空虛，下至衆庶，熬熬苦之。”顔師古注：“熬熬，衆愁聲。”“愁”“哀”“苦”均與“悲”義相關。《殘卷》或有脱誤。

諼，許爰反。《公羊傳》：“其言救江河［何］？為諼也。”何休曰：“諼，作［詐］也。”《毛詩》：“終不可諼兮。”傳曰：“諼，忘也。”《尓雅》：“有斐君子，終不可諼兮，道盛德至善，民之不能忘也。”郭璞曰：“言常思念之。”

《公羊傳·文公三年》：“其言救江何？為諼也。”何休解詁：“諼，詐。”《詩經·衛風·淇奥》：“有匪君子，終不可諼兮。”毛傳：“諼，忘也。”《爾雅·釋訓》：“有斐君子，終不可諼兮。斐，文貌。道盛德至善，民之不能忘也。”郭璞注：“常思詠。”《名義》：“諼，許園反。詐也，忘也。”《新撰字鏡》：“諼，况遠、許元、居而三反。忌也，詐也，妄也。”

訹，私律反。《服鳥賦》：“訹迫之徒，或趍西東。”孟康曰：“為利所誘訹也。”《説文》：“誘也。”《廣雅》：“訹，謏也。”

《漢書·賈誼傳》：“怵迫之徒，或趨西東。”顔師古注引孟康曰：“怵，為利所誘訹也。”顔師古注：“誘訹之訹則音戍［戌］。或曰：怵，怵惕也，音丑出反，其義兩通。而説者欲改字為鉥，蓋穿鑿耳。”《史記·屈原賈生列傳》：“怵迫之徒兮，或趨西東。”裴駰集解引孟康曰：“怵，為利所誘怵也。”“怵”“訹”音義同。《廣雅·釋詁一》：“訹，謏，誘也。”“謏”即“謏”字，其右旁當作“叜”，為“叟”之古字。《殘卷》所據本《廣雅》“謏”“誘”二字互乙，故作“訹，謏也”，説詳“誂”字下。

《名義》：“訹，私［私］律反。謏也。”《新撰字鏡》：“訹，和［私］律反，入。誘也，謏也。又作啒，非。”

譇，丑加、傷加二反。《説文》：“譇拏，羞窮也。”《蒼頡萹》：“詐譌也。”

《説文》："誻，誻誽，羞窮也。从言，沓聲。"段玉裁注："《方言》：'讕哰，謰謱，誽也。誽，楊州會稽之語也。或謂之惹，或謂之淹。'郭曰：'誽謂誻誽也。奴加反。'按：誻誽出此。羞窮者，謂羞澀辭窮而支離牽引，是曰誻誽。"《説文》："譸，妄言也。"《蒼頡篇》"詐譸"蓋同義連文。《名義》："誻，傷加反。詐也，誻詉也。"《新撰字鏡》："誻，丑加、傷伽二反。誽，羞窮也，詐譸。"

詑，湯柯、達可二反。《楚辞》："或詑謾而不疑。"野王案：《説文》："兖洲謂欺曰詑也。"

《楚辭·九章·惜往日》："或忠信而死節兮，或訑謾而不疑。""訑""詑"音義同。《説文》："詑，沇州謂欺曰詑。从言，它聲。"《名義》："詑，達可反。詑謾而不疑。"《新撰字鏡》："詑，湯利［和］、達可二反。欺也（上）。訑，上字。"

詉，女加〈反〉。《埤蒼》："誻詉，言不觧也。"野王案：《方言》即謰謱也。〈或〉為誽字，在手部也。

《方言》卷十："謰謱，誽也。"郭璞注："言誻誽也。""誻詉"與"誻誽"同。戴震《方言疏證》："《玉篇》……誽，又作詉，云：'誻詉，言不可解。'……誻，《廣韻》作侤，云：'讕哰，侤誽，語不可解。'""言不可解""語不可解"即《埤蒼》之"言不觧"。《名義》："詉，女加反。謱也，言不觧也。"《新撰字鏡》："詉，女加反。語皃，謶也。""謶"同"誻"。

謘［誀］，直梨反。《説文》："語諄謘［誀］者也。"

《説文》："謘，語諄謘也。从言，屖聲。"《玉篇》："謘，直梨、直利二切，語諄謘也。"《名義》："謘［誀］，直梨反。遅，語諄謘［誀］也。"《新撰字鏡》："謘，直梨反。語諄謘。"《殘卷》蓋衍"者"字。

謗，馬諫、馬姦二反。《荘子》："僻陋謗誕。"野王案：《説文》："謗［謗］，

欺也。”《方言》：“秦晉謂慧為謾。”郭璞曰：“言詑謾也。”又曰：“謾怠，懼也。燕代之間曰謾怠也。”

《莊子·知北遊》：“天知予僻陋慢訑，故棄予而死已矣。”“訑”“誕”義同。《集韻·换韻》：“訑，慢訑，弛縱意。”音“徒案切”，與“誕”音近。《説文》：“謾，欺也。从言，曼聲。”《玉篇》：“謾，莫般、馬諫二切，欺也。”《方言》卷一：“謾台，脅鬩，懼也。燕代之間曰謾台。”郭璞注：“蠻怡二音。”《殘卷》“謾怠”與今本《方言》“謾台”同。《集韻·之韻》“盈之切”小韻收“怡”“怠”二字。《名義》：“謾，馬諫反。欺也，怠也，懼也。”《新撰字鏡》：“謾，武安反，又莫晏反，去。欺也。”

讋，之頰反。《説文》：“拾讋也。”

《名義》：“讋，之頰反。讘，多言也。”吕浩《校釋》：“《殘卷》作‘《説文》：“拾讋也”。’今本《説文》作‘讋讘也’。《集韻·緝韻》作‘讋讘，多言’。《名義》應與字頭連讀為‘讋讘，多言也’。”按：“拾讋”疑當作“讋拾”。《六書故》作“讋囁，多言也”。“讋讘”“讋囁”與“讋拾”音義同。《新撰字鏡》：“讋，之頰反。拾讋。”

譇，士亞反。《説文》：“蹔語也。”野王案：今並為乍字，在乍部。

《名義》：“譇，士亞反。乍，蹔語也。”吕校本據今本《説文》改作“慙語也”。△按：當以“蹔語也”為是，“乍”有“蹔”義。《孟子·公孫丑上》：“今人乍見孺子將入於井，皆有怵惕惻隱之心。”趙岐注：“乍，暫也。”“蹔”“暫”為異體字。《説文》：“詐，慙語也。从言，作聲。”段玉裁注：“按：《玉篇》云：‘蹔語也。’疑《左傳·定八年》：‘桓子咋謂林楚。’杜云：‘咋，暫也。’當作詐字。”

《説文》：“乍，止也。一曰：亡也。從亡、一。”段玉裁注：“《廣雅》曰：‘暫也。’《孟子》：‘今人乍見孺子將入於井。’《左傳》：‘桓子乍謂林楚。’文意正同，而《左傳》俗本改乍為咋。”據此，則“乍部”當作“亡部”。諸字書無乍部，《名義·亡部》未見“乍”字。《新撰字鏡》：“乍，士复［夏］反，去。忽也，蹔也，止也。”

譁，旅剪反。《方言》："譁謱，拏也。南楚曰譁謱。"郭璞曰："言誻拏也。"《字書》或為嗹字，在口部也。[①]

《方言》卷十："嚰哰，譁謱，拏也。東齊周晉之鄙曰嚰哰。嚰哰亦通語也。南楚曰譁謱。"郭璞注："言誻拏也。奴加反。"《名義》："譁，旅剪反。謱，拏也。"《新撰字鏡》："譁，旅前［剪］反。謱，拏也。誻拏也。"

謱，洛口反。《廣雅》："謱譁，嚰哰也。"《字書》："譁謱，不鮮也。一曰：重也。"或為嘍字，在口部也（之）。[②]

《説文》："謱，譁謱也。从言，婁聲。"《廣雅·釋訓》："嚰哰，譁謱也。"王仁昫《刊謬補缺切韻·厚韻》（P.2011）："謱，譁謱，不解。"《名義》："謱，洛口反。不解也，重也，忌謱也。"[③]《新撰字鏡》："謱，洛口反。嘍字。不鮮也，重也。"

詒，与之反。《尚書》："詒厤子孫。"孔安国曰："詒，遺也。"《尒雅》亦云，郭璞曰："謂相歸遺也。"《毛詩》："詒尒孫謀。"箋云："詒，傳也。"《韓詩》："縱我不徃，子寧不詒音。詒，寄也，曽不寄問也。"《説文》："一曰：相喜也。"《字書》或為貽字，在具［貝］部也。[④]

《尚書·五子之歌》："有典有則，貽厥子孫。"孔安國傳："貽，遺也。"《爾雅·釋言》："貽，遺也。"郭璞注："相歸遺。"《詩經·大雅·文王有聲》："詒厥孫謀，以燕翼子。"鄭玄箋："詒猶傳也。"《詩經·鄭風·子衿》："縱我不往，子寧不嗣音。"

---

① 《名義》："嗹，閭前反。拏也，恚也。"
② "之"乃抄手為填補空白而增加的衍文。《殘卷》習見。
③ "忌謱也"當作"忌諱也"，為"諱"字之釋義。《名義》："誹，甫違反。""違"當為"違"字，《殘卷》正作"違"。梁曉虹《試釋〈佛説安墓經〉》指出，名古屋七寺所藏卷子本《佛説安墓經》有"無忌無謱"，"'無忌無謱'應指没有忌諱及令人心煩之事。'謱'一般單獨少用，多用作聯綿詞。……'譁謱'為'語煩'，則'謱'即可表煩惱、煩慮之義。"（梁曉虹《佛教與漢語史研究——以日本資料為中心》第56頁，上海古籍出版社2008年）按："無忌無謱"當作"無忌無諱"，其誤正與《名義》同。
④ 《名義》："貽，餘之〈反〉。遺也，傳也。"

陸德明音義："嗣，如字。《韓詩》作詒。詒，寄也，曾不寄問也。"《説文》："詒，相欺詒也。一曰：遺也。从言，台聲。"《名義》："詒，与之反。遺也，傳也，寄也。"《新撰字鏡》："詒，徒皆反，又与之反。不盡究而所余也，遺也，傳也。"

吕校本"相喜"改作"欺詒"，未詳所據。今本《説文》作"相欺詒"，就字形而言，"相喜"可以校改作"相怠"，詒、怠、紿音義同。[①]《方言》卷三："膠，譎，詐也。涼州西南之間曰膠，自關而東西或曰譎，或曰膠。"郭璞注："汝南人呼欺為讉，託回反。亦曰詒，音殆。"

諮，傷協、丑協二反。《説文》："諮讋也。"《聲類》："諮讋，言不止。"

《説文》："諮，言諮讋也。从言，習聲。"《名義》："諮，丑協反。讋也，言不也，止也。"《新撰字鏡》："諮，習音，入。讋也，言不正［止］也。"《玄應音義》卷二十《六度集經》卷六音義："暮習，辭立反。謂慣習數爲也。經文作諮，傷協、丑協二反。《説文》：'諮讋也。'《聲類》：'諮讋，言不止也。'"[②]

譺，魚記反。《説文》："譺，咍也。"《蒼頡萹》："譺，欺也。"《廣雅》："譺，調也。"野王案：相啁調也。

《説文》："譺，騃也。从言，疑聲。"《慧琳音義》卷十七《摩訶衍寶嚴經》音義："調譺，崖戒反。《蒼頡篇》：'譺，欺也。'《廣雅》：'譺，調也。'顧野王：'相啁調也。'《説文》：'從言，疑聲。'"

《名義》："譺，魚記反。紿也，欺也，調也。"吕氏校釋："《名義》'紿也'似為'咍也'之誤。《説文》作'譺，騃也'。"△按："咍"字不見於《説文》，"紿也"疑當作"給也"。"紿"通"詒"。《説文》："詒，相欺詒也。"與"譺"之"欺也""調也"義近。《慧

---

① 馮方《〈原本玉篇殘卷〉徵引〈説文・言部〉訓釋輯校（一）》（《古籍整理研究學刊》2002年第6期）認為"'喜'乃'遺'之誤字"。

② 《玉篇》："諮，叱涉、丑涉二切，諮讋，言不正也。"《集韻・葉韻》："諮，諮讋，語不正。"（此據上海古籍出版社1985年影印上海圖書館藏述古堂影宋鈔本《集韻》，中國書店1983年影印揚州使院重刻本《集韻》、中華書局1989年影印北京圖書館藏《宋刻集韻》、線裝書局2001年出版日本宮內廳書陵部藏宋元版漢籍影印叢書《集韻》"諮讋"均訛作"謂讋"。）"正"當為"止"字之訛。

琳音義》卷四五《佛説四輩經》音義："戲譺，下疑紀反。《蒼頡篇》：'譽，欺也。'《廣雅》云：'調也。'《説文》云：'誤也。從言，疑聲也。'"此處引《説文》作"誤"，與今本《説文》"騃"蓋均為"誒"字之訛。[①]字又作"娭"。《説文》："娭，戲也。"戲義與欺義相承。《慧琳音義》卷七四《佛本行讚傳》卷二音義："啁調，上陟交反。《蒼頡篇》：'啁亦調也。'《説文》：'嘐也。'傳文作嘲，俗字也。下條弔反。《毛詩傳》曰：'調，以言相戲也。'《廣雅》：'相欺誑也。'"《新撰字鏡》："譺，臭記反。調也，欺，謂相嘲調也。"又："䜝，臭世反。此亦作譺，五成［試］反，大調也。"[②]《玄應音義》卷十六《大比丘三千威儀》卷上音義："調譺，下魚戒反。《廣雅》：'譺亦大調也。'謂相嘲調也。""啁調"與"嘲調"同。

誑，俱放反。《国語》："天又誑之。"賈逵曰："誑猶䛒也。"《左氏傳》："是我誑吾兄。"杜預曰："誑，欺。"《尓雅》："侜張，誑。"郭璞曰："《書》云：'無䛒侜張為眩。'眩〈惑〉欺誑人也。"《聲類》䛒為㤮字，在心部。[③]

《國語·晉語八》："民疾其態，天又誑之。"韋昭注："誑猶惑也。""䛒""惑"通。《左傳·定公十年》："辰曰：'是我迋吾兄也。'"杜預注："迋，欺也。"陸德明音義："迋，求往反，又古況反。""迋"之"古況反"與"誑"之"俱放反"音同。《慧琳音義》卷五《大般若波羅蜜多經》卷四一五音義："矯誑，下俱況反。賈逵注《國語》云：'誑猶惑也。'杜預注《左傳》云：'誑，欺也。'《聲類》或作㤮，古字也。"又卷三一《諸法無行經》下卷音義："虚誑，下居況反。賈注《國語》云：'誑猶惑也。'杜注《左傳》云：'欺也。'郭注《介雅》云：'欺誑也。'《説文》：'從言，狂聲也。'"《爾雅·釋訓》："侜張，誑也。"郭璞注："《書》曰：'無或侜張爲幻。'幻惑欺誑人者。"吕校本作"眩，欺誑人也"。《慧琳音義》卷一《大般若波羅蜜多經》卷十一音義："幻事，還慣反。顧野王曰：幻謂相欺眩以亂人目也。《説文》：'相詐惑也。'""眩〈惑〉

---

① 《集韻·止韻》："譽，《博雅》：'調也。'一曰：詒也。或書作譺。""譺"字或作"嶷"。《集韻·志韻》："嶷，哄嶷，無聞見也。一曰：給也。一曰：笑皃。"《類篇》："嶷，……又魚記切，［哄］嶷，無所聞見也。一曰：殆也。一曰：笑皃。""給也""殆也"均當作"紿也"。《名義》"紿"誤作"紹"，猶《集韻》"紿"誤作"給"。《殘卷》"欺"字下引《蒼頡篇》"紹也"，"紹"亦當作"紿"。《集韻》《類篇》之"笑皃"義或源自一本《説文》作"誒也"。《楚辭·大招》："長爪踞牙，誒笑狂只。"王逸注："誒猶强也。……或曰：誒，笑樂也。……誒，一作娭。"按："娭"蓋"娭"字之訛。

② "成"當為"式"字之訛。《新撰字鏡》反切用字常省略偏旁，"式"當為"試"字之省。

③ 《名義》："㤮，俱況反。误也，狂也，欺。"

欺誑人”與此處“相欺眩以亂人目”義近。《名義》：“誑，俱放反。欺也，誤也，[①] 㹟字。”《新撰字鏡》：“誑，九妄反，去。惑也，欺也。”

諣，瓜詐反。《説文》：“諣，相誤也。”

《説文》：“諣，相娛也。[②] 从言，㚘聲。”《名義》：“諣，瓜詐反。桂，相誤也。”[③]

譖，壮賃反。《公羊傳》：“譖公于斉侯。”何休曰：“如其事曰訴，加誣曰譛。”劉兆曰：“言旁入曰譛。”《廣雅》：“譛，毁也。”

《公羊傳·莊公元年》：“其與弒公奈何？夫人譖公於齊侯。”何休解詁：“如其事曰訴，加誣曰譖。”陸德明音義：“譖，側鴆反。”《慧琳音義》卷五四《佛説鴦掘摩經》音義：“譖曰，側禁反。《博雅》：‘譛，毁也。’何休注《公羊傳》云：‘無其事曰誣，如其事曰譛。’[④]《説文》：‘愬也。從言，替［朁］聲也。’”又卷五七《旃陀越國王經》音義：“譛之，戢禁反。《廣雅》云：‘譖，毁也。’劉兆注《公羊傳》：‘言旁入（口）曰譖。’《説文》：‘譖，讒也。從言，朁聲。’古文云爾。”《玄應音義》卷十《大莊嚴經論》卷七音義：“譛毁，側禁反。譛，讒也。一云：旁入曰譛也。《廣雅》：‘譛，毁也。’”《廣雅·釋詁二》：“譖，諻也。”《名義》：“譖，壯賃反。愬也，毁也。”《新撰字鏡》：“譛，側禁、烏禁二反，去。毁也，讒也。譖，上字。”

訕，所姦反。《論語》：“悪居下而訕上。”孔安国曰：“訕，謗毁也。”野王案：《礼記》“為人臣者有諫而無訕”是也。《蒼頡篇》：“非也。”

---

① “誑”無“誤”義，“誤也”恐係承下“諣”字義而訛。

② 小徐本“娛”作“誤”，是。

③ 吕浩校釋：“諣同詿。《名義》‘桂’疑當作‘詿’。《説文》：‘詿，相誤也。’”按：“桂”與“詿”形隔，疑“桂”當作“挂”。《集韻·卦韻》：“挂，《説文》：‘畫也。一曰：懸也。’通作掛。詿，《博雅》：‘誤也。’或作諣。”“挂”“諣”音同。《名義》“桂”後不加“也”字，亦為直音法注音之一種。《名義》：“挂，古賣反。畫也，懸也。”

④ 當據今本《公羊傳》《殘卷》作“如其事曰訴，加誣曰譖”。

《論語·陽貨》："子曰：有惡：惡稱人之惡者，惡居下流而訕上者，惡勇而無禮者，惡果敢而窒者。"何晏集解引孔安國曰："訕，謗毀。"《禮記·少儀》："為人臣下者，有諫而無訕，有亡有無疾。"《玄應音義》卷十六《大愛道比丘尼經》卷下音義："訕貴，所姦反。《論語》：'惡居下而訕上。'孔安國曰：'訕，謗毀也。'《蒼頡篇》：'訕，非也。'"《慧琳音義》卷九五《弘明集》卷一音義："夫訕，山諫反。孔注《論語》云：'訕，謗毀也。'《蒼頡篇》：'非也。'《禮記》'為人臣者有諫而無訕'是也。《説文》：'謗也。從言，山聲也。'"《名義》："訕，所姦反。謗毀也，非也。"《新撰字鏡》："訕，所晏反，去。誹也，毀也，謗也。"

譏，居依反。《公羊傳》：'何譏尒？'何休曰：'譏猶譴也。'《礼記》：'閞杋［执］禁以譏。'鄭玄曰：'譏，訶察也。'《説文》：'誹也。'《廣雅》：'譏，〻諫；譏，問也（之）[①]。'"

《公羊傳·隱公二年》："此何以書？譏。何譏爾？譏始不親迎也。"何休解詁："譏猶譴也。"《禮記·王制》："關執禁以譏，禁異服，識異言。"鄭玄注："譏，呵察。""呵"同"訶"。《殘卷》"訶"為"訶"之俗字。《慧琳音義》卷四五《佛藏經》中卷音義："譏訶，上居依反。何休注《公羊》云：'譏猶譴也。'《廣雅》云：'問也。'鄭注《禮記》云：'呵察也。'《説文》：'誹也。從言，幾聲。'"又卷七二《阿毗達磨顯宗論》卷二十音義："譏刺，上既希反。何休注《公羊傳》云：'譏猶譴也。'鄭注《禮記》云：'訶察也。'《廣疋》云：'諫也，問也。亦刺也。'[②]《文字典説》：'從言，幾聲也。'"《説文》："譏，誹也。从言，幾聲。"《名義》："譏，居依反。譴也。誹也，諫也，問也。"《新撰字鏡》："譏，居希反，平。諫也，誹也，剌也，間［問］也，譴也，呵也，啜也，責也。"

"譏，〻諫"，吕校本作"譏，譏諫"，當作"譏，諫〻"，即"譏，諫也"。《廣雅·釋詁四》："譏，諫也。"《廣雅·釋詁二》："譏，問也。"

---

① "之"字係書寫時為填補空白造成的衍文。

② △今本《廣雅·釋詁一》"刺也"條下未列"譏"字。《玄應音義》卷八《維摩詰所説經》卷上音義："不譏，居衣反。《廣雅》：'譏，剌也。譏，問也。'《説文》：'譏，誹也。'"《慧琳音義》卷七三《鞞婆沙阿毗曇論》卷七音義："譏貶，居衣反。《廣疋》：'譏，刺也。'《説文》：'譏，誹也。'"按：《廣雅·釋言》："譏，諫，怨也。"王念孫疏證："諫，通作刺。"《玄應音義》《慧琳音義》引《廣雅》均未見"譏，怨也"，蓋所據《廣雅》脱"怨"字，故有"譏，刺［諫］也"。

誣，武虞反[①]**。《左氏傳》："祇取誣焉。"杜預曰："誣，欺也。"《国語》："其刑撟誣。"賈逵曰："非先王之法曰撟，加誅無罪曰誣。"又曰："欒氏之誣晉。"賈逵曰："以悪取善曰誣。"《礼記》："不首其義，是誣扵祭也。"鄭玄曰："誣猶忘也。"又曰："誣上行私而不可止。"鄭玄曰："誣，冈也。"又曰："受禄不誣。"鄭玄曰："扵事不誣。"**[②]**鄭玄曰："扵事不信曰誣。"《方言》："誣，譺與也。吴越曰誣，荊斉曰譺與，秦晉言何［阿］與也。"鄭［郭］璞曰："（相）何為［阿與］者，所以致誣譺也。"《説之［文］》："加言也。"**[③]**"**

《左傳·昭公二十六年》："晏子曰：'無益也，祇取誣焉。'"杜預注："誣，欺也。"《國語·周語上》："其政腥臊，馨香不登；其刑矯誣，百姓攜貳。"韋昭注："以詐用法曰矯，加誅無辜曰誣。"《國語·晉語八》："且夫欒氏之誣晉國也久矣，欒書實覆宗殺厲公以厚其家。"韋昭注："誣，罔也。以惡取善曰誣。"《禮記·曾子問》："今之祭者，不首其義，故誣於祭也。"鄭玄注："誣猶妄也。"《殘卷》"忘"通"妄"。《禮記·樂記》："桑間濮上之音，亡國之音也。其政散，其民流，誣上行私而不可止也。"鄭玄注："誣，罔也。"《禮記·表記》："是故君有責於其臣，臣有死於其言，故其受禄不誣，其受罪益寡。"鄭玄注："於事不信曰誣。"《方言》卷六："誣，譺與也。吴越曰誣，荊齊曰譺與，猶秦晉言阿與。"郭璞注："相阿與者，所以致誣譺也。"《玄應音義》卷二一《大乘十輪經》卷二音義："誣冈，武于反。《説文》：'加言也。'亦欺也，以悪取善曰誣。"《慧琳音義》卷十八《大乘大集地藏十輪經》卷二音義："誣网，上武夫反。杜注《左傳》云：'誣，欺也。'賈注《國語》云：'非先王之法曰撟，加誅其罪曰誣。'又曰：'以悪取善曰誣。'鄭注《礼記》：'誣，妄也。'又云：'於事不信曰誣。'《説文》：'加也。從言，巫聲。'"《名義》："誣，武虞反。欺也，忘也，冈也，譺也。"《新撰字鏡》："誣，武夫反，平。加言曰誣，誣，図［冈］也，忘也，欺也，以是為非曰図［冈］。"

誹，甫違反。《大戴礼》："立誹謗之礼［木］，欲諫之皷。"野王案：服虔注《漢

① 《殘卷》原誤作"武反虞"，吕校本徑改作"武虞反"。

② "鄭玄曰：'扵事不誣。'"恐係衍文。

③ 今本《説文》作"加也"，《玄應音義》《慧琳音義》"誣"字下引《説文》屢作"加言也"，與《殘卷》合。馮方《〈原本玉篇殘卷〉徵引〈説文·言部〉訓釋輯校（一）》（《古籍整理研究學刊》2002 年第 6 期）認為"《慧琳音義》確有引《説文》作'加言'的……，但也有僅訓'加'的……，可能唐時《説文》不同版本訓此字已有差異"。

書》曰：“作之梁楄交午柱頭。”應邵曰：“楄梁邊板，所以書政治之僣［僁］失也。至秦去之，今乃復立也。”《說文》：“誹，謗也。”

《大戴禮記·保傅》：“於是有進善之旍，有誹謗之木，有敢諫之鼓。”《慧琳音義》卷二《大般若波羅蜜多經》卷一八一音義：“誹謗，上非味反，下補浪反。《大戴禮》云：‘立誹謗之木，設諫諍之鼓。’應邵注《漢書》云：‘橋樑邊板，所以書政治之愆失也。’”《漢書·文帝紀》：“古之治天下，朝有進善之旌，誹謗之木，所以通治道而來諫者也。”顏師古注引服虔曰：“堯作之，橋梁交午柱頭也。”又引應劭曰：“橋梁邊板，所以書政治之愆失也。至秦去之，今乃復施也。”《史記·孝文本紀》：“古之治天下，朝有進善之旌，誹謗之木。”裴駰集解引服虔曰：“堯作之，橋梁交午柱頭。”又引應劭曰：“橋梁邊板，所以書政治之愆失也。至秦去之，今乃復施也。”司馬貞索隱：“按：《尸子》云：‘堯立誹謗之木。’誹音非，亦音沸。韋昭云：‘慮政有闕失，使書於木，此堯時然也，後代因以為飾。今宮外橋梁頭四植木是也。’”《説文》：“誹，謗也。”《名義》：“誹，甫違反。謗毁他非也。”[①]《新撰字鏡》：“誹，甫違反。謗也。”

謗，補浪反。《左氏傳》：‘謗国之。’[②]杜預曰：‘謗，毁也。’又曰：‘進昨［胙］者莫不謗。’杜預曰：‘謗，詛。’《国語》：‘国人謗王。’賈逵曰：‘謗，誹也。’又曰：‘左史謗之。’賈逵曰：‘對人道其忌［恶］也。’”

《左傳·昭公四年》：“國人謗之，曰：‘其父死於路。’”杜預注：“謗，毁也。”《左傳·昭公二十七年》：“楚郤宛之難，國言未已，進胙者莫不謗令尹。”杜預注：“謗，詛也。”《國語·周語上》：“厲王虐，國人謗王。”韋昭注：“謗，誹也。”《玄應音義》卷六《妙法蓮花經》卷五音義：“誹謗，《字林》：‘方味反。誹，謗也。謗，毁也。’《廣雅》：‘謗，恶也。’《國語》：‘左史謗之。’賈逵曰：‘對人道其恶曰謗也。’”《慧琳音義》卷十六《阿閦佛國經》卷上音義：“謗譏，補浪反。杜注《左傳》：‘謗，毁也。’又：

① 吕浩校釋作“謗毁，他非也”。△按：與《殘卷》相較，《名義》釋義不知所云。“謗毁，他非也”恐為“謗，毁也，非也”，為下“謗”字釋義羼入此處。“非也”即“誹也”，《殘卷》引賈逵注《國語》作“謗，誹也”，而《名義》“謗”下無此義。

② 似當作“國人謗之”。

‘詛也。’賈注《國語》云：‘誹謗［謗，誹］也。’又：‘對人説其惡也。’”[①]《名義》：“謗，補浪反。毀也，詛也，毀人也。”[②]《新撰字鏡》：“謗，補曠反，去。毀也，詛也，誹也。”

“左史謗之”，吕校本録作“左使謗之”，又改“使”為“史”。按：《殘卷》本作“史”。

譸，竹尤反。《尚書》：“無或胥譸張為幻。”孔安国曰：“譸張，誑也。無有相欺或多者。[③]”或為侜字，在人部。[④]《聲類》亦噂字也。野王案：譸［噂］，誰也。音除留反，在口部。[⑤]

《尚書・無逸》：“周公曰：嗚呼！我聞曰：古之人猶胥訓告，胥保惠，胥教誨，民無或胥譸張為幻。”孔安國傳：“譸張，誑也。君臣以道相正，故下民無有相欺誑幻惑也。”《慧琳音義》卷九七《廣弘明集》卷五音義：“譸張，肘留反。孔注《尚書》云：‘譸張，誑也，無有相欺或幻者也。”《殘卷》“或多”恐為“或幻”之訛。“幻”，古作“㓜”，與“多”形近。《説文》：“譸，詶也。从言，壽聲。讀若醻。《周書》曰：無或譸張爲幻。”《名義》：“譸，竹尤反。張，誑也，噂也。”《新撰字鏡》：“譸，竹尤、張流二反，平。狂［誑］也，相欺惑也。噂同作。”

詶，《説文》亦譸字也。

---

① 謗字或作“方”。《論語・憲問》：“子貢方人。”陸德明音義：“方人，如字。孔云：‘比方人也。’鄭本作謗，謂言人之過惡。”

② 與《殘卷》相較，《名義》“毀人也”似無所承。《慧琳音義》卷三一《諸法無行經》上卷音義：“誹謗，下博浪反。《考聲》云：‘謗，以言毀人也。’杜注《左傳》云：‘謗，毀也，詛也。’賈注《國語》云：‘謗亦毀誹也。’又云：‘對人道其惡也。’《説文》：‘從言，旁聲也。’”《考聲》即《考聲切韻》，作者為張戩。王國維《天寶韻英陳廷堅韻英張戩考聲切韻武玄之韻詮分部考》：“至撰《考聲切韻》之張戩，其人見《唐書・宰相世系表》，官至泗州刺史。其弟錫，相武后温王，則戩亦偽周時人。”（《觀堂集林》頁 389—390，中華書局 1959 年。）武則天在位時間為公元 690—705 年，而空海來華留學時間為公元 804—806 年，如果此條確係引用《考聲》，則《名義》除參考《玉篇》外可能還參考了別的著作。

③ 今本《尚書》作“無有相欺誑幻惑也”。《慧琳音義》卷九七《廣弘明集》卷五音義：“譸張，肘留反。孔注《尚書》云：‘譸張，誑也，無有相欺或幻者也。”《殘卷》“或多”恐為“或幻”之訛。

④ 《名義》：“侜，張牛反。誑也，鄣也。或譸字。”

⑤ 《名義》：“噂，除留反。誰。”“噂”字或作“疇”。《文選・潘岳〈西征賦〉》：“窺七貴於漢庭，譸一姓之或在。”李善注：“《聲類》曰：‘譸，亦疇字也。’《爾雅》曰：‘疇，誰也。’”

《説文》："詶，譸也。从言，州聲。"《名義》："詶，之救反。詛也，咒也，詛也。譸字。"《新撰字鏡》："譸，竹尢、張流二反，平。狂［誑］也，相欺惑也。噧同作。詶，上字同。又作酬，市流（快）反，平。報也，荅也，和也。又况羽反。普也。"①

據《殘卷》，"詶"為《説文》或"譸"字，不當訓為"譸也"。《玄應音義》卷二五《阿毗達磨順正理論》卷四二音義："呪詛，又作祝，《説文》作詶，同，之授反。詶，詛也。"《慧琳音義》卷三二《藥師瑠璃光如來本願功德經》音義："呪詛，上州狩反，俗字也，正從言作詶。《説文》：'詶亦詛也。從言，州聲也。'"日本中算《妙法蓮華經釋文》卷下："祝，之授反。……《説文》作詶。詶，詛也。"《玉篇》："詶，時遊切。詶荅也。《説文》：'職又切。詛也。'"蓋《説文》本作"詶，詛也"。

訄，去牛、渠牛二反。《説文》："訄，迫也。"

《説文》："訄，迫也。从言，九聲。讀若求。"《名義》："訄，去牛反。迫也。"《新撰字鏡》："訄，去牛、臣［巨］牛二反，迫也。"

詛，俎攄反。《周礼》："詛祝掌盟詛而祝號。"鄭玄曰："盟禯［詛］主於要誓。大事曰盟，小事曰詛。"注又曰："詛謂祝之使〈沮〉敗也。"野王案：《尚書》"厫口詛祝"、《毛詩》"矦詛矦祝"是也。又曰："詛掌司盟，掌［盟］万民之犯命者，詛其不信者。"鄭玄曰："盟詛者，欲相〈與〉共恶之也。"或為禯字，在示部。②

《周禮·春官·詛祝》："詛祝掌盟、詛、類、造、攻、説、禬、禜之祝號。"鄭玄注："八者之辭皆所以告神明也。盟詛主於要誓，大事曰盟，小事曰詛。"《周禮·春官·序官》："詛祝下士二人，府一人，史一人，徒四人。"鄭玄注："詛謂祝之使沮敗也。"《尚書·無逸》："民否則厥心違怨，否則厥口詛祝。"《詩經·大雅·蕩》："侯作侯祝，靡届靡究。"毛傳："作，祝詛也。"陸德明音義："作，側慮反，注同。本或作詛。"《殘卷》所據本正作"詛"。《周禮·秋官·司盟》："司盟掌盟載之灋。……盟萬民之犯命者，詛其不信者亦如之。"鄭玄注："盟詛者，欲相與共惡之也。"《殘卷》"詛掌司盟"當有誤。《説文》："詛，詶也。从言，且聲。"《名義》："詛，俎攄反。祝之使敗也。"《新撰字鏡》："詛，

① "况羽反"當為"詡"字。
② 《名義》："禯，側攄反。詛也。"

疰慮反，去。咒也，咀也。”

《慧琳音義》卷四三《金剛恐怖觀自在菩薩最勝明王經》音義：“呪詛，下側助反。鄭註《周禮》云：‘詛謂祝之使敗也。’‘欲相共惡之也。’《考聲》云：‘詛，咒罵也。’《說文》：‘從言，且聲。’亦作禮，或作槱，又作譃。經文作咀，非也。”

詘，丈又反。《説文》：“詘，祝也。”或為禂字，在示部。①

《說文》：“詘，詶也。从言，由聲。”又：“禂，祝禂也。”《名義》：“詘，丈又反。祝也。禂字，皆詶也。”《新撰字鏡》：“詘，直右反。訓［詶］也，祝也。”

誃，舒紙、直袳二反。《尓雅》：“誃，離也。”《説文》：“分離也。周景王作洛陽誃臺。”《聲類》：“離別也。”

《爾雅·釋言》：“誃，離也。”《說文》：“誃，離別也。从言，多聲。讀若《論語》‘跢予之足’。周景王作洛陽誃臺。”《名義》：“誃，直移反。離也，別也。謻，誃字。”《新撰字鏡》：“誃，天伐［氏］反，上。別也，離也。”《晉書·劉曜載記》：“未央朝寂，謻門旦空。”何超音義：“謻門，謻音池。《字林》力之反，又直紙反。”

謻，《聲類》亦誃字也。

《新撰字鏡》：“謻，舒紙反。誃字。”

《殘卷》“誃”“謻”分列兩個字頭，《名義》合併為一個字頭“誃”。吕校本亦予合併。按：合併不妥。如《殘卷·誩部》載“凡六字”，若按吕校本處理方式，將“䜈”字與“競”字合併，則為五字。

誖，補潰反。《尚書》：“實誖天道。”孔安国曰：“誖，乱也。”《周易》：

① 《名義》：“禂，徐留反。祝禂也。䄂，古文。”

“雷風不相誖。”韓康伯曰：“誖，逆也。”或為悖字，在心部。[①]

《尚書・畢命》：“我聞曰：‘世祿之家，鮮克由禮。以蕩陵德，實悖天道。’”孔安國傳：“特言我聞自古有之：世有祿位而無禮教，少不以放蕩陵邈有德者。如此，實亂天道。”《周易・說卦》：“故水火相逮，雷風不相悖。”《四部叢刊》本《周易》韓康伯此處無注。《慧琳音義》卷十七《如幻三昧經》卷下音義：“狂悖，……鄭注《禮記》云：‘悖猶逆也。’《廣雅》云：‘悖，乱也。’”又卷二《大般若波羅蜜多經》卷一〇五音義：“兇悖，下蒲沒反。鄭注《禮記》：‘悖，逆也。’《說文》：‘亂也。（或作誖，）從心，孛聲也。’”“逆也”義似出鄭玄《禮記注》。[②]《說文》：“誖，亂也。从言，孛聲。悖，誖或从心。”《名義》：“誖，補潰反。乱也，逆也。[illegible]，古。”《新撰字鏡》：“誖，薄背反，又蒲沒反，入。言乱也，逆也。悖字。諪，上字俗作。”

[illegible]［𧮥］[③]，《說文》：‘籀文誖字也。’

《說文》：“誖，亂也。从言，孛聲。悖，誖或从心。𧮥，籀文誖从二或。”

䜌，力官反，力全反。《說文》：“䜌，乱也。一曰：理也。一曰：不絶也。”《漢書》鉅鏕郡有南䜌縣。

《說文》：“䜌，亂也。一曰：治也。一曰：不絶也。从言、絲。”《漢書・地理志上》：“鉅鹿郡，……縣二十：鉅鹿，南䜌……”顔師古注：“莽曰富平。孟康曰：‘䜌音良全反。’”

---

① 《名義》：“悖，補潰反。逆也，乱也，擾也。”《新撰字鏡》：“悖、[illegible]，二形，古文作□、悖，補潰反，去；又補沒反，入。乱也，逆惛也。”

② 《禮記・月令》：“百工咸理，監工日號，毋悖于時，毋或作為淫巧以蕩上心。”鄭玄注：“悖猶逆也。”

③ 今本《說文》作“𧮥”。

《名義》："䜌，陸官反。乱也，理也，不絕也，擾也，悖也。"①

𢆶[𢿫]，《説文》古文䜌字也。

《説文》："䜌，亂也。一曰：治也。一曰：不絶也。从言、絲。𢿫，古文䜌。"

誤，牛故反。《尚書》："其勿誤于庶獄。"孔安国曰："誤，謬也。"野王案：《左氏傳》"以救公誤之，遂失秦伯"是也。

《尚書·立政》："繼自今，文子文孫，其勿誤于庶獄庶慎，惟正是乂之。"孔安國傳："文子文孫，文王之子孫。從今已往，惟以正是之道治衆獄衆慎，其勿誤。"《左傳·僖公十五年》："鄭以救公誤之，遂失秦伯，秦獲晉侯以歸。"《説文》："誤，謬也。从言，吳聲。"《名義》："誤，牛故反。謬也。"《新撰字鏡》："誤，□□也[反]，註□[也]。"

註，公賣反。《説文》："註，誤也。"野王案：《漢書》"政為文所註誤者"是也。

《説文》："註，誤也。从言，圭聲。"《名義》："註，公賣反。誤也。"《新撰字鏡》："註，胡卦反，去。誤也，過也。"《慧琳音義》卷八十《大唐內典録》卷十音義："註誤，上媧畫反。《漢書》云：'赦書：為所註誤者，皆赦除之。'"②《殘卷》疑當作"赦文：為所註誤者"，"赦文"與"赦書"同義。吕校本"政"改"赦"，其下補"書"字，又删"文"字，蓋據《慧琳音義》改。

① 《名義》"擾也，悖也"未詳。"擾""悖"與"亂"同義。《廣雅·釋詁三》："㥏，亂也。"王念孫疏證："《説文》：誖，亂也。或作悖。《玉篇》：'㥏，迷亂也。'悖、誖竝同㥏，曹憲音勃，各本㥏作愂，蓋因音內勃字而誤。考《説文》《玉篇》《廣韻》《集韻》《類篇》俱無愂字。《衆經音義》卷十三引《廣雅》：'㥏，亂也。'今據以訂正。……《説文》：'擾，煩也。'重言之則曰是擾擾，亦見《釋訓》。《衆經音義》卷八、卷九、卷二十三竝引《廣雅》：'擾，亂也。今本脱擾字。"

② 《漢書·霍光傳》："諸為霍氏所註誤，事在丙申前，未發覺在吏者，皆赦除之。"

誒，虚疑反。《說文》："誒誒，可忌［恶］之辞也。《春秋傳》曰'誒誒出〈出〉'是也。"野王案：《𤕫子》"桓公見鬼，去［公］反，誒誒［詒］為病，數月［日］不出"是也。又云："〻，一曰：然也。"野王案：然亦應也。与唉字〈同〉，在口部也。[①]

《説文》："誒，可惡之辭。从言，矣聲。一曰：誒，然。《春秋傳》曰：誒誒出出。"《名義》："誒，虚疑反。痛也。"《新撰字鏡》："誒，虚疑反。唉字。"《莊子·達生》："桓公田於澤，管仲御，見鬼焉。公撫管仲之手曰：'仲父何見？'對曰：'臣無所見。'公反，誒詒為病，數日不出。"陸德明音義："誒，於代反，郭音熙。《説文》云：'可惡之辭也。'李呼該反，一音哀。詒，吐代反，郭音怡，李音臺。司馬云：'懈倦貌。'李云：'誒詒，失魂魄也。'"《殘卷》"去反"當作"公反"[②]，"誒誒"當作"誒詒"，"數月"當作"數日"。吕校本失校。

"〻"為重文符，吕校本作"云云"。按："〻"若為"云"之重文，當删。疑此為字頭之重，連下文讀為"誒，一曰：然也"。[③]《廣雅·釋詁一》："然，譍也。"

譆，虚箕反。《毛詩》："噫嘻成王。"傳曰："譆，勑也。"箋云："噫譆，有所多大之聲也。"《左氏傳》："從者曰：譆！"杜預曰："懼聲也。"《礼記》："伯魚之母死，朞而猶哭。夫子曰：'譆！其甚矣。'"鄭玄曰："譆，〈悲〉恨之聲也。"《說文》："哀痛也。"歡和之嘻字，在口部也。[④]

《詩經·周頌·噫嘻》："噫嘻成王，既昭假爾。"毛傳："嘻，勑也。"鄭玄箋："噫嘻，有所多大之聲也。"《左傳·定公八年》："從者曰：嘻！速駕，公斂陽在。"杜預注："嘻，歎聲。"陸德明音義："嘻，許其反，懼聲。"《禮記·檀弓上》："夫子曰：嘻，其甚也！"鄭玄注："嘻，悲恨之聲。"《史記·張儀列傳》："其妻曰：'嘻！子毋讀書游説，安得此辱乎？'"司馬貞索隱："音僖。鄭玄曰：'嘻，悲恨之聲。'"《説文》："譆，痛也。从言，喜聲。"《名義》："譆，虚箕反。勑也。哀也，痛也。"

---

① 《説文》："唉，譍也。"《名義》："唉，扵来反。然也，号也。"
② "去"或作"厺"，與"公"形近。
③ 《新撰字鏡》亦有以"〻"為字頭之重者："諵，乃咸反，平。詁［詀］〻，細意也。""詀〻"當讀作"詀諵"。
④ 《名義》："嘻，欣基反。嗲也，和樂也。"

《新撰字鏡》："譆，許其反。病聲也，懼聲也。"

詯，胡内反。《説文》："膽滿氣也。"《蒼頡篇》："胡市也。"《聲類》："在人上也。"《字書》："一曰：市决後悔也。"

《説文》："詯，膽氣滿，聲在人上。从言，自聲。讀若反目相睞。"王仁昫《刊謬補缺切韻·隊韻》（P.2011）："潰，胡對反。……詯，胡市。"《名義》："詯，胡内反。胡也，市也。滿氣也。"又："詯，胡内反。膽滿氣也，胡市也，謇也。"

胡吉宣《玉篇校釋》："此引《聲類》'在人上也'，疑衍'類'字。'聲在人上'亦《倉頡篇》文。不然，'《聲類》'下應補一'聲'字。"按：文獻未見《蒼頡篇》有"聲在人上"之文。疑《殘卷》割裂《説文》釋義，中間插入《蒼頡篇》文，又在"聲"字後衍一"類"字。

誃，力支、力池二反。《方言》："誃恑，欺慯之語也。楚郢以南東陽之交通語也。"郭璞曰："亦中国相輕易［易］蚩弄之言也。"《説文》："誃牠［詍］，多言也。"《埤蒼》為㦒字，在心部。

《方言》卷十："眠娗，脉蜴，賜施，茭媞，譠謾，㦒忚，皆欺謾之語也。楚郢以南東揚之郊通語也。"郭璞注："六者亦中國相輕易蚩弄之言也。"《説文》："誃，誃詍，多言也。从言，离聲。"《埤蒼》已佚，作者為張揖。《廣雅·釋詁二》："㦒，欺也。"又《釋訓》："㦒恑，欺慢也。"字並作"㦒"。[①]《名義》："誃，力支反。欺謾之語也。"又："㦒，力難［雞］反。欺謾言也。"《新撰字鏡》："誃，力知、遲鬼二反。欺□［謾］之言也。"[②]

吕校本引《説文》"誃牠"，"牠"字改作"詍"。按：《説文》無"牠"字，吕説可從。

① 《名義》："㦒，力難反。欺謾言也。"吕浩校釋："白藤禮幸認為'力難反'當作'力離反'。《方言》卷十：'譠謾，㦒忚，皆欺謾之語也。'"△按："力難反"當作"力雞反"。《廣雅·釋詁二》："㦒忚，欺也。"曹憲音"力兮"。《廣韻》音"郎奚切"，《集韻》音"憐題切"，均屬齊（或作𪗉）韻。"離"屬支韻，而"雞"屬齊韻。

② 天治本"欺"後字漫漶，享和本、《群書類從》本作"謾"。天治本"謾"字多作"謾"，故補"謾"字。

訿，子尔反。《毛詩》："翕翕訿訿。"傳曰："訿訿然不思稱其上也。"又曰："睾睾訿訿。"傳曰："訿訿，窳不供黻也。"《尔雅》亦云："訿訿，不供黻也。"郭璞曰："賢者陵替姦黨熾盛，背公恤私曠黻事也。"《韓詩》："翕翕訿訿，不善之皀也。"《說文》或為此以［呰］字，在此部[①]。

《詩經·小雅·小旻》："潝潝訿訿，亦孔之哀。"毛傳："訿訿然思不稱乎上。"陸德明音義："訿，音紫。《爾雅》云：'潝潝、訿訿，莫供職也。'《韓詩》云：'不善之貌。'"《詩經·大雅·召旻》："臯臯訿訿，曾不知其玷。"毛傳："訿訿，窳不供事也。"陸德明音義："訿，音紫。《爾雅》云：'莫供職也。'"《爾雅·釋訓》："翕翕訿訿，莫供職也。"郭璞注："賢者陵替姦黨熾，背公恤私曠職事。"《慧琳音義》卷二十《寶星陀羅尼經》卷四音義："毀呰，咨此反。《韓詩》云：'呰，不善之皃也。'郭璞云：'賢者陵替，姦黨熾盛也。'諸字書'從言，此聲'。《說文》從吅作呰，義同。"《說文》："訿，不思稱意也。从言，此聲。《詩》曰：翕翕訿訿。"《名義》："訿，子尔反。不善皃。"《新撰字鏡》："訿、呰，二同字，茲此反，上。毀，量也，思也。"

訾，子移反。《国語》：'訾相其質。'賈逵曰：'訾，量也。'《礼記》：'不訾重器。'鄭玄曰：'訾，思也。'《說文》：'〈不〉思稱意也。'《謚法》：'牧今述古曰訾也。'"

《國語·齊語》："桓公召而與之語，訾相其質，足以比成事。"韋昭注："訾，量也。"《文選·王粲〈詠史詩〉》："結髮事明君，受恩良不訾。"李善注引賈逵《國語注》曰："訾，量也。"《禮記·少儀》："不願於大家，不訾重器。"鄭玄注："訾，思也。"《慧琳音義》卷十二《大寶積經》卷十二音義："訾哉，紫移反。鄭注《禮記》云：'訾，思也。'賈注《國語》：'訾，量也。'《考聲》：'譽也。'《謚法》曰：'牧今述古曰訾。'或作嚌。"《名義》："訾，子移反。量也，思也。"

呂校本："《説文》：'思稱意也。'"按："思"上當補"不"字。《爾雅·釋訓》："翕翕、訿訿，莫供職也。"陸德明音義："訿訿，子爾反。《字林》云：'不思稱乎上之意。'""思"上亦有"不"字。

---

① 《名義》："呰，子尔反。弱也，𰀀［呵］也。訿字。"

嚽，《字書》或呰字也。

吕校本此字依《名義》併入“呰”字下。《名義》：“嚽，呰字。”

詍，餘世反。《說文》：“詍詍，多言也。”野王案：《毛詩》“無然詍詍”是也。或為呭字，在口部。①

《説文》：“詍，多言也。从言，世聲。《詩》曰：無然詍詍。”《名義》：“詍，餘世反。多言也。”《新撰字鏡》：“詍，餘制反。多言。”《詩經·大雅·板》：“天之方難，無然憲憲；天之方蹶，無然泄泄。”毛傳：“泄泄猶沓沓也。”陸德明音義：“泄，徐以世反。《爾雅》云：‘憲憲、泄泄，制法則也。’《說文》作呭，云：‘多言也。’”

訽，道刀反。《說文》：“徃来言也。一曰：視也。②一曰：小兒未䏻正語也。”《字書》：“詖［詜］訽也。”

《説文》：“訽，往來言也。一曰：小兒未能正言也。一曰：祝也。从言，匋聲。”《名義》：“訽，道刀反。小兒未能正語也，祝也。”《新撰字鏡》：“訽，徒刀反，平。視也，多言也。”

吕校本引《字書》作“詖訽也”。按：“詖”當為“詜”字之譌。《殘卷》：“詜，他勞反。《埤蒼》訽字。《字書》：‘詜訽，往來言。一曰：視也。’”

詾，《說文》或訽字也。

《説文》：“訽，往來言也。一曰：小兒未能正言也。一曰：祝也。从言，匋聲。詾，訽或从包。”《名義》：“詾，訽字。”

---

① 《說文》：“呭，多言也。从口，世聲。《詩》曰：無然呭呭。”《名義》：“呭，余世反。舒散也，多言也。”

② “視也”，今本《說文》作“祝也”。胡吉宣《玉篇校釋》以為當作“視也”。按：“訽”從言，似與“視”義無涉，“祝”字未必誤。

詽，如藍、如蕃二反。《説文》："詽詽，多言也。樂浪有詽邯縣。"

《説文》："詽，詽詽，多語也。从言，冄聲。樂浪有詽邯縣。"《漢書·地理志下》："樂浪郡，……縣二十五：朝鮮，詽邯……"顔師古注："詽音乃甘反。"又引孟康曰："詽音男。"《名義》："詽，如藍反。多言也。"《新撰字鏡》："詽，如藍反。詽詽，多言。"

譅，達荅反。《説文》："譅諮也。"《字書》："譅諮，相及也。"

《説文》："譅，語相反譅也。从言，遝聲。"[①]《名義》："譅，達荅反。語相及也。"《新撰字鏡》："譅，達荅反。諮也，語相及也。"

諮，他荅、徒荅二反。《説文》："譅諮也。"《聲類》："譅諮，皆妄語也。"

《説文》："諮，譅諮也。从言，沓聲。"《名義》："諮，他荅反。妄語也。"《新撰字鏡》："諮，徒合反。譐諮。""譐諮"猶"噂沓"。

訮，呼田反。《説文》："争語訮訮也。"《蒼頡萹》："訮，訶也。"《廣雅》："訮，怒也。"

《説文》："訮，諍語訮訮也。从言，幵聲。"《廣雅·釋詁二》："訮，怒也。"《名義》："訮，呼用［田］反。訶也，怒也。"《新撰字鏡》："訮，五閑反，争也，詞［訶］也，怒也。"《慧琳音義》卷七八《經律異相》卷一音義："訮笑，上顯天反。《蒼頡篇》：'訮，訶也。'《廣雅》：'怒也。'《説文》：'争語訮訮也。從言，幵聲。'"

---

① 段注本"譅諮，語相及也"，云："此依《玉篇》訂。隶，及也。眔，目相及也。然則此從遝，訓語相及無疑。"桂馥《説文解字義證》："'語相反譅也'者，當為'語相及，譅諮也'。戴侗引唐本《説文》作'語相及也'。《玉篇》：'譅諮，語相及。'遝聲者，《方言》：'遝，及也。'"

譮，胡圭［麦］反。《説文》："言疾皀也。一曰：相數譮也。"《字書》或為嚍字，在口部也。①

《説文》："譮，言壯皃。② 一曰：數相怒也。从言，巂聲。讀若畫。"《名義》："譮，胡圭反。疾皃。"《新撰字鏡》："譢，號瓦反。疾言皃，相怒也。譮，上字。"又："譮，胡麦〈反〉。嚍字，疾皃。"

訇，呼泓反，胡繣反。《西京賦》："沸卉砰訇。"《説文》："駭言聲也。"《聲類》："音大也。"《説文》又曰："漢中正［西］有訇鄉也。"

《文選·張衡〈西京賦〉》："奮隼歸鳧，沸卉軿訇。"李善注："軿，芳耕切。訇，火宏切。"五臣本"軿"作"砰"，與《殘卷》所引合。《説文》："訇，駭言聲。从言，勻省聲。漢中西城有訇鄉。又讀若玄。"《殘卷》"正"當為"西"之訛。《漢書·地理志上》："漢中郡，……縣十二：西城。"顔師古注引應劭曰："《世本》：嬀虛在西北，舜之居。"常璩《華陽國志》卷二："魏興郡，本漢中西城縣。"《名義》："訇，胡繣反。音大也。訇［訇］，訇字。"《新撰字鏡》："訇，呼獲［泓］、胡繣二反。呼也。"《慧琳音義》卷八三《大唐三藏玄奘法師本傳》卷七音義："訇磕，上呼宏反。《聲類》：'音大也。'《説文》：'從言，勻省聲。'"

訇，《説文》籀文訇字也。

《説文》："訇，駭言聲。从言，勻省聲。漢中西城有訇鄉。又讀若玄。訇，籀文不省。"《名義》："訇［訇］，訇字。"

---

① 《名義》："嚍，于脈反。嚍也。"
② 王筠《説文解字句讀》："當依《玉篇》作'疾言皃'。《廣韻》二十一麥：'譮嚄，疾言。'"按：今本《説文》"言壯"，《殘卷》引作"言疾"，於義兩通。《爾雅·釋言》："疾，齊，壯也。"王引之《經義述聞》："壯與齊皆疾也，故郭曰：'壯，壯事，謂速也。齊亦疾。'《莊子·徐無鬼篇》：'百工有器械之巧則壯。'李頤注曰：'壯猶疾也。'《齊策》曰：'韓子盧者，天下之疾犬也。'《文選·求自試表》注、《後漢書·馮衍傳》注引此竝作'壯犬'，是壯為疾也。"

䛵，裨身反。《説文》："䛵，比也。"[①] 野王案：《毛詩》"国步斯䛵"是也。今為頻字，在頻部。[②]

《説文》："䛵，匹也。从言、頻聲。"《名義》："䛵，裨身反。比也。"《新撰字鏡》："䛵，裨身反。頻字。比也。"

《詩經·大雅·桑柔》："於乎有哀，國步斯頻。"毛傳："頻，急也。"鄭玄箋："頻猶比也。"陸德明音義："《廣雅》云：'頻，比也。'"

諞，裨蟬、皮免二反。《尚書》："截截善諞言。"孔安国曰："（巧）善為辯佞之言也。"《説文》："巧言也。"

《尚書·秦誓》："惟截截善諞言，俾君子易辭。"孔安國傳："惟察察便巧，善為辨佞之言，使君子迴心易辭。""巧"字當屬上，《殘卷》誤。《説文》："諞，便巧言也。[③] 从言、扁聲。《周書》曰：戩戩善諞言。《論語》曰：友諞佞。"《名義》："諞，裨蟬反。巧言也。"《新撰字鏡》："諞，方善反。美言也，言語便巧也。"

訑，空後反。《説文》："訑，扣也，如求婦先訑發[④] 之。"野王案：以言相扣發也。《論語》"訑其兩端"、《公羊傳》"吾為子口隐"[⑤] 並是也。《廣雅》："訑，羙［笑］也。"今為叩字，在邑部。或為扣字，在手部。[⑥]

《説文》："訑，扣也，如求婦先訑叕之。从言、口，口亦聲。"《名義》："訑，

① 今本《説文》作"䛵，匹也"。按："比""匹"（或作疋）義同。《慧琳音義》卷二一轉録慧苑《新譯大方廣佛花嚴經音義》卷上："無倫匹，《玉篇》曰：'倫，類也。''疋，比也。'"

② 《名義》："頻，裨賓反。急也，比也，近也。"

③ △疑《説文》當依《殘卷》及《名義》改為"巧言也"，"便"恐為"諞"之旁注字羼入正文。《説文》："諞，便巧言也。"徐鍇繫傳："今《論語》作便。"唯"巧言也"亦恐為誤訓。《公羊傳·文公十二年》："其為能變奈何？惟諓諓善竫言。"陸德明音義："諓諓，徐在淺反，又子淺反，又音牋。《尚書》作截，淺薄貌也。賈逵注《外傳》云：'巧言也。'"《國語·越語下》："余雖靦然而人面哉，吾猶禽獸也，又安知是諓諓者乎？"韋昭注："諓諓，巧辯之言也。"則"巧言也"為"諓諓"（或"截截"）之義。

④ 今大徐本《説文》誤作"叕"。

⑤ 今本《公羊傳》作"吾為子口隱矣"，何休解詁："口猶口語相發動也。"

⑥ 《名義》："扣，袪後反。擊也，持也，舉也，誠也，馬也。"

空後反。發也，隱也，美［笑］也。”《新撰字鏡》：“訁，苦原［厚］反，先［言］相訁可［發］也，扣也。”

△按：《名義·邑部》“邷，恪苟反，擊也，扣也，訁也。”“邷”與“訁”音義同。文獻“邷”多作“叩”。《論語·子罕》：“有鄙夫問於我，空空如也，我叩其兩端而竭焉。”何晏集解引孔安國曰：“有鄙夫來問於我，其意空空然，我則發事之終始兩端以語之，竭盡所知，不為有愛。”字正作“叩”。

詭，女佳反。《說文》：“言相詭同［司］。”《埤（也）蒼（頡）》：“詀詭，言不正也。”

《說文》：“詭，言相詭司也。从言，兒聲。”《名義》：“詭，女佳反。司也，不正也。”《新撰字鏡》：“詭，女佳反。相詭司也，言不止［正］也。”

吕校本作“言相詭伺”。按：《說文》無“伺”字。段玉裁《說文解字注》：“古別無伺字，司即伺字。《見部》曰：‘䚁，司也。’‘覗，司人也。’《人部》曰：‘伏，司也，候司望也。’《頁部》曰：‘類，司人也。’《㹜部》曰：‘獄，司也。’‘豸’下曰：‘欲有所司殺。’皆即今之伺字。”《集韻·佳韻》：“詭，《埤倉》：‘詀詭，言不正。’”

誂，達鳥反。《說文》：“相呼誘也。”野王案：《史記》“吴王欲反，乃使中大夫應高誂膠西王”是也。《廣雅》：“誂，詭［謏］也。”

《說文》：“誂，相呼誘也。从言，兆聲。”《史記·吴王濞列傳》：“吴王濞恐削地無已，因以此發謀，欲舉事。念諸侯無足與計謀者，聞膠西王勇，好氣，喜兵，諸齊皆憚畏，於是乃使中大夫應高誂膠西王。”司馬貞索隱：“音徒鳥反。”《名義》：“誂，達鳥反。謏也，謏。桃［挑］也。”[①]《新撰字鏡》：“誂，徒了反。弄也。”《類聚名

① 《名義》此條與《殘卷》難以對應。“謏”本作“謏”，似是“謏”字。《龍龕手鏡》列“瘦”（正體作瘦）字俗體十二形，其中“瘦”“痩”“瘦”“瘦”“瘦”諸形之聲旁與“謏”之聲旁相近。吕浩校釋作“誘”，恐不可從。吕浩校釋：“《名義》‘謏桃也’為‘詭也，挑也’之誤。誂通挑。”按：《名義》作“謏”不誤。《慧琳音義》卷三五《一字頂輪王經》卷二音義：“謿誂，下條鳥反。《廣雅》：‘誂，謏也。’”《廣雅·釋詁一》：“誂、誀、訹、謏，誘也。”均為“誂”“謏”同義之證。《殘卷》“詭也”當為“謏也”之誤。“桃也”確為“挑也”之誤。《箋注本切韻·篠韻》：“誂，弄。俗作挑。”《廣韻·篠韻》：“誂，弄也。俗作挑。《說文》曰：‘相呼誘也。’”

義抄》："誂，《玉》云：'相呼誘也。'"（86•1）

△《廣雅·釋詁一》："誂、誀、訹、詨，誘也。""詨"即"誸"，同"謏"，"謏"與"說"形近。《殘卷》所據本蓋"誘""謏"二字互乙，故作"誂，說[謏]也"。《殘卷》"謏"字下云："《廣雅》：'誂、誀、訹、誘，並謏也。'"是其明證。《殘卷》又引《廣雅》曰："誀，謏也。""訹，謏也。"均其證。《慧琳音義》卷三五《一字頂輪王經》卷二音義："謿誂，下條鳥反。《廣雅》：'誂，謏也。'"《玄應音義》卷十六《善見律》卷十四音義："誘訹，訹，私律反。《說文》：'訹，誘也。'《廣雅》：'訹，誸也。'"又卷十二《生經》卷一音義："誘訹，下私律反。《說文》：'訹，誘也。'《廣雅》：'訹，謏也。'"兩音義所據本同，或即據顧氏《玉篇》。玄應或以"誸"為"誘"之古文。《玄應音義》卷十六《善見律》卷十四音義："誘訹，古文羑、誦、誸三形，同，餘手反。"恐不可從。

譄，子恒反。《說文》："恒言也。"野王案：与增字同，在土部也。[1]

《說文》："譄，加也。"《名義》："譄，子恒反。加也。增字。"《新撰字鏡》："譄，子恒反。加也。增字。"

按：《殘卷》"恒言也"，"恒"字恐為承上而訛。《箋注本切韻·登韻》（S.2071）："增，在[作]縢反。加。亦作譄；通俗作增。"

譀，胡濫反。《東觀漢記》："雖誇[誇]譀猶令人面熱。"《說文》："譀，誕也。"《廣雅》："譀，話也。""譀，調也。"

《廣韻·闞韻》："譀，誇誕。《東觀漢記》曰：'雖誇譀猶令人熱。'"《說文》："譀，誕也。从言，敢聲。"《廣雅·釋詁四》："譀，調也。"《名義》："譀，胡濫反。誕也，話也，調也。"《新撰字鏡》："譀，火懺反。誇也，誕也，話也。"

《殘卷》引《廣雅》有"譀，話也"，吕校本作"詬也"。按：《廣雅》無"詬也"條。《廣雅·釋詁四》："詼、啁、譀、話、誠、譺、奠、周，調也。"王念孫疏證："詼、啁、誠為調戲之調，譀、話、譺為調欺之調，周為調和之調。""譀""話"實不同義，顧野王蓋誤解。

---

① 《名義》："增，作恒反。益也，加也，重也，曡也。"

誌，《說文》俗譀字也。

《説文》："譀，誕也。从言，敢聲。誌，俗譀从忘。"《名義》："譀，胡濫反。誕也，話也，調也。"《新撰字鏡》："譀，火懺反。誇也，誕也，話也。誌，上字。"

《殘卷》"誌"字本從"忘"。"忩"同"忘"。"亡"，《説文》本從入作"亾"，後亦作"亾"。

詄，徒結反。《漢書》："天門開，詄蕩蕩。"如淳曰："詄，天體堅清状也。"《說文》："詄，忘也。"

《漢書・禮樂志》："天門開，詄蕩蕩。"颜師古注引如淳曰："詄讀如迭。詄蕩蕩，天體堅清之狀也。"《説文》："詄，忘也。从言，失聲。"《名義》："詄，達結反。忘也。"《新撰字鏡》："詄，徒結反。忘也。"

諅，渠記反。《說文》："忘［忌］也。《周書》曰：尚不諅于凶德"是也。

《名義》："諅，渠記反。忘［忌］也。"《新撰字鏡》："諅，渠訁［記］反。忘也。"

按：《殘卷》《名義》"忘"當作"忌"。《説文》："諅，忌也。从言，其聲。《周書》曰：上不諅于凶德。"《玉篇》："諅，渠記切，忌也。《書》曰：'上不諅于凶德。'"《尚書・多方》："爾尚不忌于凶德，亦則以穆穆在乃位。"字正作"忌"。字或作"惎"。《小爾雅・廣言》："惎，忌也。"

誇，苦華反。《尚書》："憍滛矜夸，将由悪〈終〉。"孔安国曰："憍恣過制以自夸大也。"《方言》："夸，滛也。"《說文》："誇，譀也。"野王案：以大言相誇誕也。《漢書》"上将大誇胡人"是也。《謚法》："華言不實曰誇。"今亦或為夸字，在大部。[①]

① 《名義》："夸，苦華反。奢也。"

《尚書・畢命》："驕淫矜侉，將由惡終，雖收放心，閑之惟艱。"孔安國傳："言殷衆士驕恣過制，矜其所能，以自侉大。"《殘卷》"惡"下當補"終"字。《方言》卷十二："夸、烝，婬也。""婬"與"淫"音義同。《慧琳音義》卷六二《根本說一切有部毘奈耶雜事律》卷九音義："誇讚，上跨華反。孔注《尚書》云：'憍恣過制以自夸天［大］也。'《謚法》云：'華言無實曰誇。'[①]《說文》：'誇，誕也。從言，夸聲。'"《類聚名義抄》："誇，《玉》云：'苦華反。'"（101•1）

《說文》："誇，譀也。从言，夸聲。"《名義》："誇，苦華反。淫也，誕也。"《新撰字鏡》："誇，苦瓜反，平。又下更反，舉言也。詳，〈上〉字。"[②]

△按：若依《殘卷》，《名義》"誕也"當與字頭連讀為"誇誕也"。《文選・揚雄〈長揚賦〉》："明年上将大誇胡人以多禽獸。"李善注："吕忱曰：'誇，大言也。'《說文》曰：'誇，誕也。'"今本《說文》同《殘卷》作"譀也"。"譀""誕"同義，於義兩通，未知孰是。

誕，達垣［坦］反。《尚書》："乃逸乃彥，既誕。"孔安国曰："誕，欺也。"又曰："乃誕敷文德。"孔安国曰："誕，大也。"《毛詩》："旄丘之葛兮，何誕之莭兮。"傳曰："誕，闊（莭）也。"《韓詩》："誕先登于岸。誕，信也。"《左氏傳》："子晳之欲背誕。"杜預曰："背命放誕也。"《淮南》："弦高誕而存鄭。"許𥝖重曰："誕，謾也。"《說文》："調誕也。"

吕校本作"達恒反"，誤。《名義》作"達怛反"，吕氏校釋："《殘卷》作'達垣反'。"按：達怛""達垣"均為"達坦"之訛。《玄應音義》卷十三《寂志果經》音義："虛誕，達坦反。誕，欺也，亦大也，謾也，不實也。"

吕校本"彥"字録作"詹"，誤。《尚書・無逸》："乃逸乃諺，既誕。"孔安國傳："為逸豫遊戲，乃叛諺不恭，已欺誕父母。"[③]《尚書・大禹謨》："帝乃誕敷文德，舞干羽于兩階。"孔安國傳："遠人不服，大布文德以來之。"[④]《詩經・邶風・旄丘》："旄丘之葛兮，何誕之節兮。"毛傳："誕，闊也。"《詩經・大雅・皇矣》："無然畔援，

① 《逸周書・謚法》："華言無實曰夸。"
② "下更反"應為"詳"字。《新撰字鏡》"詳"原從"大"下"干"。
③ 《文選・劉琨〈答盧諶〉》："然後知聃、周之為虛誕，嗣宗之為妄作也。"李善注引孔安國《尚書傳》曰："誕，欺也。"
④ 《文選・皇甫謐〈三都賦序〉》："自時厥後，綴文之士，不率典言，並務恢張，其文博誕空類。"李善注引孔安國《尚書（大）傳》曰："誕，大也。"

無然歆羨，誕先登于岸。”鄭玄箋：“誕，大。”《文選·陸雲〈大將軍讌會被命作詩〉》：“皇皇帝祐，誕隆駿命。”李善注引薛君《韓詩章句》曰：“誕，信也。”《左傳·昭公元年》：“伯州犂曰：‘子姑憂子晳之欲背誕也。’”杜預注：“襄三十年，鄭子晳殺伯有，背命放誕，將爲國難。言子且自憂此，無爲憂令尹不反戈。”《淮南子·説山》：“弦高誕而存鄭，誕者不可以為常。”高誘注：“弦高矯鄭伯之命，以十二牛犒秦師而却之，故曰誕而存鄭。誕非正也，故曰不可以為常也。”[1] △《説文》：“誕，詞誕也。从言，延聲。這，籀文誕省㱃。”段注本作“譶誕者”，云：“此三字葢有誤。”桂馥、朱駿聲以為“詞”當作“詷”。按：當作“調誕”。《廣雅·釋詁二》：“調，欺也。”“調誕”為同義連文。《名義》：“誕，達怛［坦］反。欺也，大也，信也，慢也，調也，節也，閣［闊］也。”《新撰字鏡》：“誕，徒變反。欺也，大也，謾也，謗也，信也，闲［閣］也，空也，生也。[illegible]，上字。”

[illegible]，《説文》籀文誕字。

《説文》：“誕，詞誕也。从言，延聲。這，籀文誕省㱃。”
按：《新撰字鏡》收“誕”字異體作“[illegible]”，與“[illegible]”同。

譪，莫芥反。《説文》：“譀也。”

《説文》：“譪，譀也。从言，萬聲。”《名義》：“譪，莫荄［芥］反。譀也。”[2]《新撰字鏡》：“譪，莫芥反，又〈火〉芥反，譀也。”

䜌［讛］，《字書》或譪字也。

吕校本字頭右下作“厷”。“虫”字俗體每作“土（厷）”。《可洪音義》收“䖸

---

① 《慧琳音義》卷六七《阿毗達磨品類足論》卷三音義：“傲誕，下壇且［旦］反。孔注《尚書》云：‘誕，欺也。’又云：‘大也。’許叔重注《淮南子》云：‘慢也。’《文字典説》：‘從言，延聲。’”“慢”“謾”音義同。

② 王仁昫《刊謬補缺切韻·夬韻》（P.2011）：“譪，火芥反。譀譪。譀字火懺反。亦作謹［讛］。”《玉篇》：“譪，火界切。譀譪，諍罵怒皃。又音邁。”《廣韻·夬韻》：“譪，譀譪，許介切，又莫懈切。”“莫芥反”與“莫懈切”“邁”音同。

（蠶）”作“𧓉”“𧓉”，《名義·虫部》“蟆”作“𧍮”，均其證。《新撰字鏡》收“譪”字異體作“𧫷”，右下正作“虫”。《龍龕手鏡·言部》：“譪，今；𧬑，正。火芥反，大怒。又譀𧬑也。”“譪”“𧬑”為一字異體。《新撰字鏡》：“譪，莫芥反，又〈火〉芥反，譀也。𧬑，上字。”

訌，胡東反。《毛詩》：“蜂賊內訌。”傳曰：“訌，潰也。”箋［箋］云：“爭訟相角入之言也。”《尔雅》亦云。郭璞曰：“謂潰敗也。”

《詩經·大雅·召旻》：“天降罪罟，蟊賊內訌。”毛傳：“訌，潰也。”鄭玄箋：“訌，争訟相陷入之言也。”《爾雅·釋言》：“虹，潰也。”郭璞注：“謂潰敗。”阮元《十三經注疏校勘記》：“唐石經、雪牕本同，《釋文》虹音洪，顧作訌，音同。李本作降，下江反。按：《毛詩·抑》：‘實虹小子。’傳：‘虹，潰也。’《召旻》：‘蟊賊內訌。’傳：‘訌，潰也。’《說文》：‘訌，讃也。从言，工聲。《詩》曰：蟊賊內訌。’蓋虹，假借字；訌，正字。虹、訌皆工聲。陸德明作虹，與《抑》合；顧野王作訌，與《召旻》合。陸、顧本皆郭本也。李巡本作降，古降與虹音同，亦是假借字。”《說文》：“訌，讃也。从言，工聲。《詩》曰：蟊賊內訌。”《名義》：“訌，胡東反。潰也。”《新撰字鏡》：“□［訌］，胡籠反。讃也，責［潰］（也，）敗也。”

呂校本“角入”之“角”改“陷”。按：“角”當作“臽”。“臽”，古“陷”字，俗或作“𦥸”（見《可洪音義》），與“角”形近。

謔，虛虐反。《毛詩》：“無然謔謔。”傳曰：“謔謔然喜樂也。”《尔雅》：“謔浪，戲謔也。”郭璞曰：“謂相啁戲也。”又曰：“謔謔，崇讒慝也。”郭璞曰：“樂禍助〈虐〉，增譖恶也。”《說文》：“謔即戲也。《詩》云‘善戲謔兮’是也。”

《詩經·大雅·板》：“天之方虐，無然謔謔。”毛傳：“謔謔然喜樂。”《爾雅·釋詁上》：“謔浪笑敖，戲謔也。”郭璞注：“謂調戲也，見《詩》。”《爾雅·釋訓》：“謔謔、謞謞，崇讒慝也。”郭璞注：“樂禍助虐，增譖惡也。”

《說文》：“謔，戲也。从言，虐聲。《詩》曰：善戲謔兮。”《名義》：“謔，虛虐反。戲也，樂也，譖［譖］恶也。”《新撰字鏡》：“謔，許虐反，入。戲也，夊喜樂也。

又古［胡］到反，去。告也。”[①]

詪，古恨反，胡典反。《說文》：“即詪也。”《廣雅》：“詪詪，語也。”

《說文》：“詪，眼戾也。[②]从言，皀聲。”《名義》：“詪，何典反。佷也，詪也，語也。”《新撰字鏡》：“詪，可佷、何典二反。佷皃。”《廣雅·釋訓》：“詪詪，語也。”王念孫疏證：“《說文》：‘詪，很戾也。’謂言語相很戾也，重言之則曰詪詪。”按：“即詪也”“眼戾也”均不妥。《名義》與《殘卷》相較，“佷也”義似源自《說文》，“佷”同“很”，《說文》無“佷”字。疑《殘卷》引《說文》本作“詪即很也”。《名義》“詪也，語也”或當讀作“詪詪，語也”，前一“也”字本作“、”，為重文符。

譿，呼會反。《說文》“譿，聲也。《詩》曰‘譿譿其聲’”是也。鑾聲為鐬字，在金部；[③]鳳羽翽翽，字在羽部也。[④]

《說文》：“譿，聲也。从言，歲聲。《詩》曰：有譿其聲。”《名義》：“譿，呼會反。聲也。”《新撰字鏡》：“譿，冝作穢［鐬］，呼會反，去。聲也。又噦，上［呼］外反，去。”[⑤]

《詩經·魯頌·泮水》：“鸞聲噦噦，無小無大，從公于邁。”毛傳：“噦噦，言其聲也。”字又作“嘒”“噦”。《詩經·小雅·采菽》：“其旂淠淠，鸞聲嘒嘒。”毛傳：“嘒嘒，中節也。”《詩經·小雅·庭燎》：“庭燎晣晣，君子至止，鸞聲噦噦。”毛傳：“噦噦，徐行有節也。”

---

① △《新撰字鏡》反切上字“胡”常作“古”，此處“古到反”當作“胡到反”。音“胡到反”、釋義為“告也”者當為“號”字，《廣雅·釋詁三》：“號，告也。”“號”字或作“唬”。《說文》：“唬，號也。从言、虎。”段玉裁注：“此與《号部》‘號’音義皆同。”“唬”與“謔”形近，《新撰字鏡》誤。

② 小徐本、段注本“眼”並作“很”，是。

③ 《名義》：“鐬，呼外反。金聲。”

④ 《名義》：“翽，乎會反。羽聲也。鐬字。”

⑤ 《新撰字鏡》：“噦噎，上於越、呼外、胡懷三反。□也，鳥聲也。”

讙，虛園反，呼丸反。《礼記》："子夏曰：鼓鼙之聲讙。"鄭玄曰："讙嚻之聲也。"[①]《方言》："讙，譲也。自開而西秦晉之間凡言相責譲曰讙［譙］譲，北燕曰讙。"《廣雅》："讙，鳴也。"《聲類》以為亦嚻［囂］字也。野王案：嚻［囂］，呼名［㕣］也。音荒旦反，在嚻［㗊］部。[②]古文為吅字。吅，驚也，在吅部也。[③]

《禮記·樂記》："子夏對曰：……鼓鼙之聲讙，讙以立動，動以進衆。"鄭玄注："聞讙囂則人意動作。"《方言》卷七："譙，讙，讓也。齊楚宋衛荆陳之間曰譙，自關而西秦晉之間凡言相責讓曰譙讓，北燕曰讙。"《廣雅·釋詁二》："讙，鳴也。"《説文》："讙，譁也。从言，雚聲。"《殘卷》："嚻[④]，莫［荒］旦反。《説文》：'囂，呼也。'野王案：謂呼㕣微［徵］速也。《聲類》或為嘆［唤］字，在口部。"又："吅，詡煩反。《説文》：'驚呼也。'[⑤]《聲類》：此古文護［讙］字也。詳［讙］嚻也，在言部。"《慧琳音義》卷八一《南海寄歸內法傳》卷二音義："讙囂，上喧袁反。傳作諠，義同。《廣雅》云：'讙，鳴也。'顧野王云：'呼召也。'又云：'讙嚻猶諠譁也。'《説文》：'諠［讙］，譁也。〈從〉言，雚聲。'"又卷八七《十門辯惑論》卷上音義："讙也，暉袁反。鄭注《禮記》云：'讙嚻。'《聲類》云：'譁也。從言，雚聲。'《名義》："讙，呼九［丸］反。讓也，鳴也，呼召也。"《新撰字鏡》："讙，虛袁、呼丸二反。演［讓］也，譟、讙二合，鳴也，轉也，又擾耳騷也。"

呂校本録作"呼名"。按："名"當作"召"，形近而訛。[⑥]

諠，虛園反。《聲類》："諠，譁也。一曰：忘也。"野王案：此亦讙字也。

《玄應音義》卷十二《生經》卷三音義："讙呼，古文作吅，又作諠，同，虛袁反。《廣雅》：'諠，鳴也。'《聲類》：'諠，譁也。'諠聲也，驚呼也。"《慧琳音義》

---

① 《慧琳音義》卷八九《高僧傳》卷二音義："棄諠，下喧袁反。俗字也。《字書》（云）從雚作讙。鄭玄注《禮記》云：'讙嚻之聲也。'《方言》云：'讙，譲也。'《廣雅》云：'鳴也。'古文從雨［兩］口為吅字，猶驚也。義與諠、讙並同。"

② 《名義》："嚻，荒旦反。呼也，唤也，嚾。"

③ 《名義》："吅，詡煩反。驚呼也。"

④ 此字《殘卷》原"從㗊從莫"。

⑤ 《説文》："吅，驚嘑也。从二口。……讀若讙。"

⑥ 王念孫《讀書雜志·史記第六》："'徒諸名禍猾吏與從事。'《集解》引徐廣曰：'有殘刻之名。'《索隱》本作'徒請名禍猾吏'，《漢書》作'徒請召猜禍吏'。應劭曰：'徒，但也。猜，疑也。取吏好猜疑作禍害者任用之。'念孫案：此當作'徒請召猾吏與從事'。上文云'猾民佐吏為治'是也。《索隱》本作'徒請名禍猾吏'名即召之譌，禍即猾之譌而衍者也。""召"譌作"名"，與此正同。

卷一《大般若波羅蜜多經》卷一音義："捨諠，吁袁反。《聲類》：'諠，譁也。'鄭玄注《礼記》：'囂也。'或從雚作讙。"又卷五《大般若波羅蜜多經》卷四一五音義："諠雜，虛袁反。《聲類》云：'諠，譁也。諠，忘也。'"《名義》："諠，虛園反。譁也，忘也，驚呼也。"《新撰字鏡》："諠，喧、護［讙］、嚄［嚾］、援［諼］、吅五形，同，虛元反。又宣音，又化伊反，又作譁。"《類聚名義抄》："諠譟，《玉》云：'譁也，亦讙字也。'"（82•2）

諣，呼卦反。《說文》："疾言也。"

《説文》："諣，疾言也。从言，咼聲。"《名義》："諣，呼卦反。疾言也。"《新撰字鏡》："諣，寉霸反。疾言。"

讖，徒囬反。《說文》："譟也。"

《説文》："讖，譟也。从言，魋聲。"《名義》："讖，徒回反。譟也。"《新撰字鏡》："讖，徒回反。譟也。"

訆，公弔反。《說文》："訆，忌［忘］言也。《春秋傳》曰'或訓［訆］宋大廣［庿］'是。"《字書》或叫字也。叫，嘘［嘑］也，在口部。①

《左傳・襄公三十年》："或叫于宋大廟。"杜預注："叫，呼也。""叫"，"叫"之俗字，與"訆"音義同。《殘卷》"大廣"之"廣"當為"庿"字。"廟"，《説文》古文作"庿"，"庿"為"庿"之訛俗字，與"廣"形近。《殘卷》："嘂，布［古］即［弔］反。《周礼》：'雞人掌呼旦以嘂百官。'鄭玄曰：'以驚起百官，使早與［早興］也。'又曰：'銜杈［枚］掌禁［禁］嘂呼。'野王案：嘂忽呼也。《説文》：'高聲也。一曰：大呼也。《春秋公羊傳》曰"魯公嘂然而哭"是。'《尒雅》：'大壎［壎］謂之嘂也。'……或為訆字，在言部。"《名義》："訆，公弔反。妄言也。叫也。"《新撰字鏡》："訆，

① 《名義》："叫，古予［弔］反。呼也。"

公弔反。忘言也。叫字。嘑也。”

吕校本録作“叫，嘘也”。按：“嘘”當作“嘑”。《説文》：“叫，嘑也。”《慧琳音義》卷六九《阿毗達磨大毗婆沙論》卷一七二音義：“嘷叫，下澆竅反。顧野王云：‘叫，呼也。’”“嘑”“呼”音義同。

謕，徒埿反。《方言》：“南楚或謂支註曰詀謕，轉語也。”〈或為嗁字，〉在口部也。[①]

《方言》卷十：“嘱哰，謰謱，拏也。東齊周晉之鄙曰嘱哰。嘱哰亦通語也。南楚曰謰謱，或謂之支註，或謂之詀謕，轉語也。”《説文》：“謕，號也。从言，从虒。”《名義》：“謕，達泥反。呼也，嗁也。”《新撰字鏡》：“諦，達泥反。呼也，轉語也。嗁字。”

譁，呼瓜反。《尚書》：“人無譁，聴朕命。”孔安国曰：“無讙譁也。”《方言》：“譁，化也，燕朝鮮洌水之間曰譁。”[②]

《尚書·費誓》：“公曰：‘嗟！人無譁，聽命。’”孔安國傳：“伯禽為方伯，監七百里內之諸侯，帥之以征，歎而勑之，使無喧譁，欲其靜聽誓命。”《方言》卷三：“蔿，譌，譁，涅，化也。燕朝鮮洌水之間曰涅，或曰譁。”《慧琳音義》卷三四轉録《超日明三昧經》卷上玄應音義：“浮譁，呼瓜反。《尚書》：‘無譁聽命。’孔安国曰：‘無讙譁也。’”[③]《慧琳音義》卷十九《般舟三昧經》卷上音義：“譁説，上音花。孔注《尚書》云：‘譁，諠也。”《名義》：“〈譁〉，呼瓜反。化也，然也。”[④]《新撰字鏡》：“譁，呼瓜反，平。諠譁也。誇，上字。”

---

① 依《殘卷》體例，“在口部也”之前應有脱文，今補“或為嗁字”四字。《名義》：“嗁，達奚反。呼也。”

② 《方言》卷三：“譁，涅，化也。燕朝鮮洌水之間曰涅，或曰譁。”

③ 《玄應音義》卷五《超日明三昧經》卷上音義：“浮譁，呼瓜反。讙譁也。《蒼頡篇》：‘譁，言語譊譊也。’”

④ 吕浩校釋：“此字頭原誤。”按：此處誤脱字頭“譁”字，又誤以反切上字“呼”為字頭。據《殘卷》，《名義》“然也”當為下“誇”字義。

謣，《方言》："謣，然也。"郭璞曰："亦應聲也。"《說文》亦謣［譁］字也。《廣雅》："謣，應也。"

《方言》卷十二："謣，吁，然也。"郭璞注："呼瓜反。……皆應聲也。"《說文》："謣，妄言也。从言，雩聲。謣，謣或从荂。"[①]《名義》："謣，譁字。應也。"

按：依顧野王，謣似為譁之或體。今本《說文》以為謣之或體，恐非。《廣雅·釋詁一》："謣，吁，……譍也。"曹憲音"呼瓜"。王念孫疏證："《方言》：'謣，吁，然也。'郭璞注云：'皆應聲也。'應與譍通。"《廣韻·麻韻》："譁，諠譁。謣，上同。"

譌，吾戈反。《尚書》："平秩南譌。"孔安国曰："譌，化也。"《毛詩》："民之譌言。"箋云："譌，偽也。"又曰："或寢或偽［譌］。"傳曰："訛［譌］，動也。"《韓詩》："譌，覺也。"又曰："譌言，諠言也。"《尓雅》："譌，言也。"郭璞曰："世以妖言為譌言也。"

"譌"或作"訛"。《尚書·堯典》："申命羲叔宅南交，平秩南訛，敬致。"孔安國傳："訛，化也。"《詩經·小雅·沔水》："民之訛言，寧莫之懲。"鄭玄箋："訛，偽也。"又《正月》："民之訛言，亦孔之將。"鄭玄箋："訛，偽也。"《詩經·小雅·無羊》："或降于阿，或飲于池，或寢或訛。"毛傳："訛，動也。"陸德明音義："訛，五戈反，又五何反。《韓詩》作譌：'譌，覺也。'"《慧琳音義》卷三一《新翻密嚴經序》音義："張訛，下五和反。孔注《尚書》云：'訛，化也。'《毛詩箋》云：'偽也。'《韓詩》云：'訛言，〈諠言〉也。'郭注《尒雅》'世以媄言為訛'是也……或為譌字。"《爾雅·釋詁下》："訛，言也。"郭璞注："世以妖言為訛。"《說文》："譌，譌言也。从言，爲聲。《詩》曰：民之譌言。"《名義》："譌，五戈反。化也，偽也，動也，覺也。"《新撰字鏡》："譌，五戈反。化也，偽也，言〈也〉，覺也。或寢或訛，動也，言言。"

訛，《字書》亦譌字也。《聲類》或復為吪字，在口部。[②]

---

① 王筠《說文解字句讀》："《玉篇》以爲譁之重文，是也。"

② 《名義》："吪，五戈反。動也，吞嘆也。"《名義》"吞嘆也"當為下"嘆"字義羼入此處。《說文》："嘆，吞歎也。"

《名義》："訛，譌字，動也，覺也。"《新撰字鏡》："訛，譌、訛二字同。又吪字同，五和反，平。別也，動［動］也，覺也，偽也，謂詐偽也，言也，化也。"

呂校本此條併於"譌"字條下。按："訛"字《名義》亦單立條目。

謊，虚冈反。《説文》："夢言也。"《廣雅》："謊，忽也。"野王案：此亦与恍字同，在心部。[①]

《説文》："謊，夢言也。从言，巟聲。"《廣雅·釋言》："謊，忽也。"《名義》："謊，詡冈反。忽［忽］也，夢言也。"《新撰字鏡》："謊，詶［詡］冈反。夢言也，忽也。恍字。"《可洪音義》卷二五《一切經音義》卷八音義："嗻如，上呼廣反。經意是謊，火廣反。又或作謊、恍，二同，呼徃反。"

譽，蒲卓反。《説文》："大嘑也，自冤也。"野王案：《漢書》"郭舍人不勝痛呼譽"是也。

《説文》："譽，大呼自勉也。从言，暴省聲。"《名義》："暴［譽］，蒲卓反。大呼也。"《新撰字鏡》："譽，蒱草［卓］反。大呼也，自冤也。"

呂校本"自冤"改作"自勉"。按：當作"自冤"。《爾雅·釋訓》："懪懪，邈邈，悶也。"陸德明音義："懪，本又作譽，蒲卓反，又布卓反。《説文》云：'大呼也，自寃也。'"《漢書·東方朔傳》："舍人不勝痛呼譽。"服虔注："譽音暴。"鄧展注："呼音髐箭之髐。譽音瓜瓝之瓝。"顏師古注："鄧音是也。痛切而叫呼也，與《田蚡傳》呼報音義皆同。一曰：鄧音近之。譽，自寃痛之聲也。舍人榜痛，乃呼云譽，今人痛甚則稱阿譽，音步高反。"《玉篇》："譽，蒲剥切。《説文》曰：'大呼自寃也。'"均其證。

訬，仕交反。《説文》："訬，擾也。一曰：訬，獪也。"《聲類》亦魑字。魑，健［使］也，疾（也），今謂健［使］目［曰］訬。魑在鬼部。[②]野王案：許𣏌重注《淮

① 《名義》："恍，忻徃反。忽，失意也。"

② 《名義》："魑，仕交反。動［勦］也，疾也。"

南》："楚謂㥜［剽］輕為害之鬼為魑。"今亦以人相勁健［倢］為訬。

《説文》："訬，訬擾也。一曰：訬獪。从言、少聲。讀若毚。"[①] 段玉裁注："此複舉字删之未盡者。"則段氏以為當作"訬，擾也"，其説甚是，上揭《殘卷》可證。又《廣雅·釋詁四》："訬，獪也。"《名義》："訬，仕交反。擾也，儈也。健也，疾也。"又："魑，仕交反。動也，疾也。"《新撰字鏡》："訬，士交、市遙二反。口也。"

吕校本作"《楚辞》謂㥜輕為害之鬼爲魑。今亦以人相勁健為訬"。△按：《殘卷》"楚"字旁注"辞"字，似為衍文。且今本《楚辭》未見"魑""訬"。《廣雅·釋詁三》："僄，輕也。"王念孫疏證："《方言》：'仍，僄，輕也。楚凡相輕薄謂之相仍，或謂之僄也。'郭璞注：'僄音飄零之飄。'"《殘卷》"㥜輕"猶"僄輕"[②]，正與楚方言相關。另"勁健"似當作"勁倢"，"倢"同"捷"。《文選·左思〈吴都賦〉》："其鄰則有任俠之靡，輕訬之客。"李善注引高誘《淮南子注》曰："訬，輕利急疾也。"《後漢書·馬融傳》："或輕訬趬悍，廋疏嶁領，犯歷嵩巒，陵喬松，履修樠，踔𡡉枝，杪標端，尾蒼蜼，掎玄猨，木産盡，寓屬單。"李賢注："訬，輕捷也，音初稍反。"《玄應音義》卷二十《六度集經》卷二音義："孫勦，《説文》作魑，同，仕交反。便捷也。《廣雅》：'魑，捷也。'[③]《聲類》：'魑，疾也。'"《慧琳音義》卷七四《賢愚經》卷十音義："勦子，仕交反。便捷也，謂勁速勦倢也。《説文》作魑。《廣疋》：'魑，捷也。'《聲類》：'魑，疾也。'"《玉篇》："魑，士交切。剽輕為害之鬼也，疾也。"《淮南子·脩務》："越人有重遲者，而人謂之訬。"高誘注："訬，輕利急〈疾〉，亦以多者言。訬讀燕人言躁操善趍者謂之訬同也。""訬"與"重遲"相對，自應為輕捷義。

謬，靡幼反。《尚書》："青［正已］繩僣［督］糺謬，〈格〉其悲［非心］。"野王案：謬猶僻乱也。《礼記》："孔子曰：'不能詩，〈於〉糺［礼］謬。'"

---

① 段玉裁於"讀若毚"下注："此未詳。"按：《廣雅·釋詁四》："訬，毚，獪也。"曹憲音"讒"。王念孫疏證："毚者，《小雅·巧言篇》：'躍躍毚兔。'毛傳云：'毚兔，狡兔也。'"陸德明音義："毚，士咸反。"則"訬"無"毚"音，而與"毚"義同。

② "僄輕"或作"剽輕"。《文選·左思〈魏都賦〉》："過以仍剽之單慧，歷執古之醇聽。"劉逵注引楊雄《方言》曰："仍，剽，輕也。"《文選·曹植〈白馬篇〉》："狡捷過猴猿，勇剽若豹螭。"李善注引《方言》曰："剽，輕也。"

③ 黄仁瑄校注："出處待考。"按：《廣雅·釋詁二》："魑，健也。"王念孫疏證："《衆經音義》卷十二引《聲類》云：'魑，疾也。'《廣韻》又楚交切。云：'疾皃。'字亦作訬。《玉篇》：'訬，健也，疾也。'《淮南子·脩務訓》：'越人有重遲者，而人謂之訬。'高誘注云：'訬，輕秒［利］急疾也。'……凡健與疾義相近，故疾謂之捷，亦謂之魑。"則今本《廣雅》作"健"不作"捷"。

鄭玄曰："謬，誤世［也］。"《方言》："謬，詐也。自開而東西或曰謬。"[①]《説文》："狂者之志［妄］言也。"《廣雅》："謬，欺也。"《謚法》："名与實變［爽］曰謬。"劉曰熙［熙曰］："謬，差也，名清而實濁也。[②]"

吕校本引《尚書》作"青繩愆糾謬，（格）其非心"。△按：今本《尚書》作"正己繩愆糾謬，格其非心"。《殘卷》"正已"誤合成"青"字，"愭"蓋"僁"[③]字之訛。"悲"則"非心"二字之誤合。《殘卷》又脱"格"字。

吕校本引《禮記》作"不能詩，糾謬"，"糾"改成"於"，其下補"禮"字。△按:《殘卷》"糾"本作"糺"，與"礼"形近，當是"礼"字之訛。《殘卷》"禮"多寫作"礼"。《禮記·仲尼燕居》："子曰：'……不能詩，於禮繆。'"《殘卷》"礼"前脱"於"字。

《慧琳音義》卷七《大般若波羅蜜多經》卷五四一音義:"迷謬，縻右反。鄭玄云:'謬，誤也。'《廣雅》：'謬，欺也。'《方言》：'謬，詐也。'《謚法》：'名與實乖曰謬。'劉熙曰：'謬，差也。'《説文》云：'謬，從言，翏聲也。'"又卷四十《阿唎多羅陀羅尼阿魯力品》音義:"謬忘，上眉宥反。顧野王云:'謬猶僻也。'《方言》:'詐也。'鄭注云：'誤也。'《説文》：'狂者之忘言也。從言，翏聲也。'"字或作"繆"。《逸周書·謚法》："名與實爽曰繆。"《史記·漢興以來諸侯王年表》："廣川：繆王元年。"裴駰集解引徐廣曰："齊立四十五年，以征和元年乙丑有罪病死，謚曰繆。"司馬貞索隱："廣川惠王子。《謚法》：'名與實乖曰繆。'"

《説文》："謬，狂者之妄言也。从言，翏聲。"《名義》："謬，靡幻［幼］反。僻也，誤也，詐也，差也。"《新撰字鏡》："謬，力交、亡繡二反，欺也，誤也，又靡幻反，去。詐也，猶錯乱也。"

諆，居疑反。《尔雅》："諆，謀也。"野王案：謂謀謨也。今亦為基字，在玉部也。[④]

《説文》："諆，欺也。从言，其聲。"《爾雅·釋詁上》："基，訪，謀也。"

---

① 《方言》卷三"謬"作"膠"。周祖謨校箋："膠，當作謬。《原本玉篇》謬下引《方言》云：'謬，詐也，自關而東西或曰謬。'《爾雅序》釋文及《玄應音義》卷二、《慧琳音義》卷六、卷七、卷三十四等引《方言》並云'謬，詐也'，當據正。"

② 《史記正義》附《論例謚法解》："名與實爽曰繆。言名美而實傷。""名清而實濁"猶"名美而實傷"。

③ "僁"同"愆"，《殘卷》本部字頭作"𠎝"，與"愭"形近。

④ 《名義》："基，居期反。夲也，始也，经也，營也，設也，業也。"

陸德明音義："本或作謀，音同。"《玄應音義》卷十八《辟支佛因緣論》卷下音義："啚之，達胡反。圖，議也，亦計也。《尒雅》：'圖，謀也。'謂謀謨也。《廣雅》：'圖，度也。'"《名義》："諆，居疑反。謨也。"《新撰字鏡》："諆，居之反。諆［欺］也。《詩》去［云］：周爰諮諆。"[①]

誋，渠記反。《礼記》："敬記［誋］冈有，擇言在躬。"鄭玄曰："誋之言誡也。"《廣雅》："誋，告也。"亦為忌字，在心部。[②]

吕校本引《禮記》作"敬記罔有"。按："記"當作"誋"。此處字頭作"誋"，則引文當與字頭一致，且引鄭玄注亦作"誋"。《禮記·表記》："《甫刑》曰：'敬忌而罔有，擇言在躬。'"[③]鄭玄注："忌之言戒也。"《廣雅·釋詁三》："誋，告也。"《説文》："誋，誡也。从言，忌聲。"《名義》："誋，渠記反。誡也，告也。忌字。"《新撰字鏡》："誋，渠記反。忌字。信［？］也，告也。"

譎，公穴反。《論語》："晉文公譎而不正。"鄭玄曰："譎，詐也。"《方言》："自開而東西或謂詐為譎。"《毛詩》："主文而譎諫。"鄭玄曰："譎諫，詠歌依違，不直諫。"或為憰字，在心部。

《論語·憲問》："晉文公譎而不正。"何晏集解引鄭玄曰："譎，詐也。"《方言》卷三："膠［謬］，譎，詐也。涼州西南之閒曰膠，自關而東西或曰譎，或曰膠［謬］。詐，通語也。"《詩經·周南·關雎·序》："主文而譎諫，言之者無罪，聞之者足以戒。"毛傳："譎諫，詠歌依違，不直諫。"《説文》："譎，權詐也。益梁曰謬，欺天下曰譎。从言，矞聲。"《名義》："譎，公穴反。詐也，竒恠也。"《新撰字鏡》："譎，公穴、公橘二反，入。實也，許［詐］也。"

字亦作"憰"。《名義》："憰，公穴反。詐也。"

《名義》"竒恠也"不見於《殘卷》。《玄應音義》卷五《超日明三昧經》上卷音義："譎詭，

---

① 《詩經·小雅·皇皇者華》："載馳載驅，周爰咨謀。""謀"與"諆"形近，《殘卷》所據本蓋誤作"諆"。

② 《名義》："忌，渠記反。惡也，畏也，敬也，難也，憎也。"

③ 《尚書·吕刑》作"敬忌罔有，擇言在身"。

又作噅，同，公穴反；下又作恑，同，居毀反。《方言》：‘自關而東西或謂詐爲譎（恑）。’（譎）恑亦奇恠也。”[①]《名義》或取義於此。

訏，況俱反。《毛詩》：“實譚實訏。”謂張口鳴訏［諤］也。又曰：“洵訏且樂。”傳曰：“訏，大也。”《方言》：“訏，若言也。中斉西楚之郊曰訏。”《說文》：“一曰：詭偽也。”

《詩經·大雅·生民》：“實覃實訏，厥聲載路。”毛傳：“訏，大。”鄭玄箋：“訏謂張口鳴呼也。”吕校本録作“鳴訏”，“訏”改作“呼”。按：當作“嗚呼”。[②]《詩經·鄭風·溱洧》：“且往觀乎，洧之外，洵訏且樂。”毛傳：“訏，大也。”陸德明音義：“洵，息旬反。《韓詩》作恂。訏，況于反。《韓詩》作盱，云：‘恂盱，樂貌也。’”吕校本引《方言》作“若言也”，“若”改作“大”。△按：《方言》卷一：“碩、沈、巨、濯、訏、敦、夏、于，大也。齊宋之間曰巨，曰碩，凡物盛多謂之寇。齊宋之郊楚魏之際曰夥。自關而西秦晉之間凡人語而過謂之過，或曰僉。東齊謂之劒，或謂之弩，弩猶怒也。陳鄭之間曰敦，荆吴揚甌之郊曰濯，中齊西楚之間曰訏。”“訏”為“大也”，未見“大言也”。“若言”當為“誊”字之誤拆，又混同《説文》《方言》釋義。《殘卷》“誊”字字頭作“**誊**”，與“訏”下之“若言”僅有疏密之異。《説文》：“訏，詭譌也。从言，亏聲。一曰：訏誊。齊楚謂信曰訏。”吕校本引《説文》作“讒偽也”。按：《殘卷》“讒”字本作“**讒**”，當是“詭”字。《名義》屢見“危”作“免”。《名義》：“訏，況俱反。大也，差也，若［誊］也，偽也。”[③]《新撰字鏡》：“訏，況于反，平。大也。誊，詭偽也。”

誊，子雅反。《說文》：“誊，嗟也。”野王案：憂歎之辞也，亦歎美也。嗟字同，

---

① 黄仁瑄校注：“‘譎詭’二字慧琳本闕。”按：《玄應音義》衍“恑譎”二字。《慧琳音義》卷三四轉録《超日明三昧經》卷上玄應音義：“譎詭，又作噅，同，公穴反。下又作恑，同，居毀反。《方言》：‘自關而東西或謂詐為譎。’恑亦奇怪也。”“奇怪也”為“詭”（恑）字義。《慧琳音義》卷二十《寶星陀羅尼經》卷六音義：“詭言，上龜毀反。顧野王云：‘詭，譎也，猶奇怪也。’《淮南》云：‘蘇秦以百詭成一信。’《説文》云：‘從言，危聲。’”又卷十二《大寶積經音》卷三二音義：“詭異，上愧委反。《考聲》云：‘詐也，欺也，隨惡也。’顧野王云：‘奇怪也。’或作恑也。”

② 阮元挍勘記：“訏謂張口鳴呼也，小字本、相臺本同。案：《沿革例》云：‘諸善本皆作嗚，余仁仲本作鳴，最為非是。今從疏及諸善本作嗚。’”

③ 《名義》“誊”字字頭作“**誊**”，與“**誊**”形近。

在口部。[①] 古文為髊字，在長部也。[②]

按："子雅反"疑當作"子邪反"。《切韻箋注·麻韻》（S.2071）："嗟，子邪反。"《説文》："䜆，咨也。一曰：痛惜也。从言，𠂢聲。"《周易·離》："不鼓缶而歌，則大耋之嗟凶。"王弼注："嗟，憂歎之辭也。"《慧琳音義》卷二三轉録慧苑《新譯大方廣佛花嚴經音義》卷下："咨嗟戀慕，咨音諮。孔安國注《書》曰：'咨，嗟也。'《玉篇》曰：'咨嗟，嗟歎也。'鄭箋《詩》曰：'咨嗟，歎美沈也。'"[③]《名義》："䜆，子雅反。咨也，歎美也。"《新撰字鏡》："䜆，子邪反。治［咨］也，憂歎之辞也。嗟、髊二字同。"

䛩，《聲類》亦嗟字也。

《新撰字鏡》："䜆，子邪反。治［咨］也，憂歎之辞也。嗟、髊二字同。

讋，章葉反。《説文》："失氣也。一曰：言不止也。傅毅以為讀若慴。"野王案：《漢書》"匈奴讋焉"是也。《聲類》："讋，謵也。"亦與懾字同，在心部。[④] 慴音徒頬反。

《殘卷》"讋"字原列於"讋"字前。依《殘卷》體例，正字列前，重文列後。吕校本"讋"字列於"讋"後，且兩字頭合併。

《説文》："讋，失气言。一曰：不止也。从言，龖省聲。傅毅讀若慴。"△按：《説文》"失气言"之"言"當置於"不止也"之前。《玄應音義》卷十九《佛本行集經》卷十四音義："膽讋，脂葉反。《説文》：'失氣也，讋，怖也，一曰：言不止也。'"[⑤]《文選·班固〈東都賦〉》："自孝武之所不征，孝宣之所未臣，莫不陸讋水慄，奔走而來賓。"

---

① 《名義》："嗟，則耶反。羡［美之］也，咨也。"
② 《名義》："髊，子耶反。嗟。咨也，歎也。"
③ 《詩經·商頌·烈祖》："嗟嗟烈祖，有秩斯祜。"鄭玄箋："嗟嗟，美歎之深。""深""沈［沉］"義同。
④ 《名義》："懾，章涉反。服也，怯或也，畏也。"
⑤ 黃仁瑄校注本標點作"《説文》：'失氣也。'讋，怖也，一曰言不止也"。

李善注引《説文》曰："讋，失氣也。"《漢書·項籍傳》："府中皆讋伏，莫敢復起。"顔師古注："讋，失氣也，音章涉反。"《史記·項羽本紀》："一府中皆慴伏，莫敢起。"司馬貞索隱引《説文》云："讋，失氣也。"《廣韻·怗韻》："慴，懾也。《説文》：'懼也。'"音"徒協切"，與《殘卷》《名義》"徒頰反"音同。"懼"與"怖"義同。《名義》："讋，章葉反。失气也，不止也。"《新撰字鏡》："讋，章葉、之涉二反。多言也，怖也，一曰：言不正［止］，言語不正［止］。"

讋，《説文》籀文龍［讋］字，不省。

《説文》："讋，失气言。一曰：不止也。从言，龖省聲。傅毅讀若慴。讋，籀文讋不省。"《名義》有"讋"字頭，但釋義作"虛規反。相毀也"，應是"隓"字義。依《名義》體例，"讋"字當屬上條，作"讋，讋字"。

隓，虛規反，由恚反。《説文》："相毀也。"《蒼頡萹》："諈也。"

《説文》："隓，相毀也。从言，隨省聲。"《名義》："讋［隓］，虛規反。相毀也。"

"由恚反"，吕校本同。按："由"當是"四"之形近而訛。《集韻·至韻》："隓，《説文》：'相毀也。'"音"雖遂切"，與"四恚反"音同。

諲，於路反。《説文》："相毀也。"野王案：《左氏傳》"兩相諲"是也。又曰："亦云：畏諲也。"野王案：《礼記》："孔子曰：'如惡惡臭。'""君臨〈臣〉喪，以巫祝桃茢，惡之。"今亦悪字，在心部。[①]《聲類》亦啞字也。啞，夫（笑）皀也，在口部。[②]

《説文》："諲，相毀也。从言，亞聲。一曰：畏亞。[③]"《左傳·隱公三年》："周鄭交惡。"杜預注："兩相疾惡。"《殘卷》脱"疾"字。"又曰"指"《説文》曰"，"亦云：

① 《名義》："惡，於各反。陋也。悪也。過也，憎也，何也。"
② 《名義》："啞，阿格反。笑［笑］聲也。"
③ "畏亞"似當據《殘卷》改為"畏諲"。

畏諲也"，猶今本《説文》"一曰：畏亞"。《禮記・大學》："所謂誠其意者，毋自欺也，如惡惡臭，如好好色，此之謂自謙。"《禮記・檀弓》："君臨臣喪，以巫祝桃茢，執戈，惡之也。"《名義》："諲，於路反。相毀也。惡字也。"《新撰字鏡》："諲，烏故反。相毀也。"

諰，《字書》亦諰［諲］字也。

《龍龕》："譚、諲，二俗；諰，正。烏故反，相毀也。"

讕，徒闔反。《説文》："讕嗑也。"《埤蒼》："讕嗑，妄言也。"

《説文》："讕，嗑也。从言，闒聲。"《名義》："讕，徒闔反。嗑也，妄言也。"《新撰字鏡》："讕，勑蕩［闒］反，直蕩［闒］反。盍［嗑］（也），言也。"

訩，詡恭反。《毛詩》："降此鞠訩。"傳曰："訩，訟也。"《尔雅》之［亦］云，郭璞曰："言争訟也。"《韓詩》："日月鞠誗［訩］。誗［訩］，聲（也）訩訩也。"《尔雅》又曰："訩，盈也。"《廣雅》："訩，鳴也。"

《詩經・小雅・節南山》："昊天不傭，降此鞠訩。"毛傳："訩，訟也。"《爾雅・釋言》："訩，訟也。"郭璞注："言訩譊。"《玉篇》："訩，詡恭切。訟也。説、訩，並同上。訟，似縱切，争訟也。"《詩經・小雅・十月之交》："日月告凶，不用其行。"李富孫異文釋："《漢・劉向傳》引作'鞠凶'。"王先謙三家義集疏："魯告作鞠。"黎本《殘卷》作"鞠誗。誗，聲也，訩訩也"。△疑此當作"日月鞠訩。訩，聲訩訩也"。《荀子・解蔽》："掩耳而聽者，聽漠漠而以爲啕啕，埶亂其官也。"楊倞注："啕啕，喧聲也。"《廣雅・釋詁二》："訩，鳴也。"王念孫疏證："《爾雅》：'訩，訟也。'郭璞注云：'言訩譊也。'《説文》作訩，或作説。《魯頌・泮水篇》：'不告于訩。'鄭箋云：'訩，訟也。'《易林・履之・蒙》云：'訟争凶凶。'僖二十八年《左傳》：'曹人兇懼。'杜預注云：'兇兇，恐懼聲。'《荀子・天論篇》：'君子不爲小人匈匈也輟行。'楊倞注云：'匈匈，喧譁之聲。'《解蔽篇》云：'掩耳而聽者，聽漠漠而以為啕啕。'竝字異而義同。《楚辭・九章》云：‘聽波聲之洶洶。’揚雄《羽獵賦》：‘洶洶旭旭。’李善注云：‘鼓動之聲也。’義竝與訩同。”足證“訩訩”有“聲”義。《爾雅·釋詁下》：“訩，盈也。”郭璞注：“《詩》曰：降此鞠訩。”《説文》：“訩，説也。从言，匈聲。”《名義》：“訩，詡恭反。訟也，盈也，嗚也，獄也，歌為頌，爭財曰訟。”《新撰字鏡》：“訩、詾、訩，三同，虚容反。勇也，許［？］也，訟也。”

詾，《説文》亦訩字也。

《説文》：“訩，説也。从言，匈聲。訩，或省。詾，訩或从兇。”

訩，《説文》亦詾［訩］字也。

《説文》：“訩，説也。从言，匈聲。訩，或省。”

訟，似縱反。《周礼》：“凡萬民有獄訟者，聽而断之。”鄭玄曰：“爭罪曰獄，爭財曰訟。”《周易》：“訟，不親。”《論語》：“未見其過而内自訟者。”苞氏曰：“訟猶責也。”《左氏傳》：“訟周公于晉。”杜預：“理之也。”《説文》：“爭。一曰：歌訟。”野王案：歌賛之訟今為頌字，在真［頁］部。[1]

《周禮·地官·大司徒》：“凡萬民之不服教而有獄訟者與有地治者，聽而斷之。”鄭玄注：“争罪曰獄，争財曰訟。”《周易·雜卦》：“訟，不親也。大過，顛也。”《論語·公冶長》：“吾未見能見其過而内自訟者也。”何晏集解引包咸曰：“訟猶責也。”《左傳·文公十四年》：“王叛王孫蘇，而使尹氏與聃啟訟周公于晉。”杜預注：“訟，理之。”《説文》：“訟，争也。从言、公聲。〈一〉曰：謌訟。䛓，古文訟。”《名義》：“訟，似縱反。責也，理也，爭罪曰。”《新撰字鏡》：“訟，徐用反。責也，争獄也。”

䛓，《説文》古文訟字也。

---

① 《名義》：“頌，与恭反。容也。額［頟］，頌字。”

《殘卷》字頭原作"𧩖"，其左上角蓋"言"字古文之訛，其餘部分為"谷"[①]。《説文》古文作"𧩁"，其左旁與"𠙵"（小篆"予"）形近。

《説文》："訟，爭也。从言、公聲。〈一〉曰：謌訟。䛦，古文訟。"

譴，昌化［仁］反。《説文》："讃［譴］，恚也。賈侍中説：言［譴］，㕭［嗔］也。《蒼頡篇》："譴，怒也。"野王案：此與瞋［瞋］字相似而不同，在目部。[②]今為㥠［㥠］字，在心部也。[③]

《殘卷》字頭原作"䜋"，其右旁"𧴪"為"眞"字之形近而訛。

《説文》："譴，恚也。从言，眞聲。賈侍中説：譴，笑。一曰：讀若振。"《慧琳音義》卷三一《諸法無行經》下卷音義："譴恚，上叱真反。《蒼頡篇》云：'瞋，怒也。'《説文》云：'亦恚也。從言，真聲。'"又卷八九《高僧傳》卷一音義："既㥠，下叱人反。《字書》云：'正作㥠。'顧野王云：'㥠謂恚也。'《古今正字》：'從心，眞聲也。'"《名義》："譴，昌仁反。瞋。恚也，怒也。"《新撰字鏡》："譴，昌仁反。恚也，怒也。瞋字。"

讘，之涉反。《説文》："讘讘，多言也。何［河］東有狐讘縣。"《埤蒼》或為囁字，在口部也。[④]

《説文》："讘，多言也。从言，聶聲。河東有狐讘縣。"《漢書·地理志上》："河東郡，……縣二十四：……狐讘，騏。"顔師古注："讘音之涉反。"《新撰字鏡》："讘，而陟［涉］反。為囁字。"《玉篇》："嚅，汝俱切。《埤蒼》云：'囁嚅，多言也。'"《名義》："讘，之涉反。多言，疾言也。讋，讘字。"《新撰字鏡》："讘，而涉反。為囁字。"

讋，《蒼頡篇》："疾言也。"《聲類》亦与讘字〈同〉也。

---

① 《玉篇》載古文作"諮"。
② 《名義》："瞋，昌真反。怒也。䀼，同上。"
③ 《名義》："㥠，昌仁反。恚也，怒也。"
④ 《名義》："囁，之涉反。罵也，多言也。"

《名義》：“讘，之涉反。多言，疾言也。𧮭，讘字。”

𧦊，之耳反。《説文》：“𧦊，訐也。”

《説文》：“𧦊，訐也。从言，臣聲。讀若指。”《名義》：“𧦊，之耳反。許［訐］也。”《新撰字鏡》：“𧦊，之耳反。許［訐］也。”

讒，仕咸反。《尚書》：“讒試［説］弥［殄］行。”野王案：《説文》：“讒，譖也。”《毛詩》“讒夫孔多”是也。

《尚書·舜典》：“帝曰：‘龍，朕堲讒説殄行，震驚朕師。”孔安國傳：“言我疾讒説絶君子之行，而動驚我衆，欲遏絶之。”陸德明音義：“讒，《切韻》仕咸反。……殄，《切韻》徒典反。”《説文》：“讒，譖也。从言，毚聲。”《名義》：“讒，仕咸反。譖也。”《新撰字鏡》：“讒，仕咸、市含二反，平。毀也。讒，上字。”《詩經·小雅·小旻》：“謀夫孔多，是用不集。”《殘卷》蓋誤。

呂校本引《尚書》作“讒誡弥行”。按：“弥”當是“殄”字之訛，“殄”為“殄”之俗字。“誡”字，《殘卷》原作“[illegible]”，與“誡”字（俗誡字）字形有異，似是“試”字，亦誤。

訐，柯載反。《論語》：“悪訐以為直者。”苞咸曰：“攻人之陰私。”《説文》：“面相庍罪，相槩訴。”[1]《蒼頡篇》：“相發楊［揚］悪也。”

《論語·陽貨》：“惡不孫以為勇者，惡訐以為直者。”何晏集解引包咸曰：“訐謂攻發人之陰私。”《説文》：“訐，面相厈罪，相告訐也。从言，干聲。”《慧琳音義》卷四二《大佛頂經》卷九音義：“許［訐］露，上居竭反。包注《論語》云：‘訐，攴

① 今本《説文》作“面相斥罪，相告訐也”。《慧琳音義》卷四二《大佛頂經》卷九音義：“訐露，上居竭反。包注《論語》云：‘訐，攴人之陰私也。’《説文》：‘面相庍罪，相許［訐］也。從言，干聲也。”均與《殘卷》異。《殘卷》“槩”為“縠”之俗字，“訴”或作“訴”，為“訐”字之訛。“縠訐”猶“告訐”。《禮記·檀弓下》：“齊縠王姬之喪。”鄭玄注：“縠當為告，聲之誤也。”陸德明音義：“縠音告，又古毒反。”

人之陰私也。'《説文》:'面相厈罪,相許[訐]也,從言,干聲也。'"《後漢書·袁安傳》:"憲險急負埶,言辭驕訐,詆毀安。"李賢注:"訐謂發揚人之惡。""訐"猶今檢舉揭發。《名義》:"訐,柯戴反。楊[揚]惡也。"《新撰字鏡》:"訐,居謁反,入。面斥。"

《殘卷》"柯載反"、《名義》"柯戴反",疑"載""戴"均為"截"字之訛。《廣韻·屑韻》收"截"字,《薛韻》收"訐"字,屑、薛同用。[①]

訴,蘇故反。《論語》:"公伯遼訴子路於季孫。"馬融曰:"訴,〈譖〉也。"野王案:《左氏傳》"訴公於晉矦"是也。《説文》:"訴,告也。"野王案:訴者,所以告寃枉也。故《楚辞》"訴靈懷之鬼神"是也。《廣雅》:"訴,毀也。""訴,恶也。"或為愬字,在心部。[②]

《論語·憲問》:"公伯寮愬子路於季孫。"何晏集解引馬融曰:"愬,譖也。"《殘卷》當據補"譖"字。《左傳·成公十六年》:"取貨于宣伯,而訴公于晉侯。"杜預注:"訴,譖也。"《説文》:"訴,告也。从言,厈[厗]省聲。《論語》曰:訴子路於季孫。"《慧琳音義》卷十三《大寶積經》卷四八音義:"號訴,下蘇固反,俗字也。《玉篇》:'訴,告寃枉也。'《説文》作:'謕,告也。從言,厗聲。'"《楚辭·九歎·逢紛》:"就靈懷之皇祖兮,愬靈懷之鬼神。"《廣雅·釋詁二》:"訴,諻也。""諻"與"毀"音義同。按:今本《廣雅》無"訴,惡也"條。《名義》:"訴,蘇故反。譛也,毀也,恶也。愬字,告也。"《新撰字鏡》:"訴、謝,索故反。訟也。愬字。"

謝,愬字,心部。

此當為衍文。

① 趙家棟《原本〈玉篇〉殘卷考校一例》(《賀州學院學報》2014年第3期)認為"黎本校改作'柯截反'似乎更能反映該字讀音的普遍性,具有雅音特點,而音'柯載反'極可能是方音變讀"。按:"載""截"當為形近相混,"方音變讀"説似無據。

② 《殘卷》:"愬,所革反。《周易》:"愬愬,終吉。"王弼曰:"處多懼之地,故曰愬愬也。"《公羊傳》:"愬而再拜。"何休曰:"愬,驚皃也。"《説文》:亦訴字也。野王案:訴,告也,譛也。又音蘇故反,在言部。"

謝，《説文》亦訴字也。

《説文》："訴，告也。从言，斥［㡿］省聲。《論語》曰：訴子路於季孫。謝，訴或从言、朔。"

譴，去戰反。《説文》："譴，問也。"《蒼頡篇》："何也。"《廣雅》："譴，責也。""譴，怒也。""譴，讓也。"《方言》："譴喘，轉也。"郭璞曰："〈譴〉喘猶宛轉也。"

《玄應音義》卷二十《六度集經》卷六音義："譴祟，去戰反。《廣雅》：'譴，責也。'《説文》：'謫問也。'《蒼頡篇》：'譴，呵也。"《慧琳音義》卷二《大般若波羅蜜多經》卷一〇五音義："譴罰，上企見反。《廣雅》云：'譴，責也。'《蒼頡蒿》：'呵也。'《桂菀珠叢》：'怒也。'《説文》：'謫問也。從言遣聲也。'"又卷五《大般若波羅蜜多經》卷四二九音義："譴罰，上企見反。《廣雅》云：'譴，責也。'《説文》：'譴，謫問也。'《蒼頡篇》云：'譴，呵。'《桂苑珠蘩》云：'譴，怒也。'"又卷四六《大智度論》卷六二音義："譴責，去戰反。《蒼頡篇》：'譴，呵也。'《廣雅》：'譴，怒也。'《説文》：'譴，問也。'"《殘卷》"何"與"呵""訶""苛"音義並同。《廣雅·釋詁一》："譴，賚也。"《廣雅·釋詁二》："譴，怒也。"《廣雅·釋詁二》："譴，讓也。"《名義》："譴，去戰反。問也，訶也，責也，怒也，宛轉也，讓也。"《新撰字鏡》："譴，去戰反，去。怒也，□也，責也，呵也。"

吕校本引《方言》標點作"譴、喘，轉也"。按："譴喘"當連讀。《廣雅·釋詁四》："譴喘，轉也。"王念孫疏證："譴喘者，《方言》：'譴喘，轉也。'注云：'譴喘猶宛轉也。'"《殘卷》引郭璞注脱"譴"字。

訶，呼多反。《周礼》："不敬者訶而罰之。"鄭玄曰："訶猶詰問之也。"注又曰："訶，譴（怒）也。"《方言》："訶，怒也。陳謂之訶。"郭璞曰："相責也。"《説文》："大言也而怒。"[①]《字書》或為呵字，在口部。[②]古文為㰤字，在止部也。[③]

① "大言也而怒"似當作"大言而怒也"。
② 《名義》："呵，呼多反。怒，责也，詰也。"
③ 《名義》："㰤，呼多反。訶字。責也，譴也。"

《周禮·夏官·射人》："比其廬不敬者，苛罰之。"鄭玄注："苛謂詰問之。"又《春官·世婦》："大喪，比外內命婦之朝莫哭不敬者，而苛罰之。"鄭玄注："苛，譴也。"《方言》卷二："憑、齘、苛，怒也。楚曰憑，小怒曰齘。陳謂之苛。"郭璞注："相苛責也。"《說文》："訶，大言而怒也。从言，可聲。"《名義》："訶，呼多反。責也，怒也。"《新撰字鏡》："訶，呼何反，平。不敬者訶而罰之，謂詰問之也，以苦言近人曰嘖也，析。"

讁［謫］[①]，知革反。《毛詩》："室人交遍讁我。"傳曰："讁，責也。"又曰："勿与禍讁。"傳曰："讁，過。"《韓詩》："讁，數也。"《左氏傳》："自取讁于日月之灾。"杜預曰："讁，譴也。"《国語》："秦師必有讁。"賈逵曰："讁，咎。"《方言》："讁，怒。"郭璞曰："謂相責怒。"[②]又曰："南楚之南凡相非議謂之讁。"郭璞曰："謂罪過也。"

《詩經·邶風·北門》："我入自外，室人交徧讁我。"毛傳："讁，責也。"陸德明音義："讁，直革反。《玉篇》知革反。"《詩經·商頌·殷武》："歲事來辟，勿予禍適，稼穡匪解。"毛傳："適，過也。"陸德明音義："適，直革反，徐張革反，注同。《韓詩》云：'數也。'"《左傳·昭公七年》："國無政，不用善，則自取讁于日月之災。"杜預注："讁，譴也。"《國語·周語中》："王孫滿觀之，言於王曰：'秦師必有讁。'"韋昭注："讁猶咎也。"《方言》卷三："讁，怒也。"郭璞注："相責怒也。音賾。"又卷十："讁，過也。南楚以南凡相非議人謂之讁。"郭璞注："謂罪過也，音賾；亦音適，罪罰也。"《說文》："讁，罰也。从言，啻聲。"《名義》："讁，知革反。責也，過也，數也，怒也。"《新撰字鏡》："讁，帝各反，入。欺也，責也，過也，譴也，數也，咎也，怒也。讁，上字。"

諯，充絹、至緣二反。《說文》："諯，數也。一曰：相讓也。"

《說文》："諯，數也。一曰：相讓也。从言，耑聲。讀若專。"《玄應音義》卷十二《長

① 《殘卷》字頭及文中"讁"字原作"謫"，為"讁"之俗字。
② 《慧琳音義》卷四五《菩薩戒第二本》音義："讁罰，張革反。《毛詩傳》：'讁，過也。'杜注《左傳》：'讁，譴也。'賈注《國語》：'咎也。'郭注《方言》云：'謂相責怒也。'"

阿含經》卷十二音義："謫婆，經中有作諯婆，依字充絹、至緣二反。相讓也。"《箋注本切韻·仙韻》（S.2071）："〈諯〉，相讓。又兖［充］絹反。"《名義》："諯，至緣反。數也，相（也，）讓也。"《新撰字鏡》："諯，充絹、至緣二反。數也，相讓也。"

譙，似醮反。《尚書》："王亦未敢譙公。"孔安国曰："譙，讓也。"《方〈言〉》："斉楚宋衛荆陳之間讓曰譙。"《蒼頡篇》："訶，譙也，亦嬈也。"《漢書》浦［沛］郡有譙縣，音似焦反。《毛詩》："予羽醮醮［譙譙］。"傳曰："（也）譙譙，煞也。"《礼記》："哀心感者，其聲譙以煞。"鄭玄曰："譙，踿。"

《尚書·金縢》："于後公乃為詩以貽王，名之曰《鴟鴞》，王亦未敢誚公。"孔安國傳："成王信流言而疑周公，故周公既誅三監而作詩，解所以宜誅之意以遺王，王猶未悟，故欲讓公而未敢。"《方言》卷七："譙，讙，讓也。齊楚宋衛荊陳之間曰譙，自關而西秦晉之間凡言相責讓曰譙讓，北燕曰讙。"吕校本引《蒼頡篇》亦作"訶，譙也"。按：當作"譙，訶也"。此處字頭為"譙"，當釋"譙"字而非"訶"字。《玄應音義》卷二十《孛經抄》音義："譙譊，……上財妙、才焦二反。《蒼頡篇》：'譙，訶也，亦嬈也。'"吕校本引《漢書》作"浦郡有譙縣"。△按："浦"當作"沛"。"市"旁俗字與"甫"形近易訛。《名義》"𥘿"作"**補**"，"師"作"**晡**"，"狮"作"**献**"，"跡"下"迊"作"**逋**"，均其證。《漢書·地理志上》"沛郡"下有"譙"縣，《王莽傳下》有"走至沛郡譙"。吕校本引毛傳作"譙譙，殺也"。按：《殘卷》原作"煞"。《詩經·豳風·鴟鴞》："予羽譙譙，予尾翛翛。"毛傳："譙譙，殺也。""殺"與"煞"音義同。《禮記·樂記》："是故其哀心感者，其聲噍以殺；其樂心感者，其聲嘽以緩；其喜心感者，其聲發以散；其怒心感者，其聲粗以厲；其敬心感者，其聲直以廉；其愛心感者，其聲和以柔。"鄭玄注："噍，踧也。""噍"與"譙"音義同。《殘卷》"踿"為"踧"之俗字。《名義》："譙，似醮反。讓也，踿也，訶也，嬈也，煞也。"《新撰字鏡》："譙，唯［昨］焦反。讓也，訶也，嬈也，国名。"

誚，《聲類》亦譙字也。

《慧琳音義》卷五《大般若波羅蜜多經》卷四三五音義："輕誚，情笑反。《考聲》云：'責讓、笑也。'《蒼頡篇》云：'訶也。'《說文》云：'嬈也。'或作譙。"又卷六一《根本説一切有部毗奈耶律》卷三五音義："譏誚，下樵曜反。《考聲》云：'誚，笑也。'《聲類》或作譙。《方言》：'誚，讓也。'《蒼頡篇》：'訶也。'《説文》：'嬈也。從言，焦聲。'"《名義》："誚，譙字。訶也。"《新撰字鏡》："誚、譙，二同，才咲、以醮二反，去。迫也，呵也，嘖也。"

䜈［䜈］，《説文》古文誚字也。

《説文》："譙，嬈譊也。从言，焦聲。讀若嚼。䜈，古文譙从肖。《周書》曰：亦未敢誚公。"

讓，如尚反。《尚書》："允恭克讓，光被四表。"野王案：《国語》："推讓賢也。"又曰："推賢讓䏻，庶官乃和"、"將遜于位，讓于虞舜"，《論語》"温良恭儉讓"，《礼記》"不辞讓而對"，並是。《国語》："宴好享賜，不踰其上，讓也。"《左氏傳》："先國後已，卑讓也。"《周礼》："日［司］救掌萬民之哀過恶失［衺恶過失］而誅讓之。"鄭玄曰："讓，責也。"《儀礼》："賔入門皇，升堂讓。"鄭玄曰："讓，（也。"《儀礼》："賔入門，）謂舉手平衡也。"《謚法》："推功尚〈善〉曰讓。"《説文》以揖讓並為攘字，在手部。①

《尚書·堯典》："允恭克讓，光被四表，格于上下。"

吕校本引《國語》亦作"推讓賢也"。按：當作"讓，推賢也"。《國語·晉語四》："公曰：'趙衰三讓不失義。讓，推賢也；義，廣德也。德廣賢至，有何患矣！'"

吕校本引《尚書》標點作"推賢讓能，庶官乃和，將遜于位，讓于虞舜"。按：此處有兩"讓"字，蓋兩引《尚書》。《尚書·周官》："推賢讓能，庶官乃和。"又《堯典》："將遜于位，讓于虞舜。"

《論語·學而》："子貢曰：'夫子温良恭儉讓以得之。'"《禮記·曲禮》："長者問，不辭讓而對，非禮也。"《國語·周語下》："宴好享賜，不踰其上，讓也。"《左傳·昭公二年》："先國後己，卑讓也。"

吕校本引《周禮》作"《周礼》曰：'救掌萬民之衺過惡失［衺惡過失］而誅讓之'"。

---

① 《説文·手部》："揖，攘也。"《名義》："攘，仁尚反。辭也，推也，却也，除也，排也，止也。"

按：依《殘卷》體例，書名後一般不加“曰”字，本條中《尚書》《国語》《論語》《礼記》《左氏傳》《儀礼》《謚法》後均無“曰”字。此字當為“司”字之形近而訛。《周禮·地官·司救》：“司救掌萬民之衺惡過失而誅讓之。”鄭玄注：“誅，誅責也。”鄭注與《殘卷》異。《左傳·昭公二十五年》：“平子怒，益宫於郈氏，且讓之。”杜預注：“讓，責也。”

《國語·周語下》：“二后受之，讓於德也。”韋昭注：“謂推功也。”《尚書·堯典》：“允恭克讓，光被四表，格于上下。”孔穎達疏引鄭玄云：“不懈於位曰恭，惟［推］賢尚善曰讓。”《續通志》卷一百二十《謚略·中》宋蘇洵《嘉祐謚法·增多謚》：“推功尚善曰讓。”《舊唐書·睿宗諸子傳·讓皇帝憲》：“按《謚法》：‘推功尚善曰讓，德性寬柔曰讓。’敬追謚曰讓皇帝。”《名義》：“讓，如尚反。責也。”《新撰字鏡》：“讓，如尚反。責也，嫌讓也，讓［攘］。”

諫，士［七］漬反。《説文》：“數諫也。”野王案：《詩》所諷諫［諫］，亦諫也。《詩》[①]今為刺字，在刀部。[②]

《説文》：“諫，數諫也。从言，朿聲。”吕校本“諫”字音“士漬反”。△按：“士”當為“七”字之訛。《玉篇》：“諫，七賜切，數諫也。”《名義》：“諫，七漬反，數諫也。”《玄應音義》卷二五《阿毗達磨順正理論》卷三十音義：“譏刺［刺］，下又作諫［諫］，同，且漬反。《廣雅》：‘譏，刺也。’《説文》：‘譏，誹也。’”《慧琳音義》卷七一轉録作“七漬反”。“且”“七”均為清母字。《可洪音義》卷二《大寶積經》卷卌五卷音義：“譏刺，下七賜反，亦作諫［諫］。”

謕，忍［思］移反。《説文》：“數諒［諫］也。”

《名義》：“謕，忍［思］移反。數諒［諫］也。”

今本《説文》未見“謕”字。《説文》：“諫，數諫也。”“數諫也”為上“諫”字義。

吕校本作“忍移反”“數諒”。按：“忍”當為“思”。“謕”之同音字“斯、蜇、螔、榹、磃、厮、虒、㽄、㯕、瘬、傂、䫢、㴲”，《名義》均音“思移反”。

---

① 疑“詩”字承上衍。

② 《名義》：“刺，且致、且賜、且亦三反。殺也，責也，非也，授也，怨也，書。”

誶，息悸反。《周礼》："用情誶之。"鄭玄曰："誶，告也。"《尔雅》亦云，郭璞曰："相問誶也。"《毛詩》："歌以誶之。"傳曰："誶，〈告〉也。"《韓詩》："誶，諫也。"《礼記》："多其誶疾。"鄭玄曰："誶，問也。"《漢書》："毋取箕帚，立而誶語。"服虔曰："訲，獨［猶］罵也。"《説文》："訲，讓。《国語》曰'吴王訲申胥'是也。"《廣雅》："誶［評］，議。"

按："誶"字右旁之"卒"俗作"卆"，與"卂"旁形近，《殘卷》引例"誶"今多作"訊"。

《周禮·秋官·小司寇》："以五刑聽萬民之獄訟，附于刑，用情訊之。"鄭玄注："訊，言也。"《殘卷》作"告"誤。下文有"《尔雅》亦云，郭璞曰：'相問誶也'"。《爾雅·釋言》："訊，言也。"郭璞注："相問訊。"則鄭注亦當作"言也"。《詩經·陳風·墓門》："夫也不良，歌以訊之。"毛傳："訊，告也。"陸德明音義："訊，本又作誶，音信，徐息悴反。《韓詩》：'訊，諫也。'"《禮記·學記》："今之敎者，呻其佔畢，多其訊。"鄭玄注："訊猶問也。"陸德明音義："訊字又作誶，音信，問也。"《禮記·樂記》："治亂以相，訊疾以雅。"《殘卷》蓋誤合《禮記》兩文為一。吕校本引《漢書》服虔注作"誶，獨罵也"。按：《殘卷》"獨"蓋"猶"字之訛。《漢書·賈誼傳》："毋取箕箒，立而誶語。"顏師古注引服虔曰："誶，猶罵也。"《説文》："誶，讓也。从言，卒聲。《国語》曰：誶申胥。"[①]《名義》："誶，息悸反。告也，諫也，問也，讓也，議也。"《新撰字鏡》："誶，雖遂反。言也。又蕪對反，又之骨反，入。告也，問也。夊同訊也，諫也，讓也，議也。"

《殘卷》引《廣雅》作"誶，議"。△按：《廣雅·釋詁四》："評，議也。""評"與"誶"之俗字"訲"形近，顧野王蓋誤以"評"為"訲"。《玄應音義》卷一《大威德陀羅尼經》卷十六音義："評論，皮柄反。《字書》：'評，訂也。訂，平議也。'"

詰，去質反。《尚書》："其克詰尔戎兵。"孔安国曰："詰，治也。"野王案：《周礼》"制軍詰禁"、《左氏傳》"子盍詰盜"並是。《周礼》："大司寇之〈職〉，掌建邦之六［三］典，以詰四方。"鄭玄曰："詰，謹也。《書》云'王旄荒，度作刑以詰四方'是也。"《礼記》："詰誅暴慢。"鄭玄曰："詰問謂其罪也。"《廣雅》："詰，責也。""詰，無［曲］也。""詰，讓也。"《左氏傳》："詰朝見將［將

① 《國語·吴語》："吴王還自伐齊，乃訊申胥。"字作"訊"。

見］。"杜預曰："詰朝，平旦也。"①

《尚書·立政》："其克詰爾戎兵，以陟禹之迹。"孔安國傳："其當能治汝戎服兵器，威懷並設，以升禹治水之舊迹。"《周禮·夏官·大司馬》："制軍詰禁，以糾邦國。"鄭玄注："詰猶窮治也。"《左傳·襄公二十一年》："季孫謂臧武仲曰：'子盍詰盜？'"杜預注："詰，治也。"《周禮·秋官·大司寇》："大司寇之職，掌建邦之三典，以佐王刑邦國，詰四方。"鄭玄注："詰，謹也。《書》曰：'王旄荒，度作詳刑以詰四方。'"《殘卷》脱"職"字，《新撰字鏡》"詰"字條不脱。吕校本引《周禮》鄭注脱"王"字。又標點作"旄荒度作刑，以詰四方"，恐不妥。《尚書·吕刑》："惟吕命，王享國百年，耄荒，度作刑，以詰四方。"孔安國傳："度時世所宜，訓作贖刑，以治天下四方之民。"△《殘卷》"詰誡"當作"詰誅"。《吕氏春秋·孟秋紀》："詰誅暴慢，以明好惡，巡彼遠方。"《淮南子·時則》："詰誅暴慢，順彼四方。""詰"有"誅"義，"詰誅"為同義連文。《吕氏春秋·仲冬》："是月也，農有不收藏積聚者，牛馬畜獸有放佚者，取之不詰。"高誘注："詰，誅也。""詰問謂其罪也"當作"詰謂問其罪也"。《禮記·月令》："詰誅暴慢，以明好惡，順彼遠方。"鄭玄注："詰謂問其罪，窮治之也。"《慧琳音義》卷七《大般若波羅蜜多經卷》卷五三九音義："問詰，輕逸反。鄭玄注《禮記》云：'詰為問其罪也。'《廣雅》云：'詰，責也。'《説文》云：'詰，問也。從言，吉聲也。'""為"通"謂"。按：《廣雅·釋詁一》："詰，賫也。""賫"即"責"。又："詰，曲也。"《廣雅·釋詁二》："詰，讓也。"又："詰，問也。""無也"義未見，"無"當為"曲"字之訛。《新撰字鏡》"詰"字條作"詰，典也"，"典"亦"曲"字之訛。《左傳·僖公二十八年》："戒爾車乘，敬爾君事，詰朝將見。"杜預注："詰朝，平旦。"《殘卷》"見將"當作"將見"。《新撰字鏡》"詰"字條亦作"將見"。《名義》："詰，去質反。治也，謹也，責也，無［曲］也。"《新撰字鏡》："詰，居逸反，入。〈甚〉問逼皃，責也。詰，典［曲］也，問。"②

謡，莫放反。《説文》："相責謡也。"今為望字，在亡部也。③

---

① 《新撰字鏡》第687頁"詰"字條始於"氏傳"，訖於"詰朝，平"，與《殘卷》大同小異。"子盍"下脱"詰盜"二字，"職"字不脱，"職"下脱"掌"字。"六典"作"三典"，是。"荒"訛作"萇"，"詰，曲也"誤作"詰，典也"。"相見"作"將見"，是。

② "甚"字，天治本原為空白，據享和本、群書類從本補。

③ 《名義·亡部》："望，無放反。伺也，覬也。"又《壬部》："望，無放反。月滿也，遥瞻。朢，古。"

《説文》："謹，責望也。从言，望聲。"《名義》："註，莫放反。相責望也。"[①]《新撰字鏡》："**謹**［諠］，莫放反。相責謳也。望字。"

《殘卷》"謳"字，吕校本徑改作"譚"字。按："謳"字左上之"巨"為"臣"字之訛，"土"為"壬"字之訛。《名義·壬部》："朢，無舫反。望字。"此字從言，朢聲。

諕，扵萬反，扵阮反。《説文》："諕，慰。"《聲類》："諕，従也。"野王案：此亦婉字，在女部也。[②]

王仁昫《刊謬補缺切韻·願韻》（P.2011）："怨，於願反。恨。詉，從。又於阮反。"又《阮韻》："婉，於阮反。……詉，尉。又於萬反。"

《説文》："詉，尉也。从言，夗聲。"《名義》："諕，扵萬反。慰也，從也。婉字。"《新撰字鏡》："諕，扵萬、扵阮二反。慰也，從也。婉字。"

詭，俱毀反。《毛詩》："無縱詭随。"箋云："無聽放［扵］詭〈人〉之善不肯行而随人為悪。"《淮南》："蘓秦以百詭成一信。"許𬿁重曰："詭，謾。"司馬相如《封禪書》："奇物譎詭。"野王案：譎詭猶奇恠。《説文》："詭，青［責］。"《廣雅》："随悪。詭，欺。"[③]**《説文》以詭異之詭為恑字，在心部。**[④]

《詩經·大雅·民勞》："無縱詭隨，以謹無良。"毛傳："詭隨，詭人之善隨人之惡者。"鄭玄箋："王為政，無聽於詭人之善不肯行而隨人之惡者。"《殘卷》"放"當作"於"。《慧琳音義》卷八九《高僧傳》卷二音義："詭滑，上歸委反。《毛詩》云：'無縱詭隨。'鄭箋云：'無聽放詭而隨人為惡也。'《淮南子》云：'蘇秦以百詭成一信。'許叔重曰：'詭猶慢也。'《説文》：'責也。從言，危聲。'""於"亦誤作"放"。據《大正新修大藏經》校勘記，頻伽精舍本"放"作"旅"，亦誤。《淮南子·説林》："蘇秦以百誕成一誠。"高誘注："誠，信也。""詭""誕"義同。《慧琳音義》卷六二《根

① 《名義》"註"蓋"諠"字之訛。《集韻·漾韻》："謹，《説文》：'責朢也。一曰：欺也。'或省。"字形正作"**謹**"。
② 《名義》："婉，烏遠反。從也，曲也，約也。"
③ 今本作"詭隨，小惡也"。"欺也"條下無"詭"字。王念孫疏證："《衆經音義》……卷十四、十七、二十一、二十二、二十三竝引《廣雅》：'詭，欺也。'今本脱。"
④ 《説文》："恑，變也。从心，危聲。"《名義》："恑，毀居反。變也，忘也，乖也。"

本説一切有部毘奈耶雜事律》卷二三音義:“詭誑,上歸委反。許叔重注《淮南子》云:‘詭,慢也。’鄭箋《毛詩》云:‘善不肯行而隨人為惡也。’《説文》云:‘詭,責也。從言,危聲。’”又卷八九《高僧傳》卷二音義:“詭滑,上歸委反。《毛詩》云:‘無縱詭隨。’鄭箋云:‘無聽放詭而隨人為惡也。’《淮南子》云:‘蘇秦以百詭成一信。’許叔重曰:‘詭猶慢也。’《説文》:‘責也。從言,危聲。’”“慢”與“謾”音義同。《漢書·司馬相如傳下》:“奇物譎詭,俶儻窮變。”《文選·王褒〈洞簫賦〉》:“趣從容其勿述兮,騖合遝以詭譎。”李善注:“《封禪書》曰:‘奇物譎詭。’詭譎,猶奇怪也。”《説文》:“詭,責也。从言,危聲。”又:“恑,變也。”《名義》:“詭,俱毁反。謾責也,欺也,奇也。”《新撰字鏡》:“詭,俱毁反,上。隨悪也,歡[欺]也,誑也,譎也,詐也,恠也,悪也,妄也。”《莊子·齊物論》:“莛與楹,厲與西施,恢恑憰怪,道通為一。”陸德明音義:“恑,九委反,徐九彼反。李云:戾也。憰怪,音决。李云:憰,乖也。怪,異也。”“戾”“乖”義同。

證,諸孕反。《論語》:“其父攘羊而子證之。”野王案:《説文》:“證,告。”《楚辞》:“所以證之不逺。”王逸曰:“證,驗。”《蒼頡萹》:“證,任也。”《聲類》:“證,徵也。”

《論語·子路》:“葉公語孔子曰:‘吾黨有直躬者,其父攘羊而子證之。’”《説文》:“證,告也。从言,登聲。”吕校本引《楚辭》補“而”字。按:四部叢刊本《楚辭·離騷》:“故相臣莫若君兮,所以證之不逺。”王逸注:“證,驗也。”與《殘卷》合。校云:“一本‘之’下有‘而’字。”一本與吕校本合。《名義》:“證,諸孕反。告也,驗也,任也,微[徵]也。”《新撰字鏡》:“證,市[朱]應反,去。任也,明也,告也,徵也,猶驗也。”

詘,丘物反。《周易》:“徃者詘也,来者伸也。詘伸相感而利生焉。”野王案:詘猶枉曲也。《毛詩》:“詘此群醜。”傳曰:“屈[詘],收也。”《左氏傳》:“曲而不詘。”杜預曰:“詘,橈也。”《尔雅》:“詘,聚也。”《説文》:“〈詘〉,詰詘。”《廣雅》:“詘,曲。”“詘,折也。”《字書》或為屈字,在出部。[1]短

① 《名義》:“屈,丘勿反。曲也。詘字。”

屈無尾為屈［𡲬］字，音瞿勿反，在毛［尾］部。[①]

《周易·繫辭下》："往者屈也，來者信也，屈信相感而利生焉。"《詩經·魯頌·泮水》："順彼長道，屈此羣醜。"毛傳："屈，收。"依《殘卷》體例，字頭為"詘"，引《毛詩》亦作"詘"，毛傳自當作"詘"。《左傳·襄公二十九年》："直而不倨，曲而不屈。"杜預注："屈，撓。"《史記·吳太伯世家》："直而不倨，曲而不詘。"裴駰集解引杜預曰："詘，撓也。"《爾雅·釋詁下》："屈，聚也。"《説文》："詘，詰詘也。一曰：屈襞。从言，出聲。"《廣雅·釋詁一》："詘，曲也。"又："詘，折也。"《名義》："詘，丘勿反。伸也，撓也，聚也，曲也，收也，折也。"《新撰字鏡》："詘，屈音，入。曲，折也，操也，□也，牧［收］也，撓也，取［聚］也，㨖也。屈字同。"

吕校本作"毛部"。按：《名義·毛部》未收"𡲬"字，《尾部》有"屈"字；《説文》"屈"字亦入《尾部》。《殘卷》"毛部"當作"尾部"。

誳，《説文》亦詘字也。

《説文》："詘，詰詘也。一曰：屈襞。从言，出聲。誳，詘或从屈。"《可洪音義》卷四《漸備一切智德經》卷三音義："詰誳，丘勿反。辝塞也。今作詘，《説文》作誳。"

詷［詗］，呼政反，恥敬反。《史記》："多与金錢，令為中詷［詗］長安。"徐廣曰："伺候采察之名也。"孟康曰："司知罪人蹇告吏，律名為詷［詗］。西方人以反間為詷［詗］。"《説文》："知蹇告也。"

吕校本字頭作"詗"，"詷"為"詗"之俗字。

《史記·淮南衡山列傳》："淮南王有女陵，慧，有口辯。王愛陵，常多予金錢，為中詗長安，約結上左右。"裴駰集解引徐廣曰："詗，伺候采察之名也。音空政反。"司馬貞索隱："鄧展曰：'詗，捕也。'徐廣曰：'伺候探察之名。'孟康曰：'詗音偵。西方人以反間為偵。'劉氏及包愷並音丑政反。服虔云：'偵，候之也。'"點校

---

① 《殘卷》"𡲬"字原作"尾"下"出"。《説文·尾部》："屈，無尾也。从尾，出聲。"《名義·尾部》："屈，衢物反。治也，收也，崵也。"

本二十四史修訂本《史記》引張文虎《札記》卷五："下《索隱》引作'探察'，此'采'字疑譌。"按："采"或作"採"，與"探"形近。《漢書·淮南王傳》："王有女陵，慧有口。王愛陵，多予金錢，為中詗長安，約結上左右。"顏師古注引孟康曰："詗音偵。西方人以反間為詗。王使其女為偵於中也。"又引如淳曰："詗音朽政反。"顏師古注："詗，有所候伺也。如音是矣。偵者，義與詗同，然音則異。音丑政反。"據顏注，則"朽政反"（與"呼政反"音同）為"詗"字音。"丑政反"（與"恥敬反"音同）為"偵"字音。《説文》："詗，知處告言之。从言，冋聲。"《名義》："詷［詗］，恥敬反。合也，同也。"《新撰字鏡》："詗、詷，二同字，丘［丑］政反，去。自言長也，知虐［處］告言之也，所謂自嘆是也。"

譞，呼縣反。《説文》："流言也。"《蒼頡篇》："縣書有所求也。"野王案：亦与敻字同，在県［旻］部。

《殘卷》此字重出，《名義》此字在"讕""診"之間，與重出之"譞"位置合。校證內容見重出之"譞"下。此從略。

詆，都礼反。《説文》："詆，訶也。"野王案：《吕氏春秋》"無詆無呰"[①]、《漢書》"除誹謗詆欺法"是也。《蒼頡篇》："欺也。"《廣雅》："詆，毀也。"《聲類》："此［呰］也。"或為呧字，在口部也。[②]

《説文》："詆，苛也。一曰：訶也。[③]从言，氐聲。"《吕氏春秋·孝行覽·必己》："若夫道德則不然，無訝無訾，一龍一蛇與時俱化而無肯專為。"王利器注疏："原本《玉篇》又引《吕氏春秋》：'無詆無呰。'即《吕氏》此文也。六朝人書'氐'作'互'，因譌'詆'而為'訝'。"[④]按：俗字"氐"作"互"，"互"作"牙"，故"詆"誤"訝"。

① 王利器《吕氏春秋注疏》頁1597，巴蜀書社2002年。
② 《名義》："呧，都礼反。㝵也，欺也，呰也。"
③ 段玉裁《説文解字注》："鉉本：'苛也。一曰：呵也。从言，氐聲。'鍇本：'荷也。从言，氐聲。一曰：呵。'今按：二本皆誤。漢人呵多假荷爲之，如《周禮·宫正》、《比長》注，荷皆呼何反。宋槧《周禮》及釋文可證。淺人改爲苛，此亦其比也。不得其説，乃呵、荷竝存矣，今依《韻會》删正。"《殘卷》所引與段説同。
④ 王利器《吕氏春秋注疏》第1597頁，巴蜀書社2002年。

《漢書・哀帝紀》："除任子令及誹謗詆欺法。"顏師古注："詆，誣也，音丁禮反。"《玄應音義》卷十二《義足經》卷上音義："欲詆，又作呧，同，都礼反。《説文》：'呧，呵也。'《蒼頡篇》：'呧，欺也。'"《慧琳音義》卷九六《弘明集》卷十一音義："詆呵，上低禮反。《蒼頡篇》云：'欺也。'《廣疋》：'毀也。'《聲類》：'呰也。'《説文》：'訶也。從言，氐聲。'"《廣雅・釋詁二》："詆，諰也。"《名義》："詆，都礼反。訶也，欺也，毀也，呰也。"《新撰字鏡》："詆，呧字，同，都礼反，上。呵也，欺也。詆，上字。[illegible]，上字。"

誰，是惟反。《毛詩》："謂誰荼苦。"[①]野王案：誰，不知其名，無嫡稱也。"誰侜予羡""誰知烏之雌雄"是也。《尔雅》："侜、㪟，誰也。"[②]《説文》："誰，訶也。"《聲類》："所以訶問其名。"

《詩經・陳風・防有鵲巢》："誰侜予美，心焉忉忉。"毛傳："侜張，誣也。"鄭玄箋："誰，誰讒人也。女衆讒人，誰侜張誑欺我所美之人乎。"《詩經・小雅・正月》："具曰予聖，誰知烏之雌雄？"

"嫡"字，《殘卷》原作"[illegible]"，"女"旁在"辶"之內，當是"嫡"字之異構，"嫡"為"適"之後起分化字。《玉篇校釋》、吕校本均作"適"。

吕校本"烏"字誤作"鳥"。

《説文》："誰，何也。从言，隹聲。"《殘卷》引作"訶也"。"何""訶"音義同。《名義》："誰，是惟反。訶也，讓也。"《新撰字鏡》："誰，所追反，平。何也，發語詞也。"

諽，柯核反。《毛詩》："不長夏以諽。"傳曰："諽，更也。"野王案：諽猶改變也。《周易》"天地革而四時成，湯武革命，従乎天"是也。《説文》："一曰：餝也。"《蒼頡篇》："一曰：𢧐［戒］也。"《聲類》："謹也。"《字書》𢧐為愅字，在心部。[③]今為革字，在革部。[④]

---

① 今本作"誰謂荼苦"，《殘卷》"謂誰"之"誰"旁似有乙文符號。
② 今本作"疇、孰，誰也"。"侜""疇"音近，"㪟""孰"古今字。
③ 《名義》："愅，公翮反。變也，謹也，戒也。"
④ 《名義》："革，居核反。皮，老也。諽也。"

“諽”字注音，吕校本作“柯格反”。按：《殘卷》原作“[illegible]”，當是“核”字。《玉篇》作“柯核反”，《廣韻·麥韻》作“古核切”，《集韻·麥韻》作“各核切”，《名義》“革”音“居核反”，《新撰字鏡》作“柯核反”，其反切下字均作“核”。

《詩經·大雅·皇矣》：“予懷明德，不大聲以色，不長夏以革。”毛傳：“革，更也。”《周易·革》：“天地革而四時成，湯武革命，順乎天而應乎人，革之時大矣哉！”《殘卷》避諱改“順”為“從”。“餝”，俗“飾”字，吕校本徑改作“飾”。此當為“飭”字。[1]《新撰字鏡》：“諽，柯核反。改變也，[illegible]也，或［戒］也，謹也。愅字。”“[illegible]”即“飭”之俗字。

吕校本引《蒼頡篇》作“或也”。按：“或”當為“戒”（戒）字之訛。《殘卷》：“愅，公翮反。《字書》亦諽字。諽，更也，變也，飭也，謹也，戒也。在言部。”《文選·袁宏〈三國名臣序贊〉》：“風美所扇，訓革千載，其揆一也。”李善注引《蒼頡篇》曰：“革，戒也。”

讕，力但反。《説文》：“譧讕也。”野王案：此亦讕，猶以訌［誣］言相假被也。《漢書》“滿讕誣夫［天］”是也。

《説文》：“讕，怟讕也。从言，闌聲。”《名義》：“讕，力俱［但］反。以謹［誣］言相假被也。”王仁昫《刊謬補缺切韻·寒韻》（P.2011）：“讕，逸言。又力誕反。誣讕。”“力但反”與“力誕反”音同。《新撰字鏡》：“讕，力伹［但］反，上。詆讕也，以誰［誣］言相假被也。”《漢書·谷永傳》：“欲末殺災異，滿讕誣天。”顏師古注：“滿讕謂欺罔也。”

吕校本改“譧讕”為“謾讕”，所據未詳。今本《説文》“怟讕”、《新撰字鏡》“詆（俗詆字）讕”音義同。《殘卷》“譧讕”未詳，疑當作“諱讕”，俗字“婁”“韋”形近易混。《漢書·文三王傳·梁平王襄》：“王陽病抵讕，置辭驕嫚，不首主令，與背畔亡異。”顏師古注：“讕，誣諱也。”

讕，《説文》亦讕字也。

---

① 《説文解字注》：“諽，飭也。作飾誤，諽與悈音義同。”

《説文》："讕，忯讕也。从言，闌聲。誷，讕或从閒。"《新撰字鏡》："讕，力伹［但］反，上。詆讕也，以誰［誣］言相假被也。誷，上字。"

讂，呼縣反。《説文》："流言也。"《蒼頡篇》："縣書有所求也。"野王案：亦与敻字同，在炅［旻］部。

《説文》："讂，流言也。从言，敻聲。"《名義》："讂，呼縣反。有所求也。"《新撰字鏡》："讂，古縣反。流言。"

《慧琳音義》卷八八《集沙門不拜俗議》卷四音義："讂聞，血絹反。《蒼頡篇》：'讂，懸書有所求也。'《説文》：'流言也。又語不實也。從言，敻聲。'"王仁昫《刊謬補缺切韻·霰韻》（P.2011）："絢，許［許］縣反。……讂，流言，有所求。"

吕校本作"在貝部"。按：《名義·貝部》無"敻"字，當作"在旻部"。《説文·旻部》："敻，營求也。从旻、从人在穴上。《商書》曰：高宗夢得説，使百工敻求，得之傅巖。巖，穴也。"《名義·旻部》："敻，霍見反。營求也，遠，奔也。"

診，除忍反。《説文》："診，視也。"野王案：《史記》"臣意診其脈"是也。《聲類》："診，驗也。"

《説文》："診，視也。从言，㐱聲。"《史記·倉公列傳》"臣意診其脈"凡八見，"召臣意診其脈"一見。《玄應音義》卷二《大般涅槃經》卷十音義："診之。《説文》之忍反：'診，視之也。'《三蒼》：'診，候也。'《聲類》：'診，驗也。'"《名義》："診，除忍反。視也，驗也。"《新撰字鏡》："訡，之忍反，上。平也，視也，暈也，候眎也。"又："詅［診］，除刃［忍］反。視也，驗也。"

誓，先奚反。《説文》："悲聲也。"野王案：此亦𤸪字，𤸪，聲散也，在疒部。[①]《字書》："一曰：善音。"或為嘶字，在口部。[②]

① 《名義》："𤸪，先奚反。病也，散也，疼也。嘶也。"
② 《名義》："嘶，先奚反。噎也，馬鳴也。"

《説文》："嘶，悲聲也。从言，斯省聲。"《名義》："誓，先奚反。散也，悲也。"《新撰字鏡》："誓，先奚反。悲聲也。㽄字。聲散也，善音也。嘶字也。"

《慧琳音義》卷八《大般若波羅蜜多經》卷五六七音義："嘶喝辯，上先賫反。《考聲》：'語而聲悲也。'《説文》：'悲聲也。從言，斯聲也。'經從口作嘶，俗字也。《埤蒼》：'嘶者，聲散也。'"又卷三十《寶雨經》卷六音義："㽄嗄，上細賫反。郭注《方言》云：'㽄，咽病也。東齊云聲散曰嘶，秦𣊟［晉］聲變曰㽄，器破而不殊其音亦謂之㽄。'顧野王云：'悲聲也。'《説文》：'從疒，斯聲。'"

《殘卷》"善音"義未詳。《爾雅·釋詁上》："鮮，善也。"陸德明音義："鮮，本或作誓，沈云：'古斯字。'郭音義云：'本或作尠。'非古斯字。案：《字書》：'誓，先奚反。'亦訓善。"據此，則"善音"或當作"善也"。

訧，有周反。《毛詩》："我思古之人，俾無訧兮。"傳曰："訧，過也。"《説文》："説［訧］，罪也。《周書》曰'報以庶訧'是也。"《廣雅》："訧，悪。"今亦為尤字，在乙部也。

《詩經·邶風·緑衣》："我思古人，俾無訧兮。"毛傳："訧，過也。"陸德明音義："訧，音尤，本或作尤。""訧"同"訧"，"尤"同"尤"。《説文》："訧，罪也。从言，尤聲。《周書》曰：報以庶訧。"《廣雅·釋詁三》："訧，惡也。"《名義》："訧，有周反。悪也，過也，罪也。"《新撰字鏡》："訧，羽求反。過，与尤同，過也，罪也，悪也。"

"在乙部也"，吕校本"乙"改作"尤"。按：《説文·乙部》："尤，異也。从乙，又聲。"《名義·乙部》："尤，禹留反。過也，恠也，異也，甚也，咲也，多也，怨也。"據此，《殘卷》"乙"字不誤。

誅，致娱反。《尚書》："商罪貫盈，天命誅之。"《論語》："扵予予何誅？"孔安国曰："誅，責也。"《国語》："大国……襲之曰服，小国敖，大国襲之曰誅。"（礼誅）《礼記》："齒路馬，有誅。"鄭玄曰："誅，罰。"《説文》："誅，討。"《廣雅》："誅，煞。"

《尚書·泰誓》："商罪貫盈，天命誅之。"《論語·公冶長》："於予與何誅？"

何晏集解引孔安國曰："誅，責也。"《國語·晉語二》："大國道，小國襲焉曰服；小國傲，大國襲焉曰誅。"《殘卷》有脱誤。《禮記·曲禮上》："齒路馬，有誅。"鄭玄注："誅，罰也。"《説文》："誅，討也。从言，朱聲。"《廣雅·釋詁一》："誅，殺也。"《名義》："誅，致娱反。責也，罰，煞也，計［討］也，教［殺］也。"《新撰字鏡》："誅，知朱反，平。罸也，煞也，責也。"

呂校本引《廣雅》作"誅，殺"。按：《殘卷》原作"煞"。"殺""煞"音義同。《玄應音義》卷二三《攝大乘論》卷六音義："誅國，丁于反。罰罪也。《廣雅》：'誅，煞也。'《説文》：'誅，罰也。'亦責也。"《慧琳音義》卷五十轉録作"誅國，追于反。罰罪也。《廣雅》：'誅，煞也。'《説文》：'誅，討也。'亦責也。"所引與《殘卷》合。"罰"義已見前揭《禮記》鄭玄注，引《説文》當以作"討"為是。

討，恥老反。《論語》："世𠦑討論之。"馬融曰："討，治也。"《礼記》："畔者君討。"鄭玄曰："討，誅也。"又曰："有従而討也。"鄭玄曰："討猶去也。"《漢書》："以成（人）之數討該之〈積〉。"《音義》曰："討，除也。"《毛詩傳》："蒙，討羽也。"箋云："討，雜也，書［畫］羽之文也。"

《論語·憲問》："世叔討論之。"何晏集解引馬融曰："討，治也。"《禮記·王制》："革制度衣服者為畔，畔者君討。"鄭玄注："討，誅也。"《禮記·禮器》："君子之於禮也，有直而行也，有曲而殺也，有經而等也，有順而討也。"鄭玄注："討猶去也。"《殘卷》因避諱改"順"為"従"。△《漢書·律曆志上》："故以成之數忖該之積。"孟康注："忖，除也。"顔師古注："忖音寸本反。"《玄應音義》卷二《大般涅槃經》卷十二音義："徃討，古文訆，同，恥老反。《漢書音義》曰：'討，除也。'《禮記》注云：'討，誅也。'"字亦作"討"。按：作"討"是。《公羊傳·隱公四年》："九月衛人殺州吁于濮。其稱人何？討賊之辭也。"何休解詁："討者除也。"《白虎通·誅伐》："討猶除也。"《詩經·秦風·小戎》："俴駟孔群，厹矛鋈錞，蒙伐有苑。"毛傳："蒙，討羽也。"鄭玄箋："討，雜也，畫雜羽之文於伐，故曰厖伐。"《名義》："討，恥老反。治也，誅也，去也，除也，雜也。"《新撰字鏡》："討，恥老反，上。除也，誅也，□也，打［忖？］也。"

呂校本引《漢書》作"以成人之數計誶之"。按：《殘卷》本作"[illegible]"，當是"該"字，唯右下有一大大的墨點。

讄，力水反。《論語》："子路請禱。子曰：有諸？讄曰：禱尔乎上下神祇。"孔安国曰："讄，禱篇也。"《說文》："相祝，累功臣［德］以求禄［福］。"

《論語·述而》："子路請禱。子曰：'有諸？'子路對曰：'有之。誄曰：禱爾于上下神祇。'"何晏集解引包咸曰："禱，禱請於鬼神。"又引孔安國曰："誄，禱篇名。"陸德明音義："誄，力軌反。《說文》作讄，或云作讄，禱，累功德以求福也，以誄為謚也。"《詩經·鄘風·定之方中》："卜云其吉，終然允臧。"毛傳："龜曰卜。允，信。臧，善也。建國必卜之，故建邦能命龜，田能施命，作器能銘，使能造命，升高能賦，師旅能誓，山川能説，喪紀能誄，祭祀能語，君子能此九者，可謂有德音，可以為大夫。"陸德明音義："儡，本又作讄，又作誄，皆力水反。《說文》云：'讄，禱也，累功德以求福也。'誄，謚也。"《說文》："讄，禱也，累功德以求福。《論語》云：讄曰：禱尔于上下神祇。从言，纍省聲。"《殘卷》"功臣"似當作"功德"，"求禄"似當作"求福"。《名義》："讄，力水反。求福也。"

讄，《說文》亦讄［讄］字也。

《說文》："讄，禱也，累功德以求福。《論語》云：讄曰：禱尔于上下神祇。从言，纍省聲。讄，或不省。"

謚，時志反。《謚法》："謚者，行之迹也。"劉熙曰："謚，申也，申理述見於後也。"《礼記》："古者生無爵，死無謚。"鄭玄曰："古謂殷以前也。"《白虎通》："謚之言烈，所以臨葬而謚之何？因衆聚會欲顯楊之也。"

《說文》："諡，行之迹也。从言、兮、皿，闕。"《玄應音義》卷十三《佛大僧大經》音義："謚比，時至反。《說文》：'行之迹也。從言，益聲。'《白虎通》曰：'謚之言列也。'《釋名》云：'謚，申也，物在後為申，言名之於人也。'"《禮記·郊特牲》："古者生無爵，死無謚。"鄭玄注："古謂殷以前也。"《白虎通·謚》："謚者，何也？謚之爲言引也，引烈行之跡也，所以進勸成德使上務節也。……《士冠經》曰：'死而謚之。'今也所以臨葬而謚之何？因衆會欲顯揚之也。"《名義》："謚，時志反。申。"

《新撰字鏡》："謚，神至、食至二反。迹也，静也。又伊昔反，入。笑皃，死名号。"[①]

誄，力水反。《周礼》："大祝作六辞，六曰誄。"鄭衆曰："誄謂迹累生時德行以賜之，命為其辞也。"又曰："遣之日讀誄。"鄭玄曰："遣謂祖唐［廟］之廷，大奠将行時也。人之道終此，故累其行而讀之，以謚作也。"《公羊傳》："讀誄〈制〉謚扵南郊。"《礼記》："賤不誄貴，幼不誄長，礼也。唯天子稱天以誄之，諸侯相誄，非礼也。"鄭玄曰："誄，累也。謚當由尊者成也。"又曰："魯荘公及宋人戰于乗丘，懸賁父死之。圉人之浴馬，有流矢在白肉，公曰：'非其罪也。'遂誄之。士有誄，自此始也。"鄭玄曰："誄其〈赴敵〉之功以為謚也。周雖以土［士］為〈爵〉，猶無謚也。"

《周禮·春官·大祝》："大祝……作六辭以通上下親疏遠近，一曰祠，二曰命，三曰誥，四曰會，五曰禱，六曰誄。"鄭玄注引鄭衆曰："誄謂積累生時德行以錫之，命主為其辭也。"《周禮·春官·大史》："遣之日，讀誄。"鄭玄注："遣謂祖廟之庭，大奠將行時也。人之道終於此，累其行而讀之。大師又帥瞽廞之而作謚。"《殘卷》"謚作"當作"作謚"。今本《公羊傳》未見"讀誄謚扵南郊"句。《禮記·曾子問》："唯天子稱天以誄之。"鄭玄注："《春秋公羊説》以為讀誄制謚於南郊，若云受之於天然。"《殘卷》蓋誤以《春秋公羊説》為《公羊傳》，"謚"上又脱"制"字。《禮記·曾子問》："賤不誄貴，幼不誄長，禮也。諸侯相誄，非禮也。"鄭玄注："誄，累也，累列生時行迹，讀之以作謚。謚當由尊者成。"《禮記·檀弓上》："魯莊公及宋人戰于乘丘，縣賁父御，卜國為右。公隊佐車，授綏。公曰：'末之，卜也。'縣賁父曰：'他日不敗績而今敗績，是無勇也。'遂死之。二人赴敵而死，圉人浴馬，有流矢在白肉。公曰：'非其罪也。'遂誄之。士之有誄，自此始也。"鄭玄注："誄其赴敵之功以為謚。……周雖以士為爵，猶無謚也。"吕校本作"魯莊公及宋人戰于乘丘縣"，誤。《名義》："誄，力水反。辞也，累也。"《新撰字鏡》："詸［誄］，力軌反。謚也，累也。讄，上字，又力水反。讄，又上字。"

《慧琳音義》卷九十《高僧傳》卷七音義："誄焉，上律委反。《周禮》：'誄，跡也，累説生時德行之辭也。'鄭注《禮記》：'誄，累也。'《説文》：'謚也。從言，耒聲。'"

---

① 此字頭實含兩字。《説文》："謚，行之迹也。从言、兮、皿，闕。"又："謚，笑皃。从言，益聲。"

諱，詡貴反。《周礼》："小史掌詔［詔］王忌諱。"鄭衆曰："諱，先王之名也。"《左氏傳》："諱國悪，礼也。"野王案：諱猶隐也。《禮記》："卒哭而諱。"鄭玄曰："諱，避也。"《說文》："諱，忌也。"

《周禮·春官·小史》："小史掌邦國之志奠繫世，辨昭穆。若有事，則詔王之忌諱。"鄭玄注引鄭衆曰："先王死日為忌，名為諱。"《禮記·王制》："大史典禮執簡記，奉諱惡。"鄭玄注："諱，先王名。"孔穎達疏："諱謂先王之名。"《左傳·僖公元年》："諱國惡，禮也。"杜預注："掩惡揚善，義存君親，故通有諱例，皆當時臣子率意而隱，故無深淺，常準聖賢，從之以通人理，有時而聽之可也。"《禮記·曲禮上》："卒哭乃諱。"鄭玄注："諱，辟也。"《殘卷》"卒"當作"卆"，同"卒"。《説文》："諱，認也。从言，韋聲。"《名義》："諱，詡貴反。隠也，避也，忌也，謚也，忌諱。"《新撰字鏡》："諱，詡貴反。隠也，忌也，辟也。"

謑，胡啓反。《呂氏春秋》："雞狗牛馬不可謑詬遇之。"《說文》："謑詬，恥辱也。"

《吕氏春秋·孟夏紀·誣徒》："草木雞狗牛馬不可譙詬遇之，譙詬遇之，則亦譙詬報人。"高誘注："譙詬，猶禍惡也。"陳奇猷新校釋引王紹蘭曰："'譙'，《説文》作'謑'，舊校云'一作護'，謑與護形竝近謨而致譌。""譙詬"即"謨詬"之訛。《新撰字鏡》："謑，胡礼反。恥也。又許解反，去。怒言也。雞狗牛馬不可謑詬遇之也。"吕校本"遇"誤作"過"。俗字"遇""過"形近。《禮記音》（S.2053）"遇"作"[illegible]"，《可洪音義》"喎"作"[illegible]"，"蝸"作"[illegible]"，"簻"作"[illegible]"，均其證。《説文》："謑，恥也。从言，奚聲。"《慧琳音義》卷三九《不空羂索經》卷九音義："吼謑，下奚啟反。《説文》：'謑，恥辱也。從言，奚聲。'"《莊子·天下》："謑髁無任而笑天下之尚賢也。"陸德明音義："謑，胡啓反，又音奚，又苦迷反。《説文》云：'耻也。'五米反。[①]"《名義》："謑，胡啟反。恥辱也。"

謨，《說文》亦謑字也。

---

① "五米反"，黄焯彙校同。按：疑當作"丑米反"，為"恥"字之音。

《説文》："謑，耻也。从言，奚聲。謨，謑或从奊。"《新撰字鏡》："謑，胡礼反。耻也。又許解反，去。怒言也。雞狗牛馬不可謑詬遇之也。謨，上字同。"

詬，許遘、胡遘、居候三反。《左氏傳》："閇〈門〉詬之。"杜預曰："詬，罵也。"《礼記》："孔子曰：'妄常，以儒相詬病。'"鄭玄曰："詬病猶恥辱也。"野王案：《左氏傳》"不忍其詬"是也。

《説文》："詬，謑詬，耻也。从言，后聲。"《左傳·襄公十七年》："重邱人閉門而詢之。"杜預注："詢，罵也。"《禮記·儒行》："今衆人之命儒也妄常，以儒相詬病。"鄭玄注："詬病猶恥辱也。"《左傳·昭公二十年》："公曰：'子死亡有命，余不忍其詢。"杜預注："詢，耻也。"陸德明音義："詢，許候反，本或作詬，同。"《慧琳音義》卷九五《弘明集》卷二音義："以詬，呼遘反。鄭注《禮記》云：'詬猶恥辱也。'杜注《左傳》：'詬，罵也。'《説文》：'從言，后聲。'"《名義》："詬，居候反。罵也，耻辱也。"《新撰字鏡》："詬，呼候反。怒也，罵也。"

詢，《説文》亦詬字也。《聲類》或為㖃字，在口部。[①]

《説文》："詬，謑詬，耻也。从言，后聲。詢，詬或从句。"《文選·郭璞〈江賦〉》："圓淵九回以懸騰，湓流雷响而電激。"李善注引《聲類》曰："响，嗥也。""响"音"呼后"，與"㖃"音義同。《新撰字鏡》："詢，胡遘反。罵也。"

該，古来反。《国語》："以該姓扵王宫。"賈逵曰："該，倫也。"《方言》："該，咸也。"郭璞曰："咸猶皆也。"《説文》："軍中約也。"《廣雅》："該［豥］，譗也。""該，評也。""該，包也。"《〈說〉文》以兼偹之晐字，在日部。[②]

《國語·吴語》："勾踐請盟，一介嫡女，執箕箒以晐姓於王宫。"韋昭注："晐，備也。"《玄應音義》卷八《無量壽經》卷上音義："該羅，古来反。賈注《國語》：'該，偹也。'

---

① 《名義》："㖃，呼垢反。耻辱也，厚怒也。"
② 《説文》："晐，兼晐也。从日，亥聲。"《名義》："晐，居来反。偹，感也，皆，兼也。"

《方言》：‘該，咸也。’”《方言》卷十二：“備、該，咸也。”郭璞注：“咸猶皆也。”《説文》：“該，軍中約也。从言，亥聲。讀若心中滿該。”《廣雅·釋言》：“晐，包也。”王念孫疏證：“晐與該通。”△《廣雅·釋言》：“訤，譖也。”“訤”與“該”形近，《殘卷》蓋誤以“訤”為“該”。[①]《殘卷》引《廣雅》“該，諪也”義未詳，吕校本改作“訤，訴也”。按：“諪”與“訴”形遠。《慧琳音義》卷四九《攝大乘論序》音義：“該閲，上改哀反。賈逵注《國語》云：‘該，備也。’《方言》云：‘該，咸也。’《廣雅》云：‘該，評也，包也。’[②]《説文》：‘從言，亥聲。’若兼備之該從日作晐。”《廣雅·釋詁三》：“豥，……豣，……多也。”王念孫疏證：“豥之言兼該也。”“該，諪”猶“豥，豣”。《名義》：“該，古來反。備也，咸也，皆也，諸也，包也。”《新撰字鏡》：“該，古来反，平。俻也，咸也，苞也，皆也，諸也，平也，兼也。”《類聚名義抄》：“該羅，《玉》云：‘浮也。’”（79•4）

諜，徒頰反。《周礼》：“巡邦国，傳［搏］諜賊。”鄭玄曰：“諜賊，反間為国賊者也。”《左氏傳》：“使伯嘉諜之。”杜預曰：“諜，伺也。”又曰：“諜告：楚幕有焉［烏］。”杜預曰：“諜，間也。”《国語》：“諜其将洛［浴］。”賈逵曰：“諜猶候也。”《大戴礼》：“以中情出，小曰間，大曰諜。”《史記》：“豈郊［効］此嗇夫諜諜利口便給哉。”[③]野王案：辨利之皀也。

《周禮·夏官·環人》：“巡邦國，搏諜賊。”鄭玄注：“諜賊，反間為國賊。”陸德明音義：“搏，音博，又房布反，劉音付。”《左傳·桓公十二年》：“羅人欲伐之，使伯嘉諜之，三巡數之。”杜預注：“諜，伺也。”《左傳·莊公二十八年》：“諜告曰：‘楚幕有烏。’乃止。”杜預注：“諜，間也。”《殘卷》“烏”訛作“焉”。《國語·晉語四》：“諜其將浴，設微薄而觀之。”韋昭注：“諜，候也。”《大戴禮記·千乘》：“以中情出，小曰間，大曰諜。”《史記·張釋之馮唐列傳》：“夫絳侯、東陽侯稱為長者，此兩人言事曾不能出口，豈斆此嗇夫諜諜利口捷給哉！”裴駰集解引晉灼曰：“音牒。”司馬貞索隱：“音牒。《漢書》作‘喋喋’，口多言。”《慧琳音義》卷三九《不空羂索經》卷九音義：“明諜，恬葉反。《史記》云：‘豈効此嗇夫諜諜利口辯給哉？’

---

① “豕”旁俗多作“豕”，俗字“豕”與“亥”形近，故字形訛誤有“魯魚豕亥”之説。

② 今本《廣雅·釋言》作“晐，包也”。

③ 《史記·張釋之馮唐列傳》：“此兩人言事，曾不能出口，豈斆此嗇夫喋喋利口捷給哉！”“斆”同“效”。“喋喋”與“諜諜”音義同。《殘卷》“便”當作“使”，“使”與“捷”音義同。

顧野王云：‘辨利之皃也。’”《名義》：“諜，徒頰反。伺也，候也，間也。”《新撰字鏡》：“諜，帝□、丈甲二反，入。伺也，候也，間也，問之也，訊也。”

諲，之神反。《尔雅》：“諲，敬也。”

《爾雅·釋詁下》：“諲，敬也。”陸德明音義：“諲，音因，又音真。”《名義》：“諲，之神反。敬也，教也。”

譯，餘石反。《礼記》：“五方之民，言語不通，嗜欲不同，達其志，通其欲，北方曰譯。”鄭玄曰：“〈俗〉間之名也，依其事類耳。”《方言》：“譯，傳也。譯，見也。”郭璞曰：“傳〈宣〉語即相見也。”《說文》：“傳四夷之語也。”

吕校本引《禮記》鄭玄注“間之名也”之前補“世”字。按：當補“俗”字。《禮記·王制》：“五方之民，言語不通，嗜欲不同，達其志，通其欲，東方曰寄，南方曰象，西方曰狄鞮，北方曰譯。”鄭玄注：“皆俗間之名，依其事類耳。”《方言》卷十三：“譯，傳也。譯，見也。”郭璞注：“傳宣語即相見。”《説文》：“譯，傳譯四夷之言者。从言，睪聲。”《名義》：“譯，餘石反。傳也，見也，教道也，度語也。”《新撰字鏡》：“譯，由歷反。陳也，見也，傳言也。”

詔，諸曜反。《尚書》：“多瘠罔詔。”孔安国曰：“無詔救之者也。”又曰：“詔王太子出迪。”孔安国〈曰〉：“詔，教也。”《周礼》：“以八柄詔王駛［馭］群臣。”鄭玄曰：“詔，告也，助也。”《尔雅》：“詔，道也。”郭璞曰：“謂教道之也。”又曰：“詔，非，勴也。”郭璞曰：“謂贊勉也。”《史記》：“秦始皇廿六年尊王為皇帝，令為詔，命〈為〉制。”《廣雅》：“詔，書也。”

《尚書·微子》：“罪合于一，多瘠罔詔。”孔安國傳：“言殷民上下有罪，皆合於一法，紂故使民多瘠病而無詔救之者。”《尚書·微子》：“商其淪喪，我罔為臣僕，詔王子出迪。”孔安國傳：“商其没亡，我二人無所為臣僕，欲以死諫紂，我教王子出合於道。”《周禮·天官·大宰》：“以八柄詔王馭羣臣。”鄭玄注：“詔，告也，助也。”《殘卷》

“駛”當作“馭”。《爾雅·釋詁下》：“詔，導也。”郭璞注：“謂教導之。”“道”“導”古今字。《慧琳音義》卷二七轉録大乘基《法花音訓》：“教詔，下招曜反。《字林》：‘詔，告也。’《尒雅》：‘詔，導也。’郭璞：‘謂教導之也。’《釋名》云：‘詔，照也，人闇於成事，即有所犯，以此示之，使照然知其所由。’”字亦作“導”，與今本《爾雅》合。《爾雅·釋詁上》：“詔、相、導、左、右、助，勴也。”郭璞注：“勴謂贊勉。”《殘卷》“非”疑當作“相”。《史記·秦始皇本紀》：“尊號，王為泰皇，命為制，令為詔。”裴駰集解引蔡邕曰：“制書，帝者制度之命也，其文曰‘制’。詔，詔書。詔，告也。”《廣雅·釋詁四》：“詔，書也。”《説文》：“詔，告也。从言，从召，召亦聲。”《名義》：“詔，諸曜反。教也，告也，助也，道也，書也。”《新撰字鏡》：“詔，□［之］笑反，去。告也，道也，照也，勵也。”①

誘，餘手反。《説文》亦羑字也。芳［羑］，導也，引也，教也，進也，謏〈也〉，相勸動也，在羊部。或復為羗字，在厶部。

《説文》：“羗，相訹呼也。从厶，从羑。誘，或从言、秀。䛻，或如此。羑，古文。”《名義》：“誘，餘手反。道也，教也，引也，進也，動也。”又：“羑，餘尤反。導，教也，引也，進也，謏也。”又：“羗，餘九反。相誅［訹］誘也。”《新撰字鏡》：“誘、䛻，二字同，以酒反，上。古美［羑］，上字。訹，導也，引也，教也，進也。”又：“誘訹，教也，引也，相勸也。”

吕校本作“謏相勸動也”。按：當作“謏也，相勸動也”，為兩義。《慧琳音義》卷八十《大唐內典錄》卷九音義：“陶誘，下由首反。何晏注《論語》云：‘誘，進也。言夫子以正道進勸人也。’《字林》云：‘誘猶誜也。’亦誘也。《説文》：‘導也。從言，秀聲。’或從盾作䛻，亦作羑，音義並同。誜，先九反。”“誜”同“謏”。又卷六十《根本説一切有部毘奈耶律》卷二三音義：“誸誘，下音酉。……《玉篇》云：‘相勸動也，教也。’”又卷八《大般若波羅蜜多經》卷五六八音義：“誘化，餘手反。《説文》作羑，羑，導也，教也，引也，進也，相勸動也。從言，從秀聲也。”“相勸動也”為別一義。

《詩經·召南·野有死麕》：“有女懷春，吉士誘之。”毛傳：“誘，道也。”《儀禮·大射》：“由下物少退，誘射。”鄭玄注：“誘猶教也。”《禮記·樂記》：“好惡無節於內，知誘於外，不能反躬，天理滅矣。”鄭玄注：“誘猶道也，引也。”《論語·子

① 天治本反切上字漫漶，此據享和本、《群書類從》本補。

罕》："夫子循循然善誘人。"何晏集解："誘，進也。"

誦，《説文》亦誘字也。

《説文》："羑，相訹呼也。从厶，从羑。……誦，或如此。"

諡［諡］，胡臈反。《尒雅》："諡，静也。"

按：今本《爾雅·釋詁上》作"氤、謚、溢、蟄、慎、貉、謐、顗、頠、密、寧，静也"。無"諡"字。疑顧野王所據本"謚"誤作"諡"，故釋為"静也"。[①]《名義》："諡，胡臈反。諍也。"《新撰字鏡》："諡，古［胡］盍反。多言也，静。"

諏［謏］，山陸反。《儀礼》："祝入，尺［尸］諏［謏］。"鄭玄曰："起也。"《尒雅》亦云，郭璞曰："《礼記》'是故尺［尸］諏［謏］'是。"《蒼頡篇》："諏［謏］，〈興〉也。"

《殘卷》字頭誤作"諏"，吕校本徑改作"謏"。《殘卷》"謏"作"諏"，猶"稷"作"[illegible]"[②]。《儀禮·少牢饋食禮》："祝入，尸謏。主人降，立于阼階東西面。"鄭玄注："謏，起也。謏或作休。"《爾雅·釋言》："謏，興，起也。"郭璞注："《禮記》曰：'尸謏。'"《名義》："諏，山陸反。起也。此也，與［興］也。"《新撰字鏡》："謪，餘照反。所陸、蘓了二反。誘，並謏［諏］也，言小也。誂，調也。起，又興也。誤也。"[③]

吕校本引《蒼頡篇》作"謏也"。按：依《殘卷》體例，當作"謏，× 也"，此處應有脱文。據《名義》，似當補"興"字。

---

① "謚"字或作"謐"。"謐"與"諡"形近易誤。《莊子·天地》："《折揚》《皇荂》則嗑然而笑。"陸德明音義："嗑，許甲反。李云：'《折揚》《皇華》皆古歌曲也。嗑，笑聲也。本又作嗌，烏邈反。""嗑"作"嗌"，猶"諡"作"謚"。

② 《殘卷·吅部》"嚴"字下"社稷"之"稷"作"[illegible]"。

③ "所陸反。起，又興也"當為"謏"字義。

詀，託兼反。《方言》："南楚或謂謰謱口［曰］詀謕［謕］，轉語也。"《字書》："語聲也。"

《方言》卷十："嘛哰，謰謱，拏也。東齊周晉之鄙曰嘛哰。嘛哰亦通語也。南楚曰謰謱，或謂之支註，或謂之詀謕，轉語也。"《殘卷》："諵，女函反。《埤蒼》：'諵，語聲也。'《字書》：'亦詀也。'"《名義》："詀，託兼反。轉語也。"《新撰字鏡》："詀，竹咸反，又叱涉反，入。諵，語聲。"

註，之喻反。《方言》："南楚或謂嗹嘍曰支註。"《廣雅》："註，疏。""註，識。"《埤蒼》："註，解。"今並為注字，在水部也。①

《方言》卷十："嘛哰，謰謱，拏也。東齊周晉之鄙曰嘛哰。嘛哰亦通語也。南楚曰謰謱，或謂之支註，或謂之詀謕，轉語也。"《廣雅·釋言》："註，疏也。"《廣雅·釋詁二》："註，疏，識也。"《慧琳音義》卷八三《大唐三藏玄奘法師本傳》卷八音義："註解，朱喻反。《廣雅》：'注，識也。'《埤蒼》：'注，解也。'"又卷八八《法琳法師本傳》卷一音義："註解，上誅句反。《廣雅》云：'註，疏也。'《埤蒼》：'解也。'"《名義》："註，之喻反。疏也，識也，解也。"《新撰字鏡》："注字，丁住、株勾［句］二反，去。記物謂之註，解也，水流也。"

諂，於劒反。《方言》："嘛哰，拏。楊〈州〉會稽之語也，或謂之諂。"郭璞曰："言輕［誣］諂也。"又曰："無［誣］，諂與也。〈荊〉斉曰諂（諂）與，猶秦晉言何［阿］與也。"郭璞曰："相阿為者，所以致誣諂也。"《埤蒼》："諂，匿也。"《說文》為婘，在女部。②"

《方言》卷六："誣，諂与也。吴越曰誣，荆齊曰諂与，猶秦晉言阿与。"郭璞注："相阿与者所以致誣諂。"又卷十："嘛哰，謰謱，拏也。東齊周晉之鄙曰嘛哰，嘛哰亦通語也。南楚曰謰謱，或謂之支註，或謂之詀謕，轉語也。拏，揚州會稽之語也，或謂之惹，

① 《名義》："注，之樹反。灌也，瀉也，瀆也。"
② 《說文》："婘，誣拏也。"《名義》："婘，於𢿘反。拏也，賢也。"

或謂之諂。”郭璞注：“言誣諂也。”

王仁昫《刊謬補缺切韻·梵韻》（P.2011）：“諂，匿。亦作婘。”與《殘卷》所引《埤蒼》釋義同。澤存堂本《廣韻·梵韻》：“諂，諂䁥。”“䁥”，周祖謨《廣韻校本》校改作“匿”。按：“䁥”當為“匿”之後起分化字。“匿”字或作“惹”。《廣韻·藥韻》：“惹，諂惹。”“諂匿”“諂䁥”“諂惹”均為同義連文。

吕校本引郭璞注作“言輕諂也”。按：“輕”字《殘卷》原作“軽”，與本條“誙”（誣）字形近，當是“誣”字之訛。[①]

《名義》：“諂，於劍反。匿也，軽［誣］也，詃［誣］也。”《新撰字鏡》：“諂，於劒反。囒哰也，拏也，軽［誣］諂也，無［誣］，諂与也。”

諑［諑］，猪角反。《左氏傳》：“又使諑［諑］之。”杜預曰：“諑［諑］，訴也。”《方言》：“楚以南謂訴為諑［諑］。”《楚辞》：“誙［謠］諑謂余善浮［淫］（諑）。”王逸曰：“諑［諑］，讃［譖］也。”[②]《廣雅》：“諑［諑］，責也。”“諑［諑］，毀也。”

《左傳·哀公十七年》：“衛侯辭以難，大子又使椓之。”杜預注：“椓，訴。”《方言》卷十：“諑，愬也，楚以南謂之諑。”《楚辭·離騷》：“衆女嫉余之蛾眉兮，謠諑謂余以善淫。”王逸注：“諑猶譖也。”《廣雅·釋詁一》：“諑，責也。”《廣雅·釋詁二》：“諑，諿也。”《名義》：“諑，猪角反。訴也，譖也，責也，毀也，數也。”《新撰字鏡》：“諑，丁角反。訴，譖也，責也，毀也。”

吕校本引《楚辞》作“謡諑謂余善浮諑”，誤。

譠，託山反。《方言》：“譠謾，欺也。楚郢以南東楊之郊通語也。”郭璞曰：“亦中国相輕易蚩弄之言也（之）[③]。”

《方言》卷十：“眠娗，脈蜴，賜施，茭媞，譠謾，㥏他，皆欺謾之語也。楚郢以

① 王引之《經義述聞》卷三二“形譌”條有“輕字隸書與誣相似而誤為誣”。王念孫《讀書雜志·戰國策》“輕西周”條亦謂“誣、輕二字，書傳往往相亂”。

② 《廣韻·覺韻》：“諑，訴也。王逸注《楚詞》云：‘諑猶僭也。’”“僭”當作“譖”，諸家失校。

③ 末尾“之”字旁注刪節符“ミ”，當删。

南東揚之郊通語也。”郭璞注：“六者亦中國相輕易蚩弄之言也。”《名義》：“譠，託山反。欺也。”《新撰字鏡》：“譠，他單反。謾也，欺慯之言。譠，上字。”

謇，居展反。《周易》：“謇者，難也。”《方言》：“謇，吃也，楚語也。”郭璞曰：“亦北方通語也。”或為寒字，在了［卩］部。

《周易·序卦》：“蹇者，難也。”《方言》卷十：“讓極，吃也。楚語也。”郭璞注：“亦北方通語也。”《名義》：“謇，居展反。難也，吃也。譾，謇字。”

“或為寒字，在了部”，吕校本作“或為謇字，在宀部”。△按：《名義·宀部》未見“謇”字。此當作“或為寋字，在卩部”。《玄應音義》卷二三《顯揚聖教論》卷十一音義：“謇趿，古文作謥、謇二形，今作寋，同，飢展反。《方言》：‘謇，吃也。楚人語也。’‘謇，難也。’”《慧琳音義》卷十三《大寶積經》卷四十音義：“謇吃，上建偃反。《易》曰：‘謇，難也。’《方言》：‘謇亦吃也。’或從虎［虔］作謔［謥］，或從了［卩］作寋，或從干［千］作𨚗，或作譾，用並同。”“卩”作“了”，其誤與《殘卷》正同。《名義·卩部》：“寋，羈𧓍反。難也，相燀。”《新撰字鏡》：“謇，居展反，上。吃也，楚語也。”又：“譾，居展反。難也，訖［吃］也，語也，北方通語也。謇字同。”

譾，《聲類》亦謇字也。《字書》為𨚗［𨚗］字，在力部。[1]

《玄應音義》卷九《大智度論》卷二八音義：“謇吃，古文謥、謇二形，今作寋，《聲類》作譾，又作㔓［𨚗］，同，居展反。《方言》：‘謇，吃也。楚人語也。’”

謥，《聲類》亦謇字也。

《玄應音義》卷二二《瑜伽師地論（大唐新譯）》卷十五音義：“謇吃，古文謥、謇二形，今作寋，同，居展反。……《方言》：‘謇，吃，楚語也。’‘謇，難也。’”

---

① 《名義》：“𨚗，居偃反。難也，吃也。譾也。”

譼，於題反。《毛詩》：“自詒譼阻。”箋云：“譼猶是也。”《左氏傳》：“譼伯覫是〈賴〉。”杜預曰：“譼，䜣聲也。”又曰：“尒有母遺譼。”杜預曰：“語助也。”《方言》：“譼，然也。南楚凡言然或曰譼。”今或為譼［緊］字，在系［糸］部。①”

《詩經·邶風·雄雉》：“我之懷矣，自詒伊阻。”鄭玄箋：“伊當作緊，緊猶是也。”《左傳·襄公十四年》：“王室之不壞，緊伯舅是賴。”杜預注：“緊，發聲。”《左傳·隱公元年》：“爾有母遺，緊我獨無？”杜預注：“緊，語助。”《方言》卷十：“欸，譼，然也。南楚凡言然者曰欸，或曰譼。”《名義》：“譼，於題反。〈語〉助也，然也。”《新撰字鏡》：“譼，於題反。是也，發聲也，語助也，然也。緊字，在糸部。”

《慧琳音義》卷六七《阿毗達磨界身足論後序》音義：“緊可，上壹奚反。《考聲》云：‘緊，歎聲也。’顧野王云：‘緊，發語聲為緊也。’《文字典説》云：‘助語之辞也。從糸，殹聲。’”“緊”同“譼”。

吕校本“糸部”誤作“系部”。

讚，子旦反。《方言》：“讚，解也。”郭璞曰：“讚訟，所以解釋物理也。”《釋名》：“稱人之羡曰讚。”案：讚訟者，所以佐助𨗴引裒楊［揚］其徳羡也。《尚書》“益賛于禹”亦是也。今並為賛字，在貝部。②《字書》或為攢字，在手部也。③

《方言》卷十三：“讚，解也。”郭璞注：“讚訟，所以解釋理物也。”“讚訟”即“讚頌”。周祖謨校箋：“注文《原本玉篇》讚下及《慧琳音義》卷三、卷八十四引並作‘讚頌，所以解釋物理也’。”《釋名·釋典藝》：“稱人之美曰讚。”《慧琳音義》卷八四《古今譯經圖記》卷一音義：“讚唄，上子且［旦］反。《方言》：‘讚，解。’郭璞注云：‘讚頌，所以解釋物理也。’《釋名》云：‘穪［稱］人之美曰讚。’《尚書》：‘益讚於禹。’”又卷八九《高僧傳》卷六音義：“序讚，下左漢反。郭注《方言》云：‘讚頌，所以解釋物理也。’《釋名》云：‘讚，稱人之美者也。’顧野王云：‘讚頌，所以佐助導引褒揚其德也。’”《名義》：“讚，子旦反。解也。”《新撰字鏡》：“讚，

---

① 《殘卷》：“緊，於奚反。……語發聲為譼字，在言部。”《名義》：“緊，於奚反。青黒。”
② 《名義》：“賛，子旦反。佐也，導也，助也，出也，見也。”
③ 《名義》：“攢，子令［幹］反。頌也，解也。”

賛字同，舌［左］乱反，去。觧也，明也，稱也。”

諻，呼横反。《方言》：“諻，音也。”《蒼頡篇》：“諻，樂也。”

《方言》卷十二：“諻，音也。”字或作“諻”。《殘卷》：“諻，胡觥反。《字書》或鍠字也。鑠［樂］聲也，夂皷聲也，在金部。”《爾雅·釋訓》：“鍠鍠，樂也。”郭璞注：“鐘鼓音。”陸德明音義：“諻諻，《詩》作喤喤，華盲反。《字書》：‘鍠鍠，樂之聲也。’又作鍠。一音胡光反。”字又作“喤”。《爾雅·釋訓》：“鍠鍠，樂也。”郝懿行義疏引舍人曰：“喤喤，鐘鼓之樂也。”《名義》：“諻，呼横反。樂也。”又：“諻，胡觥反。樂聲也。”《新撰字鏡》：“諻，虎擴反。樂也，語聲。”

譚，徒躭反。《淮南》：“通古今之風氣，以貫譚方［万］物之理。”野王案：譚猶着也。《漢書》“大譚思［思］扵渾天”是也。《蒼頡篇》亦人姓，亦人名。“譚公惟私”是。《聲類》：“譚，詑也。”《字書》：“譚，誕。”

《淮南子·要略》：“齊俗者，所以一群生之短脩，同九夷之風氣，通古今之論，貫万物之理，財制禮義之宜，擘畫人事之終始者也。”《文選·成公綏〈嘯賦〉》：“故能因形創聲，隨事造曲，應物無窮，機發響速，怫鬱衝流，參譚雲屬。”李善注：“《淮南子》曰：‘通古之風氣，以貫譚萬物之理。’譚，猶著也。”《漢書·揚雄傳下》：“於是輟不復為，而大潭思渾天，參摹而四分之。”顏師古注：“潭，深也。”《廣韻·覃韻》：“譚，大也。又姓，漢有河南尹譚閎。”《後漢書·桓譚傳》：“桓譚，字君山，沛國相人也。”《詩經·衛風·碩人》：“齊侯之子，衛侯之妻，東宫之妹，邢侯之姨，譚公維私。”陸德明音義：“譚，徒南反，國名。”《名義》：“譚，徒躭反。著也，詑也，誕也。”“躭”同“耽”。《新撰字鏡》：“譚，投南反，平。誤也，大也，誕也，人姓也。”

諔［謏］，所陸、蕵了二反。《礼記》：“裝慮憲，求善良，足以謏問，不足以動衆。”鄭玄曰：“謏之〈言〉小。”《廣雅》：“誂、誀、訹、誘，並謏也。”

《禮記·樂記》：“發慮憲，求善良，足以謏聞，不足以動衆。”鄭玄注：“謏之言小也。”

陸德明音義："謏，思了反，徐所穆反。"《廣雅・釋詁一》："誂、誀、訹、謏，誘也。"《慧琳音義》卷八八《崇正録》卷二音義："庸謏，消了反。鄭注《礼記》云：'謏之言小也。'《古今正字》云：'從言，叟聲也。'"《名義》："謏，所陸反。縮也，誘也。"《新撰字鏡》："謏，蕭了反，上。了［小］也，訹也。"又："謏，餘照反。所陸、蕭了二反。誘，並謖［謏］也，言小也。誂，調也。起，又興也。誤也。"①

《名義》字頭本作"謏"，似為"謏"字。△按："謏""謏"從叟（㕛）得聲，似不當讀"所陸反"。"所陸反"為"謖"字之音。《殘卷》《名義》"謖"字音"山陸反"，北京故宫博物院舊藏裴務齊正字本《刊謬補缺切韻》、《唐韻殘卷》（蔣斧印本）"謖"字音"所六反"，與"縮"同音。《殘卷》"謖"字字頭及釋文均誤作"謏"，"謏"字字頭作"謏"，更接近於"謖"。北京故宫博物院藏王仁昫《刊謬補缺切韻》"縮"（所六反）小韻收"謖""謏"，其誤與《殘卷》《名義》同。

詅，旅政反。《廣雅》："詅，賣也。"《埤蒼》："詅，衒也。"

《廣雅・釋詁二》："詅，賣也。"《廣雅・釋言》："詅，衒也。"王仁昫《刊謬補缺切韻・勁韻》（P.2011）："詅，衒賣。"《名義》："詅，旅政反。賣也，衒也。"《新撰字鏡》："詅，張［旅］政反。俾也，衒。"

讜，都朗反。《漢書》："復聞讜言。"野王安［案］：直言也。《聲類》："善言也。"

《漢書・敘傳上》："上乃謂然歎曰：'吾久不見班生，今日復聞讜言！'"顔師古注："讜言，善言也，音黨。"《文選・班固〈典引〉》："既感群后之讜辭，又悉經五繇之碩慮矣。"蔡邕注："讜，直言也。"《荀子・非相》："先慮之，早謀之，斯須之言而足聽，文而致實，博而黨正，是士君子之辯者也。"楊倞注："黨與讜同，謂直言也。"《尚書・益稷》："帝曰：來禹，汝亦昌言。"孔安國傳："因皋陶謨九德，故呼禹，使亦陳當言。"陸德明音義："當，丁浪反，本亦作讜，當湯反。李登《聲類》云：'讜言，善言也。'"《慧琳音義》卷四五《文殊悔過經》音義："讜聞，上當朗反。

① "蕭了反。誘，並謖［謏］也，言小也。誂，調也"當為"謏"字義。

《漢書》云：‘復聞讜言。’顧野王云：‘讜，直言也。’《説文》：‘從言，黨聲也。’”又卷八八《集沙門不拜俗議》卷二音義：“讜言，當朗反。《聲類》：‘讜，善言也。’[①]顧野王云：‘讜，直言也。”《名義》：“讜，都朗反。善言也，眞［直］言也。”《新撰字鏡》：“讜，德朗反。眞［直］言也，善言。”王仁昫《刊謬補缺切韻·養韻》（P.2011）：“黨，德郎反。……讜，直言。”

謌，葛羅反。《尚書》：“謌詠言。”野王案：《礼記》：“謌之言也，……説文［之］故言之，言之不乏，長〈言〉之。”《毛詩》：“我謌且謡。”傳曰：“曲合樂曰謌。”或為歌字，在欠部。[②]古文為哥字，在可部。[③]

《尚書·舜典》：“詩言志，歌永言。”陸德明音義：“永，徐音詠，又如字。”《禮記·樂記》：“故歌之為言也，長言之也。説之故言之，言之不足，故長言之，長言之不足，故嗟歎之，嗟歎之不足，故不知手之舞之、足之蹈之也。”《詩經·魏風·園有桃》：“心之憂矣，我歌且謡。”毛傳：“曲合樂曰歌，徒歌曰謡。”《説文》：“歌，詠也。从欠，哥聲。謌，歌或从言。”又：“哥，聲也。从二可。古文以爲謌字。”《名義》：“謌，葛羅反。歌也。”《新撰字鏡》：“謌，葛羅反。歌、哥二字同。”又：“歌，居何反。詠也，謌、哥二形同。”《類聚名義抄》：“謌，《玉》云：‘曲合樂曰謌。或作歌。’”（83•4）

《殘卷》引《禮記》至“長〈言〉之”止，其中的“説文”應是“説之”之誤，吕校本失校。

詧，古儳反。《説文》古文監字，視也。監視，監［臨］下也，在卧部。[④]

《説文》：“監，臨下也。从臥，䘓省聲。詧，古文監从言。”

---

① 《文選·何晏〈景福殿賦〉》：“賢鍾離之讜言，懿楚樊之退身。”《文選·任昉〈天監三年策秀才文〉》：“而使直臣杜口，忠讜路絶。”《文選·潘岳〈夏侯常侍誄〉》：“讜言忠謀，世祖是嘉。”《文選·陸機〈弔魏武帝文〉》：“善乎，達人之讜言矣！”李善注四引《聲類》，均作“讜，善言也”。

② 《殘卷》：“歌，古何反。《説文》：‘詠歌也。’或為謌字，在言部。古文為哥字，在可部。”

③ 《殘卷》：“哥，古何反。《説文》：‘聲也。古文以爲歌字。’野王案：《尚書》‘歌詠言’是，在欠部。或為謌字，在言部。”

④ 《名義》：“監，公衫反。察視。”

吕校本字頭作“警”。按：《殘卷》字頭本作“[illegible]”，《名義》字頭作“[illegible]”，當是“警”字。《名義》：“警，古儳反。監字，視也。”《新撰字鏡》：“警，古儳反。監字古文。”

警，先解［斛］反。《説文》古文速字也。速，疾也，白也，在辵部。[①]

《説文》：“速，疾也。从辵，束聲。遬，籀文从敇。警，古文从敇，从言。”《名義》：“警，先斛反。速字也，疾也。”《新撰字鏡》：“警，先斛反。速字古文。”

誺，徐歷反。《説文》亦寐字也。咔［宋］，安静也，漢［漠］也，在山［宀］部。[②]**或為咊［啾］字，在口部也。**

《説文》：“宋，無人聲。从宀，尗聲。誺，寂［宋］或从言。”《玄應音義》卷十一《正法念經》卷十音義：“寐聲，又作誺［誺］、啾二形，同，情歷反。《方言》：‘寐，安静也。’[③]寐嘆也。”《名義》：“誺，徐歷反。寐字，安静也，嘆也。”《新撰字鏡》：“誺，徐歷反。寐字。安静也，嘆也。”

吕校本“咔”字作“咊”。∆按：兩字字形接近，改字有一定的合理性，但與下文“宀部”不合，且《名義·宀部》字作“宋”。“或為咊字”之“咊”當作“啾”。《名義》：“咊，之六反。呼鶏聲也。”又：“啾，徐歷反。莫也。”“啾”與“誺”“宋”音義同。

訡，牛金反。《説文》或吟字也。吟，呻也，嘆也，在口部。[④]**（或在口部也。）或為訡字，在〈音部〉。**

《説文》：“吟，呻也。从口，今聲。訡，吟或从音。訡，或从言。”《文選·蘇武〈古

---

① 《名義》：“速，思廘反。疾也，召也，徵也。”
② 《名義》：“宋，徐的反。静也。”
③ 《方言》卷十：“家，安静也。江湘九嶷之郊謂之家。”“家”同“寂”。《文選·江淹〈别賦〉》：“術既妙而猶學，道已寂而未傳。”《文選·范曄〈樂遊應詔詩〉》：“崇盛歸朝闕，虚寂在川岑。”李善注兩引《方言》，均作“寂，安静也”。
④ 《殘卷》：“訡，牛金反。《説文》或吟字也。吟，呻吟也，在口部。或為訡字也，在言部。”

詩四首〉之一》："請為遊子吟，泠泠一何悲。"李善注引《蒼頡篇》曰："吟，嘆也。"①《名義》："訡，牛金反。吟，呻也，嘆也。"《新撰字鏡》："訡，牛金反。吟字。呻也，嘆也。訡也。"

誒，似慄[慄]反。《廣雅》：'誒，毒，苦也。'《字書》或為慽字，在心部。②

吕校本引《廣雅》作"誒，毒苦也"。按：《廣雅·釋詁四》："譂、憎、誒、毒、病、恔、患、勩、瘽，苦也。""誒""毒"均釋"苦也"，非謂"誒"為"毒苦也"。後世字書、韻書多作"毒苦"，為同義連文。《名義》："誒，似慄反。毒苦也，慽字。"《新撰字鏡》："誒，似慓[慄]反。慽字同，毒苦也。"王仁昫《刊謬補缺切韻·質韻》（P.2011）："慽，毒苦。亦作誒。"《廣韻·質韻》："慽，（慽）毒苦也。"

䚘③，下更反。《廣雅》："䚘，言也。"《埤蒼》為"楊州云言"。野王案：《尓雅》猶為行字，在行部。④

《廣雅·釋詁四》："䚘，言也。"《爾雅·釋詁下》："話、猷、載、行、訛，言也。"郭璞注："今江東通謂語為行。"鄭樵注："行即䚘，瞋語也。""楊州云言"（楊州屬江東）與"江東通謂語為行"義同。《名義》："䚘，下更反。言也，行字。"《新撰字鏡》："䚘，下更反。行字同，言也。"又："䚘，孟許[許孟]反。瞋語。"

譝，視陵反。《左氏傳》："故譝息媯。"杜預曰："譝，譽也。"《字書》或為憴字，在心部。⑤今或〈為〉繩字，在糸部。⑥

---

① 《玄應音義》卷十三《鸚鵡經》音義："吟哦，又作訡，牛金反，下吾歌反。江南謂諷詠爲吟哦。《蒼頡篇》：'吟，歎也。'"
② 《名義》："慽，似慄反。疾，毒，苦也。誒字。"
③ 臺灣《異體字字典》以為"䚘"形出自《佩觿》，《殘卷》"䚘"、《名義》"䚘"均早於《佩觿》。
④ 《名義》："行，遐庚反。適也，用也，道也，往也，去也，賜也，如也，陣也，翮也，烈也，言也，事也，視也。"
⑤ 《名義》："憴，視陵反。譽也。"
⑥ 《殘卷》："繩，視升反。……繩譽之繩為繩[譝]字，在言部。"

《左傳·莊公十四年》：“蔡哀侯為莘故繩息嬀以語楚子。”杜預注：“繩，譽也。”陸德明音義：“繩，食承反，《説文》作譝。”《爾雅·釋訓》：“繩繩，戒也。”陸德明音義：“本或作憴，同，食蒸反。”王仁昫《刊謬補缺切韻·蒸韻》（P.2011）：“譝，稱。……憴，譽。”《廣雅·釋詁四》：“譝，譽也。”《名義》：“譝，視陵反。譽也。”《新撰字鏡》：“譝，實能反，平。譽也。譝，上字。”

誂，餘照反。《廣雅》：“誂，誤也。”

《廣雅·釋詁三》：“誂，誤也。”曹憲音“曜”。王仁昫《刊謬補缺切韻·笑韻》（P.2011）：“曜，弋笑反。……誂，誤。”《名義》：“誂，餘照反。誤也。”《新撰字鏡》：“誂，餘照反。所陸、蓰了二反。誘，並謏也，言小也。誂，調也。起，又興也。誤也。”《新撰字鏡》此處三條誤合為一條。“誂，餘照反。誤也”為一條，“謏，所陸反。起，又興也”為一條，“謏，蓰了反。誘，並謏［謏］也，言小也。誂，調也”為一條。

評，皮柄反。《字書》：“評，訂也。”

《玄應音義》卷十二《那先比丘經》卷下音義：“評之，皮柄反。《字書》：‘評，訂也。’評，平議也。訂音唐頂反。”《名義》：“評，皮柄反。訂也。”《新撰字鏡》：“評，符兵反，平；皮敬反，去。謂量命也，平言也，計也，告也，訂，平議也。”《新撰字鏡》此處三條誤合為一條。“評，符兵反，平。皮敬反，去。謂量也，平言也”為一條，［《唐韻殘卷·敬韻》（蔣斧印本）：“病，皮命反。四。評，平言。又音平。”“皮敬反”與“皮命反”音同。］“命，計也，告也”為一條，“訂，平議也”為一條。

詌，胡臈反。《字書》或嗑字也，嗑，多言也。在口部。①

《名義》：“詌，胡臈反。嗑字，多言也。”《新撰字鏡》：“詌，火甲反，入。諭也，語聲。”

---

①　《名義》：“嗑，公盍反。言也，啥也，言合也。”

諊，居陸反。《字書》或籥［鞫］字也。籥［鞫］，治罪也，讀書用法也，窮也，在卒［㚔］部。[①] 或為趜字，在走部。[②] 或為簕［竆］字，在穴［宀］部。[③] 或為竆［竆］字，在穴部也（之）。[④]

《説文》："鞫，窮理罪人也。从㚔、从人、言，竹聲。𥬝，或省言。"按：《説文》當作"窮也，理罪人也"。"理罪人"即"治罪人"。《禮記·文王世子》："其刑罪則纖剸，亦告于甸人。"鄭玄注："告讀為鞠。讀書用法曰鞠。"《名義》："諊，居陸反。鞫字，窮也，治罪也。"《新撰字鏡》："諊，掬同字，居六反。用法也，窮也。"

吕校本引《字書》作"或鞫字也"。按：《殘卷》原作"籥"，從竹從諊，《名義·㚔部》作"鞫"。

吕校本删去"在宀部"後九字，誤。

誯，充向反。《字書》或唱字也。唱，導也，娑歌句也，先也，在口部。[⑤]〈或〉為龤字，在龠部也。[⑥]

《殘卷》："龤，充尚反。《字書》古文唱。先導也，娑歌勾［句］也。亦為誯字也，在言部。"《説文》："唱，導也。从口，昌聲。"《禮記·樂記》："清廟之瑟，朱弦而疏越，壹倡而三歎，有遺音者矣。"鄭玄注："倡，發歌句也。"《禮記·檀弓上》："婦人倡踊。"鄭玄注："倡，先也。"《名義》："誯，充向反。唱字，導也，先也，發歌（也）句也。"《新撰字鏡》："誯，充向反。唱字，唱，導也，歌勾［句］也，先也。又龤字。"

詠，呼歷反。《蒼頡篇》：'私也。'《聲類》亦鬩［鬩］佷字也。鬩［鬩］，内佷也，侮也，在門［鬥］部。[⑦]

① 《名義》："鞫，居陸反。窮也，盡也。"
② 《名義》："趜，九陸反。窮也，困也，窮也。"
③ 《名義》："竆，居陸反。𥨪［窮？］也。鞠。窮。䈏也。"
④ 《説文》："竆，窮也。从宀，𥬝聲。𥬝與鞫同。竆，竆或从穴。"《名義》："竆［竆］，居陸反。窮也。趜字。"
⑤ 《名義》："唱，充向反。先也，導也。"
⑥ 《名義》："龤，充尚反。唱也。導也，發哥勾［句］也。"
⑦ 《名義》："鬩，呼歷反。佷也，侮也，懼也，殺也，争也，訟也。"

《殘卷》引《蒼頡篇》“私也”疑當作“私訟也”。王仁昫《刊謬補缺切韻·錫韻》(P.2011):“赦,許狄反。笑聲。五。鬩,鬬鬩。誋,私訟。”《名義》:“訹[誋],呼歷反。私訟也,恨[佷]也,内侮也。”《新撰字鏡》:“誋,呼歷反。私訟也,鬩字。佷也,内侮。”

《禮記·曲禮上》:“很毋求勝,分毋求多。”鄭玄注:“很,鬩也,謂争訟也。”“很”、“佷”同。《詩經·小雅·常棣》:“兄弟鬩于牆,外禦其務。”毛傳:“鬩,很也。”鄭玄箋:“務,侮也。”《殘卷》“侮”、《名義》、《新撰字鏡》“内侮”均為誤釋,“侮”為“務”字義。

吕校本據《殘卷》録作“鬩”“門部”,均誤。《名義·門部》未收“鬩”字。

誤,於驕反。《字書》亦祅字也,祅,灾也,地反物為祅字,在示部。[①]

《説文》:“祥,地反物爲祥也。从示,芺聲。”《慧琳音義》卷十二《大寶積經》卷十三音義:“妖魅,上於驕反。正體從示音示,從芺,於驕反,今通作妖,訛也。《左傳》曰:‘天反時為災,地反物為祥。’[②]《釋名》:‘祥,害也。’或作誤。”《名義》:“誤,於驕反。灾也。”《新撰字鏡》:“誤,於驕反。祥字。灾也。”

誸,古協反。《字書》或唊字也,唊,妄語也,在口部也。[③]

《名義》:“誸,古協反。唊,妄語也。”《新撰字鏡》:“誸,右[古]協反。哭[唊]字。妄語。”《集韻·帖韻》:“唊,《説文》:‘妄語也。’或从言。”

謉,嬀媚反。《字書》亦愧字也。慙也,恥也,在心部。[④] **或為媿字,在女部。**[⑤] **或為聭字,在耳部。**[⑥]

---

① 《名義》:“祥,於驕反。祥害物也。祅,同上。”
② 《左傳·宣公十五年》:“天反時爲災,地反物爲妖。”
③ 《名義》:“唊,古協反。妄語也。”《新撰字鏡》:“唊,……又古協反,妄語也。”
④ 《名義》:“愧,踦饋反。慙也。媿字。醜也。”《新撰字鏡》:“愧,軌位反。慙也。”
⑤ 《名義》:“媿,居位反。慙也,恥也,或謉也。”
⑥ 《名義》:“聭,俱位反。慙也,恥也。”《新撰字鏡》:“聭,俱位反。媿字。慙也,恥也,愧也。”

《慧琳音義》卷十七《善住意天子經》卷中音義："恥媿，鬼位反。杜注《左傳》云：'媿，慙也。'《博雅》：'媿亦耻也。'《說文》：'從女，鬼聲。'經從心作愧，亦通用。或作聭，亦作謉，並非也。"《名義》："謉，媯媚反。愧也，慙也，恥也。"《新撰字鏡》："謉，媯媚反。愧、媿二字同。"

諉，弋恚反。《字書》亦䝮字也。䝮（字），婉也，在具［貝］部。[①]

王仁昫《刊謬補缺切韻·至韻》（P.2011）："諉，婉。亦作䝮。"《名義》："諉，戈［弋］恚反。䝮字也，婉也。"《新撰字鏡》："諉，戈［弋］恚反。䝮字，即婉也。"

詎，渠攄反。《莊子》：'庸詎知吾所謂知之非不知乎？庸詎知吾所謂不知非知之耶？'《史記》：'且蕵君在，儀寧詎能此乎？'《漢書》：'詎有其人？'《字書》或岠字也。岠，至，止也，格也，槍也，在巾［止］部，音渠舉反。[②]《字書》或為距字，在足部。[③]

《莊子·齊物論》："庸詎知吾所謂知之非不知邪？庸詎知吾所謂不知之非知邪？"陸德明音義："庸詎，徐本作巨，其庶反。郭音鉅。李云：'庸，用也；詎，何也。猶言何用也。'服虔云：'詎猶未也。'"《史記·張儀列傳》："且蘇君在，儀寧渠能乎？"裴駰集解："渠音詎。"司馬貞索隱："渠音詎，古字少，假借耳。"《漢書·孫寶傳》："今日鷹隼始擊，當順天氣取姦惡，以成嚴霜之誅，掾部渠有其人乎？"顏師古注："渠讀曰詎。詎，豈也。言掾所部內，豈有其人乎？"《名義》："誳［詎］，渠攄反。止也，至也，格也，槍也。"《新撰字鏡》："誳［詎］，渠攄反。不能也。"

吕校本作"岠，至止也"，恐誤。《尚書·益稷》："予決九川，距四海。"孔安國傳："距，至也。"

嚮，虛向反。《字書》或曏字。曏，曩也，不久也，在日部。[④]

① 《名義》："䝮，羊睡反。婉也，女官也，孥也。"
② 《名義》："岠，渠舉反。至也，推挌也，自也。詎字。違也，止也。"
③ 《名義》："距，居旅反。超也，格也，止也，至也，自也。"
④ 《名義》："曏，虛高［亮］反。曩也。"

《儀禮·士相見禮》："曏者吾子辱使某見，請還摯於將命者。"鄭玄注："曏，曩也。"《説文》："曏，不久也。从日，鄉聲。《春秋傳》曰：曏役之三月。"《名義》："響，虚尚反。曩，不久也。"《新撰字鏡》："響，虚尚反。曏字。即曩也，不久也。"

訡，竹与反。《廣雅》："訡，智也。"《字書》(書)亦云："忬字也。"在心部。①

《玄應音義》卷一二《生經》卷三音義："攉愲，古文諝，同，息與反。《通俗文》：'多意謂之忬愲。'《字林》：'忬愲，知也。'忬音張吕反。"《集韻·語韻》："忬，《博雅》：'𥐬也。'或从言。"《廣雅·釋詁三》："忬諝，智也。"《名義》："訏［訡］，竹与反。智也。忬［忬］字。"《新撰字鏡》："訡，竹与反。智也。忬字。"

讆，為劌反。《聲類》或㦣字也。㦣，夢言意不譓也，在心部。②

《左傳·哀公二十四年》："天奉多矣，又焉能進？是躗言也。"杜預注："躗，過也。"陸德明音義："躗，户快反，謂過謬之言。服云：'偽不信言也。'《字林》作㦣，云：'夢言意不慧也。于例反。'"《玄應音義》卷十四《四分律》卷三二音義："寱語，音藝。《説文》：'寱，眠言也。'《聲類》：'不覺妄言也。'舊律本多作㦣、讆二形。《三蒼》：'于劌反，詤［謊］言也。又音牛例反。'《廣疋》：'㦣，寱也。'詤［謊］音呼光反。"③《名義》："讆，為劌反。夢言不譿［譓］也。"《新撰字鏡》："讆，為劌反。㦣字。夢言意不譿［譓］。""譿""譓"音義同。又："㦣，夊作寱、讆二形，于劌、臬祭二反。眠內不覺妄言也。"

諀，補奚反。《字書》或紕字也。紕，縷并也，在糸部。④或為㥐字，㥐，誤也，謬也，在心部。⑤

---

① 《名義》："忬，竹与反。如也，知也。訡字。"
② 《名義》："㦣，于例反。寐言也，寐言也。"
③ 黄仁瑄《大唐衆經音義校注》作"詵"，蓋失校。《漢語大字典》認為同"詵"。按："謊"與"詤"形更近，當以作"謊"為是。"謊""詤"並與"謊"同。
④ 《殘卷》："紕，補奚反。《廣雅》：'紕，并也。'《埤蒼》：'縷并也。'《字書》或為㥐字，㥐夊誤也，在心部。或為諀字，在言部。"《名義》："紕，補遠［迷］反。縷并。"
⑤ 《名義》："㥐，補奚反。誤也。"

《文選·左思〈魏都賦〉》："兼重惟以貤繆，偭辰光而罔定。李善注："言既重其惟，而又累其繆也。《廣倉》曰：'惟，用心并誤也。方奚反。'"《文選·揚雄〈解嘲〉》："故有造蕭何之律於唐虞之世則惟矣。"李善注引服虔曰："惟猶繆也。"《名義》："諀，補奚反。誤也，謬也。"《新撰字鏡》："諀，方兮反。不正也，誤也。"

諤，魚各反。《楚辞》："或宜［直］（也）言之諤諤。"野王案：諤諤，正直之言也。《韓詩外傳》"周舎願為諤諤之臣，執筆慘［操］牘従君之道"是也。《廣雅》："諤諤，語也。"《字書》咢字也。野王案：咢亦驚也，在吅部。① 或為愕字，在心部。② 或為顎字，在頁部也。③

《楚辭·惜誓》："或推迻而苟容兮，或直言之諤諤。"《慧琳音義》卷八八《集沙門不拜俗議》卷三音義："謇言咢，下我各反。顧野王云：'言咢，正直之言也。'《廣雅》：'言咢，語也。'"《韓詩外傳》卷七："周舍對曰：'願為諤諤之臣，墨筆操牘，從君之後，司君之過而書之，日有記也，月有成也，歲有效也。'"④《廣雅·釋訓》："諤諤，語也。"《唐韻殘卷·鐸韻》（蔣斧印本）："愕，驚也。五各反。……諤，謇諤，直言。"《名義》："諤，魚各反。驚也，詀［語］也。"《新撰字鏡》："諤，五各反。直。"

吕校本作"執筆慘牘"。按：俗字"參"旁與"喿"旁常相混，"慘"當是"操"字之訛。

譎，公核反。《廣雅》：'譎，慧也。'《埤蒼》：'譎，黠也。'《字書》亦慖字。

---

① 《殘卷》："咢，魚各反。《周礼》：'占夢所掌六蔓［夢］，二曰咢蔓［夢］。'杜子春曰：'謂敬［驚］咢也。'《毛詩》：'或歌或咢。'傳曰：'徒歌曰咢也。'《尒雅》：'徒擊皷謂之咢咢。'《庄子》：'所以咢人。'野王案：咢然直言也。《大戴礼》'出言以咢咢'是也。《淮南》：'下無垠咢之門。'許𤆍重曰：'无垠咢，无形兆端之皀也。'《說文》：'諤，訟也。'《字書》或為諤字，在言部。或為顎字，在頁部。或為愕字，在心部。古文為噩字，在㗊部。《廣蒼》以圡有垠坎為堮［�］字也，在圡部。"又："噩，魚各反。《聲類》古文咢字也。咢，驚也，直言也，在吅部。"《名義》："咢，京［奐］各反。譁訟也。或愕也。"《新撰字鏡》："噩，奐各反。驚也，真［直］言也。咢，上字，此字古文。"

② 《名義》："愕，吾各反。驚也，譁也，咢也。"《新撰字鏡》："愕，五各反。咢字。驚也，訟譁也。"又："愕，五各反。驚也。"

③ 《殘卷》："咢，魚各反。……《字書》或為諤字，在言部。或為顎字，在頁部。"《名義》："顎，吾各反。驚也。"《新撰字鏡》："顎，吾各反。嚴敬皀。亦咢字，驚也。"

④ 許維遹集釋："趙懷玉云：'墨'，《御覽》六百三引作'秉'。維遹案：《書鈔》九十六，《御覽》六百六引'墨'亦作'秉'，《玉篇》引作'執'，《治要》、《史記·趙世家》集解引與今本同。墨筆連文，亦見《管子·霸行篇》。"（［漢］韓嬰撰　許維遹校釋《韓詩外傳集釋》第248頁，中華書局1980年）按："秉""執"義同，且"秉/執筆"與"操牘"結構相同。

愊，智也，在心部。[①]

《廣雅·釋詁一》："諽，慧也。"《名義》："諽，公核反。慧也，黠也，智也。"《新撰字鏡》："諽，公核反。黠也。愊字，智也。"

讞，宜箭反。《聲類》："不遜也。"《字書》或唁字也，訒［唁］，予［弔］失国也，在口部。[②] **或為這字，在辵部。**[③] **今亦以為議罪之讞［瀐］字，音宜桀反，在水部。**

《玄應音義》卷十三《佛般泥洹經》卷下音義："弔唁，又作喭、讞、這三形，同，宜箭反。《韓詩》：'弔生曰唁。'亦弔失國曰唁。"《名義》："讞，宜剪反。不遜也。"《新撰字鏡》："讞，正，宜箭反，去。不遜也。唁字同；又瀐字，疑也；又巘字。"

吕校本"瀐"字音"宜桀反"。按：當作"宜桀反"。《名義》："瀐，言桀反。義［議］者［辠］。"《新撰字鏡》："瀐，言桀反，入。議也，疑也。"反切下字均作"桀"。"瀐"有同音字"钀""轙"。《爾雅·釋器》："鑣謂之钀。"陸德明音義："钀，郭魚謁反，沈魚桀反。"《文選·張衡〈西京賦〉》："反宇業業，飛檐轙轙。"李善注："轙，魚桀切。"其反切下字亦作"桀"。

詨，詡教反。《山海經》：'鵲［鶌］鳥鳴自詨。'郭璞曰：'今吴人謂叫嘑為詨。'《字書》嗃字，在口部。[④] **以此為或交字也。《廣雅》：'詨，易也。'**[⑤] **野王案：交，俱也，戾也，共也，在交部。**[⑥] **音居肴反。**

《山海經·北山經》："有鳥焉，其狀如鵲，白身，赤尾，六足，其名曰鶌。是善驚，

① 《廣雅·釋詁三》："愊，𢜬也。"王仁昫《刊謬補缺切韻·麥韻》（P.2011）："愊，知。亦作諽。"
② 《名義》："唁，儀箭反。這也。讞字也。"
③ 《名義》："這，宜箭反。迎也。唁。呼［弔］失国也。"
④ 《名義》："嗃，呼洛反。鳴也，大嘷［嗥］。"《新撰字鏡》："嗃，呼鄂反。鳴也，大嘷［嗥］。"
⑤ 《廣雅·釋詁三》："詨，駿也。"王念孫疏證："詨亦謂平易也，字通作佼。《春秋·莊十三年》：'冬，公會齊侯盟于柯。'《公羊傳》云：'何以不曰易也？'何休注云：'易猶佼易也。相親信無後患之辭。'《天作》箋云：'岐邦之君有佼易之道。'是佼與夷同義。"《小爾雅·廣詁》："交，易也。"
⑥ 《名義》："交，古希［肴］反。共也，更也，合也，安。"

其鳴自詨。”郭璞注：“今吴人謂呼為詨，音呼交反。”《尚書·禹貢》：“庶土交正，厎慎財賦。”孔安國傳：“交，俱也。”《文選·王粲〈登樓賦〉》：“循堦除而下降兮，氣交憤於胷臆。”李善注引杜預《左氏傳注》曰：“交，戾也。”[①]《文選·潘岳〈射雉賦〉》：“內無固守，出不交戰。”李善注引賈逵《國語注》曰：“交，共也。”《名義》：“詨，詡教反。易，戾，共，俱，供。”《新撰字鏡》：“詨，詡教反。又作譑、謞、交三形，同。易也，俱也，戾也，共也，強言也，謗也。”

吕校本引《山海經》作“鵲，鳥鳴自詨”，誤。

譓，胡桂反。《字書》或慧字也。慧，才智也，儇也，察也，在心部也。[②]

《慧琳音義》卷三《大般若波羅蜜多經》卷三〇三音義：“黠慧，下攜桂反。郭璞注《方言》云：‘慧者，意精明也。’[③]賈注《國語》云：‘明察也。’《説文》：‘儇也。從心，彗聲也。’”又卷六四《四分僧羯磨》卷上音義：“慧炬，上胡桂反。《方言》：‘慧，明也。’鄭注《論語》：‘有才智也。’”王仁昫《刊謬補缺切韻·霽韻》（P.2011）：“慧，胡桂反。解。……譓，才智。亦作譿。”《名義》：“譓，胡桂反。才智也，察也，從也，儇也。”《新撰字鏡》：“譓，胡桂反。慧字。才智也，儇也，察也。”

譿，《字書》亦譓字也。司馬相如《封禪書》：“義征不譿。”《漢書音義》曰：“譿，從也。”野王案：羽［訓］從亦与恵字義同，在叀部也。[④]

《史記·司馬相如列傳》：“於是大司馬進曰：‘陛下仁育群生，義征不憓。’”裴駰集解引《漢書音義》曰：“憓音惠，順也。”《漢書·司馬相如傳》：“於是大司馬進曰：‘陛下仁育群生，義征不譓。’”顔師古注引文穎曰：“譓，順也。”《詩經·邶風·燕燕》：“終温且惠，淑慎其身。”毛傳：“惠，順也。”《殘卷》“從也”為避梁諱。《名義》：“譿，慧字，從也。”《新撰字鏡》：“譓，胡桂反。慧字。才智也，儇也，察也。譿，上字，從也。”

① 《左傳·僖公十五年》：“亂氣狡憤，陰血周作，張脉僨興，外彊中乾。”杜預注：“狡，戾也。”
② 《名義》：“慧，胡桂反。察也，精明也。”
③ 《方言》卷三：“差、間、知，愈也。南楚病愈者謂之差，或謂之間，或謂之知。知，通語也，或謂之慧，或謂之憭。”郭璞注：“慧、憭皆意精明。”
④ 《名義》：“恵，胡桂反。愛也，從也，仁也，舒也。”

訃，匹付反。《礼記》：“凡訃扵其君，曰：‘君之臣其［某］无［死］。’”鄭玄曰：“計［訃］或皆作赴。赴，至也。臣死，〈其子〉使人至君所告之。”①《字書》亦赴字，在走部。②或為趴字，在𧾷部。③或為辻［逊］字，在辵［辵］部。

《禮記·雜記》：“凡訃於其君，曰：‘君之臣某死。’”鄭玄注：“訃或皆作赴。赴，至也。臣死，其子使人至君所告之。”《殘卷》“君”訛作“居”，“某死”訛作“其无”。《名義》：“訃，疋付反。起也，至也。”《新撰字鏡》：“訃，疋付、撫遇二反。告嚳也。”

吕校本辵部之字作“辻”。按：《殘卷》原作“辻”，確乎為“辻”字，然《名義·辵部》未收“辻”字。此字當正作“逊”。《名義》：“逊，返［匹］賦反。至也，告也，奔也，趣也，越也。”與“訃”“赴”“趴”諸字音義皆同。《慧琳音義》卷九七《廣弘明集》卷十一音義：“斯訃，敷付反。鄭注《禮記》：‘訃，至也。’或作赴，又作趴，又作逊，並通。”王仁昫《刊謬補缺切韻·遇韻》（P.2011）：“赴，撫遇反。奔。亦作趴、逊。”

譵，治遂反。《字書》亦對［懟］字也。懟，怨也，在心部也。④

《玄應音義》卷二《大般涅槃經》卷十一音義：“懟恨，古文譵，《字林》同，丈淚反。《爾雅》：‘懟，怨也。’”王仁昫《刊謬補缺切韻·至韻》（P.2011）：“墜，直類反。……懟，怨。亦作譵。”《文選·陸機〈歎逝賦〉》：“懟瓊蘂之無徵，恨朝霞之難挹。”李善注引《字林》曰：“懟，怨也。”《文選·王褒〈洞簫賦〉》：“故貪饕者聽之而廉隅兮，狼戾者聞之而不懟。”李善注引《爾雅》曰：“懟，怨也。”《慧琳音義》卷三九《不空羂索經》卷四音義：“酬懟，直類反。《説文》：‘懟，怨也。從心，對聲。’《字書》亦從言作譵也。”《名義》：“譵，治遂反。懟，怨也。”《新撰字鏡》：“譵，治遂反。對［懟］字，怨也。”

吕校本引《字書》作“對”，誤。

---

① 《禮記·雜記上》：“凡訃於其君，曰：‘君之臣某死。’”鄭玄注：“訃或皆作赴。赴，至也。”《殘卷》“某死”訛作“其无”。

② 《名義》：“赴，匹賦反。告也，至也。趕也。奔也。訃（也）字。”《新撰字鏡》：“赴，匹賦反。起［訃］字。至也，昔［告］也，奔。”又：“赴，疋賦反。趴同。至也，奔也，往也，攝［？］也，越也，吉［告］也。”

③ 《名義》：“趴，匹付反。趣越也，赴也，至也，奔也。”《新撰字鏡》：“趴，芳補反。起也。赴字同。”

④ 《名義》：“懟，治遂反。怨也。”

詠，居宥反。《字書》或救字也。救，止也，禁也，助也，在文［攴］部。①

《名義》："詠，居宥反。救也，止也，禁也，助也。"《玉篇》："詠，居宥切。《文字音義》云：'止也，禁也，助也。'"

譁，畀謐反。《字書》或趩字也。趩，止行也，在走部。②**《聲類》或為蹕字，在足部。**③**或為僤字，在人部。**④

《名義》："譁，卑謐反。〈止〉行也。"《新撰字鏡》："□［譁］，畢謐反。趩、蹕、僤三形同，止行也。"

譈，徒對反。《字書》或憝字也，憝，怨也，惡也，在心部。⑤

《名義》："譈，徒對反。憝字，怨也，恶也。"《新撰字鏡》："譈，徒對反。憝字，恶也，怨也。"

諒，旅黨反。《字書》亦朖字也。朖，明也，在月部。⑥**古文為睭字，在目部也。**⑦

《名義》："諒，旅黨反。朖字，明也。"《新撰字鏡》："諒，旅黨反。朖字，明也。睛［睭］字。"

訝，狃牙反。《字書》或拏字也，拏，持也，把也，在手部。⑧

---

① 《名義》："救，居宥反。助也，楚［禁］也，止也。"《新撰字鏡》："救，久宥反，去。詠字。禁也，助也，止也。"
② 《名義》："趩，畀逸反。止行也。"
③ 《名義》："蹕，比慄反。止行也。"《新撰字鏡》："蹕，畀吉反，入。驚也。"
④ 《名義》："僤，畀謐反。或趩。止行也。"《新撰字鏡》："僤，畀一反。忽趩、譁二形同，〈止〉行也。"
⑤ 《名義》："憝，徒對反。恶也，怨也。"
⑥ 《名義》："朖，力儻反。明也。朗，同上。"
⑦ 《名義》："睭，力蕩反。眼［朖］。明也。"《新撰字鏡》："睭，力蕩反。眼［朖］字古文。明也。忽從月。"
⑧ 《名義》："拏，狛［狃］牙反。扭，捽也，相也，提也。"

《名義》："訝，狃牙反。拏字，持也，把也。"《新撰字鏡》："訝，狃牙反。拏字，持也，把也。"

《廣雅·釋詁三》："訤，拏也。"王念孫未予疏證，錢大昭疏義云："《玉篇》不收此字。《廣韻》：'䛷，絲䛷，語不解也。女加切。'疑即'訤'矣。"梁春勝認為"䛷"即"諕"字之訛變，"諕"即"詉"之改換聲旁俗字。[①]其說可從。按：《廣雅》"訤"當與《殘卷》"訝"同，"狃牙反"或誤為"丑牙反"（曹憲《博雅音》作"丑加"），遂改聲旁作"叉"。

誀，《廣雅》："誀，拏也。"《字書》亦拏字也。

《廣雅·釋詁三》："誀，拏也。"曹憲音"女家"，與"拏"（曹憲亦音"女家"）音同。《新撰字鏡》："誀，拏字。"

呂校本"訝""誀"合併為一條。

譆，側革反。《蒼頡篇》："譆，讁也。"《廣雅》："譆，怒也。""譆，讓也。"今並為責字，在貝部。[②]《說文》亦（譆）嘖字也。嘖，呼也，在口部。[③]

《廣雅·釋詁二》："譆，怒也。"又："譆，讓也。"《慧琳音義》卷三三《佛說九色鹿經》音義："嘖數，上争格反。《廣雅》：'嘖，怒也。''責，讓也。'《說文》：'嘖，大呼也。從口，責聲。'或從言作譆也。"王仁昫《刊謬補缺切韻·麥韻》（P.2011）："責，側革反。……譆，怒，亦嘖。"《爾雅·釋鳥》："䳤鳸，嘖嘖。"陸德明音義："《說文》：'嘖，呼也。'"《名義》："譆，側革反。讁也，怒也，讓也，嘖也，呼也。"《新撰字鏡》："譆，側革反。讁也，讓也。責字。嘖同，呼也，怒也。"

呂校本作"《說文》亦（譆）嘖字也"。按："譆"字當為衍文。黎本刪"譆"字，可從。

---

① 梁春勝《字書疑難字考釋拾遺》，《漢語史學報》第九輯。
② 《名義》："責，俎革反。求也。"
③ 《名義》："嘖，壮革反。至也，呼也，鳴也。"

訳，呼玦反。《埤蒼》："訳，怒訶也。"

《廣雅·釋詁二》："訶，……訳，……怒也。"《名義》："訳，呼玦反。怒呵也。"《新撰字鏡》："訳，呼決反。怒訶。"王仁昫《刊謬補缺切韻·屑韻》（P.2011）："訳，奴［怒］呵。"

誔，達泠反。《廣雅》："誔，訖也。"

吕校本作"達冷反"。△按：當作"達泠反"。就字音而言，作"冷""泠"均可，《集韻·迥韻》"冷""泠"同音。就字形而言，似以作"泠"為長。《殘卷》本作"泠"，不必改。《名義》作"治"，"泠""治"形近易訛。《慧琳音義》卷四十《聖威德金剛童子陀羅尼經》音義："插作，楚泠反。""泠"當作"洽"。①

《廣雅·釋言》："誔，訑也。"《殘卷》"訖"疑為"詑"字之訛。"詑""訑"音義同。《名義》："誔，達治［泠］反。訖［詑］也。"《新撰字鏡》："誔，達冷反。訖［詑］。"王仁昫《刊謬補缺切韻·迥韻》（P.2011）："誔，詭。""詭""詑"義同。

誎［譺］，猪飢、丑利二反。《方言》："誎［譺］，不知也。沅澧之間凡相問而不知，荅曰誎［譺］。"郭璞曰："亦如［知］聲之轉也。"

《方言》卷十："譺，不知也。沅澧之間凡相問而不知，荅曰譺。"郭璞注："音癡眩。江東曰咨。此亦知聲之轉也。"《名義》："誎［譺］，丑利反。不知也。"《新撰字鏡》："誎［譺］，丑知反，又丑利反，去。不知也，誤也，如［知］聲之傳［轉］。"②

吕校本字頭作"誎"，《殘卷》本作"誎"。△按：據《方言》，此字當作"譺"。"桼"字俗體或作"来"，《干祿字書》載"膝"字俗體作"脨"，是其證。《殘卷》"誺"字下收"誎"字："誎，力代反。《廣雅》：'誎，誤也。'与謬同為僻誤之誤也。"音"力代反"，則其聲旁為"來"。吕校本此字亦作"誎"，實為自相矛盾。

① 王念孫《讀書雜志·漢書第八》："'令齊趙共擊楚彭城。'念孫案：'令'當依《史記》作'合'，謂漢與齊趙合而共擊楚也。"又《管子第五》："'諸侯皆令，已獨孤，國非其國也。'念孫案：'令'當為'合'字之誤也。下文云'諸侯合則彊，孤則弱'，是其證。"

② 《新撰字鏡》"不知也，……如［知］聲之傳［轉］"為"譺"字義，"誤也"為"誎"字義。

吕校本作“如聲”。按：“如”為“知”字之形近而訛。《可洪音義》卷六《一切法高王經》音義：“𢓡芬，上人諸反，……正作如。”《說文》：“𤟥，犬知人心可使者。”段玉裁注：“知，一作如。”“猪飢反”與“知”音近，故郭璞以為“知聲之轉”。

䜤，丁迴反。《蒼頡篇》：“讁也。”《詩》云“王事䜤我”是也。野王案：《毛詩笺》云：“䜤擿猶投也。”今並為敦字，在攵部。[①]訓擿亦与磓字同，在石部。[②]或為搥字，在手部。[③]

吕校本引《毛詩箋》作“䜤，擿，猶投也”。按：《殘卷》文倒，當作“䜤猶投擿也”，“擿”與“擲”音義同。《詩經·邶風·北門》：“王事敦我，政事一埤遺我。”鄭玄箋：“敦猶投擲也。”陸德明音義：“敦，毛如字。《韓詩》云：‘敦，迫。’鄭都回反，投擿也。”《名義》：“䜤，丁回反。讁也。”《新撰字鏡》：“䜤，丁迴反。讁也。我是也。[④]搥，擿也。敦字。”

𧩼，力戺反。《字書》：“亦𧩼謯［謯𧩼］也。”

吕校本引《字書》作“亦𧩼謯也”。按：“𧩼謯”疑當作“謯𧩼”。《說文》：“謯，謯娽也。”桂馥義證：“娽當爲𧩼。《廣雅》：‘謯，𧩼也。’《玉篇》：‘謯，𧩼也。’‘𧩼，謯也。’本書脱𧩼字，寫者改爲娽。”按：此說可從。《殘卷》：“謯，子雅［邪］反。《說文》：‘謯𧩼也。’”《名義》：“𧩼，力戺反。謯也。”《新撰字鏡》：“𧩼，力戺反。謯也。”

𧫼［謥］，且送反。《蒼頡篇》：“𧫼［謥］詷也。”《聲類》：“𧫼［謥］，

---

① 《殘卷》：“磓，丁迴反。《埤蒼》：‘磓，磓也。’……《毛詩》為郭［敦］字，在攵部也。”《名義》：“敦，都豚反。治也，勉也，怒也。”

② 《殘卷》：“磓，丁迴反。《埤蒼》：‘磓，磓也。’……或為䜤（是）字，在言部。”《名義》：“磓，丁迴反。磓也。搥字。”

③ 《殘卷》：“磓，丁迴反。《埤蒼》：‘磓，磓也。’或為搥（守）字，在手部。”《名義》：“搥，丁迴反。擿也。推字也。”

④ 《新撰字鏡》作者蓋將《殘卷》誤讀為“䜤，我是也”，以“我是也”為“䜤”之釋義。

獪也。”今亦為惚字，在心部。[①]

《玄應音義》卷八《阿弥陁經》卷下音義：“謥詷，麁痛反，下徒痛反。《通俗文》：‘言過謂之謥詷。’《纂文》云：‘謥詷，急也。’”又卷二一《大菩薩藏經》卷六音義：“詷疾，徒貢反。《纂文》云：‘謥詷，急也。’《通俗文》：‘言過謂之謥詷。’謥音麁貢反。”《慧琳音義》卷十三《大寶積經》卷四十音義：“詷疾，上音動。《纂文》云：‘謥詷，急也。’《通俗文》曰：‘言過謂之謥詷。’《考聲》云：‘戲詷語也，言氣俱急皃也。’經從周作調，書誤也。謥音忩弄反也。”《可洪音義》卷二《阿弥陁經》卷下音義：“忩洞，宜作惚恫，應和尚《音義》作謥詷，上倉弄反。《説文》云：‘惚恫，不得志也。’‘謥詷，言急也。’《无量清淨經》云‘周旋不安’是也。”《名義》：“䜐［謥］，且送反。調［詷］也，獪也，惚也。”《新撰字鏡》：“謥，且送反。詷也，獪。惚字。”又：“謥，丁［千］弄反，詷也，言急也。謥，上字通作。”“謥”“謥”“謥”“謥”為一字之異體，由《殘卷》“謥”、《名義》“䜐”兩字之字形，姑定字頭為“謥”。

諳，於含反。《東觀漢記》：“圍［園］陵樹蘗，皆諳其數。”《廣雅》云：“諳，諷也。”《埤蒼》：“誦也。”《説文》：“大聲也。”或為喑字，在口部。[②]

《東觀漢記·虞延傳》：“延占拜可觀，其園陵樹蘗皆諳其數。”《後漢書·虞延傳》：“其陵樹株蘗，皆諳其數。”《慧琳音義》卷八九《高僧傳》卷三音義：“諳究，上暗含反。《廣雅》云：‘諳，諷也。’《埤蒼》云：‘誦也。’《東觀漢記》云：‘皆諳具數。’[③]《考聲》云：‘諳，記也。’《古今正字》：‘從言，音聲。’亦作論［諳］。”《廣雅·釋言》：“諳，諷也。”《名義》：“諳，於含反。諷也，誦也。”《新撰字鏡》：“諳、

① 《名義》：“惚，且并［弃］反。捴［惚］恫也。”

② 《名義》：“喑，於含反。大呼也。”《新撰字鏡》：“喑，於唅（反）、於禁二反。咷也，唶也，大呼也。”

③ “具”當作“其”。《慧琳音義》卷七二《阿毘達磨顯宗論》卷二七音義：“不諳，暗含反。《東觀漢記》云：‘園陵樹孽，皆諳其數也。’《文字典説》云：‘諳，識也。從言，音聲也。’”

諳，二同字，烏含反，平。音音練，識也，曉知也，諷也，誦也，記憶也。”①

《説文》：“諳，悉也。从言，音聲。”《玄應音義》卷四《大方便報恩經》卷一音義：“喑唶，於禁反，下子夜反。《聲類》：‘大呼也。’《説文》：‘大聲也。’”又卷十三《太子本起瑞應經》卷下音義：“喑唶，又作諳，同，於禁反。下又作譖，同，子夜反。《説文》：‘喑唶，大聲也。’《聲類》：‘喑唶，大呼也。’”“大聲也”當為“譖”字義。②《説文》：“譖，大聲也。从言，昔聲。讀若笮。唶，譖或从口。”

譣，《字書》亦諳字也。

《慧琳音義》卷九一《續高僧傳》卷一音義：“諳練，上暗含反。《考聲》云：‘諷也，誦也，説也。’俗字也，正從酉［酓］從言作譣。”

譫，之閻反。《埤蒼》：“多言皃也。”《字書》：“讘也。”

《玄應音義》卷十二《起世經》卷一音義：“閻浮提，或名剡浮洲，或言譫浮洲，或云贍部洲。閻浮者，從樹爲名。提者，略也。應言提鞞波，此云洲。譫音之含反。《埤蒼》：‘多言也。’”《名義》：“譫，之閹［閻］反。讘也。”《新撰字鏡》：“譫，之閻反。夕［多］言皃，讘也。”

譩，於熙反。《尚書》：“對曰：‘信，譩！’”孔安国曰：“恨辞也。”《毛詩》：“譩厰哲婦。”箋云：“有所痛傷之聲也。”野王案：《論語》“顔渊死，子曰：‘譩！’”是。又曰：“譩譆成王。”傳曰：“譩，歎也。”箋云：“有所多大之言［聲］也。”《礼記》：“譩！

---

① “音音練”當作“諳，諫”。《廣雅·釋詁四》：“諳，諫也。”《慧琳音義》卷七二《阿毗達磨顯宗論》卷二七音義：“不諳，暗含反。《東觀漢記》云：‘園陵樹蘗，皆諳其數也。’《文字典説》云：‘諳，識也。從言，音聲也。’”又卷六十《根本説一切有部毘奈耶律》二卷音義：“不諳，暗甘反。俗字也。正體從酓作譣。《考聲》云：‘記也。’《集訓》云：‘委知也。’”“委知”與“曉知”義同。《希麟音義》卷八《根本説一切有部毘奈耶藥事》卷十九音義：“知諳，下烏含反。《玉篇》云：‘諳，信也。’《韻英》云：‘記憶也。從言，音聲。’”

② 桂馥《札樸》卷七“喑噁”條：“《史記·淮陰侯傳》：‘項王喑噁叱吒，千人皆廢。’案：喑當為唶。唶，大聲也。《信陵君傳》：‘晉鄙嚄唶宿將。’《正義》引《聲類》：‘嚄，大笑。唶，大呼。’”“譖”“唶”音義同。

無也！”鄭玄曰：“咈㝢聲也。”《論語》：“子夏聞之曰：‘譩！’”孔安国曰：“〈心〉不平之聲也。”《蒼頡篇》：“譩，喈也。”今亦為噫字，在口部也。①

《尚書·金縢》：“對曰：‘信。噫！公命我勿敢言。”孔安國傳：“噫，恨辭。”《詩經·大雅·瞻卬》：“懿厥哲婦，為梟為鴟。”鄭玄箋：“懿，有所痛傷之聲也。”陸德明音義：“懿，於其反，注同。沈又如字。”《論語·先進》：“顔淵死，子曰：‘噫，天喪予！天喪予！”何晏集解引包咸曰：“噫，痛傷之聲。”《詩經·周頌·噫嘻》：“噫嘻成王，既昭假爾，率時農夫，播厥百穀。”毛傳：“意，歎也。嘻，和也。”鄭玄箋：“噫嘻，有所多大之聲也。”陸德明音義：“意，本又作噫，同。”《禮記·檀弓下》：“子張曰：‘司徒敬子之喪，夫子相。男子西鄉，婦人東鄉。曰：噫！毋！’”鄭玄注：“噫，不寤之聲。毋，禁止之辭。”陸德明音義：“毋，音無。”《論語·子張》：“子夏聞之，曰：‘噫！’”何晏集解引孔安國曰：“噫，心不平之聲。”《殘卷》脱“心”字。《名義》：“譩，扵熙反。恨也，辭也，歎也，無也。”《新撰字鏡》：“譩，扵機反。痛聲也，歎也。”《殘卷》引《蒼頡篇》作“譩，喈也”，《名義》《新撰字鏡》“譩”下均無“喈也”義。按：“喈也”當為“諳”（或作喑）字義，《殘卷》誤。《廣雅·釋言》：“喑，喈也。”《玄應音義》卷六《妙法蓮花經》卷二音義：“瘖瘂，一金、乙下反。瘖，不能言也。《埤蒼》：‘瘂，亦瘖也。’經文作喑，一禁反。《字林》：‘喑，喈也。’”

讙，楚交反。《埤蒼》：“代人說也。”野王案：《礼記》“無讙説”是也。今为勦［剿］，在力［刀］部也。②

《禮記·曲禮上》：“毋勦説，毋雷同。”鄭玄注：“勦猶擥也，謂取人之説以為己説。”陸德明音義：“勦，初交反，一音初教反。”《慧琳音義》卷八四《集古今佛道論衡》卷三音義：“勦説，楚交反。鄭注《禮記》云：‘勦，掔【音却堅反】③，謂取人之説以為己説。’《埤蒼》云：‘亦代人説之。’或作讙。”《名義》：“讙，楚郊反。巢［勦？］也。”《新撰字鏡》：“讙，楚交反。代説。”

---

① 《名義》：“噫，乚戒反。飽出息也。”《新撰字鏡》：“噫，扵其反，恨聲也。又烏界、扵飢二反，去。心驚也，呼也，鳴也。”

② 《名義》：“勦，子小反。勞也，掌也。”

③ 《禮記·曲禮上》：“毋勦説。”鄭玄注：“勦猶擥也，謂取人之説以為己説。”陸德明音義：“勦，初交反，一音初教反，擥取。……擥，徐力敢反。”“擥”或作“掔”，與“掔”形近。

吕校本作“今为勦，在力部也”。阮元《十三經注疏校勘記》云：“毋勦説，閩監、毛本同，石經同，嘉靖本同，衛氏《集説》同，岳本勦作剿。案：勦説之勦，曹憲謂當從刀，與《左傳》‘勦民’字從力者不同。錢大昕云：‘《説文》勦訓勞，鄭訓為擥，即取勞之轉聲而借其義，非有異文也。《説文》刀部無剿字。曹憲俗儒，未達六書之旨，故多妄説。’案《五經文字·力部》勦字云：‘楚交反，見《禮記》。’當指此文，是張參亦不從曹憲説也。岳本全改從刀，非。”按：就字理而言，固當從力。然《名義·力部》：“勦，子小反。勞也，掌也。”與“譟”音義俱異。《名義》：“剿，楚教反。取。”《廣雅·釋詁一》：“剿，取也。”曹憲音“筞交、初孝”。“剿”與“譟”音義相合。就《殘卷》不同部首之字互相關聯而言，確應作“在刀部也”。

諑，呼戰反。《埤蒼》：“諑，數也。”

《名義》：“諑，呼戰反。數也。”《新撰字鏡》：“諑，乎［呼］戰反。數。”

諵，女函反。《埤蒼》：“諵，語聲也。”《字書》：“亦詀也。”

《慧琳音義》卷四六《大智度論》卷三音義：“舍喃，正體作諵，同，女函反。譯云：人也。依字，《埤蒼》：‘諵，語聲也。’”王仁昫《刊謬補缺切韻·咸韻》（P.2011）：“諵，女咸反。語［詀］諵。”《名義》：“諵，女函反。詀也。”《新撰字鏡》：“諵，乃咸反，平。詀［詀］諵，細意也。”

詎，竹逅反。《埤蒼》：“詎譳，詀詑也。”《聲類》或為妵字，在女部也。[1]

吕校本引《埤蒼》作“詎譳詀詑也”。按：“譳”後當加逗號。王仁昫《刊謬補缺切韻·候韻》（P.2011）：“詎，詎譳，不能言。”又：“妵，妵譳，詀詑。”《玉篇》：“詎，丁逅切，詎譳，詀詑也。”《名義》：“詎，竹逅反。譳（也），詀（也，）詑也。”《新撰字鏡》：“詎，丁豆反，去。譳也。”

---

① 《名義》：“妵，竹候反。或詎也。詑也。”

譳［譨］，女逅反。《聲類》："詎譳也。"

《名義》："譨，女逅反。詎也。"《新撰字鏡》："譳，奴豆反，去。詎也。譨，上字。"

譪，逺［達］計反。《方言》："詎［譩］譪也，吴越曰詎［譩］諦。"郭璞曰："亦審諦也。手［乐］見其議［義］也。"

《方言》卷六："譩譪，諟也。吴越曰譩譪。"郭璞注："亦審諟，乐見其義耳。"《殘卷》"譩"誤作"詎"，"乐"誤作"手"，"義"誤作"議"。《名義》："譪，達計反。審諦也。"《新撰字鏡》："譪，達計反。譩譪也，審諦也。"

吕校本引《方言》郭璞注作"手［未］見其議也"，誤。《方言》卷六："譪，諟也。吴越曰譩譪。"郭璞注："亦審諟，乐見其義耳。""乐"，俗"互"字，《殘卷》誤作"手"。

譩，於計反。譩譪也。

《殘卷》此字字頭原缺。《名義》"譪"字下有"譩"字，云："譩，於計反。諦也。"《新撰字鏡》"譪"字下亦有"譩"字，云："譩，於計反。譪也。"《殘卷》當據補。

誺，力代反。《廣雅》："誺，誤也。"与譯同，為僻誤之誤也。

《廣雅·釋詁三》："誺，誤也。"曹憲音"賚"，與"力代反"音同。①

《名義》："誺，力伐［代］反。誤也。"《新撰字鏡》："誺，丑知反，又丑利反，去。不知也，誤也，如［知］聲之傳［轉］也。"據反切，此字應為"謻"字，然"誤也"為"誺"字義。

① 《廣雅·釋言》："嗜，誺也。"曹憲音"力代"。王念孫疏證："《玉篇》引《埤倉》云：'嗜，不知是誰也。'《方言》：'誺，不知也。沅澧之閒凡相問而不知，荅曰誺。'"按：《方言》卷十"誺"當作"謻"，郭璞注："音癡眩。"曹憲音誤。

詽，魚刮反。《廣雅》：“詽，怒。”《埤蒼》：“詽，訶也。”

《廣雅・釋詁二》：“詽，怒也。”曹憲音“魚刮”。《名義》：“詽，奂到［刮］反。怒也，訶也。”《新撰字鏡》：“詽，奂刮反。怒也，訶。”

諸，上尸反。《埤蒼》：‘諸，訶怒也。趙魏云。’野王案：今謂舉手相訶罵为崇諸［諸］是也。

《廣雅・釋詁二》：“諸，怒也。”曹憲音“時”，與“上尸反”音同。《名義》：“諸，上尸反。怒也。”《新撰字鏡》：“諸，上□反。訶奴［怒］。”

△按：“崇”字，《殘卷》原作“𡧍”，吕校本作“崇”。“𡧍”似為“蚩”字之訛。“蚩”同“欪”，依義當作“歂”，“歂”有“訶”義，與“諸”為同義連文。詳參《欠部》“欪”字條。

譲，他狄反。《埤蒼》：“譲，詆，僻也。”

《集韻・錫韻》：“譲，僻也。一曰：狡獪。或省。”“僻也”疑當作“辟也”。《漢書・枚皋傳》：“故其賦有詆娸東方朔。”顔師古注引如淳曰：“詆猶刑辟也。”《玉篇》：“詆，都禮切，訶也，法也，呰也。”“法也”即與“辟”義同。《説文》：“辟，法也。”

吕校本作“譲，詆僻也”。

《名義》：“譲，他狄反。詆也。”《新撰字鏡》：“𧩯，他歴反，又都礼反。□也，欺也，誕也，毁。𧪄，上字。”按：此字當與音“都礼反”之“詆”不同。“詆”字已見上。

誂，他庶反。《字書》：“譲誂也。”

王仁昫《刊謬補缺切韻・錫韻》（P.2011）：“詆，詆誂。”又《歌韻》：“誂，謫誂。又吐各反。謫，他擊反。”“謫誂”同“詆誂”。《唐韻殘卷・錫韻》（蔣斧印本）：“逖，逺。古作逷。他歷反。……詆，詆誂，狡猾。”又《屋韻》：“誂，詆誂，狡猾。”《名義》：“誂，他庶反。詆也。”《新撰字鏡》：“誂，他庶反。詆也。”又：“誂，他庶反。詬［詆］誘也。”

譈，於報反。《廣雅》：“譈，告也。”《埤蒼》：“譈，語也。河東云。”

《廣雅·釋詁一》：“譈，語也。”曹憲音“烏報”。《廣雅·釋詁三》：“譈，告也。”曹憲音“烏到”。王仁昫《刊謬補缺切韻·号韻》（P.2011）：“譈，告。”《名義》：“譈，於報反。告也，語也。”《新撰字鏡》：“譈，於報反。告也，語。”

譑，居小反。《埤蒼》：“譑，糺也。”

《荀子·富國》：“而或以無禮節用之，則必有貪利糾譑之名，而且有空虛窮乏之實矣。”“貪”與“利”、“糾”與“譑”、“空”與“虛”、“窮”與“乏”並同義連文。“糾”同“糺”，即糾字。《名義》：“譑，居小反。糺也。”《新撰字鏡》：“譑，居小反。糿［糺］也。譑，上字。”

譎，吐和反。《方言》：“楚或謂慧為譎。”郭璞曰：“亦今通語也。”

《方言》卷一：“虔，儇，慧也。秦謂之謾，晉謂之㥯，宋楚之間謂之倢，楚或謂之譎。”郭璞注：“他和反，亦今通語。”北京故宫博物院藏王仁昫《刊謬補缺切韻·哥韻》、北京故宫博物院舊藏裴務齊正字本《刊謬補缺切韻·歌韻》並云：“譎，慧。”①《名義》：“譎，吐和反。通（也，）語也。”《新撰字鏡》：“譎，吐和反。慧為譎。今通語。”

誀，如之反。《廣雅》：“誀，謏也。”《埤蒼》：“誀，誘也。”

《廣雅·釋詁一》：“誂、誀、訹、詨，誘也。”曹憲音“如志”。“詨”即“誟”，

---

① 《龍龕》：“譎，正。土禾反，退言也。”《廣韻·戈韻》：“譎，退言。”“退”疑即“通”之誤。

同“謏”。《殘卷》所據本《廣雅》“謏”“誘”二字互乙，故作“誀，謏也”，説詳“誂”字下。《名義》：“誀，如之反。謏也，誘也。”《新撰字鏡》：“誀，人之、仁芝二反。引也，誘也。”

譯［諤］，尤朱反。《字書》：“妄言也。”

《名義》：“諤，尤朱反。妄語也。”

諀，匹尒反。《廣雅》：‘諀，具也。’《字書》古文為庀字，在广部。① 毀呰之諀為諀字也。②

《廣雅·釋詁三》：“諀，具也。”《名義》：“諀，匹尒反。具也，毀也。”

詃，之豉反。《孟子》：“詃而不知。”劉熙曰：“詃，何也，為言何為不知。”《廣雅》：“詃，快也。”

《孟子·萬章上》：“奚而不知也？象憂亦憂，象喜亦喜。”趙岐注：“奚，何也。”《方言》卷三：“逞、曉、恔、苦，快也。自關而東或曰曉，或曰逞。江淮陳楚之間曰逞，宋鄭周洛韓魏之間曰苦，東齊海岱之間曰恔，自關而西曰快。”郭璞注：“恔即狡，狡戲亦快事也。”胡吉宣以為“引《廣雅》亦逸文，可據補於《釋詁二》‘快也’條。”熊加全認為“胡氏所言是也”。《廣雅·釋詁二》：“恔，快也。”③ 疑《殘卷》據誤本

---

① 《殘卷》：“庀，平婢反。《周礼》：‘庀其委積。’鄭衆曰：‘庀，具也。’《左氏傳》：‘子木使庀賊［賦］。’杜預曰：‘庀，治也。’《穀梁傳》：‘上〈甲〉始庀牲。’劉兆曰：‘庀，繭核也。’《国語》：‘將左［庀］季氏无［之］政。’賈逵曰：‘庀猶理也。’《字書》古文諀字也，在言部也。”《名義》：“庀，平婢反。具也，理也。”《新撰字鏡》：“庀，匹婢反，上。具也，治也。”

② 《殘卷》：“諀，匹迗尒反。《荘子》：‘仲尼諀汝一方。’《廣雅》：‘諀，呰也。’《荘子》或為諀字也。”《名義》：“諀，匹尒反。呰也。諀字。”

③ 王念孫疏證：“《玉篇》：‘恔，胡交切，快也。’《廣韻》又胡教切。《孟子·公孫丑篇》：‘於人心獨無恔乎？’趙岐注云：‘恔，快也。’恔與佼同。《玉篇》《廣韻》恔音吉了切。《説文》：‘恔，憭也。’亦明快之義也。”

《廣雅》或作“詖，快也”。從交、從支形近易訛。[1]《名義》：“詖，之豉反。快也。”《新撰字鏡》：“詖，之智反，去。訣［快］也，何為也。”

譍，於甑反。《埤蒼》：“譍，對也。”野王案：課［謂］語相譍對也。《礼記》“無噭譍”、《論語》“子夏之門人洒掃譍對”是也。今為應字，在心部也。[2]

王仁昫《刊謬補缺切韻·證韻》(P.2011)：“譍，於證反。以言對。”《唐韻殘卷·證韻》(蔣斧印本)：“譍，以言對。於證反。又音應。”《禮記·曲禮》：“毋噭應，毋淫視，毋怠荒，遊毋倨，立毋跛，坐毋箕，寢毋伏，斂髮毋髢，冠毋免，勞毋袒，暑毋褰裳。”《論語·子張》：“子游曰：‘子夏之門人小子當洒埽應對進退，則可矣。’”《名義》：“譍，於甑反。對也。”《新撰字鏡》：“譍，於甑反。以言對也。譍，上字。”《類聚名義抄》：“譍，《玉》云：‘今為應字也。’”（98•6）

詠［訠］，式忍反。《蒼頡篇》：“詠［訠］，况也。”《聲類》或矤字也，在矢部。[3]

《爾雅·釋言》：“矧，況也。”郭璞注：“矧，譬況。”《慧琳音義》卷三一《新翻密嚴經序》音義：“矤訛，上申忍反。孔注《尚書》云：‘矤，況也。’郭注《尒雅》云：‘相譬況也。’《聲類》：‘詞之所之也。’《説文》：‘亦況也，詞也。從矢，從引省聲。’今作矧，俗字。”《名義》：“詠［訠］，或［式］忍反。咒［況］也，哂也。或矤字。”

諀，匹尔反。《莊子》：“仲尼諀汝一方。”《廣雅》：“諀，呰也。”《莊子》或為訿字也。

① 王念孫《讀書雜志·史記》：“‘今韓氏以一女子奉一弱主，内有大亂，外交彊秦魏之兵，王以爲不亾乎？’念孫案：交當爲支字之誤也。隸書交字或作友，形與支相近。言韓不能支秦魏之兵也。《魏策》作‘外安能支强秦魏之兵’，是其證。”
② 《名義》：“應，於興反。當，聲也，受也，荅也。”
③ 《説文》：“矤，況也，詞也。从矢，引省聲。矢，取詞之所之如矢也。”《名義》：“矤，尸忍反。矧，同上。況也，長也。矧，上文。”《新撰字鏡》：“矧，尸忍反，平［上］。矧，同上。迷［況］也，長也，詞也，咲［哂］字。矤，上字。”

《廣雅・釋言》："諀，訾也。"《莊子・列禦寇》："中德也者，有以自好也而吡其所不為者也。"郭象注："吡，訾也。"陸德明音義："吡，匹爾反，又芳爾反。"《廣雅・釋詁二》："諀，訾，諻也。"王念孫疏證："《玉篇》：'諀，訾也。'《莊子・列御寇篇》：'吡其所不為。'郭象注云：'吡，訾也。'吡與諀同。《衆經音義》卷五引《通俗文》云：'難可謂之諀訾。'《説文》：'皉，毀也。'義亦與諀同。"《名義》："諀，匹尓反。呰也。訿字。"《新撰字鏡》："諀，匹婢反。訾。"又："諀訿，難可謂之諀訿。"

"仲尼諀汝一方"未見，胡吉宣以為"引《莊子》為逸文"。吕校本作"仲尼諀汝［於］一方"，所據未詳。

訵，丑利反。《蒼頡萹》："陰知也。"

《廣韻・支韻》："訵，陰知也，出《字林》。"《名義》："訵，丑利反。陰知（字）也。"《新撰字鏡》："訵，丑利反。陰知也。"

譹，胡報反。《蒼頡萹》："譹，譹讃也。"《聲類》："譹讃，相欺也。"

《殘卷》："讃，胡退反。《説文》：'中正［止］也。《司馬法》曰：師多則民讃〻之〻止。'是也。[①]《蒼頡篇》：'讃，譯［譹］也。'《聲類》：'相勘［欺］也。'"王仁昫《刊謬補缺切韻・号韻》（P.2011）："号，胡到反。……譹，相欺。"《名義》："譹，胡報反。讃也，相欺也。"《新撰字鏡》："譹，胡報反。讃，相欺也。"

按："譹"字所從聲旁"皐"，俗字或作"睾"，與"睪"形近。[②]

諹，除［餘］障反。《埤蒼》："諹，誰［讙］也。"

吕校本作"除障反"。按："除障反"當作"餘障反"。"誰也"當作"讙也"。[③]《集

① 今本《説文》作："讃，中止也。从言、貴聲。《司馬法》曰：師多則人讃。讃，止也。"《殘卷》當據改作"讃，中止也。《司馬法》曰：師多則民讃之。讃，止也"。

② 王念孫《讀書雜志・戰國策第三》："俗書皐字作睾。"

③ 《殘卷》"設"字條"權"字訛作"推"，堪為佐證。

韻・漾韻》：“諹，《字林》：‘讙也。’”《名義》：“諹，除［餘］障反。讙也。”《新撰字鏡》：“諹，餘諱［障］反。讙也。”

訽，居儁反。《蒼頡篇》：“訽，言誰［誑］也。”《廣雅》：“訽，欺也。”

吕校本作“居雋反”。“雋”“儁”音同，然《殘卷》本作“隹”下“乃”，似以作“儁”為是。

吕校本引《蒼頡篇》作“訽，言誑也”，於義為長。《名義》雖列“誰也”“誑也”兩義，考慮到《名義》“A 也”“B 也”，屢見“A”或為“B”之誤重，姑取吕說。

《廣雅・釋詁二》：“訽，欺也。”《名義》：“訽，居儁反。誰［誑］也，欺也，誑也。”《新撰字鏡》：“訽，居檇［儁］反。誰［誑］也，欺也。”

詍，於礼反。《埤蒼》：“誠言也。”《廣雅》：“詍，譍也。”

《廣雅・釋詁一》：“詍，譍也。”《玄應音義》卷一《大集月藏分經》卷一音義：“囉吚，烏礼反。字又作詍。依字義。《廣雅》：‘詍，譍聲也。’”《名義》：“詍，於礼反。譍也，誠言也。”《新撰字鏡》：“詍，於礼反。誤也，誠言，雁言［譍］也。”

諦，呼氣反。《廣雅》：“諦諦，語也。”《埤蒼》：“聲也。”

《廣雅・釋訓》：“諦諦，語也。”曹憲音：“乎［呼］氣、呼几二切。”字或作“唏”。《方言》卷十三：“唏，聲也。”郭璞注：“唏，虛几反。”與曹憲音“呼几”同。《名義》：“諦，呼氣反。語聲也。”《新撰字鏡》：“諦，呼氣反。諦，語也，語聲。”

詜，他勞反。《埤蒼》謟字。《字書》：“詜謟，往来言。一曰：視也。”“詜僥，往来見皃。”〈或〉為夲字，在夲部。①

① 《名義》：“夲，敕高反。進趣也。”

吕校本引《字書》作“詨健［達］，往来見皃”。《殘卷》：“詢，道刀反。《説文》：‘往來言也。一曰：視也。一曰：小兒未能正語也。’《字書》：‘詨［詨］詢也。’”《名義》：“詨，他勞反。詢也，往來見也。”

譜，逋魯反。《史記》：“稽諸譜牒［牒］。”“自殷而前，〈不〉可得而譜。”《廣蒼》：“譜，屬。”《廣雅》：“譜，牒。”《釋名》：“譜，布也，〈布〉列見其事。”

吕校本引《史記》作“稽諸譜諜，自殷而前，不得而譜”。又引《廣雅》作“譜，諜”。△按：兩“諜”字均當作“牒”。“不”字《殘卷》原作“丂”，當是“可”字，同頁“不”字作“不”，區別明顯。《殘卷》蓋脱“不”字。又《殘卷》引《史記》兩見“譜”字，雖同出於《三代世表》，然文不相連。《史記·三代世表》：“余讀諜記，黄帝以來皆有年數。稽其曆譜諜終始五德之傳，古文咸不同，乖異。”又：“自殷以前諸侯不可得而譜，周以來乃頗可著。”張守節正義：“譜，布也，列其事也。”《廣雅·釋言》：“譜，牒也。”《釋名·釋典藝》：“譜，布也，布列見其事也。”《名義》：“譜，甫魯反。屬也，牒也，布，列見其事也。”《新撰字鏡》：“譜，方古反。屬也，布也，□［牒］也，次苐也，誌也。”[1]

謻，戈［弋］支反。《孟子》：‘苟不好善，則人将曰謻謻。亐［予］既已知之矣。’劉熙曰：‘謻謻，自得皀也。’《廣蒼》：‘《詩》云：“謻謻碩言。”’野王案：《毛詩傳》：‘謻謻，淺意也。’[2]為蛇字，在它部。[3]《字書》：“言皀。”

吕校本引《孟子》作“苟不好善，則人将曰謻謻亐，既已知之矣”。按：“亐”為“予”字之訛，當屬下。《孟子·告子下》：“苟不好善，則人將曰訑訑，予既已知之矣。”趙岐注：“訑訑者，自足其智、不嗜善言之貌。”《詩經·小雅·巧言》：“蛇蛇碩言，出自口矣。”毛傳：“蛇蛇，淺意也。”《名義》：“謻，戈［弋］支反。淺（也，）意也。”《新撰字鏡》：“謻，戈［弋］支反。淺意也。蛇字。”

---

[1] 天治本“牒”字漫漶不清，此據享和本、《群書類從》本補。

[2] 《詩經·小雅·巧言》：“蛇蛇碩言，出自口矣。”毛傳：“蛇蛇，淺意也。”陸德明音義：“蛇，以支反。”“蛇蛇”與“謻謻”音義同。

[3] 《名義》：“蛇，時遮反。虵也。”

譈，達各反。《廣雅》："譈，欺也。"

《廣雅·釋詁二》："譈，欺也。"曹憲音"達各"。《名義》："譈，達各反。欺也。"《新撰字鏡》："譈，達各反，入。欺也。"

譙，之爇反。《廣雅》："譙，謫也。"

《廣雅·釋言》："譙，謫也。"曹憲音"之若"。《名義》："譙，之爇反。謫也。"《新撰字鏡》："譙，之樂［爇］反。謫。"

詫，丑嫁反。《子〈虛〉賦》："過託［詫］烏有先生。"郭璞曰："詫，誇也。"

《漢書·司馬相如傳》："田罷，子虛過奼烏有先生，亡是公存焉。"顏師古注："奼，誇誑之也，音丑亞反。字本作詫也。"《文選·司馬相如〈子虛賦〉》："畋罷，子虛過姹烏有先生。"郭璞注引張揖曰："姹，誇也。丑亞切。字當作詫。"《慧琳音義》卷九五《弘明集》卷二音義："詫乎，上丑亞反。郭璞云：'詫，誇也。'《毛詩傳》云：'止也。'《説文》：'從言，宅聲也。'"《名義》："詫，丑嫁反。誇也。"

諺，《字書》亦詫宅［字］也。

吕校本引"亦詫、宅也"。按："宅"當為"字"字之訛，受"詫"字影響而誤。《玄應音義》卷四《華手經》卷一音義："和詫，字又作諺，同，丑嫁反。"《新撰字鏡》："詫，都柯反，去。禱也，誣也。諺，上字。"[1]

訙［訙］，渠緇反。《字書》："訙［訙］，安也。一曰：謀。"

---

[1] "都柯反"為平聲，與"去"不合。"禱也，誣也"亦非"詫"字義，俟考。

王仁昫《刊謬補缺切韻·尤韻》（P.2011）："訅，安。"《名義》："訅，渠留反。安也，謀也。"《新撰字鏡》："訅，渠甾反。安也，謀也。"

諫［誎］，千吏反。《字書》："謀也。"

《説文》："誎，數諫也。"《廣雅·釋詁四》："誎，書也。"《廣雅·釋言》："誎，怨也。"與《殘卷》引《字書》釋作"謀也"相去甚遠。《廣雅·釋詁四》："誧，諫也。"又："誧，謀也。"王念孫均未予疏證，錢大昭疏義以為"誧者，謀之諫也"，恐不可從。△按："諫也"當為"誎"字。蓋"誎"字先訛作"䛔"，"市"旁或作"朿"（姊或作姉即其證）、"朩"，"市"旁、"朿"旁俗字與"甫"形近易訛。《名義》"祊"作"補"，"屎"作"屌"，"昁"作"晡"，"狒"作"猼"，"跡"下"迹"作"逋"，均其證。《殘卷》"譙"字下引《漢書》"浦郡有譙縣"，"浦"即為"沛"。《名義》："誧，七漬反。數諫也。""誧"即"誎"字，而與"誧"形近。《殘卷》"誧"字下引《廣雅》："誧，謀也。""誧，諫也。""諫也"義當為"誎"字。《名義》："諴［誎］，千吏反。謀也。"[①]"謀也"義當為"誧"字。《玉篇》："誧，滂古切。大言。又匹布切。謀也。"《廣韻·暮韻》："誧，謀也。"《新撰字鏡》："誧，布徒反。大也，人相助也，謀也，諫也。"又："諫［誎］，此豉反。數諫也，從也。"

讙，千隹反。《韓詩》："室人交徧讙我。讙，就也。"

按：《名義》"諫［誎］"字下有"讙"字，云："千隹反。就也。"《新撰字鏡》："讙，十［千］住［隹］、千佳［隹］二反。支也，就也。"胡吉宣校釋以為"原本此字應有，殆傳寫漏敓"。

《詩經·邶風·北門》："我入自外，室人交徧摧我。"毛傳："摧，沮也。"鄭玄箋："摧者，刺譏之言。"陸德明音義："摧，《韓詩》作讙，就也。"

---

① 《名義》吕浩校釋作"誠"。按：此字北京故宫博物院藏王仁昫《刊謬補缺切韻·寘韻》作"諴"，音"此豉反"，同一小韻有"諫"［誎］字。從戊、戍、戌似均與此音不諧。"誎"字，《名義》作"諴"，《玉篇》作"誠"，《龍龕》作"諴""諓"，當為一字之訛。

<u>訠</u>，都叫反，《廣雅》："訠，拏也。"

按：《名義》"誰"字下有"訠"字，云："都叫反，拏也。"《廣雅·釋詁三》："訠，拏也。"

詼，口囬反。《漢書》："東方朔与枚睾、郭舍人俱在〈左〉右，詼啁而已。"文頴曰："啁戲也。"《字書》："詼，啁也。"

吕校本引《漢書》文穎注作"啁，戲也"。按：依體例，此處字頭為"詼"，顧野王引《漢書》文穎注當釋"詼"字，非釋"啁"字，故當作"啁戲也"。《漢書·東方朔傳》："時方外事胡越，內興制度，國家多事，自公孫弘以下至司馬遷皆奉使方外，或為郡國守相至公卿，而朔嘗至太中大夫，後常為郎，與枚皋、郭舍人俱在左右，詼啁而已。"又："朔雖詼笑，然時觀察顏色，直言切諫，上常用之。"顏師古注："詼，嘲戲也。詼笑，謂嘲謔，發言可笑也。詼音恢。其下詼啁、詼諧並同。""嘲戲"即與《殘卷》引文穎注"啁戲"音義同。《文選·夏侯湛〈東方朔畫贊〉》："明節不可以久安也，故詼諧以取容。"李善注引《字書》曰："詼，啁也。口回切。"《名義》："詼，口回反。調也，啁（也，）戲也。"

謟，他勞反。《尒雅》："謟，疑也。"郭璞曰：《傳》云"天命不謟"是也。或為慆字，在心部也。[1]

《爾雅·釋詁下》："謟，疑也。"郭璞注："《左傳》曰：'天命不謟。'"陸德明音義："謟，郭音縚，他刀反。字或作慆，沈勑檢反。""勑檢反"當為"慆"字。《左傳·哀公十七年》："子高曰：天命不諂［謟］，令尹有憾於陳。"杜預注："諂［謟］，疑也。"陸德明音義："諂［謟］，本又作滔，佗刀反。"又《昭公二十六年》："晏子曰：'無益也，祇取誣焉。天道不謟，不貳其命，若之何禳之？"杜預注："謟，疑也。"陸德明音義："謟，本又作慆，他刀反。"《名義》："謟，他勞反。疑也。"《新撰字鏡》："謟、諂，上圡高反。諸子［字］同聲者並從舀。"

---

① 《説文》："慆，説也。从心，舀聲。"《名義》："慆，他勞反。疑也，悦也。"

善，是闡反。《説文》篆文譱字也。譱，吉也，工，徃［佳］也，大也，在誩部。或為善字，在口部。

《殘卷》："譱，是闡反。《尚書》：'作善降之百祥。'野王案：《説文》：'善，吉也。'故曰：'吉人為善，惟曰不足也。'又曰：'截截善諞言。'野王案：善，巧也。《老子》：'善行（行）者無遠近，善閇者無開鍵（之）。'《毛詩》：'覆背善詈。'箋云：'善，大也。'《蒼頡萹》：'工也，徃［佳］也。'篆文為善［善］字，在言部。《聲類》或為善字，在口部。"《名義》："善，是闡反。告［吉］也，工也，佳也，大也。"《新撰字鏡》："善，是闡反。吉也，佳也，大也。善字。譱，上字。"

誩，渠竟反。《聲類》古文競字也。競，強也，爭也，逐也，高也，在誩部也。①

吕校本兩"競"字均作"競"。按：《殘卷》本作"競"。

《殘卷》："竸，渠敬反。《毛詩》：'秉心無竸。'傳曰：'竸，强也。'《左氏傳》：'有犧竸焉。'杜預曰：'竸，遽也。'又曰：'師竸已甚。'杜預曰：'竸，爭竸也。'《説文》：'强語也。一曰逐也。'《廣雅》：'竸，高也。'"《名義》："誩，渠竸反。竸字。強也，爭也，遽也，高也，遂［逐］也。"《新撰字鏡》："誩，渠竟反。竸字古文。強也，爭也，遂［逐］也，遽也。嚣，競字古文。"②

〖誩部第九十二　　凡六字〗

誩，渠仰、大紺二反。《説文》："競言（之）也。"

《説文》："誩，競言也。从二言。"《名義》："誩，渠仰反。竸言也。"《新撰字鏡》："誩，渠仰、徒紺二反。競言也。"《集韻・闞韻》："誩，《字林》：'競言也。'"

① 《名義》："竸，渠敬反。强也，遽也，髙也。"
② 《新撰字鏡》"嚣"字上部原從"吅"。按："詈"字，《新撰字鏡》上部從"吅"，《名義》上部從"朋"，與此近似。

音“徒濫切”，與“大紺反”音近。

譱，是闡反。《尚書》：“作善降之百祥。”野王案：《説文》：“善，吉也。”故曰：“吉人為善，惟日不𤴓也。”又曰：“截截善諞言。”野王案：善，巧也。《老子》：“善行（行）者無遠近，善閇者無開［開］鍵（之）……”《毛詩》：“覆背善詈。”箋云：“善，大也。”《蒼頡篇》：“工也，往［佳］也。”篆文為善［譱］字，在言部。《聲類》或為善字，在口部。

呂校本“惟日不足”作“惟曰不足”，“善閇者無開［開］鍵（之）”作“善閇者開鍵之”，誤。《尚書·伊訓》：“惟上帝不常，作善降之百祥，作不善降之百殃。”《尚書·泰誓中》：“我聞吉人為善，惟日不足；凶人為不善，亦惟日不足。”孔安國傳：“言吉人渴日以為善，凶人亦渴日以行惡。”《尚書·秦誓》：“惟截截善諞言，俾君子易辭。”《老子》：“善行無轍迹，善言無瑕讁，善計不用籌策，善閉無關揵而不可開，善結無繩約而不可解。”《詩經·大雅·桑柔》：“涼曰不可，覆背善詈。”鄭玄箋：“善猶大也。”

呂校本引《蒼頡篇》作“工也，往也”，“往”當為“佳”字之訛。又引《殘卷》“篆文為善字”，“善”當作“譱”。

竸，渠敬反。《毛詩》：“秉心無竸。”傳曰：“竸，强也。”《左氏傳》：“有職竸焉。”杜預曰：“竸，遽也。”又曰：“師竸已甚。”杜預曰：“竸，爭竸也。”《説文》：“强語也。一曰：逐也。”《廣雅》：“竸，高也。”《聲類》古文為倞字，在人部。[①] 或為競［譥］字，在言部。[②]

《詩經·大雅·桑柔》：“君子實維，秉心無競。”毛傳：“競，彊。”《左傳·哀公二十三年》：“敝邑有社稷之事，使肥與有職競焉。”杜預注：“競，遽也。”《楚辭·大招》：“春氣奮發，萬物遽只。”王逸注：“遽猶競也。”則“競”“遽”義同。《左傳·襄公十年》：“鄭其有災乎？師競已甚。”杜預注：“競，爭競也。”《説文》：“競，彊語也。一曰：逐也。从誩，从二人。”《廣雅·釋詁四》：“競，高也。”

---

① 《名義》：“倞，渠命反。強也，遽也。”

② 《名義》：“譥，渠竸反。竸字。強也，爭也，遽也，高也，遂［逐］也。”

囂，《聲類》："古文竟字也。"

《殘卷》字頭原作"目"下"詰"。《慧琳音義》卷三《大般若波羅蜜多經》卷三四九音義："竸來，擎敬反。《韻英》云：'諍彊也。'《考聲》：'竸，逐遽也。'或作誩，衛宏（作）或作囂，古字。經作競，俗字也。"

讟，徒木反。《左氏傳》："民無謗讟。"杜預曰："讟，誹也。"《方言》："讟，痛。"郭璞曰："謗誣怨痛也。"《廣雅》："讟，恶也。"《字書》或為瘖字，在疒部。[①]

《左傳·昭公元年》："師徒不頓，國家不罷，民無謗讟。"杜預注："讟，誹也。"《方言》卷十三："讟，痛也。"郭璞注："謗誣怨痛也。亦音讀。"《廣雅·釋詁三》："讟，惡也。"

《玄應音義》卷二五《阿毗達磨順正理論》卷三九音義："謗讟，徒木反。《左傳》：'民无謗讟。'杜預曰：'讟，誹也。'《廣雅》：'讟，惡也。'《方言》：'讟，痛也。'"《慧琳音義》卷三四《稱讚大乘功德經》音義："謗讟，下同庶反。杜注《左傳》云：'讟，誹也。'《方言》：'痛也。'《廣雅》：'讟，惡也。'《説文》：'從誩，賣聲。'"《名義》："讟，徒木反。誹也，痛也，恶也。"《新撰字鏡》："讟，徒木反。傍［謗］讟也，讟，痛也，謂怨痛也，訕也。"

譶，徒荅反。《方言》："譶，各［咎］，謗也。"郭璞曰："謗言噂譶也。"《説文》："疾言也。"《蒼頡萹》："言不止也。"《聲類》或為嗒字。野王案：嗒嗒，相對談也，在口部。[②]

吕校本引《方言》郭璞注作"謗，言噂譶也"。按：郭璞此處乃釋"讟"，非釋"謗"也。此注後"音沓"二字即為"讟"字之直音。《方言》卷十三："讟，咎，謗也。"郭璞注："謗

① 《名義·疒部》未收"瘖"字，"瘖"或當作"瘄"。《名義》："瘄，徒木反。讟字。怨痛也，誹也。"

② 《殘卷》："沓，徒荅反。……《説文》：'語交沓沓也。'野王案：亦与嗒同字，在口部。"《名義》："嗒，徒合反。疾言也。"

言噂譶也。音沓。”戴震疏證：“《廣雅》：‘謗、咎、譶，惡也。’曹憲音釋：‘譶音讀。’此注云：‘謗言噂譶也。’噂譶即噂沓。《詩·小雅》：‘噂沓背憎。’春秋僖公十五年《左傳》引作僔沓背憎，譶字郭璞直音沓，與曹憲異。”周祖謨校箋：“案《原本玉篇·誩部》：‘譶，徒荅反。《方言》：“譶、各，謗也。”郭璞曰：“謗言噂譶也。”……《聲類》或為嗒字。’據是則《方言》舊本譶作譶，注同，郭氏音沓與《玉篇》徒答反正合，戴氏所疑，迎刃而解。”《文選·左思〈吴都賦〉》：“儸譶槃㺒，交貿相競。”李善注引《蒼頡篇》曰：“譶，不止也。”又嵇康《琴賦》：“飛纖指以馳騖，紛儸譶以流漫。”李善注引《説文》曰：“譶，疾言也。”

〖曰部第九十三　　凡十一字〗

曰，禹月反。《尚書》：“曰皇極之敷言。”孔安国曰：“曰者，(曰)大其義也。”又：“曰有艱大［大艱］于西。”孔安国曰：“曰者，語更端也。”《毛詩》：“又［子］曰何哉［其］？”箋云：“曰，扵也。”《尔雅》：“越、于、爰，曰也。”《夏小(時)正》：“時有養日。養，長也；……日之［云］也。”《説文》：“曰，詞也。”野王案：書藉説將語之詞也。《尚書》“帝曰：咨，四岳”“益贊于禹曰”並是也。《廣雅》：“曰，語也。”“曰，豈也。”[①]與焉［烏］同為豈。

《尚書·洪範》：“曰皇極之敷言，是彝是訓，于帝其訓。”孔安國傳：“曰者，大其義。”《尚書·大誥》：“曰有大艱于西土，西土人亦不静越茲蠢。”孔安國傳：“曰，語更端也。”《詩經·魏風·園有桃》：“彼人是哉，子曰何其？”鄭玄箋：“曰，於也。”《爾雅·釋詁上》：“粵、于、爰，曰也。”陸德明音義：“粵音越。”《大戴禮記·夏小正》：“時有養日。養，長也。一則在本，一則在末，故其記曰‘有養日’云也。”《説文》：“曰，詞也。从口，乙聲。亦象口气出也。”《尚書·舜典》：“帝曰：咨，四岳：有能典朕三禮？”《尚書·大禹謨》：“益贊于禹曰：惟德動天，無遠弗屆。”《廣雅·釋詁一》：“白，語也。”《殘卷》所據本蓋誤“白”為“曰”。《廣雅·釋詁四》：“曰，……烏，豈也。”《殘卷》“與焉同為豈”或當作“與烏同為豈”，“烏”“焉”形近。劉淇《助字辨略》卷一：“烏，《廣韵》云：‘安也，語辭也。’《廣雅》云：‘豈也。’愚按：

① 《廣雅·釋詁四》：“曰，言也。”“言”與“語”義同。《廣雅·釋詁四》：“曰，豈也。”

安、豈義同。”“焉”亦有豈義，然《殘卷》“與焉同為豈”在引《廣雅》“曰，豈也”之後，自以作“烏”為長。《名義》：“曰，禹月反。於也，詞也，語也，豈也。”

冊，楚革反。《說文》：“冊，告也。”《字書》或冊字也。冊，冊書符命，在冊部。[①] 古文為箣字，在竹部也。[②]

《說文》：“册，符命也。諸侯進受於王也。象其札一長一短，中有二編之形。……箣，古文册从竹。”《殘卷》：“冊，楚責反。《尚書》：‘史乃冊告。’孔安国曰：‘史為冊書也。’《周礼》：‘凡命諸侯，則冊命之。’鄭玄曰：‘謂簡冊書王命也。’又曰：‘太祝掌六祝之辞，文［六］曰冊祝。’鄭玄曰：‘冊祝，逺罪疾也。’《說文》：‘苻［符］命也。’蔡雍《獨断》曰：‘冊者簡也。不滿百文不書扵冊，其制長二尺，豉[③]者半之，其次一長一短兩編，下遂書起年月。凡命諸侯三公薨［薨］及以罪免，悉以冊書也。’《廣雅》：‘冊，書也。’古文為筞［箣］字，在竹部。（《字書》或為冊字，在冂［冊］部。)”《名義》：“冊，楚革反。告也。”

曶，呼沒反。《說文》：“出氣辞。《春秋》有鄭太子曶也。”

《說文》：“曶，出气詞也。从曰，象气出形。《春秋傳》曰：郑太子曶。回，籒文曶。一曰：佩也。象形。”《名義》：“曶，呼沒反。忽字。”

汩，《說文》古文曶字也。

此字字頭吕校本録作“淴”。

曷，何葛反。《尚書》：“焉［烏］虖曷……何也。”《毛詩》：“曷云能槃［穀］？”傳曰：“曷，逯［逮］也。”又曰：“曷予竫之。”傳曰：“曷，害也。”《尔雅》：

① 《名義》：“冊，禁［楚］責反。祝也，苻［符］（也，）命也，蕳也，書也。”
② 《名義》：“箣，楚革反。苻［符］命也，計也。”
③ 豉：短之俗字。

“曷，盍也。”郭璞曰：“盍，何不也。”

《尚書·五子之歌》：“嗚呼曷歸，予懷之悲。”孔安國傳：“曷，何也。”《詩經·小雅·四月》：“我日構禍，曷云能穀？”毛傳：“曷，逮也。”《詩經·小雅·菀柳》：“曷予靖之，居以凶矜。”[①]毛傳：“曷，害。”《爾雅·釋言》：“曷，盍也。”郭璞注：“盍，何不。”

《名義》：“曷，何葛反。何也，逮也，害也，盍也。”

朁，旦［且］感反。《毛詩》：“憯［朁］不畏明。”傳曰：“曽也。”《尒雅》亦云，郭璞曰：“䇷語辞也。”今亦為憯字，在心部。

《説文》：“朁，曾也。从曰，兓聲。《詩》曰：朁不畏明。”《詩經·大雅·民勞》：“式遏寇虐，憯不畏明。”毛傳：“憯，曾也。”《爾雅·釋言》：“憯，曾也。”郭璞注：“發語辭，見《詩》。”《名義》：“朁，且感反。曽也。又千感反。”

沓，徒荅反。《楚辞》：“天何所沓？十二焉分？”王逸曰：“沓，合也。”《説〈苑〉》：“遻延沓手。”野王案：沓猶重疊也。《説文》：“語交沓沓也。”野王案：亦与嗒同，字在口部。[②]《漢書》遼東有沓縣。

《楚辭·離騷》：“天何所沓？十二焉分？”王逸注：“沓，合也。”《説苑·善説》：“莊辛遷延盥手而稱曰。”向宗魯《説苑校證》作“盥手”，《四部叢刊》本作“沓手”，向氏未出校。△按：“沓手”是。疑“盥”字或省作“沓”（從水，從臼），與“沓”形近而訛。“盥”字《龍龕》或作“盜”，可與此相參證。《論語·微子》：“子路拱而立。”皇侃義疏：“拱，沓手也。”“沓手”即“拱手”。《慧琳音義》卷三九《不空羂索經》卷一音義：“雜沓，下潭合反。顧野王云：‘沓猶重疊也。’”《説文》：“沓，語多沓沓也。从水，从曰。遼東有沓縣。”《漢書·地理志下》：“遼東郡，……

---

① “竫”“靖”音義同。《公羊傳·定公八年》：“秋七月……葬曹靖公。”陸德明音義：“曹竫，才井反，本亦作靖。”

② 《名義》：“嗒，徒合反。疾言也。”

縣十八：……沓氏。”顏師古注引應劭曰：“氏水也。音長答反。”《名義》：“沓，徒荅反。合，重疊也。”

曹，似勞反。《毛詩》：“乃造其曺。”傳曰：“曺，群也。”《国語》：“民所曺好。”賈逵曰：“曺猶共也。”《史記》：“十餘曺偹［俻］之。”如淳曰：“曺，輩也。”又曰：“分曺循行郡國。”服虔曰：“分曺職案行也。”《說文》：“獄之雨［兩］曺治於事者也。”《廣雅》：“曺，所也。”[①]

《詩經·大雅·公劉》：“既登乃依，乃造其曹。”毛傳：“曹，羣也。”《國語·周語下》：“且民所曹好，鮮其不濟也。”韋昭注：“曹，羣也。”《史記·袁盎列傳》：“君長者，不忍刺君，然後刺君者十餘曹，備之。”裴駰集解引如淳曰：“曹，輩。”《史記·平準書》：“於是遣博士褚大、徐偃等分曹循行郡國。”裴駰集解引服虔曰：“分曹職案行。”《殘卷》“偹”當為“俻”字之訛。《說文》：“曹，獄之兩曹也，在廷東。从棘，治事者，从曰。”《玄應音義》卷九《大智度論》卷二音義：“汝曹，又作曹［曹］，同，自勞反。《史記》：‘十餘曹循［俻］之。’[②]如淳曰：‘曹，輩也。’《詩》云：‘乃告［造］其曹。’傳曰：‘曹，羣也。’”《名義》：“曹，似勞反。群也，共也，輩也。”

呂校本引《史記》作“偹之”。按：“偹”為“俻”字之訛，“俻”為“備”之俗字。

曹，《字書》今曹字也。

《廣韻·豪韻》：“曹，曹局也，又輩也，衆也，群也。亦州名，蓋取古國以名之。又姓，本自顓頊玄孫陸終之子六安，是為曹姓，周武王封曹挾於邾，故邾曹姓也。魏武作家傳，自云曹叔振鐸之後。周武王封母弟振鐸於曹，後以國為氏，出譙國、彭城、高平、鉅鹿四望。昨勞切。曹，古文。”

㬮，乃經、乃之二反。《字書》：“告也。”

---

① 今本《廣雅》未見。

② 黄仁瑄校注據《史記》改“循”為“備”。

《廣雅·釋詁三》："䛏，告也。"曹憲音"乃尼"，與《殘卷》"乃之反"音同。《名義》："䛏，乃經反。告也。"

遲，旦［且］廉反。《魏志》有韓遲也。

《三國志·魏志·武帝》："秋七月，楊奉、韓暹以天子還洛陽，奉别屯梁。"《名義》："遲，且廉反。銛也。"

〖乃部第九十四　凡五字〗

乃，奴改反。《尚書》："唯乃之休。"孔安国曰："乃，汝也。"《周礼》："乃施（邦）典于邦（曲）国。"鄭玄曰："乃者，更申勑之也。"《韓詩》："乃慰乃止。乃，大也。"《儀礼》："乃飲實爵。"鄭玄曰："乃猶而也。"《公羊傳》："乃者何？難也。曷為或言而或言乃？乃難乎而也。"《漢書》："乃者鳳皇集新蔡。"野王案：乃猶往也。《說文》："乃者，申辞之難也。"

《尚書·大禹謨》："四方風動，惟乃之休。"孔安國傳："民動順上命，若草應風，是汝能明刑之美。"《周禮·天官·大宰》："乃施典于邦國而建其牧，立其監，設其參，傅其伍，陳其殷，置其輔。"鄭玄注："乃者，更申敕之。"《殘卷》有訛誤。《詩經·大雅·緜》："迺慰迺止，迺左迺右。"《慧琳音義》卷二十《寶星陀羅尼經序》音義："迺聖，上音乃。《韓詩》：'迺，大也。'《聲類》：'至也。'《説文》古文乃字從彡西聲也。西，古文乃字也。"徐時儀校注："彡，據文意當作'辵'。'西'，據文意當作'迺'。"按：據文意當作"《説文》古文乃字從㇋西聲也。㇋，古文乃字也"。參下"逌"字條下所引《説文》。《慧琳音義》卷七七《大周刊定衆經目録序》音義："迺下，上奴改反，古乃字也。《聲類》云：'乃，至也。'《説文》從古乃，西聲也。今俗用從辵，誤也。"《儀禮·燕禮》："士升，大夫不拜，乃飲，實爵。"鄭玄注："乃猶而也。"《公羊傳·宣公八年》："而者何？難也。乃者何？難也。曷為或言而或言乃？乃難乎而也。"何休解詁："言乃者内而深，言而者外而淺。"《漢書·宣帝紀》："詔曰：'乃者鳳皇集新蔡，羣鳥四面行列，皆鄉鳳皇立，以萬數。'"《説文》："乃，曳詞之難也。象气之出難。"

《名義》：“㇣，奴改反。乃也，大也，而也。”

乃［𠄎］，《説文》籒文乃（㇣）字也。

《説文》：“乃，曳詞之難也。象气之出難。……𠄎，籒文乃。”

㇣，《説文》古文乃字也。

《説文》：“乃，曳詞之難也。象气之出難。……弓，古文乃。”《殘卷》所引古文字形與《説文》異，然“㇣”字屢見於出土文獻及《汗簡》《古文四聲韻》。

逌［卤］，奴改反，奴陵。[①]《尒雅》：“逌［卤］，乃也。”《説文》：“驚聲。或曰：逌［卤］，往。”《聲類》：“至也。”或為迺字，在辵部。[②]

《爾雅·釋詁下》：“迺，乃也。”郭璞注：“迺即乃。”《説文》：“卤，驚聲也。从乃省，西聲。籒文卤不省。或曰：卤，往也。讀若仍。”《玄應音義》卷十三《龍王兄弟經》音義：“迺臣，奴改反。《爾雅》：‘迺，乃也。’郭璞曰：‘迺卽乃字也。’《説文》：‘迺，往也。’《聲類》：‘迺，至也。’”《名義》：“卤，奴改反。乃也，至也，往也，驚聲也。”

迺［卥］，《説文》古文迺字也。

《説文》：“卤，驚聲也。从乃省，西聲。籒文卤不省。或曰：卤，往也。讀若仍。卥，古文卤。”

① 此處有誤。黎本《殘卷》作“奴改、奴陵二反”。“奴陵”蓋據《説文》“讀若仍”增。
② 《名義》：“迺，奴陵反。乃也，往也，至也。”

〖丂部第九十五　　凡四字〗

丂，苦道反。《説文》："氣欲舒出也。口［古］以為丂［亏］字，又為巧字也。"

《名義》："丂，苦道反。巧也，氣欲舒出也。"

甹，普絟反。《毛詩》："莫与叟［甹］蜂，自求辛螫。"傳曰："叟［甹］蜂，制［掣］曳也。"《尔雅》亦云，郭璞曰："謂牽拖也。"《説文》："極［亟］詞也。或曰：使［俠］也。"訓使［俠］為俜［甹］字，在人部。[①]

《詩經·周頌·小毖》："莫予荓蜂，自求辛螫。"毛傳："荓蜂，摩曳也。"陸德明音義："荓，普經反。《爾雅》作甹，音同。……蜂，本又作蠭，孚逄反。荓蜂，摩曳也。"《爾雅·釋訓》："甹夆，掣曳也。"郭璞注："謂牽拕。"《説文》："甹，亟詞也。从丂，从由。或曰：甹，俠也。三輔謂輕財者爲甹。"《名義》："甹，普經反。牽地也，亟詞也。"

吕校本引《爾雅》郭璞注作"謂牽曳"。按:《殘卷》"曳"字左旁漫漶,右旁為"也",姑定為"拖"字，今本《爾雅》作"拕"，"拖""拕"音義同。

寧，奴逽反。《説文》："願詞也。"野王案：今亦以為安寧之寍［寍］，或為寧［寍］字（部），《字書》在穴［宀］部。[②]

《説文》："寧，願詞也。从丂，寍聲。"《慧琳音義》卷二二轉録慧苑《新譯大方廣佛花嚴經音義》卷中："寧爲多不，寧，乃亭反。《玉篇》曰：'寧，安也。'"又卷二一轉録慧苑《新譯大方廣佛花嚴經音義》卷上："寧受，《玉篇》曰：'寧，願辭。'"《名義》："寧，奴庭反。安也，願（也，）詞也。"

---

① 《説文》："俜，使也。从人，甹聲。"《説文》"使"當作"俠"。《説文》："俠，俜也。"《名義》："俜，普丁反。辨也，俠也。"

② 《名義》："寍，乃逽反。安也，曾，静也。寕字。洵也。"

丂，呼多反。《說文》："反丂［丂］也。"

《說文》："丂，反丂也。讀若呵。"《名義》："丂，呼多反。反可［丂］也，不止也。"按："不止也"疑當作"亦止也"。[①]"丂"與"訶"音義同。《殘卷》："訶，呼多反。……古文為㱒字，在止部也。"《廣韻·歌韻》："㱒，止也。"

〖可部第九十六　凡四字〗

可，口我反。《周易》："天地万物之情可見矣。"野王案：又曰"有親則可久，有功則可大。可久則賢人之徳，可大則賢人之案［業］"。《論語》"雍也可使南面""雖百世〈可知也〉"，並是也。《礼記》："孔［子］曰：體物而弗可遺。"鄭玄曰："可猶所也。"又曰："始入而辞〈，曰辞〉矣；即𢈔，曰可矣。"鄭玄曰："可猶上［止］也。"《說文》："可，肯也。"

《周易·咸》："聖人感人心而天下和平，觀其所感而天地萬物之情可見矣。"又《繫辭上》："有親則可久，有功則可大。可久則賢人之德，可大則賢人之業。"《論語·雍也》："子曰：'雍也可使南面。'"又《為政》："其或繼周者，雖百世可知也。"《禮記·中庸》："子曰：鬼神之為德，其盛矣乎！視之而弗見，聽之而弗聞，體物而不可遺。"鄭玄注："可猶所也。"《禮記·少儀》："始入而辭，曰辭矣；即席，曰可矣。"鄭玄注："可猶止也。"《說文》："可，肎也。从口、丂，丂亦聲。"《名義》："可，口我反。所也，上也，肯也。"

竒，竭知反。《尚書》："珎禽竒獸，弗育于国。"野王案：《說文》："竒，異也。"謂傀異也。《楚辞》"余約［幼］〈好〉此竒服"是也。《老子》："若使當［常］畏死而為竒者，吾得而煞之，夫熟敢？"王弼："詭異乱群謂之竒。"又曰[②]："屈

① 王引之《經義述聞》卷三二"譌形"："不與亦相似而誤為亦。"
② 此"又曰"下為《淮南》文，當置於"有出於人也"之後，或"又曰"二字與下文"《淮南》"互換。

奇之服。"許𣏌重曰："屈，豍也；奇，長也。"《淮南》："靜為躁奇。"許𣏌重曰："奇，有出扵人也。"《字書》："一曰不耦也。"野王案：隻單之奇為畸字，在田部。[①] 音居儀反。

《尚書·旅獒》："珍禽奇獸，不育于國。"孔安國傳："皆非所用，有損害故。"《說文》："奇，異也。一曰：不耦。从大，从可。"《楚辭·九章·涉江》："余幼好此奇服兮，年既老而不衰。"王逸注："奇，異也。"《老子》："若使民常畏死而為奇者，吾得執而殺之，孰敢？"王弼注："詭異亂羣謂之奇也。"《淮南子·詮言》："聖人無屈奇之服，無瑰異之行。"高誘注："屈，短；奇，長也。"[②]《淮南子·兵略》："故静為躁奇，治為亂奇，飽為饑奇，佚為勞奇。"高誘注："有出於人。"《名義》："奇，竭知反。異也，長也。"

吕校本"豍"録作"豉"，改為"短"。按：《殘卷》原作"**豍**"，當是"豍"字。"豍"，俗短字。

哿，公可反。《毛詩》："哿矣富人。"傳曰："哿，〈可〉也。"杜預注《左氏傳》："哿，嘉也。"

《詩經·小雅·正月》："哿矣富人，哀此惸獨。"毛傳："哿，可。"《左傳·昭公八年》："《詩》曰：'……哿矣能言，巧言如流，俾躬處休。'其是之謂乎？"杜預注："哿，嘉也。"陸德明音義："哿，古可反，嘉也。《毛詩傳》云：'可也。'"《名義》："哿，公可反。喜［嘉］也，可也。"

哥，古何反。《說文》："聲也。古文以為歌字。"野王案：《尚書》"歌詠言"是，在欠部。[③] 或為調字，在言部。[④]

① 《名義》："畸，居儀反。戲也，隻也。"
② 《玄應音義》卷八《大方等頂王經》音義："屈奇，衢物反，異也。《淮南》云。'許叔重曰：'屈，崾也；奇，長也。'"
③ 《名義》："歌，古何反。詠也，謳也。"
④ 《名義》："謌，葛羅反。歌也。"

《説文》："哥，聲也。从二可。古文以為謌字。"《殘卷》："歌，古何反。《説文》：'詠歌也。'或為謌字，在言部。古文為哥字，在可部。"又："謌，葛羅反。《尚書》：'謌詠言。'野王案：《礼記》：'謌之言也。説文[之]故言之，言之不足，長[言]之。'《毛詩》：'我謌且謡。'傳曰：'曲合樂曰謌。'或為歌字，在欠部。古文為哥字，在可部。"《尚書·舜典》："詩言志，歌永言。"孔安國傳："謂詩言志以導之，歌詠其義以長其言。"《名義》："哥，古何反。詠言也。"

〖兮部第九十七　　凡六字〗

兮，胡雞反。《毛詩》："胡瞻尓達有懸貆兮。"野王案：《説文》："語所稽也。"《楚辞》"帝高陽之苗〈裔〉兮"是也。《方言》："凡相憐哀……相見懽憙有得亡之意，九疑湘潭之間謂之人兮也。"

《詩經·魏風·伐檀》："不狩不獵，胡瞻爾庭有縣貆兮？"《説文》："兮，語所稽也。从丂、八，象气越亏也。"《楚辭·離騷》："帝高陽之苗裔兮，朕皇考曰伯庸。"《方言》卷十："嘳，無寫，憐也。沅澧之原凡言相憐哀謂之嘳，或謂之無寫，江濱謂之思，皆相見驩喜有得亡之意也。九疑湘潭之閒謂之人兮。"《名義》："兮，胡雞反。語所稽也。"

㫚，先聿反，先倫反。《説文》："驚詞也。"

《説文》："㫚，驚辭也。从兮，旬聲。恂，㫚或从心。"《名義》："㫚，先倫、先君反。驚詞也。"《廣韻·準韻》："㫚，驚詞。"音"思尹切"。疑《殘卷》"聿"、《名義》"君"均為"尹"字之訛。

羲，許奇反。《山海經》："天帝之妻羲和生十日。"野王案：十日謂從甲至癸也。唐虞以為掌天地之官，《尚書》"分命羲仲宅陽〈谷〉""汝羲泉[泉]和"是也。《楚辞》："涉升皇之赫羲。"王逸曰："赫羲，光明皀也。"又曰："羲和未陽。"王逸曰：

“羲和，日御也。”《説文》：“氣也。”《白虖通》：“謂之伏羲何？始定人道，畫八卦，以治天下，伏而化之，故曰伏羲也。”

《山海經·大荒南經》：“羲和者，帝俊之妻，生十日。”郭璞注：“言生十子，各以日名名之，故言生十日，數十也。”《尚書·胤征》：“羲和湎淫，廢時亂日。”孔安國傳：“羲氏、和氏，世掌天地四時之官。”《尚書·堯典》：“分命羲仲宅嵎夷曰暘谷。”孔安國傳：“羲仲，居治東方之官。”《尚書·堯典》：“帝曰：‘咨，汝羲暨和！’”《殘卷》“暨”作“[illegible]”，吕校本録作“臮”。△按：當作“泉”（同“臮”）。《管子·宙合》：“宙合之意，上通於天之上，下泉於地之下，外出於四海之外，合絡天地以為一裹。”《玄應音義》卷七《正法花經》卷一音義：“暨今，《聲類》云：‘古文作泉。’①同，其器反。《字林》：‘暨，及也。’亦云：‘至也。’”《玄應音義》卷十三《太子本起瑞應經》卷上音義：“難暨，古文作泉，②同，其器反。暨，及也，至也，與也。”《玄應音義》卷十八《分别功德論》卷二音義：“暨今，《聲類》古文臮，同，其器反。《左傳》：‘猶懼不暨。’注云：‘暨，至也。’”《玄應音義》卷十二《達磨多羅禪經》上卷音義：“將暨，《聲類》古文泉，同，其器反。《左傳》：‘猶懼不暨。’注云：‘暨，至也。’《尒疋》：‘暨，不及也。暨，與也。’”《慧琳音義》卷七七《釋迦方志》卷上音義：“[illegible]貞觀，上其義反。杜預注《左傳》云：‘[illegible]，至也。《説文》從依［㐺］自聲。今亦多從旦作暨。”其中的“泉”“[illegible]”均為“臮”或“泉”字之形近而訛。《廣韻·質韻》：“暨，姓也，吴尚書暨豔。居乙切，又泉［泉］、既二音。”《楚辭·離騷》：“陟陞皇之赫戲兮，忽臨睨夫舊鄉。”王逸注：“赫戲，光明皃。”又：“羲和之未揚，若華何光？”王逸注：“羲和，日御也。”《説文》：“羲，气也。从兮，義聲。”《白虎通·號》：“謂之伏羲何？古之時，未有三綱六紀，民人但知其母，不知其父。能覆前而不能覆後，臥之詓詓，行之吁吁，飢即求食，飽即棄餘，茹毛飲血而衣皮葦。于是伏羲仰觀象于天，俯察法于地，因夫婦，正五行，始定人道，畫八卦以治下，下伏而化之，故謂之伏羲也。”《名義》：“羲，䖒奇反。氣也，義［羲］（了）和，日御也。”

乎，户枯反。《尚書》：‘何憂乎鵻吺？’《論語》：‘不亦悦乎？’《説文》：‘語之舒也。’《廣雅》：‘乎，極。’‘于［乎］，辞也。’”

---

① 黄仁瑄校注：“臮，原作泉，今據磧砂藏本改。”按：“泉”字不誤，不必改。
② 黄仁瑄校注：“臮，原作泉，今據磧砂藏本改。”按：“泉”字不誤，不必改。

《尚書·皋陶謨》："能哲而惠，何憂乎驩兜？"《古文四聲韻》："驩𡗗，古《尚書》；兜𠯋，古《尚書》。"據此，"鴅吺"同"驩兜"。《論語·學而》："子曰：'學而時習之，不亦説乎？'"《説文》："乎，語之餘也。从兮，象聲上越揚之形也。"《廣雅·釋詁一》："窮、乎、終、慉，極也。"《廣雅·釋詁四》："乎、些、只、詞、沬、既、央、極，已也。"王念孫疏證："各本'詞'下脱去'也'字，遂與下條相連。"據此，《殘卷》當作"乎，極也；乎，辞（同詞）也"。吕校本録作"乎，極于辞也"，恐誤。《名義》："乎，户枯反。極也，辞也。"

虧，去為反。《説文》：或虧字也。虧，𢧵也，毁也，壞也，在于部。

《説文》："虧，气損也。从亏，雐聲。虧，虧或从兮。"《殘卷》："虧，去為反。《毛詩》：'不虧不崩。'戔云：'虧猶毁壞也。'《楚辞》：'芳菲菲而難虧。'王逸曰：'虧，歇也。'又曰：'八柱何當，東南何虧。'王逸曰：'虧，𢧵也。'《尔雅》：'虧，毁也。'《説文》：'氣損也。'《廣雅》：'虧，去也。''虧，以也。'或為虧［虧］字，在亐部。"《慧琳音義》卷十一《大寶積經序》音義："虧徵，區追反。《考聲》云：'虧，落也，傷也。'鄭箋《毛詩》云：'虧猶毁壞也。'王逸注《楚辭》云：'虧，缺也。'《廣雅》：'虧，少也。'《説文》云：'氣損也。'"《名義》："虧，去為反。缺也，毁也，壞也，損也，去也，少也。"

肹，羲秩反。《孟子》："使民肹肹然。"劉熙曰："肹肹，猶疊疊［亹亹］，動作不安也。"《上林賦》："〈肹蠁布〉寫。"野王案：肹亦聲響也。《春秋》羊〈舌〉肹字𣏟響。《説文》為肸字，在十部。

《孟子·滕文公上》："爲民父母，使民盻盻然，將終歲勤動，不得以養其父母。"趙岐注："盻盻，勤苦不休息之貌。"《慧琳音義》卷八三《大唐三藏玄奘法師本傳》卷九音義："肸響，上欣訖反。《考聲》：'謂聲流布也。'《説文》正作肸，肸肸，動作不安也。從肉、八也。"《漢書·司馬相如傳》："肸蠁布寫，晻薆咇茀。"顔師古注："肸蠁，盛作也。……肸音許乙反。"《左傳·襄公十六年》："平公即位，羊舌肸爲傅。"杜預注："肸，叔向也。"《説文》："肸響，布也。从十，从佾。"

〖号部第九十八　　凡二字〗

号[①]，胡到反。《周礼》：“凡其丧祭，詔其號，治其礼。”鄭司農注：“號謂謚號。”《毛詩》：“樂郊樂郊，誰之永號。”傳曰：“號，呼也。”《尒雅》：“號，名也。”《毛詩》：“或不知叫號，或慘慘劬勞。”傳曰：“號，召也。”《廣雅》：“號，告也。”

《周禮·春官·職喪》：“凡其喪祭，詔其號，治其禮。”鄭司農注：“號謂謚號。”《詩經·魏風·碩鼠》：“樂郊樂郊，誰之永號。”毛傳：“號，呼也。”《慧琳音義》卷十八《大乘大集地藏十輪經》卷四音義：“號詢，上号高反。《爾雅》：‘號，鳴也。’《考聲》：‘大哭也，痛聲也。’《説文》：‘大呼也。從虎，号聲。’”“鳴”、“名”音義同。《詩經·小雅·北山》：“或不知叫號，或慘慘劬勞。”毛傳：“號，召也。”《廣雅·釋詁三》：“號，告也。”《名義》：“号，胡到反。謚也，呼也，名也，召也，告也。”

號，〈胡高反。〉……〈《左氏傳》：“號而出〉之。”杜預曰：“嗁［號］，哭也。”《尒雅》：“號，呼也。”郭璞曰：“今江東皆言號也。”野王案：號呼，聲音聊讙沸説也。《周易》“九三［二］惕號，暮夜有我［戎］，勿〈恤〉”、《毛詩》“式號式呼”是也。《説文》：“痛聲也。”《廣雅》：“號，鳴也。”

《左傳·宣公十二年》：“明日蕭潰，申叔視其井，則茅絰存焉，號而出之。”杜預注：“號，哭也。”《殘卷》“嗁”當作“號”。《爾雅·釋言》：“號，謼也。”郭璞注：“今江東皆言謼。”陸德明音義：“謼，火故反，又如字，又作呼。”吕校本引野王案作“號，呼聲，音聊，讙沸，説也”，令人不知所云。《爾雅》釋“號”為“呼”，故顧氏加案語以解釋“號呼”。“聊讙”猶“讙聊”，與“喧囂”“諠囂”“諠聊”“讙囂”音義皆同。《周易·夬》：“九二惕號，莫夜有戎，勿恤。”《詩經·大雅·蕩》：“式號式呼，俾晝作夜。”《説文》：“号，痛聲也。从口，在丂上。”《廣雅·釋詁二》：“號，鳴也。”《慧琳音義》卷二九《金光明最勝王經》卷十音義：“號咷，上号高反。杜注《左傳》

① 《殘卷》此字原脱。此據《新撰字鏡》補。

云：‘號，哭也。’《爾雅》：‘呼也。’《廣雅》：‘鳴也。’《說文》：‘痛聲也。從虎，号聲。’”《名義》：“號，胡高反。哥也，哭也，呼也。”《新撰字鏡》：“號，正，胡高反。歌也，唤也，胡呼也。借胡到反，去。”《名義》“哥也”與《新撰字鏡》“歌也”義同，此蓋為誤釋。《詩經·魏風·碩鼠》：“樂郊樂郊，誰之永號？”毛傳：“號，呼也。”鄭玄箋：“永，歌也。”《名義》《新撰字鏡》蓋誤讀為“永歌也”，以“永歌”為“永號”之釋義，故釋“號”為“歌”。

〖亐部第九十九　　凡六字〗

亐，禹俱反。《尚書》：“王曰：‘亐！来。’”孔安国曰：“于，嘆也。”《毛詩》：“于以乎［采］蘩。”傳曰：“于以，猶亐以也。”又曰：“惟曰于仁［仕］。”傳曰：“于，徃也。”《韓詩》：“于何不臧。于何，猶奈何也。”《左氏傳》：“于民〈生〉之不易。”杜預曰：“于，曰也。”《儀礼》：“冝之于破［叚］。”鄭玄曰：“于，為也。”《尔雅》：“爰，奥［粤］，于也。”郭璞曰：“轉相訓也。”《考工記》：“鳧［鳬］氏為鍾，雨［兩］變［欒］謂之銑，銑間謂之亐。”鄭玄曰：“此鍾體也。”鄭衆曰：“于，〈鍾〉衣［脣］之上袪者也。銑，鍾口雨［兩］角也。”

《尚書·吕刑》：“王曰：‘吁！來。有邦有土，告爾祥刑。”孔安國傳：“吁，歎也。”陸德明音義：“吁，况于反，馬作于。于，於也。”《詩經·召南·采蘩》：“于以采蘩，于沼于沚。”毛傳：“于，於。”鄭玄箋：“于以猶言往以也。”《詩經·小雅·雨無正》：“維曰予仕，孔棘且殆。”毛傳：“于，往也。”《詩經·小雅·十月之交》：“此日而食，于何不臧？”“于何，猶奈何也”蓋薛君《韓詩章句》文。《左傳·宣公十二年》：“于民生之不易，禍至之無日，戒懼之不可以怠。”杜預注：“于，曰也。”《殘卷》脱“生”字。《儀禮·士冠禮》：“髦士攸宜，宜之于假，永受保之。”鄭玄注：“于猶為也。”《殘卷》“破”當為“叚”字之訛。《爾雅·釋詁上》：“爰，粵，于也。”郭璞注：“轉相訓。”《周禮·考工記·鳧氏》：“鳧氏爲鍾，兩欒謂之銑，銑間謂之于，于上謂之鼓，鼓上謂之鉦，鉦上謂之舞。”鄭玄注：“此四名者，鍾體也。”又引鄭司農云：“于，鍾脣之上袪也，鼓所擊處。”又：“故書欒作樂。杜子春云：‘當爲欒，書亦或爲欒。銑，鍾口兩角。’”《殘卷》蓋誤“杜子春”為“鄭衆”。《名義》：“亐，禹俱反。歎也，扵也，仕也，往也，何也，曰也，為也。”

于，《字書》今亐字也。

虧，去為反。《毛詩》：“不虧不崩。”戔云：“虧猶毀壞也。”《楚辞》：“芳菲菲而難虧。”王逸曰：“虧，歇也。”又曰：“八柱何當？東南何虧？”王逸曰：“虧，缺也。”《尓雅》：“虧，毀也。”《說文》：“氣損也。”《廣雅》：“虧，去也。”“虧，以也。”① 或為虧［虧］字，在子［兮］部。②

《詩經·魯頌·閟宫》：“不虧不崩，不震不騰。”鄭玄箋：“虧、崩皆謂毀壞也。”《楚辭·離騷》：“芳菲菲而難虧兮，芬至今猶未沬。”王逸注：“虧，歇。”《楚辭·天問》：“八柱何當？東南何虧？”王逸注：“言天有八山為柱，皆何當值？東南不足，誰虧缺之也？”《說文》：“虧，气損也。从亏，雐聲。虧，虧或从兮。”《廣雅·釋詁二》：“虧，厺也。”“厺”同“去”。《廣雅·釋詁三》：“虧，少也。”《殘卷》“以也”當作“少也”。

粵，有月反。《尚書》：“弗服田畒，粵其罔有黍稷。”孔案［安］国曰：“粵，扵也。”《尓雅》：“粵，亐也。粵，曰也。”郭璞曰：“《詩》云‘對粵在天’是也。”《說文》：“亦審帝之詞也。《周書》‘粵三月丁亥’是也。”

《尚書·盤庚上》：“不服田畒，越其罔有黍稷。”孔安國傳：“越，于也。”《爾雅·釋詁上》：“粵、于、爰，曰也。”郭璞注：“《書》曰‘土爰稼穡’。《詩》曰‘對越在天’‘王于出征’。”陸德明音義：“粵，音越。”《說文》：“粵，亏也。審慎之詞者。从亏，从宷。《周書》曰：粵三日丁亥。”《名義》：“粵，有月反。於也，午［亐］也，曰也。”

平，皮兵反。《尚書》：“平秩東作。”孔安国曰：“平，均［均］也。”又曰：“地平天成。”孔安国曰：“水治曰清，土治曰平。”野王案：《毛詩》“原隰［隰］既平”是也。又曰：“王道平二［ミ］。”孔安国曰：“平ミ，辨治也。”野王案：《毛詩》“平ミ左右”是也。《周礼》：“大司馬掌作［佐］王平邦国。”野王案：《穀梁傳》：“平者，成也。”又曰：“軍秡日偅平野民。”鄭玄曰：“平謂巳［正］其行刊［列］部伍也。”《毛詩》：“喪乱既平。”戔云：“平猶正也。”又曰：“終和且平。”傳

① “以也”當作“少也”。《廣雅·釋詁三》：“虧，少也。”
② 《名義》：“虧，去為反。缺也，毀也，壞也，損也，去也，少也。”

曰："平，齊䒭也。"又曰："平王之孫。"傳曰："平，正也。"《左氏傳》："平戎于晋。"杜預曰："平，和也。"又曰："鄭人来渝平。"社［杜］預曰："知［和］而不盟曰平。"《尔雅》："平，易（曰）也。"郭璞曰："謂易冝［直］也。"《漢書》："㚘［升］平可致。"張晏曰："民有三年之儲曰升平。"又曰："餘三年食進業曰登，曰平，餘六年食三登曰太平。"《說文》："語平舒也。"《謚法》："布維行紀曰平，治而不生目［眚］曰平，執事有制曰平，附不黨踈不遺曰平也。"

《尚書·堯典》："羲仲居治東方之官，寅賓出日，平秩東作。"孔安國傳："平均次序東作之事以務農也。"《尚書·大禹謨》："地平天成，六府三事，允治萬世，永賴時乃功。"孔安國傳："水土治曰平，五行叙曰成。"《殘卷》此處當有誤。《詩經·小雅·黍苗》："原隰既平，泉流既清。"毛傳："土治曰平，水治曰清。""二"當為重文符號之訛。《尚書·洪範》："無黨無偏，王道平平。"孔安國傳："言辯治。""辯"與"辨"音義同。《詩經·小雅·采菽》："平平左右，亦是率從。"毛傳："平平，辯治也。"《周禮·夏官·大司馬》："大司馬之職，掌建邦國之九灋，以佐王平邦國。"鄭玄注："平，成也，正也。"《穀梁傳·宣公四年》："春，王正月，公及齊侯平莒及郯。……平者，成也。"《周禮·地官·遂師》："軍旅田獵平野民，掌其禁令，比敘其事而賞罰。"鄭玄注："平謂正其行列部伍也。"《殘卷》"秎"當是"旅"字。（《隸辨》載《嚴訢碑》"旅"作"[illegible]"，與"秎"形近。）"田獵"誤作"日倌"。"正"誤作"巳"，"列"誤作"刊"。《詩經·小雅·常棣》："喪亂既平，既安且寧。"鄭玄箋："平猶正也。"《詩經·小雅·伐木》："神之聽之，終和且平。"鄭玄箋："平，齊等也。"《詩經·召南·何彼襛矣》："平王之孫，齊侯之子。"毛傳："平，正也。"《左傳·僖公十二年》："冬齊侯使管夷吾平戎于王，使隰朋平戎于晉。"杜預注："平，和也。"《春秋經·隱公六年》："春，鄭人來渝平。"杜預注："和而不盟曰平。"《爾雅·釋詁下》："平、均、夷、弟，易也。"郭璞注："皆謂易直。"《漢書·梅福傳》："使孝武皇帝聽用其計，升平可致。"顔師古注引張晏曰："民有三年之儲曰升平。"《漢書·食貨志》："餘三年食進業曰登，再登曰平，餘六年食三登曰泰平。"《殘卷》"曰平"前脱"再登"二字。《說文》："平，語平舒也。从亏，从八。八，分也。爰禮說。"《左傳·昭公二十二年》："辛未，鞏簡公敗績于京；乙亥，甘平公亦敗焉。"孔穎達正義引《謚法》："一意不懈曰簡，布綱持紀曰平。"《殘卷》諱"綱"，改為"維"。"持"訛作"行"。"治"

又與“持”音同。[①]《史記正義・謚法解》：“治而無眚曰平……執事有制曰平……布剛治紀曰平。”王溥《唐會要・謚法上》：“布綱治紀曰平，執事有制曰平，治而無眚曰平，附不黨疏不遺曰平。”《名義》：“平，皮兵反。均也，成也，正也，等也，和也，易也，止也。”

〈𠅘〉，《説文》古文平字也。

△按：《殘卷》字頭脱。考今本《説文・亏部》“平”下正有“𠅘”字，且云：“古文平字如此。”黎本《殘卷》補字頭，當是。《殘卷》：“亏部第九十八……凡六字。”今《殘卷》僅五字，脱落一字，當補“𠅘”字。《名義・亏部》：“亏，皮兵反。散之意也。”

〖云部第一百　　凡二字〗

云，胡勲反。《毛詩》：“婚姻孔云。”傳曰：“云，抱［旋］也。”箋云：“云猶反［友］也，謂相親反［友］也。”又曰：“惟暴之云。”傳曰：“云，言也。”《韓詩》：“曷云能穀。云，辞也。”《左氏傳》：“晋不粦［鄰］矣，其誰云之？”杜預曰：“謂抱［旋］歸之也。”《老子》：“凡物云云，復歸其根。”野王案：云，不安静之辞也。《吕氏春秋》“雲氣西行，云云然冬夏不輟”、《漢書》“談説者云云”並是也。《史記》：“所遺物及言語云匈奴遺漢書曰其所遺物及言語〻云云。”野王案：云云，不審定省略之辞也。《漢書》：“上曰：吾欲云云。”張晏曰：“所言欲施人穠也。”《廣雅》：“云，有也。”《説文》以為古文雲字也。雲，氣也，在雲部。[②]紛云為䢵字也，在負部。[③]”

《詩經・小雅・正月》：“洽比其鄰，昏姻孔云。”毛傳：“云，旋也。”鄭玄箋：

① 《慧琳音義》卷三《大般若波羅蜜多經》卷三一二音義：“裝治，下音持。”又卷六四《彌沙塞羯磨本》音義：“治補，上音持。”
② 《名義》：“雲，從龍，禹軍反。山川氣也，運也。云，古文。㐬，古文。”
③ 《説文》：“䢵，物數紛䢵亂也。从員，云聲。讀若《春秋傳》曰‘宋皇鄖’。”《名義》：“䢵，有軍反。物數紛䢵乱。”

“云猶友也。言尹氏富，獨與兄弟相親友為朋黨也。”《殘卷》“旋”誤作“抱”，“友”誤作“反”。《詩經·小雅·何人斯》：“伊誰云從？維暴之云。”毛傳：“云，言也。”《詩經·小雅·四月》：“我日構禍，曷云能穀？”《文選·傅咸〈贈何劭王濟〉》：“賦詩申懷以貽之云爾。”李善注引薛君《韓詩章句》曰：“云，詞也。”“詞”與“辭”音義同。《左傳·襄公二十九年》：“晉不鄰矣，其誰云之？”杜預注：“云猶旋，旋歸之。”《殘卷》“卉”蓋“鄰”字脱去“阝”旁作“粦”，再誤作“卉”。“旋”亦誤作“抱”。《老子》：“夫物芸芸，各復歸其根。”《吕氏春秋·圜道》：“雲氣西行云云然，冬夏不輟。”高誘注：“云，遊也。周旋運布，膚寸而合，西行則雨也。”陳奇猷新校釋據畢沅改“遊”為“運”。《漢書·息夫躬傳》：“守相有辠，車馳詣闕，交臂就死，恐懼如此，而談説者云，動安之危，辯口快耳，其實未可從。”劉攽曰：“云當疊云云二字，即上所説也。”其説可從。《史記·匈奴列傳》：“所遺物及言語云云，中行説令單于遺漢書。”《殘卷》有衍訛。《漢書·汲黯傳》：“上曰：‘吾欲云云。’”顔師古注引張晏曰：“所言欲施仁義也。”《史記·汲黯列傳》裴駰集解引張晏同。《殘卷》“人穢”即“仁義”。《廣雅·釋詁一》：“云，有也。”《説文》：“雲，山川气也。从雨、云，象雲回轉形。[古文字形]，古文省雨。”《名義》：“云，胡熏反。施［旋］也，犮［友］也，有也，作為也。”

藝，㑰①世反。《周礼》：“六藝：礼、樂、射、馭、書、數也。”野王案：藝猶杖［材］也。②《論語》“求也藝，扵従政乎何有”、《礼記》“以月為量，故攻［功］有藝礼樂”是也。《左氏傳》：“之藝藝。”杜預曰：“藝，惟［准］也。”又曰：“貢之无藝。”杜預曰：“藝，法制也。”《國語》：“其貪无藝。”賈逵曰：“藝，〈極〉也。”又曰：“由［用］人无藝。”賈逵曰：“藝，常也。”《礼記》：“曲藝比［皆］誓之。”鄭玄曰：“曲藝，小伎也。”《尔雅》：“藝，静也。”《字書》：“藝，䏘也。”種樹之藝為藝［埶］字，在丮［丮］部。③或為藝［蓺］字，在草［艸］部。④

《周禮·大司徒》：“以鄉三物教萬民而賓興之，一曰六德：知、仁、聖、義、忠、和，二曰六行：孝、友、睦、婣、任、恤，三曰六藝：禮、樂、射、御、書、數。”《論語·雍

① 此字形近“原”。“魚”字見於嚴字反切“魚凡反”（《殘卷》62頁），字形作“奐”，與此異。然《殘卷》反切上字無作“原”者，故仍當以“魚”為是。

② 《慧琳音義》卷三、卷七引顧野王並作“藝猶材也”。

③ 《名義》：“埶，奐制反。禰也，蒔也，樹也，種也，治也。執［蓺］字。”

④ 《名義》：“蓺，奐制反。種也，蒔也，治也。埶字。”

也》："曰：'求也可使從政也與？'曰：'求也藝，於從政乎何有？'"何晏集解引孔安國曰："藝謂多才藝。"《禮記·禮運》："月以為量，故功有藝也。"鄭玄注："藝猶才也。"《殘卷》引《左氏傳》，於前一"藝"字旁注"〻"，似為删節號。《左傳·文公六年》："陳之藝極。"杜預注："藝，準也。"《殘卷》"惟"當為"准"字之訛。《左傳·昭公十三年》："無月不至，貢之無藝。"杜預注："藝，法制。"《殘卷》引《國語》賈逵注原脱"極"字。《慧琳音義》卷七《大般若波羅蜜多經》卷五四九音義："技藝，下霓計反。《周禮》：'六藝：禮、樂、射、馭、書、數。'顧野王云：'藝猶材也。'杜預曰：'藝，法制也。'賈注《國語》云：'藝，極也。'《字書》云：'藝，能也。'"《國語·魯語上》："今魚方別孕，不教魚長，又行網罟，貪無藝也。"韋昭注："藝，極也。"《國語·越語下》："用人無藝，往從其所。"韋昭注："藝，射的也。無藝，無常所也。"《禮記·文王世子》："曲藝皆誓之。"鄭玄注："曲藝謂小技能也。"《殘卷》"皆"訛作"比"。《爾雅·釋詁上》："氖、謐、溢、蟄、慎、貉、謐、顗、頠、密、寧，静也。"陸德明音義："蟄，直立反。"顧氏蓋據誤本《爾雅》"蟄"作"藝"（或埶）。[1]《名義》："藝，奂世反。材也，求也，惟也，法制也，極也，常也，静也。"

〖音部第一百一　　凡十六字〗

音，猗金反。《尚書》："八音兢［克］諧，无相奪倫。"《周礼》："師氏掌六律六同〈以合〉陰陽之聲，皆播之以八音：金、石、𤣩、革、絲、竹、木、匏也。"《毛詩》："德音无良。"傳曰："音，聲也。"傳又曰："凡建邦國能命龜，田能施命，作器能銘，使能造命，升高能賦，師旅能誓，山川能述，喪紀能誄，祭祀能語。君子能此此九者，可謂有德音，可以為大夫也。"《礼記》："凡音之起，由人心生也。心之動，物使之然。感於物而動，故形於聲；聲相應，故生變；變成方謂之音。"鄭玄曰："宫、商、角、徵、羽，雜皆［比曰］音，單曰聲也。"野王案：直出於響曰聲，以聲相韻曰音，故《樂記》曰："情〈動〉於中而形於聲，聲成文謂之音。"

《尚書·舜典》："八音克諧，無相奪倫。"《殘卷》"克"訛"兢"。《周禮·春官·大

---

① 《廣韻·祭韻》："藝，才能也，静也，常也，準也，又姓，出《姓苑》。"《漢語大字典》據此收"静"義，其誤並與《殘卷》《名義》同。

師》："大師掌六律六同以合陰陽之聲，……皆播之以八音：金、石、土、革、絲、木、匏、竹。"《殘卷》脱"以合"二字。《詩經・邶風・日月》："乃如之人兮，德音無良。"毛傳："音，聲。"《詩經・鄘風・定之方中》："卜云其吉，終焉允臧。"毛傳："龜曰卜。允，信。臧，善也。建國必卜之，故建邦能命龜，田能施命，作器能銘，使能造命，升高能賦，師旅能誓，山川能說，喪紀能誄，祭祀能語。君子能此九者，可謂有德音，可以為大夫。"《殘卷》"此此"於後一"此"字旁注"ㄟ"，應為删節號。《禮記・樂記》："凡音之起，由人心生也。人心之動，物使之然也。感於物而動，故形於聲，聲相應故生變，變成方謂之音。"鄭玄注："宫、商、角、徵、羽雜比曰音，單出曰聲。"《殘卷》"憾"同"感"。"比曰"訛作"皆"，吕校本作"皆"，亦誤。《禮記・樂記》："凡音者，生人心者也。情動於中，故形於聲，聲成文謂之音。"《殘卷》脱"動"字，吕校本亦脱。《名義》："音，猗金反。金石土革絲木匏竹八音。"

響，虛兩反。《尚書》："恵恵吉，従逆凶，惟影響。"孔安國曰："若影之随形、響之應聲也。"《說文》："聲也。"

《尚書・大禹謨》："禹曰：'惠迪吉，從逆凶，惟影響。"孔安國傳："迪，道也。順道吉，從逆凶，吉凶之報，若影之隨形、響之應聲。""惠"本或作"叀"，與"迪"形近。吕校本改作"迺"，恐誤。又吕校本"惟"作"帷"，亦誤。《說文》："響，聲也。从音，鄉聲。"《名義》："響，虛兩反。聲也。"

韽，於林、於南二反。《周礼》："凡聲……微聲韽。"鄭玄曰："聲小不成也。"

《周禮・春官・典同》："凡聲：高聲䃂，正聲緩，下聲肆，陂聲散，險聲斂，達聲贏，微聲韽，回聲衍。"鄭玄注："韽讀為飛鉆涅韽之韽。韽，聲小不成也。"《名義》："韽，於林反。聲小不成也。"

韶，視昭反。《尚書》："蕭《韶》九成。"野王案：舜樂名也。《周礼》"乃奏沽［沽］洗[①]，歌南國［吕］，舞《大韶》，以礼［祀］四望"是也。《礼記》：

---

① "沽洗"與"姑洗"音義同。

“韶，継也。”鄭玄曰：“韶之言紹也，言舜能継尭之德也。”

《尚書·益稷》：“簫《韶》九成，鳳皇來儀。”孔安國傳：“韶，舜樂名。”《玄應音義》卷十二《修行道地經》卷四音義：“九韶，古文磬，同，視招反，舜樂名也。韶，紹也，言舜能紹繼堯之德也。《尚書》‘簫《韶》九成’是也。”《周禮·春官·大司樂》：“乃奏姑洗，歌南吕，舞《大磬》，以祀四望。”“磬”與“韶”音義同。《禮記·樂記》：“《韶》，繼也。”鄭玄注：“舜樂名也。韶之言紹也，言舜能繼紹堯之德。《周禮》曰《大韶》。”《名義》：“韶，視昭反。經［継］也，紹也。”

章，諸羊反。《尚書》：“天命有德，五服五章㢧！”孔安国曰：“五服，五章之别也。”《孝工記》：“乎［采］章各别，所以命有德也。”①《国語》：“為車服旗章以旍之。”賈逵曰：“章者，尊卑之别也。”《孝工記》：“畫繪之事，赤与白謂之章。”《論語》：“夫子之文章。”野王案：謂章勾［句］也。《礼記》“喪淔常，讀樂章”是也。《毛詩》萹分别為章勾［句］，夂即是也，《礼記》：“《大章》，〈章〉之也。”鄭玄曰：“尭樂名也。言尭之德彰明也。《周礼》曰《大卷》也。”《説文》：“樂歌竟為一章也。”《楚辞》：“耶翺翔亐周章。”王逸曰：“周章，〈周〉流也。”《漢書》：“審如御史章，當伏兩觀之誅。”野王案：牋表之属也。《漢舊儀》：“美相大将軍黄金印龜文曰章。二②，表也。章，書也。章，程也。”《釋名》：“俗名舅曰章，……婦諸夫之兄曰兄章也。”《謚法》：“温工兄［克］令儀曰章。法度明文［大］曰章。敬春［沯］高服［明］曰章。”《説文》以文章為彰字，在彡部。③

《尚書·臯陶謨》：“天命有德，五服五章哉！”孔安國傳：“五服，天子、諸侯、卿大夫、士之服也。尊卑采章各異，所以命有德。”《殘卷》疑有誤。《國語·周語上》：“故為車服旗章以旌之。”韋昭注：“旌，表也。車服旗章上下有等，所以章明貴賤，為之表識。”《周禮·考工記·畫繢》：“畫繢之事……青與赤謂之文，赤與白謂之章。”《論語·公冶長》：“子貢曰：‘夫子之文章可得而聞也。’”何晏集解：“章，明也。”《禮記·曲

① 此非《考工記》文，當為《尚書·臯陶謨》孔安國傳，文見上注引。
② “二”當為重文符號“〻”之訛。
③ 《説文》：“彰，文彰也。从彡，从章，章亦聲。”《名義》：“彰，請［諸］楊反。明也，表也，示也，著也。”

禮下》："居喪未葬，讀喪禮；既葬，讀祭禮；喪復常，讀樂章。"《禮記·樂記》："《大章》，章之也。"鄭玄注："堯樂名也。言堯德章明也。《周禮》闕之，或作《大卷》。"《禮記》後一"章"字本作重文符"⺀"，或誤作"之"字，與下一"之"字重，遂誤删之。《說文》："章，樂竟爲一章。从音，从十。十，數之終也。"《楚辭·九歌·雲中君》："龍駕兮帝服，聊翺遊兮周章。"王逸注："周章，猶周流也。"《殘卷》脱"周"字，"聊"訛作"耶"。"翺遊"當依《殘卷》改作"翾［翺］翔"。《文選·沈約〈齊故安陸昭王碑文〉》："陪龍駕于伊洛，侍紫蓋於咸陽。"李善注引《楚辭》曰："龍駕兮帝服，聊翺翔兮周章。"《玄應音義》卷六《妙法蓮華經》卷二音義："周章，《楚辭》云：'聊翺翔兮周章。'王逸曰：'周章，周流也。'謂周流往來也。"《漢書·王尊傳》："審如御史章，尊乃當伏觀闕之誅。"顔師古注引張晏曰："孔子誅少正卯於兩觀之間。"《殘卷》蓋糅合正文與張晏注。《北堂書鈔·儀飾部二·印》引應劭《漢官儀》："列侯黄金龜劍文曰印，丞相大將軍金印龜文曰章。"《國語·周語中》："余敢以私勞變前之大章，以忝天下？"韋昭注："章，表也。"《文選·曹丕〈與吴質書〉》："孔璋章表殊健，微為繁富。"張銑注："章，書也。"《廣雅·釋器》："章，程也。"《釋名·釋親屬》："夫之兄曰公。公，君也。君，尊稱也。俗間曰兄章。……俗或謂舅曰章。"《後漢書·章帝紀》："肅宗孝章皇帝諱炟，顯宗第五子也。"李賢注引《謚法》曰："温克令儀曰章。"《舊唐書·肅宗章敬皇后吴氏傳》："謹按《謚法》：'敬慎高明曰章，法度明大曰章。'"《資治通鑒·宋紀二》："甲辰，追尊帝母胡婕妤曰章皇后。"胡三省注引《謚法》："敬慎高明曰章。"《名義》："章，諸羊反。勾［句］也，表也，行也，書也，程也，来［采］也，明也。"

竟，羈慶反。《毛詩》："僣［譖］如［始］竟背。"戔云："竟，終也。"《方言》："竟，亘也。秦晋或曰亘，或曰竟也。"《說文》："樂明［曲］竟也。"《廣雅》："竟，窮也。"

《詩經·大雅·瞻卬》："鞫人忮忒，譖始竟背。"鄭玄箋："竟猶終也。"《方言》卷六："緪，筳，竟也。秦晉或曰緪，或曰竟，楚曰筳。"周祖謨校箋："《文選》《西都賦》、《南都賦》李善注及《慧琳音義》卷四、卷十七、卷十八引《方言》均作'亙，竟也'。"按：《慧琳音義》卷五四、卷八一引《方言》亦作"亙，竟也"。《說文》："竟，樂曲盡爲竟。从音，从人。"吕校本引《說文》録作"樂明竟也"，誤。《廣雅·釋詁四》："竟，窮也。"《名義》："竟，羈慶反。终也，窮也。"

䶜，薄公反。《毛詩》："留黿［鼉］皷䶜䶜。"慱［傳］曰："䶜䶜，和也。"《韓詩》："䶜﹅［䶜䶜］，聲也。"《埤蒼》："䶜，皷聲也。"

"留黿"當為一字誤拆為二，本作"鼉"，同"鼉"。"皷"當即"鼓"字。《詩經·大雅·靈臺》："鼉鼓逢逢，矇瞍奏公。"毛傳："逢逢，和也。"陸德明音義："逢，薄紅反。《埤蒼》云：'鼓聲也。'字作䶜。"《廣雅·釋訓》："䶜䶜，聲也。"《名義》："䶜，薄公反。和也。"

韹，胡觥反。《字書》或鍠字也。鑠［樂］聲也，𠂹皷聲也，在金部。①

《爾雅·釋訓》："韹韹，樂也。"陸德明音義："《詩》作喤喤，華盲反。《字書》：'鍠鍠，樂之聲也。'又作鍠，一音胡光反。"《名義》："韹，胡觥反。樂聲也。"

韽，牛金反。《說文》或吟字也。吟，呻吟也，在口部。② 或為訡字也，在言部。③

《名義》："韽，牛金反。吟也，呻也。或訡也。"

韷，除奇反。《礼記》："《咸韷》俻矣。"鄭玄曰："黃帝所作樂名也，韷之言施也，言德无不施也。"今為或［或為］池字，在水部。④

《禮記·樂記》："《咸池》備矣。"鄭玄注："黃帝所作樂名也，堯增修而用之。咸，皆也。池之言施也，言德之無不施也。《周禮》曰《大咸》。"《名義》："韷，除奇反。俻也，黃帝樂名也。"

---

① 《名義》："鍠，胡光反。樂。"
② 《名義》："吟，牛金反。呻也，嘆也。"
③ 《殘卷》："訡，牛金反。《說文》或吟字也。吟，呻也，嘆也，在口部。（或在口部也。）或為韽字，在〈音部〉。"《名義》："訡，牛金反。吟。呻也，嘆也。"
④ 《名義》："池，除知反。"

頀，胡胡［故］反。《周礼》："乃奏夷則，歌小吕，舞《大頀》以奏［享］先妣。"《白虎通》："湯樂曰《大頀》也。言美襄［衰］能護民之急也。"《廣雅》："頀，〈護〉也。"

《周禮·春官·大司樂》："乃奏夷則，歌小吕，舞《大濩》以享先妣。"《殘卷》"享"誤作"奏"。《白虎通·禮樂》："湯樂曰《大護》……湯曰《大護》者，言湯承衰能護民之急也。"《殘卷》"美"為"承"之俗字，"襄"為"衰"字之訛。《廣雅·釋詁四》："頀，護也。"曹憲音"護"。《殘卷》："護，胡故反。……樂名《大護》，《字書》為頀字，在音部。"《名義》："頀，胡故反。護也，湯樂也。"《希麟音義》卷十《續開元釋教錄》卷上音義："大頀，胡故反。《字書》云：'大頀，殷湯樂名也。'"《莊子·天下》："黄帝有《咸池》，堯有《太章》，舜有《大韶》，禹有《大夏》，湯有《大濩》，文王有《辟雍》之樂。"

《殘卷》"胡胡反"，吕校本同。按：當作"胡故反"。《殘卷》"護"字音"胡故反"，《名義》"頀"字音"胡故反"，《玉篇》"頀"字音"胡故切"，當據正。

韺，於迎反。《字書》："《五英》也。"野王案：《白虎通》："帝嚳樂曰《五談［韺］》也。言能調五聲以養万物，調其華英也。"

《白虎通·禮樂》："帝嚳樂曰《五英》……帝嚳曰《五英》者，言能調和五聲以養萬物，調其英華也。"《名義》："韺，於迎反。帝嚳樂。"

韹，駭耕反。《廣雅》："韹，形也。"《字書》："《六韹》也。"野王案：《白虎通》："顓頊樂曰《六韹》也，言協和律曆，以調陰陽，莖著萬物者也。"

《廣雅·釋詁四》："韹，荆也。""荆"同"刑"。《白虎通·禮樂》："顓頊樂曰《六莖》……顓頊曰《六莖》者，言和律歷以調陰陽，莖者著萬物也。"《名義》："韹，駭耕反。形也。"

韴，才而［市］反。《字書》："断聲也。"

《名義》："䚪，丈［才］市反。䜣聲也。"

《殘卷》"才而反"，吕校本改作"丈市反"。△按：當作"才市反"。澤存堂本、元至正二十六年南山書院刊本、日本早稻田大學藏和刻本《大廣益會玉篇》均作"才市切"，元延祐二年圓沙書院刻本《大廣益會玉篇》作"才市切"，"市"為"帀"字之訛。北京故宫博物院舊藏裴務齊正字本《刊謬補缺切韻·合韻》、《唐韻殘卷·合韻》（蔣斧印本）："䚪，断聲。"音"徂合反"。"徂"、"才"為從母字，"丈"為澄母字。

䪯，乙螢反。《字書》："聲也。"

《名義》："䪯，乚熒反。聲也。"

韻，為鎮反。《聲類》："音和，韻也。"

《玄應音義》卷十一《雜阿含經》卷二四音義："易韻，于閏反。言聲音和，韻也。"《名義》："韻，為鎮反。音和。"

〖告部第一百二　　凡二字〗

告，公蒍反。《尚書》："王虒［庸］作書以告。"野王案：《廣雅》："告，語也。"《左氏傳》"見正月［胥］于［午］而告之"是也。《穀梁傳》："告，請也。"《尔雅》亾云，郭璞曰："謂〈求〉請也。"《漢書》："高祖甞告歸之田。"服虔曰："告音如嗥也。"李斐曰："休謁之名也。〈吉曰〉告，凶曰寧也。"孟庚［康］曰："古者名吏〈休〉假曰音［告］。《律》：'吏二千石有与告、賜告。'与告者，在官有功㝡，法所當得者也。賜告，病痛［滿］三月，當免，天子優賜其告，使得帶尓［璽］梫［綬］将官属歸家治疾。至成帝時，郡〈國〉二千石賜告不得歸家。和帝時与、賜皆絶也。"

《尚書·説命》："王庸作書以誥曰：'以台正于四方，惟恐德弗類，兹故弗言。'"

《廣雅·釋詁一》："告，語也。"《左傳·襄公二十三年》："欒盈夜見胥午而告之。"《殘卷》"正月"為"胥"字之誤拆，"于"為"午"字之誤。吕校本引《左氏傳》作"見正月于而告之"，誤。《穀梁傳·莊公二十八年》："一年不升，告糴諸侯。告，請也。"《爾雅·釋言》："告，謁，請也。"郭璞注："皆求請也。"《殘卷》脱"求"字。《漢書·高帝紀上》："高祖嘗告歸之田。"顔師古注引服虔曰："告音如嗥呼之嗥。"又引李斐曰："休謁之名，吉曰告，凶曰寧。"又引孟康曰："古者名吏休假曰告。告又音嚳。《漢律》：'吏二千石有予告，有賜告。'予告者，在官有功最，法所當得也；賜告者，病滿三月當免，天子優賜其告，使得帶印綬將官屬歸家治病。至成帝時，郡國二千石賜告不得歸家。至和帝時，予、賜皆絶。"《殘卷》"㘁"當作"嘷"，同嗥。俗書"皐"旁或作"睪"。吕校本引《漢書》李斐注有"告凶曰寧"，又引"孟庚"，並誤。吕校本又在"律"前補"漢"字，蓋據《漢書》孟康注。按：《殘卷》"車"字下亦引《律》，不作"漢律"，與此相同。《慧琳音義》卷二二轉録慧苑《新譯大方廣佛花嚴經音義》卷中："不告勞，孟康注《韓詩》曰：'古名吏休假曰告也。'"按：孟康為《漢書》注者，詳顔師古《漢書敘例》，未聞注《韓詩》，此蓋慧苑誤記。①《史記·高祖本紀》："高祖為亭長時，常告歸之田。"裴駰集解引孟康曰："古者名吏休假曰告。"《名義》："告，公薦反。語也，請也，求也。"

嚳，口薦反。《説文》："嚳，急也，告之也。"野王案：此暴窅［虐］也。或為俈字，在人部。②今為酷字，在酉部。③《世夲》："蟜極告［生］高辛，是為帝嚳也。"《白虙通》："嚳者，極也，言其施行竆［窮］極道德也。"

《説文》："嚳，急告之甚也。④从告，學省聲。"《玄應音義》卷十《大莊嚴經論》卷四音義："苦酷，古文俈、嚳、焅三形，今作酷，同，口梏反。《説文》：'酷，急也。'苦之甚曰酷，亦暴虐也。《白虎通》曰：'酷者，極也。教今［令］窮極。'"《慧琳音義》卷六二《根本説一切有部毘奈耶雜事律》卷三一音義："嚳虐，上空穀反。顧野王云：'嚳，

① 龍璋《小學蒐佚》有《韓詩》一卷，其中即有此條，當屬以訛傳訛。
② 《名義》："俈，口篤反。急，暴〈虐〉也。或嚳。"
③ 《名義》："酷，口告反。熟也，酒味厚也。"
④ 段玉裁注："急告猶告急也。告急之甚，謂急而又急也。"△按：疑《説文》當讀作"急、告之［也］、甚也"。《玄應音義》卷十五《僧祇律》卷一音義："禍酷，古文俈、嚳、焅三形，同，苦薦反。酷，極也。《説文》：'嚳，急也，告之甚也。'謂暴虐也。"字或作"酷"。《文選·王褒〈洞簫賦〉》："憤伊鬱而酷䎬，愍眸子之喪精。"李善注："酷猶甚也。"

暴虐也。’《白虎通》云：‘嚳者，極也，言其施行窮極也。’《説文》：‘急苦之甚也。從學省聲。’律文從酉作酷，是酒厚味而極美也，非義也。或從人作佶。”《大戴禮記·帝繫》：“黄帝産玄囂，玄囂産蟜極，蟜極産高辛，是為帝嚳。”《白虎通·號》：“謂之帝嚳者何也？嚳者，極也，言其能施行窮極道德也。”《名義》：“嚳，口蔦反。急也。”

呂校本引《世本》作“蟜極告高辛，是為帝嚳也”，“告”當作“生”。

〖凵部第一百三　凡一字〗

凵，口范反。《説文》：“凵，張口也。”

《説文》：“凵，張口也。象形。”《名義》：“凵，口范反。張口也。”

〖吅部第一百四　凡十三字〗

吅，詡煩反。《説文》：“驚呼也。”《聲類》：此古文讙［讙］字也。詳［讙］，䚕也，在言部。

《説文》：“吅，驚嘑也。从二口。……讀若讙。”《殘卷》：“讙，虚園反，呼丸反。《礼記》：‘子夏曰：“鼓鼙之聲讙。”’鄭玄曰：‘讙䚕之聲也。’《方言》：‘讙，讓也。自関而西秦晉之間凡言相責讓曰讙讓，北燕曰讙。’《廣雅》：‘讙，鳴也。’《聲類》以為亦囂［嚻］字也。野王案：嚻，呼召也。音荒旦反，在䚕部。古文為吅字。吅，驚也，在吅部也。”《名義》：“吅，詡煩反。驚呼也。”

㖾，女耕反。《説文》：“㖾，乱也。”《字書》：“一曰室［窒］也。”

《説文》："㚄，亂也。从爻、工交吅。一曰：窒㚄。讀若禳。"[①]《名義》："㚄，女耕反。乱也，室[窒]也。"

㛲，《説文》籀文㚄字也。

《説文》："㚄，亂也。从爻、工交吅。一曰：窒㚄。讀若禳。㛲，籀文㚄。"吕校本字頭作"㓷"。按：《玉篇》："㚄，女耕切。《説文》云：'亂也。一曰窒㚄。'㛲，籀文。㓷，古文。"《殘卷》作"𡙁"，與《玉篇》所列"古文"形近。

嚴，㝁凡反。《毛詩》："有嚴有翼。"傳曰："嚴，威〈嚴〉也。"又曰："下民有嚴。"傳曰："嚴，敬也。"《礼記》："〈收〉族故宗庿嚴，〈宗〉庿嚴故重社稷。"鄭玄曰："嚴猶〈尊〉也。《孝經》'孝莫大扵嚴父'是也。"又曰："十手所指，其嚴乎？"鄭玄曰："嚴，可敬畏也。"《楚辞》："嚴煞盡[盡]兮棄原野。"王逸曰："嚴，壮也。"《説文》："教令急也。"野王案：《孝經》"其政不嚴而治"是也。《廣雅》："嚴，儼也。"

《詩經·小雅·六月》："有嚴有翼，共武之服。"毛傳："嚴，威嚴也。"《詩經·商頌·殷武》："天命降監，下民有嚴。"毛傳："嚴，敬也。"《禮記·大傳》："親親故尊祖，尊祖故敬宗，敬宗故收族，收族故宗廟嚴，宗廟嚴故重社稷。"鄭玄注："嚴猶尊也。《孝經》'孝莫大于嚴父'是也。"《禮記·大學》："曾子曰：'十目所視，十手所指，其嚴乎？"鄭玄注："嚴乎，言可畏敬也。"《楚辭·九歌·國殤》："天時墜兮威靈怒，嚴殺盡兮棄原壄。"王逸注："嚴，壯也。"按："壄"，俗"壄"字，正字從埜（古野字），予聲。《説文》："嚴，教命急也。从吅，厰聲。"《孝經·聖治章》："聖人之教不肅而成，其政不嚴而治。""嚴，儼也"《廣雅》未見。《釋名·釋言語》："嚴，儼也，儼然人憚之也。"疑野王誤以《釋名》為《廣雅》。《名義》："嚴，㝁凡反。威也，敬也，尊也，壮也，儼也。"

---

① 《説文解字義證》本作"窑㚄"，桂馥云："一曰窑㚄者，李燾及徐鍇本竝作窒㚄，《廣韻》引同，《玉篇》《類篇》皆引作窒㚄。"

𠻘［嚴］《說文》古文嚴字也。

《說文》："嚴，教命急也。从吅，厰聲。嚴，古文。"

𠱧［喌］，之六反。《說菀》："張弓𠱧［喌］雞也。"《說文》："呼雞重言之也。"《字書》或為咮字，在口部。①

《說苑·尊賢》："猶舉杖而呼狗，張弓而祝雞矣。"《說文》："喌，呼雞重言之。从吅，州聲。讀若祝。"王仁昫《刊謬補缺切韻·屋韻》（P.2011）："粥，之竹反。糜粥。喌，呼雞聲。亦作咮。"《名義》："喌，之六反。呼鷄之重言。"

咢，魚各反。《周礼》："占夢所掌六薨［夢］，二曰咢薨［夢］。"杜子春曰："謂敬［驚］咢也。"《毛詩》："或歌或咢。"傳曰："徒歌曰咢也。"《尒雅》："徒擊鼓謂之咢（咢）。"②《荘子》："所以咢人。"野王案：咢然直言也。《大戴礼》"出言以咢咢"是也。《淮南》："下無垠咢之門。"許𣶒重曰："无垠咢，无形兆端之皀也。"《說文》："譁，〈譁〉訟也。"《字書》或為諤字，在言部。③或為顛字，在頁部。④或為愕字，在心部。⑤古文為㗁字，在㗊部。⑥《廣蒼》以圡有垠坎為堮［壢］字也，在圡部。⑦

《周禮·春官·占夢》："占夢……以日月星辰占六夢之吉凶。一曰正夢，二曰㗁夢。"鄭玄注引杜子春云："㗁當為驚愕之愕，謂驚愕而夢。"吕校本以"占夢"為《周禮》篇名，

---

① 《名義》："咮，之六反。呼鷄聲也。"
② 此處衍"咢"字。
③ 《殘卷》："諤，魚各反。《楚辞》：'或冝［直］也言之諤諤。'野王案：諤諤，正直之言也。《韓詩外傳》'周舍願為諤諤之臣，執筆傪［操］牘従君之道'是也。《廣雅》：'諤諤，語也。'《字書》咢字也。野王案：咢亦驚也，在吅部。"《名義》："諤，魚各反。驚也，誥［語］。"
④ 《名義》："顛，吾各反。驚也。"《新撰字鏡》："顛，吾各反。嚴敬皀。亦咢字，驚也。"
⑤ 《名義》："愕，吾各反。驚也，譁也，咢也。"《新撰字鏡》："愕，五各反。咢字。驚也，訟譁也。"又："愕，五各反。驚也。"
⑥ 《殘卷》："㗁，魚各反。《聲類》古文咢字也。咢，驚也，直言也，在吅部。"《名義》："㗁，奐各反。咢字。驚也。"《新撰字鏡》："㗁，奐各反。驚也，真［直］言也。咢，上字，此字古文。"
⑦ 《名義》："壢，咢字也。"

故標點作“《周礼·占夢》”。按：依《殘卷》體例，引書書名、篇名不同出，故“占夢”當入引文之正文。《詩經·大雅·行葦》：“嘉殽脾臄，或歌或咢。”毛傳：“徒擊鼓曰咢。”陸德明音義：“咢，五洛反。毛云：‘徒歌曰咢。’《爾雅》云：‘徒擊鼓謂之咢，徒歌謂之謡。’”“所以咢人”，《莊子》未見，胡吉宣以為“引《莊子》為逸文”。《莊子·外物》：“聖人之所以駴天下，神人未嘗過而問焉；賢人所以駴世，聖人未嘗過而問焉；君子所以駴國，賢人未嘗過而問焉；小人所以合時，君子未嘗過而問焉。”陸德明音義：“駴，户楷反。王云：‘謂改百姓之視聽也。’徐音戒，謂上不問下也。”按：“駴”即“駭”字，與“咢”義同。《大戴禮記·曾子立事》：“是故君子出言以鄂鄂。”《淮南子·原道》：“上游于霄雿之野，下出于無垠之門。”高誘注：“無垠，無形狀之貌。”《説文》：“㖾，譁訟也。从吅，屰聲。”《慧琳音義》卷八十《開元釋教錄》卷一音義：“驚愕，下昂各反。……《説文》云：‘譁訟也。從吅，屰聲。’”《殘卷》脱“譁”字。《名義》：“咢，京［奂］各反。譁訟也。或愕也。”

單，丁安反。《尚書》：“清明千［于］單〈辭〉。”野王安［案］：單猶一也。《説文》：“單，大也。”《字書》：“夊隻（字）也。”

呂校本引《尚書》作“清明千單”，誤。《尚書·呂刑》：“今天相民，作配在下，明清于單辭。”《殘卷》“千”為“于”字之訛。《漢書·枚乘傳》：“泰山之霤穿石，單極之絖斷幹。”顔師古注引孟康曰：“單，一也。”《説文》：“單，大也。从吅、𠦒，吅亦聲。闕。”“單”有“隻”義，而非“隻字”，《殘卷》衍“字”字。《玉篇》：“單，丁安切。大也，一也，隻也。”《名義》：“單，丁安反。一也，大也，隻也。”《集韻·寒韻》：“單，多寒切。《説文》：‘大也。’一曰：隻也。”

𠺕，乃多反。《蒼頡篇》：“除瘆［疫］人也。”野王案：《周礼》“遂令始難”是也。《説文》為魌［䰐］字，在鬼部。①

《殘卷》引《蒼頡篇》作“除瘆人也”，呂校本同。△按：“瘆”當為“疫”字之訛。《呂氏春秋·仲秋》：“天子乃儺，禦佐疾，以通秋氣。”高誘注：“儺，逐疫除不祥也。”《論語·鄉

---

① 《説文》：“䰐，見鬼驚詞。从鬼，難省聲。讀若《詩》‘受福不儺’。”《名義》：“䰐，乃多反。疫也。”

黨》："鄉人儺，朝服而立於阼階。"何晏集解引孔安國曰："儺，驅逐疫鬼。"《禮記·月令》："命國難，九門磔攘，以畢春氣。"陸德明音義："國難，乃多反。後及注同，驅疫鬼。""儺""難"與"罿"音義同。《周禮·春官·占夢》："遂令始難毆疫。"王仁昫《刊謬補缺切韻·哥韻》（P.2011）："罿，除疾人。亦作魆。通俗作儺。"①北京故宫博物院藏王仁昫《刊謬補缺切韻·哥韻》："罿，除疫人。俗作儺。"《名義》："罿，乃多反。除疫人也。魌字。那也。"

𡿸，㒼巾反。《說文》古文嚚字也。嚚，頑也，語聲也，在㗊部。②

《說文》："嚚，語聲也。从㗊，臣聲。𡿸，古文嚚。"《名義》："𡿸，㒼巾反。嚚。頑也。"

貫，許驕反。《說文》囂字也。聲也，嚾［讙］也，在㗊部。③《聲類》或復為𠷡［嚻］字，在口部。

《說文》："囂，聲也。气出頭上。从㗊，从頁。頁，首也。貫，囂或省。"《殘卷》："囂，許高、五高二反。《周礼》：'司號［虣］掌桀［禁］其鬪囂。'鄭玄曰：'囂，護［讙］也。'野王案：護［讙］囂猶喧詿［譁］也。《左氏傳》'左［在］陳而囂''秋［湫］盗［隘］囂塵'是也。《毛詩》：'選徒囂囂。'傳曰：'囂囂，聲也。'又曰：'讒口囂囂。'戔云：'囂囂，衆多皀也。'又曰：'聴我囂囂。'傳曰：'囂囂，猶嗷嗷也。'《尒雅》：'囂，閑也。'郭璞曰：'囂然，閑皀也。'《孟子》：'湯使人娉，伊君［尹］囂囂然曰："我何以湯之滿［幣］為哉！"'劉熙曰：'氣充自得之皀也。'《說文》：'氣生頭上也。'《廣雅》：'囂囂，客［容］也。'或為貫字，在吅部。"《殘卷》"貫"下之"嚾也"（吕校本同）、"囂"下之"護也"均為"讙也"之訛。《慧琳音義》卷十七《大乘顯識經》卷上音義："讙嚻，下香妖反。《毛詩傳》曰：'嚻嚻，聲也，衆多皃也。'《廣雅》：'嚻嚻，容也。'《說文》：'器出頭也。從頁，㗊聲。'"

① 闞長龍校："注文'疾'字《王二》作'疫'，《裴韻》、《廣韻》同，底卷形訛，兹據校改。又龍宇純《校箋》云：'"魆"當作"魌"。'然二字之構形似有會意與形聲之别。"按："罿"字與"哭"義無涉，"魆"蓋"魌"字之形近而訛。

② 《名義》："嚚，彥陳反。思［愚］也，顏［頑］也，西［恶］也。"

③ 《名義》："囂，許朝反。難也，喧也，譁也，閑也。"

又卷四六《阿毘達磨界身足論》上卷音義："𩕄擧，上希驕反。鄭注《周禮》云：'𩕄，讙也。'顧野王云：'𩕄猶諠譁也。'《介雅》云：'閑也。'《説文》：'聲也，器出頭上也。從㗊，從頁。'"《名義》："𩕄，許驕反。𩕄字。讙也。"

哭，口木反。《礼記》："斬衰之哭，若徃不反；齊衰之哭，若往而反；大功之哭，三囬［𠙹］而哀。此哀之發於音也。"

《禮記·服問》："斬衰之哭，若往而不反；齊衰之哭，若往而反；大功之哭，三曲而偯；[①]小功緦麻，哀容可也。此哀之發於聲音者也。"《殘卷》"囬"當作"𠙹"，同"曲"。《名義》："哭，口木反。徃不反，齊衰也［之］哭也。"

𠸶，思唐反。《毛詩》："受福不𠸶。"傳曰："𠸶，〈亾〉也。"《白虎通》："𠸶之言亡也，死謂之𠸶，言其𠸶亡不可復得〈見〉也。生者喪痛之，夂稱曰𠸶。《孔［礼］》甲［曰］：'𠸶〈服〉。斯［斬］衰裳……'《易》曰：'不封不樹，𠸶期无數。'《孝經》：'〈孝子〉之𠸶親，是施生者也。'"野王案：居服中為𠸶也。《礼記》"生則養，死則𠸶，𠸶畢則祭""居𠸶讀𠸶礼，𠸶（𠸶礼）復常讀樂章"是也。又音思浪反。《尚書》："百姓如𠸶考妣。"野王案：𠸶夂喪也。《礼記》"子上之母死而不𠸶"是也。又曰："玩人喪德，玩物𠸶志。"野王案：喪猶失正［亡］也。[②]《國語》"喪南國之師"、《礼記》"子夏𠸶其子而𠸶其明"是也。《礼記》："秦穆公即［弔］公子重耳，月［曰］：'𠸶上［亦］不可久也。'"鄭玄曰："𠸶謂亡失位者也。"古文為𠷩字，在㗊部。[③]

《詩經·大雅·皇矣》："受祿無喪，奄有四方。"毛傳："喪，亾。"《殘卷》引毛傳脱"亾"字，吕校本亦脱。《白虎通·崩薨》："喪者，亡。人死謂之喪，言其亡不可復得見也……生者喪痛之，亦稱喪。《禮》曰：'喪服斬衰。'《易》曰：'不

① 陸德明音義："偯，於起反，聲餘從容也。《説文》作㤅，云：'痛聲。'"《孝經·喪親》："子曰：'孝子之喪親也，哭不偯，禮無容，言不文。"陸德明音義："偯，於豈反。俗作哀，非。《説文》作㤅，云：'痛聲也。'音同。"

② 吕校本亦作"失正"。按：當作"失亡"。《論語·八佾》："二三子何患於喪乎？天下之無道也久矣。"皇侃疏："喪猶亡失也。""亡失"與"失亡"義同。

③ 《殘卷》："𠷩，思唐反。《字書》古文𠸶字也。𠸶，亾也，在吅部。"《名義》："𠷩，思堂反。喪字。亡也。"

封不樹，喪期無數。'①《孝經》曰：'孝子之喪親也，是施生者也。'"吕校本有"《孔甲》喪斯衰裳"。按：《殘卷》"孔甲"為"礼曰"之誤。《儀禮·喪服》："喪服。斬衰裳，苴絰、杖、絞帶，冠繩纓，菅屨者。"《殘卷》脱"服"字，"斯"為"斬"字之訛。《禮記·祭統》："生則養，沒則喪，喪畢則祭。""喪礼"二字旁注删節號"ミ"，當删。《禮記·曲禮上》："居喪，未葬讀喪禮，既葬讀祭禮，喪復常讀樂章。"《尚書·舜典》："二十有八載帝乃殂落，百姓如喪考妣。"陸德明音義："喪，如字，又息浪反。"野王案語"喪夂喪也"當有脱訛，疑後一"喪"字當作"死喪"或"喪亡"。《禮記·檀弓》："子上之母死而不喪。"《尚書·旅獒》："玩人喪德，玩物喪志。"《國語·周語上》："宣王既喪南國之師，乃料民于大原。"韋昭注："喪，亡也。"《禮記·檀弓》："子夏喪其子而喪其明。"又："晉獻公之喪，秦穆公使人弔公子重耳，且曰：'寡人聞之：亡國恒於斯，得國恒於斯。雖吾子儼然在憂服之中，喪亦不可久也。'"鄭玄注："喪謂亡失位。"《說文》："㖠，亡也。从哭，从亡，會意，亡亦聲。"《名義》："喪，思唐反。亡也。"

〖品部第一百五　　凡四字〗

品，鈹錦反。《尚書》："五品不遜。"王肅曰："五品，五常也。"野王案：品猶忏［科］程也。《周易》"日［田］獲三品"、《周礼》"着［差］周［用］百〈廿〉品"是也。《國語》："不過九品。"賈逵曰："品，法也。"又曰："羣神品物。"賈逵曰："品，類也。"《說文》："衆庶也。"《蒼頡萹》："品，戕［式］。"《廣雅》："品，齊也。"

《尚書·舜典》："帝曰：'契，百姓不親，五品不遜。"孔安國傳："五品謂五常。"②吕校本引野王案語作"品猶忖程也"。△按：當作"品猶科程也"，"忏程""忖程"皆"科程"之訛。《慧琳音義》卷二七轉録《法花音訓》："品，品者彙聚也，類別也。又《玉篇》云：'利程也，法也，類也，式也。'""利程"亦"科程"之訛。《說文》："科，

① 《周易·繫辭下》："古之葬者，厚衣之以薪，葬之中野，不封不樹，喪期无數。"
② 《史記·五帝本紀》："舜曰：'契，百姓不親，五品不馴。'"裴駰集解引王肅曰："五品，五常也。"與《殘卷》合。

程也。”《論語·八佾》：“為力不同科，古之道也。”皇侃義疏：“科，品也。”《説文》：“程，品也。”據此，則“品”“科”“程”三字同義。《名義》亦作“科程”。《周易·巽》：“六四，悔亡，田獲三品。”《周禮·天官·膳夫》：“凡王之饋，食用六穀，膳用六牲，飲用六清，羞用百二十品。”《殘卷》“著周”（吕校本同）為“羞用”之訛。《國語·周語中》：“内官不過九御，外官不過九品。”《廣雅·釋詁一》：“品，濃也。”《國語·楚語下》：“天子徧祀，羣神品物。”韋昭注：“品物謂若八蜡所祭猫虎昆蟲之類也。”《慧琳音義》卷二二轉録慧苑《新譯大方廣佛花嚴經音義》卷中：“庶品，庶，衆也。品，類也。”《説文》：“品，衆庶也。从三口。”《廣雅·釋詁四》：“品，式也。”又：“品，齊也。”《名義》：“品，鈹錦反。科程也，法也，類也，式也，齊也。”

喦，女獵反。《説文》：“品，聶也。”又着言也。野王安［案］：此与聶字相似而不同也，在耳部。[①]

《説文》：“喦，多言也。从品相連。《春秋傳》曰：‘次于喦北。’讀與聶同。”《殘卷》“品，聶也”疑當作“喦，聶也”，“若言”疑當作“多言”。《名義》：“喦，女獵反。聶，多言。”

曐，蕬逹反。《説文》古文星字也。曐，曐辰也，在晶部。[②]今為星字也，在日部。[③]

《説文》：“曐，萬物之精，上爲列星。从晶、生聲。一曰：象形，从口。古口復注中，故與日同。曐，古文曐。星，曐或省。”《名義》：“曐，蕬逹反。辰也。”

曑，所金反。《毛詩》：“惟曑与日夘［昴］[④]。”傳：“曑，伐也。”《説文》

---

① 《九經字樣》：“喦聶，上《説文》音染入，多言也。《春秋傳》曰：‘次于喦北。’從三口相連之形。今經典相承作聶北，聶音黏入，行之已久，不可改正。”
② “在晶部”，則字當作“曐”。《玉篇·晶部》：“曐，先丁切，萬物之精也，列宿也。亦作星。”《名義》：“曐，蕬丁反。古星。萬物精也。”
③ 《名義》：“星，思逹反。廿八宿也，晴也。”
④ “日夘”當為“昴”字之誤拆。

今曑商星也，在晶部。[①]曑［曑］伍之曑［曑］，音唐眈［躭］反，在厽部。[②]

《殘卷》："曑，廣［唐］躭反。……皇［星］名為曑［曑］字，音所令［今］反，在品［晶］部。"《詩經·召南·小星》："嘒彼小星，維參與昴。"毛傳："參，伐也。"《説文》："曑商，星也。从晶，㐱聲。曑，曑或省。"《名義》："曑，所今反。參。星也，伐也。"

〖喿部第一百六　　凡三字〗

喿，先到反。《説文》："鳥羣明也。"又音且脩［絛］及［反］。《廣雅》："喿，函也。"《字書》："一曰函属也。"《方言》為鐰［鍬］字，在金部。[③]

《説文》："喿，鳥羣鳴也。从品在木上。""明""鳴"音同義通。《廣雅·釋器》："喿，臿也。"疑"鐰"字（吕校本同）當作"鍬"。《方言》卷五："臿，燕之東北朝鮮洌水之間謂之斛。宋魏之間謂之鏵，或謂之鍏。江淮南楚之間謂之臿，沅湘之間謂之畚，趙魏之間謂之喿。"字亦作"喿"。《玉篇》："喿，先到切，鳥羣鳴也。又七消切，臿屬。今作鍬。"《慧琳音義》卷四二《瑜伽護摩經》音義："持鍬，七消反，俗字也，亦作鍫，正作鍬，古文作㪺，《蒼頡篇》作喿，皆古字，今廢不行。《爾雅》：'鍫謂之鍤。'《方言》云：'趙魏之間謂臿爲鍫。'顔氏《證俗音》云：'今江南人呼爲鏵鍫，巴蜀之間謂鍫爲鍤。'《考聲》云：'如今之杴施刃於頭者也。'《説文》云：'臿頭金也。'今江東人呼鍫爲鍫，音片蔑反。此皆方言别異也。從金，秋聲。"《名義》："喿，先到反。臿［臿］也，鳴［鳥］群鳴也。"

喿，部功［巧］反。《埤蒼》："堀地也。"《字書》：'銑［鈂］地也。'"

---

① 《名義》："曑，所金反。商星。參也。"
② "曑商"之"曑"在晶部，字當作"曑"，"曑伍"之"曑"在厽部，字當作"曑"。《名義》："曑，廣［唐］躭反。分也。"
③ 《名義》："鍬，且消反。臿。鍫，如上。"

《名義》："麭，部巧反。掘地也。""堀地""掘地"義同。《慧琳音義》卷六六《集異門足論》卷八音義："龕堀，下髡骨反。又作窟，或作崛也。《毛詩》云：'蜉蝣之堀。'窟穴也。顧野王云：'堀，掘地爲室也。'《説文》云：'堀，窟突也。從土，屈聲也。'"《殘卷》"鈂"為"鈂"字之形近而訛。

甃，才心反。《埤蒼》：'堀地也。'《字書》或鈂字也。鈂，凾属也，在金部。[1]

《名義》："甃，才心反。掘地也。"王仁昫《刊謬補缺切韻·侵韻》（P.2011）："甃，掘地。亦作鈂。"

〖龠部第一百七　凡九字〗

龠，餘均反。《周礼》："笙師掌教歆［龡］龠。"鄭玄曰："如篴，三孔也。"又曰："龠師掌教國子舞羽〈龡〉龠。"鄭玄曰："文舞有持羽吹龠者，所謂龠舞也。《文王世子》'秋冬學羽龠'[2]**、《毛詩》'左手執龠，右手秉翟'**[3]**是也。"《尔雅》："大（龠）管謂之龠。"郭璞曰："管長尺，韋寸，柒之，有底。賈氏以為如篪，六孔也。"《漢書》："起扵昔［黄］鍾之重，一龠容千二百广［黍］，重十二銖。兩人［之］為兩，二龠為合，者龠士之量也。"《蒼頡篇》："龠，五撤。"**

《周禮·春官·笙師》："笙師掌教龡竽、笙、塤、籥、簫、篪、篴、管，舂牘、應、雅，以教祴樂。"鄭玄注："籥，如篴，三空。"《殘卷》"龡"訛作"歆"。《周禮·春官·籥師》："籥師掌教國子舞羽龡籥。"鄭玄注："文舞有持羽吹籥者，所謂籥舞也。《文王世子》曰：'秋冬學羽籥。'《詩》云：'左手執籥，右手秉翟。'"《殘卷》脱"龡"字。《爾雅·釋樂》："大管謂之簥。"郭璞注："管長尺，圍寸，併漆之，有底。賈氏以為如篪，六孔。"陸德明音義："簥，九遥反。"《殘卷》蓋據誤本《爾雅》"簥"作"籥"。《慧

---

① 《説文》："鈂，臿屬。从金，冘聲。"《名義》："鈂，才心反。臿［臿］。"
② 吕校本作"文王世子秋冬學羽龠"。按："文王世子"為《禮記》篇名，當加書名號。《禮記·文王世子》："春夏學干戈，秋冬學羽籥，皆於東序。"
③ 《詩經·邶風·簡兮》："左手執籥，右手秉翟。"毛傳："籥，六孔。"

琳音義》卷九五《弘明集》卷一音義："槖籥，下羊夕反。《介疋》云：'大管謂之籥。'"其誤與此同。《漢書·律曆志上》："權者，銖、兩、斤、鈞、石也，所以稱物平施知輕重也。本起於黄鐘之重。一籥容千二百黍，重十二銖。兩之爲兩，二十四銖爲兩。"又："合籥爲合……合者，合籥之量也。"《漢書》："古籥起於黄鍾，一籥容一千二百黍，重十二銖。二籥為合，合者〈合〉籥之量也。"《説文》云："龠，理也。"亦樂管也，從品從侖，會意字也。《殘卷》"士"字蓋重文符號之訛，且當置於"合"字之後。"二籥為合，者籥士之量也"當作"二籥為合，合者合籥之量也"。吕校本改"士"為"十"，恐非。《慧琳音義》卷八九《高僧傳》卷五音義："為籥，陽灼反。《蒼頡篇》云：'籥即五撮也。'"《名義》："龠，餘灼反。舞也，五撮也。"

龡［龡］，充垂、充睡二反。《周礼》："笙師掌教坎［吹］笙、竽、塤、籥、簫、管。"野王案：樂人以口氣吹管也。《礼記》"上丁……入學習龡"是也。今忽為吹字，在口部。①

《周禮·春官·笙師》："笙師掌教龡竽、笙、塤、籥、簫、篪、篴、管，舂牘、應、雅，以教祴樂。"《禮記·月令》："上丁命樂正入學習吹。"《名義》："龡，充睡反。吹也。"

䶵［龥］，除离反。《毛詩》："仲氏吹䶵［龥］。"傳曰："土曰壎［壎］，竹曰䶵［龥］。"《説文》："管有七孔也。"或為篪字，在竹部。②

《詩經·小雅·何人斯》："伯氏吹壎，仲氏吹篪。"毛傳："土曰壎，竹曰篪。"《説文》："龥，管樂也。从龠，虒聲。篪，龥或从竹。"小徐本作"管樂也，七孔"。《玄應音義》卷十九《佛本行集經》卷十四音義："具篪，又作䶵、竾二形，同，除離反。《説文》'管有七孔。《詩》云："仲氏吹篪。"'是也。"又卷十八《立世阿毘曇論》卷十音義："吹篪，又作䶵、竾二形，同，除離反。《説文》：'管有七孔。'《世本》：'蘇辛公作篪。'"《名義》："䶵，除離反。管有七孔也。竾也。"

---

① 《名義》："吹，齒規反。助也。"
② 《名義》："篪，除奇反。土［七］空。䶵字。"

龢，胡戈〈反〉。《說文》："龢，調也。"《字書》："龢，龤也。"野王案：此（課）[①] 謂弦管聲音之和調也。今為和字，在口部。[②]

《說文》："龢，調也。从龠，禾聲。讀與和同。"《廣雅·釋詁三》："和，諧也。"《玄應音義》卷六《妙法蓮華經》卷一音義："和鳴，胡戈反。《說文》：'音樂和調也。'謂音聲調和而鳴也。《詩》云'和鈴央央'是也。"《名義》："龢，胡戈反。調也。和也。"

龤，胡皆反。《說文》："樂和龤也。《虞書》'八音克龤'是也。"野王案：此忽謂弦管之調和也。今為諧字也，在言部。[③]

《說文》："龤，樂和龤也。从龠，皆聲。《虞書》曰：八音克龤。"《慧琳音義》卷七五《雜寶藏經》卷五音義："相諧，胡皆反。諧，和也，謂音聲調和也。《說文》：'龤，樂和。'"《名義》："龤，胡皆反。諧。樂和也，八音也。"

龥，魚斤反。《尒雅》："大龣謂之龥。"郭璞曰："龥，以竹為之，長一尺四寸，韋三寸，孔上出寸三分，横吹之。小者尺二寸也。"

《爾雅·釋樂》："大篪謂之沂。"郭璞注："篪，以竹為之，長尺四寸，圍三寸，一孔上出寸三分，名翹，横吹之，小者尺二寸。"陸德明音義："沂，悲也。或作龥，又作䇼。"《名義》："龥，臭斤反。横吹，長尺四寸，小尺二寸。"

龣，古學反。《礼記》："孟春……其音篇［龣］。"鄭玄曰："謂樂器之聲也。三分明［羽］益一以生龣，龣數六十四。属木者，以其清濁中，民之象也。春氣和則角聲調也。"又曰："龣為民，角乱則憂，其民怨也。"《白虎通》："龣者何?氣動躍〈地〉也。"《蒼頡篇》："東方音也。"今並為角字，在角部。[④]

---

① 此字原本旁注删節符號"ˇ"。"課"與"謂"形近而誤。
② 《名義》："和，胡戈反。調也，安也，諧，鈴也。"
③ 《名義》："諧，朝［胡］階反。和也，合也，調也。"
④ 《名義》："角，古兵［岳］反。試也。"

《禮記・月令》："孟春之月……其音角。"鄭玄注："謂樂器之聲也。三分羽益一以生角，角數六十四。屬木者，以其清濁中，民象也。春氣和則角聲調。"《禮記・樂記》："角為民，……角亂則憂，其民怨。"《殘卷》"羽"訛作"明"，"怨""怒"義近。《白虎通・五行》："其音角者，氣動躍也。"《殘卷》衍"地"字。《淮南子・時則》："孟春之月……其蟲鱗，其音角。"高誘注："角，木也，位在東方也。"《名義》："龣，古學反。樂器聲也。"

䶓，思條[1]反。《蒼頡萹》："䶓《韶》九成也。樂噐曰䶓也。"《字書》或簫字也。簫，叅差管也，在竹部。[2]

吕校本字頭作"䶓"。按：《殘卷》原作"[illegible]"，其右旁當為"䑕"之俗字，而非"蕭"字。《玉篇》作"䶓"。

字或作"簫"。《尚書・益稷》："簫《韶》九成，鳳皇來儀。"孔安國傳："《韶》，舜樂名。"《楚辭・大招》："謳和揚阿，趙簫倡只。"王逸注："簫，樂器也。"《説文》："簫，參差管樂，象鳳之翼。"《慧琳音義》卷二七轉録大乘基《法花音訓》："簫，蘇彫反，管也。《玉篇》：'編小管所吹。'又作箾，音山卓反，樂也。"《名義》："䶓，思條反。樂器也。簫也。參差管也。"

䶳，充尚反。《字書》古文唱。先，導也，發歌勾［句］也。〈或〉為謂［誯］字也，在言部。[3]

《殘卷》："誯，充向反。《字書》或唱字也。唱，導也，發歌句也，先也，在口部。或為䶳字，在龠部也。"《禮記・檀弓上》："婦人倡踊。"鄭玄注："倡，先也。"《説文》："唱，導也。从口，昌聲。"《禮記・樂記》："清廟之瑟，朱弦而疏越，壹倡而三歎，有遺音者矣。"鄭玄注："倡，發歌句也。"《名義》："䶳，充尚反。唱也。導也，發哥勾［句］也。"

吕校本作"先導也"。按："先""導"為兩義。上揭《殘卷》"誯"字下作"唱，

---

① 原卷作"[illegible]"，當為"條"字之訛。
② 《名義》："簫，素尭反。參差，像鳳翼也。"
③ 《名義》："誯，充向反。唱字，導也，先也，發歌（也）句也。"

導也，詃歌句也，先也”，堪為佐證。

〖冊部第一百八　　凡四字〗

冊，楚責反。《尚書》：“史乃册告。”孔安国曰：“史為册書也。”《周礼》：“凡命㑄，則冊命之。”鄭玄曰：“謂簡冊書王命也。”又曰：“太祝掌六祝之辞，文［六］曰冊祝。”鄭玄曰：“冊祝，遠罪疾也。”《說文》：“苻命也。”蔡雍《獨断》曰：“冊者，簡也。不滿百文不書扵冊。其制長二尺，豉者半之，其次一長一短兩編，下遂書起年月。凡命諸侯三公蔑［薨］及以罪免，悉以冊書也。”《廣雅》：“冊，書也。”古文為䇲［笧］字，在竹部。①（《字書》或為冊字，在冂［冊］部。）

《尚書·金縢》：“史乃冊祝。”孔安國傳：“史為冊書祝辭也。”《周禮·春官·內史》：“凡命諸侯及孤卿大夫，則策命之。”鄭玄注：“策謂以簡策書王命。”《周禮·春官·大祝》：“大祝掌六祝之辭以事鬼神示，祈福祥，求永貞。一曰順祝，二曰年祝，三曰吉祝，四曰化祝，五曰瑞祝，六曰筴祝。”鄭玄注：“筴祝，遠罪疾。”《殘卷》“六”訛作“文”，吕校本同。《說文》：“冊，符命也。諸侯進受於王也。象其札一長一短，中有二編之形。……笧，古文冊从竹。”《慧琳音義》卷八六《辯正論》卷六音義：“史册，楚革反。蔡邕《獨斷》云：‘册，簡也。’鄭注《周禮》：‘簡册謂書王命以鎮國。’册字象形也。古文三長二短，中有二編。”又卷八七《甄正論》卷上音義：“簡册，下鎗責反。《周禮》云：‘九［凡］命諸侯則册命之。’鄭玄云：‘謂簡册書王命也。’蔡邕《獨斷》：‘册者，簡也。不滿百文不書於册。其制長二尺，短者半之。其次一長一短兩編，下上篆書起年月。②凡命諸侯、三公薨及以罪免，悉以册書。’《說文》：‘符命也。諸侯進受於王，象其札一長一短，中有二編也。’”“䇲”字，吕校本作“策”。按：當作“笧”。《殘卷》“《字書》或為冊字，在冂部”當刪。《名義·冂部》未收“冊”字，“冂”為“冊”字之訛。“冊或為冊”顯然有誤。《殘卷·曰部》：“曹，楚革反。《說文》：‘曹，告也。’《字書》或冊字也。冊，冊書符命，在冊部。古文為笧字，在竹部也。”“《字書》或為冊字，在冊部”乃《曰部》“曹”下釋語。《名義》：“冊，禁［楚］責反。祝也，苻（也，）

① 《名義》：“笧，楚革反。苻命也，計也。”

② 徐時儀校注：“今傳本蔡邕《獨斷》：‘下附篆書起年月日。’”

命也，蔄也，書也。”

嗣，囚利反。《尚書》：“禹乃嗣與［興］。”孔安国曰：“嗣，継也。”《毛詩》：“嗣継我王［日］。”戔云：“嗣，續也。”又曰：“子寧不嗣音。”傳曰：“嗣，習也。”又曰：“以與［興］嗣㳚。”傳曰：“與［興］来㳚経［継徃］㳚也。”戔云：“嗣㳚，今新㳚也。”《說文》：“諸矦子曰嗣國也。”古文為孠字，在子部。①

《尚書·洪範》：“鯀則殛死，禹乃嗣興。”孔安國傳：“嗣，繼也。”《詩經·小雅·杕杜》：“王事靡盬，繼嗣我日。”鄭玄箋：“嗣，續也。”《殘卷》“嗣繼我王”（吕校本同）有訛誤。《詩經·鄭風·子衿》：“縱我不往，子寧不嗣音？”毛傳：“嗣，習也。”鄭玄箋：“嗣，續也。”陸德明音義：“嗣，如字。《韓詩》作詒。詒，寄也，曾不寄問也。”《詩經·大雅·生民》：“載燔載烈，以興嗣歲。”毛傳：“興來歲繼往歲也。”鄭玄箋：“嗣歲，今新歲也。”《殘卷》“经”蓋為“継徃”之誤，其左旁與“継”同，其右旁與“徃”近。《名義》釋作“徃也”，堪為佐證。《說文》：“嗣，諸矦嗣國也。从冊，从口，司聲。孠，古文嗣从子。”《慧琳音義》卷三七《菩提莊嚴陀羅尼經》音義：“繼嗣，下詞字反。孔注《尚書》云：‘嗣，繼也。’鄭箋《詩》云：‘嗣，續也。’《詩傳》又云：‘嗣，習也。’《說文》：‘諸侯嗣國也。從口，從冊，司聲也。’古文從子作嗣［孠］。”《名義》：“嗣，四［囚］吏反。继也，習也，徃也，国也。”

扁，補顯反。《說文》：“扁，署也。扁［户冊］，〈署〉門户之文也。”《毛詩》：“有扁斯石，履之畁兮。”傳曰：“扁扁，乗石皀也。王后乗車履石。”戔云：“將登車履石也。”野王案：扁，廣而薄，不方圎之皀也。《方言》“幓［幧］頭扁者謂之頭帶”是也。或為碥字也，在石部。②

《說文》：“扁，署也。从户，冊。户冊者，署門户之文也。”《詩經·小雅·白華》：“有扁斯石，履之卑兮。”毛傳：“扁扁，乘石貌。王乘車履石。”鄭玄箋：“王后出入之礼與王同，其行登車以履石。”《方言》卷四：“絡頭、帞頭、紗繢、鬢帶、髤帶、帑、𢃄，幧頭也。自關以西秦晉之郊曰絡頭，南楚江湘之間曰帞頭，自河以北趙

---

① 《名義》：“孠，續也，副［嗣］字。”
② 《名義》：“碥，裨顯反。”

魏之間曰幧頭，或謂之帑，或謂之㡌。其遍者謂之䰉帶，或謂之㩮帶。”周祖謨校箋：“遍，戴、盧兩家均作偏，蓋據郭注偏疊一詞校正。案原本《玉篇》‘扁’下引《方言》云：‘幧頭扁者謂之頭帶’，頭帶當為䰉帶之訛，而其遍作扁，與今本不同。”△按：“遍”蓋“匾”字之訛，“扁”與“匾”古今字。《慧琳音義》卷三五《一字頂輪王經》卷一音義：“匾㔸，上邊沔反，下體鷄反。《字統》云：‘匾㔸，不圓。’《考聲》：‘薄闊皃也。’《古今正字》云：‘匾㔸，薄闊，不圓，亦不方也。’”此與上引“野王案：扁，廣而薄不方圓之皀也”堪相佐證。《慧琳音義》卷七七《釋迦方志》卷上音義：“匾㔸，上遍沔反，下體低反。《志》從辵作遍遞，錯也。”此亦“匾”訛“遍”之一例。《玄應音義》卷十九《佛本行集經》卷二六音義：“匾㔸，補顯反，下他奚反。《纂文》云：‘匾㔸，薄也，不圓也。’”其中“匾”字即為“遍”字上加一横，兩字形近。《名義》：“扁，補顕反。署也。”

霝，力丁反。《蒼頡篇》：“霝，空也。”

《廣雅·釋詁三》：“𩂣，空也。”“𩂣”與“霝”音義同。《名義》：“霝，力丁反。空也。”

〖㗊部第一百九　　凡九字〗

㗊，壯立反。《説文》：“衆口也。”

《説文》：“㗊，衆口也。从四口。……讀若戢。又讀若呶。”《爾雅·釋器》：“釋器第六。”陸德明音義：“器，袪記反。《説文》云：‘器，皿也，飲食之器。從犬，從㗊聲也。’㗊，莊立反。‘衆口也。’”《名義》：“㗊，壯立反。衆口也。”

嚚，彦陳反。《尚書》：“父頑［頑］，母嚚，象傲也。”《左氏傳》：“口不道忠〈信〉之言曰嚚。”《説文》：“語聲也（也）。”《蒼頡篇》：“恶也。”

《字書》："頑也。"古文為嚚［𡆸］字，在吅部。①

《尚書·堯典》："岳曰：'瞽子。父頑，母嚚，象傲。克諧以孝，烝烝乂，不格姦。'"《史記·五帝本紀》："堯曰：'然，朕聞之。其何如？'嶽曰：'盲者子。父頑，母嚚，弟傲，能和以孝，烝烝治，不至姦。'"裴駰集解引孔安國曰："不至於姦惡。"《左傳·僖公二十四年》："耳不聽五聲之和爲聾，目不別五色之章爲昧，心不則德義之經爲頑，口不道忠信之言爲嚚。狄皆則之，四姦具矣。"《説文》："嚚，語聲也。从㗊，臣聲。𡆸，古文嚚。"《玄應音義》卷二《未曾有因緣經》上卷音義："頑嚚，吴鰥反，下魚巾反。《廣雅》云：'頑，鈍也。'《蒼頡篇》：'嚚，惡也。'《左傳》云：'心不則德義之經為頑，口不道忠信之言為嚚也。'"《慧琳音義》卷二四《金剛髻珠菩薩修行分經》音義："頑嚚，上瓦開［関］反，下魚斤反。《廣雅》：'頑，鈍也。'《考聲》：'愚也。'《左傳》曰：'心不則德義之經為頑，口不道忠信之言為嚚。'《蒼頡篇》：'嚚，惡也。'《説文》：'從頁，元聲。''嚚，從㗊，臣聲。'"又卷九五《弘明集》卷一音義："頑嚚，下魚巾反。《左傳》云：'口不道忠信之言曰嚚也。'《蒼頡篇》：'嚚，惡也。'《字書》：'嚚亦頑也。'《説文》：'語聲也。從㗊，巨［臣］聲。'㗊音壯立反。"《名義》："嚚，彦陳反。思［愚］也，顔［頑］也，西［恶］也。"

囂，許高、五高二反。《周礼》："司號［虣］掌桊［禁］其鬪囂。"鄭玄曰："囂，護［讙］也。"野王案：護［讙］囂猶喧訨［譁］也。《左氏傳》"左［在］陳而囂""秋［湫］盜［隘］囂塵"是也。《毛詩》："選徒囂囂。"傳曰："囂囂，聲也。"又曰："讒口囂囂。"戔云："囂囂，衆多皀也。"又曰："聽我囂囂。"傳曰："囂囂，猶嗷嗷也。"《尔雅》："囂，閑也。"郭璞曰："囂然，閑皀也。"《孟子》："湯使人娉，伊君［尹］囂囂然曰：'我何以湯之滿［幣］為㦲！'"劉熙曰："氣充自得之皀也。"《説文》："氣生頭上也。"《廣雅》："囂囂，客［容］也。"或為貫字也，在吅部。②

《周禮·地官·司虣》："司虣掌憲市之禁令，禁其鬭囂者與其虣亂者、出入相陵犯者、

① 《殘卷》："𡆸，臭巾反。《説文》古文嚚字也。嚚，頑也，語聲也，在㗊部。"《名義》："𡆸，臭巾反。嚚。頑也。"

② 《殘卷》："貫，許驕反。《説文》囂字也。聲也，嚾［嚾］也，在㗊部。《聲類》或復為嘼［嗔］字，在口部。"《名義》："貫，許驕反。𠱥字。讙也。"

以屬遊飲食于市者。”鄭玄注：“嚻，讙也。”《殘卷》“虢”訛作“號”（吕校本同）。《慧琳音義》卷七二《阿毘達磨顯宗論》卷一音義：“囂謗，上虚嬌反。顧野王云：‘囂猶喧［諠］譁也。’鄭箋《詩》云：‘囂，衆多皃也。’《説文》云：‘氣出頭上也。從頁㗊聲。’㗊音戢。”又卷四六《阿毘達磨界身足論》上卷音義：“嚻舉，上希驕反。鄭注《周禮》云：‘嚻，讙也。’顧野王云：‘嚻猶諠譁也。’《尒雅》云：‘閑也。’《説文》：‘聲也，器出頭上也。從㗊，從頁。’”《殘卷》“詿”（吕校本同）當作“譁”。《左傳·成公十六年》：“在陳而嚻，合而加嚻，各顧其後，莫有鬬心。”杜預注：“嚻，喧嘩也。”陸德明音義：“嚻，許驕反，徐讀曰嗷，五高反。注及後同。喧，本又作諠，況元反。嘩，本又作譁，音華。”《殘卷》“五高反”即為“嗷”字之音。《左傳·昭公三年》：“初，景公欲更晏子之宅，曰：‘子之宅近市，湫隘嚻塵，不可以居。’”杜預注：“嚻，聲。”陸德明音義：“嚻，許驕反，一音五高反。”《詩經·小雅·車攻》：“之子于苗，選徒嚻嚻。”毛傳：“嚻嚻，聲也。”《詩經·小雅·十月之交》：“無罪無辜，讒口嚻嚻。”鄭玄箋：“嚻嚻，衆多貌。”陸德明音義：“嚻，五刀反。《韓詩》作‘嗸嗸’。”《詩經·大雅·板》：“我即爾謀，聽我嚻嚻。”毛傳：“嚻嚻，猶謷謷也。”《爾雅·釋言》：“囂，閑也。”郭璞注：“囂然，閑暇貌。”吕校本引《孟子》作“湯使人聘伊君”，誤。《孟子·萬章上》：“湯使人以幣聘之，囂囂然曰：‘我何以湯之聘幣為哉！’”趙岐注：“囂囂然，自得之志，無欲之貌也。”《殘卷》“聘”作“娉”，猶“職”或作“軄”。《説文》：“囂，聲也。气出頭上。从㗊，从頁。頁，首也。嚣，囂或省。”《廣雅·釋訓》：“囂囂，虚也。”“虚”與“客”字形迥異，似無緣相混。疑“客”為“容”字之訛（吕校本徑改作“容”）。“虚”與“容”義相因。《慧琳音義》卷十七《大乘顯識經》卷上音義：“讙嚻，下香妖反。《毛詩傳》曰：‘嚻嚻，聲也，衆多皃也。’《廣雅》：‘嚻嚻，容也。’《説文》：‘器出頭也。從頁，㗊聲。’”字正作“容”。今《廣雅·釋訓》“容也”條當補“囂囂”。《名義》：“囂，許朝反。難也，喧也，譁也，閑也。”

𡅿[1]，莫［荒］旦反。《説文》：“𡅿，呼也。”野王案：謂呼𠮛徵速也。《聲類》或為嘆［嚾］字，在口部。[2]

《説文》：“𡅿，呼也。从㗊，莧聲。讀若讙。”《慧琳音義》卷五四《舍頭諫經》音義：“嚾猶，又作𠹋［𡅿］、唤二形，同，呼灌反。《聲類》：‘𠹋［𡅿］，呼召也。’

① 此字《殘卷》原“從㗊從莫”（上中下結構）。
② 《名義》：“嚾，荒旦反。召呼也。”

《通俗文》：‘大呼〈曰〉嚾也。’”

《玉篇》：“嚣，荒旦切。呼也。或唤字。”又：“嚻，荒貫切，呼也，與唤同。”《殘卷·㗊部》只收“嚻”字，未見“嚣”字，《玉篇》分為二字。按：本當作一字。《殘卷》：“讙，虛園反，呼丸反。……《聲類》以為亦䜌［嚻］字也。野王案：䜌［嚻］，呼名［召］也。音荒旦反，在䜌［㗊］部。”《玄應音義》卷七《正法華經》卷八音義：“嚾呼，又作䜌［䜌］、唤二形，同，呼換反。唤，叫呼也。”又卷十三《舍頭諫經》音義：“嚾猶，又作䜌［䜌］、唤二形，同，呼灌反。《通俗文》：‘大呼曰嚾也。’”又卷二十《佛本行讚經》卷三音義：“吼嚾［嚾］，又作䜌［䜌］，同，荒幔反。《聲類》：‘嚾，呼也。’今作唤。”黄仁瑄校注於此三處，僅於“䜌”下出異文“䜌”，均未予以校正。《名義》：“嚻，荒旦反。呼也，唤也，嚾。”

吕校本“嗼”字改作“唤”。按：《名義·口部》收“嚾”字，且“嚻”字下以“唤也”為釋義，以“嚾”溝通字形。

㗏，思唐反。《字書》古文䘮字也。䘮，亾也，在吅部。[①]

《殘卷》：“䘮，思唐反。《毛詩》：‘受福不䘮。’傳曰：‘䘮，〈亾〉也。’《白虎通》：‘䘮之言亡也，死謂之䘮，言其䘮亡不可復得〈見〉也。生者喪痛之，忽稱曰䘮。《孔［礼］》甲［曰］：“䘮〈服〉。斯［斬］衰裳……”《易》曰：“不封不樹，䘮期无數。”《孝經》：“之䘮親，是施生者也。”’野王案：居服中為䘮也。《礼記》‘生則養，死則䘮，䘮畢則祭’‘居䘮讀䘮礼，䘮（䘮礼）復常讀樂章’是也。又音思浪反。《尚書》：‘百姓如䘮考妣。’野王案：䘮忽喪也。《礼記》‘子上之母死而不䘮’是也。又曰：‘玩人喪德，玩物䘮志。’野王案：喪猶失正［亡］也。《國語》‘喪南國之師’、《礼記》‘子夏䘮其子而䘮其明’是也。《礼記》：‘秦穆公即［弔］公子重耳，月［曰］：“䘮上［亦］不可久也。”’鄭玄曰：‘䘮謂亡失位者也。’古文為㗏字，在㗊部。”《名義》：“㗏，思堂反。喪字。亡也。”

嘂，布［古］即［弔］反。《周礼》：“雞人掌呼旦以嘂百官。”鄭玄曰：“以驚起百官，使畢［早］與［興］也。”又曰：“銜枚［枚］掌禁［禁］嘂呼。”野王案：嘂忽呼也。《說文》：“高聲也。一曰：大呼也。《春秋公羊傳》曰‘魯〈昭〉公

① 《名義》：“喪，思唐反。亡也。”

䚯然而哭’是〈也〉。”《尔雅》：“大壎［壎］謂之䚯也。”或為噭字，或為叫字，並在口部。[①]或為訆字，在言部。[②]

《殘卷》“早與”當作“早興”。《周禮·春官·雞人》：“雞人掌共雞牲，辨其物，大祭祀，夜嘑旦以䚯百官。”鄭玄注：“呼旦以警起百官，使夙興。”“夙興”與“早興”義同。《周禮·秋官·銜枚氏》：“銜枚氏掌司囂……禁䚯呼歎嗚於國中者。”《慧琳音義》卷二四《信力入印法門經》卷五音義：“噭喚，上古吊反。顧野王云：‘噭，呼也。’《説文》：‘吼也。從口，敫聲。’”《説文》：“䚯，高聲也。一曰：大呼也。从㗊，丩聲。《春秋公羊傳》曰：魯昭公叫然而哭。”吕校本“壎”改作“塤”，蓋據今本《爾雅》。“壎”當作“壎”，“壎”“塤”音義同。《玉篇》：“壎，吁園切。樂器也，燒土為之，形如鴈卵，上有六孔。塤，同上。”《名義》：“䚯，古弔反。呼也。叫也。訆也。”

器，袪冀反。《周礼》：“司［閭］体［供］祭器，扶［族］供喪器，黨供射器，羽［州］供賔器，卿［鄉］供吉凶礼樂之器也。”野王案：《説文》：“器四日［皿曰］器也。”《史記》“舜作竹［什］器於壽丘”“木器……千鈞，素木〈鐵〉器……千石”是。又曰：“四命受器。”鄭衆曰：“始受祭器為上大夫也。”《左氏傳》：“戰之器也。”杜預曰：“器猶用也。”《礼記》：“百工各以其器食之。”鄭玄曰：“器，能也。”

《周禮·地官·鄉師》：“閭共祭器，族共喪器，黨共射器，州共賔器，鄉共吉凶礼樂之器。”《説文》：“器，皿也。象器之口，犬，所以守之。”《史記·五帝本紀》：“舜……作什器於壽丘。”《史記·貨殖列傳》：“木器髤者千枚，銅器千鈞，素木鐵器若卮茜千石。”《殘卷》有省略。《周禮·春官·大宗伯》：“大宗伯……以九儀之命正邦國之位，……四命受器。”鄭玄注引鄭衆云：“受祭器爲上大夫。”《左傳·成公十六年》：“德、刑、詳、義、禮、信，戰之器也。”杜預注：“器猶用也。”《禮記·王制》：“瘖、聾、跛、躃、斷者、侏儒，百工各以其器食之。”鄭玄注：“器，能也。”《名義》：“器，袪冀反。皿也，用也，能也。”

① 《名義》：“噭，古弔反。鳥［鳴］也，呼也，孔［吼］也，空也。”又：“叫，古弔反。呼也。”
② 《名義》：“訆，公弔反。妄言也，叫也。”

嚚，《字書》忽器字也。

《新撰字鏡》："嚚，祛［祛］冀反。皿也，用也，能也。器，正作。"

噩，魚各反。《聲類》古文咢字也。咢，驚也，直言也，在吅部。①

《殘卷》："咢，魚各反。《周礼》：'占夢所掌六䠓［夢］，二曰咢䠓［夢］。'杜子春曰：'謂敬［驚］咢也。'《毛詩》：'或歌或咢。'傳曰：'徒歌曰咢也。'《尓雅》：'徒擊鼓謂之咢（咢）。'《荘子》：'所以咢人。'野王案：咢然直言也。《大戴礼》'出言以咢咢'是也。《淮南》：'下無垠咢之門。'許𥻦重曰：'无垠咢，无形兆端之皀也。'《説文》：'諤，訟也。'《字書》或為諤字，在言部。或為顎字，在頁部。或為愕字，在心部。古文為噩字，在㗊部。《廣蒼》以圡有垠坎為堮［壥］字也，在圡部。"《慧琳音義》卷三四《採蓮違王上佛受決號妙華經》音義："㦍然，上五各反。《字書》：'咢，驚也。'《説文》：'從心，咢【音與上同】聲也。'""咢"即"咢"之本字。《名義》："噩，㚇各反。咢字。驚也。"

〖只部第一百十　　凡二字〗

只，諸移、之尒二反。《毛詩》："樂只君子。"戔云："只之言是也。"《左氏傳》："歸晋之德只。"杜預曰："只，詞也。"《説文》："語之［已］詞也。"

《詩經·小雅·采菽》："樂只君子，天子命之。"鄭玄箋："只之言是也。"《左傳·襄公二十七年》："叔向謂趙孟曰：'諸侯歸晉之德只，非歸其尸盟也。"杜預注："只，辭。"《説文》："只，語已詞也。从口，象气下引之形。《名義》："只，諸移反。詞也，語也。"

𠹗，呼丁反。《説文》："𠹗，聲也。"野王案：今謂如此為如𠹗是也。

---

① 《名義》："咢，京［㚇］各反。譁訟也。或愕也。"

《説文》："㘈，聲也。从只、甹聲。讀若聲。""讀若聲"似當作"讀若馨"。戴侗《六書故》卷十一："㘈，呼形切。《説文》曰：'聲也。讀若馨。'按：吴越語寧馨猶言如許生，許生之合為馨，晉人借用馨字。"《名義》："㘈，呼丁反。聲也。"

〖 㕯部第一百十一　　凡六字 〗

㕯，奴没、如劧二反。《説文》："言之内［訥］也。"《埤蒼》："下聲也。"野王案：《礼記》"其言㕯㕯然，如不能出其口"是也。今忽為吶字，在口部。[①]

《説文》："㕯，言之訥也。从口，从內。"《玉篇》："㕯，奴沒切，又女滑、如劣二切，下聲也，言不出口也。"《禮記·檀弓下》："其言吶吶然，如不出諸其口。""吶"與"㕯"音義同。《名義》："㕯，奴沒反。訥也，不出口也。"

矞[②]，有出、視出二反。《説文》："以錐有所穷［穿］也。一曰：滿也。"《左氏傳》有"范至［巫］矞似"。又音况出反。《礼記》："鳳以為畜，故鳥不矞。"鄭玄曰："矞，飛皀也。"《埤蒼》為翍字也，在羽部。[③]

《説文》："矞，以錐有所穿也。从矛，从㕯。一曰：滿有所出也。"《廣韻·術韻》："矞，《説文》云：'以錐有所穿也。一曰：滿也。'"所引《説文》作"滿也"，與《殘卷》《名義》同。"有所出"蓋受《殘卷》"有出"反、"有所穿"影響而誤衍。《左傳·文公十年》："初楚范巫矞似謂成王與子玉、子西曰：'三君皆將強死。'"杜預注："矞似，范邑之巫。"《禮記·禮運》："鳳以為畜，故鳥不獝。"鄭玄注："獝狘，飛走之貌也。"陸德明音義："矞，字又作獝，况必反。"《名義》："矞，有出反。滿。"

商，舒羊反。《周易》："兊商［商兑］未寧。"王弼曰："商，商量裁制之謂也。"《説

① 《名義》："吶，奴骨反。遅鈍也。"
② 此字《殘卷》原作"**𢆶**"。
③ 《名義》："翍，呼出反。飛去皃。"

文》："以外知内也。"《廣雅》："商，度也。""商，常也。"《礼詋[記]》："孟秋……其音商。"鄭玄曰："三分徵〈益〉一以生商。商數七十二，属金者，以其濁次官［宫］，臣之象也。秋氣和則商聲調也。"又曰："商者，張也，降也，陰氣開張，陽氣降也。"《楚辞》："商風肅而宫之［生］。"王逸曰："商風，西風也。"《漢書》："西則有商中。"如淳曰："適［商］遀也。"《謚法》："昭切寍民曰商。仁見中外曰商。"商賈之商為賣字，在貝部。

《周易·兑》："九四，商兑未寧，介疾有喜。"王弼注："商，商量裁制之謂也。"《説文》："商，从外知内也。从㕯，章省聲。"《廣雅·釋詁一》："商，度也。"又："商，常也。"《禮記·月令》："孟秋之月……其音商。"鄭玄注："三分徵益一以生商。商數七十二。屬金者，以其濁次宫，臣之象也。秋氣和則商聲調。"《白虎通·禮樂》："商者，張也，陰氣開張，陽氣始降也。"《殘卷》誤以為《禮記》。《楚辭·七諫·沈江》："商風肅而害生兮，百草育而不長。"王逸注："商風，西風。"《漢書·郊祀志下》："其西則有商中。"顔師古注引如淳曰："商中，商庭也。"吕校本引《漢書》如淳注作"適遀也"，誤。《史記正義》附論例謚法解："昭功寧民，商。"《慧琳音義》卷八二《大唐西域記》卷二音義："商榷，上賞羊反。王弼注《周易》云：'商，量也。'《謚法》曰：'仁見中外曰商。'《説文》：'以外知内也。從冏［㕯］【冏［㕯］音女滑反】，從章省聲也。'"《名義》："商，舒羊反。度也，常也，張也，降也，遀也。"

䐢，《説文》籒文商（商）字也。

《説文》："商，从外知内也。从㕯，章省聲。……䐢，籒文商。"

𧶜，《説文》古文商字也。

《説文》："商，从外知内也。从㕯，章省聲。𧶜，古文商。"

𠷎，《説文》忽古文商字也。

《説文》："商，从外知內也。从㕯，章省聲。……𠅩，亦古文商。"

〖欠部第一百十二　　凡一百三字〗

欠，丘釰反。《儀袛［礼］》："君子欠伸。"鄭玄曰："志倦則欠，軆倦則伸。"《説文》："張口氣悟也。"

《殘卷》"釰"同"劒"，即"劍"字。

《儀禮·士相見禮》："凡侍坐於君子，君子欠伸，問日之早晏，以食具告。"鄭玄注："志倦則欠，體倦則伸。"《説文》："欠，張口气悟也。象气从人上出之形。"《慧琳音義》卷一《大般若波羅蜜多經》卷三六音義："欠㰦，音去。《桂苑珠叢》云：'引氣而張口曰欠㰦。'《釋［説］文》：'張口氣牾也。象氣從人上出之形。從欠，去聲也。'牾音悟。""牾""悟"音義同。《名義》："欠，丘劔反。張口氣悟。"《新撰字鏡》："欠，古［苦］懴反。闕也。"

𣀈，力丸反。《説文》："不［欠］皇［皀］也。"《字書》："一曰：不解理也。"

《説文》："𣀈，欠皃。从欠，䜌聲。"王仁昫《刊謬補缺切韻·寒韻》（P.2011）："𣀈，迷惑不解理。一曰：欠皃。"《名義》："𣀈，力丸反。一曰：不鮮理也。"《新撰字鏡》："𣀈，落官反，平。迷惑不鮮理也，欠皀。"

欽，去金反。《尚書》："放勛欽明。"孔安国曰："欽，敬也。"《毛詩》："皷鍾欽欽。"傳曰："言使人欽樂進也。"又曰："憂心欽欽。"傳曰："思望〈之〉中心欽欽然也。"《尓雅》："欽欽，憂也。"郭璞曰："謂賢人歌事以啄［咏］心憂也。"《説文》："欠皀也。"《廣雅》："欽欽，聲也。"《謚法》："威儀俻悉曰欽。欽［敬］恭［事］莭用曰欽。"

《尚書·堯典》："曰放勳欽明文思安安。"孔安國傳："欽，敬也。"陸德明音義："威儀表備謂之欽。”孔穎達疏引鄭玄云：“敬事節用謂之欽。”“表”當為“悉”字之訛。《玄應音義》卷二十《阿毗達磨俱舍論》卷二三音義：“欽重，去金反。欽，敬也。《謚法》曰：‘威儀備悉曰欽。’”《史記正義》附論例謚法解：“威儀悉備，欽。”《詩經·小雅·鼓鍾》：“鼓鍾欽欽，鼓瑟鼓琴。”毛傳：“欽欽，言使人樂進也。”《詩經·秦風·晨風》：“未見君子，憂心欽欽。”毛傳：“思望之心中欽欽然。”《爾雅·釋訓》：“殷殷、惸惸、忉忉、慱慱、欽欽、京京、忡忡、惙惙、怲怲、弈弈，憂也。”郭璞注：“此皆作者歌事以詠心憂。”《說文》：“欽，欠皃。从欠，金聲。”《廣雅·釋訓》：“欽欽，聲也。”《名義》：“欽，去金反。敬也，憂也。”《新撰字鏡》：“欽，太［去］林反，又去金反，平。敬也，慎也。”

欨，呼娱、呼禹二反。《說文》：“欨，欠［吹］也。一曰：笑意也。”《廣雅》：“欨，炊［歔］也。”

《說文》：“欨，吹也。一曰：笑意。从欠，句聲。”《殘卷》：“歔，呼字反。《埤蒼》：‘欨歔，義［笑］意也。’”《文選·嵇康〈琴賦〉》：“其康樂者聞之，則欨愉懽釋，抃舞踊溢。”李善注：“《說文》曰：‘欨，笑貌也。’”《廣雅·釋言》：“欨，歔也。”“炊”蓋“歔”字之訛。《慧琳音義》卷八六《辯正論》卷六音義：“吹欨，下況于反。《玉篇》云：‘吒也，吹也。’《說文》：‘從欠，句聲。’”《名義》：“欨，呼娱反。欠也，咲意也。”《名義》“欠也”當作“吹也”。“欨”或作“呴”。《玉篇》：“呴，呼俱、呼具二切。呴亦嘘，吹之也。《老子》曰：‘或呴或吹。’”《新撰字鏡》：“欨、欨，二形作，況羽反，吹也。”

歑，虖胡反。《說文》：“温吹也。”《聲類》：“出氣息也。”《字書》或呼字也。野王案：氣息出曰呼，入曰吸也，在口部。[1] 訓温吹忽与嘘字同，謂緩氣張口吹也，忽在口部。[2]

① 《名義》：“呼，火胡反。息出曰呼也。”《玄應音義》卷七《伅真陁羅所問經》音義：“自呼，火胡反。謂氣息出曰呼。”

② 《名義》：“嘘，熙居反。吹嘘也。”《玉篇》：“嘘，香居切，吹嘘。《聲類》曰：‘出氣急曰吹，緩曰嘘。’”

《說文》："歑，温吹也。从欠，虖聲。"《玉篇》："歑，虎胡切，出氣息也，出曰歑，入曰哈。或呼字。""哈"疑當作"噏"，"噏"與"吸"同。《名義》："歑，虖胡反。温吹也。"《新撰字鏡》："歑，虖胡反。温吹也，出氣㿝。呼字。"

䎿，呼麦、扵陸二反。《說文》："吹氣也。"《字書》亦啯字也。啯，聲也，在口部。[①]

《說文》："䎿，吹气也。从欠，或聲。"王仁昫《刊謬補缺切韻·燭韻》（P.2011）："䎿，吹氣。"又《屋韻》："郁，於六反。……啯，聲。又呼麥反。或作䎿。"《名義》："䎿，扵陸反。吹氣也。"《新撰字鏡》："䎿，呼麦、扵陸二反。吹氣也。啯字。"

歟，与放［扵］反。《說文》："安氣也。"野王〈案〉：亦語未［末］之辞也。《孝經》"是何言歟"、《論語》"抑与之歟"是〈也〉。

《說文》："歟，安气也。从欠，與聲。"《廣韻·魚韻》："歟，《說文》云：'安气也。'又語末之辞。亦作與。"《孝經·諫諍》："子曰：'是何言與！是何言與！'"《論語·學而》："求之與？抑與之與？"《名義》："歟，与扵反。安氣也。"《新撰字鏡》："𣣱、歟，二形作，与魚反。安氣也。"

欯，太［火］一反。《說文》："欯欯，書［喜］也。"《廣雅》："欯欯，吉［喜］也。"

《說文》："欯，喜也。从欠，吉聲。"《廣雅·釋詁一》："欯，喜也。"《廣雅·釋訓》："欯欯，喜也。"《文選·宋玉〈登徒子好色賦〉》："嫣然一笑，惑陽城，迷下蔡。"李善注引《廣雅》曰："嘕嘕、欯欯，喜也。"《殘卷》"書也""吉也"皆當為"喜也"之誤。《名義》："欯，火一反。憙也。""憙"同"喜"。吕校本引《廣雅》作"吉也"，誤。《新撰字鏡》："欯，許吉反，入。笑也，喜也。"

---

① 《名義》："啯，呼麦反。聲也。"《方言》卷十三："啯，聲也。"

歑[①]**，子合、子陸二反。《説文》：“鳴［嗚］歑也。”野王案：口相鳴［嗚］之聲也。或為噈字，在口部。**[②]**又音徂感反。《左氏傳》：“響［饗］有昌歜、白、黑、形塩。”杜預曰：“蒲葅也。”鮓［魿］名歑，《説文》為臭［魿］字，在臭部。**[③]

《説文》：“歑，𩗑歑也。从欠，鼀聲。噈，俗歑从口，从就。”吕校本引“野王案”作“口相嗚之聲也”。按：“鳴”當作“嗚”。《左傳·僖公三十年》：“冬，王使周公閱來聘，饗有昌歜、白、黑、形鹽。”杜預注：“昌歜，昌蒲葅。”陸德明音義：“歜，在感反。”“在感反”與《殘卷》“徂感反”音同。“歜”或作“歑”（《集韻·感韻》），《殘卷》蓋誤“歑”為“歑”。吕校本録作“鮓名歑，《説文》為魚［鮺］字”，非。《名義》：“歑，子合反。噈字。魿也。”吕氏校釋：“魿為鮓之誤。《殘卷》作‘鮓名（之）歑，《説文》為魚［鮺］字，在《魚部》’。”△按：此説非。《説文》：“鮺，藏魚也。南方謂之魿，北方謂之鮺。”又：“魿，鮺也。一曰：大魚爲鮺，小魚爲魿。”《殘卷》“鮓”當為“魿”字之誤。王仁昫《刊謬補缺切韻·感韻》（P.2011）：“歜，徂感反。昌蒲葅。……魿，大［小］魚。又才枕反。”《廣韻·感韻》：“歜，菖蒲葅。徂感切。……魿，大［小］魚。”《集韻·感韻》：“鰺，《博雅》：‘鮺也。’或省。”音“徂感切”，與《殘卷》所載“歑”之又音合。“鮓”與“鮺”音義同。《集韻·馬韻》：“鮺，側下切。《説文》：‘藏魚也。南方謂之魿，北方謂之鮺。’或作……鮓。”《新撰字鏡》：“歑，子合、千六二反。噈字，嗚。”

歙，欣業反。《漢書》：“歙肩累之［足］。”《説文》：“翕氣也。”

《漢書·吴王濞傳》：“脅肩絫足，猶懼不見釋。”顔師古注：“脅，翕也，謂歙之也。”《説文》：“歙，翕气也。从欠，脅聲。”《名義》：“歙，欣業反。翕氣也。”《新撰字鏡》：“歙，欣業反。肩累足也，翕氣也。”

歂，視專、視宛［兖］二反。《説文》：“口氣引也。”《左氏傳》有歂孫［孫］為公右，鄭有駟歂嗣子大状［㺃］為政也。

① 《殘卷》此字作“歑”，吕校本作“歑”。
② 《名義》：“噈，子陸反。嗚也。”
③ 《名義》：“魿，才咸［感］反。小臭。”

吕校本反切録作“視專、視宛二反”。按：所謂“宛”字本作“𡖑”，當是“兖”字。《名義·目録》“毳”字音“而兖反”，“兖”字即作“𡖑”。

《説文》：“歂，口气引也。从欠，耑聲。讀若車輇。”《慧琳音義》卷九九《廣弘明集》卷二六音義：“遄彼，殊縁反。《毛詩傳》云：‘遄，疾也。’《爾雅》：‘速也。’《説文》：‘從辵，耑聲。’《集》從欠作歂，音同上。《説文》謂口氣引也。”《廣韻·仙韻》：“歂，《字林》云：‘口氣引也。’”《左傳·莊公十一年》：“公右歂孫生搏之。”陸德明音義：“歂，市專反。”《左傳·定公八年》：“鄭駟歂嗣子大叔爲政。”杜預注：“歂，駟乞子子然也。”陸德明音義：“歂，市專反。”《名義》：“歂，視專反。口氣引也。”《新撰字鏡》：“歂，視專反。口氣吲也。”

歕，普悶反。《穆天子傳》：“皇之池，其馬歕沙；皇之澡［澤］，其馬歕王［玉］。”郭璞曰：“鄭［歕］，𩑉也。”《説文》：“吹氣也。”《廣雅》：“歕，吐也。”“歕，㴽也。”野王案：口含物而歕散之也。《𦫳子》“唾歕者，大者如珠，小者如霰”是也。今為噴字也，在口部。[1]

《穆天子傳·古文》：“黄之池，其馬歕沙，皇人威儀；黄之澤，其馬歕玉，皇人受［壽］穀。”郭璞注：“歕，𩑉也。”《説文》：“歕，吹气也。从欠，賁聲。”《廣雅·釋詁四》：“歕，吐也。”《廣雅·釋言》：“歕，㴽也。”《玄應音義》卷十九《佛本行集經》卷二十音義：“灑歕，又作噴，同。普孫反。《説文》：‘吹氣也。’《廣雅》：‘歕，吐也。’‘歕，㴽也。’謂含物而歕散之。今亦爲噴，普遜反。《説文》：‘鼓鼻也。’《廣雅》：‘噴，嚏也。’《蒼頡篇》：‘噴，吒也。’”《慧琳音義》卷三一《大灌頂經》卷一音義：“噴灑，上普悶反。《廣雅》云：‘噴，吐也。’吹㴽吐物為噴也。顧野王云；口含物而噴散之也。《語［説］文》：‘吹氣也，從口賁聲。’或作歕也。”王仁昫《刊謬補缺切韻·慁韻》（P.2011）：“噴，普悶反。吐氣。亦作歕。”吕校本引《莊子》作“小者如霰”，非。《莊子·秋水》：“子不見夫唾者乎？噴則大者如珠，小者如霧。”“霿”“霧”音義同。《名義》：“歕，普悶反。吐也，㴽也。噴也。”《新撰字鏡》：“歕，匹屯反，平。吐也，吹氣。噴字。”

欯，居乞反。《説文》：“乞［欯］，辛也。一曰：口不便也。”《聲類》亦吃字，

---

① 《名義》：“噴，普寸反。吒也，嚏也。”

在口部。①

《説文》："钦，㚁也。从欠，气聲。一曰：口不便言。"《玄應音義》卷一《大威德陁羅尼經》卷十五音義："謇吃，下又作欯，同，居乞反。《通俗文》：'言不通利謂之謇吃。'《易》云：'謇，難也。'《聲類》云：'吃，重言也。'"《名義》："欯，居乞反。幸也。"按："㚁""辛""㚁"均同"幸"。《新撰字鏡》："欯，居乞反。幸也，口不信［便］言也。吃字。"

歇，虚謁反。《左氏傳》："憂未歇也。"杜預曰："歇，盡也。"野王案：歇，臭味消散也。《楚辞》"芳以歇而不比"是也。《儀礼》："歇［毼］豆兩，其實蔡［葵］葅。"鄭玄曰："歇，白也。"《尓雅》："歇，竭也。"《方言》："歇，涸也。"《説文》："歇，息也。一曰：氣越泄也。"《蒼頡篇》："歇，情也。"

《左傳·宣公十二年》："公曰：'得臣猶在，憂未歇也。'"杜預注："歇，盡也。"《楚辭·九章·悲回風》："薠蘅槁而節離兮，芳以歇而不比。"王逸注："志意已盡，知慮闕也。"疑"野王案：歇，臭味消散也"當在"氣越泄也"之下。《説文》："歇，息也。一曰：气越泄。从欠，曷聲。"《玉篇》："歇，虚謁切。竭也，臭味消息散也。"實當作"歇，虚謁切。竭也，息也，臭味消散也"。《儀禮·士喪禮》："東方之饌：兩瓦甒，其實醴、酒；角觶、木柶；毼豆兩，其實葵菹芋、蠃醢；兩籩無縢，布巾，其實栗，不擇；脯四脡。"鄭玄注："毼，白也。"陸德明音義："毼，苦瞎反。"則此本非歇字。"毼豆"或作"楬豆"。《禮記·明堂位》："俎……夏后氏以楬豆，殷玉豆，周獻豆。"鄭玄注："楬，無異物之飾也。"《殘卷》蓋據誤本《儀禮》。吕校本引《爾雅》作"歇，蝎也"，"蝎"當作"竭"。《殘卷》作"竭"，本為"竭"字。《爾雅·釋詁下》："揮、盝、歇、涸，竭也。"《方言》卷十二："歇，涸也。"《名義》："歇，虚竭反。書［盡］也，白也，竭，涸也，息，清也。"《殘卷》"情也"，《名義》作"清也"。按：似以作"清"為長。《方言》卷十："泄，歇也。"《資治通鑒·漢紀三十》："乃以從事，前後相乘，憒眊不渫。"胡三省注："渫，清也。""渫"與"泄"同。"泄"有歇義，又有清義，與"歇"有清義正同。《新撰字鏡》："歇，呼曷反。歇，怒之聲也，竭也，盡也，涸也，息也，清也。"

---

① 《名義》："吃，居乞反。語難也，重言也。"

歡，呼官反。《尚書》："公切肅，將秪［祇］歡。"孔安国〈曰："樂〉也。"或為懽字，在心部。[①]

吕校本引《尚書》作"公功肅衍祇歡。孔安國：也或為懽字，在心部"，令人不知所云。《尚書·洛誥》："公定，予往已。公功肅，將祇歡。"孔安國傳："公留以安定我，我從公言，往至洛邑已矣，公功以進大，天下咸敬樂公功。"《殘卷》"秪"字"禾"旁為"礻"為之訛，"玄"為"氐"之俗寫，故當即"祇"字，而非"衹"字。《殘卷》引孔安國傳脫"樂"字，依《殘卷》體例，"孔安國"後當有"曰"字，故補"曰樂"二字。"或為某字，在某部"為顧野王溝通異體關係常見的表述。《説文》："歡，喜樂也。从欠，雚聲。"《名義》："歡，呼官反。樂也。懽，古文。"《新撰字鏡》："歡，呼官反。樂也。懽字。"

欪［蚩欠］，充之反。《説文》：'欪欪［蚩欠蚩欠］，戲咲皇［皀］也。'今為蚩字，在虫部。[②]

《説文》："蚩欠，蚩欠蚩欠，戲笑皃。从欠，㞢聲。"《名義》："蚩欠，充之反。詞也，无漸也，相共嗤也。"吕氏校釋："《殘卷》作'《説文》："蚩欠蚩欠，戲笑皃也。"今為蚩字，在《虫部》'。《名義》未詳。"△按：此為《名義》誤以"欪"為"蚩欠"。《殘卷》"蚩欠"字作"蚩欠"，訛，[③]吕校本即録作"欪"。《名義》："欪，火八反。無漸［慚］也，訶也，詞也。"《殘卷》："欪，五［丑］出、大［火］八二反。《説文》：'蚰［咄］欪，无漸［慚］也，一曰：无腸音［意］也。'《蒼頡萹》：'訶也。'"《説文》："欪，咄欪[④]，無慙。一曰：無腸意。从欠、出聲。"據此，《名義》"詞也，無漸也"當作"訶也，無慚也"。"欪"字或作"咄"。《慧琳音義》卷九四《續高僧傳》卷十七音義："咄哉，上敦骨反。《字書》云：'咄，叱也。'《蒼頡篇》云：'訶也。'《説文》云：'咄猶相謂也。從口，出聲。'"

《新撰字鏡》："蚩欠，充之反。蚩字。"

---

① 《名義》："懽，呼官反。喜悦也，教也，歡也。"
② 《名義》："蚩，充之反。輕也，乱也。騃也。"
③ 《箋注本切韻·之韻》："欪，喜笑。"關長龍校："'欪'字《箋七》《王二》同，《廣韻》《集韻》作'蚩欠'形，合於《説文》，底卷俗訛，玆據校改。"
④ "咄"，從口出聲，"欪"從欠出聲。從口、從欠於義相通。疑"咄"為旁注字羼入正文。

欣，虛殷反。《國語》："欣戴武王。"賈逵曰："欣，樂也。"《毛詩》："盲酒欣欣。"傳曰："欣欣，樂也。"《説文》："茂［笑］皇［皀］也。"《廣雅》："欣欣，喜也。"忩与訢字同，在言部。①

《國語·周語上》："庶民弗忍，欣戴武王，以致戎于商牧。"《詩經·大雅·鳧鷖》："旨酒欣欣，燔炙芬芬。"毛傳："欣欣然樂也。"《説文》："欣，笑喜也。"《殘卷》"茂皇"，吕校本録作"茂皃"。△按：《殘卷》"欣"下"笑"字作"**笶**"，與"茂"形近。"笑"字或作"咲"，《敦煌俗字典》收"**咲**"形，其右旁與"茂"亦形近。《廣雅·釋訓》："欣欣，喜也。"《慧琳音義》卷三二《彌勒下生成佛經》音義："忻樂，上音昕。賈注《國語》云：'欣，樂也。'《毛詩傳》云：'欣亦樂也。'《廣雅》云：'欣，喜也。'《説文》：'欣，笑喜皃也。從心，斤聲。'或作訢，又作欣也。"《名義》："欣，忻欣反。樂也。"《新撰字鏡》："欣，許斤反，平。樂也。忻字。"

欬，呼来反。《説文》："唉不懷［壞］頊［顔］也。"《廣雅》："欬，咲也。"野王案：忩与咍字同，在口部。②

今本《説文》"欣"下收"弞"字："弞，笑不壞顔曰弞。从欠，引省聲。"△《説文》"弞"當即"欬"字之訛。此字之訛當不晚於唐。《慧琳音義》卷八二《大唐西域記》卷二音義："哂尒，申忍反。俗用字，古文作弞。《考聲》云：'笑不破顔曰弞。'意與哂同，小笑貌也。"《廣雅·釋詁一》："欬，咍，笑也。"王念孫疏證："欬與咍同。《楚辭·九章》：'又衆兆之所咍。'王逸注云：'咍，笑也。楚人謂相啁笑曰咍。'"《名義》："欬，呼来反。唉不壞顔也。"《新撰字鏡》："欬，呼来反。咲也，咍也。"

𣢧，子陸反。《説文》："𣢧，愁皀也。《孟子》曰'曽西𣢧然'是也。"

《説文》："𣢧，愵然也。从欠，尗聲。《孟子》曰：曾西𣢧然。""愵"亦憂愁義。《説文》："愵，飢餓也。一曰：憂也。"又："愵，憂皃。从心，弱聲。讀與愵同。"

---

① 《名義》："訢，許殷反。樂，喜也。欣字。"
② 《名義》："咍，呼臺反。咲也。"

《名義》："㰤，子陸反。蹙。愁皃也。"《新撰字鏡》："㰤，千［子］陸反。愁皀。"

欵，口緩反。《楚辞》："欵咚而生。"王逸曰："欵，叩也。"野王案：謂叩擊之也。《史記》"由余聞之，欵關請見"是。又曰："吾寍悃悃欵欵朴似異[①]忠乎？"王逸曰："志純一也。"《西京賦》："繞黄山而欵牛首。"薛綜曰："欵，至也。"《説文》："意有所欲也。"《蒼頡篇》："欵，誠重也。"《廣雅》："欵〈欵〉，愛也。"

《楚辭·九懷·株昭》："欵冬而生兮，凋彼葉柯。"洪興祖補注："欵，叩也。"據《殘卷》，此為王逸注，蓋今本《楚辭》脱王注，故洪氏補之。《史記·商君列傳》："由余聞之，款關請見。"裴駰集解引韋昭曰："款，叩也。"《楚辭·卜居》："吾寧悃悃欵欵，樸以忠乎？"王逸注："志純一也。"《文選·張衡〈西京賦〉》："掩長楊而聯五柞，繞黄山而款牛首。"薛綜注："款，至也。"《説文》："歀，意有所欲也。从欠，𥨊省。"《廣雅·釋訓》："款款，愛也。"《玄應音義》卷四《十住斷結經》卷二音義："蜜欵，又作款，同，口緩反。《蒼頡篇》：'欵，誠重也，至也。'"[②]又卷十一《增一阿含經》卷三五音義："舊欵，或作欵，同，口緩反。《廣疋》：'款，愛也。'款，誠重也。"[③]又卷十二《雜寶藏經》卷六音義："至欵，或作款，同，口緩反。《蒼頡篇》：'欵，誠重也。'又志純也，款愛也。"[④]又卷十七《出曜論》卷四音義："親欵，又作款，同，口緩反。《廣雅》：'款，愛也。'《蒼頡篇》：'款，誠重也。'《説文》：'款，意有所欲也。'"[⑤]又卷十九《佛本行集經》卷卌七音義："面欵，又作款，同，口緩反。款，至也。《蒼頡篇》：'款，誠重也。'《説文》：'款，意有欲也。'《廣雅》：'款，愛也。'"[⑥]《名義》："款，口緩反。至也，誠(也，)重也，叩也，愛，忽也。"吕氏校釋："《名義》'忽'義未詳，疑為下一字'欻'字義誤衍於此。《殘卷》

① "異"字衍，《殘卷》旁注"·"，疑為删節符號。
② 《古辭書音義集成》第九卷《一切經音義》下所收廣島大學藏本頁170，日本汲古書院1981年。
③ 《古辭書音義集成》第七卷《一切經音義》上所收宫内廳書陵部藏本頁236，日本汲古書院1980年。《慧琳音義》卷五二轉録作"舊款，或作欵，同，口緩反。《廣雅》：'款，愛也。'《蒼頡篇》：'款，誠重也。'"
④ 《古辭書音義集成》第七卷《一切經音義》上所收宫内廳書陵部藏本頁261，日本汲古書院1980年。
⑤ 《古辭書音義集成》第八卷《一切經音義》中所收宫内廳書陵部藏本頁469，日本汲古書院1980年。
⑥ 《古辭書音義集成》第八卷《一切經音義》中所收宫内廳書陵部藏本頁533，日本汲古書院1980年。

‘款’字下還有一‘欻’字頭，作‘欻，呼物反。《西京賦》：“欻從背見。”薛綜曰：“欻，忽也。”《説文》：“有所欻起也。”’《名義》脱此字頭。”按：此説可從。《新撰字鏡》：“欵、款，同，口缓反。誠也，叩也，舒也。又苦管反，去［上］。至也，重也，愛也。”

款［款］，《説文》或欵字也。

《殘卷》字頭原從“奈”，“奈”同“柰”。《説文》：“欵，意有所欲也。从欠，𥨊省。款，欵或从柰。”

欻，呼物反。《西京賦》：“欻從背見。”薛綜曰：“欻，忽也。”《説文》：“有所欻［炊］起也。”

《文選·張衡〈西京賦〉》：“神山崔巍，欻從背見。”薛綜注：“欻之言忽也。”《説文》：“欻，有所吹起。从欠，炎聲。讀若忽。”《慧琳音義》卷一《大般若波羅蜜多經》卷一音義：“欻爾，暉律反。《蒼頡篇》：‘欻，猝起也。’猝音村訥反。薛綜曰：‘欻，忽也。’《説文》云：‘有所吹起也。從欠炎聲。’”又卷七《大般若波羅蜜多經》卷五四八音義：“欻作，暉律反。薛琮［綜］注《西京賦》云：‘欻，忽也。’《蒼頡篇》云：‘欻，猝（音麤骨反）起也。’《説文》云：‘有所吹起也。從欠炎聲。’”《殘卷》引《説文》“有所欻起也”蓋當作“有所炊起也”，“炊”與“吹”音同義通。《新撰字鏡》：“欻，呼物反。忽也。”

欲［欲］，餘燭反。《尚書》：‘亡教逸欲有邦。’孔安国曰：‘欲，貪也。’野王案：𡖋欲頋也。《尚書》‘予欲觀古人象’、《左氏傳》‘唯尔所欲’是也。《礼記》：‘孝子之祭也，其羞也敬以欲。’鄭玄曰：‘欲，婉従之皀也。’又曰：‘小人樂得其欲。’鄭玄曰：‘領［貪］欲，謂雅［邪］淫也。’”

《尚書·皋陶謨》：“無教逸欲，有邦。”孔安國傳：“不為逸豫貪欲之教，是有國者之常。”“𡖋欲頋也”疑當作“欲𡖋頋也”。《尚書·益稷》：“予欲觀古人之象。”

《左傳·昭公十三年》："王曰：'唯爾所欲。'"《禮記·祭義》："孝子之祭可知也：其立之也敬以詘，其進之也敬以愉，其薦之也敬以欲。"鄭玄注："欲，婉順貌。"吕校本"羞"改作"薦"。《殘卷》"羞"與此"薦"義同，不必改。"婉従"同"婉順"，《殘卷》避梁諱。《禮記·樂記》："君子樂得其道，小人樂得其欲。"鄭玄注："欲謂邪淫也。"《名義》："欲，餘燭反。貪也，願也。"《新撰字鏡》："欲，餘燭反。貪也，願也。"

歌，古何反。《說文》："咏歌也。"或為謌字，在言部。[①] 古文為哥字，在可部。[②]

《說文》："歌，詠也。从欠，哥聲。謌，歌或从言。"《殘卷》："謌，葛羅反。《尚書》：'謌詠言。'野王案：《礼記》：'謌之言也……說文［之］故言之，言之不足，長〈言〉之。'《毛詩》：'我謌且謡。'傳曰：'曲合樂曰謌。'或為歌字，在欠部。古文為哥字，在可部。"又："哥，古何反。《說文》：'聲也。古文以爲歌字。'野王案：《尚書》'歌詠言'是，在欠部。或為謌字，在言部。"《名義》："歌，古何反。詠也，謳也。"《新撰字鏡》："歌，居何反。詠也。謌、哥二形同。"

欦，呼括［恬］、呼男二反。《說文》："合［含］咲也。"《蒼頡篇》："貪欲也。"

《說文》："欦，含笑也。从欠，今聲。"《名義》："欦，呼男反。含咲也，貪欲也。"《新撰字鏡》："欦，火斬反，上。笑也，貪欲。"

㰹，《字書》忽欦字也。

王仁昫《刊謬補缺切韻·添韻》（P.2011）："欦，貪欲。又呼男反。亦作㰹。"又《覃韻》："欦，貪。又呼恬反。或作㰹。"《唐韻殘卷·勁韻》（蔣斧印本）："欦，含笑也，出《說文》。許令反。""許令反"當作"許含反"。反切下字誤作"令"，故入勁韻。《新撰字鏡》："㰹，許咸反，平。笑皃。欦字。"

① 《名義》："謌，葛羅反。歌也。"
② 《名義》："哥，古何反。詠言也。"

歋，翼帝反。《説文》："相咲，相歋輸［揄］也。"野王案：《東觀漢記》："市中人舉手歋揄王莽。"為雅［邪］字也。《廣蒼》："言不可曉也。"祁［邪］在色［邑］部。①

《説文》："歋，人相笑，相歋瘉。从欠，虒聲。"吕校本引《説文》"歋輸"改"歋瘉"。按："輸"與"瘉"字形迥異，當作"揄"。《後漢書・王霸傳》："光武令霸至市中募人，將以擊郎。市人皆大笑，舉手邪揄之。"李賢注："《説文》曰：'歋歈，手相笑也。'歋音弋支反，歈音踰，或音由。此云邪揄，語輕重不同。"吴樹平《東觀漢記校注》本作"擨揄"，云："《説文》作'歋'，釋云：'人相笑，相歋瘉。''擨揄'，即'歋瘉'。聚珍本作'揶揄'，《御覽》卷四九一引作'耶榆'，卷四九八引作'耶歈'，卷四六六引作'邪揄'，范曄《後漢書・王霸傳》同。按字雖歧異，皆音同字通。"②王仁昫《刊謬補缺切韻・麻韻》（P.2011）："擨，擨歈，舉手相弄。歈字以朱反。"《集韻・麻韻》："擨，擨歈，舉手相弄。或省（作歋），亦作梛，通作邪。"《名義》："歋，翼離反。邪字也。不可曉也。"《新撰字鏡》："歋，戈［弋］離反。相咲，相歋揄也。邪字。"

歖，《字書》惑［或］俿［歋］字也。

《玉篇》："歋，以離切，人相笑也，相歋歈也。歖，同上。"

歊，呼朝反。《説文》："囂囂［歊歊］，氣出皀也。"野王案：熱氣也。《漢書》"涬翁之雲而散歊茀［蒸］"是也。

《説文》："歊，歊歊，气出皃。从欠、高，高亦聲。"《慧琳音義》卷九九《廣

---

① 《殘卷》"雅字也"或當作"邪字也"，"祁在色部"當作"邪在邑部"。"色""邑"古籍每因形近而訛。《漢書・鼂錯傳》："民至有所居，作有所用，此民所以輕去故鄉而勸之新（色）［邑］也。"校勘記："錢大昭説'色'當作'邑'。按：景祐、汲古、殿、局本都作'邑'。"《全唐詩》卷十八李白《折楊柳》："戍客望邊色，思歸多苦顔。"校："色，一作邑。"《全唐詩》卷六九二杜荀鶴《秋日湖外書事》："十五年來筆硯功，袛今猶在苦貧中。三秋客路湖光外，萬里鄉關楚邑東。"校："邑，一作色。"《名義》："邪，与遮反。道也。"

② 吴樹平《東觀漢記校注》頁371—372，中華書局2008年。

弘明集》卷二七音義："歊赫，上希嬌反。顧野王云：'歊謂熱氣也。'《説文》：'嚻䫀，氣出皃也。'"《漢書·揚雄傳下》："泰山之高不嶕嶢，則不能浡滃雲而散歊烝。"蕭該音義引韋昭曰："歊，氣之發見者也。"《殘卷》"烝"原作"苐"，吕校本録作"弟"，改作"烝"。按："苐"當為"荥"字之形近而訛。"荥"與"蒸""烝"音義同。《名義》："歊，呼朝反。氣高皇［皀］也。"《新撰字鏡》："歊，許高反。氣高皀，熱炁也。"

歋，餘饒反。《説文》："歋，氣出皀。"或作歙。

《殘卷》脱此字。《説文》："歋，歋歋，气出皃。"《名義》："歙，餘饒反。氣出皃也。"吕氏校釋本字頭作"歙"，是。[1]《新撰字鏡》："[illegible]、[illegible]、歋，三形作，以招反。氣出皀。"又："歙，餘饒反。□歌，氣出皀。"《龍龕》："歙，或作；歋，正。音遥。氣出皃也。"

歗，桌弔反。《説文》籒文嘯字也。嘯，𠦑𤴓口出聲也，在口部。[2]

《説文》："歗，吟也。从欠，肅聲。《詩》曰：其歗也謌。"又："嘯，吹聲也。从口，肅聲。歗，籀文嘯从欠。"《慧琳音義》卷九四《續高僧傳》卷二六音義："吟嘯，下消弔反。《字書》正從欠作歗，云：'歌也。'蹙口卷舌出聲也，故《詩》云：'其歗歌也。'《説文》云：'吟也。從欠，肅聲。'《傳》文作嘯，俗字也。"《名義》："歗，桌弔反。吟。嘯也。"《新撰字鏡》："歗、[illegible]、[illegible]，三形作，同，桌弔反。吟也。"

△《殘卷》"𠦑𤴓"當為"蹵"字之誤拆，"𠦑"為"叔"之俗體，"𤴓"同"足"。"蹵"為"踧"之異構字。吕校本録作"蹙"。《玉篇》："歗，穌弔切，蹙口而出聲。"字亦作"蹙"。王引之《經義述聞》卷七《古詩隨處有韻》："踧，古讀若蹙。""踧""蹙"音同義通，然就字形而言，自當作"踧"。

歖，欣欵［疑］反。《説文》："平［卒］喜也。"《廣雅》："唉怒也。"

---

① 《淮南子·兵略》："因其勞倦怠亂饑渴凍暍，推其搶搶，擠其揭揭，此謂因勢。"高誘注："搶搶，欲卧也。"王念孫《讀書雜志》："《説文》《玉篇》《廣韻》《集韻》皆無搶字，搶當爲搖字之誤也。""歙"訛"歙"，猶"搖"訛"搶"。

② 《名義》："嘯，蘓弔反。使也。"

按：《殘卷》"平喜也"當作"卒喜也"。"卒"或作"𠦁"，與"平"形近。[①]《説文》："欯［歖］[②]，卒喜也。从欠，从喜。"《名義》："歖，欣疑反。卒憙也，咲怒也。"《新撰字鏡》："歖，欣疑反。喜也，嘆［咲］怒也。"

今本《廣雅》未見"咲怒也"。

歎，他旦反。《礼記》："平［卒］爵而樂闋，孔子属［屢］歎之。"鄭玄曰："歎，美也此礼。"野王案：意有欽悅歌謡吟歎也。《礼記》"言之不足，故嗟歎，嗟歎不足，故不知手之舞之，足〈之〉蹈之"是也。《説文》："歎，吟也。"《聲類》或為嘆字。《説文》以嘆傷之嘆為嘆字，在口部。[③]

《禮記·郊特牲》："卒爵而樂闋，孔子屢歎之。"鄭玄注："美此禮也。"《殘卷》"卒"訛作"平"，"屢"訛作"属"（吕校本同）。"歎，美也此礼"當作"歎，美此礼也"。《文選·盧諶〈覽古〉詩》："智勇蓋當代，弛張使我歎。"李善注："《説文》曰：'歎，吟也。'謂情有所悦，吟歎而歌詠。""謂"下與野王案語近。《禮記·樂記》："故歌之為言也，長言之也。説之故言之，言之不足，故長言之；長言之不足，故嗟歎之；嗟歎之不足，故不知手之舞之、足之蹈之也。"《説文》："歎，吟也。从欠，鷬省聲。"又："嘆，吞歎也。从口，歎省聲。一曰：太息也。"《廣雅·釋詁二》："嘆，傷也。"王念孫疏證："傷與慯通。"《文選·班固〈北征賦〉》："竆曠怨之傷情兮，哀詩人之歎時。"李善注引《廣雅》曰："歎，傷也。""歎"同"嘆"，"傷"同"慯"。《名義》："歎，他旦反。美也，吟也，息也，謡哥吟也。"《新撰字鏡》："歎、歎、歎，三同字，他旦反，入［去］。美也，息也，吟也。或從口。"

鷬欠［鷬欠］，《説文》籀文歎字也。

《説文》："歎，吟也。从欠，鷬省聲。鷬欠，籀文歎不省。"

---

① 参王念孫《讀書雜志·逸周書第四》"評"字條，頁34，江蘇古籍出版社2000年。
② 此字大徐本小篆從壴，小徐本從喜，當從小徐。
③ 《名義》："嘆，勑旦反。况也，吟，傷也。"

欸，烏来反。《楚辞》："欸秋冬之绪風。"王逸曰："欸，歎也。"《説文》："（知）呰也。"[①]《字書》："一曰：恚聲也。"

《楚辭·九章·涉江》："乘鄂渚而反顧兮，欸秋冬之緒風。"王逸注："欸，歎也。"《説文》："欸，訾也。从欠，矣聲。"《玄應音義》卷二十《六度集經》卷二音義："㖔言，呼戒反。《韻集》云：'喊，呵也。'《蒼頡訓詁》作欸，恚聲也。《通俗文》作諦，[②]大語也。猶㖔咄、喚喊皆是也。"《名義》："欸，烏来反。歎也，呰也。"《新撰字鏡》："欸，扵改反，上。相然。"

歑，子移反。《説文》："歑，歐也。"《蒼頡篇》："嗄歑也。"《聲類》："歑，嗟也。"

《説文》："歑，歐也。从欠，此聲。"《集韻·支韻》："歑，《倉頡篇》：'嗄歑也。'一曰歐也。"又《寘韻》："歑，歐也，嗟也。"《名義》："歑，子移反。歐也，嗟也。"《新撰字鏡》："歑，紫智反，去。歐也，嗄也，嗟也。"

歔，欣居反。《楚辞》："曾歔煞［欷］之嗟嗟。"王逸曰："歔欷，啼皀也。"《説文》："一曰：出氣也。"野王案：出氣之歔忿与嘘字同，有［在］口部。[③]

《楚辭·九章·悲回風》："曾歔欷之嗟嗟兮，獨隱伏而思慮。"王逸注："歔欷，啼貌。"釋義與《殘卷》所引同。《玄應音義》卷十六《大愛道比丘尼經》卷上音義："歔欷，喜居反，下虚既反。《字林》：'涕泣皃也。'《蒼頡篇》：'泣餘聲也。'亦悲也。"

---

① "知"字疑為衍文，"呰"同"訾"。

② "諦"字誤，當作"謫"，黄仁瑄校注失校。《慧琳音義》卷五六《正法念經》卷五七音義："呴喊，下呼戒反。《韻集》作喊。喊，訶也。《蒼頡訓詁》作欸，恚聲也。《通俗文》作謫，大語也。猶言喊咄、喚喊皆是也。"《慧琳音義》卷七五《雜譬喻經》卷二音義："喊言，赫戒反。《考聲》云：'喊，怒以聲也。'《廣蒼》作薑、欸、講，並同用。經文作喊，唯吕靖引之，《説文》不載。"所謂"吕靖引之"，即上引"《韻集》作喊"。"薑"蓋"蠆"字之訛。《公羊傳·襄公十四年》："季孫宿、叔老會晉士匄、齊人、宋人、衛人、鄭公孫囆、曹人、莒人、邾婁人、滕人、薛人、杞人、小邾婁人會吴于向。"陸德明音義："囆，勑邁反，二《傳》作蠆。""囆"同"讕"，或作"講"。

③ 《名義》："嘘，熙居反。吹嘘也。"

《慧琳音義》卷九十《高僧傳》卷十三音義："歔欷，上音虛，下音希。王逸注《楚辭》云：'歔欷，啼泣貌也。'"此蓋《字林》《名義》之所據。又卷七七《釋迦譜》卷一音義："歔欣，上許於反。顧野王云：'歔，出氣也。'"又卷七八《經律異相》卷四音義："歔欷，上音虛，下音希。顧野王云：'口出氣，哀歎也，泣聲也，蓄氣也。'《蒼頡篇》云：'泣餘聲也。'或從口作嘘唏。"《説文》："歔，欷也。从欠，虘聲。一曰：出气也。"《名義》："歔，欣居反。嘘也。泣（也，）皃也。"《新撰字鏡》："歔欷，上喜居反。出氣也，温吹也。"

欷，欣既反。《公羊傳》："在招丘，欷矣。"何休曰："欷，悲也。"《蒼頡萹》："泣餘聲也。"

《公羊傳·成公十六年》："曰在招丘，悕矣。"何休解詁："悕，悲也。"《慧琳音義》卷二四《大唐新譯方廣大莊嚴經》卷三音義："歔欷，上許居反，下欣既反。王逸注《楚辭》：'歔欷，啼貌也。'何注《公羊傳》：'悲也。'《蒼頡篇》：'歔欷，泣餘聲也。'"又卷八一《集神州三寶感通傳》卷中音義："歔欷，上許魚反，下許衣反。王逸注《楚辭》云：'歔欷，猶悲啼皃也。'何休注《公羊傳》云：'悲也。'《蒼頡篇》云：'泣餘聲也。'《説文》云：'歔欷，出氣也。'"《名義》："欷，希既反。悲也。"《新撰字鏡》："歔欷，下虚既反。涕泣皀，泣餘聲也。"

歜，充燭反。《説文》："盛氣怒也。"《左氏傳》：周大夫有甘歜。

《説文》："歜，盛气怒也。从欠，蜀聲。"《左傳·文公十七年》："秋，周甘歜敗戎于邥垂，乘其飲酒也。"杜預注："歜，周大夫。"陸德明音義："歜，昌欲反。"《名義》："歜，充燭反。盛氣怒也。"《新撰字鏡》："歜，充燭反，上［入］。盛氣怒也。"

𣢟，餘九反。《説文》："言意也。"

《説文》："𣢟，言意也。从欠，从鹵，鹵亦聲。讀若酉。"《箋注本切韻·有韻》（P.3693）："𣢟，言意也。出《説文》。"《名義》："𣢟，餘九反。言意也。"《新撰字鏡》："歔，余九反。言意。"

敫，公的、公弔二反。《説文》：'所歌也。'"

《説文》："敫，所謌也。从欠，噭省聲。讀若叫呼之叫。"《名義》："敫，公弔反。所歌也。"吕氏校釋："所歌即楚歌。"吕説蓋據《説文》段注。[①]《新撰字鏡》："敫，公的、公弔二反。所歌也。"

歞，可達反。《蒼頡篇》："歞，〈涸〉也。"《説文》："湏飲也。"野王案：《毛詩》"匪飢匪歞"、《礼記》"酒清人歞"是也。今並为歞[渴]字，在水部。[②]

《慧琳音義》卷六六《阿毘達磨發智論》卷十一音義："喜渴，下看遏反。顧野王云：'渴謂須飲也。'《蒼頡篇》云：'涸也。'《毛詩》云：'匪渴也。'"又卷六八《阿毘達磨大毘婆沙論》卷三三音義："歞愛，看割反。《考聲》：'歞，思水也。'《説文》：'歞，欲飲也。從欠渴聲。'今俗用多略作渴。《説文》：'渴，盡也。'"《殘卷》："渴，口遏反。《周礼》：'渴澤用鹿。'鄭玄曰：'渴，故水處也。'《毛詩》：'匪飢匪渴。'野王案：謂湏〈飲〉也。《礼記》'酒清人渴而不敢飲'是也。《蒼頡篇》：'渴，涸也。'《説文》：'渴，盡也。'或以湏飲之渴為歞字，在欠部。"《詩經·小雅·車舝》："匪飢匪渴，德音來括。"《禮記·聘義》："酒清人渴而不敢飲也，肉乾人飢而不敢食也。"《名義》："歞，可達反。渴也。湏飲也。"《新撰字鏡》："歞，可達反。㵣也。酒[湏]飲也。渴字。"

歒，所力反。《説文》："悲意也。"《埤蒼》："恐懼也。"野王案：《公羊傳》"歒然而駭"是也。今為色字，在〈色〉部。[③]

---

① 段玉裁注："《廣韵》無'所'字。'所歌也'當作'敫楚歌也'四字。《上林賦》：'激楚結風。'郭璞曰：'激楚，歌曲也。'文穎曰：'楚地風氣本自漂疾，歌樂者猶復依激結之急風爲節，其樂促迅哀切也。'按：'激楚'古蓋作'敫楚'，'楚'作'所'者，聲之誤。淺人又刪去敫字耳。"按："楚""所"音近。《説文》："齭，齒傷酢也。從齒，所聲。讀若楚。"字或作"齼"。《太平御覽》卷三六八引《字林》："齼，齒傷酢也。"。

② 《名義》："嘘，熙居反。吹嘘也。"

③ 《名義》："色，所力反。"

《説文》:“歃,悲意。从欠,嗇聲。”《慧琳音義》卷四二《七佛神咒經》卷一音義:“歃歃,所力反。《通俗文》:‘小怖曰歃。’《埤蒼》:‘歃歃,恐懼也。’”又卷四六《大智度論》卷二四音義:“歃然,所力反。《埤蒼》:‘恐懼也。’《通俗文》‘小怖曰歃’、《公羊傳》‘歃然而駭’是也。”《公羊傳·哀公六年》:“諸大夫見之,皆色然而駭。”何休解詁:“色然,驚駭貌。”陸德明音義:“色然,如字。本又作垝,居委反,驚駭貌。又或作危。”“色”與“危”形近,作“垝”作“危”,均與“色”形有關,陸氏蓋以為“色”字形訛。然究其本字,自當以作“歃”為是。《名義》:“歃,所力反。悲意也,懼也。”《新撰字鏡》:“歃、歃、歃,三形作,所力反。恐懼也,小怖也,悲意也。”

歗,子妙反。《説文》:“盖[盡]酒也。”野王案:此与釂字同,在酉部。[①]

《説文》:“歗,盡酒也。从欠,樵聲。”王仁昫《刊謬補缺切韻·笑韻》(P.2011):“釂,酒盡。亦作歗。”[②]《説文》:“釂,歓酒盡也。”《名義》:“歗,子妙反。醮。盡酒也。釂字。”《新撰字鏡》:“歗,子妙反。盡酒也。釂字。”

歁,呼兼、公廉、公函三反。《説文》:“賢[堅]持意,口闟[閇]也。”[③]

《説文》:“歁,監持意,口閉也。从欠,緘聲。”段玉裁“監”改為“堅”:“堅,各本作監。今依《篇》《韵》正。”王仁昫《刊謬補缺切韻·添韻》(P.2011):“歁,持意。又云[公]廉、公函二反。”《廣韻·咸韻》:“歁,慳恪,又堅持意,口閉也。”《集韻·沾韻》:“歁,持意堅固謂之歁。一曰:口閉。”《名義》:“歁,公廉反。堅持意,口開[閇]也。”《新撰字鏡》:“歁,古咸反。慳恃也,閉口不言也。”又:“呼兼、公廣[廉]、〈公〉函三反。堅持意,口開[閇]也。”

欪,時忍反。《説文》:“指而嘆[唉]也。”

---

① 《名義》:“釂,子曜反。盡爵也。”

② 闞長龍校:“注文‘樧’字《王二》同,《裴韻》則以之爲‘潐’字或體,《集韻》或體作‘歁’形,《校箋》謂‘樧’字當作‘歗’,《説文》‘釂’“‘歗’二字異部(前者在酉部,後者在欠部)而音義同,底卷俗訛,兹據校改。”

③ 黎本《殘卷》改作“堅持意,口閉也”,吕校本同。

《殘卷》引《説文》作“指而嘆也”，吕校本同。按：“嘆”當為“咲”字之訛。《可洪音義》卷五《正法華經》卷九音義：“形嘆，私妙反，正作咲。”又：“形嘆，私妙反，正作笑也。悞。”《説文》：“欣，指而笑也。从欠，辰聲。讀若蜃。”《名義》：“欣，時忍反。指而咲。”《新撰字鏡》：“欣，時忍反。指而咲。”

歟，公温反。《説文》：“昆与，不可知也。”

《説文》：“歟，昆干，不可知也。从欠，鰥聲。”段注本作“歟干”，云：“各本作‘昆干’，今依《篇》《韵》正。”△按：此説恐非。《説文》本作“昆于”，或形訛作“昆干”，或音訛作“昆与”。参《正字通》“歟”字條。《名義》：“歟，公温反。昆子［于］，不可知也。”《新撰字鏡》：“𣤶、歟，二同，公溫反。毘［昆］不子［于，不］可知。”

歃，所啥［洽］反。《國語》：“固請先歃。”賈逵曰：“歃，歃面［血］也。”野王案：以口徵［微］吸之也。《左氏傳》“歃如忘”是也。《蒼頡萹》：“小啐也。”《字書》為哈［哈］字，在口部。①

《殘卷》“所啥反”，吕校本改作“所哈反”。按：當作“所洽反”。“歃”屬洽韻字。王仁昫《刊謬補缺切韻·洽韻》（P.2011）：“霎，山洽反。小雨。歃，歃血。又山輒反。”“山洽反”與“所洽反”音同。

《國語·晉語八》：“宋之盟，楚人固請先歃。”韋昭注：“歃，飲血也。”“飲血”與“歃血”義同。吕校本引野王案語作“以口徵吸之也”。按：“徵”當為“微”字之訛。《慧琳音義》卷八五《辯正論》卷二音義：“歃白馬，上所甲反。賈注《國語》云：‘歃血也。’《玉篇》云：‘以口微吸之也。’”《玄應音義》卷八《大莊嚴法門經》卷上音義：“唯啑，又作唼，同，所甲反。《埤蒼》《聲類》皆作唼，鴨食也。《離騷》云‘鳬鴈皆唼梁［粱］藻兮’、《上林賦》云‘唼喋菁藻’皆是也。《字書》：‘唼，喋也。’書亦作歃，所洽反，謂以口微吸之也，亦歃血也。”《左傳·隱公七年》：“壬申，及鄭伯盟，歃如忘。”

① 《名義》：“哈，吐合反。或嚁，啥也，又榻字。”與“歃”音義俱異。《名義》：“啑，所甲反。萐渫也。”“萐渫”猶“啑喋”。“所甲反”與“所洽反”音近。然“啑”與《殘卷》“啥”形隔。《集韻·洽韻》：“歃，色洽切。《説文》：‘歠也。’引《春秋傳》：‘歃而忘。’或作歃、哈。”據此，則“哈”確為“歃”之或體。

陸德明音義："歃，色洽反，歃血也。"《名義》："歃，所给［洽］反。血也，小啐也。咯［哈］字。"《新撰字鏡》："歃，所洽反。血也，□也，小啐也。"

欶，所穀反。《說文》：'欶，吮也。'《蒼頡篇》：'欶，歃也。'"

《殘卷》"所穀反"，吕校本作"所㲄反"。按：《殘卷》原作"𣪊"，似為"㲄"字脱左下一撇一點。《說文》："欶，吮也。从欠，束聲。"《慧琳音義》卷三八《蘗嚕拏王呪法經》音義："欶毒，雙捉反。《蒼頡篇》云：'欶，歃也。'"又卷九四音義："吸欶，下雙捉反。《蒼頡篇》云：'欶，歃也。"《名義》："欶，朔、縮二音也。欶，歃也。"《新撰字鏡》："欶，所角反。含吸曰欶，亦吮也。"

歕，扵滑反。《說文》："咽中氣息不利也。"

《說文》："歕，咽中息不利也。从欠，骨聲。"《玄應音義》卷十一《正法念經》卷二四音義："歕歕，於滑反。《通俗文》：'大咽曰歕。'《說文》：'咽中氣息不利也。'"王仁昫《刊謬補缺切韻·黠韻》(P.2011)："嗗，烏八反。飲聲。……歕，氣息不利。"《名義》："歕，扵滑反。咽中氣息不利也。"《新撰字鏡》："歕，扵滑反。咽中氣息不利也。"

歁，口咸反。《淮南》："目［自］視歁如也。"許𠴬重曰："歁，不滿也。"又曰："滿如歁。"

《說文》："歁，食不滿也。从欠、甚聲。讀若坎。"《名義》："歁，口感反。如也，少也，食不滿也。"按：《名義》"如也"為誤釋，實為引證之誤省。又"少也"義不見《殘卷》，"食不滿也"見於《說文》，均不見於《殘卷》，疑《殘卷》有脱文。《淮南子·繆稱》："禹無廢功，無蔽財，自視猶觖如也。滿如陷，實如虛，盡之者也。"高誘注："觖，不滿也。陷，少也。"按："歁"與"陷"音義同。《廣韻·感韻》"苦感切"小韻下收"歁""臽"（陷之古字）。"歁"或作"陷"，釋義為"小"。"觖"與"歁"形音俱遠。疑《殘卷》當作："《淮南》：'目［自］視歁如也，滿如歁。'許𠴬重曰：'歁，不滿也，少也。'《說文》：'食不滿也。'"《新撰字鏡》："歁，苦咸［感］反，上。食未飽也，少也。

掐［陷］字。”

倣［欿］，口咸、口含二反。《方言》：“江湖之間謂貪惏曰欿。”郭璞曰：“坎惏難猒也。”《説文》：“欲得也。”

《方言》卷一：“虔、劉、慘、㨆，殺也。秦晉宋衛之間謂殺曰劉，晉之北鄙亦曰劉。秦晉之北鄙燕之北郊翟縣之郊謂賊爲虔。晉魏河内之北謂㨆曰殘，楚謂之貪，南楚江湘之間謂之歁。”郭璞注：“言歁㨆難猒也。”《説文》：“歁，食不滿也。从欠，甚聲。讀若坎。”故《殘卷》以“坎”代“欿”（歁）。《説文》：“欿，欲得也。从欠，臽聲。讀若貪。”《名義》：“欿，口含反。欲淂。”《新撰字鏡》：“倣、欿，二形作，口感反，上。鈐［炊］也，欲得也。”

欱，呼合反。《淮南》：“一謂張之，一謂欲［欱］之。”許咊重曰：“持船楫［楫］者謂近岸為欲［欱］，遠欲為張也。”《太玄経》：“下欱，出入〈九〉虚。”宋忠曰：“欱，合也。”《説文》：“欲［欱］，楫［歠］也。”野王案：《西京賊［賦］》“欲［欱］澧吐鄗”是也。

《殘卷》“楫”右旁原作“貟”，為“胥”之俗字，與“咠”形近。《淮南子·詮言》：“一謂張之，一謂歙之。”高誘注：“持舟檝者謂近岸為歙，遠岸為張也。”“歙”與“欱”音義同。《説文》：“欱，歠也。从欠，合聲。”《殘卷》引《説文》作“欱，楫也”，“楫”當作“歠”，此蓋承上“持船楫”而誤。《慧琳音義》卷六三《根本説一切有部律攝》卷十一音義：“歠欱，下憨合反。《太玄經》云：‘下欱上欱也。’宋忠注云：‘欱，合也。’《西京賦》云：‘欱澧吐鄗也。’《説文》：‘欱，亦歠也。從欠，合聲。’”《太玄·玄告》：“下欱上欱，出入九虚。”范望注：“欱猶合也。”《名義》：“欱，呼合反。合也，歠也。”《新撰字鏡》：“歙，呼及反。缩鼻也。欱，上字。呼內［合］反。飲取也，歠也。吸，字同。”

歉，口蕈［簞］反。《穀梁傳》：‘一聲［槃］不升謂之歉。’劉兆曰：‘歉，不足也。’《礼記》：‘貴不歉扵上。’鄭玄曰：‘歉，恨不滿之皀也。’野王案：《孟子》‘彼以其爵，我以吾義。吾〈何〉歉手［乎］先［戕］’、《惟［淮］南》‘縈

［滎］益期衣若勝［縣］衰，意猶不歉’是也。《說文》：‘食不飽也。’今為慊字，在心部。[①]

《穀梁傳・襄公二十四年》："一穀不升謂之嗛。"范甯注："嗛，不足貌。"陸德明音義："嗛，去簟反。"《殘卷》"聲"字蓋"槃"字之訛。"槃"為"穀"之俗字。《干祿字書》："槃、穀，上俗下正。""嗛""歉"字或作"鎌"。《韓詩外傳》卷八："一穀不升謂之鎌，二穀不升謂之饑。"《慧琳音義》卷九九《廣弘明集》卷二八音義："歉腹，謙簟反。劉兆注《穀梁傳》云：'歉謂食不飽也。'從欠，兼聲。"[②]《禮記・坊記》："故聖人之制富貴也，使民富不足以驕，貧不至於約，貴不慊於上，故亂益亡。"鄭玄注："慊，恨不滿之貌也。"[③]陸德明音義："慊，口簟反。"《孟子・公孫丑下》："彼以其富，我以吾仁；彼以其爵，我以吾義。吾何慊乎哉？"吕校本"滎益期"改作"滎啓期"。《淮南子・齊俗》："林類、滎啓期衣若縣衰，意不慊。"高誘注："林類、滎啓期皆隱賢。慊，恨也。"《廣韻・庚韻》："滎，滎華，又姓，漢有滎啟期。"《孔子家語・六本》："孔子遊於泰山，見滎聲期行乎郕之野。"王肅注："聲宜爲啓，或曰滎益期也。""滎啟期"或作"滎益期"。《殘卷》不必改。《説文》："歉，歉食不滿。从欠，兼聲。"《名義》："歉，口蕈［簟］反。食不飽也，不歉也。"《新撰字鏡》："歉，草［苦］簟反，上。貧［食］不飽。"

按：《名義》《殘卷》"口蕈反"當作"口簟反"。王仁昫《刊謬補缺切韻・忝韻》（P.2011）："嗛，苦簟反。猨藏食處。歉，食不飽。"《箋注本切韻・忝韻》（P.3693）："嗛，猨藏食處。苦簟反。歉，食不飽。"

欭，於利反。《説文》："嚘也。"《聲類》："不平也。"野王案：嚘，語不定也，氣逆也。

《説文》："欭，嚘也。从欠，因聲。"《説文》："嚘，語未定皃。"《殘卷》："歅，

---

① 《名義》："慊，苦蕈［簟］反。快也，疑也。"

② 按：此處當有脱文。《文選・陸機〈辯亡論〉》："宫室輿服，蓋慊如也。"李善注引劉兆《穀梁傳注》曰："慊，不足也。"與《殘卷》所引同。此處當作"劉兆注《穀梁傳》云：'歉，不足也。'《説文》：'歉謂食不飽也。從欠，兼聲。''"。

③ 《慧琳音義》卷九七《廣弘明集》卷五音義："歉腹，謙簟反。鄭注《禮記》云：'歉，恨不滿之皃也。''"

於牛反。《老子》：‘終日子［号］而不歎。’野王案：歎，氣逆也。今並為嚘字，在口部。”《名義》：“欭，扵利反。嚘也，不平也，氣逆也。”“氣逆也”為“嚘”字義，《名義》為誤釋。《玉篇》：“嚘，於求切。《老子》曰：‘終日號而不嚘。’嚘，氣逆也。”《新撰字鏡》：“吚、欭，同，扵引［利］反。嚘也，語不定，氣逆也。”

歐，扵口反。《左氏傳》：“伏陂［弢］歐血。”杜預曰：“歐，吐也。”今或為嘔字，在口部。①

吕校本引《左氏傳》作“伏陂歐血”，非。《左傳·哀公二年》：“既戰，簡子曰：‘吾伏弢嘔血，鼓音不衰，今日我上也。’”杜預注：“嘔，吐也。”陸德明音義：“嘔，本又作㗊，烏口反。”《殘卷》“陂”為“弢”字之訛。《說文》：“歐，吐也。从欠，區聲。”《慧琳音義》卷七《大般若波羅蜜多經》卷五五九音義：“歐熱血，上謳口反。《左傳》曰‘伏弢歐血’是也。弢，弓袋也。《說文》云：‘歐，吐也。從次［欠］，謳省聲也。”又卷八九《高僧傳》卷二音義：“歐噦，上謳狗反。《左傳》云‘伏弢歐血’是也。《說文》云：‘歐，猶吐也。從欠，區聲。’”“弢”，俗“弢”字。《名義》：“歐，扵口反。吐也。嘔字。”《新撰字鏡》：“歐，扵口反。吐也。嘔字。”

歍，屋徒反。《太玄經》：“脂牛歐歍，不潔〈志也〉。”野王案：《說文》：“心有所悪者也。”《說文》又曰：“二口相就也。”今忽為烏［嗚］字，在口部。②

《太玄·竈》：“次七，脂牛正肪，不濯釜而烹，則歐歍之疾至。測曰：脂牛歐歍，不絜志也。”《說文》：“歍，心有所惡若吐也。③从欠，烏聲。一曰：口相就。”《希麟音義》卷九《根本說一切有部毘奈耶破僧事》卷十三音義：“或歍，下音烏。《切韻》云：‘以口相就也。’《字書》云：‘從欠，烏聲也。’律文從口作嗚，謂嗚呼哀歎聲，非歍唈義也。”《名義》：“歍，屋徒反。嗚字也。”《新撰字鏡》：“歍，哀都反，平。口相就也，嗚字。”

---

① 《名義》：“嘔，乚侯反。歌也，喜也，吟也。”
② 《名義》：“嗚，扵胡反。呼，歎辞也。”
③ “若”疑當作“欲”。《殘卷·欠部》“欲”字字頭作“[illegible]”，其左旁近“若”。黄侃《說文釋例箋識》：“歍歒本是口相就之義，而吾鄉言之，則心有所惡欲吐之詞也。”

欬，林［枯］戴反。《神［礼］記》："車口［上］不廣欬。"野王案：欬，上［忽］頼［欶］也。《月令》"國多風欬"是也。《説文》："逆氣也。"

《禮記·曲禮》："車上不廣欬，不妄指。"《禮記·月令》："季夏行春令，則穀實鮮落，國多風欬。"吕校本引野王案語作"欬，上頼［敕］也"。△按：《殘卷》"上頼也"當作"亦欶也"。[①]《慧琳音義》卷二十《寶星陀羅尼經》卷十音義："欬嗽，上開愛反。《月令》云：'國多風欬。'顧野王云：'欬亦嗽也。'《説文》：'欬，逆氣也。從欠亥聲。'""欶"同"嗽"。《玉篇》："欬，口載切，上欶也。""上"亦當作"亦"。[②]《説文》："欬，屰气也。从欠，亥聲。""屰"，古"逆"字；"逆"，俗"逆"字。《名義》："欬，枯戴反。嗽也，逆氣也。"《新撰字鏡》："欬，枯載反。嗽也。"

欳，其表、於垢二反。《説文》："感［蹙］鼻也。"《埤蒼》："歐也。"《廣雅》："吐也。"

《説文》："欳，蹴鼻也。从欠，咎聲。讀若《爾雅》曰'麔豭短脰'。"按："蹙""蹴"音義同。《名義》："欳，於垢反。蹙鼻也，歐也，吐也。"《新撰字鏡》："欳，其表、於垢二反。蹙鼻也，歐吐也。"

歑，呼伏［狄］反。《説文》："且逆聲也。一曰：小美［笑］也。"

《説文》："歑，且唾聲。一曰：小笑。从欠，㱿聲。"《殘卷》"小美"蓋"小笑"之訛。"笑"同"咲"。《名義》："歑，呼狄反。小咲也。"

歙，呼及、尸葉二反。《説文》："縮鼻也。《漢書》：丹楊郡有歙縣也。"

---

① 《玄應音義》卷十八《四諦論》卷一音義："氣瘷，蘇豆反。《説文》：'瘷氣逆也。'《蒼頡篇》：'齊部［郡］謂瘷曰欬。'欬音苦代反，江南行此音。""瘷"當作"瘷"，此亦頼、欶相混之一例。

② 《殘卷》"亦"誤作"上"更有他例。"諍……野王案：今上以為爭字。""喪，……《禮記》："秦穆公即［弔］公子重耳，月［曰］：'喪上不可久也。'""消……野王案：消息猶斟酌也。又郵驛□傳聲問上曰消息。""峻，……《爾雅》：'峻，速也。'郭璞曰：'峻猶迅，速上疾也。'""上"均當作"亦"。

《説文》:“歙,縮鼻也。从欠,翕聲。丹陽有歙縣。”《漢書·地理志上》:“丹陽郡……縣十七:……歙,宣城。”《名義》:“歙,尸葉反。缩鼻也。”△按:《名義》此字取音有誤,縮鼻義似當取《殘卷》前一音。《慧琳音義》卷五五《禪秘要法經》卷中音義:“大吼歙,下歆急反。《桂菀珠叢》云:‘吸內息引氣入口也。’《考聲》云:‘歙猶吸也。’《説文》云:‘歙,猶縮鼻吸也。從欠,翕聲。’”又卷六三《根本説一切有部尼陀律》卷四音義:“歙煙,上歆急反。《考聲》云:‘歙亦吸字也。’《説文》云:‘歙,縮鼻也。從欠,翕聲。’”又卷七九《經律異相》卷四九音義:“歙煙,歆急反,氣飲也。《説文》:‘縮鼻也。從欠,翕聲。’”“尸葉反”為“歙縣”之“歙”。王仁昫《刊謬補缺切韻·葉韻》(P.2011):“攝,書涉反。追。……歙,縣名。在新□。又許□反。”[①]《廣韻·緝韻》:“吸,內息。許及切。噏,上同。歙,《説文》曰:‘縮鼻也。’後漢有來歙。又舒涉切,州名。”《廣韻·葉韻》:“攝,兼也。録也。書涉切。……歙,黟歙。又許及切。”《新撰字鏡》:“歙,呼及反。缩鼻也。”

欸[㴀],於糺反。《説文》:“愁皀也。”《聲類》夊呦字也。呦,鹿鳴也,在口部。[②]

《説文》:“㴀,愁皃。从欠,幼聲。”《唐韻殘卷·屋韻》(蔣斧印本):“㴀,愁皃。出《説文》。”《名義》:“㴀,於幻[幼]反。呦字。幽,鹿鳴也。”《新撰字鏡》:“㴀,於幼反。愁皀。呦字。鹿鳴。”

《殘卷》字頭本作“欸”(吕校本同),當為“㴀”字之誤。

欪,五[丑]出、大[火]八二反。《説文》:“蚍[咄]欪,无漸[慚]也。一曰:无腸音[意]也。”《蒼頡萹》:“訶也。”

《説文》:“欪,咄欪,無慙。一曰:無腸意。从欠,出聲。讀若卉。”《名義》:“欪,火八反。無漸[慚]也,訶也,詞[訶]也。”王仁昫《刊謬補缺切韻·質韻》(P.2011):“欯,許吉反,笑。欪,訶。又丑出反。”“許”“火”均屬曉母。《集韻·橥韻》:“欪,訶也。”

① 關長龍校:“缺字底卷殘泐,可參二書(引者按:指《蔣藏》《廣韻》)及《唐刊》(伯二〇一五)補作‘安’及‘及’字。”

② 《名義》:“呦,幽反[音]。鳴相呼也。”

音“呼八切”，與“火八反”音同。《新撰字鏡》：“欪，丑出、火八二反。無腹意也，討［訶］也。”

次，且史［吏］反。《尚書》：“畔官［宫］離次。”孔安国曰：“次，伍［位］也。”《周易》：“旅即次。”王弼曰：“次者，可以安行旅之地也。”《周礼》：“掌次，下士四人”“掌王次之法，以侍［待］張事”。鄭玄曰：“次，目［自］脩［循］改［止］處也。”又曰：“宫正掌宫中之宫［官］〈府〉次舍。”鄭玄曰：“次謂諸吏直宿，若今時部署諸廬也，舍其所居守［寺］也。”又曰：“礼［祀］五帝，張大次小次。”鄭玄曰：“次謂幄也。大次，初往所止居；小次，既接祭退俟之處也。”又曰：“大朝覲，加次廗。”鄭衆曰：“虎皮為廗也。”鄭玄曰：“桃支，竹廗也，有次列成文者也。”又曰：“掌許［訝］……賔入舘，次于舍門外。”鄭玄曰：“如今官府門〈外〉吏［更］衣處也。”《左氏傳》：“凡師再［再］宿為信，過信為次。”又曰：“煞奚齊于次。”杜預曰：“次，喪寝［寢］也。”《穀梁傳》：“次者止也。”《論語》：“生如知之者，上；學而知之者，次也；困而學之，又其次也。”野王案：次苐，相次比也。《礼記》：“反哭扵尔次。”鄭玄曰：“次，舍也。”又曰：“相者告就次。”鄭玄曰：“次，倚虛［廬］也。”又曰：“季冬……日窮于次。”鄭玄曰：“言日月運行，此月皆周帀也。”野王案：次者，天十二辰，日月五星行之，所歴以為次舍也。子曰玄枵［枵］，丑曰星紀，寅曰析木之津，卯曰大辰［火］，辰曰壽星，巳曰鶉尾，午曰鶉大［火］，未曰鶉首，申曰實次［沈］，酉曰大梁，成［戌］曰降婁，亥曰此角娵[1]之口。凡十二次也。《蒼頡篇》：“次，叙也。”《說文》：“不前不精也。”《廣雅》：“次，近也。”《字書》：“一曰：比也。”婦人首餝之次為⿰長欠［⿱髟次］字，在⿰長欠［髟］部。[2]

吕校本“次”字音“且史反”。按：當作“且吏反”。《名義》作“且吏反”，《玉篇》作“且吏切”，當據正。

---

① “此角”當為“觜”字之誤拆。《初學記》卷一：“堪輿家云：玄枵為齊之分；星紀，吴越之分，析木之津，燕之分；大火，宋之分；壽星，鄭之分；鶉尾，楚之分；鶉火，周之分；鶉首，秦之分；實沈，魏之分；大梁，趙之分；降婁，魯之分；訾娵，衛之分。”“此角娵”當作“觜娵”，與“訾娵”同。《慧琳音義》卷二十《寶星陁羅尼經序》音義：“觜星，上醉唯反。《爾雅》云：‘觜娵之口，營室東壁也。’郭璞云：‘營室與東壁四星似口，因以為名也。’”《殘卷》“觜娵之口”與《爾雅》“觜娵之口”同。今本《爾雅》作“娵觜之口”。吕校本録作“觜娵”，改作“娵觜”。

② 《名義》：“⿱髟次，且利反。首餝也。”

吕校本引《尚書》作“畔官離次”，引孔傳作“伍也”。按：“官”當作“宫”，“伍”當作“位”。《尚書·胤征》：“沈亂于酒，畔宫離次。”孔安國傳：“次，位也。”《周易·旅》：“六二，旅即次，懷其資。”王弼注：“次者，可以安行旅之地也。”《周禮·天官·序官》：“掌次，下士四人，府四人，史二人，徒八十人。”鄭玄注：“次，自脩正之處。”“脩正”與《殘卷》“脩改”義同，然恐均為“循止”之訛。《文選·張衡〈西京賦〉》：“故其館室次舍，采飾纖縟。”李善注：“《周禮》曰：‘宫正掌宫中次舍。’鄭玄《禮記注》曰：‘次，自循止之處。’”《周禮·天官·掌次》：“掌次掌王次之灋，以待張事。”《周禮·天官·宫正》：“宫正掌王宫之戒令糾禁，以時比宫中之官府次舍之衆寡。”鄭玄注：“次，諸吏直宿，若今部署諸廬者，舍其所居寺。”《周禮·天官·掌次》：“朝日，祀五帝則張大次小次。”鄭玄注：“次謂幄也。大幄初往所止居也，小幄謂接祭退俟之處。”《周禮·春官·司几筵》：“凡大朝覲……加次席黼純。”鄭衆注：“次席，虎皮為席。”鄭玄注：“次席，桃枝，席有次列成文。”《周禮·秋官·掌訝》：“掌訝……至於國賓入館，次於舍門外，待事於客。”鄭玄注：“次，如今官府門外更衣處。”《左傳·莊公三年》：“凡師一宿爲舍，再宿爲信，過信爲次。”《左傳·僖公九年》：“冬十月，里克殺奚齊于次。”杜預注：“次，喪寢。”《穀梁傳·莊公三年》：“次，止也。”《論語·季氏》：“孔子曰：‘生而知之者，上也；學而知之者，次也；困而學之，又其次也。’”字或作“佽”。《詩經·小雅·車攻》：“決拾既佽，弓矢既調。”毛傳：“佽，利也。”鄭玄箋：“佽謂手指相佽比也。”“相佽比”即“相次比”。《禮記·檀弓》：“曰：‘反哭於爾次。’曾子北面而弔焉。”鄭玄注：“次，舍也。”《禮記·奔喪》：“衆主人、兄弟皆出門，出門哭止，闔門，相者告就次。”鄭玄注：“次，倚廬也。”《殘卷》“虛”當作“盧”，“盧”通“廬”。《禮記·月令》：“是月也，日窮于次，月窮于紀，星回于天，數將幾終。”鄭玄注：“言日月星辰運行，于此月皆周匝於故處也。次，舍也。”《説文》：“次，不前不精也。从欠，二聲。”《廣雅·釋詁三》：“次，近也。”《名義》：“次，且吏反。位也，幄也，止，生也，苐也，近也，比，舍也，叙也。”按：《名義》“生也，苐也”當係《論語》及野王案語之誤省。《新撰字鏡》：“次、汝，二同，且利反。位也，止也，會也，倚廬也，舍也，叙也，近也，比也。”

吕校本引野王案語作“次，第相次比也”。按：當作“次第，相次比也”，謂次猶次第，相次比也。

吕校本引《禮記》鄭注“周帀”誤作“周币”。

⿱⺌⿵冂人，《聲類》古文次字也。

《說文》："次，不前不精也。从欠，二聲。⿱亠⿵冂川，古文次。""⿱⺌⿵冂人"蓋"芮"形之變。

菀，《字書》亦古文次字也。

《古文四聲韻》載崔希裕《纂古》"次"字作"茨"，與"菀"形近。

歑，苦唐反。《穀梁傳》："四穀不升謂之歑。"劉兆曰："歑，虚也。"《說文》："飢也，虚也。"野王案：《大戴礼》"礼［札］喪凶……歑色［樂］"[①]是也。凡器物空虚亦曰歑。《毛詩》"酌彼歑爵"是也。水空虚為濂字，在水部；[②]屋空為康［㝩］字，在山［宀］部。[③]

《穀梁傳·襄公二十四年》："四穀不升謂之康。"范甯注："康，虛。"《說文》："歑，飢虛也。从欠，康聲。"《殘卷》："康，苦廊反。……飢虛之康為歑字，（在字）在欠部。"又："濂，枯郎反。……年飢穀虛为歑字，在欠部。"《詩經·小雅·賓之初筵》："酌彼康爵，以奏爾時。"鄭玄箋："康，虛也。"《名義》："歑，苦唐反。虗也。"《新撰字鏡》："歑，苦唐反。虛也，飢虛也。"

欺，去其反。《左氏傳》："背盟以欺大國。"野王案：欺猶妄也。《論語》"吾誰欺？欺天乎"是也。《蒼頡篇》："紹［紿］也。"《字書》："欺，詐也。"

《左傳·成公元年》："叔服曰：'背盟而欺大國，此必敗。'"《莊子·應帝王》："接輿曰：'是欺德也。'"陸德明音義："簡文云：'欺，妄也。'"《論語·子罕》："吾誰欺？欺天乎？"《說文》："欺，詐欺也。从欠，其聲。"《名義》："欺，去其反。

---

① 《大戴禮記·朝事》："其札喪凶荒厄貧為一書，其康樂和親安平為一書。"《殘卷》"樂"訛作"色"。《全唐詩》卷三三三楊巨源《春日奉獻聖壽無疆詞》："九城多好色，萬井半祥煙。"校："色，一作樂。"
② 《名義》："濂，苦郎反。水虛也。"
③ 《名義》："㝩，恪當反。虛也，空也，閒［閑］也。"

妄，詐也，紿也。”《殘卷》“紿”與“詒”音義同，參“詒”字條。《新撰字鏡》：“欺，去其反。忘也，殆也，紿也，詐。”

歆，羲金反。《毛詩》：“无然歆羡。”傳曰：“歆盖［羡］，貪羡也。”又曰：“履帝武敏歆。”戔云：“歆歆然如人道感巳［己］也。”《左氏傳》：“䏻歆神人。”杜預曰：“歆，享也。”野王案：祭祀鬼神、賔客享宴之享忽曰歆也。《國語》“王歆大牢”是也。《國語》又曰：“民歆而德之。”賈逵曰：“歆猶服也。”又曰：“楚灾［必］歆死［之］。”賈逵曰：“歆，貪也。”《說文》：“神食氣也。”野王案：《左氏傳》“神不歆非類”是也。”

《詩經·大雅·皇矣》：“無然畔援，無然歆羨，誕先登于岸。”毛傳：“無是畔道，無是援取，無是貪羨，岸高位也。”《詩經·大雅·生民》：“履帝武敏歆，攸介攸止，載震載夙，載生載育，時維后稷。”鄭玄箋：“心體歆歆然，其左右所止住，如有人道感己者也。”《左傳·襄公二十七年》：“王曰：‘尚矣哉，能歆神人！’”杜預注：“歆，享也。”《玄應音義》卷七《普超三昧經》卷上音義：“不歆，下許金反。《字林》：‘神食氣也。’祭祀鬼神也。”《國語·周語上》：“膳夫贊王，王歆大牢。”韋昭注：“歆，饗也。”《國語·周語下》：“民歆而德之，則歸心焉。”韋昭注：“歆猶嘉服也。”《國語·楚語上》：“若易中下，楚必歆之。”韋昭注：“歆猶貪也。”《殘卷》“必”訛作“灾”。《説文》：“歆，神食气也。从欠，音聲。”《玄應音義》卷七《普超三昧經》卷上音義：“歆慕，許金反。《詩》云：‘無然歆羨。’傳曰：‘歆羨，貪羨也。’《國語》：‘民歆而得之。’賈逵曰：‘歆，貪也。’”“得”通“德”《慧琳音義》卷六八《阿毘達磨大毘婆沙論》卷七十音義：“歆饗，上吸音反。杜注《左傳》：‘歆，享也。’《説文》：‘神食氣也。從欠，音聲。’”《左傳·僖公十年》：“臣聞之：‘神不歆非類，民不祀非族。’”《名義》：“歆，羲金反。貪羡也，享也，服也。”《新撰字鏡》：“歆，許金反。无然歆羨。又貪也，歆羨，貪羨也，民歆而得之，又神食氣，祭祀鬼神也。”

欥，尤出反。《説文》：“詮詞也。《詩》云‘欥求報［厥］寧’是也。”野王案：今並為聿字，在聿部也。[①]《蒼頡篇》：“喜皀也。”

---

① 《名義》：“聿，以出反。遂也，述也，自也，循也，辞也，曰也，豈也。”

《説文》："欥，詮詞也。从欠、曰，曰亦聲。《詩》曰：欥求厥寧。"《名義》："欥，尤出反。詮詞也。"《新撰字鏡》："欥，尤出反。詮詞也。聿字。"

歠，昌悦反。《國語》："无不歠也。"野王案：《説文》："歠，飲也。"《礼記》"无流歠"是也。《蒼頡篇》："口欒［啐］也。"或為吷字，在口部也。[①]

《國語·越語上》："國之孺子之游者，無不餔也，無不歠也，必問其名。"《説文》："歠，歙也。从歙省，叕聲。吷，歠或从口，从夬。"《禮記·少儀》："毋放飯，毋流歠，小飯而亟之。"《慧琳音義》卷六《根本説一切有部律攝》卷十一音義："歠欱，上川爇反。《蒼頡篇》云：'歠，啐也。'"《名義》："歠，昌恱［悦］反。飲也，啐也。吷也。"《新撰字鏡》："歠，古文作吷，昌悦反，入。……大［忽］飲也，欱也，啐也。"

歙，猗錦反。《周礼》："膳夫掌王食之［之食］飲。"鄭玄曰："飲，酒漿也。"又曰："酒正掌四飲：一曰清，二曰醫，三曰醬，四曰酏。"又曰："漿人掌王之六飲：一曰水，二曰漿，三曰礼，四曰涼，五曰醫，六曰酏也。"《左氏傳》："率［欒］寧將飲酒。"野王案：《説文》："飲，歠也。"謂凡斗物可歠者也。《喪服傳》"蔬食水飲"、《論語》"飲水曲肱而枕之"是也。《闕子》："東面而射……飲羽拎石梁。"野王案：飲羽謂沒羽也。又音猗鳩及［反］。《左氏傳》："將飲馬拎阿［河］。"野王案：以可飲之斗与人飲之曰飲。"酒我為女立之"[②]**、《礼記》"尔飲調何也"並是也。古文為汆字，在水部。**[③]**或為飲字，在食部。**[④]

《周禮·天官·膳夫》："膳夫掌王之食飲膳羞，以養王及后世子。"鄭玄注："飲，酒漿也。"《周禮·天官·酒正》："酒正掌酒之政令……辨四飲之物，一曰清，二曰醫，三曰漿，四曰酏。"《周禮·天官·漿人》："漿人掌共王之六飲：水、漿、醴、涼、醫、酏。"《殘卷》"醴"訛作"礼"。"醴"或作"澧"，後訛為"禮"，再用古字"礼"。《左傳·哀

---

① 《名義》："吷，休恱反。歠，飲也，有嗃。"
② 未詳。疑当作"酒飲我""為女飲之"。
③ 《名義》："汆，猗錦反。飲字。"
④ 《名義》："飲，拎錦反。歙字。歠，咽水。"

公十五年》："欒寧將飲酒，炙未熟，聞亂。"《說文》："㱃，歠也。从欠，酓聲。……汆，古文㱃从今、水。𩚬，古文㱃从今、食。"《儀禮·喪服》："寢有席，食疏食水飲，朝一哭夕一哭而已。"《論語·述而》："子曰：'飯疏食，飲水，曲肱而枕之，樂亦在其中矣！'"《太平御覽》卷三四七引《闕子》曰："宋景公謂弓人曰：'爲弓亦遲矣！'對曰：'臣不得見公矣。'公曰：'何也？''臣之精盡於弓矣。'獻弓而歸，三曰而死。公張弓，登虎圈之臺，東面而射，矢踰西霜之山，集彭城之東，其餘力逸勁，飲羽於石梁。"《文選·左思〈吴都賦〉》："魂褫氣慴而自踢跗者，應弦飲羽。"劉逵注："飲羽，謂所射箭沒其箭羽也。《闕子》曰：'宋景公以弓人之弓，升虎圈之臺。東向而射，箭集彭城之東。其餘力逸勁，猶飲羽於石梁。'"《左傳·宣公十二年》："子重將左，子反將右，將飲馬於河而歸。"《禮記·檀弓》："爾飲調，何也？"《殘卷》："飲，扵錦反。《字書》𠆸食［㱃］字也。飲［㱃］，歠也，呵水也，在欠部。或為次［汆/汵］字，在水部。"《名義》："㱃，猗錦反。歠也。"《新撰字鏡》："㱃，猗錦反。飲，酒漿也，又猗鴆反。飲字。汆，上古文。"

野王案語"謂凡斗物可歠者也""以可飲之斗与人飲之曰飲"，兩"斗"字吕校本均作"汁"，似是。

歛，呼濫、呼女［甘］二反。《蒼頡篇》："歛，欨也。"《廣雅》："歛，子［予］也。""歛，欲也。"

《廣雅·釋詁三》："歛，予也。"《廣雅·釋詁一》："歛，欲也。"曹憲音"呼濫、呼甘"。《名義》："歛，呼濫反。予也，與也，欲也。"《新撰字鏡》："歛，呼濫、呼甘二反。坎［欨］也，予也，欲也。"

歈，大侯反。《廣雅》："歈，歌也。"

《名義》："歈，大侯反。歌也。"《新撰字鏡》："歈，羊朱反。歌也。"《玉篇》："歈，大侯切，歌也。"《廣雅·釋樂》："歈，歌也。"曹憲音"頭"，與"大侯反"音同。《楚辭·招魂》："吴歈蔡謳，奏大吕些。"王逸注："歈、謳皆歌也。"

歃，丘涉反。《埤蒼》："歃，欲也。"

《名義》："欱，丘涉反。惕欲也。"《廣韻·葉韻》："欱，惕欲。"余迺永校注："欱字全王洽韻呼洽反，從支作'敮'，解'盡'，當據正。"疑《廣韻》此字當歸入上一小韻（丘涉切）。《集韻·葉韻》"詰葉切"小韻有"欶"字，釋作"羡欲也"，與"欱"音義同。余校恐不可從。《新撰字鏡》："欱，丘涉反。惕欲也。"

欪，呼字反。《埤蒼》："欯欪，義［笑］意也。"《廣蒼》："氣越息也。"

《名義》："欪，呼世反。美意也。"按：《殘卷》"義意也"、《名義》"美意也"均當作"笑意也"。《廣雅·釋言》："欯，欪也。"《說文》："欯，吹也。一曰：笑意。"《新撰字鏡》："欪，呼世反。欯欪，美［笑］意也，越皀。"

欥［吚］，戒［式］忍反。《字書》："羑［笑］不壞顏也。"野王案：大咲也。或為哂字，在口部。①

《名義》："吚，式忍反。火笑也。"吕氏校釋："'吚'疑為'弞'之誤，弞同哂。"按：《龍龕》："吚，俗；弞，正。音引，笑不壞顏也。又古文哂字。"據此，"吚"為"弞"之俗字。《殘卷》"欥"當為"吚"字之誤。《名義》"火笑也"誤。吕氏校釋本徑作"大笑也"。按："大笑"當作"小笑"，《名義》承顧野王之誤。《玄應音義》卷四《十住斷結經》卷九音義："哂然，《字書》作吲，或作吚，同，式忍反。《三蒼》：'小笑也。'《礼記》：'笑不至哂。'鄭玄曰：'齒本曰吲，大笑則齒本見也。'"《新撰字鏡》："吚，式忍反。笑不壞顏也，大［小］笑也。哂字。"

欸，於訝反。《蒼頡篇》："吹［欧］欸也。"《字指》："欸，驢鳴也。"《廣雅》："欸，極也。"

王仁昫《刊謬補缺切韻·禡韻》（P.2011）："欸，驢鳴。"陳元龍《格致鏡原》卷八三引何承天《纂文》："驢，一曰漢驪，其子曰驝，其鳴欧欸。"《廣雅·釋詁一》："欸，

① 《名義》："哂，式忍反。咲也。"

極也。”《名義》：“欸，於訝反。驢鳴也，極也。鵶字。”《名義》“鵶字”未詳。疑“鵶”為注音字，《集韻·麻韻》“於加切”小韻收“鵶”“欸”二字。《新撰字鏡》：“欸，於訶［訝］反。欭欸也，極也。”又：“歕，於几反，上。欸，驢鳴。”

欶①，素豆反。《周礼》：“冬時有欶上氣疾。”鄭玄曰：“頬［欶］，欬也。”《蒼頡萹》：“斉郡謂欶曰欬也。”

《周禮·天官·疾醫》：“疾醫掌養萬民之疾病，四時皆有癘疾。春時有痟首疾，夏時有痒疥疾，秋時有瘧寒疾，冬時有漱上氣疾。”鄭玄注：“漱，欬也。”陸德明音義：“嗽［嗽］，西豆反，本亦作欶。”《玄應音義》卷十八《四諦論》卷一音義：“氣瘶，蘇豆反。《説文》：‘瘷［瘶］，逆氣也。’《蒼頡篇》：‘齊部［郡］謂瘶曰欬。’”《慧琳音義》卷五八《僧祇律》卷十七音義：“欬瘶，下又作欶，同蘇豆反。《蒼頡篇》：‘齊郡謂敕［欶］曰欬也。’”《名義》：“嗽，素豆反。欬也。”《名義》“嗽”與《殘卷》“欶”音義同。《新撰字鏡》：“欶，所角反。含吸曰欶，亦吮也。嗽，上字。素豆反。欬也。”

欱，呼洽反。《埤蒼》：“欱，久欬也。”

王仁昫《刊謬補缺切韻·洽韻》（P.2011）：“䶎，呼洽反。……欱，氣逆。”《唐韻殘卷·洽韻》（蔣斧印本）：“䶎，䶎齁鼻息。呼洽反。……欱，氣逆。”《名義》：“欱，呼洽反。欥，久也，欬也。”吕氏校釋：“《殘卷》引《埤倉》曰：‘欱，久欬也。’《名義》‘久也，欬也’當作‘久欬也’。”按：《名義》當與字頭連讀為“欱欥”。《殘卷》“久”字本作“**夂**”，疑為“⺀”（亦）字。②《説文》：“欬，屰气也。”與“欱”之“氣逆也”義同。《新撰字鏡》：“欱，呼洽反，入。氣逆也，欥，久欬也。”

欥，呼飢反。《埤蒼》：“歠［欱］欥也。”

---

① 此字與前同部之“欶”（所轂反）字形重出，為同形字。

② 《殘卷》第 24 頁“詾”字頭下“亦”作“**夂**”，第 121、122 頁“繭”字頭下“亦”作“**夂**”，第 131 頁“緹”字頭下“亦”作“**夂**”，141 頁“縐”字頭下“亦”作“**夂**”，167 頁“絡”字頭下“亦”作“**夂**”。字形均與“久”相近。

吕校本引《埤蒼》作“歘欪也”。按：《殘卷·欠部》《名義·欠部》《新撰字鏡·欠部》均未收“歘”字。“歘”當為“欻”字之訛。《名義》：“欪，呼飢反。欻欪也。”《新撰字鏡》：“欪，呼飢反。欻欪也。”

欸，呼勒反。《蒼頡篇》：“欸，欬也。”

《名義》：“欸，呼勒反。欲唾聲也。”按：《名義》“欲唾聲”當作“欬，唾聲”。北京故宫博物院藏王仁昫《刊謬補缺切韻·德韻》：“黑，呼德反。……欸，唾聲。”《唐韻殘卷·德韻》（蔣斧印本）：“黑，北方色。呼北反。……欸，唾聲。”《龍龕》：“欸，呼北反，唾聲。”《新撰字鏡》：“欸，呼德反。唾聲，欬也。”《殘卷》似脱“唾聲”義。

㰦，丘庻反。《埤蒼》：“欬欠也。”野王案：此亦与呿字同。呿，張也，在口部。[①]

《名義》：“㰦，丘庻反。欠呿，張口也。”吕氏校釋本作“欠，呿，張口也”，云：“《殘卷》作‘《埤倉》：“欬欠也。”野王案，此亦与呿字同。呿，張（口）也，在《口部》’。《名義》此條似當作‘㰦，欬欠也。呿字，張口也’。”按：此説誤。《名義》當作“欠呿，張口也”。《慧琳音義》卷三《大般若波羅蜜多經》卷三〇三音義：“欠㰦，音去，《埤蒼》云：‘欠㰦，張口也。’案：欠㰦，張口引氣也。或作呿。”又卷五《大般若波羅蜜多經》卷三四〇音義：“欠㰦，下音去，《埤蒼》云：‘欠㰦，張口也。’”又卷四六《大智度論》卷十六音義：“呿提，又作㰦，同丘庻反，秦言虚空也。依字，《埤蒼》：‘張口也。’”又卷六三《根本説一切有部毘奈耶攝頌》卷四音義：“欠㰦，下音去，《通俗文》云：‘張口運氣謂之欠㰦。’顧野王云：‘欠㰦，引氣張卩［口］也。’”“㰦”同“呿”，故《名義》“欠㰦”作“欠呿”。《新撰字鏡》：“㰦，丘庻反。欠也，呿。”

㰤，丘暇反。《廣蒼》：“大咲也。”《埤蒼》：“張口也。”《廣雅》：“歌［㰤］，息也。”

① 《名義》：“呿，丘庶反。張口也，呿欠也。”

吕校本引《廣雅》作“歌息也”。按：“歌”字乃“欨”字之訛。《廣雅·釋詁二》：“欨，息也。”曹憲音“若［苦］訶”。《箋注本切韻·哿韻》（S.2071）：“欨，大笑。或作閜［𡄭］。呼可反。”王仁昫《刊謬補缺切韻·𢘆韻》（P.2011）：“欨，張口。”《名義》：“欨，丘瑕反。大㗛也，張口，息也。”《新撰字鏡》：“欨，呼可反，上。大笑也，息也。”

欧［歆］，妨走、他豆二反。《説文》：“相（物）与語，唾而不受也。”《蒼頡篇》：“欧，訽也。”𠚕欧軟，唾也。或為唾字，在口部。[①]

《名義》：“欧，他豆反。訽也，唾。”《新撰字鏡》：“欧，妨走、他豆二反。相与語，唾而不受也。歠，唾也。”

按：《殘卷》《名義》字頭正體當作“歆”。字本作“咅”（或作杏）。《説文》：“咅，相與語，唾而不受也。从丶，从否，否亦聲。歆，咅或从豆，从欠。”《玉篇》：“杏，他豆切，唾也。《説文》云：‘相與語，唾而不受。’”王仁昫《刊謬補缺切韻·候韻》（P.2011）：“欧，唾欧。亦作咅。……杏，語唾不受。亦作欧。”

△《殘卷》“軟”字，吕校本改作“敹”。《廣韻·候韻》：“敹，敹欧，小兒兇惡。”與《殘卷》“唾也”義不合。“軟”當作“歠”，“歠”或作“𣣋”。《説文》：“𣣋，且唾聲。一曰：小笑。从欠，㲄聲。”“𣣋”與“欧”義同。《新撰字鏡》作“𣣋”，當是“歠”字。《新撰字鏡》：“𣣋，湯嵆反，平。唾聲。”“𣣋”蓋“𣣋”之俗字。《集韻·𡖄韻》：“𣣋，唾聲。一曰：小笑。”音“天黎切”，與“湯嵆反”音同。

歖，虚紀反。《字書》古文喜字也。喜，樂也，在喜部。[②]

《説文》：“喜，樂也。从壴、从口。……歖，古文喜从欠，與歡同。”[③]《玉篇》：“喜，欣里切，樂也，悦也。歖，古文，出《説文》。”又：“歖，虚紀切，樂也。”《名義》：“歖，虚纪反。喜字。樂也。”《新撰字鏡》：“歖，欣疑反。喜也，嘆怒也。”

按：《名義》“歖”已見本部，此字重出，然音義不同。

---

① 《名義》：“唾，吐卧反。口液也。或涶也。”“唾”與“欧”義同而音異，恐非“欧”字之或體。
② 《名義》：“喜，欣里反。樂也。”
③ 王筠《説文解字句讀》：“當言同意，謂皆從欠也。”

欮［欮］，居月反。《山海経》："相𣖺［柳］之所，欮［欮］為澤溪。禹煞相𣖺［柳］，其血腥，不可以樹。雨［禹］丰欠之，三伊［仞］三但［沮］。"郭璞曰："欮，掘也。"《廣雅》："欮，穿也。"《説文》或厥，發石，其也，在厂部。①

《殘卷》："厥［厥］，居越反。《尚書》：'以殷仲春，厥［厥］民折［析］，𢪠［？］②。'孔安国曰：'厥［厥］，其也。'……《説文》：'發石也。'《聲𩔗［類］》或為欮字，在欠部。"《山海經·海外北經》："共工之臣曰相柳氏，九首，以食于九山。相柳之所抵，厥為澤谿。禹殺相柳，其血腥，不可以樹五穀種。禹厥之，三仞三沮，乃以為衆帝之臺。"郭璞注："厥，掘也。音撅。"《殘卷》"仞"訛作"伊"，"沮"訛作"但"。《廣雅·釋詁三》："欮，穿也。"《説文》："厥，發石也。从厂，欮聲。"《名義》："欮，居月反。掘也，穿也。"《新撰字鏡》："欮，居月反。握［掘］也，穿也。厥字。"

欸，扵往［佳］、居携二反。《〈字〉書》或哇字也。哇，聲也，謳也，邪也，在口部。③

《名義》："欸，扵佳反。哇字。謳也，邪也。"《慧琳音義》卷八四《集古今佛道論衡》卷二音義："淫哇，於佳反。《蒼頡篇》云：'哇，謳也。'《廣雅》：'邪也。'《説文》：'諂聲也。從口，圭聲。'"《新撰字鏡》："欸，扵佳、居携二反。哇字。聲也，謳也，邪也，佞也。"④

欦，丘凡反。《字書》："欦，請［謂］多智也。"

吕校本作"請多智也"。按："請"當為"謂"字之訛。《名義》："欦，丘月反。

---

① 《名義》："厥，居越反。其也，短也。"
② "𢪠"為"拒"字，説詳"厥［厥］"字條。
③ 《名義》："哇，扵佳反。謳也，耶也，印也。""耶"同"邪"，"印"為"邪"字之訛。
④ 《名義》"欸""哇"下均未收"佞也"義。《慧琳音義》卷八七《破邪論》卷上音義："哇歌，上亞佳反。《蒼頡篇》云：'哇，謳也。'《聲類》：'佞也。'《説文》：'讇聲也。從口，圭聲。'亦作欸。"

謂多智也。”吕氏校釋：“‘丘月反’為‘丘凡反’之誤。”按：此説可從。[①]《新撰字鏡》：“欲，丘凢反。謂多智。”

歕，呼昆反。《字〈書〉》：“歕歕，不可知也。”

《名義》：“歕，呼昆反。不可知也。”《新撰字鏡》：“歕，呼毘［昆］反。”

歄，古華反。《字書》：“歄，歄欨，猶媧妧也。”

《殘卷》：“欨，五爪反。《字書》：‘歄欨也。’”《名義》：“歄，古華反。媧姤也。”《新撰字鏡》：“歄，古華反。”

按：《殘卷》“媧妧”當作“媧姤”。“姤”字本作“姽”，《説文》：“姽，婐姽也。一曰：弱也。从女，厄聲。”吕校本“妧”字改作“婏”。

欣［欨］，五爪反。《字書》：‘歄欣［欨］也。’”

《名義》：“欨，五伌反。欣也。”吕氏校釋：“此字頭原誤。‘欣也’為‘欨也’之誤。《殘卷》作‘《字書》：“歄欣［欨］也’。”按：《名義》此字頭原誤作“欹”。《殘卷》兩“欨”字均誤作“欣”。《名義》“欣也”當作“歄欨也”。《玉篇》：“欨，五瓜切，歄欨。”《龍龕》：“欨，俗；欨，正。五爪反，歄欨，猶歄婏也。”“歄婏”同“歄姤”。《龍龕》：“婏，居委、魚毁二反，好皃也。又五果反。”“五果反”即同“姤”字。《新撰字鏡》：“㰮、欹，二同，五伌反。歄。”

㰲［欯］，許暗［脂］反。《廣蒼》：“㰲［欯］，呻吟也。”《字書》或屄字也，

① 《廣韻·嚴韻》：“㩎，㩎䊀，不齊。”余迺永校注：“凡韻處《王韻》各本作‘欲’，訓‘多智’，《廣韻》作‘欲’，並見匹凡切‘芝’字下，乃‘欲’之訛音訛形。《集韻》‘欲’音丘凡切，訓‘多智也，含笑也’可證。”

在尸部。[①] 或為呎字，在口部。[②] 或為脲字，在皮［肉］部。[③]

《名義》："欸，許脂反。呻吟也。"《新撰字鏡》："欸，許脂反。吟也。屎字，又叨［呎］字，又𦞦［脲］字。"

欶［㱿］，許角反。《字書》或欶［㱿］字也。欶［㱿］，𣢾也。

《名義》："㱿，許角反。㱿字也。"

《殘卷》"𣢾也"，吕校本作"㱿"。△按：《殘卷》溝通字際關係的釋語應是"《字書》或㱿字也"（吕校本同），"㱿，或㱿字也"顯然不通。"㱿"當作"㱿"。"㱿，𣢾也"當為釋義。"𣢾也"疑當作"歐也"。《説文》："㱿，歐皃，从口，㱿聲。《春秋傳》曰：君將㱿之。"《玉篇》："㱿，許角切。《左氏傳》曰：'君將㱿焉。'㱿，嘔吐皃。"《左傳·哀公二十五年》："臣有疾，異於人。若見之，君將嗀之。"杜預注："嗀，嘔吐也。"

欥，舒臣反。《字書》古文呻字也。呻，吟也，讀書也，在口部。[④]

《名義》："欥，舒辰反。呻也，吟也，讀書也。"《新撰字鏡》："欥，舒辰反。呻也，吟也。"

欦［欿］，丁念反。《字書》或唸字也，吟［唸］㞙，呻吟也，在口部。[⑤]

《名義》："欿，丁見反。唸字。屎，呻吟也。"《新撰字鏡》："欿，丁念反。唸字。

① "㞙"，俗"屎"字。《詩經·大雅·板》："民之方殿屎，則莫我敢葵。"毛傳："殿屎，呻吟也。"《名義》："屎，許伊反。呻吟也。"此字亦作"㞙"，或作"㕧"。

② 《名義》："呎，許梨反。呻也，吟，嘆。"

③ 《玉篇》："脲，許梨切，臀之別名，或呻也。"《名義》："脲，許梨反。屎也。"

④ 《名義》："呻，舒神反。吟也，歌也，書讀也。"《莊子·列禦寇》："鄭人緩也呻吟裘氏之地。"陸德明音義："呻謂吟詠學問之聲也。"成玄英疏："呻吟，詠讀也。"

⑤ 《名義》："唸，丁見反。呻，吟。"

屎，呻吟也。”

“㰰屄”即《詩經》之“殿屎”。《詩經·大雅·板》：“民之方殿屎，則莫我敢葵。”毛傳：“殿屎，呻吟也。”陸德明音義：“殿，都練反，郭音坫。《説文》作唸。”

欿［炊］，耻南反。《字書》古文貪字也。貪，欲也，惏也，在貝部。[①]

《名義》：“炊，恥南反。貪也，欲也。”吕校本此字字頭作“欿”與《殘卷》同。△按：《名義》作“炊”不誤。此字從欠，冘聲。“恥南反”屬覃韻，《廣韻·覃韻》從“冘”得聲的字有“眈、戡、耽、酖、妉、𩵋”，無一例從“先”得聲。《名義》：“貪，吐含反。欲也，惏也。古炊也。”字亦作“炊”。《新撰字鏡》：“欿［炊］，恥南反。貪古文。欲也，惏也。”

欹，扵宜反。《廣雅》：“欹欹歟歟，〈歎〉訶［詞］也。”《字書》或猗字也，在犬部。[②]

今本《廣雅·釋訓》“詞也”條下未收“欹”字。胡吉宣校釋：“原本寫作‘《廣雅》欹欹歟歟詞也’，《廣雅》無此文例，亦非《釋訓》篇之逸文，當爲引《廣倉》之誤，併參以今本删去‘欹歟’下二重文，增補一‘歎’字。”△按：胡説未必可從。《爾雅·釋詁下》：“禕，美也。”邢昺疏：“禕者，歎美也。”阮元《十三經注疏挍勘記》：“《五經文字·示部》：‘禕，美也。音猗。’《玉篇·示部》：‘禕，於宜切，美皃，又歎辭。’《廣韻·五支》：‘禕，美也，珍也。’《文選·東京賦》：‘漢帝之德侯其禕而。’薛綜注：‘禕，美也。’字皆從示。”“禕”“禕”“欹”“猗”音義並同。《詩經·周頌·潛》：“猗與漆沮，潛有多魚。”鄭玄箋：“猗與，歎美之言也。”“猗與”與“欹歟”音義同。《新撰字鏡》亦作“欹欹，歟歟，難［歎］詞也”。《名義》：“欹，扵宜反。猗字。歎美詞也。”《新撰字鏡》：“欹，扵宜反。欹欹，歟歟，難［歎］詞也。猗字。”

《名義》釋義與《殘卷》異，當另有所據。《玉篇》：“欹，於宜切，欹歟，歎辭。”《龍龕》：“欹，去奇反，欹傾也。又於支反，歎詞也。”《慧琳音義》卷八《大般若波羅蜜多經》卷五七八音義：“猗適，於機反。《考聲》：‘獨美也，加也。’《爾雅》：‘歎美之詞。’”

---

① 《名義》：“貪，吐含反。欲也，惏也。古炊也。”
② 《名義》：“猗，於宜反。歎辭。”

《集韻·支韻》："欹，歎美辭。通作猗。"

歐，扵建反。《廣蒼》："大呼用力也。"《聲類》："怒腹也。"或為軀［軀］字，在身部。①

王仁昫《刊謬補缺切韻·末韻》(P.2011)："遏，烏葛反。遮。……匽，大呼用力。"②《名義》："歐，扵建反。大呼用力也，怒腹也。"《新撰字鏡》："歐，扵建反。怒腹也。軀字。"

歠，扵牛反。《老子》："終日子［号］而不歠。"野王案：歠，氣逆也。今並為嚘字，在口部。③

《老子·玄符》："終日號而不啞，和之至也。"④《殘卷》："欭，扵利反。《説文》：'嚘也。'《聲類》：'不平也。'野王案：嚘，語不定也，氣逆也。"《名義》："歠，扵牛反。嚘字。逆氣也。"《新撰字鏡》："歠，扵牛反。氣逆也。嚘字。"

欣，扶福反。今俗舩字也。舩，衣服也，重［車］服也。《説文》為舩字，在舩［舟］部。⑤

《殘卷》"重服也"當作"車服也"。《周禮·天官·大宰》："以九式均節財用……四曰：羞服之式。"陸德明音義："干云：'羞，飲食也。服，車服也。'"《殘卷》："舩，扶福反。……《周礼》：'再命受服。'鄭衆曰：'受祭衣服也。'……"《名義》："欣，扶福反。車服也。"

---

① 《名義》："軀，扵建反。怒腹也。"
② "匽"與"歐"形近，音異義同，必有一訛。就字形而言，"大呼用力"義似與"匚"形無關，而與"欠"形有關。蓋字本作"歐"，形訛作"匽"，從"歇"，故有"遏"音。
③ 《名義》："嚘，扵求反。悟也，咆也。"
④ 王卡點校《老子道德經河上公章句》："P二六三九與S三九二六'啞'並作'嗄'。""嗄"或作"歠"，與"歠"形近。"嗄""歠"於義為長。
⑤ 《名義》："服，扶福反。用也，行也，習也，任也。"

欨，思均［均］反。《廣蒼》：“《詩》云：‘欨欸且〈樂〉。’”野王案：《毛詩傳［傳］》：“欨，信也。許［訏］（也），大也。”亦為恂字，在心部。①

《名義》：“欨，思均［均］反。信也，許也，大也。”《新撰字鏡》：“欨，思均［均］反。信也，許，大也。”

《詩經·鄭風·溱洧》：“洵訏且樂。”毛傳：“訏，大也。”鄭玄箋：“洵，信也。”陸德明音義：“洵，息旬反，《韓詩》作恂；訏，况于反，《韓詩》作盱，云：‘恂盱，樂貌也。’”②《名義》“許也，大也”蓋承《殘卷》之誤。“許”為“訏”字之訛，“大也”為“訏”字義。《殘卷》：“訏，況俱反。《毛詩》：‘實譚實訏。’謂張口鳴訏也。又曰：‘洵訏且樂。’傳曰：‘訏，大也。’”

《名義》“思均反”當作“思均反”（吕氏校釋本已徑改作“思均反”）。

欸，虛娛反。《廣蒼》：“樂喜也。”

《名義》：“欸，虛娛反。樂喜也。”《新撰字鏡》：“欸，虗娛反。樂喜也。”

〖食部第一百十三　　凡一百卌四字〗

食，是力反。《尚書》：“食哉，惟時！”“鴻範八政，一曰食。”孔安国曰：“懃農業也。”野王案：此食謂五穀可食，以護人命也。《論語》“足食足丘［兵］”是也。凡口所嚼焦［噍］者皆曰〈食〉也。《尚書》“唯辟王［玉］食”、《左氏傳》“肉食者謀之”是也。〈又〉曰：“乃卜，澗水東，瀍水西，惟洛食。”孔安国曰：“卜必先墨書［畫］龜，然後灼之，兆從食墨也。”又曰：“朕弗食言。”孔安国曰：“書［盡］其〈言〉，偽不實也。”《周礼》：“与其食。”鄭玄曰：“行道曰糧，糧謂糒也；止居曰食，食謂米也。”《世本》：“黄帝作大［火］食。”《左氏傳》：“不可食已。”

---

① 《名義》：“恂，思巡反。信也，慓［慄］也，敬也，温也，慓［慄］也。”

② 從《詩經》“××且×”的格式來看，《韓詩章句》恐有誤。《漢書·地理志下》引《鄭詩》曰：“恂盱且樂。”顏師古注：“恂，信也。盱，大也。”

杜預曰："食，酒［消］也。"又曰："功以食民。"杜預曰："食，養也。"《礼記》："則擇不食之地。"鄭玄曰："不食謂不耕墾也。"《尔雅》："食，為［偽］也。"《史記》："博之貴駿［鴞］，得使［便］則食。"野王案：基［梟］相吞并，如人食也。又音慈史［吏］反。《周礼》："膳夫掌王之飲食。"鄭玄曰："食，飲［飯］也。"野王案：飯為食也。《礼記》"食居人（人）之左"、"我則食之［食］"並是也。以飲食設供扵人忽曰食，為飤字也。

《尚書·舜典》："咨十有二牧曰：'食哉，惟時！'"《尚書·洪範》："三，八政：一曰食，二曰貨，三曰祀，四曰司空，五曰司徒，六曰司寇，七曰賓，八曰師。"孔安國傳："勤農業。"《漢書·食貨志上》："《洪範》八政，一曰食，二曰貨。食謂農殖嘉穀可食之物，貨謂布帛可衣及金刀龜貝，所以分財布利通有無者也。"《論語·顏淵》："子貢問政。子曰：'足食、足兵、民信之矣。'"吕校本引野王案語"曰"下脱"食"字。日本中算《妙法蓮華經釋文》卷上引《玉篇》云："凡口所嚼者皆曰食。"《尚書·洪範》："惟辟作福，惟辟作威，惟辟玉食。"陸德明音義："玉食，張晏注《漢書》云：'玉食，珍食也。'韋昭云：'諸侯備珍異之食。'"《左傳·莊公十年》："其鄉人曰：'肉食者謀之，又何間焉？'"《尚書·洛誥》："乃卜，澗水東，瀍水西，惟洛食。"孔安國傳："卜必先墨畫，然後灼之，兆順食墨。""順"改"従"，為避梁諱。《尚書·湯誓》："爾無不信，朕不食言。"孔安國傳："食，盡其言，偽不實爾。"《殘卷》有脱文，"盡"訛作"書"。《周禮·地官·廩人》："凡邦有會同師役之事，則治其糧，與其食。"鄭玄注："行道曰糧，謂糒也。止居曰食，謂米也。"《左傳·哀公元年》："後雖悔之，不可食已。"杜預注："食，消也。"《左傳·文公十八年》："德以處事，事以度功，功以食民。"杜預注："食，養也。"《禮記·檀弓》："我死，則擇不食之地而葬我焉。"鄭玄注："不食，謂不墾耕。"《殘卷》引《爾雅》"為也"當作"偽也"。《爾雅·釋詁下》："食，偽也。"郭璞注："《書》曰：'朕不食言。'"《史記·魏世家》："王獨不見夫博之所以貴梟者，便則食，不便則止矣。"張守節正義："博頭有刻為梟鳥形者，擲得梟者，合食其子；若不便，則為餘行也。""梟"字異體字作"鴞"，《殘卷》訛作"駿"，"便"訛作"使"。《周禮·天官·膳夫》："膳夫掌王之食飲膳羞，以養王及后、世子。"鄭玄注："食，飯也；飲。酒漿也。"《禮記·曲禮》："凡進食之禮，左殽右胾，食居人之左，羹居人之右。"《禮記·檀弓》："勉而為瘠，則吾能。毋乃使人疑夫不以情居瘠者乎哉？我則食食。"《殘卷》"食之"之"之"字當為重文符之訛。吕校本録作"哉則食之"，改作"胾則食之"，所據未詳。《殘卷》本作"**我**"，顯為"我"字。《慧琳音義》卷六十《根本説一切有部毘奈耶大律》卷二六音義：

“餧飤，上音萎為反，下音寺。《廣雅》：‘餧亦飤也。’顧野王云：‘供設以食與人也。’”又卷八二《大唐西域記》卷三音義：“以飤，詞字反。顧野王云：‘謂以食供設與人也。’”《名義》：“食，是力反。米也，消也，偽也，飯也，飢也。”[①]《新撰字鏡》：“食，是力反，入。養也，消也，偽也，飲也，飢也。”

《説文》：“食，一米也。从皀，亼聲。或説：亼皀也。”《玉篇》：“食，是力切，飯食。《説文》曰：‘一米也。’”

饙，甫云反。《毛詩》：“可以饙饎。”傳曰：“饙，餾也。”《尔雅》：“饙，稔也。”郭璞曰：“今呼脩飯為飯［饙］也。”《字書》：“一曰：業［蒸］米也。”

《説文》：“饙，滫飯也。从食，卉聲。饙，饙或从賁。餴，饙或从奔。”《詩經·大雅·泂酌》：“泂酌彼行潦，挹彼注玆，可以餴饎。”毛傳：“餴，餾也。”《爾雅·釋言》：“饙，稔也。”郭璞注：“今呼餐飯為饙。”陸德明音義：“饙，方云反，字又作餴，同。《説文》作饙，云：‘脩飯也。’饙、餴並同饙也。《字書》云：‘一蒸米。’”“一蒸米”當作“一曰蒸米”。《慧琳音義》卷六三《根本説一切有部律攝》卷八音義：“熱饙，下粉文反。《詩傳》云：‘饙，餾也。’《尒雅》云：‘饙，餾，捻［稔］也。’《字書》云：‘蒸米也。’《説文》云：‘餐飯也。從食，賁聲也。’”《名義》：“饙，甫云反。餾也，稔也。”《新撰字鏡》：“饙、餴，二同，府云反。蒸米也，稔也，餾也，饙謂之餐。饙，上字。”

饙，《説文》或饙字也。饙，飧飯也。

《説文》：“饙，滫飯也。从食，卉聲。饙，饙或从賁。”“飧飯也”或當作“餐飯也”。“飧”或作“餐”，與“餐”形近。

餴，《説文》忽饙字也。

---

① 吕浩校釋：“‘飢’為‘飤’之誤，食同飤。《説文》作‘一米也’段注改‘一米’為‘亼米’。按，當作‘一曰米也’，脱‘曰’字。”按：《説文》首義不用“一曰”，疑“一”字衍，上引《周禮》鄭玄注即作“止居曰食，食謂米也”。

《説文》："饙，滫飯也。从食，奔聲。餴，饙或从賁。餴，饙或从奔。"

餾，力救反。《尔雅》："餾，稔也。"郭璞曰："今呼飯［饙］熟為餾也。"《説文》："飯氣業［蒸］也。"《方言》："自關而東或謂酳［甑］為餾［飵］餾也。"

《爾雅·釋言》："餾，稔也。"郭璞注："今呼……饙熟為餾。"《説文》："𩞁，飯气蒸也。从食，畱聲。"《方言》卷五："甑，自闗而東謂之甗，或謂之鬵，或謂之酢餾。"周祖謨校箋："'酢餾'，原本《玉篇》鎦［餾］下引作'餾餾'，疑為飵餾之誤。"按：此説可從。《廣雅·釋器》："餾，飵，𩞄也。"王念孫疏證："餾、飵皆蒸熟之名。"吕校本徑删"餾"字。《名義》："餾，力救反。稔也。"《新撰字鏡》："餾，力救反，去。餾飯也，念［稔］也。"

餐，思流反。《蒼頡萹》："餐，饙也。"《廣雅》："饙謂之餐也。"

《爾雅·釋言》："饙，餾，稔也。"郭璞注："今呼餐飯爲饙，饙熟爲餾。"陸德明音義："餐，音脩，又西九反，又所九反，一音孫。《廣雅》：'饙謂之餐也。'《蒼頡篇》云：'餐，饙也。'"《廣雅·釋器》："饙謂之餐。"《名義》："餐，思流反。饙也。"《新撰字鏡》："餐，思流反。稔也，餾也，遺也，送也。"

飪，如甚反。《周易》："鼎，象也，以木巽大［火］享飪也。"王弼曰："飪，孰也。"《方〈言〉》："徐楊之間謂孰曰飪。"《説文》："大熟也。"《字書》或為腍字，在内［肉］部。① 或為恁字，在大［火］部。②

《周易·鼎·彖傳》："鼎，象也，以木巽火，亨飪也。聖人亨以享上帝，而大亨以養聖賢。"王弼注："飪，孰也。"按："享""亨"同"烹"；"孰"，古"熟"字。《方言》卷七："飪，熟也。……徐揚之間曰飪。"《説文》："飪，大孰也。从食，壬聲。

① 《名義》："腍，如甚反。熟也。餁字。"
② 《名義》："恁，如甚反。餁字。㚅［孰］也。"

�，古文飪。恁，亦古文飪。”①《名義》：“飪，如具［甚］反。熟也。腍也。”《新撰字鏡》：“餁，任［飪］同，如甚反，上。熟食也。腍字。”

饔，於恭反。《周礼》：“内饔，中士四人。”鄭玄曰：“饔者，割享（前享）前［煎］和之稱也。”又曰：“凡賔客之食［飧］饔……”鄭玄曰：“食［飧］者，客始至之礼；饔者，将幣之礼也。扵客莫盛於饔也。”《説文》：“熟食也。”或為今雍字，在丁［隹］字［部］。②

《周禮・天官・序官》：“內饔，中士四人，下士八人，府二人，史四人，胥十人，徒百人。”鄭玄注：“饔，割亨煎和之稱。”《周禮・天官・外饔》：“凡賔客之飧饔饔食之事，亦如之。”鄭玄注：“飧，客始至之禮。饔，既將幣之禮。致禮於客，莫盛於饔。”“幣”，“幣”俗字。《慧琳音義》卷九二《續高僧傳》卷九音義：“饔飱，上雍恭反。鄭注《禮記》云：‘饔者，割烹煎和之稱也。凡客莫盛於饔，饔，將幣之禮。’《説文》云：‘饔，熟食也。從食，雍聲。籀文從共作（龏）。’”《説文》：“饔，孰食也。从食，雝聲。”《名義》：“饔，扵恭反。熟食也。”《新撰字鏡》：“饔、（龏），二同，扵容反，平。熟食。”

（龏），《説文》籀文饔字也。

《説文》：“飴，米糱煎也。从食，台聲。（龏），籀文飴从異省。”按：“（龏）”當為“饔”之籀文，今本《説文》誤。《慧琳音義》卷九二《續高僧傳》卷九音義：“饔飱，上雍恭反。鄭注《禮記》云：‘饔者，割烹煎和之稱也。凡客莫盛於饔，饔，將幣之禮。’《説文》云：‘饔，熟食也。從食，雍聲。籀文從共作（龏）。’”《龍龕》：“（龏），籀文；饔，正；饔，今。於容反，（孰）［孰］食也。”

飴，習［翼］之反。《毛詩》：“堇荼如飴。”戔云：“甘如飴也。”《方言》：

① 段玉裁《説文解字注》：“心部‘恁’下云：‘賫也。’此古文系後人增羼。小徐説李舟《切韵》不云‘亦古文飪’。”按：“恁”字從心，似與烹飪義無關，疑當作“恁”。《名義》：“恁，如甚反。餁字。褺［褻］也。”

② 《名義》未收“雍”字。《名義》：“雝，扵恭反。雍字。”

“凡飴謂之餳，自關而東陳楚宋衛之間通語也。”《説文》：“米〈糵煎也〉。”

《詩經·大雅·緜》：“周原膴膴，堇荼如飴。”鄭玄箋：“廣平曰原。周之原，地在岐山之南，膴膴然肥美，其所生菜，雖有性苦者，甘如飴也。”《方言》卷十三：“凡飴謂之餳，自關而東陳楚宋衛之間通語也。”周祖謨校箋：“餳，原本《玉篇》‘餳’下引《方言》字作餳。餳音徒當反。”按：《名義》：“餳，達當反。飴和饊也。”古籍“餳”“餳”音似盈、徒當反，疑皆當從“昜”聲，從“易”者蓋形近而訛。詳參段玉裁《説文解字注》“餳”字條。《慧琳音義》卷三三《無上依經》上卷音義：“衣飴，下以伊反。《毛詩》云：‘堇【音謹】荼【音啚】如飴。’箋云：‘甘如飴也。’《説文》云：‘米糵煎也。從食，台聲也。’”又卷八四《集古今佛道論衡》卷一音義：“飴之，以之反。《方言》云：‘飴謂之餳。自關而東陳宋之間通語也。’《説文》云：‘米糵［糵］煎也。從食，從台聲。’”《説文》：“飴，米糱煎也。从食，台聲。”《名義》：“飴，戈［弋］之反。米糵煎也。”

饌，《説文》𠔃飴字也。

《玄應音義》卷十七《俱舍論》卷七音義：“次飴，又作饌、飤二形，籀文作𩚬，同。弋之反。《説文》：‘米糵煎也。’《釋名》云：‘飴，小弱於餳，形怡怡然也。’餳，音似盈反。”《新撰字鏡》：“饌、飴，二同，与之反，平。糖也，飼也。”

飤，《字書》𠔃飴字也。

參上“饌”字條。

饊，先但反。《説文》：“熬稻張［粻］餭［餭］也。”野王案：以膏前［煎］□［乹］飯也。

《説文》：“饊，熬稻粻程也。从食，散聲。”《名義》：“饊，先但反。以膏煎乾飯也。”《新撰字鏡》：“饊，蘇旱反，上。”

《殘卷》“□”字僅存上半部，似為“乹”字，可據《名義》補足。吕校本徑録作“以膏煎飯也”。

餳，徒當反。《淮南》：“曾子見餳，可以養老；盗跖見〈餳〉，所［可］以黏杜［牡］。（湏也。）”《方言》：“凡飴謂之餳，自開如東陳楚宋魏鄭衛之間通語也。”《説文》：“飴饊和也。”

《淮南子·説林》：“柳下惠見飴，曰：‘可以養老。’盗跖見飴，曰：‘可以黏牡。’見物同而用之異。”高誘注：“牡，門户籥牡也。”《吕氏春秋·異用》：“仁人之得飴，以養疾侍老也；跖與企足得飴，以開閉取揵也。”疑《殘卷》“湏也”二字衍。《方言》卷十三：“凡飴謂之餳［餳］，自關而東陳楚宋衛之閒通語也。”《説文》：“餳，飴和饊者也。从食，易聲。”《名義》：“餳，達當反。飴和饊也。”吕氏校釋：“《殘卷》作‘《説文》：“飴饊和也”。’”按：當以“飴和饊也”為是。《玄應音義》卷十三《舍頭諫經》音義：“蜜餳，似盈、徒當二反。《説文》：‘以飴和饊曰餳。’”《太平御覽》卷八五二：“《説文》曰：‘飴，米蘗煎也。’‘餳，飴和饊也。’”《新撰字鏡》：“餳，徐盈反，平。飴也。”

餅，卑井反。《墨子》：“見人作餅而還然竊之。”《漢書》：“宣帝微明［時］，每置［買］〈餅〉，〈餅〉家輙大奮［讐］也。”《説文》：“麵餈也。”《廣雅》：“餅，飦也。”《釋名》：“胡餅，蒸餅，蝎餅，髓餅，食［金］餅，各隨形而名之也。”鄭衆注《孝工記》：“開東謂餅也。”音補管反。①

《墨子·耕柱》：“子墨子謂魯陽文君曰：‘今有一人於此，羊牛犓豢，維人但割而和之，食之不可勝食也。見人之生餅②，則還然竊之，曰：舍余食。不知日月安不足乎？其有竊疾乎？”《漢書·史丹傳》：“宣帝微時，依倚史氏。”《漢書·宣帝紀》：“每買餅，所從買家輒大讐。”《説文》：“餅，麪餈也。从食，并聲。”《廣雅·釋詁三》：“飦，餌，餧，食也。”王念孫疏證：“此條食字讀如上‘農夫食九人’之‘食’，字本作飤……飦，

① 《周禮·考工記·輪人》：“眡其綆，欲其蚤之正也。”鄭玄注引鄭司農云：“綆讀為關東言餅之餅。”陸德明音義：“綆依注音餅，李必善反，又姑杏反。《玉篇》云：‘鄭衆音補管反。’”

② “生”字，畢沅校作“作”，孫詒讓以為“生”字似不誤。參孫詒讓《墨子閒詁》第436頁，中華書局2001年。按：畢校是，畢氏所見舊本與《殘卷》合。

舊本作餠，曹憲音必井反。案：餅與飯同，讀如'飯牛'之'飯'，謂飤之也。《玉篇》《廣韻》飯或作餅，與餠字形相近，傳寫往往譌溷。《韓子·外儲説》：'糲餅菜羹。'《爾雅·釋言》釋文引《字林》云：'餅，扶晚反，飤也。'《方言》：'箄，南楚謂之筲。'郭璞注云：'盛餅筥也。'今本餅字竝譌作餠，正與此同。餠與餧、飤之義不相近，曹憲音必井反，非是，今訂正。"野王所據《廣雅》蓋亦誤。《釋名·釋飲食》："餠，并也，溲麪使合并也。胡餠作之大漫沍也，亦言以胡麻著上也。蒸餠、湯餠、蝎餠、髓餠、金餠、索餠之屬，皆隨形而名之也。"吕校本"隨形"作"隨其形"，誤。《名義》："餠，卑井反。飰也，飯也。"[①]《新撰字鏡》："餠，必郢反，上。飰也。"

餈，徐梨反。《周礼》："羞籩之實：𥻆[糗]餌粉餈。"鄭衆曰："謂乾餌餠之也。"鄭玄曰："合蒸曰餌，餠之曰餈。"《方言》："餠[餌]或謂之餈。"《説文》："稻餠也。"或為粢字，在米部。[②]

《周禮·天官·籩人》："羞籩之實：糗餌粉餈。"鄭玄注引鄭衆云："糗，熬大豆與米也；粉，豆屑也；茨字或作餈，謂乾餌餠之也。"鄭玄注："此二物皆粉稻米、黍米所為也。合蒸曰餌，餠之曰餈。"《説文》："餈，稻餠也。从食，次聲。䶵，餈或从齊。粢，餈或从米。"《方言》卷十三："餌謂之餻，或謂之粢，或謂之飠令，或謂之餣，或謂之餢。"《殘卷》"餌"訛作"餠"（吕校本同）。《名義》："餈，徐梨反。稻餠也。"《新撰字鏡》："餈，疾脂反。飯餠。"又："䶵、餸，徐利[梨]反。粢同，舂飯餠。"

《殘卷》"徐黎反"當作"徐梨反"。"餈""梨"屬脂韻，"黎"屬齊韻。

䶵，《説文》或餈字也。

《説文》："餈，稻餠也。从食，次聲。䶵，餈或从齊。粢，餈或从米。"

餱，胡溝反。《毛詩》："乾餱以衍[愆]。"傳曰："餱，食也。"《説文》：

---

① 《名義》"飯也"未詳。疑"餠"俗或作"餅"，"餅"即"飯"之俗字。
② 《名義》："粢，在咨反。餈，稻餠。"

“乾食也。《周書》‘庤乃餱糧’是也。”

《詩經·小雅·伐木》：“民之失德，乾餱以愆。”毛傳：“餱，食也。”《説文》：“餱，乾食也。从食，矦聲。《周書》曰：峙乃餱粻。”《慧琳音義》卷八八《集沙門不拜俗議》卷二音義：“餱粮，后溝反。《毛詩傳》云：‘餱，食也。’《説文》：‘乾食也。從食，侯聲。’”《名義》：“餱，胡溝反。𠃥食也。”《新撰字鏡》：“餱，胡溝反，平。乾飯也，食也。”

吕校本“庤乃餱糧”作“庤乃餱量”，誤。今本《説文》作“峙乃餱粻”。《尚書·費誓》：“峙乃糗糧。”孔安國傳：“皆當儲峙汝糗糒之糧，使足食。”按：當以作“糧”為是。《周禮·地官·廩人》：“凡邦有會同師役之事，則治其糧，與其食。”鄭玄注：“行道曰糧，謂糒也。”《詩經·大雅·公劉》：“迺積迺倉，迺裹餱糧。”陸德明音義：“餱，音侯，食也。字或作糇。糧，本亦作粮，音良，糇也。”朱熹集傳：“糧，糗也。”“糧”、“餱”（糇）、“糗”、“糒”義同，均謂乾糧。

饘，之延反。《左氏傳》：“納槖饘焉。”杜預曰：“饘，糜也。”《説文》：“周謂之饘，〈宋〉衛謂之〈餰〉也。”或為糬［䊪］字，在米部。①

《左傳·僖公二十八年》：“執衛侯，歸之于京師，寘諸深室。甯子職納槖饘焉。”杜預注：“饘，糜也。”《説文》：“饘，糜也。从食，亶聲。周謂之饘，宋謂之餬。”《禮記·檀弓》：“申也聞諸申之父曰：‘哭泣之哀，齊斬之情，饘粥之食，自天子達。’”陸德明音義：“饘，本又作飦，之然反。《説文》云：‘糜也。周謂之饘，宋衛謂之餥。’”《初學記》卷二六引《説文》曰：“周謂之饘，宋衛謂之餰。”《説文》：“鬻，鬻也。从䰜，侃聲。餰，鬻或从食，衍聲。飦，或从干聲。健，或从建聲。”大徐本音“諸延切”，與“饘”音義同。《慧琳音義》卷九二《續高僧傳》卷六音義：“饘粥，上戰羶反。杜注《左傳》云：‘饘即麋［糜］也。’《説文》亦同：‘麋［糜］也。從食，亶聲。’”《名義》：“饘，之迊反。糜也。”按：《名義》“之迊反”當作“之延反”。《新撰字鏡》：“饘，䊪同，諸迊［延］反，平。厚粥也。”

① 《名義》：“𥻆，之延反。饘也，糜也。䊪，同上。”

餥，甫鬼、甫韋二反。《尔雅》：“餥，食也。”《方言》：“陳楚之内相謁而食麦饘曰餥。”《説文》：“餥，餱也。”

《爾雅·釋言》：“餥，餱食也。”郭璞注：“《方言》云：‘陳楚之間相呼食為餥。’”《方言》卷一：“餥，飵，食也。陳楚之内相謁而食麥饘謂之餥。”《説文》：“餥，餱也。从食，非聲。陳楚之閒相謁食麥飯曰餥。”《名義》：“餥，甫鬼反。食麦饘也，餱也。”《新撰字鏡》：“餥，方尾反，上。食也，餱，一曰：相謁食也。”

饎，充志反。《毛詩》：“吉蠲為饎。”傳曰：“饎，酒食也。”《尔雅》〻云，郭璞曰：“猶今時之饎饌，皆〈一〉語而兼通者也。”《毛詩》又曰：“大饎果［是］果［承］。”戔云：“饎，黍稷也。”《韓詩》：“大饎，大祭也。”《儀礼》：“饎舞［爨］在東璧［壁］。”鄭玄曰：“炊黍稷曰饎也。”《方言》：“饎，熟。自阿［河］以北氣熟曰饎。”或為糦字，在米部。①

《詩經·小雅·天保》：“吉蠲為饎，是用孝享。”毛傳：“饎，酒食也。”陸德明音義：“饎，尺志反。”“尺志反”與“充志反”音同。《爾雅·釋訓》：“饎，酒食也。”郭璞注：“猶今云饎饌，皆一語而兼通。”《詩經·商頌·玄鳥》：“龍旂十乘，大糦是承。”鄭玄箋：“糦，黍稷也。”陸德明音義：“糦，尺志反。《韓詩》云：‘大祭也。’”《儀禮·士虞禮》：“饎爨，在東壁西面。”鄭玄注：“炊黍稷曰饎。”《方言》卷七：“自河以北趙魏之閒火熟曰爛，氣熟曰糦。”《説文》：“饎，酒食也。从食，喜聲。《詩》曰：可以饙饎。”《名義》：“饎，充志反。酒食也，熟也。糦字。”吕氏校釋本誤作“亥志反”。此處“充”字，《殘卷》作“[illegible]”，《名義》作“[illegible]”。按：《名義》22頁“充”字作“[illegible]”，11頁“[illegible]”字作“[illegible]”，177頁“銃”字作“[illegible]”，均堪佐證。《新撰字鏡》：“饎、饌、糦，三同，尺志反，去。熟食，酒食。餦，又上字。”

餦，《周礼》：“餦人掌凡祭礼［祀］共盛。”鄭衆曰：“主炊之官也。”或作饎。《説文》：此〻饎字也。

① 《名義》：“糦，充志反。饍［饎］也，孰也，酒食也。”

《周禮·地官司徒第二》："饎人掌凡祭祀共盛，共王及后之六食。"《周禮·地官·序官》："饎人，奄二人，女饎八人，奚四十人。"鄭玄注引鄭衆云："饎人，主炊官也。《特牲饋食禮》曰：'主婦視饎爨。'故書饎作糦。"《説文》："饎，酒食也。从食，喜聲。《詩》曰：可以饋饎。䊞，饎或从配。"《名義》："飷，饎字。"

饕，仕眷反。《儀礼》："俱饌于西塾。"鄭玄曰："饌，陳也。俱，具也。"《論語》："有酒食，先生饌。"馬融曰："饌，飲食也。"《廣雅》："進也。"《方言》："自開以西秦晋之間，凡取物而逆謂之饕。"《漢書》或以為撰字，在手部。①

《儀禮·士冠禮》："筮與席所卦者，具饌于西塾。"鄭玄注："饌，陳也。具，俱也。"《論語·為政》："有事，弟子服其勞；有酒食，先生饌。"何晏集解引馬融曰："饌，飲食也。"《慧琳音義》卷五九《四分律》卷十五音義："甘饌，《説文》籑或作饌，同，仕眷反，具食也。《論語》：'有飲食先生饌。'馬融曰：'饌，飲食也。'"《廣雅·釋詁二》："籑，進也。"曹憲音"士眷"。《方言》卷一："自關而西秦晉之間凡取物而逆謂之籑。"戴震《方言疏證》本"籑"作"篡"。《揚雄方言校釋匯證》："東文研藏珂羅版宋刊本、静嘉堂文庫藏影宋抄本、福山王氏天壤閣刊影宋本、胡文焕《格致叢書》本、鄭樸《揚子雲集》本、明李玨刻本、明佚名刻本以及覆刻、重刻宋本均作'籑'。"《説文》："籑，具食也。从食，算聲。"《名義》："饕，士食［眷］反。饌。飲食也，進也。"

按：《殘卷》於第二個"饕"旁加注删節符"、"，此字當删。

饌，《説文》亦饕（饕）字也。

《説文》："籑，具食也。从食，算聲。饌，籑或从巺。"《新撰字鏡》："饌，与饕字同，仕篡、士戀二反。飲食也，去。② 具食也，陳也，奪也。③"

---

① 《漢書·刑法志》："删定律令，籑二百章以應大辟。"顏師古注引孟康曰："籑音撰。"《名義》："撰，助攣反。數，具也，持也，述也，定也，慱［博］也。"

② "去"字當置於"二反"之後，表示此為去聲字。

③ "奪"為"奪"之俗字，其義未詳，疑當作"集"。《慧琳音義》卷四九《大莊嚴論序》音義："撰焉，上饌眷反，上聲字也。《韻英》云：'撰者，修著也。'《字鏡》云：'撰，集也。'《考聲》：'造也，整也。'《集訓》：'治擇也。'《文字典説》：'定也。'《字統》：'具也。'《古今正字》：'論其先祖之德也，述作也。從手，從巽省聲也。'《説文》從二卩作弜［㢸］，音訓與上同。《漢書》從算【算音酸短反】從日［卩］作篹，亦古文撰字也。論文與《漢書》同，此古篹字，時所不用也。"

饡，子旦反。《説文》："以義［羹］澆飯也。"野王案：《九思》"時混混兮澆饌［饡］"是也。

《説文》："饡，以羹澆飯也。从食，贊聲。"《殘卷》引《九思》作"澆饌"（吕校本同）。按：《殘卷》字頭作"饡"，則引文自當作"饡"。《楚辭·九思·傷時》："時混混兮澆饡，哀當世兮莫知。"舊注："饡，餐也。"《名義》："饡，子且反。美澆飯也。"吕氏校釋："《殘卷》作'《説文》："以義澆飯也"'。按，《説文》作'以羹澆飯也'，《名義》之'美'及《殘卷》之'義'皆'羹'字之誤。"按：此説可從。《太平御覽》卷八五〇引《説文》曰："饡，以羹澆飯也。"《玉燭寶典》卷十："許云：'十月且麻豆讚。'《字苑》：'羹澆飯。'《字林》同，音子旦反。"按：《名義》"子且反"當作"子旦反"。《新撰字鏡》："饡，子旦反，美美［羹］澆飲［飯］。"

餍，《字書》古文饡字也。

《新撰字鏡》："饡，子旦反，美美［羹］澆飲［飯］。餍，上古文。"

養，餘掌反。《尚書》："德惟善政，政在養民。"野王案：謂畜養之也。《毛詩》："遵養時晦。"傳曰："養，取也。"《夏小正》："時有養長也日之也。"野王案：此長養之養［長］，音猪兩反。[①]傳又曰："時有養夜。養者，長也。"《公羊傳》："斯役尾［扈］養。"何休曰："炊〈亨〉者曰養，汲水漿者〈曰〉役，刈草為防者曰斯也。"《礼記》："生［立］太傅、少傅以養之。"鄭玄曰："養猶敬［教］也。言養者，積浸成長之也。"《孟子》："君子之所養可知已矣。"劉熙曰："養，猪［猶］守也。"《説文》："㞢［共］食［養］。"《蒼頡篇》："養，育也。"《廣雅》："養，樂也。""養，使也。""養，餝也。"古文為羧字，在攵［攴］部。[②]又音餘尚反。《孝經》："以養父母日嚴也。"野王案：具珎羞以供養尊者也。《國語》"祭養尸，饗養上賔"、《礼記》"生則敬養，死則敬辛［享］"是也。

---

① 今本《大戴禮記·夏小正》作"時有養日。養，長也"。《殘卷》"之"字蓋為重文符，替代"養"字。《殘卷》"猪兩反"，吕校本作"猶兩反"。按："猶兩反"與"餘掌反"音同，似無必要特為表出之。疑野王案語當作"此長養之長，音猪兩反"。"猪兩反"為"長"字音，非"養"字音。

② 《名義》："羧，余掌反。養字。敬［教］也，取也，長也，育也。"

《尚書・大禹謨》：“禹曰：‘於，帝念哉！德惟善政，政在養民。”《詩經・周頌・酌》：“於鑠王師，遵養時晦。”毛傳：“養，取。”《大戴禮記・夏小正》：“時有養夜。養者，長也，若日之長也云。”《公羊傳・宣公十二年》：“諸大夫死者數人，廝役扈養死者數百人。”何休解詁：“艾草為防者曰廝，汲水漿者曰役，養馬者曰扈，炊亨者曰養。”《殘卷》“扈”訛作“尾”。“炊”下脱“亨”（同烹）字。《禮記・文王世子》：“立太傅、少傅以養之。”鄭玄注：“養猶教也，言養者，積浸成長之。”《殘卷》“浸”為“侵”之俗字，今本《禮記》作“浸”。“侵”“浸”均有“漸”義。《殘卷》“立”字誤作“生”。古籍“生”“立”形近易訛。《大戴禮記・勸學》：“莖長四寸，立于高山之上，而臨百仞之淵。”汪照《大戴禮記注補》：“立，一作生。”《鶡冠子・著希》：“心雖欲之而弗敢信，然後義生。”陸佃解：“生，一作立。”《孟子・滕文公下》：“由是觀之，則君子之所養可知已矣。”《說文》：“養，供養也。从食，羊聲。羧，古文養。”《廣雅・釋詁一》：“養，樂也。”又：“養，使也。”《廣雅・釋詁二》：“養，飾也。”《孝經・圣治章》：“故親生之膝下，以養父母日嚴。”吕校本“日”誤作“曰”，《名義》誤同，故訓為“嚴也”。日本杲寶《大日經疏演奧鈔》：“《蘇悉地經疏》第六云：‘供者，奉進也；養者，具食也，具珍羞以奉進尊者也。’”《國語・魯語下》：“吾聞之先子曰：‘祭養尸，饗養上賓。”韋昭注：“言祭祀之禮尊養尸，饗宴之禮養上賓也。”《禮記・祭義》：“君子生則敬養，死則敬享。”《名義》：“養，餘掌反。取也，長也，敬［教］也，守也，嚴也，樂也，使也，餝也。”

飯，扶脕［晚］反。《礼記》：“飯：黍、黄粱。稹，稆。”鄭玄曰：“月［目］諸飯也。”又曰：“文王一飯，亦一飯。”野王案：《說文》：“飯，食也。”謂食飯也。又曰“飯〈黍〉無〈以〉著［箸］”是也。今忽以為飯［餅］字。

《殘卷》“扶脕反”（吕校本誤作“扶脕切”）當作“扶晚反”。“脕”字未見用作反切下字者。“扶晚反”屢見《經典釋文》“飯”字下。

《禮記・內則》：“飯：黍、稷、稻、粱、白黍、黄粱。稰，穛。”鄭玄注：“目諸飯也。”吕校本“稹”録作“積”，改作“稷”，“稆”録作“相”，改作“稻”。△按：“稹”蓋“稰”（或作稰）字之訛，“稆”從禾吕聲，“吕”蓋“𠂤”字之訛，“𠂤”，古“堆”字，“𠂤”旁“隹”旁於聲可通。“穛”一訛為“稚”，再訛為“稆”，三訛為“稆”。《禮記・文王世子》：“文王一飯，亦一飯；文王再飯，亦再飯。”《說文》：“飯，食也。从食，反聲。”《禮記・曲禮》：“毋揚飯，飯黍毋以箸，毋嚃羹。”

“今夊以為飯字”（吕校本同）當有誤。凡《殘卷》云“今夊以為某字”者，為溝通字際關係，“某”必與字頭相異。疑此處“飯”當作“餅”。《殘卷》“餅”字下云：“今並為飯字也。”《名義》：“餅，扶万反。飤也。”《新撰字鏡》：“飯、飰，同上，苻万反，去。食也，餅也。又苻脕［晚］反。”

飷[①]，女又反。《楚辞》：“芳与澤其雜鈕。”王逸曰：“飷，雜也。”《説文》：“雜飯也。”〈或〉為米［粈］字，在米部。[②]

《楚辭·離騷》：“芳與澤其雜糅兮，唯昭質其猶未虧。”王逸注：“糅，雜也。”《説文》：“鈕，雜飯也。从食，丑聲。”《玄應音義》卷三《放光般若經》卷二一音義：“雜糅，古文粈、鈕二形，同，女救反。《説文》：‘糅，雜飯也。’今謂異色物相集曰糅也。”又卷四《月燈三昧經》卷一音義：“糅以，古文粈、䊣二形，同，女救反。《説文》：‘雜飯曰糅也。’”又卷十四《四分律》卷五二音義：“雜糅，古文鈕、粈二形，同，拏救反。《廣雅》：‘鈕，雜也。’《説文》：‘粈，雜飯也。’”《名義》：“鈕，女久［又］反。雜也。糅字，籾也。”按：《名義》“籾也”當作“粈也”（吕校本已徑改作“粈也”），俗字從刃、從丑常常相混。《龍龕》：“飷，俗；鈕，正。女救反，雜飰也。”《新撰字鏡》：“飷，籾同，女石［右］反，去。雜飯也。”

餯，舍掌反。《説文》：“晝［晝］食也。”

《説文》：“餯，晝食也。从食，象聲。”《名義》：“餯，舍掌反。賞，書［晝］食也。”吕氏校釋：“《殘卷》作‘舍掌反。《説文》：“晝食也”’。《説文》作‘晝食也’。《名義》與《殘卷》皆為‘晝’字之誤。《名義》‘賞’疑為注音字。”按：此説可從。《箋注本切韻·養韻》（S.2071）：“賞，識兩反。餯，日西食。”兩字音同。《新撰字鏡》：“餯、餳，二同。合［舍］掌反。□也，晝食也。”

---

① 飷，鈕俗字。
② 《名義》：“粈，拏救反。雜飯也。”

餳，《說文》或餳［餯］字也。

吕校本"《説文》"誤作"《字書》"。《説文》："餯，晝食也。从食，象聲。餳，餯或从傷省聲。"

餐［飧］，蘓昆反。《周礼》："司儀之軄，掌致餐［飧］，如致精［積］之礼。"鄭玄曰："〈飧〉，食也。小礼曰餐［飧］，大礼曰饔。"《毛詩》："有饛菑［簋］餐［飧］。"傳曰："餐［飧］，熟食也。謂黍稷也。"《說文》："餐［飧］，餔［餔］也。"《字書》："飲澆飯也。"

《周禮·秋官·司儀》："致飱如致積之禮。"鄭玄注："飱，食也。小禮曰飱，大禮曰饔餼。"吕校本引《詩經》"饛"下衍"文"字。《詩經·小雅·大東》："有饛簋飱，有捄棘匕。"毛傳："飱，熟食，謂黍稷也。"吕校本引《説文》"餔"訛作"餔"。《説文》："飧，餔也。从夕、食。"《禮記·玉藻》："君未覆手，不敢飱。"鄭玄注："飱，勸食也。"孔穎達正義："飱謂用飲澆飯於器中也。"《名義》："餐，蘓昆反。食也，餔也。"《新撰字鏡》："飱，思渾反，平。飱飯。"

按：《名義》字頭"餐""飧"互訛，下文"餐"字字頭誤作"飧"。

湌，《說文》今湌［飧］字也。

按："湌"為"餐"之或體。《説文》："餐，吞也。从食、𣦼聲。湌，餐或从水。"《廣雅·釋詁二》："湌［湌］，食也。"曹憲音"錯寒"。王仁昫《刊謬補缺切韻·寒韻》（P.2011）："湌，倉干反。進食。正作湌［餐］。"

餔，補湖反。《國語》："親載以行，國之孺［孺］子无不餔也。"野王案：《廣雅》："餔，食也。"《楚辞》"餔其糟，歠其醨"是也。《尚書大傳》："春食餔子。"鄭玄曰："餔子，小子也。"《說文》："日加申時〈食〉也。"野王案：今為脯［晡］字，在日部。古文為𥂝［𧖴］字，在皿［血］部。

《國語·越語上》："勾踐載稻與脂於舟以行，國之孺子之遊者無不餔也。""孺"為俗"孺"字。《廣雅·釋詁二》："餔，食也。"曹憲音"逋"。《楚辭·漁父》："衆人皆醉，何不餔其糟而歠其醨？"《殘卷》"醋"為"嗜"之古字，疑當作"醨"，"醨"同"醨"。《尚書大傳》卷一下："秋養耆老而春食孤子。"[①] 吕校本作"《説文》曰：'加申時也'"。按："曰"為"日"字之訛。《殘卷》引《説文》不加"曰"字。《説文》："餔，日加申時食也。从食，甫聲。𧯄，籀文餔从皿，浦聲。"吕校本引野王案語作"今為脯字，在月部"。按："脯"當作"晡"。《名義》："晡，補胡反。由［申］時也。"吕校本又引野王案語作"古文為盙字，在皿部"。按：《名義·皿部》未見"盙"字。《説文》"餔"字籀文作"𧯄"，"从皿"。《名義·皿部》"𧯄"字亦未見。《名義·血部》："𧯄，補胡反。餔。食也，申也，時也［申時食也］。"《名義》："餔，補胡反。食也。糒字。"《名義》"糒字"，吕氏校釋本誤作"糒也"。"糒字"不見於《殘卷》《名義》，《名義》當另有所據。《龍龕》："餔，音步，餹餔也。餹音唐。"又："糒、粠，音步，餹粠。與餔同。""餹粠（糒）"同"餹餔"。《唐韻殘卷·暮韻》（蔣斧印本）："餔，餹餔。又作糒。"《新撰字鏡》："餔，糒同，補湖反。含也，食也，糖也。"

湌［湌］，旦［且］舟［丹］反。《周礼》："賔賜之餐［飡］〈牽〉。"鄭玄曰："喰［飧］，久［夕］食也。"《礼記》："君未覆手，不敢喰［飧］。"鄭玄曰："飧，勸食也。"《説文》："食［湌］，吞也。"《韓詩》："不素飧［餐］兮。无功而食禄謂之素飧［餐］。人倶［但］有質朴，无治民之杖［材］，居位食禄，多得君之加賜，名曰素飧［餐］。素者，質也；飧［餐］者，食之。加［？］恶小人，蒙君加賜温飽，故喰［湌］言之也。"

吕校本引《周禮》作"賔賜之飡"，"飡"後補"牽"字。△按：《殘卷》"飡"本作"餐"。《周禮·天官·宰夫》："凡朝覲、會同、賔客，以牢禮之灋掌其牢禮、委積、膳獻、飲食、賔賜之飧牽，與其陳數。"鄭玄注引鄭衆云："飧，夕食也。"《殘卷》誤"鄭衆"為"鄭玄"，誤"夕"為"久"[②]。《殘卷》引《周禮》為"飧"字，非"餐"字。《文選·嵇康〈琴賦〉》："餐沆瀣兮帶朝霞，眇翩翩兮薄天游。"李善注："鄭玄曰：'餐，夕食也。'《説文》曰：'餐，吞也。'""夕食也"為"飧"字，"吞也"為"餐"字，李善亦誤。《禮記·玉藻》：

---

① 《四庫全書》本云："一作'春食餔於'。""子"字一誤為"于"，再誤為"於"。
② 《慧琳音義》卷六四《四分尼羯磨》音義："就餐，倉單反。鄭玄注《周禮》云：'餐謂久食也。'又注《禮記》：'勸食也。'《説文》：'餔也。從奴，食聲［從食，奴聲］。'奴音殘。《經》從水作湌，俗用字也。"亦作"久食也"，其誤與《殘卷》同。

“君未覆手，不敢飧。”鄭玄注：“飧，勸食也。”陸德明音義：“飧，音孫。”《説文》：“餐，吞也。从食，𣦼聲。湌，餐或从水。”《孟子·盡心上》：“公孫丑曰：‘《詩》曰：不素餐兮。君子之不耕而食，何也？’”朱熹集注：“素，空也。無功而食禄謂之素餐。”《文選·曹植〈求自試表〉》：“虚授謂之謬舉，虚受謂之尸禄。《詩》之素餐，所由作也。”李善注：“《韓詩》曰：‘何謂素餐？素者，質也。人但有質朴而無治民之材，名曰素餐。’”《殘卷》“但”誤作“俱”，“材”誤作“杖”（吕校本同）。《楚辭·九辯》：“竊慕詩人之遺風兮，願託志乎素餐。”王逸注：“不空食禄而曠官也。《詩》云：‘彼君子兮，不素餐兮。’謂居位食禄，無有功德，名曰素餐也。”《名義》：“飡［餐］，且丹反。食也，質也。”《新撰字鏡》：“飡、餐、飡、湌，四同也，七蘭反。□食也，餔也，吞也，食也。”

鎌，力冄反。《説文》：“鎌，喚［嘰］也。一曰：廣［廉］潔也。”

《説文》：“鎌，嘰也。从食，兼聲。讀若風溓溓。一曰：廉潔也。”《名義》：“鎌，力冉反。嘰也，廉（也，）潔也。”《新撰字鏡》：“鎌，力冄反。幾［嘰］也，廉絜也。”

饁，為輙反。《毛詩》：“饁彼南畒。”戔云：“饁，饋也。”《韓詩》：“餉［餉］田也。”《國語》：“其妻饁之。”賈逵曰：“野饋曰饁也。”

《詩經·豳風·七月》：“饁彼南畝，田畯至喜。”毛傳：“饁，饋也。”《殘卷》誤作（鄭玄）“戔”。朱熹集傳：“饁，餉田也。”《説文》：“饁，餉田也。从食，盍聲。《詩》曰：饁彼南畝。”《國語·晉語五》：“冀缺耨，其妻饁之。”韋昭注：“野饋曰饁。”《名義》：“饁，為輙反。饋也。”《新撰字鏡》：“饁，為輙反，入。（田餉也，）餉田也。”

饟，式尚、式章二反。《尔雅》：“饟，饋也。”野王案：《毛詩》“其饟伊黍”是也。《説文》：“周人謂餉曰饟也。”

《爾雅·釋詁下》：“饟，饋也。”《詩經·周頌·良耜》：“其饟伊黍，其笠伊糾。”《説文》：“饟，周人謂餉曰饟。从食，襄聲。”《名義》：“饟，式章反。饋也。”《新撰字鏡》："饟，式尚反，上。平，又。[①] 周人名餉也，饋也。"

《慧琳音義》卷五四《佛説鴦掘摩經》音義："齎饟，下式掌反。《爾雅》：'饟，饋也。'《方言［説文］》云：'周人謂餉曰饋［饟］。從食，襄聲。'"

餉，式尚反。《〈尚〉書》："乃葛伯仇餉。"孔安国曰："見農民拎餉［餉拎］田者，煞其人，奪其餉，曰仇餉也。"《説文》："饟也。"《廣雅》："餉，貴［遺］也。"

《尚書·仲虺之誥》："乃葛伯仇餉。"孔安國傳："葛伯遊行，見農民之餉於田者，殺其人，奪其餉，故謂之仇餉。"《説文》："餉，饟也。从食，向聲。"吕校本引《廣雅》，改"貴"為"饋"。按："貴"當作"遺"。《廣雅·釋詁三》："餉，遺也。""遺"同"遺"。《名義》："餉，式尚反。遺也。"《新撰字鏡》："餉，户［尸］尚反。遺也。又式高［亮］反，去。饋也，饟也。"

饋，渠愧反。《周礼》："凡王之饋［饋］。"鄭玄曰："進物拎尊者曰饋也。"《儀礼》："侍［特］象［豕］饋食。"鄭玄曰："饋猶皈也。"又曰："性［特］胜［牲］饋食之礼。"鄭玄曰："祭祀自熱［熟］始曰饋食也。"《説文》："餉也。"《蒼頡篇》："祭遺也。"

《周禮·春官·膳夫》："凡王之饋食用六穀，膳用六牲，飲用六清，羞用百二十品，珍用八物，醬用百有二十罋。"鄭玄注："進物於尊者曰饋。"《儀禮·士虞禮》："特豕饋食。"鄭玄注："饋猶歸也。"《殘卷》"皈"同"皈"，與"歸"音義同。宋孫逢吉《職官分紀》卷十五："《齊》《周書》紙墨亦劣，或用後魏時字，自反為歸。""自反"即"皈"字，《敦煌俗字典》收"皈"形。《儀禮·特牲饋食禮》："特牲饋食之禮不諏日。"鄭玄注："祭祀自孰始曰饋食。"《慧琳音義》卷二四《諸菩薩求佛本業經》音義："饋遺，上逵貴反。鄭註《禮記［周禮］》云：'饋，歸也，謂進物於尊者也。'《説文》：'餉也。從食，貴［向］聲。'"《説文》："饋，餉也。从食，貴聲。"《文選·王僧達〈祭顔光禄文〉》："以此忍哀，敬陳奠饋。"李善注引《蒼頡篇》曰："饋，

① 此處似有脱文，似當作"又式章反，平"。

祭名也。”《玄應音義》卷十六《毗尼母律》卷五音義：“饋汝，古文餽，同，渠愧反。《説文》：‘饋，餉也。’進物於尊者亦曰饋。饋亦祭名也。”《殘卷》“《蒼頡萹》‘祭遺也’”義未詳。疑當作“《蒼頡萹》：‘祭名也。’《廣雅》：‘遺也’”。《名義》：“饋，渠愧反。歸也，祭遺也。”《名義》“歸也”與《殘卷》“皈也”、《慧琳音義》“帰也”同。《新撰字鏡》：“饋、餽，同上。臣［巨］愧反。餉也，帰也，遺也，送也。”又：“饋，餉也，孰也，鮮也。”[①]

餽，《説文》：“吴人謂祭曰饋［餽］也。”《蒼頡萹》：“餽，饟也。”《聲類》忽饋字也。

《説文》：“餽，吴人謂祭曰餽。从食，从鬼，鬼亦聲。”《戰國策·中山策》：“勞者相饗，飲食餔餽，以靡其財。”高誘注：“吴謂食為餽，祭鬼亦為餽，古文通用，讀與饋同。”《後漢書·酷吏·樊曄傳》：“初，光武微時，嘗以事拘於新野，曄為市吏，餽餌一笥。”李賢注引《蒼頡篇》曰：“餽，饟也。”《名義》：“餽，饟也。饋字也。”《玉篇》：“餽，居位、求位二切。《説文》曰：‘吴人謂祭曰餽。’”

饛，莫東反。《毛詩》：“有饛簋［簋］飧。”傳曰：“饛，簋［滿］簋［簋］皀也。”《韓詩》為盥［盟］字[②]，在皿部。

《詩經·小雅·大東》：“有饛簋飧，有捄棘匕。”毛傳：“饛，滿簋貌。”《説文》：“饛，盛器滿皃。从食，蒙聲。《詩》曰：有饛簋飧。”《名義》：“饛，莫東反。簋殄［飧］也。盌也。”《集韻·東韻》：“饛，《説文》：‘盛器滿貌。’引《詩》：‘有饛簋飧。’或作盌、盟。”按：《名義》“盌”蓋承《殘卷》之訛。

饗，穴掌反。《周礼》：“上公饗礼九獻，侯伯饗礼七献，子男饗礼五献。”鄭玄曰：“饗，説［設］盛礼以飲賔也。”野王案：《毛詩》“鍾皷既設，一朝饗之”是也。《公

---

① “孰也”疑為誤釋。《周禮·天官·籩人》：“饋食之籩。”鄭玄注：“饋食，薦孰也。”“饋”為“薦”義。“鮮也”義未詳，疑為“歸也”之訛。

② 《名義》：“盟，莫公反。豐，滿也。”

羊傳》："饗斉侯于祀［祝］丘。"何休曰："牛角［酒］曰橋［犒］，加飯羮曰饗。"《儀礼》："机［执］奠，柷［祝］饗。"鄭玄曰："勸强之也。"神明歆饗食為享字，在辛［享］部。①

《殘卷》反切上字當有誤，"穴"疑為"火"字之訛。

吕校本引《周禮》"飲賔"改作"飯賔"，蓋據《玉篇》。《玉篇》："饗，許掌切，設盛禮以飯賔客。"按：當作"飲賔"為是。《周禮·秋官·大行人》："饗禮九獻，食禮九舉。"鄭玄注："饗，設盛禮以飲賓也。"《詩經·小雅·彤弓》："鐘鼓既設，一朝饗之。"鄭箋："大飲賔曰饗。"《儀禮·聘禮》："公於賓壹食再饗。"鄭玄注："饗謂亨大牢以飲賓也。"《玄應音義》十三《太子本起瑞應經》卷上音義："復饗，虚掌反。謂設礼以飲賔也。又加羮飯曰饗，饗亦勸強也。"字並作"飲"。《公羊傳·莊公四年》："四年春，王二月，夫人姜氏饗齊侯于祝丘。"何休解詁："牛酒曰犒，加飯羮曰饗。"《儀禮·士虞禮》："主人拜妥尸，尸荅拜執奠，祝饗，主人拜如初。"鄭玄注："饗，勸強之也。"《慧琳音義》卷三一《大灌頂經》卷十音義："世享，下香仰反。《毛詩》云：'享，獻也。'劉兆注《公羊傳》云：'食也。'杜注《左傳》：'受也。'賈注《國語》云：'禮也。'顧野王曰：'鬼神臨享登祀也。'《説文》作亯，從高省（聲）。""鬼神臨享登祀"即"神明歆饗"。《説文》："饗，鄉人飲酒也。从食，从鄉，鄉亦聲。"《名義》："饗，欣掌反。上也，勸強也。"《新撰字鏡》："饗，許兩反，上。宴也。"

吕校本作"在亯部"。按：《名義》有享部，無亯部。

飵，似故反。《方言》："陳楚之郊南楚之外相謁而食曰飵也。"又曰："飵，食也。楚謂相謁食麦為飵也。"

《方言》卷一："餥，飵，食也。陳楚之内相謁而食麥饘謂之餥，楚曰飵，凡陳楚之郊南楚之外相謁而飧或曰飵。"《説文》："飵，楚人相謁食麥曰飵。从食，乍聲。"《名義》："飵，似故反。食麦曰飵也。"《新撰字鏡》："飵，似故反。食也，相謁而饗曰飵。"

飿，仁三［甘］、女兼二反。《方言》："南楚之外相謁而饗［餐］曰飿也。"

① 《名義》："享，虚掌反。臨也，孝也，向也，受也，覲也，獻也，祭也，當也，食也。亯，籀文。"

《殘卷》“仁三”當作“仁甘”。《集韻·談韻》：“鲇，相謂［謁］食。”音“乃甘切”，與“仁甘反”音同。

《方言》卷一：“餥，飵，食也。陳楚之內相謁而食麥饘謂之餥，楚曰飵，凡陳楚之郊南楚之外相謁而飧或曰飵，或曰鲇。”郭璞注：“音黏。”《説文》：“鲇，相謁食麥也。从食，占聲。”《名義》：“鲇，女兼反。南楚外相謁饗曰鲇。”《新撰字鏡》：“鲇，仁三［甘］、女兼二反。飵也。”

《殘卷》《名義》“饗”當作“餐”。周祖謨校箋：“飧，戴改作餐，注‘晝飯為飧’同。案原本《玉篇》飵下引字作湌，湌即餐之俗體。見《干禄字書》。”

饒［饐］，扵寸、扵恨二反。《方言》：“相謁也而食。（春）[①]秦晉之際河陰之間曰饒［饐］饐［饑］。此真秦語也。”郭璞曰：“今開西人呼食欲飽為饒［饐］饐［饑］也。”

《方言》卷一：“餥，飵，食也。陳楚之內相謁而食麥饘謂之餥，楚曰飵。凡陳楚之郊南楚之外相謁而飧［餐］，或曰飵，或曰鲇。秦晉之際河陰之間曰饐饑，此秦語也。”郭璞注：“饐，惡恨反。饑，五恨反……今關西人呼食欲飽爲饐饑。”《説文》：“饐，秦人謂相謁而食麥曰饐饑。从食，㥯聲。”《名義》：“饐，扵恨反。食欲飽也。”《新撰字鏡》：“饐，扵寸、扵佷［恨］二反。饉也，欲飽也。”

饑，五恨、五寸二反。《説文》：“饒［饐］饐［饑］也。”《廣雅》：“饐［饑］，食也。”

《説文》：“饑，饐饑也。从食，豈聲。”《廣雅·釋詁二》：“饑，食也。”曹憲音“五困”。《名義》：“饑，五寸反。食也。”吕氏校釋：“此字頭《玉篇》作‘饑’，同饐。”按：“饑”從食豈聲，“饐”從食壹聲，形音義有異。此字頭當作“饑”，作“饐”當為形近而訛。《名義》另收“饐”字。《玉篇》：“饑，五恨、五寸二切，饐也[②]。”《新撰字鏡》：“饐［饑］，五恨、五寸二反。饐也，食也。”

按：“饑”字“从食，豈聲”。“豈聲”之字似不當讀“五恨、五寸二反”，疑“五寸”

---

① “春”字旁注“ミ”，當為删除符號。
② 疑當作“饐饑也”，脱“饐”字，誤“饑”為“饐”。

本作“五才”。《集韻·咍韻》從“豈聲”之字有“闓”、“嘊”（以上丘哀切），“齸”、“獃”、“膭”、“揯”、“剴”、“殨”、“隑”（以上柯開切），“嗌”、“鱧”、“鱧”（以上何開切），“皚”、“溰”、“萓”、“嵦”、“體”、“磑”、“敳”、“癔”、“戥”、“艟”、“譩”（以上魚開切）。“魚開切”與“五才反”音同。

餫，胡問反。《左氏傳》：“宣伯餫諸穀。”杜預曰：“野饋曰餫也。”

《左傳·成公五年》：“夏，晉荀首如齊逆女，故宣伯餫諸穀。”杜預注：“野饋曰餫。”《説文》：“餫，野饋曰餫。从食，軍聲。”王仁昫《刊謬補缺切韻·問韻》（P.2011）：“運，云問反。輂。暈，暈［日］氣。餫，野餉。”《名義》：“餫，胡閽［問］反。”

餬，户徒反。《尔雅》：“餬，饘也。”郭璞曰：“即糜也。”《方言》：“餬，寄食也。齐衛半［宋］……四方是也。”餬〈饘〉之餬，《説文》為鬻［鬻］字，在鬻［鬻］〈部〉。[①] 綱黏之餬為糊［黏］字，在黍部。[②] 或為糊［粘］字，在米部。[③]

《爾雅·釋言》：“餬，饘也。”郭璞注：“糜也。”《方言》卷二：“餬、託、庇、寓、媵，寄也。齊衛宋魯陳晉汝潁荆州江淮之間曰庇，或曰寓，寄食爲餬，凡寄爲託，寄物爲媵。”郭璞注：“《傳》曰‘餬其口於四方’是也。”《殘卷》“半”當為“宋”字之訛，其下有脱文。吕校本“半”字改作“于”。《説文》：“餬，寄食也。从食，胡聲。”《名義》：“餬，户徒反。饘也，糜也。粘也，粥鬲［鬻］也。”《新撰字鏡》：“餬、餬、餂，三同，扈都反，平。饘也，（平饘也）寄食也。”

吕校本“鬻”字依《殘卷》作“鬻”，“在黍部”之“餬”作“黐”，又删“綱黏”（吕校本作“綱黏”）之“綱”。

餂，《字書》忽餬字也。

① 《説文》：“鬻，鍵也。从鬻，古聲。”《名義》：“鬻，户徒反。鬲［？］字。饘。”
② 《名義》：“黏，扈都反。粘也。粘也。”
③ 《名義》字頭未見“糊”或“粘”字。然“黏”字下有“粘也”，“黏”字下有“糊也”。

《玄應音義》卷十二《修行道地經》卷五音義："餬口，又作餂，同，户姑反。《方言》：'寄食也。江淮之閒謂寓食為餬。'《尒疋》：'餬，饘也。'郭璞曰：'即糜也。'"王仁昫《刊謬補缺切韻·模韻》（P.2011）："餬，寄食。亦作餂、鬻［鬻］。"

飶，蒲結反。《毛詩》："有飶其香。"傳曰："飶，芬香也。"《說文》："食之香也。"或為苾字，在草部。① 或為咇字，〈在〉口部。② 或為馝字，在香部。③ 或為䬛字，在黍部。④

《詩經·周頌·載芟》："有飶其香，邦家之光。"毛傳："飶，芬香也。"陸德明音義："飶，蒲即反，芬芳也。《說文》云：'食之香也。'字又作苾，音同，一音蒲必反。"《說文》："飶，食之香也。从食，必聲。《詩》曰：有飶其香。"《唐韻殘卷·質韻》（蔣斧印本）："飶，食之香者。出《說文》。"《名義》："飶，蒱结反。芳［芬］香也。䬛字。"《新撰字鏡》："飶，蒲結反。芬香也，食之香。苾、馝，二同。"

飫，於攄反。《尚書序》："律［作］《𠀉［汨］作》《九共》《槀［槀］飫》。"范甯集解曰："髙［槀］，勞也；飫，賜也，勞賜也。賜下士［土］，故曰槀飫也。"《毛詩》："如食宜飫。"傳曰："飫，飽也。"《左氏傳》："加膳則飫。"杜預曰："飫，厭也。"宴私之飫為醧字，在酉部。⑤

《尚書序》："作《汨作》、《九共》九篇、《槀飫》。"孔安國傳："槀，勞也。飫，賜也。凡十一篇，皆亡。"《經典釋文·序録》載《尚書》有范甯集解十卷。《詩經·小雅·角弓》："如食宜饇，如酌孔取。"毛傳："饇，飽也。"陸德明音義："饇，

① 《香藥字抄》："苾，蒲結反。《毛詩》：'苾苾芬芬，祀事孔明。'䇳云：'苾苾然芬香也。'或為飶字，在食部。《字書》或為馝字，在香部。又為咇字，在口部。或為秘［䬛］字，在黍部。"《名義》："苾，蒲结反。芬香，穀香也。秘［䬛］字。"
② 《香藥字抄》作"飶……《聲類》或為咇字，在口部"。又："咇，蒲結反，《字書》或飶字也。飶，芬香也，在食部。或為馝字，在香部。或為苾字，在草部。或為秘［䬛］字，在黍部。"《名義》："咇，蒲结反。芳香也。馝字。"
③ 《香藥字抄》："馝，蒲結反。《埤蒼》：'大香也。'或為飶字，在食部。或為咇字，在口部。或為苾字，在屮［艸］部。或為馝字，在香部。"《名義》："馝，菩结反。大香也。"
④ 《名義》："䬛，蒲结反。䬛，香也。苾也。"
⑤ 《名義》："醧，於攄反。私［私］也。"

於據反，徐又於具反。”“饇”與“飫”音義同。《左傳·襄公二十六年》：“是以將賞，為之加膳，加膳則飫賜。”杜預注：“飫，饜也。”陸德明音義：“饜，亦作厭，於豔反。”《説文》：“餀，燕食也。从食，芙聲。《詩》曰：飲酒之餀。”《唐韻殘卷·御韻》（蔣斧印本）：“飫，飽也。饜也。”《名義》：“餀，扵攄反。賜也，飽也，猒也。醧（也）字。”《新撰字鏡》：“餀，扵攄反。飽也，猒也。醧字。”又：“飫，扵攄反，去。飽也，”

飫，《字書》亦飫字也。

《新撰字鏡》：“餀，扵攄反。飽也，猒也。醧字。飫，上字。”王仁昫《刊謬補缺切韻·御韻》（P.2011）：“飫，於據反。飽。亦作飫。”

飽，補挍［狡］反。《論語》：“君子食无求飽。”《説文》：“飽，饝［餍/饜］也。”野王案：饜足皆曰飽，不但扵食也。《毛詩》“既酭［醉］以酒，又飽以德”是也。《廣雅》：“飽，滿也。”

《論語·學而》：“子曰：‘君子食無求飽，居無求安。’”《説文》：“飽，猒也。从食，包聲。”《詩經·大雅·既醉》：“既醉以酒，既飽以德。”《廣雅·釋詁一》：“飽，滿也。”《名義》：“飽，補挍［狡］反。猒也，滿也。”《新撰字鏡》：“飽，博巧反，上。猒食也，滿也。餜、䬪，二上古文。”

餜，《説文》古文飽字也。

《説文》：“飽，猒也。从食，包聲。餜，古文飽从采。”

䬪，《説文》亦古文飽字也。

《説文》：“飽，猒也。从食，包聲。……䬪，亦古文飽，从卯聲。”

餇，扵縣反。《説文》：“餇，猒也。”野王案：《大載［戴］礼》“飲酒而醉，食皮［肉］而餇”①是也。或為肙字，在肉部。②《字書》或為噮字，在口部。③

《説文》："餇，猒也。从食，肙聲。"《大戴禮記·保傅》："飲酒而醉，食肉而餕。"《殘卷》"皮"當為"肉"字之訛。王引之《經義述聞》卷十一"食肉而餕"條引王念孫曰："餕當為飽，故盧注云：'過其性也。'食肉而飽與飲酒而醉對文，今本飽作餕，則義不可通。飽、餕草書相似，故飽譌作餕。鈔本《北堂書鈔》引此正作飽。"按："飽""餕"草書形不近。"餕"當為"餇"字之訛。《龍龕·疒部》"痠"作"**痟**"，"肙"旁俗作"肙"，與"**痟**"之聲旁形近。王仁昫《刊謬補缺切韻·霰韻》（P.2011）："〈餇〉，烏縣反。饜飽。亦作肙、噮。"《唐韻殘卷·霰韻》（蔣斧印本）："餇，饜飽。烏縣反。"《名義》："餇，扵縣反。猒也。"《新撰字鏡》："肙、肙，二同，烏縣反，去。飽也，猒也。"

饒，如燒反。《左氏傳》："沃饒而近臨［鹽］。"野王案：《廣雅》："饒，多也。"謂豊［豐］厚也。《礼記》"不饒冨"是也。《説文》："饒，飽也。"《廣雅》："饒，益也。"《聲類》："饒，〈餘〉也。"

《左傳·成公六年》："諸大夫皆曰：'必居郇瑕氏之地，沃饒而近盬。"杜預注："盬，鹽也。"陸德明音義："盬，音古。"呂校本作"近鹽"，誤。《廣雅·釋詁三》："饒，多也。"《禮記·曲禮》："大饗不問卜，不饒富。"《説文》："饒，飽也。从食，堯聲。"《廣雅·釋詁一》："饒，益也。"《名義》："饒，如燒反。多也，飽也，益也，餘也。"《玉篇》："饒，如燒切，多也，飽也，豐（也，）厚也，餘也。"《新撰字鏡》："饒，如燒反。多也，益也，飽也，餘也。"

呂校本引野王案語作"《廣雅》：饒，多也，謂豐厚也"。按："饒，多也"為《廣雅》文，其後不當用逗號。"謂豐厚也"為野王語。《慧琳音義》卷四十轉録《毘沙門天王經》玄應音義："豐饒，下遶招反。《廣雅》云：'饒，多也，益也。'謂豊［豐］厚也。《聲類》：'餘也。'《説文》：'飽也。從食，堯聲。'"呂校本引《聲類》作"饒也"。按：字頭作"饒"，則訓釋不當作"饒也"。"饒"後當補"餘"字。《慧琳音義》《名

① 今本《大戴禮記·保傅》作"飲酒而醉，食肉而餕"。
② 《名義》："肙，烏衒反。小虫也，空也。"
③ 《名義》："噮，扵縣反。厭食，飫也。"

義》《玉篇》均有“餘也”義。

餘，与居反。《尚書》：“餘波入于流沙。”野王案：餘猶羸［贏］也。《左氏傳》“君之餘也”“賈余餘勇”是也。《尔雅》：“列［烈］，餘也。”《方言》：“晋衛之間謂餘曰列［烈］。”郭璞曰：“謂残［烈］餘也。”野王案：《礼記》“餕餘不祭”是也。《左氏傳》：“餘子不失職者。”杜預曰：“卿之庶子為餘子也。”《公羊傳》：“斉魯餘䘮歸父之无後。”何休曰：“餘者，皆〈共〉之辞也。開東語也。”《楚辞》：“〈覽〉莫州子［兮］有餘。”王逸曰：“餘，他也。”《説文》：“餘，饒也。”《廣雅》：“餘，非也。”“餘，皆也。”

《尚書·禹貢》：“導弱水，至于合黎，餘波入于流沙。”“餘猶羸也”（吕校本同）當作“餘猶贏也”。《説文》：“贏，有餘賈利也。”“贏”“餘”義同。《左傳·僖公二十三年》：“其波及晉國者，君之餘也，其何以報君？”《左傳·成公二年》：“欲勇者，賈余餘勇。”《爾雅·釋詁下》：“烈、枿，餘也。”郭璞注：“晉衛之間曰蘖，陳鄭之間曰烈。”《方言》卷一：“烈、枿，餘也。陳鄭之間曰枿，晉衛之間曰烈，秦晉之間曰肄，或曰烈。”郭璞注：“謂烈餘也。”《禮記·曲禮》：“餕餘不祭，父不祭子，夫不祭妻。”《左傳·昭公二十八年》：“謂知徐吾、趙朝、韓固、魏戊、餘子之不失職，能守業者也。”杜預注：“卿之庶子爲餘子。”《公羊傳·成公十五年》：“齊魯人徐傷歸父之無後也。”何休解詁：“徐者皆共之辭也，關東語。”《楚辭·九歌·雲中君》：“覽冀州兮有餘，横四海兮焉窮。”王逸注：“餘，猶他也。”《説文》：“餘，饒也。从食，余聲。”《廣雅·釋詁四》：“殉，餘，盈也。匪，勿，非也。”王念孫疏證：“各本皆作‘殉，餘，盈，匪，勿，非也’。案：殉、餘、盈三字，義與非不相近。各本‘盈’下脱‘也’字。故與下‘匪，勿，非也’混為一條，今補正。徧考諸書，殉、盈二字無訓為非者，惟《玉篇》云：‘餘，非也。’而經傳皆無此訓，蓋後人依誤本《廣雅》增入，不可引以為據。”按：《玉篇》實承《殘卷》之誤。《廣雅·釋詁三》：“餘，皆也。”《名義》：“餘，与居反。羸［贏］也，他也，非也，皆也，殘也。”《新撰字鏡》：“餘，与居反。他也，皆也，饒也，皆也，羸［贏］也，非也。”

餀，呼帶反。《尔雅》：“餀［餀］謂之喙［餯］。”郭璞曰：“餀，物臭也。”《説文》：“食而臭之也。”

《爾雅·釋器》："餀謂之餯。"郭璞注："説，物臭也。"周祖謨校箋："原本《玉篇》食部'餀'下引作'餀，物臭也。'《字鏡》餀下云：'諸食物臭也。'《説文》云：'餀，食臭也。'疑郭注本作'謂食物臭也'，今本有脱誤。"由《殘卷》考之，"説"當是"餱"字之誤，而"餱"又為"餀"字之訛，郭本當作"餀，物臭也"。《名義》亦其證。《説文》："餀，食臭也。从食，艾聲。《爾雅》曰：餀謂之喙。"《名義》："餀，呼帶反。物臭也。"《新撰字鏡》："餀，呼帶反。諸食物臭也。"

餯，呼癈反。《埤蒼》："餀，矣［臭］也。"

《爾雅·釋器》："餀謂之餯。"陸德明音義："餀，呼蓋、苦蓋二反，《字林》火刈反，郭呼帶反。餯，許穢反。李云：'餀、餯皆穢臭也。'"《殘卷》引《埤蒼》"餀矣也"當作"餀［餯］，臭也"。字頭為"餯"，不當釋"餀"字。《名義》："餯，呼癈反。餀，臭也。"《新撰字鏡》："餯，呼癈反。臭也，餀也。"

餞，相林、膺五［前賡、材丏］二反。《尚書》："寅餞内日。"孔安国曰："餞，送也。"《毛詩》："飲餞于祢。"傳曰："祖而合［舍］軷，飲酒於其側曰餞也。"《韓詩》："送行飲酒曰餞。"野王案：《傳左氏［左氏傳］》"餞宣子於郊"是也。"

《殘卷》"相林、膺五二反"均有誤，吕校本改作"杖前、丑賡二反"，亦非。△按："相"當作"前"，"林"當作"材"，均為反切上字；"膺"當作"賡"，"五"當作"丏"，均為反切下字。王仁昫《刊謬補缺切韻·獮韻》（P.2011）："踐，疾演反。蹈。亦作後。諓，諂。餞，酒食送。又疾箭反。"《集韻·綫韻》音"子賤切""才線切"，《集韻·獮韻》音"在演切"。"前賡反"相當於"疾箭反""才線切"，"材丏反"相當於"疾演反""在演切"。

《尚書·堯典》："寅餞納日，平秩西成。"孔安國傳："餞，送也。"《詩經·邶風·泉水》："出宿于泲，飲餞于禰。"毛傳："祖而舍軷，飲酒於其側曰餞。"陸德明音義："餞，音踐，徐又才箭反，送行飲酒也。"《文選·謝靈運〈九日從宋公戲馬臺集送孔令詩〉》："餞宴光有孚，和樂隆所缺。"李善注引薛君《韓詩章句》曰："送行飲酒曰餞。"《左傳·昭公十六年》："夏四月，鄭六卿餞宣子於郊。"杜預注："餞，送行飲酒。"陸德明音義："餞，賤淺反，《字林》子扇反。"《説文》："餞，送去也。从食，戔聲。《詩》曰：

顯父餞之。”《名義》：“餞，杖［材］前反。送也。”《新撰字鏡》：“餞，疾演反，上。酒食送人也。又疾箭反，上［去］。進也。”

館，古換反。《周礼》：“凡軍〈旅〉之賔客館焉。”鄭玄曰：“館，舍也。”野王案：《毛詩》“于郊則［斯］館”、《國語》“館于宗廣”並是也。《說文》：“客舍也。《周礼》‘五礼：五十里有市，市有候館，候館有積，以待朝聘之館［官］’是也。”野王案：客舍逆旅名候館也。《礼記》：“公館者，公官［宫］与公所為也。私館者，自卿大夫以下之家也。”《周礼》：“司巫掌祭礼［祀］，共以祖［租］館。”鄭玄曰：“館，所以承藉［菹］，若今筴［篋］也。”

《周禮·地官·委人》：“凡疏材共野委兵器與其野囿財用，凡軍旅之賔客館焉。”鄭玄注：“館，舍也。”《詩經·大雅·公劉》：“篤公劉，于豳斯館。”毛傳：“館，舍也。”《國語·周語上》：“上卿逆于境，晉侯郊勞，館諸宗廟。”韋昭注：“館，舍也。”吕校本引《周禮》作“五十里有市，市有候，候有館，館有積，以待朝聘之館”，誤。按:《説文》：“館，客舍也。从食，官聲。《周禮》：五十里有市，市有館，館有積，以待朝聘之客。”《慧琳音義》卷十三《大寶積經》卷四七音義：“舘舍，公翫反。顧野王云：‘逆旅舍名侯［候］〈舘〉。’《周禮》：‘五十里有候候舘舘［候舘，候舘］有委積，以待朝聘之官。’《說文》：‘從食，官聲。’或作舘，俗字。”《周禮·地官·遺人》：“凡國野之道，十里有廬，廬有飲食。三十里有宿，宿有路室，路室有委。五十里有市，市有候館，候館有積。”“以待朝聘之館”，《説文》作“以待朝聘之客”，不見於今本《周禮》。“館”“客”皆當作“官”。《藝文類聚》卷六三引《周禮》、《太平御覽》卷一九四引《開元文字》均作“官”。《禮記·雜記》：“公館者，公宫與公所為也；私館者，自卿大夫以下之家也。”鄭玄注：“公所，為君所作離宫別館也。”《周禮·春官·司巫》：“祭祀則共匰主，及道布，及菹館。”鄭玄注：“館，所以承菹，謂若今筐也。”又引杜子春云：“菹讀爲鉏。匰，器名。主謂木主也。道布，新布三尺也。鉏，藉也。館，神所館止也。書或爲菹館，或爲菹飽。或曰：布者，以爲席也。租飽，茅裹肉也。”《十三經注疏校勘記》：“或為租飽，嘉靖本、監、毛本同。”《殘卷》亦作“租”。《殘卷》“筴”當為“篋”字之訛，“篋”與“筐”同義。吕校本“司巫”誤作“司空”。《名義》：“館，古換反。舍也。”《新撰字鏡》：“館、舘，二同，古換反。舍也，客舍也，食也，噉也，卿大夫以下家口［也］。”

饕，粇高反。《左氏傳》："縉雲氏有不才〈子〉，貪子［于］飲食，罝［冒］于貨賄，聚斂積實，不知紀極，天下之民謂之饕食［飻］也。"杜預曰："貪財為饕，食貪［貪食］為飻也。"飻［饕］〈或〉為叨字，在口部。①

《左傳·文公十八年》："縉雲氏有不才子，貪于飲食，冒于貨賄，侵欲崇侈，不可盈厭，聚斂積實，不知紀極，不分孤寡，不恤窮匱。天下之民，以比三凶，謂之饕餮。"杜預注："貪財爲饕，貪食爲餮。"《慧琳音義》卷五九《四分律》卷十四音義："貪餮，又作飻，同他結反。《説文》：'貪也。'舊律本多作饕飻，他勞反。案：《左傳》：'縉雲氏有不才子，貪於飲食，冒於貨賄，斂積不知紀極，人民謂之饕飻。'杜預曰：'貪財曰饕，貪食曰飻。'"《説文》："饕，貪也。从食，號聲。"《名義》："饕，粇高反。飻也。叨也。"《新撰字鏡》："饕餮，上他高反。下他結反，入。貪財曰饕，貪食曰餮。"

饕，《説文》籀文饕字也。

《説文》："饕，貪也。从食，號聲。叨，饕或从口，刀聲。饕，籀文饕从號省。"

飻，他結反。《説文》："貪也。"

《説文》："飻，貪也。从食，殄省聲。《春秋傳》曰：謂之饕飻。"《名義》："飻，他结反。貪也。"

餮，工［𠂉］飻字也。

王仁昫《刊謬補缺切韻·屑韻》（P.2011）："餮，貪食。亦飻。"《新撰字鏡》："饕餮，上他高反。下他結反，入。貪財曰饕，貪食曰餮。"

---

① 《説文》："饕，貪也。从食，號聲。叨，饕或从口，刀聲。"《名義》："叨，他勞反。貪也，殘也，食也。""食也"或為"貪也"之誤重。

饖，扵吠反。《説文》："飯傷熟也。"《蒼頡篇》："食𦤶也。"

《説文》："饖，飯傷熱也。从食，歲聲。"《名義》："饖，扵咲反。食臭敗也。"《名義》"扵咲反"當作"扵吠反"。《爾雅·釋器》："食饐謂之餲。"郭璞注："飯饖臭，見《論語》。"陸德明音義："饖，於吠反。《説文》云：'飯傷熱也。'《字林》乙大反。[①]《蒼頡篇》云：'食臭敗也。'"《殘卷》引《説文》"飯傷熟也"當作"飯傷熱也"。《慧琳音義》卷六〇《根本説一切有部毘奈耶大律》卷二六音義："噎饖，下音穢，或從口作噦。《文字集略》：'噦，氣牾也。'《説文》：'飯傷熱也。'"《太平御覽》卷八五〇引《説文》："饖，飯傷熱也。"

《新撰字鏡》："饖，烏外反，去。又扵吠反。"

饐，扵史［吏］反。《論語》："食饐而餲。"孔安国曰："饐餲，𦤶味變也。"

《説文》："饐，飯傷溼也。从食，壹聲。"《玄應音義》卷十三《寂志果經》音義："饐口，古文作䭒，同，於吏反。《論語》：'食饐而餲。'孔安國曰：'饐餲，臭味變也。'餲音烏芥反。"《名義》："饐，扵吏反。飯傷濕也。"《新撰字鏡》："饐，扵吏反。飯傷𦤶也。"

《爾雅·釋器》："食饐謂之餲。"郭璞注："飯饖臭，見《論語》。"陸德明音義："饐，於器反，葛洪音懿，釋云：'饐，餿臭也。'餿，色留反。《字林》云：'飯傷熱濕也。央例、央異二反。'"

吕氏校釋："《殘卷》作'《論語》："食饐而餲。"孔安國曰："饐餲，臭味變也"'。"

䭒［𩚵］，《字書》古文饐字也。

吕校本字頭作"𩚵"。△按：《殘卷》字頭似從食弋聲，然此形未見他書。"𩚵"字晚出，似當作"𩚵"。《玉篇》："饐，於利反。臭味变也。𩚵，古文。"《玄應音義》卷十三《寂志果經》音義："饐口，古文作䭒，同，於吏反。《論語》：'食饐而餲。'孔安國曰：'饐餲，臭味變也。'""䭒"即"𩚵"字之訛（弋訛戈，食訛負）。"䭒"字，《慧琳音義》

① △"大"或當作"吠"。"吠"一誤為"犬"，再誤為"大"。

卷五二轉録作“䖸”，“䖸”亦“飺”字之訛。

餲，扵例、扵芥二反。《尒雅》：“食饐謂之餲。”郭璞曰：“飯𩜁臭也。”《説文》：“飯傷濕也。”

吕校本作“於例、於芬［界］二反”。按：所謂“芬”字當是“芥”字。《龍龕·疒部》“疥”字作“𤵸”，其聲旁“介”與《殘卷》“芥”之聲旁形近。

《爾雅·釋器》：“食饐謂之餲。”郭璞注：“飯餲臭，見《論語》。”陸德明音義：“餲，於介反。《字林》乙例反，一音於葛反，食敗也。”《説文》：“餲，飯餲也。从食，曷聲。《論語》曰：食饐而餲。”《名義》：“餲，瘞、喝二音。飯餲臭也。”《新撰字鏡》：“餲，烏曷反，入。□也，氣也，□餲也。”

饑，羇治反。《左氏傳》：“冬，晋荐饑。”杜預曰：“麦禾皆不熟也。”《尒雅》：“穀［穀］不熟曰饑。”郭璞曰：“五穀［穀］不熟也。”《穀［穀］梁傳》：“二穀［穀］不升謂之饑也。五穀［穀］不升為大饑也。”今或為飢。

《左傳·僖公十三年》：“冬，晉荐饑。”杜預注：“麥禾皆不熟。”《爾雅·釋天》：“穀不熟爲饑。”郭璞注：“五穀不成。”《穀梁傳·襄公二十四年》：“五穀不升爲大饑，一穀不升謂之嗛，二穀不升謂之饑，三穀不升謂之饉，四穀不升謂之康，五穀不升謂之大侵。”《説文》：“饑，穀不孰爲饑。从食，幾聲。”《名義》：“饑，羇治反。麦禾不就［孰］曰饑也，五穀不升為飢。”《慧琳音義》卷三二《彌勒下生經》音義：“飢饉，上既希反。郭注《爾雅》云：‘饑謂五穀不熟也。’《穀梁傳》云：‘五穀不熟為大饑。’《説文》：‘從食，几聲。’或作饑也。”《新撰字鏡》：“飢饉，上几治反。穀不熟為飢，蔬不熟為饉。又〈二〉穀不升謂之飢，三穀不升謂之饉。……饑，羇治反。”

饉，〈竒〉[①]鎮反。《毛詩》：“降喪饑饉。”傳曰：“蔬不熟為饉也。”《尒雅》亽云，郭璞曰：“凡草菜可食者通名也。”《穀［穀］梁傳》：“三穀［穀］不升謂之饉。”

---

① “竒”字據《名義》補。

《詩經·小雅·雨無正》:“降喪饑饉,斬伐四國。”毛傳:“穀不熟曰饑,蔬不熟曰饉。”《爾雅·釋天》:“蔬不熟爲饉。”郭璞注:“凡草菜可食者,通名爲蔬。”《説文》:“饉,蔬不孰爲饉。从食,堇聲。”《玄應音義》卷八《維摩詰所説經》中卷音義:“飢僅,古文飪,又作饑,同,几治反。《爾雅》:‘穀不熟爲飢,蔬不熟爲僅。’凡草菜可食者,通名蔬也。”《慧琳音義》卷二一轉録慧苑《新譯大方廣佛花嚴經音義》卷上:“刧中飢饉,渠恡反。《尒雅》曰:‘穀不熟曰飢,蔬不熟曰饉。’《穀梁傳》曰:‘一穀不昇曰嗛,二穀不昇曰飢,三穀不昇曰饉,四穀不昇曰康,五穀不昇大浸。’昇,登也,成也。《墨子》曰:‘一穀不收謂之饉,二穀不收謂之旱,三穀不收謂之凶,四穀不收謂之餽,五穀不收謂之飢饉。’”《名義》:“饉,奇鎮反。蔬不就[孰]為饉也。”

饻,扵讁反。《説文》:“饻,饑也。”

《説文》:“饻,飢也。从食,戹聲。讀若楚人言恚人。”《名義》:“饻,扵適反。饑也。”王仁昫《刊謬補缺切韻·麥韻》(P.2011):“饻,饑。”《唐韻殘卷·陌韻》(蔣斧印本):“啞,笑聲。烏挌反。饻,飢。”《新撰字鏡》:“饻,扵讁反。饑。”

餧,奴猥反。《論語》:“耕也,餧在其中矣。”鄭玄曰:“餧,餓也。”又曰:“魚餧而肉敗。”孔安国曰:“魚敗曰欿[餧]也。”《字書》或鯘字,在魚部。①又音扵偽反。《礼記》:“餧獸之藥。”野王案:以物散与鳥獸食之[也]。《楚辞》“鳳忽不貪,餧而亡[妄]食”是也。《廣雅》:“餧,飤也。”

《論語·衛靈公》:“子曰:‘君子謀道不謀食。耕也,餒在其中矣。學也,禄在其中矣。’”何晏集解引鄭玄曰:“餒,餓也。”吕校本“餓也”誤作“饑也”。《論語·鄉黨》:“魚餒而肉敗不食,色惡不食,臭惡不食,失飪不食。”何晏集解引孔安國曰:“魚敗曰餒。”《玄應音義》卷八《佛説前世三轉經》音義:“身餧,於偽反。顧野王云:‘以物散與鳥食也。’《廣雅》:‘餧亦飤(飤音寺)也。’”《慧琳音義》卷九〇《高僧傳》卷十音義:“餧者,奴磊反。或從魚作鯘,魚敗臭也。《論語》曰:‘魚餧而肉敗。’孔注云:‘魚敗曰餧。’亦從肉作腇,並臭壞之魚。”《禮記·月令》:“餧獸之藥,

① 《名義》:“鯘,奴磊反。”

毋出九門。”陸德明音義：“餧，於偽反。”《楚辭·九辯》：“鳳亦不貪，餧而妄食。”洪興祖補注：“餧，於偽切。”《廣雅·釋詁三》：“餅，餌，餧，食也。”王念孫疏證：“此條‘食’字讀如‘上農夫食九人’之‘食’，字本作飤。”《説文》：“餧，飢也。从食，委聲。一曰：魚敗曰餧。”《名義》：“餧，奴猥反。耕也，餓，飤也。”吕氏校釋：“《名義》‘耕也’為引証［證］之誤省。”《新撰字鏡》：“餧，正，奴猥、奴罪二反。耕也，臭敗也。借於偽反，平［去］。以物散与鳥獸食也，餓也，飢也。”又：“餒，奴罪反，上。於食之少曰餒也。餒，餓也，飢也。”

飢，羈治反。《毛時［詩］》：“惄（然）如調飢。”野王案：須食也。《説文》：“餓也。”《蒼頡篇》：“餧〈也〉。”

《詩經·周南·汝墳》：“未見君子，惄如調飢。”《慧琳音義》卷六十《根本説一切有部毘奈耶大律》卷十音義：“飢饉，上几宜反。顧野王云：‘人畜須食也。’《穀梁傳》云：‘五穀不升謂之飢。’《説文》：‘餓也。從食，几聲。’”《慧琳音義》卷六《大般若波羅蜜多經》卷五〇六音義：“飢羸，上几宜反。《考聲》云：‘腹中空也。’《韻英》云：‘乏食也。’《蒼頡篇》云：‘飢，餧也。’《説文》云：‘飢，餓也。從食，几聲也。’或作飥，古字也。”《爾雅·釋天》：“穀不熟為饑。”陸德明音義：“饑，居疑反，本或作飢，又作古飥字。《説文》《字林》皆云：‘饑，穀不熟。’‘飢，餓也。’”《説文》：“飢，餓也。从食，几聲。”《名義》：“飢，羈治反。餓也。”

飦［飥］，《字書》古文飢字也。

《玄應音義》卷二四《阿毗達磨俱舍論》卷十音義：“飢饉，古文作飥，又作饑，同，几治反。《尓疋》：‘穀不熟為飢，蔬不熟為饉。’案：凡草木可食者通名蔬菜。”

餓，五賀反。《論語》：“伯夷、炑斉餓死于首陽之下。”《説文》：“餓，飢也。”

《論語·季氏》：“伯夷、叔齊餓于首陽之下，民到于今稱之。”《説文》：“餓，飢也。从食，我聲。”《名義》：“餓，臭賀反（也）。”《新撰字鏡》：“餓，魚賀反。饑。”

餟，張芮［芮］反。《方言》：“餟，餽也。”《説文》：“祭酌［酹］也。”《蒼頡篇》：“祭也。”《聲類》今為醊字，在酉部。[①] 今或為掇［裰］字，在手［示］部。

《方言》卷十二：“餟，餽也。”《玄應音義》卷一一《中阿含經》卷六音義：“祭餟，古文裰［裰］，《聲類》作醊，同，猪芮反。《説文》：‘餟，酹也。’音力外反。《字林》：‘以酒沃地祭也。’《方言》：‘餟，饋也。’”《慧琳音義》卷七六《法句譬喻無常品經》卷一音義：“祭餟，轉劣反。《聲類》云：‘餟，餽也，祭酹也。’《考聲》云：‘祠而祭酒也。’《古今正字》：‘從食，叕聲也。’或從酉作醊。”《史記·孝武本紀》：“其下四方地，爲餟食羣神從者及北斗云。”司馬貞索隱：“餟音竹芮反，謂聯續而祭之。《漢志》作腏，古字通。《説文》曰：‘餟，祭酹。’”張守節正義引劉伯莊云：“謂繞壇設諸神祭座相連綴也。”《説文》：“餟，祭酹也。从食，叕聲。”《名義》：“餟，張芮反。餽也，酎［酹］也，祭酹也。”《新撰字鏡》：“餟，張芮反。餽也，즈祭也。”

呂校本作“今或為掇字，在手部”。《名義》：“掇，猶［猪］活反。拾取也。”與“餟”“醊”義無關。按：《殘卷》當作“今或為裰字，在示部”。《名義》：“裰，竹芮反。祭也。”《玄應音義》卷十一《中阿含經》卷六音義：“祭餟，古文裰，《聲類》作醊，同，猪芮反。《説文》：‘餟，酹也。’音力外反。[②]《字林》：‘以酒沃地祭也。’《方言》：‘餟，饋也。’”

餟，始鋭、始垂二反。《説文》：“小餟也。”《蒼頡篇》：“門祭各［名］也。”《字書》或為祱字，在示部。[③]

《説文》：“餟，小餟也。从食，兑聲。”《名義》：“餟，始悦［鋭］反。餟也。”《新撰字鏡》：“餟，始鋭、始垂二反。小餟。餹、餹，二上字，餽。”

《蒼頡篇》“門祭名”義似為“餶”字義。《新撰字鏡》：“饒［餶］，郎外反，去。門祭。”其字頭之形與“餟”近。

① 《名義》：“醊，張芮反。餟，餽也。”
② “音力外反”當為“酹”字之注音。王仁昫《刊謬補缺切韻·祭韻》（P.2011）：“綴，陟衛反。連。又丁劣反。四。醊，祭。又力外反。”誤以“力外反”為“醊”字之又音。
③ 《名義》：“祱，始鋭反。祭也。”

饚［䭑］，《方言》："䭑，餽也。"《字書》忽餟字也。

《方言》卷十二："䭑，餟，餽也。"郭璞注："音攜。"《玉篇》："餟，始鋭切，小餟也。又力外切。䭑，同上。"王仁昫《刊謬補缺切韻·祭韻》（P.2011）："餟，小餟。又郎外反。亦作䭑。"《名義》："䭑，餽（字）也。銳［餟］字也。"

餗，莫撻反。《説文》："食馬穀也。"野王案：《左氏傳》"秣馬蓐食"、《毛詩》"言秣其馬"是也。今為秣字也，在禾部。①

《説文》："餗，食馬穀也。从食，末聲。"《左傳·襄公二十六年》："簡兵蒐乘，秣馬蓐食，師陳焚次，明日將戰。"《詩經·周南·漢廣》："之子于歸，言秣其馬。"毛傳："秣，養也。"陸德明音義："秣，莫葛反。《説文》云：'食馬穀也。'"《名義》："餗，莫達反。秣。或穢字。〈食〉馬穀也。"吕氏校釋："《名義》'或穢字'疑為'饖'字説解誤入此處。"按：此説可從。《慧琳音義》卷三《大般若波羅蜜多經》卷三二六音義："臭穢，下威衛反。《玉篇》：'不清潔也。'《韻英》：'穢，惡也。'或從食作饖，飲［飯］臭也。《説文》：'從禾，歲聲也。'"王仁昫《刊謬補缺切韻·末韻》（P.2011）："末，莫割反。木上。秣，秣馬。亦作蔴。……餗，馬食［食馬］穀。"《新撰字鏡》："餗，莫末反。食馬穀也。秣字。"

餧，力烝、力甑二反。《説文》："馬食穀多，氣流逃［四］下也。"

《説文》："餧，馬食穀多，气流四下也。从食，夌聲。"王仁昫《刊謬補缺切韻·證韻》（P.2011）："餧，里甑反。馬食穀多，氣流下。〈又〉子孕反。②"《箋注本切韻·證韻》（P.3694）："餧，馬食穀氣流下。里甑反。"《唐韻殘卷·證韻》（蔣斧印本）："餧，馬食穀氣流下。里甑反。"《名義》："餧，力承反。"《新撰字鏡》："餧，里甑反，去。馬食穀氣流下。"

---

① 《名義》："秣，（又穢）莫葛反。養也，粟也。餗字。"
② "子孕反"當為"甑"字之反切注音，王仁昫《刊謬補缺切韻·證韻》（P.2011）："甑，子證反。炊器。亦作䵸、鬵。三。䙉，干［汗］襦。餧，馬食穀多，氣流下。又里甑反。"顯係誤收。

飤，図［囚］恣反。《説文》："飤，糧也。"《字〈書〉》："從人仰食也。"野王案：此謂以食供設与人也。《礼記》"孔子曰：'少施氏飤我以〈礼〉'"是也。《廣雅》謂餅［飰］、餧並飤也。《聲類》："飤，哺也。"今並為食字。①

《説文》："飤，糧也。从人、食。"《慧琳音義》卷七七《釋迦方志》卷下音義："飼鷹，上辭自反。《字書》云：'從人仰食也。'《説文》作飤，從人，食聲。《方志》作飼，俗字也。"《玄應音義》卷一五《五分律》卷一音義："養飤，今作食，同，囚恣反。《説文》：'飤，糧也。'《廣雅》：'餧，飤也。'謂以食供養人曰飤，字從食從人。律文作飼，近字也。"《慧琳音義》卷四一《六波羅蜜多經》卷九音義："飤猛，詞字反。《聲類》：'飤，哺也。'《説文》：'糧也。'"又卷六〇《根本説一切有部毘奈耶律》卷二六音義："餧飤，上音萎為反，下音寺。《廣雅》：'餧亦飤也。'顧野王云：'供設以食與人也。'"又卷八三《大唐三藏玄奘法師本傳》卷二音義："身飤，辭字反。《聲類》：'飤，哺也。'《禮記》：'孔子曰：少施氏曰飤我以禮。'是也。"《禮記·雜記》："孔子曰：'吾食於少施氏而飽，少施氏食我以禮。'"《廣雅·釋詁三》："飰、餌、餧，食也。"王念孫疏證："飰，舊本作餅，曹憲音必井反。案：飰與飯同，讀如飯牛之飯，謂飤之也。《玉篇》《廣韻》飯或作飰，與餅字形相近，傳寫往往譌溷。《韓子·外儲説》：'糲飰菜羹。'《爾雅·釋言》釋文引《字林》云：'飰，扶晚反，飤也。'《方言》：'箄，南楚謂之筲。'郭璞注云：'盛飰筥也。'今本飰字竝譌作餅，正與此同。餅與餧飤之義不相近，曹憲音必井反非是，今訂正。"《名義》："飤，囚吏反。糧也，哺也。"《新撰字鏡》："飤，辞吏反。萎飤也，糧也，飽也。"②又："飼、飼、飤，同字，士［寺］至反，去。以食与人也，養也，育也。"

餗，田［思］縠反。《周易》："鼎折足，覆公餗。"野王案：鼎實也。《説文》："陳留人謂饘為餗也。"或為鬻［鬻］字，在鬻［䰜］部。③

《周易·繫辭下》："鼎折足，覆公餗。"《説文》："鬻，鼎實惟葦及蒲。陳留謂鍵爲鬻。从䰜，速聲。餗，鬻或从食，束聲。"《名義》："餗，思縠反。鼑實也，

① 《殘卷》："食，……以飲食設供扵人忿曰食，為飤字也。"
② "飽也"義《殘卷》未見。《玄應音義》卷十四《四分律》卷十一音義："萎飤，《説文》囚志反：'糧也。'《廣疋》：'萎，飤也。'《蒼頡訓詁》：'飤，飽也。'謂以食与人曰飤。"
③ 《名義》："鬻，蕍鹿反。鼑實。餗字。""鬻"同"鬻"。

粥高［鬻］也。”《漢書·敘傳上》：“《易》曰：‘鼎折足，覆公餗。’”蕭該音義曰：“《字林》曰：‘餗，鼎實也。’韋昭音義‘餗’字作鬻，曰：‘菜羹曰鬻。音速。’該案：《字林》餗或作鬻，字異，音訓則一。”“鬻”亦當作“鬻”。《慧琳音義》卷八七《十門辯惑論》卷上音義：“美餗，音速。《周易》云：‘鼎折足，覆公餗。’顧野王云：‘鼎實也。’《文字典説》：‘從食，束聲。’”《新撰字鏡》：“餗，思穀反。饘也。鬻［鬻］字。”

餤，翼廉反。《毛詩》：“乱是周［用］餤。”傳曰：“餤，進也。”或為濫［瀶］字，在水部。

《詩經·小雅·巧言》：“盜言孔甘，亂是用餤。”毛傳：“餤，進也。”陸德明音義：“餤，沈旋音談，徐音鹽。”《名義》：“濫，力塹反。汎也，清也，氾也。”“濫”與“餤”音義俱異。《殘卷》“濫”當作“瀶”。《名義》：“瀶，余廉反。進也。”《集韻·鹽韻》：“瀶，《説文》：‘海岱之間謂相汗［汙］為瀶。’一曰：水進。或作瀶。”《名義》：“餤，翼庶［廉］反。進也，濫字也。”“濫”亦當作“瀶”。《爾雅·釋詁上》：“餤，進也。”《龍龕》：“餤，徒甘反。《尔疋》云：‘甘之進也。’又稍進也。”《新撰字鏡》：“餤，翼廉反。奉也，進也，獻也。濫［瀶］字。”

䭒，胥翼反。《方言》：“䭒，〈息〉也。周鄭宋之間〈曰〉䭒餺。”《廣雅》：“䭒，長也。”野王案：謂滋長也。《山海経》“骯竊帝之息攘［壤］以溓［湮］洪水”是也。今並為息字，在心部。①

呂校本注音作“胥奚反”，誤。“奚”屬齊韻字，“䭒”屬職韻字。《殘卷》反切下字漫漶，當據《名義》補“翼”字。

《方言》卷二：“䭒、喙、呬，息也。周鄭宋沛之間曰䭒。”《殘卷》脱“息”字，呂校本失校。《殘卷》“餺”字當屬之《廣雅》。《廣雅·釋詁四》：“餺、䭒，長也。”《山海經·海內經》：“鯀竊帝之息壤以堙洪水。”《尚書·洪範》：“箕子乃言曰：‘我聞在昔，鯀堙洪水，汨陳其五行。’”《殘卷》“溓”字疑為“湮”字之誤，“湮”與“堙”音義同。《殘卷》“骯”字，呂校本改作“鯀”。按：“骯”蓋“骸”之訛。《廣韻·混韻》：“鯀，

① 《名義》：“息，思力反。氣也，喘也，止也，勞也，滅也，歸也，休也，安也，返也，殖也，林也，銷也。”

禹父名，亦作骸，《尚書》本作鮌［鯀］。”《名義》：“飽，胥翼反。滋也，餑也，長也。”《新撰字鏡》：“飽，胥翼反。息也，餑，息［飽］，長也。”

餌，如志反。《周礼》：“羞邊［籩羞］之實：糖［糗］、餌、粉、粢。”鄭玄曰：“合蒸曰餌。”《説文》：“餌，餅也。”《蒼頡萹》：“餌，食也。”野王案：凡所食之物也。《楚辞》“如［知］貪餌而近死”、《荘子》“任公子為巨鉤，五十搘［犗］以為餌”、《大戴礼》“鷹隼魚鱉，所以得之者，餌也”並是也。《字書》：“餌，餂也。”《説文》或為鬻［䰘］字，在鬻［䰜］部。[①]

《周禮·天官·籩人》：“羞籩之實：糗、餌、粉、餈。”鄭玄注：“合蒸曰餌。”《殘卷》“糗”訛作“糖”。《説文》：“䰘，粉餅也。从䰜，耳聲。餌，䰘或从食，耳聲。”《慧琳音義》卷二九《金光明最勝王經》卷九音義：“餌藥，而志反，去聲字也。《蒼頡篇》云：‘餌，食也。’顧野王云：‘凡所食皆曰餌。’《古今正字》：‘餅也。’《説文》從䰜作䰘：‘粉餅也。从䰜，耳聲。’古字也，今從食作餌。鄭玄注《周禮》云：‘合蒸曰餅。’《字書》云：‘糕也。’《説文》：‘從食，耳聲也。’”吕校本引《楚辭》作“如貪餌而近死”。按：“如”當作“知”。《楚辭·哀時命》：“知貪餌而近死兮，不如下游乎清波。”《莊子·外物》：“任公子爲大鉤巨緇，五十犗以爲餌，蹲乎會稽，投竿東海，旦旦而釣，期年不得魚。”《大戴禮記·曾子疾病》：“鷹鶽以山為卑，而曽巢其上；魚鼈黿鼉以淵為淺，而蹷穴其中。卒其所以得之者，餌也。”

《名義》：“餌，如志反。餅也，餻也，粥鬲也。”吕氏校釋：“‘粥鬲’為‘䰘’字之誤拆。‘餻’為‘餂’字之誤。餂為餌之俗字。”按：“粥鬲也”當作“䰘也”。“餻也”當作“餻也”。《殘卷》“餻”字下引《方言》：“餌謂之餻。”今本“餻”亦作“餻”。《殘卷》“餂也”、《名義》“餻也”均當作“餻也”。《玉篇》：“餌，如至切，食也，餅也，餻也。”《慧琳音義》“糕”同“餻”。[②]《名義》未收“餻”字。《新撰字鏡》：“餌，如志反，去。餅也，食也。”

---

① 《名義》：“䰘，如志反。麻餅。”

② 《廣雅·釋器》：“餻，餌也。”王念孫疏證：“今本《方言》：‘餌謂之餻，或謂之餈，或謂之餘，或謂之餣，或謂之餛。’《太平御覽》引《方言》餻作餻，又引郭注音恙。《玉篇》：‘餻，餘障切，餌也。’《廣韻》同。《集韻》引《方言》：‘餻，餌也。’或作餻。與《廣雅》及今本《方言》皆異，未知孰是。”華學誠以為“不可輕議‘餻’字為非”。詳參《揚雄方言校釋匯證》第984、985頁。

餻，餘障反。《方言》："餌謂之餻。"鄭玄（曰）注《礼記》〈曰〉："肝膋：耳［取］粮，暗［臆］中膏以煎稻米，今膏餻矣。"

《方言》卷十三："餌謂之餻，或謂之餈，或謂之餘，或謂之餣，或謂之魭。"《殘卷》蓋誤"餻"為"餻"。

《殘卷》"曰"字當置於"注《礼記》"後，吕校本徑删。《禮記·內則》："肝膋：取狗肝一，幪之以其膋，濡炙之，舉燋其膋，不蓼。取稻米，舉糔溲之，小切狼臅膏，以與稻米為酏。"鄭玄注："狼臅膏，臆中膏也。以煎稻米，則似今膏餍矣。"陸德明音義："餍，本又作餈，又作餍。"吕校本引鄭注《禮記》"耳"作"餌"。按："耳"當為"取"字之訛。

《玉篇》："餻，餘障切，餌也。"《龍龕》："餁、饚，二俗；餻，正。余亮反，餻，餌也。"《名義》："餻，餘障反。煎稻米也。"《新撰字鏡》："餻，餘障反。餌也。"

吕氏校釋："《殘卷》引《方言》作'餌謂之餻'。《名義》'煎稻米也'為引鄭注《禮記》文為証［證］。"是。

餘，力丁反。《方言》："餌或謂之餘也。"

《方言》卷十三："餌謂之餻，或謂之粢，或謂之餘。"《名義》："餘，力丁反。餌也。"《新撰字鏡》："餘，力丁反。餌。"

餣，於刼反。《方言》："餌或謂之餣。"《廣蒼》："餣，深［粢］也。"

《方言》卷十三："餌謂之餻，或謂之粢，或謂之餘，或謂之餣。"《殘卷》"深也"（吕校本同）當作"粢也"。《玉篇》："餣，於劫切，餈也。"《廣韻·業韻》："餣，餌也，粢也。"《名義》："餣，於刼反。粢也。"《新撰字鏡》："餣，於刼反。粢。"

魭［飩］，徒昆反。《方言》："餌或謂之魭［飩］也。"《廣雅》："魭［飩］，餅也。"

《方言》卷十三："餅謂之飥，或謂之餦餛。"郭璞注："音乇。"周祖謨校箋："今本作飥者，為飩字之誤。……注'音乇'，亦即'音屯'之訛。"《初學記》卷二六、《太平御覽》卷八六〇引揚雄《方言》曰："餅謂之飥，或謂之餦，或謂之餛。"按：《殘卷》"飩"字亦誤作"飥"，《名義》字頭作"飩"，為"飩"之俗字。《名義》："飩，徒昆反。餅也。"

餦，猶［猪］�反。《方言》："餌或謂之餦餛也。"

吕校本引《方言》誤作"餌或謂之餦餛［餭］也"。《方言》卷十三："餅謂之飥［飩］，或謂之餦餛。"《酉陽雜俎》卷七《酒食》："餅謂之托，或謂之餦餛。"《名義》："餦，猪壃反。餛也，餌也。"吕氏校釋："《名義》應與字頭連讀為'餦餛也，餌也'。"《新撰字鏡》："餦，陟良反，平。餭，餳。"

餛，胡昆反。《方言》："餦餛也。"

《方言》卷十三："餅謂之飥，或謂之餦餛。"《名義》："餛，胡昆反。餦餛也。"《新撰字鏡》："餛飩，上胡昆反，平。下徒昆反，平。二字：餅。"

餭，胡光反。《楚辞》："粔籹蜜餌，有餦餭。"王逸曰："餦〈餭〉，餳［餳］也。"《方言》："（餌）餳［餳］謂之餦。"郭璞曰："即乾飴也。"

《楚辭·招魂》："粔籹蜜餌，有餦餭些。"王逸注："餦餭，餳也。"《方言》卷十三："餳［餳］謂之餦餭。"郭璞注："即乾飴也。"《名義》："餭，胡光反。餳也，乹飴。"《新撰字鏡》："餭，古［胡］光反。餦餭，餳。"

餩，古来反。《方言》："飴或謂之餩也。"

《玉篇》："餩，古來切，飴曰餩餛。"此為誤釋。《方言》卷十三："餳［餳］

謂之餦餭，飴謂之餘，餩謂之餚。”《玉篇》蓋以“餩”字屬上。《名義》：“餘，古来反。餘也，飴也。”《新撰字鏡》：“餘，古来反。飴也，餘。”

餩，扵物、扵月二反。《廣雅》：“餚謂之餩。”《字書》夂（祭）[①]登［豋］字也。登［豋］，豆飴也，在豆部。[②]

吕校本引《廣雅》作“餚謂之餩”。“餚”當作“餚”。《廣雅·釋器》：“餚謂之餩。”《北堂書鈔》卷一四七：“《蒼頡解詁》云：‘餩，飴中著豆屑也。’”《名義》：“餩，扵月反。登［豋］也。豆飴也。”《新撰字鏡》：“餮，扵沒反，入。飴也。”

餚，思累、翼累二反。《方言》：“飴或謂之餚。”郭璞曰：“以豆屑雜糖也。”[③]《字書》：“餚，登［豋］也。”

《廣雅·釋器》：“餚謂之餩。”“餩”同“豋”。《玄應音義》卷十五《十誦律》卷十七音義：“髓餅，思累反。《釋名》云：‘烝餅、湯餅、索餅、髓餅等，各隨形以名之也。’律文作餚，思累、弋累二反。《字書》：‘餚，豋也。’《方言》：‘飴或謂之餚。’”《名義》：“餚，思累反。豆屑雜糖也，登［豋］也。”《新撰字鏡》：“餚，思累、翼累二反。飴也，豆屑糖。”

餢，普力反。《埤蒼》：“飽也。”

《唐韻殘卷·職韻》（蔣斧印本）：“塭，圡凷。芳逼反。……餢，飽皃。”《名義》：“餢，普力反。飽也。”《新撰字鏡》：“餢，偪同，芳逼反，入。餢［飽］皃。”

餹，徒當反。《方言》：“餌或謂之餹。”郭璞曰：“江皆東［東皆］言餹也。”

---

① 原卷“祭”字旁注删節符號“ミ”。
② 《名義》：“豋，扵月反。豆飴也。”
③ 《方言》卷十三：“飴謂之餘，餩謂之餚。”郭璞注：“以豆屑雜餳也。”

《釋名》："兗豫謂餌曰餹餅也。"

《殘卷》"江皆東"當作"江東皆"。《方言》卷十三："餳［餳］謂之餹。"郭璞注："江東皆言餹。"《釋名·釋飲食》："餌，而也，相粘而也。兗豫曰溏浹。"王先謙《釋名疏證補》引成蓉鏡曰："案：溏浹疑即糖餅之訛。《集韵》：'餅，餌也。兗豫謂之糖餅。'當本此。《御覽》八百六十引本書：'兗豫曰溏浹。'注：'或作夷。'蓋餅或省作弟，而弟又誤作夷也。"又引許克勤曰："溏浹當作溏涕，即餹餅也。"《名義》："餹，徒當反。餅也，餌也。"《新撰字鏡》："餹，糖、糛、溏，三同，徒當反。餌。"

餮，之世反。《廣雅》："餮，臭也。"

《廣雅·釋器》："餮，臭也。"曹憲音"之舌，又之世反"。王仁昫《刊謬補缺切韻·祭韻》（P.2011）："餮，臭。"《名義》："餮，之世反。臭也。"《新撰字鏡》："餮，之世反。臭也。"

餇［餡］，丁面反。《埤蒼》："餇［餡］，膏也。"

《太平御覽》卷八五一引《埤蒼》曰："餽，膏餽也。""餡""餽"音義同。《玉篇》："餽，丁回切，蜀人呼蒸餅為餽。餡，同上。"《名義》："餡，丁目［囬］反。膏也。"《新撰字鏡》："餽、餡，二膏，同，都囬反，平。餅也，以油煎米。"

餄，公洽反。《字書》："餄，餅也。"

《名義》："餄，公洽反。餅也。"《新撰字鏡》："餄，公合［洽］反。餅。"

餅，抹［扶］萬反。《〈周〉書》："黃帝始欣［炊］穀為餅［餅］。"《吕氏春秋》："之餅［餅之］美者，有玄山之禾，不周之口〈粟〉，湯山之穄，南海之秬［秬］也。"《字書》："飰也。"野王案：今並為飯字也。

《廣韻·願韻》："飯，《周書》云：'黄帝始炊穀為飯。'"[①] 吕校本引《吕氏春秋》作"南海之稻也"。《吕氏春秋·本味》："飯之美者，玄山之禾，不周之粟，陽山之穄，南海之秬。"高誘注："秬，黑黍也。""湯"通"陽"。《太平御覽》卷八五〇引《吕氏春秋》作"稻"，吕氏或據此。然《初學記》卷二六，《藝文類聚》卷八五，《太平御覽》卷八四〇、又卷八四二引《吕氏春秋》均作"秬"。《爾雅·釋言》："饙、餾，稔也。"郭璞注："今呼餐飯為饙，饙熟為餾。"陸德明音義："飰，字又作餅，俗作飯，同，符萬反。《字林》云：'飯，食也。'扶晚反，飤也。"《名義》："餅［飰］，扶万反。飤也。"《新撰字鏡》："飰，扶万反。飤也。飯字。"

餼，虚氣反。《左氏傳》："斉人饋之餼。"杜預曰："生曰餼，熟曰饔也。"《儀礼》："餼之以其礼。"鄭玄曰："以牲曰餼，餼猶稟給也。"野王案：《礼記》"皆有常餼"是也。《埤蒼》："餼，饋也。"《字書》："餉［餉］也。"或為槩字，在米部。[②]《説文》為氣字。今以氣為雲氣之氣，在气部。[③]

《左傳·桓公六年》："於是諸侯之大夫戍齊，齊人饋之餼。"杜預注："生曰餼。"《左傳·桓公十四年》："曹人致餼禮也。"杜預注："熟曰饔，生曰餼。"《儀禮·聘禮》："餼之以其禮，上賓大牢，積唯芻禾，介皆有餼。"鄭玄注："凡賜人以牲，生曰餼。餼猶稟也，給也。"《禮記·王制》："此四者，天民之窮而無告者也，皆有常餼。"鄭玄注："餼，廩也。"陸德明音義："廩，兵品反。"《玄應音義》卷七《正法花經》卷八音義："享餼，虚掌反，下虚氣反。享，獻也。《儀禮》：'以牲曰餼。餼猶稟給也。'《字書》：'餼，餉也。'"又卷十三《五百弟子自説本起經》音義："餼施，古文槩，同，虚氣反。以牲曰餼，餼猶稟給也。《埤蒼》：'餼，饋也。'《字書》：'餼，餉也。'"《慧琳音義》卷八八《集沙門不拜俗議序》音義："餼羊，希既反。杜注《左傳》：'生曰餼，熟曰饔。'鄭注《儀禮》：'以牲曰餼，餼猶廩給也。'《埤蒼》：'饋也。'"《説文》："氣，饋客芻米也。从米，气聲。《春秋傳》曰：齊人來氣諸矦。槩，氣或从既。餼，氣或从食。"《名義》："餼，虚氣反。饔，餉也，稟给也。"《新撰字鏡》："餼，許既反，去。槩，古文作。"

---

① 此《周書》非《尚書·周書》。《康熙字典》引作"《汲冢周書》"。吕校本引此作"《尚書》"，誤。

② 《名義》："槩，虚既反。餼。"

③ 《説文》："气，雲气也。象形。"

餅，徒奚反。《埤蒼》："餹餅，餌也。"

《太平御覽》卷八六〇引《韻集》曰："餹餅，餌也。"《名義》："餅，達奚反。餌也，酪蘸。"[①]《新撰字鏡》："餅，度嵆反，平。餹餅，膏靡［糜］也。"

飦，五丸反。《廣雅》："飦，餌也。"

《方言》卷十三："餌，……或謂之飦。"《名義》："飦，五凡［丸］反。餌也。"《新撰字鏡》："飲，五丸反。餌。"《名義》"五凡反"（吕氏校釋本同）當作"五丸反"。《廣雅·釋器》："飦，餌也。"曹憲音"五丸"。

飷，達奚反。《字書》："飷餬也。"

"飷"，"飳"之俗字。《名義》："飷，達奚反。酪蘸也。"《新撰字鏡》："飷，達奚反。餬也。"《玉篇》："飳，徒奚切。飳餬也。"

"酪蘸"義詳上"餅"字條。

饃，乙景反。《方言》："饃，飽也。"《字書》："饃，滿也。"

《方言》卷十二："饃，飽也。"郭璞注："音映。"《廣雅·釋詁一》："饃，滿也。"曹憲音"於敬"。《名義》："饃，乙景反。飽也，滿也。"

餱，《聲類》亦饃字也。

---

① 《名義》"酪蘸"義不見於《殘卷》，當另有所據。《龍龕》："飳、飦、飽、飫，四俗；飳，正；飷，今。音提，寄食也。又都奚反，又飷餬也。餅，音同上，餹餅也。""餅"與"飳"音同。《玄應音義》卷七《正法花經》卷八音義："飳餬，徒奚反，下户孤反。《通俗文》：'酪酥謂之飳餬。'"又卷二一《大菩薩藏經》卷七音義："飳餬，徒奚反，下户孤反。《通俗文》：'酪蘇謂之飳餬。'蘇酪精醇者也。"

《新撰字鏡》："饇、餵，二同，乙景反。餌。餸，上字。"

饝，奴耕反。《埤蒼》："内死實也。"

《名義》："饝，奴耕反。内充實也。"吕氏校釋本脱"内"字。《名義》"耕"為"耕"字之誤。"耕"同"耕"。《新撰字鏡》："饝，奴耕反。内充實。"裴務齊正字本《刊謬補缺切韻·耕韻》："饝，充寧［實］也。"

饢，女江反。《字書》："饝饢，强食也。"

《玉篇》："饢，女江切，饝饢，强食也。"《名義》："饢，女江反。強食也。"《新撰字鏡》："饢，女江反。饝也，強食。"

餷，刀［尸］野反。《埤蒼》："餷，餶也。"

《名義》："餷，尸野反。餶也，捨字也。"吕氏校釋："《名義》'捨字也'未詳，疑為'餢字也'之誤。餢同餷。"按："捨"為直音注音字。《龍龕》"音捨"，堪為佐證。王仁昫《刊謬補缺切韻·馬韻》（P.2011）："捨，書野反。釋。餷，餶。""捨""餷"音同。《新撰字鏡》："餷，尸野反。餶。"

餪，奴管反。《蒼頡萹》："餽女也。"

《名義》："餪，以［奴］管反。餽女也。"《新撰字鏡》："餪、餪、餪，三同，乃管反，上。女嫁食也。"王仁昫《刊謬補缺切韻·旱韻》（P.2011）："餪，乃管反。女嫁食。"《北户録》卷二《食目》："媆女，《字林》曰：'饋女也。音乃管反。'《證俗音》云：'今謂女嫁後三日餉食爲餪女也。'"

鍵，妃［紀］言反。《説文》亦鬻［鬻］字也。鬻［鬻］，〈粥〉也，在鬻

［䰞］部。

吕校本改“鬻”為“鬻”。按：“鬻”與“健”同，然不見於《説文》。《説文》：“鬻，鬻也。从䰞，侃聲。……健，或从建聲。”《名義》：“健，紀言反。粥鬲［鬻］字，粥也。”《新撰字鏡》：“健，紀言反。粥鬲［鬻］字，粖［粥］。”

飦［飦］，《穀梁傳》：“惟奭，〈歠〉飦［飦］粥。”《廣雅》：“飦［飦］，饘也。”《説文》亦健字也。

《穀梁傳·昭公十九年》：“哭泣，歠飦粥，嗌不容粒。”陸德明音義：“飦，之然反，又居言反，粥也。”《廣雅·釋器》：“飦，饘也。”曹憲音“居言”。《説文》：“鬻，鬻也。从䰞，侃聲。餰，鬻或从食，衍聲。飦，或从干聲。健，或从建聲。”

餰，《礼記》：“小切狼臅膏，以与稻米為餰。”鄭玄曰：“此《周礼》酏食也。此酏當従餰。”《説文》亦健字也。[1]

《禮記·內則》：“取稻米，舉糔溲之，小切狼臅膏，以與稻米為酏。”鄭玄注：“狼臅膏，臆中膏也，以煎稻米，則似今膏餍矣。此《周禮》酏食也。此酏當從餰。”陸德明音義：“酏讀為餰，之然反，又之善反，注餰同。臆音憶。餍，本又作餰，又作餍，並同，之然反，音旃。”《名義》：“餰，健字，平粥也[2]，饘也。”《新撰字鏡》：“健，紀言反。粥鬲［鬻］字，粖［粥］。飦，上字。饘也。餰，亦健字。”

---

① 《説文》：“鬻，鬻也。从䰞、侃聲。餰，鬻或从食、衍聲。飦，或从干聲。健，或从建聲。”“衍聲”當與“饘”音異。然文獻中多有音“餰”為“饘”者。陸德明《經典釋文》卷八、卷九並云：“餰，之然反。”《龍龕》：“餰、饘，之延反，厚粥也。”《廣韻·仙韻》：“餰，厚粥也，諸延切。饘，上同。”此所謂音隨義轉也。

② 《名義》“平粥也”疑當作“㫗［厚］粥也”。《禮記·檀弓上》：“哭泣之哀，齊斬之情，饘粥之食，自天子達。”陸德明音義：“饘，本又作飦，之然反。《説文》云：‘糜也。周謂之饘，宋衛謂之餰。”孔穎達正義：“饘，粥之食者，厚曰饘，希曰粥。”《禮記·內則》：“饘酏酒醴芼羹菽麥蕡稻黍粱秫唯所欲。”陸德明音義：“饘，之然反，厚粥也。”《玉篇》“餰”訓“糜”，“糜”亦厚粥。《慧琳音義》卷六八《阿毗達磨大毗婆沙論》卷四四音義：“乳糜，下美悲反。《文字集略》云：‘糜，厚粥也。’”

飳，呼乞反。《埤蒼》："飳，飽也。"

《名義》："餼，呼乞反。飽也。"《新撰字鏡》："餼，呼乞反。飽。"又："餼、飳，喜筆反，入。"王仁昫《刊謬補缺切韻·未韻》（P.2011）："欷，許既反。歔欷。……餼，飽。"

鞅，於仰反。《埤蒼》："鞅，飽也。"《廣雅》："鞅，滿也。"

《唐韻殘卷·漾韻》（蔣斧印本）："怏，情不足。於亮反。鞅，飽。"《廣雅·釋詁一》："饃、餵，滿也。"王念孫疏證："《方言》：'饃，飽也。'餵亦饃也。《玉篇》作鞅，同。"《名義》："鞅，於仰反。飽也，餽也。"《名義》"餽也"不見於《殘卷》，疑為下"餑"字義羼入此處。《新撰字鏡》："鞅，於亮反，去。滿也。又於兩反，上。"

餑，蒲寏反。《廣雅》："餑，長也。"《埤蒼》："餽也。"《字書》亦鬻［鬻］字也。鬻［鬻］，炊釜溢也，在鬻［鬲］部。

《廣雅·釋詁四》："餑，餽，長也。"

吕校本作"吹釜溢"。《説文》："鬻，吹聲沸也。"小徐本作"吹釜溢也"。吕氏蓋據小徐本。按："吹"，《殘卷》本作"炊"。《類篇》引《説文》亦作"炊"。段玉裁《説文解字注》："炊，各本作吹，今從《類篇》。"《名義》："餑，蒲突反。長，餽也。"《新撰字鏡》："餑、餑，二同，蒲沒反，入。茗餑也，長也，鵖［餽］也。"

飽［餲］，猗䐜反。《廣雅》："飽［餲］，濕〈也〉，臭也。"

按：《殘卷》混"餲""浥"為一字，《名義》沿誤。《廣雅·釋詁一》："浥，溼也。"《廣雅·釋器》："餲，臭也。"《唐韻殘卷·緝韻》（蔣斧印本）："浥，溼潤。餲，食飽。"裴務齊正字本《刊謬補缺切韻·緝韻》："浥、浥濕……餲，食餲［飽］。"《名義》："餲，猗䐜反。濕，臭也。"《新撰字鏡》："餲，猗暱反。濕臭。"又："餲，殷筆反，入。"

養［飬］，居媛反。《蒼頡篇》："常山謂祭曰養［飬］也。"

吕校本"飬"誤作"養"。《殘卷》"飬"字亦多作"養"，形同而音義俱異。《廣雅・釋天》："飬，祭也。"王念孫疏證："飬，各本譌作養。《玉篇》：'飬，金媛切。祭也。'《廣韻》同。《集韻》云：'常山謂祭為飬。'今據以訂正。"《名義》："飬，居媛反。"《名義》無釋義，似當補"祭也"。

飺，似離反。《蒼頡篇》："飺，嫌也。"《聲類》："嬒也。"《字書》或為啙字，在口部。①

北京故宫博物院藏王仁昫《刊謬補缺切韻・支韻》："飺，嫌。或作啙。"《集韻・支韻》："飺，嫌食也。或作啙。"《唐韻殘卷・末韻》（蔣斧印本）："斡，轉也。烏括反。……嬒，《方言》云：'可嬒，可憎也。'②又作懀。又烏外反。"《名義》："飺，似雌［離］反。嫌也，嬒也。疵字。"《新撰字鏡》："飺，似離反。嫌也，嬒也。疵字。"

饌，餘石反。《公羊傳》："饌者，祭之明日也。"何休曰："継昨日事，不催［灌］地降神耳。"《尓雅》："饌，又祭也。周曰饌，商曰融也。"郭璞曰："《春秋》'壬午猶饌'是也。祭之明日，尋饌又祭之也。"《白虎通》："謂之饌者何？饌者，若将虵出也。"或為禪字，在示部。③今為繹字，在糸部。④

《公羊傳・宣公八年》："繹者何？祭之明日也。"何休解詁："《禮》：繹繼昨日事，但不灌地降神爾。天子諸侯曰繹。"《爾雅・釋天》："繹，又祭也。周曰繹，商曰肜。"郭璞注："祭之明日尋繹復祭。《春秋經》曰：'壬午猶繹。'"

王仁昫《刊謬補缺切韻・昔韻》（P.2011）："繹，羊益反。理。……禪，重祭名。或作繹。"

---

① 《名義》："呲，似離反。嫌也。飺字。"
② 《方言》卷七："諄憎，所疾也。宋魯凡相惡謂之諄憎，若秦晉言可惡矣。"《唐韻》所據《方言》"憎"蓋作"懀"。
③ 《名義》："禪，以石反。饌字也。祭之明日也。"
④ 《名義》："繹，曳石反。陳也，長也，理也，事也，终也，充也。"

吕校本引《白虎通》作“若捋地出也”，未詳所據。胡吉宣《玉篇校釋》作“君將他出也”，蓋據黎本。按：今本《白虎通》未見。

《名義》：“鐸，餘石反。祭也。”《名義》“祭也”似當據《殘卷》《玉篇》作“又祭也”。《詩經·周頌·絲衣序》：“繹賓尸也，高子曰靈星之尸也。”鄭玄箋：“繹，又祭也。”陸德明音義：“繹，以石反。五經及《爾雅》皆作此字，本或作襗。《字書》為鐸、鐸二字，同。”《新撰字鏡》：“鐸，餘石反。襗字。”《殘卷》：“繹，曳石反。……又祭之繹，《蒼頡萹》為鐸字，在食部。”

餢，扵元反。《廣雅》：“餢，貪也。”

《名義》：“餢，扵元反。貪也。”《新撰字鏡》：“餢，扵免反。貪也。”《廣雅·釋詁二》：“餢，貪也。”曹憲音“苑袁”。此字當从食，冤聲，讀平聲。

𩝐，之庶反。《埤蒼》：“𩝐，豕食也。”

《名義》：“𩝐，之庶反。翥，豕食也。”吕氏校釋：“《殘卷》作‘《埤蒼》：“𩝐，豕食也。”’《名義》‘翥’未詳，其音與‘𩝐’同，或為注音字。”按：此説可從。王仁昫《刊謬補缺切韻·御韻》（P.2011）：“翥，之據反。飛。亦作翥。……𩝐，犬糜。”《新撰字鏡》：“𩝐，之擄反。犬縻［糜］也，豕食。”

饉，胡郭反。《吕氏春秋》：“伊尹曰：‘甘而不〈噮〉，肥而不饉。’”《埤蒼》：“无味也。”《字書》：“餡也。”

吕校本引《吕氏春秋》作“甘而不餶”。《吕氏春秋·本味》：“故久而不弊，熟而不爛，甘而不噥，酸而不酷，鹹而不減，辛而不烈，澹而不薄，肥而不腠。”《酉陽雜俎·酒食》：“甘而不噮，酸而不嚛，鹹而不減，辛而不糴［熮］，淡而不薄，肥而不腴。”《集韻·鐸韻》：“饉，無味也。伊尹曰：‘甘而不餶，肥而不饉。’或从口。”就字形而言，《殘卷》當作“喂”，與《集韻》所引“餶”字音義同，且與“噥”形近。①

《名義》：“餢，胡郭反。餌也，无味也。”《新撰字鏡》：“餢，胡郭反。无味也，餌也。”《唐韻殘卷·鐸韻》（蔣斧印本）：“艧，舟也。烏郭反。……餢，味薄。”

餌，子野反。《蒼頡篇》：“餌，无味也。”

王仁昫《刊謬補缺切韻·馬韻》（P.2011）：“姐，慈野反。……餌，無味。”《名義》：“餌，子野反。无味也。”《新撰字鏡》：“餌，處古反。食无味曰餌也。”

饕，子冄反。《埤蒼》：“饕，薄味也。”

王仁昫《刊謬補缺切韻·琰韻》（P.2011）：“饕，子冉反。薄味。”《名義》：“饕，子冉反。薄味也。”《新撰字鏡》：“饕，子敢反，上。食无味。”

〈饘〉，去善反。《廣雅》：“饘，檍［搏］也。”《埤蒼》：“唯［噍］也。”《聲類》：“黏也。”或為繕［繾］字，在糸部。②

《廣雅·釋詁三》：“饘，摶也。”《類篇》：“饘，去演切，《博雅》：‘摶［摶］也。’一曰：黏也。一曰：乾餌。”《名義》：“饘，去善反。噍也，黏也。”《新撰字鏡》：“饘，去演反，上。乾麵餅。”

飡，力拾反。《說文》古文粒字也。粒，糝也，米粒也，在来［米］部。③

《說文》：“粒，糂也。从米，立聲。飡，古文粒。”《唐韻殘卷·緝韻》（蔣斧印本）：“粒，米粒。”《名義》：“飡，力拾反。粒也，糝也。”《新撰字鏡》：“飡，力拾反。

① 詳參王利器《吕氏春秋注疏》頁 1407、1408，巴蜀書社 2002 年。
② 《名義》：“繾，杜［祛］善反。進［噍］也，绻也。饘。”
③ 《名義》：“粒，良及反。米顆［顆］，糂。”

粒字。”

饍，視艶反。《聲類》忽瞻［贍］字也。瞻［贍］，𧺝也，賙也，在具［貝］部。①

《玄應音義》卷七《慧上菩薩問大善權經》上卷音義：“贍及，《聲類》或作饍，同，時焰反。贍，助也。《字書》：‘贍，足也。’謂周足也。”王仁昫《刊謬補缺切韻·豔韻》（P.2011）：“贍，市豔反。賙。亦作饍。”《名義》：“饍，視艶反。瞻也，悶也。”呂氏校釋：“‘瞻’為‘贍’之誤。‘悶也’為‘賙也’之誤。”按：“悶也”當為“周也”之誤。“周”與“賙”音義同。《新撰字鏡》：“饍，視艶反。贍字，賙也。”

饚，子荏反。《聲類》戓醑字也。醑，歆伯［酒］也，嫙［媺］也，在酉部。②**戓為膳字，在肉部。**③

呂校本作“《聲類》或作醑字也”，“作”字衍文。呂校本“嫙”字徑改作“媄”。《名義》：“饚，子荏反。醑。美，媺也。”④《新撰字鏡》：“饚，子荏反。醑字。歆酒。”

《廣雅·釋詁一》：“膳，醑，美也。”王念孫疏證：“《廣韻》：‘醑，小甜也。’子朕、七稔二切。高誘注《淮南子·覽冥訓》云：‘噆，味長美也。’膳、醑、噆義竝相近。”

餂，達兼反。《字書》：古文甛［甜］字也。甛［甜］，義［美］也，甘也，在甘部。⑤

《殘卷》：“甜，徒兼反。《〈家〉語》：‘〈剖而食〉之，甜如盜［蜜］。’《說文》：‘甜，美也。’《廣雅》：‘甜，甘也。’《字書》或為餂字也，在食部。”《名義》：“餂，達兼反。甛。美也，甘也。”《新撰字鏡》：“餂，達廉反。甜字。美也，甘也。”

① 《名義》：“贍，時猒反。假也，用［周］也，𧺝也。”
② 《名義》：“醑，子任反。歆酒也，媺也。”
③ 《名義》：“膳，子荏反。歆酒也。”
④ 《名義》“美”義不見於《殘卷》，當另有所據。《集韻》：“醑，子朕切。《説文》：‘歆酒也。’饚，《博雅》：‘美也。’一曰味小甘也。通作膳。”《廣韻·旨韻》：“美，好色。《説文》曰：‘甘也。从羊，从大。羊在六畜主給膳也，美與善同意。’無鄙切。媺，上同。《周禮·地官》云：‘一曰：媺宮室。’”“美”蓋為“媺”之旁注字羼入正文者。
⑤ 《名義》：“甜，徒兼反。美也，甘也。”

餘，〈□□〉反。《聲類》亦糁字也。糁，以米和羹也，在米部。[①]

《殘卷》缺反切上下字。吕校本作“思感反”，蓋據《名義》補。《說文》：“糂，以米和羹也。一曰：粒也。从米，甚聲。糣，籀文糂从朁。糁，古文糂从参。”《玄應音義》卷十五《十誦律》卷五四音義：“餘餕，古文餕、糂、糣、餹四形，今作糁，同。桒感反。《說文》：‘以米和羹也。一曰粒也。’”《名義》：“餘，思感反。糂。以米和羹也。”《新撰字鏡》：“餘，古文也，糂、糣二同，今作糁。桒感反，上。米和美美［羹］也。餕、餹，二字同，古文。”

饍，視利反。《字書》忽嗜字也，〈欲也，貪也。〉在口部。[②] **或為脂字，〈在肉部。〉**[③] **或為嗜［醋］字，在酉部。**[④]

按：諸本此字釋義有殘缺，吕校本作“欲喜之也”，恐非是。黎本作“欲也，貪也”，可從。《玄應音義》卷二二《瑜伽師地論》卷三九音義：“饞嗜，下又作脂、饍二形，同，視利反。《説文》：‘嗜，欲意也。’貪无猒也。”《慧琳音義》卷六六《阿毘達磨發智論》卷十四音義：“媓嗜，下時至反。《考聲》云：‘貪也，欲也，愛也。’孔注《尚書》云：‘甘嗜無厭足也。’鄭注《禮記》云：‘慾喜也。’又云：‘貪也。’”《名義》：“饍，視利反。嗜也。欲也。”《新撰字鏡》：“饍，視利反。嗜字。欲也，貪也。脂［脂］、醋［醋］二同字。”黎氏所補與《新撰字鏡》合。

鎬，苦到反。《國語》：“以高［膏］沐鎬師。”賈逵曰：“鎬，勞也。”或為槁［犒］字，在木［牛］部。[⑤]

---

① 《名義》：“糂，先感反。米柔羹也，雜也。糁，同上也。糣，同上。”
② 《名義》：“嗜，視利反。貪也。”
③ 《名義》：“脂，視至反。欲也。”
④ 《名義》：“醋，視利反。咾［嗜］字。貪欲。酉。”
⑤ 《名義·牛部》未收“犒”字。《左傳·僖公二十六年》：“公使展喜犒師。”杜預注：“勞齊師。”陸德明音義：“犒，苦報反，勞也。”孔穎達正義曰：“犒者，以酒食餉饋軍師之名也。服虔云：‘以師枯槁，故饋之飲食。’勞苦謂之勞也。《魯語》云：‘使展喜以膏沐犒師。’”據此，則“犒”或作“槁”。

呂校本作“或為槁字，在木部”。按：木部之“槁”與“鎬”音義俱異。《名義》：“槀，苦道反。干也，儲也，散，矢幹也。”

《名義》：“鎬，苦到反。勞也。犒［犒］字也。”呂氏校釋本“犒”作“犒”：“‘犒’字原訛。”按：此説可從。《國語·魯語上》：“展禽使乙喜以膏沐犒師。”韋昭注：“犒，勞也。”王仁昫《刊謬補缺切韻·号韻》（P.2011）：“鎬，苦到反。餉軍。亦作犒。”《唐韻殘卷·号韻》（蔣斧印本）：“鎬，餉軍。苦到反。”《新撰字鏡》：“鎬，苦到反，去。餉軍也，勞也。”

餛，亡鬼反。《埤蒼》：“陳太［大］夫子餛也。”《字書》或尾字也。尾，微也，鳥獸尾也。在口［尾］部。①

按：據《左傳》，子尾為齊大夫，而非陳大夫。《説文》：“尾，微也。”《名義》：“餛，無鬼反。尾。鳥獸尾也。”《新撰字鏡》：“餛、餛，二同，无鬼反。尾字，微也。”

按：《名義》字頭當為“餛”字之訛（呂氏校釋本已徑改作“餛”），“尾”為溝通異體。

餉，居陸反。《廣雅》：“餉，饘也。”

《廣雅·釋器》：“餉，饘也。”曹憲音“居六”。《名義》：“餉，居陸反。饘也。”《新撰字鏡》：“餉，居陸反，入。饘。”

餧，於結反。《聲類》或噎字也。噎，食不下也，在口部。②

《漢書·賈山傳》：“祝餧在前，祝鯁在後。”顏師古注：“餧，古饐字，謂食不下也。”《靈樞經·刺節真邪》：“大氣逆上，喘喝坐伏，病惡埃煙，餧不得息。”音注：“餧，音壹。”《名義》：“餧，於结反。噎也。糟，食不下也。”呂氏校釋：“《殘卷》作‘《聲類》或噎字也。噎，食不下也，在《口部》’。《名義》‘糟’似當作‘噎’。”按：此説可從。《慧琳音義》卷十三《大寶積經》卷四四音義：“悲噎，煙結反。《説文》：

---

① 《名義》：“尾，謨鬼反。稍也，微也，後先也。”

② 《名義》：“噎，於结反。憂也，痛也。”

‘飯窒。’《字書》：‘氣塞胸喉，食不下也。’衛宏作饐。”又卷五四音義：“噎噎，下煙結反。郭璞注《方言》：‘咽痛也。’《説文》：‘飯窒也【音貞栗反】。’形聲字。《聲類》或作饐字也。”《新撰字鏡》：“餡，扵结反。噎字。”

飲，扵錦反。《字書》名食［歙］字也。飲［歙］，歠也，咽水也，在欠部。①或為次［氵今］字，在水部。②

《殘卷》“次”字，吕校本改作“淾”字，“淾”為古文“飲”字。按：就字形而言，“次”當為“汵”字之訛，“汵”為“氵今”之異構字。《説文》：“歙，歠也。从欠，酓聲。……氵今，古文歙从今、水。飮，古文歙从今、食。”《殘卷》：“歙［歙］，猗錦反。《周礼》：‘膳夫掌五［王］食之［之食］飲。’鄭玄曰：‘飲，酒漿也。’又曰：‘酒正掌四飲：一曰清，二曰醫，三曰醬，四曰酏。’又曰：‘漿人掌王之六飲：一曰水，二曰漿，三曰礼，四曰涼，五曰醫，六曰酏也。’《左氏傳》：‘率［欒］寧將飲酒。’野王案：《説文》：‘飲，歠也。’謂凡斗物可歠者也。《喪服傳》‘蔬食水飲’、《論語》‘飲水曲肱而枕之’是也。《闕子》‘東面而射……飲羽於石梁。’野王案：飲羽謂沒羽也。又音猗鴆及［反］。《左氏傳》：‘將飲馬於阿［河］。’野王案：以可飲之斗［汁］与人飲之曰飲。‘酒我為女立之’、《礼記》‘尔飲調何也’並是也。古文為氵今字，在水部。”“酒我為女立之”，“立”字後疑脫“飲”字。《玉篇》：“飲，於錦切，咽水也，亦歠也。”又：“歙，一錦切，古文飲。”《慧琳音義》卷二《般若波羅蜜多經》卷五三音義：“歠飲，下邑錦反。《説文》從酉作歙。酉者，古文酒字也。從酉、飲也，今省去酉作飲，古文從水作氵今。”《名義》：“飲，扵錦反。歙字。歠，咽水。”《新撰字鏡》：“飲，扵錦反，上。奄［食］也，歠也。”

飮［飮］，《説文》古文飲字也。

《説文》：“歠也。从欠，酓聲。凡歙之屬皆从歙。飮，古文歙从今、食。”

---

① 《名義》：“歙，猗錦反。歠也。”
② 《名義》：“氵今，猗錦反。飲字。”

餕，子侚反。《公羊傳》："餕饔未就。"何休曰："餕，孰食也；饔，孰肉也。"《礼記》："（者）餕餘不祭。"鄭云："食人之餘曰餘［餕］也。"又曰："祭者有餕。餕〈者〉，祭之未［末］也。古人有言：善終者如〈始〉，餕其是已。惠術〈也，可〉以觀政。"鄭玄曰："为政尚施惠也。"

《公羊傳·昭公二十五年》："吾寡君聞君在外，餕饔未就。"何休解詁："餕，熟食。饔，熟肉。"《禮記·曲禮上》："餕餘不祭，父不祭子，夫不祭妻。"鄭玄注："食人之餘曰餕。"《殘卷》"者"字處於行末，似為後加，當插入下一行末"祭者有餕。餕"之後。《禮記·祭統》："夫祭有餕，餕者，祭之末也，不可不知也。是故古之人有言曰：善終者如始，餕其是已。是故古之君子曰：尸亦餕鬼神之餘也，惠術也，可以觀政矣。"鄭玄注："為政尚施惠。"《名義》："餕，子侚反。孰食也，肉，惠施也。"吕氏校釋本作"熟食也"，云："'熟'字原誤。"按：《名義》本作"孰"，為古熟字。《新撰字鏡》："餕，子月［侚］反，去。餕餘。"

餩，於北反。《字書》："噎也。"

《廣雅·釋言》："餩，餲也。"[①]《唐韻殘卷·德韻》（蔣斧印本）："餩，噎聲。愛墨反。"《名義》："餩，於北反。噎也。"《新撰字鏡》："餩，愛黑反，入。噎聲。"

〖甘部第一百十四　凡十二字〗

甘，古藍反。《尚書》："稼穡作甘。"野王案：甘者，味之甛者〈也〉。《毛詩》"其甘如薺"是也。又曰："甘湏［酒］嗜音。"孔安国曰："甘嗜无猒足也。"《周易》："甘臨，无彼［攸］利。"王弼曰："甘者，佞邪悦媚不正之名也。"野王案：《左氏傳》"幣重言甘"是也。《毛詩》："甘心首疾。"傳曰："甘，猒也。"《左氏傳》："受而甘心焉。"杜預："思［甘心］，欲快意也。"《楚辭》："此皆甘人。"王逸曰："甘，美也。食人以為甘美也。"《廣〈雅〉》："甘，樂也。"

① 王念孫疏證："《廣韻》：'餩，噎聲也。'《説文》：'噎，飯窒也。噎與餲同。"

野王案：《症子》“甘繩窮刭”[①]是也。

《尚書·洪範》：“潤下作鹹，炎上作苦，曲直作酸，從革作辛，稼穡作甘。”孔安國傳：“甘味生於百穀。”《詩經·邶風·谷風》：“誰謂荼苦？其甘如薺。”《尚書·五子之歌》：“甘酒嗜音，峻宇彫牆。”孔安國傳：“甘、嗜，無厭足。”吕校本引《周易》作“无彼利”。按：“彼”當為“攸”字之訛。《周易·臨》：“六三，甘臨，无攸利。既憂之，无咎。”王弼注：“甘者，佞邪説媚不正之名也。”《左傳·昭公十一年》：“今幣重而言甘，誘我也，不如無往。”《詩經·衛風·伯兮》：“願言思伯，甘心首疾。”毛傳：“甘，厭也。”吕校本引《左傳》杜預注作“思欲快意也”。△按：《殘卷》“思”當為“甘心”二字之誤合。《左傳·莊公九年》：“管、召讐也，請受而甘心焉。”杜預注：“甘心，言欲快意戮殺之。”《楚辭·招魂》：“此皆甘人，歸來恐自遺災些。”王逸注：“甘，美也。災，害也。言此物食人以為甘美，徑必自與害不旋踵也。”[②]《説文》：“甘，美也。从口含一。一，道也。”《廣雅·釋詁一》：“甛，樂也。”王念孫疏證：“甛，各本譌作醋。《集韻》：‘甛，或作甘。’唐釋元應《衆經音義》卷二及二十三竝引《廣雅》：‘甘，樂也。’今據以訂正。”《名義》：“甘，古藍反。味甛也，厭也，美也，樂也，缓也。”《名義》“缓也”義未見《殘卷》，疑《殘卷》有脱漏。《廣雅·釋詁二》：“甘，緩也。”《淮南子·道應》：“大疾則苦而不入，大徐則甘而不固。”高誘注：“甘，緩意也。”《莊子·天地》：“徐則甘而不固，疾則苦而不入。”陸德明音義引司馬彪云：“甘者，緩也。”

曆，公合［含］、紅談二反。《説文》：“曆，和也。”

《名義》：“曆，红談反。和也，調也。”裴務齊正字本《刊謬補缺切韻·覃韻》：“龕，口含反。……曆，和。又江［红］談反。”《玉篇》：“曆，古三、紅談二切，和也。”《龍龕》：“曆，口含、胡甘二反，和也。”

---

① 未詳。胡吉宣《玉篇校釋》：“引《莊子》為逸文。甘繩，《列子》作甘蠅，古之善射者也。”按：此説恐非，“甘蠅”之“甘”非“樂也”義。吕校本引《莊子》作“甘繩窮勁”。《莊子·胠篋》：“當是時也，民結繩而用之，甘其食，美其服。”此“甘”字與《廣雅》“樂也”義合。

② 《文選·宋玉〈招魂〉》：“此皆甘人，歸來歸來，恐自遺災些。”王逸注：“甘，美也。災，害也。此物食人以為甘美，往必自害不旋踵。”“巠”俗作“生”，《名義·鬲部》“鬲巠”作“[illegible]”；“往”俗作“徃”，從“生”。當以“往”為是。

按：《名義》"調也"義未見於《殘卷》，當另有所據。《説文》："曆，和也。从甘，从麻。麻，調也。[①] 甘亦聲。讀若函。"

甛，徒兼反。《〈家〉語》："〈剖而食〉之甛如峾［蜜］。"《説文》："甛，美也。"《廣雅》："甛，甘也。"《字書》或為餂字也，在食部。[②]

吕校本作"《論語》：剖而食之甛如蜜"。按："剖而食之甛如蜜"出於《孔子家語》，依《殘卷》引書慣例，當作"家語"。《慧琳音義》卷五一《成唯識寶生論》卷一音義："甛味，上牒拈反。《廣雅》：'甛，甘也。'《家語》云：'剖而食之，甛如蜜。'《説文》：'甛，美也。從甘，舌聲。'論作甜，用同。"《初學記》卷二七、《藝文類聚》卷八二、《太平御覽》卷六一二引《家語》曰："楚王渡江得萍實，大如斗，赤如日，剖而食之甜如蜜。"《文選·左思〈吴都賦〉》："想萍實之復形，訪靈夔於鮫人。"李善注引《家語》曰："楚王渡江得萍實，大如斗，赤如日，剖而食之甘如蜜。"《孔子家語·致思》："吾昔之鄭，過乎陳之野，聞童謡曰：'楚王渡江得萍實，大如斗，赤如日，剖而食之甜如蜜。'"《説文》："甛，美也。从甘、舌。舌，知甘者。"《廣雅·釋器》："甜，甘也。"曹憲音"大嫌"。《名義》："甛，徒兼反。美也，甘也。"

猒，扵豔反。〈《國語》："猒邇〉逐遠。"野王〈案：猒〉猶足而不欲復為也。《礼記》"猶［獨］樂其志，而［不］猒其道"是也。《尓雅》："豫，射，猒也。"《方言》："猒，安也。"郭璞曰："〈物〉足則定也。"《説文》："飽也。"《礼記》："祭有陰猒，有陽〈猒〉，宗子為傷［殤］而犯［死］，庶子弗為後〈也〉。其吉祭持［特］〈牲〉，是謂陰猒；凡傷［殤］与无後者〈祭〉扵宗子之家，是謂〈陽〉猒。"鄭玄曰："猒飯神也。"野王案：此字類甚多，音皆相似也。伏合人心，音扵開［冄］反，為厭字，在厂部；[③] 鎮恭［笮］之猒音扵甲、扵涉二反，為壓［壓］字，在土

① 蔣冀騁《段注改篆評議》："段改篆作曆，説解作：從甘，從厤，厤，調也。……按，段改是。小徐云：'厤音曆，稀疏匀調也。'麻無調義，又無曆音，故作麻者定非。《説文》：秝，稀疏適也，從二禾，凡秝之屬皆從秝，讀若曆。又，厤，治也。從厂，秝聲。曆以厤甘會意，味不正，故以甘調治之，使之和也。若字從麻，則會意之旨盡失，段氏據字義以改從厤，甚是。金文有曆字（敔簋），也從厤，可爲佐證。"

② 《名義》："餂，達兼反。甛。美也，甘也。"

③ 《名義》："厭，扵冄反。合也，可。又扵甲反。降也，損也。"

部。[①] 安静猒猒音扵監［鹽］反，為〈懕〉字，在心部。[②] 猒著按持為猒［擪］字，音扵類［頰］、扵篔二反，在手部。[③]

《殘卷》："猒，扵冄反。……飯飽之猒［猒］音扵豔反，在其［甘］部。"《國語·晉語四》："夫必追擇前言，求善以終，猒邇逐遠，遠人入服，不為郵矣。"韋昭注："邇，近也。逐，求也。郵，過也。"《慧琳音義》卷二七轉録大乘基《法花音訓》："遭苦猒，於艷反。《玉篇》：'猒猶飽足而不欲復爲也。"又卷四《大般若波羅蜜多經》卷四〇二音義："猒食，伊熖反。顧野王曰：'猒，飽足也。'《説文》：'猒，飽也。'《禮記》曰：'獨樂其志，不猒其道也。'《説文》從甘，從肉，從犬，會意字也。"疑《殘卷》"足"當作"飽足"。《禮記·樂記》："獨樂其志，不厭其道。"《爾雅·釋詁下》："豫，射，厭也。"《方言》卷六："猒，塞，安也。"郭璞注："物足則安。"[④]《説文》："猒，飽也。从甘，从肰。"《禮記·曾子問》："孔子曰：有陰厭，有陽厭。……宗子爲殤而死，庶子弗爲後也。其吉祭特牲，是謂陰厭；凡殤與無後者祭於宗子之家，當室之白，尊于東房，是謂陽厭。"又："攝主不厭祭。"鄭玄注："厭，厭飫神也。"

《殘卷》"扵閞"，吕校本作"於關"，疑當作"扵冄"。《殘卷》："猒，扵冄反。"《玄應音義》卷一《大方等大集經》卷一音義："猒人，於冉反。鬼名也。梵言烏蘇慢，此譯言猒。《字苑》云：'猒，眠内不祥也。'《蒼頡篇》云：'伏合人心曰猒。'字從厂【厂音呼旱反】，猒聲。山東音於葉反。"又卷八《維摩詰所説經》上卷音義："嬈固，……今宜作猒蠱之蠱。……猒音於冉反。謂伏合人心也。"其讀音均為"於冉反"。

《殘卷》"鎮恭"（吕校本同），胡吉宣《校釋》作"鎮笮"，可從。《殘卷》："猒，扵冄反。……《説文》曰：'苲［笮］。'野王案：鎮苲［笮］亦與壓字同，音扵涉、扵甲二反。"《玄應音義》卷十七《阿毗曇毗婆沙論》卷七音義："次壓，於甲反。《蒼頡解詁》：'壓，鎮也，笮也。'"

《詩經·秦風·小戎》："厭厭良人，秩秩德音。"毛傳："厭厭，安静也。"陸德明音義："厭，於鹽反。"《殘卷》："猒，扵冄反。……猒猒安靜音扵詹反，為猒［懕］字，在心部。[⑤]"

---

① 《名義》："壓，扵甲反。損也，降也，塞也。"
② 《名義》："懕，扵詹反。安靜也，苐也。"
③ 《名義》："擪，烏牒反。著也，持也，按也。"
④ 周祖謨《方言校箋》："安原作定，原本《玉篇·甘部》'猒'下引注曰：'足則安也。'今據《玉篇》改。"
⑤ 《殘卷》"猒猒"之後一"猒"字本為重文符"⺀"，吕校本誤作"之"。《名義》："懕，扵詹反。安静也，苐也。"

《殘卷》“於類”（吕校本同）蓋“於頰”之訛。王仁昫《刊謬補缺切韻·琰韻》（P.2011）：“魘，於琰反。……擪，持。又於㡇反。”裴務齊正字本《刊謬補缺切韻·怗韻》：“擪，扵協反。手按。”又：“協，胡頰反。”“頰，古協反。”“㡇，徒協反。”“擪”與“協”“頰”“㡇”韻同。

《殘卷》“於簞”，吕校本誤作“於箄”。《殘卷》：“厭，扵冉反。……按持之厭為厭［擪］字，音扵簞、烏牒二反，在手部。”

《名義》：“猒，於艷反。女［安］也，飽也，安也。”

《玄應音義》卷十六《鼻柰耶律（一名戒因緣經）》卷七音義：“如厭，於冉反。《字菀》：‘眠内不祥也。’《蒼頡篇》：‘伏合人心曰厭。’《説文》：‘厭，合也。字從厂，猒聲。’厂音漢。”

吕氏校釋：“《名義》‘女也’疑有誤。”按：“女也”當為“安也”之誤重。

猷，《説文》忽猒字也。

《説文》：“猒，飽也。从甘，从肰。猷，猒或从㠯。”吕校本字頭誤作“猒”。

肻，《字書》古文猒字也。

此字從甘從肉，會意字。

甙，徒載反。《廣雅》：“甙，甘〈也〉。”

《廣雅·釋器》：“甙，甘也。”曹憲音“代”。《名義》：“甙，徒載反。甘也。”

〈甚〉，時稔反。《毛詩》：“上帝甚悼。”野王案：《蒼頡萹》：“甚，孔〈也〉。”《左氏傳》“五［吾］人［又］甚焉”是也。《説文》：“尤安樂也。”《廣雅》：“甚，劇〈也〉。”

《詩經·小雅·菀柳》："上帝甚蹈，無自暱焉。"鄭玄箋："蹈讀曰悼。"陸德明音義："蹈，音悼。鄭作悼，病也。"《詩經·周南·汝墳》："雖則如燬，父母孔邇。"毛傳："孔，甚。""孔""甚"義同。《左傳·昭公元年》："衛而惡之，吾又甚焉。"《說文》："甚，尤安樂也。从甘，从匹，耦也。"《廣雅·釋言》："甚，劇也。"《名義》："甚，時稔反。孔也，安樂也，劇也。"

〈昆〉，《說文》古文甚字也。

《說文》："甚，尤安樂也。从甘，从匹，耦也。昆，古文甚。"

****䄽**[①]，徒紺反。《廣雅》："䄽，甘也。"或為醰字，在酉部。[②]**

《廣雅·釋器》："䄽，甘也。"曹憲音"大紺，又大含"。[③]《名義》："䄽，徒紺反。甘。"《玉篇》："䄽，徒紺、徒含二切，長味也。或作醰。"《龍龕》："醰，或作醰；醰，今。徒含反，長味。又徒紺反。"

䛳，呼兼反。香也。或為馦字，在香部。[④]

《名義》："䛳，呼兼反。或馦。香也。"吕氏校釋："馦同䛳。"按：日本石山寺藏本《香藥字抄》引《玉篇》："馦，呼兼反。《字書》或稴字。稴，香也，在黍部。"《名義》："稴，胡兼反。稻不黏，赤黍也。"音義與"馦"俱異。疑"稴"當作"馦"，"黍部"當作"香部"（香字本作香，從黍，從甘）。《香藥字抄》引《玉篇》："馦，呼兼反。《廣雅》：'馦，香也。'或為䛳字，在甘部。"《名義》："馦，呼簾反。香也。"《名義》未收"馦"字。《玉篇》："䛳，呼兼切，香也。或作馦。"

---

① 此字及下"䛳"字《殘卷》未收。《殘卷》載甘部"凡十二字"，實僅收字頭十個，當有脱漏。今據《名義》補"䄽""䛳"兩字。

② 《名義》："醰，大含反。美。"

③ 王念孫疏證："各本'大含'之'大'譌作'紺'，今訂正。"

④ 《名義》："馦，呼簾反。香。"

甞，視楊反，ゑ甞［嘗］字也。甞［嘗］，試也，秋祭也，口味也，昔蹔為之也。在旨部。①

《玄應音義》卷六《妙法蓮華經》卷一音義："未嘗，視羊反。《小爾雅》云：'嘗，試也。'謂蹔為之也。"《慧琳音義》卷二二轉録慧苑《新譯大方廣佛花嚴經音義》卷中："未甞，《玉篇》曰：'甞謂昔為之也。'今此云未甞者，即未暫為之。"又卷六六《阿毘達磨發智論》卷二音義："甞啜，上尚章反。《字書》正從旨作甞［嘗］，論文從口作嚐，非也。《考聲》云：'甞，美也。'顧野王云：'甞，口中味之也。'《白虎通》云：'言甞新穀也。'《文字典説》云：'秋祭名也。從旨，尚聲也。'"《名義》："甞，視楊反。試也。"

〖旨部第一百〈十〉五　　凡三字〗

旨，支耳反。《尚書》："旨𢦏！説，乃言惟服。"孔安国曰："旨，羙也。"《周易》："詞也者，各旨其所之也。"野王案：旨猶意也。《周易》又曰"其旨違［遠］，其詞文"是也。《韓詩》："其樂旨且。直［旨］ゑ樂也。"《〈吕〉氏春秋》："以此旨國。"高誘曰："旨，志也。"《説文》以意志〈之旨為〉恉字，在心部。②

《尚書·説命中》："王曰：'旨哉！説，乃言惟服。"孔安國傳："旨，美也。"《周易·繫辭下》："聖人之情見乎辭。"韓康伯注："辭也者，各指其所之，故曰情也。"《慧琳音義》卷二三轉録慧苑《新譯大方廣佛華嚴經音義》卷下："承旨，《玉篇》曰：'旨，意也。'"《周易·繫辭下》："其旨遠，其辭文，其言曲而中。"《詩經·王風·君子陽陽》："其樂只且。"王先謙《詩三家義集疏》："《南山有臺篇》'樂只君子'，《衡方碑》作'樂旨君子'，是'只''旨'本通叚之字。"按：《左傳·襄公十一年》引《詩》，亦作"樂旨君子"。《吕氏春秋·行論》："故布衣行此指於國，不容鄉曲。"高誘注："指猶志。"《名義》："旨，視支反。羙也，詞也，意也，樂也。"《名義》

---

① 《名義》："嘗，視楊反。試也。"《爾雅·釋天》："秋祭曰嘗。"《説文》："嘗，口味之也。"
② 《説文》："恉，意也。从心，旨聲。"《名義》："恉，之視反。意也。"《玄應音義》卷二四《阿毗達磨俱舍論》卷四音義："音旨，脂以反。《説文》作恉。恉，意也，志也。"

“詞也”為引證之誤省。“視支反”當作“支視反”。“旨”“視”同屬旨韻。

吕校本作“《説文》以意志也為恉字”。案：《殘卷》“意志”與“恉”字之間缺三字，且《殘卷》屢見“《説文》以某某之某為某字，在某部”的表述。如“詭”字條下有“《説文》以詭異之詭為恑字，在心部”，“希”字條下有“《説文》以踈罕之希為稀字，在禾部”，均其例。

舌［香］，《説文》古文旨字也。

吕校本字頭作“舌”，《殘卷》原作“舌”。《説文》：“旨，美也。从甘，匕聲。……舌，古文旨。”

甞［嘗］，視楊反。《周礼》：“以〈嘗秋享〉先王。”《公羊傳》：“秋〈曰嘗〉。”何休曰：“甞［嘗］，先辞也。秋穀成，黍〈先熟，可得薦，故曰嘗〉也。”《國［論］語》：“君賜食，及［必］正席先甞［嘗］之。”〈野王案：《説文》：“嘗，口味之〉也。”《礼記》“肴之飯徧甞［嘗］之”是也。《左氏傳》：“使〈勇而無堅者嘗〉寇。”杜預曰：“甞［嘗］，試也。”《公羊傳》：“公甞［嘗］訊臣矣。”〈野王案：嘗，昔蹔〉為之也。[1]《國語》：“有慶未甞［嘗］不怡，有憂未甞［嘗］不貳［戚］。”《狂子》“甞［嘗］喝而不犯［死］”是也。

《殘卷》：“甞，視楊反。㕘甞［嘗］字也。甞［嘗］，試也，秋祭也，口味也，昔蹔為之也。在旨部。”《周禮·春官·大宗伯》：“以嘗秋享先王。”《殘卷》所闕三字可據補。《公羊傳·桓公八年》：“秋曰嘗。”何休解詁：“嘗者先辭也，秋穀成者非一，黍先熟，可得薦，故曰嘗。”《論語·鄉黨》：“君賜食，必正席先嘗之。”《殘卷》“之”和“也”字之間有約八九字的闕文。吕校本補“君賜腥，必熟而薦之也”，字數雖合，其實不妥。下文引《禮記》後有“是也”二字，其前或當有“野王案”字樣。《禮記·玉藻》：“命之品嘗之，然後唯所欲。”鄭玄注：“必先徧嘗之。”吕校本引《左氏傳》作“使勇而無剛者，甞寇〈而速去之〉”，與今本《左傳》合。《左傳·隱公九年》：“公

---

[1] 據上“甞”字條，此處疑為“昔蹔為之也”。《玄應音義》卷六《妙法蓮花經》卷一音義：“未甞，視羊反。《小尒雅》云：‘甞，試也。’謂蹔為之也。”《慧琳音義》卷二二轉録慧苑《新譯大方廣佛花嚴經音義》卷中：“未嘗，《玉篇》曰：‘嘗謂昔爲之也。’”

子突曰：使勇而無剛者嘗寇而速去之。”杜預注：“嘗，試也。”案：《殘卷》因避諱，“剛”當作“堅”。《公羊傳・僖公十年》：“君嘗訊臣矣。”吕校本引《公羊傳》後有“何休曰：甞謂昔為之也”。案：今本《春秋公羊注疏》未見何休注語，且下文引《國語》《疟子》後有“是也”煞尾，故補“野王案”等相關內容。《國語・周語下》：“有憂未嘗不戚，有慶未嘗不怡，急其宗也。”吕校本引《莊子》作“甞喝［懷］而不犯”，未詳所據，恐非是。《莊子・盜跖》：“必持其名，苦體絶甘，約養以持生，則亦久病長阨而不死者也。”《集韻・卦韻》“阨”字音“烏懈切”，《唐韻殘卷・夬韻》（蔣斧印本）：“喝，於芥反。”“長”與“甞”、“阨”與“喝”音近。《名義》：“嘗，視楊反。試也。”

《慧琳音義》卷六七《阿毘達磨集異門足論》卷十七音義：“所甞，下音常。案《字書》，甞，正體字也。論文作甞［嘗？］，非也。顧野王云：‘甞，試也。’《説文》云：‘口味之也。從甘，尚聲也。’”又卷六八《阿毘達磨大毘婆沙論》卷四二音義：“嘗啜，上音常。《論語》云：‘君賜食，必正席先嘗之。’杜注《左傳》云：‘嘗，試也。’《説文》：‘從旨，尚聲。’”

〖次［㳄］部第一百十六　　凡五字〗

次［㳄］，囙［囚］仚［仙］反。《説文》：“慕也，欲也，夂口依［液］也。”或為㵪字，在水部。①

《説文》：“㳄，慕欲口液也。从欠，从水。……㵪，㳄或从侃。”《慧琳音義》卷四七《中論》卷四音義：“㳄出，羨延反。《説文》云：‘㳄，口液也，又慕欲也。從水，欠聲。’東昔［晳］從口作唌，賈誼從羨作漾，義同。論文從延作唌，俗字。”又卷六三《根本説一切有部百一羯磨》卷八音義：“㳄唾，上羨延反。《考聲》云：‘㳄，口中津也。’《説文》云：‘慕欲口液也。從夂［欠］，從水。’律文從延作涎，俗字也。”《玄應音義》卷二五《阿毘達磨順正理論》卷五九音義：“涎洟，諸書作㳄、漾、唌、㵪四形，同，詳延反。《字林》：‘慕欲口液也。’亦小兒唾也。”《名義》：“次［㳄］，囚仙反。慕也，欲也，口液也。”按：“慕也，欲也”為“羨”字義，“口液也”為“㳄”（涎）字義。《慧琳音義》卷三二《佛説大浄法門品》音義：“貪羨，下祥箭反。《考聲》云：‘羨，

① 《名義》：“㵪，囙［囚］仙反，囚山［仙］反。口液也。”

愛也，慕也。'鄭注《周禮》云：'羨猶饒也。'《韓詩》云：'羨，願也。'《説文》云：'羨，貪欲也。從羑、次。羑從羊久也。'"《廣雅・釋詁一》："羨，欲也。"《慧琳音義》卷二《大般若波羅蜜多經》卷五三"涎淚"條、卷五《大般若波羅蜜多經》卷四一四"涎淚"條、卷十一《大寶積經》卷二"涎唾"條、卷十三《大寶積經》卷四七"涎流"條、卷十四《大寶積經》卷五七"涎唾"條、卷三六《蘇婆呼童子請問經》卷下"次唾"條、卷三八《佛説大孔雀王呪經》卷上"倉次者"條、卷四二《大佛頂經》卷八"愛涎"條、卷五七《身觀經》"次唾"條、卷六二《根本説一切有部毗奈耶雜事律》卷十二"次唾"條、卷六八《阿毗達磨大毗婆沙論》卷七五"次膽"條、卷七四《佛本行讚傳》第二"次洟"條、卷八一《南海寄歸內法傳》卷一"次唾"條引《説文》均作"口液也"。又卷七五《道地經》"次洟"條引《集訓》云："口液也。"

㳄，《字書》籀文次［㳄］字也。

《説文》："㳄，慕欲口液也。从欠，从水。……㳄，籀文㳄。"

羨，〈慈箭〉[1]反。《周礼》："凡起徒役，毋過家一人，以其餘為〈羨。"鄭衆曰："羨〉猶饒也。"又曰："璧羨以起度。"鄭衆曰："羨，長也。此璧〈侄長尺以〉起度量也。"鄭〈玄〉曰："謂羨，不圓之〈皀也〉，盖廣侄八寸，〈袤一尺〉也。"《考工記》："璧羨度尺，好三寸以為度。"鄭衆〈曰："羨，侄也。〉"〈鄭〉玄〈曰〉："羨，延也，其一哀［袤一］尺而度［廣］狭焉。"《毛詩》："〈四方〉有羨。"傳曰："羨，餘也。"《韓詩》："毋然歆羨。羨，願也。"《淮南》："夫羨〈者止〉於度。"許𡙇重曰："羨，過也。"《説文》："羨，貪欲也。"野王案：《漢書》"故為人所羨"是也。《廣雅》："羨，道也。"野王案：羨門，墓道也。

《周禮・地官・小司徒》："凡起徒役，毋過家一人，以其餘為羨，唯田與追胥竭作。"鄭玄注引鄭衆云："羨，饒也。"《周禮・春官・典瑞》："璧羨以起度。"鄭玄注引鄭衆云："羨，長也。此璧徑長尺以起度量。《玉人職》曰：'璧羨度尺以為度。'"鄭玄注："羨，不圜之貌，蓋廣徑八寸，袤一尺。"《周禮・考工記・玉人》："璧羨

① 此據《名義》補。

度尺，好三寸以爲度。”鄭玄注引鄭衆云：“羡，徑也。”鄭玄注：“羡猶延，其袤一尺而廣狹焉。”《詩經・大雅・皇矣》：“無然畔援，無然歆羡。”《文選・孫綽〈遊天台山賦〉》：“苟台嶺之可攀，亦何羡於層城？”李善注引薛君《韓詩章句》曰：“羡，願也。”《淮南子・主術》：“美者正於度而不足者建於用，故海內可一也。”王念孫《讀書雜志》：“美當為羡，正當為止，建當為逮，皆字之誤也。”《淮南子・精神》：“無天下不虧其性，有天下不羡其和。”高誘注：“羡，過也。”《説文》：“羡，貪欲也。从次，从羑省。羑呼之羑，文王所拘羑里。”《漢書・五行志中之上》：“成帝時謌謠又曰：‘邪徑敗良田，讒口亂善人。桂樹華不實，黄爵巢其顛。故為人所羡，今為人所憐。’”《廣雅・釋宫》：“羡，道也。”《史記・衛康叔世家》：“和以其賂賂士，以襲攻共伯於墓上，共伯入釐侯羡自殺。”司馬貞索隱：“音延。延，墓道。又音以戰反。”《爾雅・釋詁下》：“延，間也。”邢昺疏：“延者，今墓道也。”《名義》：“羡，慈箭反。饒也，長也，佺也，延［延］也，道也，過也，願。”

盗，徃［徒］到反。《毛詩》：“君子信盗。”傳曰：“盗，逃也。”箋云：“盗謂小人也。《春秋傳》曰‘賤者窮諸盗［盗］’是也。”《韓詩》：“盗，讒也。”《左氏傳》：“〈竊賄〉為盗也。”《穀梁傳》：“《春秋》有三盗：微煞大夫謂之盗，〈而〉取謂之盗，非所取謂之盗，辟中國之正道〈以襲利謂之〉盗也。”《國語》：“匹夫〈專〉利猶謂之盗。”

《詩經・小雅・巧言》：“君子信盗，亂是用暴。”毛傳：“盗，逃也。”鄭玄箋：“盗謂小人也。《春秋傳》曰：‘賤者窮諸盗。’”吕校本引《左氏傳》作“家賊為盗也”，誤。《左傳・文公十八年》：“毁則爲賊，掩賊爲藏，竊賄爲盗，盗器爲姦。”《穀梁傳・哀公四年》：“《春秋》有三盗：微殺大夫謂之盗，非所取而取之謂之盗，辟中國之正道以襲利謂之盗。”范甯集解：“即殺蔡侯申者，是非微者也。”《殘卷》“〈而〉取謂之盗；非所取謂之盗”有衍、倒，當作“非所取〈而〉取謂之盗”。《國語・周語上》：“匹夫專利猶謂之盗，王而行之，其歸鮮矣。”《名義》：“盗，徒到反。逃也，纔［讒］也，偷也。”《名義》“偷也”義《殘卷》未收。

欥，翼〈支反。《説〉文》：“〈欥，歠也。”〉

《説文》："厥，歠也。从㳄，厂聲。讀若移。"《集韻·支韻》："厥，《説文》：'歠也。'或書作欴。"《名義》："欴，翼支反。歠也。"

〖幸［㚔］部第一百十七　凡　字〗存一字，殘三字[①]

幸［㚔］，如涉反。《説文》："俗以溢［盗］不送［止］為〈㚔〉也。一曰：所犯驚人也。[②]讀若瓠［瓡］。"[③]

《説文》："㚔，所以驚人也。从大，从羊。一曰：大聲也。……一曰：讀若瓡。一曰：俗語以盗不止爲㚔。㚔，讀若籋。"《名義》："㚔，如涉反。大聲也，驚人也。"《名義》"大聲也"未見《殘卷》，疑《殘卷》引《説文》有脱文。

睪，〈餘石反。《説文》："睪，司視也。令吏〉将目捕罪人也。"[④]《尔雅》："睪睪，生也。"郭璞曰："言種調也。"《字書》："一曰：樂也。"

《説文》："睪，目視也。从横目，从㚔。令吏將目捕辠人也。"《唐韻殘卷·菥韻》（蔣斧印本）："睪，司視也。《説文》云：'吏持［將］目捕睪［辠］〈人〉。'""司"，古"伺"字。今本《説文》"目視"蓋"司視"之訛，小徐本"目視也"作"司視也"。《殘卷》："繹，曳石反。……司補［捕］睪［辠］人為睪字，在幸［㚔］部。"《爾雅·釋訓》："繹繹，生也。"郭璞注："言種調。"《名義》："睪，餘石反。伺視也，調也，

---

① 吕校本此部字頭有三：幸、睪、執。"執"字下"之職无馬一脚（闕）有圉牛有牧（闕）"當繫於"圉"字之下。

② 《説文》作"所以驚人也"，《殘卷》作"所犯驚人也"，《五經文字》作"所以犯驚人也"。今本《説文》或脱"犯"字。

③ 今本《説文》作"讀若瓡"，疑當作"讀若瓡"，"瓡"字從瓜，㚔聲。王觀國《學林》卷六"瓡"條："《史記·漢楚以來侯者年表》有'瓡讘侯杆者'，又《建元以來王子侯年表》有'城陽頃王子瓡侯劉息'，徐廣注曰：'瓡，一作報。'觀國按：《前漢·地理志》河東郡有狐讘縣。又《景武昭宣功臣年表》有'瓡讘侯杆者'，顔師古注曰：'瓡讀與狐同。讘，之涉反。'以此知《史記·年表》'瓡讘侯'乃'狐讘侯'也。杆者乃姓杆名者也。又《王子侯年表》有'城陽頃王子劉息，封瓡侯'，顔師古注曰：'瓡即瓠字也。'以此知《史記·年表》'瓡侯'乃'瓠侯'也。"《説文》及《殘卷》之誤正與此同。

④ 此處可據《名義》及《説文》補"餘石反。《説文》：'睪，司視也。令吏'"。

樂也。”按：“樂也”義字或作“懌”。《爾雅·釋詁上》：“懌，樂也。”《名義》：“懌，餘石反。服也，樂，改也。”

執，〈之入反。《韓詩》：“執競武〉王。執，服也。”又曰：“伯也執殳。執，恃［持］也。”又曰：“世執其刅。執，有也。”《夏小正》：“執，燥也。”[①] 野王案：摻[②]，擁捉也。《毛詩》“執其鑾刀”“左手執籥”〈是也。《國語》〉：“与大國執讎。”賈逵曰：“執，結也。”《礼記》：“執尔顏。”鄭玄〈曰：“執猶〉守也。”又曰：“肆諸市朝，妻子［妾］執。”鄭玄曰：“執猶〈拘也。”野王案：〉《左氏傳》“公曰執之”是也。又〈曰：請誦其所聞而吾子自執焉。”鄭玄〉曰：“執猶處也。”又曰：“〈執友稱其仁也。”鄭玄曰：“執友，執志同〉者也。”《說文》：“捕罪人也。”《廣雅》：〈執，脅也。”〉“執，婬也。”古文忿脅［書］為慹。

《詩經·周頌·執競》：“執競武王，無競維烈。”陸德明音義：“執，持也。《韓詩》云：‘執，服也。’”《詩經·衛風·伯兮》：“伯也執殳，為王前驅。”《詩經·大雅·崧高》：“登是南邦，世執其功。”《詩經·小雅·信南山》：“執其鸞刀，以啟其毛，取其血膋。”《詩經·邶風·簡兮》：“左手執籥，右手秉翟。”《國語·越語上》：“寡人不知其力之不足也，而又與大國執讎。”韋昭注：“執猶結也。”《禮記·曲禮上》：“坐必安，執爾顏。”鄭玄注：“執猶守也。”《礼記·檀弓下》：“君之臣不免於罪，則將肆諸市朝，而妻妾執。”鄭玄注：“執，拘也。”《左傳·定公八年》：“今又執之，是絕諸侯也。”疑《殘卷》“公曰”為“今又”之訛。《禮記·樂記》：“請誦其所聞而吾子自執焉。”鄭玄注：“執猶處也。”《說文》：“執，捕罪人也。从丮，从㚔，㚔亦聲。”《廣雅·釋詁一》：“報，婬也。”《殘卷》蓋誤以“報”為“執”。[③]《禮記·喪服大記》：“斂者既斂必哭，士與其執事則斂。”鄭玄注：“執或為慹。”陸德明音義：“執，音慹，本亦作慹。”《名義》：“執，之入反。服也，伯也，持也，操也，捉也，婬也，脅也，攝，處也，拘也，紶［結］也。”《玉篇》：“執，之入切，持也，守也，結也。”《名義》“攝”“脅也”義《殘卷》殘，《釋名·釋姿容》：“執，攝也，使畏攝已也。”《廣雅·釋言》：“執，脅也。”“紶也”當為“結也”，《殘卷》《玉篇》均堪佐證。《禮記·喪大記》：“斂

① “燥”當作“摻”，“操”之俗字。《大戴禮記·夏小正》：“妾子始蠶。先妾而後子，何也？曰：事有漸也，言事自卑者始。執養宮事。執，操也。養，長也。”
② 黎本如此，當作“操”。
③ 胡吉宣《校釋》以為《釋詁一》此條奪“執”字，誤。

者既斂，必哭，士與其執事則斂。”鄭玄注：“執，或為槷。”陸德明音義：“槷，音執，本亦作執。”

〈圉〉，〈𩵋距反。《尒雅》：圉，楚［禁］也。郭璞曰：“禁制也。”〉……也。九……之𦕅无［乘］馬一脚［師］……〈馬〉有圉，牛有牧。①

吕校本“（闕）之職无馬一腳（闕）有圉牛有牧（闕）”置於“執”字條之末尾，誤。

《爾雅·釋言》：“圉，禁也。”郭璞注：“禁制。”《廣雅·釋詁一》：“圉，使也。”《名義》：“圉，魚距反。楚也，就也，使也，囹固［囹圄］。”《玄應音義》卷九《大智度論》卷十音義：“古文敔，同，魚舉反。《廣雅》：‘禦，止也，當也。’《爾雅》：‘禦，圉，禁也。’未有而豫防之也。”“圉”或作“敔”，《名義》：“敔，𩵋吕反。控［椌］楬也，楚。”“楚”亦為“禁”字之訛。吕氏校釋：“‘就也’疑為‘獄也’之誤，‘囹固’當作‘囹圄’。”按：此説可從。《釋名·釋宫室》：“獄……又謂之囹圄。囹，領也；圄，御也。領録囚徒禁御之也。”“圉”同“圄”。《説文》：“圉，囹圄，所以拘罪人。从㚔，从囗。一曰：圉，垂也。一曰：圉人，掌馬者。”

① 《殘卷》此處漫漶難辨。《周禮·夏官·校人》：“校人掌王馬之政……凡頒良馬而養乘之。乘馬一師四圉。”鄭玄注引鄭司農云：“四匹為乘，養馬為圉。故《春秋傳》曰：‘馬有圉，牛有牧。’”“无”，本作“無”，為“乘”字之訛。“脚”為“師”字之訛。

【玉篇卷十】

〖竝部第一百三十五　凡三字〗[①]存三字

竝，浦［蒲］若［茗］反。《礼記》：‘竝坐不横肱。’野王案：《説文》：‘竝，併也。’《漢書》：‘柈［牂］掎［柯］群［郡］有周［同］竝縣。’音蒲俱［但］反。”[②]

《禮記·曲禮》：“室中不翔，並坐不横肱。”《説文》：“竝，併也。从二立。”《淮南子·本經》：“法陰陽者，德與天地參，明與日月竝，精與鬼神總。”高誘注：“竝，併也。”《漢書·地理志上》載“牂柯郡，……縣十七”，其中即有“同並”。顏師古注引應劭曰：“故同並侯邑。並音伴。”《名義》：“竝，蒱茗反。併也。”《新撰字鏡》：“竝，並字。浦［蒲］迥反，上。比也，併也。”

並，浦［蒲］鯁反。《毛詩》：“並驅従兩豣兮。”戔云：“並，併也。”《楚辞》：“古國［固］有不並。”王逸曰：“並，俱也。”野王案：《礼記》“不敢並行，〈不〉敢並命”是也。《字書》：“今竝字也。”[③]

《詩經·齊風·還》：“並驅從兩肩兮，揖我謂我儇兮。”鄭玄箋：“並，併也。”陸德明音義：“兩肩，如字。獸三歲曰肩。《説文》云：‘三歲豕肩相及者。’本亦作豣，音同，又音牽。”“豜”與“豣”音義同。《楚辭·九章·懷沙》：“古固有不並兮，豈知其何故？”王逸注：“並，俱。”《廣雅·釋言》：“並，俱也。”字亦作“傡”。《龍

① 此處原缺，據《殘卷》體例及《名義》補。
② 本條內容不見於《原本玉篇殘卷》，此據《新撰字鏡》第660頁。
③ 本條內容不見於《原本玉篇殘卷》，此據《新撰字鏡》第660頁。

龕》："竝，正；併，今。蒲猛反，俱也，並也。又音並。"《名義》："並，蒲鯁反。併也，俱也。"《類聚名義抄》："並，《玉》云：'今竝字也。'"（122•3）

竝［普］，他計反。《説文》："普，癈也。"俗為替字。替，滅也，去也，止、待也，在夫部。[①]

《説文》："普，廢，一偏下也。从竝，白聲。"按："癈"當作"廢"。《儀禮·少牢饋食禮》："眉壽萬年，勿替引之。"鄭玄注："替，廢也。"《國語·晉語九》："夫事君者諫過而賞善，薦可而替不。"韋昭注："替，去也。"《爾雅·釋詁下》："替，止也。"又："替，待也。"《國語·晉語三》："十四年，君之冢嗣其替乎？"韋昭注："替，滅也。"《玉篇》："普，他計切，廢也。今作替。"《名義》："普，他計反。癈也，去，止也，待也，滅也。"吕氏校釋："此字頭原誤，俗作替。"按：此字頭原誤作"竝"。《名義》"他計反"，吕校本誤作"他記反"。

① 本條內容不見於《原本玉篇殘卷》，此據《新撰字鏡》第660頁。《名義》："替，吐麗反。癈也，绝也，滅也，去也，待也，止住也。"

【玉篇卷十一】

〖尸部第一百卌四　　凡　字〗[①]存二字

居，〈舉除反。〉《尚書》："五宅三居。"又曰："民弗適有居。"孔安国曰"民不欲殷有邑居"是也。野王案：居猶處也。《礼記》"孔子曰：'丘少居魯，……長居宋'"是也。《考工記》："凡居秋［材］，……大倚小則摧。"野王案：居夂蓄聚也。《毛詩》："上帝居歆。"牋云："案［安］居也。"《左氏傳》："有国［国有］人焉，誰居？其孟椕乎？"杜穨［預］曰："居猶與也。"《礼記》："其有中士下士，數各居其上之三分。"郑［鄭］玄曰："居猶當也。"又曰："居，吾語汝。"郑［鄭］玄曰："居〈猶安坐也〉。"[②]又曰："居士錦帶。"郑［鄭］玄曰："有道藝處士也。"《毛詩》："羔裘豹祛，自我人居〈居〉。"傳〈曰〉："居居，懷惪［恶］不親比之皃也。"《說文》以為蹲踞之踞字。居處之居為凥，在几部。[③]《礼記》："孔子曰：'二〈日〉伐皷，何居？'"郑［鄭］玄曰："居讀如姬姓之姓，齐魯之間助語也。何居，恠之也。"[④]

《尚書·舜典》："五流有宅，五宅三居。"《尚書·盤庚上》："盤庚遷于殷，民不適有居。"孔安國傳："不欲之殷有邑居。"《廣雅·釋言》："居，據也。"王念孫疏證："《釋名》云：'據，居也。'《晉語》：'今不據其安。'韋昭注亦云。"未見"居"釋作"據"者。"據"字俗作"擄"，疑"據"當作"處"（俗處字）。《廣雅·釋詁二》："処，凥也。"《吕氏春秋·離俗》："智者謀之，武者遂之，仁者居之，

---

① 此處原缺，據《殘卷》體例及《名義》補。

② 此處有脫文。《禮記·樂記》："子曰：'居，吾語汝。'"鄭玄注："居猶安坐也。"《史記·樂書》："子曰：'居，吾語汝。'"裴駰集解引鄭玄曰："居猶安坐也。"

③ 《説文》："凥，處也。从尸，得几而止。《孝經》曰：仲尼凥。凥謂閒居如此。"《名義》："凥，le臭反。處也。"

④ 本條內容不見於《原本玉篇殘卷》，此據《新撰字鏡》第175頁。

古之道也。”高誘注：“居，處也。”《禮記·儒行》：“孔子對曰：‘丘少居魯，衣逢掖之衣；長居宋，冠章甫之冠。’”《周禮·考工記·輿人》：“凡居材，大與小無并，大倚小則摧，引之則絶。”《詩經·大雅·生民》：“其香始升，上帝居歆。”鄭玄箋：“其馨香始上行，上帝則安而歆享之。”《吕氏春秋·上農》：“輕遷徙則國家有患，皆有遠志，無有居心。”高誘注：“居，安也。”《左傳·襄公二十三年》：“臧孫聞之，曰：‘國有人焉，誰居？其孟椒乎？’”杜預注：“居猶與也。”《禮記·王制》：“其有中士下士者，數各居其上之三分。”鄭玄注：“居猶當也。”《國語·魯語下》：“居，吾語女！”韋昭注：“居，坐也。”《禮記·玉藻》：“大夫素帶，辟垂；士練帶，率下辟；居士錦帶，弟子縞帶。”鄭玄注：“居士，道藝處士也。”《詩經·唐風·羔裘》：“羔裘豹袪，自我人居居。”毛傳：“居居，懷惡不相親比之貌。”《説文》：“居，蹲也。从尸、古者，居从古。踞，俗居从足。”《禮記·郊特牲》：“孔子曰：‘三日齊，一日用之，猶恐不敬。二日伐鼓，何居？’”鄭玄注：“居讀為姬，語之助也。何居，怪之也。”《禮記·檀弓》：“檀弓曰：‘何居？我未之前聞也。’”鄭玄注：“居讀為姬姓之姬，齊魯之間語助也。”《名義》：“居，舉除反。處也，安也，當也，坐也。”

㞐，古文居字。①

《古文四聲韻》載《説文》“居”作“𡰥”，崔希裕《纂古》作“㞐”。

〖屮部第一百五十七　　凡　字〗存一字

𡴅，芳云反。《説文》：“草初生，香分布也。”或為芬字，分［芬］糸如［和］也，在草部。②

《説文》：“𡴅，艸初生，其香分布。从屮，从分，分亦聲。芬，芬或从艸。”《玉篇》：“𡴅，

① 本條內容不見於《原本玉篇殘卷》，此據《新撰字鏡》第175頁。

② 本條內容不見於《原本玉篇殘卷》，此據《香藥字抄》第2頁。《名義》：“芬，孚雲反。和也，調也，香也。”

芳云切，草初生香岎布也。今作芬。”《名義》：“岎，芳去反。和也，草初生香分也。”呂氏校釋：“‘芳去反’當作‘芳云反’。日本《香字鈔》引《玉篇》作‘芳云反。《説文》：“草初生香分布也。”或為芬字，亦如也，在艸部’。《名義》脱‘布’字。”

【玉篇卷十二】

〖木部第一百五十八　　凡　字〗存三字

欇，時葉反。《爾雅》：“欇，虒櫐。”郭璞曰：“虒豆，一名獵欇。”音義曰：“今建平人又名之烏杦。”野王案：今謂之狸豆也。①

《爾雅·釋木》：“欇，虎櫐。”郭璞注：“今虎豆，纏蔓林樹而生，莢有毛刺，今江東呼爲欛欇。”陸德明音義：“欇，郭音涉，本又作聶，又作櫐，並同。”《山海經·中山經》：“又東四十里曰卑山，其上多桃李苴梓，多纍。”郭璞注：“今虎豆、狸豆之屬。纍一名縢。音誄。”“纍”與“櫐”音義同。《說文》：“欇，木葉榣白也。从木，聶聲。”《玉篇》：“欇，時葉切，豆也，一名虎櫐。櫐，同上。”

《名義》：“欇，時葉反。虒豆也，楓木也。”《說文》：“楓，木也。厚葉弱枝，善搖。一名欇。”

案，〈扵旦反。《周礼》：“設重帟、重案。”鄭玄曰：“重案，床重席也。”〉野王案：案，瞻視也。〈《淮南》“陳祭噐，案度呈”是也。野王案：案，食噐也。《史記》“趙王張敖自持案進食”是也。《漢書》：“案楡谿舊塞。”如淳曰：“案，尋也。”〉《漢書音義》曰：“案，考〈也〉，驗也。”如淳曰：“案，察行也。”②

《說文》：“案，几屬。从木，安聲。”《周禮·天官·掌次》：“朝日祀五帝，

① 本條內容不見於《原本玉篇殘卷》，此據《香藥字抄》第38頁。
② 本條內容不見於《原本玉篇殘卷》，此據《《令義解序注》》：“案：顧野王曰：‘案，瞻視也。’《漢書音義》曰：‘案，考驗也。’如淳曰：‘案，察行也。’”（第352頁）又結合《名義》釋義及《殘卷》體例稍事修改及增補。

則張大次、小次，設重帟、重案。”鄭玄注：“重案，牀重席也。”《淮南子·時則》：“是月也，工師效功，陳祭器，案度呈，坚致為上。”高誘注：“案，視也。”《玉篇》：“案，於旦切，几屬也，食器也。”《廣韻·翰韻》：“案，几屬也。《史記》曰：‘高祖過趙，趙王張敖自持案進食。’又：‘曹公作欹案，卧視書。’又察行也，考也，驗也。”《漢書·衛青傳》：“遂西定河南地，案榆谿舊塞。”顏師古注引如淳曰：“案，尋也。”《玄應音義》卷十四《四分律》卷二八音義：“不案，於旦反。案亦瞻視也，察行也。或云：案，尋也。”《名義》：“案，扵旦反。床重席也，食器也，尋也，察行也，視也，驗也。”吕氏校釋：“《周禮》鄭注：‘重案，牀重席也。’”

《名義》此條原誤作兩條，“尋”下別為一條。

朮，儲律反。（《醫家續傳》云：“白朮之術，時律反。”）《聲類》：“古文秫字。”秫，黏粟也，在禾部。[①]〈或為茉字，在草部。〉[②]

《說文》：“秫，稷之黏者。从禾、朮，象形。朮，秫或省禾。”《爾雅·釋草》：“衆，秫。”郭璞注：“謂黏粟也。”《廣雅·釋草》：“白茉，牡丹也。”曹憲《博雅音》：“茉，住律反。世人作朮字如此，失之。朮，古文秫字。”《名義》：“朮，時聿反。黏粟，秫字。”

① 本條內容不見於《原本玉篇殘卷》，此據《香藥字抄》第63頁。《名義》：“秫，時律反。黏粟也。”
② 《名義》：“茉，儲健［律］反。朮字，術字，似薊。”

【玉篇卷十三】

〖艸部第一百六十二　　凡　字〗存廿字

蕙，禹桂反。《廣雅》："蕙草，菜綠紫花也。"《山海經》："天帝之山其下多蕙。"郭璞曰："蕙，香草。"野王案：《楚辞》云"荷衣蕙帶"是也。①

《名義》："蕙，禹桂反。香草也。"《慧琳音義》卷八四《集古今佛道論衡》卷四音義："蕙蓀，上畦桂反，下息尊反。《玉篇》云：'並香草也。'"又卷八六《辯正論》卷六音義："蕙帶，上音惠。《玉篇》云：'蕙，香草也。'《楚辭》云'荷衣蕙帶'是也。皆隱逸人草衣、仙人衣服也。"又卷九八《廣弘明集》卷十三音義："蕙帶，攜桂反。《廣雅》云：'蕙草，葉緑紫花也。'《山海經》云：'天帝之山其下多蕙。'郭注云：'蕙，香草。'"

葯，於略反。《山海經》："來［崍］山多葯。"郭璞曰："即虈也。"《廣雅》："白芷，葉曰葯。"②

《山海經·中山經》："又東北一百四十里曰崍山……其草多薤韭，多葯。"郭璞注："即虈。"又《西山經》："又北百八十里曰號山……其草多葯、虈、芎藭。"郭璞注："葯，白芷別名。"《廣雅·釋草》："白芷，其葉謂之葯。"《名義》："葯，於略反。白芷葉曰葯也。"

---

① 本條內容不見於《原本玉篇殘卷》，此據《名義》釋義及《慧琳音義》所引。
② 本條內容不見於《原本玉篇殘卷》，此據《香藥字抄》第 25 頁。

芷，支視反。《夲草》："白芷，一名白茝。"《子虛賦》："芷若射干。"[①]

《重修政和證類本草》卷八："白芷，……一名芳香，一名白茝，一名虈，一名莞，一名苻蘺，一名澤芬。"[②]《史記·司馬相如列傳》："其東則有蕙圃衡蘭，芷若射干，穹窮昌蒲。"裴駰集解引《漢書音義》曰："芷，白芷。若，杜若也。"《名義》："芷，支帀反。茝子也，若射干。"吕氏校釋："'支帀反'當作'支市反'。"△按：《名義》"茝子也"疑當作"茝字也"。《禮記·內則》："婦或賜之飲食、衣服、布帛、佩帨、茝蘭，則受而獻諸舅姑。"陸德明音義："茝，蘭。本又作芷，昌改反。韋昭注《漢書》云：'香草也。昌以反。'又《説文》云：'虈也【虈，火喬反】，齊人謂之茝。'昌在反。"上引《史記》"芷若射干"，《藝文類聚》卷六六引作"茝若射干"，李善注本《文選》作"芷若射干"，五臣注本《文選》作"茝若射干"。《名義》"若射干"當與字頭連讀為"芷若射干"，為引證而非釋義。

蘅，胡梗反。《山海經》："天帝山有草如葵，臭如蘼蕪，名曰杜蘅，可以走馬，食之已癭。"郭璞曰："香［草］也，蕪［帶］之舍［令］人便馬也。"[③]

《山海經·西山經》："又西三百五十里曰天帝之山，……有草焉，其狀如葵，其臭如蘼蕪，名曰杜衡，可以走馬，食之已癭。"郭璞注："香草也。帶之令人便馬，或曰馬得之而健走。"《漢書·司馬相如傳上》："其東則有蕙圃、衡、蘭、芷、若。"顏師古注引張揖曰："衡，杜衡也，其狀若葵，其臭如蘪蕪。"《名義》："蘅，何庚反。如葵，臭如蘪也。"

藿，呼郭反。《儀礼》："牛藿、羊苦［苦］。"鄭玄曰："藿，豆葉也。"《説文》："叔［菽］之苗也。"[④]

---

① 本條內容不見於《原本玉篇殘卷》，此據《香藥字抄》第25頁。
② 《神農本草經輯注》卷三："白芷，一名芳香。一名虈。"《新修本草》（輯復本第二版）卷八："白芷，……一名芳香，一名白茝，一名虈，一名莞，一名苻離，一名澤芬。"
③ 本條內容不見於《原本玉篇殘卷》，此據《香藥抄》第47頁。
④ 本條內容不見於《原本玉篇殘卷》，此據《香藥字抄》第60頁。

《儀禮·公食大夫禮》："鉶芼、牛藿、羊苦、豕薇皆有滑。"鄭玄注："藿，豆葉也。"《説文》："藿，尗之小者。从艸，靃聲。"《玉篇》："藿，呼郭切，豆葉。《説文》曰：'尗之少也。'藿，同上。"《楚辭·九歎·愍命》："掘荃蕙與射干兮，耘藜藿與蘘荷。"王逸注："藿，豆葉也。"《名義》："藿，呼郭反。豆葉也。"

菅，賈顔反。《毛詩》："白茅［花］菅兮。"傳曰："白花，野菅也，已漚為菅。"《爾雅》亦云。郭璞曰："茅属也。"①

《説文》："菅，茅也。从艸，官聲。"《詩經·小雅·白華》："白華菅兮，白茅束兮。"毛傳："白華，野菅也。已漚為菅。"《爾雅·釋草》："白華，野菅。"郭璞注："菅，茅屬。《詩》曰：'白華菅兮。'"《山海經·中山經》："又東百二十里曰吴林之山，其中多葌草。"郭璞注："亦菅字。"《玄應音義》卷二《大般涅槃經》卷三一音義："菅草，古顔反。《爾雅》：'菅，茅屬也。'《詩傳》曰：'白華，野菅也。'經文作葌，《字書》與蕑字同。"《名義》："菅，貢顔反。茅属也，又葌、蕑也。"

茅，忘苞反。《周易》："藉用白茅，无咎。"《説文》："即菅也。"《爾雅》："茅，明也。"郭璞曰："《左氏傳》'前茅蘆［慮］無'是也。"②

《周易·大過》："初六，藉用白茅，无咎。"《説文》："茅，菅也。从艸，矛聲。"《爾雅·釋言》："茅，明也。"郭璞注："《左傳》曰：'前茅慮無。'明朗也。"《名義》："茅，忘苞反。菅也，明也。"

芣，服丘反。《毛詩》："采采芣苡。"傳曰："芣苡，馬〈舄〉，車前草也。宜壞［懷］任焉。"《爾雅》厸曰［云］，郭璞曰："即蟆蝦［蝦蟆］衣也。"③

《説文》："芣，華盛。从艸，不聲。一曰：芣苢。"《詩經·周南·芣苢》："采

① 本條內容不見於《原本玉篇殘卷》，此據《香藥字抄》第56頁。
② 本條內容不見於《原本玉篇殘卷》，此據《香藥字抄》第56頁。
③ 本條內容不見於《原本玉篇殘卷》，此據《香字抄》第49頁。

采芣苢，薄言采之。”毛傳：“芣苢，馬舄。馬舄，車前也，宜懷任焉。”《爾雅·釋草》：“芣苢，馬舄。馬舄，車前。”郭璞注：“今車前草，大葉長穗，好生道邊，江東呼爲蝦蟇衣。”《名義》：“芣，服丘反。馬舄也，車前草，蝦蟆衣也。”

苡，餘止反。《周書》：“芣苡，如李，食之冝子，出於西戎。”野王案：《詩》《書》所説各一種物也。郭璞曰：《爾雅音義》夊云，同名而異實也。①

《逸周書·王會》：“康民以桴苡。桴苡者，其實如李，食之宜子。”孔晁注：“康亦西戎之别名也。食桴苡即有身。”“桴苡”同“芣苡”。《太平御覽》卷九九八：“《爾雅》曰：‘芣苢，馬舄。馬舄，車前也。”郭璞曰：“今車前草，大葉長穗，好生道邊，江東呼蝦蟇衣。《周書》所載，同名耳，非此芣苢。”《名義》：“苡，餘止反。如李，食……。芣苡，同名實果。”《名義》“食”下有省略。吕校本作“如李食”，恐非。《名義》“果”字為“異”字之訛。

苓，来丁反。《爾雅》：“卷耳，苓耳。”郭璞曰：“枲耳也，形似鼠耳，聚［蘩］生如盤。”《蒼頡篇》：“伏苓，藥名也。”②

《説文》：“苓，卷耳也。从艸，令聲。”《爾雅·釋草》：“菤耳，苓耳。”郭璞注：“《廣雅》云：‘枲耳也。’亦云胡枲，江東呼爲常枲，或曰苓耳。形似鼠耳，叢生如盤。”《名義》：“苓，耒丁反。卷耳也，苓耳也，枲耳也，形如鼠耳，叢生如槃，又伏苓也。”吕氏校釋：“日本《香字鈔》引《玉篇》曰：‘苓，《爾雅》：“卷耳，苓耳。”郭璞曰：“枲耳也。形似鼠耳，叢生如盤。《倉頡篇》：伏苓，藥名也。”’”

菌，奇隕反。《山海經》：“孟子山多〈菌〉。”《爾雅》：“中馗，菌。”郭璞曰：“地蕈也，似葢，今江東呼土菌，上［亦］曰馗樹。”《荘子》：“朝菌不知朝［晦］朔。”司馬勮［彪］曰：“犬［大］芝也，天陰生糞上。”《廣雅》：“菌，薰也。葉曰蕙，根曰菌。”野王案：“雜申柳［椒］與菌桂”是也。《夲草》：“菌桂，生交趾、〈桂〉

① 本條內容不見於《原本玉篇殘卷》，此據《香字抄》第49頁。
② 本條內容不見於《原本玉篇殘卷》，此據《香藥字抄》第27頁。

枝［林］間，無骨，正圓也。"①

《山海經·東山經》："又南水行七百里曰孟子之山，其木多梓、桐，多桃、李，其草多菌、蒲。"《説文》："菌，地蕈也。从艸，囷聲。"《爾雅·釋草》："中馗，菌。"郭璞注："地蕈也，似蓋，今江東名爲土菌，亦曰馗廚，可啖之。"《莊子·逍遥遊》："朝菌不知晦朔，蟪蛄不知春秋，此小年也。"陸德明音義："朝菌，徐其隕反。司馬云：'大芝也，天陰生糞上，見日則死。一名日及，故不知月之終始也。'崔云：'糞上芝朝生暮死，晦者不及朔，朔者不及晦。'支遁云：'一名舜英，朝生暮落。'潘尼云：'木槿也。'簡文云：'欻生之芝也。'"《廣雅·釋草》："菌，薰也。其葉謂之蕙。"《楚辭·離騷》："雜申椒與菌桂兮，豈維紉夫蕙茝？"王逸注："菌，薰也。葉曰蕙，根曰薰。"《文選·左思〈蜀都賦〉》："於是乎邛竹緣嶺，菌桂臨崖。"劉逵注："《神農本草經》曰：'菌桂出交阯，圓如竹，為衆藥通使。'一曰：'菌，薰也。葉曰蕙。根曰薰。'"《證類本草》卷十二："菌桂……生交阯、桂林山谷巖崖間，無骨，正圓如竹，立秋採。"②《名義》："菌，奇隕反。天蔭生糞上也，犬［大］芝也，葉曰蕙，根曰菌也，薰也。"吕氏校釋："日本《香字鈔》引《玉篇》曰：'《莊子》："朝菌不知晦朔。"司馬彪曰："大芝也，天陰生糞上。"《廣雅》："菌，薰也。葉曰蕙，根曰菌。"'《名義》'犬芝也'當作'大芝也'。"

菍，奴荅反。左思《吴客［都］賦》："草則藿菍豆蔻。"劉逵［逵］曰："《異物志》云：菍，草樹也，菜如並［并］同［閭］而小，三月采曰［其］葉，〈細〉破，〈陰〉幹［乾］之，味近善［苦］而有甘。並雞舌食，益善［美］。"〈又〉曰："南人者［喜］之，與檳榔同〈狀〉，以金質之。"《字指》："子狀檳榔，五月熟，長一寸，剝皮，合浮留、蜃灰食之。"③

《文選·左思〈吴都賦〉》："草則藿菍豆蔻，薑彙非一。"劉逵注引《異物志》曰："菍，草樹也，葉如栟櫚而小，三月採其葉，細破，陰乾之，味近苦而有甘。并雞舌香

① 本條内容不見於《原本玉篇殘卷》，此據《香藥字抄》第31頁。
② 《神農本草經輯注》卷二："菌桂，……生山谷巖崖間。無骨正圓如竹。"《新修本草》（輯復本第二版）卷十二："箘桂，……生交阯、桂林山谷巖崖間。無骨，正圓如竹。……立秋採。""箘桂""菌桂"同。
③ 本條内容不見於《原本玉篇殘卷》，此據《香藥字抄》第76頁。

食之，益美。”[①]《太平御覽》卷九七一引《羅浮山疏》曰：“山檳榔，一名蒳子，幹似蔗，葉類柞，一藂十餘幹，每幹生十房，房底數百子，四月采。樹似栟櫚，生日南者與檳榔同狀，五月子熟，長寸餘。”《玉篇》：“蒳，奴荅切。《字統》云：‘香草。’《異物志》云：‘葉似栟櫚而小，子似檳榔。’”《名義》：“蒳，奴荅反。藿蒳豆蔻，蒳即草樹也，一名檳榔絲也。”吕氏校釋：“日本《藥字鈔》引《玉篇》曰：‘左思《吴都賦》：“草則藿蒳豆蔻。”劉逵曰：“《異物志》云：蒳，草樹也。”’《名義》‘藿蒳豆蔻’為引証［證］。”按：《名義》“一名檳榔絲也”，“絲”蓋“孫”字之訛。《證類本草》卷三“檳榔”下引陶隱居云：“又小者南人名蒳子，俗人呼為檳榔孫，亦可食。”

芽，語嘉反。《礼記》：“仲春安萠芽，養幼小。”野王案：《説文》：“芽即萠也。”《廣雅》：“芽，始也。”《聲類》：“⺈狼芽也。”野王案：狼芽，藥名也。[②]

《禮記・月令》：“是月也，安萌牙，養幼少，存諸孤。”阮元挍勘記：“依《說文》萌芽字作芽，从艸，牙聲。古多以牙為芽。”《說文》：“芽，萌芽也。从艸，牙聲。”《廣雅・釋詁一》：“芽，始也。”《名義》：“芽，語嘉反。萌也，始也，狼芽，藥名。”吕氏校釋：“日本《香字鈔》引《玉篇》曰：‘《聲類》云：“狼芽也。”野王案，狼芽，藥名也。’”

苾，蒲結反。《毛詩》：“苾苾芬芬，祀事孔明。”箋云：“苾苾然芬香也。”或為馝［飶］字，在口［食］部。[③]《字書》或為馝字，在香部。[④]又為咇字，在口部。[⑤]

---

① 《〈異物志〉釋析》：“蒳，草樹。果如栟櫚而小，三月采其葉，細破，乾之，味近苦甘，並雞舌香食之，益善也。”當據《殘卷》補“南人者［喜］之，與檳榔同〈狀〉，以金質之”。

② 本條內容不見於《原本玉篇殘卷》，此據《香藥字抄》第 57 頁。

③ 《殘卷》：“飶，蒲結反。《毛詩》：‘有飶其香。’傳曰：‘飶，芬香也。’《說文》：‘食之香也。’或為苾字，在草部。　或為咇字，〈在〉口部。　或為馝字，在香部。　或為䬂字，在黍部。”《名義》：“苾，蒲结反。芬香，穀香也。秘［䬂］字。”又：“咇，蒲结反。芳香也。馝字。”又：“馝，菩结反。大香也。”又：“䬂，蒲结反。䬂，香也。苾也。”《香藥字抄》：“馝，蒲結反。《埤蒼》：‘大香也。’或為飶字，在食部。或為咇字，在口部。或為苾字，在草部。或為䬂字，在黍部也。”（第 3 頁）

④ 《香藥字抄》：“馝，蒲結反。《埤蒼》：‘大香也。’或為飶字，在食部。或為咇字，在口部。或為苾字，在屮部。或為馝字，在香部。”《名義》：“馝，菩结反。大香也。”

⑤ 《香藥字抄》作“飶，……《聲類》或為咇字，在口部”。又：“咇，蒲結反，《字書》或飶字也。飶，芬香也，在食部。或為馝字，在香部。或為苾字，在草部。或為秘［䬂］字，在黍部。”《名義》：“咇，蒲结反。芳香也。馝字。”

或為馝字，在黍部也。[①]

《詩經・小雅・信南山》："是烝是享，苾苾芬芬，祀事孔明。"鄭玄箋："苾苾芬芬然香。"《說文》："苾，馨香也。从艸，必聲。"《名義》："苾，蒲结反。芬香，穀香也。秘［馝］字。"

芬，孚云反。《毛詩》："苾苾芬芬。"箋云："芬芬然香也。"《方言》："芬，和也。"郭璞曰："芬香和調也。"為芬［岁］字，在中部。[②]

《說文》："岁，艸初生，其香分布。从中，从分，分亦聲。芬，岁或从艸。"《詩經・小雅・信南山》："是烝是享，苾苾芬芬，祀事孔明。"鄭玄箋："苾苾芬芬然香。"《名義》："芬，孚雲反。和也，調也，香也。"《方言》卷十三："芬，和也。"郭璞注："芬香和調。"

芳，孚王反。《儀礼》："嘉薦令芳。"鄭玄曰："芳，香也。"野王案：宜［草］香為芳，芳之遠聞則為馨也。《楚辞》"固衆芳之所在"是也。[③]

《說文》："芳，香艸也。从艸，方聲。"《儀禮・士冠禮》："甘醴惟厚，嘉薦令芳。"鄭玄注："芳，香也。"《希麟音義》卷四《大乘本生心地觀經》卷六音義："芳餌，上敷亾反。《考聲》：'芳，草之香者也。又美盛也。'"《說文》："馨，香之遠聞者。"《楚辭・離騷》："昔三后之純粹兮，固衆芳之所在。"《名義》："芳，孚王反。香也，馨也。"

芸，右軍反。楚。《礼記》："仲冬芸始生。"鄭玄曰："香草也。"野王案：《吕氏春秋》"菜之美者，有陽花之芸"、《夏小正》"二［正］月採芸"並是也。

---

① 本條內容不見於《原本玉篇殘卷》，此據《香藥字抄》第 3 頁。《名義》："馝，蒲结反。馝，香也。苾也。"
② 本條內容不見於《原本玉篇殘卷》，此據《香藥字抄》第 2 頁。《名義》："岁，芳去［云］反。和也，草初生香分〈布〉也。"
③ 本條內容不見於《原本玉篇殘卷》，此據《香藥字抄》第 2 頁。

《説文》："似苜蓿。淮南子説：可以死而濅生。"《蒼頡篇》："茗［苔］也。"又音［有］舊［蕴］反。《毛詩》："裳裳者花，芸其黄矣。"傳曰："芸，黄盛。"①

《禮記·月令》："芸始生，荔挺出，蚯蚓結，麋角解，水泉動。"鄭玄注："芸，香草也。"《吕氏春秋·本味》："菜之美者：崑崙之蘋、壽木之華、……陽華之芸、雲夢之芹、具區之菁。"高誘注："芸，芳菜也，在吴越之間。"《大戴禮記·夏小正》："正月。……采芸。"盧辯注："芸，似邪蒿，可食。"《説文》："芸，艸也，似目宿。从艸，云聲。淮南子説：芸艸可以死復生。"《詩經·小雅·裳裳者華》："裳裳者華，芸其黄矣。"毛傳："芸，黄盛也。"《名義》："芸，右軍反。香草也，苔也。蒷字，蒷，芸字。"吕氏校釋："'苔也'應與字頭連讀為'芸苔也'，也稱胡菜。"《箋注本切韻·文韻》（S.2071）："蕓，蕓薹。"《集韻·文韻》："蕓，蕓薹，胡菜。或从員。"《太平御覽》卷九八〇："《通俗文》曰：'芸臺謂之胡菜。'《韻集》曰：'芸臺，胡菜。'"

蒀，於云反。左思《蜀〈都〉賦》："鬱蒕〈蒀〉以翠後［微］。"《字書》為馧字。馧亦香也，在香部。②

《文選·左思〈蜀都賦〉》："鬱蒕蒀以翠微，崛巍巍以峨峨。"《名義》："蒕，扶云反。盛皀也。蒀，於云反。馧，亦香也，蒕蒀也。"吕氏校釋："日本《藥字鈔》引《玉篇》曰：'《字書》為馧字，馧亦香也。'"《玄應音義》卷五《力莊嚴三昧經》上卷音義："氛氳，宜作蒕蒀，扶云反。《字書》作馧，同，於云反。蒕蒀，盛貌也，亦香也。"

薌，虚良反。《礼記》："孔子〈曰〉：燔燎馨薌。"野王案：此亦香字也，在香部。③

《禮記·祭義》："燔燎羶薌，見以蕭光，以報氣也。"鄭玄注："羶當為馨，聲

① 本條内容不見於《原本玉篇殘卷》，此據《香藥字抄》第52頁。

② 本條内容不見於《原本玉篇殘卷》，此據《香藥字抄》第76頁。《名義》："馧，扵云反。藍也。"吕浩校釋："'藍也'似當作'蒀也'。日本《香字鈔》引《玉篇》作'野王案，蒀馧也。今為蒀字，在《艸部》'。"按：疑"藍也"當作"蒕也"，與字頭連讀為"蒕馧也"。《集韻·文韻》："馧，蒕馧，香也。或从香，从艸。"

③ 本條内容不見於《原本玉篇殘卷》，此據《香藥字抄》第2頁。

之誤也。燔燎馨香，覸以蕭光，取牲祭脂也。”陸德明音義：“薌，音香。”《名義》：“薌，虚良反。香字。”

蔻，呼侯［候］反。《夲草》：“豆蔻，生南海。”《異物志》：“豆蔻，生交趾北海，如薑，子从根中生，形似益智，皮小厚，如安石留，辛且香。”[①]

《神農本草經輯注》未收“豆蔻”，當據《殘卷》補。《慧琳音義》卷六六《集異門足論》卷四音義：“豆蔻，下吼遘反。《本草》云：‘豆蔻，生南國也。’《異物志》云：‘豆蔻，生交趾北海隅，如薑，子從根中生，形似益智，皮小厚，如安石榴，辛且委［香］也。’[②]”《名義》：“蔻，呼候反。豆蔻也，香也。”按：《名義》“香也”當為誤釋。

① 本條內容不見於《原本玉篇殘卷》，此據《香藥字抄》第46頁。
② 《〈異物志〉釋析》：“豆蔻，生交趾，其根似薑而大，從根中生，形似益智，皮殼小厚，核如石榴，辛且香。”

【玉篇卷十四】

〖竹部第一百六十六　　凡　字〗存一字

篪，除奇反。《周礼》："笙師所掌教篪。"鄭玄曰："篪，七空也。"野王案：管有七孔也云云，在龠部。①

《周禮·春官·笙師》："笙師掌教歈竽、笙、塤、籥、簫、篪、篴、管、舂牘、應、雅以教祴樂。"鄭玄注："篪，七空。"《説文》："鷈，管樂也。②从龠、虒聲。篪，鷈或从竹。"《玄應音義》卷十九《佛本行集經》卷十四音義："具篪，又作鷈、竾二形，同，除離反。《説文》：'管有七孔。'《詩》云'仲氏吹篪'是也。"又卷十八《立世阿毗曇論》卷十音義："吹篪，又作鷈、竾二形，同，除離反。《説文》：'管有七孔。'《世本》：'蘇辛公作篪。'"《名義》："篪，除奇反。圡［七］空，鷈字。"

① 本條內容不見於《原本玉篇殘卷》，此據《名例律勘物》第 91 頁。
② 小徐本"也"下有"七孔"二字，當從。

【玉篇卷十五】

〖黍部第一百九十四　　凡　字〗存一字

[䅵], 虚羊反。《説文》: "䅵, 芳也。" 《字書》為香字, 在香部。①

《説文》: "香, 芳也。从黍、从甘。《春秋傳》曰: 黍稷馨香。" 《香藥字抄》: "香, 虚良反。《尚書》: '至治馨香, 感於神祇。' 《禮記》: '中上[央]其臭香。' 《説文》: '主[芳]也。' 或為䅵字, 在黍部。或為薌字, 在草部。" (第2頁)

〖禾部第一百九十五　　凡　字〗存一字

[秫], 時律反。《爾雅》: "粟[衆], 秫也。" 郭璞曰: "黏粟也。" 野王案: 《礼記》 "乃命大酋, 秫稻必斉" 是也。《説文》: "稷之黏者也。" 《漢書》: "飛龍秫, 遊上天。" 蘓楝[林]曰: "秫, 飛皃也。" 古文為朮。②

《爾雅・釋草》: "衆, 秫。" 郭璞注: "謂黏粟也。" 《禮記・月令》: "乃命大酋, 秫稻必齊, 麴蘖必時, 湛熾必絜, 水泉必香, 陶器必良, 火齊必得。" 《説文》: "秫, 稷之黏者。从禾、朮, 象形。朮, 秫或省禾。" 《漢書・禮樂志》: "飛龍秋, 游上天。" 蘇林注: "秋, 飛貌也。" 顔師古注: "《莊子》有秋駕之法者, 亦言駕馬騰驤, 秋秋

---

① 本條内容不見於《原本玉篇殘卷》, 此據《香藥字抄》第2頁。
② 本條内容不見於《原本玉篇殘卷》, 此據《香藥字抄》第62頁。

然也。揚雄賦曰‘秋秋蹌蹌入西園’，其義亦同。讀者不曉秋義，或改此秋字為秫稷之秫，失之遠矣。”顧氏所據本蓋已改“秋”為“秫”。《名義》：“秫，時律反。黏粟也。”

〖香部第一百九十七　　凡　字〗存十一字

香，虛良反。《尚書》：“至治馨香，感於神祇。”《礼記》：“中〈央〉上［土］，……其臭香。”《說文》：“主［芳］也。”或為香字，在黍部。[①] 或為薌字，在草部。[②]

《尚書·君陳》：“我聞曰：‘至治馨香，感于神明。黍稷非馨，明德惟馨。’”《禮記·月令》：“中央土，……其味甘，其臭香。”《說文》：“香，芳也。从黍、从甘。《春秋傳》曰：黍稷馨香。”《名義》：“香，虛良反。馨也。”

馨，虛迸反。《尚書》：“黍稷非馨，明德惟馨。”《說文》：“香之遠聞也。”[③]

《尚書·君陳》：“我聞曰：‘至治馨香，感于神明。黍稷非馨，明德惟馨。’”《說文》：“馨，香之遠聞者。从香、殸聲。”《名義》：“馨，虛丁反。香遠也。”

䭹，呼兼反。《廣雅》：“䭹，香也。”或為嗛字，在甘部。[④]

《廣雅·釋器》：“䭹，香也。”《名義》：“䭹，呼簾反。香也。”

---

① 《名義》：“黍［香］，虛羊反。芳也，馨也，薌字。”《香藥字抄》：“香，虛羊反。《說文》：‘香，芳也。’《字書》為香字，在香部。”（第2頁）
② 本條內容不見於《原本玉篇殘卷》，此據《香藥字抄》第2頁。《名義》：“薌，虛良反。香字。”
③ 本條內容不見於《原本玉篇殘卷》，此據《香藥字抄》第2頁。
④ 本條內容不見於《原本玉篇殘卷》，此據《香藥字抄》第3頁。《名義》：“嗛，呼兼反。或䭹，香也。”

馣，於含反。《廣雅》："馣，香也。"①

《廣雅·釋訓》："馣馣，香也。"《廣雅·釋器》："馣，香也。"《名義》："稀［馣］，扵含反。香也。"

馥，皮逼、扶福二反。《韓詩》："馥芳［芬］孝祀。馥，香皃也。"②

《詩經·小雅·楚茨》："苾芬孝祀，神嗜飲食。"《慧琳音義》卷三七《菩提莊嚴陀羅尼經》音義："芬馥，下馮目反。《韓詩》云：'馥芬孝祀也。'"又卷八一《南海寄歸內法傳》卷一音義："普馥，逢目反。正體字也。《韓詩傳》曰：'馥，香皃也。'"《名義》："馥，扶福反。香也。"吕氏校釋："日本《香字鈔》引《玉篇》作'香皃也'。"

馝，蒲結反。《埤蒼》："大香也。"或為飶字，在食部。③ 或為咇字，在口部。④ 或為苾字，在草部。⑤ 或為䬂字，在黍部也。⑥

《慧琳音義》卷九九《廣弘明集》卷二九音義："香馝，頻蜜反。《埤蒼》：'馝，大香也。'"《名義》："馝，菩结反。大香也。"

馞，蒲骨反，《廣雅》："馞馞，香也。"《埤蒼》："大香也。"⑦

《慧琳音義》卷九九《廣弘明集》卷二九音義："馞起，盆没反。《廣雅》：'馞馞，香也。'《埤蒼》：'大香也。'"《廣雅·釋訓》："馞馞，香也。"《廣雅·釋器》：

① 本條內容不見於《原本玉篇殘卷》，此據《香藥字抄》第3頁。
② 本條內容不見於《原本玉篇殘卷》，此據《香藥字抄》第3頁。
③ 《名義》："飶，蒱结反。芳香也，䬂字。"
④ 《名義》："咇，蒲结反。芳香也，馝字。"
⑤ 《名義》："苾，蒲结反。芳香，穀香也，秘［䬂］字。"
⑥ 本條內容不見於《原本玉篇殘卷》，此據《香藥字抄》第3頁。《名義》："䬂，蒲结反。䬂，香也，苾也。"
⑦ 本條內容不見於《原本玉篇殘卷》，此據《香藥字抄》第3頁。

“馞，香也。”《名義》：“馞，菩骨反。大香也。”

䭢［馝］，匹結反。《廣雅》：“䭢䭢，香也。”《埤蒼》：“小香也。”[①]

《名義》：“馝，匹结反。香也。”吕氏校釋：“‘匹’字原誤。《玉篇》作‘䭢’字。日本《香字鈔》引《玉篇》作‘小香也’。”按：“匹”字原誤作“近”。

按：據其音義，此字正體當作“馝”。《廣雅·釋訓》：“馝馝，香也。”曹憲音“匹結”。《龍龕》：“馝，正。普結、蒲結二反，小香也。”《集韻·屑韻》：“馝，馝馝，香也。或作䭢、馝。”

馠，呼含反。《廣雅》：“馠，香也。”[②]

《廣雅·釋器》：“馠，香也。”曹憲音“呼含”。《廣雅·釋訓》：“馩馩，香也。”曹憲音“呼廉”。《名義》：“馩，呼含反。香也。”

馧，於云反。《字書》：“馧，香也。”野王案：苾馧也。今為蒀字，在草部。[③]

《名義》：“馧，於云反。藍也。”吕氏校釋：“‘藍也’似當作‘蒀也’。日本《香字鈔》引《玉篇》作‘野王案，蒀馧也。今為蒀字，在《艸部》’。”按：疑“藍也”當作“苾也”，與字頭連讀為“苾馧也”。《集韻·文韻》：“馧，苾馧，香也。或从香，从艸。”

馛，扶末反。《廣雅》：“馛馛，香也。”《埤蒼》：“大香也。”《字書》：“馞，馛也。”[④]

① 本條內容不見於《原本玉篇殘卷》，此據《香藥字抄》第3頁。
② 本條內容不見於《原本玉篇殘卷》，此據《香藥字抄》第3頁。
③ 本條內容不見於《原本玉篇殘卷》，此據《香藥字抄》第4頁。《名義》：“蒀，於云反。馧，氛香也，苾蒀也。”
④ 本條內容不見於《原本玉篇殘卷》，此據《香藥字抄》第3頁。

《廣雅·釋訓》："馛馛，香也。"《廣雅·釋器》："馛，香也。"《名義》："馛，扶末反。大香也。"

【玉篇卷十六】

〖豆部第二百卅六　　凡　字〗存一字

豆，徒鬪反。《左氏傳》："斉舊四量：豆、區、釜、鍾。四豆為升，各以其四，以登於釜。"野王案：此量名也。《考工記》"其實一豆"是也。《說文》："古食肉器也。"野王案：此柗梪字也。《字書》："柗叔也。"野王案：《廣雅》"大豆曰尗，小豆曰荅"是也。今並謂尗為豆。或荳字，在草部也。①

《左傳·昭公三年》："齊舊四量：豆、區、釜、鍾。四升爲豆，各自其四，以登於釜。"《玉篇》："豆，徒鬬切，量名。《說文》云：'古食肉器也。'豈，古文。梪，同上。"《周禮·考工記·㮚氏》："其臀一寸，其實一豆。"《說文》："豆，古食肉器也。从口，象形。凡豆之屬皆从豆。豈，古文豆。"《爾雅·釋器》："木豆謂之豆。"郭璞注："豆，禮器也。"陸德明音義："豆，如字，本又作梪。"《廣雅·釋草》："大豆，尗也。小豆，荅也。"《詩經·小雅·采菽》："采菽采菽，筐之筥之。"鄭玄箋："菽，大豆也。""尗""菽"古今字。《名義》："豆，徒鬪反。豈，古文。大豆云尗。"呂氏校釋："'大豆'二字原誤作一字，今正。'尗'字原訛。"按："尗"字原訛作"[illegible]"。《名義》"豆"之古文原作"[illegible]"，當作"豈"，呂氏校釋本作"豆"。

〖缶部第二百卌三　　凡　字〗存二字

缺，袪蕨反。《說文》："缺，器破也。"野王案：缺猶玷也。《毛詩》"《鹿

① 本條內容不見於《原本玉篇殘卷》，此據《香藥抄》第46頁。《名義》："荳，徒搆反。豆，尗也。"

鳴》廢，則和樂缺”是也。《蒼頡篇》：“缺，戲［虧］也。”或為闕字，在門部。①

《説文》：“缺，器破也。从缶，决省聲。”《慧琳音義》卷三二《彌勒下生成佛經》音義：“缺犯，上犬悦反。顧野王案：《毛詩》云：‘缺猶玷也。’《蒼頡篇》云：‘缺，戲[虧]也。’”又卷七《大般若波羅蜜多經》卷五四七音義：“空缺，下傾悦反。《玉篇》云：‘缺，玷也。’《毛詩》云：‘《鹿鳴》廢則和樂缺也。’《説文》云：‘器破也。’《蒼頡篇》云：‘缺，虧也。’”又卷七《大般若波羅蜜多經》卷五四一音義：“缺減，上犬悦反。《聲類》從垂作缺。《説文》云：‘缶，瓦器也。小口罌。’《説文》缺字正從缶作缺。郭璞注《爾雅》云：‘缶，盆也。’《蒼頡篇》云：‘缺，虧也。’顧野王曰：‘缺猶玷也。’《説文》：‘器破也。從缶，從决省聲也。’”《名義》：“缺，祛爇反。玷也，闕。”吕氏校釋：“《玉篇》作‘祛决切’。缺為缺之或體。”按：吕校本“爇”誤作“蓺”（《廣韻》“爇”、“缺”均屬薛韻），“闕”徑改作“闕”。

缺，《聲類》忽缺字也。

《名義》：“缺，祛爇反。玷也，闕。缺，上文。”

① 本條內容不見於《原本玉篇殘卷》，此據《慧琳音義》及《名義》。《名義》：“闕，祛月反。除也，失也，過也，去也，掘也，缺也。”

【玉篇卷十七】

〖斤部第二百六十　　凡四三三字〗[①]存一字

所，師旅反。《尚書》："天閟毖我功所。"孔安國曰："言天慎勞我周家成功所在也。"《毛詩傳》曰："所所，拂［柿］皀也。"又曰："有截有［其］所。"戔云："所猶處也。"野王案：《儀礼》"奠于其所"是也。《礼記》："求淂當欲，不以其所。"鄭玄曰："當猶稱也，所猶道也。"《廣雅》："所，居〈也〉。""所，几也。"[②]《尚書》："多歷年所。"野王案：年所猶歷年也。《説文》："從斤，〈户〉聲也。"[③]

《尚書·大誥》："天閟毖我成功所，予不敢不極卒寧王圖事。"孔安國傳："閟，慎也。言天慎勞我周家成功所在，我不敢不極盡文王所謀之事，謂致太平。"《詩經·小雅·伐木》："伐木許許，釃酒有藇。"毛傳："許許，柹貌。"陸德明音義："柹，孚廢反，又側几反。"阮元挍勘記："閩本、明監本、毛本同，小字本、相臺本'柹'作'柿'。△按：柿字是也。《五經文字》云：'柿，芳吠反，見《詩》注。'謂此也。《說文》：'柹，削木札樸也。從木，巿聲。'十行本《正義》中皆作柿，不誤。閩本以下皆誤為柹。《釋文》云：'柿，孚廢反，又側几反。'上一音是也，下一音即宜從㑒，非也。"《殘卷》"拂"字當為"柿"字之訛。《詩經·商頌·殷武》："有截其所，湯孫之緒。"鄭玄箋："所猶處也。"《儀禮·燕禮》："左還南面，坐取觶洗。南面反，奠于其所。"《禮記·哀公問》："求得當欲，不以其所。"鄭玄注："當猶稱也，所猶道也。"《廣雅·釋詁二》："所，凥也。"《尚書·君奭》："故殷禮陟配天，多歷年所。"《說文》："所，伐木聲也。从斤，户聲。《詩》曰：伐木所所。"《名義》："所，師旅反。處也，道也，居也，截也，纪也。"

---

① 此處原缺，據《殘卷》體例及《名義》補。
② "所，居〈也〉。所，几也"似當作"所，凥也"。
③ 本條《殘卷》內容不見於《原本玉篇殘卷》，此據《新撰字鏡》第759頁。

《名義》"截也，紀也"義未詳。疑當作"截也，絶也"，為下"斷"字義誤羼入此處（下"斷"字下無釋義）。《慧琳音義》卷三《大般若波羅蜜多經》卷三三七音義："斷截，上團匘反。孔注《書》云：'斷，絶也。'[①]《説文》：'斷，亦截也。從斤，從㡭。㡭，古絶字也。'"

〖刀部第二百六十六　　凡　字〗存一字

剖，普后反。《尚書》："剖賢人之心。"野王案：剖猶破也。《左氏傳》："與汝剖分而食之也。"杜預曰："中分為剖。"《蒼頡篇》云："剖，析也。"《説文》："剖，判也。"[②]

《尚書·泰誓中》："斮朝涉之脛，剖賢人之心。"《左傳·襄公十四年》："我先君惠公有不腆之田，與女剖分而食之。"杜預注："中分爲剖。"《説文》："剖，判也。从刀，音聲。"《玄應音義》卷九《大智度論》卷二音義："剖裂，普厚反。案：剖猶破也。《蒼頡篇》：'剖，坼［析］也。'"《慧琳音義》卷七七《釋迦譜序》卷七音義："剖擊，上普口反。孔注《尚書》云：'剖猶破也。'《蒼頡篇》：'析也。'《説文》：'判也。從刀，音聲。'"又卷八一《集神州三寶感通録》卷一音義："剖擊，上普垢反。孔注《尚書》云：'剖猶破也。'桂［杜］注《左建［傳］》云：'中分為剖。'《蒼頡篇》云：'析也。'《説文》：'判也。從刀，音聲。'"又卷六五《大愛道比丘尼經》卷下音義："剖形，普後反。剖，破也。《説文》：'剖，判分也。'《廣雅》：'剖，析也。"又卷六三《根本説一切有部毗奈耶攝頌》卷一音義："剖折，上普后反。孔注《尚書》云：'中分為剖也。'又云：'剖，破也。'《左氏傳》云：'與汝剖分而食之也。'《説文》云：'判也。從刀，音聲。'"卷三十《持人菩薩經》卷四音義："剖判，普口反。《蒼頡篇》：'剖，析也。'顧野王：'剖猶破也。'杜注《左傳》：'中分也。'《説文》：'亦判也。從刀，音聲。'"《名義》："剖，普后反。中分。"

---

① 《尚書·盤庚上》："今不承于古，罔知天之斷命，矧曰其克從先王之烈？"孔安國傳："今不承古而徙，是無知天將斷絶汝命。"
② 本條內容不見於《原本玉篇殘卷》，此據《玄應音義》《慧琳音義》及《名義》。

【玉篇卷第十八之後分】

纸廿一

勘了

（三字）放部第二百七十一（甫望反）　丌部第二百七十二（渠基反）（十一字）
（三字）左部第二百七十三（次［咨］可反）工部第二百七十四（古红反）（六字）
（二字）㠭部第二百七十五（珎輂反）　巫部第二百七十六（武俱反）（五字）
（八字）卜部第二百七十七（补㾮反）　兆部第二百七十八（除鎬反）（二字）
（十字）[1]用部第二百七十九（踰共反）　㸚［爻］部第二百八十（胡交反）（三字）
（四字）叕部第二百八十一（力計反）　車部第二百八十二（齒耶反）[2]一百七十五字
（六十四字）舟部第二百八十三（之由反）　方部第二百八十四（甫芒反）（四字）
金部第二百六十九（初分卷說在）　凡三百卌九字

〖放部第二百七十一　凡三字〗

放，甫望反。《尚書》："大放王命。"孔安國曰："放，棄也。"《左氏傳》："棄位而放，不可謂貞。"杜預曰："放（望），淫之别名也。"又曰："放甲父于衛。"杜預曰："受罪黜免，宥之以遠曰放。"野王案：《尚書》"放鴅吺於崇山"是也。《公羊傳》："放死不立。"劉兆曰："放，至也。"野王案：謂至極也。《礼記》"推而放諸南海而准"是也。《論語》："虞仲夷逸，隱居放言。"苞咸曰："放，置［置］也。置［置］不復言世務也。"《說文》："放，逐也。"《廣雅》："放，去也。""放，散也。"[3]《字書》："出遊也。"又音甫往反。《公羊傳》："放乎煞母弟。"劉兆曰："放猶比也。"《論語》："放於利而行，多怨。"孔安國曰："放，依也。"《廣雅》："放，効也。"尭名放勳。臣。

① "十字"，吕校本誤作"七字"。正文作"十字"。
② "齒耶反"，吕校本作"齒邪反"。按：正文亦作"齒耶反"。
③ 今本《廣雅》未見"放，散也"之訓，胡吉宣以為"《釋詁三》之逸文"。

《尚書・康誥》："大放王命，乃非德用乂。"孔安國傳："大放棄王命，乃由非德用治之故。"《左傳・襄公九年》："弃位而姣，不可謂貞。"杜預注："姣，滛之别名。"陸德明音義："姣，户交反，注同。徐又如字，服氏同，嵇叔夜音效。"孔穎達正義："服虔讀姣為放效之效，言效小人為滛，滛自出於心，非效人也。今時俗語謂滛為姣，故以姣為滛之别名。"按：服虔讀姣為放效之效，故《殘卷》以"淫之别名"釋"放"，"淫之别名"當為"姣"（效）字義，而非"放"字義，《殘卷》誤。《殘卷》"望"字旁有删字符"〻"。《左傳・宣公元年》："晉放其大夫胥甲父于衛。"杜預注："放者，受罪黜免，宥之以遠。"吕校本"受罪黜免"之"受"誤作"舜"。吕校本引《尚書》作"放驩兜於崇山"。《尚書・舜典》："放驩兜於崇山。"陸德明音義："驩，呼端反。兜，丁侯反。《左傳》：'帝鴻氏有不才子，掩義隱賊，好行兇德，醜類惡物，頑嚚不友，是與比周，天下之民謂之渾敦。'杜預云：'即驩兜也。'"按："驩"，《殘卷》原作"鴅"，"兜"，《殘卷》原作"吅"下"又"，當為"吺"字之訛。《殘卷》"乎"字條下"驩兜"亦作"鴅吺"。《公羊傳・昭公十三年》："比之義，宜效死不立。"《殘卷》所據本"效"蓋作"放"。《列子・楊朱》："伯夷非亡欲，矜清之郵，以放餓死。"殷敬順釋文："《公羊傳》曰：'放死不立。'劉兆注曰：'放，至也。'"《禮記・祭義》："推而放諸東海而準，推而放諸西海而準，推而放諸南海而準，推而放諸北海而準。"鄭玄注："放猶至也。"《論語・微子》："謂虞仲夷逸，隱居放言。"何晏集解引包咸曰："放，置也，不復言世務。"《説文》："放，逐也。从攴，方聲。"《廣雅・釋詁二》："放，厺也。""出遊也"疑为"敖"字义。"敖"字从出从放，与"放"形近。《説文》："敖，出遊也。"《慧琳音義》卷八〇《開元釋教録》卷十八音義："放習，上方冈反。劉兆注《公羊》云：'放猶比也。'孔注《論語》云：'依也。'《廣雅》：'放，〈効〉也。'"《公羊傳・僖公二十八年》："放乎殺母弟者，文公為之也。"陸德明音義："放乎，甫往反。"《論語・里仁》："子曰：'放於利而行，多怨。'"何晏集解引孔安國曰："放，依也。"《廣雅・釋詁三》："放，效也。"《尚書・堯典》："曰若稽古帝堯，曰放勳欽明文思安安。"陸德明音義："放，方往反，註同。徐云：鄭、王如字。勳，許云反，功也。馬云：放勳，堯名。皇甫謐同。一云：放勳，堯字。"《史記・五帝本紀》："帝堯者，放勳。"司馬貞索隱："堯，謚也。放勳，名。"吕校本删末尾"臣"字，胡吉宣以為"原寫奪'名放齊'"三字，可從。《尚書・堯典》："放齊曰：胤子朱啓明。"孔安國傳："放齊，臣名。"《名義》："放，甫望反。置也，去也，散也，弃也，逐也，至也。"

敫，餘灼反。《説文》：“光景流也。”《史記》斉有大夫［史］敫。徐廣曰：“音皎也。”

《説文》：“敫，光景流也。从白，从放。讀若龠。”《史記·田敬仲完世家》：“湣王之遇殺其子法章，變名姓為莒太史敫。”裴駰集解引徐廣曰：“音躍，一音皎。”“皎”與“皎”同。《名義》：“敫，余灼反。光影流也。”吕氏校釋：“《殘卷》引《説文》作‘光景流也’。”按：“景”“影”古今字。

敖，五高反。《毛詩》：“嘉賔式宴以敖。”傳曰：“敖，遊也。”又曰：“碩人敖敖。”傳曰：“敖敖，長也。”《左氏傳》：“實訾敖。”杜預曰：“不成君无號謚者，楚皆謂之敖。”《尔雅》：“咲敖，戲謔也。”郭璞曰：“調謔也。”又曰：“敖，傲也。”“菝菝［敖敖］，傲也。”郭璞曰：“謂傲慢賢者也。”《説文》：“出遊也。”《廣雅》：“愓也，戲也。”“敖，像也。”或為敾字，在出部。[1]

《詩經·小雅·鹿鳴》：“我有旨酒，嘉賓式燕以敖。”毛傳：“敖，遊也。”《詩經·衛風·碩人》：“碩人敖敖，説于農郊。”毛傳：“敖敖，長貌。”鄭玄箋：“敖敖，猶頎頎也。”《詩經·衛風·碩人》：“碩人其頎，衣錦褧衣。”毛傳：“頎，長貌。”《左傳·昭公十三年》：“丙辰，弃疾即位，名曰熊居，葬子干于訾實訾敖。”杜預注：“不成君無號謚者，楚皆謂之敖。”《爾雅·釋詁上》：“謔浪笑敖，戲謔也。”郭璞注：“謂調戲也，見《詩》。”《爾雅·釋言》：“敖，傲也。”《禮記·投壺》：“毋幠，毋敖，毋偝立，毋踰言。”鄭玄注：“幠、敖，慢也。”“菝菝”當作“敖敖”。《爾雅·釋訓》：“仇仇，敖敖，傲也。”郭璞注：“皆傲慢賢者。”《説文》：“敾，出游也。从出，从放。”《廣雅·釋詁三》：“媱、愓、嬉、劮、遊、敖、契，戲也。”《廣雅·釋言》：“敾，像也。”胡吉宣校釋：“引《廣雅》‘慢也’者，即《釋詁三》‘傲、慢，傷也’。盖顧所見本为‘敖、傷，慢也’。”按：《廣雅·釋詁三》：“倨、傲、侮、慢，傷也。”《名義》：“侮，……傷也。”“愓，……易也。”“侮”釋“傷”不釋“愓”，足證顧氏所見本不誤。《名義》：“敖，五高反。出遊也，傲也，慢也。”

---

① 《名義》：“敾，五高反。遊也。”

〖丌部第二百七十二 凡十一字〗

丌，渠基反。《說文》：“下基也。薦物之几，象形也。”

《説文》：“丌，下基也，薦物之丌。象形。……讀若箕同。”《名義》：“丌，＊基反。下基也。”

辺，居意反。《毛詩》：“往辺王舅。”傳曰：“辺，巳［己］也。”戔云：“辺，辞也。”《說文》：“古之道［遒］人以木鐸記時言，故從辵，從丌聲也。”《聲類》此古文記字也，在言部。①

《詩經・大雅・崧高》：“往辺王舅，南土是保。”毛傳：“辺，己也。”鄭玄箋：“辺，辭也。聲如彼記之子之記。”陸德明音義：“辺，音記。”《説文》：“辺，古之遒人以木鐸記詩言。从辵，从丌，丌亦聲。”吕校本“木鐸”誤作“水鐸”。《名義》：“辺，居意反。説［記］字，記也。”

典，都殄反。《尚書》：“有典有則。”孔安國曰：“謂經籍也。”《周礼》：“太宰之職掌建邦之六典。”鄭玄曰：“典，常也。”又曰：“典婦功，中士二人。”鄭玄曰：“典，主也。”野王案：“舜命佰［伯］夷典朕三礼”“命夔典樂”並是也。《毛詩》：“文王之典。”傳曰：“典，法也。”《尒雅》：“典，經也。”《說文》：“典，五帝之書也。從冊在丌上，尊閣之也。一說：典，大冊也。”野王案：《尚書》有《尭》《舜典》，孔安國曰：“可為百代常行之道也。”古文為箅字，在竹部。②以主職之典為敟字，在攵部。③

---

① 《殘卷》：“記，居意反。《尚書》：‘撻以記之。’孔安国曰：‘記識其過也。’野王案：《礼記》：‘猶録是書。’記，所以録識之也。又曰‘今王即命：記功’是也。《礼記》：‘太史執簡記。’鄭玄曰：‘記，礼書也。’《説文》：‘記，疏也。’《聲類》：古文為近［辺］字，在斤［丌］部也。”《名義》：“記，居意反。疏也，録也。”

② 《名義》：“箅，多殄反。经典也，常也。”

③ 《名義》：“敟，丁殄反。主也。”

《尚書·五子之歌》："明明我祖，萬邦之君，有典有則，貽厥子孫。"孔安國傳："典謂經籍。"《周禮·天官·大宰》："大宰之職掌建邦之六典，以佐王治邦國。"鄭玄注："典，常也，經也，灋也。"《周禮·天官·序官》："典婦功，中士二人，下士四人，府二人，史四人，工四人，賈四人，徒二十人。"鄭玄注："典，主也。"《尚書·舜典》："帝曰：'咨，四岳：有能典朕三禮？'僉曰：'伯夷。'"《禮記·仲尼燕居》："夫夔達於樂而不達於禮，是以傳於此名也，古之人也。"孔穎達疏引《虞書》："舜命伯夷，典朕三禮，伯夷讓夔。"《尚書·舜典》："帝曰：'夔，命汝典樂，教胄子。'"《詩經·周頌·維清》："維清緝熙，文王之典。"毛傳："典，法也。"《爾雅·釋言》："典，經也。"《説文》："典，五帝之書也。从册在丌上，尊閣之也。莊都説：典，大册也。"《尚書·堯典》："堯典。"孔安國傳："言堯可為百代常行之道。"《名義》："典，都殄反。則也，法也，常也，主也，经。"《名義》"則也"義不見於《殘卷》。《周禮·春官·大史》："大史掌建邦之六典，以逆邦國之治。"鄭玄注："典，則，亦灋也。"

顨，先頓反。《説文》："顨，巽也。此《易·顨卦》為長女為風。"

《説文》："顨，巽也。从丌，从頭。此《易·顨卦》爲長女爲風者。"《名義》："顨，先頓反。選［巽］也。封［卦］字。"

巽，《周易》："巽，入也。""巽，伏也。"《尚書》："庸命巽朕位。"孔安國曰："巽，從也。"《論語》："巽與之言。"苞咸曰："巽，恭也。"野王案：訓恭従，亦與愻字義同，在心部。①《説文》："此篆文顨字也。"

《周易·序卦》："巽者，入也。"《周易·雜卦》："巽，伏也。"《殘卷》"從也"義為"順也"，避梁諱而改字。《尚書·堯典》："將求代汝能庸命，巽朕位。"孔安國傳："巽，順也。"《論語·子罕》："巽與之言，能無悦乎？繹之為貴。"何晏集解引馬融曰："巽，恭也。"《説文》："巽，篆文巺。"《名義》："巽，同上。入也，伏也，從也，恭也。"

巺，助巒反。《説文》："巺，具也。"《字書》："此夲撰字也。"撰忩數也，

---

① 《名義》："愻，蘇寸反。從也，恭也，慎也，謹也。"

持也，在手部。[①] 或為顛字，在頁部。[②]

《説文》："巺，具也。从丌，𠬪聲。"《名義》："巺，助巒反。撰字。""巺"與"撰"音義同。《廣雅·釋詁三》："撰，具也。"字或作"選"。《尚書·盤庚上》："世選爾勞，予不掩爾善。"孔安國傳："選，數也。"

巽［巺］，《説文》古文巺字也。

《説文》："巺，具也。从丌，𠬪聲。巺，古文巺。"《名義》："巺，古文。數。"

畀，俾寐反。《尓雅》："畀，賜也。"《公羊傳》："畀者何？予也。"《尓雅》忩云，郭璞曰："謂賜与也。與猶予，⺒通其名也。"野王案：《毛詩》："彼姝者予［子］，何以畀之？"是也。《説文》："相付与之约在閤上。従丌，由［由］聲也。"尊畁之畁音俾支反，在中［广］部。[③]

《爾雅·釋詁上》："台、朕、賚、畀、卜、陽，予也。"郭璞注："賚、卜、畀皆賜與也。與猶予也，因通其名耳。"《公羊傳·僖公二十一年》："三月丙午，晉侯入曹，執曹伯畀宋人。畀者何？與也。""與""予"音義同。《詩經·鄘風·干旄》："彼姝者子，何以畀之？"毛傳："畀，予也。"陸德明音義："畀，必寐反，與也。"《説文》："畀，相付與之約在閣上也。从丌，由聲。"《名義》："畀，俾寐反。賜也。"

奠，徒見反。《尚書》："奠高山大川。"孔安國曰："奠，定也。"《周礼》："喪事供其奠牛。"鄭玄曰："喪所廌［薦］饋曰奠。"《毛詩》："于以奠之？"傳曰："奠，置［置］也。"《儀〈礼〉》："奠灑［纚］笄……莛。"鄭玄曰："奠，停也。"《國語》："辟奠，不飧。"賈逵曰："食上［生］曰奠，食熟曰飧。"又曰："土［士］有勝［豚］犬之奠。"賈逵曰："奠，陳也。"《礼記》："唯世婦命扵奠爾［繭］。"

---

① 《名義》："撰，助巒反。數，具也，持也，述也，乏也，傳也。"
② 《名義》："顛，鉏轉反。具也。"
③ 《名義》："畁，補支反。下也，痺也。"

鄭玄曰："奠，獻也。"又曰："釋奠于先師。"鄭玄曰："設廌［薦］饌酌奠而已，無迎尸以下之事也。"又曰："釋奠扵其廟。"鄭玄曰："非時而祭曰奠。"《說文》："従酋，酋，酒也；丌，其九［几］也。"《廣雅》："奠，廌［薦］也。""奠，調也。"啁同。

《尚書·禹貢》："禹敷土，隨山刊木，奠高山大川。"孔安國傳："奠，定也。"《周禮·地官·牛人》："喪事，共其奠牛。"鄭玄注："喪所薦饋曰奠。"《詩經·召南·采蘋》："于以奠之？宗室牖下。"毛傳："奠，置也。"《儀禮·士冠禮》："贊者奠纚笄櫛于筵南端。"鄭玄注："奠，停也。"《國語·晉語二》："優施出，里克辟奠，不飧寢。"韋昭注："奠，置也。熟食曰飧。"《國語·楚語上》："國君有牛享，大夫有羊饋，士有豚犬之奠，庶人有魚炙之薦。"《禮記·玉藻》："唯世婦命於奠繭，其他則皆從男子。"鄭玄注："奠猶獻也。"《禮記·文王世子》："凡學春官釋奠于其先師，秋冬亦如之。"鄭玄注："釋奠者，設薦饌酌奠而已，無迎尸以下之事。"《禮記·祭統》："再拜稽首，受書以歸，而舍奠于其廟。"鄭玄注："非時而祭曰奠。"《說文》："奠，置祭也。从酋，酋，酒也，下，其丌也。[①]《禮》有奠祭者。"《廣雅·釋言》："奠，薦也。"《殘卷》"啁同"當指"調"與"啁"同。《廣雅·釋詁四》："啁、譀、話、諴、譺、奠、周，調也。"《名義》："奠，徒見反。定也，陳也，置也，停也，獻也，薦。"

其，渠基反。《尚書》："我其試㦲。"孔安國曰："觀其行跡也。"《周易》："龍戰于野，其血玄黃。"《毛詩》："實惟何其？"傳曰："其，辞也。"《尒雅》："其，辞也。"《廣雅》："其，豈也。"

《尚書·堯典》："我其試哉。"孔安國曰："言欲試舜，觀其行迹。"《周易·坤》："上六，龍戰于野，其血玄黃。"《詩經·小雅·頍弁》："有頍者弁，實維何期？"鄭玄箋："期，辭也。"《文選·謝靈運〈初發石首城〉》："欽聖若旦暮，懷賢亦悽其。"李善注引毛萇《詩傳》曰："其，辭也。"《文選·蘇武〈詩四首〉》："征夫懷往路，起視夜何其。"李善注："《毛詩》……又曰：'夜如何其？夜未央。'毛萇曰：'其，

---

① △《說文》"下，其丌也"當據《殘卷》改為"丌，其几也"。

辭也。’”[①] 今本《爾雅》未見“其，辭也”。《廣雅·釋詁四》：“其，豈也。”

亣，《字書》古文其字也。《尚書》作其字如此。

《説文》：“箕，簸也。从竹、𠀠，象形。下其丌也。……𠀠，古文箕省。𠑹，亦古文箕。𠈋，亦古文箕。𠀘，籀文箕。匴，籀文箕。”《名義》：“其，渠基反。辞也，豈也。亦［亣］，古其。”

〖左部第二百七十三　　凡三字〗

左，咨可、咨賀二反。《尚書》：“予欲左右有民。”孔安國曰：“左右，助也。”《尔雅》：“左右，導也。”郭璞曰：“謂教𨗴也。”又曰：“左右，勴也。”郭璞曰：“謂賛勉之也。”又曰：“左右，亮也。”野王案：人之兩邊曰左右。《左氏傳》“左顧而唾［欬］，右顧而咲”是也。凡物之兩邉皆曰左右。《左氏傳》“左輪朱殷”、《尔雅》“塗出其左”並是也。《國語》：“是左之也。”賈逵曰：“左猶遠也。”《左氏傳》：“冢卿無輅卿以莽［葬］，不忽左乎？”杜預曰：“左，不便也。”《礼記》：“執左道以亂衆，煞。”鄭玄曰：“左道，若巫蛊及俗禁也。”《史記》：“吾極知其左遷。”野王案：仕官左遷謂退黜也。《説文》：“手相佐也。從十［𠂇］、工。”野王案：《説文》以此為左助之左，以左右兩邊為屮［𠂇］字，在屮［𠂇］部。[②]

《類聚名義抄》：“左，《玉》云：‘咨可、咨賀反。左右，助也，導也，謂教導也，勴也，謂賛勉之也，亮也，人之兩邉也，凡牜（物）之兩邉皆曰左右也。左猶走［遠］之［也］，フ［不］便也，手相佐也，左遷謂退黜也。”（135•3）《尚書·益稷》：“予欲左右有民，汝翼。”孔安國傳：“左右，助也。”《爾雅·釋詁下》：“詔、亮、左、右、相，導也。”郭璞注：“皆謂教導之。”《爾雅·釋詁下》：“詔、相、導、左、右、

① 《詩經·小雅·庭燎》：“夜如何其？夜未央。”今本《詩經》脱毛傳“其，辭也”。陸德明音義：“其，音基，辭也。”

② 《名義》：“屮［𠂇］，作可反。左手也。”

助，勴也。”郭璞注：“勴謂贊勉。”《爾雅·釋詁下》：“左右，亮也。”《左傳·昭公二十四年》：“余左顧而欬，乃殺之；右顧而笑，乃止。”《殘卷》“左顧而唾”蓋與“不顧而唾”相訛混。《左傳·成公二年》：“自始合，而矢貫余手及肘。余折以御，左輪朱殷。豈敢言病？”《爾雅·釋丘》有“途出其右”而無“途出其左”，故胡吉宣以為“引《尔雅》為釋丘篇逸文”，“惜此引簡節，不知塗出左者為何丘名也”。《國語·晉語一》：“今君分之土而官之，是左之也。”韋昭注：“左猶外也。”《戰國策·魏策二》：“衍將右韓而左魏，文將右齊而左魏。”高誘注：“右，近；左，遠。”《左傳·昭公四年》：“且冢卿無路，介卿以葬，不亦左乎？”杜預注：“左，不便。”《禮記·王制》：“析言破律，亂名改作，執左道以亂政，殺。”鄭玄注：“左道，若巫蠱及俗禁。”《史記·張丞相列傳》：“高祖曰：‘吾極知其左遷，然吾私憂趙王，念非公無可者。’”司馬貞索隱：“《諸侯王表》有左官之律。韋昭以為‘左猶下也，禁不得下仕於諸侯王也’。然地道尊右，右貴左賤，故謂貶秩為‘左遷’。”《說文》：“左，手相左助也。从𠂇、工。”又：“𠂇，𠂇手也。象形。”《名義》：“左，咨可反。遠也。”

差，楚宜、楚佳二反。《周易》：“失之毫氂，差以千里。”野王案：差猶跌手也。《毛詩》：“叅差荇菜。”野王案：叅差，不齐等也。[①]又曰：“差池其羽。”戔云：“差池謂張舒其尾翼也。”又曰：“既差我馬。”傳曰：“差，擇也。”《左氏傳》：“何敢差池？”杜預曰：“差池，不斉一也。”《尚書大傳》：“帝用不差，神則不怒。”鄭玄曰：“差，疑也。”《說文》：“差，貳也，不殖也。従左，従𠂹聲也。”《廣雅》：“差，減也。”“差，次也。”“差，邪也。”疾瘉之差為瘥字，在疒部。[②]車刼［却］拞堂為䡨字，在車部。[③]

《漢書·司馬遷傳》：“察其所以，皆失其本已。故《易》曰：‘差以豪氂，謬以千里。’”顏師古注：“今之《易經》及彖象繫辭，並無此語。所稱《易緯》者，則有之焉。斯蓋《易》家之別說者也。”“跌手”，胡吉宣校釋作“跌斥”，疑當作“跌失”，“跌”“失”“差”

---

① 《慧琳音義》卷六四《優波離問佛經》音義：“叅差，上楚林反。顧野王云：‘叅差，不齊等也。’《蒼頡篇》作叅，叅亦差也。《古今正字》：‘從厽，㐱聲也。’《經》從小作叅［条］，俗字也。”
② 《名義》：“瘥，楚懈反。愈也。瘥字。”
③ 《說文》：“䡨，連車也。一曰：卻車抵堂爲䡨。从車，差省聲。讀若遅。”《名義》：“䡨，仕佳反。塞也，連車。”

義同。[1]《詩經・周南・關雎》："參差荇菜，左右流之。"《詩經・邶風・燕燕》："燕燕于飛，差池其羽。"鄭玄箋："差池其羽，謂張舒其尾翼。"《詩經・小雅・吉日》："吉日庚午，既差我馬。"毛傳："差，擇也。"《左傳・襄公二十二年》："謂我敝邑，邇在晉國，譬諸草木，吾臭味也，而何敢差池？"杜預注："差池，不齊一。"四部叢刊本《尚書大傳・洪範五行傳》："帝用不差，神則不怒。"注："□，□也。"可據補"差，疑"二字。《説文》："𢀩，貳也。𢀩，不相值也。从左，从𠂹。"《廣雅・釋詁二》："貶、損、削、黜、貇、撤、秏、退、𥓋、掊、扒、刮、汥、屖、殺、痍、奭、爽、劣，減也。"未收"差"字。胡吉宣以为"引《廣雅》'減也'為《釋詁二》逸文"。《廣雅・釋詁三》："𢀩，次也。"《廣雅・釋詁二》："𢀩，衺也。"《名義》："差，楚佳反。擇也，疑也，貳，成［減］也，次也，邪也。"

𢀩［𢀵］，《説文》籀文差字也，従二。

《説文》："𢀩，貳也。𢀩，不相值也。从左，从𠂹。𢀵，籀文𢀩从二。"《名義》："𢀩，差字。"

〖工部第二百七十四　　凡六字〗存三字

工，古紅反。《尚書》："允釐百工。"孔安國曰："工，官也。"又曰："帝曰：垂：汝共工。"范甯曰："主百工匠之官，謂司空也。"又曰："工以納言。"孔安國曰："工，樂官也。"《考工記》："審曲面勢以餝五材，以辨民器，謂之百工。"又曰："智者創物，巧者述之，守以世，工。"鄭玄曰："父子世世以相教也。"《毛詩》："工祝致告。"傳曰："善其事曰工。"《韓詩》："嗟嗟臣工。工，巧也。"《淮南》："玄玉百工。"許𠇗重曰："二玉為工。"《説文》："巧餝也，象人有徒有𧙗矩也。與巫同意。"

---

① 《廣雅・釋詁四》"差也"條王念孫疏證："跌之言失也。莊二十二年《公羊傳》：'肆者何？跌也。'何休注云：'跌，過度也。'《穀梁傳》'跌'作'失'。《賈子・容經篇》云：'胻不差而足不跌。'《漢書・朱博傳》云：'常戰栗不敢蹉跌。'蹉與差、跌與失竝字異而義同。《説文》：'胅，骨差也。'讀若跌，義亦與跌同。《文選・解嘲》注、《思元賦》注竝引《廣雅》：'跌，差也。'《衆經音義》卷八、卷十、卷十二、卷十七引《廣雅》竝與《文選》注同。今本脱跌字。"

《尚書·堯典》:“允釐百工,庶績咸熙。”孔安國傳:“工,官也。”《尚書·舜典》:“帝曰:‘俞。咨,垂:汝共工。’”《史記·五帝本紀》:“舜曰:‘誰能馴予工?”皆曰:‘垂可。’於是以垂為共工。”裴駰集解“工”下引馬融曰:“謂主百工之官也。”又“共工”下引馬融曰:“為司空,共理百工之事。”《尚書·益稷》:“工以納言,時而颺之。”孔安國傳:“工,樂官。”《周禮·考工記序》:“審曲面埶,以飭五材,以辨民器,謂之百工。”《周禮·冬官·考工記》:“知者創物,巧者述之,守之世謂之工。”鄭玄注:“父子世以相教。”《詩經·小雅·楚茨》:“工祝致告,徂賚孝孫。”毛傳:“善其事曰工。”《詩經·周頌·臣工》:“嗟嗟臣工,敬爾在公。”毛傳:“工,官也。”《楚辭·招魂》:“工祝招君,背行先些。”王逸注:“工,巧也。”《淮南子·道應》:“玄玉百工。”高誘注:“二玉為一工也。”《說文》:“工,巧飾也。象人有規榘也。與巫同意。”《名義》:“工,古红反。善事也,官也,巧也。”

彡,《說文》古文工字也,從彡。

《說文》:“彡,古文工从彡。”《名義》:“彡,古文。”

式,詩力反。《尚書》:“百官承式。”孔安國曰:“式,法也。”《周礼》:“以九式均莭材用。一曰祭祀之式,二曰賔客之式,三……”

《尚書·説命上》:“天子惟君萬邦,百官承式。”孔安國傳:“天下待令,百官仰法。”《殘卷》“三”下缺。《周禮·天官·大宰》:“以九式均節財用:一曰祭祀之式,二曰賓客之式,三曰喪荒之式,四曰羞服之式,五曰工事之式,六曰幣帛之式,七曰芻秣之式,八曰匪頒之式,九曰好用之式。”鄭玄注:“式謂用財之節度。”《說文》:“式,法也。从工,弋聲。”《名義》:“式,舒力反。法也。”《新撰字鏡》:“式,色音。用也,品也,法也,敬也。”

據《名義》,《工部》此下缺“巧”“巨”“王”(古文巨)三形。

〖卜部第二百七十七　　凡八字〗

〈卜，補祿反。〉[①]〈《礼記》："龜曰卜，筴為莁。卜莁者，所以使民占吉凶，信時日，敬鬼神，畏法令也；所以使民決嫌疑，定猶与也。"野王案：所以占後事之吉凶也。〉[②]……是也。《白虎〈通〉》："卜者，赴也，暴見兆也。"《毛詩》："卜尔百福。"箋云："卜，予也。"《尔雅》亦云，郭璞曰："皆謂賜與，與猶予，回通其名耳。"《韓詩》："卜畀［畀］炎火。卜，報也。"《説文》："灼剥龜也，象灸（灸）龜之形。一曰象龜兆従擴也。"

《類聚名義抄》："卜，龜曰卜，策為莁。所以使民占吉凶，住［信］時日，敬鬼神，畏法令，使〈決〉嫌疑，〈定〉猶預也。野王案：所以占後事之吉凶也。"（第131頁）《禮記·曲禮》："龜為卜，筴為筮。卜筮者，先聖王之所以使民信時日，敬鬼神，畏法令也；所以使民決嫌疑，定猶與也。"《白虎通·蓍龜》："卜者，赴也，爆見兆也。"《詩經·小雅·楚茨》："卜爾百福，如幾如式。"鄭玄箋："卜，予也。"《爾雅·釋詁上》："台、朕、賚、畀、卜、陽，予也。"郭璞注："賚、卜、畀皆賜與也。與猶予也，因通其名耳。"《詩經·小雅·大田》："田祖有神，秉畀炎火。"陸德明音義："秉，如字，執持也。《韓詩》作卜，卜，報也。"《説文》："卜，灼剥龜也。象灸龜之形。一曰：象龜兆之從横也。"《名義》："卜，補祿反。……赴也。"

𠁥，《説文》古文卜字也。

《説文》："卜，灼剥龜也。象灸龜之形。一曰：象龜兆之從横也……𠁥，古文卜。"《名義》："卜，補祿反。𠁥，古文。"

卦，古賣反。《周易》："包羲始作八卦。""觀變於陰陽而立卦。"劉瓛曰："卦之言畫也，謂圖畫之也。"野王案：卦兆一等耳，分蓍布爻［爻］則曰卦，灼龜見兆則曰兆。《説文》："卦，莁也。"《廣雅》："〈卦，〉挂也。""卦，化也。"

---

① 反切據《名義》補。
② 此據《類聚名義抄》及《殘卷》體例酌補。

《周易·繫辭下》："古者包犧氏之王天下也，仰則觀象於天，俯則觀法於地，觀鳥獸之文與地之宜，近取諸身，遠取諸物，於是始作八卦。"《周易·說卦》："觀變於陰陽而立卦。"韓康伯注："卦，象也。"《說文》："卦，筮也。从卜，圭聲。"《廣雅·釋言》："卦，挂也。"《廣雅·釋詁三》："卦，匕也。"曹憲音"化"。按："匕""化"古今字。《名義》："卦，古賣反。兆也，叒也，化也，性［挂］，筮也。"按："卦"無"爻"義，《名義》"叒也"當為誤釋。

卟，公唏反。《說文》："卜以疑問也。"野王案：《鴻範》："明用卟疑。"孔安國曰："猶以□□……"……為訓［計］、弃［考］、同，在稽部。[①]或為乩字，在乙部。[②]

《說文》："卟，卜以問疑也。从口、卜。讀與稽同。《書》云：卟疑。"《尚書·洪範》："次七曰明用稽疑。"孔安國傳："明用卜筮考疑之事。"《殘卷》自"孔安國曰"後當有脱文。胡吉宣校釋作"明用卜筮考疑之事。今为稽字同，在稽部"，吕校本作"孔安國猶以考為訓，亦同在稽部"。按《殘卷》體例，此處似當作"猶［明］以□□［卜筮］〈考疑之事。今或〉為〈稽字，稽，〉訓［計］〈也〉，弃［考］〈也〉，同〈也〉，在稽部"。其釋義與《名義》"稽"字下之訓釋"考也，同也，計"相合。《名義》："卟，公蹄反。卜也，問也，當也，體也。"吕氏校釋："《名義》'當也，體也'未詳。"按："當也，體也"為上"貞"字義羼入此處。《殘卷》："《廣雅》：'貞，當也。'《字書》：'卦下體也。'"《名義》略有删節。

𠧪，呼潰反。《尚書》："乃命卜莁，……曰貞。貞，外卦曰𠧪。"《說文》："卦之上體也。"今為悔字，在心部。[③]

《尚書·洪範》："乃命卜筮，曰雨、曰霽、曰蒙、曰驛、曰克、曰貞、曰悔，凡七。"孔安國傳："內卦曰貞，外卦曰悔。"《說文》："𠧪，易卦之上體也。《商書》曰：貞曰𠧪。从卜，每聲。"《名義》："𠧪，呼潰反。內貞外𠧪。"

---

① 《名義》："稽，居奚反。考也，同也，計，治也，止也，當也，合也。"
② 《名義》："乩，柯奚反。考。稽字。"
③ 《名義》："悔，呼對反。改也，恨也，咎也，病也。"

貞，徵京反。《周易》："貞者，事之幹也。君子貞謂之幹事。"又曰："貞，正也。"《周礼》："大貞則奉玉帛。"鄭衆曰："大貞謂卜五［立］君、卜大卦［封］也。"又曰："以貞來歲之𡻮惡。"鄭衆曰："貞，問也。《易》曰：'師貞丈人也。'問于丈人。《國語》曰'卜［貞］扵陽卜'是也。"鄭玄曰："問事之正曰貞。"《左氏傳》："圖國忘身，貞也。""送往事君［居］，偶俱無猜，貞也。"《國語》："𦵔死者，養生者，死人復生不悔，生人不愧，貞也。"又曰："卦得貞屯悔豫。"賈逵曰："內貞，外卦曰悔。"《說文》："従〈卜〉貝，貝以為贄也。一曰：従鼎省聲也。"《廣雅》："貞，當也。"《字書》："卦下體也。"《謚法》："大慮克就曰貞，幹事能正曰貞，外內用情曰貞，清白守節曰貞，不隱无并曰貞，圖國忘死曰貞，内外無懷曰貞，直道不撓曰貞，貞德應和曰貞。"《礼記·緇衣》或為偵字，在人部。①

《周易·乾》："元者，善之長也；亨者，嘉之會也；利者，義之和也；貞者，事之幹也。君子體仁足以長人，嘉會足以合禮，利物足以和義，貞固足以幹事。"《周易·師》："師，衆也；貞，正也。能以衆正，可以王矣。"《周禮·春官·小宗伯》："若國大貞，則奉玉帛以詔號。"鄭玄注引鄭衆云："大貞謂卜立君、卜大封。"《周禮·春官·天府》："季冬，陳玉，以貞來歲之媺惡。"鄭玄注："問事之正曰貞。"又引鄭司農云："貞，問也。《易》曰：'師，貞丈人，吉。'問於丈人。《國語》曰：'貞於陽卜。'"《左傳·昭公元年》："圖國忘死，貞也。"《左傳·僖公九年》："送往事居，耦俱無猜，貞也。"《國語·晉語二》："葬死者，養生者，死人復生不悔，生人不愧，貞也。"《國語·晉語四》："尚有晉國，得貞、屯、悔、豫，皆八也。"韋昭注："內曰貞，外曰悔。"《說文》："貞，卜問也。从卜，貝以为贄。一曰：鼎省聲。京房所説。"《廣雅·釋詁三》："貞，當也。""貞"與上"㑇"字相對，《說文》："㑇，易卦之上體也。"故"貞"為卦之下體也。宋蘇洵《謚法》："固節幹事曰貞，圖國忘死曰貞，清白守節曰貞。"《史記正義》附論例謚法解："清白守節，貞；大慮克就，貞；不隱無屈，貞。"《左傳·昭公二十年》："衛侯賜北宮喜，謚曰貞子。"孔穎達疏引《謚法》："外内用情曰貞。"宋王溥《唐會要》卷七九："大慮克就曰貞，外内用情曰貞，清白守節曰貞，圖國忘死曰貞，内外無懷曰貞，直道不撓曰貞。"②《慧琳音義》卷七三《五事毘婆沙論》卷上音義："貞實，上陟程反。《周易》：'貞，正也。'《謚法》曰：'德政應和曰貞，内外無壞［懷］

① 《名義》："偵，恥敬反。問也，候也，廉也。"
② 《永樂大典》卷一三三四五引《唐會要》："大慮尅就曰正。外內用情曰正。清白守潔曰正。圖國忘死曰正。內外無懷曰正。直道不撓曰正。""正"同"貞"。

曰貞，直道不撓曰貞。’”《名義》：“貞，徵京反。正也。”

占，之盬［塩］反。《堂堂［尚書］》：“嘗［作］占［卜］惟［筮］，免［三］之［人］占，故［則］従二人之言。”《周昜》：“極數知来謂之占。”野王案：占猶候也，候察吉凶禍福也。故曰：“以卜莁者，尚其占也。”《世夲》：“羲和作占日，恒羲作占月，后［后］益作占歳。”宋忠曰：“占其行，度所至也。羲和，尭臣。恒羲、后［后］益未聞也。”《左氏傳》：“皆占其徒，無之。”野王案：《方言》：“占，視也。凡相候謂之占。占猶瞻也。”《尓雅》：“隱，占也。”郭璞曰：“隱度之也。”《説文》：“占，視兆問也。”《廣雅》：“占，驗也。”《漢書》：“口占作書。”野王案：口占猶授言語使人書之也。

《尚書·洪範》：“立時人作卜筮，三人占，則從二人之言。”《周易·繫辭上》：“極數知來之謂占，通變之謂事。”《玄應音義》卷三《摩訶般若波羅蜜經》卷八音義：“視占，之塩反。《方言》：‘占，視也。占亦候也，凡相候謂之占，占亦瞻也。’[①]”《周易·繫辭上》：“易有聖人之道四焉：以言者，尚其辭；以動者，尚其變；以制器者，尚其象；以卜筮者，尚其占。”《吕氏春秋·勿躬》：“羲和作占日，尚儀作占月，后益作占歲。”《殘卷》“恒羲”似當作“恒義”。“恒”避諱作“常”，“常”“尚”音近。“義”“儀”亦音近義通。《史記》作“常儀”。《史記·五帝本紀》：“帝嚳娶陳鋒氏女。”張守節正義引《帝王紀》云：“帝俈有四妃，卜其子皆有天下。元妃有邰氏女，曰姜嫄，生后稷。次妃有娀氏女，曰簡狄，生卨。次妃陳豐氏女，曰慶都，生放勛。次妃娵訾氏女，曰常儀，生帝摯也。”《史記·曆書》：“蓋黃帝考定星歷。”司馬貞索隱：“《系本》及《律曆志》：‘黃帝使羲和占日，常儀占月。’”《系本》即《世本》。《太平御覽》卷十七引《丗本》曰：“后益作占歲。”《左傳·昭公四年》：“且而皆召其徒，無之。”[②]《爾雅·釋言》：“隱，占也。”郭璞注：“隱度。”《説文》：“占，視兆問也。从卜，从口。”《廣雅·釋詁四》：“占，譣也。”曹憲《博雅音》：“魚殮反，又魚劒反。今人以馬旁驗字為證譣，失之矣。”《漢書·游俠傳·陳遵》：“遵馮几，口占書吏，且省官事。”

---

① 《方言》卷十：“睃、豬、闚、貼、占、伺，視也。凡相竊視南楚謂之闚，或謂之睃，或謂之貼，或謂之占，或謂之豬。豬，中夏語也。闚，其通語也。自江而北謂之貼，或謂之覗。凡相候謂之占，占猶瞻也。”

② 胡吉宣以為“今自宋元刊本以下皆譌为召。召、占形近，又涉下文各句之召字而誤”。蘇芃《〈左傳·昭公四年〉誤字辨正——兼及‘占’釋‘窺察’義用例發覆》考證頗詳，參氏著《〈春秋〉三傳研究初集》第8、14頁，鳳凰出版社2019年。感謝蘇芃先生糾正了原先的誤校，並熱忱提供複印件。

顏師古注："占，隱度也。口隱其辭以授吏也。占音之贍反。"《漢書·朱博傳》："閤下書佐入博，口占檄文。"顏師古注："隱度其言口授之。"《名義》："占，之塩反。候也，驗也。"

卲，時照反。《說文》："卜問也。"

《名義》："卲，時昭反。卜門[問]。"《名義》"時昭反"當作"時照反"。《廣雅·釋言》："卲，卜也。"王念孫疏證："《説文》：'卲，卜問也。'《玉篇》音市照切。各本皆脱卲字。《集韻》引《廣雅》：'卲，卜也。'今據以補正。"

〖兆部第二百七十八　　凡二字〗

兆，除矯反。《周礼》："太卜掌三兆之法，一曰玉兆，二曰瓦兆，三曰原兆。"鄭玄曰："兆者，灼龜䔥於火而形可占者也。其象似瓦、玉、原也。"又曰："卜人掌開龜之四兆，一曰方兆，二曰功兆，三〈曰〉義兆，四曰弓兆。"鄭玄曰："經兆百廿體，此言四者，分為四部，若《易》之二篇也。"《尚書》："予臨兆民。"孔安國曰："十萬曰億，〈十億〉曰兆。"《左氏傳》："天子〈曰〉兆民。"又曰："兆於死所。"杜預曰："有死兆也。"野王案：兆猶擜也，事先見者也。又曰"其嚻則姦兆"是也。《國語》："其魄兆於民。"賈逵曰："兆，於[見]〈也〉。"又曰："兆於襄[衰]矣。"賈逵曰："兆，形也。"《說文》："象形也。"塋域之兆為垗字，在土部。① 床杠名兆，《埤蒼》為牀字，在爿部。②

《周禮·春官·大卜》："大卜掌三兆之灋：一曰玉兆，二曰瓦兆，三曰原兆。"鄭玄注："兆者，灼龜發於火，其形可占者。其象似玉、瓦、原之璺罅，是用名之焉。"《周禮·春官·卜師》："卜師掌開龜之四兆：一曰方兆，二曰功兆，三曰義兆，四曰弓兆。"鄭玄注："開，開出其占書也。經兆百二十體，今言四兆者，分之爲四部，若《易》

① 《名義》："垗，雉矯反。塍也，綴也，緎也，葬地也。"
② 《名義·爿部》："牀，餘[除]矯反。版。"《廣雅·釋器》："牀，杠也。"

之二篇。”《尚書・五子之歌》：“予臨兆民，懔乎若朽索之馭六馬。”孔安國傳：“十萬曰億，十億曰兆。”《左傳・閔公元年》：“天子曰兆民，諸侯曰萬民。”《左傳・襄公三十一年》：“滕君將死矣。怠於其位而哀已甚，兆於死所矣，能無從乎？”杜預注：“有死兆。”《玄應音義》卷九《大智度論》卷三八音義：“形垗，除矯反。垗，見也，形也。案：兆者，猶機也，事先見者也。”此案語與野王案同。又卷二四《阿毗達磨俱舍論》卷七音義：“先垗，除矯反。賈逵注《國語》云：‘垗，見〈也〉，形也。’亦機垗也，謂事先見者曰垗。”《左傳・文公十八年》：“其人則盜賊也，其器則姦兆也。”杜預注：“兆，域也。”《國語・晉語三》：“公子重耳其入乎？其魄兆於民矣。”韋昭注：“魄，形也。兆，見也。”《國語・晉語八》：“公室其將卑乎？君之明兆於衰矣。”韋昭注：“兆，形也。”[①]《殘卷》“衰”字誤作“襄”。《說文》：“𠧞，灼龜坼也。从卜、兆，象形。”《名義》：“兆，除矯反。攙也，形也。”

𠧞，《說文》亦兆字也。

《說文》：“𠧞，灼龜坼也。从卜、兆，象形。兆，古文兆［𠧞］省。”《名義》：“𠧞，兆字。”

〖用部第二百七十九　　凡七字〗

用，瑜共反。《尚書》：“正德利用。”孔安國曰：“利用以阜財也。”又曰：“戒之用休，薰［董］之用威。”孔安國曰：“以美戒之也。”又曰：“竊攘［攘竊］神祇犧〈牷〉牲〈用〉。”孔安國曰：“牛羊豕曰牲，噐實曰用。”《周官》：“秉其財用之出入。”鄭玄曰：“財，泉穀也。用，貨財也。”《荘子》：“用者，通也。”《穀［穀］梁傳》：“邾人執鄫子用之。用之何？叩［叩］其鼻以衈社也。”《說文》：“可施行也。從卜、中，衛宏說。”〈𠁩〉，案古文中字如此。[②]《蒼頡篇》：“用，

---

① 《文選・孫綽〈遊天台山賦〉》：“理無隱而不彰，啟二奇以示兆。”李善注引賈逵《國語注》曰：“兆，形也。”
② 《說文》：“中，內也。从口，丨，上下通。𠁩，古文中。”

以也，庸也。”野王案：中字在丨部也。①

《尚書·大禹謨》：“正德利用厚生，惟和。”孔安國傳：“正德以率下，利用以阜財，厚生以養民，三者和，所謂善政。”又：“戒之用休，董之用威，勸之以九歌，俾勿壞。”孔安國傳：“休，美。董，督也。言善政之道，美以戒之，威以督之，歌以勸之，使政勿壞。”《尚書·微子》：“今殷民乃攘竊神祇之犧牷牲用，以容將食，無災。”孔安國傳：“自來而取曰攘，色純曰犧，體完曰牷，牛羊豕曰牲，器實曰用。”《周禮·天官·宰夫》：“掌治灋以考百官府群都縣鄙之治，乘其財用之出入。”鄭玄注：“財，泉穀也。用，貨賄也。”《莊子·齊物論》：“用也者，通也。”《穀梁傳·僖公十九年》：“己酉，邾人執繒子用之……用之者，叩其鼻以衈社也。”陸德明音義：“以衈，音二，釁也。”“釁”與“衅”音義同。《公羊傳·僖公十九年》：“己酉，邾婁人執鄫子用之。惡乎用之？用之社也。其用之社奈何？蓋叩其鼻以血社也。”《殘卷》似糅合兩者。《説文》：“用，可施行也。从卜，从中。衞宏説。”《玄應音義》卷七《正法華經》卷三音義：“冝用，揄共反。《蒼頡篇》：‘用，以也。’”《名義》：“用，命［俞］共反。通也，得也。”

𤰃，《説文》古文用字也。

《説文》：“用，可施行也。从卜，从中。衞宏説。……𤰃，古文用。”又：“中，內也。从口、丨，上下通。𠁧，古文中。𠁩，籀文中。”《名義》：“用，命［俞］共反。通也，得也。田［𤰃］，用古。”

甫，弗禹反。《周礼》：“卜莽［葬］兆甫，竃［竁］亽如之。”鄭玄曰：“甫，始也。”《毛詩》：“卓彼甫田。”傳曰：“甫田，天下之田也。”戔云：“甫之言大［丈］夫也。太古以夫田稅［稅田］，九夫為井，稅一夫，其田百畝。”《韓詩》：“甫，博也。”《穀梁傳》：“甫者，傅也。男子之羙稱也。”《儀礼》：“佰［伯］其［某］甫仲𣏟季。”鄭玄曰：“甫，大［丈］夫之羙稱也，孔子為𡰥甫，周大夫〈有〉家甫，宋大夫有孔甫，是其類也。”《礼記》：“陽童某甫。”鄭玄曰：“甫，字也，

① 《名義》：“中，致隆反。忠也，褁［裏］也，身也，巧［均］也，平也，應也，冝也，堪也，狂［任］也，成也，間也，合也，得也，半也，和也。”“〈𠁧〉，案古文中字如此”“野王案：中字在丨部也”疑爲“中”字説解誤羼入此處。《玉篇》收古文“𤰃”。

尊神不名，為之造字也。”又曰：“眕於鬼神曰某甫。”鄭玄曰：“某甫，且字也。”《尔雅》：“甫，我也。”“甫，大也。”野王案：《毛詩》“無田甫田”是也。《說文》：“従用，従父，父聲也。”《廣雅》：“甫甫，衆也。”《礼記》：“章甫，殷道也。”鄭玄曰：“常所服之冧也。”《白虎通》：“殷正十二月〈為〉正，餝大，故為章甫。章甫者，常［尚］末［未］与其卒相當也。”《廣蒼》以魴鱮甫為鯆字，在魚部。①

《周禮・春官・小宗伯》：“卜葬兆甫，竁亦如之。”鄭玄注：“甫，始也。”《詩經・小雅・甫田》：“倬彼甫田，歲取十千。”毛傳：“甫田，謂天下田也。”鄭玄箋：“甫之言丈夫也。明乎彼大古之時，以丈夫税田也，歲取十千，於井田之法，則一成之數也。九夫為井，井税一夫，其田百畝。井十為通，通税十夫，其田千畝。通十為成，成方十里，成税百夫，其田萬畝。”《詩經・小雅・車攻》：“東有甫草，駕言行狩。”陸德明音義：“甫，毛如字，大也。鄭音補，謂圃田。”《文選・班固〈東都賦〉》：“發蘋藻以潛魚，豐圃草以毓獸。”李善注：“《韓詩》曰：‘東有圃草。’薛君曰：‘圃，博也，有博大茂草也。’”《後漢書・班固傳》：“發蘋藻以潛魚，豐圃草以毓獸。”李贤注：“《韓詩》曰：‘東有圃草，駕言行狩。’薛君傳曰：‘圃，博也，有博大之茂草也。’”《穀梁傳・隱公元年》：“父，猶傅也，男子之美稱也。”《儀禮・士冠禮》：“曰伯某甫仲叔季，唯其所當。”鄭玄注：“甫是丈夫之美稱，孔子為尼甫，周大夫有嘉甫，宋大夫有孔甫，是其類。甫字或作父。”《禮記・雜記》：“有父母之喪，尚功衰，而附兄弟之殤，則練冠附於殤，稱陽童某甫，不名神也。”鄭玄注：“某甫，且字也，尊神不名，為之造字。”《禮記・曲禮》：“臨諸侯，眕於鬼神，曰有天王某甫。”鄭玄注：“某甫，且字也。”《爾雅・釋詁下》：“甫，我也。”《爾雅・釋詁上》：“甫，大也。”《詩經・齊風・甫田》：“無田甫田，維莠驕驕。”毛傳：“甫，大也。”《說文》：“甫，男子美稱也。从用，从父，父亦聲。”《廣雅・釋訓》：“甫甫，衆也。”《禮記・郊特牲》：“委貌，周道也；章甫，殷道也；毋追，夏后氏之道也。”鄭玄注：“常所服以行道之冠也。”《白虎通・紼冕》：“殷統十二月為正，其飾微大，故曰章甫。章甫者，尚未與極其本相當也。”《名義》：“甫，弗禹反。男子美始稱也。”吕氏校釋：“《名義》‘男子美始稱’為‘始也’‘男子之美稱也’二義項之混合。”

---

① 《名義》：“鯆，夫禹反。”

备，皮祕反。《説文》："备，具也。従用，茍省聲也。"今為偹字，在人部。①

《説文》："葡，具也。从用、苟省。"吕校本"苟"誤作"苟"。《名義》："葡，皮彼反。具也。"

庸，餘鍾反。《尚書》："若時？登庸。"孔安國曰："庸，用也。"《説文》："従用，従庚。庚，更也。《易》曰'先庚三日'是也。"《周礼》："司勳所掌……民玏曰庸。"鄭玄曰："法施於民，若后稷者也。"又曰："以庸制禄，則民與[興]玏。"鄭玄曰："庸，玏也。"《韓詩》："旻天不庸。庸，易也。"《尔雅》："庸，常也。"野王案：《礼記》"君子中庸"是也。又曰："庸，勞也。""庸庸，勞也。"郭璞曰："謂劬勞也。"《礼記》："田不能五十里，不合於天子，附於諸侯，曰附庸。"鄭玄曰："小城曰附。附庸者，以國事附於大國，未能以名通也。"《方言》："庸，代也。四方通語也。"《漢書》："教民相与庸輓犂。"李竒曰："庸，次也。"《廣雅》："庸，和也。"《楚辞》："固庸態也。"王逸曰："庸，斯［厮］賤之人也。"野王案：庸人謂常人愚短者也。《大戴礼》"孔子曰：所謂庸人者，口不能道若言，而志不色色［邑邑］，不能選賢人善之［士］而託其身，以为己直入［憂］，動行不知所務，止立不知所定，日選於物不知所（遺）貴，従物而流不知所歸，若此，可謂庸人矣"是也。或為膏［亯］字，在享［亯］部。②水溝名庸為滽字，在水部。③大鍾名庸為鏞字，在金部。④城庸為墉字，在土部。⑤

《尚書·堯典》："帝曰：畴咨若时？登庸。"孔安國傳："庸，用也。"《說文》："庸，用也。从用，从庚。庚，更事也。《易》曰：先庚三日。"《周禮·夏官·司勳》："司勳掌六鄉賞地之灋以等其功，王功曰勳，國功曰功，民功曰庸。"鄭玄注："法施於民，若后稷。"《周禮·地官·大司徒》："十有二曰：以庸制禄，則民興功。"鄭玄注："庸，功也。"《詩經·小雅·節南山》："昊天不傭，降此鞠訩。"毛傳："傭，均。"陸

① 《名義》："偹備，皮秘反。預也，防也，盡也，成也。"
② 吕校本作"亯"。《説文》："亯，用也。从亯、从自。自，知臭香所食也。讀若庸。"《名義》："亯，余種［鍾］反。用也。"
③ 《名義》："滽，庾恭反。水名。"
④ 《名義》："鏞，余鍾反。大鍾。"
⑤ 《名義》："墉，餘鍾反。廧也。"

德明音義："傭，敇龍反。《韓詩》作庸。庸，易也。"《爾雅·釋詁上》："庸，常也。"《禮記·中庸》："仲尼曰：'君子中庸，小人反中庸。'"鄭玄注："庸，常也。"《爾雅·釋詁下》："庸，勞也。"《爾雅·釋訓》："庸庸、慅慅，勞也。"郭璞注："皆劬勞也。"《禮記·王制》："公侯田方百里，伯七十里，子男五十里。不能五十里者，不合於天子，附於諸侯，曰附庸。"鄭玄注："小城曰附庸。附庸者，以國事附於大國，未能以其名通也。"《方言》卷三："庸、恣、比、侹、更、佚，代也。齊曰佚，江淮陳楚之間曰侹。餘四方之通語也。"《漢書·食貨志上》："過奏光以為丞，教民相與庸輓犂。"顔師古注："庸，功也。"《廣雅·釋詁三》："庸，和也。"《楚辭·九章·懷沙》："非俊疑傑兮，固庸態也。"王逸注："庸，厮賤之人也。"《大戴禮記·哀公問五義》："孔子對曰：'所謂庸人者，口不能道善言，而志不邑邑，不能選賢人善士而託其身焉，以為己憂，動行不知所務，止立不知所定，日選於物不知所貴，從物而流不知所歸，五鑿為政，心從而壞，若此則可謂庸人矣。'"若言"，吕校本、今本《大戴禮記》作"善言"。△按："若"有"善"義，疑本作"若"，後據義擅改。《殘卷》"直入"蓋"憂"字之誤拆。《慧琳音義》卷一《大唐三藏聖教序》音義："庸鄙，上勇從反。《考聲》：'庸，愚也。'鄭衆注《大戴礼》：'孔子曰："所謂庸人者，口不道善言，又不能選賢人善士而託其身，以為己直，從物而流不知所歸，若此者，可謂庸人也。"'""憂"字誤作"直"，與《殘卷》類似。《名義》："庸，余鍾反。和也，功也，易也，常也，次也，能也。"吕氏校釋："庸與能義相反，此處疑當作'無能也'。"按：《殘卷》："《楚辭》：'固庸態也。'王逸曰：'庸，斯［厮］賤之人也。'"疑《名義》"能也"為"態也"之誤，"庸態也"為引證。

甯，奴㝎反。《說文》："所頭也。从庸［用］，寧省聲也。"野王案：晉邑有甯邑。《國語》："如衛，反，過甯。"《論語》："甯武子。"

《說文》："甯，所願也。从用，寧省聲。"《國語·晉語五》："陽處父如衛，反，過甯。"韋昭注："甯，晉邑，今河內脩武是也。"《論語·公冶長》："子曰：'甯武子，邦有道則知，邦無道則愚。'"何晏集解引馬融曰："衛大夫寧俞。武，謚也。"《名義》："甯，奴定反。由也，用也。"吕氏校釋："《名義》'由也，用也'為誤訓。"按："由也，用也"蓋本作"由，用也"，為下"由"字義羼入此處。

（击）由，餘同［周］反。《考工記》："（繫）擊其所縣而由其虡鳴。"鄭玄曰："猶

若也。"《毛(諸)詩》:"右招我由房。"傳曰:"由,用也。"又曰:"匪由勿語。"戔云:"由猶従也。"又曰:"無易由言。"戔云:"由,扵也。"《韓詩》:"藝麻如之何?攅由其畒。東西耕曰攅,南北耕曰由。"《論語》:"觀其所由。"何晏曰:"經由也。言察其所經従也。"《尓雅》:"由,自也。"《方言》:"由迪,正也。東斉青徐之間相正謂之由迪。"又曰:"由,輔也。燕之北鄙曰由。"郭璞曰:"由,正,所以為輔持也。"又曰:"式也。"《廣雅》:"由,行也。""由,助也。"《説文》以従由為舎字,在言部。今為由字。[①]《説文》以由[甾],東楚謂缶也,音側治反,在由[甾]部。[②]

《周禮·考工記·梓人》:"是故擊其所縣而由其虡鳴。"鄭玄注:"由,若也。"《詩經·王風·君子陽陽》:"君子陽陽,左執簧,右招我由房。"毛傳:"由,用也。"《詩經·小雅·賓之初筵》:"匪言勿言,匪由勿語。"鄭玄箋:"由,從也。"《詩經·大雅·抑》:"無易由言,無曰苟矣。"鄭玄箋:"由,於。"《詩經·齊風·南山》:"蓺麻如之何?衡從其畝。"陸德明音義:"衡,音横,注同。亦作横字,又一音如字。衡即訓爲横。《韓詩》云:'東西耕曰横。'從,足容反,注同。《韓詩》作由,云:'南北耕曰由。'"《論語·為政》:"子曰:'視其所以,觀其所由,察其所安,人焉廋哉!人焉廋哉!'"何晏集解:"由,經也,言觀其所經從。"《爾雅·釋詁上》:"由,自也。"郭璞注:"自猶從也。"《方言》卷六:"由迪,正也。東齊青徐之間相正謂之由迪。"又:"胥,由,輔也。吴越曰胥,燕之北鄙曰由。"郭璞注:"由、正皆謂輔持也。"《方言》卷十三:"由,式也。"《廣雅·釋詁一》:"由,行也。"《廣雅·釋詁二》:"由,助也。"《名義》:"由,余周反。若角也,從也,扵也,助也,经也,自也,輔也,式也,行也。"吕氏校釋:"'若角也'當作'若也,用也'。"按:此説可從。

① 《説文》無"舎"字,有"䚻"字,訓為"徒歌也"。又:"繇,隨從也。从系,䚻聲。"《名義》:"䚻,与周反。從也。"

② 《説文》:"甾,東楚名缶曰甾。象形。……𠙹,古文。"大徐本音"側詞切",與"側治反"音同。《殘卷》此處兩"由"字均當作"甾"。《名義》:"甾,側治反。又與周反。𠙹,古。囟,古。甾,今甾。""與周反"即"由"字。吕校本"甾"作"甾"。

〖㸚［爻］部第二百八十　　凡三字〗

㸚［爻］，胡交反。《周易》："䂊揮扵堅柔而主［生］㸚［爻］。""爻也者，効此者也。""効天下之動也。"《説文》："㸚［爻］，交也，象《易》六㸚［爻］交頭也。"

《周易·説卦》："發揮於剛柔而生爻。"《殘卷》作"堅柔"，蓋避諱而改字。《周易·繫辭下》："爻也者，效此者也。"又："爻也者，效天下之動者也。"《説文》："爻，交也。象《易》六爻頭交也。"《名義》："爻，胡交反。交。"

棥，扶園反。《説文》："《詩》云：營營青蠅，止扵棥。"野王案：林［棥］，藩也。今為樊字，在𠬜［𠬜］部。[①]

《説文》："棥，藩也。从爻，从林。《詩》曰：營營青蠅，止于棥。"《文選·左思〈蜀都賦〉》："樊以蒩圃，濱以鹽池。"劉逵注："樊，蕃也。《詩》曰：'營營青蠅，止于樊。'"《名義》："棥，帗園、扶袁反。蕃。"

希，虚衣反。《廣雅》："希，摩也。""希，施也。""希，止也。""希，散也。"《字書》："希，踈也。"野王案：《説文》以踈罕之希為稀字，在禾部。[②]希望為睎字，在目部。[③]以此或為絺络［綌］之絺字，音丑梨反，在糸部。[④]《尚書》𢇍或為希字。

《廣雅·釋詁三》："希，磨也。"[⑤]《廣雅·釋詁三》"施也"條下無"希"字，有"布"字，疑此為下"布"字義，布、希形近。《廣雅·釋詁三》"止也"條下無"希"字，有"驜"字。王念孫疏證："《説文》：'棥，騺不行也。'棥與驜同。"疑此為上"棥"

① 《名義》："㰪，輔園反。止也。"
② 《名義》："稀，欣衣反。踈也，少也，罕也，幾何也，踈也。"
③ 《名義》："睎，欣衣反。望也，盻也。"
④ 《名義》："絺，丑飢反。細葛。"
⑤ 《方言》卷七："希、鑠，摩也。燕齊摩鋁謂之希。"字作"摩"，與《殘卷》合。

字義羼入此處。“散也”義未詳，疑此為“布”字義，《廣雅·釋詁三》：“布，散也。”《説文》：“稀，疏也。”《名義》：“希，虚依反。踈。”

吕校本“綌”誤作“絡”。《詩經·周南·葛覃》：“是刈是濩，為絺為綌。”毛傳：“精曰絺，麤曰綌。”

吕校本“希”作“系”。

〖叕［㸚］部第二百八十一　　凡四字〗

叕［㸚］，力計反。《説文》：“二爻［爻］也。”

《説文》：“㸚，二爻也。”《名義》：“㸚，力計反。二交［爻］。”

爾，如紙反。《毛詩》：“百爾君子。”戔云：“爾，汝也。”《説文》：“麗爾，猶靡麗也，従冂、叕［㸚］，其死［孔］麗麗也，尓聲也。與爽同意。”詞之必然為尓字，在八部。①

《詩經·邶風·雄雉》：“百爾君子，不知德行。”鄭玄箋：“爾，女也。”《説文》：“爾，麗爾，猶靡麗也。从冂，从㸚，其孔㸚，尒聲。此與爽同意。”《名義》：“爾，如纸反。靡〈麗〉也，汝也。”

爽［爽］②，所兩反。《尚書》：“故有爽……上。”孔安國曰：“爽，明也。”《毛詩》：“女也不爽。”傳曰：“爽，差也。”《尓雅》忈云，郭璞曰：“謂用心差錯不専一者也。”《國語》：“實有爽德。”賈逵曰：“爽，貳也。”《楚辞》：“露雞臛鸛，厲而不爽。”王逸曰：“厲，烈也。爽，敗也。楚人名美［羹］敗曰爽。”《爾雅》：“爽，忒也。”《方言》：“爽，猛也。齐晉曰爽。”“過也。”郭璞曰：“謂差過也。”《說文》：

① 《説文·八部》：“尒，詞之必然也。从入、丨、八，八象气之分散。”《名義》：“尒，如纸反。引也。”
② 本條下“爽”字均當作“爽”。

“從大、叕［㸚］。”《廣雅》：“爽，傷也。”“爽，減也。”“爽，責也。”

《尚書·盤庚中》：“故有爽德自上，其罰汝，汝罔能迪。”孔安國傳：“湯有明德在天。”《詩經·衛風·氓》：“女也不爽，士貳其行。”毛傳：“爽，差也。”《爾雅·釋言》：“爽，差也。爽，忒也。”郭璞注：“皆謂用心差錯不專一。”《國語·周語上》：“實有爽德，協于丹朱。”韋昭注：“爽，貳也。”[①]《楚辭·招魂》：“露雞臛蠵，厲而不爽些。”王逸注：“爽，敗也。楚人名羹敗曰爽。”《殘卷》“鵤”字當為“鷴”之俗字。《康熙字典·亥集補遺》：“鷴，《篇海類編》：‘户圭切，大龜。又同蠵。’”《方言》卷二：“撊、梗、爽，猛也。晉魏之間曰撊，韓趙之間曰梗，齊晉曰爽。”又卷十三：“爽，過也。”郭璞注：“謂過差也。”《慧琳音義》卷十四《大寶積經》卷五六音義：“爽失，霜愴反。《毛詩傳》曰：‘爽，差也。’郭注《尒雅》：‘用心差錯不專一也。’賈注《國語》云：‘爽，貳也。’郭注《方言》：‘過也。’《説文》：‘從㸚，從大。’㸚音力尒反。”《説文》：“爽，明也。从㸚，从大。”《廣雅·釋詁四》：“爽，傷也。”《廣雅·釋詁二》：“爽，減也。”《廣雅·釋詁一》：“爽，責也。”《名義》：“爽，所兩反。明也，差也，忒也，傷也，咸［減］也，青［責］也。”

爽，《説文》篆文爽字也。

《説文》：“爽，篆文爽。”《名義》：“爽，篆文。”

〖車部第二百八十二　　凡一百七十五字〗

車，齒耶、舉魚二反。《尚書》：“車服以庸。”《周礼》：“服車五乘：孤乘夏篆，卿乘夏縵，大夫〈乘墨車，士乘〉棧車，庶人役車。凡良車、散車不在等者，其用無常。”鄭玄曰：“夏篆，五綵畫轂約也；夏縵，亦五綵畫，无篆；墨車，不畫也；棧車，不輓革而桼之也；役車，方葙，可載任器以供役者也。良車，若今輜［輜］

① 《文選·張衡〈東京賦〉》：“今捨純懿而論爽德。”李善注：“《國語》曰：‘實有爽德。’賈逵曰：‘爽，貳也。’”

車後户之属也。"《山海經》："奚仲生吉光，吉光始以木為車。"《世夲》："奚仲作車。"宋忠曰："夏禹時人也。黄帝時已有造車駕，此復言作之者，為車正也。"《考工記》："車以行陸，聖人之作也。"《説文》："輿輪之揔名，象形也。"《周礼》："戎僕掌馭戎車。"鄭玄曰："戎車，革車也。"又曰："凡戎車之儀。"鄭玄曰："凡戎車，衆之兵車也。《書序》曰：'武王戎車三百。'"①

《尚書·益稷》："惟帝時舉，敷納以言，明庶以功，車服以庸。"《周禮·春官·巾車》："服車五乘：孤乘夏篆，卿乘夏縵，大夫乘墨車，士乘棧車，庶人乘役車。凡良車、散車不在等者，其用無常。"鄭玄注："夏篆，五采畫轂約也；夏縵，亦五采，畫無瑑爾；墨車，不畫也；棧車，不革輓而漆之；役車，方箱，可載任器以共役。……不在等者，謂若今輜車後户之屬。"《山海經·海内經》："番禺生奚仲，奚仲生吉光，吉光是始以木為車。"郭璞注："《世本》云：'奚仲作車。'此言吉光，明其父子共創作意，是以互稱之。"日本信瑞《浄土三部經音義集》卷四："今案：《山海經》：'奚仲生吉光。吉光始以木爲車也。'《世本》云：'奚仲作車。'宋忠云：'夏禹時〈人〉也。黄帝時已有造車駕，此後［復］言作者，爲車政也。'"《周禮·考工記》："爍金以爲刃，凝土以爲器，作車以行陸，作舟以行水，此皆聖人之所作也。"《説文》："車，輿輪之總名，夏后時奚仲所造。象形。"《周禮·夏官·戎僕》："戎僕掌馭戎車。"鄭玄注："戎車，革路也。""革路"即"革車"。又："戎僕……掌凡戎車之儀。"鄭玄注："凡戎車，衆之兵車也。《書序》曰：'武王戎車三百兩。'"《名義》："車，齒耶、私奥反。"

𨏥，《説文》籒文車字也。

《説文》："車，輿輪之總名，夏后時奚仲所造。象形。……𨏥，籒文車。"《名義》："𨏥，藉［籒］車公［文車］子［字］。"

此下缺。

〈輿，与諸反。〉……为車。"鄭玄［衆］曰："攻木之工官别名也。"《史記》："乃乘輿車。"蔡雍曰："《律》云：'敢盗乘輿服御物。'天子至尊，不敢媟嬻言之，

① 以下缺。

故託扵乘輿也。天下为家，不以京師为常處，則當乘車輿以行天下，故羣臣託乘輿以言，故或謂之車駕。”《左氏傳》：“大夫臣土［士］，土［士］臣皁，皁臣輿。”野王案：弟六品人也。又曰：“聽輿人之頌。”杜預曰：“輿，衆也。”《論語》：“君在輿輿如也。”馬融曰：“威儀中適之皃也。”《漢書》：〈“與左吴等按輿地圖。”蘇林曰：“輿猶載也。”〉……[①]

《周禮·考工記·序》：“攻木之工：輪、輿、弓、廬、匠、車、梓。”[②]鄭玄注引鄭衆云：“輪、輿、弓、廬、匠、車、梓，此七者，攻木之工官別名也。”《史記·孟嘗君列傳》：“孟嘗君遷之代舍，出入乘輿車矣。”疑顧氏所據本“乘”前有“乃”字。《獨斷》卷上：“乘輿出於《律》。《律》曰：‘敢盜乘輿服御物。’謂天子所服食者也。天子至尊，不敢渫瀆言之，故託之於乘輿。乘猶載也，輿猶車也。天子以天下為家，不以京師宫室為常處，則當乘車輿以行天下，故羣臣託乘輿以言之，或謂之車駕。”[③]《左傳·昭公七年》：“故王臣公，公臣大夫，大夫臣士，士臣皁，皁臣輿，輿臣隸，隸臣僚，僚臣僕，僕臣臺。”《左傳·僖公二十八年》：“晉侯患之，聽輿人之謀。”杜預注：“輿，衆也。”[④]《論語·鄉黨》：“君在踧踖如也，與與如也。”何晏集解引馬曰：“與與，威儀中適之貌。”《慧琳音義》卷二七轉録大乘基《法花音訓》：“輿，余據、與居二反。《説文》：‘車輿也。’一曰：車無輪曰輿。今者車輿形别於古（今）。《玉篇》：‘衆也，載也，舉也，多也。’”《名義》：“輿，与諸反。衆也，載也。”

---

① 《殘卷》此下缺。據《名義》“輿”有“載”義，此處《漢書》蓋指《漢書·淮南王安傳》：“日夜與左吴等按輿地圖，部署兵所從入。”顔師古注引蘇林曰：“輿猶盡載之意。”《慧琳音義》卷八三《大唐三藏玄奘法師本傳》卷六音義：“帳輿，與諸反。蘇林曰：‘輿猶載也。’”另據《慧琳音義》引《法花音訓》，“輿”有“舉也，多也”義。《廣雅·釋詁一》：“輿，舉也。”《廣雅·釋詁三》：“輿，多也。”今《名義》不載此二義，或彼時《玉篇》已殘缺。

② 據《殘卷》，此下疑有：“輿人為車。”

③ 《史記·吕后本紀》：“滕公迺召乘輿車，載少帝出。”裴駰集解引蔡邕曰：“《律》曰：‘敢盜乘輿服御物。’天子至尊，不敢渫瀆言之，故託於乘輿也。乘猶載也，輿猶車也。天子以天下為家，不以京師宫室為常處，則當乘車輿以行天下，故羣臣託乘輿以言之也，故或謂之車駕。”

④ 孔穎達正義：“此謀字或作誦，涉下文而誤耳。其云誦者，音韻如詩賦。此稱舍於墓，直是計謀之言，不得爲誦。今定本作謀。”△按：此説恐非。《太平御覽》卷五七、卷一五九、卷二九四、卷三一四、卷四四八五引《左傳》均作“誦”。《周禮·夏官·司馬》：“政官之屬，大司馬卿一人，小司馬中大夫二人，軍司馬下大夫四人，輿司馬上士八人，行司馬中士十有六人，旅下士三十有二人，府六人，史十有六人，胥三十有二人，徒三百有二十人。”鄭玄注：“輿，衆也。”賈公彦疏：“按：《左氏傳·僖二十八年》：‘晉侯聽輿人之誦。’是輿為衆之義也。”《文選·江淹〈雜體詩三十首〉》：“敢飾輿人詠，方慙緑水薦。”李善注引《左氏傳》曰：“晉侯聽輿人之誦。”《六書故》：“晉文公聽輿人之誦，采士大夫之衆論也，故輿有衆義。”《廣雅·釋詁二》：“誦，論也。”“輿人之誦”即“衆人之論”。且“誦”與“頌”通，若本作“謀”，《殘卷》無由作“頌”。

〈輯，徐入反。《尚書》："輯寧爾邦家。"孔安国曰："輯，集也。"《尒雅》："輯，和也。"野王案：輯猶諧和也。《毛詩》"思〉輯用光"是也。《説文》："車藉輯也。"成、就之輯為集字，在隹部。[①]

《尚書·湯誥》："俾予一人，輯寧爾邦家。"孔安國傳："言天使我輯安汝國家。"[②]《慧琳音義》卷八九《高僧傳》卷五音義："允輯，下音集。《爾雅》云：'輯，猶和也。'孔注《尚書》：'亦集字也。'[③]顧野王云：'諧和也。'《説文》：'從車，咠聲。'"《詩經·大雅·公劉》："于橐于囊，思輯用光。"毛傳："思輯用光，言民相與和睦以顯於時也。"《説文》："輯，車和輯也。从車，咠聲。"《名義》："輎，徐入反。集也，和也。"按：《名義》字頭原從"胥"，為"胥"字之俗書。據其音義，此當是"輯"字。

軓，音范。《考工記》："軓前十尺，而荚［策］〈半〉之。"鄭玄曰："謂軓以前之長也。"鄭衆曰："軓謂軾〈前〉也。書或作軋。"鄭玄曰："謂軋，法也，輿下三面之材，輢式之所樹車正者也。"《説文》："式前也。《周礼》'立當前軓'是也。"

《周禮·考工記·輈人》："軌前十尺而策半之。"鄭玄注："謂輈軌以前之長也。……鄭司農云：'軌謂式前也，書或作軋。'玄謂軌是。軌，法也，謂輿下三面之材，輢式之所尌持車正也。"《十三經注疏校勘記》："閩、監本同，誤也。唐石經、余本、嘉靖本、毛本軌作軓。注、疏及下'不至軌'同，當據正。《釋文》曰：'軓前，劉音犯，注同。'"《説文》："軓，車軾前也。从車，凡聲。《周禮》曰：立當前軓。"《名義》："軓，音范也，軾也，載也。"《名義》"載也"義《殘卷》未見，疑為上"輿"字義羼入此處。

軾，舒翼反。《考工記》："輿人為車……叅分其隧，一在前，二在後，以揉其軾，

---

① 吕校本"成就"誤作"或就"。《名義》："集，似立反。合也，會也，就也，成也，心也，取也，安也，最也，同也。"

② 《尚書》"輯"字凡兩見，此其一。其二：《尚書·舜典》："輯五瑞，既月，乃日覲四嶽群牧，班瑞於群后。"孔安國傳："輯，斂。"兩例均無"集也"義。《尚書·無逸》："作其即位，爰知小人之依，能保惠于庶民，不敢侮鰥寡。"孔安國傳："在桐三年，思集用光。""思集用光"即《詩經》之"思輯用光"。

③ 《文選·何晏〈景福殿賦〉》："鳩經始之黎民，輯農功之暇豫。"李善注："孔安國《尚書傳》曰：'黎，眾也。'又：'輯，集也。'"

以其廣之半為之軾崇。"鄭玄曰:"兵車式高三尺三寸。"《說文》:"車前也。"《儀礼》:"君軾之。"鄭玄曰:"古者立乘,式謂小俛礼主人也。《曲礼》'式視馬尾'是也。"野王案:乘車遇所恭敬則式。《礼記》"君子式黄髮""式路馬""入里必式"是也。《廣雅》:"軼謂之式也。"

《周禮·考工記·輿人》:"輿人為車……参分其隧,一在前,二在後,以揉其式,以其廣之半爲之式崇。"鄭玄注:"兵車之式高三尺三寸。"吕校本"揉"誤作"操","式"誤作"或"。《説文》:"軾,車前也。从車,式聲。"《儀禮·士喪禮》:"君出門廟中哭,主人不哭,辟君式之。"鄭玄注:"古者立乘,式謂小俛以禮主人也。《曲禮》曰:'立視五巂,式視馬尾。'"《淮南子·脩務》:"段干木辭録而處家,魏文侯過其閭而軾之。"高誘注:"軾,伏軾敬有德。"《漢書·李廣傳》:"《司馬法》曰:'登車不式,遭喪不服。'"顔師古注引服虔曰:"式,撫車之式以禮敬人也。式者,車前横木也。字或作軾。"《禮記·曲禮》:"故君子式黄髮,下卿位,入國不馳,入里必式。"又:"國君下齊牛,式宗廟;大夫士下公門,式路馬。"吕校本誤作"君子式,黄髮式,路馬入里必式"。《廣雅·釋器》:"軼謂之軾。"王念孫疏證:"《説文》:'絥,車絥也。'或作茯、鞴。《釋名》云:'軼,伏也,在前人所伏也。'《急就篇》云:'鞇軼靯鞲鞍鑣鍚。'《史記·酷吏傳》:'同車未嘗敢均茵伏。'徐廣音義云:'伏,軾也。'竝字異而義同。"據《殘卷》,字亦作"軼"。《名義》:"軾,詩弋、舒翼二反。軼。"吕氏校釋:"《殘卷》無'詩弋反'注音。"按:"詩弋""舒翼"二反音同,均屬書母職韻。

輅,何挌反。《史記》:"婁敬脫輓輅。"蘓林曰:"一木擴磨[遮]車前,人推之也。"《說文》:"車軡前擴林[木]也。"棫持令不得動之輅為𣞺[栁]字,在木部。①

《漢書·婁敬傳》:"婁敬,齊人也。漢五年,戍隴西,過雒陽,高帝在焉。敬脱輓輅。"顔師古注引蘇林曰:"輅音凍洛之洛。一木横遮車前,二人挽之,一人推之。"又引孟康曰:"輅音胡格反。"《説文》:"輅,車軡前横木也。从車,各聲。"《名義》:"輅,何格反。車前横木。"

① 吕校本作"椰",恐非。《名義》:"栁,何格反。角械[械]也。"

較［較］，古學反。《毛詩》：“掎［猗］重較兮。”傳曰：“重較［較］，卿士之車也。”《考工記》：“輿人為車……以其隧之半為之較崇。”鄭玄曰：“較［較］，兩輢上出式者也。兵車自較［較］而下凡五尺五寸。”《說文》：“車倚［輢］上曲銅［鉤］也。”《尔雅》：“較［較］，直也。”《尚書大傳》：“故先較［較］其志，見其事。”鄭玄曰：“較［較］猶見也。”《太玄經》：“君子小人之道較［較］然見矣。”野王案：《廣雅》：“較［較］，明也。”《漢書》“較［較］然易知”是也。《漢書》又曰：“較［較］若書［畫］一。”或音俱項反。[①]

《詩經·衛風·淇奧》：“寬兮綽兮，倚重較兮。”毛傳：“重較，卿士之車。”《周禮·考工記·輿人》：“輿人爲車……以其隧之半爲之較崇。”鄭玄注：“較，兩輢上出式者。兵車自較而下凡五尺五寸。故書較作榷。杜子春云：‘當爲較。’”陸德明音義：“較，古學反。”《説文》：“較，車騎上曲銅也。从車，爻聲。”段注本作“車輢上曲鉤也”。《爾雅·釋詁下》：“較，直也。”《太玄·太玄攡》：“情僞相盪，而君子小人之道較然見矣。”[②]《廣雅·釋詁四》：“較，明也。”《漢書·刑法志》：“其與中二千石、二千石、博士及明習律令者議減死刑及可蠲除約省者，令較然易知，條奏。”《漢書·曹参傳》：“参為相國三年，薨，謚曰懿侯。百姓歌之曰：‘蕭何為法，講若畫一。’”顔師古注引文穎曰：“講，或作較。”《慧琳音義》卷十《新譯仁王經序》音義：“較然，上音角。《考聲》：‘較，略也。’《廣雅》：‘明也。’《爾雅》：‘冝［直］也。’《尚書大傳》：‘較其志，見其事。’《太玄經》云：‘君子小人之道，較然見矣。’《漢書》亦云：‘較然易知也。’或作校，亦同。”《名義》：“較［較］，古學反。見也，明也。”

較，《字書》忽較［較］字也。

《名義》：“較［較］，古學反。見也，明也。較，同上。”

---

① △“俱項反”反切下字當有誤，疑當作“俱淖反”。《玉燭寶典》卷五引崔寔《四民月令》：“淋雨將降，儲米穀薪炭以備道路陷淖不通。”注：“今案：《春秋·成十六年傳》：‘晋楚過於鄢陵，有淖於前。’服虔注云：‘淖，下澤洿泥也。音從［徒］較反，又巧［乃］孝反。’”按：《左傳·成公十六年》：“有淖於前，乃皆左右相違於淖。”陸德明音義：“淖，乃孝反，徐徒較反。”是“淖”“較”韻同，且“項”“淖”形近。

② 《永樂大典》卷四九三二引《太玄經》：“情僞相盪，而君子小人之道較然見矣。”又引鄭注云：“較，音角。謂其著見如車較也。”

轛，都憒、中嵗二反。《考工記》："𠫭分軹圍，去一以為轛圍。"鄭玄曰："兵車之轛圍，二寸八分八十一分寸十四。[①] 轛，式之植有［者］衡者也。以其向人為名也。"鄭衆曰："謂車輿軨立者也。立者為轛，擴者為軹。"《說文》："擴笭也。"或為樹［𣟨］字，在木部。[②]

《周禮·考工記·輿人》："參分軹圍，去一以爲轛圍。"鄭玄注："兵車之轛圍，二寸八十一分寸之十四。轛，式之植者衡者也。鄭司農云：'轛讀如繫綴之綴，謂車輿軨立者也。立者爲轛，横者爲軹。書轛或作軨。'玄謂轛者，以其鄉人爲名。"陸德明音義："轛，音對，又張歲反，李一音都回反。……鄉，許亮反。"《説文》："轛，車横軨也。从車，對聲。《周禮》曰：參分軹圍，去一以爲轛圍。"《名義》："轛，都憒反。横。"吕氏校釋："《殘卷》引《説文》作'横笭也'。《名義》脱'笭'。"

輢，扵蟻反。《論語》："在輿則見輢扵衡也。"《說文》："車旁也。"

《論語·衛靈公》："立則見其參於前也，在輿則見其倚於衡也，夫然後行。"何晏集解引包曰："衡，軛也。言思念忠信，立則常想見參然在目前，在輿則若倚車軛。"《史記·仲尼弟子列傳》："立則見其參於前也，在輿則見其倚於衡，夫然後行。"裴駰集解引包氏曰："衡，軛也。言思念忠信，立則常想見參然在前，在輿則若倚於車軛。"疑《殘卷》有誤。《説文》："輢，車㫄也。从車，奇聲。"《名義》："輢，扵绮反。車旁。"

輒，竹獵反。《說文》："車兩輢也。従則［耴］聲也。"《漢書》："上書言便宜，輒（白）問状。"野王案：輒猶專輒也。又曰"每有水旱，輒自素食"是也。

《説文》："輒，車兩輢也。从車，耴聲。"吕校本"從"下補"車"字。按：不必補"車"字。"軫"字條下有"従㐱聲也"，"軌"字條下有"従九聲也"，"船"字條下有"従鉛省聲也"，"彤"字條下有"従彡聲也"，"�"字條下有"従則［刖］聲也"，均其例。《漢書·蕭望之傳》：

① 今本《周禮》作"二寸八十一分寸之十四"。
② 《名義》："𣟨，都憒反。車葙，切也。"

“時上初即位，思進賢良，多上書言便宜，輒下望之問狀。”《漢書・王莽傳上》：“每有水旱，莽輒素食。”《慧琳音義》卷七五《修行道地經》卷一音義：“輒正，陟葉反。《漢書》云：‘輒，專也。’《説文》：‘從車，耴聲。’”《名義》：“輙，竹葉反。專也。”

輴，勑倫反。《説文》：“車約輴也。《周礼》‘孤乘夏輴’是也。一曰：棺車也。”野王案：《周礼》或為瑑字，音治轉反，在玉部。[①]

《説文》：“輴，車約輴也。从車，川聲。《周禮》曰：孤乘夏輴。一曰：下棺車曰輴。”《周禮・春官・巾車》：“服車五乘：孤乘夏篆，卿乘夏縵，大夫乘墨車，士乘棧車，庶人乘役車。”鄭玄注：“故書夏篆爲夏緣。鄭司農云：‘夏，赤也。緣，緣色。或曰夏篆。篆讀爲圭瑑之瑑。夏篆，轂有約也。’”陸德明音義：“篆，音瑑，直轉反。”《名義》：“輴，勑倫反。棺車。”

輴，《礼記》：“天子之殯也，菆塗龍輴而椁幬，諸侯輴而設纛［幬］。”鄭玄曰：“龍輴，畫轅［轅］以龍也。”《字書》亦輴字也（者）。

《禮記・檀弓》：“顔柳曰：天子龍輴而椁幬，諸侯輴而設幬。”鄭玄注：“輴，殯車也，畫轅為龍。幬，覆也，殯以椁覆棺而塗之，所謂菆塗龍輴以椁。”《名義》：“輴，勑倫反。棺車。輴，同上。天子殯。”《名義》“天子殯”為引證。

轖，所力反。《説文》：“車藉交革也。”或為𩏭字，在革部。[②]

《説文》：“轖，車籍交錯也。从車，嗇聲。”段注本作“車箱交革也”。《名義》：“轖，所力反。車藉交革。”

---

① 《名義》：“瑑，治轉反。轂约也。”
② 《名義》：“𩏭，所力反。車藉交革。”

輑，牛隕反。《方言》：“輑謂之軸。”《說文》：“軺車従撗也。讀若君。一曰名若禈。”

《方言》卷九：“輑謂之軸。”郭璞注：“輑，牛忿反。”《説文》：“輑，軺車前横木也。从車，君聲。讀若帬。又讀若褌。”《名義》：“輑，牛損反。軸。”

軨，力迸反。《左氏傳》：“載以窓軨。”杜預曰：“窓軨，輜車也。”《楚辞》：“倚結軨兮太息。”王逸曰：“伏車重較［軨］而啼也。”《礼記》：“已駕僕展軨。”鄭玄曰：“展軨，倶親［視］也。”《尚書大傳》：“未命為士，車不得有飛軨。”野王案：薛綜注《東京賦》：“以緹[illegible]［紬］廣八寸，長注地，畫左倉龍右白虙，繫軸。二千石⺈然，但无畫耳。”《大玄經》：“車軨馬駢以周天下。”宋忠曰：“銅［鎋］繫曰軨，尾結曰駢。”《說文》：“車轖間撗木也。”《漢書》：“太僕以軨獵車奉迎曽孫。”文頴曰：“如小車前有曲輿不衣也，近世謂之軨獵。”盖［孟］康曰：“今三載獵車，前有曲軨，特高大，獵時立其中，挌射禽獸，或曰獵車。”

《左傳・定公九年》：“載葱靈，寢於其中而逃。”杜預注：“葱靈，輜車名。”陸德明音義：“葱，初江反，或音忽。”《十三經注疏校勘記》：“毛本葱作蔥，注及下同。惠棟云：‘《尚書大傳》云：未命爲士，不得有飛軨。鄭康成注云：如今窻車也。軨與靈古字通。’”“葱靈”即“窻軨”，陸德明音“初江反”，即爲為“窻”字。《楚辭・九辯》：“倚結軨兮長太息，涕潺湲兮下霑軾。”王逸注：“伏車重軾而號泣也。”《文選・宋玉〈九辯〉》王逸注作“伏車重軨而涕泣也”。《禮記・曲禮》：“已駕僕，展軨。”鄭玄注：“展軨，具視。”陸德明音義：“軨，歷丁反，一音領。盧云：車轄頭靼也。舊云：車闌也。”《文選・楊雄〈劇秦美新論〉》：“式軨軒，旂旗以示之。”李善注：“《尚書大傳》曰：‘未命為士，車不得有飛軨。’鄭玄曰：‘如今窻車也。’”《文選・張衡〈東京賦〉》：“重輪貳轄，疏轂飛軨。”薛綜注：“飛軨，以緹紬廣八尺，長拄地，畫左青龍右白虎，繫軸頭，取兩邊飾。”蔡邕《獨斷》卷下：“重轂者，轂外復有一轂，施舝其外，乃復設舝，施銅金錽，形如緹亞。飛鈴，以緹油廣八寸，長注地，左畫蒼龍，右白虎，繫軸頭。今二千石亦然，但無畫耳。”《太玄・文》：“車軨馬駢，可以周天下，故利其爲主也。”晉范望注：“軨，轄繫也。駢，尾結也。”《殘卷》“銅繫”似當作“鎋繫”。《説文》：“軨，車轖閒横木。从車，令聲。”《漢書・宣帝紀》：“太僕以軨獵車奉迎曾孫。”顔師古注引文穎曰：“軨獵，小車，前有曲輿不衣也，近世謂之軨獵車也。”又引孟康曰：“今之載獵車也。前有曲軨，特高大，獵時立其中，格射禽獸。"《名義》："軨，力逴反。門横木。轜，同上。"

轜，《說文》："司馬相如說：軨字如此。"

《説文》："軨，車轖閒横木。从車，令聲。轜，軨或从需。司馬相如説。"

軫，之忍反。《考工記》："車軨［軫］四尺。"鄭玄曰："軨［軫］，輿後擴木也。"《說文》："従匆［㐱］聲也。"《楚辞》："中結軫而增傷。"王逸曰："紆，囬［曲］也。軫，隐也。心中隐軫而病也。"又曰："出國門而軫懷。"王逸曰："軫，痛也。"《孟子》："軫兄之臂。"劉熙："軫，戾也。"《方言》夂云，郭璞曰："謂相了戾也。江東呼為善。"《淮南》："激軫之音。"許尗重曰：‘"軫，轉也。"《大玄經》："軫轉其道。"宋忠曰："軫，展也。"

《周禮·考工記序》："車軫四尺，謂之一等。"鄭玄注："軫，輿後横木。"《説文》："軫，車後横木也。从車，㐱聲。"《楚辭·九辯》："重無怨而生離兮，中結軫而增傷。"王逸注："肝胆破裂心剖牖也。"《殘卷》注語蓋誤植。《楚辭·九章·惜誦》："心鬱結而紆軫。"王逸注："紆，曲也。軫，隱也。言不忍變心，矯行則憂思鬱結，胷背分裂，心中交引而隱痛也。"《楚辭·九章·哀郢》："出國門而軫懷兮，甲之鼂吾以行。"王逸注："軫，痛也。"《孟子·告子下》："紾兄之臂而奪之食，則得食；不紾，則不得食，則將紾之乎？"趙岐注："紾，戾也。"《方言》卷三："軫，戾也。"郭璞注："相了戾也，江東音善。"《淮南子·原道》："目觀《掉羽》《武象》之樂，耳聽滔朗奇麗激抮之音。"高誘注："激，揚。抮，轉。皆曲名也。"《慧琳音義》卷八十《開元釋教録》卷八音義："輟軫，下真忍反。許叔重曰：‘軫猶重也。’鄭玄注《考功記》云：‘軫者，輿後横木也。’《太玄經》云：‘軫轉其道也。’宋忠曰：‘猶展也。’"《名義》："軫，之忍反。輿後横木也，轉也。"

轐，蒲蔦反。《考工記》："六尺有六寸之輪，軹崇三尺有三寸，加軫與轐焉，四尺也。"鄭衆曰："謂車伏菟也。"

《周禮·考工記序》："六尺有六寸之輪，軹崇三尺有三寸也，加軫與轐焉，四尺也。"鄭玄注引鄭衆云："轐讀爲旃僕之僕，謂伏兔也。"《説文》："轐，車伏兔也。从車，菐聲。《周禮》曰：加軫與轐焉。"《名義》："轐，菩蔦反。車伏莵。"

轗，無盡反。《説文》："車伏莵下革也。後［従］㥳。㥳，古湣字也。"

《説文》："轗，車伏兔下革也。从車，㥳聲。㥳，古昏字。讀若閔。"《殘卷》"古湣字"似當作"古昏字"，吕校本作"古婚字"。《古文四聲韻》載《古老子》"昬"作"𢙺""𢙺"，當即"㥳"字。《名義》："轗，无盡反。車伏兔下革。"

軸，除陸反。《考工記》："輈人為軸，軸有三理：一者為美，二者為久，三者為利。"鄭玄曰："為美，无莭目也；為久，堅忍也；為利，滑密也。"《説文》："持輪也。"《儀礼》："柩遷于祖，用軸。"鄭玄曰："軸，輁軸也。軸状如轉轔，刻兩頭為軹。輁状如長床，穿桯前後，著金而關軸焉。"《毛詩》："碩人之軸。"傳曰："軸，進也。"戔云："軸，病也。"《方言》："杼，軸，作也。東斉木作謂之軸。"野王案：《毛詩》："杼軸其空。"此謂織機卷綃之軸。

《周禮·考工記·輈人》："輈人爲輈，……軸有三理：一者以爲媺也，二者以爲久也，三者以爲利也。"三者鄭玄分別注："無節目也""堅刃也""滑密"。《説文》："軸，持輪也。从車，由聲。"《儀禮·既夕禮》："遷于祖，用軸。"鄭玄注："軸，輁軸也。軸狀如轉轔，刻兩頭為軹。輁狀如長牀，穿程［桯］前後，著金而關軹焉。"《詩經·衛風·考槃》："考槃在陸，碩人之軸。"毛傳："軸，進也。"鄭玄箋："軸，病也。"《方言》卷六："杼、柚，作也。東齊土作謂之杼，木作謂之柚。"《詩經·小雅·大東》："小東大東，杼柚其空。"陸德明音義："柚，音逐，本又作軸。"《名義》："軸，除六反。進也，病也。"

輹，甫鞠反。《説文》："車軸縛也。《易》曰'車挩輹'是也。"《廣雅》："輹，束也。"

《周易·大畜》："象曰：輿説輹。"陸德明音義："輿，音餘，下同。本或作轝，音同。説，吐活反，注及下同。馬云：'解也。'輹，音服，又音福。蜀才本同，或作輻。一云：車旁作复，音服，車下縛也；作畐者，音福，老子所云'三十輻共一轂'是也。《釋名》云：'輹似人屐。'又曰：'伏菟上［在］軸上似之。'又曰：'輹，伏於軸上。'"《説文》："輹，車軸縛也。从車，复聲。《易》曰：輿脱輹。""挩""説""脱"音義同。《名義》："輹，甫菊反。車缚。"

䡊，瞿營反。《説文》：'車輮規也。一曰：一輪車也。'"

《説文》："䡊，車輮規也。一曰：一輪車。从車，熒省聲。讀若煢。"《名義》："䡊，瞿營反。輪。"

輮，如酉反。《考工記》："車人为……行泥者反輮，行澤者仄輮。"鄭衆曰："反輮謂輪輮反其木裏，耎者在外。澤地多泥，柔也。"野王案：《説文》："即車[illegible]［輞］也。"所謂牙者是（次）也。《埤蒼》："輮，轅也。"曲直木為煣字，在火部。[①] 或為杼［楺］字，在木部。[②]

《周禮·考工記·車人》："車人爲車……行澤者反輮，行山者仄輮。反輮則易，仄輮則完。"鄭玄注引鄭衆云："反輮謂輪輮反其木裏，耎者在外。澤地多泥，柔也。"《説文》："輮，車軔也。从車，柔聲。"[③] 疑《殘卷》當作"所謂牙者是也"，"次"字衍。《周禮·考工記·輪人》："牙也者，以爲固抱也。"鄭玄注引鄭衆云："牙讀如'跛者訝跛者'之訝，謂輪輮也，世間或謂之罔，書或作輮。"《廣雅·釋器》："轅，輮，䡈，輞也。"《名義》："輮，如酉反。輞。"

輪，力均反。《考工記》："視其輪，欲其慎［幎］尓而下地［迤］。"鄭玄曰：

---

① 《名義》："煣，而九反。屈申木。"
② 《名義》："楺，如酉反。楺木為耜也。"
③ 徐鍇《説文解字繫傳》"軔"作"輞"。△按：《殘卷》"輞"作"[illegible]"，與"軔"形近，當以作"輞"為是。《釋名·釋車》："輞，罔也，罔羅周輪之外也。關西曰輮，言曲輮也。"《廣雅·釋器》："輮，輞也。""輞"同"輞"。

“謂牙也。”野王案：牙，車𨊻［輞］也。又曰：“兵車之輪六尺有六寸，田車之輪六尺有三寸，乘車之輪六尺有六寸。”野王案：即車之脚也。所用轉以進者也。《説文》：“有輻曰輪，无輻曰輇。”《周礼》：“大司徒掌……九州之地域廣輪之數。”鄭玄曰：“輪，從也。廣，擴也。”[①]《考工記》：“攻木之工，輪人为輪。”鄭玄曰：“忩攻木之官別名也。《孟子》‘梓匠輪輿’是也。”《礼記》：“晉獻文子成室，張老曰：‘美哉輪乎，美哉奐乎。’”鄭玄曰：“輪言輪囷，高大。”

《周禮·考工記·輪人》：“望而眡其輪，欲其幎爾而下迆也。”鄭玄注：“輪謂牙也。”賈公彦疏：“云幎爾者，幎，均致貌。爾，助句辭。云下迆者，謂輻轂上轂下兩兩相當，正直不旁迆，故云下迆也。”《殘卷》“幎”誤作“慎”，“迆”誤作“地”。“牙，車輞也”参上“輮”字條。《周禮·考工記序》：“故兵車之輪六尺有六寸，田車之輪六尺有三寸，乘車之輪六尺有六寸。”《説文》：“輪，有輻曰輪，無輻曰輇。从車，侖聲。”《周禮·地官·大司徒》：“大司徒之職，掌建邦之土地之圖，與其人民之數，以佐王安擾邦國。以天下土地之圖，周知九州之地域廣輪之數，辨其山林川澤丘陵墳衍原隰之名物。”鄭玄注：“輪，從也。”《周禮·冬官·考工記》：“攻木之工：輪、輿、弓、廬、匠、車、梓。”鄭玄注引鄭衆云：“輪、輿、弓、廬、匠、車、梓，此七者攻木之工官別名也。《孟子》曰：‘梓匠輪輿。’”《禮記·檀弓》：“晉獻文子成室，晉大夫發焉。張老曰：‘美哉，輪焉！美哉，奐焉！’”鄭玄注：“輪，輪囷，言高大。”吕校本“獻文子”誤作“獻文之”。《名義》：“輪，力均反。輞。”

轂，公木反。《考工記》：‘輪人为輪，斬三材必以其時。……轂也者，以……”

《周禮·考工記·輪人》：“輪人爲輪，斬三材必以其時。三材既具，巧者和之。轂也者，以爲利轉也；輻也者，以爲直指也；牙也者，以爲固抱也。”《慧琳音義》卷八《大般若波羅蜜多經》卷五八〇音義：“轂輞軸，上公酷反。《玉篇》云：‘輻之所湊曰轂。’”

① 《玄應音義》卷二《大般涅槃經》卷一音義：“縱廣，足容反。《小尒疋》云：‘縱，長也。廣，横也。’”《慧琳音義》卷九《摩訶般若波羅蜜經》卷三九音義：“從廣，又作摐［縱］，同，足容反。《小爾雅》云：‘衮，從，長也。廣，擴也。’《詩》云：‘擴從其畝。’《韓詩傳》曰‘南北曰從，東西曰横’是也。《周礼》：‘九州之地域廣輪之數。’鄭玄曰：‘輪，從也。廣，之［亦］擴也。’”

《説文》："轂，輻所湊也。从車，𣪊聲。"《名義》："轂，公木反。車也。"①

〈軥，渠俱、公豆二反。〉……軥汏輈'是也。野王案：𡙇［牽］引也。《周易》'鈎［鉤］深致遠'为'鈎［鉤］'字，在句部。②

《左傳·昭公二十六年》："繇朐汏輈，匕入者三寸。"杜預注："朐，車軛；輈，車轅。"陸德明音義："朐，其俱反，本又作軥，同。"《名義》："軥，渠俱、公豆反。小牛，車，引也。"吕氏校釋本作"小牛車引也"，誤。

依《殘卷》體例及相關內容，本條擬作：

軥，渠俱、公豆二反。《史記》："乘不過軥牛。"《漢書音義》曰："小牛。"③《廣雅》："軥，車也。""軥，引也。"④《説文》："軥，軶下曲者。"野王案：《左氏傳》"由軥汏輈"⑤是也。野王案：𡙇［牽］引也。《周易》'鈎［鉤］深致遠'為'鈎［鉤］'字，在句部。

軜，奴荅反。《毛詩》："鋈以觼軜。"傳曰："驂［驂］內轡也。"箋云：……

《説文》："軜，驂馬內轡繫軾前者。从車，內聲。《詩》曰：渓以觼軜。"《詩經·秦風·小戎》："龍盾之合，鋈以觼軜。"毛傳："軜，驂內轡也。"鄭玄箋："鋈以觼軜，軜之觼，以白金為飾也，軜繫於軾前。"陸德明音義："軜，音納，內也，驂馬內轡也。"《名義》："軜，奴谷［荅］反。驂馬轡。"《名義》似脱"內"字。

轉，……於溝壑。"賈逵曰："轉，尸也。"《説文》："轉，運也。"野王案：

---

① 《漢書·食貨志下》："縣官大空，而富商賈或滯財役貧，轉轂百數。"顔師古注引李奇曰："轂，車也。"《史記·平準書》裴駰集解引李奇注同。

② 《周易·繫辭上》："探賾索隱，鉤深致遠，以定天下之吉凶。"《名義》："鉤，古侯反。帶也，猪［抽］也。引也，曲。"

③ 《史記·游俠列傳·朱家》："家無餘財，衣不完采，食不重味，乘不過軥牛。"裴駰集解引《漢書音義》曰："小牛。"《漢書·游俠傳·朱家》："家亡餘財，衣不兼采，食不重味，乘不過軥牛。"顔師古注："軥，重挽也，音工豆反。"又引晉灼曰："軥，軥梶也。軥牛，小牛也。""重挽也"與野王案語"牽引也"義同。《殘卷》原文引《史記》，注引《漢書音義》有其例，参"軋"字條。

④ 《廣雅·釋器》："軥，車也。"《廣雅·釋詁一》："軥，引也。"

⑤ 今本《左傳》作"繇朐汏輈"，《殘卷·水部》"汏"字下引《左氏傳》作"由軥汏輈"。

軍[運]轉迴旋也。《毛詩》“展轉反側”、《楚辞》“光風轉蒠[蕙]”是也。《廣雅》:“行也。”《方言》:“吴楚之間或謂簙為婉轉。”野王案:六基[棊],簙之別名也。

“於溝壑”前《殘卷》缺。《國語·吴語》:“子之父母將轉於溝壑。”韋昭注:“轉,入也。”賈逵注“尸也”,“尸”為陳義,“轉於溝壑”猶“陳於溝壑”,與韋昭注“入於溝壑”實同。《説文》:“轉,運也。从車,専聲。”《詩經·周南·關雎》:“悠哉悠哉,輾轉反側。”陸德明音義:“輾,本亦作展,哲善反,吕忱從車展。鄭云:‘不周曰輾。’”《楚辭·招魂》:“光風轉蕙,氾崇蘭些。”《廣雅·釋詁一》:“轉,行也。”《方言》卷五:“簙謂之蔽,或謂之箘。秦晉之間謂之簙。吴楚之間或謂之蔽,或謂之箭裏,或謂之簙毒,或謂之夗專。”郭璞注:“夗,於辯反;專音轉。”《後漢書·梁冀傳》:“性嗜酒,能挽滿、彈棊、格五、六博、蹴鞠、意錢之戲,又好臂鷹走狗,騁馬鬬雞。”李賢注:“《楚詞》曰:‘琨蔽象棊有六博。’王逸注云:‘投六著,行六棊,故云六博。’”《名義》:“轉,知篆反。遷移也。”《左傳·昭公十九年》:“今宫室無量,民人日駭,勞罷死轉,忘寢與食,非撫之也。”杜預注:“轉,遷徙也。”《詩經·小雅·祈父》:“胡轉予于恤?靡所止居。”鄭玄箋:“轉,移也。”

軔,如振反。《楚辞》:“朝洜軔扵蒼梧。”王逸曰:“枝輪木也。”《説文》:“擬[礙]車也。”《聲類》或为杒字,在木部。①

《楚辭·離騷》:“朝發軔於蒼梧兮,夕余至乎縣圃。”王逸注:“軔,搘[榰]輪木也。”按:《玄應音義》卷十六《善見律》卷九音義:“石榰,今作支,同,之移反。《尒雅》:‘榰,柱也。’《説文》:‘柱下也。’”《慧琳音義》卷五九《四分律》卷十九音義:“支肩,今作榰,同,音枝。支猶篙也。”《殘卷》“枝輪木”似當作“支輪木”。《名義》:“杒,如振反。支輪木也。軔字。”《説文》:“軔,礙車也。从車,刃聲。”“礙”“擬”音義同。《名義》:“軔,如振反。枝輪木。”

輸,始珠反。《尚書》:“獄成而孚,輸而孚。”孔安國曰:“断獄而信,當輸汝信扵王也。”野王案:《左氏傳》“輸粟于晉”是也。《左氏傳》又曰:“輸

① 《名義》:“杒,如振反。支輪木也,輌[軔]字。”

積聚以貨[貸]。"杜預曰："輸，盡也。"《穀梁傳》："輸者墮也。"野王案：《毛詩》"載輸尔載"是也。《方言》："㧰輸，旋也。燕斉之間凡作物樹藝而早成熟謂之㧰輸，秦晉謂之旋。"《説文》："委輸也。"《廣雅》："輸，寫也。""儒輸，愚也。""輸，㝡也。""輸，更也。"

《尚書·吕刑》："獄成而孚，輸而孚。"孔安國傳："斷獄成辭而信，當輸汝信於王，謂上其鞫劾文辭。"《左傳·僖公十三年》："秦於是乎輸粟于晉。"《左傳·襄公九年》："魏絳請施舍，輸積聚以貸。"杜預注："輸，盡也。"《穀梁傳·隱公六年》："春，鄭人來輸平。輸者，墮也。"《詩經·小雅·正月》："載輸爾載，將伯助予。"鄭玄箋："輸，墮也。"《方言》卷六："㧰揄，旋也。秦晉凡物樹稼早成熟謂之旋，燕齊之間謂之㧰揄。"《説文通訓定聲·需部》："揄，叚借……又為輸。"《説文》："輸，委輸也。从車，俞聲。"《廣雅·釋言》："輸，寫也。"《廣雅·釋詁一》："儒輸，愚也。"《廣雅·釋詁三》："輸，聚也。"又："輸，更也。"《名義》："輸，如[始]珠反。聚積也，盡也，随，最，更也。"吕氏校釋："《名義》'随'當作'墮'。"按："随(隨)"与"墮"通。

輖，之由反。《儀礼》："志〈矢〉一乘，軒輖中。"鄭玄曰："志猶擬也，習射之矢也。輖，蟄也。"《説文》："輖，重也。"《廣雅》："輖，佢也。"

《儀禮·既夕禮》："志矢一乘，軒輖中亦短衛。"鄭玄注："志猶擬也，習射之矢。《書》云：'若射之有志。'輖，摯也。"陸德明音義："輖，音周。《字林》云：'重也。一曰蟄也。'又音弔。"《説文》："輖，重也。从車，周聲。"《廣雅·釋詁四》："輖，低也。"《名義》："輖，之由反。重也。"

輩，博概反。《史記》：'遣使十輩。'野王案：輩猶部也。《太玄經》：'位各珠[殊]輩。'宋忠曰：'輩，類也。'《説文》：'軍蒰車百乘為一輩。'《蒼頡萹》：'比也。'"

《史記·韓長孺列傳》："及殺故吴相袁盎，景帝遂聞詭、勝等計畫，乃遣使捕詭、勝，必得。漢使十輩至梁，相以下舉國大索，月餘不得。"《玄應音義》卷六《妙法蓮花經》卷一音義："此輩，補妹反。《蒼頡篇》：'輩，比也。'《廣雅》：'等、黈、輩、亦類也。'"《慧琳音義》卷四三《金剛恐怖觀自在菩薩最勝明王經》音義："流輩，杯槼反。顧野王云：'輩猶部也。'宋忠注《太玄經》云：'類也。'《蒼頡篇》：'比也。'《説文》作輩，從車，非聲。"《太玄・玄攡》："位各殊輩，回行九區，終始連屬，上下無隅。"范望注："輩，類也。"吕校本誤作"伍各珠輩"。《説文》："輩，若軍發車，百兩爲一輩。从車，非聲。"《名義》："輩，懷［博］概反。部也，類也。"

軋，烏黠反。《轂［穀］梁傳》："取郝田自漷水。軋辞也。"劉兆曰："委曲。随漷水，為侵郝田多也。"《楚辞》："軋洋洋之无従。"王逸曰："言已欲軋勿已心，方湯［陽］立功，其道无従也。"《服鳥賦》："坱軋无垠。"應劭曰："其氣坱軋，非有垠斉也。"《史記》："匈奴法：有罪小者軋。"《漢書音義》曰："刃剋其面也。"《方言》："楚或謂吃為坱軋。"郭璞曰："坱軋，不利也。"《漢書》："而共軋己。"《音義》曰："軋，踐蹂也。"《説文》："軋，輾也。"

《穀梁傳・襄公十九年》："取郝田，自漷水。軋辭也。"范甯集解："軋，委曲。隨漷水，言取郝田之多。"《殘卷》"侵"似為"侵"字。《殘卷》"軼"字條下"侵"作"侵"，與此形近。《漢語大詞典》"侵"字收"侵占；奪取"義。首例即為《左傳・桓公二年》"哀侯侵陘庭之田"，"侵陘庭之田"與"侵郝田"結構正同。《楚辭・九章・悲回風》："軋洋洋之無從兮，馳委移之焉止。"王逸注："言欲軋沕已心，仿佯立功，則其道無從至也。"《殘卷》"方湯"似當作"方陽"，同"仿佯""彷徉"。《殘卷》"垠齊"似當作"限齊"。《史記・賈生列傳》："大專槃物兮，坱軋無垠。"裴駰集解引應劭曰："其氣坱軋，非有限齊也。"《文選・賈誼〈鵩鳥賦〉》："大鈞播物兮，坱圠無垠。"李善注引應劭曰："其氣坱圠，非有限齊也。"《史記・匈奴列傳》："計其法，拔刃尺者死，坐盜者沒入其家，有罪小者軋。"裴駰集解引《漢書音義》曰："刃刻其面。"司馬貞索隱："軋音烏八反。鄧展云：'軋，歷也。'如淳云：'檛杖也。'《三蒼》云：'軋，輾也。'《説文》云：'輾轢也。'"張守節正義："顏師古云：'軋者，謂輾轢其骨節，若今之厭踝者也。'"《方言》卷十："讗極，吃也，楚語也。或謂之軋。"郭璞注："鞅軋，氣不利也。烏八反。"《漢書・刑法志》："故雖地廣兵彊，鰓鰓常恐天下之一合而共軋已也。"顏師古注引張晏曰："軋，踐轢也。"《説文》："軋，輾也。从車，乙聲。"《名義》："軋，烏黠反。輾［輾］也，踐也。"

輭，柔兖反。《説文》："輭，轢也。"野王案：今忽以为柔㞝之㞝。《漢書》"軟𢏊[弱]不勝任"为此字，㞝在尸部。[①] 或为耎字，在大部。[②] 或为𩰲[甏]字，在𩰲[甏]部。[③] 或为偄字，在人部。[④]

《説文》："輭，轢也。从車，㞝聲。"《漢書·王尊傳》："尊子伯亦為京兆尹，坐耎弱不勝任免。"《名義》："輭，柔兖反。轢。"

轢，力的反。《蒼頡篇》："轢，輭也。"《説文》："車所踐也。"野王案：《吕氏春秋》："陵轢諸侯"、《上林賦》"徒車之所轔轢"是也。"

《説文》："轢，車所踐也。从車，樂聲。"《慧琳音義》卷八一《大唐西域求法高僧傳》卷下音義："轥轢，上力震反，下零的反。《上林賦》云：'徒車之所轔轢。'《蒼頡篇》：'轢，輭也。'《説文》：'車所踐也。'"又卷九三《續高僧傳》卷十三音義："蹸轢，下零的反。《蒼頡篇》云：'轢，輭也。'《吕氏春秋》'陵轢諸侯'是也。《説文》云：'轢謂車所輭也。從車，樂聲。'"《吕氏春秋·慎大》："干辛任威，凌轢諸侯，以及兆民。""轔轢"，《史記·司馬相如列傳》同，張守節正義："轔，踐也。轢，輾也。"《漢書·司馬相如傳》作"閵轢"，郭璞注："閵，踐也。轢，輾也，音來各反。"《文選·司馬相如〈上林賦〉》作"轥轢"，郭璞注："轢，輾也。"《名義》："轢，力的反。輭也。"

軌，詭鮪反。《考工記》："經塗九軌。"鄭玄曰："軌謂轍廣也。"《説文》："車轍也。従九聲也。"《左氏傳》："君将納民扵軌物者也，故講事以度軌量謂之軌；取材以章物采謂之物。"《國語》："相斉，作内政以寄〈軍令〉，制國，五家为軌，軌为長。"又曰："度之扵軌儀。"賈逵曰："軌，法也。"《廣雅》："軌，跡也。"古文为衟字，在行部。[⑤] 又为边字，在辵部。[⑥]

① 《名義》："㞝，儒兖反。弱也。"
② 《名義》："耎，儒兖反。柔。"
③ 《名義》："甏，如珠[舛]反。韋也。耎字。"
④ 《名義》："偄，而尭[兖]反。弱也。"
⑤ 《名義》："衟，古鮪反。軌字。道也，迹也。"
⑥ 《名義》："边，古鮪反。軌字。車徹也。"

《慧琳音義》卷一《高宗皇帝在春宫述三藏記》音義："軌躅，上居洧反。賈逵注《國語》：'軌，法也。'《廣雅》：'跡也。'《説文》：'車轍也。從車。從宂省聲也。'"《周禮·考工記·匠人》："國中九經九緯，經涂九軌。"鄭玄注："軌謂轍廣。"《説文》："軌，車徹也。从車，九聲。"《左傳·隱公五年》："君將納民於軌物者也，故講事以度軌量謂之軌；取材以章物采謂之物。"《國語·齊語》："管子對曰：'作内政而寄軍令焉。'桓公曰：'善！'管子於是制國，五家為軌，軌為之長。"《國語·周語下》："帥象禹之功，度之于軌儀。"韋昭注："軌，道也。"《文選·張衡〈歸田賦〉》："揮翰墨以奮藻，陳三皇之軌模。"李善注引賈逵《國語注》曰："軌，法也。"《廣雅·釋詁三》："軌，迹也。"

《名義》："軌，詭鮪反。法也，跡也，政也。"

輚，子龍反。《説文》："車跡也。"今为蹤字，在足部。①

《説文》："輚，車迹也。从車，從省聲。"《名義》："輚，子龍反。車跡。"

轞，《字書》忽輚字也。

《廣雅·釋詁三》："轞，迹也。"

輎，苦耕反。《説文》："輎，車輎鉫聲。一曰堅也。"《廣雅》："輎輎，堅也。"或为揁，在手部。② **或为鏗字，在金部。**③

《説文》："輎，車輎鉍也。从車，眞聲。讀若《論語》'鏗尔舍瑟而作'。又讀若掔。"《廣雅·釋訓》："輎輎，堅也。"王念孫疏證："《衆經音義》卷四引《廣雅》作'輎輎'。"按：《殘卷》音"苦耕反"（曹憲音同），則其字或當作"輎"。《名義》："輎，苦耕反。紭声也，堅也。"

① 《名義》："蹤，子龍反。跡也。"
② 《名義》："揁，口耕反。琴聲也。"
③ 《名義》："鏗，口耕反。蹡。鉺，同上。"

軼，餘質、徒结二反。《左氏傳》："懼其侵軼我。"杜預曰："軼，𡨄也。"《公羊傳》："軼者何？跌者也。"何休曰："跌，過也。"《說文》："車相出也。"《蒼頡萹》："従後出前也。"野王案：《荘子》"趍［超］軼絶塵"、《楚辞》"軼迅風扵清涼［源］"是也。

《左傳·隱公九年》："彼徒我車，懼其侵軼我也。"杜預注："軼，突也。"《公羊傳·莊公二十二年》："肆者何？跌也。"何休解詁："跌，過度。"陸德明音義："肆，音四，本或作佚。"《説文》："軼，車相出也。从車，失聲。"《文選·班固〈西都賦〉》："遂偃蹇而上躋，軼雲雨于太半。"李善注引《三蒼》曰："軼，從後出前也。"《莊子·徐無鬼》："若是者超軼絶塵，不知其所以。"《楚辭·離騷》："軼迅風於清源兮，從顓頊乎增冰。"《慧琳音義》卷六四《四分律删補隨機羯磨》下卷音義："一軼，田結反，又音逸。《左傳》：'懼其侵軼我。'杜預曰：'軼，宊也。'何注《公羊傳》：'過也。'《蒼頡篇》：'從出前也。'《説文》：'從車，失聲。'"又卷五一《唯識二十論後序》音義："道軼，田綟反。《楚辭》云'軼迅風於清涼'是也。何休注《公羊傳》云：'過也。'杜注《左傳》云：'軼，突也。'《説文》：'車相出也。從車，失省聲。'"《名義》："軼，余質反。𡨄也，過也。"

輊，竹利反。《考工記》："今大夫車之轅輊，其登必難；既克其登，其覆車也必易。此无故，唯轅直且无橈也。"鄭玄曰："輊，輖也。"《説文》："輊，佢也。"野王案：車前佢頓曰輊，後曰軒也。

《周禮·考工記·輈人》："今夫大車之轅摯，其登又難；既克其登，其覆車也必易。此無故，唯轅直且無橈也。"鄭玄注："摯，輖也。"《説文》："輊，抵也。从車，埶聲。"

《名義》："輊，竹利反。車前頓也，輖也。"《玉篇》："輊，竹利切，前頓曰輊，後頓曰軒。"

輊，竹利反。《毛詩》："如輊如軒。"傳曰："輊，至也。"戔云："從後望之如摯也。"《礼記》："武坐輊左軒右。"鄭玄曰："輊謂𦟝［脥］至地也。"野王案：此忽輊字也。

《詩經·小雅·六月》："戎車既安，如輊如軒。"毛傳："輊，摯。"鄭玄箋："戎車之安，從後視之如摯，從前視之如軒。"《禮記·樂記》："武坐致右憲左，何也？"鄭玄注："言武之事無坐也。致謂膝至地也。憲讀為軒，聲之誤也。"《名義》："輊，輂字。竹利反。至也。"王仁昫《刊謬補缺切韻·至韻》（P.2011）："輂，車前重。亦作輊。"

軭，區方反。《說文》："車戾也。"

《説文》："軭，車戾也。从車，匡聲。"《名義》："軭，區方反。車戾。"

輟，張衛反。《論語》："桀溺櫌不輟。"鄭玄〈曰〉："輟，止也。"《尓雅》："輟，已也。"《說文》："車小缺合也。"

《論語·微子》："長沮、桀溺……耰而不輟。"何晏集解引鄭玄曰："輟，止也。"《史記·孔子世家》："長沮、桀溺……耰而不輟。"裴駰集解引鄭玄曰："輟，止也。"《文選·班固〈西都賦〉》："輟而弗康，寔用西遷，作我上都。"李善注引鄭玄《論語注》曰："輟，止也。"《慧琳音義》卷八〇《開元釋教録》卷八音義："輟軫，上轉劣反。鄭注《論語》云：'輟猶止也。'《尒雅》云：'已也。'已音以。《古今正字》云：'車聲小缺也。從車、叕（同音）。'"《爾雅·釋詁下》："輟，已也。"《説文》："輟，車小缺復合者。从車，叕聲。"《名義》："輟，張衛反。止也，已也。"

軫，苦底反。《說文》："軫，儗也。"《廣雅》軫、儗並至也。

《説文》："軫，礙也。从車，多聲。"按：《慧琳音義》卷四一《大乘理趣六波羅蜜多經》卷二音義："罣礙，下五盖反，儗止也。""礙""儗"音義同。《廣雅·釋詁一》："軫，礙，至也。"曹憲"軫"音"苦禮"，"礙"音"五害反，又刈"。《名義》："軫，苦底反。儗也，至也。"

轚，古麗反。《周礼》："野廬氏掌……凡道路之舟車轚牙［互］者，叙而行之。"鄭玄曰："舟車轚牛［互］，謂扵迫隘處也。車有轅轘坻閣，舟有砥柱之属，其過之也，使以次叙也。"《穀梁傳》："流旁客［空］楃［握］，轚者不淂入。"劉兆曰："流旁客［空］握謂車兩轊頭各去門𠷎［㚇］客［空］握。握，四寸也。轚，絓也。絓中門棖則不淂入矣。"

《周禮·秋官·野廬氏》："野廬氏掌達國道路至于四畿……凡道路之舟車轚互者，敘而行之。"鄭玄注："舟車轚互，謂於迫隘處也。車有轘轅坻閣，舟有砥柱之屬，其過之者，使以次敘之。"《穀梁傳·昭公八年》："流旁握，御轚者不得入。"范甯集解："流旁握，謂車兩轊頭各去門邊空握。握，四寸也。轚挂則不得入門。"陸德明音義："轚，古帝反，挂也。劉兆云：'絓也。'本或作擊。"《説文》："轚，車轄相擊也。从車，从毄，毄亦聲。《名義》："轚，古麗反。经［絓］。"

䡅，所眷、所拳二反。《説文》："治車軸也。"

《説文》："䡅，治車軸也。从車，算聲。"《名義》："䡅，所拳反。治車軸。"

軻，口佐反。《楚辞》："然埳軻而流滯。"王逸曰："埳軻，不遇也。"《説文》："椄軸也。"《聲類》："小車軸折更治曰軻。"

《楚辭·七諫·沈江》："年既已過太半兮，然埳軻而留滯。"王逸注："輡軻，不遇也。"舊注："埳，一作轗，一作輡。"《説文》："軻，接軸車也。从車，可聲。"《名義》："軻，口佐反。接軸也。"

䡯，苦耕反。《説文》：'車堅也。'"

《説文》："䡯，車堅也。从車，殸聲。"《名義》："䡯，苦耕反。車堅。"

軵，如勇反。《淮南》：“軵車奉輌［餉］。”許𠦑重曰：“軵，推也。”野王案：《吕氏春秋》：“性［佢］相近而靡，或軵之。”《漢書》“再三發軵”是也。《説文》：“推車有所付也。故從車、付。”《聲類》或為拊字，在手部。①

《淮南子·覽冥》：“是故質壯輕足者為甲卒千里之外，家老羸弱悽愴於内，厮徒馬圉軵車奉饟。”高注：“軵，推也。……軵讀楫拊之拊也。”《吕氏春秋·精通》：“慈石召鐵，或引之也；樹相近而靡，或軵之也。”《漢書·馮奉世傳》：“往者數不料敵，而師至於折傷；再三發軵，則曠日煩費，威武虧矣。”顏師古注引如淳曰：“軵，推也。《淮南子》曰：‘内郡軵車而餉。’音而隴反。”《説文》：“軵，反推車令有所付也。从車，从付。讀若胥。”《名義》：“軵，如勇反。推也，准也。”吕氏校釋：“軵通符，訓‘准也’。”△按：“准也”義不見《殘卷》，疑為“推也”之誤重。王仁昫《刊謬補缺切韻·腫韻》（P.2011）：“拊，拒。亦作軵。……搑，推擣。”“拒”疑為“拍”字之訛。“拍”即“推”字。“自”，古“堆”字。從“隹”、從“自”例得相通。《集韻·灰韻》“痽”或作“㾐”，“堆”或作“垍”，“𨌩”或作“䡛”，堪為佐證。

輇，視專反。《考工記》：“凡陶瓬之事，器中輇。”鄭玄曰：“既柎［拊］泥而轉其均，樹輇其側，以擬度端其器也。”《礼記》：“大夫死於道，……載以輇車。”鄭玄曰：“既有輻曰輪，無輻曰輇。《周礼》又有蜃車，天子以載柩［柩］。蜃、輇聲相近，其同制乎？”《荘子》：“後世輇材諷説之德［徒］。”司馬彪曰：“輇，轉也。”《説文》：“藩車下𤰞輪。一曰：無幅。”

《周禮·考工記·瓬人》：“凡陶瓬之事……器中膞，豆中縣。”鄭玄注：“膞讀如車輇之輇。既拊泥而轉其均，尌膞其側，以擬度端其器也。”陸德明音義：“膞，市專反，注輇同。”《禮記·雜記》：“大夫士死於道，則升其乘車之左轂，以其綏復，如於館死，則其復如於家。大夫以布為輤而行，至於家而説輤，載以輲車，入自門。”鄭玄注：“輲讀為輇，或作槫。許氏《説文解字》曰：‘有輻曰輪，無幅曰輇。’《周禮》又有蜃車，天子以載柩。蜃、輇聲相近，其制同乎？”陸德明音義：“輲，依注作輇及槫，同，市專反，又市轉反，注及下同。”《莊子·外物》：“已而後世輇才諷説之徒，皆驚而相告也。”陸德明音義：“輇，七全反，又視專反，又音權。李云：輇，量人也。

---

① 吕校本誤作“拊”字。按：“軵”“拊”音義俱異。《名義》：“拊，如勇反。斬［軵］也。”

本或作軡。軡，小也。本又或作輕。"《慧琳音義》卷八一《三寶感通傳》卷中音義："輲車，上音遄，讀與船同音。鄭注《禮記》云：'輲，無輻之車曰輲。謂附［拊］泥而轉也。'司馬彪注《莊子》云：'輲，猶轉也。'《説文》云：'輲，藩車下卑輪也。'正作輇字，音義同。"《説文》："輇，蕃車下庳輪也。一曰：無輻也。从車，全聲。讀若饌。"《名義》："輇，視專反。無輻曰〈輇〉，轉〈也〉。"

輲，《聲類》亦輇字也。

《名義》："輇，視專反。無輻曰〈輇〉，轉〈也〉。輲，同上。"

輗，魚雞反。《論語》："大車无輗，其何以行之哉？"苞咸曰："轅輲［端］撗木以縛軛者也。"《説文》："大車轅耑以持衡者也。"野王案：今幺謂礙車輪为輗車。《晉書》"王莽柒頭以輗車，董卓然腹［腹］以照市"是也。《聲類》或为棿字，在木部。[1]

《論語·爲政》："大車無輗，小車無軏，其何以行之哉？"何晏集解引包咸曰："輗者，轅端横木以縛軛。"[2]陸德明音義："輗，五兮反，轅端横木以縛軛。《字林》：'五支反。'"《説文》："輗，大車轅耑持衡者。从車，兒聲。"《晉書·王敦傳》："昔王莽漆頭以輗車，董卓然腹以照市，王淩儭土，徐馥焚首。"何超音義："輗，礙車也。"《名義》："輗，臭鷄反。轅端横木。"

輨，《説文》或輗字也。

《説文》："輗，大車轅耑持衡者。从車，兒聲。輨，輗或从宜。"《名義》："輗，臭鷄反。轅端横木。輨，同上。"

據《名義》，《殘卷》此下有殘缺，缺"輳軝轒輐輂輋輦𨏥輓軖轘輀轞輔輆轔轉軼

---

① 《名義》："棿，牛雞反。輗。車轅端横木也。"

② 《文選·王褒〈四子講德論〉》："有二人焉，乘輅而歌，倚輗而聽之。"李善注引包咸《論語注》曰："輗者，轅端横木以縛軛也。"

軠軖軦軗軜輾軿輆輂輄輈軘軭轆輎轇軯”。

〈轓〉，甫遠、甫表二反。《考工記》：“[illegible]［桼］車轓蔽。”鄭玄曰：“[illegible]［桼］車，黑車也。轓，今時車也。”《左氏傳》：“以轓車載欒盈。”杜預曰：“轓，車之有鄣蔽者也。”《漢書》：“令長吏二千石車朱兩轓。”應劭曰：“車耳反出，所以为蕃屏，翳鹿［塵］泥也。”《廣雅》：“轓，箱也。”“轓謂之軓。”

《周禮·考工記·巾車》：“漆車藩蔽，豻䄙雀飾。”鄭玄注：“漆車，黑車也。藩，今時小車。”吕校本“桼車”誤作“欒車”。《左傳·襄公二十三年》：“晉將嫁女于吴，齊侯使析歸父媵之，以藩載欒盈及其士。”杜預注：“藩，車之有障蔽者。”《漢書·景帝紀》：“令長吏二千石車朱兩轓，千石至六百石朱左轓。”顔師古注引應劭曰：“車耳反出，所㠯為之藩屏，翳塵泥也。”又引如淳曰：“轓音反，小車兩屏也。”顔師古注：“據許慎、李登説，轓，車之蔽也。《左氏傳》云‘㠯藩載欒盈’，即是有鄣蔽之車也。言車耳反出，非矣。轓音甫元反。”《廣雅·釋器》：“轓，箱也。”又：“轓謂之軓。”《名義》：“轓，甫表［袁］反。車有障蔽也，箱也。”

輮，力酒反。《埤蒼》：“輮車，四輪，載棺也。”今忽为柳字，在木部。[①]

《周禮·地官·遂師》：“大喪，使帥其屬，以幄帟先，道野役。及窆抱磨，共丘籠及蜃車之役。”鄭玄注：“蜃車，柩路也。柩路載柳，四輪迫地而行，有似於蜃，因取名焉。”《名義》：“輮，力酒反。四輪載官［棺］車。”

輚，上山反。《廣雅》：“輚轋，車輮［輞］也。”《埤蒼》：“輚轋，車輞［輮］也。”

《廣雅·釋器》：“輚轋，轆，輮，䡅，輞也。”曹憲音“士山”。《殘卷》引《廣雅》《埤蒼》釋義當互換。“䡅”字下云：“䡅，渠冢反。《廣雅》：‘䡅，罔［輞］也。’

① 《名義》：“栁，閭湏［酒］反。小柳也，輮字。”

《埤蒼》：‘輮也。’”《名義》：“輾，上山反。”

輾，九缚反。《埤蒼》：“輾轇也。”

《殘卷》：“輾，上山反。《廣雅》：‘輾轇，車輮［輞］也。’《埤蒼》：‘輾轇，車輞［輮］也。’”《名義》：“轇，九缚反。輾字。”

輘，力竹反。《埤蒼》：“輘轤，三箱也。”

《名義》：“輘，力竹反。轤，三葙。”《新撰字鏡》：“輘，力六反。輘轤，三箱。”

轤，思流反。《埤蒼》：“輘轤也。”

《名義》：“轤，思流反。上文。”《新撰字鏡》：“轤，思流反。輘轤也。”

轎，公弔反。《廣雅》：“轎，車轄也。”

《方言》卷九：“車轄，齊謂之轆。”郭璞注：“又名轎。”《廣雅・釋器》：“轎，轄也。”曹憲音“五弔”。《名義》：“轎，公即［弔］反。車轄。”《新撰字鏡》：“轎、轎，同，五矛【弔】、公矛【弔】二反。車軸頭曰轎，軸端也。”

輍，餘属反。《埤蒼》：“車枕前也。”

《名義》：“輍，余属反。車轂［枕］前。”《箋注本切韻・燭韻》（S.2071）：“輍，車枕前。”王仁昫《刊謬補缺切韻・燭韻》（P.2011）：“欲，余蜀反。……輍，車枕前。”

輴，他回反。《韓詩》：“大車輴輴。輴輴，盛皀也。”

《詩經·王風·大車》："大車哼哼，毳衣如璊。"毛傳："哼哼，重遲之貌。"陸德明音義："哼，他敦反，徐又徒孫反。""哼"與"輴"陰陽對轉。《名義》："輴，他同［回］反。盛皃。"

輻，《字書》亦輴字也。"

《名義》："輴，他同［回］反。盛皃。輻［輻］，同上。"《箋注本切韻·灰韻》（S.2071）："輴，車盛皃。他回反。"王仁昫《刊謬補缺切韻·灰韻》（P.2011）："輴，他迴反。車盛皃。亦作輻［輻］。""𠂤"，古"堆"字。"𠂤"聲、"隹"聲可通。

轕，古曷反。《甘泉賦》："斉傳傳其轇轕。"野王案：《廣蒼》："駈馳皀也。"司馬相如賦"轇轕兮方馳"是也。

吕校本"廣蒼"作"廣雅"。《漢書·揚雄傳上》："齊總總撙撙，其相膠葛兮。"顏師古注："膠葛，猶言膠加也。"《史記·司馬相如列傳》："紛湛湛其差錯兮，雜遝膠葛以方馳。"司馬貞索隱引《廣雅》云："膠輵，驅馳也。"[①]《名義》："轕，古曷反。駈馳。"

轞，徒篋反。《埤蒼》："車聲也。"

《名義》："轞，徒頬反。車声。"《新撰字鏡》："轞，徒協反，入。車聲也。"

輆，口亥反。《廣雅》："輆軕，不平也。"

《廣雅·釋訓》："輆軕，不平也。"曹憲音"上亥下待"。《名義》："輆，口亥反。軕，不平。"

① "《廣雅》"蓋為"《廣蒼》"之誤，王念孫《廣雅疏證》據此補"膠葛，驅馳也"，恐非是。

軳，徒政［改］反。《埤蒼》："軙軳，不平也。"

《名義》："軳，徒改反。軙。"

䡖，渠冢反。《廣雅》："䡖，冈［輞］也。"《埤蒼》："轹也。"

《廣雅·釋器》："䡖，輞也。"曹憲音"俱勇"。吕校本引《埤蒼》作"轢也"。案：《殘卷》作"轹"，當是"轹"字。《名義》："䡖，渠冢反。輞。"

軞［輗］，亡校反。《廣雅》："軥謂之軞［輗］。"又曰："軞［輗］，引也。"

《廣雅·釋器》："軥謂之輗。"《廣雅·釋詁一》："軥，輗，引也。"王仁昫《刊謬補缺切韻·効韻》（P.2011）："貌，莫教反。儀。亦作皃。輗，引。"《名義》："輗，亡挍反。軥也，引也。"

軲，口胡反。《廣雅》："軲，車也。"《廣蒼》："人姓也。在汝南朖陵。"《埤蒼》："依軲，山名也。"

《廣雅·釋器》："軲，車也。"曹憲音"枯，又姑"。王仁昫《刊謬補缺切韻·模韻》（P.2011）："枯，苦胡反。……軲，車。"《廣韻·模韻》："軲，車也。又山名。亦姓。出《字統》。"《山海經·中山經》："又東南三十里曰依軲之山，其上多杻橿，多苴。"郭璞注："音枯。"《名義》："軲，口胡反。山名也，車也。"

轗，口咸反。《埤蒼》："車聲也。"

《慧琳音義》卷七六《法句譬喻無常品經》卷三音義："轗軻，上堪感反。《埤蒼》：'車聲也。'"《名義》："轗，口減［咸］反。車声。"《名義》"減"字本作"𡿧"，當是"咸"字。《文樣》（S.2832）"咸"作"𡿧"，《名義》"㾌"字條下"箴"作

“𦼮”，均其證。

軳，蒲勞反。《淮南》：“須臾而軳人之頸。”許𬻪重曰：“軳，戾也。”《廣雅》：“轉戾也。”《埤蒼》：“軨軳也。”《字書》：“軫軳，不正也。”

《淮南子·説林》：“須臾之間俛人之頸。”高注：“俛猶戾也。”[①]《廣雅·釋訓》：“軫軳，轉戾也。”《方言》卷三：“軫，戾也。”郭璞注：“相了戾也。”錢繹箋疏：“《説文》：‘盭，了戾之也。讀若戾’……《衆經音義》卷一云：‘繚，力鳥反。繚戾，不正也。謂相糾繚也。’又卷六云：‘繚戾，謂相纏繞也。’繚戾與了戾同。”“軫軳”釋“轉戾”，“戾”釋“了戾”，“了戾”同“繚戾”，“繚戾”釋“不正也”，故《字書》訓“軫軳”為“不正也”。《名義》：“軳，菩勞反。軫，不正也。”

𨏬，於近反。《埤蒼》：“車聲也。”或為磤字，在石部。

《殘卷》：“磤，於謹反。《毛詩》：‘殷其雷，在南山之陽。’傳曰：‘殷，雷聲也。’或為轗［𨏬］字，在車部。”王仁昫《刊謬補缺切韻·隱韻》（P.2011）：“𨏬，車聲。”《名義》：“𨏬，於近反。車声。”

輠，乃左反。《埤蒼》：“輠，轑也。”

《名義》：“輠，乃左反。轑字［也］。”

䡚，力公反。《方言》：“斉謂轄为䡚。”郭璞曰：“車軸頭也。”野王案：《史記》“田单教宗人为鐵䡚”是也。《廣雅》：“轑也。”

---

① 張雙棣校釋引陶方琦云：“疑高本俛字乃抱字之誤。”

《説文》："轊，車軸耑也。"[①]《方言》卷九："車轊，齊謂之轆。"郭璞注："車軸頭也。"《史記·田單列傳》："燕師長驅平齊，而田單走安平，令其宗人盡斷其車軸末而傅鐵籠。"司馬貞索隱："《方言》曰：'車轊，齊謂之籠。'郭璞云：'車軸也。'"《廣雅·釋器》："轆、轒，轊也。"[②]《名義》："轆，力公反。車軸端。"按："轆"義同"轊"。

軫，徒多反。《埤蒼》："軫軫，驅疾皀也。"

王仁昫《刊謬補缺切韻·歌韻》（P.2011）："駞，徒何反。……軫，疾皃。"《名義》："軫，徒多反。駈疾皃。**𨎡**，上文。""**𨎡**"字吕氏校釋本作"軨"。按：據字形似當作"軶"，《殘卷》"軫"字亦作"軶"。

輚，徒郎反。《埤蒼》："輚輬，輴軨也。"

王仁昫《刊謬補缺切韻·唐韻》（P.2011）："輚，轄輬，輴軨。"《名義》："輚，徒朗反。輬，輴軨。"

輬，力堂反。《埤蒼》："輚輬也。"

《名義》："輬，力堂反。輚。"

軤［軤］，火乎反。《埤蒼》："軤，人姓也。"

《元和姓纂》卷三："軤，《纂要》云：'人姓。'"《名義》："軤，火胡反。"

---

① 《文選·鮑照〈蕪城賦〉》："當昔全盛之時，車挂轊，人駕肩。"李善注引《説文》曰："轊，車軸端。"

② 王念孫疏證："各本譌作'轊、轆，轒也'。案：轆、轒皆轊之異名，當以轊釋轆、轒，不當以轒釋轊。《集韻》《類篇》竝引《廣雅》：'轒，轊也。'今據以訂正。"顧野王所據本亦誤。

輚，仕澗反。《考工記》："輚車欲弇。"鄭玄曰："士乘輚車。"《儀礼》："奠幣于輚左服。"鄭玄曰："輚，謂祗［柩］車也。服，車箱也。古文輚作棧。"《埤蒼》："卧車也。"《聲類》："簀也，庶人車也。"或為棧字，在木部。①

《周禮·考工記·輿人》："棧車欲弇，飾車欲侈。"鄭玄注："士乘棧車。"《儀禮·既夕禮》："主人哭拜稽顙，成踊，賓奠幣于棧，左服出。"鄭玄注："棧，謂柩車也。……服，車箱。今文棧作輚。"《文選·班固〈西都賦〉》："於是後宫乘輚輅，登龍舟，張鳳蓋，建華旗，袪黼帷，鏡清流，靡微風，澹淡浮。"李善注引《埤蒼》曰："輚，臥車也。"② 王仁昫《刊謬補缺切韻·諫韻》（P.2011）："蝬，士諫反。……輚，卧車。轏，寢車，亦作輚。"《莊子·馬蹄》："我善治馬，燒之，剔之，刻之，雒之，連之以羈馽，編之以阜棧，馬之死者十二三矣。"成玄英疏："棧，編木爲椗，安馬腳下，以去其濕，所謂馬牀也。"陸德明音義："棧，士板反，徐在［仕］簡反，又士諫反。編木作靈似牀曰棧，以禦濕也。"③ 此蓋即《聲類》所謂"簀也"。

轏，《左氏傳》："寢扵轏中。"杜預曰："轏，主［士］車也。"《聲類》亦輚字也。

《左傳·成公二年》："丑父寢於轏中，蛇出於其下，以肱擊之，傷而匿之，故不能推車而及。"杜預注："轏，士車。"陸德明音義："轏，生產反，又士板反。《字林》仕諫反，云：'臥車也。'"《殘卷》"主車"當作"士車"。《周禮·春官·巾車》："服車五乘：孤乘夏篆，卿乘夏縵，大夫乘墨車，士乘棧車，庶人乘役車。"王仁昫《刊謬補缺切韻·產韻》（P.2011）："棧，士限反。……轏，車名，士所乘。"

《名義》："輚，仕澗反。載柩車。轏，同上。"

轍，除列反。《左氏傳》："視其轍亂。"杜預曰："車迹也。"

---

① 《名義》："棧，仕板反。欞木也，移［棚］也，閣。"

② 《後漢書·班固傳》："於是後宫乘輚路，登龍舟，張鳳蓋，建華旗，袪黼帷，鏡清流，靡微風，澹淡浮。"李賢注引《埤蒼》曰："輚，臥車也。"

③ 《文選·顏延之〈赭白馬賦〉》："《莊子》：'伯樂曰：我善治馬，編之以阜棧。'司馬彪曰：'棧若欂床。施之濕地也。'"

《文選·張協〈七命〉》："車騎競鶩，駢武齊轍。"李善注引杜預《左氏傳注》曰："轍，車迹也。"按：《殘卷》似有誤。《左傳·莊公十年》："吾視其轍亂，望其旗靡，故逐之。"杜預注："旗靡、轍亂，怖遽。"此處未見"車迹也"之訓釋。又："下視其轍，登軾而望之。"杜預注："視車跡也。"《名義》："轍，除列反。車迹。"

輤，雌見反。《礼記》："諸侯〈行〉而死扵館，其輤有裧。"鄭玄曰："載柩將殯之車餙也。輤取名扵櫬与蒨。櫬，棺也。蒨，染赤色者也。[①]象宫室其中小帳親［襯］覆棺者也。"又曰："大夫以布为輤……士輤葦席。"鄭玄曰："布，白布也。言輤者達名也。"《埤蒼》為篟字，在竹部。[②]或為褙字，在衣部。[③]

《禮記·雜記上》："諸侯行而死於館……其輤有裧，緇布裳帷，素錦以為屋而行。"鄭玄注："輤，載柩將殯之車飾也。輤取名於櫬與蒨，讀如蒨旆之蒨。櫬，棺也。蒨，染赤色者也。將葬，載柩之車飾曰柳。裧，謂鼈甲邊緣。緇布裳帷，圍棺者也。裳帷用緇，則輤用赤矣。輤象宫室。屋，其中小帳襯覆棺者。若未大斂，其載尸而歸，車飾皆如之。"又："大夫以布為輤而行，……士輤，葦席以為屋，蒲席以為裳帷。"鄭玄注："大夫輤言用布，白布不染也。言輤者，達名也。"《名義》："輤，此見反。載柩車。"吕氏校釋："《殘卷》作'雌見反。……鄭玄曰：'載柩將殯之車飾也'。《名義》誤省。"

䡓，時升反。《聲類》：古文乘字也。乘，車也，登也，勝也，治〈也〉。在椉（也）部。[④]

《慧琳音義》卷五一《手杖論》音義："增乘，下繩證反。杜注《左傳》：'乘，車之總名也。'"《左傳·宣公十二年》"若二子怒楚，楚人乘我，喪師無日矣。"杜預注："乘猶登也。"《尚書·西伯戡黎序》："殷始咎周，周人乘黎。"孔安國傳："乘，勝也。"《慧琳音義》卷四《大般若波羅蜜多經》卷三七六音義："車乘，下食證反。孔注《尚書》云：'乘，勝也。'《毛詩傳》曰：'乘，升也。'鄭衆注《周禮》云：

① 吕校本"染"誤作"柒"。
② 《名義》："篟，七見反。棺車上覆也。輤字。"
③ 《名義》："褙，此見反。篟也。棺車上覆。"
④ 當作"治也。在椉部"。

‘四匹為乘。’《説文》：‘乘，覆也。從入、桀。【桀音竭】桀，黠也。軍法曰乘也。’隸書作乘，變體字也。”《詩經·豳風·七月》：“亟其乘屋，其始播百穀。”毛傳：“乘，升也。”鄭玄箋：“乘，治也。”《名義》：“竃，時升反。古文。登也，勝也，治也。”

轒，力木反。《蒼頡篇》：“轒，三輔舉水具也。”《聲類》：“轒轤也。”

《玄應音義》卷十五《僧祇律》卷五音義：“轒轤，又作摝［樚］攎［櫨］二形，同，力木、力胡反。《蒼頡篇》：‘三輔舉水具也。’汲水者也。”《名義》：“轒，力木反。三輔輿［舉］水具。”

轤，力胡反。太公《六韜》：“飛槁廣大［丈］五尺，著轉關庶轤八具，環利通索張之。”野王案：汲水桔槔也。①

《六韜·軍用》：“飛橋一間，廣一丈五尺，長二丈以上，著轉關轆轤八具，以環利通索張之。”《慧琳音義》卷六三《根本説一切有部律攝》卷十一音義：“樚轤，上聾谷反。律文從車作轆，非也。下魯都反。《考聲》云：‘樚櫨，圓轉稱也。’顧野王云：‘汲水桔槔也。’《文字典説》：‘樚，從木，鹿聲。’《古今正字》：‘轤，從車，盧聲。’”《名義》：“轤，力胡反。桔槔。”吕氏校釋：“《殘卷》作‘野王案：汲水桔槔也’。《名義》‘桔擇’為‘桔槔’之誤。”按：《名義》“擇”字本作“[illegible]”，當是“槔”字。《名義·口部》“嗥”作“[illegible]”，堪為佐證。

轗，力感反。《楚辞》：“炊［坎］懔兮（兮）貧士失軄。”王逸曰：“數遭患禍，身困極也。”

《楚辭·九辯》：“坎廩兮貧士失職。”王逸注：“數遭患禍，身困極也。”《集韻·感韻》：“懔，坎懔，困極。或作廩。”《名義》：“轗，力感反。坎。”吕氏校釋：“《殘卷》作‘力感反。《楚辭》：“坎懔懔兮貧士失軄。”王逸曰：“數遭患禍，身困極也”’。

---

① 《殘卷》“轤”字頭原在“轗”字條下，今依《殘卷》體例及《名義》調整次序。

《名義》'坎'為引証之誤省。"

轎，竒吕、竒朝二反。《漢書》："輿轎而踰嶺。"服虔曰："音槗。謂隘道輿車也。"如淳曰："韋誕云：轎，車也。"臣瓚以为"今竹輿車也。江表作竹輿以行是也"。或曰："陵绝山曰轎，音其廥［廟］反。嶺，山嶺也。不通舟車，傳運皆擔輿也。"《蒼頡篇》："小車駕牛也。"《廣雅》："轎，軺也。"

《漢書·嚴助傳》："輿轎而隃領，柁舟而入水。"顏師古注："服虔曰：'轎音橋，謂隘道輿車也。'臣瓚曰：'今竹輿車也，江表作竹輿以行是也。'項昭曰：'陵絶水曰轎，音旗廟反。領，山嶺也。不通船車，運轉皆擔輿也。"顏師古以為"項氏謬矣，此直言以轎過領耳，何云陵絶水乎"，若依《殘卷》，"陵絶水"當作"陵絶山"。《廣雅·釋詁三》："轎，軺也。"《名義》："轎，竒朝反。軺。"

輠，胡罪、胡瓦二反。《礼記》："古者貴賤皆杖。叔孫武仲［叔］朝，見輪人以其杖關轂而輠輪者，扵是有爵而後杖。"野王案：輠謂抳擬支礙之也。《字書》："輠，轉也。"劉向《別録》以为車釭盛膏之鍋字，音古禍反，在金部。[1]

《禮記·雜記》："古者貴賤皆杖。叔孫武叔朝，見輪人以其杖關轂而輠輪者，於是有爵而后杖也。"陸德明音義："輠，胡罪反，又胡瓦反，又胡管反，迴也。"王仁昫《刊謬補缺切韻·馬韻》（P.2011）："踝，胡瓦反。……輠，轉。又胡罪反。"《名義》："輠，胡罪反。抵擬支礙也。"吕氏校釋："'抵'字原誤。《殘卷》作'野王案，輠謂抵擬支礙之也'。"按："抵"字原誤作"[illegible]"。

轠，力迴反。楊雄《羽獵賦》："繽紛往來，轠轤不绝。"《漢書音義》曰："連属皀也。"《漢書》："为甇所轠。"野王案：轠猶轢也。

① 《史記·孟子荀卿列傳》："故齊人頌曰：'談天衍雕龍奭，炙轂過髡。'"裴駰集解："《別録》曰：'過字作輠。輠者，車之盛膏器也。'"《名義》："鍋，古和反。車釭。鐹，公卧反。划。鎌也。"

《漢書·揚雄傳上》:“繽紛往來，轠轤不絶。”顏師古注引孟康曰:“轠轤，連屬貌。”[①]《漢書·游俠傳·陳遵》:“一旦叀礙，為䡾所轠，身提黄泉，骨肉為泥。”顏師古注:“轠，擊也。”“轢”與“擽”音義同。《廣雅·釋詁三》:“擽，擊也。”《文選·司馬相如〈上林賦〉》:“射游梟，櫟蜚遽。”郭璞注引張揖曰:“櫟，梢也。”吕向注:“轢，擊也。”“櫟，梢也”當作“擽，捎也”。《類篇》:“捎，師交切。《説文》:‘自關而西凡取物之上者爲撟捎。’又山巧切。擊也。”“轠”“轢”“擽”“捎”均訓“擊”。《名義》:“轠，力迴反。轢。”

輷，呼萌反。《史記》:“輷輷殷殷，若有三軍之衆。”《蒼頡篇》:“輷輷，聲也。”《聲類》亦轟字也。

《史記·蘇秦列傳》:“人民之衆，車馬之多，日夜行不絶，輷輷殷殷，若有三軍之衆。”《玄應音義》卷十二《長阿含經》卷三音義:“轟轟，今作輷，《字書》作軥，同，呼萌反。《説文》:‘轟轟，群車聲也。’”《慧琳音義》卷十七《大乘顯識經》卷上音義:“轟轡，上呼萠反。《史記》云:‘輷輷殷殷，若有三軍之衆。’《蒼頡篇》:‘轟轟，聲也。’《説文》:‘亦群車聲。從三車。’亦作輷，繣泓聲。”《廣雅·釋訓》:“輷輷，聲也。”“輷”同“輷”。《名義》:“輷，昨［呼］苟［萌］反。”

軥，《字書》亦輷字也。

《名義》:“輷，昨［呼］苟［萌］反。軥，同上。”《龍龕》:“軥、軯，二俗；軥、輷，二或作；輷、轟，二正。呼宏反，衆車聲。”

轟，呼萌反。《説文》:“羣車聲也。”

《説文》:“轟，羣車聲也。从三車。”《名義》:“轟，呼萠反。群車声。”

---

① 《文選·楊雄〈羽獵賦〉》:“繽紛往來，轠轤不絶。”李善注引孟康曰:“轠轤，連屬貌也。”

〚舟部第二百八十三　　凡六十四字〛

舟，之由反。《尚書》："若濟大川，用汝作舟楫。"《周易》："黄帝刳木为舟。"《毛詩》："就其深矣，方之舟之。"傳曰："舟，舩也。"又曰："招招舟子。"傳曰："舟人主濟渡者也。"《山海〈經〉》："番禺是始为舟。"《世夲》："共鼓、貨狄作舟。"《墨子》："巧倕作舟。"《吕氏春秋》："虞枸作舟。"《考工記》："舟以行水，聖人之作也。"《尔雅》："天子造舟，諸矦維舟，大夫方舟，士特舟。"《韓詩》："舟滿水中曰造舟。"《方言》："自關而西或謂之舟，或謂之杭。"《說文》："象形也。"《周礼》："雞彝、鳥彝、𦍒［斝］〈彝〉、黄彝、虒彝、蜼彝皆有舟。"鄭衆曰："舟，尊下臺，若今時美槃也。"《毛詩》："何以舟之？惟玉及瑤。"傳曰："舟，帶也。"

《尚書·説命上》："若濟巨川，用汝作舟楫。"《周易·繫辭下》："黄帝堯舜……刳木爲舟，剡木爲楫。"《詩經·邶風·谷風》："就其深矣，方之舟之。"毛傳："舟，船也。"《詩經·邶風·匏有苦葉》："招招舟子，人涉卬否。"毛傳："舟子，舟人主濟渡者。"《山海經·海内經》："帝俊生禺號，禺號生淫梁，淫梁生番禺，是始為舟。"郭璞注："《世本》云：'共鼓、貨狄作舟。'"《墨子·非儒下》："古者羿作弓，伃作甲，奚仲作車，巧垂作舟。"《吕氏春秋·勿躬》："虞姁作舟。"《周禮·考工記序》："爍金以爲刃，凝土以爲器，作車以行陸，作舟以行水，此皆聖人之所作也。"鄭玄注："故書舟作周。"又引鄭衆注："周當作舟。"《爾雅·釋水》："天子造舟，諸侯維舟，大夫方舟，士特舟。"郭璞注："比船爲橋。"《詩經·大雅·大明》："造舟為梁，不顯其光。"孔穎達疏："李巡曰：'比其舟而渡曰造舟，中央左右相維持曰維舟，併兩船曰方舟，一舟曰特舟。'孫炎曰：'造舟，比舟為梁也。維舟，連四舟也。'"陸德明音義："造，七報反，又七道反。毛云：'天子造舟。'《方言》云：'浮梁也。'《廣雅》作艁，音同。《説文》：'艁，古造字。'"《方言》卷九："舟，自關而西謂之船，自關而東或謂之舟，或謂之航。"《説文》："舟，船也。古者共鼓、貨狄刳木爲舟，剡木爲楫，以濟不通。象形。"《周禮·春官·司尊彝》："春祠夏禴，祼用雞彝、鳥彝，皆有舟；……秋嘗冬烝，祼用斝彝、黄彝，皆有舟；……凡四時之間祀追享朝享，祼用虎彝、蜼彝，皆有舟。"鄭玄注引鄭衆云："舟，尊下臺，若今時承槃。"《詩經·大雅·公劉》："何以舟之？維玉及瑤。"毛傳："舟，帶也。"《名義》："舟，之由反。船也，帶也。"

俞，翼珠反。《礼記》："子飳言教，男'唯'女'俞'。"鄭玄曰："俞，然也。"野王案：相然譍也。《尚書》"帝曰：俞，往㦲"是也。《說文》："空木為舟也，從亼，從舟，從巜。巜，水也。"《廣雅》："俞，益也。"又音丑救反。《吴書》："孫阿［河］，堅挨［族］子也，出後姑俞氏。"《吴志》："孫阿［河］，夲姓俞，夂吴人。"《晉中興書》："俞縱为桓彜将軍討蘓峻。"

《禮記·內則》："子能食食，教以右手。能言，男'唯'女'俞'。"鄭玄注："俞，然也。"《玄應音義》卷十二《義足經》卷下音義："俞曰，翼珠反。《尚書》：'帝曰：俞，往哉！'俞，然也，相然譍也。"《說文》："兪，空中木爲舟也。从亼，从舟，从巜。巜，水也。"《廣雅·釋詁一》："俞，益也。"《三國志·吴志·孫韶傳》："孫韶，字公禮。伯父河，字伯海，本姓俞氏，亦吴人也。"裴松之注引《吴書》曰："河，堅族子也，出後姑俞氏。"《太平御覽》卷四一七引《晉中興書》曰："蘇峻反，桓彜為宣城内史。……遣俞縱進軍，左右以力不敵，勸縱退軍。縱曰：'吾承桓侯厚遇，吾之不可負桓侯，猶桓侯不可負國也。'遂力戰而死。"《名義》："俞，翼朱反。譍也，荅也。"按：《名義》"荅也"疑為"益也"之誤。[①]

舩，時專反。《世夲》："共皷、貨狄作舟舩。"宋忠曰："黄帝二臣名也。"《尸子》曰："㦲謂黄帝曰：吾能濟川而无流。黄帝不信，扵是為舟以濟水。"此二臣是也。《方言》："自關而西謂舟为舩。"《說文》："從鉛省聲也。"

《玄應音義》卷十七《俱舍論》卷六音義："舩人，述專反。《世本》：'共皷、貿［貨］狄作舟舩。'宋忠曰：'黄帝臣也。'《方言》：'自関而西謂舟為舩。'《釋名》：'舩，循也，謂循水而行也。'"《方言》卷九："舟，自關而西謂之船。"《說文》："船，舟也。从舟，鉛省聲。"《慧琳音義》卷二七轉録大乘基《法花音訓》："舩舫，上食川反。《玉篇》：'舟曰舩。'"《名義》："舩，時專反。舟。"

肜，餘终反。《尔雅》："舩［肜］，又祭也，商曰肜。"郭璞曰："《書》曰'高宗肜日'是也。"《白虎通》："昨日祭之，恐礼有不偹，故復祭也。肜猶言肜肜

① "俞"字或作"愈"。《吕氏春秋·功名》："以茹魚去蠅，蠅愈至。"高誘注："愈，益也。"

若従天下也。"《説文》："舩彤也，従彡聲也。"丹朱之彤言［音］徒冬反，为彤［形］字，在丹部。[①]

《爾雅·釋天》："繹，又祭也。周曰繹，商曰彤，夏曰復胙。"郭璞注："《書》曰：'高宗彤日。'"《説文》："彤，船行也。从舟，彡聲。"《名義》："彤，餘终反。"

舳，除陸反。《方言》："舟後曰舳。舳，制水也。"郭璞曰："今江車［東］呼柂为舳。"《説文》："《漢律》名舩方長舳為［為舳］艫也。"

《方言》卷九："後曰舳。舳，制水也。"郭璞注："今江東呼柁爲舳，音軸。"《文選·郭璞〈江賦〉》："淩波縱柂，電往杳溟。"李善注引楊雄《方言》曰："船後曰舳。"郭璞曰："今江東柂呼爲舳也。"《説文》："舳，艫也。从舟，由聲。《漢律》名船方長爲舳艫。一曰：舟尾。"《名義》："舳，除六反。柂。"吕氏校釋："柂即舵字，枻為舵之别稱。"按："柂"為"舵"，為舟後正船木，"枻"為"楫"，為舟旁進船木，兩者小異。《名義》"枻"當為"柂"之形訛。

艫，力都反。《漢書》："舳艫萬里。"李斐曰："舩前刾櫂處也。"《説文》："一曰：舩頭也。"

《漢書·武帝紀》："舳艫千里，薄樅陽而出。"顔師古注引李斐曰："舳，船後持柂處也。艫，船前頭刺櫂處也。"《説文》："艫，舳艫也。一曰：船頭。从舟，盧聲。"《名義》："艫，力都反。舩頭。"

舠，伍骨反。《説文》："舩行不安也。従則［刖］聲也。"《字書》："一曰舩也。"《韓詩》《方言》並为仡字，在人部。[②]

① 《名義》："彤，徒宗反。赤也。"
② 《名義》："仡，語訖反。動也。"

《説文》："𦨖，船行不安也。从舟，从刖省。"《詩經·大雅·皇矣》："臨衝茀茀，崇墉仡仡。"毛傳："仡仡猶言言也。"陸德明音義："仡仡，魚乙反。《韓詩》云：'摇也。'《説文》作忔。"《方言》卷九："僞謂之仡。"郭璞注："吾勃反。僞音訛。船動摇之皃也。"《名義》："𦨖，五骨反。舫。"

舸，各可反。《方言》："南楚江湖凡舩大者謂之舸。"

《方言》卷九："南楚江湘凡船大者謂之舸。"按：《慧琳音義》卷八四《集古今佛道論衡》卷四音義："惠舸，各可反。《方言》云：'南楚江湖凡船大者謂之舸。'《説文》：'從舟，可聲。'"《文選·左思〈吴都賦〉》："弘舸連舳，巨檻接艫。"劉逵注引楊雄《方言》曰："江湖凡大船曰舸。"《集韻·哿韻》："舸，大船也。《方言》：'南楚江湖謂之舸。'"均作"江湖"，"江湖"或不誤。蓋《方言》多見"江湘"，罕覯"江湖"，後人臆改耳。《名義》："舸，各可反。大舩。"

艐，子公反。《尔雅》："艐，至也。"《説文》："舩著沙不行也。"《尚書》"遂伐三艐"为此字。

《爾雅·釋詁上》："艐，至也。"《説文》："艐，船著不行也。从舟，㚇聲。讀若莘。"《説文》脱"沙"字。《尚書·湯誓》："遂伐三朡，俘厥寶玉。"孔安國傳："三朡，國名。"陸德明音義："朡，子公反。"《名義》："艐，子公反。舩著沙也，至也。"

艜，都頼反。《方言》："南楚江湖艇薄而長者謂之艜。"

《方言》卷九："南楚江湘凡船大者謂之舸，小舸謂之艖，艖謂之艒䑪，小艒䑪謂之艇，艇長而薄者謂之艜。"《名義》："艜，都頼反。舩薄長。"吕氏校釋："《殘卷》作'《方言》："南楚江湘艇薄而長者謂之艜"'。"

朕，馳錦反。《尚書》："帝曰：有［女］能庸命，巽朕位。"《漢書》："朕未有。"又："天子稱朕。"《尔雅》："朕，我也。"野王案：自稱我也。又曰："朕，

身也。”“朕，予也。”《史記》：“秦始皇廿六年……天子自稱曰朕。”蔡雍《獨断》曰：“古者上下共之，貴賤不嫌，則可以同号，皋陶與舜言朕，屈原：‘朕皇孝曰伯庸。’秦獨天子以为稱，漢因不改。”又音直忍反。《考工記》：“凡甲視其朕，欲其直也。”鄭衆曰：“朕謂革剥。”《淮南》：“行无迹，遊无朕。”許𡭊重曰：“朕，兆也。”野王案：《荘子》“不得其朕”“以遊無朕”是也。

《尚書·堯典》：“朕在位七十載，汝能庸命，巽朕位。”《漢書·成帝紀第十》：“朕……不蒙天祐，至今未有繼嗣，天下無所係心。”《漢書·李尋傳》：“朕以眇身入繼太祖，承皇天，總百僚，子元元，未有應天心之效。”《史記·秦始皇本紀》：“天子稱朕，固不聞聲。”《爾雅·釋詁下》：“朕，我也。”郭璞注：“古者貴賤皆自稱朕。”又：“朕，身也。”又：“朕，予也。”《史記·秦始皇本紀》：“二十六年，……天子自稱曰‘朕’。”裴駰集解引蔡邕曰：“朕，我也。古者上下共稱之，貴賤不嫌，則可以同號之義也。皋陶與舜言‘朕言惠，可底行’。屈原曰‘朕皇考’。至秦，然後天子獨以為稱。漢因而不改。”《周禮·考工記·函人》：“凡察革之道，眡其鑽空，欲其惌也；眡其裏，欲其易也；眡其朕，欲其直也。”鄭玄注引鄭衆云：“朕謂革制。”《殘卷》“剥”蓋“制”字之訛。《淮南子·詮言》：“行無迹，遊無朕。”高誘注：“朕，兆也。”[①]《莊子·齊物論》：“若有真宰，而特不得其眹。”陸德明音義：“眹，李除忍反，兆也。”“眹”即“朕”字。“得”字，《殘卷》原作“𢔶”，為“得”字草書，吕校本誤録作“明”。《莊子·應帝王》：“體盡無窮，而遊無朕。”陸德明音義：“朕，直忍反。崔云：兆也。”《説文》：“䑣，我也。闕。”《名義》：“朕，馳錦反。我也，身也，子［予］也。”

般，蒲安反。《尚書》：“乃般遊無度。”孔安國曰：“般，樂也。”《周易》：“般桓利居貞。”王弼曰：“動則難生可不［不可］進，故般桓也。”《尔雅》：“般，旋也。”《説文》：“般，辟也，象舟之旋，従舟従殳，殳，般旋也。”《廣雅》：“般，大也。”“般桓，不進也。”

《尚書·五子之歌》：“黎民咸貳。乃盤遊無度。”孔安國傳：“盤，樂。”陸德明音義：“盤，步干反，本或作槃。”《周易·屯》：“初九，磐桓，利居貞，利建侯。”王弼注：“處

① 《文選·左思〈魏都賦〉》：“是以兆朕振古，萌柢疇昔。”李善注：“《淮南子》曰：‘欲與物接而未成朕兆者也。’許慎曰：‘朕，兆也。’”

屯之初，動則難生，不可以進，故磐桓也。”《爾雅·釋言》：“般，還也。”陸德明音義：“還，音旋。”《説文》：“般，辟也。象舟之旋。从舟，从殳。殳，所以旋也。”《廣雅·釋詁一》：“般，大也。”《廣雅·釋訓》：“般桓，不進也。”王念孫疏證：“曹大家注《幽通賦》云：‘盤桓，不進也。’”《名義》：“般，菩安反。槃也，施也，大也。”

舷［舷］，《説文》古文般字也。

《説文》：“般，辟也。象舟之旋。从舟，从殳。殳，所以旋也。舷，古文般从支［攴］。”《名義》：“般，菩安反。槃也，施［旋］也，大也。般［舷］，同上。”

舸，徒東反。《廣雅》：“舩也。”《字書》：“艇也。”

《廣雅·釋水》：“舸，舟也。”裴務齊正字本《刊謬補缺切韻·東韻》：“同，和也。徒紅反。……舸，舩。”《名義》：“舸，徒東反。舩，舷［艇］。彤，同上。”呂氏校釋：“‘彤，同上’未詳，疑為上文‘彤’字或體誤羼入此處。”

舫，甫望反。《尔雅》：“舫，舟也。”郭璞曰：“併兩舟也。”又曰：“舫，柎也。”郭璞曰：“水中箄筏也。”《説文》：“舫，舩師也。《明堂月令》曰：舫人，習水者也。”野王案：《説文》以方舟之舫為方字，在方部。①

《爾雅·釋言》：“舫，舟也。”郭璞注：“並兩船。”《慧琳音義》卷四《大般若波羅蜜多經》卷三九八音義：“寶舫，福望反。《爾雅》：‘舫，舟也。’郭璞云：‘併兩舟曰舫也。”《玄應音義》卷六《妙法蓮花經》卷八音義：“船舫，下府妄、補浪二反。《玉篇》曰：‘舟也。’《通俗文》：‘連舟曰舫。’併兩舟也。”《爾雅》郭璞注或本作“併兩舟”。《爾雅·釋言》：“舫，泭也。”郭璞注：“水中簰筏。”《説文》：“舫，船師也。《明堂月令》曰：舫人，習水者。从舟，方聲。”《慧琳音義》卷二七轉録大乘基《法花音訓》：“舩舫，下府妄、補浪反。《玉篇》曰：‘舟也。’《通俗文》：‘連舟曰舫。’併兩舟也。”

---

① 《名義》：“舫，甫望反。並兩舩。”

《名義》："舫，甫望反。並兩舩。"

䑨，扶福反。《尚書》：'天命有德，五服五章哉。' 孔安國曰：'天子、諸侯、大夫、卿、土［士］之服也。'《周礼》："再命受服。" 鄭衆曰："受祭衣服也。" 又曰："司服掌王之吉凶衣服，王之吉服礼［祀］昊天、上帝，大裘而冕，祀五帝亦如之。享先王則衮冕，享先公、卿［飨］、射則驚冕，祀四望、山川則毳冕，祭社稷、五祀則黹冕[①]，羣小祀則玄冕。凡兵事，韋弁服。視朝，皮弁服。凡田[②]，冠弁服。凡凶事，服弁服。凡弔事，弁絰［絰］服。……大札、大荒、大灾，素服。公之服，自衮冕而不［下］如王之服。侯佰［伯］之服，子男之服，自毳冕而下如侯佰［伯］之服，自黹冕而下如子男之服。卿大夫之服，自玄冕而下如孤之服，其凶服加以大功小功。士之服，自皮弁而下如大夫之服，其凶服亦如之。其齋服有玄端、素端。" 又〈曰〉："供王之燕衣服。" 鄭玄曰："燕衣服者，巾絮、寢衣、袍襗之属也。" 又曰："內司服掌王后之六服：褘衣、褕翟、闕翟、鞠衣、展〈衣〉、褖衣。" 野王案：衣上曰衣，下曰裳，揔謂之服也。《礼記》："服術有六：一曰親親，二曰尊尊，三曰名，四曰出入，五曰長幻［幼］，六曰従服。" 野王案：此謂凶服也，以此六術制為五等：斬衰、齋衰、大功、小功、緦麻也。《山海經》："巴虵，服之无心腹之疾。" 野王案：飲藥曰服。《礼記》"醫〈不〉三世，不服其藥" 是也。《周礼》："職方氏辨九服之封國，方千里曰王畿，其外方五百里曰侯服，其外方五百里曰甸服，其外方五百里男服，其外方五百里采服，其外方五百里衛服，其外方五百里蠻服，其外方五百里夷服，其外方五百里鎮服，其外方五百里藩服。" 鄭玄曰："服者，伏事天子也。" 野王案：服猶従也。《周礼》"萬民之不服教者" 是也。又曰："凡服袙［枸］用季材。" 鄭玄曰："……"[③]

《殘卷》："服，扶福反。今俗䑨字也。䑨，衣服也，重［車］服也。《説文》為䑨字，在䑨［舟］部。"《尚書・皋陶謨》："天命有德，五服五章哉！" 孔安國傳："五服，天子、諸侯、卿、大夫、士之服也。"《周禮・春官・大宗伯》："壹命受職，再命受服。" 鄭玄注引鄭衆云："受服，受祭衣服爲上士。"《周禮・春官・司服》："司服掌王之

① 《周禮・春官・司服》作"希冕"，鄭玄注："希讀為絺，或作黹，字之誤也。"
② 《周禮・春官・司服》作"甸"，鄭玄注："甸，田獵也。" 與"田"音義同。
③ 《殘卷》此下缺。《周禮・地官・山虞》："凡服耜，斬季材，以時入之。" 鄭玄注："季猶穉也。服與耜宜用穉材，尚柔忍也。服，牝服，車之材。" 吕校本於"鄭玄曰"後補"服與耜宜用穉材，尚柔忍也"。

吉凶衣服，辨其名物與其用事。王之吉服，祀昊天、上帝，則服大裘而冕，祀五帝亦如之；享先王，則衮冕；享先公、饗、射，則鷩冕；祀四望、山川，則毳冕；祭社稷、五祀，則希冕；祭群小祀，則玄冕。凡兵事，韋弁服；眡朝，則皮弁服；凡甸，冠弁服；凡凶事，服弁服；凡弔事，弁絰服。……大札、大荒、大裁，素服。公之服，自衮冕而下如王之服；侯伯之服，自鷩冕而下如公之服；子男之服，自毳冕而下如侯伯之服；孤之服，自希冕而下如子男之服；卿大夫之服，自玄冕而下如孤之服，其凶服，加以大功小功；士之服，自皮弁而下如大夫之服，其凶服亦如之，其齊服有玄端、素端。"《周禮・天官・玉府》："掌王之燕衣服、衽、席、牀、第，凡褻器。"鄭玄注："燕衣服者，巾絮、寢衣、袍襗之屬，皆良貨賄所成。"《周禮・天官・內司服》："內司服掌王后之六服：褘衣、揄狄、闕狄、鞠衣、展衣、緣衣，素沙。"鄭玄注："《雜記》曰：'夫人服税衣、揄狄。'又《喪大記》曰：'士妻以褖衣。'言褖者甚衆，字或作税。此緣衣者，實作褖衣也。"陸德明音義："緣，或作褖，同，吐亂反。"《釋名・釋衣服》："凡服，上曰衣。衣，依也，人所依以芘寒暑也。下曰裳。裳，障也，所以自障蔽也。"《禮記・大傳》："服術有六：一曰親親，二曰尊尊，三曰名，四曰出入，五曰長幼，六曰從服。"《周禮・春官・小宗伯》："辨吉凶之五服、車旗、宫室之禁。"鄭玄注："五服，王及公、卿、大夫、士之服。"《禮記・學記》："師無當於五服，五服弗得不親。"鄭玄注："五服，斬衰至緦麻之親。"《穀梁傳・莊公三年》："改葬之禮緦，舉下，緬也。"范甯集解："緦者，五服最下。"楊士勛疏："五服者，案喪服有斬衰、齊衰、大功、小功、緦麻是也。"《山海經・海內南經》："巴蛇食象，三歲而出其骨，君子服之，無心腹之疾。"《禮記・曲禮下》："醫不三世，不服其藥。"《殘卷》脱"不"字。《周禮・夏官・職方氏》："乃辨九服之邦國，方千里曰王畿，其外方五百里曰侯服，又其外方五百里曰甸服，又其外方五百里曰男服，又其外方五百里曰采服，又其外方五百里曰衛服，又其外方五百里曰蠻服，又其外方五百里曰夷服，又其外方五百里曰鎮服，又其外方五百里曰藩服。"鄭玄注："服，服事天子也。"《尚書・舜典》："汝作士，五刑有服。"孔安國傳："服，從也。"《周禮・地官・大司徒》："凡萬民之不服教而有獄訟者，與有地治者聽而斷之，其附于刑者歸于士。"鄭玄注："不服教，不厭服於十二教。"《名義》："服，扶福反。用也，行也，習也，任也。"按：《殘卷》此字釋文有殘缺，上述諸義未見。《説文》："服，用也。一曰：車右騑，所以舟旋。从舟，𠬝聲。"《左傳・文公十八年》："毁信廢忠，崇飾惡言，靖譖庸回，服讒蒐慝，以誣盛德。"杜預注："服，行也。"《禮記・孔子閒居》："君子之服之也，猶有五起焉。"鄭玄注："服猶習也。"《廣雅・釋詁二》："服，任也。"

〈舷，胡田〉反。《埤蒼》："船舷也。"

《玄應音義》卷十六《優婆塞五戒相經》音義："兩舷，胡田反。舩兩緣也。《埤蒼》：'船舷也。'亦名舥，音扶嚴反。"《名義》："舷，胡由［田］反。舠。"吕氏校釋："'舠'當作'船'，與字頭連讀為'船舷'。《玉篇》作'船舷'。"按：《名義》"舠"本作"𦨶"，當是"船"字。[①]

𦩌，子隣反。《説文》古文津字也。津，水度也，在水部。[②]

《説文》："𣶒，水渡也。从水，𦘔聲。𦩌，古文𣶒从舟，从淮。"《名義》："𦪓，子隣反。水度。"吕氏校釋："此字頭原誤。𦩌同津。"按：此字頭原作"𦪓"。《龍龕》："𦪓、𦨿，音津。上《香嚴》又以隹反，舟名。"據此，作"𦪓"不誤。

䑧，……中也。《書字［字書］》亦泳字也，在水部。

《殘卷》此處缺八字，據義似可補"為命反。《説文》：'潛行水〈中也。〉'"。《説文》："泳，潛行水中也。从水，永聲。"《名義》："䑧，為命反。潛行水。"《新撰字鏡》："䑧，古［胡］今［令］反。詠［泳］字。"

䒆，扶嚴反。《聲類》："舩上帳也。"亦為颿字，在馬部。[③]

《玄應音義》卷十一《雜阿含經》卷三九音義："大帆，又作颿，古文䒆，同，扶嚴、扶泛二反。《聲類》：'舩上帳也。'《釋名》：'舩隨風張幔曰颿。颿，汎也，便［使］風［舟］疾汎汎然也。'"《名義》："䒆，扶嚴反。舩帳。"《新撰字鏡》："帆，颿同，古作䒆。扶嚴反。汎也，又扶泛也。"

---

① 《可洪音義》卷三："疾𦨶，市專反，関西謂之𦨶，関東謂之舟也。正作船、舩。"見《中華大藏經》（漢文部分）第59冊第651頁，中華書局1993年。
② 《名義》："津，子隣反。潤也，㘩。津，夲津。"
③ 《名義》："颿，扶嚴反。舩帳也。"

⿰舟齊，子悌反。《字書》古文濟字也。濟，渡也，在水部。①

《慧琳音義》卷七《大般若波羅蜜多經》卷五四一音義："拔濟，下精曳反。孔注《尚書》云：'濟，渡也。'杜注《左傳》云：'濟，益也。'賈注《國語》云：'濟，成也。'《古今正字》云：'從水，齊聲也。'"《名義》："⿰舟齊，子悌反。古濟。"《玉篇》："⿰舟齊，音濟，舟也。"

⿰舟蠡，力氐［氐］反。《字書》或欚字也。欚，小艖也，在木部。②

《方言》卷九："東南丹陽會稽之間謂艖為欚。"郭璞注："音禮。"《廣雅·釋水》："⿰舟蠡，舟也。"曹憲音"禮"。《名義》："⿰舟蠡，力依反。"反切下字，《殘卷》作"氐"，《名義》作"依"，當是"氐"字和"抵"字。

航，何唐反。《毛詩》："一箽［葦］肮［航］之。"傳曰："航，渡也。"野王案：今謂所以濟渡之舟為航。《淮南》"公孫龍將渡河而航在一汜"是也。《方言》："自關而東或謂舟為航。"《說文》为斻字，在方部也。③

《殘卷》："斻，何唐反。《說文》：'方舟也。天子造舟，諸侯維舟，大夫方舟，士特舟。'《字書》或為航字，在舟部也。"《詩經·衛風·河廣》："誰謂河廣，一葦杭之。"毛傳："杭，渡也。"《慧琳音義》卷九六《弘明集》卷十音義："舟航，鶴郎反。《毛詩傳》云：'航，渡也。'顧野王云：'今謂所以濟渡之舟爲航。'《古今正字》義同，從舟，亢聲。亦作斻，音剄也。"《淮南子·道應》："公孫龍曰：'與之弟子之籍。'後數日，往說燕王，至於河上而航在一汜。"高誘注："汜，水涯也。"《方言》卷九："舟，自關而西謂之船，自關而東或謂之舟，或謂之航。"《名義》："航，何唐反。渡，舟。"

---

① 《名義》："濟，子悌、子礼反。渡也，益也，成。"
② 《玉篇》："欚，力底切，江中大船也。又作⿰舟蠡。"
③ 《說文》："斻，方舟也。从方，亢聲。《禮》：天子造舟，諸矦維舟，大夫方舟，士特舟。"

䑢［艁］，七到反。《書字》［《字書》］古文造字也。造，造舟為梁也，至也，在辵部。[①] 古文或為腤字，在肉部也。[②]

《説文》："造，就也。从辵，告聲。譚長説：造，上士也。艁，古文造从舟。"疑"上士"為"至"字之誤拆。《爾雅·釋水》："天子造舟。"郭璞注："比舩爲橋。"陸德明音義："造，草報反，《廣雅》作艁，音同。又造舟為浮梁，謂比舟舩造作橋梁。或作皁。案：《説文》：'艁，古文造也。'郭《圖》云：'天子並七船，諸侯四，大夫二，士一。'"《左傳·昭公元年》："后子享晉侯，造舟于河。"杜預注："造舟爲梁，通秦晉之道。"陸德明音義："造舟，七報反，注同。造舟為梁也。李巡注《爾雅》云：'比其舩而度也。'郭云：'併舟為橋。'"孔穎達疏："《詩》云：'造舟爲梁。'是比舟以爲橋也。《釋文》云：'天子造舟。'李巡曰：'比其舟而渡曰造。'孫炎曰：'造舟爲梁。'郭璞曰：'比船爲橋。'皆不解造義。蓋造爲至義，言船相至而並比也。"《名義》："䑢，七到反。舟為渠。"吕氏校釋："此字頭當作'艁'，'渠'當作'梁'。《殘卷》作'《字書》古文造字也。造舟為梁也。至也'。《名義》脱'造'字。"《殘卷》字頭作"䑢"，與"䑢"形近，《名義》蓋據此。

舠，丁聊反。《廣雅》："舠，舟也。"《埤蒼》："吴舩也。"

《廣雅·釋水》："舠，舟也。"曹憲音"彫"。《初學記》卷二五引張揖《埤蒼》曰："舠，吴舩也。音彫。"王仁昫《刊謬補缺切韻·蕭韻》（P.2011）："舠，吴船。"《詩經·衛風·河廣》："誰謂河廣，曾不容刀。"鄭玄箋："小舩曰刀。"陸德明音義："刀，如字，刀，小船也。《字書》作舠，《説文》作䑠，並音刀。"《名義》："舠，丁聊反。吴舩。"

艫，力逴反。《楚辞》："乘艫舩余上征［沅］。"王逸曰："舩有窓牖者也。"《字書》："舩上有屋也。"

① 《名義》："造，徐道反。始，為，成也，作也，王［生］也，造次，急遽也，就也，内也，即，至也。"

② 《名義》："腤，倉導反。造字，就也。"

《楚辭·九章·涉江》："乘舲船余上沅兮，齊吴榜以擊汰。"王逸注："舲船，船有牕牖者。"[①]《玄應音義》卷十一《正法念經》卷五八音義："艋舟，歷丁反。船有窓牖者也。《字書》：'船上有屋者曰艋也。'"《名義》："艋，力丁反。舩有窓。"

舲，《淮南》：'湯武聖達，不能与越人乘舲舟而浮扵江湖。'許尗重曰：'小舩也。'《埤蒼》：'舩也［上］有屋也。'野王案：亦艋字也。

《淮南子·主術》："湯、武，聖主也，而不能與越人乘幹舟而浮於江湖。"高誘注："幹舟，小船也。"[②]《名義》："舲，舟上屋。"

舴，側格反。《廣雅》：'舴艋，舟也。'"

《廣雅·釋水》："舴艋，舟也。"曹憲音"側格"。《名義》："舴，側格反。艋，舟。"吕氏校釋："此字頭原誤。此處應連讀為'舴艋，舟也'。"按：此字頭原誤作"艏"。

艋，莫鯁反。《廣雅》：'舴艋也。'"

《廣雅·釋水》："舴艋，舟也。"曹憲音"猛"。王仁昫《刊謬補缺切韻·陌韻》（北京故宫博物院藏）："舴，舴艋，小舟。"《名義》："艋，莫梗反。舴，小舟名。"

〖方部第二百八十四　凡四字〗

---

① 《文選·江淹〈雜體詩〉》："肅舲出郊際，徙樂逗江陰。"李善注："《楚詞》曰：'乘舲船余上沅兮，齊吴榜以擊汰。'王逸曰：'舲，船窗牖也。'"

② 王念孫《讀書雜志》："古無謂小船為幹者，幹當為軨，字之誤也。軨與舲同字，或作艋。《廣雅》曰：'艋，舟也。'《玉篇》：'舲，與艋同，小船有屋也。'《楚辭·九章》：'乘舲船余上沅兮。'王注曰：'舲船，船有牕牖者。'《俶真篇》：'越舲蜀艇，不能無水而浮。'高注曰：'舲，小船也。越人所便習。'正與此注相同。《藝文類聚·舟車部》、《太平御覽·舟部》引此竝作'舲舟'。《御覽》又引高注：'舲舟，小船也。'皆其證矣。"

方，甫芒反。《尚書》：“革［申］命和𣏌宅𦐂方。”野王案：四方也。《毛詩》“東方未明”“西方之人兮”是也。又曰：“方鳩僝功。”孔安國：“方聚見其功也。”①野王案：當为之曰方。又曰“洪水方割”是也。《周易》：“后不省方。”王弼曰：“方，事也。”又曰：“蓍之德圓而神，卦之德方以智。”野王案：《字書》：“方，榘也。”《孟子》“不以規矩，不能为方圓”是也。《周礼》：“王制禄則……以方出之。”鄭衆曰：“以方版書而出之也。”杜子春曰：“方，直謂今時牘也。”毛詩》：“江之永，不可方思。”傳曰：“方，柎也。”野王案：柎，編木以渡水也。又曰：“惟鵲有巢，惟鳩方之。”傳曰：“方，有也。”又曰：“民今〈方〉殆。”戔云：“方，亡［且］也。”又曰：“實方實苞。”傳曰：“方，極良也。”戔云：“方，斉也。”又曰：“既方既皁。”戔云：“方，房也。謂孚甲始生……盡成房也。”又曰：“万邦之方，下民之王。”傳曰：“方，則也。”戔云：“方，向也。”《左氏傳》：“官脩其方。”杜預曰：“方，法術也。”又曰：“授方任能。”杜預曰：“百事之宜也。”又曰：“官不易方。”杜預曰：“方，猶宜也。”《考工記》：“梓人为侯，廣与崇方。”鄭玄曰：“方，猶等也。”《儀礼》：“履物不𣅀方［方𣅀］。”鄭玄曰：“方猶併也（也）。”《論語》：“凡［可］謂仁之方也。”孔安國曰：“方，道也。”又曰：“遊必有方。”鄭玄曰：“方，常也。”又曰：“子路［貢］方人。”孔安國曰：“比方人也。”野王案：謂比類辟擬之也。《國語》“方之時動”是也。《國語》又曰：“不可方物。”賈逵曰：“方，別也。”又曰：“晉國之方徧［偏］侯也。”賈逵曰：“方，大也；徧［偏］，方也。言晉國之大一方甸侯也。”《礼記》：“變成方謂之音。”鄭玄曰：“方猶文章也。”又曰：“子生七年，教之數（日）与方名。”鄭玄曰：“方名，東西也。”《史記》：“蒼公囙元里陽公，使意盡去其故方，悉以楚方与之。”野王案：分處治病之藥方也。《說文》：“方，併船也。象兩舟省総聲［頭］也。”《廣雅》：“方，所也，始也。”“方，正也。”“方，義也。”“方，類也。”“方，〈為也〉。”②

《殘卷》：“舫，甫望反。《尔雅》：‘舫，舟也。’郭璞曰：‘併兩舟也。’又曰：‘舫，柎也。’郭璞曰：‘水中箄筏也。’《說文》：‘舫，船師也。《明堂月令》曰：舫人，習水者也。’野王案：《說文》以方舟之舫為方字，在方部。”《尚書·堯典》：“申命和叔宅朔方。”《尚書·益稷》：“皋陶方祗厥敘，方施象刑惟明。”孔安國傳：“方，

① 吕校本作“方，且也。鳩，聚也。僝，見也。言共工鳩聚，見其功也”。
② “為也”二字據《名義》《廣雅·釋詁三》補。

四方。"《詩經·齊風·東方未明》:"東方未明，顛倒衣裳。"《詩經·邶風·簡兮》:"彼美人兮，西方之人兮。"《尚書·堯典》:"驩兜曰:'都，共工方鳩僝功。'"孔安國傳:"歎共工能方方聚見其功。"《尚書·堯典》:"湯湯洪水方割，蕩蕩懷山襄陵，浩浩滔天。"孔安國傳:"言大水方方為害。"吕校本"洪水方割"誤作"聚水方割"。《周易·復》:"商旅不行，后不省方。"王弼注:"方，事也。"《周易·繫辭上》:"是故蓍之德圓而神，卦之德方以知。"《孟子·告子上》:"大匠誨人必以規矩，學者亦必以規矩。"赵岐注:"規，所以爲圓也;矩，所以爲方也。"《淮南子·覽冥》:"背方州，抱負天，和春，陽夏，殺秋，約冬，枕方寢繩。"高誘注:"方，榘四寸也。"《孟子·離婁上》:"孟子曰:'離婁之明，公輸子之巧，不以規矩，不能成方員。'"《周禮·春官·內史》:"王制禄，則賛爲之，以方出之。"鄭玄注引鄭衆云:"以方出之，以方版書而出之。"又引杜子春云:"方，直謂今時牘也。"《詩經·周南·漢廣》:"江之永矣，不可方思。"毛傳:"方，泭也。"陸德明音義:"泭，芳于反。本亦作潴，又作桴，或作柎，竝同。沈旋音附。《方言》云:'泭謂之簰，簰謂之筏。筏，秦晉通語也。'孫炎注《爾雅》云:'方木置水為柎，栰也。'郭璞云:'水中簰筏也。'又云:'木曰簰，竹曰筏，小筏曰泭。'簰音皮佳反。栰、筏同音伐，樊光《爾雅》本作柎。"《説文》:"泭，編木以渡也。"小徐本作"編木以渡水也"。"柎"與"泭"音義同。《詩經·召南·鵲巢》:"維鵲有巢，維鳩方之。"毛傳:"方，有之也。"陸德明音義:"方有之也，一本無之字。"《詩經·小雅·正月》:"民今方殆，視天夢夢。"鄭玄箋:"方，且也。"《殘卷》"亡"當作"且"。①《詩經·大雅·生民》:"實方實苞，實種實褎。"毛傳:"方，極畝也。"鄭玄箋:"方，齊等也。"《殘卷》"良"蓋為"畝"字之訛。《詩經·小雅·大田》:"既方既皁，既堅既好，不稂不莠。"鄭玄箋:"方，房也，謂孚甲始生而未合時也。盡生房矣，盡成實矣，盡堅熟矣，盡齊好矣，而無稂莠擇種之善。"《詩經·大雅·皇矣》:"萬邦之方，下民之王。"毛傳:"方，則也。"鄭玄箋:"方猶鄉也。""鄉"與"向"同。《左傳·昭公二十九年》:"夫物，物有其官，官脩其方，朝夕思之，一日失職，則死及之。"杜預注:"方，法術。"《左傳·閔公二年》:"敬教勸學，授方任能。"杜預注:"方，百事之宜也。"《左傳·襄公九年》:"舉不失選，官不易方。"杜預注:"方，猶宜也。"《周禮·考工記·梓人》:"梓人爲侯，廣與崇方，參分其廣，而鵠居一焉。"鄭玄注:"方，猶等也。"《儀禮·鄉射禮》:"及物揖。左足履物，不方足，還視侯中，俯正足。"鄭玄注:"方猶併也。"《殘卷》似有誤。《論語·雍也》:"夫仁者，己欲立而立人，

① "亡",《殘卷》原作"亡",与"且"形近。《文選·張衡〈東京賦〉》:"惟我后能殖之，以至和平，方將數諸朝階。"李善注引鄭玄《毛詩箋》曰:"方，直也。""直"亦為"且"字之訛。

已欲達而達人，能近取譬，可謂仁之方也已。”何晏集解引孔安國曰：“方，道也。”《論語·里仁》：“子曰：‘父母在，不遠遊，遊必有方。’”何晏集解引鄭玄曰：“方，猶常也。”《論語·憲問》：“子貢方人。子曰：‘賜也賢乎哉！夫我則不暇。’”何晏集解引孔安國曰：“比方人也。”《漢書·衛青霍去病傳贊》：“票騎亦方此意，為將如此。”顔師古注：“方，比類也。”《國語·周語下》：“度之天神，則非祥也；比之地物，則非義也；類之民則，則非仁也；方之時動，則非順也。”《國語·楚語下》：“民神雜糅，不可方物。”韋昭注：“方猶别也。”《國語·晉語一》：“今晉國之方偏侯也。”韋昭注：“方，大也。偏，偏方也。乃甸內偏方小侯也。《傳》曰：‘今晉甸侯。’”《禮記·樂記》：“感於物而動，故形於聲，聲相應，故生變，變成方謂之音。”鄭玄注：“方，猶文章也。”《禮記·內則》：“六年，教之數與方名。……九年教之數日。”《殘卷》有誤。《史記·扁鵲倉公列傳》：“高后八年，更受師同郡元里公乘陽慶。慶年七十餘，無子，使意盡去其故方，更悉以禁方予之。”《後漢書·黃憲傳》：“淺深莫臻其分，清濁未議其方。”《説文》：“方，併船也。象兩舟省總頭形。”李賢注引《廣雅》曰：“方，所也。”《廣雅·釋詁一》：“方，始也。”[①]又：“方，正也。”《廣雅·釋詁二》：“方，義也。”《廣雅·釋詁三》：“方，類也。”《名義》：“方，甫芒反。所也，正也，向也，别也，童［文章］也，始也，亡［且］也，義也，類也，為也，冝也，寺［等］也，道也，常也。”《新撰字鏡》：“方，四方也，事也，棨也，柎也，有也，亡［且］也，極良也，齊也，房也，則也，向也，法術也。府良反，平。盛也，始也，正也，義也，為也，方也，冝也，等也，道也，常也，方猶文章也，兼方也，别也，大也，以類聚也，齊竝也。”

汸，《説文》亦方字也。野王案：此汸謂泭也，併舩也。

《説文》：“方，併船也。象兩舟省總頭形。……汸，方或从水。”《名義》：“汸，方字。”

斻，何唐反。《説文》：“方舟也。天子造舟，諸侯維舟，大夫方舟，土［士］持［特］舟。”《字書》或為航字，在舟部也。

① 《慧琳音義》卷二二轉録慧苑《新譯大方廣佛花嚴經音義》卷中：“年方，《玉篇》曰：‘方，始也。’”

《殘卷》："航，何唐反。《毛詩》：'一筆［葦］肮［航］之。'傳曰：'航，渡也。'野王案：今謂所以濟渡之舟為航。《淮南》'公孫龍將渡河而航在一汜'是也。《方言》：'自關而東或謂舟為航。'《詥文》为斻字，在方部也。"《説文》："斻，方舟也。从方，亢聲。《禮》：天子造舟，諸矦維舟，大夫方舟，士特舟。"《名義》："斻，何唐反。方舟。"吕氏校釋："此字頭原誤。"按：此字頭原誤作"旃"。

万，武頙反。《聲類》俗萬字。萬，十千也，在內［禸］部。[①]

《名義》："万，武頙反。十千。"《玉篇》："万，俗萬字，十千也。"

---

① "禸"同"厹"。《名義》："萬，武江［汗］反。十千也，虫名也。𠦃，古文。"

【玉篇卷十八之後分】

卌五收 勘了 廿一张紙

〖水部第二百八十五 凡 字〗

首缺

注，〈之樹反。《説文》：“注，灌也。”《儀礼》：“注于疏匕。”鄭玄曰：“注猶瀉也。”〉猶記也。《博物志》曰：“上代去先師近，解釋經文皆曰傳，傳師説也。後代云［去］師遠，或失其傳，故謂之注。”〈野王案：〉注，下己意也。《廣雅》為註字，義亦同。[①]

《殘卷》：“註，之喻反。《方言》：‘南楚或謂嗹嘍曰支註。’《廣雅》：‘註，疏。’‘註，識。’《埤蒼》：‘註，觧。’今並為注字，在水部也。”日本中算《妙法蓮華經釋文》卷中：“註，丁住反。慈恩云：‘疏也，解也。’《通俗文》：‘記物也。’又之喻反。有作注，丁住反。《玉篇》云：‘注猶記也。’又之成反，水注也。”日本珠光《浄土三部経音義・水部第三》：“注，之裕、徵孺二切，灌也，寫也。”《説文》：“注，灌也。从水，主聲。”《儀禮・有司徹》：“二手執桃匕枋，以挹湆注于疏匕。”鄭玄注：“注猶寫也。”“寫”“瀉”古今字。引《博物志》今未見。鄭樵《六經奧論》卷三《詩經・詩箋辨》引張華《博物志》云：“聖人制作謂之經，賢者著述謂之傳。”或與此文相連。《名義》：“注，之樹反。灌也，瀉也，濵也。”吕氏校釋：“‘瀉’字原誤。”按：“瀉”字原作“寫”。《名義》“濵也”義未詳。[②]《新撰字鏡》：“注，正，主句反，去。灌也，水衝也。借陟具反，去。為註字也。”

---

① 本條內容不見於《原本玉篇殘卷》，此據《令義解序注》第352頁。
② “濵也”疑為“涯”字義，“涯”“注”形近。北齊《董洪達等造像記》“崖”作“[崖-variant]”，《篇海・山部》“崖”作“[崖-variant]”，堪為佐證。

〈淦，胡南反。〉……〈或为匧字，〉在欠［匚］部。[①]又音古闇〈、公廉二反。《漢書》：豫章郡有新淦縣。應劭〉曰："淦水所出，西入湖漢。"

《殘卷》此條殘缺。"曰"前存三半字，似為"縣應劭"之殘。《漢書・地理志上》："新淦。"顏師古注引應劭曰："淦水所出，西入湖漢也。"裴務齊正字本《刊謬補缺切韻・覃韻》："弇，古南反。……淦，水入舩。又古暗［暗］、公廉反。"《説文》："淦，水入船中也。一曰：泥也。从水，金聲。"《名義》："淦，胡南反。水入舩中，泥也，沒也。"《新撰字鏡》："淦，胡躭［肬］、胡南二反，去。泥也，沒也，沉也。字體作㔮，舩沒也。淦、汵、涵，三上同，猗金反，平。飲也，漿也。"《集韻・覃韻》："淦，《方言》：'沈也。'[②]或作㔮、澬、淊、淦、湇。""沈"與"沒"義同。

汵，《説文》或淦字也。《廣雅》："汵，㝡也。"

《説文》："淦，水入船中也。一曰：泥也。从水，金聲。汵，淦或从今。"

"㝡"同"最""聚"。《廣韻・覃韻》："淦，水入船中。又最也，泥也，汲也。[③]又甘暗切。吉州有新淦縣，〈淦〉水所出入湖。或作汵。"《廣雅・釋詁三》"聚也"條下未見"汵"字，有"洿"字。蓋顧氏所見本"洿"誤作"汵"。

泛，孚劒反。《國語》："泛舟于河。"賈逵曰："泛，浮也。"《毛詩》："泛彼栢舟。"傳曰："泛泛，流皀也。"又曰："泛泛其景。"傳曰："泛泛，駃疾而不疑［礙］也。"《説文》從乏聲也。此亦氾字，〈与氾〉相似而不同。《漢書》或以為覂字。覂，覆也，音方隴反。"覂駕之馬"是也，在西［襾］部。[④]

《國語・晉語三》："是故氾舟於河，歸糴於晉。"韋昭注："氾，浮也。"《詩經・邶風・柏舟》："汎彼柏舟，亦汎其流。"毛傳："汎汎，流貌。"陸德明音義："汎，

---

① 《名義》："匧，㔮，胡躭反。舩沒也。"
② 《方言》卷十："涵，沈也。楚郢以南曰涵。"郭璞注："音含，或古南反。"
③ "汲"疑為"沒"字之訛。《周禮・考工記・匠人》："凡任，索約大汲其版謂之無任。"鄭玄注："故書汲作沒，杜子春云：'當為汲。'"
④ 《名義》："覂，芳腫反。覆也。"吕校本誤作"在西部"。

敷劒反。汎，流貌。本或作‘汎汎，流貌’者，此從王肅注加。”《詩經·邶風·二子》：“二子乘舟，汎汎其景。”毛傳：“國人傷其涉危，遂往如乘舟而無所薄，汎汎然迅疾而不礙也。”吕校本作“駛疾而不疑也”。《説文》：“泛，浮也。从水，乏聲。”《漢書·武帝紀》：“夫泛駕之馬，跅弛之士，亦在御之而已。”顏師古注：“泛，覆也，音方勇反。字本作覂，後通用耳。”《慧琳音義》卷八四《續古今佛道論衡》音義：“泛漲，孚梵反。賈逵注《國語》云：‘泛，浮也。’《毛詩傳》云：‘泛泛，流皃也。’”《名義》：“泛，孚劒反。（舟）流皃。”《新撰字鏡》：“泛，孚劒反，去。濫也，浮也，普也，圩也，淹也，漬也，廣也。泛泛，流皃也。”《類聚名義抄》：“泛長，《玉》云：‘舟泛皃。’”（8·5）

汓，似流、餘周二反。《周礼》：“掌禁川游者。”鄭玄曰：“偹沈溺也。”野王案：謂人栢［拍］字，浮泛［扵］水上而道［進］也。《左氏傳》“榑［權］游涌而逸”是也。《尔雅》：“從流而下曰泝游。”《礼記》：“孔子曰：大人不倡游言。”鄭玄曰：“游猶浮也。不可用之言也。”《説文》：“浮扵水上也。古文以為沒字。”

《周禮·秋官·萍氏》：“萍氏掌國之水禁，幾酒，謹酒，禁川游者。”鄭玄注：“備波洋卒至沈溺也。”《玄應音義》卷十五《五分律》卷八音義：“泅戲，又作汓，同，似由反。《説文》：‘水上浮也。’今江南呼拍浮爲泅也。”又卷十七《俱舍論》卷十六音義：“學泅，《説文》汓或從囚作泅，音似流反，謂浮水上也。江南言拍浮為汓。”《慧琳音義》卷四一《六波羅蜜多經》卷五音義：“游泳，酉幽反。顧野王云：‘游，浮於水上而進也。’鄭注《周禮》云：‘備沉溺也。’”疑《殘卷》本作“謂人拍浮，浮於水上而進也”。“字”與“孚”形近，為“浮”之殘訛。吕校本作“謂人栢字浮泛水上而逸也”。《左傳·莊公十八年》：“初，楚武王克權，使鬬緡尹之。以叛，圍而殺之，遷權於那處，使閻敖尹之。……閻敖游涌而逸。”顧氏蓋誤以“權”“游涌而逸”，“權”又訛作“榑”。吕校本作“榑游涌而逸”，亦誤。《爾雅·釋水》：“逆流而上曰泝洄，順流而下曰泝游。”《殘卷》避梁諱改“順”為“從”。《禮記·緇衣》：“王言如絲，其出如綸；王言如綸，其出如綍。故大人不倡游言。”鄭玄注：“游猶浮也。不可用之言也。”《説文》：“汓，浮行水上也。从水，从子。古或以汓爲沒。”《名義》：“汓，似流反。浮也，從流下浮也。”《新撰字鏡》：“泅，似由反。謂水上浮也。汓，沈溺也，沒也。上字。”[①]《類聚名義抄》：“泝，《玉》云：‘逆流而上曰泝洄，順流而涉曰泝游。水

① “沈溺也”為誤訓，其上脱“備”字。

欲下違而上也，向也。湅，古文。’”（32・4）又：“游泳，《玉》云：汓，似流反，餘周〈反〉。沈溺也，人栢［掐］浮泛水上而進也。從流而下曰泝汓。汓猶浮也。益［盖］游，旌旗之遊也。浮才［扵］水上也，遊亦字汓［汓字］。”（51・3）

泅，《説文》亦汓字也。

《説文》：“汓，浮行水上也。从水，从子。古或以汓爲沒。泅，汓或从囚聲。”《名義》：“汓，似流反。浮也，從流下浮也。泅，或又。洄［泅］，上文。”《新撰字鏡》：“泅，似由反。謂水上浮也。”

游，《字書》亦斿字也。㫌［旌］旗之游為斿字，在㫃部。①

《晉書・苻堅載記上》：“師次沔北，晉南中郎將朱序以丕軍無舟檝，不以為虞，石越遂游馬以渡。”何超音義：“《説文》曰：‘游水上也。’音由。”《名義》：“游，似周反。浮也。又斿。”《新撰字鏡》：“淤，正，羊牛、以周反，平。……又扵攄反，上。淤也。借黑牛反。”②

砅，理罽反。《毛詩》：“深則砅。”傳曰：“以衣涉水为砅。”《尓稚［雅］》亦云，郭璞曰：“衣謂褌也。”《尓雅》又曰：“帶以上为砅。”《韓詩》：“至心曰砅。”《楚辞》：“櫂舟杭以横砅。”王逸曰：“砅，渡也。”《説文》：“履石渡水也。”今為厲字，在厂部。③《古文尚書》以此砅為摩厲之礪字，在石部。④

《詩經・邶風・匏有苦葉》：“深則厲，淺則揭。”毛傳：“以衣涉水為厲，謂由帶以上也。”《爾雅・釋水》：“以衣涉水為厲。”郭璞注：“衣謂褌。”吕校本誤作“衣謂褌也”。《爾雅・釋水》：“繇帶以上為厲。”《詩經・邶風・匏有苦葉》：“深則厲，

---

① 《名義》：“斿，余周反。”

② “羊牛、以周反”當為“游”字。

③ 《名義》：“厲，力遊［逝］反。今也，高也，上也，立也，方也，虐也，色［危］也，恶也，附也，猛也，烈也，作也，合也，短也。”

④ 《尚書・禹貢》：“礪砥砮丹。”孔安國傳：“砥細於礪，皆磨石也。”

淺則揭。”陸德明音義：“厲，力滯反。《韓詩》云：‘至心曰厲。’《説文》作砅，云：‘履石渡水也。’”《楚辭·九歎·離世》：“櫂舟杭以横濿兮，濟湘流而南極。”王逸注：“濿，渡也，由帶以上為濿。”吕校本誤“櫂”為“擢”。《説文》：“砅，履石渡水也。从水，从石。《詩》曰：深則砅。”《名義》：“砅，力罽反。度也，水至心為砅。”

《玉篇》：“砅，理罽切，水深至心曰砅。今作濿。濿，同上。”《龍龕》：“濿，音例，以衣渡水曰濿，亦履石渡水也。”

濿，《説文》亦砅字也。

《殘卷》：“厲，力逝反。……涉水之厲為濿字，在水部。”《説文》：“砅，履石渡水也。从水，从石。《詩》曰：深則砅。濿，砅或从厲。”《名義》：“砅，力罽反。度也，水至心為砅。濿，同上。”

淒，且奚反。《毛詩》：“淒其以風。”傳曰：“淒，寒風也。”又曰：“風雨淒淒。”傳曰：“風且雨淒淒然也。”《説文》：“雨寒起之［也］。”

《詩經·邶風·緑衣》：“絺兮綌兮，淒其以風。”毛傳：“淒，寒風也。”《詩經·鄭風·風雨》：“風雨淒淒，雞鳴喈喈。”毛傳：“風且雨淒淒然。”《説文》：“淒，雲雨起也。从水，妻聲。《詩》曰：有渰淒淒。”《名義》：“淒，且奚反。寒風也。”《類聚名義抄》：“淒，《玉》云：‘且奚反。寒風也。’”（51•4）

吕校本“且奚反”作“且溪反”。案：《殘卷》本作“奚”。又，吕校本引《毛詩》及《傳》，“淒”均作“凄”。案：字頭為“淒”，則書證亦當作“淒”。

湊，青豆反。《楚辞》：“従波湊而下津［降］。”王逸曰：“湊，聚也。”《淮南》：“襄［衰］世湊學者，不知原心及［反］夲。”許牀重曰：“湊，竟進也。”野王案：《公羊傳》“湊公寢而〈弑〉之”是也。《方言》：“湊，威也。”《説文》：“水上人所會也。”《廣雅》：“湊，寂也。”

《楚辭·九歎·逢紛》：“赴江湘之湍流兮，順波湊而下降。”王逸注：“湊，聚也。”《淮南子・精神》：“衰世湊學，不知原心反本。”高注：“湊，趨也。”《慧琳音義》卷三十《持人菩薩經》卷二音義：“至湊，七候反。許叔重注《淮南子》云：‘湊，競進也。”《公羊傳・昭公三十一年》：“賊至，湊公寢而弑之。”《方言》卷十二：“湊，將，威也。”《説文》：“湊，水上人所會也。从水，奏聲。”《廣雅・釋詁三》：“灤，聚也。”曹憲音“湊”。《慧琳音義》卷十六《文殊師利佛土嚴浄經》下卷音義：“至湊，且豆反。《廣雅》：‘湊，最也。’湊，競進也。”《殘卷》“冣”字或為“最”，或為“聚”，此處當作“聚”。《名義》：“湊，青豆反。聚也，鏡也，〈競〉進也，威也，冣。”《類聚名義抄》：“湊集，《玉》云：‘盛［威］也，冣也，聚也。’”（51•5）

湛，直斬反。《周礼》：“荊州之浸潁湛。”鄭玄曰：“未聞所出。”《毛詩》：“湛湛露斯。”傳曰：“湛湛，露盛皀也。”《方言》：“湛，安也。”郭璞曰：“湛然安皀也。”《説文》：“湛，沒也。”《蒼頡篇》：“水不流也。”又音視林反。《左氏傳》：“戰于湛沠。”杜預曰：“襄陽［城］昆陽縣北有湛水，入汝。”

《周禮・夏官・職方氏》：“正南曰荊州，其山鎮曰衡山，其澤藪曰雲瞢，其川江漢，其浸潁湛。”鄭玄注：“潁出陽城，宜屬豫州，在此非也。湛未聞。”《詩經・小雅・湛露》：“湛湛露斯，匪陽不晞。”毛傳：“湛湛，露茂盛貌。”[①]《方言》卷十三：“湛，安也。”郭璞注：“湛然安貌。”《説文》：“湛，沒也。从水，甚聲。一曰：湛水，豫章浸。”《慧琳音義》卷五十轉録《佛性論》卷三玄應音義：“湛然，宅陷反。《方言》：‘湛，安也。’《蒼頡篇》：‘水不流皃也。’《説文》：‘從水，甚聲者也。’”《文選・謝混〈遊西池〉》：“景昃鳴禽集，水木湛清華。”李善注引《蒼頡篇》曰：“湛，水不流也。”《左傳・襄公十六年》：“楚公子格帥師，及晉師戰于湛阪。”杜預注：“襄城昆陽縣北有湛水，東入汝。”《名義》：“湛，直斬反。水不流，安也，沒也，露盛皀也。”《新撰字鏡》：“湛，正，直斬反，上。安也，沒也，水不流也，露也。”《類聚名義抄》：“湛然，《玉》云：‘沒也，露盛皃。’”（51•6）

滊，《説文》古文湛字也。

---

① 《慧琳音義》卷九二《續高僧傳》卷十音義：“湛露，上澤［遲］減反。《毛詩傳》云：‘湛湛，露盛貌也。’”

《説文》：“湛，沒也。从水，甚聲。一曰：湛水，豫章浸。㴱，古文。”《名義》：“湛，直斬反。水不流，安也，沒也，露盛皀也。㴱，古文。”《新撰字鏡》：“湛，正，直斬反，上。安也，沒也，水不流也，露也。㴱，上字。”

湮，於神反。《國語》：“湮降𤀉圉。”賈逵曰：“湮，下也。”《尒雅》：“湮，落也。”郭璞曰：“謂沈落也。”《説文》：“湮，沒也。”湮塞之湮為堙字，在土部。①

《國語·周語下》：“故亡其氏姓，踣斃不振，絶後無主，湮替隸圉。”韋昭注：“湮，没也。”《慧琳音義》卷八八《釋法琳本傳序》音義：“湮滅，上一寅反。賈注《國語》云：‘湮，下也。’《爾雅》：‘落也。’《説文》：‘沒也。從水，垔聲。’”《爾雅·釋詁上》：“湮，落也。”郭璞注：“湮，沈落也。”《説文》：“湮，沒也。从水，垔聲。”《名義》：“湮，於神反。沈也，下也，落也，沒也。”《新撰字鏡》：“湮，於仁反。沒也，溺也，沈也，寒［塞］也，落也，下也。”

休，奴的反。《礼記》：“孔子曰：君子休於日［口］，小人休於水。”鄭玄曰：“休謂覆沒不能自理出者也。”又曰：“死而不弔者三：〈畏、厭、〉休也。”鄭玄曰：“不乘槁［橋］、舩者也。”《説文》：“沒水中也。”野王案：《家語》“子路休［拯］溺［休］”是也。《廣雅》：“休，濆也。”《聲類》：“此古文溺也。”野王案：今皆為溺字。

《禮記·緇衣》：“子曰：‘小人溺於水，君子溺於口，大人溺於民，皆在其所褻也。”鄭玄注：“溺謂覆沒不能自理出也。”《禮記·檀弓》：“死而不弔者三：畏、厭、溺。”鄭玄注：“不乘橋、舡。”《説文》：“休，沒也。从水，从人。”②《吕氏春秋·察微》：“子路拯溺者，其人拜之以牛，子路受之。”《淮南子·齊俗》：“子路撜溺而受牛謝。”《太平御覽》卷八九九引《孔子家語》曰：“子路拯溺者，其人拜之以牛，子路受之。”《殘卷》“子路休溺”或當作“子路拯休”，“休”與“拯”形近而訛，“休休”不辭，遂改後一“休”字為“溺”。《廣雅·釋詁二》：“溺，濆也。”《慧琳音義》卷三五《菩

① “堙”似當作“垔”。《名義》：“垔，於仁反。塞也，㙐，古文。”
② 《慧琳音義》卷二《大般若波羅蜜多經》卷一八一音義：“沈溺，下泥歷反。《禮記》：‘孔子曰：君子溺于口，小人溺于水。’《説文》云：‘沒水中。’正從人作休，今通作溺。”

提場所説一字頂輪王經》音義："水休，寧的反。《禮記》：'孔子曰：'君子休於口，小人休於水。'謂覆沒不能自理出也。又曰：'死而不弔者三：畏、壓、休。'《説文》：'沒水也。從人，從水。'亦作溺，古也。"《名義》："休，奴的反。溺也。"《新撰字鏡》："溺，正，奴狄反，入。落水也，又休，泊［汨？］溺也，沒也。借耳約反，入。水名。"

沒，莫窔反。《左氏傳》："何沒沒也。"杜預曰："沒沒，沈滅之言也。"《國語》："不沒为後。"賈逵曰："沒，貪也。"《史記》："始为小吏，乹沒。"徐廣曰："隨勢沉浮也。"服虔曰："射成敗也。"如淳曰："得利为乹，失利为沒。"《淮南》："吴越之善沒者取之。"《説文》："沒，湛也。"《聲類》："沒，溺也。"古文为𤕦［叟］字，在又部。[①] 終竟殂沒之沒为歿字，在歺部。[②]

《左傳·襄公二十四年》："諸侯貳則晉國壞，晉國貳則子之家壞，何沒沒也？"杜預注："沒沒，沈滅之言。"《國語·晉語二》："重耳仁，再拜不稽首，不沒爲後也。"韋昭注："沒，貪也。"《史記·酷吏列傳》："始為小吏，乾沒，與長安富賈田甲魚翁叔之屬交私。"裴駰集解："徐廣曰：'随勢沈浮也。'駰案：服虔曰：'射成敗也。'"司馬貞索隱："如淳曰：'得利為乾，失利為没。'"《淮南子·道應》："白公曰：'若以石投水中，何如？'曰：'吴越之善沒者能取之矣。'"《説文》："㲻，沈也。从水，从𥄙。"《慧琳音義》卷十二《大寶積經》卷三五音義："漂沒，下門悖反。杜注《左傳》：'沒，沈也。'《聲類》：'沒，溺也。'《説文》：'湛也。從水，從叟。'叟即古文，作叟字，會意字。""叟"即"𥄙"之俗字。《名義》："没，莫窔反。失利也，溺也，貪也，堪［湛］也。"《新撰字鏡》："没，莫勿反，入。勉也，无也，入也，弱［溺］也，湛也，終也，了也。"

渨，於曰［回］反。《説文》："隈［渨］，沒也。"水澳曲名渨为隈字，在阜部。[③]

《説文》："渨，沒也。从水，畏聲。"《名義》："渨，於逥反。没。"

---

① 《名義》："叟，莫骨反。没字也。"
② 《名義》："歿，莫骨反。死也，盡也，竟也，终也。"
③ 《名義》："隈，於逥反。水曲也。"《説文》："隈，水曲澳也。"

滃，於孔反。《楚辞》："望谿予［兮］滃鬱。"王逸曰："川谷吐氣也。"《説文》："雲氣起皀也。"草木蓊欝为篛字，在竹部。① 多大滃䨯为䆉字，在多部。②

《楚辭·九懷·蓄英》："望谿兮滃鬱，熊羆兮呴嗥。"王逸注："川谷吐氣雲闇昧也。"《説文》："滃，雲气起也。从水，翁聲。"《名義》："滃，烏孔反。谷吐氣處。"《新撰字鏡》："滃，於孔反，上。雲起也，闇翳之氣也，大水皃。"

泱，於黨、於楊二反。《毛詩》："惟水泱泱。"傳口［曰］："深廣之皀也。"又曰："泱泱白雲。"傳曰："白雲之皀也。"《左氏傳》："泱泱乎大風。"杜預曰："泱泱，弘大之聲也。"《説文》："滃也。"《廣雅》："泱泱，流也。"《聲類》："滃泱，雲起皀也。"《廣蒼》以泱泱白雲为霙字，在雨部。③

《詩經·小雅·瞻彼洛矣》："瞻彼洛矣，維水泱泱。"毛傳："泱泱，深廣貌。"《詩經·小雅·白華》："英英白雲，露彼菅茅。"毛傳："英英，白雲貌。"陸德明音義："英，如字。《韓詩》作泱泱，同。"《左傳·襄公二十九年》："美哉，泱泱乎，大風也哉！"杜預注："泱泱，弘大之聲。"《説文》："泱，滃也。从水，央聲。"《廣雅·釋訓》："泱泱，流也。"《類篇》："泱，於良切。《説文》：'滃也。'謂雲氣起貌。"《名義》："泱，於黨反。深廣。"

渰，於斂反。《毛詩》："有渰淒淒。"傳曰："渰，陰雲皀也。"《説文》："雲雨皀。"《廣蒼》为䨄字，在雨部。④

《詩經·小雅·大田》："有渰萋萋，興雨祈祈。"毛傳："渰，雲興貌。"陸德明音義："渰，本又作弇，於檢反，《漢書》作黤。"按：《顔氏家訓·書證》："《詩》

① 《名義》："篛，於孔反。竹也，盛也。""竹也，盛也"當作"竹盛也"。
② 《名義》："䆉，於孔反。多。"
③ 《名義》："霙，於黨反。白雲。"
④ 《名義》："䨄，於斂反。霒雲，陰雲。"《慧琳音義》卷八十《大唐内典録》卷四音義："掩雲，淹撿反。《毛詩傳》云：'淹謂陰雲皃也。'《廣雅》云：'大陰也。'《説文》：'從水，弇聲。'《廣蒼》從雨作䨄，《玉篇》從廾作弇，音義並同。"

云：‘有渰萋萋，興雲祁祁。’毛傳云：‘渰，陰雲貌。’”《説文》：“渰，雲雨皃。从水，弇聲。”《名義》：“渰，於엽反。雲皃。”《新撰字鏡》：“渰，應儉、乙釤［敍］二反。沒也，潤也，雲雨、覆、深皃。”《類聚名義抄》：“渰水，《玉》云：‘雲皃。’”（12・6）

澍，之樹反。《淮南》：“春雨之灌萬物，無地而不澍，無物而不生。”《説文》：“時雨，所以樹生萬物者也。”

《淮南子・泰族》：“故一動其本而百枝皆應，若春雨之灌万物也，渾然而流，沛然而施，无地而不澍，无物而不生。”《説文》：“澍，時雨，澍生萬物。从水，尌聲。”《名義》：“澍，之樹反。時雨生万物也。”《新撰字鏡》：“澍，止朱［素］反，去。主音多作注，又霔字，洽也，雨也，時雨也。”

《慧琳音義》卷七《大般若波羅蜜多經》卷五五五音義：“宜澍，之樹反。《淮南子》云：‘春雨之灌萬物，無地而不澍，無物而不生。’《説文》云：‘時雨，所以澍生萬物也。從水，從尌省聲。’正體作澍，籀文作尌。”

溟，莫経反。《荘子》：“北溟有魚，其名曰鯤，海運則将徙於南溟。南溟者，天池也。”司馬䬍［彪］曰：“南北極也，去日月遠，故以溟為名也。”《説文》：“小雨溟溟也。”

《莊子・逍遥遊》：“北冥有魚，其名為鯤。鯤之大，不知其幾千里也。化而為鳥，其名為鵬。是鳥也，海運則將徙於南冥。南冥者，天池也。”陸德明音義：“北冥，本亦作溟，覓經切，北海也。嵇康云：‘取其溟溟無涯也。’梁簡文帝云：‘窅冥無極，故謂之冥。’東方朔《十洲記》云：‘水黑色謂之冥海，無風洪波百丈。’”《慧琳音義》卷六七《阿毘達磨識身足論》卷一音義：“巨溟，下茗經反。《莊子》云：‘溟，天池也。’司馬彪注云：‘溟，南北極也，去日月遠，故以溟為名也。’《字書》云：‘溟，海也。’《説文》：‘從水，冥聲。’”《説文》：“溟，小雨溟溟也。从水，冥聲。”《名義》：“溟，莫经反。小雨。”《類聚名義抄》：“滄溟，下《玉》云：‘小雨也。’”（5・7）

洓，所革反。《説文》：“小雨落也。”

《説文》：“洓，小雨零皃。从水，束聲。”《名義》：“洓，所革反。小雨落也。”吕氏校釋：“此字頭原誤。《玉篇》作‘漅’字，同洓。”按：此字頭原誤作“浦”。[①]《新撰字鏡》：“滐［漅］，踈革反，入。水皀。”

瀑，蒲到反。《毛詩》：“终風且瀑。”傳曰：“瀑，疾風也。”《尔雅》：“日出而風曰瀑。”《説文》：“疾雨也。一曰：賈也。一曰：沫也。”《蒼頡萹》：“漬［濆］也。”今為暴［㬥］字，在夲部。[②]

《詩經·邶風·終風》：“終風且暴，顧我則笑。”毛傳：“暴，疾也。”《爾雅·釋天》：“日出而風爲暴。”《説文》：“瀑，疾雨也。一曰：沫也。一曰：瀑，資也。[③]从水，暴聲。《詩》曰：終風且瀑。”《慧琳音義》卷六六《阿毗達磨發智論》卷四音義：“瀑流，上袍帽反。《蒼頡篇》云：‘瀑，漬也。’《文字典説》云：‘江河水漲急也。’《説文》云：‘疾雨也。從水，暴聲。’”“漬”當作“濆”。《玄應音義》卷十《十地論》卷四音義：“瀑水，蒲報反。《蒼頡解詁》云：‘水濆起曰瀑也。’”《名義》：“瀑，蒲到反。風皀也，清［濆］也，深也。”吕氏校釋：“《殘卷》‘漬也’、《名義》‘清也’皆為‘濆也’之誤。《名義》‘深也’疑為‘沫也’之誤。”按：此説可從。《殘卷》“紝”字下“深”作“[illegible]”，“繰”字下“深”作“[illegible]”，“砅”下“深”作“[illegible]”，“泱”下“深”作“[illegible]”，“隕”下“深”作“[illegible]”“[illegible]”，均與“沫”形近。

《類聚名義抄》：“瀑流，《玉》云：‘風皀，清也，深也，日出而風曰瀑，疾雨也，疾風也，賈也，沫也，漬也。’”（51•7）“清也”“漬也”“深也”均誤。

吕校本“夲部”誤作“恭部”。

---

① 俗字“甫”“朿”偏旁易混，“洓”與“沛”形近。

② 《名義》：“㬥，蒱報反。暴也。疾也，秏也，樽［搏］也。”

③ 《説文》“資也”當作“賈也”。《文選·郭璞〈江賦〉》：“揮弄灑珠，拊拂瀑沫。”李善注引《説文》曰：“瀑，賈也。”《慧琳音義》卷四一《大乘理趣六波羅蜜多經》卷一音義：“瀑河，蒲冒反。《考聲》：‘猝雨也。’《説文》：‘疾雨水。’又云：‘瀑，賈也。’從水，從曰，從出，從廾【音拱】，從夲【夲音滔［滔］】。”

湒，子立反。《説文》："雨下皀也。一曰：沸也。"[①]

《説文》："湒，雨下也。从水，咠聲。一曰：沸涌皃。"《名義》："湒，子立反。沸也，雨下皀。"

濱，字私反。《説文》："久雨曰涔濱。一曰：水名也。"《聲類》或為顧［霣］字，在雨部。[②]

《説文》："濱，久雨涔資［濱］也。一曰：水名。从水，資聲。"《名義》："濱，字秘［私］反。水名也，久雨也。"

潦，良道反。《毛詩》："于彼行潦。"傳曰："行潦，流潦也。"《説文》："雨水也。"[③]**野王案：《礼記》"季夏……水潦盛昌"是也。"**

《詩經·召南·采蘋》："于以采藻？于彼行潦。"毛傳："行潦，流潦也。"《説文》："潦，雨水大皃。从水，尞聲。"《禮記·月令》："季夏之月……水潦盛昌，神農將持功，舉大事則有天殃。"《名義》："潦，良道反。盛水也。"《新撰字鏡》："潦，正，力道反，上。雨水也。又盧到反，去。潦也，大雨而高下皆水也。"[④]

濩，胡郭反。《毛詩》："是刈是濩。"傳曰："濩，煮之也。"《尔雅》亦云，郭璞曰："煮葛为絺絡［綌］也。"《韓詩》："濩，瀹也。"《礼記》："孔子曰：

---

① 《玄應音義》卷十二《别譯阿含經》卷四音義："滑湒，又作涓，同，思入、史及二反。《字林》：'沸鬲也。'亦雨聲也。""滑""涓"蓋均為"湒"字之訛。《别譯阿含經》卷四："即時熾然，烟炎俱出，湒湒振爆，聲大叫裂。"大正新修大藏經校勘記謂【宋】【元】【明】作"湒湒"。"沸鬲"疑當作"鬻"。《説文》："鬻，涫也。""涫，鬻也。"
② 《名義》："霣，才秘［私］反。久雨。""顧"蓋"霣"字之訛。
③ 《文選·馬融〈長笛賦〉》："秋潦漱其下趾兮，冬雪揣封乎其枝。"李善注引《説文》曰："潦，雨水也。"《詩經·召南·采蘋》："于以采藻？于彼行潦。"孔穎達正義引《説文》云："潦，雨水也。"
④ 《禮記·月令》："行秋令，則丘隰水潦。"鄭玄注："溝瀆與此月大雨并，而高下皆水。"《新撰字鏡》脱"并"字。

‘濡而不隕……’”（以下闕）

濩，胡郭反。《毛詩》：“是刈是濩。”傳曰：“濩，煮之也。”《尔雅》亦云，郭璞曰：“煮葛为絺絡［綌］也。”《韓詩》：“濩，瀹也。”《礼記》：“孔子曰：‘濡而不隕濩扵貧賤。’”鄭玄曰：“隕濩，困迫失志之皀也。”《說文》：“霤下皀也。”《廣雅》：“濩，汙也。”

《詩經·周南·葛覃》：“是刈是濩，為絺為綌，服之無斁。”毛傳：“濩，煮之也。”陸德明音義：“濩，胡郭反。《韓詩》云：‘濩，瀹也。’”吕校本“瀹”誤作“淪”。《爾雅·釋訓》：“是刈是濩。濩，煮之也。”郭璞注：“煮葛爲絺綌。”《禮記·儒行》：“儒有隕穫於貧賤，不充詘於富貴。”鄭玄注：“隕穫，困迫失志之貌也。”“隕穫”與“隕濩”音義同。吕校本作“隕濩困迫，失志之皃也”。《慧琳音義》卷八四《集古今佛道論衡》卷三音義：“濩落，胡郭反。郭注《爾雅》云：‘濩，淪［瀹］也。’鄭注《禮記》云：‘濩，困迫失志皃也。’《説文》：‘從水，蒦聲。’”《説文》：“濩，雨流霤下。从水，蒦聲。”[1] 吕校本誤作“雷下皃也”。《廣雅·釋詁三》：“濩，污也。”《名義》：“濩，胡郭反。煑也，汙也。”

涿，猪角反。《山海經》：“成山涿水出焉。”《漢書》有涿縣，應劭曰：“涿水出上谷涿鹿縣。”《說文》：“流下適涿也。”

按：《殘卷》字頭“涿”為“涿”之俗字。《龍龕》：“涿，俗；涿，正。竹角反，郡名。”《山海經·南山經》：“又東五百里曰成山，……闅水出焉。”郭璞注：“音涿。”《漢書·地理志上》：“涿郡，户十九萬五千六百七，口七十八萬二千七百六十四。縣二十九：涿，……”顔師古注引應劭曰：“涿水出上谷涿鹿縣。”《説文》：“涿，流下滴也。从水，豖聲。上谷有涿縣。”《名義》：“涿，猪角反。水出成山。”

肊［𣅀］，《說文》奇字涿字，有涿享［亭？］。

---

① 《文選·張協〈七命〉》：“溟海渾濩涌其後，嶰谷㖫嘈張其前。”李善注引《説文》曰：“濩，霤下貌也。”所引與《殘卷》同。

《説文》："涿，流下滴也。从水，豖聲。上谷有涿縣。𣅊，奇字涿从日、乙。"《名義》："涿，猪角反。水出成山。𣅊，同上。"

瀧，力弓、力公二反。《方言》："瀧涿謂之沾清［漬］。"郭璞曰："瀧涿，猶瀨滯也。"《説文》："雨隴隴［瀧瀧］也。"《廣雅》："瀧，清［漬］也。"

《方言》卷七："瀧涿謂之霑漬。"郭璞注："瀧涿。猶瀨滯也。音籠。"《説文》："瀧，雨瀧瀧皃。从水，龍聲。"《廣雅·釋詁二》："瀧，漬也。"《名義》："瀧，力弓反。雨也，清［漬］也。"《新撰字鏡》："瀧、瀧、瀧，三形作，盧江反。涷，沾漬也，又南人名湍也。"《類聚名義抄》："瀧，《玉》云：'力弓反。雨也，清［漬］也。'"（52•1）

渿，奴太反。《説文》："渿，浦［沛］也。"《埤蒼》："浦［沛］渿，水波皀也。"《聲類》："水聲也。"

《説文》："渿，沛之也。从水，柰聲。"《名義》："渿，奴太反。水波皀也，補也。"吕氏校釋："'補也'當作'沛也'，與字頭連讀為'渿沛也'。"按：俗字"市""甫"形近易混。《名義》"抪"作"𢱢"，"衶"作"補"，"昁"作"𣇟"，"犻"作"𤜹"，"跡"下"迹"作"逋"，均其證。《名義》"沛也"當與字頭連讀為"沛渿也"。《説文》"沛之也"，"之"蓋為代替符，"沛之也"即"沛渿也"。

漊，力𦡱反。《説文》："雨漊漊也。一曰：汝南謂飲酒習之不醉为漊。"

《説文》："漊，雨漊漊也。从水，婁聲。一曰：汝南謂飲酒習之不醉爲漊。"《名義》："漊，力儒反。雨也。"

滈，胡道反。《説文》："久雨也。"《埤蒼》謂澆為滈。[①] 又音呼角反。左思《蜀

① 此義字亦作"浩"。《説文》："浩，澆也。"

都賦》："龍池曰滈［滈］瀑濆其隈。"

《説文》："滈，久雨也。从水，高聲。"《文選·左思〈蜀都賦〉》："龍池滈瀑濆其隈，漏江伏流潰其阿。"李善注："《長笛賦》曰：'滈瀑噴沫。'滈瀑，沸涌之皃也。"《文選集注》引《音决》："滈，許角反。"李周翰注："滈瀑，水沸聲。"《殘卷》"曰滈"當作"滈"。《名義》："滈，胡道反。久雨。"《新撰字鏡》："滈、滈，同，正，胡道反，上。反［久］雨。借呼角反，入。水沸之聲也。"

溦，莫非反。《尒雅》："谷者溦。"郭璞曰："水通扵谷者也。"《説文》："小雨也。"《聲類》或湄字也。水草交曰湄，湄音莫悲反。

《爾雅·釋丘》："谷者溦。"郭璞注："通於谷。"陸德明音義："溦，本又作湄，亡悲反，又音微。"《説文》："溦，小雨也。从水，微省聲。"《名義》："溦，莫非反。细雨。"《新撰字鏡》："溦，无悲、牟畏二反，平。小雨也，露雨也，物傷濕曰溦也。溦，上字。"《慧琳音義》卷八九《高僧傳》卷五音義："江湄，下美悲反。詩云：'在水之湄。'《爾雅》云：'水草交曰湄。'《説文》：'從水，眉聲。'"

浽，思微反。《字指》："浽溦，小雨也。"

裴務齊正字本《刊謬補缺切韻·脂韻》："浽，浽溦，小雨。"《名義》："浽，思微反。小雨。"《新撰字鏡》："浽，息惟反，平。又私蕤反，見蜺也，小雨也。又奴罪反，上(也)。"

滖［瀤］，《淮南》："雨霓滖［瀤］溦則堬潭苽蔣。"野王案：此亦浽字也。

《淮南子·原道》："雪霜滖灖，浸潭苽蔣。"《名義》："浽，思微反。小雨。滖，同上。"

浞，仕角反。《説文》："水濡皀也。"《廣雅》："浞，漬也。"野王案：《左

氏傳》佰朋［明］氏之讒子弟有寒浞，即煞羿者也。

《説文》："浞，濡也。从水，足聲。"《廣雅·釋詁二》："浞，漬也。"《左傳·襄公四年》："寒浞，伯明氏之讒子弟也。"《史記·夏本紀》："中康崩，子帝相立。帝相崩，子帝少康立。"司馬貞索隱引《左傳》："魏莊子曰：'昔有夏之衰也，后羿自鉏遷于窮石，因夏人而代夏政。恃其射也，不修人事，而信用伯明氏之讒子寒浞。浞殺羿，烹之，以食其子，子不忍食，殺于窮門。'"張守節正義引《帝王紀》云："……羿恃其善射，不修民事，淫于田獸，棄其良臣武羅、伯姻、熊髡、龙圉而信寒浞。寒浞，伯明氏之讒子，伯明后以讒棄之，而羿以為己相。寒浞殺羿於桃梧，而烹之以食其子。"《慧琳音義》卷九七《廣弘明集》卷三音義："羿乃，研計反。孔注《論語》云：'羿，有窮國之君，善射者也，被其臣寒浞煞之也。'"《名義》："浞，仕角反。清也。"吕氏校釋："'清也'當作'漬也'。"

濛，莫公、莫孔二反。《毛詩》："零雨其濛。"傳曰："濛，雨皀也。"戔云："雨濛濛然也。"《説文》："微雨也。"《廣蒼》为霿字，在雨部。①《尔雅》："四極……至扵太濛。"郭璞曰："即濛汜也。"野王案：濛汜，日所入也。《淮南》："東貫濛澒之光。"野王案：《廣雅》："濛澒，常氣也。"

《詩經·豳風·東山》："我來自東，零雨其濛。"毛诗："濛，雨貌。"鄭玄箋："我往之東山，既久勞矣，歸又道遇雨濛濛然，是尤苦也。"《説文》："濛，微雨也。从水，蒙聲。"《爾雅·釋地》："東至日所出爲太平，西至日所入爲太蒙。"郭璞注："即蒙汜也。"②《淮南子·道應》："西窮冥冥之黨，東開鴻濛之光。"《廣雅·釋天》："濛澒，常氣。"《名義》："濛，莫公反。微雨也。"《新撰字鏡》："濛、[illegible]，二形作，莫紅反。微雨也，汜也。"

沈，雉林反。《尚書》："沉亂于酒。"孔安國曰："沉謂冥醉也。"《周礼》："以薶沉祭山川。"鄭玄曰："祭川澤曰沉。"《尔雅》："祭川曰浮沉。"郭璞曰：

① 《名義》："霿，莫公反。雨。"
② 《慧琳音義》卷九五《弘明集》卷二音義："濛汜，上漠蓬反，下辭里反。《尒雅》：'四極，西至于太濛。'郭云：'卽（聲）濛汜也。'"

“投祭水中，或浮或沉也。”《毛詩》：“載沉載浮。”野王案：沉，沒也。《國語》“沉竈生蛙”“氣不沉滯”是也。《左氏傳》：“有沉溺重疫之疾。”杜預曰：“沉溺，濕疒［疾］也。”《方言》：“沉，大也。”《說文》：“陵上滈水也。一曰：濁黕也。”《廣雅》：“沉，止也。”《莊子》：“是陸沉者也。”司馬彪曰：“無水而沉也。”野王案：陸沉猶淪翳也，言居陸而若沉溺，無聞〈朝廷〉也。《史記》“陸沉於世，避世金馬門”是也。

《尚書·胤征》：“惟時羲、和，顛覆厥德，沈亂于酒，畔宮離次。”孔安國傳：“沈謂醉冥。”①《周禮·春官·大宗伯》：“以血祭祭社稷五祀五嶽，以貍沈祭山林川澤，以疈辜祭四方百物。”鄭玄注：“祭山林曰埋，川澤曰沈。”《爾雅·釋天》：“祭川曰浮沈。”郭璞注：“投祭水中，或浮或沈。”《詩經·小雅·菁菁》“汎汎楊舟，載沈載浮。”《慧琳音義》卷五一《大乘百法論》音義：“惛沈，下持林反。……顧野王：‘沈猶没也。’”《國語·晉語九》：“沈竈産鼃，民無畔意。”《國語·周語下》：“是故聚不阤崩而物有所歸，氣不沈滯而亦不散越。”《左傳·成公六年》：“於是乎有沈溺重膇之疾，不如新田。”杜預注：“沈溺，濕疾。”《方言》卷一：“沈，大也。”《說文》：“沈，陵上滈水也。从水，冘聲。一曰：濁黕也。”《廣雅·釋詁三》：“沈，止也。”《莊子·則陽》：“與世違而心不屑與之俱，是陸沈者也。”郭象注：“人中隱者，譬無水而沈也。”陸德明音義引司馬彪云：“當顯而反隱，如無水而沈也。”《慧琳音義》卷四九《攝大乘論序》音義：“滌沈蔽，中朕林反。《介雅》云：‘沉，止也。’顧野王云：‘沉猶淪［淪］翳也。’《說文》云：‘沈，一曰濁黕，昏也。從水，冘聲。’”又卷十一《大寶積經序》音義：“沈淪，上持林反。《集訓》云：‘沈，没也。’《莊子》曰：‘是陸沈者。’顧野王曰：‘人之居陸而若沈溺，無聞朝廷，是陸沈也。”《史記·滑稽列傳》：“時坐席中，酒酣，據地歌曰：‘陸沈於俗，避世金馬門。’”司馬貞索隱引司馬彪云：“謂無水而沈也。”《名義》：“沈，雉林反。沒也，大也，止也。”《類聚名義抄》：“沉淪，《玉》云：‘大也，止也。’”（21·5）

---

① △《慧琳音義》卷五一《大乘百法論》音義：“惛沈，下持林反。孔注《尚書》：‘沈謂冥醉也。’”又卷五七《佛説孝子經》音義引孔注《尚書》同。《文選·顏延年〈五君詠·劉參軍〉》：“韜精日沈飲，誰知非荒宴？”李善注：“《尚書》曰：‘羲、和沈湎於酒。’孔安國曰：‘沈謂醉冥也。’”“冥醉”“醉冥”未詳孰是。《資治通鑑釋文》卷第十八：“沈湎，上持林切，下彌兖切。沈湎謂嗜酒冥醉也。”《太平廣記》卷四百十《草木五·果上·綺縞樹實》引舊題東方朔《神異經》：“東南荒中有邪木焉……其子形如甘，瓤少覩［覩］〔音練〕，甘美，食之令人身澤。不可過三升，令人冥醉，半日乃醒。”《漢魏叢書》作“東南荒中邪木……子味甘如蜜，食之令人身有澤，不可過三升，令人冥醉，半日乃醒。”據此，則似以作“冥醉”為長。

淊，胡感反。《説文》："水泥淊淊也。一曰：䌰絲湯也。"

《説文》："淊，泥水淊淊也。一曰：䌰絲湯也。从水，臽聲。"《名義》："淊，胡感反。泥水。"

洅，作罪反。《説文》："雷震洅也。"

《説文》："洅，雷震洅洅也。从水，再聲。"《名義》："海［洅］，作罪反。雷震也。"按：《名義》字頭原誤作"海"，《殘卷》字頭作"[illegible]"，與之形近。

涵，胡躭反。《説文》："水澤名［多］也。"《毛詩》"僭始既涵"是也。今亦为涵字，《字書》以涵音下埳反，沒沉也；以含容之涵为函字，在㔾部。①

《説文》："涵，水澤多也。从水，圅聲。《詩》曰：僭始既涵。"《詩經·小雅·巧言》："亂之初生，僭始既涵。"毛傳："涵，容也。"鄭玄箋："涵，同也。"陸德明音義："涵，毛音含，鄭音咸。《韓詩》作減。減，少也。"《方言》卷十："潛、涵，沉也。楚郢以南曰涵，或曰潛。"《名義》："涵，胡躭反。水澤多。忽涵。"

溹［澤］，如庶反。《説文》："漸濕也。"野王案：《毛詩》"〈彼〉汾沮溹［澤］"是也。

《説文》："澤，漸溼也。从水，挐聲。"《詩經·魏風·汾沮洳》："彼汾沮洳，言采其莫。"《廣韻·御韻》："洳，沮洳。《説文》作澤，漸濕也。"《名義》："澤，如庶反。漸濕也。洳，同上。"

洳，亦溹［澤］字也。

---

① 《名義·㔾部》："函凾，胡躭反。含字。"

裴務齊正字本《刊謬補缺切韻·御韻》："洳，而攄反。沮洳。又溶［濘］字。"

瀀，扵劉反。《毛詩》："惟其瀀矣。"傳曰："瀀，渥也。"戔云："瀀，寛也。"又曰："敷政瀀瀀。"傳曰："瀀瀀，和也。"《尒雅》亦云，郭璞曰："謂和樂也。"《國語》："神求優裕扵饗者。"賈逵曰："優，饒也。"又曰："獨恭不優。"賈逵曰："優，多也。"《説文》："瀀，澤多也。"《廣雅》："瀀，清［漬］也。""瀀，洿，柠也。"今並为優字，在人部。①《説文》以憂樂之憂为憂字，在夊部。②

《詩經·大雅·瞻卬》："天之降罔，維其優矣。"毛傳："優，渥也。"鄭玄箋："優，寛也。"《詩經·小雅·信南山》："益之以霢霂，既優既渥。"陸德明音義："優，《説文》作瀀。"《詩經·商頌·長發》："敷政優優，百禄是遒。"毛傳："優優，和也。"《爾雅·釋訓》："廱廱、優優，和也。"郭璞注："皆和樂。"《國語·魯語上》："夫民求不匱於財，而神求優裕於享者也。"韋昭注："裕，饒也。享，食也。民和年豐為優裕。"《國語·周語上》："若是乃能媚於神而和於民矣，則享祀時至而布施優裕也。"韋昭注："優，饒也。"《國語·魯語上》："小賜不咸，獨恭不優。"韋昭注："優，裕也。"《説文》："瀀，澤多也。从水，憂聲。《詩》曰：既瀀既渥。"《廣雅·釋詁二》："瀀，漬也。"《廣雅·釋器》："瀀、洿，柠也。"《名義》："瀀，扵留反。沃也，和也，清［漬］也，多也。"

濃，乃東反。《毛詩》："零露濃濃。"傳曰："濃濃，厚也。"《説文》："露多也。"《廣蒼》或为震字，在雨部也。③

《詩經·小雅·蓼蕭》："蓼彼蕭斯，零露濃濃。"毛傳："濃濃，厚貌。"《説文》："濃，露多也。从水，農聲。《詩》曰：零露濃濃。"《名義》："濃，乃来［東］反。露多。"《新撰字鏡》："濃、[illegible]，二形作，乃東反，平。厚也，露〈多〉也。"《類聚名義抄》："濃淡，《玉》云：'乃東反。露多。濃濃，厚也。'"（52•2）

① 《名義》："優，郁牛反。倡也，樂也。"
② 《名義》："憂，扵尤反。優字，愁思也。"
③ 《名義》："震，乃東反。露多。"《慧琳音義》卷五三《起世因本經》卷一音義："滋濃，下女龍反。《蒼頡篇》云：'濃，厚也。'《考聲》：'汁厚也。'《説文》：'露多也。從水，農聲。'或從雨作震，音同上。"

涔，字廉反。《毛詩》："涔有多魚。"傳曰："涔，椮也。"《尒雅》亦云："椮謂之涔。"郭璞曰："今作椮，蘩［聚］柴木扵水中，魚得寒，入其裏，囙以簿捕取之也。"《韓詩》："涔，魚池也。"《說文》："涔，清［漬］也。涔湯［陽］浦在郢。"野王案：今亦以为潛字。

《詩經·周頌·潛·序》："潛，季冬薦魚，春獻鮪也。"陸德明音義："潛，在廉反。《爾雅》作涔，郭音潛，又音岑。《韓詩》云：'涔，魚池。'《小雅》作橬，時砧反。"《詩經·周頌·潛》："潛有多魚，有鱣有鮪，鰷鱨鰋鯉。"毛傳："潛，糝也。"陸德明音義："糝［椮］，素感反。舊《詩傳》及《爾雅》本並作米傍參，《小爾雅》云：'魚之所息謂之橬。橬，糝也。'謂積柴水中，令魚依之止息，因而取之也。郭景純因改《爾雅》從《小爾雅》作木傍參，音霜甚反，又疏蔭反，又心廩反。《字林》作罧，音山沁反，義同。"《爾雅·釋器》："椮謂之涔。"郭璞注："今之作椮者，聚積柴木於水中，魚得寒，入其裏藏隱，因以簿圍捕取之。"邢昺疏："李巡曰：'今以木投水中養魚曰涔。'孫炎云：'積柴養魚曰椮。'郭云：'今之作罧者，聚積柴木於水中，魚得寒，入其裏藏隱，因以簿圍捕取之。'《小爾雅》曰：'魚之所息謂之潛。潛，椮也。積柴水中，魚舍也。'《詩·周頌》云'潛有多魚'是也。椮、罧、潛、涔，古今字。"《説文》："涔，潰［漬］也。一曰：涔陽渚，在郢中。从水，岑聲。"《名義》："涔，字廉反。椮。"《類聚名義抄》："涔，《玉》云：'字廉反。椮也，魚池也。'"（52•3）

渥，烏學反。《周易》："覆公餗，其刑渥。"王弼曰："渥，沾濡之皀也。"《毛詩》："赫如渥赭。"傳曰："渥，厚也。"又曰："顏如渥丹。"戔云："渥，淳漬也。"《說文》："渥，沾也。"

《周易·鼎》："九四，鼎折足，覆公餗，其形渥。"王弼注："渥，沾濡之貌也。"《詩經·邶風·簡兮》："赫如渥赭，公言錫爵。"毛傳："渥，厚漬也。"[①]《詩經·秦風·終南》："顏如渥丹，其君也哉。"鄭玄箋："渥，厚漬也。"[②]《說文》："渥，

① 《文選·潘岳〈寡婦賦〉》："承慶雲之光覆兮，荷君子之惠渥。"李善注引《詩傳》曰："渥，厚也。"《玄應音義》卷九《大智度論》卷二五音義："豊［豐］渥，烏學反。《詩》云：'顏如渥赭。'傳曰：'渥，厚也。'"所引並與《殘卷》同。

② 《慧琳音義》卷十一《大寶積經》卷八音義："汚渥，下鷃角反。《詩》傳：'渥，厚也。'箋云：'淳漬也。'"所引與《殘卷》同。

霑也。从水，屋聲。”《名義》：“渥，烏角反。沾濡𩂘也，厚也，治［沾］也。”《新撰字鏡》：“渥，烏學反，入。濡曰渥，滯，厚也，霑也。”

浺，口角、公楃［握］二反。《說文》：“浺，沾也。”《廣雅》：“浺，漬也。”

《說文》：“浺，灌也。从水，隺聲。”《廣雅·釋詁二》：“濯，瀆也。”王念孫疏證：“澆、濯、淳、沃、淙、淋、欒皆灌之漬也。《說文》：‘澆，沃也。’‘浺，灌也。’浺與濯同。”《名義》：“浺，口角反。沾也，清［漬］也。”

洽，胡夾反。《尚書》：“道洽政治。”孔安國曰：“道至普洽也。”《毛詩》：“洽比其隣。”傳曰：“洽，合也。”《說文》：“洽，霑也。”《蒼頡蒼》：“徧徹也。”《字書》或為霅字，在雨部。[①]

《尚書·畢命》：“道洽政治，澤潤生民。”孔安國傳：“道至普洽，政化治理，其德澤惠施，乃浸潤生民。”《詩經·小雅·正月》：“洽比其鄰，昏姻孔云。”毛傳：“洽，合。”《說文》：“洽，霑也。从水，合聲。”《玄應音義》卷六《妙法蓮花經》卷三音義：“普霅，又作洽，同，胡夾反。《說文》：‘洽，霑也。’《蒼頡篇》：‘遍徹也。’”又卷二二《瑜伽師地論（大唐新譯）》卷十三音義：“潤洽，又作霅，同，胡夾反。《說文》：‘洽，霑也。’《三蒼》：‘洽，遍徹也。’”《名義》：“洽，胡夾反。霑也，合也。”《新撰字鏡》：“洽，胡口、侯夾二反。霑也，合也，徹也，及也，普也，比也。”《慧琳音義》卷四八《瑜伽師地論》卷十三音義：“潤洽，又作霅，同，胡夾反。《說文》：‘洽，霑也。’《三蒼》：‘洽，遍澈［徹］也。’”[②]又卷二二轉録慧苑《新譯大方廣佛華嚴經音義》卷中：“充洽，洽，咸夾反。……《玉篇》曰：‘洽，濡也。’”

瀌，皮彪反。《毛詩》：“雨雪瀌瀌。”箋云：“雨雪之盛瀌瀌然也。”

---

① 《名義》：“霅，胡夾反。濕也，徹也。”
② 《慧琳音義》卷二七轉録大乘基《法花音訓》：“普洽，咸夾反。《蒼頡篇》：‘適散也。’《說文》：‘洽，霑也。’古文作霅。”“適散”當為“遍徹”之訛。

《詩經·小雅·角弓》："雨雪瀌瀌，見晛曰消。"鄭玄箋："雨雪之盛瀌瀌然。"陸德明音義："瀌，符嬌反，徐符彪反，又方苗反，雪盛貌。"《説文》："瀌，雨雪瀌瀌。从水，麃聲。"《名義》："瀌，皮彪反。雪盛皀。"

泐，理得反。《考工記》："石有時以（物）泐，水有時以凝，有時以澤。"鄭衆曰："謂石有時解散也。夏時盛暑太熱則然。"《説文》："水凝合之理也。"①

《周禮·考工記序》："天有時以生，有時以殺，草木有時以生，有時以死，石有時以泐，水有時以凝，有時以澤，此天時也。"鄭玄注引鄭衆云："泐，讀如'再扐而後卦'之扐。泐謂石解散也。"《説文》："泐，水石之理也。从水，从防。《周禮》曰：石有時而泐。"《名義》："泐，理得反。石散解［解散］。"

溓，理兼、理染二反。《説文》："薄水也，或曰：中絶小水也。"《蒼頡篇》："溓，淹也。"《廣雅》："溓，清［漬］也。"《太玄經》："溓然能自裁［截］。"宋忠曰："溓然，活［恬］静皀也。"野王案：王者之政，太平則有河溓海夷之瑞是也。《聲類》："泠［冷？］水溓物也。"音含鑒反。《周礼》为鑑字，在金部。②

《説文》："溓，薄水也。一曰：中絶小水。从水，兼聲。"《慧琳音義》卷八九《高僧傳》卷六音義："天溓，下理兼反。《蒼頡篇》云：'溓，淹也。'宋忠注《太玄經》云：'溓然，括［恬］静貌也。'顧野王云：'王者之政，太平則有河溓海夷之瑞也。'"吕校本"瑞"字誤作"端"。《廣雅·釋詁一》："溓，清也。"王念孫疏證："溓，曹憲音廉。各本脱去'溓字'，其音内'廉'字遂誤入正文。《玉篇》溓音里兼、里忝二切。《集韻》又音廉。《王風·葛藟》釋文引《廣雅》：'溓，清也。'今據以訂正。"按："清也"恐為"漬也"之訛。《廣雅·釋詁二》："溓，漬也。"《永樂大典》卷四九二五："《廣雅》云：'溓，漬也。'""漬也"義與《殘卷》所引"淹也"義相承。《慧琳音義》卷三《大般若波羅蜜多經》卷三三二音義："廉儉，上力兼反。《廣雅》：'廉，清也。'"據此，則《廣雅》作"廉"不誤，王氏所改非是。《太玄·少》："陽氣澹然施於淵，物溓然

① 《廣韻·職韻》："汸，水凝合皃。""泐，凝合。""汸"與"泐"音義同。
② 《周禮·天官·凌人》："凌人掌冰，……春始治鑑。"鄭玄注："鑑，如甀，大口，以盛冰，置食物于中以禦温氣。"陸德明音義："鑑，胡暫反，本或作監，音同。"

能自裁。"[①]《名義》："溓，理兼反。清［漬］也，薄水也。"《新撰字鏡》："溓、濂，二同，正，兼理［理兼］反。薄水也，淹也，漬也，静也。"

濂，《字書》亦溓字也。

《名義》："溓，理兼反。清也，薄水也。濂，同上。"

滯，直厲反。《周礼》："凡珎異之有滯者，斂而入于膳府。"鄭衆曰："謂滯貨不售沈滯於廛中者也。"《左氏傳》："續常職，出滯淹。"杜預曰："扳賢能也。"又曰："舉滯淹。"杜預曰："有才徳而未叙者也。"《國語》："震雷出滯。"賈逵曰："滯，蟄虫也。"又曰："底著滯淫。"賈逵曰："滯，廢也。"又曰："氣不沈滯。"賈逵曰："滯，止也。"又曰："敢告滯積。"賈逵曰："滯，久也。"《楚辞》："淹洄水而疑滯。"王逸曰："滯，畱也。"《字書》或为墆字，在土部。[②]

《周禮·地官·廛人》："凡珍異之有滯者，斂而入于膳府。"鄭玄注："故書滯或作廛。鄭司農云：'謂滯貨不售者，官爲居之，貨物沈滯於廛中，不決，民待其直以給喪疾，而不可售買賤者也。……'玄謂滯讀如沉滯之滯。"《左傳·文公六年》："宣子於是乎始爲國政，制事典，正法罪，辟刑獄，董逋逃，由質要，治舊洿，本秩禮，續常職，出滯淹。"杜預注："拔賢能也。"《左傳·昭公十四年》："赦罪戾，詰姦慝，舉淹滯。"杜預注："淹滯，有才德而未叙者。"《國語·周語上》："陰陽分布，震雷出滯。"韋昭注："滯，蟄蟲也。"《國語·晉語四》："底箸滯淫，誰能興之？"韋昭注："滯，廢也。"《國語·周語下》："氣不沈滯，而亦不散越。"韋昭注："滯，積也。"《國語·魯語上》："不腆先君之幣器，敢告滯積，以紓執事。"韋昭注："滯，久也。"《楚辭·九章·涉江》："船容與而不進兮，淹回水而疑滯。"王逸注："滯，留也。"《説文》："滯，凝也。从水，帶聲。"《名義》："滯，直例反。沉也，畱也。"吕氏校釋："《名義》'沉也'為誤訓。"按：《慧琳音義》卷十八《十輪經》卷三音義："疑滯，直例反。王注《楚詞》云：'疑，惑也。滯，留也。'《考聲》：'沉也，止也。'賈注《國語》

① 鄭萬耕校釋："《集注》本從宋、陸本'溓'作'謙'，近是。范本或形近而誤，或聲同而通。"
② 《名義》："墆，達計反。久也，停也，貯也，止也。"

云：‘滯，久也。’《説文》：‘凝也。’形聲字也。”據此。則“滯”有“沉”義，《名義》或當與字頭連讀為“沉滯也”。

金剛寺藏《玄應音義》卷一《新華嚴經音義》卷七：“擁滯，下直厲反。淹也，發［廢］也，上［止］也，久也，畄也。”

汦，之是反。《說文》：“著止也。”

《説文》：“汦，著止也。从水，氐聲。”《名義》：“汦，之是反。著止也。”《新撰字鏡》：“沍，直尸反。水名，陳餘死處也。”

𣻟［㶁］，瓜宅反。《說文》：“水裂去也。”

《説文》：“㶁，水裂去也。从水，虢聲。”《名義》：“㶁，化［瓜］宅反。水裂去。”按：《名義》“化”當為“瓜”字之訛，“瓜”或作“爪”，《殘卷》作“𤓰”，與“化”形近。

澌，相誰反。《說文》：“水索也。”《蒼頡篇》：“澌，盡也。”流水［氷］之澌為凘字，在三［仌］部。[①]

《説文》：“澌，水索也。从水，斯聲。”[②]《方言》卷三：“澌，盡也。”又卷十三：“澌，索也。”郭璞注：“盡也。”《名義》：“澌，相誰反。索也，盡也。”

𤅩［瀾］，耕厲反。《尔雅》：“井一有水一無〈水〉为瀾汋。”郭璞曰：“《山海經》：天井夏有水冬無〈水〉。[③]即此類也。”

---

① 《名義》：“澌，斯奚反。鮮氷。凘，古文。”

② 《玄應音義》卷十二《別譯阿含經》卷十音義：“都澌，又作澌，同，相離反。《字林》：‘水索也。’亦盡也。”《文選·司馬相如〈難蜀父老〉》：“乃堙洪塞源，決江疏河，灑沈淡災。”李善注：“灑或作澌。《字書》曰：‘澌，水索也。’”

③ 黎庶昌摹本於“無”字右下補“水”字。

《爾雅·釋水》："井一有水一無水為瀱汋。"郭璞注："《山海經》曰：'天井夏有水冬無水。'即此類也。"《慧琳音義》卷九七《廣弘明集》卷三音義："潮汋，常灼反。《爾雅》云：'井一有水一无水為瀱汋。'郭注《山海經》：'天井夏有水冬无水也。'"《説文》："瀱，井一有水，一無水，謂之瀱汋。从水，罽聲。"《名義》："瀱，鉼［耕］厲反。井一有水一無水。"《名義》"鉼厲反"當作"耕厲反"。《殘卷》"耕"作"𦓤"，與"鉼"形近。

汽，許訖反。《周易》："小狐汽濟，未出中也。"王弼曰："小狐不能涉川，湏汽然後能濟。"野王案：《説文》："汽，水涸也。"《毛詩》："汽可小康。"傳曰："汽，危也。"戔云："汽，幾也。"《尔雅》："蟣，汽也。"郭璞曰："謂相摩近也。"《周書》："尗里［旦］〈恐〉，汽涕拱手。"《説文》："或曰：汽，泣也。"《廣雅》："汽，盡也。"

《周易·未濟》："小狐汔濟，未出中也。"王弼注："小狐不能涉大川，須汔然後乃能濟。"《説文》："汽，水涸也。或曰：泣下。从水，气聲。《詩》曰：汽可小康。"《詩經·大雅·民勞》："民亦勞止，汔可小康。"毛傳："汔，危也。"鄭玄箋："汔，幾也。"《爾雅·釋詁下》："蟣，汽也。"郭璞注："謂相摩近。"《逸周書·度邑》："叔旦恐，泣涕共手。"《廣雅·釋詁一》："汽，盡也。"《名義》："汽，許訖反。水涸也，書也，免也，幾也，泣也。"吕氏校釋："'書也'當作'盡也'。'免也'當作'危也'。"按：《殘卷》"危"作"𢀡"，與"免"形近。《類聚名義抄》："汔，《玉》云：'水涸也，盡也，免［危］也，幾也，泣也。'"（63•3）

涸，胡雒反。《國語》："天根見而水涸……水涸而成梁。"賈逵曰："涸，竭也。"《廣雅》："涸，盡也。"

《國語·周語中》："天根見而水涸，本見而草木節解，駟見而隕霜，火見而清風戒寒。故先王之教曰：雨畢而除道，水涸而成梁。"韋昭注："涸，竭也。"[①]《廣雅·釋詁一》："涸，

① 《文選·沈約〈新安江水至清淺深見底貽京邑遊好〉》："滄浪有時濁，清濟涸無津。"李善注引賈逵《國語注》曰："涸，竭也。"

盡也。”《説文》：“涸，渴也。[①] 从水，固聲。讀若狐貈之貈。”《名義》：“涸，胡雒反。水竭也，盡也。”《新撰字鏡》：“涸，胡頟、古［胡］角二反，入。竭也，盡也。㵮，上字。”《類聚名義抄》：“涸，《玉》云：‘盡也。’”（33・1）

㵮，《蒼頡篇》：“渴也。”《聲類［類］》：此亦涸字也。

《慧琳音義》卷六六《阿毗達磨發智論》卷十二音義：“喜渴，下看遏反。顧野王云：‘渴謂須飲也。’《蒼頡篇》云：‘涸，〈渴〉也。’《毛詩》云：‘匪渴也。’《説文》云：‘盡也。從水，曷聲。’。”[②]《説文》：“㵮，涸亦从水、鹵、舟。”《名義》：“㵮，或渴也［字］，涸也。”《新撰字鏡》：“涸，胡頟、古［胡］角二反，入。竭也，盡也。㵮，上字。”

漮，枯郎反。《説文》：“水虚也。”年飢穀虚为歑字，在欠部。[③] 屋室空處［虚］为㝩字，在宀部。[④]

《殘卷》：“歑，苦唐反。……水空虚為漮字，在水部。”又：“康，苦廊反。……水深虚為漮字，在水部。”《説文》：“漮，水虚也。从水，康聲。”《名義》：“漮，苦郎反。水虚也。”《新撰字鏡》：“漮，古［枯］空［堂］反。虚也，空也。”

消，思姚反。《周易》：“君子尚消息盈虚，天行也。”野王案：消息猶斟酌也。又郐［郵］驛所傳聲問上［亦］曰消息。[⑤]《魏志》“遣出國［圍］傳消息，为賊所得”是也。《説文》：“消，盡也。”《蒼頡篇》：“消，滅也。”金鐵消鑠為銷字，在金部。[⑥]

---

① 《説文》：“渴，盡也。”段玉裁注：“渴、竭古今字。古水竭字多用渴，今則用渴為㵣字矣。”
② 《慧琳音義》反切、引顧野王、《毛詩》為㵣字，今作渴；引《蒼頡篇》《説文》為渴字，今作竭。
③ 《名義》：“歑，苦唐反。虚也。”
④ 《名義》：“㝩，恪當反。虚也，空也，�［閒］也。”
⑤ “上”當作“亦”。《殘卷》“欵”字條下“欵上賴也”即“欵亦欶也”，“喪”字條下“喪上不可久也”即“喪亦不可久也”，“厭”字條下“壓，上服也”即“壓，亦服也”，“峻”字條下“速，上疾也”即“速，亦疾也”。
⑥ 《名義》：“銷，思燋反。散也。”

《周易·剥》："君子尚消息盈虚，天行也。"《三國志·魏志·齊王（芳）傳》："昔諸葛恪圍合肥新城，城中遣士劉整出圍傳消息，為賊所得。"《説文》："消，盡也。从水，肖聲。"《慧琳音義》卷十一《大寶積經》卷五音義："銷減，相揺反。《考聲》云：'銷，鑠也。'傷勺反。或作消。《蒼頡篇》：'消，滅也。'《説文》：'消，盡也。'"《名義》："消，思姚反。息也，盡也，滅也。"《類聚名義抄》："乾消，《玉》云：'息也。案：消息猶斟酌也。'"（43·3）

渴，口遏反。《周礼》："渴澤用鹿。"鄭玄曰："渴，故水處也。"《毛詩》："匪飢匪渴。"野王案：謂須飲也。《礼記》"酒清人渴而不敢飲"是也。《蒼頡篇》："渴，涸也。"《説文》："渴，盡也。"以須飲之渴為㵣字，在欠部。①

《周禮·地官·草人》："凡糞種，騂剛用牛，赤緹用羊，墳壤用麋，渴澤用鹿，鹹潟用貆，勃壤用狐，埴壚用豕，彊檃用蕡，輕爂用犬。"鄭玄注："渴澤，故水處也。"《詩經·小雅·車舝》："匪飢匪渴，德音來括。"《慧琳音義》卷六六《阿毘達磨發智論》卷十二音義："喜渴，下看遏反。顧野王云：'渴謂須飲也。'《蒼頡篇》云：'涸也。'《毛詩》云：'匪渴也。'《説文》云：'盡也。從水，曷聲。'"《禮記·聘義》："酒清人渴而不敢飲也，肉乾人飢而不敢食也。"《説文》："渴，盡也。从水，曷聲。"《名義》："渴口遏反。須飲也，盡也。"《類聚名義抄》："渴仰，《玉》云：'盡也。'"（24·6）

溼，詩立反。《周易》："水流濕，火就燥。"野王案：濕猶霑潤也。《考工記》："苟賤，亦必囙角幹之濕以為之柔。"鄭玄曰："濕猶生也。"《方言》："濕，恒［怛］，憂也。自關而西秦晉之間或曰濕，秦晉之間凡志而不得、（飲）欲而不獲、高而有墜亦曰濕。"郭璞曰："濕者生［失］意惽怛之名也。"《吕氏春秋》："勝之同即濕為下。"高誘者［曰］："濕猶遲也。"《説文》："幽濕也。從……"②

《周易·乾》："水流濕，火就燥，雲從龍，風從虎。"《慧琳音義》卷一百《安樂集》上卷音義："鑽溼，下尸入反。顧野王云：'霑潤也。'《考聲》：'濡也。'《説文》：'幽

① 《名義》："㵣，可達反。渴也。須飲也。"黎庶昌摹本於"以"字右上補"或"字。
② 《殘卷》此下缺，然無空字位。

溼也。從一，一，覆也，覆土而有水，故溼也。從㬎省。’”《周禮·考工記·弓人》：“苟有賤工，必因角幹之濕以爲之柔。”鄭玄注：“濕猶生也。”《方言》卷一：“慎、濟、瞖、惄、溼、桓，憂也。宋衛或謂之慎，或曰瞖。陳楚或曰溼，或曰濟。自關而西秦晉之間或曰惄，或曰溼。自關而西秦晉之間凡志而不得、欲而不獲、高而有墜、得而中亡謂之溼。”郭璞注：“溼者失意潛沮之名。”周祖謨校箋：“‘潛沮’，《原本玉篇》溼下引作‘憯怚’。案憯怚猶言慘怚也。”《殘卷》“生意”當為“失意”之訛。《吕氏春秋·貴卒》：“力貴突，智貴卒，得之同則遬為上，勝之同則溼為下。”高誘注：“溼猶遲久之也。”《説文》：“溼，幽溼也。从水，一，所以覆也，覆而有土，故溼也。㬎省聲。”《名義》：“溼，尸立反。水流就，幽也，詩也，遲也，潤也，生也。濕或。”吕氏校釋：“《名義》‘水流就（也）’為引証［證］之誤省。‘幽也’當作‘幽濕也’。‘詩也’為誤訓。‘濕或’表示‘濕’為‘溼’之或體。”《類聚名義抄》：“溼，《玉》云：‘詩立反。溼猶霑也。溼猶生也。怚，憂也。生意憯怚之名也。溼猶遲也，幽濕也。’”（26·4）

《名義》“潤也”義不見於《殘卷》，《殘卷》當有殘缺。《慧琳音義》卷七二《阿毗達磨顯宗論》卷二音義：“溼煗，上湙入反。顧野王云：‘溼，潤也。’《古今正字》云：‘幽溼也。從丝，從一，覆土而有水，故溼也。丝，古文幽字也。’”

濕，《字書》亦溼字也。

《名義》：“溼，尸立反。水流就，幽也，詩也，遲也，潤也，生也。濕或。”《類聚名義抄》：“濕，《玉》云：‘亦溼字。’”（26·4）

湆，去及反。《儀礼》：“大羹湆在爨。”鄭玄曰：“湆，煮肉汁也。”野王案：《礼記》：“凡羞有湆者不以齊也。”《説文》：“湆，濕也。”《字書》：“欲乾也。”①

《儀禮·士昏禮》：“大羹湆在爨。”鄭玄注：“大羹湆，煮肉汁也。”《禮記·少儀》：“凡羞有湆者不以齊。”《説文》：“湆，幽溼也。从水，音聲。”《廣雅·釋詁一》：“湆，溼也。”《名義》：“湆，去〈及〉反（也）。煑肉汁也，濕也。”《類聚名義抄》：

① 此義字或作“㬤”。《玄應音義》卷二《瑜伽師地論》卷三四音義：“乾㬤，又作吸，同，祛及反。《通俗文》：‘欲燥曰㬤。’㬤，微乾也。”《玉篇》：“㬤，丘立切，欲乾也。”《名義》：“㬤，丘及反。欲乾反［也］。”

"湆，《玉》云：'煮肉汁也，濕也。'"（26・3）

汀，勑丁反。《楚辞》："搴汀洲兮杜若。"王逸曰："汀，平也。"或為𤫊字，在丁部。①

吕校本作"剃丁反"。案：反切上字《殘卷》本作"勑"，左旁漫漶，右旁為"力"，當是"勑"字。《名義》亦作"勑"。《類聚名義抄》："汀，《玉》云：'勑丁反，平也。'"（14・6）

《楚辭・九歌・湘夫人》："搴汀洲兮杜若，將以遺兮遠者。"王逸注："汀，平也。"《説文》："汀，平也。从水，丁聲。𤫊，汀或从平。"《名義》："汀，勑丁反。平也。"

洿，於徒反。《毛詩》："薄洿我私。"傳曰："洿，煩也。"戔云："煩，煩潤之也。"《左氏傳》："處不避洿。"杜預曰："洿，勞事也。"《國語》："塞川源而為潢洿。"賈逵曰："大曰潢，小曰洿。"野王案：《説文》："濁水不流也。"《左氏傳》"潢洿行潦之水"是也。《儀礼》："歇［髭］豆兩，其實葵菹（菹）洿。"鄭玄曰："歇［髭］，白也。齊人或呼全菹為洿。"《礼記》："道隆則従而隆，道洿則従而洿。"鄭玄曰："洿猶襄［衰］也。有隆有煞也。"《廣雅》："洿，深也。""洿，濁也。"

《詩經・周南・葛覃》："薄汙我私，薄澣我衣。"毛傳："汙，煩也。"鄭玄箋："煩，煩撋之。"《左傳・昭公元年》："若子之羣吏，處不辟汙。"杜預注："汙，勞事。"《國語・周語下》："且絶民用以實王府，猶塞川原而為潢汙也，其竭也無日矣。"韋昭注："大曰潢，小曰汙。"《慧琳音義》卷四四《佛説摩尼羅亶經》音義："洿池，上沃古反。《廣雅》：'洿，深也。'《國語》：'塞泉源而為潢洿。'賈逵註云：'大曰潢，小者曰洿。'"《説文》："洿，濁水不流也。一曰：窊下也。从水，夸聲。"《左傳・隱公三年》："苟有明信，澗谿沼沚之毛，筐筥錡釜之器，潢汙行潦之水，可薦於鬼神，可羞於王公。"杜預注："潢汙，停水。"《儀禮・士喪禮》："髭豆兩：其實葵菹芋、蠃醢。"鄭玄注："髭，白也，齊人或名全菹為芋。"吕校本"全菹"誤作"葵菹"。《禮記・檀弓上》：

---

① 《名義》："𤫊，勑丁反。汀字，守［平］也。"

“道隆則從而隆，道污則從而污。”鄭玄注：“污猶殺也。有隆有殺，進退如禮。”《廣雅·釋詁三》：“洿，泶也。”又：“洿，濁也。”《名義》：“洿，扵徒反。行潦也，深也，濁也，衰也。”《名義》“行潦也”為誤訓，蓋誤以引證為釋義。《新撰字鏡》：“洿，一孤、哀都二反，平。濁水不流曰洿，大曰潢，小曰洿，深也，濁也，煩，煞也。”[①]《類聚名義抄》：“著洿，《玉》云：‘深也，濁也，衰也。’”（44·6）

汙，扵故反。《尚書》：“舊染汙浴[俗]，咸与惟新。”野王案：汙猶相染汙也。《漢書》“令染汙有處”是也。《韓詩》：“田卆汙莱。汙，穢也。”野王案：《左氏傳》“由質要，治舊洿”是也。《左傳》又曰：“川澤納汙。”杜預曰：“是受汙濁也。”《說文》：“一曰：小池為汙。一曰：塗也。”《廣雅》：“汙，濁也。”

《尚書·胤征》：“舊染汙俗，咸與惟新。”《慧琳音義》卷六三《根本説一切有部尼陀律》卷五音義：“瀆汙，下烏故反。《廣雅》云：‘汙，濁也。’《字書》云：‘塗也。’顧野王云：‘汙猶相染汙也。’孔注《尚書》云：‘汙，不潔淨也。’《說文》：‘從水，于聲也。’”《漢書·江充傳》：“充將胡巫掘地求偶人，捕蠱及夜祠，視鬼，染汙令有處，輒收捕驗治，燒鐵鉗灼，強服之。”《詩經·小雅·十月之交》：“徹我牆屋，田卒汙萊。”黎本《殘卷》、吕校本“田”誤作“曰”。《慧琳音義》卷五七《佛說分別善惡所起經》音義：“污之，上烏故反。顧野王云：‘染污也。’《韓詩》云：‘污，穢也。’《字書》：‘污，塗也。’《說文》：‘從水，亐聲。’”《左傳·文公六年》：“宣子於是乎始爲國政，正法罪，辟刑獄，董逋逃，由質要，治舊洿，本秩禮，續常職，出滯淹。”杜預注：“治理洿穢。”《左傳·宣公十五年》：“川澤納汙，山藪藏疾，瑾瑜匿瑕，國君含垢，天之道也。”杜預注：“受汙濁。”《說文》：“污，薉也。一曰：小池爲汙。一曰：涂也。从水，亏聲。”《廣雅·釋詁三》：“汙，濁也。”《名義》：“汙，扵故反。染也，濁也。”《名義》“染也”當與字頭連讀為“染汙也”。《新撰字鏡》：“汙，扵故反，去。染也，小液[池]也，濁也，塗也。”

湫，子小、且周、在酒三反。《左氏傳》：“及湫有疾。”杜預曰：“南郡鄀縣東南有湫城。”《說文》：“湫水在周也，安定朝那有湫淵。”《左氏傳》：“湫

① 《文選·劉孝標〈廣絶交論〉》：“龍驤蠖屈，從道汙隆。”李善注引鄭玄曰：“汙猶殺也。”“汙”同“洿”，“殺”同“煞”。

隘䡾塵。”杜預曰：“湫，下也。”又曰：“勿史［使］有所壅閇湫底。”杜預曰：“湫，集也；底，滯也。血氣集滯而體羸也。”又曰：“湫乎彼［攸］乎。”杜預曰：“湫，愁隘也。”《礼記》：“孔子湫然作色。”鄭玄曰：“湫然，變動皀也。”《楚辞》：“雲吸吸以湫戾。”王逸曰：“湫戾，猶卷戾也。”《蒼頡萹》：“沸聲也。”《廣雅》：“湫，盡也。”

《左傳·莊公十九年》：“敗黄師于踖陵，還及湫，有疾。”杜預注：“南郡鄀縣東南有湫城。”陸德明音義：“湫，子小反。”《說文》：“湫隘，下也。一曰：有湫水，在周地。《春秋傳》曰：晏子之宅秋［湫］隘。安定朝那有湫泉。从水，𥢆聲。”《殘卷》“淵”作“㴊”，吕校本誤作“淵”。《漢書·郊祀志上》：“湫淵祠朝那。”顏師古注引蘇林曰：“湫淵在安定朝那縣，方四十里，停水不流，冬夏不增不減，不生草木。”《慧琳音義》卷五七《佛説弟子死復生經》音義：“淵泓，上於玄反。《毛詩傳》云：‘淵猶深也。’《説文》：‘淵，亦深泉也。從水，㴊聲也。’”“淵”“泉”義同，《殘卷》“湫淵”與《説文》“湫泉”同。《太平御覽》卷六五引《史記》曰：“朝鄉有湫泉，即華西名川也。”《左傳·昭公三年》：“子之宅近市，湫隘囂塵，不可以居。”杜預注：“湫，下。”陸德明音義：“湫，子小反，徐音秋，又在酒反，下同。”《左傳·昭公元年》：“勿使有所壅閉湫底以露其體。”杜預注：“湫，集也。底，滯也。露，羸也。壹之則血氣集滯而體羸露。”《左傳·昭公十二年》：“恤恤乎，湫乎攸乎。”杜預注：“湫，愁隘。”陸德明音義：“湫，子小反，徐又在酒反，一音秋。”《禮記·哀公問》：“孔子愀然作色而對。”鄭玄注：“愀然，變動貌也。”陸德明音義：“愀，七小反，舊慈糾反，又在由反，又音秋，又子了反，下同。”《楚辭·九歎·思古》：“風騷屑以摇木兮，雲吸吸以湫戾。”王逸注：“湫戾，猶卷戾也。”《廣雅·釋詁一》：“湫，盡也。”《名義》：“湫，在由反。隘也，下，集也，盡也。”吕氏校釋：“《殘卷》作‘子小、且周、在酒三反……杜預曰：“湫，愁隘也”’。《名義》‘隘也’誤省。”《類聚名義抄》：“湫，《玉》云：‘隘下也，集也，盡也。’”（52•4）

潤，如舜反。《尚書》：“水曰潤下，潤下作鹹。”野王案：浸潤也。《論語》：“東里子産潤色之。”野王案：《廣雅》：“潤，餝也。”《淮南》：“以曲隈深潤相與。”許㶁重曰：“潤，入之處也。”野王案：謂潤利也。《廣雅》：“潤，益也。”“潤，濕也。”

《尚書·洪範》："水曰潤下，火曰炎上，木曰曲直，金曰從革，土爰稼穡。潤下作鹹，炎上作苦，曲直作酸，從革作辛，稼穡作甘。"《論語·憲問》："為命，裨諶草創之，世叔討論之，行人子羽脩飾之，東里子產潤色之。"《廣雅·釋詁二》："潤，飾也。"《淮南子·原道》："（舜）釣於河濵，朞年而漁者争處湍瀨，以曲限深潭相予。"高誘注："湍瀨，水淺流急少魚之處也。曲限，崖岸委曲。深潭，回流饒魚之處。潭讀葛覃之覃。"《太平御覽》卷八一引作"深澗"。△按：綜合各種材料，疑本當作"深淵"。《楚辭·九章·抽思》："長瀨湍流，泝江潭兮。"王逸注："潭，淵也。楚人名淵曰潭。"故今本作"深潭"。《殘卷》"湫"下"淵"作"淵"，與"澗""潤"形近。《舊唐書·地理志四》："隋改為金潤，屬蜀郡。"清羅士琳《舊唐書校勘記》："按：潤字當作淵。《隋志》蜀郡亦有金泉縣者，隋史唐人所修，亦避高祖諱也。《新志》云：'金水本金淵。'可證。"《文苑英華》卷七一七《在會稽與京邑游好詩序》："則夫磐龍於泉，巢鳳於山，藴玉於石，藏珠於澗，固必有矣。""澗"，一作"淵"。《廣雅·釋詁一》："潤，益也。"又："潤，溼也。"《説文》："潤，水曰潤下。从水，閏聲。"《慧琳音義》卷二《大般若波羅蜜多經》卷七八音義："滋潤，下如順反。《廣雅》：'潤，溼也。'《玉篇》：'飾也。'《説文》：'水曰潤下。從水，閏聲也。'"《名義》："潤，如舜反。微濕也，沒也，餝也，益也，濕也。"《名義》"微濕也""沒也"義未詳。《名義》蓋據"野王案：浸潤也"為釋。《殘卷》"浸"字本作"浸"，《名義》誤認作"沒"。《類聚名義抄》："潤，《玉》云：'微濕也，沒也。'"（34·6）其誤與《名義》同。

準，之允反。《尚書》："準人、綴衣。"孔安國曰："準人，平法，謂土［士］官也。"《周易》："《易》与天地准［準］。"韓康伯曰："以准天地也。"野王案：准猶擬儀之也。《漢書》"以類相准"是也。《世卆》："倕作矩規準繩。"宋忠曰："倕，舜臣也。"《礼記》："推而放諸南海而准。"鄭玄曰："准，猶平也。"《尚書大傳》："准萬里之平。"鄭玄曰："准，度也。"《廣雅》："准，均也。"《字書》或為准字，在三［仌］部。①

《尚書·立政》："王左右常伯、常任、準人、綴衣、虎賁。"孔安國傳："準人，平法，謂士官。"《周易·繫辭上》："辭也者，各指其所之，《易》與天地準。"韓康伯注："作《易》以準天地。"《漢書·趙廣漢傳》："鉤距者，設欲知馬賈，則先問狗，已問羊，

① 《名義》："准，之允反。均，平。"

又問牛，然後及馬，参伍其賈，以類相準，則知馬之貴賤不失實矣。”《慧琳音義》卷十六《大聖文殊師利佛刹功德經》卷中音義：“準繩，上佳［隹］尹反。鄭注《礼記》云：‘準猶平也。’《廣雅》：‘均也。’《説文》：‘平也。從氷［水］，隼聲。’俗用從隹作准，非也。下食蠅反。《世本》曰：‘倕作規矩準繩。’宋忠曰：‘舜臣也。’”《禮記·祭義》：“推而放諸東海而準，推而放諸西海而準，推而放諸南海而準，推而放諸北海而準。”鄭玄注：“準，猶平也。”《藝文類聚》卷八引《尚書大傳》曰：“非水無以准萬里之平，非水無以通道任重也。”《希麟音義》卷七《大聖文殊師利佛殺功德莊嚴經》卷中音義：“準繩，上之允反。《切韻》：‘度也，平準也。’”《廣雅·釋水》：“淮，均也。”蓋誤以“淮”為“准”。《名義》：“準，之允反。擬也，平也，度也。”《類聚名義抄》：“準，《玉》云：‘之允反，擬也，平也，度也。或為准也。’”（10·1）

沑，仁九反。《説文》：“水吏也。一曰：隰也。”《蒼頡篇》：“主水者也。”

《説文》：“沑，水吏也。又温也。[①]从水，丑聲。”《名義》：“沑，仁九反。水吏，水生。”吕氏校釋：“《名義》‘水生’當作‘水主’。”

瀵，甫問反。《尓雅》：“瀵，大出尾下。”郭璞曰：“今河東汾陰有水口如車輪許，濆沸涌出，其深無限，名之為瀵。馮翊洽湯［陽］復有，亦如之，相去數里而夹河，河中渚上又有一瀵，瀵源皆潛相通。在汾陰者，人應［壅］其流以為陂，種稻，呼其所出處為瀵魁，此是也。”《准［淮］南》：“潦水不泄，潢瀁極望，旬月不雨，則涸為〈枯〉澤，受瀵而無源也。”許尗重曰：“瀵，湊漏之源也。”《説文》：“水浸也。”

《爾雅·釋水》：“瀵，大出尾下。”郭璞注：“今河東汾陰縣有水口如車輪許，濆沸涌出，其深無限，名之爲瀵。馮翊郃陽縣復有瀵，亦如之，相去數里而夾河，河中陼上又有一瀵，瀵源皆潛相通。在汾陰者，人壅其流以爲陂種稻，呼其本所出處爲瀵魁，此是也。尾猶底也。”吕校本改“洽”為“郃”，似不必。《詩經·大雅·大明》：“在洽之陽，在渭之涘。”毛傳：“洽，水也。”陸德明音義：“洽，户夾反，一音庚合反，

---

① 桂馥《説文解字義證》：“温當爲溼。《集韻》：‘沑，溼也。’溼俗作濕，與温形誤。沑別作𣿭，《玉篇》：‘𣿭，溼也。’”按：“温”“隰”均為“濕”字之訛。

水名也。案：馮翊有郃陽縣。應劭云：‘在郃水之陽。’郃音户荅反。”《説文》：“郃，左馮翊郃陽縣。从邑，合聲。《詩》曰：在郃之陽。”據此，則“洽”“郃”通用。《淮南子·覽冥》：“潦水不泄，瀇滉極望，旬月不雨，則涸而枯澤，受瀷而無源者。”高誘注：“瀷，雨澮疾流者，故曰无源。瀷讀燕人强春言敕同也。”《文選·郭璞〈江賦〉》：“磴之以瀿瀷，渫之以尾閭。”李善注：“《淮南子》曰：‘潦水旬月不雨，則涸而枯澤，受瀷而無源者也。’許慎曰：‘瀷，湊漏之流也。’瀷，昌即切。”顧氏蓋誤以“瀷”爲“瀵”。《説文》：“瀵，水浸也。从水，糞聲。《爾雅》曰：瀵大出尾下。”《名義》：“瀵，甫問反。源潛相通。”

滜，且罪反。《説文》：“新也。”

《説文》：“滜，新也。从水，辠聲。”《名義》：“滜，且罪反。新也。”

瀞，似政反。《韓詩》：“會朝瀞明。瀞，清也。”《説文》：“無垢也。”今或為浄字也。

《詩經·大雅·大明》：“肆伐大商，會朝清明。”《説文》：“瀞，無垢薉也。从水，静聲。”《名義》：“瀞，似九［政］反。清，无垢也。”吕氏校釋：“《殘卷》作‘似政反’。《名義》‘似九反’似為‘似正反’之誤。”△按：“政”字一誤為“玖”，再誤為“九”。《新撰字鏡》：“浄、瀞，二形同，俟仁反。借似正反，去（也）。”

瀎，莫列反。《説文》：“沬瀎［瀎沬］，拭滅也。”《埤蒼》為摵字，在手部。①

《説文》：“瀎，拭滅皃。从水，蔑聲。”《名義》：“瀎，莫列反。滅也。”《類聚名義抄》：“瀎，《玉》云：‘莫列反。滅也，拭滅也。’”（52•5）

① 《名義》：“摵，無结反。拭也。”

泧，桒結反。《説文》："泧瀎也。"《字書》或為捌字，在手部。[①]

《説文》："泧，瀎泧也。从水，戊聲。讀若椒榝之榝。"《名義》："泧，桒结反。瀎也。"

洝，於旦反。《説文》："煗［渜］水也。"

《説文》："洝，渜水也。从水，安聲。"《名義》："洝，於旦反。煗水也。"

洎，居器、渠器二反。《周礼》："土［士］師之職……祀五帝，則沃尸及盥，湏［洎］鑊水。"鄭玄曰："增其沃汁也。"野王案：《説文》："灌釜也。"《吕氏春秋》"多洎之則淡，少洎之則焦"是也。《史記》："……中，水而洎之。"徐廣曰："肉汁也。至也。"野王案：《左氏傳》"去其肉而以其洎饋"是也。

《周禮·秋官·士師》："士師之職……祀五帝，則沃尸及王盥，洎鑊水。"鄭玄注："洎謂增其沃汁。"《説文》："洎，灌釜也。从水，自聲。"《吕氏春秋·應言》："市丘之鼎以烹雞，多洎之則淡而不可食，少洎之則焦而不熟。"高誘注："肉汁曰洎。"《史記·孝武本紀》："其牛色白，鹿居其中，彘在鹿中，水而洎之。"裴駰集解引徐廣曰："洎音居器反，肉汁也。"《左傳·襄公二十八年》："饔人竊更之以鶩，御者知之，則去其肉而以其洎饋。"陸德明音義："洎，其器反，肉汁也。《説文》云：'洎，灌釜也。'《字林》：'已蒞反。'"《玄應音義》卷三《勝天王般若經·經後序》音義："始洎，渠器反。《漢書》：'左洎前七郡。'晉灼曰：'洎，至也。'"[②]《名義》："湏［洎］，居器反。肉汁也。"吕氏校釋："此字頭原誤。《殘卷》作'居器、渠器二反'。"按：此字頭原誤作"湏"。[③]《類聚名義抄》："始洎，《玉》云：'肉汁也，灌釜也。'"（25·5）

---

① 《名義》："捌，古八反。皷也，持也，擊也。"音義與"泧"異。《集韻·薛韻》："揳，擮揳，拭滅也。"

② 《漢書·王莽傳中》："大司馬保納卿、言卿、仕卿、作卿、京尉、扶尉、兆隊、右隊、中部左洎前七部。"顔師古注："洎亦臮字也。臮，及也。"又引晉灼曰："左與前故特七部。"

③ 《殘卷》字頭作"洎"，然引《周礼》"洎鑊水"則作"湏"，與"湏"形近。

湯，耻郎反。《論語》：“見不善如探湯。”野王案：《説文》：“熱水也。”《公羊傳》：“邴者何？鄭之湯沐［沐］色［邑］也。”野王案：以所［所以］給沐［沐］浴也。《廣雅》：“湯，爚也。”野王案：殷之始王号湯。《尚書》“湯既勝夏”是也。張晏注《史記》：“禹湯皆字也，二王去唐虞之文，從高陽之質，故皆以為号。《謚法》：除要［虐］去殘曰湯。”又音託浪反。《毛〈詩》：“子之湯兮。”傳〉①曰：“湯，蕩也。”戔云：“遊蕩無所不為也。”《論語》：“羿善射，奡湯舟。”孔安國曰：“奡多力，能陸地行舟也。”野王案：决[illegible]［？］相當力亦曰湯。《魏志》“欲决圍［圍］湯出”是也。今軍書有“擊賊出湯”。又音始楊反。《尚書》：“湯湯洪水。”孔安國曰：“流皀也。”《毛詩》：“淇水湯湯。”傳曰：“水盛。”又曰：“汶水湯湯。”傳曰：“大皀也。”

吕校本改反切上字“耻”為“弛”，誤。“耻”“湯”為透母字，“弛”為書母字。若作“弛郎反”，則與下“又音始楊反”矛盾，“始”為書母字。

《論語·季氏》：“孔子曰：‘見善如不及，見不善如探湯。”《説文》：“湯，熱水也。从水，昜聲。”《公羊傳·隱公八年》：“邴者何？鄭湯沐之邑也。”《後漢書·鄧皇后紀》：“永初元年，爵號太夫人為新野君，萬户供湯沐邑。”李賢注：“湯沐者，取其賦税以供湯沐之具也。”《廣雅·釋詁二》：“湯，爚也。”吕校本“爚”字誤作“焥”。《尚書·湯誓》：“湯既勝夏，欲遷其社，不可。”《史記·殷本紀》：“主癸卒，子天乙立，是為成湯。”裴駰集解引張晏曰：“禹、湯皆字也。二王去唐虞之文，從高陽之質，故夏殷之王皆以名為號。《謚法》曰：‘除虐去殘曰湯。’”《尚書·堯典序》：“讓于虞舜。”孔穎達正義引《謚法》或本曰：“除虐去殘曰湯。”《藝文類聚》卷十四引《梁書》曰：“除虐去殘曰湯。”《史記正義》附論例謚法解：“除殘去虐，湯。”《殘卷》“要”當作“虐”。《詩經·陳風·宛丘》：“子之湯兮，宛丘之上兮。”毛傳：“湯，蕩也。”鄭玄箋：“游蕩無所不為。”陸德明音義：“湯，他郎反，舊他浪反。”《論語·憲問》：“南宫适問於孔子曰：‘羿善射，奡盪舟。’”何晏集解引孔安國曰：“奡多力，能陸地行舟。”野王按語“[illegible]”字未詳，吕校本録作“毁”，恐不可從。《三國志·魏志·杜襲傳》：“襲帥傷痍吏民決圍得出，死喪略盡，而無反背者。”△“得”行書作“[illegible]”，與“湯”形近，顧氏蓋誤以“得”為“湯”。《慧琳音義》卷五二《雜阿含經》卷二五音義：“排湯，託唐反。謂湯突也。又音湯浪反，出圍也。”《尚書·堯典》：“湯湯洪水方割，蕩蕩懷山襄陵，浩浩滔天。”孔安國傳：“湯湯，流貌。”《詩經·衛風·氓》：

① 《續修四庫全書》本此下六字殘，據黎庶昌本補。

“淇水湯湯，漸車帷裳。”毛傳：“湯湯，水盛貌。”《詩經・齊風・載驅》：“汶水湯湯，行人彭彭。”毛傳：“湯湯，大貌。”《名義》：“湯，他郎反。沸水也，煸也，爇水也。”《新撰字鏡》：“湯，正，圡郎反，平。殷王名沐浴也，爇水也，大流皀。借圡浪反，蕩也。”又：“湯，徒朗反。澡器，盪，謂滌也。滠，上古文。”《類聚名義抄》：“排湯，《玉》云：‘他郎反。沸水也，爚也，熱水也。《論吾［語》：見フ［不］善如探湯。又託浪反。蕩也。又始楊反。湯湯，流皃。’”（52•6）

渜，奴管、奴舘二反。《儀礼》：“渜濯棄扵坎。”鄭玄曰：“沐浴餘汁也。”《說文》：“渜，湯也。”

《儀禮・士喪禮》：“浴用巾，挋用浴衣，渜濯棄于坎。”鄭玄注：“沐浴餘潘水、巾櫛、浴衣亦并棄之。古文渜作緣［湪］，荆沔之間語。”《殘卷》蓋脱“潘”字。《説文》：“渜，湯也。从水，耎聲。”《名義》：“渜，如［奴］管反。浴餘潘汁也。”

涾，徒荅反。《說文》：“涾，涫溢也。”《埤蒼》：“釜沸出也。”

《説文》：“涾，涫溢也。今河朔方言謂沸溢爲涾。从水，沓聲。”《文選・枚乘〈七發〉》：“發怒庢沓，清升逾跇。”李善注引《埤蒼》曰：“沓，釜沸出也。徒荅切。”《名義》：“涾，徒荅反。釜沸出也。”

洏，讓之反。《左氏傳》：“宰夫洏熊蹯不熟。”野王案：《說文》：“洏，煮也。”《礼記》：“洏豚，苞苦；洏雞，醢；洏魚，鯤醬；洏鼈，醢醬。”鄭玄曰：“凡洏，謂享之以汁和也。”《說文》云：“一曰：洝也。”《聲類［類］》亦胹字也，在肉部。① 或為䰭字，在鬲部。②

《左傳・宣公二年》：“宰夫胹熊蹯不熟，殺之。”陸德明音義：“胹，音而，煮也。”孔穎達正義引《字書》：“過熟曰胹。”《説文》：“洏，洝也。一曰：煑孰也。从水，

① 《名義》：“胹，讓之反。熟也，爛也。”
② 《名義》：“䰭，如之反。孰也。”

而聲。”《禮記·內則》：“濡豚，包苦實蓼；濡雞，醢醬實蓼；濡魚，卵醬實蓼；濡鼈，醢醬實蓼。”鄭玄注：“凡濡，謂亨之以汁和也。”陸德明音義：“濡，音而。”《名義》：“洏，讓之反。煑。”

涚，始銳反。《考工記》：“㡃氏練絲，以涚漚其絲。”鄭衆曰：“涚水，温水也。”鄭玄曰：“涚水，以灰所泲水也。”《礼記》：“明水涚齊，貴新也。”鄭玄曰：“涚猶清也。”《說文》：“財濕［温］水也。”《釋名》：“白［生］溢［瀹］菍燕［薤］曰涚。”①

《周禮·考工記·㡃氏》：“㡃氏湅絲，以涚水漚其絲七日，去地尺暴之。”鄭玄注：“故書涚作湄［渜］。鄭司農云：‘湄［渜］水，温水也。’玄謂涚水，以灰所泲水也。”《禮記·郊特牲》：“明水涚齊，貴新也。”鄭玄注：“涚猶清也。五齊濁，泲之使清謂之涚齊。及取明水，皆貴新也。《周禮》：‘㡃氏以涚水漚絲。’涚齊或為汎齊。”陸德明音義：“說齊，始銳反，字又作涚。”《說文》：“涚，財温水也。从水，兑聲。《周禮》曰：以涚漚其絲。”《釋名·釋飲食》：“生瀹葱薤曰兑，言其柔滑兑兑然也。”《名義》：“涚，如［始］銳反。温水也，清也。”

涫，古亂、胡亂二反。《史記》：“腸如涫湯。”徐廣曰：“涫，沸也。”野王案：《楚辞》“氣涫沸其如波”是也。《漢書》酒泉有樂涫縣。

《說文》：“涫，鬻也。从水，官聲。酒泉有樂涫縣。”《史記·龜策列傳》：“寡人念其如此，腸如涫湯。”裴駰集解引徐廣曰：“涫，音館，一作沸。”司馬貞索隱：“涫，沸也。”《楚辭·哀時命》：“氣涫鬻其若波。”《漢書·地理志下》：“酒泉郡，……縣九：禄福，表是，樂涫，天㐲，玉門，會水，池頭，綏彌，乾齊。”《名義》：“涫，古乱反。沸也。”

瀾，耕眼反。《說文》：“浙［淅］也。”《廣雅》：“瀾，洗也。”《聲類》：“瀾，汰也。”

① 《續修四庫全書》本於“燕”字旁注“薤”。

《説文》："瀾，浙［淅］也。从水，簡聲。"《廣雅·釋詁二》："瀾，洒也。""洒"與"洗"音義同。《名義》："瀾，古眼反。洗也。"吕氏校釋："《殘卷》作'耕眼反'。"按："古眼反"與"耕眼反"音同。

汰，達盖反。《楚辞》："齊吴榜以溦［激］汰。"王逸曰："汰，水波也。"《淮南》："深則汰五蔵。"許𠮱重曰："汏，達也。"《尓雅》："汏，隧也。"郭璞曰："水落皀也。"《説文》："浙［淅］瀾也。"《廣雅》："汏，洗也。"又音勑達反。《左氏傳》："又射汏輈。"杜預曰："汏，過也。"又曰："由轫汏輈。"杜預曰："過，由也［由，過也］，汏，矢激也。"

《楚辭·九章·涉江》："乘舲船余上沅兮，齊吴榜以擊汰。"王逸注："汰，水波也。"[①]《淮南子·説山》："百步之外則争深淺，深則達五藏，淺則至膚而止矣。"[②]《爾雅·釋水》："汏，渾，隕，墜也。"郭璞注："汏、渾皆水落貌。"陸德明音義："汏，姑犬反，施胡犬反。顧徒盖反，字宜作汏。"《説文》："汏，淅瀾也。从水，大聲。"《廣雅·釋詁二》："汏，洒也。"[③]《左傳·宣公四年》："伯棼射王，汰輈及鼓跗，著於丁寧。又射汰輈，以貫笠轂。"杜預注："汰，過也。"陸德明音義："汰，他來反。"《左傳·昭公二十六年》："齊子淵捷從洩聲子，射之中楯瓦，繇朐汏輈，匕入者三寸。"杜預注："繇，過也。汏，矢激。"陸德明音義："繇，音由，過也。朐，其俱反，本又作軥，同，車軛。汏，他達反，矢激也。"《殘卷》"過，由也"當作"由，過也"。《名義》："汏，徒盖反。洗也，遂也。"吕氏校釋："《名義》'遂也'當作'墜也'。"按：《殘卷》"墜"字本作"遂"（隧），與"遂"形近。《新撰字鏡》："汏，正，徒盖反，去。水波也，達也，隧也，水落皃，洗也。借勑達反，入。射汏輈也，過也。"

淅［淅］，桒激反。《儀礼》："祝淅［淅］米于堂。"鄭玄曰："淅［淅］，汏也。"《廣雅》："淅［淅］，洗也。"

---

① 《文選·張衡〈南都賦〉》："汰瀺灂兮船容裔，陽侯澆兮掩皐隰。"李善注："《楚辭》曰：'齊吴榜以激汰。'王逸曰：'汰，水波也。'"字亦作"激"。

② 《慧琳音義》卷九三《續高僧傳》卷十六音義："澄汰，下達帶反。《廣雅》云：'汰，洗也。'郭注《爾雅》云：'以水去土。'許叔重注《淮南子》云：'達也。'"

③ 《慧琳音義》卷八四《集古今佛道論衡》卷一音義："縱汰，下他蓋反。《淮南子》云：'深則汰五藏。'《廣雅》云：'汰，洗也。'"

《儀禮·士喪禮》："祝淅米于堂，南面用盆。"鄭玄注："淅，汏也。"《説文》："淅，汏米也。从水，析聲。"《廣雅·釋詁二》："淅，洒也。"[①]《名義》："淅，先激反。先也，洗也。"《名義》"先也"義未詳，疑為"洗也"之誤重。吕氏校釋："《殘卷》作'桑激反'。"按："先激反"與"桑激反"音同。《新撰字鏡》："淅、淅，二同，止世反，池也。又先擊反，入。米汁也，釋米也，又江名。"[②]《玉篇》："淅，桑激、之舌二切，淅，洗也。[③]"

滰，渠仰反。《説文》："乾清［漬］米也。《孟子》曰'孔子去齊，滰淅而行'是也。"又曰："滰，浚也。"《廣雅》："滰，盪也。"

《説文》："滰，浚，乾漬米也。从水，竟聲。《孟子》曰：夫子去齊，滰淅而行。"《孟子·萬章下》："孔子之去齊，接淅而行。"赵岐注："淅，漬米也。"《廣雅·釋詁二》："滰，盪也。"《名義》："滰，渠仰反。乾漬米也。"

溲［溲］，所流反。《毛詩》："釋之溲溲。"傳曰："〈釋〉，淅米。溲溲，聲也。"《説文》："漬汏也。"野王案：《儀礼》"明齊溲酒"是也。《國語》："太妊娠文王不變，少溲于豕牢而得文王。"賈逵曰："豕牢，厠也。"野王案：少溲謂小便屍［屎］也，亦謂之前溲。大便屎謂之大溲，亦謂之後溲。《史記》"其病難大小溲，飲之湯，即前後溲"是也。

《詩經·大雅·生民》："釋之叟叟，烝之浮浮。"毛傳："釋，淅米也。叟叟，聲也。"陸德明音義："叟，所留反，字又作溲，濤米聲也。《爾雅》作溞，音同，郭音騷。"《殘卷》"淅米"前脱"釋"字。吕校本作"淅米溲溲聲也"。《説文》："浚，浸渼也。从水，叜聲。"《儀禮·士虞禮》："嘉薦普淖，明齊溲酒。"鄭玄注："明齊，新水也。言以新水溲釀此酒也。《郊特牲》曰：'明水涚齊，貴新也。'或曰：當為明視，為兔腊也。

---

① 《慧琳音義》卷七五《那先比丘經》卷上音義："浙［淅］米，思歷反。《通俗文》：'汏米曰浙［淅］。'淅，洮也。江南言淅，中國言洮。《廣雅》：'汏，洗也。'"

② "江名"當為"浙"字。

③ "之舌切"當為"浙"字。《玄應音義》卷七《正法華經》卷五音義："洮汰，徒刀反，下音太。《通俗文》：'淅米謂之洮汏。'《廣雅》：'汏，洗也。'淅音思歷反。"《慧琳音義》卷二八轉録作"淅音氈熱反也"，其誤與《玉篇》同。

今文曰明粢。粢，稷也。皆非其次。今文溲為醙。”《國語·晉語四》：“臣聞昔者大任娠文王不變，少溲于豕牢而得文王，不加疾焉。”韋昭注：“豕牢，厠也。溲，便也。”疑《殘卷》此處脱“溲，便也”三字。《慧琳音義》卷九七《廣弘明集》卷二音義：“行溲，所流反。顧野王云：‘少溲謂小便尾也。’”《史記·扁鵲倉公傳》：“臣意診之，曰：‘湧疝也，令人不得前後溲。’”司馬貞索隱：“溲音所留反。前溲謂小便。後溲，大便也。”又：“一飲得前溲，再飲大溲，三飲而疾愈。”又：“難於大小溲，溺赤，臣意飲以火齊湯，一飲即前後溲。”《名義》：“溲，所留反。清汏［沃］也，小便也。”吕氏校釋：“‘清汏也’當作‘漬汏也’。”△按：《慧琳音義》卷三八《金剛光燗止風雨陁羅尼經》音義：“麪溲，下沙有反。《考聲》：‘溲，和也。’《説文》：‘漬沃也。從水，叜聲。’或從米作粩。叜音桑厚反。俗用作溲，訛也。”“漬”“浸”義同，“汏”“沃”形近。《殘卷》“漬汏也”當作“漬沃也”，與今本《説文》“浸渶也”義同。《名義》“清汏也”亦當作“漬沃也”。“漬沃”為同義連言。《廣雅·釋詁二》：“沃，漬也。”《新撰字鏡》：“溲、溲、溲，三形作，正，所牛反，平。溲溲，淅米聲。借所九反。漬也，汏［沃］也，小便也，麪也。”《類聚名義抄》：“溲，《玉》云：‘所畄反。漬汏也，小便也。’”（34·1）

𣿅［㴸］，《字書》古文溲字也。

《名義》：“溲，所留反。清汏［漬沃］也，小便也。㴸，古文。”《古文四聲韻》載崔希裕《纂古》“溲”作“𤃣”，《集韻·有韻》：“溲，所九切。《説文》：‘浸渶也。’或作溲，古作㴸。”《重訂直音篇》：“溲，水調粉麪。又音搜。溲、𤃣、溲，並上同。”“𣿅”“𤃣”“㴸”“𤃣”並與“㴸”形近。此字蓋從臼、從水、叜（叟）聲。

瀝，理激反。《楚辞》：“吴醴白糵［櫱］，和楚瀝。”王逸曰：“瀝瀝，清酒也。”《蒼頡萹》：“瀝瀝，盪也。”《説文》：“瀝，浚也。一曰：水下滴瀝也。”野王案：《史記》“時賜餘瀝”是也。

《楚辭·大招》：“吴醴白櫱，和楚瀝只。”王逸注：“瀝，清酒也。”《説文》：“瀝，浚也。从水，歷聲。一曰：水下滴瀝。”“浚”與王逸注之“清”、《蒼頡萹》之“盪”義同。《廣雅·釋詁二》：“清、釃、湑、浚、澆、滰、笮、漀、灑、麗，盪也。”《史記·滑稽列傳》："待酒於前，時賜餘瀝，奉觴上壽，數起，飲不過二斗，徑醉矣。"《帝範注》上："瀝，理檄反。《倉頡篇》：'瀝，盪［盝］也。'水下滴瀝也。野王案：時〈賜〉餘瀝是也。瀝，流［浚］也。"（第11頁）《名義》："瀝，里激反。清酒也，浚。"《類聚名義抄》："瀝，《玉》云：'清酒也，沃也。'"（50·6）"沃"或作"渼"，蓋"浚"字之訛。△按：此條疑與下"瀝"字條字頭互換。理由有二：一是"瀝"字晚出，較早見於《殘卷》《名義》《新撰字鏡》，宋修《玉篇》《集韻》；二是《殘卷》"瀝"字頭下書證均作"瀝"。

瀝，《聲類》今瀝［瀝］字也。

《名義》："瀝，里激反。清酒也，浚。瀝，今同上。"

漉，理屋反。《考工記》："清其灰而漉之。"野王案：漉猶瀝也。《尔雅》："漉，竭也。"郭璞曰"《月今［令］》：無漉陂（陂）池是也"。《方言》："漉，涸也。""漉，極也。"郭璞曰："漉滲極盡也。"《廣雅》："漉，盡也。"

《周禮·考工記·㡛氏》："清其灰而盝之，而揮之，而沃之，而盝之，而塗之，而宿之。"《慧琳音義》卷六二《根本説一切有部毘奈耶雜事律》卷十九音義："濾漉，上盧箸反，下聾屋反。顧野王云：'漉猶瀝也。'郭璞注《方言》云：'漉，滲水極盡也。'《説文》：'浚也。一云：水下皃。從水，鹿聲。'《字書》亦作淥。"《爾雅·釋詁下》："揮、盝、歇、涸，竭也。"郭璞注："《月令》曰：'無漉陂池。'"《禮記·月令》："是月也，毋竭川澤，毋漉陂池，毋焚山林。"《方言》卷十二："盝，涸也。"又卷十三："漉，極也。"郭璞注："滲漉極盡也。"《慧琳音義》卷三十《大方廣寶篋經》上卷音義："漉水筩，上籠谷反。顧野王云：'漉猶瀝也。'《廣雅》：'漉，盡也。'"《廣雅·釋詁二》："淥，盡也。"《名義》："漉，里屋反。竭也。"《類聚名義抄》："漉著，《玉》云：'漉猶瀝也，涸也，極也，盡也。'"（53•1）

淥，《説文》或漉字也。

《説文》："漉，浚也。从水，鹿聲。渌，漉或从录。"《名義》："漉，里屋反。竭也。渌，同上。"《類聚名義抄》："渌波，《玉》云：'或漉字。'"（53•2）

㴖，《字書》亦漉字也。或復為盝字，在皿部。①

《名義》："漉，里屋反。竭也。渌，同上。㴖，上同。"

澱，達見反。《尒雅》：'澱謂之埏。'郭璞曰：'澱，滓也。江東呼埏。'或為黗字，在黑部。②

《説文》："澱，滓滋也。从水，殿聲。"《爾雅·釋器》："澱謂之埏。"郭璞注："滓澱也，今江東呼埏。"③《玄應音義》卷九《大智度論》卷九音義："潘澱，澱，古文黗，同，徒見反。澱，滓也，江東呼為垽。"《名義》："澱，徒見反。滓也，澤也。"《新撰字鏡》："澱，徒年［姩］反，去。謂之埏。滓也。"④ △《名義》"澤也"義未詳，疑為"滓也"之誤重。《殘卷》"滓"作"[滓]"，《名義》"埏"下"滓"作"[滓]"，與《名義》之"澤"（[澤]）形近。⑤《名義》"淤"下"滓"亦誤作"[滓]"。《類聚名義抄》："潘澱，《玉》云：'澤也。'"（38·5）其誤與《名義》同。

浚，思潤反。《尚書》："夙夜浚朋［明］有家。"孔安國曰："浚，湏也。言早夜思之，湏朋［明］行之也。"《公羊傳》："冬浚洙。浚者何？……涂［深］之也。"《尒雅》亦云，郭璞曰："浚，忽所以深之也。"野王案：《尚書》"封

① 《名義》："盝，力讀反。竭。"
② 《名義》："黗，徒見反。澤［滓］也。"
③ △《慧琳音義》卷四六《大智度論》卷九音義："潘澱，澱，古文黗，同，徒見反。《尒雅》：'澱謂之埏。'郭璞曰：'澱，滓也。江東呼為埏。'"又卷二一轉録《新譯大方廣佛花嚴經音義》卷上："澱埏其下，埏，魚靳反。《尒雅》曰：'澱謂之埏。'郭璞注曰：'澱，滓也。江東呼為埏也。'"《玄應音義》卷十五《十誦律》卷十八"藍澱"條、《慧琳音義》卷三七《陀羅尼集》卷九音義"乾藍澱"條、卷五八《僧祇律》卷十八"藍澱"條、卷九四《續高僧傳》卷二一"凝澱"條引郭注並作"澱，滓也"。郭注似當作"澱，滓也"，今本誤。
④ "謂之埏"當與字頭連讀為"澱謂之埏"。
⑤ 《慧琳音義》卷二四《方廣大莊嚴經》卷十音義："淤泥，上於據反。顧野王曰：'淤，水中泥也。'《説文》：'澱澤也。從水，於聲。'"頻伽精舍本"澤"作"滓"，今本《説文》亦作"滓"。

十有二山浚川”是也。《左氏傳》：“而謂子浚我以生乎？”杜預曰：“浚，取也。取我財以自生也。”《説文》：“浚，抒也。”《廣雅》：“浚，湰也。”

《尚書·臯陶謨》：“日宣三德，夙夜浚明有家。”孔安國傳：“浚，須也。卿大夫稱家，言能日日布行三德，早夜思之，須明行之，可以為卿大夫。”陸德明音義：“浚，息俊反。馬云：大也。”《公羊傳·莊公九年》：“冬浚洙。洙者何？水也。浚之者何？深之也。”《殘卷》“涂”字當為“深”字之訛。《殘卷》本條“深”作“[illegible]”，與“[illegible]”形近。《爾雅·釋言》：“濬，深也。”郭璞注：“濬亦深也。”[①]郭注似有脱文，當據《殘卷》補。《尚書·舜典》：“肇十有二州，封十有二山，濬川。”《左傳·襄公二十四年》：“子實生我，而謂子浚我以生乎？”杜預注：“浚，取也。言取我財以自生。”《廣雅·釋詁二》：“浚，湰也。”[②]《説文》：“浚，杼［抒］也。从水，夋聲。”《名義》：“浚，思閏反。湏也，取也，深也。濬，同上。濬，古文。”《新撰字鏡》：“浚，思刃反。湏也，取也，淥也，抒也，深也。濬、濬，二上字。”又：“睿，思閏反。濬字。古作濬。”

濬，《説文》古文睿字也。睿，谷深也，在谷部。[③]《聲類》亦浚字也。

段注《説文》：“睿，深通川也。从谷，从𣦵。𣦵，殘也；谷，阬坎意也。《虞書》曰：睿畎澮距川。濬，睿或从水。”《名義》：“浚，思閏反。湏也，取也，深也。濬，同上。”《新撰字鏡》：“浚，思刃反。湏也，取也，淥也，抒也，深也。濬、濬，二上字。”又：“睿，思閏反。濬字。古作濬。”

濬，《説文》古文濬字也。”

《説文》：“睿，深通川也。从谷，从𣦵。𣦵，殘也；谷，阬坎意也。《虞書》曰：

---

① 《慧琳音義》卷八三《大唐三藏玄奘法師本傳》卷八音義：“浚壑，荀俊反。《廣雅》：‘浚，溢也。’郭注《爾雅》：‘浚，上［亦］所以深之也。’”
② 《慧琳音義》卷十九《大方廣十輪經》卷一音義：“浚流，詢俊反。郭注《爾雅》云：‘浚，深也。’《廣雅》：‘溢也，入也。’《集訓》云：‘水急流也。’《説文》：‘抒也。從水，從夋省聲。’或作濬，亦作瞖。”“溢”當作“湰”。
③ 《名義》：“睿，思閏反。深通川，坑，坎。”

容畎澮距川。濬，容或从水。濬，古文容。”《名義》：“浚，思閏反。湏也，取也，深也。濬，同上。濬，古文。”《新撰字鏡》：“浚，思刃反。湏也，取也，淥也，抒也，深也。濬、濬，二上字。”又：“容，思閏反。濬字。古作濬。”

潘，孚園反。《左氏傳》：“遺之潘沐。”杜預曰：“潘，米汁也。可以沐頭。”野王案：《說文》：“析［淅］米之汁也。”《礼記》“面垢，燂潘請靧”是也。《說文》又曰：“一云：潘水，在河南熒陽。”《聲類［類］》或為潘字也。《蒼頡篇》：“大也，姓也。”野王案：人姓音普寒反。《左氏傳》楚有潘尪。《漢書》臨淮郡有潘旍縣，音波。

《慧琳音義》卷六四《沙彌十戒並威儀》音義：“潘中，上發爰反。杜注《左傳》云：‘潘，米汁也，可以沐頭。’《文字典説》：‘淅米汁也。從水，番聲。’”《左傳·哀公十四年》：“陳氏方睦，使疾而遺之潘沐，備酒肉焉。”杜預注：“潘，米汁，可以沐頭。”《説文》：“潘，淅米汁也。一曰：水名，在河南滎陽。从水，番聲。”段注“滎”作“熒”，可從。《禮記·內則》：“五日則燂湯請浴，三日具沐，其間面垢，燂潘請靧；足垢，燂湯請洗。”鄭玄注：“潘，米瀾也。”《玄應音義》卷九《大智度論》卷九音義：“潘澱，《蒼頡篇》作潘，同，敷袁反。江北名泔，江南名潘。”《殘卷》“大也”疑當作“大波也”。《説文》：“潘，大波也。从水，旛聲。”王仁昫《刊謬補缺切韻·寒韻》（P.2011）：“潘，普官反。人姓。”《左傳·宣公十二年》：“潘尪入盟，子良出質。”杜預注：“潘尪，楚大夫。”《漢書·地理志上》：“臨淮郡，……縣二十九：徐、取慮、淮浦、盱眙、厹猶、僮、射陽、開陽、贅其、高山、睢陵、鹽瀆、淮陰、淮陵、下相、富陵、東陽、播旌、西平、高平、開陵、昌陽、廣平、蘭陽、襄平、海陵、輿、堂邑、樂陵。”《集韻·戈韻》：“潘，潘旍，縣名，在臨淮。”“潘旍”即“播旌”，故顧氏云“音波”。吕校本誤作“潘旌”。《名義》：“潘，番寒反。人姓。孚園反。米汁。”《新撰字鏡》：“潘、潘，二同，正。孚園反，平。大也，姓也，淅米汁也，以可［可以］沐頭。借普寒反，或本作畨、糒二形，非。”《類聚名義抄》：“潘澱，《玉》云：‘米汁也。’”（38·4）

瀾，力旦反。《礼記》：“浴瀾用湯。”鄭玄曰：“瀾猶釋也。”《説文》：“瀾，潘也。”今以此為波瀾之瀾字。

《禮記·玉藻》："出杅，履蒯席，連用湯。"鄭玄注："連猶釋也。"陸德明音義："連，力旦反，釋也。""連"與"瀾"音義同。《説文》："瀾，潘也。从水，蘭聲。"金剛寺藏《玄應音義》卷一《新華嚴經音義》卷八十："添波瀾，力案反。大浪也，逆而風曰潤［瀾］，潤［瀾］，文皀也。"《名義》："瀾，力旦反。潘也，釋也。"

泔，古藍反。《説文》："周謂潘曰泔。"《廣雅》："泔，瀾也。"

《説文》："泔，周謂潘曰泔。从水，甘聲。"《廣雅·釋器》："泔、潘，瀾也。"《名義》未收"泔"字，蓋脱。《名義》："滫，思湏［酒］反。久泔也。"有"泔"字。《新撰字鏡》："泔，古藍反，平。潘也，瀾，謂米汙［汁］也。"《類聚名義抄》："泔汁，《玉》云：'泔，瀾。'"（57•3）

滓，壮里反。《説文》："澱也。"《聲類》："羹菜也。"或為莘字，在草部。

《説文》："滓，澱也。从水，宰聲。"《説文》："莘，羹菜也。"《名義》："滓，壮里反。澱也，羹菜也。"《新撰字鏡》："滓，且罪、荘理二反，上。有汙物所遺曰滓，雜也，穢也，羹也。滓，上字，澱也。"《類聚名義抄》："滓，《玉》云：'澱也，羹菜也。'"（53•4）

滫，思酒反。《礼記》："菟薧滫瀡以滑之。"鄭玄曰："秦人謂溲曰滫。齊人曰滑。"《淮南》："申椒土［杜］茝，浸之滫中，則不能保其芳。"許炑重曰："臭汁也。"《記史［史記］》："蘭根與白芷，浸之滫中，君子不近。"徐廣曰："滫，淅米汁也。"《説文》："久泔也。"《蒼頡篇》："老瀾也。"

《禮記·內則》："棗、栗、飴、蜜以甘之，堇、荁、枌、榆、免、薧、滫、瀡以滑之，脂、膏以膏之。"鄭玄注："秦人溲曰滫，齊人滑曰瀡也。"陸德明音義："滫，思酒反，溲也。"《淮南子·人間》："申茮杜茝，美人之所懷服也，及漸之於滫，則不能保其芳矣。"高誘注："滫，臭汁也。"《史記·三王世家》："傳曰：'蘭根與白芷，漸之滫中，君子不近，庶人不服者，所以漸然也。'"裴駰集解引徐廣曰："滫者，淅米汁也。音先糾反。"

司馬貞索隱："滫讀如《禮》'滫溲'之'滫'，謂洗也，音思酒反。"《説文》："滫，久泔也。从水，脩聲。"《名義》："滫，思湏［酒］反。久泔也。"《新撰字鏡》："滫，止［正］，〈思〉湏［酒］反。米汁也，久泔也，灡也，滑也。"

瀡［瀡］，思累反。《字書》："瀡［瀡］，滑也。"

《禮記·內則》："棗、栗、飴、蜜以甘之，堇、荁、枌、榆、免、薧、滫、瀡以滑之，脂、膏以膏之。"鄭玄注："秦人溲曰滫，齊人滑曰瀡也。"《名義》："瀡，思累反。滑也，骨。"吕氏校釋："《殘卷》作'《字書》："瀡，滑也"'。《名義》'骨'未詳，疑為'髓'字義'骨中脂'之省誤。"按："骨"當為"滑"字之誤重。《名義》字頭本作"瀡"，與《殘卷》字頭"瀡"字形同。

淤，於據反。《方言》："水中可居者曰洲，三輔謂之扵［淤］。"郭璞曰："《上林賦》'行乎洲淤之浦'是也。"《說文》："淤，澱滓也。"野王案：今謂水中泥草為淤。

《方言》卷十二："水中可居為洲，三輔謂之淤。"郭璞注："音血瘀。《上林賦》曰：'行乎州淤之浦也。'"《説文》："淤，澱滓，濁泥。从水，於聲。"《後漢書·文苑列傳上·杜篤傳》："畎瀆潤淤，水泉灌溉。"李賢注："《説文》曰：'淤，澱滓也。'顧野王曰：'今水中泥草也。'"《慧琳音義》卷十六《佛境界經》下卷音義："淤泥，於據反。顧野王云：'今水中泥為淤。'《説文》：'澱滓也。'"又卷五十《決定藏論》上卷音義："青淤，下於句反。《考聲》：'淤，水中凝泥也。'顧野王云：'今水中泥草為淤也。'《説文》：'澱滓也。從水，於聲也。'"《名義》："淤，扵據反。水中泥草，澱滓也。"《新撰字鏡》："淤，正，羊牛、以周反，平。……又扵據反，上。淤也。借黑牛反。"①

淰，奴咸［感］反。②《説文》："淰，濁也。"《埤蒼》："水无波也。"又

① "羊牛、以周反"當為"游"字。

② 《殘卷》"咸"字下原有殘缺，當是"感"字。《玄應音義》（海山仙館本）卷十六即云："關中奴感反"。《玉篇》亦作"奴感切"。

音式荏、式稔二反。《礼記》："龍以為畜，故魚䱐［鮪］不淰。"〈鄭玄曰："淰〉之言閃也。"①

《説文》："淰，濁也。从水，念聲。"《玄應音義》卷十六《鼻柰耶律》卷八音義："淰水，江南謂水不流爲淰，音乃點反。開中乃斬反。《説文》：'淰，濁也。'《埤蒼》：'淰，水无波也。'"《禮記·禮運》："故龍以為畜，故魚鮪不淰。"鄭玄注："淰之言閃也。"陸德明音義："淰，音審，徐舒冉反。"《名義》："淰，奴感反，式稔反。濁也，無皮［波］也。"《新撰字鏡》："淰，正，奴感反，上。濁也，閇也。借式荏、式稔二反。"《類聚名義抄》："淰，《玉》云：'奴感反。濁也，無波也，淰言閇［閃］也。'"（22·1）

灑，子紹反。《説文》："釃酒也。従水，従冈，従焦聲也。"《廣雅》："灑，盪也。"

《説文》："灑，釃酒也。一曰：浚也。从网，从水，焦聲。讀若《夏書》'天用勦絶'。"《廣雅·釋詁二》："灑，盪也。"《名義》："灑，以绍反。釃酒也，盪也。"《名義》"以紹反"當作"子紹反"。《殘卷》"子"本作"𠂔"，與"于"形近。《名義》誤認此為"于"字，又改成"以"（于、以聲類同）。

瀹，與灼、餘㕣二反。《孟子》："禹踈九河、瀹濟潩［漯］而徃［注］諸海。"劉瓛曰："瀹，通利之言也。"《説文》："瀹，漬也。"《聲類》此亦鬻字也。野王案：鬻，以肉菜內湯中而出之也。《周易》"東鄰牛煞［煞牛］，不如西鄰之瀹祭"是也。在䰞部。②

《孟子·滕文公上》："禹疏九河，瀹濟漯而注諸海。赵岐注："瀹，治也。"《慧

① 黎庶昌摹本於"淰"字下補"注淰"二字。依《殘卷》體例，此處當補"鄭玄曰：淰"四字。
② 依《殘卷》體例，"《説文》"以下似當作"《説文》：'瀹，漬也。'野王案：《周易》'東鄰牛煞［煞牛］，不如西鄰之瀹祭'是也。《聲類》此亦鬻字也。野王案：鬻，以肉菜內湯中而出之也。在䰞部"。《慧琳音義》卷九九《廣弘明集》卷二六音義："瀹繭，上羊灼反。《説文》：'瀹，謂內肉菜湯中出之也。'或從䰞作鬻［鬻］。"《説文》："鬻，內肉及菜湯中薄出之。"《名義》："鬻，余均反。肉反［及］菜湯中出之。"

琳音義》卷九五《弘明集》卷四音義："爓瀹，上餘瞻反，下羊灼反。劉熙云：'瀹，通利之器也。'《説文》：'清［漬］也。從水，龠聲。'"又卷九四《續高僧傳》卷十九音義："疏瀹，下芋略反。《孟子》云：'瀹，水源通利也。'《聲類》云：'瀹，物鬒內湯雨［內？］出也。'《文字典説》云：'漬也。從水，龠聲。'"吕校本誤作"淪濟漯"。《説文》："瀹，漬也。从水，龠聲。"《周易·既濟》："東鄰殺牛，不如西鄰之禴祭。"王弼注："禴，祭之薄者也。"《名義》："瀹，余灼反。潰也，清也。"吕氏校釋："'清也'當作'漬也'。"按，《名義》："潰也"亦當爲"漬也"之誤。《類聚名義抄》："瀹，《玉》云：'漬也，清也，湯者入水曰瀹也。瀹湯謂湯內出之也。江東呼瀹為煠助甲。'"（21·1）

㲷，口泠反。《説文》："側酒出也。"

《説文》："㲷，側出泉也。从水，㱿聲。㱿，籀文磬字。"《名義》："㲷，口洽［泠］反。側出酒。"按："側酒出"當依《名義》作"側出酒"。桂馥《説文解字義證》："《玉篇》：'㲷，出酒也。'《釋名》：'㲷猶傾也，側器傾水漿也。'馥按：本書上下文皆言酒，疑此亦言'側出酒'，《玉篇》必有所受，後人以《爾雅》有'側出泉'改之也。"其説甚是。王仁昫《刊謬補缺切韻·迥韻》（P.2011）："㲷，出酒。"

湑，思旅反。《儀禮》："盲酒既湑。"鄭玄曰："湑，清也。"《毛詩》："有酒湑我。"傳曰："湑，酋［茜］酒也。"野王案：茜，醲酒也。又曰："零露湑兮。"傳曰："湑湑然亦落皀也。"又曰："其葉湑兮。"傳曰："湑，盛皀也。"又："其葉湑湑。"傳曰："支葉扶踈不相比近也。"《説文》："一曰浚也。"《埤蒼》："羹皀也。"《廣雅》："湑，盪也。""湑湑，流也。"

《儀禮·士冠禮》："再醮曰：旨酒既湑，嘉薦伊脯。"鄭玄注："湑，清也。"《詩經·小雅·伐木》："有酒湑我，無酒酤我。"毛傳："湑，茜之也。"陸德明音義："湑，本又作醑，思敘反。……茜，所六反，與《左傳》'縮酒'同義，謂以茅泲之而去其糟也，字從艸。"《詩經·小雅·蓼蕭》："蓼彼蕭斯，零露湑兮。"毛傳："湑湑然，（蕭）上［亦］露［落］貌。"《詩經·小雅·裳裳者華》："裳裳者華，其葉湑兮。"毛傳："湑，盛貌。"《詩經·唐風·杕杜》："有杕之杜，其葉湑湑。"毛傳："湑湑，枝葉不相比也。"《説文》："湑，莤酒也。一曰：浚也。一曰：露皃。从水，胥聲。《詩》曰：有酒湑我。又曰：零露湑兮。"△"羹皀也"疑當作"美皀也"，《玉篇》即作"美皃也"。《詩經·小雅·伐木》："伐木許許，釃酒有藇。"毛傳："以筐曰釃，以藪曰湑。藇，美貌。"疑"美皀也"為誤釋（蓋誤讀毛傳作"湑藇，美貌"）。《廣雅·釋詁二》："湑，盪也。"《廣雅·釋訓》："涓涓，流也。"顧氏蓋誤以"涓"為"湑"。《名義》："湑，思旅反。酒請也，清也，盛也。"吕氏校釋："《説文》：'湑，茜［莤］酒也。'字又作'醑'。《名義》'酒請也'疑當讀作'湑酒，醑也'。"按："酒請也"似當作"酒清也"。《類聚名義抄》："湑，《玉》云：'思旅反。酒清也，清也，盛也。'"（22·2）

湎，弭兖反。《尚書》："羲和湎淫。"孔安國曰："沉〈湎〉於酒，過差失度也。"野王案：《毛詩》"天不湎尔以酒"是也。《韓詩》："飲酒閇門不出容［客］曰〈湎〉。"[①] 或为酾字，在酉部。[②]

《説文》："湎，沈於酒也。从水，面聲。《周書》曰：罔敢湎于酒。"《尚書·胤征》："羲和湎淫，廢時亂日。"孔安國傳："沈湎於酒，過差非度。"《詩經·大雅·蕩》："咨女殷商，天不湎爾以酒，不義從式。"陸德明音義："湎，面善反，徐莫顯反。飲酒齊色曰湎。《韓詩》云：'飲酒閉門不出客曰湎。'"《名義》："湎，弭充［兖］反，弥竟［兖］反。溪。"按：《名義》"溪"字當作"淫"字，與字頭連讀為"湎淫"，為引證之誤省。

涒，湯昆反。《尒雅》："歳在申曰涒灘。"《説文》："食已而湴吐之也。"

《爾雅·釋天》："大歲……在申曰涒灘。"陸德明音義："涒，湯昆反。"《説文》："涒，食已而復吐之。从水，君聲。《爾雅》曰：太歲在申曰涒灘。"《名義》："涒，湯昆反。食已復吐也。"

---

① 《文選·張協〈七命〉》："傾罍一朝，可以流湎千日。"李善注引薛君《韓詩章句》曰："齊顔色均衆寡謂之流，閉門不出客謂之湎。"《初學記》卷十四引《韓詩外傳》曰："不脱屨而即席謂之禮，跣而上坐謂之宴，能飲者飲不能飲者止謂之醧，閉門不出客謂之湎。"

② 《名義》："酾，弥充［兖］反。湎。"

漿，子楊反。《周礼》：“四飲，三曰漿。”鄭玄曰：“今之截漿也。”野王案：《毛詩》“不［或］以其酒，或［不］以其漿”是也。又曰：“漿人掌六飲：水、漿、醴、涼、醫、酏也。”

《周禮·天官·酒正》：“辨四飲之物：一曰清，二曰醫，三曰漿，四曰酏。”鄭玄注：“漿，今之截漿也。”《詩經·小雅·大東》：“或以其酒，不以其漿。”《韓詩外傳》卷七、《太平御覽》卷八六一引《詩》均作“或以其酒，不以其漿”。《殘卷》“或”“不”互訛。《周禮·天官·漿人》：“漿人掌共王之六飲：水、漿、醴、涼、醫、酏，入于酒府。”《名義》：“漿，子楊反。飲。牀，古”吕氏校釋：“‘牀’字原誤，今正。此處‘古’為‘古文’之省。”按：“牀”字原誤作“林”。按：“漿”為四飲、六飲之一，故《名義》釋為“飲”。《類聚名義抄》：“漿，《玉》云：‘四飲，三曰漿。’”（53•5）

牀，《說文》古文漿字也。

《説文》：“牀，酢牀也。从水，將省聲。牀，古文牀省。”《名義》：“漿，子楊反。飲。牀，古。”

涼，力漿［醬］反。《毛詩》：“職涼善背。”傳曰：“涼，薄也。”野王案：《左氏傳》“虢多涼德”是也。又音力将反。《韓詩》：“（孔）北風其涼，雨雪其雱。涼，寒皀也。”野王案：今謂薄寒為涼。《礼記》“孟秋涼風至”、《楚辞》“秋之為氣也，薄寒之中人”是也。《尔雅》：“北風謂之涼風。”《說文》為飆字，在風部。① 不善悲涼為𣄰字，在旡部。② 飲漿名涼為䣼字，在酉部。③

《説文》：“涼，薄也。从水，京聲。”《詩經·大雅·桑柔》：“民之罔極，職涼善背。”毛傳：“涼，薄也。”鄭玄箋：“諒，信也。”《左傳·莊公三十二年》：“虢多涼德，其何土之能得？”杜預注：“涼，薄也。”《詩經·邶風·北風》：“北風其涼，雨雪其雱。”

① 《説文》：“飆，北風謂之飆。从風，涼省聲。”《名義》：“飆，力章反。北風。”
② 《説文》：“𣄰，事有不善言𣄰也。《爾雅》：𣄰，薄也。从旡，京聲。”《名義》：“𣄰，力章反。薄也。”
③ 《名義》：“䣼，力醬反。以水和。”

毛傳："北風，寒涼之風。"《爾雅·釋天》："北風謂之涼風。"陸德明音義："涼，本或作古飆字，同，力張反。"《殘卷》似衍"孔"字，"雱"似當作"雱"。[①]《慧琳音義》卷六一《根本説一切有部毘奈耶律》卷四七音義："涼燠，上兩張反。《韻英》云：'薄寒也。'"《禮記·月令》："孟秋之月……涼風至，白露降，寒蟬鳴，鷹乃祭鳥，用始行戮。"《楚辭·九辯》："悲哉秋之為氣也……薄寒之中人。"《爾雅·釋天》："北風謂之涼風。"《名義》："涼，力醬反。薄也，冷也。"《名義》"冷也"義不見於《殘卷》。《集韻·漾韻》："涼，佐也。《詩》：'涼彼武王。'一曰：冷也。"《新撰字鏡》："涼，正，力醬反，去。《傳》薄也，州名。借力将、力命二反，冷也，清也。涼，同。"《類聚名義抄》："清涼，《玉》云：'力醬反，薄也；又力將反，寒也。北風謂之涼風。'"（12·1）

淡，徒敢反。《記礼[礼記]》："君子之道淡而不猒。"鄭玄曰："淡，味似薄也。"野王案：《説文》："淡，薄味也。"故《礼記》"君子淡以成，小人甘以壞"、《老子》"道之出言，淡乎其無味也，而用之不可既"是也。《史記》："攻苦食淡。"如淳曰："食無菜茹曰淡。"安恬之倓為倓字，在人部。[②]

《禮記·中庸》："君子之道淡而不厭，簡而文，温而理，知遠之近，知風之自，知微之顯，可與入德矣。"鄭玄注："淡，其味似薄也。"《説文》："淡，薄味也。从水，炎聲。"《禮記·表記》："故君子之接如水，小人之接如醴。君子淡以成，小人甘以壞。"鄭玄注："淡，無酸酢少味也。"《老子·仁德》："道之出口，淡乎其無味，視之不足見，聽之不足聞，用之不可既。"《史記·叔孫通列傳》："吕后與陛下攻苦食啖，其可背哉？"裴駰集解："徐廣曰：'攻猶今人言擊也。啖，一作淡。'駰案：如淳曰：'食無菜茹為啖。'"司馬貞索隱："案孔文祥云：'與帝共攻，冒苦難，俱食淡也。'案：《説文》：'淡，薄味也。'音唐敢反。"《漢書》本傳同，顏師古注："啖當作淡。淡謂無味之食也，言共攻擊，勤苦之事而食無味之食也。淡音大敢反。""攻苦"，吕校本誤作"政苦"。《名義》："淡，徒感反。薄味也。"《新撰字鏡》："淡，徒敢反，去。徒甘反，平。味薄也。"《類聚名義抄》："澹淡，《玉》云：'薄味也。'"（22·4）

---

① "雱"與"涼"押韻。《藝文類聚》卷二引《毛詩》曰："北風其涼，雨雪其雱。"《太平御覽》卷三四引《北風》："北風其涼，雨雪其滂。"又卷三七〇引《邶·柏舟·北風》曰："北風其涼，雨雪其雱。""滂""雱"並與"雱"音義同。

② 《名義》："倓、倓，徒闞反。安也，静也。"

澆，公尧反。《楚辞》："波豊豊而揚澆。"王逸曰："洄波為澆。"《淮南》："澆天下之淳。"許𣐄重曰："澆，薄也。"《説文》："澆，𣳜［沃］也。"野王案：灌𣳜［沃］，所以壊散淳粹者也。《廣雅》："澆，清［漬］也。"又音五弔反。寒浞之子名澆，《左氏傳》"少康滅澆"是也。

《楚辭·九歎·離世》："波澧澧而揚澆兮，灌沃順長瀨之濁流。"王逸注："回波為澆也。"《文選·郭璞〈江賦〉》："迅澓增澆，涌湍叠躍。"李善注引王逸《楚辭注》曰："洄波爲澆。"《淮南子·齊俗》："澆天下之淳，析天下之樸。"高誘注："澆，薄也。"[①]《説文》："澆，渎也。从水，堯聲。"《廣雅·釋詁二》："澆，沃，灌，漬也。""澆"与"沃""灌"同義，故顧氏云"灌沃"。吕校本引野王案脱"淳"字。《史記·吴太伯世家》："吴王將許之，伍子胥諫曰：'昔有過氏，殺斟灌以伐斟尋，滅夏后帝相。'"司馬貞索隱："過音戈。寒浞之子澆所封國也，猗姓國。"《左傳·襄公四年》："以滅浞而立少康，少康滅澆于過，后杼滅豷于戈。"《名義》："澆，公尧反。薄也，沒也，沃，清［漬］也。"[②]《新撰字鏡》："𣿅、𣿅、澆，三形作，正，公尧反。洄波也，薄也，灌也，沃也。借五弔反，去。扶也，垽也。"《類聚名義抄》："澆瀆，《玉》云：'薄也，沒也，清［漬］也。'"（53•7）

澙，《字書》或澆字也。[③]

《名義》："澆，公尧反。薄也，沒也，沃，清［漬］也。澙，或也。"吕氏校釋："'澙，或也'表示'澙'為'澆'之或體。"《新撰字鏡》："𣿅、𣿅、澆，三形作，正，公尧反。洄波也，薄也，灌也，沃也。借五弔反，去。扶也，垽也。澙，上字。𣿅，上字。"

---

① 《文選·劉峻〈廣絶交論〉》："馳鶩之俗，澆薄之倫，無不操權衡，秉纖纊。"李善注："《淮南子》曰：'澆天下之淳。'許慎曰：'澆，薄也。'"《慧琳音義》卷十八《大乘大集地藏十輪經序》音義："澆風，皎堯反。許叔重注《淮南子》云：'澆，薄也。'"

② 《名義》"没也"義不見於《殘卷》，疑當作"波也"。

③ 《玄應音義》卷三《放光般若經》卷五音義："澆瀆，上又作澙，同，古堯反。《説文》：'澆，灌漬也。'"

液，曳石反。《楚辞》："吸飛泉〈之〉微液〈兮〉，懷琬琰之華英。"《説文》："液，津也。"

《楚辭·遠遊》："吸飛泉之微液兮，懷琬琰之華英。"《說文》："液，盡也。从水，夜聲。"《名義》："液，曳石反。津也。"《新撰字鏡》："液，……又曳石反。津也，汙［汁］也。"

滒，公娥、爼雅二反。[①]《説文》："多汁也。"

《説文》："滒，多汁也。从水，哥聲。讀若哥。"《名義》："滒，公娥反。多汁。"

灝，公道、公禫二反。[②]《説文》："煮豆汁也。"

《説文》："灝，豆汁也。从水，顥聲。"《名義》："灝，公道反。煑豆汁。"

瀋，死［充］甚反。《左氏傳》："猶拾瀋也。"杜預曰："瀋，汁也。"野王案：《礼記》"為榆瀋"是也。"

《左傳·哀公三年》："無備而官辦者，猶拾瀋也。"杜預注："瀋，汁也。"陸德明音義："瀋，尺審反。北土呼汁爲瀋。"《説文》："瀋，汁也。从水，審聲。《春秋傳》曰：猶拾瀋。"《禮記·檀弓下》："天子龍輴而椁幬，諸侯輴而設幬，為榆沈，故設撥。"鄭玄注："以水澆榆白皮之汁。"陸德明音義："沈，本又作瀋，同，昌審反。"《名義》："瀋，死［充］甚反。汁也，拾也。"

---

① "滒"字，《廣韻》、《集韻》均與"歌"音同，與《殘卷》、《名義》"公娥反"同，無異讀。《殘卷》"爼雅反"未詳，《玉篇》作"工雅切"，《古音匯纂》録作"公娥、工雅二反"，似亦無據。
② 《殘卷》、《玉篇》反切下字"禫""禫"屬感韻，"灝"字似不當有此讀，此蓋與"灨"（瀿）形近而誤讀。《集韻·感韻》："灨，豆瀋也。""灨"即"灝"之訛字。

洫，餘質反。《毛詩》：“假以溢我。”①野王案：《尔雅》：“溢，盈也。”《孝經》：“滿而不溢。”則溢者謂盈而出也。《國語》：“是有溢罰。”賈逵曰：“溢，餘也。”《説文》：“噐滿也。從水，從皿。”《尔雅》：“溢，静也。”《廣雅》：“溢，盛也。”“溢，出也。”《國語》：“黄金四溢。”賈逵曰：“一曰：溢，廿四兩也。”《喪服傳》：“朝一溢米，暮一溢米。”鄭玄曰：“一溢為米一升廿四分升之一也。”《埤蒼》以廿四兩為鎰字，在金部。②

《詩經·周頌·維天之命》：“假以溢我，我其收之，駿惠我文王。”毛傳：“溢，慎。”鄭玄箋：“溢，盈溢之言也。”《爾雅·釋詁下》：“溢，盈也。”《慧琳音義》卷六四《五分尼戒本》音義：“溢鉢，上寅一反。《爾雅》：‘溢，盈也。’顧野王云：‘溢者，謚［溢］滿而出也。’《説文》：‘器滿也。從水，益聲。’正從皿作洫。”《國語·周語上》：“國之不臧，則惟余一人，是有逸罰。”韋昭注：“逸，過也。”《慧琳音義》卷六《大般若波羅蜜多經》卷四八七音義：“充溢，引一反。《爾雅》：‘溢，盈也。’《廣雅》：‘盛也。’賈注《國語》：‘餘也。’《説文》：‘器滿也。從水，溢聲也。’”《説文》：“溢，器滿也。从水，益聲。”《爾雅·釋詁上》：“溢，静也。”《廣雅·釋詁二》：“溢，盛也。”《廣雅·釋詁一》：“溢，出也。”《國語·晉語二》：“黄金四十鎰，白玉之珩六雙，公子請納之左右。”韋昭注：“二十兩為鎰。”③《禮記·喪大記》：“子大夫公子食粥，納財，朝一溢米，莫一溢米，食之無筭。”鄭玄注：“二十兩曰溢。於粟米之法，一溢為米一升二十四分升之一。”《名義》：“洫，金［余］質反。滿，餘也，或静也，盛，洫也。”吕氏校釋：“《名義》‘或静也’衍‘或’字。‘盛洫也’衍‘洫’字。”按：疑《名義》脱“溢”字，本或作“溢，或洫”。“金質反”當作“余質反”。《名義》“滿”義蓋據《説文》“器滿也”。《玄應音義》卷十六《大愛道比邱尼經》上卷音義：“漏溢，古文泆，同，弋一反。《字林》：‘溢，滿也。’”

溢，《聲類》亦洫字也。

① 黎庶昌摹本“假”作“鍜”。
② 《名義》：“鎰，余資、余質反。萬［廿兩］金。”《文選·枚乘〈七發〉》：“于是使射千鎰之重，争千里之逐。”李善注引賈逵《國語注》曰：“一鎰，二十四兩。”
③ 《文選·阮籍〈詠懷〉》：“黄金百溢盡，資用常苦多。”李善注引賈逵《國語注》曰：“一溢，二十四兩。”

《慧琳音義》卷十一《大寶積經》卷二音義："流溢，引一反，正體作溢，或作泗[洫]，皆古正字也。《爾雅》：'溢，盈也。'《廣雅》：'溢，出也。'《說文》：'器滿也。從水，益聲也。'"《新撰字鏡》："溢，羊一反，入。盈也，靜也，𥫗也。"

洒，桒礼、桒顯二反。《周易》："聖人以此洒心。"韓康伯曰："洒濯其心也。"劉瓛曰："洒，盡也。"《毛詩》："洒爵奠斚。"野王案：《說文》："洒，滌也。"《礼記》："君子之飲酒也，受一爵而色洒如也。"鄭玄曰："洒如，肅敬之皀也。"《尔雅》："望涯洒而高，岸。"郭璞曰："洒謂深也。"《廣雅》："洒，斉也。"与侔等同為齊平之齊，今並為洗字。①《說文》古文以此為洒掃之洒字。《聲類》亦汛字也。汛，灑也。②

《周易·繫辭上》："聖人以此洗心。"韓康伯注："洗濯萬物之心。"陸德明音義："洗心，劉瓛悉殄反，盡也。"《詩經·大雅·行葦》："或獻或酢，洗爵奠斝。"《說文》："洒，滌也。从水，西聲。古文爲灑埽字。"《禮記·玉藻》："君子之飲酒也，受一爵而色洒如也。"鄭玄注："洒如，肅敬貌。洒或為察。"陸德明音義："洒，先典反，又西禮反。王肅作察，云：'明貌也。'"《爾雅·釋丘》："望厓洒而高，岸。"郭璞注："洒謂深也。"《廣雅·釋詁四》："洒，齊也。"《名義》："洒，先礼反。滌也，盡也，齊也。"《類聚名義抄》："洗洒，《玉》云：'滌也，盡也，齊也。'……《玉》云：'今為洗字。'"（16·6）

濈，俎立反。《說文》："濈，和也。"《埤蒼》："濈，汗出也。"《字書》或為脂[䏶]字，在肉部。③

《說文》："濈，和也。从水，戢聲。"《殘卷》"汗出也"疑當作"汁出也"。小徐本《說文》"濈"字之後為"汁"字。《文選·張衡〈南都賦〉》："流湍投濈，砏汃輣軋。"李善注引《埤蒼》曰："濈，水行出也。""行"與"汁"亦形近。《名義》："濈，

---

① 吕校本作"伴等"，"伴"改為"併"，誤。《廣雅·釋詁四》："……侔，竱，等，……洒，齊也。"《慧琳音義》卷五三《佛說求欲經》音義："洗拭，上西禮反。《說文》：'洗足也。'今亦以為洗濯之字，從水，先聲。亦作洒也。"

② 《名義》："汛，思見、所賣反。洒掃也，灑。"

③ 《名義》："䏶，俎立反。肥出也，和也。"

葅立反。和也，汗出也。”《新撰字鏡》：“濈，且［俎］立反。和也，汗也。脜同。”

滌，達的反。《尚書》：“九州［川］滌源。”孔安國曰：“滌，除也，除原泉無壅塞也。”《周礼》：“視滌濯。”鄭玄曰：“濯溉祭噐也。”《毛詩》：“十月滌場。”傳曰：“滌，埽之也。”《公羊傳》：“帝牛［牲］在扵滌。”何休曰：“滌，官［宮］名，養帝牲之舍也，取其潔净也。”《礼記》：“逖成滌濫之音作。”鄭玄曰：“逖、滌，徃來疾皀也。”又曰：“滌蕩其聲。”鄭玄曰：“滌蕩猶搖動也。”《大戴礼·夏小正》：“寒日滌凍塗。滌也者，變也，變而煖之也。凍塗也者，凍下而澤上多也。”《說文》：“滌，洒也。”《廣雅》：“滌，洗也。”

《尚書·禹貢》：“九州刊旅，九川滌源，九澤既陂。”孔安國傳：“九州之川已滌除泉源，無壅塞矣。”[①]《周禮·春官·大宗伯》：“凡祀大神、享大鬼、祭大示，帥執事而卜日，宿，眡滌濯，涖玉鬯，省牲鑊，奉玉齍，詔大號，治其大禮，詔相王之大禮。”鄭玄注：“滌，濯溉祭器也。”《詩經·豳風·七月》：“九月肅霜，十月滌場。”毛傳：“滌場，功畢入也。”陸德明音義：“滌，直歷反，埽也。”孔穎達正義：“洗器謂之滌，則是净義，故為埽也。”《希麟音義》卷三《》卷二九音義：“洗滌，下徒歷反。《玉篇》：‘除也。’《韻英》：‘净也。’《毛詩》曰：‘十月滌場。’傳云：‘滌，掃也。’”今本《詩經》毛傳或脱“滌，埽也”三字。《公羊傳·宣公三年》：“帝牲在于滌三月。”何休解詁：“滌，宮名，養帝牲三牢之處也，謂之滌者，取其蕩滌絜清。”《禮記·樂記》：“狄成滌濫之音作而民淫亂。”鄭玄注：“狄滌，往來疾貌也。”《禮記·郊特牲》：“殷人尚聲，臭味未成，滌蕩其聲，樂三闋，然後出迎牲。”鄭玄注：“滌蕩，猶摇動也。”《大戴禮記·夏小正》：“寒日滌，凍塗。滌也者，變也，變而煖也。凍塗者，凍下而澤上多也。”《説文》：“滌，洒也。从水，條聲。”《廣雅·釋詁二》：“滌，洒也。”《名義》：“滌，徒的反。洗也，洒也，除也。”《新撰字鏡》：“滌，徒的反，入。洒也，源也，除也，動也，洗也。”[②]

汁，之入反。《礼記》：“汁沙涚扵醆酒。”鄭玄曰：“謂浦［泲］秬［秬］鬯［鬯］

① 《慧琳音義》卷四九《攝大乘論序》音義：“滌沈蔽，上庭的反。孔注《尚書》：‘滌，除也。’鄭注《周礼》云：‘滌，濯溉也。’《毛詩傳》云：‘滌，掃除之也。’何休注《公羊》云：‘謂取其潔淨也。’《説文》：‘滌，洒也。從水，條聲。’”

② “源也”當與字頭連讀為“滌源也”，為引證而非釋義。

以釀［醆］酒也。浦［泲］出香汁，叵謂之汁沙。”又曰：“仲冬行秋令，則天時雨汁。”鄭玄曰：“雨汁者，水雪雜下也。”《説文》：“汁，液也。”《方言》：“斟，協，汁也。關西曰汁。”郭璞曰：“謂協和也。或曰潘汁，所未詳也。”《漢書》梓潼郡有汁方縣。音時入反。

《禮記・郊特牲》：“汁獻涚于醆酒。”鄭玄注：“泲秬鬯以醆酒也。獻讀當為莎，齊語聲之誤也。……泲之出其香汁，因謂之汁莎。”《禮記・月令》：“仲冬……行秋令，則天時雨汁，瓜瓠不成。”鄭玄注：“雨汁者，水雪雜下也。”《説文》：“汁，液也。从水，十聲。”《方言》卷三：“斟、協，汁也。北燕朝鮮洌水之間曰斟，自關而東曰協，關西曰汁。”郭璞注：“謂和協也。或曰潘汁，所未能詳。”《漢書・地理志上》：“廣漢郡，……縣十三：梓潼、什方、涪、雒、緜竹、廣漢、葭明、郪、新都、甸氏道、白水、剛氏道、陰平道。”顔師古注引應劭曰：“什音十。”清吴卓信《漢書地理志補注》：“汁方，應劭曰：‘汁音十。’如淳音什。按：《史・表》作汁邡，《漢・表》作汁防，晉、齊二志又作什方，《説文》《續志》《水經注》並作什邡，《集韻》又作阞，又作朸。”《名義》：“汁，之入反。液也。”《新撰字鏡》：“汁，正，之入反，入。液也，瀋也。借時入反，入。縣名也。”

溮，妄纸反。《周礼》：“大喪，大溮以鬯［鬯］，則築煮。”鄭玄曰：“築香草，煮以為鬯［鬯］以浴尸也。”《説文》：“溮，飲也。”《聲類》：“一曰：通去汁也。”

《周禮・春官・肆師》：“大喪，大溮以鬯，則築鬻。”鄭玄注：“築香草，煮以為鬯以浴尸。”《説文》：“鬻，孚也。从䰜，者聲。煮，鬻或从火。”“孚”，小徐本作“亨”，“孚”蓋“享”字之形近而訛，“享”“亨”古今字。《説文》：“溮，飲也。从水，弭聲。”《名義》：“溮，妄纸反。飲也。”

潩，湏湎、湏芮［芮］二反。《説文》：“飲歃也。一曰：吮也。”

“湏芮”，吕校本誤作“湏芮”。

《説文》：“潩，飲歃也。一曰：吮也。从水，算聲。”《名義》：“潩，湏芮反。飲歃。”吕氏校釋：“‘芮’‘歃’字原皆誤。”按：“芮”字原作“芮”（其誤與《殘卷》同），“歃”原作“鼣”。

泂，胡炯反。《毛詩》：“泂酌彼行潦。”傳曰：“泂，遠也。”野王案：訓遠与迥字同也，在辵部。[①]《説文》：“泂，滄也。”《字書》或為洞［泂］字，在三［仌］部。[②]

《詩經·大雅·泂酌》：“泂酌彼行潦，挹彼注茲，可以餴饎。”毛傳：“泂，遠也。”《説文》：“泂，滄也。从水，同聲。”《名義》：“泂，胡炯反。酌彼行潦也，遠也，同也。”吕氏校釋：“此字頭原誤。‘炯’字原誤。……《名義》‘酌彼行潦也’為引証。‘同也’為誤訓。”按：《名義》字頭原誤作“洞”，“炯”字原誤作“烔”。

滄，且郎反。《漢書》：“欲湯之滄，一人吹［炊］之，百人揚之。”《説文》：“滄，寒也。”

《漢書·鄒陽傳》：“欲湯之滄，一人炊之，百人揚之，無益也，不如絶薪止火而已。”顔師古注引鄭氏曰：“音悽愴之愴，寒也。”《説文》：“滄，寒也。从水，倉聲。”按：此義字亦作“凔”。《廣雅·釋詁四》：“凔、泂，寒也。”[③]《名義》：“滄，且郎反。塞也，寒也。”吕氏校釋：“‘塞也’似為誤訓。”按：當為“寒也”之誤。《類聚名義抄》：“滄溟，《玉》云：‘塞也，寒也。’”（5·7）其誤與《名義》同。

瀙，且定反。《説文》：“瀙，泠［冷］寒也。”

《説文》：“瀙，冷寒也。从水，靚聲。”《太平御覽》卷七五五：“《世説》曰：劉真長始見王丞相，時暑之月，丞相以腹熨彈棊局，曰：‘何如乃瀙！’注：‘吴人以

① 《名義》：“迥，胡烔［炯］反。遠也，遐也。”
② 《名義》：“洞，胡炯反。冷。”
③ 王念孫疏證：“《説文》：‘凔，寒也。’又云：‘滄，寒也。’《逸周書·周祝解》云：‘天地之間有滄熱。’《列子·湯問篇》云：‘滄滄涼涼。’《靈樞經·師傳篇》云：‘衣服者寒無悽愴，暑無出汗。食飲者，熱無灼灼，寒無滄滄。’竝字異而義同。”

冷爲瀞也，音楚敬切。’”[①]《名義》：“瀞，且定反。寒冷也。”《新撰字鏡》：“清、瀞，一［二］形同，七情［婧］反，去。浄也，會朝清明，浄也。”

漱，所雷反。《考工記》：“善為溝者水漱之。”鄭玄曰：“漱猶齧也。”《礼記》：“雞初鳴，咸盥漱。”野王案：《說文》：“漱，盪口也。”《廣雅》：“漱，瀞也。”今亦以為漱浣之涑字。[②]

《文選·郭璞〈江賦〉》：“漱壑生浦，區别作湖。”李善注：“《周禮》曰：‘善爲溝者水漱之。’鄭玄曰：‘漱，嚙也。’”《慧琳音義》卷二九《金光明最勝王經》卷八音義：“漱口，搜救反。鄭玄注《考工記》云：‘漱，潔也。’”“潔”本或作“絜”，“嚙”本或作“齧”，“絜”“齧”兩者形近。“絜”當為“齧”字之訛。《禮記·內則》：“子事父母，雞初鳴，咸盥、漱、櫛、縰、笄、總、拂髦、冠、緌、纓、端、韠、紳、搢笏。”陸德明音義：“漱，所救反，徐素遘反。漱，漱口也。”《説文》：“漱，盪口也。从水，敕［欶］聲。”《慧琳音義》卷六十《根本説一切有部毘奈耶律》卷六音義：“澡漱，下搜皺反。《廣雅》：‘漱，瀺也。’又云：‘瀺瀞，漱口水聲也。’《文字典説》：‘水浄口、盪口也。從水，欶聲。’瀺音鋤角反，瀺音床咸反，欶音朔，皺音莊救反。”“瀺”蓋“瀞”之俗字。今本《廣雅》未見此訓。《廣雅·釋言》：“涑，澣也。”曹憲音“素侯［候］”。“澣”同“浣”。[③]《名義》：“漱，所溜反。蕩口也，瀞也，囓也。”吕氏校釋：“《殘卷》作‘所雷反’。《説文》作‘盪口也’。”按：《慧琳音義》卷二五轉録釋雲公《大般涅槃經音義》卷上：“漱口澡手，漱音瘦，澡音早。《玉篇》云：‘盪口曰漱。在手曰澡，在頭曰沐，在面曰頮，在身曰浴，在足曰洗。’”《類聚名義抄》：“澡漱，《玉》云：‘瀞也，齧也。今為漱浣之涑字。’”（15·7）

① 《世説新語·排調》：“劉真長始見王丞相，時盛暑之月，丞相以腹熨彈棊局，曰：‘何乃渹！’”劉孝標注：“吴人以冷為渹。”其本字或當作“凊”。《説文》：“凊，寒也。”《墨子·辭過》：“古之民未知為衣服時，衣皮帶茭，冬則不輕而温，夏則不輕而凊。聖王以為不中人之情，故作誨婦人治絲麻、梱布絹，以為民衣。爲衣服之法：冬則練帛之中，足以為輕且煖；夏則絺綌之中，足以為輕且凊。”《禮記·曲禮上》：“凡為人子之禮，冬溫而夏凊，昏定而晨省。”陸德明音義：“凊，七性反，字從冫。冰，冷也。本或作水旁，非也。”文獻中或作“清”字。《吕氏春秋·有度》：“夏不衣裘，非愛裘也，暖有餘也；冬不用䈉，非愛䈉也，清有餘也。”高誘注：“清，寒。”《莊子·人間世》：“吾食也，執粗而不臧，爨無欲清之人。”陸德明音義：“清，七性反，字宜從冫，從氵者，假借也。清，涼也。”

② 《名義》：“涑，先候反。浣。”

③ 《慧琳音義》卷十五《大寶積經》卷一〇九音義：“火浣布，桓管反，俗字也，正作澣。《考聲》云：‘浣，濯也，以足曰澣，以手曰漱。’劉兆注《公羊傳》云：‘濯生練曰漱，去舊垢曰澣。’”

淬，此潰反。《淮南》："身淬霜露。"許𠶷重曰："冒犯霜露也。"《子虚賦》："腎割輪淬。"郭璞〈曰〉："淬，染也。"《方言》："淬，寒也。"郭璞曰："淬猶瀨也。"《説文》："滅火器也。"淬堅金刃為焠字，在火部。[1]

《淮南子·修務》："昔於南榮疇恥聖道之獨亡於已，身淬霜露，敕蹻趹，跋涉山川，冒蒙荆棘，百舍重跰，不敢休息，南見老聃，受教一言。"高誘注："淬，浴。"《史記·司馬相如列傳》："腎割輪淬，自以為娱。"裴駰集解："徐廣曰：'淬，千内反。'駰案：郭璞曰：'腎，膊。淬，染也。'"[2]《方言》卷十三："淬，寒也。"郭璞注："淬猶净也。作憒反。"《方言》卷十三："涑，净也。"郭璞注："皆冷貌也。"據此，則"净"當作"净"，與"瀨"音義同。《説文》："淬，滅火器也。从水，卒聲。"《名義》："淬，此潰反。寒也，瀨也。"

沐，莫穀反。《毛詩》："予髪曲局，薄言歸沐。"野王案：《説文》："濯髪也。"《礼記》："方佰為朝天子，皆有湯沐之色［邑］扵天子之縣内。"鄭玄曰："給齊戒自絜净也。浴用湯，沐用潘。"又曰："孔子之故人曰：原壤其母死，夫子助之沐椁。"鄭玄曰："沐，治也。"《管子》："沐樹之枝，日中无天蔭。"野王案：斬樹之枝也。《字書》為杔字，在木［刀］部。[3]

《慧琳音義》卷二五轉録釋雲公《大般涅槃經音義》卷上："漱口澡手，漱音瘦，澡音早。《玉篇》云：'盪口曰漱。在手曰澡，在頭曰沐，在面曰頮，在身曰浴，在足曰洗。'"《詩經·小雅·采緑》："予髪曲局，薄言歸沐。"《説文》："沐，濯髪也。从水，木聲。"《禮記·王制》："方伯為朝天子，皆有湯沐之邑於天子之縣内，視元士。"鄭玄注："給齊戒自絜清之用。浴用湯，沐用潘。"《禮記·檀弓》："孔子之故人曰：'原壤其母死，夫子助之沐椁。'"鄭玄注："沐，治也。"《管子·輕重》："今吾沐涂樹之枝，日中無尺寸之陰。"黎翔鳳校注引任林圃云："《齊民要術》種桑'栽後二年，慎勿採沐'，

---

① 《説文》："焠，堅刀刃也。从火，卒聲。"《名義》："焠，千對反。堅刀刃。"
② 《文選·司馬相如〈子虚賦〉》："腎割輪焠，自以爲娱。"郭璞注："焠，染也。"《慧琳音義》卷九八《廣弘明集》卷二十音義："沽［沾］淬，崔碎反。郭璞注《上林賦》云：'淬，深也。'""深"當為"染"字之訛。《玉篇》之誤與此同。
③ 《名義》："杔，莫禄反。㮚樹。"《唐韻殘卷·屋韻》（蔣斧印本）："木，樹木。又姓。莫卜反。……杔，杔桑。"

種榆‘初生三年，不用採葉，尤忌捋心，不用剥沐’，注云：‘剥者長而細，又多瘢痕，不剥雖短麄而無病。諺曰：“不剥不沐，十年成轂。”言易麄也。’觀此‘採沐’‘剥沐’並言，蓋古農家者言治樹之術語，即今之剪枝也。”△按：諸“剥”字並當作“剶”。“剶”“沐”義同。《名義》：“沐，莫卜反。洗髮也，治也。”《類聚名義抄》：“沐浴，《玉》云：‘浴也。’”（17·2）

頮，呼憒反。《尚書》：“王乃洮頮水。”野王案：《説文》：“頮，洒面也。”《礼記》“面垢，燂湯請頮”是也。《説文》此亦古文靧字也，靧在頁部。[①]

《慧琳音義》卷二五轉録釋雲公《大般涅槃經音義》卷上：“漱口澡手，漱音瘦，澡音早。《玉篇》云：‘盪口曰漱。在手曰澡，在頭曰沐，在面曰頮，在身曰浴，在足曰洗。’”《尚書·顧命》：“甲子，王乃洮頮水。”孔安國傳：“王大發大命，臨群臣，必齋戒沐浴，今疾病，故但洮盥頮面。”陸德明音義：“頮，音悔。《説文》作沬，云：‘古文作頮。’馬云：‘頮，頮面也。’”《文選·司馬遷〈報任少卿書〉》：“士卒死傷如積，然陵一呼勞軍，士無不起。躬自流涕，沬血飲泣。”李善注：“頮，古沬字。言流血在面，如盥頮也。《説文》曰：‘頮，洗面也。’”[②]《禮記·內則》：“其間面垢，燂潘請靧；足垢，燂湯請洗。”陸德明音義：“靧，音悔，洗面。”

沬，《説文》此篆文頮字也。沬，洒面也。《廣雅》：“沃［沬］，洗也。”

《説文》：“沬，洒面也。从水，未聲。湏，古文沬从頁。”《名義》：“頮，呼憒反。洗面。沬，篆文。”

浴，瑜属反。《左氏傳》：“觀其裸浴，薄而觀之。”野王案：《説文》：“浴，洒身也。”《大戴礼·夏小正》：“十……[③]。”

---

① 《尚書·顧命》：“甲子，王乃洮頮水。”陸德明音義：“頮，音悔。《説文》作沬，云：‘古文作頮。’馬云：‘頮，頮面也。’”《名義》：“靧，呼憒反。洗面。”
② 《文選·枚乘〈七發〉》：“澹澉手足，頮濯髮齒。”李善注引《説文》：“頮，洗面也。”
③ 《殘卷》此下殘缺。今本《大戴禮記·夏小正》此下作“月黑鳥浴。黑鳥者何也？烏也。浴也者，飛乍高乍下也”。《殘卷》左邊殘存部分與此合。

《左傳·僖公二十三年》："及曹，曹共公聞其駢脅，欲觀其裸。浴，薄而觀之。"《説文》："浴，洒身也。从水，谷聲。"《慧琳音義》卷二五轉録釋雲公《大般涅槃經音義》卷上："漱口澡手，漱音瘦，澡音早。《玉篇》云：'盪口曰漱。在手曰澡，在頭曰沐，在面曰頮，在身曰浴，在足曰洗。'"《名義》："浴，俞屋反。洒身。"

洗，桌顯反。《礼記》："𧺆垢，燂湯請洗。"……

《禮記·內則》："五日則燂湯請浴，三日具沐，其間面垢，燂潘請靧；足垢，燂湯請洗。"《殘卷》此下缺。《慧琳音義》卷五三《佛説求欲經》音義："洗拭，上西禮反。《説文》：'洗，〈洒〉足也。'今亦以為洗濯之字，從水先聲。亦作洒也。""今亦以為洗濯之字"、"亦作洒也"似為顧野王案語。《慧琳音義》卷二五轉録釋雲公《大般涅槃經音義》卷上："漱口澡手，漱音瘦，澡音早。《玉篇》云：'盪口曰漱。在手曰澡，在頭曰沐，在面曰頮，在身曰浴，在足曰洗。'"《説文》："洗，洒足也。从水，先聲。"《名義》："洗，桌顯、先礼反。洗足。"《類聚名義抄》："洗浴，《玉》云：'洗足也。'"（16·5）

【玉篇卷第廿二】

山部第三百卌三　　屾部第三百卌四
嵬部第三百卌五　　屵部第三百卌六
广部第三百卌七　　厂部第三百卌八
高部第三百卌九　　危部第三百五十
石部第三百五十一　　磬部第三百五十二
𠂤部第三百五十三　　阜部第三百五十四
𨸏部第三百五十五　　厽部第三百五十六

〖山部第三百卌三　　凡一百卌七字〗

山，所間反。《周易》："艮為山。"《周礼》："大司徒……掌……辨其山林。"鄭玄曰："積石曰山。"《韓詩》："土高大有石曰山。"《說文》："山者，宣也。宣氣散生萬物，有石而高也。"《廣雅》："山，產也。"

《周易·説卦》："艮爲山，爲徑路，爲小石，爲門闕，爲果蓏，爲閽寺，爲指，爲狗，爲鼠，爲黔喙之屬。"《周禮·地官·大司徒》："大司徒之職，掌……以天下土地之圖，周知九州之地域廣輪之數，辨其山、林、川、澤、丘、陵、墳、衍、原、隰之名物。"鄭玄注："積石曰山。"《廣雅·釋山》："土高有石，山。"《說文》："山，宣也。宣气散生萬物，有石而高。象形。"《廣雅·釋山》："山，産也。"《名義》："山，所間反。宣也，産也。"《新撰字鏡》："山，所閑、所連二反，平。産也，宣也。"《類聚名義抄》："山，《玉》云：'土高大有石曰山。'"（135•6）

嶽，牛角反。《尚書》："二月東巡狩，至于岱宗；五月南巡狩，至于南岳；

八月西巡狩，至于西岳；十有一月北巡狩，至于北岳。”《尔雅》：“泰山為東嶽，霍山為南岳，華山為西岳，恒山為北岳，嵩高為中岳。”《白虎通》：“岳之言埆［捔］也，〈捔〉功德也。”《説文》：“王者巡狩所至之也。”《尚書》：“帝曰：咨，四岳。”野王案：四岳，官名也。（《尚書》：“帝曰：咨，四岳。”野王案：四岳，官名。）

《尚書・舜典》：“歲二月，東巡守，至於岱宗，柴。……五月南巡守，至於南嶽，如岱禮。八月西巡守，至於西嶽，如初。十有一月朔巡守，至於北嶽，如西禮。”陸德明音義：“守，時救反，本或作狩。”《爾雅・釋山》：“泰山爲東嶽，華山爲西嶽，霍山爲南嶽，恒山爲北嶽，嵩高爲中嶽。”《白虎通・巡狩》：“嶽者何謂也？嶽之為言捔，捔功德也。”《説文》：“嶽，東岱、南靃、西華、北恆、中泰室，王者之所以巡狩所至。从山，獄聲。”《尚書・舜典》：“舜曰：咨，四岳：有能奮庸熙帝之載，使宅百揆。”蔡沈集傳：“四岳，官名，一人而總四岳諸侯之事也。”《名義》：“嶽，牛角反。岳也。埆也。”吕氏校釋：“‘埆’字原訛。《殘卷》作‘《白虎通》：“嶽之言埆也”’。埆有獄義。”《新撰字鏡》：“嶽，牛角反。岳也。”《類聚名義抄》：“嶽，《玉》云：‘岳也，捔［捔］也。”（136•6）

岳，《説文》古文嶽字也。

《説文》：“岳，古文，象高形。”《名義》：“岳，上古文。”《倭名類聚鈔》卷一：“蔣魴《切韻》曰：‘嶽，山高名。’五角反。又作岳，訓與丘同。”《類聚名義抄》：“岳，《玉》云：‘古文。’”（136•7）

岱，徒戴反。《尚書》：“歲二月東巡狩，至于岱宗。”范甯曰：“〈岱〉宗，太山也。”

《尚書・舜典》：“歲二月，東巡守，至於岱宗，柴。”《爾雅・釋山》：“河東，岱。”郭璞注：“岱宗，泰山。”《廣雅・釋山》：“岱宗謂之泰山。”《説文》：“岱，太山也。从山，代聲。”《名義》：“岱，徒戴反。〈太〉山也。”《新撰字鏡》：“岱，徒戴反。大［太］山。”

猱，奴高反。《毛詩》："遭我乎猱之間方［兮］。"傳曰："猱，山間名也。"《説文》："猱，山在垒也。"

《詩經·齊風·還》："子之還兮，遭我乎猱之閒兮。"毛傳："猱，山名。"陸德明音義："猱，乃刀反。《説文》云：'猱，山在齊。'崔集注本作嶩。"《説文》："猱，山在齊地。从山，狃聲。《詩》曰：遭我于猱之閒兮。"《名義》："猱，奴高反。山間。"吕氏校釋："胡吉宣《校釋》謂'間'為涉《詩》而衍，當作'山名'。"按：此説可從。

嶩，《字書》亦猱字也。

王仁昫《刊謬補缺切韻·豪韻》（P.2011）："巎［嶩］，山名。亦作嶩、猱。"《名義》："嶩，同上字。"《名義》此字字頭原誤作"嶩"，其誤與"擾"作"擾"同。《新撰字鏡》："嶩、嶩、嶩，三同，奴高反。山間也。猱高也。[①]"

嶩，《聲頬［類］》亦猱字也。

《名義》："嶩，同上字。嶩，同上。"《新撰字鏡》："嶩、嶩、嶩，三同，奴高反。山間也。猱高也。嶩，上字。"《漢書·地理志下》："臨甾名誉丘，故《齊詩》曰：'子之誉兮，遭我虖嶩之間兮。'"顏師古注："《齊國風·誉》詩之辭也。《毛詩》作還，《齊詩》作誉。之，往也。嶩，山名也，字或作峱[②]，亦作巎［嶩］，音皆乃高反。言往適誉丘而相逢於嶩山也。"

島，都皎、都道二反。《尚書》："島夷皮服。"孔安国曰："海曲謂之島，居島之夷還復其服也。"《説文》："海中往往有山可依止曰島。"到也，亦言鳥也，

---

① "猱高也"，"高"字旁原注"字"字，意為"猱字也"。
② "峱"蓋"猱"之俗字，"猱"字从山狃聲。

物趍謂之鳥下。[①] 野王案：《史記》“横入海，居島中”是也。古文為隝字，〈在〉阜部也。[②]

《尚書·禹貢》：“島夷皮服。”孔安國傳：“海曲謂之島，居島之夷還服其皮，明水害除。”陸德明音義：“島，當老反。馬云：‘島夷，北夷國。’”《説文》：“㠀，海中往往有山可依止曰㠀。从山，鳥聲。讀若《詩》曰‘蔦與女蘿’。”《史記·田儋列傳》：“田横懼誅，而與其徒屬五百餘人入海，居島中。”裴駰集解引韋昭曰：“海中山曰島。”《殘卷》：“隝，都皎、都道二反。《聲類》古文島字也。島，海中可居者，在山部。”《名義》：“島，都道反，都皎反。到也。”吕氏校釋：“《殘卷》作‘都皎、都道二反。……《釋名》：“島，到也。人所奔到也”’。”《新撰字鏡》：“島、嶋，同，當老反。海迴曰島。”

嶧，餘石反。《尓雅》：“山属者曰嶧。”郭璞曰：“言若駱驛相属也。”《音義》曰：“今魯國鄒[③] 縣有嶧山。”〈《説文》：“葛嶧山，在〉東海下邳。《夏書》曰‘嶧陽孤相［桐］’是也。”

吕校本“駱驛”誤作“駱嶧”。

《爾雅·釋山》：“屬者嶧。”郭璞注：“言駱驛相連屬。”陸德明音義：“嶧，羊石反。《説文》：‘葛嶧山，在東海下邳。《尚書》云：嶧陽孤桐。’”《太平御覽》卷四二引《爾雅》曰：“魯國鄒縣有嶧山，純石相積構，連屬而成山。”《殘卷》“音義”當指郭璞《爾雅音義》。《殘卷》“嶧山”後脱“《説文》：‘葛嶧山，在”六字，吕校本失校。《説文》：“嶧，葛嶧山，在東海下邳。从山，睪聲。《夏書》曰：嶧陽孤桐。”《名義》：“嶧，餘石反。”《新撰字鏡》：“嶧，舍［余］石反。連山。”

嵎，遇俱反。《國語》：“防風氏，住［汪］苞［芒］氏之君，守封嵎之山者也。”賈逵曰：“山在吴越之間也。”

---

① 《殘卷》此處疑有脱誤。《釋名·釋水》：“海中可居者曰島。島，到也，人所奔到也。亦言鳥也，人物所趣如鳥之下也。”《玄應音義》卷一《大集月藏分經》卷五音義：“海島，古文隝，同，都道、都皎二反。《説文》：‘海中有山可依止曰島。’《釋名》：‘島，到也，人所奔到也。亦言鳥也，人物所趣如鳥之下也。’”

② 《名義》：“隝，都道反。島字。”

③ “鄒”，俗“鄒”字，黎庶昌抄本誤作“郡”。

《國語・魯語下》："仲尼曰：'丘聞之：昔禹致群神於會稽之山，防風氏後至，禹殺而戮之。'"韋昭注："防風，汪芒氏之君名也。"又："汪芒氏之君也，守封、嵎之山者也。"韋昭注："封，封山。隅，隅山。在今吴郡永安縣。"《殘卷》"住苞"為"汪芒"之訛。《説文》："嵎，封嵎之山，在吴楚之閒，汪芒之國。从山，禺聲。"《名義》："嵎，遇俱反。山石也。"吕氏校釋："《名義》'山石也'似當作'山名也'。"按：此説可從。《箋注本切韻・虞韻》（S.2071）："嵎，山名，在吴。"《新撰字鏡》："嵎，侯［俁？］俱反，平。嵎山，在吴。"

嶷，魚其反。《楚辞》："道幽路兮九嶷。"《說文》："舜所莚，在霊陵(葬)營道縣。"岐嶷[①]為嶷字，在口部，音魚極反。[②]

《楚辭・九懷・陶壅》："吾乃逝兮南娭，道幽路兮九疑。"舊注："疑，一作嶷。"《説文》："嶷，九嶷山，舜所葬，在零陵營道。从山，疑聲。"《漢書・武帝紀》："五年冬，行南巡狩，至于盛唐，望祀虞舜于九嶷。"顏師古注引應劭曰："九嶷，山名，今在零陵營道。"又《地理志上》："零陵郡，……縣十：零陵、營道、始安、夫夷、營浦、都梁、泠道、泉陵、洮陽、鍾武。"《名義》："嶷，奐其反。疑也。"按：《名義》"疑也"當作"嶷也"。《新撰字鏡》："𡾊、嶷，二同，正。奐其反，平。九𡾊，山名。借牛力反，入。識也。又作疑、僟，知意也。嶤嶷，蒿［高］皀，岐〈嶷〉，岉嶷也。"[③]

㟩，明巾反。《山海經》："嶓山，江水出焉。"郭璞曰："今在汶山郡廣陽縣西，大江所出也。"

《山海經・中山經》："又東北三百里曰岷山，江水出焉。"郭璞注："岷山，今在汶山郡廣陽縣西，大江所出。"《説文》："㟩山，在蜀湔氐西徼外。从山，㪉聲。"《尚書・禹貢》："岷、嶓既藝，沱、潛既道。"孔安國傳："岷山、嶓冢皆山名。"《名義》："𡼖，明巾反。山名。"《新撰字鏡》："㟩，明巾〈反〉。漢中。岷。㟭，上字。"

---

① 《續修四庫全書》本"縣岐嶷"三字漫漶不清，此據中華書局之黎庶昌本。
② 《名義》："嶷，牛力反。識也。"《詩經・大雅・生民》："克岐克嶷，以就口食。"毛傳："嶷，識也。"陸德明音義："嶷，魚極反。《説文》作㠜，云：'小兒有知。'"
③ "知意也"恐為誤訓。《詩經・大雅・生民》："克岐克嶷，以就口食。"毛傳："岐，知意也。嶷，識也。""知意也"為"岐"字義。

又："岷，武巾反，平。山名，江水所出。"

峮，《字書》亦啓字也。

《名義》："峮，同上。"

屼，居擬反。《山海經》："女屼之山𧙍［弱］水出焉。"

《山海經·中山經》："岷山之首曰女几之山，……洛水出焉。"《説文》："屼，山也。或曰：弱水之所出。从山，几聲。"王仁昫《刊謬補缺切韻·旨韻》（P.2011）："几，居履反。……屼，女屼山，弱水所出。"《名義》："屼，居擬反。山名。"《新撰字鏡》："屼，居疑［擬］反。出水山。"

崋，胡麻反。《尓雅》："南，華山。"《説文》："在弘農陰晉［崋陰］。"

《爾雅·釋山》："河南，華。"郭璞注："華陰山。"《説文》："崋山，在弘農華陰。从山，華省聲。"吕校本作"在弘農華陰西南"，未詳所據。《名義》："崋，胡麻反。山名。"《新撰字鏡》："崋，古［胡］麻反。山。"

巀，〈□〉結反。《毛詩》："巀彼南山。"傳曰："髙峻㒵也。"《説文》："巀嶭［嶭］山，在馮翊池陽縣也。"

《殘卷》缺反切上字，《古音匯纂》作"才"，蓋據《玉篇》。吕校本作"時"，蓋據《名義》。案："時"當作"昨"。《唐韻殘卷·屑韻》（蔣斧印本）："截，《廣疋》云：'盛也。'昨結反。……巀，巀嶭，山名。"《六書故·地理二》："巀，昨結切。又才葛切。《詩》：'節彼南山。'借用節。"

《詩經·小雅·節南山》："節彼南山，維石巖巖。"毛傳："節，高峻貌。"《説文》："巀，巀嶭山，在馮翊池陽。从山，截聲。"《名義》："巀，時［昨］结反。峻㒵。"

《新撰字鏡》：“嶻，止［在］結反，山高皀。”

𡿪［嶭］，伍結反。《説文》：“巀嶭，山名也。”（《説文》：“山名，在左馮翊谷口。”）①

《説文》：“嶭，巀嶭山也。从山，辥聲。”《名義》：“嶭，佰［伍］结反。山名。”《新撰字鏡》：“嶭，五結反。山也。”

〈嵏，子公反。〉《説文》：“山名，在左馮翊谷口。”

《説文》：“嵏，九嵏山，在馮翊谷口。从山，㚇聲。”《史記・司馬相如列傳》：“夷嵏築堂，纍臺增成。”郭璞注：“嵏，山名。”《名義》：“嵏，子公反。山名。”《新撰字鏡》：“嵕，子紅反，平。九嵕山。”《類聚名義抄》：“嵕，《玉》云：‘子公反。九嵕。’”（143•5）“嵕”同“嵏”。

嶂，公霍反。《説文》：“崞，山，在鴈門也。”

《説文》：“嶂，山，在鴈門。从山，𩫏聲。”《唐韻殘卷・鐸韻》（蔣斧印本）：“霍，揮霍。又姓，武王弟霍𥝌之後。虚郭反。……崞，縣名。在鴈門。又山名。”《名義》：“崞，公霍反。山名。”《新撰字鏡》：“嶂，公霍反。鴈門山。”

崵，餘章反。《説文》：“首崵山，在尞西。一曰：嵎鐵，陽谷也。”野王案：《論語》“餘［餓］死于首崵之山”是也。

《説文》：“崵，崵山，在遼西。从山，昜聲。一曰：嵎鐵，崵谷也。”《論語・季氏》：“伯夷叔齊餓于首陽之下。”何晏集解引馬融曰：“首陽山，在河東蒲坂縣華山之北，河曲之中。”

① 同一字頭下不當兩引《説文》，且釋義不同。《殘卷》此處蓋脱“嵏”字頭，“《説文》：‘山名，在左馮翊谷口’”為“嵏”字之釋義。

《名義》："崵，餘章反。山名。"《新撰字鏡》："崵，育良反。首□［崵］谷，山也。"

岵，胡都［覩］反。《毛詩》："陟彼岵兮。"傳曰："山无草木曰岵。"《尔雅》："山多草木曰岵。"《韓詩》："有木无草曰岵也。"

《説文》："岵，山有草木也。从山，古聲。《詩》曰：陟彼岵兮。"《詩經·魏風·陟岵》："陟彼岵兮，瞻望父兮。"毛傳："山无草木曰岵。"《爾雅·釋山》："多草木，岵。無草木，峐。"陸德明音義："岵，户。"《慧琳音義》卷九九《廣弘明集》卷二九音義："升岵，故［胡］古反。《毛詩傳》云：'山無草曰岵。'《韓詩》云：'山有木無草曰岵。'"《名義》："岵，胡覩反。山多草木也。"吕氏校釋："《殘卷》作'胡都反'。"按：《殘卷》誤，《新撰字鏡》："岵，古［胡］都［覩］反。屺也。"反切下字亦誤，當據《名義》正。裴務齊正字本《刊謬補缺切韻·姥韻》："户，胡古反……岵，山多草木。"

屺，去紀反。《毛詩》："陟彼屺兮。"傳曰："山有草木曰〈屺〉。"《韓詩》："有草无木曰屺也。"《説文》："山无草木曰屺也。"

《説文》："屺，山無草木也。从山，己聲。《詩》曰：陟彼屺兮。"《詩經·魏風·陟岵》："陟彼屺兮，瞻望母兮。"毛傳："山有草木曰屺。"陸德明音義："屺，音起。"王仁昫《刊謬補缺切韻·止韻》（P.2011）："起，墟里反。……屺，山無草木。亦作峐。"《名義》："屺，去纪反。山有草无木也。"《新撰字鏡》："�［屺］，墟里反，上。山無草木也，[illegible]也，石山也，岵也。"①

峐，《尔雅》："山无草木曰峐。"《聲頮［類］》亦屺字也。

《爾雅·釋山》："多草木，岵。無草木，峐。"陸德明音義："峐，《三蒼》《字

① "[illegible]也，石山也，岵也"義未詳。《爾雅·釋山》："多草木岵，無草木峐。"邢昺疏："峐當作屺，音起。案：《詩·魏風》云：'陟彼岵兮，瞻望父兮。'又曰：'陟彼屺兮，瞻望母兮。'毛傳云：'山無草木曰岵，山有草木曰屺。'與此不同者，當是傳寫誤也。""屺"與"岵"相對，不當釋為"岵也"。

林》《聲類》並云：‘猶屺字，音起。’阮孝緒《字署》音古開反。”《名義》：“峐，同上。”《新撰字鏡》：“峐，屺。”

嶨，苦學、胡角二反。《尒雅》：“山多大石曰嶨。”郭璞曰：“山多磐石也。”或為礐字，在石部也。①

《說文》：“嶨，山多大石也。从山，學省聲。”《爾雅·釋山》：“多大石，礐。”郭璞注：“多盤石。”《殘卷》：“礐，口學反。《尒雅》：‘角謂之礐。’郭璞曰：‘之名也。’②《說文》：‘石聲。’……山多大石為嶨字，在山部。”《名義》：“嶨，胡角反。山多石。”《新撰字鏡》：“嶨、嶨，苦學反。大石山。”

嶅，牛交反。《尒雅》：“山多小石曰嶅。”郭璞曰：“多彊［礓］礫也。”或為磝［磝］字，在石部也。③

《說文》：“嶅，山多小石也。从山，敖聲。”《爾雅·釋山》：“多小石，磝。”郭璞注：“多礓礫。”陸德明音義：“磝，字或作磽，同。《字林》口交反，郭五交、五角二反。”《殘卷》：“磝，午交反。《字書》亦嶅字也。嶅，山多小石也，在山部。”《名義》：“嶅，牛亥［交］反。磝。多石。”吕氏校釋：“‘牛亥反’當作‘牛交反’。”《新撰字鏡》：“嶅，牛交反。小石多山［山多小石］。”

岨，且居反。《毛詩》：“陟彼岨矣。”傳曰：“石山戴土曰岨。”《字書》或為𡨥［宜］字，在穴部。④

《說文》：“岨，石戴土也。从山，且聲。《詩》曰：陟彼岨矣。”《詩經·周南·卷耳》：“陟彼砠矣，我馬瘏矣。”毛傳：“石山戴土曰砠。”陸德明音義：“岨矣，本

① 《名義》：“礐，口學反。石聲。”
② 《爾雅·釋器》：“象謂之鵠，角謂之觷，犀謂之䩦，木謂之剫，玉謂之雕。”郭璞注：“五者皆治樸之名。”《殘卷》當有脱誤。
③ 《名義》：“磝，午交反。嶅。”
④ 《名義》：“宜，且居反。岨字。石戴土也。”

亦作砠，同，七餘反。毛云：石山之戴土也。"《殘卷》："砠，且居反。《毛詩》：'陟彼砠矣。'傳曰：'土載石曰〈砠〉。'《尓雅》亦云，郭璞曰：'土山上有石者也。'《説文》為岨字，在山部。"《名義》："岨，且居反。石戴土。"《新撰字鏡》："岨，且居反。石山戴七［土］曰岨也。"又："砠，子奠反，平。山頂上有石。又作岨。"《類聚名義抄》："岨，《玉》云：'且居反。石う［山］戴土也。'"（143•5）

岡，古唐反。《毛詩》："陟彼高岡。"傳曰："山脊曰岡。"《尓雅》亦云，郭璞曰："謂長山背也。"《韓詩》："列施曰岡。"《廣雅》："岡，阪也。"

《説文》："岡，山骨也。从山，网聲。"《詩經·周南·卷耳》："陟彼高岡，我馬玄黄。"毛傳："山脊曰岡。"孔穎達疏："《釋山》云：'山脊，岡。'孫炎曰：'長山之脊也。'"《爾雅·釋山》："山脊，岡。"郭璞注："謂山長脊。"《殘卷》"長山背"當作"山長脊"。《殘卷》："峛，閭是反。韓嬰説《詩》：'山峛㠟者，即《尓雅》所説山脊也。'《甘泉賦》：'登降峛㠟。'《埤蒼》：'峛㠟，沙丘也。'《字指》：'卑而長。'《尓雅》作邐字也，在方［辵］部也。""列施"即"峛㠟"。《廣雅·釋邱》："罡，阪也。"《名義》："岡，古唐反。阪也。"《新撰字鏡》："罡，可［柯］虚［唐］反。阪也，長山背。"又："崗，古郎反。山脊，又山長脊。"《類聚名義抄》："崑岡，《玉》云：'山脊曰岡也。'"（140•4）

岑，仕金反。《尓雅》："山小而高曰岑。"郭璞曰："言岑岑然也。"《方〈言〉》："岑，大也。"郭璞曰："岑崟，峻皀也。"《漢書》："我頭岑岑，无有毒耶？"野王案：岑岑，痒痺之意也。

《説文》："岑，山小而高。从山，今聲。"《爾雅·釋山》："山小而高，岑。"郭璞注："言岑崟。"《方言》卷十二："岑、㚬，大也。岑，高也。"郭璞注："岑嵤［崟］，峻貌也。"[1]《漢書·外戚傳上》："我頭岑岑也，藥中得無有毒？"顔師古注："岑岑，痺悶之意。"《名義》："岑，仕僉反。大也，山小高。"吕氏校釋："'仕僉反'當從《殘卷》

① 《慧琳音義》卷八一《大唐西域求法高僧傳》上卷音義："嶔岑，上泣金反，下仕簪反。何注《公羊傳》云：'嶔岑，山高危險也，山阜勢也。'《方言》云：'岑，高也，大也。'郭注云：'岑崟，峻皃也。'"

作‘仕金反’。”《新撰字鏡》：“岑，鋤［鋤］簪反，平。山小而高皀。”《類聚名義抄》：“岑，《玉》云：‘仕金反。大也，山小高也。’”（136•5）

崒，子恤反。《尓雅》：“崒者尸［厜］㕒。”郭璞曰：“謂山崒［峯］頭巉〈巖〉也。”野王案：《毛詩》“山冢崒崩”是也。

《説文》：“崒，崒危，高也。从山，卒聲。”《爾雅·釋山》：“崒者厜㕒。”郭璞注：“謂山峰頭巉巖。”《詩經·小雅·十月之交》：“百川沸騰，山冢崒崩。”鄭玄箋：“崒者，崔嵬。”陸德明音義：“崒，舊子恤反，徐子綏反，宜依《爾雅》音徂恤反。本亦作卒。”《名義》：“崒，子恤反。山家［冢］。”吕氏校釋：“‘山家’當作‘山冢’。《殘卷》作‘郭璞曰：“謂山峯頭巉喦也。”野王案，毛詩“山冢崒崩”是也’。《名義》為引証之誤省。”《新撰字鏡》：“崪、峠，同，七碎反。峭崪，高。”又：“崒、䘒，字恤［恤］反。山極高皃，峯也，峯，山皃。”

巒，力官反。《尓雅》：“（山如）巒，山攢。”郭璞曰：“山陏［隋］長者，荊［荆］州謂之巒。”①《説文》：“小而高也。”野王案：《楚辞》“登巒山而遠望”是也。

《爾雅·釋山》：“山如堂者，密。如防者，盛。巒，山墮。”②郭璞注：“謂山形長狹者，荊州謂之巒。《詩》曰：‘嶞山喬嶽。’”邢昺疏：“凡物狹而長者謂之嶞。”陸德明音義：“巒，力官反。《埤蒼》云：‘山小而鋭。’”“嶞”與“橢”音義同。《殘卷》“攢”疑為“橢”字之訛。《説文》：“巒，山小而鋭。从山，䜌聲。”《楚辭·七諫·自悲》：“登巒山而遠望兮，好桂樹之冬榮。”王逸注：“巒，小山也。”《名義》：“巒，力官反。山小高。”《新撰字鏡》：“巒，力官反。小高山。”《類聚名義抄》：“巒，《玉》云：‘小而高也。’”（143•5）

---

①　“陏”，吕校本録作“脊”，恐非。此當為“隋”字。“嶞”字條下“隋”作“陏”，與此形近。《文選·張協〈七命〉》：“陵黄岑，挂青巒。”李善注：“《爾雅》曰：‘巒，嶞也。’郭璞曰：‘山嶞長者荆州爲之巒。’”

②　阮元挍勘記：“雪牕本同，《釋文》、唐石經、單疏本、注疏本墮作嶞。”

密，靡筆反。《尔雅》："山如堂者曰密。"郭璞曰："形似堂也。《尸子》曰'松柏之鼠，不知堂之有義［美］樅者'是也。"竫乏之密字為密［宓］字，在穴［宀］部。①

《爾雅·釋山》："山如堂者，密。"郭璞注："形如堂室者。②《尸子》曰：'松柏之鼠，不知堂密之有美樅。'"《説文》："密，山如堂者。从山，宓聲。"《名義》："密，靡筆反。山如堂。"《新撰字鏡》："峆，美筆反，入。山形如堂也。"又："密，非［靡］一反。似室山。"《類聚名義抄》："密，《玉》云：'靡筆反，山如堂。'"（137•7）

岫，祀又反。《尔雅》："山有穴為岫。"郭璞曰："為巖穴也。"籀文為峀字，在穴部也。③

《爾雅·釋山》："山有穴爲岫。"郭璞注："謂巖穴。"《説文》："岫，山穴也。从山，由聲。峀，籀文从穴。"《名義》："岫，祀又反。山有穴。"《新撰字鏡》："岫，似祐反，去。山穴。"《倭名類聚鈔》卷一："陸詞云：'岫，山宂［穴］，似袖。'"《類聚名義抄》："岫，《玉》云：'山有穴也。'"（138•1）

㟧，仕板、仕眼二反。《説文》："后［危］髙也。"

《説文》："㟧，尢高也。从山，棧聲。"吕校本"后"字改作"尢"，誤。《説文》"尢"、《殘卷》"后"均為"危"字之訛。《名義》："㠭［㟧］，仕眼反。危高。"《新撰字鏡》："㠭、峴，二同，士板反，山高也，危山也。"《文選·張衡〈西京賦〉》："坻崿鱗眴，棧齴巉嶮。"李善注："棧、嶮皆高峻貌。""棧"同"㟧"。

① 《名義》："宓，明筆反。止也，近也，安也，審也，正也，默也，厚也，寍也。"吕校本作"窸字，在穴部也"。按：《名義·穴部》無"窸"字。
② 阮元挍勘記："形似堂室者，雪牕本、舊本同，閩本、監本、毛本似改如。按：注以似釋經之如。"
③ 《名義》："峀，辞僦反。岫字。山穴也。"

峻，思駿反。《尚書》："峻寓彫廧。"孔安国曰："峻，高大也。"（乎）《毛詩》："為下国峻后［厖］。"戔云："峻之言俊也。"[①]又曰："不峻其德。"傳曰："峻，長也。"《尔雅》："峻，速也。"郭璞曰："峻猶迅，速上［亦］疾也。"險峭之峻為陖字，在阜部也。[②]

《說文》："㕙，高也。从山，陖聲。峻，㕙或省。"《尚書·五子之歌》："甘酒嗜音，峻宇彫牆。"孔安國傳："峻，高大。"《詩經·商頌·長發》："受小共大共，為下國駿厖。"毛傳："駿，大。"鄭玄箋："駿之言俊也。"陸德明音義："駿，音峻。鄭：俊也。又一云：毛亦作俊。"《詩經·小雅·雨無正》："浩浩昊天，不駿其德。"毛傳："駿，長也。"[③]《爾雅·釋詁下》："駿，速也。"郭璞注："駿，猶迅。速，亦疾也。"吕校本誤將"速"字屬上讀。《名義》："峻，思駿反。長也，速也。"《新撰字鏡》："峻，式閏、思駿二反。不平㒵，山高大㒵，嶮也，大也，長也。"《類聚名義抄》："峻，《玉》云：'長也。'"（138•2）

㕙，《說文》𢀳峻字也。

《說文》："㕙，高也。从山，陖聲。峻，㕙或省。"《名義》："㕙，同上。"

嶞，同果反。《毛詩》："嶞山高［喬］岳。"傳曰："嶞，山隋隋者也。"《說文》："山之施施者也。"

《詩經·周頌·般》："嶞山喬嶽，允猶翕河。"毛傳："墮山，山之嶞墮小者也。"陸德明音義："嶞，吐果反，注同。郭云：山狭而長也。又同果反，字又作墮。"《爾雅·釋山》："巒，山墮。"陸德明音義："嶞，湯果反，狭而長也。《字林》云：'山之施

① 吕校本改《殘卷》兩"峻"字為"駿"。案：今本《詩經》亦作"駿"，然《殘卷》字頭為"峻"，書證自當作"峻"，吕改恐非。
② 《名義》："陖，思駿反。高也。"
③ 《慧琳音義》卷四九《攝大乘論序》音義："峻峙，上荀俊反。孔注《尚書》云：'峻，高大也。'鄭玄注《毛詩》云：'峻，長也。'《字書》云：'險峭也。'《說文》云：'峻，高也。'從陖作㕙。"

隨者。大果反。”《説文》：“隓，山之墮墮者。[1]从山，从憜省聲。讀若相推落之憜。”《名義》：“陊，同果反。山隋隋者。”《新撰字鏡》：“隓，同異［果］反。旎隓，山皀。”

崟，冝金反。《楚辞》：“嶔崟﨑峨。”王逸曰：“山阜隬隈者也。”《廣雅》：“崟，高也。”

《説文》：“崟，山之岑崟也。从山，金聲。”《楚辭·招隱士》：“嶔岑碕礒兮，碅磳磈硊。”王逸注：“山阜㟯嵎。”舊注：“碕礒，一作崎嶬。”“碕礒”“崎嶬”“﨑峨”音義同。《廣雅·釋詁四》：“崟，高也。”《名義》：“崟，冝金反。高。”《新撰字鏡》：“〈嶔〉崟，上綺金反，平；下冝金反，平。謂山之阜之勢高下倚傾也，二字﨑峨也。”

崛，魚屈反。《説文》：“鼣高皀也。”《埤蒼》：“時［特］起也。”野王案：《史記》“堀［崛］然獨立，塊然獨起［処］”是也。

《説文》：“崛，山短高也。从山，屈聲。”《殘卷》“時起也”當作“特起也”。《文選·張衡〈西京賦〉》：“隆崛崔崒，隐轔鬱律。”李善注引《埤蒼》曰：“崛，特起也。”《史記·滑稽列傳》：“今世之處士，時雖不用，崛然獨立，塊然獨處。”《殘卷》“起”當作“処”。《名義》：“崛，奐屈反。”《新撰字鏡》：“崛，奐屈反。獨岳。”

崔，子綏反。《毛詩》：“南山崔崔。”傳曰：“崔崔，高大也。”又意［音］慈現［规］反。《毛詩》：“陟彼崔嵬。”傳曰：“石戴土曰崔嵬。”《尔雅》亽云，郭璞曰：“石山上有土者。”又音且迴反。《春秋》齊有崔杼。

《説文》：“崔，大高也。从山，隹聲。”《詩經·齊風·南山》：“南山崔崔，雄狐綏綏。”毛傳：“崔崔，高大也。”陸德明音義：“崔，子雖反，又音佳。”《詩經·周

① 《説文》作“墮墮”，《殘卷》作“施施”，《字林》作“施隓”，當以《字林》為是。“施隓”同“旎隓”，為同義連文。王筠《説文解字句讀》：“《字林》：‘隓，山之施隓者。’施蓋即旎。《玉篇》：‘岮旎，山卑長也。’此即隓隓之形狀也。”《殘卷》作“施施”，次“施”字本作重文符，為字頭之重，而非“施”字之重。

南・卷耳》："陟彼崔嵬，我馬虺隤。"毛傳："崔嵬，土山之戴石者。"《爾雅・釋山》："石戴土謂之崔嵬。"郭璞注："石山上有土者。"《春秋・襄公二十五年》："春，齊崔杼帥師伐我北鄙。"《名義》："崔，子绥反。"《新撰字鏡》："崔，正，子綏反，平。崔崔，高大。借慈隗反，平。崔嵬，石戴土也。"

崇，仕隆反。《尚書》："乃崇隆［降］罪疾。"孔安国曰："崇，重也。"《尔雅》亦云，郭璞曰："增崇所以為重疊者也。"又曰："其敢崇飲？"孔安国曰："崇，聚也。"《考工記》："戈……崇扵軨四尺。"鄭玄曰："崇，高也。"《尔雅》夂云，郭璞曰："《左傳》'師𣏟，楚之崇'是。"〈《毛詩》："惟王其崇之。"傳曰："崇，〉立也。"戔云："崇，序［厚］也。"①《儀礼》："再拜崇酒。"鄭玄曰："崇，死也。"《尔雅》夂云，郭璞曰："〈亦爲充盛。"《國語》〉："念思前世之崇賛［替］。"②〈賈〉逵曰："崇，就也。替，瘀［癈］也。"又曰："為小而崇。"賈逵曰："崇猶積也。"又曰："容皀之崇。"賈逵曰："崇，致也。"③《礼記》："崇（賈）事宗庿。"④鄭玄曰："崇，猶尊也。"《尔雅》："道也，八達謂之崇〈期〉。"郭璞曰："四道交出者也。"《說文》："崇，嵬也。"

《殘卷》此條有較長脫文兩處，一為"《毛詩》：'惟王其崇之。'傳曰：'崇，"，二為"亦爲充盛。'《國語》"，吕校本均失校。

《尚書・盤庚中》："失于政，陳于茲，高后丕乃崇降罪疾。"孔安國傳："崇，重也。"《爾雅・釋詁下》："從、……弼、崇，重也。"郭璞注："隨從、弼輔、增崇，皆所以爲重疊。"《尚書・酒誥》："惟御事厥棐有恭，不敢自暇自逸，矧曰其敢崇飲？"孔安國傳："崇，聚也。"《周禮・考工記序》："車軫四尺，謂之一等。戈柲六尺有六寸，既建而迤，崇於軫四尺，謂之二等。"鄭玄注："崇，高也。"《爾雅・釋詁上》：

---

① "序也"當為"厚也"之誤，"厚"同"厚"。《慧琳音義》卷一《高宗皇帝在春宫述三藏記》音義："崇闡，上床隆反。鄭箋《毛詩》云：'崇，序也。'賈注《國語》云：'敬也。'鄭注《禮記》云：'尊也。'《說文》：'高也。從山，宗聲也。'或作崈。"其誤與此同。《玉篇》："崇，士隆切。重也，尊也，衆也，積也，序立也。""序立也"当作"厚也，立也"。《文選・潘勗〈册魏王九錫文〉》："敦崇帝族，援繼絶世。"李善注引鄭玄《詩箋》曰："崇，厚也。"字正作"厚"。

② 《殘卷》"賛"為"替"字之誤。此下賈注即注"崇""替"二字。"賈"字見於下文"崇賈事宗庿"。吕校本引《國語》至"崇"字止，"賛"誤讀為"賈"，與下"逵"字相連。

③ 《慧琳音義》卷一引賈注《國語》作"敬也"，疑此"致"字為"敬"字之誤。

④ 此處"賈"字衍，當補於上文"崇賛［替］"後。吕校本失校。

“喬、嵩、崇，高也。”郭璞注：“皆高大貌。《左傳》曰：‘師叔，楚之崇也。’”[①]《詩經·周頌·烈文》：“無封靡于爾邦，維王其崇之。”毛傳：“崇，立也。”鄭玄箋：“崇，厚也。”《殘卷》“立也”前有脱文。《儀禮·有司》：“主人北面于東楹東，再拜崇酒。”鄭玄注：“崇，充也。”《爾雅·釋詁上》：“崇，充也。”郭璞注：“亦爲充盛。”《國語·楚語下》：“藍尹亹曰：‘吾聞君子唯獨居思念前世之崇替，與哀殯喪，於是有歎，其餘則不。’”韋昭注：“崇，終也。替，廢也。《詩》云：‘曾不崇朝。’”《國語·魯語上》：“若為小而崇，以怒大國，使加已亂，亂在前矣。”韋昭注：“崇，高也，謂自高大，不事大國。”《廣雅·釋詁一》：“崇，積也。”《國語·楚語下》：“而後使先聖之後之有光烈，而能知山川之號，高祖之主，宗廟之事，昭穆之世，齊敬之勤，禮節之宜，威儀之則，容皃之崇，忠信之質，禋潔之服。”韋昭注：“崇，飾也。”《禮記·祭統》：“是故明君在上，則諸臣服從，崇事宗廟社稷。”鄭玄注：“崇，猶尊也。”《爾雅·釋宫》：“八達謂之崇期。”郭璞注：“四道交出。”《説文》：“崇，嵬高也。从山，宗聲。”《名義》：“〈崇〉，仕隆反。重也，聚也，高也，崇也。”吕氏校釋：“此字頭原脱。”按：此字頭原脱，條目内容附於“崔”字下。“崇也”或當作“㓽字”。《新撰字鏡》：“崇、㓽，二同，宿中反，平。高峻也，貴也，集也，聚也，嵩也，重也，充也，厚也，立〈也〉，就也，致也，嵬也，欽也，高也，終也，益也，積也。”

㓽［㓽］，《説文》崇字，山或在宗下也。

《慧琳音義》卷一《高宗皇帝在春宫述三藏記》音義：“崇闡，上床隆反。……《説文》：‘高也。從山，宗聲也。’或作㓽。”《玉篇》：“崇，士隆切，重也，尊也，衆也，積也，序［厚］〈也，〉立也。㓽，同上。”

崋，徂隗反。《説文》：“崋，山皀也。”

《説文》：“嵟，山皃。从山，辠聲。”《名義》：“崋，徂隗反。山㒵。”《新撰字鏡》：“嵬崋，……下徂隗反，上。山石高而不平。”

① 《左傳·宣公十二年》：“子良，鄭之良也；師叔，楚之崇也。”杜預注：“師叔，潘尫，爲楚人所崇貴。”

嵔，口汚反。《説文》："山皀也。一曰：山谷［名］也。"

《説文》："嵔，山皃。一曰：山名。从山，告聲。"王仁昫《刊謬補缺切韻·沃韻》（P.2011）："酷，苦沃反。……嵔，山皃。"《名義》："嵔，口汚［沃］反。山谷［名］也。"《名義》"口汚反"當作"口沃反"，"山谷也"當作"山名也"。

嶞，他果反。《説文》："山皀也。"

《説文》："嶞，山皃。从山，隓聲。"《名義》："嶞，他果反。山皃。"

巁，力制反。《説文》："巁，巍也。"

《説文》："巁，巍高也。从山，蠆聲。讀若厲。"《名義》："巁，力制反。巍也。"《新撰字鏡》："巁，力制反，去。巍巁。"

巖，牛芟反。《尚書》："説築傅巖之野。"孔安国曰："傅氏之巖在虞［虞］虢之界。"《毛詩》："惟石巖巖。"傳曰：〈"巖巖，積石皀。"《説文》：〉"巖，峯也。"（或為礹字，在石部。）《漢書》："遊於巖廓［廊］之上。"文穎曰："巖廊，殿下小屋也。"晉灼曰："堂邊廡［廡］曰巖巖［廊］，謂巖峻之廊也。"〈或為礹字，在石部。〉①

《尚書·説命上》："説築傅巖之野，惟肖。"孔安國傳："傅氏之巖在虞虢之界。"《詩經·小雅·節南山》："節彼南山，維石巖巖。"毛傳："巖巖，積石貌。"《慧琳音義》卷五四《治禪病祕要法經》音義："巖崿，上牙咸反。杜注《左傳》云：'巖，險也。'《毛詩傳》云：'巖，積石皃也。'《説文》云：'巖，崖岸也。從山，巖聲。'"《説文》："巖，岸也。从山，嚴聲。"《玄應音義》卷一《大方廣佛華嚴經》卷五四音義："巖崿，又作礹，同，牛衫反。《説文》：'巖，峯也。'"《殘卷》"巖，峯也"當為引《説文》義。

① 依《殘卷》體例，"或為礹字，在石部"應在本條之末。《名義》："礹，雅芟反。巖。"

《漢書·董仲舒傳》："蓋聞虞舜之時，游於巖廊之上。"文穎注："巖廊，殿下小屋也。"晉灼注："堂邊廡巖廊，謂嚴峻之廊也。"《名義》："巖，中芰反。岑。"吕氏校釋："'中芰反'當作'牛芰反'。'岑'疑當作'峯'。"《倭名類聚鈔》卷一："《唐韻》云：'巖，五銜反。又作礹。'"

嵒，牛咸反。《説文》："嵒，巖也。"《左氏傳》："宗［宋］鄭之間有隟地，曰〈玉〉暢、嵒也。"

《説文》："嵒，山巖也。从山、品。讀若吟。"《左傳·哀公十二年》："宋鄭之間有隙地焉，曰彌作、頃丘、玉暢、嵒、戈、錫。"《名義》："嵒，牛咸反。巖。"《新撰字鏡》："嵒，牛咸反。冢，山崒。"

嵳，力隗反。《説文》："嵳，崖也。"《埤蒼》："嵳崖，山名也。"

《説文》："嵳，辠也。从山，絫聲。"《名義》："嵳，力隗反。山名。"《新撰字鏡》："嵳，力隗反。崖也，山皃也。"

嵯，慈柯反。《楚辞》："山氣巃〈嵸兮〉石嵯峨。"王逸曰："巀嶭，峻蔽日也。"《説文》："山皀也。"《廣雅》："嵯峨，高也。"

《楚辭·招隱士》："山氣巃嵸兮石嵯峨，谿谷嶄巖兮水曾波。"王逸注："嵯峨，巀嶭，峻蔽日也。"《説文》："㠗，山皃。从山，𡍲聲。"《廣雅·釋詁四》："嵯峩，高也。"《名義》："嵯，慈柯反。高也。"《新撰字鏡》："嵯，慈可［柯］反。高弊日月，山皃。"《類聚名義抄》："嵯峨，上《玉》云：'慈柯反。'"（142•7）

峨，五多反。《楚辞》："冠浮雲之峩峩。"王逸曰："髙皀也。"《説文》："嵳峩也。"

《楚辭·九歎·惜賢》:“握申椒與杜若兮,冠浮雲之峨峨。”王逸注:“峨峨,高皃也。”《説文》:“峨,嵯峨也。从山,我聲。”《名義》:“峨,五多反。高㒵。”《新撰字鏡》:“峨,五歌反,平。嵯峨。”

㟥[巠],揩耕反。《説文》:“谷也。”

《説文》:“㟥,谷也。从山,巠聲。”《名義》:“㟥,楷稠反。谷。”吕氏校釋:“‘楷稠反’疑當從《殘卷》作‘楷耕反’。”《新撰字鏡》:“㘇、㟥,二同,皆[楷]井[耕]反。谷,硎也。”

崝,仕耕反。《淮南》:“城埍者必崩,峷[岸]崝者必陁。”許𣏟重曰:“崝,陗也。”《方言》:“崝、險,高也。”郭璞曰:“崝嶸,高峻之㒵也。”《廣雅》:“崝嶸,深貿[冥]也。”

《説文》:“崝,嶸也。从山,青聲。”《淮南子·繆稱》:“城峭者必崩,岸崝者必陀。”高誘注:“崝,峭也。”《方言》卷六:“巍、嶢、崝、嶮,高也。”郭璞注:“嶕嶢,崝嵤,高峻之貌也。”《廣雅·釋詁三》:“崝嵤,深也。”《廣雅·釋訓》:“崢嵤,深冥也。”《名義》:“崝,仕秲反。峻。”《新撰字鏡》:“崝,士井[耕]反。崢也,岸也。”

崢,《字書》亦崝字也。

《慧琳音義》卷八八《釋法琳本傳》卷四音義:“崢嶸,上仕耕反,下獲萌反。許叔重注《淮南子》云:‘崢嶸,山谷高險貌也。’《廣雅》云:‘崢嶸,深冥,高峻也。’《説文》正作崝,訓與上同。”《名義》:“崢,同上。”《新撰字鏡》:“崢,士耕反,平。崢嶸。”裴務齊正字本《刊謬補缺切韻·耕韻》:“崢,士耕反。崢嵤,山嶮㒵。亦崝嵤。”

(㟗,扶沸反。《説文》:“小脅道也。”)

本條內容重出，依《名義》《玉篇》，此字當置於“岊”“嵍”之間，[①] 此處當删。

嶸［嵥］，胡萌反。《楚辞》：“下崢嶸［嵥］而無地。”王逸曰：“洗［沈］淪幽窅［冥］。”

《説文》：“嵥，嵘嵥也。从山，榮聲。”《楚辭·遠遊》：“下峥嵥而無地兮，上寥廓而無天。”王逸注：“淪幽虛也。”《名義》：“嵥，胡萠反。幽冥也。”《新撰字鏡》：“嵥，五丁反。峥上形也，无地山。”

嵤，《聲頪［類］》亦□［嵥］字也。

《名義》：“嵥，胡萠反。幽冥也。嵤，同上。”

屾［岊］，子結、似結二反。《説文》：“陬［陬］禺而高下之莭也。”

《説文》：“岊，陬隅，高山之節。从山，从卩。”《玄應音義》卷七《正法華經》卷五音義：“崖底，丁礼反。底猶下也。經文作岻，音直移反，山名也。又作岊，子結反。《説文》：‘陬隅而髙山之節也。”《文選·左思〈吴都賦〉》：“夤緣山嶽之岊，冪歷江海之流。”劉逵注引許氏《記字》曰：“岊，陬隅而山之節也。”《殘卷》“高下”當作“高山”。《名義》：“岊，字结反。”吕氏校釋：“此字頭原訛。”按：此字頭原訛作“屾”，與《殘卷》字頭同。《新撰字鏡》：“岊，字莭反。山上危。”

岪，扶弗反。《説文》：“山脅道。”《埤蒼》：“岪欝，山皀也。”野王案：《子虛賦》“槃行［紆］茀［岪］欝”是也。

《説文》：“岪，山脅道也。从山，弗聲。”《文選·左思〈吴都賦〉》：“爾其

---

① 《説文》“岪”在“嵍”字之前。

山澤則嵬嶷嶢屼，𡾋冥鬱岪，潰渱泮汗，滇洒淼漫。”李善注引《埤蒼》曰：“岪鬱，山皃。”《文選・司馬相如〈子虛賦〉》：“其山則盤紆岪鬱，隆崇嵂崒。”吕校本誤作“槃行”。《名義》：“岪，扶弗反。欝，山皃。”吕氏校釋：“此字應與字頭連讀為‘岪欝，山皃’。”《新撰字鏡》：“岪，夫［扶］勿反。山〈脅〉道也，地名，欝，山皀也。”

嵍，亡刀反。《說文》：“嵍，丘也。”野王案：《尔雅》：“前高後下曰嵍丘。”《蒼頡篇》為嵍［堥］字，在土部。[①]《埤蒼》：“嵍，隅而高。”

《說文》：“嵍，山名。从山，敄聲。”《爾雅・釋丘》：“左高，咸丘。右高，臨丘。前高，旄丘。”[②]陸德明音義：“旄，謝音毛。《字林》作嵍，又作堥，俱亡付反。”《詩經・邶風・旄丘・序》：“《旄丘》，責衛伯也。”陸德明音義：“旄丘，音毛。……前高後下曰旄丘。《字林》作堥，云：‘堥，丘也。亡周反，又音毛。’山部又有嵍字，亦云：‘嵍，丘。亡付反，又音旄。’”吕校本誤作“前高浚下”。《名義》：“嵍，亡刀反。立也。”吕氏校釋：“‘立也’當作‘丘也’。”《新撰字鏡》：“嵍，武遇反，去。丘也。”

岣，古後反。《黄［廣］雅》：“岣嶁謂之衡山也。”

《廣雅・釋山》：“岣嶁謂之衡山。”王念孫疏證：“在今衡州府衡山縣西北三十里。《中山經》注亦云：‘衡山，俗謂之岣嶁山。’”《名義》：“岣，古後反。衡山也。”《新撰字鏡》：“岣、岣，同，举隅反，平。岣嶁，衡山别名。”

嶁，力部反。《孟子》：“一寸之木，可使高於岑婁［嶁］。”劉熙曰：“岑嶁，小山鋭頂者也。”《埤蒼》：“山也。”《字書》：“岣嶁也。”

《孟子・告子下》：“不揣其本而齊其末，方寸之木可使高於岑樓。”趙岐注：“岑樓，

---

① 《名義》：“堥，汝問［周］反。前高後下丘也。”
② 《漢書・敘傳》：“欲從旄敦而度高虖泰山，懷氿濫而測深虖重淵，亦未至也。”顔師古注引應劭曰：“《爾雅》：‘前高曰旄丘。’”蕭該音義引《字林》曰：“前高後下曰堥。”

山之鋭嶺者。”《名義》：“嶁，力部反。山頂鋭也。”《新撰字鏡》：“嶁，力魯［負］反，平。山不平之皃，險峻之皀，山頂。”

《埤蒼》“山也”疑當作“山頂也”。《後漢書·馬融傳》：“或輕訬趬悍，廋疏嶁領，犯歷嵩巒。”李賢注引《字林》曰：“嶁，山顛也。”“山顛”“山頂”義同，《新撰字鏡》作“山頂”，蓋本《埤蒼》。《字書》“岣嶁也”，“岣”同“岣”。《廣雅·釋山》：“岣嶁謂之衡山。”

嶚，力彫反。《廣雅》：“〈嶚〉巢，高也。”

《廣雅·釋詁四》：“嶚巢，高也。”《名義》：“嶚，力彫反。高也。”《新撰字鏡》：“嶚，魯彫、力了二反。山曲。”

岑［峑］，且泉反。《韓詩》：“習習谷風，惟山岑［峑］原。岑［峑］原，山巔也。”

《詩經·小雅·谷風》：“習習谷風，維山崔嵬。”毛傳：“崔嵬，山巔也。”《名義》：“峑，且家反。嶺也。”呂氏校釋：“此字頭原訛。‘且家反’當作‘且泉反’。《殘卷》作‘峑原，山巔也’。”按：此字頭原訛作“岑”，與《殘卷》同。《名義》“嶺也”疑當作“山顛也”。《新撰字鏡》：“峑，且泉反，巔也。”

巢，仕交反。《廣雅》：“嶚巢也。”

《廣雅·釋詁四》：“嶚巢，高也。”疑《殘卷》引“《廣雅》”當作“《埤蒼》”。按《埤蒼》體例，“嶚”“巢”二字訓釋當為“嶚，嶚巢，高也”，“巢，嶚巢也”。《名義》：“巢，仕交反。嶚。”呂氏校釋：“此字頭原訛。”按：此字頭原訛作“[illegible]”。《新撰字鏡》：“巢，昌［是］交、在勞二反。山曲山寮也。”①

嶟，子昆反。《埤蒼》：“嶟，山皀也。”

---

① “山寮”當為“嶚”字之誤拆，“山曲”當為“巢”字之誤拆，“巢嶚”當作“嶚巢”。

《漢書・揚雄傳上》："洪臺掘其獨出兮，掇北極之嶟嶟。"蕭該音義："嶟嶟，《字林》曰：'山貌。'"《名義》："嶟，子昆反。山皃。"《新撰字鏡》："嶟，子昆反。山皃。"

嶃，仕咸反。《毛詩》："嶃嶃之石。"傳曰："石山高峻之皀也。"《廣雅》："嶃嶃，高也。"《說文》為磛字，在石部也。①

《詩經・小雅・瓠葉》："漸漸之石，維其高矣。"毛傳："漸漸，山石高峻。"②陸德明音義："漸，士銜反，沈時銜反，亦作嶃嶃。"《廣雅・釋訓》："嶄嶄，高也。"《名義》："嶃，仕咸反。峻也。"

岬，古狎反。〈《淮南》〉："仿佯山岬之旁也。"（左思吴客）③許咊重曰："峬［岬］，山旁也。"左思《吴客賦》："倒岬岫。"劉逵曰："岬，兩山間也。"《埤蒼》為砷字，〈在〉石部。④

《淮南子・原道》："逍遥于廣澤之中，而仿洋于山峽之旁。"高誘注："兩山之間為峽。""峽"當作"岬"，説詳王念孫《讀書雜志》。吕校本誤作"崥"。《文選・左思〈吴都賦〉》："傾藪薄，倒岬岫。"李善注引許慎《淮南子注》曰："岬，山旁。"張銑注："兩山間曰岬。"《名義》："岬，古狎反。兩山間。"《新撰字鏡》："岬，古狎反。三［二］山間。"《倭名類聚鈔》卷一："《唐韻》云：'岬，山側也。古狎反。'"

崆，口公、口江二反。《字書》："崆峒，山皀也。"

---

① 《殘卷》："磛，仕咸反。《説文》：'磛，礹也。'野王案：此亦嶃字也，高峻之皀也，在山部。"《名義》："磛，仕咸反。峻。"

② 《慧琳音義》卷七五《道地經》音義："嶄巖，上巢咸反。《毛詩》：'嶃嶃，山石高峻皃也。'或作巉、磛、磛三體，並俗字，亦通用。"

③ 《殘卷》"思吴客"旁有删節符"〻"，"左思吴客"四字當删。又"仿佯山岬之旁也"前當補"《淮南》"二字。

④ 《殘卷》："砷，古狎反。《埤蒼》：'山側也。'或為岬字，在止［山］部。"《名義》："砷，古狎反。山側。"

《文選·張衡〈南都賦〉》："其山則崆峣嶱嵑，嵣峗嶚剌。"李善注引《字書》曰："崆，山貌也。"《名義》："崆，口江反。山皃。"《新撰字鏡》："崆，口公反。嵎，〈山〉皃。"

崱，仕力反。《字指》："崱嶷也。"

《慧琳音義》卷八八《集沙門不拜俗議》卷四音義："嶷爾，上魚力反。《字指》曰：'崱嶷，上［山］峯皃也。'"《名義》："崱，仕力反。嶷也。"《新撰字鏡》："崱，士力反，入。崱疑［嶷］。"

崣，他罪反。《字書》："長㒵也。"

《文選·揚雄〈甘泉賦〉》："駢交錯而曼衍兮，崣嶂隗乎其相嬰。"李善注引《埤蒼》曰："崣，山長貌。"《名義》："崣，他罪反。長皃。"《新撰字鏡》："崣，他罪反。山長㒵，嵬神山。"

嶇，胡皷反。《尔雅》："山庳而大曰嶇。"郭璞曰："嶇，廣㒵也。"《說文》古文扈字，〈在〉厄［邑］部也。[①]

《爾雅·釋山》："卑而大，扈。"郭璞注："扈，廣也。"陸德明音義："嶇，音户，或作扈。"《名義》："嶇，胡皷反。山廣皃。"《新撰字鏡》："嶇，古［胡］皷反。大，廣皃。"

嶠，渠驕反。《尔雅》："山銳而高，嶠。"郭璞曰："言殲［鑯］峻也。"《釋名》："言形似檇也。"

① 《殘卷》"嶇"字作"𡵨"，其右旁與"𠨪"同。《說文》："扈，夏后同姓所封，戰於甘者。在鄠有扈谷甘亭。从邑，户聲。屺，古文扈从山、马。"

《慧琳音義》卷九八《廣弘明集》卷十六音義："嶠甍，上音喬。《尒雅》云：'山銳而高曰嶠。'郭注云：'謂殲峻也。'《釋名》云：'形似橋也。'《古今正字》：'從山，喬聲。'集作嶠，俗字也。又作嵜。"《爾雅·釋山》："銳而高，嶠。"郭璞注："言鐵峻。"《釋名·釋山》："山銳而高曰喬，形似橋也。"《唐韻殘卷·笑韻》（蔣斧印本）："邵，姓。出魏郡周文王子邵公奭之後。寔照反。……嶠，山道。又山鋭而高。渠廟反。又音喬。"《名義》："嵜，渠驕反。山銳也。"《新撰字鏡》："嶠、嶠，同，許交、起交二反，平。山高也，山銳而高也，秀也，美祢［称］也。"

嶧，比結反。《尒雅·釋山》："嶧，堂廧。"郭璞曰："今終南山道名嶧，其邊若堂之廧也。"

呂校本改反切下字為"洁"，未詳所據。按："洁"字晚出，《殘卷》《名義》未見。《古音匯纂》失收此字。

《爾雅·釋丘》："畢，堂牆。"郭璞注："今終南山道名畢，其邊若堂之牆。"陸德明音義："畢，本又作嶧，卑吉反。"《名義》："嶧，比吉反。"《新撰字鏡》："嶧，匕一反。山道。"

巇，許奇反。《楚辞》："然芜薉而險巇。"王逸曰："險巇，猶色［危］也。"《埤蒼》："巇，毀也。"或為隵字，在阜部。① 或為壉字，在土部。②

《殘卷》："隵，虛奇反。《字書》：'隵，危險。'〈或為巇字，〉在山部。"《楚辭·七諫·怨世》："何周道之平易兮，然蕪穢而險戲。"王逸注："險戲，猶言傾危也。"《名義》："巇，計奇反。危也，毀也。"呂氏校釋："'計奇反'當作'許奇反'。"《新撰字鏡》："巇，許奇反。䫂危曰巇儉［險］也，毀也。"《類聚名義抄》："嶮巇，下《玉》云：'許其反。巇巇猶包［危］也。'"（143•6）

㠎，万［方］賣反。《字書》："䧿［阸］也。"

---

① 《名義》："隵，虛奇反。危險。"
② 《名義》："壉，虛猗反。毀也，羸［羸］也。"

《名義》："㟊，方賣反。危也。"吕氏校釋："《殘卷》作'《字書》陀也'。《玉篇》作'陀㟊，山形'。《名義》'危也'似為'陀也'之誤。"按：此説可從。王仁昫《刊謬補缺切韻·卦韻》（P.2011）："㟊，方賣反。佤［阢］。"《新撰字鏡》："㟊，方賣反。陀也，高也。"

嵟［嵟］，下圭反。《埤蒼》："姓也。"

《名義》："嵟，下圭反。姓也。"《新撰字鏡》："嵟，下圭反。姓。"《廣韻·齊韻》："嵟，姓，出《纂文》。"

㠅，浮陸反。《字書》亦覆［寝］字也。覆［寝］，地室也，在穴部。[1] 或為㙏［堎］字，在土部。[2]

《名義》："㠅，浮陸反。覆也。"《新撰字鏡》："㠅，孚［浮］陸反。覆也，地屋也，堎也。"△按：《名義》"覆也"、《新撰字鏡》"覆也"均當作"寝也"。吕校本作"《字書》亦覆字也。覆，地室也，在穴［襾］部"。按：吕校誤。《名義》："覆，孚鞠反。毀也，反也，倒也。"與"地室也"義不合。

㟗，鄙珉反。《字書》亦邠字也。邠，公劉色［邑］也，在邑［邑］部也。[3]

《慧琳音義》卷八十《開元釋教録》卷九音義："㟗州，上筆岷反。《字書》亦從邑作邠，即公劉之邑也。與㟗字同，《毛詩》有㟗書也。"《名義》："㟗，鄙珉反。邠字。"《新撰字鏡》："㟗，匕民反。斑也，邠也。"

① 《名義》："寝，扶福反。窟也，地室也。又㠅，又堎。"
② 《名義》："堎，扶福反。地室也，窟也。"
③ 《名義》："邠，補珉反。"

峭，且醮反。《聲熲［類］》亦陗字也。陗，峻也，〈在〉阜部。①

《殘卷》："陗，且醮反。《淮南》：'陗法刻刑。'許㳅重曰：'陗，陖也。'野王案：此謂嚴尅也。山陵險陖亦曰陗。《太玄經》'豐城之陗，其𡶜［崩］不遅'是。《廣雅》：'陗，急。'或為峭字，在山部也。"《名義》："峭，且醮反。陖也。"《新撰字鏡》："峭，千亯、在交二反。嶮也，嵯也，峨也。"②又："峭，且醮反，去。急也，險立［丘］也，峻也。陗、㟟，上字。"

㞿，渠宜反。《山海經》："隅陽之山東北二百五十里有㞿山。"郭璞曰："今在右扶風美陽縣西。"《說文》古文郊字，后稷之邑，在阜［邑］部也。③

《山海經·中山經》："又東北三百里曰隅陽之山……又東二百五十里曰岐山。"郭璞注："今在扶風美陽縣西。"《說文》："郊，周文王所封，在右扶風美陽中水鄉。从邑，支聲。……㞿，古文郊从枝，从山。"《名義》："㞿，渠宜反。郊字。"《新撰字鏡》："㞿，几宜反。郊也。岐，所知也。"

岥［岐］，《毛詩》："克岐克嶷。"傳曰："岐嶷，知意也。"戔云："岐岐然意有所出也。"《尔雅》："道二達謂之岐旁。"郭璞曰："㞿道旁出者也。"野王案：道支分也。《大戴礼》："行岐塗者不至，事兩君者不容。"楊朱所為慟𥫗［哭］者也。《說文》亦㞿字也。

《詩經·大雅·生民》："克岐克嶷，以就口食。"毛傳："岐，知意也。嶷，識也。"鄭玄箋："能匍匐，則岐岐然意有所知也。"《爾雅·釋宮》："二達謂之歧旁。"郭璞注："歧道旁出也。"《玄應音義》卷五《菩薩本行經》卷下音義："万歧，又作郊、㞿二形，同，巨宜反。謂道有支分者也。"《大戴禮記·勸學》："行跂塗者不至，事兩君者不容。"《玄應》卷十七《阿毗曇毗婆沙論》卷二七音義："歧路，古文㞿、䢺二形，同，渠宜

① 《名義》："陗，且醮反。陵［陖］也，急也。"《慧琳音義》卷九九《廣弘明集》卷二九音義："嶮峭，下鍫醮反。《聲類》：'峭，峻也。'或從阜作陗。"
② 《新撰字鏡》"峭"字右旁本誤作"省"。
③ 《名義》："郊，芰離反。"

反。謂枝别義也。《尒雅》：‘道二達謂之岐。’謂岐道直出者。《釋名》：‘物兩為岐，此道似之。’《史記》‘楊朱泣岐路’是也。”“岐”並當作“歧”。《説文》：“郊，周文王所封，在右扶風美陽中水鄉。从邑，支聲。岐，郊或从山，支聲。因岐山以名之也。嶅，古文郊从枝，从山。”《名義》：“岐，同上。道支分也。”

嵬，牛非、五雷二反。《字書》亦阮［阢］字也。阮［阢］，石戴土也。野王案：崔嵬，今亦為嵬［嵬］字，在嵬部；[①]阮［阢］在阜部也。[②]

《殘卷》：“嵬，牛迴、牛尾二反。《毛詩》：‘陟彼崔嵬。‘傳曰：‘崔嵬，石戴土者也。’《楚辞》：‘冐青［切］雲之崔嵬。’王逸曰：‘高皀也。’（《説文》：“高而不平。”）《説文》：‘高而不平也。’以［石］戴土為嵬字，在山部。或為阮［阢］字，在阜〈部〉。《廣雅》：‘嵬嵬，高也。’”又：“阢，牛瑰反。《説文》：‘石戴土也。’或為嵬字，在山部。”《名義》：“嵬，半［牛］非反。阢字。”《新撰字鏡》：“嵬，五毀反，上。嵓嵬也，嵬也。”

吕校本“阢”作“陒”。《殘卷》：“陒，居毀反。《埤蒼》：‘陸陒，山名也。’《説文》亦垝字。垝，坫，在土部。或為宼字，在山［宀］部也。”《名義》：“陒，居毀反。坫。”“陒”與“嵬”音義俱異。

崤，胡交反。《尚書》：“晉襄公師敗請［諸］崤（諸）。”孔安国曰：“要塞也。”杜預注《左氏傳》：“在弘農黽池縣西。”《字書》或為殽字，在殳部。[③]

《尚書·秦誓》：“晉襄公帥師敗諸崤。”孔安國傳：“崤，晉要塞也。”《殘卷》“請”為“諸”字之訛，“諸”字衍。《左傳·僖公三十二年》：“蹇叔之子與師，哭而送之，曰：‘晉人禦師必於殽。’”杜預注：“殽，在弘農澠池縣西。”《國語·周語中》：“晉人敗諸崤，獲其三帥丙、術、視。”韋昭注：“崤，晉地名，在今弘農。”《名義》：“崤，胡交反。地名。”《新撰字鏡》：“崤，古［胡］交反。塞敗也。”[④]

---

① 《殘卷》似當作“崔嵬，今亦為嵬字，在嵬部”。《名義》：“嵬，牛迴、牛尾反。石戴土。”
② 《名義》：“阢，牛瑰反。石戴土也。”
③ 《名義》：“殽，胡交反。雜，乱。”
④ “塞也”為“要塞也”之誤省，“敗”為引文，非釋義。

𡵀[𡵀]，五齮反。《聲頞[類]》："人在山上也。"以為古文危字。危在危部。[①]

"𡵀"字或作"㞷"。《玄應音義》卷十六《善見律》卷二音義："企摩，去豉反。人名也。依字：企，立也。從人，從止。經文從山作㞷，古文危字，人在山上皃也。"《名義》："𡵀，五虧反。危字。"

矦，叙鹿反。《字書》古文族字也，族，類也，縣[聚]也。在〈矢〉部也。[②]

《名義》："矦，叙鹿反。古族。"《新撰字鏡》："矦，舒[敍]六反。族也，聚也。"按："族"字，《古文四聲韻・屋韻》載《古尚書》作"矦""矦"[矦]、崔希裕《纂古》作"矦""矦"。

呂校本"聚也"誤作"縣也"，"矢部"誤作"㫃部"。

岑，所几反，《字書》古文使字也。使，従，役也，狑[伶]也，在人部。[③]

《名義》："岑，所几反。古使。役也，狑[伶]也。"呂氏校釋："'古使'依例當作'古使字'。'役'字原訛。"按："役"字原作"𢓊"，當是"役"字草書。呂校本作"使，從役也，令也"，恐非。《爾雅・釋詁下》："使，從也。"《呂氏春秋・音律》："大呂之月數將幾終，歲且更起，而農民無有所使。"高誘注："使，役。"《說文》："使，伶也。"《新撰字鏡》："岑，所几反，徒[從]，保[役]也，菓也。"[④]按：《古文四聲韻・止韻》載崔希裕《纂古》"使"作"岑"。《資暇集》載"舊文使字山下人，人下子"，當即此字。

嶫[嵲]，牛[才]掞[接]反。《字指》："嶫[嵲]業[嶪]，羙小[山]皀也。"

① 《名義》："危，遇為反。疾也，厲也，高也，隮也，正也。"
② 《名義》："族，叙鹿反。類也，聚也。"
③ 《名義》："使，所理反。從也，伶也。"
④ "菓也"義蓋誤以"岑"為"李"字。

王仁昫《刊謬補缺切韻·葉韻》（P.2011）：“崨，崨業［嶪］，山皃。”《名義》：“崨，牛［才］授［接］反。美山也。”吕氏校釋：“‘美’疑當作‘嶪’，崨嶪，山高貌。”《新撰字鏡》：“崨，才妾［接］反。美山皃。”按：《殘卷》《名義》《新撰字鏡》“美”字疑為衍文（承上“業”字形近而衍）。

嶧［嶩］，古裛［豪］反。（《埤蒼》：“嶧［嶩］窂【力高反】。”）《埤蒼》：“嶧［嶩］崆［崂］，古亭，在上艾，山嶧［嶩］嶚［崂］也。”

《名義》：“嶧［嶩］，右［古］裛［豪］反。山名。”《新撰字鏡》：“嶱、嶩，同，古豪反。崂。”疑《殘卷》“在上艾，山嶧［嶩］嶚［崂］也”當作“在上艾，嶧［嶩］崂山也”，上艾，縣名，屬太原郡。嶩崂，古亭名，又山名。吕校本“古亭”二字之前“嶩崂”誤作“嗥哰”。

崂，力高反。《埤蒼》：“嶧［嶩］窂［崂］。”

△《殘卷》混入“嶩”字條後，當補字頭“崂”。按《埤蒼》體例，“嶩”“崂”二字，“嶩”下釋義詳，“崂”下釋義略。吕校本與之相反，恐非。

《新撰字鏡》：“崂，魯刀反，平。崂嶩［嶩崂］也。”

巋，丘追反。《尔雅》：“山小而衆曰巋。”郭璞曰：“小山藂罪［羅］者也。”

《爾雅·釋山》：“小而衆，巋。”郭璞注：“小山叢羅。”《名義》：“巋，立［丘］追反。山小衆。”《新撰字鏡》：“巋，口帰反，平。嵩［山高］大堅固之皀。”

吕校本“罪”改作“嶵”。

崧，思隆反。《尔雅》：“山大而高，崧。”郭璞曰：”今中岳崧高山蓋依〈此〉名也。”

《爾雅·釋山》："山大而高，崧。"郭璞注："今中嶽嵩高山蓋依此名。"《名義》："崧，思隆反。山大高。"《新撰字鏡》："崧，子［孫］陵［隆］反。大高山。"

嵩，《毛詩》："嵩高惟岳。"傳曰："山大而高曰嵩。"《尔雅》："嵩，高也。"又曰："嵩高山為中岳。"《字書》亦崧字也。

《詩經·大雅·崧高》："崧高維嶽，駿極于天。"毛傳："崧，高貌，山大而高曰崧。"《爾雅·釋詁上》："嵩，高也。"《爾雅·釋山》："嵩高爲中嶽。"《名義》："嵩，同上也，高。"《新撰字鏡》："嵩，宿中、山松二反。高，中嶽也。"

崴，烏懷反。《楚辞》："軨石崴嵔。"王逸曰："猶崔嵬也。"

《楚辭·哀郢》："軫石崴嵬蹇吾願兮。"王逸注："崴嵬，崔巍，高貌也。"《名義》："崴，烏懷反。崔嵬。"《新撰字鏡》："崴，烏壞［懷］反。山安皃，嵬也，峩也。"

𡾋，胡乖反。《埤蒼》："崴𡾋，不平也。"

《文選·左思〈吳都賦〉》："隱賑崴𡾋，雜插幽屏。"李善注引《埤蒼》曰："崴𡾋，不平也。"《名義》："𡾋，胡乖反。不平。"《新撰字鏡》："𡾋，古［胡］乖反。不平山。"

嶓，補佐、補何二反。《尚書》："梁州。嵋嶓既藝。"孔安国曰："嶓冢，山石［名］也。"

《尚書·禹貢》："華陽、黑水惟梁州。岷嶓既藝，沱潛既道。"孔安國傳："岷山、嶓冢皆山名。"《名義》："嶓，補何反。山名。"《新撰字鏡》："嶓，甫［補］佐反。

山名。"

嵽，丁安反。《山海經》有嵽狐之山。

《山海經·北山經》："北山經之首曰單狐之山，多机木。"《名義》："嵽，丁案反。山名。"《新撰字鏡》："嵽，丁安反。孤［狐］山也。"

吕校本作"嵽孤之山"，非。

峡，於仰反。《埤蒼》："峡嵲，山𧾷也。"

《太玄·增》："上九崔嵬不崩，賴彼峡嵲。"范望注："峡嵲，山足也。"《名義》："峡，於仰反。山𧾷。"《新撰字鏡》："峡，於仰反。山𧾷。"

嵲，方尔反。《埤蒼》："峡嵲也。"

《名義》："嵲，方尔反。峡也。"《新撰字鏡》："嵲，卑婢反，上。山𧾷也，峡也。"

崀，力唐反。《淮南》："日冬至入於峻崀之山也。"

《淮南子·天文》："紫宫執斗而左旋，日行一度，以周於天。日冬至峻狼之山。"高誘注："南極之山。"《名義》："崀，力唐反。山名。"《新撰字鏡》："崀，普［魯］當反，平。峻崀，山名，日所入。"

岭，力丁反。《甘泉賦》："岭嶝嶙峋洞無厓［厓］。"《埤蒼》："岭嶝，深皀也。"

《文選·楊雄〈甘泉賦〉》："岭巆嶙峋，洞無厓兮。"李善注引《埤蒼》曰："岭巆嶙峋，深無厓之貌。"《名義》："岭，力丁反。山深皃。"《新撰字鏡》："岭，力丁反。山深皃。”

巉，仕芟反。《楚辞》：“深谷巉巖水增波。”王逸曰：“崎岠（山）間［閬］為［窩］險阻崛也。”《廣雅》：“巉巖，高也。”

《楚辭·招隱士》：“谿谷嶃巖兮水曾波。”王逸注：“崎嶇閬窩，險阻傴也。”《廣雅·釋詁四》：“巉巗，高也。”[①]《名義》：“巉，仕芟反。巖也。”《新撰字鏡》：“巉巖，上仕銜反，平；下臭儉反。二合高也，山間崎險阻也。嶄嶮，上同。”

岌，魚及反。《尔雅》：“小山，岌。”郭璞曰：“謂過高也。”《韓詩》曰：“四牡岌岌。盛皀也。”《楚辞》：“高余冠之岌岌。”王逸曰：“岌岌，高皀也。”《孟子》曰：“天下殆㦲岌乎！”劉熙曰：“語者之聲岌岌然也。”司馬注《荘子》：“殆、岌皆危也。”[②]《漢書》：“岌岌其国。”應劭曰：“岌岌，欲毀壞意也。”《埤蒼》以訓危為詒［殆］字，在及［歹］部。[③]

《爾雅·釋山》：“小山，岌；大山，峘。”郭璞注：“岌謂高過。”《詩經·小雅·采薇》：“戎車既駕，四牡業業。”毛傳：“業業然壯也。”陸德明音義：“業，如字，又魚及反，或五盍反。”《集韻·緝韻》：“岌，逆及切。……業，牡［壯］也。《詩》：四牡業業。”“岌”“業”音同，“壯”“盛”義同。《楚辭·離騷》：“高余冠之岌岌兮，長余佩之陸離。”王逸注：“岌岌，高皃。”《孟子·萬章上》：“孔子曰：‘於斯時也，天下殆哉岌岌乎！’”赵岐注：“岌岌乎，不安貌也。”《名義》：“岌，臭及反。高皃。”《新撰字鏡》：“岌，魚及反。高厄［危］也，盛也，殆也，高也，依也。”

---

① 《玄應音義》卷十《十住毗婆沙論》卷二音義：“巉巖，仕咸反，下又作礹。《廣雅》：‘巉巖，高也。’”

② 《莊子·天下》：“許由曰：‘殆哉圾乎天下！’”郭象注：“圾，危也。”陸德明音義：“圾，本又作岌，五急反，又五合反。郭、李云：‘危也。’”字亦作“汲”。《莊子·列禦寇》：“殆哉汲乎仲尼！”郭象注：“汲，危也。”陸德明音義：“汲，魚及反，又五臘反，危也。”

③ 吕校本作“圾字，在土部”。按：《名義·土部》未見“圾”字。《名義》：“殜，冝及反。危也。岌字。”《廣雅·釋詁一》：“殜，危也。”王念孫疏證：“《孟子·萬章篇》云：‘天下殆哉岌岌乎！’《墨子·非儒篇》《莊子·天地篇》竝作圾，《列御寇篇》作汲，皆字異而義同。”

崌，舉餘反。《山海經》："邛来山東有崌山，江水出焉。"郭璞曰："北江也。"

《山海經·中山經》："又東北一百四十里曰崍山，江水出焉。"郭璞注："邛來山，今在漢嘉嚴道縣南。"又："又東一百五十里曰崌山，江水出焉。"郭璞注："北江。"《名義》："崌，舉餘反。山名。"《新撰字鏡》："崌，几余反。出水山。"

崐，古魂反。《尚書》："火炎崐山，玉石俱焚[焚]。"孔安国曰："崐山出玉。"《山海經》："崐崘之丘，是實惟帝之下都。"《尔雅》："北方之美者，有崐崘墟之璆琳、琅玕焉。"又曰："丘三成為崐崘丘。"郭璞曰："崐崘山三重，故以為名也。"

《尚書·胤征》："火炎崐岡，玉石俱焚。"孔安國傳："崐山出玉。"《山海經·西山經》："西南四百里曰崑崙之丘，是實惟帝之下都。"《爾雅·釋地》："西北之美者，有崐崘虛之璆琳、琅玕焉。"郭璞注："璆琳，美玉名。琅玕，狀似珠也。《山海經》曰：'崐崘山有琅玕樹。'"《爾雅·釋丘》："三成爲崐崘丘。"郭璞注："崐崘山三重，故以名云。"《名義》："崐，古魂反。山名。"《新撰字鏡》："崐，古渾反，平。三重山。"

崘，力昆反。崐崘也。

《名義》："崘，力昆反。山名。"《新撰字鏡》："崘，力昆反。崐崘。"

巘，魚優[偃]反。《毛詩》："陟彼在巘。"傳曰："小山别扵大山者也。"《尔雅》："重巘，隒。"郭璞曰："山形如累兩甑也。"又曰："昆蹄研，甗。"《釋名》："甑一孔曰甗，山孤處，以之為名也。"

吕校本誤作"魚優反"。

《詩經·大雅·公劉》："陟則在巘，復降在原。"毛傳："巘，小山別於大山也。"陸德明音義："甗，本又作巘，魚輦反，又音言，又音魚偃反，又音彥。毛云'小山別於大山也’，與《爾雅》異。[①]”《爾雅・釋山》：“重甗，隒。”郭璞注：“謂山形如累兩甗。甗，甑，山形狀似之，因以名云。”《爾雅・釋畜》：“騉蹄趼，善陞甗。”郭璞注：“甗，山形似甑，上大下小。騉蹄，蹄如趼而健上山，秦時有騉蹄苑。”《釋名・釋山》：“小山別大山曰甗。甗，甑也。甑一孔者甗，形孤出處似之也。”[②]《名義》：“巘，奐偃反。別小山。”[③]《新撰字鏡》：“巘，奐晏［偃］反。自大山別小山。”又：“巚、巘，同，奐偃反。巖也，小山別於大山。”

嶮，猗廉、猗撿二反，《山海經》：“鳥鼠同穴山西南三百六十里曰嶮嵫之山。”郭璞：“日所入也。”

《山海經・西山經》：“西南三百六十里曰崦嵫之山。”郭璞注：“日沒所入山也，見《離騷》。奄茲兩音。”《名義》：“嶮，猗撿反。山名。”《新撰字鏡》：“嶮，猗兼反。崦（反），鳥鼠同穴山名。”

崦，《楚辞》：“望崦嵫而勿迫。”王逸曰：“山名，下有豪［蒙］水，中虞渕，日所入也。”野王案：此（三）亦嶮字也。

《楚辭・離騷》：“望崦嵫而未迫。”王逸注：“崦嵫，日所入山也，下有蒙水，水中有虞淵。”[④]《名義》：“崦，同上。”

嵫，子辞反。《埤蒼》：“崦嵫山也。”

《慧琳音義》卷八八《釋法琳本傳》卷五音義：“崦嵫，上掩廉反，下音茲。《埤蒼》云：

---

① 《爾雅・釋山》：“小山別大山，鮮。”郭璞注：“不相連。”
② “形孤出處”疑當作“山形孤處”。
③ 呂校本字頭作“巘”。按：《名義》原作“[illegible]”，當是“巘”字。“巘”為形聲兼會意字，與“巘”音義同。
④ 《玄應音義》卷二十《佛所行讚》卷五音義：“崦嵫，又作嶮，同，猗廉反，下子辞反。《山海經》云：‘鳥鼠同穴山西南三百六十里有山名崦嵫，日所入也。’《楚辭》：‘望崦嵫而勿迫。’王逸曰：‘山名。下有豪［蒙］水，水中虞渕，日所入也。’”

‘崦嵫，山名也。’郭注《山海經》云：‘日沒所入山也。’”《名義》：“嵫，子辞反。山名。”《新撰字鏡》：“嵫，子辞反。崦山。”

峘，胡端反。《尒雅》：“大山曰峘也。”

《爾雅·釋山》：“小山岌大山，峘。”郭璞注：“岌謂高過。”陸德明音義：“峘，胡官反，一音袁。《埤蒼》云：‘峘，大山。’又音恒。”邢昺疏：“言小山與大山相並而小山高過於大山者名峘，非謂小山名岌，大山名峘也。”《名義》：“峘，胡端反。大山。”《新撰字鏡》：“峘，占［胡］端反。大山也。”

嶢，□［牛］條反。《方言》：“嶢，高也。”郭璞曰：“嶕嶢，□□□［高峻之］皀也。”《廣雅》：“尭，嶢也。”“嶢嶢，危。”

《方言》卷六：“巍、嶢、崝、嶮，高也。”郭璞注：“嶕嶢、崝嶸，皆高峻之貌也。”《說文》：“嶢，焦嶢，山高皃。从山，堯聲。”《廣雅·釋言》：“堯，嶢也。”《廣雅·釋訓》：“嶢嶢，危也。”《名義》：“嶢，牛條反。高。”《新撰字鏡》：“峣、峣、峣，三同作，牛消反。山高危峻之皀。”

巃，力孔、力空二反。《楚辞》：“山氣巃嵸石□［嵯］峨。”王逸曰：“岑〈崟〉，梥［叅］差，雲滃欝也。”

《楚辭·招隱士》：“山氣巃嵸兮石嵯峨。”王逸注：“岑崟，嵾嵳，雲滃鬱也。”《慧琳音義》卷九八《廣弘明集》卷二十音義：“巃嵸，上禄董反，下才孔反。《埤蒼》云：‘巃嵸，高皃也。’王逸注《楚辭》云：‘崟岑［岑崟］，参差，雲蓊欝也。’”吕校本以“梥”為“崟”之訛字，又補“嵾”字，“差”改為“嵯”。案：“梥”字俗體與“參”“叅”相近，故“操”或作“摻”“掾”。《讀書雜志·墨子》：“凡書傳中從喿之字多變而從參。”又：“凡書傳中從喿、從參之字多相亂。”《名義》：“巃，力空反。高皀。”《新撰字鏡》：“巃，力蒙反，平。山不平皀，嶮峻也，嵸也。”

嵸，即孔、即空二反。《上林賦》："崇山……巃従［嵸］崔嵬。"《埤蒼》："巃嵸，高皀。"

《漢書·司馬相如傳》："於是乎崇山矗矗，巃嵸崔巍。"顔師古注引郭璞曰："皆高峻貌也。"《文选·司馬相如〈上林賦〉》作"於是乎崇山矗矗，巃嵷崔巍"。《慧琳音義》卷八九《高僧傳》卷六音義："巄嵸，上音閭，下宗孔反。《埤蒼》云：'巃嵸，高皃也。'《上林賦》云：'崇山巃嵸而崔嵬。'"《名義》："嵸，即空反。高。"《新撰字鏡》："嵸，怒［悤］勇反，上。山不平之皀，巃也，峻也，嵬嵸也。"

嶜，子心反。楊雄《羽獦賦》曰："玉石嶜崟。"（《埤蒼》："嵴山嶙峋洞无厓埤皀也。"）《字指》："高大皀也。"

《文選·揚雄〈羽獵賦〉》："玉石嶜崟，眩燿青熒。"李善注引李彤《單行字》曰："嶜崟，高大貌。"《殘卷》"嶙峋洞无厓埤皀也"旁注删節符"ミ"，當删，此為下"嶙"字釋義誤羼入此處。《名義》："嶜，子心反。嵴山。"《新撰字鏡》："岑、嶜，二同，昨淫反，平。函也，大山也。"

嶙，力囙反。《甘泉賦》："岭嶒嶙峋洞无厓。"《埤蒼》："嶙峋，深无厓也。"

《文選·揚雄〈甘泉賦〉》："岭嶒嶙峋洞無涯兮。"李善注引《埤蒼》曰："岭嶒嶙峋，深無厓之貌。"《名義》："嶙，力囙反。深无厓。"《新撰字鏡》："嶙，力珎反。嶙峋［峋］，深岸皀。"

峋，思遵反。《埤蒼》："嶙峋也。"

《名義》："峋，思遵反。嶙。"《新撰字鏡》："峋，思寸［村］反。嶙峋。"

峌，高［直］曳反。《左氏傳》："觀兵扵峌其［箕］之山。"

《左傳·昭公五年》："楚子遂觀兵於坻箕之山。"《名義》："岻，直曳反。山石。"吕氏校釋："當作'山名'。《殘卷》作'《左氏傳》："觀兵於岻箕之山"'。"按：此説可從。《箋注本切韻·脂韻》（S.2071）："岻，山名。"《新撰字鏡》："[illegible]、[illegible]、岻，三同，直曳反。箕山也。"

峛，間是反。韓嬰説《詩》："山峛崺者，即《尒雅》所説山脊也。"①《甘泉賦》："登降峛崺。"《埤蒼》："峛崺，沙丘也。"《字指》："卑而長。"《尒雅》作邐字也，在方［辵］部也。②

《殘卷》："岡，古唐反。《毛詩》：'陟彼高岡。'傳曰：'山脊曰岡。'《尒雅》亦云，郭璞曰：'謂長山背也。'《韓詩》：'列施曰岡。'《廣雅》：'岡，阪也。'""列施"與"峛崺"同。《漢書·揚雄傳上》："登降峛崺，單埢垣兮。"蕭該音義引《字林》曰："峛崺，沙邱也。"《慧琳音義》卷九九《廣弘明集》卷二九音義："峛崺，上離紙反，下移尒反。《字指》：'峛崺，卑而長也。'《尒雅》云：'邐迤，沙丘。'郭注云：'謂旁行速［連］延也。'或從辵作邐迤。"《名義》："峛，間是反。山脊也。邐字。"《新撰字鏡》："峛，吕提［是］反。山脊，卑而（而）長山。"

崺，餘是反。《字指》："峛崺也。"或作迆字，在辵部。③

《名義》："崺，餘是反。世字。峛。"《新撰字鏡》："崺，移尓反，上。峛山施［崺］，沙丘皀。"

岝，仕百反。《埤蒼》："岝峉，山不齊也。"

《文選·張衡〈南都賦〉》："岝峉嶵嵬，嶮巇屹嶬。"李善注引《埤蒼》曰："岝

① 吕校本作"韓嬰説《詩》山峛崺者即。《尒雅》：所説山脊也"，令人不知所云。
② 《爾雅·釋丘》："邐迤，沙丘。"郭璞注："旁行連延。"《名義》："邐，力紙反。行也，過也。山列［峛］也。"
③ 《名義》："迆，餘支反。溢也，長也，逶也，邪也。"

峉，山不齊也。”吕校本“峉”作“客”。按：《殘卷》本作“峉”，當是“峉”字。《名義》：“峉，仕百反。山不㒳。”《新撰字鏡》：“峉，士百反。峉峉，不調山。”《類聚名義抄》：“峉，《玉》云：‘仕百反。山フ［不］㒳也。’”（139•5）

崳，餘俱反。《埤蒼》：“崳沙［次］，山石［名］也。”

《殘卷》“崳沙，山石也”，吕校本作“崳，沙山石也”。按：當作“崳次，山名也”。《箋注本切韻·虞韻》（S.2071）：“崳，崳次山，在鴈門。”《集韻·虞韻》：“崳，崳次，山名，在鴈門。通作榆。”《名義》：“崳，餘俱反。山名。”《新撰字鏡》：“崳，羊朱反，平。崳次山。”“崳次山”，文獻多作“榆次山”，亦作“羭次之山”。

嵁，五男、苦男二反。左思《魏都䝿［賦］》：“恒碣嵁㟧扵青雲［霄］也。”

《文選·左思〈魏都賦〉》：“恒碣碪碍於青霄，河汾浩涆而皓溔。”李善注：“碪碍，高貌。碪，五感反。”《名義》：“嵁，五男反。山名。”《新撰字鏡》：“嵁，五男反。碣山。”①

㟓，壮于反。《埤蒼》：“㟓嵎，高厓也。”《字指》：“㟓嵎，不［山］石相向也。”

《名義》：“㟓，壮于反。高厓也。”《新撰字鏡》：“㟓、㟓，同，子于反，平。㟓嵎，又高岸也。”《集韻·虞韻》：“㟓，㟓嵎，高厓也，一曰：山石相向皃。”

屺，丘止、丘史［吏］〈二〉反。《埤蒼》：“高皀也。”

《名義》：“屺，丘吏反。高皃。”《新撰字鏡》：“屺，丘吏反。高皃。”

① “碣嵁”為引證之省，《新撰字鏡》誤以為釋義。

崎，丘宜反。《楚辞》："都［覩］軫丘兮崎傾。"王逸曰："山嶔崟難涉麽也。"《埤蒼》："崎嶇，不安也。"

《楚辭·九懷》："忽反顧兮西囿，覩軫丘兮崎傾。"王逸注："山陵嶔岑難涉歷也。"《玄應音義》卷四《密迹金剛力士經》卷一音義："崎嶇，丘宜反，下丘愚反。《廣雅》：'崎嶇，傾側也。'《埤蒼》：'不安也。'"[①]《名義》："崎，丘宜反。不安也。"《新撰字鏡》："崎嶇，上丘宜反，平。路難也，曲岸也。"

嶇，丘隅反。《史記》："崎嶇强國之間。"《廣雅》："崎嶇，傾側也。"《説文》為隔字，在阜部也。[②]

《史記·燕召公世家》："崎嶇彊國之閒，最為弱小，幾滅者數矣。"《廣雅·釋訓》："崎嶇，傾側也。"《殘卷》："隔，苦俱反。《漢書》：'攱隔阿［河］洛之間。'《説文》：'攱［隔］，隔［攱］也。'《聲類》或為嶇字，〈在〉山部也。"《名義》："嶇，丘隅反。[③]傾側也。"《新撰字鏡》："崎嶇，……下丘愚反，平。傾側也。"《玉篇》："嶇，音區，崎嶇。岖，同上。"《龍龕》："崎嶇，上去竒反，下去俱反，崎嶇，領［傾］側也。岖，俗；嶇，正。去魚反，嶇崎，山路也。"

嶔，綺金、苦嚴二反。《公羊傳》："昴［曰：即］死于散［殽］之嶔巖。"野王案：山阜之勢也。《楚辞》"嶔崟崎峨"、《上林賦》"嶔岑則［側］傾"是也。

《公羊傳·僖公三十三年》："師出，百里子與蹇叔子送其子，而戒之曰：'爾即死，必於殽之嶔巖。'"《殘卷》"昴"似為"曰即"二字之誤合。《慧琳音義》卷四三《大方便報恩經》卷二音義："嶔巖，苦銜反，又音欽。《廣雅》：'嶔，岑，高。'《公羊傳》云：'嶔崟，山阜勢。'"《楚辭·招隱士》："嶔岑碕礒兮，硱磳磈硊。"《文選·司

---

① 《文選·宋玉〈高唐賦〉》："磐石險峻，傾崎崖隤。"李善注引《埤蒼》曰："崎嶇，不安也。"《文選·陶淵明〈歸去來辭〉》："既窈窕以尋壑，亦崎嶇而經丘。"李善注引《埤蒼》曰："崎嶇，不安之貌。"

② 《名義》："隔，苦俱反。"《説文》："隔，攱也。从𨸏，區聲。"

③ 吕校本誤作"丘宜反"。

馬相如〈上林賦〉》："盤石振崖，嶔巖倚傾。"《殘卷》"嶔岑"同"嶔巖"（《集韻·侵韻》"魚音切"小韻"崟"字下收或作"巖""岑"）。《殘卷》"則"字原居右，似為"側"字之殘，"側傾"與"倚傾"義同。《名義》："嶔，綺金反。阜勢也。"

嵰，仕［丘］撿反。《埤蒼》："嵰嶮，厂巖也。"《字指》："嵰，小［山］不平也。"

《慧琳音義》卷九九《廣弘明集》卷二九音義："嶮峭，上希撿反。《字指》：'嵰嶮，不平也。'"《名義》："嵰，仕撿反。小不平。"吕氏校釋："《殘卷》引《字指》作'小不平也'。胡吉宣《校釋》謂當作'山不平也'。"按：《校釋》是。《廣韻·琰韻》："嶮，嵰嶮，山不平。"王仁昫《刊謬補缺切韻·琰韻》（P.2011）"山"亦誤作"小"。《新撰字鏡》："嵰，丘撿反，上。山高。"

《殘卷》《名義》"仕撿反"當作"丘撿反"。

嶮，魚撿反。《埤蒼》："嵰嶮也。"

《名義》："嶮，臭撿反。嵰。"《新撰字鏡》："嶮，許險反。嵰也，岫也。"《類聚名義抄》："嘘嶮，下《玉》云：'臭捡反。嵰也。'"（140•1）

嶕，辞焦反。《廣雅》："崔［嶕］嶢，高也。"

吕校本"嶕嶢"誤作"嶢嶢"。《廣雅·釋詁四》："嶕嶢，高也。"《名義》："嶕，辞焦反。高。"《新撰字鏡》："嶕，昨焦反，平。嶕嶢。"

嶼，辞旅反。《吴客賦》："島嶼綿邈。"劉逵曰："海中洲也。一曰海中山也。魏武云'覧島嶼之（所）所有'是也。"

《殘卷》"所所"，前一"所"字旁有刪節符"ミ"。《文選·左思〈吴都賦〉》：

“島嶼緜邈，洲渚馮隆。”劉逵注：“島，海中山也。嶼，海中洲，上有山石。魏武《滄海賦》曰：‘覽島嶼之所有。’”《殘卷》“一曰海中山也”當為“島”字義。《名義》：“嶼，辞旅反。洲。”《新撰字鏡》：“嶼、嶼，二同，因［囚］与反，上。山豐皀。”《倭名類聚鈔》卷一：“《唐韻》云：‘嶼，徐吕反，上聲之重，與序同。海中洲也。’”

嵇，胡鷄反。《埤蒼》：“山也。亦姓也。”

《名義》：“嵇，胡鷄反。山也。”《新撰字鏡》：“嵇，奚以［以奚］反。山，姓。”《廣韻·齊韻》：“嵇，山名。亦姓，出譙郡、河南二望。”

摧，子罪反。《甘泉賦》：“……彼［波］詭，〈摧〉崔而成觀。”《漢書音義》曰：“山林［材］之崇積（之）也。”

《漢書·揚雄傳上》：“於是大夏雲譎波詭，摧嶉而成觀。”顏師古注引孟康曰：“摧嶉，材木之崇積貌也。”《文選·揚雄〈甘泉賦〉》：“於是大廈雲譎波詭，摧嶉而成觀。”李善注引孟康曰：“摧嶉，林木崇積貌也。”[1]《名義》：“摧，子罪反。山林［材］積。”《新撰字鏡》：“摧，子罪反。嶉，上字。”

嶉，子誅［誄］反。（《莊子》）[2]《埤蒼》：“㟪嶉（摧），高皀也。”[3]

《慧琳音義》卷九八《廣弘明集》卷二三音義：“㟪嵔，上烏賄反，下雷罪反。《考聲》：‘山皃也。’”《名義》：“嶉，子誅［誄］反。高皃。”《新撰字鏡》：“嶉，遵誅［誄］反，上。山状。”

㟪，扵鬼反。《莊子》：“㟪嶉。”司馬彪曰：“山高下槃囬［凷、曲］之形也。”

---

[1] 胡克家《文選考異》卷二：“案：‘林’當作‘材’，《漢書注》可證。各本皆譌。”
[2] 《殘卷》“《莊子》”似為衍文，参下“㟪”字條。
[3] 《殘卷》衍“摧”。

《上林賦》："嵔磈嵬崴［崴磈嵔磈］也。"

《莊子·齊物論》："山林之畏隹，大木百圍之竅穴，似鼻，似口，似耳，似枅，似圈，似臼，似洼者，似污者。"陸德明音義："畏，於鬼反，郭烏罪反，崔本作喂。隹，醉癸反，徐子唯反，郭祖罪反，李諸鬼反。李頤云：'畏隹，山阜貌。'"王仁昫《刊謬補缺切韻·尾韻》(P.2011)："磈，於鬼反。……嵔，嵔嵬，山高下曲。"《漢書·司馬相如傳上》："崴磈嵔廆，丘虚堀礨。"郭璞注："皆其形勢也。……嵔音惡罪反。"《文選·司馬相如傳〈上林賦〉》"嵔"作"喂"。《名義》："嵔，於鬼反。山下囬［凹、曲］也。"《新撰字鏡》："喂，烏迴、扵回二反，平。山〈不〉正直之皃。"

豺，士皆反。《埤蒼》："豺，山在平林也。"

王仁昫《刊謬補缺切韻·皆韻》(P.2011)："豺，山，在五［平］林。"《名義》："豺，士皆反。山名。"《新撰字鏡》："豺，牛［士］皆反。山林。"

巑，在丸反。《楚辞》："登巑岏以長佡［企］。"王逸曰："巑岏，銳山。"

《名義》："巑，在丸反。山名。"按：《名義》"山名"似當作"山皃"。

《楚辭·九歎》："登巑岏以長企兮，望南郢而闚之。"王逸注："巑岏，銳山也。"《文選·宋玉〈高唐賦〉》："盤岸巑岏，裖陳磑磑。"李善注引王逸《楚辭注》曰："巑岏，山銳貌。"王仁昫《刊謬補缺切韻·寒韻》(P.2011)："巑，巑岏，小［山］皃。"《新撰字鏡》："巑，才官反。山高皃，又鋺［銳］山，又山高迴之皃。"

嵃，魚彦反。《西京賦》："坻崿嶙峋，棧嵃巉嶮。"薛宗［綜］曰："殿基之形勢。"

吕校本誤作"嵯，魚產反"。《廣雅·釋詁四》："巉巗，高也。"《文選·張衡〈西京賦〉》："坻崿鱗眴，棧齴巉嶮。"薛綜注："殿基之形勢也。"《名義》："嵃，奐産（彦）反。殿基。"《新撰字鏡》："嵃，奐産（彦）反。峋皃，勢皃。"

屼，五骨反。《字指》："崳屼，秃山也。"

《文選·左思〈吴都賦〉》："爾其山澤則嵬嶷嶢屼，巊冥鬱岪。"李善注引《字指》曰："屼，秃山也。"《慧琳音義》卷九九《廣弘明集》卷二九音義："嵔屼，吾骨反。《字指》云：'屼，秃山皃也。'"《文選·左思〈蜀都賦〉》："經三峽之崢嶸，躡五屼之蹇滻。"劉逵注："五屼，山名也，一山有五重，在越嶲，當犍為南安縣之南也。揚雄《蜀都賦》曰：'五屼參差。'"《唐韻殘卷·没韻》（蔣斧印本）："兀，高皃。五忽反。……屼，山皃。又五屼，山在名揵為。[1]"《名義》："屼，五骨反。山名。"《類聚名義抄》："屼，《玉》云：'五骨反。山名也。'"（138•2）

岏，牛丸反。《廣雅》："巑岏，高也。"

《廣雅·釋詁四》："巑岏，高也。"《慧琳音義》卷十二《大寶積經》卷二一音義："欑峰，藏鸞反。《禮記》：'聚禾也。'《博雅》：'巑岏【五官反】，山之高皃也。'……或從山作巑。"《名義》："岏，牛丸反。高。"《新撰字鏡》："岏，牛丸反。高皃。巑岏，高皃。"

嵽，徒結反。《字指》："嵽嵲［嵲］，小如不安也。"野王案：《西京賦》"直嵽嵲［嵲］以高居"是也。

《文選·張衡〈西京賦〉》："託喬基於山岡，直墆霓以高居。"薛綜注："墆霓，高貌也。"李善注："墆，徒結切。霓，五結切。""墆霓"與"嵽嵲"音義同。"小如不安"猶"小而不安"。《玉篇》："嵽，徒結切。嵽嵲，小而不安皃。"《名義》："嵽，徒结反。小不安。"《新撰字鏡》："嵽，徒结反。嵲也。"

嵲，牛結反。《字指》："嵽嵲也。"

---

① "山在名揵為"當作"山名，在揵為"。

《名義》："嵲，牛结反。嵽。"《新撰字鏡》："嵲，牛結反。嵽嵲，高不安皀。"

崫，口骨反。《字指》："崫屼，禿山也。"

《文選·左思〈吴都賦〉》："爾其山澤則嵬嶷嶢屼，巊冥鬱岪。"李善注引《字指》曰："屼，禿山也。"《慧琳音義》卷九九《廣弘明集》卷二九音義："嵲屼，吾骨反。《字指》云：'屼，禿山皃也。'"《名義》："崫，口骨反。山名。"《新撰字鏡》："崫，口骨反。屼山。"

嶺，力井〈反〉。《廣雅》："嶺，陵［阪］也。"野王案：《漢書》"絶梓嶺"、西城［域］有（有菍）菍嶺是也。《字書》為岭字，在阜部。①

《廣雅·釋邱》："嶺，阪也。"《漢書·衛青傳》："絶梓領，梁北河，討蒲泥，破符離。"《漢書·西域傳》："西域……西則限以葱嶺。"顏師古注："《西河舊事》云：'葱嶺其山高大，上悉生葱，故以名焉。'"《名義》："嶺，力井反。陵［阪］也。"《新撰字鏡》："嶺，力井反。阪也，險也。"《類聚名義抄》："嶺，《玉》云：'陵［阪］也。'"（136•6）

崩，補朋反。《毛詩》："不虧不崩。"戔云："崩，毁壞也。"又曰："尒牧東［来］思，拎拎［矜矜］兢兢，不騫不崩。"傳曰："騫，曜也。崩，羣疾也。"《論語》："封［邦］分崩折［析］離。"孔安国曰："民有異心曰分，欲去曰崩。"《尒雅》："崩，死也。"《穀梁傳》："高曰崩。"古文為堋［䨏］字，在阜部也。②

《説文》："崩，山壞也。从山，朋聲。堋，古文从自。"《詩經·魯頌·閟宫》："不虧不崩，不震不騰。"鄭玄箋："虧、崩皆謂毁壞也。"《詩經·小雅·無羊》："爾羊來思，矜矜兢兢，不騫不崩。"毛傳："騫，虧也。崩，羣疾也。"吕校本"騫，曜也"

① 《名義》："岭，里井反。阪也。"
② 《殘卷》："䨏，補明［朋］反。《説文》古文崩字也。崩，壞、死也，在山部。"《名義》："䨏，補用［朋］反。壞，充［死］。"

改作“騫，虧也”以與今本毛傳合。按：孔穎達疏：“騫虧，定本亦然，《集注》虧作曜。”據此，作“曜”不必改。又《詩經》上章有“爾牧來思”。《殘卷》“東”為“來”字之訛。《論語·季氏》：“邦分崩離析而不能守也。”何晏集解引注孔安國曰：“民有異心曰分，欲去曰崩。”《殘卷》“封”字，今本《論語》作“邦”。“邦”字或作“邽”，與“封”形近。《爾雅·釋詁下》：“崩，死也。”《穀梁傳·隱公三年》：“高曰崩，厚曰崩，尊曰崩。”《名義》：“崩，補朋反。毀也，死也。古陑。”《新撰字鏡》：“崩，甫［補］登反，平。壞也，死也，陊也，毀也。”《類聚名義抄》：“崩，《玉》云：‘補朋反。’”（138•4）

〖屾部第三百卌三［四］　　凡二字〗

屾，□［所］因反。《説文》：“二山也。”

《説文》：“屾，二山也。”《名義》：“屾，所亘反。二山。”《新撰字鏡》：“屾，所固［亘］反。二山。”

嵞，達都反。《尚書》：“予娶於嵞山，辛壬癸甲。”孔安国曰：“国名也。”杜預《春秋釋例》：“在壽春東北。”《説文》：“〈九〉江當塗，民俗以辛士［壬］癸畢［甲］日嫁娶。”

《尚書·益稷》：“予創若時，娶于塗山，辛壬癸甲。”孔安國傳：“塗山，國名。”《左传·哀公七年》：“禹合諸侯於塗山，執玉帛者萬國。”杜預注：“塗山，在壽春東北。”《説文》：“嵞，會稽山。一曰：九江當嵞也，民以辛壬癸甲之日嫁娶。从屾，余聲。《虞書》：予娶嵞山。”《名義》：“嵞，達都反。国名。”《新撰字鏡》：“嵞，達都反，國名。”蘇鶚《蘇氏演義》卷上引《文字音義》云：“嵞山，古之國名。”

〖嵬部第三百卌五　凡二字〗

嵬，牛迴、牛尾二反。《毛詩》："陟彼崔嵬。"傳曰："崔嵬，石戴土者也。"《楚辞》："冠青［切］雲之崔嵬。"王逸曰："高皀也。"（《説文》："高而不平。"）[①]《説文》："高而不平也。"以〈石〉戴土為嵔字，在山部。[②]或為阢［阢］字，在阜〈部〉。[③]《廣雅》："嵬嵬，高也。"

《殘卷》："嵔，牛非、五雷二反。《字書》亦阢［阢］字也。阢［阢］，石戴土也。野王案：崔嵬，今亦為嵔［嵬］字，在嵬部。"《詩經·周南·卷耳》："陟彼崔嵬，我馬虺隤。"毛傳："崔嵬，土山之戴石者。"《爾雅·釋山》："石戴土謂之崔嵬。"《楚辭·九章·涉江》："帶長鋏之陸離兮，冠切雲之崔嵬。"王逸注："崔嵬，高皃也。言己內脩忠信之志，外帶長利之劍，戴崔嵬之冠，其高切青雲也。"《殘卷》作"青雲"，蓋蒙注文而誤。吕校本亦誤。《説文》："嵬，高不平也。从山，鬼聲。"《廣雅·釋訓》："嵬嵬，高也。"《名義》："嵬，牛迴、牛尾反。石戴土。"《新撰字鏡》："嵬峷，上牛迴、牛尾二反。高也。"

巍，牛威反。《論語》："巍巍乎舜禹之有天子［下］！"何晏曰："巍，高大也。"□□［今忩］以此為巍［魏］国之巍［魏］字，音牛畏反，在鬼部。[④]

《説文》："巍，高也。从嵬，委聲。"《論語·泰伯》："子曰：巍巍乎舜禹之有天下也，而不與！"何晏集解："巍巍，高大之稱。"《史記·晉世家》："萬，盈數也；魏，大名也。"裴駰集解引服虔曰："魏喻巍。巍，高大也。"《名義》："巍，牛威反。魏字。高大也。"《新撰字鏡》："巍，正，牛威反，平。巍巍，高大也。"《類聚名義抄》："巍巍，《玉》云：'高大也。'"（145•1）

---

① 《殘卷》衍"《說文》：'高而不平'"。
② 《名義》："嵔，半［牛］非反。阢字。"
③ 吕校本誤作"陒"。《名義》："阢，牛瑰反。石戴土也。"
④ 《名義》："魏，奐貴反。火［大］名也。"《説文》："巍，高也。"徐鉉等曰："今人省山从［以］爲魏國之魏。"

〖屵部第三百卌六　　凡十字〗

屵，牛桀［桀］、牛割二反。《説文》："屵，高也。"

《説文》："屵，岸高也。从山、厂，厂亦聲。"《名義》："屵，牛割反。高也。"《新撰字鏡》："屵，牛□、牛割二反。高上皃也。"

崖，牛佳反。《説文》："高邊也。"

《説文》："崖，高邊也。从屵，圭聲。"《名義》："崖，牛佳反。高邊也。"《新撰字鏡》："崖，牛佳反。高山邊。"

岸，魚韓反。《尒雅》："（外）望涯洒而高曰岸。"郭璞曰："洒謂深也。視涯浚而水深者為岸也。"又曰："重涯，岸。"郭璞曰："兩涯羅［累］者為岸也。"《尚書》："乃逸乃岸。"孔安国曰："半岸不恭也。"《毛詩》："先登于岸。"傳曰："高位也。"《漢書》："為人魁岸，容皀其［甚］壯。"張晏曰："魁岸，桀長大也。"《廣雅》："魁岸，〈雄〉桀也。"獄岸為犴字，在大［犬］部。[①]

《説文》："岸，水厓而高者。从屵，干聲。"《爾雅·釋丘》："望厓洒而高，岸。"郭璞注："厓，水邊。洒謂深也。視厓峻而水深者曰岸。"《爾雅·釋丘》："重厓，岸。"郭璞注："兩厓累者為岸。"[②]《尚書·無逸》："乃逸乃諺，既誕。"孔安國傳："乃為逸豫遊戲，乃叛諺不恭，已欺誕父母。"《詩經·大雅·皇矣》："無然畔援，無然歆羨，誕先登于岸。"毛傳："岸，高位也。"《漢書·江充傳》："充為人魁岸，容貌甚壯。"顔師古注："魁，大也。岸者，有廉棱如崖岸之形。"《殘卷》"魁岸，桀長大也"似當作"魁，桀。岸，長大也"。《漢書·揚雄傳上》："迺搜逑索耦皐、伊之徒，冠倫魁能。"顔師古注引應劭曰："魁，桀也。""岸"字亦作"㟁"。《廣韻·翰韻》："㟁，

① 《名義》："犴，胡旦反。訟也，獄也，胡犬。"
② 《慧琳音義》卷十八《大乘大集地藏十輪經》卷一音義："崖岸，下我幹反。崖峻水深曰岸。《爾雅》：'重崖，岸。'郭注云：'兩崖累者為岸也。'"

長大。”《廣雅·釋訓》：“魁岸，雄傑也。”《名義》：“岸，奐韓反。岸也。”

《殘卷》《名義》“魚韓反”疑當作“魚翰反”。《箋注本切韻·翰韻》（S.6176）：“岸，五旦反。”王仁昫《刊謬補缺切韻》（P.2011）：“岸，吾旦反。崖。”裴務齊正字本《刊謬補缺切韻·翰韻》：“岸，五旦反。”《唐韻殘卷·翰韻》（蔣斧印本）：“岸，五旰反。”均屬去聲翰韻。

岸，五朝［幹］反。《埤（蒼）[1]蒼》：“厚廣［廣］。”

《集韻·翰韻》：“岸，廣厚也。”與此義同。《廣韻·翰韻》：“岸，厝也。”“厝”當為“廣”字之訛。《殘卷》訛作“廣”，與“厝”亦形近。《名義》：“岸，五幹反。厚廣也。”《新撰字鏡》：“岸，魚偃反。”

崖，口［徒］菲［罪］反。《說文》：“崔［崖］，高也。”野王案：崔崔［崖崖］然高也。《聲類［類］》亦陮字也，在阜部。[2]

《說文》：“崖，高也。从屵，隹聲。”《殘卷》：“陮，徒罪反。《說文》：‘陮隗，不安也。’或為崔［崖］字，在广［屵］部也。”《名義》：“崖，徒罪反。高也。陮字。”《新撰字鏡》：“崖，徒罪反。高。陮。”

䧿，皮鄙反。《說文》：“䧿，毀也。”或為圮字，在土部。[3]或為醇字，在乎［手］部。[4]

《說文》：“䧿，崩也。从屵，肥聲。”王仁昫《刊謬補缺切韻·旨韻》（P.2011）：“圮，岸毀。亦作䧿。”又：“醇，覆。或作䧿。”《名義》：“䧿，皮郎［鄙］反。毀也。”《新撰字鏡》：“䧿，皮鄙反。毀也，地也。”

---

① 《殘卷》此“蒼”字旁注刪節符“ミ”，當刪。
② 《名義》：“陮，徒罪反。不安也。”王仁昫《刊謬補缺切韻·賄韻》（北京故宮博物院藏）：“陮，高。亦作崔。”“崔”亦當作“崖”。
③ 《名義》：“圮，皮美反。毀也，覆也。”
④ 《名義》：“醇，皮義反。毀也，覆也。”

按：《玉篇》未收“㟴”字，下“㠊”字合“㟴”“㠊”為一：“普昧切，崩聲”與《殘卷》“㠊”字相當；“皮鄙切，毀也。或作圮”與《殘卷》“㟴”相當。

㠊，妨味反。《説文》：“崩聲也。”

《説文》：“㠊，崩聲也。从屵，配聲。讀若費。”《玉篇》：“㠊，普昧切，崩聲。又皮鄙切，毀也。或作圮。”《名義》：“㠊，妨昧反。崩聲。”《新撰字鏡》：“㠊，妨昧反。崩音。”

㟜，女灾［交］反。《廣雅》：“㟜，𢬵也。”《聲類》：“㟜，滅也。”

吕校本引《廣雅》作“杵也”。《名義》：“㟜，女交反。忓也，滅也。”吕氏校釋：“‘忏也’當作‘崒也’。‘滅’字原誤。”按：“滅”字原作“烕”，為“滅”之古字。《玉篇》：“㟜，女交切。崒也。”《新撰字鏡》：“㟜、㟜，女交反。扤也，滅也。”《殘卷》“𢬵”、《名義》“忓”、《玉篇》“崒”均當作“捽”，《新撰字鏡》“扤”當作“抷”。《廣雅·釋詁三》：“㺀，搣，……捽也。”“捽”，俗作“抷”，與“𢬵”、“忓”形近。“搣”與“滅”音義同。[1]

㢠，力彫反。《楚辞》：“上㢠廓而无天。”野王案：㢠郎［廓］，空虚也。《史記》“焦明已翔於㢠郎［廓］”是也。《埤蒼》：“㢠，峭嶸也。”亦与廫字同，在广部也。[2]

《説文》：“廫，空虚也。从广，膠聲。”《楚辭·遠遊》：“下峥嵘而無地兮，上寥廓而無天。”洪興祖補注引顔師古云：“寥廓，廣遠也。”《文選·潘岳〈哀永逝文〉》：“望山兮寥廓，臨水兮浩汗。”張銑注：“寥廓，空虚也。”《史記·司馬相如列傳》：“觀者未睹指，聽者未聞音，猶鷦明已翔乎寥廓，而羅者猶視乎藪澤。”張守節正義：“廖廓，天上寬廣之處。”《文選·司馬相如〈難蜀父老〉》“鷦明”作“鷦鵬”。《玉篇》：“㢠，力幺切，㢠廓，空也，峥嶸也。亦作寥。”《名義》：“㢠，力彫反。空也。”《新

---

① 《玄應音義》卷十二《别譯阿含經》卷九音義：“�搣，下音滅。滅除也。”
② 《名義》：“廫，力彫反。空盧［虚］也。廖，同上。”

撰字鏡》："廖，力彫反。空虚也，崢〻［嶸］皀。"

𡵙［岿］，餘灼反。《説文》："岸上見人也。"

《説文》："𡵙，岸上見也。从厂，从㞢省。讀若躍。"《名義》："岿，餘灼反。岸上見人。"《名義》字頭本作"𡵙"，與《殘卷》同，當是"𡵙"（从厂，从㞢）字之形訛。《新撰字鏡》："𡵙，余灼反。岸上見人也。"

〖广部第三百卌七　凡九十六字〗

〈广〉，鱼㺬反。《説文》："因广為屋也。"

《説文》："广，因广爲屋，象對刺高屋之形。……讀若儼然之儼。"《名義》："广，奐㺬反。屋也。"

廦，補的反。《説文》："廦，廧也。"野王案：室之屏蔽也。《儀礼》"人避于東廦南面"是也。《廣雅》："廦，垣也。"今或為辟［壁］字，在〈土〉部也。①

《説文》："廦，牆也。从广，辟聲。"《儀禮·士喪禮》："君反之，復初位，衆主人辟于東壁南面。"《廣雅·釋宫》："廦，垣也。"《名義》："廦，補的反。廧也，恤也。"吕氏校釋："'恤也'似當作'垣也'。"

字或作"壁"。《慧琳音義》卷四《大般若波羅蜜多經》卷三五〇音義："牆壁，下卑覓反。杜注《左傳》云：'壁，壘也。'《字書》云：'外露曰牆，室內曰壁。'亦牆也。《説文》作廦：'從广，辟聲也。'"《説文》："壁，垣也。"此字或後人所增。

吕校本作"今或為辟字，在辛部"。按："辟"非"廦"之今字，且與墻壁義不合。

① 《名義》："壁，補歴反。壘，文。"

廱，於龍反。《尚書》："黎民於變時廱。"孔安国曰："廱，和。"〈《國語》〉："不當廱。"賈逵曰："當，任也。年穀和熟曰廱。"又曰："雍不為幸。"賈逵曰："廱，樂也。"《尔雅》："廱，聲也。"郭璞曰："謂肅雍和鳴也。"又曰："廱廱，音聲和也。"野王案：《毛詩》"廱廱在宫"是也。又曰："廱廱，民協服也。"郭璞曰："鳳皇應德鳴相和，百姓懷附與［興］頌歌也。"《白虎通》："辟廱者何也？蒙［象］壁［璧］負而邕之以壁之，壁［璧］之［言］積天下之道德……邕天下之殘賊也。"野王案：所以習礼儀之宫也。《礼記》"天子曰璧廱，諸侯曰伴［泮］官［宫］"是也。《説文》："天子饗諸侯辟廱。"口［今］或為邕字，在巛部。[①] 廱餘饙〈為饔〉字，在食部。[②] 廱鶅［鶵］鳥為鶅［雝］字，在隻［隹］部也。[③]

《尚書·堯典》："百姓昭明，協和萬邦，黎民於變時雍。"孔安國傳："雍，和也。"《國語·晉語九》："夫幸，非福，非德，不當雍。"韋昭注："當猶任也。雍，穌也。"《國語·晉語九》："雍不為幸，吾是以懼。"《爾雅·釋言》："肅噰，聲也。"郭璞注："《詩》曰：'肅噰和鳴。'"《爾雅·釋詁下》："關關，噰噰，音聲和也。"郭璞注："皆鳥鳴相和。"《詩經·大雅·卷阿》："菶菶萋萋，雝雝喈喈。"鄭玄箋："雝雝喈喈，喻民臣和協。"《詩經·大雅·思齊》："雝雝在宫，肅肅在廟。"毛傳："雝雝，和也。"《爾雅·釋訓》："噰噰，喈喈，民恊服也。"郭璞注："鳳皇應德鳴相和，百姓懷附興頌歌。"陸德明音義："噰噰，本或作雍，又作廱，同，於恭反。"《白虎通·辟雍》："辟者，璧也，象璧圓，又以法天於雍水側，象教化流行也。辟之爲言積也，積天下之道德也；雍之爲言壅也，壅天下之殘賊。故謂之辟雍也。"《禮記·王制》："天子曰辟廱，諸侯曰頖宫。"陸德明音義："頖，音泮。"《説文》："廱，天子饗飲辟廱。从广，雝聲。"《殘卷》"廱餘饙"疑當作"廱饙"。《禮記·聘義》："君親禮賔，賔私面私覿，致饔餼，還圭璋，賄贈饗食燕，所以明賔客君臣之義也。"陸德明音義："雍，字又作饔，音同。"《名義》："廱，於龍反。和也，樂也，穀也。"吕氏校釋："《殘卷》引賈逵曰：'年穀和熟曰廱。'"按：《名義》"穀也"為誤釋。

廱，《字書》亦廱字也。

---

① 《名義》："邕，於龍反。城地［池］也，戟［載］也。廱［壅］字。"《希麟音義》卷十《琳法師別傳》卷下音義："邕邕，或作雍，或作廱，並略同。"
② 《名義》："饔，於恭反。熟食也。"
③ 吕校本誤作"廱鶅鳥"。《名義》："雝，於恭反。雍字。"《説文》："雝，雝鶏也。"

《名義》："𢉰，同也。"吕氏校釋："𢉰同𢊱。此處'同也'當作'同上'。"

府，夫禹反。《尚書》："水、火、金、木、土、穀惟𠊳。……六府、三事允治。"野王案：《左氏傳》："水火金木土穀謂之六府。"又曰："獄貨非珤，惟府幸[辜]切，協[報]以庶尤。"孔安国曰："受獄貨非家寶〈也，惟聚罪之事，其〉報以衆見罪也。"《周礼》："以八法治官府。"鄭〈玄曰："百官所居。"〉"府六人。"鄭玄曰："府，治蔵也。"《論語》："魯人〈為〉蔵[長]〈府。"鄭玄曰："蔵財〉貨曰府。"《國語》："為怨三官[府]。"賈逵曰："府猶夲[本]也。"《風俗通》："府者聚也。公卿牧字[守]〈曰〉府，道德之所〈聚也〉；蔵府私府，賦[財]賄之所聚也。"《白虎通》："人有六府，謂大腹[腸]、〈小腸〉、旁光、胃、三焦、膽也。"《説文》："文書蔵也。"《廣雅》："府，取也。""府，舍也。""府，宫[官]也。"

《尚書·大禹謨》："水、火、金、木、土、穀惟修，正德、利用、厚生惟和。……地平天成，六府、三事允治。"《左傳·文公七年》："水火金木土穀謂之六府。"《尚書·吕刑》："獄貨非寶，惟府辜功，報以庶尤。"孔安國傳："受獄貨非家寶也，惟聚罪之事，其報則以衆人見罪。"《周禮·天官·大宰》："以八灋治官府。"鄭玄注："百官所居曰府。"鄭衆注："官屬謂六官，其屬各六十。"《殘卷》引《周礼》，"鄭"下闕六字，吕校本補"衆曰：官屬謂六官"七字，又改"府六人"為"府六十"，恐非。《周禮·天官·序官》："府六人，史十有二人。"鄭玄注："府，治藏。"《論語·先進》："魯人為長府。"何晏集解引鄭玄曰："長府，藏名也，藏財貨曰府。"《殘卷》引《論語》"藏"下脱六字，吕校本補"兵甲曰庫，藏財"六字。按：《論語》未見"藏兵甲曰庫"，吕説所據未詳。《國語·魯語上》："為怨三府，可謂多矣。"《左傳·隱公七年》："初，戎朝于周發幣于公卿。"杜預注："朝而發幣於公卿，如今計獻詣公府卿寺。"孔穎達疏引《風俗通》曰："府，聚也。公卿牧守曰府，道德之所聚也；藏府私府，財貨之所聚也。"《廣韻·麌韻》："府，官府。《説文》曰：'府，文書藏也。'《風俗通》曰：'府，聚也。公卿牧守，道德之所聚也。'"《玄應音義》卷二十《陀羅尼雜集經》卷二音義："六府，趺宇反。《廣雅》：'府，聚也。'《白虎通》曰：'人有六府，謂大腸、小腸、旁光、胃、三焦、膽也。'"《殘卷》"大腹"當作"大腸"，脱"小腸"二字。《説文》：

"府，文書藏也。从广，付聲。"《廣雅·釋詁三》："府，聚也。"[1]《廣雅·釋詁一》"捊，取也"王念孫疏證："凡與之義近於散，取之義近於聚。"則顧氏所見本作"取也"義亦通。《廣雅·釋宮》："府，舍也。"《廣雅·釋宮》："府，官也。"吕校本引《廣雅》作"府，宫也"。《名義》："府，失禹反。本也，聚也，取。"吕氏校釋："'失禹反'當作'夫禹反'。"

庠，徐楊反。《礼記》："有虞氏養国老於上庠，養庶老於下庠。"鄭玄曰："上庠，太學；下庠，小學（庠）也，在国之中王官［宫］之東也。""殷［殷］人養国老於……虞庠，虞庠在国之西郊。"鄭玄曰："亦小學也。小學為有虞氏之庠制，是以為名［名為］庠。"又曰："古之教者，黨有庠。"《孟子》曰："庠者，養也。……周曰庠。"《白虎通》："庠之言詳也，言所以詳礼儀之所也。"

《説文》："庠，《禮》官養老，夏曰校，殷曰庠，周曰序。从广，羊聲。"《禮記·王制》："有虞氏養國老於上庠，養庶老於下庠。"鄭玄注："上庠，右學，大學也，在西郊；下庠，左學，小學也，在國中王宫之東。"又："殷人養國老於右學，養庶老於左學。周人養國老於東膠，養庶老於虞庠，虞庠在國之西郊。"鄭玄注："虞庠，亦小學也。……周之小學為有虞氏之庠制，是以名庠云。"《殘卷》當有誤。《禮記·學記》："古之教者，家有塾，黨有庠，術有序，國有學。"《孟子·滕文公上》："庠者，養也。校者，教也。序者，射也。夏曰校，殷曰序，周曰庠。"《玄應音義》卷九《大智度論》卷七七音義："庠序，徐陽反，下古文阼，同，徐舉反。學也，謂儀容有法度也，周曰庠，夏曰序。《白虎通》曰：'庠之言詳也，以詳禮儀之所也。序者，序長幼也。'"吕校本引《白虎通》作"庠之言詳也，言所以詳。《礼儀》：儀所也"，令人不知所云。《名義》："庠，徐楊反。養也。"

廬，刀［力］居反。《周礼》："凡道（五）十里有虞［廬］，虞［廬］有飲食。"鄭玄曰："廬，居也。今野候，徒［徙］有序［庌］也。"又曰："大喪則挍［授］其廬舍。"鄭玄曰："廬，倚廬也。舍，亞［堊］室也。"野王案：《喪服傳》"居倚廬，寢苫枕凶［出］"是也。《毛詩》："廬，寄也。"《左氏傳》："以廬于曹。"

---

① 王念孫疏證："《衆經音義》卷二十、卷二十三竝引《廣雅》：'府，聚也。'各本皆脱府字，今補。"

杜預曰："廬，舍也。"《淮南》："皷［放］乎九天之頂，蟠乎黄廬（白）之下。"野王案：黄廬，地也。《漢書》："鬐羕明之廬。"張晏曰："直宿所旹［止曰］廬。"《白虖通》①《何［河］圖》六［云］："作為廬以避寒暑。"《説文》："秋冬〈去〉之，春夏居之，故為寄。"

《文選·張衡〈西京賦〉》："思比象於紫微，恨阿房之不可廬。"薛綜注："廬，居也。"《周禮·地官·遺人》："凡賓客、會同、師役，掌其道路之委積。凡國野之道，十里有廬，廬有飲食。"鄭玄注："廬，若今野候，徙有庌也。"《周禮·天官·宫正》："大喪則授廬舍，辨其親疏貴賤之居。"鄭玄注："廬，倚廬也。舍，堊室也。親者、貴者居倚廬，疏者、賤者居堊室。《雜記》曰：'大夫居廬，士居堊室。'"《儀禮·喪服》："外納，居倚廬，寢苫枕塊。"吕校本引《儀礼》"寢苫枕凶"，"凶"字改為"塊"，與今本《儀禮》合。然"凶""塊"二字字形迥異，"凶"當是"甴"字之訛。《爾雅·釋言》："塊，堛也。"郭璞注："土塊也。《外傳》曰：'枕甴以堛。'"陸德明音義："塊，本作甴。《説文》云：'塊，俗甴字也。'甴，一名堛。"《詩經·大雅·公劉》："于時處處，于時廬旅。"毛傳："廬，寄也。"《慧琳音義》卷四六《大智度論》卷二六音義："廬館，力居反。《小尒雅》云：'廬，寄也。'謂寄止也，亦别舍也。黄帝為廬以避寒暑，春秋去之，冬夏居之，故云寄止也。《釋名》云：'寄止〈曰廬〉。廬慮也，取其止息覆慮也。'"《左傳·閔公二年》："立戴公以廬于曹。"杜預注："廬，舍也。"《淮南子·兵略》："放乎九天之上，蟠乎黄盧之下。"《淮南子·覽冥》："考其功烈，上際九天，下契黄壚。"高誘注："黄泉下有壚土也。""黄廬"同"黄壚"。《吕氏春秋·辯土》："五曰：凡耕之道，必始於壚。"高誘注："壚，埴壚，地也。"《漢書·嚴助傳》："君厭承明之廬，勞侍從之事，懷故土，出為郡吏。"顔師古注引張晏曰："承明廬在石渠閣外。直宿所止曰廬。"《慧琳音義》卷八二《大唐西域記序》音義："穹廬，吕居反。杜注《左傳》云：'廬，舍也。'《毛詩傳》：'廬，寄也。'《河圖》云：'黄帝作廬以避寒暑也。'"《玄應音義》卷三《摩訶般若波羅蜜經》卷三六音義："廬館，力居反。别舍也。《釋名》云：'寄止曰廬。'案：黄帝為廬以避寒暑，春秋去之，冬夏居之，故云寄止也。"吕校本删去"作為廬"之"為"。按：此説可從，"作廬""為廬"義同。《周易·繫辭》有"作為宫室"，"宫室"為雙音節詞，故可用"作為"，"廬"為單音節詞，故用"作"或"為"。《説文》："廬，寄也。秋冬去，春夏居。从广，

① 《殘卷》此下當有脱文。《白虎通·喪服》："孝子必居倚廬何？孝子哀，不欲聞人之聲，又不欲居故處，居中門之外。倚木爲廬，質反古也。"

盧聲。”《名義》：“廬，力居反。居也，寄，舍也。”《新撰字鏡》：“廬，力居反，平。寄也，舍也，精舍也。”

逘，徒丁反。《尚書》：“出綴衣于逘。”野王案：《蒼頡萹》：“廷［逘］，堂前也。”《手［毛］詩》：“逘燎晰晰。”《尓雅》：“堂上謂之行，……中逘謂之走。”《論語》“鯉趍而過逘”是也。《周礼》：“閽人掌掃門逘。”鄭玄曰：“門逘，門相當之地也。”《毛詩》：“既逘且碩。”傳曰：“逘，直也。”《韓詩》：“逘，見也。”又曰：“陟降逘〈止〉……继也，言成王烋取父［文］武之道下继而行也。”又曰：“涘［俟］我於逘乎而。糸分堂塗，一曰逘。”又曰：“韓［榦］不方逘［逘方］也。使汝主，汝不易之□也。”《説文》：“向［宫］中也。”

《尚書·顧命》：“兹既受命還，出綴衣于庭。”《左傳·昭公五年》：“南遺使國人助豎牛以攻諸大庫之庭。”孔穎達疏：“庭是堂前地名。”《詩經·小雅·庭燎》：“其夜未艾，庭燎晰晰。”《爾雅·釋宫》：“室中謂之時，堂上謂之行，堂下謂之步，門外謂之趨，中庭謂之走，大路謂之奔。”《論語·季氏》：“鯉趨而過庭。”《周禮·天官·閽人》：“閽人……掌埽門庭。”鄭玄注：“門庭，門相當之地。”《詩經·小雅·大田》：“播厥百穀，既庭且碩。”毛傳：“庭，直也。”《詩經·周頌·閔予小子》：“念兹皇祖，陟降庭止。”毛傳：“庭，直也。”鄭玄箋：“兹，此也。陟降，上下也。於乎，我君考武王長世能孝，謂能以孝行為子孫法度，使長見行也。念此君祖文王，上以直道事天，下以直道治民，信無私枉。”吕校本“文武之道”作“父武之道”，非。《詩經·周頌·訪落》：“紹庭上下，陟降厥家。”鄭玄箋：“紹，繼也。”《殘卷》此處疑有誤。《詩經·齊風·著》：“俟我於庭乎而，充耳以青乎而。”《詩經·大雅·韓奕》：“朕命不易，榦不庭方，以佐戎辟。”毛傳：“庭，直也。”鄭玄箋：“我之所命者勿改易，不行，當為不直，違失法度之方，作楨榦而正之，以佐助女君。女君，王自謂也。”《説文》：“庭，宫中也。从广，廷聲。”《名義》：“逘，徒丁反。堂前也，直也，見也，继也。”

𢈢［廇］，力投［救］反。《説文》：“逘中也。”屋檐為雷［霤］字，在雨部。[①]

---

① 《名義》：“霤，力救反。屋上流下。”

呂校本反切作“力投反”，誤。王羲之“救”字作“[illegible]”，歐陽詢“投”字作“[illegible]”，兩者形近易訛。

《説文》：“廇，中庭也。从广，畱聲。”《箋注本切韻·宥韻》（P.3694）：“溜，水溜。力救反。……霤，中霤。又廇中庭也。”裴務齊正字本《刊謬補缺切韻·宥韻》：“霤，中霤，廇中庭也。”《名義》：“廇，力投［救］反。遮中也。”《新撰字鏡》：“廇，力救反。霤字，遮中。”

厇，徒夲反。《説文》：“厇，樓廥也。”《蒼頡篇》：“屋下高蔵也。”《廣雅》：“厇［庉］，舍也。”《釋名》：“厇［庉］，乇［屯］也，乇［屯］聚也。”

《説文》：“庉，樓牆也。从广，屯聲。”《廣雅·釋宫》：“庉，舍也。”《釋名·釋宫室》：“囤，屯也，屯聚之也。”《名義》：“庉，徒本反。舍也，屯也。”《新撰字鏡》：“厇、庉，同作，從［徒］本反。樓廥也，屋下高蔵也。乇［屯］也，舍也。”

《殘卷》“庉”多誤作“厇”。《故訓匯纂》“厇”下引《營造法式·總釋上·牆》：“厇，樓牆也。”“厇”亦當作“庉”，其誤與《殘卷》正同。

序，徐舉反。《尚書》：“西序東同［向］，東序西向。”孔安国曰：“東西廂謂之序。”《尒雅》：“東西廬［廧］謂之序。”郭璞曰：“所以序别内外也。”犍為舍人曰：“東西堂，叙尊卑處也。”①《周礼》：“射于州序。”鄭玄曰：“序，州黨之學也。”《考工詺［記］》：“鮑人治革之事，欲其厚薄序也。（舒也，謂。）”②鄭玄曰：“序，舒也，謂其革均也。”《礼記》：“夏后氏養国老於東序，養庶老於西序。古之學者遂有序。”鄭玄曰：“万二千五百家為遂。”又曰：“序，夏后氏之序也。”鄭玄曰：“序亦學也。次序王事也。”《孟〈孟〉子》：“序者，射也。”《白虎通》：“學教，里有序。序者，序長多［幼］也。”《廣雅》：“反玷［坫］謂之序。”古文為防［阝予］字，〈在〉阜部也。③

---

① 呂校本作“犍為：舍人曰東西堂，叙尊卑處也”，誤。

② 《殘卷》“舒”“謂”旁注删節符“ミ”，“舒也謂”三字當删。“舒也謂”即下文鄭玄注之“舒也，謂”。

③ 《殘卷》：“阝予，辞旅反。《字書》〈古〉文序字也。序，東西廂學名，在广［广］部也。”《名義》：“阝予，辞旅反。序字。”

《説文》："序，東西牆也。从广，予聲。"《尚書·顧命》："西序東嚮，敷重厎席，綴純，文貝仍几。東序西向敷重豐席，畫純雕玉，仍几。"孔安國傳："東西廂謂之序。"《爾雅·釋宫》："東西牆謂之序。"郭璞注："所以序別內外。"《太平御覽》卷一八五引犍為舍人曰："殿東西堂，序尊卑處。"《周禮·地官·州長》："春秋以禮會民，而射于州序。"鄭玄注："序，州黨之學也。"《周禮·考工記·鮑人》："鮑人之事……卷而摶之而不迆，則厚薄序也。"鄭玄注："序，舒也，謂其革均也。"《禮記·學記》："古之教者，家有塾，黨有庠，術有序，國有學。"鄭玄注："術當為遂，聲之誤也。……《周禮》：'五百家為黨，萬二千五百家為遂。'"《禮記·明堂位》："米廪，有虞氏之庠也；序，夏后氏之序也。"鄭玄注："庠、序，亦學也。……序，次序王事也。"《孟子·滕文公上》："庠者，養也；校者，教也；序者，射也。"《白虎通·序庠之學》："鄉曰庠，里曰序。庠者，庠禮義；序者，序長幼也。"《廣雅·釋宫》："反坫謂之垿。"曹憲音"序"。《慧琳音義》卷二七轉録大乘基《法花音訓》："序，音徐吕反。序由致也，[1]庠序也，詮序也。《玉篇》云：'東西堂曰序，敍尊卑之處也。序亦舒，學也，教有序，序長幼也。從广，從予。'"吕校本"序長幼"誤作"序長多"，"防"字改為"㡰"。按：《名義》未收"㡰"字，"防"當為"阤"之訛字。《名義》："序，徐舉反。舒，學也，射也。"《新撰字鏡》："序，徐与反，上。次也，舒也，学也，幼，周曰庠，夏曰序。"

廜，力皷反。《説文》："廜，廡也。"《廣雅》："廜，庵也。"

《説文》："廜，廡也。从广，虜聲。讀若鹵。"《廣雅·釋宫》："廜，庵也。"王仁昫《刊謬補缺切韻·姥韻》(P.2011)："魯，郎古反。……廜，庵。"《名義》："廜，力皷反。廡也，庵也。"

廣，古晃反。《尚書》："帝德廣運。"孔安国曰："廣，大也。"野王安［案］：《毛詩》"(西)四壮［牡］倄［脩］廣"是也。謂従為長，撗為廣也。《考工記》"廣与宗［崇］方"、《左氏傳》"塹防門而守之廣里"是也。《考工記》："伸其裎［桯］围以為部廣，部廣六(守)寸。"鄭玄曰："廣猶俓也。"《国語》(："猶弘也。"又)曰："(廣

---

[1] △《故訓匯纂》作"序，由致也"。"由致"義未詳。疑"致"為"列"字之訛，"由"同"猶"。《文苑英華》卷八二六《宴遊四·亭下·皇甫湜〈枝江縣南亭記〉》："其民日致，欣游成群。"校："致，《集》作列。"《國語·齊語》："班序顛毛，以為民紀統。"韋昭注："序，列也。"

其莭以）[1] 廣運百〈里〉。”賈逵曰：“東西為廣。”《礼記》：“東［車］上不廣郊［欬］。”鄭玄曰：“廣猶弘也。”又曰：“廣其莭奏。”鄭〈玄曰〉：“謂增習也。”《說文》：“殿之大屋也。”又音古曠反。《周礼》：“車僕掌廣車之伻［倅］。”鄭玄曰：“撗陣之車也。”《左氏傳》：“其君之戎分為二廣，廣有一卒，卒徧［偏］之兩。”杜預曰：“十五乘為一廣。《司馬法》：‘十五乘為大徧［偏］。’今廣十五𠅘［乘］，亦用舊徧［偏］法也。”

《尚書·大禹謨》：“帝德廣運，乃聖乃神，乃武乃文。”孔安國傳：“廣謂所覆者大。”《詩經·小雅·六月》：“四牡脩廣，其大有顒。”毛傳：“廣，大也。”《玄應音義》卷三《摩訶般若波羅蜜經》卷三九音義：“縱廣，又作摐，同，足容反。《小尒疋》云：‘縱，長也。廣，撗也。’《韓詩傳》曰‘南北曰縱，東西曰撗’是也。”《周禮·考工記·梓人》：“梓人爲侯，廣與崇方，参分其廣而鵠居一焉。”《左傳·襄公十八年》：“齊侯禦諸平，塹防門而守之廣里。”《周禮·考工記·輪人》：“信其桯圍以爲部廣，部廣六寸。”鄭玄注：“廣謂徑也。”陸德明音義：“信，音申。”《國語·越語上》：“句踐之地，南至于句無，北至于禦兒，東至于鄞，西至于姑蔑，廣運百里。”韋昭注：“東西為廣，南北為運。”《禮記·曲禮》：“車上不廣欬，不妄指。”鄭玄注：“廣猶弘也。”《禮記·樂記》：“然後立之學等，廣其節奏，省其文采，以繩德厚。”鄭玄注：“廣謂增習之。”《説文》：“廣，殿之大屋也。从广，黃聲。”《周禮·春官·車僕》：“車僕掌戎路之萃、廣車之萃、闕車之萃、苹車之萃、輕車之萃。”鄭玄注：“廣車，横陳之車也。”《殘卷》“伻”字當作“倅”，與“萃”音義同。“卒”字俗或作“平”，與“平”形近。《左傳·宣公十二年》：“其君之戎，分為二廣。廣有一卒，卒偏之兩。”杜預注：“十五乘為一廣。《司馬法》：‘百人為卒，二十五人為兩車，十五乘為大偏。’今廣十五乘，亦用舊偏法。”《名義》：“廣，古晃反。大也，侄也，弘也。”《新撰字鏡》：“廣，古晃反，上。大也，弘也，侄也。”

庌，牛假反。《周礼》：“国［圉］人掌……夏庌馬。”鄭玄曰：“庌，廡，廡〈所〉以庇馬暄也。”《廣雅》：“庌，舍。”

《説文》：“庌，廡也。从广，牙聲。《周禮》曰：夏庌馬。”《周禮·夏官·圉師》：

① 《殘卷》“猶弘也”蓋蒙下文“廣猶弘也”而衍，“廣其莭以”蓋蒙下文“廣其莭奏”而衍。

“圉師掌教圉人養馬，春除蓐，釁廏，始牧。夏庌馬，冬獻馬。”鄭玄注：“庌，廡也。廡所以庇馬者也。”《廣雅·釋宫》：“庌，舍也。”《名義》：“庌，牛假反。舍也，廡也。”《新撰字鏡》：“庌，顔假反，上。舍也，廡也，謂廊屋也。”

廡，無禹反。《史記》：“廬廡之數。”《説文》：“堂下周屋也。”《釋名》：“大屋曰廡，幽異人謂之庌也。”

《史記·蘇秦列傳》：“地名雖小，然而田舍廬廡之數，曾無所芻牧。”《説文》：“廡，堂下周屋。从广，無聲。”《釋名·釋宫室》：“大屋曰廡。廡，幠也。幠，覆也。并冀人謂之庌。”①《名義》：“廡，無禹反。堂周屋也。”《新撰字鏡》：“廡，無生［主］反。堂下。”

廡，《字書》籀文廡字。

《説文》：“廡，堂下周屋。从广，無聲。廡，籀文从舞。”《名義》：“廡，同上。”

庖，薄交反。《周礼》：“庖人，中士四人。”鄭玄曰：“庖之言苞也，裹肉曰苞。”《礼記》：“三為充君之庖。”鄭玄曰：“□［今］之廚也。”

《説文》：“庖，廚也。从广，包聲。”《周禮·天官·序官》：“庖人中士四人，下士八人，府二人，史四人，賈八人，胥四人，徒四十人。”鄭玄注：“庖之言苞也，裹肉曰苞苴。”②《禮記·王制》：“天子諸侯無事，則歲三田：一為乾豆，二為賓客，三為充君之庖。”鄭玄注：“庖，今之厨也。”《名義》：“庖，薄交反。廚也。”

---

① 《玄應音義》卷二十《陀羅尼雜集經》卷五音義：“南庌，顔假反。《廣雅》：‘庌，舍也。’謂廊屋也。《説文》：‘堂下周屋曰廡。’《釋名》云：‘大屋曰廡，幽冀人謂之庌。’”所引《釋名》與《殘卷》同。

② 《玄應音義》卷十七《俱舍論》卷十二音義：“庖廚，蒲交反。庖之言包也，裹肉曰苞。《説文》：‘庖，廚也。廚，庖屋也。’《蒼頡篇》：‘主食者也。”亦無“苴”字。

廚，馳俱反。《礼記》："君子遠庖廚。"《説文》："庖屋也。"《蒼頡篇》："主食者也。"

《禮記·玉藻》："君子遠庖廚，凡有血氣之類，弗身踐也。"《説文》："廚，庖屋也。从广，尌聲。"《玄應音義》卷十五《五分律》卷十七音義："庖廚，蒲交反。庖之言包也。廚，庖屋也。《蒼頡篇》：'主食者也。'"《名義》："廚，馳俱反。至食也。"《新撰字鏡》："廚，頭交反。庖屋。"①

庈，昌纸反。《国語》："將夫［夾］溝而庈我。"賈逵曰："從旁曰庈。"《説文》："庈，〈廣也〉。"《廣雅》："庈，大也。"

《國語·吴語》："吴既敗矣，將夾溝而庈我。"韋昭注："旁擊日庈。"《説文》："庈，廣也。从广，侈聲。《春秋國語》曰：俠溝而庈我。"《廣雅·釋詁一》："庈，大也。"《名義》："庈，昌纸反。廣也，大也。"《新撰字鏡》："庈，尺氏反，上。廣也，大也。"

庫，口故反。《礼記》："在庫言庫。"鄭玄曰："車馬兵革之藏也。"蔡雍《月令章勾［句］》："審五庫之量，一曰車庫，二曰兵庫，三曰祭器庫，四曰樂〈器〉庫，五曰宴器庫。"《釋名》："斉魯謂庫曰舍。"

《説文》："庫，兵車藏也。从車在广下。"《禮記·曲禮下》："在官言官，在府言府，在庫言庫，在朝言朝。"鄭玄注："庫謂車馬兵甲之處也。"《太平御覽》卷一九一："《禮記》曰：'季秋之月，命百工審五庫之量。'蔡邕《月令章句》曰：'五庫者，一曰車庫，二曰兵庫，三日祭器庫，四曰樂器庫，五曰宴器庫。"《釋名·釋宫室》："庫，舍也，物所在之舍也。故齊魯謂庫曰舍也。"《名義》："庫，口故反。車馬兵革藏。"《新撰字鏡》："庫，苦故反，去。兵藏也。"

---

① 享和本、群書類從本均作"頭交反"，並誤。

廏，居有反。《周礼》："挍人之職……三乘為皁，〈三皁〉為軙［毄］，〈六毄〉為廏，〈廏一〉僕夫。"鄭玄曰："目［自］（曰）乘至廏，其數二百十六匹。"《易》："𠃵為馬。"此應𠃵之筞也。《說文》："馬舍（舍）也。"

《周禮·夏官·校人》："校人掌王馬之政……凡頒良馬而養乘之。乘馬一師四圉；三乘為皁，皁一趣馬；三皁為毄，毄一馭夫；六毄為廏，廏一僕夫。"鄭玄注："自乘至廏，其數二百一十六匹。"《殘卷》引《周禮》有脱誤。吕校本"軙"改作"係"。△按：當作"毄"，與今本《周禮》"毄"字音義同。"繫"或作"繫"，即其證。吕校本又改"二百十六匹"為"三百十六匹"，大錯特錯。"乘"為四匹，"皁"為十二匹（四乘三），"毄"為三十六匹（十二乘三），"廏"為二百十六匹（三十六乘六）。《周易·説卦》："乾爲馬，坤爲牛。"《左傳·成公十八年》："程鄭爲乘馬，御六騶屬焉，使訓群騶知禮。"孔穎達疏："《易》：'乾爲馬。'此應乾之策也。"《説文》："廏，馬舍也。从广，𣪘聲。《周禮》曰：馬有二百十四［六］匹爲廏，廏有僕夫。"《名義》："廏，居有反。馬舍也。"

凨［㡳］，《說文》古文廏字也。

《説文》："廏，馬舍也。从广，𣪘聲。《周禮》曰：馬有二百十四［六］匹爲廏，廏有僕夫。㡳，古文从九。"《名義》："廏，居有反。馬舍也。㡳，同上，古字。"

廥，古會反。《史記》："邯鄲廥燒。"徐廣曰："庫［廥］，廏之名也。"野王案：《廣雅》："廥亦倉也。"又曰"（小）虚郡国廥"是也。《說文》："菊［蒭］蒿示［之］藏也。"野王案：《戰國筞》"請𦴭［萨］不得，令人燒廥"是也。

《史記·趙世家》："十二年，邯鄲廥燒。"裴駰集解引徐廣曰："廥，廏之名，音膾也。"司馬貞索隱："廥，積蒭稾之處。"《廣雅·釋宫》："廥，倉也。"《史記·平準書》："山東被水菑，民多飢乏，於是天子遣使者虚郡國倉廥以振貧民。"《説文》："廥，芻槀之藏。从广，會聲。"《名義》："廥，古會反。倉也。"《新撰字鏡》："廥，古兑反，去。蒭稾藏也，倉。"

《殘卷》引《戰國策》今本未見。

庾，餘乳反。《毛詩》："我庾惟憶［億］。"傳曰："露積曰庾。"《国語》："野有庾積。"賈逵曰："大曰（大）倉，小曰庾。庾積者，禾稼之積也。"《說文》："水漕倉。一曰倉無屋也。"《考工記》："陶人為庾，實二穀［㲉］，厚半寸，脣一寸。"鄭衆曰："聲［㲉］讀為斛，斛實二［三］升［斗］。《娉礼》有斛。"鄭玄曰："豆實〈三〉而成穀［㲉］，十二升也。"《論語》："子華使於斉，冄子為其〈母〉請粟。子曰：与之釜。請益，曰：与之庾［庾］。"苞咸曰："十六升［斗］為庾。"《廣雅》曰："四豆曰區，〈四區曰釜，十釜曰鍾，十鍾〉（十區）為庾。"《說文》以十六升［斗］庾為逾字，在辵部。[①]或為斛［斞］字，在升［斗］部也。[②]

《詩經·小雅·楚茨》："我倉既盈，我庾維億。"毛傳："露積曰庾。"《國語·周語中》："司空不視塗，澤不陂，川不梁，野有庾積。"韋昭注："庾，露積穀也。《詩》云'曾孫之庾，如坻如京'是也。"《慧琳音義》卷九九《廣弘明集》卷二四音義："箱庾，下臾主反。賈逵注《國語》云：'大曰倉，小曰庾。庾，積也。謂禾稼積也。'《說文》：'倉無屋曰庾。從广，臾聲。'"《說文》："庾，水槽倉也。从广，臾聲。一曰：倉無屋者。"《周禮·考工記·陶人》："鬲實五㲉，厚半寸，脣寸。庾實二㲉，厚半寸，脣寸。"鄭衆注："㲉讀爲斛，㲉受三斗。《聘禮記》有斛。"鄭玄注："豆實三而成㲉，則㲉受斗二升。庾讀如'請益，與之庾'之庾。"《論語·雍也》："子華使於齊，冉子為其母請粟。子曰：'與之釜。'請益。曰：'與之庾。'"何晏集解引包咸曰："十六斗曰庾。"《廣雅·釋器》："龠二曰合，合十曰升，升四曰梪，梪四曰區，區四曰釜，釜十曰鍾，鍾十曰斞，斞十曰秉。"王念孫疏證："斞字或作庾、逾，又作籔。"《名義》："庾，食［餘］乳反。小倉也。"

廞，《聲頪［類］》："古文庾字也。"《漢書》："取親中羣［帬］扵廁廥［廞］，身目［自］澣洒。"蘓林曰："廥［廞］音技［投］。賈逵注《周官》：'威，虒子也。廥［廞］，行清也。'"孟康曰："東南人謂鑿木空中如榆［槽］者謂廞也。"

《漢書·萬石君傳》："竊問侍者，取親中帬，廁牏，身自澣洒。"蘇林注："牏

① 《說文》："逾，逃進也。从辵，俞聲。《周書》曰：無敢昏逾。"《名義》："逾，庾俱反。越也，進也，遠也。踰字。"均無"逾"作"庾"用。《周禮·考工記·陶人》："庾實二㲉，厚半寸，脣寸。"賈公彥疏："《聘禮記》云：'十六斗曰籔。'注云：'今文籔為逾。'逾即庾也。"
② 《說文》："斞，量也。从斗，臾聲。《周禮》曰：桼三斞。"《名義》："斞，俞甫反。量也。"

音投。賈逵解《周官》云‘牏，行清也。’”孟康注：“廁，行清；牏，中受糞函者也。東南人謂鑿木空中如曹謂之牏。”晉灼注：“今世謂反門小袖衫為侯牏。”顏師古注：“廁牏者，近身之小衫，若今汗衫也。蘇音晉説是矣。洒音先禮反。”《史記·萬石君列傳》：“竊問侍者，取親中帬，廁牏，身自浣滌。”裴駰集解：“吕静曰：‘械窬，褻器也。音威豆。’駰案：蘇林曰：‘牏音投。賈逵解《周官》：械，虎子也。窬，行清也。’孟康曰：‘廁，行清。窬，行中受糞者也。東南人謂鑿木空中如曹謂之窬。’”《名義》：“㢊，古庾字。”

廁，側［測］異反。《左氏傳》：“洋［將］食，服［脹］，如廁，陷而卒。”野王案：《説文》：“廁，清也。”《墨子》：“有罪有過者令㤢［抒］廁。”野王案：《史記》“辱我扵廁”是也。《釋名》：“或謂之溷［溷］，或謂之廁也。”《楚辞》：“無正兮溷［溷］廁。”王逸曰：“耶佞雜乱也。”野王案：《蒼頡萹》：“廁，次也。”“廁，雜也。”《太玄》“陰陽雜廁有男〈有〉女”是也。《史記》：“従行至霜［霸］陵，居北臨廁。”李竒曰：“霸［霸］陵北頭廁近霸水，〈帝〉登其上遠望也。”如淳曰：“居高臨垂邊曰廁。”蕪林曰：“廁，〈邊〉側也。”韋照［昭］曰：“〈高〉岸夹水曰廁也。”

《左傳·成公十六年》：“將食，張，如廁，陷而卒。”杜預注：“張，腹滿也。”張、脹古今字。《説文》：“廁，清也。从广，則聲。”《墨子·號令》：“請有罪過而可無斷者，令杼廁利之。”孫詒讓閒詁：“‘請’亦當為‘諸’之誤。‘杼’當為‘抒’。”《淮南子·説山》：“以絜白爲污辱，譬猶沐浴而抒溷，薰燧而負彘。”“抒廁”與“抒溷”義同。《史記·范雎列傳》：“當魏齊辱我於廁中，公不止，罪二也。”《釋名·釋宫室》：“廁，雜也，言人雜廁在上非一也。或曰溷，言混濁也。或曰圊，言至穢之處宜常修治使潔清也。”《楚辭·九懷·通路》：“無正兮溷廁，懷德兮何覩？”王逸注：“邪佞雜亂來並居也。”《慧琳音義》卷十二《大寶積經》卷三二音義：“叢廁，下初使反，去聲。《廣雅》：‘廁，間也。’《蒼頡篇》：‘次也，雜也。’”《太玄·玄圖》：“陰陽雜廁，有男有女。”《史記·張釋之列傳》：“從行至霸陵，居北臨廁。”裴駰集解：“李奇曰：‘霸陵北頭廁近霸水，帝登其上以遠望也。’如淳曰：‘居高臨垂邊曰廁也。’蘇林曰：‘廁，邊側也。’韋昭曰：‘高岸夾水為廁也。’”《名義》：“廁，側異反。清也，次也，雜也，側也。”

庰，伊［俾］井反。《説文》：“庰，敝［蔽］也。”《廣广［疋］》：“庰，

蔵也。”或為屏字，在尸部。[①]或為絣［帲］字，在巾部也。[②]

《説文》：“庰，蔽也。从广，并聲。”《廣雅・釋詁四》：“庰，藏也。”《名義》：“庰，俾井反。蔵也。”

廛，除連反。《周礼》：“遂人掌班田里。上地，夫一屋，一屋厘田百畆。”鄭衆曰：“厘，居也。楊子雲有田一厘，謂百畆之居也。”鄭玄曰：“謂城邑之居也，《孟子》所謂‘五畆之宅，樹以桒麻’者也。”《韓詩》：“胡取禾三百廛兮。𢈈［廛］，篿也。”《方言》：“東斉海岱之間謂居曰厘。”《礼記》：“市厘而不征。”鄭玄曰：“厘［厘］，市物邸舍也。”《風俗通》：“古者百步為畆，奏［秦］孝公以□［二］百卌步為畆，〈畆〉半為厘［厘］也。”

《説文》：“廛，一畝半，一家之居。从广、里、八、土。”《周禮・地官・遂人》：“遂人……辨其野之土：上地、中地、下地，以頒田里。上地，夫一廛，田百晦，萊五十晦，餘夫亦如之。”鄭衆注：“廛，居也。楊子雲有田一廛，謂百晦之居也。”鄭玄注：“廛，城邑之居，《孟子》所云‘五晦之宅，樹之以桑麻’者也。”吕校本誤作“遂人掌班田里土地”。《詩經・魏風・伐檀》：“不稼不穡，胡取禾三百廛兮？”毛傳：“一夫之居曰廛。”陸德明音義：“廛，本亦作壥，又作㙻，直連反。古者一夫田百畝，别受都邑五畝之地居之，故《孟子》云‘五畝之宅’是也。”按：《説文》：“篿，圜竹器也。”於義為長。《方言》卷三：“慰、廛、度，凥也。江淮青徐之間曰慰，東齊海岱之間或曰度，或曰廛，或曰踐。”郭璞注：“《周官》云：‘夫一廛。’宅也，音纏約。”《禮記・王制》：“古者公田藉而不稅，市廛而不稅。”鄭玄注：“廛，市物邸舍。”《孟子・公孫丑上》：“市廛而不征，法而不廛，則天下之商皆悦而願藏於其市矣。”赵岐注：“廛，市宅也。”《慧琳音義》卷七七《釋迦譜》卷七音義：“稻畦，惠圭反。《風俗通》云：‘秦孝公以二百四十步為晦，五十晦為畦。’”《急就篇》卷三：“頃町界畝畦埒封。”顔師古注：“周制百步為畝，自漢以來二百四十步為畝。”《慧琳音義》卷四《大般若波羅蜜多經》卷三九八音義：“市廛，長連反。鄭衆注《周禮》云：‘廛，居也。’鄭注《禮記》：‘廛，市邸舍也。’《玉篇》云：‘城市内畝半空地謂之廛。’經作厘，俗字略。”《名義》：

① 《名義》：“屏，俾領反。城也，蔵，除也，退也，去也，廁也。”
② 《名義》：“帲，碑井反。覆，蔽。”

“廛，除連反。居也。”

戌，胡開反。《說文》：“屋壮［牝］凡［瓦］下也。一曰滙［維］結［紘］也。”

《說文》：“戌，屋牝瓦下。一曰：維綱也。从广，閔［閔］省聲。讀若環。”《殘卷》“壮”字當作“牝”。蓋“牝”字一訛為“牡”，再訛為“壮”。《名義》：“戌，胡開反。瓦下。”《新撰字鏡》：“戌，胡開反。屋牝瓦下也，惟［維］紘。”俗字“厷”或作“右”（“雄”或作“碓”），《殘卷》“結”當為“紘”（俗從“右”）字之訛。“維紘”與“維綱”義同。吕校本改作“維綱”。按：“結”“綱”字形迥異。

庩，子孔、且公二反。《說文》：“屋陛中會也。”《蒼頡篇》：“郭与屋會也。”

《說文》：“廖，屋階中會也。从广，悤聲。”《名義》：“庩，子孔反。屋階中會。”《新撰字鏡》：“庩，子孔、且公二反。屋中。”

吕校本改“陛”為“階”。按：“陛”與“階”形近義同，似不必改。

廉，力占反。《尚書》：“九德：……蕑而廉。”孔安国曰：“性芮［蕑］大而有廉隅也。”《儀礼》：“設席于堂廉。”鄭玄曰：“側邊曰廉。”《国語》：“長廉以驕心。”賈逵曰：“廉，利也。”《礼記》：“孟秋其嚣廉以深。”鄭玄曰：“象金傷害物而入藏也。”《楚辞》：“咲［朕］多［幼］清以廉梁［絜］。”王逸曰：“不受曰廉。”〈《史記》〉（曰）：“〈使人廉問，〉或為妖言。”（《史記》）野王案：廉猶察視詳審之也。《漢書》“且廉問有〈不〉如詔，以重論”是也。《方言》：“箭三廉者謂之羊頭。”野王案：《廣雅》又曰：“廉，清也。”《說文》以廉視為覝［覝］字，在〈見〉部。①

《說文》：“廉，仄［仄］也。从广，兼聲。”《尚書·臯陶謨》：“臯陶曰：‘都，亦行有九德。……’禹曰：‘何？’臯陶曰：‘寬而栗，柔而立，愿而恭，亂而敬，擾

① 《說文》：“覝，察視也。从見，㶸聲。讀若鎌。”《名義》：“覝，陵兼反。察視也。廉字也。”

而毅，直而温，簡而廉，剛而塞，彊而義。’”孔安國傳：“性簡大而有廉隅。”《儀禮·鄉飲酒禮》：“設席于堂廉東上。”鄭玄注：“側邊曰廉。”《國語·晉語八》：“長廉以驕心，因驕以制人家，吾不敢。”韋昭注：“自大其廉而有驕人之心，因驕以裁制人之父子，吾不敢，不敢為也。”《國語·晉語二》：“里克曰：‘弒君以為廉。’”韋昭注：“賈侍中云：‘廉猶利也。’”《禮記·月令》：“孟秋之月……其器廉以深。”鄭玄注：“器廉以深，象金傷害物入藏。”《楚辭·招魂》：“朕幼清以廉潔兮，身服義而未沬。”王逸注：“不求曰清，不受曰廉。”《史記·秦始皇本紀》：“吾使人廉問，或為訞言以亂黔首。”瀧川資言會注考證引胡三省曰：“廉，察也。”《殘卷》此處當有脱誤。《漢書·高帝紀下》：“且廉問有不如吾詔者，以重論之。”顏師古注：“廉，察也。廉字本作覝，其音同耳。”《方言》卷九：“凡箭鏃胡合嬴者，四鐮或曰拘腸，三鐮者謂之羊頭。”①《廣雅·釋詁一》：“溓，清也。”王念孫疏證：“溓，曹憲音廉。各本脱去溓字，其音内廉字遂誤入正文。《玉篇》溓音里兼、里忝二切，《集韻》又音廉。《王風·葛藟》釋文引《廣雅》：‘溓，清也。’今據以訂正。”按：王説非，参《水部》“溓”字條校證。《名義》：“廉，力占反。利也，清也。”

庢，猪慄反。《説文》：“礙山［止］也。”

《説文》：“庢，礙止也。从广，至聲。”《名義》：“庢，豬慄反。礙山。”吕氏校釋：“‘礙山’當作‘礙止’。”按：此説可從。《文選·枚乘〈七發〉》：“發怒庢沓，清升逾跇。”李善注引《説文》曰：“庢，礙止也。”《名義》與《殘卷》誤同。《新撰字鏡》：“庢、庢，二形同之，平也，直也，蚑也。下陟栗反。盩也，礙止也，縣名也。”

龐，蒲公、蒲江二反。《毛詩》：“四牡龐龐。”傳曰：“宛實也。”《説文》：“高屋也。”《字書》古文為驡字，在馬部。②《漢書》九真郡有都龐縣，音龍也。

《詩經·小雅·車攻》：“四牡龐龐，駕言徂東。”毛傳：“龐龐，充實也。”《説文》：“龐，高屋也。从广，龍聲。”《漢書·地理志下》：“九真郡……縣七：胥浦、

① 《玄應音義》卷十六《善見律》卷八音義：“八廉，力占反。《廣雅》：‘廉，棱也。’《方言》：‘箭三廉者謂之羊頭箭也。’”

② 《名義》：“驡，補［蒲］公反。充實也。”

居風、都龐、餘發、咸驪、無切、無編。”顏師古注引應劭曰：“龐，音龍。”《名義》：“龐，薄公反。高屋。”《新撰字鏡》：“龐，薄江反，平。充實。”

廮，於㲋［整］反。《説文》：“安山［止］也。鉅鹿有廮陶縣也。”

《説文》：“廮，安止也。从广，嬰聲。鉅鹿有廮陶縣。”《漢書·地理志上》：“鉅鹿郡，……縣二十：鉅鹿、南䜌、廣阿、象氏、廮陶、宋子、楊氏、臨平、下曲陽、貰、鄡、新市、堂陽、安定、敬武、歷鄉、樂信、武陶、柏鄉、安鄉。”顏師古注：“廮音一井反。”《名義》：“廮，於整反。安山。”按：“㲋”同“整”，吕校本誤作“勑”。吕氏校釋：“‘安山’當作‘安止’。”按：此説可從。

底，都礼反。《左傳》：“物乃底伏。”杜預曰：“底，山［止］也。”又曰：“勿使有所應［壅］閇湫［湫］底，以雲［露］其體。”杜頼［預］曰：“底，滯也。”《説文》：“止居（居）也。一曰下也。”野王案：《淮南》“上窮至高之末，下測至深之底”是也。

《左傳·昭公二十九年》：“若泯棄之，物乃坻伏。”杜預注：“坻，止也。”陸德明音義：“坻，音旨，又丁禮反。”《左傳·昭公元年》：“勿使有所壅閉湫底，以露其體。”杜預注：“底，滯也。”《説文》：“底，山［止］居也。一曰：下也。从广，氐聲。”吕校本引《説文》作“止居底也”。按：《殘卷》“居”下作重文符，當為衍文。《淮南子·兵略》：“上窮至高之末，下測至深之底。”①《名義》：“底，都礼反。滯也，下也。”

废，薄達反。《毛詩》：“邵佰［伯］所废。”傳曰：“草舍也。”今或為茇字，在草部也。②

---

① 《慧琳音義》卷三一《佛説慧印三昧經》音義：“無底，下丁禮反。杜注《左傳》：‘底，止也，滯也。’《淮南子》云‘上窮之未［末］，下測至深底’是也。”《慧琳音義》引《淮南子》有脱誤。

② 《名義》：“茇，浦［蒲］達反。根也。”

《説文》："废，舍也。从广，犮聲。《詩》曰：召伯所废。"《詩經·召南·甘棠》："蔽芾甘棠，勿翦勿伐，召伯所茇。"鄭玄箋："茇，草舍也。"陸德明音義："所茇，蒲曷反，徐又扶蓋反。《説文》作废，云：'草舍也。'"《文選·干令升〈晉紀總論〉》："行旅草舍，外閭不閉。"李善注："《毛詩》曰：'召伯所茇。'毛萇曰：'茇，草舍也。'"《名義》："废，薄達反。草舍也。"

廙，餘力反。《說文》："行屋下廄［聲］也。"①《蒼頡篇》："謹敬皀也。"野王案：今亦為翼字，在羽部也。②

《説文》："廙，行屋也。从广，異聲。"《名義》："廙，餘力反。謹敬皃。"《新撰字鏡》："廙，餘力反。行屋下聲；謹敬白［皃］；翼也。"

庳，禆弭反。《周礼》："原隰之民豊内［肉］而庳。"鄭玄曰："庳猶短也。"《左氏傳》："宫室盽庳，无觀臺榭。"野王案：庳猶盽也。《礼記》"若登高𠀤［必］目［自］庳"是也。《国語》："松栢不生庳。"賈達［逵］曰："城上俾倪也。"《說文》："中休［伏］舍也。一曰：屋下也。"

《周禮·地官·大司徒》："五曰原隰，其動物宜贏物，其植物宜叢物，其民豐肉而庳。"鄭玄注："庳猶短也。"《左傳·襄公三十一年》："宫室卑庳，無觀臺榭，以崇大諸侯之館。"《慧琳音義》卷四二《金剛頂瑜伽千手千眼觀自在菩薩修行儀軌》音義："庳牀，上皮美反。鄭注《周禮》云：'庳猶短也。'顧野王云：'庳猶卑也。'《説文》：'從广，卑聲。'"《禮記·中庸》："君子之道，辟如行遠必自邇，辟如登高必自卑。"杜預注："行之以近者卑者始，以漸致之高遠。"《國語·晉語八》："榣木不生危，松柏不生埤。"韋昭注："埤，下溼也。"字或作"陴"。《左傳·宣公十二年》："國人大臨，守陴者皆哭。"杜預注："陴，城上俾倪。"《説文》："庳，中伏舍。从广，

① 胡吉宣《玉篇校釋》："二徐《説文》作'行屋也'，漏奪'下聲'二字，則與《巾部》之'帟'同。行屋謂行旅所張之幄也，非'廙'字義。'行屋下聲'者，在屋内緩步輕聲，小心翼翼，《禮》云'堂上不趨'是也，故接引《倉頡篇》'謹敬皃'以申許義。"

② 《名義》："翼，餘識反。翅也，輔也，敬也，閑也，助也，成，孋也。"

卑聲。一曰：屋庳。或讀若逋。”[①]《名義》：“庳，補弭反。短也，卑也。”

庇，鄙異反。《国語》：“先諸民而後而庇馬［焉］。”賈逵曰：“庇猶庥［庥］。”《礼孔［記］》：“子曰：……雖有庇人之大德，不敢有君民之小心。”鄭玄曰：“庇，覆也。”《尔雅》：“庇，廕也。”《方言》：“庇，寄也。齐衛宗［宋］魯陳晉〈汝〉潁［潁］荊州江淮之間或曰庇。”

《說文》：“庇，蔭也。从广，比聲。”《國語・周語中》：“故王天下者必先諸民，然後庇焉，則能長利。”韋昭注：“庇猶廕也。”吕校本改“庥”字為“廕”，與韋注合。按：“庥”“庥”形近，“庥”“廕”義同。《禮記・表記》：“子曰：下之事上也，雖有庇民之大德，不敢有君民之心，仁之厚也。”鄭玄注：“庇，覆也。”吕校本“礼”下補“記”字，以“孔”字屬下。《爾雅・釋言》：“庇、庥，廕也。”郭璞注：“今俗語呼樹蔭爲庥。”《方言》卷二：“餬、託、庇、寓、媵，寄也。齊衛宋魯陳晉汝潁荊州江淮之間曰庇，或曰寓。”《名義》：“庇，鄙異反。庥也，覆也。”吕氏校釋：“‘庥也’當作‘庥也’。”按：此說可從。《殘卷》：“庥，盧［虚］鳩反。《尔雅》：‘庥，廕［廕］也。’郭璞曰：‘今俗人呼樹陰為庥。’”

庤，直几反。《尚書》：“庤乃糗糧。”孔安国曰：“庤，儲也。”《毛詩》：“庤乃錢鎛。”傳曰：“庤，具也。”《尔雅》亦云，郭璞曰：“謂傰具也。”《說文》：“儲買［置］屋下也。”或為侍［偫］字，在人部。[②]或為畤字，在貝部。[③]古文為畤字，在田部也。[④]

《尚書・費誓》：“峙乃糗糧，無敢不逮，汝則有大刑。”孔安國傳：“皆當儲峙汝糗糒之糧，使足食，無敢不相逮及，汝則有乏軍興之死刑。”陸德明音義：“峙，直里反。《爾雅》云：‘臭［具］也。’”《詩經・周頌・臣工》：“命我衆人，庤乃錢鎛，

① 《希麟音義》卷六《無量壽如來念誦修觀行儀軌》音義：“庳脚，上音婢。《切韻》：‘下也。’《玉篇》：‘短也，屋下也。’《左氏》：‘宫室卑庳，無臺觀也。’《說文》從土作埤：‘伏舍也。’”
② 《名義》：“偫，直理反。待也，具也，儲也。”
③ 《名義》：“賆，直几反。儲也，具也。偫字。”
④ 《詩經・大雅・崧高》：“以峙其粻，式遄其行。”陸德明音義：“峙，如字，本又作峙，直紀反，两通。”《名義》：“畤，諸以反。祭地也。”

奄觀銍艾。”毛傳：“庤，具。”陸德明音義：“鎛，音博。”吕校本“錢鎛”誤作“錢鏄”。《爾雅·釋詁下》：“供、峙、共，具也。”郭璞注：“皆謂備具。”《説文》：“庤，儲置屋下也。从广，寺聲。”《名義》：“庤，直几反。儲也，具也。”

吕校本“侍”字失校。

庶，詩豫［豫］反。《毛詩》：“求我庶士。”傳曰：“庶，衆也。”又曰：“庶見素冠兮。”傳曰：“庶，幸也。”《尓雅》亦云，郭璞曰：“庶幾，儌辛［幸］也。”又曰：“為豆孔庶。”傳曰：“庶，羞也。奢侈也。”《尓雅》：“庶幾，尚也。”郭璞曰：“《詩》云‘不尚息焉’是也。”《国語》：“庶可已乎。”賈逵曰：“庶，冀也。”野王案：《左氏傳》“庶免於難”是也。《周礼》：“宫佰［伯］掌王宫之士庶子凡在版者。”鄭衆曰：“庶子，宿衛之官也。”鄭玄曰：“謂王官［宫］之士，宫中諸吏適子也。庶子，其支庶。”《民［喪］服傳》：“庶子不淂為長子三年。”鄭玄曰：“為父後者之弟也。士謂之衆子，未能逺別也。大夫即謂之庶子，降之為大功。”《左氏傳》：“三后之姓，於今為庶。”杜預曰：“三后，虞、夏、商也。”野王案：不与天子同姓為庶姓。又曰“薛，庶姓也”是也。又音章豫［豫］反。《周礼》：“庶士［氏］掌除毒蛊，以故［攻］説襘之，以嘉草功［攻］之。”鄭玄曰：“讀如藥翥［煮］，駈除毒蠱之言也。攻説，祈名也。祈其神求去之也。嘉草，藥物，其狀未聞。攻之，謂熏之也。”又曰：“翦氏掌凡庶蛊之事。”鄭玄曰：“庶除蛊蠹之頛［類］也。”野王案：藥盛翥［煮］，《埤蒼》為蟅字，在由［虫］部也。①

《説文》：“庶，屋下衆也。从广、炗。炗，古文光字。”《詩經·召南·摽有梅》：“求我庶士，迨其吉兮。”鄭玄箋：“庶，衆。”《詩經·檜風·素冠》：“庶見素冠兮，棘人欒欒兮。”毛傳：“庶，幸也。”《爾雅·釋言》：“庶，幸也。”郭璞注：“庶幾，僥倖。”《詩經·小雅·楚茨》：“君婦莫莫，為豆孔庶，為賓為客。”毛傳：“庶，羞也。”鄭玄箋：“庶，朋也。”陸德明音義：“朋，字又作侈，昌紙反，何、沈都可反。”《爾雅·釋言》：“庶幾，尚也。”郭璞注：“《詩》曰：‘不尚息焉。’”《國語·魯語上》：“無益於君，而替前之令德，臣故曰：庶可以已乎？”《文選·傅咸〈贈何劭、王濟〉》：“斯榮非攸庶，繾綣情所希。”李善注引賈逵《國語注》曰：“庶，冀也。”《左傳·桓公六年》：“君

① 《名義》：“䗪，之夜反。鼠負也。蟅，同上。”

姑脩政而親兄弟之國，庶免於難。”《周禮・天官・宫伯》：“宫伯掌王宫之士庶子凡在版者。”鄭衆注：“庶子，宿衛之官。”鄭玄注：“王宫之士，謂王宫中諸吏之適子也。庶子，其支庶也。”吕校本“民”字屬上讀，作“其支庶民”。△按：《日本歷代書聖名迹書法大字典》載“喪”字或作“[illegible]”，與“民”形近。《殘卷》“民”當為“喪”字之形近而訛。《儀禮・喪服傳》：“庶子不得為長子三年，不繼祖也。”鄭玄注：“庶子者，為父後者之弟也。言庶者，遠別之也。”又《喪服》：“為衆子。”鄭玄注：“衆子者，長子之弟及妾子，女子子在室亦如之。士謂之衆子，未能遠別也。大夫則謂之庶子，降之為大功。”《左傳・昭公三十二年》：“三后之姓，於今爲庶，王所知也。”杜預注：“三后，虞、夏、商。”《左傳・隱公十一年》：“薛，庶姓也，我不可以後之。”杜預注：“庶姓，非周之同姓。”《周禮・秋官・庶氏》：“庶氏掌除毒蠱，以攻説禬之，嘉草攻之。”鄭玄注：“毒蠱，蟲物而病害人者。《賊律》曰：‘敢蠱人及教令者，棄市。’攻説，祈名，祈其神求去之也。嘉草，藥物，其狀未聞。攻之，謂燻之。”陸德明音義：《周禮・秋官・翦氏》：“翦氏掌除蠹物，以攻禜攻之，以莽草熏之，凡庶蠱之事。”鄭玄注：“庶除毒蠱者。蠱，蠹之類，或熏以莽草則去。”《周禮・秋官・序官》：“庶氏下士一人，徒四人。”鄭玄注：“庶，讀如藥煮之煮，驅除毒蠱之言。書不作蠱者，字從聲。”陸德明音義：“庶，音煮，又章預反。”“藥盛翥”，“盛”字義未詳，吕校本作“藥䗪翥”。按：作“䗪”恐亦非。“庶”讀如“翥”，又與“䗪”（同“蟅”）音義同。《名義》：“庶，詩豫反。衆也，幸也，著也，異也。”《名義》“著也”當作“羞也”。《殘卷》“羞”作“[illegible]”，與“著”形近。吕校本“羞也”即誤作“著也”。《名義》作“[illegible]”，蓋為誤抄。

廔，力侯反。《説文》：“屋蟲［𧒀］廔也。一曰舂也。”

《説文》：“廔，屋麗廔也。从广，婁聲。一曰：穜也。”王仁昫《刊謬補缺切韻・侯韻》（P.2011）：“樓，落侯反。……廔，廲廔，綺窗。”《名義》：“廔，力侯反。脊也。”《新撰字鏡》：“廔，落侯反，平。廲，綺窗。”《玉篇》：“廔，力侯切，屋𧒀也，脊也。”“屋𧒀也”當與字頭連讀為“屋𧒀廔也”，“𧒀廔”同“麗廔”“廲廔”。段玉裁《説文解字注》：“《木部》曰：‘㮣，穜樓也。’《廣韵》：‘耬，種具也。’皆即廔字。”據此，今本作“穜也”不誤，《殘卷》“舂”，《名義》、《玉篇》“脊”義未詳。

㕍，徒雷反。《説文》：“屋從上頃［傾］下也。”《聲頴［類］》：“㕍，墜也。”

今為隤字，在阜部也。[①]

《殘卷》“頊”字原作“**頊**”，吕校本作“頓”。按：《殘卷》“廢”下引《説文》“屋頓也”之“頓”作“**頊**”，與此字形完全相同。《説文》：“㢈，屋从上傾下也。从广，隹聲。”今本《説文》作“傾”，蓋本作“頃”，又增旁作“傾”。“頃”“頓”形近義同。《説文》：“仆，傾頓也。”“傾頓”即為同義連文。王仁昫《刊謬補缺切韻·灰韻》（P.2011）：“㢈，壓。或作隤。”《名義》：“㢈，待雷反。壓也。”

廢，甫吠反。《周礼》：“八則，三曰廢置[置]以馭其吏。”鄭玄曰：“廢猶退也。”《毛詩》：“廢撤不遲。”傳曰：“廢，去。”《公羊傳》：“廢其无聲者。”何休曰：“廢，買[置]也。者置[置者]，不去，⺛人語也。”《礼記》：“教之所由廢。”鄭玄曰：“廢，滅也。”又曰：“君子遵道而行，半陰[除]而廢，而不能也。”鄭玄曰：“廢猶罷止也。”《尔雅》：“廢，舍也。”郭璞[曰]：“舍，放置[置]也。”又曰：“廢，大也。”野王案：《毛詩》“廢為殘賊”是也。《説文》：“屋頊[頓]也。”固疾為廢[癈]字，在疒部也。[②]

《周禮·天官·大宰》：“大宰……以八則治都鄙：……三曰廢置以馭其吏。”鄭玄注：“廢猶退也。”《詩經·小雅·楚茨》：“諸宰君婦，廢徹不遲。”鄭玄箋：“廢，去也。”《公羊傳·宣公八年》：“去其有聲者，廢其無聲者。”何休解詁：“廢，置也。置者，不去也，齊人語。”《禮記·學記》：“此六者，教之所由廢也。”鄭玄注：“廢，滅。”《禮記·中庸》：“君子遵道而行，半塗而廢，吾弗能已矣。”鄭玄注：“廢猶罷止也。”“半**陰**”，吕校本録作“半陰”，“陰”改“塗”。△按：“**陰**”蓋“除”字，隋《楊居墓誌》“涂”作“**塗**”，兩字右旁相近。“除”通“塗”。[③]《爾雅·釋詁下》：“廢，舍也。”郭璞注：“舍，放置。”《爾雅·釋詁上》：“廢，大也。”郭璞注：“《詩》曰：……‘廢爲殘賊。’”《説文》：“廢，屋頓也。从广，發聲。”《名義》：“廢，甫吸反。退也，去也，置也，减[滅]也，止也，舍也，大也。”吕氏校釋：“‘甫吸反’當作‘甫

① 《名義》：“隤，徒雷反。遺也，壞也。”
② 《名義》：“癈，甫吠反。疾，固疾也。”
③ 王念孫《讀書雜志·荀子》：“齋戒脩塗。楊注曰：‘脩塗，謂脩自宫至廟之道塗也。’念孫案：塗讀為除。《周官·典祀》：‘若以時祭祀，則帥其屬而脩除。’鄭注曰：‘脩除，芟埽之。’脩除二字，專指廟中而言，作塗者，借字耳，非謂脩自宫至廟之道塗也。”

吠反’。”

庮，餘周反。《周礼》：“牛夜鳴即庮。”鄭衆曰：“杇［朽］木易［臭］也。”鄭玄注《礼記》曰：“惡臭也。《春秋傳》‘一董［薰］一庮’是（是）也。”《說文》：“屋木也。”

《周禮·天官·內饔》：“牛夜鳴則庮，羊泠毛而毳，羶。”鄭玄注引鄭衆云：“庮，朽木臭也。”陸德明音義：“庮，音由，徐餘柳反。干云：‘病也。’[①]”《禮記·內則》：“牛夜鳴則庮，羊泠毛而毳、羶。”鄭玄注：“庮，惡臭也。《春秋傳》曰：‘一薰一庮。’”《殘卷》“董”當作“薰”。今本《左傳》作“一薰一蕕”。《說文》：“庮，久屋朽木。从广，酉聲。《周禮》曰：牛夜鳴則庮。臭如朽木。”《殘卷》“屋木”疑當作“久屋木”。王仁昫《刊謬補缺切韻·尤韻》（P.2011）：“庮，久屋木。又戈［弋］久反。亦作廇。”《名義》：“庮，餘周反。朽木臭也。”吕氏校釋：“‘臭’字原誤。”按：“臭”字《名義》原作“臯”，為“臭”之俗字。

廑，竒陣反。步［少］劣之居也。《廣雅》：“廑，蔭也。”野王案：此亦僅字也。僅，才能也，在人部。[②]或為（字）勤字，在少［小］部。[③]

《說文》：“廑，少劣之居。从广，堇聲。”《集韻·稕韻》：“廑，《博雅》：‘廕也。’”《漢書·董仲舒傳》：“臣愚不肖，述所聞，誦所學，道師之言，廑能勿失耳。”顏師古注：“廑與僅同。僅，少也。”《漢書·賈誼傳》：“諸公幸者，乃為中涓，其次廑得舍人，材之不逮至遠也。”顏師古注：“廑與僅同。廑，劣也，言纔得舍人。”《漢書·鄒陽傳》：“茅焦亦廑脱死如毛氂耳，故事所以難者也。”顏師古注：“廑，少也。言纔免於死也。廑音巨刃反。”《名義》：“廑，竒陳反。蔭也，才也，能也。”吕氏校釋：“《殘卷》作‘野王案，此亦僅字也。僅，才能也’。此處‘才能’為僅僅、只之義。《名義》‘才也，能也’當作‘才能也’。”按：此說可從。《文選·陸機〈嘆逝賦〉》：“或雕落已盡，

① “病也”義當為“痏”字。《廣雅·釋詁一》：“痏，病也。”《故訓匯纂》“痏”下引《周禮·天官·內饔》賈公彥疏作“惡臭也”，“痏”當作“庮”。
② 《名義》：“僅，渠鎮反。財能也，劣也，少也。”
③ 《名義》：“勤，渠鎮反。小［少］也。僅也。能也。”

或僅有存者。”李善注引賈逵《國語注》曰：“僅，猶言才能也。”

㾾，焉達反。《説〈文〉》：“遅［屋］迫也。”

《説文》：“㾾，屋迫也。从广，曷聲。”《名義》：“㾾，烏達反。遅迫。”吕氏校釋：“《殘卷》作‘《説文》：“屋迫也”。《名義》誤。’”按：《殘卷》亦誤作“遅迫”。王仁昫《刊謬補缺切韻·末韻》（P.2011）：“㾾，屋迫。”

虒［虒］，思移反。《左氏傳》：“晉侯方築虒祁之宮。”杜𩑺［預］曰：“（也）宮名也。在絳西卅［卌］里，臨汾水。”《字書》為磃［磃］，布［在］右［石］部。[①]

《殘卷》：“磃［磃］，〈思〉此言［訾］反。《字書》：‘亦宮也名［名也］。’野王案：磃祁之官［宮］也，或為虒［虒］守［字］，在厂［广］部也。”按：《殘卷》《名義》“此言反”，“此言”當為“訾”字之誤拆，反切上字脱。遍考《名義》“磃”之同音字，其反切上字百分之七八十均作“思”，姑補“思”字。《左傳·昭公八年》：“於是晉侯方築虒祁之宮。”杜預注：“虒祁，地名，在絳西四十里，臨汾水。”陸德明音義：“虒，音斯，本又作虒，同。”《名義》：“虒，思移反。宮名也。”

庌，齒亦反。《左氏（氏）傳》：“庌山澤之險。”杜預曰：“庌，候也。”又曰：“䢧［寇］盜充而庌煞。”劉兆曰：“庌，指也。”[②]《楚辞》：“庌遂［逐］鴻鵠近鵄梟。”野王案：庌猶疏遠之也。《史記》“奏［秦］女必貴而失［夫］人庌矣”是也。《淮南》：“庌廓四方八極。”許𬮱重曰：“庌，祏［袥］也。”《漢書》：“乘舉［轝］庌馬。”《音義》曰：“庌，不用也。”《説文》：“庌，却屋也。”《蒼頡篇》：“庌，稀〈也〉，大也。”《廣雅》：“庌，准［推］也。”

《左傳·襄公十八年》：“晉人使司馬斥山澤之險，雖所不至，必旆而疏陳之。”杜預注：

① 《名義》：“磃，〈思〉此言［訾］反。官［宮］名。席［虒］字。”
② 《殘卷》屢見劉兆注《公羊傳》或《穀梁傳》，注《左傳》僅此一例。據《舊唐書·經籍志上》，劉兆撰有《春秋公羊穀梁左氏集解》十一卷。

“斥，候也。”《左傳·襄公三十一年》：“敝邑以政刑之不脩，寇盜充斥。”杜預注：“充，滿。斥，見。言其多。”《殘卷》引《左氏傳》當有誤。《穀梁傳·莊公二十四年》：“刻桓宫桷，丹桓宫楹，斥言桓宫，以惡莊也。”范甯集解：“不言新宫而謂之桓宫，以桓見殺於齊而飾其宗廟，以榮讎國之女，惡莊不子。”《楚辭·七諫》：“斥逐鴻鵠兮，近習鴟梟。”舊校：“一無習字。”《史記·張儀列傳》：“楚王重地尊秦，秦女必貴而夫人斥矣。”《淮南子·原道》：“夫道者，覆天載地，廓四方，柝八極。”高誘注：“柝，開也。”《史記·孝武本紀》：“賜列侯甲第，僮千人，乘輿斥車馬，帷帳器物以充其家。”裴駰集解引《漢書音義》曰：“或云：斥，不用也。”司馬貞索隱：“孟康云‘斥不用之車馬’是也。”《説文》：“㡿，郤屋也。从广，屰聲。”《慧琳音義》卷十五《大寶積經》卷九二音義：“擯㡿，下音尺。劉兆注《公羊傳》云：‘㡿，指言也。’《廣雅》：‘推也。’王逸注《楚辭》云：‘斥，逐也。’許叔重注《淮南子》云：‘㡿，拓也。’《説文》：‘却屋也。從广，屰聲也。’”又卷三四《如來師子吼經》音義：“指㡿，下齒亦反。劉兆注《穀梁》云：‘指亦㡿也。’王注《楚辭》云：‘㡿，逐也。’《漢書音義》云：‘㡿，不用也。’”又卷八二《大唐西域記》卷三三音義：“㡿逐，上齒亦反。顧野王云：‘㡿猶踈遠也。’《漢書音義》云：‘㡿，不用也。’《廣雅》：‘㡿，推也。’《説文》：‘却屋也。從广，屰聲。’”《慧琳音義》卷五一《取因假設論》音義：“已㡿，下昌隻反。《穀梁傳》云：‘㡿，指也。’《愽雅》云：‘稀也，大也。’《左傳》：‘候也，又多也。’”按：今本《廣雅》未見“斥”有“稀也”“大也”義，《慧琳音義》所引《愽雅》似當作“《蒼頡篇》”。《廣雅·釋詁三》：“厈，推也。”《名義》：“庌，齒亦反。候也，指也，祐［拓］也，却屋也，准也。”吕氏校釋：“‘拓’字原誤。‘准也’似當作‘推也’。”按：“拓”字原誤作“祐”，當校作“袥”。“袥”“拓”古今字。

廞，欣音反。《尔雅》：“廞，興也。”《周官》：“司裘之儀，大喪，廞喪［裘］。”鄭玄曰：“興者若《詩》之興之［也］，興謂象似而作之者也。”又曰：“大喪，師［帥］𧮰［瞽］而廞，作𠅃［匶］，謚。”鄭玄曰：“興者言〈王〉之行也。故詩［書］作注［淫］。”鄭衆曰：“注［淫］，陳也。”《說文》：“陳興［輿］服扵進。”

《爾雅·釋詁下》：“廞熙，興也。”郭璞注：“廞見《周官》。”《周禮·天官·司裘》：“大喪，廞裘，飾皮車。”鄭玄注：“廞，興也，若《詩》之興，謂象飾而作之。”吕校本引此作“司喪之儀，大喪廞喪”，誤。《周禮·春官·大師》：“大喪，帥瞽而廞，作匶，謚。”鄭玄注：“廞，興也。興言王之行，謂諷誦其治功之詩。故書廞為淫。”

又引鄭衆云："浧，陳也。陳其生時行迹，為作謚。"吕校本"[illegible]"録作"雍"，改作"柩"。△按："雍""柩"字形迥異。"雍"蓋"舊"之上部"萑"。魏《和醜仁墓誌》"舊"作"[illegible]"，東魏《張法壽息榮遷等造像記》"舊"作"[illegible]"，其上部均與"雍"形近。"舊"通"匶"。《説文》："廞，陳興服於庭也。从广，欽聲。讀若歆。"《名義》："廞，欣音反。興也。"《新撰字鏡》："廞，許金反。巘也，山險。"

廟，靡㕣反。《尚書》："七世之庿可以觀德。"孔安国曰："天子七庿，有德之主［王］則為宗，其庿（干）不毁。"《尔雅》："室有東西廂曰廟。"《韓詩》："鬼神所居曰廣［庿］（神）。"《礼記》："夫［天］子七庿：三昭、三穆与大祖之庿〈而七；諸侯五庿：二昭、穆与大祖之庿〉而五；大夫三庿：一昭、一穆与大祖之庿而三；士一庿。"鄭玄曰："此同［周］制也，殷即六庿之也。"〈《尚書大傳》："庿者，皃也，其以皃（以皃）言之也。"《白虎通》曰："先祖之尊皃所在也。"〉

《説文》："廟，尊先祖皃也。从广，朝聲。"《尚書·咸有一德》："嗚呼！七世之廟可以觀德。"孔安國傳："天子立七廟，有德之王則為祖宗，其廟不毁，故可觀德。"《爾雅·釋宫》："室有東西廂曰廟。"郭璞注："夾室前堂。"《玄應音義》卷十四《四分律》卷四十音義："寺廟，《韓詩》：'鬼神所居曰廟。'《白虎通》曰：'廟者，皃也，先祖之尊皃也。'"《禮記·王制》："天子七廟：三昭、三穆與大祖之廟而七；諸侯五廟：二昭、二穆與大祖之廟而五；大夫三廟：一昭、一穆與大祖之廟而三；士一廟。"鄭玄注："此周制。七者，大祖及文王、武王之祧，與親廟四。大祖，后稷。殷則六廟，契及湯與二昭、二穆；夏則五廟，無大祖，禹與二昭、二穆而已。"《藝文類聚》卷三八引《尚書大傳》曰："廟者，貌也，其以貌言之也。"《名義》："廟，靡㕣反。皃。"吕校本"皃"徑改作"皃"："'皃'字原誤。《殘卷》引《尚書大傳》作'庿者，皃也，以其皃似言之也'。"按：《殘卷》《名義》"皃"字屢作"皃"。

庿，《説文》古文廟字也。

《説文》："廟，尊先祖皃也。从广，朝聲。庿，古文。"《名義》："庿，古廟。"

廫，力彫反。（《説文》："空廬［虚］。"《尚書大傳》："庿者，皃也，

其以皀（以皀）言之也。"《白虎通》曰："先祖之尊皀所在也。"廖，力彫反。）[①]《説文》：'空廬［虚］也。'野王案：亦廖字也，在广部。[②]

《説文》："廫，空虚也。从广，膠聲。"吕校本"空虚也"作"空廬也"。按：《殘卷》下"庥"字，其反切上字"虚"亦誤作"廬"，吕校本亦失校。《名義》："廫，力彫反。空盧也。"吕氏校釋："《説文》作'空虚也'。"

廖，𠆤［亦］廫字也，亦人姓也。後漢有廖謀［湛］，蜀有〈廖〉主［立］，音𠓘［力］救反也。

《廣韻·宥韻》："廖，姓，周文王子伯廖之後，後漢有廖湛。"《三國志·蜀志·廖立傳》："廖立，字公淵，武陵臨沅人。"裴松之注："廖音理救反。"王仁昫《刊謬補缺切韻·蕭韻》（P.2011）："聊，落蕭反。……瘳，《左氏》辛、伯瘵。又姓，力救反。《蜀書》云：後有二：瘳湛、瘳立。""瘳""瘵"當作"廖"。《左傳》有辛廖、伯廖。[③]《名義》："廫，力彫反。空盧［虚］也。廖，同上。"《玉篇》："廫，力幺切，空虚也。廖，同上。又姓也。又力救切。"

庥，盧［虚］鳩反。《尔雅》："庥，廕［蔭］也。"郭璞曰："今俗人呼樹陰為庥。"《説文》亦休字也，息也，在木部也。

《爾雅·釋言第二》："庥，廕也。"郭璞注："今俗語呼樹蔭爲庥。"《説文》："休，息止也。从人依木。庥，休或从广。"《名義》："庥，盧［虚］鳩反。廕［蔭］，定也，止也，息也。"吕氏校釋："'盧鳩反'疑為'虚鳩反'之誤。'廕'當作'蔭'。"按：今本《名義》脱"休"字字頭，當據補。

---

① 《殘卷》所引《尚書大傳》《白虎通》當為上"廟"字釋義誤入下"廫"字。

② 《殘卷》："廫，力彫反。《楚辞》：'上廫廓而无天。'野王案：廫廊［廓］，空虚也。《史記》'焦明已翔於廫廊［廓］'是也。《埤蒼》：'廫，峭嵺也。'亦與廖字同，在广部也。"《名義》："廫，力彫反。空也。"

③ 《左傳·襄公三十年》："五月癸巳……括瑕廖奔晉。"陸德明音義："廖，力彫反，一音勑留反。""勑留反"即為"瘳"字之音。

廂，思楊反。《尔雅》："室有東西廂曰廧，无東西廂曰寑［寢］。"郭璞曰："夹室前堂也。"《埤蒼》："廂，序也。"野王案：《楚辞》"蒺藜蔓草［乎］東廂"是。

《爾雅·釋宫》："室有東西廂曰廟，無東西廂有室曰寢。"郭璞注："夾室前堂。"《慧琳音義》卷四三《佛説安宅神呪經》音義："之廂，想羊反。《埤蒼》云：'廂，序也。'《爾雅》云：'有東西廂曰廟，無曰寢。'郭璞註云：'夾室客堂也。'""序"當作"序"。《文選·王延壽〈魯靈光殿賦〉》："西廂踟蹰以閑宴，東序重深而奥秘。"張載注："東序，東廂也。……《爾雅》曰：'東西廂謂之序。'西廂，西序也。"《楚辭·七諫·怨思》："江離棄於窮巷兮，蒺藜蔓乎東廂。"王逸注："廧序之東為東廂。"《名義》："廂，思楊反。序，夹也室前堂也。"吕氏校釋："《殘卷》引《爾雅》郭注作'夾室前堂也'。《名義》衍一'也'字。"

廓，口郭反。《尔雅》："廓，大也。"《（孔）礼記》："祥而廓然。"鄭玄曰："夏［憂］悼在心之皀也。"《方言》："張小使大（東）彧謂之郭［廓］。"（《廣雅》："廓謂之廓。"）又曰："殺［劍］削，自開而東彧謂之廓。"《廣雅》："廓，空也。"

《爾雅·釋詁上》："廓，大也。"《禮記·檀弓》："始死，充充如有窮；既殯，瞿瞿如有求而弗得；既葬，皇皇如有望而弗至，練而慨然，祥而廓然。"鄭玄注："皆憂悼在心之貌也。"陸德明音義："廓，苦郭反，何云：'開也。'"《方言》卷一："張小使大謂之廓。"《殘卷》"《廣雅》："廓謂之廓"疑為衍文。前引《方言》，後有"又曰"，"又曰"後內容為《方言》。若中間有《廣雅》，則"又曰"後內容當為《廣雅》。吕校本改為"廓謂之郭"，亦非。《方言》卷九："劍削，自河而北燕趙之間謂之室，自關而東或謂之廓。"《廣雅·釋詁三》："廓，空也。"《慧琳音義》卷四三《大智度論》卷二音義："廓然，口郭反。《廣雅》：'廓，空也。'《方言》：'張小使大謂之廓。'《尒雅》：'廓，大也。'孫炎曰：'廓，張之大也。'"《名義》："廓，口郭反。大也，空也，廓。"吕氏校釋："《殘卷》引《方言》作'張小使大謂之廓'。《名義》'廓'為誤省。"按：《名義》"廓"蓋承《殘卷》"廓謂之廓"之誤。

庬［庬］，亡江、亡項二反。《毛詩》："為下囯［國］駿庬［庬］。"傳曰："庬［庬］，

厚也。"《韓詩》:"庞[庬],寵也。"《尔雅》:"龙[庬],大也。"又曰:"庞[庬],有也。"郭璞曰:"大[又]為有(无)也。"《方言》:"凡物之大皀曰豊[豐]。庞[庬],深之大也。"又曰:"豊[豐]也,秦晉凡大皀謂之庞[庬]。"《說文》為庞[厖]字,在厂部。[①] 雜乩[乱]之庞[庬]為牻[牻]字,在牛部。[②]

《殘卷》:"厐[厖],□□反。《說文》:'石大也。'野王案:亦厐[庬]字也。厐[庬]亦厚也,豊[豐]也,在广部也。"《詩經·商頌·長發》:"爲下國駿厖,何天之龍!"毛傳:"厖,厚。龍,和也。"鄭玄箋:"龍當作寵。寵,榮名之謂。"《韓詩》"寵也"同"寵也",疑為"龍"字義。《爾雅·釋詁上》:"憮、厖,大也。"又:"憮、厖,有也。"郭璞注:"二者又爲有也。"《方言》卷一:"豐、厖,大也。凡物之大貌曰豐。厖,深之大也。"《方言》二:"朦、厖,豐也。自關而西秦晉之間凡大貌謂之朦,或謂之厖;豐,其通語也。"《名義》:"庬,亡江反。厚也,寵也,大也,有也。"

廠,先戰反。《廣雅》:"廠,舍也。"《字書》:"廠,廡也。"

《廣雅·釋宮》:"敞,舍也。"曹憲音"先見"。《名義》:"廠,先戰反。舍也,廡也。"《新撰字鏡》:"廠、𢊁,二同,先戰反。舍也,廡。"

敞,《字書》亦敞[廠]字也。

《廣雅·釋宮》:"敞,舍也。"曹憲音"先見"。《名義》:"廠,先戰反。舍也,廡也。敞,同上。"吕氏校釋:"敞為廠之或體,此條當接在'廠'字條後。"按:《殘卷》此字頭亦在"庩[庩]"字下,《名義》之誤與此同。《新撰字鏡》:"廠、𢊁,二同,先戰反。舍也,廡。敞,上字。"

庩[庩],千皷[鼓]反。《廣雅》:"舍也。"《埤蒼》:"下屋也。"

① 《說文》:"厖,石大也。"《名義》:"厖,莫江反。厚也,豐也。"
② 《名義》:"牻,邈江反。雜毛牛。"

呂校本字頭誤作“康”。

《廣雅·釋宮》：“康，舍也。”曹憲音“七粟”。[①]《玉篇》：“康，千漬切，下屋也。”《名義》：“康［康］，千皷［豉］反。下屋也。”

《殘卷》《名義》字頭均當作“康”，“千皷反”當作“千豉反”。“豉”為“豉”之俗字。《龍龕》：“康，或作；康，正。盧葛反，庵也，亦獄室也。又七賜反，亦偏康舍也。”“七賜反”當為“康”字，其誤正與此同。

麢，力奚反。《埤蒼》：“（广）麢廔，綺窓也。”

《箋注本切韻·齊韻》（S.2071）：“麢，麢廔，綺窻。”又《侯韻》：“廔，麢廔，綺窓。”《名義》：“麢，力奚反。绮窓也。”

庘，於甲反。《埤蒼》：“庘廈，庵庇欲壞也。”

《玄應音義》卷九《大智度論》卷十音義：“搥壓，又作磓，同，丁回反。謂投下也。壓，於甲反。自上加下也。論文多作庘。《通俗文》：‘物欲壞曰庘廈。’庘非此義，廈音仕加反。”《慧琳音義》卷六一《苾芻尼律》卷十二音義：“廠庘，下黯甲反。《字書》云：‘庘庿，屋下皃也。’庿音争甲反。”又卷六十《根本説一切有部毘奈耶律》卷二五音義：“敞庘，下音押。《集訓》：‘庘庿，屋卑小也。’庿音斬甲反。”《殘卷》“庵庇”未詳。熊加全以為“庵庇”當作“屋”。按：“庵庇”與“屋”形隔。疑“庇”當作“康”（兩字音同），“庵康”同義連文，為“舍”義。“舍欲壞”與《玉篇》“屋欲壞”義正相同。《名義》：“庘，於甲反。欲壞也。”《新撰字鏡》：“庘，烏甲反，入。屋壞也。”

廈，仕加反。《埤蒼》：“欲壞也。”

① 《廣雅·釋宮》：“康，舍也。”王念孫疏證：“康音七賜反，字從广朿聲，朿亦音七賜反，各本皆作康，音七粟反。此因康字譌作康，後人遂并改曹憲之音。《集韻》、《類篇》康，七賜切，引《廣雅》：‘康，舍也。’康，趨玉切，引《廣雅》：‘康，舍也。’則宋時《廣雅》本已有譌作康者。”

裴務齊正字本《刊謬補缺切韻·麻韻》："楂，鉏加反。……㢒，欲破。"《廣韻·麻韻》："㢒，壞也。《淮南子》云：'㢒屋之下不可坐也。'[①]"《名義》："㢒，仕加反。欲壞。"

按：依《埤蒼》體例，此處當作"㢒，庯㢒也"。

廝，思移反。《公羊傳》："廝役庖［扈］養。"何休曰："刈草為防者曰廝。"《廣雅》："廝，使也。"《字書》："廝，役也。"野王案：謂賤役也。《史記》"門藺［闌］之廝"是也。或為㒋字，在人部也。[②]

《公羊傳·宣公十二年》："諸大夫死者數人，廝役扈養死者數百人。"何休解詁："艾草為防者曰廝，汲水漿者曰役，養馬者曰扈，炊亨者曰養。"陸德明音義："艾，魚廢反。"《廣雅·釋詁一》："廝，使也。"《玄應音義》卷二《大般涅槃經》卷九音義："廝下，又作㒋，同，思移反。《廣疋》：'廝謂命使也。'《字書》：'廝，役也。'謂賤役者也。《漢書》：'廝輿之卒。'張晏曰：'廝，微也。'韋昭曰：'析薪曰廝，炊烹曰養。'"《慧琳音義》卷七八《經律異相》卷十五音義："居廝，下音斯。《廣雅》云：'廝，使也。'何注《公羊傳》云：'刈草為防者曰廝。'顧野王云：'賤役人也。'"《史記·楚世家》："是以敝邑之王不得事王，而令儀亦不得為門闌之廝也。"《名義》："廝，思移反。使也，役也。"

𢊁［廋］，所畄反。《左氏傳》："服讔廋𨓏［匿］。"杜預曰："廋，隐也。"《論語》："人焉廋哉。"孔安国曰："廋，匿也。"《楚辞》："步従容扵山廋。"王逸曰："廋，隈也。"《方言》："廋，求也。秦晉之間〈曰〉廋。就室求曰廋。"野王案：《荘子》"廋国中三日"是也。《字書》："廋，索也。"數閱之廋為搜字，在手部。[③]春獀字（字）[④]在犬部也。[⑤]

① 《淮南子·説山》："故沮舍之下不可以坐，倚墻之傍不可以立。"高誘注："沮，舍壞也。"
② 《名義》："㒋，思移反。賤役也。"
③ 《名義》："搜，所流反。閲也，聚也，索也，求也。"《玉篇》："挍，色流切。數也，聚也，求也，勁疾也，閲也。"
④ 《殘卷》後一"字"字旁注刪節符"ミ"，當刪。
⑤ 《名義》："獀，所留反。聚也。古蒐也。"

《左傳·文公十八年》："服讒蒐慝，以誣盛德。"杜預注："蒐，隱也。"《論語·為政》："子曰：'視其所以，觀其所由，察其所安，人焉廋哉！人焉廋哉！'"何晏集解引孔安國曰："廋，匿也。"《楚辭·九歎·憂苦》："遵壄莽以呼風兮，步從容於山廋。"王逸注："廋，隈也。""叜"同"叟"，"廋"同"廋"。《方言》卷二："挨，略，求也。秦晉之間曰挨，就室曰挨。"《莊子·秋水》："於是惠子恐，搜於國中三日三夜。"陸德明音義："搜，字又作搜，或作廋，所求反，李悉溝反，云：'索也。'《說文》云：'求也。'""搜"同"挨"。《方言》卷三："廋，隱也。"郭璞注："謂隱匿也。音搜索也。"①《名義》："廋，所留反。隱也，隈也，求。"

呂校本"數閱之廋"誤作"數問之廋"。

廌，莫嫁反。《廣雅》："廌，庵也。"

《廣雅·釋宮》："廌，庵也。"《名義》："廌，莫嫁反。庵。"

摩，之讓反。《埤蒼》："摩，𦵔［蔽］也。"《字書》亦障字也。障，隔也，在阜部。②

《殘卷》："障，之讓、之楊二反。《尒雅》：'丘上正月［曰］障丘。'郭璞曰：'平項［頂］者也。'又曰：'山上正，障。'郭璞曰：'山上平也。'《說文》：'障，隔也。'野王案：《礼記》'開［開］通道路，无有障塞'是也。《蒼頡萹》：'障，隊也。亦小城也。'野王案：《漢書》'使居一障間，能乎''女子乘〈亭〉障'並是也。或為摩字，在厂［广］部。"《名義》："摩，之讓反。蔽也，隔也。障也。"《新撰字鏡》："摩，之讓反。蔽也，障字，隔也。"

① △《故訓匯纂》引《方言》卷三郭璞注有"廋，索也"。此蓋誤讀"音搜索也"為"音搜，索也"。按：《方言》卷三"廛"下郭璞注："《周官》云：'夫一廛。'宅也，音纏約。"又卷十"癠"下注："今俗呼小為癠，音薺菜。"又"頗"下注："今建平人呼頷為頗，音旃裘。"均與"音搜索也"體例相同。

② 《名義》："障，之楊反。累［隊］也。"《說文》："障，隔也。"《殘卷》"隔"為"隔"之俗字。

㢘，力三反。《蒼頡篇》："㢘，棱也。"《説文》古文籃字也。籃，大篕也，在竹部。[①]

《殘卷》引《蒼頡篇》釋為"棱也"，蓋以為"廉"之古字。《廣雅·釋言》："廉，棱也。"《集韻·鹽韻》："廉，……古作……㢘。"《説文》："籃，大篝也。从竹，監聲。㢘，古文籃如此。"《名義》："㢘，力三反。棱也，大篕也。"吕氏校釋："'棱'字原訛。"按："棱"字原訛作"棱"，其右旁與"夌"之俗字"麦"形近。

吕校本"大篕也"之前之"籃"字誤作"藍"。

廎，空井反。《説文》亦高［高］字也。高［高］，小堂也，在高部。[②]

《説文》："高，小堂也。从高省，冋聲。廎，高或从广，頃聲。"《殘卷》："高，空井反。《説文》：'小堂。'或為頋［廎］字，在广〈部〉也。"《名義》："廎，空井反。小堂也，高也。"吕氏校釋："此字頭原訛。"按：此字頭原訛作"廎"。

厇，直格反。《説文》古文厇［宅］字也。厇［宅］，居也，在門［宀］部。[③]**《字書》或古文度字也。度，法制也，揆也，音徒故、直落二反，在又部。**[④]**野王案：《古文尚書》皆以為度字也。**[⑤]

《説文》："宅，所託也。从宀，乇聲。宅，古文宅。厇，亦古文宅。"《名義》："厇，直格反。居也，法制也。"吕氏校釋："厇同宅，又同度。"

《説文》："度，法制也。"《慧琳音義》卷六《大般若波羅蜜多經》卷五一三音義："比度，下唐落反。《考聲》云：'度，量也。'《集訓》云：'揆度也。'或作慱，亦同。

---

① 《名義》："籃，力三反。筐也，大篕也。"《説文》"大篝"與《名義》"大篕"或可並存。《名義》："篝，居候反。籠也，薰衣也。"又："篕，力胡反。筐也，籃也。"
② 《名義》："高，空井反。小堂。"
③ 《名義》："宅，除格反。居也。"
④ 《名義》："度，徒故反。量也，法也，居也，填也，搽［揆］也，就也。"
⑤ 《史記·五帝本紀》："五流有度，五度三居。"張守節正義："度，音徒洛反，《尚書》作宅，孔安國云：'五刑之流，各有所居也。"王念孫《讀書雜志·餘編下》："凡《古文尚書》例作宅，《今文尚書》例作度。"

《説文》：‘法制也。從又，從庹省聲也。’或作庑、恎，三體皆古字也。”《國語·晉語二》：“君不度而賀大國之襲，於己何瘳？”韋昭注：“度，揆也。”①

庀，平婢反。《周礼》：“庀其委積。”鄭衆曰：“庀，具也。”《左氏傳》：“子木使庀賊［賦］。”杜預曰：“庀，治也。”《穀梁傳》：“上〈甲〉始庀牲。”劉兆曰：“庀，蕑核也。”《国語》：“將左［庀］季氏元［之］政。”賈逵［逵］曰：“庀猶理也。”《字書》古文訛字也，在言部也。②

《周禮·地官·遂師》：“賓客則巡其道脩，庀其委積。”鄭玄注：“故書庀為比。鄭司農云：‘比讀為庀。庀，具也。’”《左傳·襄公二十五年》：“楚蔿掩爲司馬，子木使庀賦。”杜預注：“庀，治。”《穀梁傳·哀公元年》：“六月上甲始庀牲，然後左右之。”范甯集解：“庀，具也。”楊士勛疏：“庀具猶簡擇。”③呂校本録作“簡核”，“核”改為“擇”。按：“核”“擇”字形迥異。《國語·魯語下》：“夫外朝，子將業君之官職焉；內朝，子將庀季氏之政焉。”韋昭注：“庀，治也。”④《殘卷》：“訛，匹尔反。《廣雅》：‘訛，具也。’《字書》古文為庀字，在广部。毁呰之訛為諀字也。”《名義》：“庀，平婢反。具也，理也。”

庽，娱勾反。《説文》亦寓字也。寓，寄也，在山［宀］部也。⑤

《説文》：“寓，寄也。从宀，禺聲。庽，寓或从广。”《名義》：“庽，娱勾反。寄也。”呂校本徑改作“娱句反”。按：“勾”，俗“句”字。

庈［庈］，方拱反。《字書》或覂［覂］字也。覂［覂］，覆也，在西［襾］部也。⑥

---

① 《慧琳音義》卷三《大般若波羅蜜多經》卷三一八音義：“比度，下唐洛反。賈注《國語》云：‘度，揆也。’”
② 《名義》：“訛，匹尒反。具也，毁也。”
③ 《故訓匯纂》誤作“孔穎達疏”。
④ 《文選·張衡〈南都賦〉》：“周召之儔，據鼎足焉以庀王職。”李善注引賈逵《國語注》曰：“庀由理也。”“由”同“猶”，“理”“治”義同。
⑤ 《名義》：“寓，愚勾反。寄也。”
⑥ 《名義》：“覂，方腫反。覆也。”

《名義》："庈，方拱反。覆也。又西之。"吕氏校釋："庈同覂。《名義》'西之'為'覂'之誤。《殘卷》作'《字書》或覂字也。覂，覆也'。"按：《殘卷》"覂"字作"𫝀"，故《名義》誤拆作"西之"。《玉篇》："覂，方腫切。《漢書》：'大命將覂。'謂覆也。或作庈。"

庣，吐尭反。《字書》或祧字也。遷主所蔵之廣［廟］也，在示部。[①]

《周禮·春官·小宗伯》："辨廟祧之昭穆。"鄭玄注："祧，遷主所藏之廟。"王仁昫《刊謬補缺切韻·蕭韻》（P.2011）："祧，吐彫反。遠祖廟。亦作庣。"《名義》："庣，吐尭反。祧字。"

廨，田［思］踐反。《廣雅》："廨，倉也。"《埤蒼》："廨，廩也。"

《廣雅·釋宫》："廨囷，倉也。"《爾雅·釋言》："廩，廨也。"郭璞注："或説云：即倉廩。所未詳。"《名義》："廨，思踐反。倉也，廩也。"

鹿，力木反。《国語》："市也无赤米而園［囷］庶［鹿］空虚。"賈達［逵］曰："庶［鹿］，庶［庾］也。"《廣雅》："具也曰庶［鹿］。"《廣蒼》："鹿，倉也。"

《國語·吴語》："今吴民既罷，而大荒薦饑，市無赤米，而囷鹿空虚。"韋昭注："員曰囷，方曰鹿。"《廣韻·屋韻》："鹿，賈逵曰：'鹿，庾也。'"《殘卷》當據改。《廣雅·釋宫》："鹿，倉也。""具也曰鹿"疑當作"員曰囷，方曰鹿"，為賈逵注語。疑《殘卷》當作："賈逵曰：'鹿，鹿［庾］也。員曰囷，方曰鹿。'《廣雅》：'鹿，倉也。'"《名義》："鹿，力木反。鹿也，具也，倉也。"吕氏校釋："《國語·吴語》：'而囷鹿空虚。'韋注：'員曰囷，方曰鹿。'《名義》'具也'疑當作'員也'。"按："員也"亦誤。

---

① 《名義》："祧，吐尭反。遠祖之廟也。祒，古文祧字。"

廕，猗禁反。《埤蒼》："廕，庇也。"《字書》〈為〉蔭字，在草部。① 或為禴［𥝩］字，在示［禾］部。②

《爾雅·釋言》："庇，廕也。"《名義》："廕，猗禁反。庇也。"《玉篇》："廕，於禁切，庇廕。亦作蔭。"

吕校本作"或為禴字，在示部"。按：《名義·示部》無"禴"字。

廂，力袜反。《廣雅》："廂，庵也。"

《廣雅·釋宫》："廂，庵也。"《慧琳音義》卷二七轉録《法花音訓》："草庵，暗甘反。……《古今正字》云：'盧有梁者廂也。'廂即庵也。"《名義》："瘌［廂］，力袜反。庵。"吕氏校釋："此字頭原誤。"按：此字頭原誤作"瘌"。《龍龕》："廂，或作；康，正。盧葛反，庵也，亦獄室也。又七賜反，亦偏康舍也。""七賜反"當為"康"字。

廲，方安反。《埤蒼》："時居也。"

《名義》："廲，方安反。時居也。"《玉篇》："廲，方安切，峙屋也。"《龍龕》："廲，普官反，時居也。"王仁昫《刊謬補缺切韻·寒韻》（P.2011）："廲，峙居。"關長龍校引龍宇純《校箋》："此云'峙居'者，儲物之屋也。"按：作"時"可通。《爾雅·釋宫》："室中謂之時。"郝懿行義疏："時者，《玉篇》作跱，引《爾雅》曰：'室中謂之跱。'跱，止也。《説文》峙云'躇也'，《玉篇》云'止不前也'，是峙、跱同，與時聲近，其字可通。"

廊，力唐反。《周書》："凡五宫明堂咸有重廊。"野王案：《漢書》"陳廊廡下"是也。《国語》："謀之廊廜，失之中原。"野王案：《漢書》"廊廣［廜］（廣）

① 《名義》："蔭，扵鴆反。庇蔭也。𥝩字。"王仁昫《刊謬補缺切韻·沁韻》（P.2011）："蔭，於禁反。厚陰。亦作𥝩。又於擔反。"

② 《名義》："𥝩，扵鹽反。厭字，蔭字。"

之材，非一木之枝”是也。《淮南》：“桀為象廊。”許𬤊重曰：“廊，屋也。”

《太平御覽》卷一八五引《周書·作雒》曰：“凡五宮明堂咸有重廊。”《漢書·竇嬰傳》：“所賜金，陳廊廡下，軍吏過，輒令財取為用，金無入家者。”顏師古注：“廊，堂下周屋也。”《國語·越語下》：“范蠡進諫曰：‘謀之廊廟，失之中原，其可乎？’”《漢書·酈陸朱劉叔孫傳贊》：“語曰：‘廊廟之材，非一木之枝；帝王之功，非一士之略。’”《淮南子·本經》：“晚世之時，帝有桀紂，為琁室、瑶臺、象廊、玉牀。”高誘注：“用象牙飾廊殿。”[①]《名義》：“廊，力唐反。屋。”

廈，胡暇反。《礼記》：“若覆廈屋者。”鄭玄曰：“廈，今之門廡，其形㫄廣而〈卑〉也。”野王案：《淮南》“大廈成而鷰雀相賀”是也。

《禮記·檀弓上》：“吾見封之若堂者矣，見若坊者矣，見若覆夏屋者矣，見若斧者矣。”鄭玄注：“夏屋，今之門廡也，其形旁廣而卑。”《殘卷》脱“卑”字，“㫄”為古文“旁”字。《淮南子·説林》：“湯沐具而蟣蝨相弔，大厦成而燕雀相賀，憂樂别也。”高誘注：“夏，屋。”《名義》：“廈，胡暇反。”

康，苦廊反。《尚書》：“五福，三曰康寧。”孔安国曰：“无疾病也。”又曰：“庶来［事］康哉。”孔安国曰：“康，樂，安也。”[②]《周易》：“康侯用錫馬。”王弼曰：“康，姜［美］之名，猶裒大也。”《大戴礼》：“令民安樂曰康。”《尔雅》：“静也。”郭璞曰：“謂安静也。”又曰：“道五達謂之（達）康。”郭璞曰：“《史記》所謂康庄之衢也。”《謚法》：“渕源流通曰康，温良好樂曰康。安樂撫民曰〈康〉。”飢虚之康為歑［歑］字，（在字）在欠部。[③]水深虚為漮字，在水部。[④]屋空虚為㾾字，

---

① 《文選·張衡〈西京賦〉》：“長廊廣廡，途閣雲蔓。”李善注引許慎《淮南子注》曰：“廊，屋也。”

② 《玄應音義》卷二二《瑜伽師地論》卷十七音義：“身康，苦郎反。康謂无疾病也，安也，樂也，亦静也。”海山仙館叢書本《玄應音義》卷十四《四分律》卷一音義：“身康，恪剛反。《尚書》：‘庶事康哉。’孔安國曰：‘康，安也。’《爾雅》：‘康，樂也。’”《殘卷》蓋誤合孔傳與《爾雅》。

③ 《説文》：“歑，飢虚也。〔小徐本無‘也’。〕从欠，康聲。”《名義》：“歑，苦唐反。虚也。”

④ 《説文》：“漮，水虚也。从水，康聲。”《名義》：“漮，苦郎反。水虚也。”

在宀部。① 康瓠〈為〉甈［甈］字，在瓦部也。②

《尚書·洪範》："五福：一曰壽，二曰富，三曰康寧，四曰攸好德，五曰考終命。"孔安國傳："無疾病。"《尚書·益稷謨》："元首明哉，股肱良哉，庶事康哉！"孔安國傳："先君後臣，衆事乃安。"《周易·晉》："是以康侯用錫馬蕃庶，晝日三接也。"王弼注："康，美之名也。"《大戴禮記·禮察》："導之以德教者，德教行而民康樂。"《逸周書·謚法解》："安樂撫民曰康，令民安樂曰樂。"《殘卷》或有脱誤。《爾雅·釋詁下》："密、康，静也。"郭璞注："皆安静也。"《爾雅·釋宫》："五達謂之康。"郭璞注："《史記》所謂'康莊之衢'。"《史記正義》附論例謚法解："淵源流通康，温柔好樂康，安樂撫民康，合［令］民安樂康。"《名義》："康，苦廊反。樂也，哀大也。"按：《殘卷》《名義》"哀大"猶"褒（或作褎）大"。

店，都念反。《字書》或坫字也。坫，反爵坫也，在土部。③

《名義》："店，都念反。爵。怗［坫］也。"吕氏校釋："'坫'字原誤作'怗'。《玉篇》作'反爵之處。或作坫'。《名義》'爵'為誤省。"《禮記·雜記》："孔子曰：'管仲鏤簋而朱紘，旅樹而反坫，山節而藻棁，賢大夫也。'"鄭玄注："反坫，反爵之坫也。"《名義》"爵"當作"反爵"，"反"字蓋蒙上"都念反"而脱漏。

庡，助雉反。《字書》或俟字也。俟，待也，在人部。④ 或為竢字，在立部。⑤ 或為戺［戺］字，在户部。⑥

王仁昫《刊謬補缺切韻·止韻》（P.2011）："俟，□史反。亦作竢、戺、庡。"《名

---

① 《説文》："康屋康㝗也。从宀，康聲。"《名義》："康，恪當反。虚也，空也，闐'閒'也。"
② 《名義》："甈，口郎反。瓠。甈，同上。"《殘卷》"甈"字左旁當為"㐬"字，"亡"俗體或作"世"，猶"葉"或作"菜"。
③ 《名義》："坫，都念反。屏墻也。"
④ 《名義》："俟，胡［助］死反。大也，待也。"
⑤ 《名義》："竢，事几反。待也。䇃字。侯［俟］也。戺也。"
⑥ 吕校本作"或為屖字，在尸部"。按："屖"字與"戺"形不合，且《名義》無"屖"字。《名義》："戺，鋤几反。砌也，待也，廣也，頤也［廣頤也］，長也。"

義》："庡，助雉反。待也。"又："𢇍，助几反。侍［待］也，俟也。庡字。符［待］也。"

㢕，居邑反。《字書》古文給守［字］也。給，相𤴓也，在糸部。[①]

《殘卷》："給，居及反。……或為㢕字，在广部。"《名義》："㢕，居邑反。古給。"

䢊，達胡反。《廣雅》："䢊廜，庵也。"

《廣雅·釋宮》："䢊廜，庵也。"王仁昫《刊謬補缺切韻·模韻》（P.2011）："徒，度都反。……䢊，䢊廜，草菴。"《名義》："䢊，達胡反。庵。"

廜，息胡反。《廣雅》："唐［䢊］廜也。"

王仁昫《刊謬補缺切韻·模韻》（P.2011）："蘇，息吾反。……廜，䢊廜。"《名義》："廜，息胡反。䢊字。"吕氏校釋："此處'䢊字'是指廜、䢊二字同義。"

庲，力基反。《廣雅》："庲，合［舍］也。"《埤蒼》："長庲臺，𢀖景公作也。"《說文》古文𣬛［氂］字也。[②] 𣬛［氂］，强毛起也，在𣬛［氂］部。[③] 或為（二）毛［耗］字，在毛部。[④] 或為練字，在糸部。[⑤]

《廣雅·釋宮》："庲，舍也。"《晏子春秋·外篇》："景公築長庲之臺，晏子侍坐。"《殘卷》："練，力之、力式［找］二反。《字書》忽𣬛［氂］字也。氂，强毛也，在氂部。或為庲字，在广部。或為耗字，在毛部。"《名義》："庲，力基反。合也。"吕氏校釋：

① 《說文》："給，相足也。从糸，合聲。"《名義》："給，居及反。供也，及也，足也，俻也。"
② 《說文》："氂，彊曲毛，可以箸起衣。从犛省，來聲。庲，古文氂省。"野王所見本《說文》"庲"蓋作"庲"。
③ 《名義》："氂，力之反。耗字也。"
④ 《名義》："耗，力基反。氂。強毛起。"
⑤ 《名義》："練，力之反。強毛也。"

"'合也'當作'舍也'。"

吕校本作"在羞部"。按：《名義》有"羞部"，無"羞部"。

庈，渠金反。《左氏傳》有費庈父也。

《左傳·隱公二年》："司空無駭入極，，費庈父勝之。"杜預注："庈父，費伯也。"裴務齊正字本《刊謬補缺切韻·侵韻》："琴，渠今反。……庈，庈父。"《名義》："庈，渠金反。人名。"

庛，雌漬反。《考工記》："車人為耒，庛長尺有一寸……堅地欲直庛。'〈鄭衆曰：'庛讀為其顙有疵〉之庛［疵］，[①]謂未［耒］下枝者也。"鄭玄曰："謂如棘剌之剌。剌，來［耒］下前（前下）曲接𦓤［耜］者也。"

《周禮·考工記·車人》："車人為耒，庛長尺有一寸。……堅地欲直庛，柔地欲句庛。"鄭玄注引鄭衆云："庛讀為其顙有疵之疵，謂耒下岐。"又云："庛讀為棘刺之刺。刺，耒下前曲接耜。"《殘卷》"直庛"下有脱文，吕校本失校。《殘卷》"枝"與"岐"通。《名義》："庛，雌清［雌漬］反。"吕氏校釋："'雌漬反'原誤。"按："雌漬反"原誤作"雌清反"。

庋，居毁反。《尔雅》："祭山曰庋縣。"郭璞曰："〈或庋〉或縣也。……《山〈海〉經》'縣以吉王［玉］'是也。"《音義》曰："《詩推度灾》云：'封庋縣山，小祭也。'"野王案：猶庋閣也。鄭玄注《礼記》"始死之奠，其餘閣也与"，以為庋藏食物者也。《淮南》〈為〉攱［攱］字，在立部。[②]古文為掎［掎］字，在手部也。[③]

---

① 阮元《十三經注疏校勘記》："庛讀爲其顙有庛之庛。余本、嘉靖本，閩、監、毛本下二'庛'字皆作'疵'，疏中同，當據正。《釋文》：'顙疵，似斯反。'《漢讀考》作'讀如顙疵之疵'。按：作'讀如'爲是。　按：此用《孟子》之'其顙有泚'也。鄭所見《孟子》蓋作玼，玼或用爲疵字，故轉寫作疵。"

② 《名義》："攱，居毁反。何也，戴，閣也，掎也，〈庋〉字。"《淮南子·時則》："夏行春令風，行秋令蕪，行冬令格。"高誘注："格，攱也。"

③ 《名義》："掎，俱為反。戴也，閎［閣］也。"

《爾雅·釋天》："祭山曰庪縣。"郭璞注："或庪或縣，置之於山。《山海經》曰'縣以吉玉'是也。"《殘卷》"小祭也"疑當作"祭山也"。

字或作"攱"。《史記·梁孝王世家》："竇太后義格，亦遂不復言以梁王為嗣。"裴駰集解："如淳曰：'攱閣不得下。'"司馬貞索隱："張晏云：'格，止也。'服虔云：'格謂格閣不行。'蘇林：'音閣。'周成《雜字》：'攱閣也。'《通俗文》云：'高置立攱棚云攱閣。'《字林》：'音紀，又音詭也。'"《廣雅·釋詁三》："閣，攱也。"《禮記·檀弓》："曾子曰：'始死之奠，其餘閣也與？'"鄭玄注："閣，庋藏食物。"陸德明音義："庋，字又作庪，同，九毀反，又居偽反。"《名義》："庪，居毀反。閣也。"《新撰字鏡》："庪，居毀反。閣也。縣，山祭。"《名義》："攱，居毀反。何也，戴，閣也，掎也。〈庪〉字。"

㢏，胡甫反。《聲頴［類］》古文寓字也。寓，大也，居也，邊〈也〉，在宀部。[①]

《玄應音義》卷七《漸備經》卷一音義："屋宇，古文寓，籀文作㢏，同，于甫反。《說文》：'屋邊檐也。'《釋名》：'宇，羽也，如鳥羽翼自覆蔽也。'《左傳》：'失其宇。'注云：'於國則四垂為宇。'宇亦屋溜也，居也。"《名義》："㢏，胡甫反。大也，居也，邊也。"《新撰字鏡》："㢏，胡布［甫］〈反〉。宇古文。"又："宇、寓，同字，榮矩反。屋邊檐也，羽也，又屋溜也，居也，四垂為宇，又四方上下。"

庵，於含反。《礼記》："《書》云：高宗諒闇，三年不言。"鄭玄曰："涼［諒］，古文作梁。闇，讀如鶉侖［鵪］之䳺［鵪］，謂廬也。廬有梁者，所謂柱楣者也。"《埤蒼》："廁也。"《廣雅》："庵，舍也。"

《禮記·喪服四制》："《書》曰：'高宗諒闇，三年不言。'善之也。"鄭玄注："諒，古作梁，楣謂之梁。闇讀如鶉鵪之鵪，闇謂廬也。廬有梁者，所謂柱楣也。"陸德明音義："諒闇，依注諒讀為梁，闇讀為鵪，音烏南反，下同，徐又並如字。案：徐後音是依杜預義。

① 《名義》："宇，于甫反。居也，野也，大也，邊，溜也。寓，宇也。"

鄭謂卒哭之後翦屏柱楣，故曰諒闇，闇即廬也。孔安國讀為諒陰。諒，信也。陰，默也。"[①]《廣雅・釋宫》："庵，舍也。"《名義》："庵，扵含反。闇也，舍也。"

《慧琳音義》卷二七轉録大乘基《法花音訓》："草庵，暗甘反。《廣雅》：'奄，屠蘇，舍也。'《考聲》：'盧也，掩也，以草圍掩之也。'有作菴，藥草名，菴蕳子也。《古今正字》云：'廬有梁者，痢［廁］也。痢［廁］即庵也。從广，奄聲也。'"《玄應音義》卷十五《僧祇律》卷九音義："庵愣，於含反。《廣雅》：'庵，舍也。'《埤蒼》：'庵，庲也。'庲音且漬反。""且漬反"為"庲"字音，玄應蓋誤"庲"為"庲"。"庲"同"廁"。參"廁"字條。

《殘卷》"侖"字殘，當為"鶬"字左旁之"倉"，其後"鶬"字作"鶬"，即為佐證。

庱［庱］，耻陵反。《吴志》："孫權射虒扵席［庱］髙［亭］。"

《三國志・吴志・孫權傳》："二十三年十月，權將如吴，親乘馬，射虎於庱亭。"《名義》："庱，恥陵反。"《新撰字鏡》："庱、庱，二形同，恥泠反，平。亭也，走而即住曰庱也。"

庨，呼交反。《西京賦》："枍詣並光，睽［睽］扆［罛］庨豁。"薛綜曰："皆形皀也。"

《文選・張衡〈西京賦〉》："駁娑駘盪，燾奡桔桀，枍詣承光，睽罛庨豁。"薛綜注："燾奡、桔桀、睽罛、庨豁，皆形貌。"《名義》："庨，呼交反。形㒵。"

〖厂部第三百卌八　　凡卌字〗

厂，呼且［旦］反。《説文》："山石之崖巖，人可居者也。"

---

① 阮刻本《十三經注疏》缺"闇讀為"三字，此據抱經堂叢書本《經典釋文》補。《尚書・無逸》："作其即位，乃或亮陰，三年不言。"《尚書・説命上》："王宅憂，亮陰三祀。"孔安國傳："陰，默也。居憂信默，三年不言。"

《説文》："厂，山石之厓巖，人可居。象形。"《名義》："厂，呼旦反。巖，人可居。"

厈［厈］，《字書》籀〈文〉厂字也。

《説文》："厂，山石之厓巖，人可居。象形。厈，籀文从干。"《名義》："厈，同上。"

厓，五佳反。《尔雅》："涘為厓。"郭璞曰："謂水邊也。"《説文》："上［山］邊也。"《廣雅》："厓，方也。"或為涯字，在水部。①

《爾雅·釋丘》："涘爲厓。"郭璞注："謂水邊。"《名義》："厓，五佳反。水邊也，方也。"《説文》："厓，山邊也。从厂，圭聲。"《廣雅·釋詁四》："厓，方也。"

厜［厜］，視規反。《尔雅》："崒者厜［厜］㕒。"郭璞曰："謂山蓬頭巉嵒者也。"

《説文》："厜，厜㕒，山顛也。从厂，垂聲。"《爾雅·釋山》："崒者厜㕒。"郭璞注："謂山峰頭巉巖。"②《名義》："厜，視規反。峯頭巉嵒也。"

㕒，語奇反。《尔雅》："厜［厜］㕒［㕒］也。"

《説文》："㕒，厜㕒也。从厂，義聲。"《名義》："㕒，語奇反。厜。"

厰，五敢、口敢二反。《説文》："厰，崯也。一曰：山石［名］也。"

---

① 《名義》："涯，冝佳反。涘也。"
② 《文選·宋玉〈高唐賦〉》："崒兮直上，忽兮改容。"李善注："《爾雅》曰：'崪者厜㕒。'注：'謂山峯頭巉嵒然。'"《慧琳音義》卷七四《僧伽羅刹集》卷下音義："三厜，醉唯反，《爾雅》音才規反。郭注云：'山峯頭巉嵒也。'《韻詮》云：'厜者，山巔之狀也。'"

《説文》："厰，崟也。一曰：地名。从厂，敢聲。"《名義》："厰，五今反。嶮。"呂氏校釋："此處應與字頭連讀為'厰嶮'，為側穴之義。"△按：此説恐非。《名義》"嶮"或當作"崯"，《殘卷》作"崯"，《説文》作"崟"，《名義》當據改。王仁昫《刊謬補缺切韻·敢韻》（P.2011）："菼，吐敢反。[①]……厰，崯。又五金反。"字亦作"崯"。《新撰字鏡》："厰，五今、口敢二反。金也，山地名。""金"為"崯"字之訛。

厬［厬］，有［居］鮪反。《尓雅》："水淮［潐］曰厬［厬］。"郭璞曰："謂水淮［潐］盡也。"《説文》："左［仄］出果［泉］也。"或為氿［氿］字，在水部。[②]

《爾雅·釋水》："水醮曰厬。"郭璞注："謂水醮盡。"陸德明音義："醮，子召反。盡也。字或作潐，同。厬，字又作漸，音軌。"《説文》："厬，仄出泉也。从厂，晷聲。讀若軌。"《名義》："厬［厬］，居鮪反。氿也。"

呂校本"淮"字校改作"醮"，與今本《爾雅》合。按："淮""醮"字形迥異，"淮"當為"潐"字之形近而訛。《説文》："潐，盡也。"《爾雅》郭注"醮盡"為同義連文，"潐"為本字，"醮"為借字。

厓，胡圡反。《説文》："厓，羑石也。"

《説文》："厓，美石也。从厂，古聲。"《名義》："厓，胡土反。羑石也。"

厥［厥］，居越反。《尚書》："以殷仲春，厥民折［析］，𢪛（？）。"孔安国月［曰］："厥［厥］，其也。"《吕氏春秋》："其所義甚厥［厥］，其所聞甚淺［浅］。"高誘曰："厥［厥］，短也。"《説文》："發石也。"《聲類［類］》或為欮字，在欠部。[③]古文為〈氒〉字，在牛［氏］部也。[④]

---

① "厰"從敢聲，不當音"吐敢反"。《廣韻》音"口敢反"，可從。

② 《名義》："氿，君洧反。氿，居洧反。泉也。"

③ 《名義》："欮，居月反。掘也，穿也。"

④ 《殘卷》缺字呂校本作"橛"。按：《名義》無"橛"字。《名義》："氒，居月反。木卒也。"《廣韻·月韻》："氒，古文厥。"

《尚書·堯典》："日中星鳥，以殷仲春，厥民析，鳥獸孳尾。"孔安國傳："厥，其也。"吕校本"[illegible]"字録作"拒"。疑此字为衍文，乃下文"短"字之訛。"短"字俗或作"拉"，與"[illegible]"形近。①《吕氏春秋·任數》："耳目心智，其所以知識甚闕，其所以聞見甚淺。"高誘注："闕，短。"吕校本改《殘卷》"乇"字為"乚"，未詳所據。《説文》："厥，發石也。从厂，欮聲。"《殘卷》："㧾，居月反。……《説文》或厥，發石，其也，在厂部。"《名義》："厥，居越反。其也，短也。"

厎，之視反。《尚書》："乃言（五）厎可績。"王肅曰："庢，致也。"《毛詩》："靡所庢止。"傳曰："庢，至也。"又曰："周道如庢。"傳曰："厎，貢賦均也。"《左氏傳》："居卿以厎日。"杜預曰："厎，平也。"《尓雅》："厎，侍［待］。"郭璞曰："至之［亦］侍［待］也。"《国語》'……玄［矣］，虞［戾］久將厎'是也。《説文》："柔石也。"《蒼頡篇》："摩厲［厲］也。"②今並以厎厲為砥字，在石部。③

《尚書·舜典》："詢事考言，乃言厎可績三載，汝陟帝位。"孔安國傳："厎，致。"陸德明音義："厎，之履反。王云：'致也。'馬云：'定也。'本或作庢，非。"按："庢"與"厎""厎"同。《殘卷》"五"字與"厎"形近而誤衍。《詩經·小雅·祈父》："胡轉予于恤，靡所厎止？"毛傳："厎，至也。"陸德明音義："厎，瓜履反。"④《詩經·小雅·大東》："周道如砥，其直如矢。"毛傳："如砥，貢賦平均也。"《左傳·桓公十七年》："日官居卿以厎日，禮也。"杜預注："厎，平也，謂平厤數。"《爾雅·釋詁下》："頢、竢、替、戾、厎、止、徯，待也。"郭璞注："替、戾、厎者皆止也，止亦相待。"《國語·晉語四》："今戾久矣，戾久將厎。"韋昭注："厎，止也。"《説文》："厎，柔石也。从厂，氐聲。砥，厎或从石。"《殘卷》："砥，之視反。《尚書》：'砅砥砮丹。'孔安国曰：'砥細拎礪，皆〈磨〉石也。'《説文》亦庢［厎］字也。庢［厎］亦平也，直也，均也，〈在〉厂部也。"《名義》："厎，之視反。致也，平也，待也。"吕氏校釋："《殘卷》引《爾雅》作'待也'。"《玉篇》："厎，之視切，致也，至也，

---

① 清顧藹吉《隸辨·緩韻》："拉，《逢盛碑》：'命有悠拉。'按：《廣韻》：'拉，同短。'《書·堯典》：'日短星昴。'《古文尚書》作拉。《郭究碑》：'不夆拉祚。'短亦作拉。"
② 《慧琳音義》卷四一《大乘理趣六波羅蜜多經》卷一音義："砥掌，脂履反。杜注《左傳》云：'砥，平。'《蒼頡篇》云：'磨礪石也。'《説文》作：'厎，柔石也。從厂，氐聲。'"
③ 《名義》："砥，石次玉。砅，之視反。平也，直也，均也。"
④ 《抱經堂叢書》本作"之履反"。

均也，平也，又石聲。”

厱，來甘反。《説文》：“厱諸，治玉石也。”《字書》或為㱣［礛］字，在歺［石］部。①

《説文》：“厱，厱諸，治玉石也。从厂，僉聲。讀若藍。”《名義》：“厱，来含反。活玉名。”吕氏校釋：“《殘卷》作‘《説文》：“厱諸，治玉石也”’。《名義》當從改。”《新撰字鏡》：“厱，来甘反。諸，治玉石。”

王仁昫《刊謬補缺切韻·銜韻》（P.2011）：“礛，礛礷，青礪，可以攻玉。亦作厱。”《淮南子·説山》：“玉待礛諸而成器，有千金之璧，而無錙錘之礛諸。”高誘注：“礛諸，攻玉之石。……礛，廉，或直言蓝也。”“礛礷”“礛諸”並與“厱諸”同。吕校本作“或為殮字，在歹部”。“殮”與“厱”義不相協。《殘卷》字形似為“礆”字，“礆”同“險”，音義與“厱”不合，且字形晚出。

厲，力逝反。《尚書》：“予冈厲煞人。”孔安国曰：“厲，虐也。”《周礼》曰：“司厲掌盗賊之任器貨賄，辨其物。”鄭玄曰：“犯政為恶曰厲。”又曰：“山虞掌（常）山林之政令，物為之厲。”鄭玄曰：“每物為之藩界也。”鄭衆曰：“厲，遮迾守之也。”《毛詩》：“以謹醜厲。”傳曰：“厲，危也（也）。”又曰：“胡然厲矣。”傳曰：“厲，恶也。”又曰：“垂帶而厲。”傳曰：“帶之垂者也。”戔云：“如鞶，必垂厲以為餝。字當作裂。”《韓詩》：“厲，弥褻也。”②〈又〉曰：“在被［彼］淇厲。冰［水］絶石曰厲。”又曰：“翰飛厲天。厲，附也。”《槃［穀］梁傳》：“始厲樂矣。”劉兆曰：“厲，咸［減］略。”《論語》：“聽其之［言］也厲。”鄭（玄曰：“厲而不爽曰。”王逸曰：“厲，烈也。其味清烈也。”又曰：“神浮游以高厲。”）玄曰：“厲（玄），嚴愸也。”③《左氏傳》：“与其素厲，寧為无勇。”杜預曰：“厲，猛也。”《楚辞》：“厲而不爽。”王逸曰：“厲，烈也。其味清列［烈］也。”又曰：“神浮游以高厲。”王逸曰：“厲，高（曰）厲而遠

---

① 《殘卷》：“礛，力甘反。《淮南》：‘璧成器，礛之功。’許咊重曰：‘治玉之石也。’《埤蒼》：‘青礪也。’《説文》為㢝［厱］字，在厂部也。”《名義》：“礛，力甘反。青礪也。”

② 此義未詳，俟考。“弥”，疑當作“列”。

③ 《殘卷》此處有錯簡。“厲玄”之“玄”旁注删節符“ヾ”，當删。“厲，嚴愸［整］也”為前揭《論語》之鄭玄注。

行也。”《尔雅》：“厲，作也。”郭璞曰：“《穀梁傳》‘始厲樂矣’是也。”《方言》：“厲，為也。吴曰厲。”郭璞曰：“為亦作也。”又曰：“厲，今也（厲）。”《廣雅》：“厲，高也，上〈也〉，近也，合也，短也，方也。”《謚法》：“愎佷遂過曰厲。暴慢无親曰厲。煞戮不辜曰厲。不思［思］忘愛曰厲。”《説文》：“厲，摩石也。”野王案：今為礪字，在石部。① 涉水之厲為濿字，在水部。② 疾病之厲為厲［癘］字，在疒部。③

《尚書·梓材》：“予罔厲殺人。”孔安國傳：“我無厲虐殺人之事。”《周禮·秋官·司厲》：“司厲掌盜賊之任器貨賄，辨其物。”《周禮·秋官·序官》：“司厲下士二人，史一人，徒十有二人。”鄭玄注：“犯政爲惡曰厲。”《周禮·地官·山虞》：“山虞掌山林之政令，物爲之厲，而爲之守禁。”鄭玄注：“物爲之厲，每物有蕃界也。”又引鄭衆注：“厲，遮列守之。”《詩經·大雅·民勞》：“無縱詭隨，以謹醜厲。”毛傳：“厲，危也。”鄭玄箋：“厲，惡也。《春秋傳》曰：‘其父為厲。’厲，壞也。”《詩經·小雅·正月》：“今茲之正，胡然厲矣。”毛傳：“厲，惡也。”《詩經·小雅·都人士》：“彼都人士，垂帶而厲。”毛傳：“厲，帶之垂者。”鄭玄箋：“而厲，如鞶厲也，鞶必垂厲以為飾。厲字當作裂。”《詩經·衛風·有狐》：“有狐綏綏，在彼淇厲。”毛傳：“厲，深可厲之者。”④《文選·班固〈西都賦〉》：“聲激越，訾厲天。”李善注：“《韓詩》曰：‘翰飛厲天。’薛君曰：‘厲，附也。’”《毛詩》作“戾天”。《穀梁傳·隱公五年》：“初獻六羽，始厲樂矣。”范甯注：“言時諸侯僭侈，皆用八佾，魯於是能自減厲，而始用六。”《論語·子張》：“子夏曰：‘君子有三變：望之儼然，即之也温，聽其言也厲。”何晏集解引鄭玄曰：“厲，嚴正。”⑤《楚辭·招魂》：“露雞臛蠵，厲而不爽些。”王逸注：“厲，烈也。爽，敗也，楚人名羮敗曰爽。言乃復烹露棲之肥雞臛蠵鼊之肉，則其味清烈不敗也。”《楚辭·九歎·離世》：“情慌忽以忘歸兮，神浮遊以高厲。”王逸注：“言己心愁，情志慌忽，思歸故鄉，則精神浮遊，高厲而遠行也。”《爾雅·釋詁下》：“厲，作也。”

① 《殘卷》：“礪，力制反。《山海經》：‘崦嵫多礪砥。’郭璞曰：‘磨石精者為砥，麁者為礪。’野王案：所以磨刀者也。《尚書》‘若金用汝則［作］礪’是也。《説文》為厲字，在厂部。”《名義》：“礪，力制反。磨石。”

② 《殘卷》：“砅，理罽反。……今為厲字，在厂部。”《名義》：“砅，力罽反。度也，水至心為砅。濿，同上。”

③ 《名義》：“癘，力誓反。疫氣不知疾，恶疾也。”

④ 阮元《挍勘記》：“小字本、相臺本‘者’作‘旁’，閩本、明監本、毛本亦同。按：‘旁’字是也，‘者’是誤字。”

⑤ 《文選·潘勖〈策魏公九錫文〉》：“稜威南厲，術以殞潰，此又君之功也。”李善注引鄭玄《論語注》曰：“厲，嚴整也。”

郭璞注："《穀梁傳》曰：'始厲樂矣。'"《方言》卷六："厲、印、為也。甌越曰印，吴曰厲。"郭璞注："為亦作也。"又卷十二："厲，今也。"《廣雅·釋詁四》："厲，高也。"《廣雅·釋詁一》："厲，上也。"《廣雅·釋詁三》："厲，近也。"《廣雅·釋詁二》："厲，合也。"《廣雅·釋詁一》："厲，方也。"《殘卷》"短也"義未詳。"短"本作"短"，疑為"危"字之訛。《廣雅·釋詁一》："厲，危也。"《逸周書·謚法》："愎狠遂過曰厲。"《逸周書·謚法》："暴慢無禮曰厲。"《左傳·隱公三年》："又娶于陳，曰厲嬀。"孔穎達疏引《謚法》："暴慢無親曰厲。"《逸周書·謚法》："殺戮無辜曰厲。"《吕氏春秋·審分》："桀紂之臣不獨鄙，幽厲之臣不獨辟，失其理也。"高誘注："殺戮不辜曰厲。"《逸周書·謚法》："不思忘愛曰刺。"《史記正義》附《謚法解》："不思忘愛，刺。""刺""厲"音近義同。四部備要本《逸周書·謚法》："愎佷遂過曰刺。"《史記正義·謚法解》："愎很遂過曰剌。"《殘卷》作"厲"。《説文》："厲，旱石也。从厂，蠆省聲。"《名義》："厲，力遊反。今也，高也，上也，立也，方也，虐也，色也，恶也，附也，猛也，烈也，作也，合也，短也。""立"蓋"玄"字之訛，"玄"為衍文，《名義》誤。

蠇，《説文》亦厲字也。

《説文》："厲，旱石也。从厂，蠆省聲。蠇，或不省。"《名義》："厲，力遊[逝]反。今也，高也，上也，立也，方也，虐也，色也，恶也，附也，猛也，烈也，作也，合也，短也。蠇，同上。"

厤，來的反。《説文》："靡一治也。"《古文尚書》以此為磿[曆]象日月星辰之磿[曆]字，在日部也。[①]

《説文》："厤，治也。从厂，秝聲。"《殘卷》"靡一治也"疑當作"歷也，治也"。《莊子·天下》："惠施多方，其書五車，其道舛駁，其言也不中。厤物之意，曰：'至大無外謂之大一，至小無內謂之小一。'"陸德明音義："厤，古歷字，本亦作歷。"吕校本删"靡一"二字。《名義》："厤，来的反。治也。"

---

① 《名義》："曆，吕的反。象其分節。"

厩，舒里反。《説文》："厩，石利也。"

《説文》："厩，石利也。从厂，異聲。讀若枲。"《名義》："厩，舒里反。石利。""厩"字，《玉篇》"弋里切"，或誤為"式里切"，又誤為"舒里切"。王仁昫《刊謬補缺切韻·止韻》（P.2011）："枲，胥里反。……厩，石利。"

厗，徒泥反。《説文》："唐厗也。"《埤蒼》："厗，石也。"《字書》古文舒［銻］字也。[①] 鏞銻，火斉也。鏞銻，瓷也。在金部也。[②]

《説文》："厗，唐厗，石也。从厂，屖省聲。"《名義》："厗，徒泥反。石也，瓷也。"《新撰字鏡》："厗，徒泥反。厗也，省聲也。"[③]

厒，力荅反。《説文》："石聲也。"《字書》亦拉字也。拉亦摧也，在手部。[④]

《説文》："厒，石聲也。从厂，立聲。"《名義》："厒，力荅反。摧也。"《新撰字鏡》："厒，力立反。石聲。拉字，摧也。"

厓，午的反。《説文》："石地也。"

《説文》："厓，石地惡也。从厂，兒聲。"《名義》："厓，午的反。石地。"《新撰字鏡》："厓、𠩂，二形作，午的反。石地悪也。"《殘卷》《名義》脱"悪"字。

厪，奇禁反。《説文》："石地也。"

① 楊明明《原本〈玉篇〉殘卷隸定古文考釋四則》（《中國文字研究》2017年第1期）認為"'舒'當是'銻'字之訛"，其説可從。
② 《名義》："鏞，徒當反。銻也，犬［火］齊也。銻，徒奚反。鏞也。"
③ "厗也"當作"唐厗也"，"省聲也"為誤訓。
④ 《説文》："拉，摧也。从手，立聲。"字亦作"擠"。《名義》："擠，吕闔反。摺也，敗也，折也。"

《説文》："厱，石地也。从厂，金聲。讀若紟。"《名義》："厱，奇禁反。石地。"《新撰字鏡》："厱，奇禁反。石地。"

厞［䖵］，妨俱反。《說文》："石間見也。"

《説文》："䖵，石閒見。从厂，甫聲。讀若敷。"王仁昫《刊謬補缺切韻·虞韻》（P.2011）："敷，撫夫反。……䖵，石間見。"《名義》："䖵，妨俱反。石間見。"《新撰字鏡》："䖵，撫于反。石間〈見〉。"

厝，且洛反。《說文》："厲石也。《詩》云：他山也［之］古［石］，可以為厝。"今並為錯（右）右［石］〈字〉，在金部。①

《説文》："厝，厲石也。从厂，昔聲。《詩》曰：他山之石，可以爲厝。"《慧琳音義》卷八十《開元釋教録》卷六音義："措懷，麄故反。鄭注《周禮》云：'措猶頓也。'②又注《禮記》云：'施也。'③《説文》：'置也。從手，昔聲。'《録》文從厂作厝。顧野王云：'厝［厝］即厲石也。'"《名義》："厝，且洛反。厲石。"《新撰字鏡》："厝，又作，且故反。量也，買也，施也，安也。"

庬［厖］，□□□□□反。《說文》："石大也。"野王案：亦庬［庬］字也。庬［庬］亦厚也，豊［豐］也，在广部也。④

《殘卷》缺反切用字，吕校本補"莫江、莫項二"，可從。《殘卷》"庬"字下作"亡江、亡項二反"，《名義》《新撰字鏡》均作"莫江反"。

《説文》："厖，石大也。从厂，龙聲。"《殘卷》："庬［庬］，亡江、亡項二反。《毛詩》：'為下囯［國］駿庬［庬］。'傳曰：'庬［庬］，厚也。'……《方言》……

① 《殘卷》前一"右"字旁注删節符，當删。《名義》："錯，七各反，七故反。雜也，摩也，鏤也。"
② 《周禮·考工記·梓人》："苟積爾如委，則加任焉，則必如將廢措。"鄭玄注："措猶頓也。"
③ 《禮記·經解》："君子明於禮樂，舉而錯之而已。"鄭玄注："錯猶施行也。"
④ 《名義》："庬，亡江反。厚也，寵也，大也，有也。"

又曰：‘豊［豐］也，秦晉凡大皀謂之庞［庬］。’《説文》為庞［厖］字，在厂部。”名義》：“厖，莫江反。厚也，豊［豐］也。”《新撰字鏡》：“厖，莫江反。石大也。庬字同，㝵也，豊［豐］也。”

厌，諧來［夾］反。《説文》：“厌，廦也。”

《説文》：“厌，廦也。从厂，夾聲。”《名義》：“厌，諧夹反。廦。”《新撰字鏡》：“厌，諧夹反。辟［廦］也。”

厞，浮畏反。《尔雅》：“厞，隱也。”郭璞曰：“《儀礼》云‘厞用席’是也。”《楚辞》：“隱思君子［兮］厞側。”王逸曰：“厞，陋也。”或苇字，在巾部也。①

《説文》：“厞，隱也。从厂，非聲。”《爾雅·釋言》：“厞，隱也。”郭璞注：“《禮記》曰：‘厞用席。’”《楚辭·九歌·湘君》：“横流涕兮潺湲，隱思君兮陫側。”王逸注：“陫，陋也。”吕校本改“思”為“忠”，未詳所據。《名義》：“厞，浮畏反。隱也，陋也。”《新撰字鏡》：“厞，浮沸反。隱也，陋也。苇字。”

廦，孚赤反。《左氏傳》：“廦君之執事。”杜預曰：“廦，陋也。”《楚辞》：“扈江離与廦芷。”王逸曰：“廦，幽也。”野王案：幽亦隱蔽也。《礼記》曰“隱廦而後屨”是也。《説文》：“廦，仄也。”耶廦為僻字，在人部。②

《左傳·哀公七年》：“魯弱晉而遠吴，馮恃其衆而背君之盟，辟君之執事。”杜預注：“辟，陋。”《楚辭·離騷》：“扈江離與辟芷兮，紉秋蘭以為佩。”王逸注：“辟，幽也。”《禮記·玉藻》：“退則坐，取屨，隱辟而后屨。”鄭玄注：“隱辟，俛逡巡而退著屨也。”《説文》：“廦，仄也。从厂，辟聲。”《爾雅·釋訓》：“版版，盪盪，僻也。”郭璞注：“皆邪僻。”“耶廦”與“邪僻”音義同。《名義》：“廦，孚赤反。陋也，幽也，仄也。”《新撰字鏡》：“廦，孚赤反。陋也，幽也，隱敞［蔽］也，仄也，倚［僻］字。”

---

① 《名義》：“苇，浮畏反。隐也。”
② 《名義》：“僻，孚赤反。避。”

仄，庄䅗反。《尚書》："虞寀［舜］及［仄］微。"王肅曰："仄，陋也。"又曰："一人兊［冕］執鈗，立于及［仄］階。"孔安国曰："仄，階上也。"《左氏傳》："雀［崔］氏仄庄公于北郭。"杜預曰："仄，㾜［瘞］埋之也。"《說文》："傾側也。"《廣雅》："仄，陋［陿］也。"旁注之側為夨字，在夨部。①

《尚書·舜典》："虞舜側微，堯聞之聰明，將使嗣位。"孔安國傳："為庶人，故微賤。"孔穎達疏："不在朝廷謂之側，其人貧賤謂之微，居處褊隘故言陋。"《尚書·顧命》："一人冕執鋭，立于側階。"孔安國傳："側階，北下立階上。"吕校本脱"冕"字。《左傳·襄公二十五年》："崔氏側莊公于北郭。"杜預注："側，瘞埋之。"吕校本"瘞"作"㙯"，誤。《殘卷》"㾜"當為"㙯"字，與"瘞"同。《說文》："仄，側傾也。从人在厂下。"《廣雅·釋詁一》："仄，陿也。"吕校本"陿"作"陋"。《名義》："仄，庄䅗反。陋。"《新撰字鏡》："仄，阻力反。仄陃［陋］。"

厠，《字書》亦仄字也。

《說文》："厢，日在西方時側也。从日，仄聲。《易》曰：日厢之離。"《玉篇》："仄，壯力切，陋也，傾側也。厠，同上。"《新撰字鏡》："仄，阻力反。仄陃［陋］。厠，上字。"

医，《字書》亦仄字也。

《說文》："医，籒文从夨，夨亦聲。"《名義》："仄，庄䅗反。陋。医，同上。"

厭，於冄反。《左氏傳》："將以厭衆。"杜預曰："以厭衆心也。"《国語》曰："尭［克］厭帝心。"賈逵［逵］曰："厭，合。"《蒼頡篇》："伏令［合］人心也。"《廣雅》："厭，可也。"《說文》曰："笮［笮］。"野王案：鎮笮［笮］亦與壓字同，音於涉、於甲二反。壓，上［亦］服也，損也，降也，在圡部。② 飫飽

① 《名義》："夨，庄䅗反。傾頭。"
② 《名義》："壓，於甲反。損也，降也，塞也。"

之厭［猒］音於豔反，在其［甘］部。[①]厭厭安静音於詹反，為厭［懕］字，在心部。[②]按持之厭為厭［擪］字，音於簞、烏牒二反，在手部。[③]訓好為㱦字，音於類反，在女部。[④]

《殘卷》："猒，於豔反。〈《国語》：'猒邇〉逐遠。'野王〈案：猒〉猶足而不欲復為也。[⑤]《礼記》'猶［獨］樂其志，而［不］猒其道'是也。《尔雅》：'豫、射，猒也。'《方言》：'猒，安也。'郭璞曰：'〈物〉足則定也。'《說文》：'飽也。'《礼記》：'祭有陰猒，有陽〈猒〉，宗子為傷［殤］而犯［死］，庶子弗為後〈也〉。其吉祭持［特］〈牲〉，是謂陰猒；凡傷［殤］与无後者〈祭〉於宗子之家，是謂〈陽〉猒。'鄭玄曰：'猒，飫神也。'野王案：此字類甚多，音皆相似也。伏合人心，音於閑反，為厭字，在厂部；鎮恭［笮］之猒音於甲、於涉二反，為壓［壓］字，在土部。安静猒猒音於監［鹽］反，〈為懕〉字，在心部。厭著桉椅為厭［擪］字，音於類［頬］、於簞二反，在手部。"《左傳·昭公二十六年》："齊師圍成，成人伐齊師之飲馬于淄者，曰：'將以厭衆。'"杜預注："以厭衆心，不欲使知己降也。"《國語·周語下》："莫非嘉績，克厭帝心。"韋昭注："厭，合也。"《玄應音義》卷十五《五分律》卷一音義："厭蠱，於冉反，下《字林》音固。《說文》：'厭，合也。'《蒼頡篇》：'伏合人心曰厭。'"《廣雅·釋詁三》："厭，可也。"《說文》："厭，笮也。从厂，猒聲。一曰：合也。"《名義》："厭，於冄反。合也，可。又於甲反。降也，損也。"《新撰字鏡》："厭，央涉反。遠也，[illegible]也。側格〈反〉，又作迮。猒同，飽也，猶旵，字從广（广）。"[⑥]

产，之巖反。《說文》："产，仰［仰］也。一曰：屋梠也。秦謂之桷，㐱謂之产。"

《說文》："产，仰也。从人在厂上。一曰：屋梠也。秦謂之桷，齊謂之产。"《名

① 《名義》："猒，於艷反。女［安］也，飽也，安也。"
② 《殘卷》"厭厭"之後一"厭"字本為重文符"〻"，吕校本誤作"之"。《名義》："懕，於詹反。安静也，等也。"
③ 吕校本"於簞"誤作"於簞"。《名義》："擪，烏牒反。著也，持也，按也。"
④ 《名義》："㱦，烏頮反。好也。"
⑤ 《慧琳音義》卷二七轉録大乘基《法花音訓》："遭苦厭，於艷反。《玉篇》：'厭猶飽足而不欲復爲也。"又卷四《大般若波羅蜜多經》卷四〇二音義："厭食，伊焰反。顧野王曰：'厭，飽足也。'《說文》：'猒，飽也。'《禮記》曰：'獨樂其志，不猒其道也。'《說文》從甘，從肉，從犬，會意字也。"疑《殘卷》"足"當作"飽足"。
⑥ "厭"訓"笮"，"側格〈反〉，又作迮"蓋為"笮"字之音義。

義》："户，之嚴反。仰也。"

厧，都田反。《尔雅》："山厧，冢。"郭璞曰："謂山巔［顛］也。"野王案：此亦巔［顛］字也。《毛詩》"首陽之巔［顛］"是也，在真［頁］部。[①]木湏［頂］為槇字，在木部也。[②]

《爾雅·釋山》："山頂，冢。"郭璞注："山顛。"《慧琳音義》卷八八《法琳法師本傳》卷一音義："巔墜，上丁堅反。《爾雅》：'巔，頂也。'《廣雅》：'上也。'《考聲》：'末也。'又云：'殞也。'從山，顛聲。顛字正體右從頁，左從真，俗從二真，誤也。"《詩經·唐風·采苓》："采苓采苓，首陽之巔。"《名義》："厧，都田反。巔［顛］也。"吕校本"巔"字徑改作"顛"。《新撰字鏡》："厧、厦，二形同，都田反。山巔。"

厒，口荅反。《尔雅》："左〈右〉有岸，厒。"郭璞曰："夹山有岸也。"

《爾雅·釋山》："左右有岸，厒。"郭璞注："夾山有岸。"陸德明音義："厒，口閤切。"《名義》："厒，口荅反。"《新撰字鏡》："厒，口荅反。来［夾］山有崖。"

㕈，扵〈愷〉反。《廣雅》："㕈，藏也。"

《廣雅·釋詁四》："扆，藏也。"《名義》："㕈，扵〈愷〉反。藏。"吕氏校釋："此字反切下字缺，《殘卷》亦缺。《玉篇》作'於愷切'。"《新撰字鏡》："㕈，扵愷反。藏也。"按：可據《玉篇》《新撰字鏡》補"愷"字。

《箋注本切韻·尾韻》（S.2071）："扆，户牖間。依豈反。……㡊，藏。""㡊"與"㕈"同。

① 《名義》："顛，多堅反。額也，頂也，上也，山頂也。"
② 吕校本脱"為""也"二字。《名義》："槇，丁年反。杪也，木頂也。"

𤤬［厍］，蒲講反。《字書》："邑也周。"[1]野王案：《左氏傳》"作王宮于𤤬［厍］"是也。

《左傳·莊公二十一年》："虢公爲王宮于玤。"杜預注："玤，虢地。"《名義》："厍，蒲講反。周邑。"吕氏校釋："此字頭原作'琗'，為'玤'之訛字。厍同玤。"按：《名義》誤與《殘卷》同。此為"厂"部字，字當作"厍"。

㕟［㕟］，徒換反。《字書》古文段字也。段，推［椎］（椎）物也，在殳部。[2]

《説文》："段，椎物也。"《名義》："㕟［㕟］，徒换反。古段。"吕氏校釋："此字頭原訛。"按：此字頭原訛作"㕟"，與《殘卷》誤同。《玉篇》："㕟，徒亂切，古文段。"

𠩄，似亦反。《説文》古文席字也。㡍，苗也，在巾部。[3]

《説文》："席，籍也。《禮》：天子諸矦席有黼黻純飾。从巾，庶省。𠩄，古文席从石省。"《名義》："𠩄，似亦反。苗。"

厇，竹格反。《字書》亦磔字，磔，辜也，開〈也〉。（砮，石，可以為矢也），張也，在桀部。[4]

《慧琳音義》卷三七《廣大寶樓閣善住祕密陀羅尼經》下卷音義："磔開，上張革反。《廣雅》：'磔，張也。'《韻詮》云：'開也。'《字書》或從乇作厇。"《説文》："磔，辜也。""砮，石，可以為矢也"當為衍文，乃下"厬"字之釋義。《名義》："厇，

① 當作"周邑也"。
② 《殘卷》"推"為"椎"字之訛，"椎"又為"椎"字之誤重。《名義》："段，徒換反。推［椎］物。"
③ 《名義》："㡍，徐亦反。藉也。"
④ 《名義》："磔，竹挌反。辜也，張也，開也。"

竹格反。事也，開也，張也。”

厬［厬］，絮［絮］胡反。《字書》古文砮字也。砮，石，可以為矢鏃［鏃］也，在石部。①

《殘卷》：“砮，奴胡反。《尚書》：‘梁州貢砮［砮］砥砮丹。’孔安国曰：‘砮，石中矢鏃［鏃］。’古文為厬［厬］字，在厂部。”《説文》：“砮，石，可以為矢鏃。”《名義》：“厬［厬］，絮［絮］胡反。古絮也。遠也。”吕氏校釋：“‘古絮也’當作‘古砮字’。《名義》‘遠也’疑為誤訓。”按：“遠也”當為下“厚”字義羼入此處。

《殘卷》《名義》“絮胡反”當作“絮胡反”。

厜，都迴反。《漢書》：“鑿離厜。”晉灼曰：“堆字也。”野王案：堆，沙堆，高也，在土部也。②

《漢書·溝洫志》：“李冰鑿離㕒，避沫水之害。”顏師古注引晉灼曰：“㕒，古堆字也。㕒，岸也。”《史記·司馬相如列傳》：“觸穹石，激堆埼。”裴駰集解引郭璞曰：“堆，沙堆。”《慧琳》卷三二《如來莊嚴智慧佛境界》卷上音義：“堆𠂤，上對雷反。《考聲》云：‘土之高皃也。又聚也。’王注《楚辭》云：‘魁堆，高也。’郭注《上林賦》云：‘堆，沙堆也。’”《名義》：“厜，都迴反。堆反。”吕氏校釋：“厜同堆。《名義》‘堆反’為‘堆字’之誤。《殘卷》引晉灼曰：‘堆字也。’《名義》‘都迴反’疑當作‘都迴反’。”

厚，胡苟反。《毛詩》：“謂天盖高，不敢不跼；謂地盖厚，不敢不蹐。”野王案：厚者，不薄也。《考工記》：“弓人為弓，厚其液［液］。”鄭玄曰：“厚猶多也。”《左氏傳》：“厚將得衆。”杜預曰：“厚，土地廣大也。”《礼記》：“孔子曰：厚別也。”鄭玄曰：“厚猶遠也。”又曰：“以厚其別。”鄭玄曰：“重也厚［厚，

---

① 《名義》：“砮，怒胡反。矢鏃也。”

② 《名義》：“堆，都迴反。高也，隉［隉］也。垍，同上。”《慧琳音義》卷二四《四童子三昧經》卷中音義：“堆阜，上都迴反。王逸註《楚辭》云：‘堆，高土也。’郭璞：‘沙堆也。’”

重也］。”《說文》：“𡽕［山陵］之厚也。”古文為垕字，在土部。①

《詩經・小雅・正月》：“謂天蓋高，不敢不局。謂地蓋厚，不敢不蹐。”吕校本“盖”字改作“盍”。《玄應音義》卷十四《四分律》卷一音義：“親厚，古文垕，同，胡苟反。案：厚者，不薄也，重也。”《周禮・考工記・弓人》：“弓人爲弓，……厚其帤則木堅，薄其帤則需，是故厚其液而節其帤。”鄭玄注：“厚猶多也。”《左傳・隱公元年》：“子封曰：‘可矣，厚將得衆。’”杜預注：“厚謂土地廣大。”《禮記・坊記》：“子云：‘取妻不取同姓，以厚别也。’”鄭玄注：“厚猶遠也。”《禮記・曲禮》：“故日月以告君，齊戒以告鬼神，為酒食以召鄉黨僚友，以厚其别也。”鄭玄注：“厚，重慎也。”《殘卷》“重也厚”當作“厚，重也”。《説文》：“厚，山陵之厚也。从𣆪，从厂。垕，古文厚从后、土。”《殘卷》“𡽕”為“山陵”二字之誤合。《名義》：“厚，胡苟反。多也，远也，重也。”

〖高部第三百卌九　　凡七字〗

高，古豪反。《尚書》：“若升高必自下，若陟遐必自迩。”野王案：《周礼》“矢在侯高，則以並夹取之也”、《毛詩》“高山仰止”、《孝經》“高而不危”是也。《說文》：“高，崇也。”《廣［爾］雅》：“曾祖王父之考為高祖父。”郭璞曰：“高，之［言］取［冣］上也。”《漢書》：“羣臣曰：帝赴［起］細微，撥乱反正之［之正］，平乏天下，為漢太祖，功冣〈高〉。（《謚法》：“照公間民曰高。”）（尊）上尊号曰高皇帝。”《廣謚法》：“照公間民曰高也。”②

《尚書・太甲下》：“若升高必自下，若陟遐必自邇。”《周禮・夏官・射鳥氏》：“射鳥氏掌射鳥……射則取矢，矢在侯高，則以并夾取之。”《詩經・小雅・車舝》：“高山仰止，景行行止。”《孝经・諸侯章》：“在上不驕，高而不危。”《説文》：“高，

① 《名義》：“垕，胡狗反，厚。”
② 《舊唐書・職官志三》：“古有《周書・謚法》、《大戴禮・謚法》、漢劉熙《謚法》一卷，晉張靖《謚法》兩卷，又有《廣謚法》一卷，梁沈約總聚古今謚法，凡有一百六十五稱也。”吕校本誤將“皇帝”二字屬下讀，書名誤成“皇帝廣謚法”。

崇也。象臺觀高之形。从冂、口，與倉、舍同意。”《爾雅·釋親》：“曾祖王父之考爲高祖王父，曾祖王父之妣爲高祖王母。”郭璞注：“高者言最在上。”《漢書·高帝紀下》：“羣臣曰：‘帝起細微，撥亂世反之正，平定天下，為漢太祖，功最高，上尊號曰高皇帝。”《名義》：“高，古豪反。崇也，上也，遠也，敬也。”《名義》“遠也，敬也”義未見《殘卷》，疑《殘卷》有脱。《廣雅·釋詁一》：“高，遠也。”又：“高，敬也。”

《慧琳音義》卷二五轉録雲公《大般涅槃經音義》卷上：“憍慢貢高，今依《玉篇》，自恣爲憍，淩他曰慢，慢前爲貢，心舉曰高也。”

高，空井反。《説文》：“小堂。”或為𩑦［廎］字，在广〈部〉也。[①]

《説文》：“高，小堂也。从高省，冋聲。廎，高或从广，頃聲。”《殘卷》：“廎，空井反。《説文》亦高［高］字也。高［高］，小堂也，在高部。”《名義》：“高，空井反。小堂。”吕氏校釋：“此字頭原誤。”按：此字頭原誤作“高”。

亭，徒丁反。《墨子》：“俻城法：百步一亭，亭一尉。”《史記》：“亭疑法，奏讞疑事。”李奇曰：“亭，平也。”《漢書》：“大卛［率］十里一亭，亭有長，十亭一鄉。”《風俗通》：“謹案：《国語》有窩［寓］涇［室］，謂今亭也。漢家曰［回］奏［秦］，十里一亭，亭，畄也，平也。民有公訟，史［吏］畄平處，勿失其止［正］也。”《方言》：“楚東海之間亭父謂之亭公。”郭璞曰：“亭民也。”《説文》：“民所安定也。”《蒼頡篇》：“亭，定也。”為民除害也。《西京賦》：“狀亭亭以苕苕。”薛綜曰：“亭亭，正形；苢苢［苕苕］，高皀也。”

《太平御覽》卷二六九引《墨子》曰：“備城法：百步一亭，亭一尉焉。”《史記·酷吏列傳·張湯》：“乃請博士弟子治《尚書》《春秋》，補廷尉史，亭疑法，奏讞疑事。”裴駰集解引李奇曰：“亭，平也，均也。”[②]《漢書·百官公卿表上》：“大率十里一亭，

---

① 《名義》：“廎，空井反。小堂，高［高］也。”
② 《漢書·張湯傳》：“乃請博士弟子治《尚書》《春秋》，補廷尉史，平亭疑法。”顔師古注引李奇曰：“亭亦平也。”顔師古注：“亭，均也，調也。”據此，“均也”義不屬李奇，今本《史記》或有誤。

亭有長。十亭一鄉，鄉有三老、有秩、嗇夫、游徼。”《史記・高祖本紀》：“及壯，試為吏，為泗水亭長。”張守節正義：“《國語》有寓室，即今之亭也。亭長蓋今里長也，民有訟諍，吏留平辨，得成其政。”《太平御覽》卷一九四引《風俗通》曰：“謹案：《春秋國語》有寓望［室］，謂金［今］亭也，民所安定也。亭有樓，從高省，丁聲也。漢家因秦，大率十里一亭。亭，留也。今語有亭留、亭待，蓋行旅宿食之所館也。亭亦平也，民有訟諍，吏留辯處，勿失其正也。”“漢家因秦，十里一亭”，吕校本誤作“《漢書》曰：秦十里一亭”。《方言》卷三：“楚東海之間亭父謂之亭公。”郭璞注：“亭民。”《説文》：“亭，民所安定也。亭有樓。从高省，丁聲。”《文選・謝靈運〈道路憶山中〉》：“戰勝臞者肥，止監流歸停。”李善注引《蒼頡篇》曰：“亭，定也。”《玉篇》：“亭，大丁切，民所安定之，為除害也。《漢書》：‘大華亭，里一亭，有長。’留也。[①]”《文選・張衡〈西京賦〉》：“干雲霧而上達，狀亭亭以苕苕。”薛綜注：“亭亭、苕苕，高貌也。”《名義》：“亭，徒丁反。平，留也，㝎也。”吕氏校釋：“‘平’‘留’原皆誤。”按：“平”原誤作“[illegible]”，“留”原誤作“笛”。

亳，蒲各反。《尚書》：“將治亳殷。”野王案：殷之地名也。《説文》：“（地）京兆杜陵亭。”[②]

《尚書・盤庚上》：“盤庚五遷，將治亳殷。”《孟子・萬章上》：“《伊訓》曰：‘天誅造攻，自牧宫，朕載自亳。’”赵岐注：“亳，殷都也。”《説文》：“亳，京兆杜陵亭也。从高省，乇聲。”《玉篇》：“亳，步莫切，殷地名。”《名義》：“亳，蒱各反。殷地也。”

髝，力悼反。《埤蒼》：“髝髞，嵩［山高］皀也。”《字指》：“髝髞，牛馬高脚。”

《唐韻殘卷・号韻》（蔣斧印本）：“髝，髝髝［髞］，麁急皃。又音豋。”《龍龕》：“髝，澇、勞二音，髝髝，牛馬高脚也，又悪皃也。”《名義》：“髝，古豪反。崇也，

① 《漢書・百官公卿表》：“大率十里一亭，亭有長。”《漢書・高帝紀上》：“及壯，試吏，為泗上亭長。”顔師古注：“秦法：十里一亭。亭長者，主亭之吏也。亭謂停留行旅宿食之館。”《玉篇》有誤。

② 《殘卷》引《説文》“地”字旁注删節符“ﾐ”，當删。

上也，遠也，敬也。”吕氏校釋：“《殘卷》引《埤蒼》作‘山高皃’。《名義》誤將‘高’字義羼入此處。”

䫿，蕉悼反。《埤蒼》：“䫿䫿也。”

《名義》：“䫿，蕉悼反。高皃。”

䯲，但高反。《埤蒼》：“高也。”

《名義》：“䯲，但高反。高也。”△按：此應與“巢”音義略同。《廣雅·釋詁四》：“巢，高也。”王念孫疏證：“《小爾雅》：‘巢，高也。’《爾雅》：‘大笙謂之巢。’《鄉射禮》疏引孫炎注云：‘巢，高大也。’《説文》：‘鳥在木上曰巢。’又云：‘樔，澤中守草樓也。’‘轈，兵車高如巢目望敵也。’引成十六年《左傳》：‘楚子登轈車。’”“巢”“樔”“轈”“䯲”均有“高”義。

〖危部第三百五十　　凡四字〗

危，遇為反。《尚書》：“人心惟危。”孔安国曰：“危即難安也。”《周易》：“君子安不妄［忘］危，存不忘亡。”野王案：危，不安隉沅［阢］也。《考工記》：“凡弓属，亘其君之〈躬志慮血氣。〉豊［豐］安［肉］而短，若是者謂之危〻（不）弓〈〻〉為〻［之］安矛［矢］，骨直以（直）立者為之安〻弓〻為〈〻〉［之］危矢。”鄭玄曰：“危猶疾也。〈骨直〉謂[illegible]［強］〈毅〉。”[①]〈《論語》〉：“邦有道，危言危行。”何晏曰：“危，厲也。”《礼記》：“孔子曰：言不危行，行不危言。”鄭玄曰：“危猶高也。”又：“孔子曰：身可危也，志不可奪。”鄭玄曰：“危謂欲毀壞之也。”又：“孔子曰：升堂履危。”（正也。危，古文為屵［岊］字。）

---

① 《殘卷》此處有脱誤。“[illegible]”為“強”字草書，吕校本録作“治”，與下“邦有道”連讀。

鄭玄曰："危，棟上也。"[①]《說文》："在高而懼也。"《廣雅》："危，隤也。""危，正也。"危，古文為屉［㞿］字，在山部也。[②]

《尚書·大禹謨》："人心惟危，道心惟微。"孔安國傳："危則難安。"《周易·繫辭下》："是故君子安而不忘危，存而不忘亡，治而不忘亂，是以身安而國家可保也。"[③]《戰國策·西周策》："夫本末更盛，虛實有時，竊為君危之。"高誘注："危，不安也。"《釋名·釋言語》："危，阢也，阢阢不固之言也。"畢沅疏證引蘇輿曰："阢與杌同。《書·秦誓》僞孔傳：'杌隉，不安，言危也。'"《周禮·考工記·弓人》："凡為弓，各因其君之躬志慮血氣。豐肉而短，寬緩以荼，若是者為之危弓，危弓為之安矢。骨直以立，忿埶以奔，若是者為之安弓，安弓為之危矢。"鄭玄注："危、奔猶疾也。骨直謂強毅。"《殘卷》"危""弓"後為重文符號，當讀作"危弓，危弓"。"為"後之重文符（實非重文符）為"之"字之訛，當讀作"為之"。《論語·憲問》："子曰：'邦有道，危言危行。'"何晏集解引苞咸曰："危，厲也。"《禮記·緇衣》："可言也，不可行，君子弗言也；可行也，不可言，君子弗行也。則民言不危行，而行不危言矣。"鄭玄注："危猶高也。"《禮記·儒行》："身可危也，而志不可奪也。"鄭玄注："危，欲毀害之也。"《文選·韋孟〈諷諫〉》："彌彌其逸，岌岌其國。"李善注："應劭曰：'岌，欲毀壞之意。'……司馬彪以爲岋岋，危也。""岌"有"欲毀壞之意"，又有"危也"義。《禮記·喪大記》："皆升自東榮，中屋履危。"鄭玄注："危，棟上也。"《說文》："危，在高而懼也。從产，自卪止之。"《廣雅·釋言》："免，隤也。"王念孫疏證補正："諸書無訓免為隤者。免當為臽。臽，古陷字也。《說文》本作臽，隸或作臽，與免字上半相似，因譌而為免。"△按："免"當為"危"字之形近而訛。《希麟音義》卷四《守護國界主陀羅尼經》卷四音義："危險，上魚為反。《玉篇》云：'隤也。'《字書》云：'殆也。'《考聲》：'亦險也。'《字林》云：'從人，在厄上。'"《廣雅·釋詁一》："危，正也。"《名義》："危，遇為反。疾也，厲也，高也，隤也，正也。"

---

① 《禮記·喪大記》："皆升自東榮，中屋履危。""正也"當別為一義。此義見於本條下文，此處當刪。

② 吕校本"㞿"作"岔"。按："岔"為"㞿"之訛字。"ク"為"人"之變形。《殘卷》："屉［㞿］，五虧反。《聲題［類］》：'人在山上也。'以為古文危字，（危）在危部也。"《名義》："㞿，五虧反。㞿［危］字。"

③ 《册府元龜》卷二八七："臣聞《易》曰：'安不忘危，存不忘亡，是以身安而國家可保也。'"注："《易·下繫》之辭。"

頍，丘知反。《説文》："頍隔也。"野王案：頍，"滿即覆，中即正"是也。（《韓詩》為攲字，傾佤［厎］不正也。）《孫卿子》"桓公之廣［廟］（即）有頍器焉。虛即頍，滿即覆，中即正"是也。《韓詩》為攲字，〈傾佤［厎］不正也，〉在支部。

《説文》："頍，頍隔也。从危，支聲。"《太平御覽》卷四五八引《家語》曰："孔子曰：'吾聞右坐之器，滿則覆，虛則攲，中則正，有之乎？'"《荀子·宥坐》："孔子觀於魯，桓公之廟有攲器焉。……虛則攲，中則正，滿則覆。"《慧琳音義》卷二九《金光明最勝王經》卷九音義："鼻梁頍，下音欺。顧野王云：'頍，傾側不正也。'《説文》：'陋［隔］也。從危，支聲。'或從山作崎，或從器作𡬷，皆古字也。經文從奇作攲，非也。《孫卿子》曰：'桓公廟有頍器焉，虛則頍，滿則覆，中則平。'以誡於人也。"又卷三一《新翻密嚴經》卷二音義："頍危，上綺羈反。顧野王云：'頍，傾低不正也。'《孫卿子》云：'魯桓公之廟有頍器，虛則頍，滿則覆也。'《説文》：'從危，支聲。亦作攲。"△"低"或作"佤"，與《殘卷》"佤"形近，當是"厎"字之訛，與"側"音義同。《玉篇》"傾低不正"誤與此同，吕校本亦誤作"傾低不正也"。《慧琳音義》卷七七《釋迦方志》卷上音義："西攲，起宜反。顧野王云：'攲，不正也。亦作頍。'"《名義》："頍，立知反。隔也。攲字。"吕氏校釋："此處應與字頭連讀為'頍隔也'。'立知反'當從《殘卷》作'丘知反'。"

𩒾，牛结反。《周易》："国［困］于葛虆，于𩒾𩓋。"王弼曰："居不獲安，故曰于𩒾𩓋也。"《字書》亦隉字，元［危］，不安也，在阜部。① 或為𡷨字，在出部。②

《周易·困》："上六：困于葛藟，于臲卼。"王弼注："行則纏繞，居不獲安，故曰困于葛藟，于臲卼也。"陸德明音義："劓，徐魚器反。刖，徐五刮反，又音月。荀、王肅本'劓刖'作'臲𦤎'，云：'不安貌。'陸同。鄭云：'劓刖當為倪仉。'京作'劓劊'。案：《説文》：'劊，斷也。'……臲，五結反，王肅妍喆反。《説文》作劓，牛列反，薛同。卼，五骨反，又音月。《説文》作𡷨，云：'𡷨，不安也。'薛又作杌字，同。"王仁昫《刊謬補缺切韻·屑韻》（P.2011）："𩒾，𩒾𩓋，不安。亦作隉、𡷨。"《名義》："臲，牛结反。隉字。"吕氏校釋："'隉'字原訛。"按：此字原訛作"[illegible]"，當是

① 《名義》："隉，奥结反。危也。"
② 《名義》："𡷨，五结反。禾［不］案［安］也。"

“隉”字。

卼，五忽反。《尚書》：“邦之卼隉，曰繇一人。”孔安国曰：“阢隉，不〈安〉，ㄜ［言］危也。”

《尚書·秦誓》：“邦之杌隉，曰由一人。”孔安國傳：“杌隉，不安，言危也。”《名義》：“卼，五忽反。不安，言危也。”

〖石部第三百五十一　　凡一百六十字〗

石，時亦反。《尚書》：“開石和釣［鈞］，王府則有。”孔（子）安国曰：“金鐵曰石。供民噐用，通之使和平也。”又曰：“擊石、揥石，百獸率儛。”“青州貢恠石。”《周〈礼〉》：“雍州……其利冝玉石。”① 又曰：“以嘉石達疲民，凡民有罪……坐諸嘉石。以賥［肺］石達窮〈民〉，凡惸獨老弱欲復於上与未達，立於肺石。”鄭玄曰：“鍾太厚即如石，夘［叩］之无聲也。”《左氏傳》：“隫［隕］石于宋五，隫［隕］星也。”《史記》：“弃仇讎而淂石友［交］。”野王案：石猶望［堅］厚也。《家〈語〉》謂“淂未［米］一石”。野王案：石謂斛也。《漢書》有“百畒之牧［收］，不過百〈石〉”、“粟五千石”、“穀石七［五］錢”是也。《廣雅》：“石，祏［柘］也。”百廿斤之石為祏［柘］，（處）在示［禾］部也。②

《說文》：“石，山石也。在厂之下，囗，象形。”《尚書·五子之歌》：“關石和鈞，王府則有。”孔安國傳：“金鐵曰石。供民器用，通之使和平，則官民足。”吕校本“金鐵”之“鐵”（同“鐵”）誤作“鐵”（同“鐵”）。《尚書·舜典》：“夔曰：於予擊石、拊石，百獸率舞。”孔安國傳：“石，磬也。”《尚書·禹貢》：“海、岱惟青州。……厥貢鹽、絺，海物惟錯。岱畎絲、枲、鉛、松、怪石。”《周禮·夏官·職方氏》：

① 吕校本“周”誤作“圂”，與下文“雍州”連讀。
② 吕校本作“百廿斤之石為柘，在示部也”，“示”當作“禾”。《名義》：“柘，視亦反。百廿斤曰柘也。”

“正西曰雍州，其山鎮曰嶽山，其澤藪曰弦蒲，其川涇、汭，其浸渭、洛，其利玉石。”《周禮・秋官・大司寇》：“以嘉石平罷民，凡萬民之有罪過而未麗於瀍而害於州里者，桎梏而坐諸嘉石。……以肺石達窮民，凡遠近惸獨老幼之欲有復於上而其長弗達者，立於肺石。”鄭玄注：“嘉石，文石也。……肺石，赤石也。”《周禮・春官・典同》：“凡聲……薄聲甄，厚聲石。”鄭玄注：“鍾微薄則聲掉，鍾大厚則如石，叩之無聲。”《殘卷》當有脱誤。《左傳・僖公十六年》：“春，隕石于宋五，隕星也。”《史記・蘇秦列傳》：“此所謂弃仇讎而得石交者也。”《孔子家語・在厄》：“孔子厄於陳、蔡，從者七日不食，子貢以所齎貨竊犯圍而出，告糴於野人，得米一石焉。”《殘卷》“家”當作“家語”，吕校本又於“家”字前補“孔子”二字，似不必。《殘卷》“休”字、“緣”字下引《孔子家語》，均作“《家語》”。《漢書・食貨志上》：“今農夫五口之家，其服役者不下二人，其能耕者不過百畝，百畝之收不過百石。”《漢書・匈奴傳上》：“歲給遺我蘖酒萬石，稷米五千斛，雜繒萬匹，它如故約，則邊不相盜矣。”顔師古注：“稷米，稷粟米也。”《漢書・宣帝紀》：“比年豐，穀石五錢。”《廣雅・釋山》：“石，柘也。”王念孫疏證：“柘，曹憲音石。案：《説文》：‘柘，百二十斤也。’石訓為柘，義無所取，疑是‘袥’字之譌。卷一云：‘袥，大也。’石與碩同聲，碩亦大也。《漢書・匈奴傳》：‘石畫之臣。’鄧展注云：‘石，大也。’石畫即碩畫。”按：“柘”字不譌。《吕氏春秋・仲春》：“日夜分則同度量，鈞衡石，角斗桶，正權槩。”高誘注：“石，百二十斤。”《小爾雅・廣衡》：“斤十謂之衡，衡有半謂之秤，秤二謂之鈞，鈞四謂之石。”石合一百二十斤，正與《説文》之“柘”義同。《名義》：“石，時亦反。祐也。”吕氏校釋：“‘祐也’當作‘袥也’。”按：“祐也”當作“柘也”。

磺，孤並反。《説文》：“銅鐵樸也。”《廣雅》：“鐵樸謂之磺，鈆磺謂之鍾[鏈]。”[1]**又曰：“磺，强也。”**

《説文》：“磺，銅鐵樸石也。从石，黄聲。讀若穬。丱，古文礦。《周禮》有丱人。”《廣雅・釋器》：“鐵朴謂之礦，鉛礦謂之鏈。”《廣雅・釋詁四》：“礦，強也。”《名義》：“磺，孤並反。強也。礦，同上。”吕氏校釋：“‘礦’字原誤。”按：“礦”字原誤作“磺”。《類聚名義抄》：“金磺，《玉》云：‘強也。’”（157•1）又：“礦，《玉》云：‘同

① 吕校本誤作“鍾”。《廣雅・釋器》作“鏈”，曹憲音“連”。王念孫疏證：“鏈，通作連。《史記・貨殖傳》：‘江南出柟梓薑桂金錫連。’徐廣音義云：‘連，鉛之未鍊者。’《漢書・食貨志》：‘殽以連錫。’李奇注云：‘鉛錫樸名曰連。’”

上。’”（157•2）

碭，杜浪反。《説文》：“文石也。”《蒼頡篇》：“梁国𥑮碭縣（之）也。”

《説文》：“碭，文石也。从石，昜聲。”《殘卷》“𥑮”字上從“亡”，下從“石”，當與“砬”同。“砬碭”猶“芒碭”。《唐韻殘卷·宕韻》（蔣斧印本）：“宕，洞室。一曰過。徒浪反。……碭，石。又山名，縣名。在□［梁］郡。又音唐。”《漢書·高帝紀上》：“高祖隱於芒、碭山澤間。”顏師古注引應劭曰：“芒屬沛國，碭屬梁國，二縣之界有山澤之固，故隱其間。”《漢書·地理志下》：“梁國，……縣八：碭、甾、杼秋、蒙、已氏、虞、下邑、睢陽。”顏師古注：“碭，文石也，其山出焉，故以名縣。碭音唐，又音徒浪反。”吕校本“𥑮”録作“若”，改為“都”，未詳所據。《名義》：“碭，杜浪反。石也。”《類聚名義抄》：“碭，《玉》云：‘杜浪反。石也。’”（151•4）《殘卷》《名義》《類聚名義抄》“石也”似當作“文石也”。

碝，如兖反。《説文》：“石之次玉也。”或為瑌字，在玉部。①

《説文》：“碝，石次玉者。从石，耎聲。”《名義》：“碝，如兖反。玉也。”吕氏校釋：“《殘卷》引《説文》作‘石之次玉也’。《名義》誤省。”

砮，奴胡反。《尚書》：“梁州貢𥓓［砯］砭砮丹。”孔安国曰：“砮，石中矢鏃［鏃］。”古文為厬［厬］字，在厂部。②

《説文》：“砮，石可以爲矢鏃。从石，奴聲。《夏書》曰：梁州貢砮丹。《春秋國語》曰：肅慎氏貢楛矢石砮。”《尚書·禹貢》：“厥貢……礪、砥、砮、丹。”孔安國傳：“砮，石中矢鏃。”孔穎達疏：“《魯語》曰：‘肅慎氏貢楛矢石砮。’賈逵云：‘砮，矢鏃之石也。’”吕校本“𥓓”録作“砯”。△按：“砯”字晚出，《名義》未收。

① 《名義》：“瑌，如兖反。瑌，同上。”

② 《殘卷》：“厬［厬］，絮胡反。《字書》古文砮字也。砮，石可以為矢鏃也，在石部。”《名義》：“厬，絮［絮］胡反。古絮［砮］也。遠也。”

“𥑥”當為“砅”之形近而訛，“砅”同“礪”。《名義》：“砮，怒胡反。矢鏃也。”呂氏校釋：“《殘卷》引《尚書》偽孔傳作‘石中矢鏃也’，即可以作矢鏃的石頭。《名義》誤省。”

礜，餘庶反。《山海經》：“睪［臯］塗山多礜石，可以毒魚［鼠］。”郭璞曰：“今礜石煞（心）鼠，蠶食之而肥也。”

《說文》：“礜，毒石也，出漢中。从石，與聲。”《山海經・西山經》：“西南三百八十里曰臯塗之山，……有白石焉，其名曰礜，可以毒鼠。”郭璞注：“今礜石殺鼠，音豫，蠶食之而肥。”《淮南子・說林》：“人食礜石而死，蠶食之而不飢。”高誘注：“礜石出陰山，一曰：能殺鼠。”《名義》：“礜，餘鹿反。”呂氏校釋：“《殘卷》作‘餘庶反’。”按：《名義》“鹿”乃“庶”字之訛。《倭名類聚鈔》卷一：“《唐韻》云：‘礜石，藥石也。’音與。《本草》云：‘一名澤乳，蚕食之肥，鼠食之死。’”《唐韻殘卷・御韻》（蔣斧印本）：“豫，……羊洳反。……礜，礜石，藥名。蠶食之肥，鼠食死。”

磏，力兼反。《管子》：“座［痤］痽［疽］之磏石。”野王案：《說文》：“厲石，赤色也。”《呂氏春秋》“傅［搏］懼［攫］即强［殪］，中木即碎，此所以知磏”是也。

《管子・法法》：“故赦者，犇馬之委轡；毋赦者，痤雎之礦［磏］石也。”《說文》：“磏，厲石也。一曰：赤色。从石，兼聲。讀若鎌。”《呂氏春秋・決勝》：“若鷙鳥之擊也，搏攫則殪，中木則碎，此以智得也。”《殘卷》當有誤。《名義》：“磏，力兼反。石赤也。”

碣，渠桀反。《尚書》：“夹石［右］碣石入于河。”孔安国曰：“海畔山也。”《說文》：“特立石也。東海有碣石。”

《尚書・禹貢》：“夾右碣石入于河。”孔安國傳：“碣石，海畔山。”《說文》：“碣，特立之石，東海有碣石山。从石，曷聲。”《名義》：“碣，渠桀反。時［特］立。”呂氏校釋：“《殘卷》引《說文》作‘特立石也’。《名義》‘時立’誤。”

𥗒［𥗒］，《説文》古文碣字也。

《説文》："碣，特立之石，東海有碣石山。从石，曷聲。𥗒，古文。"《名義》："碣，渠桀反。時立。𥗒，同上，古文。""𥗒"字呂校本作"礓"。按：當作"𥗒"。

礙［碫］，都段反。《毛詩》："取厲取礙［碫］。"傳曰："礙［碫］，石也。"戔云："可［所］以為㱭質也。"《説文》："《春秋》：鄭公孫礙［碫］字石。"或為㱭字，在阜部也。①

《詩經·大雅·公劉》："涉渭為亂，取厲取鍛。"毛傳："鍛，石也。"鄭玄箋："鍛石，所以為鍛質也。"陸德明音義："鍛，本又作碫，丁亂反。鍛，石也。《説文》云：'碫，厲石。'《字林》：'大喚反。'"《説文》："碬［碫］，厲石也。从石，叚［段］聲。《春秋傳》曰：鄭公孫碬［碫］，字子石。"《名義》："碫，都段反。石也。"

碧，居隴反。《説文》："水邊石也。《春秋傳》'闕碧之甲'是也。"

《説文》："碧，水邊石。从石，巩聲。《春秋傳》曰：闕碧之甲。"《左傳·昭公十五年》："闕鞏之甲，武所以克商也。"杜預注："闕鞏國所出鎧。"《名義》："碧，居隴反。水邊石。"

礫，力的反。《楚辞》："瓦礫進寶，損［捐］弃随和。"《説文》："小石也。"

《楚辭·九懷·株昭》："瓦礫進寶兮，捐弃隨和。"《説文》："礫，小石也。从石，樂聲。"《慧琳音義》卷二七轉録大乘基《法花音訓》："瓦礫，力的反。《説文》《玉篇》：'小石也。'《切韻》：'沙也。'"又卷三七《陀羅尼集》卷十音義："瓦礫，下零的反。《楚辭》云：'瓦礫進而寶玉捐棄也。'《説文》云：'礫，小石也。從石，

---

① 《殘卷》："㱭，都館反。《埤蒼》：'晉大夫子㱭也。'《字書》或碫字也。碫，石可以為鍛質者，在石部。"《名義》："㱭，都館反。礙［碫］字。"

樂聲也。’”吕校本作“損弃隨和”。《名義》：“礫，力的反。小石。”

𥗺，《字書》亦礫字也。

《名義》：“礫，力的反。小石。𥗺，同上。”《慧琳音義》卷十六《阿閦佛國經》卷上音義：“礫石，吕的反。《説文》：‘礫，小石也。’《字書》亦作𥗺也。”

磧，且磨［磿］反。《説文》：“水渚有石也。”野王案：《上林賦》“下磧〈礫〉之坻”是也。《廣雅》：“磧，瀨也。”水秏［淺］石見也。

《説文》：“磧，水陼有石者。从石，責聲。”《晉書・王濬傳》：“吴人於江險磧要害之處，並以鐵鎖横截之，又作鐵錐長丈餘，暗置江中，以逆距船。”何超音義：“磧，七迹反，蒼歷反。《字林》云：‘磧，小［水？］渚有石也。’”《慧琳音義》卷九七《廣弘明集》卷十音義：“磧礫，上清迹反，下零的反。顧野王云：‘磧礫之坻也。’《廣雅》云：‘磧謂水淺石見也。’”今本《文選・上林賦》作“磧歷”，《史記・司馬相如列傳》《漢書・司馬相如傳》同，然《文選・左思〈吴都賦〉》《文選・江淹〈雜體詩〉》李善注引《上林賦》並作“磧礫”。《玄應音義》卷十九《佛本行集經》卷十七音義：“大磧，且歷反。《説文》：‘水渚有石曰磧。’《廣雅》：‘瀨也。’水淺石見也。”《廣雅・釋水》：“湍，瀨也。磯，磧也。”“水淺石見也”，吕校本作“水耗石見也”。《名義》：“磧，且歷反。瀨也。”

磙，徒對反。《漢書》：“星礫至即磙也。”如淳曰：“磙亦墮也。”《説文》：“磙，墮。”

《漢書・天文志》：“星磙至地則石也。”顏師古注引如淳曰：“磙亦墜也。”《説文》：“磙，陊也。[1]从石，豙聲。”《慧琳音義》卷一《大唐三藏聖教序》音義：“業墜，下除類反。《爾雅》：‘墜，落也。’《廣雅》：‘失也。’《説文》作隊：‘從高墮也。從阜，豙聲也。’或從石作磙。”《名義》：“磙，徒對反。墮也。”

---

① 段注本“陊”作“陊”，云：“陊者，落也。磙與隊音義同。隊者，从高隊也。《廣韻》曰：‘磓磙，物墜也。’”

碑，彼媯反。《礼記》："公室視豊［豐］碑。"鄭玄曰："豊［豐］碑，斵［斲］大木為之，形如今石碑，扵椁前後四角樹之，穿中扵間為鹿盧，下棺以其繂繞之，天子〈六〉𩌏四碑，前後各重鹿也盧［盧也］。"《說文》："臥［豎］石也。"《釋名》："石碑夲葬［葬］時所設以下棺，臣子追述君父之功美，以書其上，後人因，无故［故无］建之道陌之頭，銘吉文就，謂之碑也。"野王案：《三輔舊事》"漢惠帝為四晧作碑，在其隐處"是。

《禮記·檀弓》："公室視豐碑。"鄭玄注："豐碑，斲大木為之，形如石碑，於槨前後四角樹之，穿中於間為鹿盧，下棺以繂繞。天子六繂四碑，前後各重鹿盧也。"《殘卷》"斵"字從亶，從斤，當為"𣃔"之訛字，"𣃔"同"斲"。《龍龕》："𣃔、斵、斱，三俗；斵，或作；斲，正。竹角反，削也，亦斫属也。""𩌏"字從革，率聲，當與"繂"同。《説文》："碑，豎石也。从石，卑聲。"桂馥義證："《玉篇》：'碑，銘石，又臥石。'馥案：'臥'當爲'豎'。豎石，謂宫廟之碑；銘石，謂墓隧之碑。"按：《蔡湛碑》："琹銘樹石。""琹銘"猶"銘石"，"樹石"猶"豎石"。《殘卷》"臥"蓋"豎"字之殘。《釋名·釋典藝》："碑，被也。此本葬時所設也，施其轆轤，以繩被其上，以引棺也。臣子追述君父之功美，以書其上，後人因焉，故無建於道陌之頭，顯見之處，名其文就，謂之碑也。"吕校本"功美"之"美"誤屬下讀。《太平御覽》卷四三引《高士傳》曰："高車山上有四皓碑及祠，皆漢惠帝所立也。"《慧琳音義》卷八九《高僧傳》卷六音義："碑文，上彼眉反。……《釋名》云：'碑，述君父之功美德，以書其上。'漢惠帝為四皓立碑。"《名義》："碑，彼媯反。臣子追述君父功。"吕氏校釋："《殘卷》引《釋名》曰：'石碑本葬時所設，以下棺。臣子追述君父之功美，以書其上。後人因無故建之道陌之頭，銘吉文，就謂之碑也'。《名義》誤省。"

磒［碵］，尤粉反。《尔雅》："碵，落也。"郭璞曰："碵猶隕也，方俗異語有輕重耳也。"

《説文》："碵，落也。从石，員聲。《春秋傳》曰：碵石于宋五。"《左傳·僖公十六年》："春，隕石于宋五，隕星也。"《爾雅·釋詁上》："隕，碵，落也。"郭璞注："碵猶隕也，方俗語有輕重耳。"《名義》："磒［碵］，尤粉反。落也。"又："殞，為閔反。殁也，墜也，落也。碵也。"

硋，山栢反。《説文》："猝［碎］（也。）石墮聲也。"

《説文》："硋，碎石隕聲。从石，炙聲。"《名義》："硋，山栢反。捽。"

△按：此字形、音、義均待詳考。

王仁昫《刊謬補缺切韻·旨韻》（P.2011）："几，居履反。……硋，石墮聲。"裴務齊正字本《刊謬補缺切韻·旨韻》："几，居履反。……硋，石墮聲。"《廣韻·旨韻》："硋，石墮聲也。"音"居履切"。

裴務齊正字本《刊謬補缺切韻·陌韻》："索，所戟反。……碎石堕聲。"《唐韻殘卷·陌韻（蔣斧印本）："索，求也。或作索。所戟反。……硋，碎石墮地聲。出《説文》也。"《廣韻·陌韻》："硋，碎石隕聲。"音"山戟切"。《集韻·陌韻》："硋，《説文》：'碎石隕聲。'或从阜。"音"色窄切"。

《集韻·旨韻》："硋，石墮聲。"音"矧視切"。

《集韻·止韻》："碳，石墮聲。"音"牀史切"。

就字形而言，《集韻》"硋""碳"均當為"硋"字之形訛。

就讀音而言，"山栢反"或誤為"山指反"，故《集韻》作"矧視切"；"山栢反"或作"尸栢反"，"尸栢反"或誤作"居指反"，故《廣韻》音"居履切"。

就意義而言，諸書未見"猝也"之義訓，"猝"當為"碎"字之形訛。"硋"當訓為"碎石隕聲"。

《名義》字頭原作"[illegible]"。

硞，苦學反。（《尓雅》："硞［硈］，革［鞏］也。"郭璞曰："硞［硈］，狀固也。"）《説文》："石聲也。"

△此條蓋以"硞""硈"形近而誤合爲一條，今析爲兩條。

《爾雅·釋言》陸德明音義："硈，苦角反。"[①]按：音"苦角反"，則其字當從"告"。《説文》："硞，石聲。从石，告聲。"《説文》"硞"當與"嚳"音義同。

硈，苦學［八］反。《尓雅》："硞［硈］，革［鞏］也。"郭璞曰："硞［硈］

① 《爾雅·釋詁》："劼，固也。"陸德明音義："劼，苦黠反，郭苦八反。或作硈字，古黠反。"

状［肰］固也。"《説文》："石聲［堅］也。"

《爾雅·釋言》："硈，鞏也。"郭璞注："硈然堅固。"王仁昫《刊謬補缺切韻·黠韻》（P.2011）："䂴，苦八反。……硈，石狀。亦作矻。"《説文》："硈，石堅也。从石，吉聲。一曰：突也。"《名義》："硞，苦學反。革也。"吕浩校釋："《殘卷》引《爾雅》作'鞏也'。《名義》誤。"按：《名義》之誤與《殘卷》同。

矻，《字書》亦硈字也。

《名義》："硞，苦學反。革也。矻，同上。"《類篇·石部》："矻，苦骨切，石也。又丘八切，固也。一曰石堅。"《龍龕》："矻，或作；硈，今。苦八反，石狀也。"

礐，口學反。《尒雅》："角謂之礐。"郭璞曰："〈治樸〉之名也。"《説文》："石聲。"《埤蒼》為鱟［觷］字，在魚［角］部。①山多大石為嶨字，在山部。②

《爾雅·釋器》："象謂之鵠，角謂之觷，犀謂之䚡，木謂之剫，玉謂之雕。"郭璞注："五者皆治樸之名。"《殘卷》當有脱誤。《説文》："礐，石聲。从石，學省聲。"吕校本作"《埤蒼》為鱟字，在魚部"。按：《名義》："鱟，胡搆反。十二足，似蟹，足腹，子麻醬，甚珎。"與"礐"音義俱異。《名義》："礐，口學反。石聲。"

硠，力唐、力蕩二反。《説文》"石聲也。"（是也。）《廣雅》："硠硠，堅也。"

《説文》："硠，石聲。从石，良聲。"《廣雅·釋訓》："硠硠，堅也。"曹憲音"郎，又力蕩"。《慧琳音義》卷九六《弘明集》卷八音義："硠礰，上朗當反。《廣疋》云：'硠，堅也。'石聲也。《説文》從石，良聲。"《名義》："硠，力唐反。石聲也。"

① 《名義》："觷，口學反。治角也。"
② 《殘卷》："嶨，苦學、胡角二反。《尒雅》：'山多大石曰嶨。'郭璞曰：'山多磐石也。'或為礐字，在石部也。"《名義》："嶨，胡角反。山多石。"

磕，苦闔反。《説文》："石聲也。"一曰：硠磕。

《説文》："磕，石聲。从石，盍聲。"《名義》："磕，苦闔反。石聲。"

磿［曆］，力狄反。《周礼》："及窆抱麻［曆］，（上）供〈丘〉蘢［籠］及蜃車之役。"鄭衆曰："抱曆，曆下車也。"鄭玄曰："適磿［曆］，〈執〉綍者名也。"《〈説〉文》："磿［曆］，石聲也。"野王案：磿磿［曆曆］，小聲也。《琴摻［操］》"許由挂瓢，磿磿［曆曆］有聲"亦是也。

《周禮·地官·遂師》："大喪，使帥其屬以幄帟先，道野役。及窆抱曆，共丘籠及蜃車之役。"鄭玄注引鄭衆云："抱曆，曆下車也。"又鄭玄注："曆者，適歷，執綍者名也。"陸德明音義："抱曆，劉音歷。"《殘卷》"上"當作"丘"，當置於"蘢"字之上。《説文》："曆，石聲也。从石，厤聲。"《太平御覽》卷四七八引《琴操》曰："許由無有杯器，手掬水。人見由無器，以瓠瓢遺之。由操飲，飲訖，掛以樹枝，風吹樹動，有歷歷聲。"《名義》："磿［曆］，力狄反。石聲。"

硻，口耕反。《淮南》："唐〈碧〉硻（堅）力［刃］之頪［類］。"許𪉖重曰："硻，堅也。"《説文》："餘堅也。"

《淮南子·修務》："唐碧堅忍之類，猶可刻鏤（揉）以成器用，又况心意乎？"高誘注："唐碧，石似玉，皆堅鑽之物。"《殘卷》脱"碧"字，衍"堅"字。《説文》："硻，餘堅者。从石，堅省。"《名義》："硻，口秤反。堅。"吕校本"秤"徑改作"耕"。

砢，力可反。《説文》："磊砢也。"野〈王案〉：累石之皀也。《上林賦》"水石［玉］磊砢"是也。《字書》："衆石也。"

《説文》："砢，磊砢也。从石，可聲。"《慧琳音義》卷十六《文殊師利所説不思議佛境界經》卷上音義："磊砢，雷罪反，下勒可反。《説文》：'磊砢，衆石皃也。'"①《文選·司馬相如〈上林賦〉》："蜀石黄碝，水玉磊砢。"《史記》《漢書》同，《殘卷》當有誤。王仁昫《刊謬補缺切韻·哿韻》（P.2011）："砢，磊砢，石衆。"《名義》："砢，力可反。累名［石］也。"吕氏校釋："《殘卷》作'野王案，累石之皃也'。《名義》誤。"

磛，仕咸反。《説文》："磛，礹也。"野王案：此亦嶄字也，高峻之皀也，在山部。②

《説文》："磛，礹石也。从石，斬聲。"《名義》："磛，仕咸反。峻。"

礹［礹］，雅芠反。《説文》："山皀也。"野王案：此亦巖字也，在山部。③

《説文》："礹，石山也。从石，嚴聲。"《名義》："礹［礹］，雅芠反。巖。"吕氏校釋："'雅'字原訛。"按："雅"字原訛作"𨾴"。

磬，苦革反。《説文》："堅也。"④

《説文》："磬，堅也。从石，殸聲。"《名義》："磬，苦革反。堅。"

磽，苦交反。《国語》："務處磽瘠。"野王案：磽，堅也。地〈堅〉則瘦，小［不］宜在［五］𣪠［穀］。《啚［孟］子》"地有肥磽"是也。《説文》："磽，磬也。"

---

① 《説文》："砢，磊砢也。"又："磊，眾石也。"
② 《殘卷》："嶄，仕咸反。《毛詩》：'嶄嶄之石。'傳曰：'石山高峻之皀也。'《廣雅》：'嶄嶄，高也。'《説文》為磛字，在石部也。"《名義》："嶄，仕咸反。峻也。"
③ 《殘卷》："巖，牛芠反。……或為礹字，在石部。"《名義》："巖，中［牛］芠反。岑［峯］。"
④ 《殘卷·石部》"凡一百六十字"，實存151字，缺9字。《名義》"礹""磽"之間有"磬"字，今據補。《殘卷》"磽"字下引《説文》："磽，磬也。"又"确"字下引《説文》："确，磬也。"引《聲類》："磽确，磬薄也。"足證《殘卷》當收"磬"字，今本蓋脱。

《國語·楚語上》："其日不廢時務，瘠磽之地於是乎為之。"《殘卷》所據未詳。《慧琳音義》卷七二《阿毗達磨顯宗論》卷二三音義："磽确，上巧交反，下腔角反。顧野王云：'磽，堅也。《孟子》云"地　有肥磽"是也'。《淮南子》云：'爭處磽确也。'《聲類》云：'磽确，磬薄也。'"《殘卷》蓋誤《淮南子》為《國語》。《殘卷》引野王案語當有誤。《慧琳音義》卷六十《根本説一切有部毘奈耶律》卷四音義："磽确，上巧交反，下苦角反。《聲類》云：'磽确，磬薄也。'顧野王云：'磽，堅也。地堅則瘦，不宜五穀也，瘠薄也。'"又卷六二《根本説一切有部毘奈耶雜事律》卷三七音義："磽确，上巧交反，下腔角反。顧野王云：'磽，堅也。地堅則瘦，不宜五穀。'《孟子》云：'地有肥磽也。'《聲類》云：'磽确，磬薄也。'""地堅則瘦，不宜五穀"，吕校本作"地則瘦瘠，在殷"，恐非。《説文》："磽，磬石也。从石，堯聲。"《名義》："磽，苦交反。堅。"

确，胡角反。《淮南》："争處磽确而以封畔相讓。"《説文》："确，磬也。"《聲類》："磽确，磬薄也。"或埆字，（土）[①] 在土部。[②]

《淮南子·原道》："昔舜耕於歷山，朞年而田者争處墝埆，以封壤肥饒相讓。"王念孫《讀書雜志》："封壤二字義不相屬，封壤本作封畔，此後人以意改之也。封畔皆謂田界也。《周官·保章氏》注、《吕氏春秋》孟春、樂成二篇注竝云：'封，界也。'《説文》：'畔，田界也。'《史記·五帝紀》：'舜耕歷山，歷山之人皆讓畔。'本出《韓子·難一》。《大雅·緜》傳亦云：'耕者讓畔。'封畔與肥饒相對爲文。下文'以曲限湥潭相予'，曲限、湥潭亦相對爲文。《覽冥篇》云：'田者不侵畔，漁者不争隈。'此云：'田者以封畔肥饒相讓，漁者以曲隈湥潭相予。'其義一也。《太平御覽·皇王部六》、《爾雅·釋草》疏引此竝作'封畔'。"《殘卷》作"封畔"，與王説合。《説文》："确，磬石也。从石，角聲。"《殘卷》引《聲類》内容見"磽"字條下引《慧琳音義》。《名義》："确，胡角反。磬也。"

㱿，《説文》亦确字也。

《説文》："确，磬石也。从石，角聲。㱿，确或从㱿。"《名義》："确，胡角反。

---

① 《殘卷》"土"字旁注删節符"ミ"，當删。
② 《名義》："埆，胡角反。磽也。"

礊也。㲄，同上。”

硪，冝倚反。《楚辞》：“嶔崖﨑峨。”王逸曰：“山阜隅隈也。”《説文》：“石巖也。”

《楚辭·招隱士》：“嶔崟碕礒兮碅磳磈硊。”王逸注：“山阜㟪嵎崔巍嵯嵃也。”吕校本改“隅隈”為“㟪隅”。按：《廣雅·釋丘》：“陬、隅，隈也。”據此，則“隅隈”與“㟪隅”義同。《説文》：“硪，石巖也。从石，我聲。”《名義》：“硪，冝倚反。巖。”

碞，牛咸、午金二反。《尚書》：“𩓐［顧］畏于民碞。”孔安国曰：“碞，僣［僭］差。”

《説文》：“碞，磛嵒也。从石、品。《周書》曰：畏于民碞。讀與巖同。”《尚書·召誥》：“王不敢後，用，顧畏于民碞。”孔安國傳：“王為政當不敢後，能用之士必任之為先。碞，僭也。又當顧畏於下民僭差禮義。能此二者，則德化立，美道成也。”《名義》：“碞，午咸反。僭差。”

碎，蘓續反。《淮南》：“𠦒［事］碎難治，法〈煩〉難行。”《説文》：“碎，靡也。”《廣雅》：“碎，壞也。”“碎，散也。”或為𤬪［𤬪］字，在瓦〈部〉。①

《淮南子·泰族》：“夫事碎難治也，法煩難行也，求多難贍也。”《説文》：“碎，䃺也。从石，卒聲。”《廣雅·釋詁一》：“碎，……㪚，壞也。”《廣雅·釋詁三》：“碎，散也。”“㪚”“散”即“散”字。《名義》：“碎，蘓續反。壞也，散也。”《類聚名義抄》：“碎，《玉》云：‘壞也。’”（153•6）

按：“𤬪”為“𤬴”之異構字。

---

① 此字《續修四庫全書》本漫漶，黎本作“𤬪”，左旁為“瓦”之俗字，右旁為“卒”之俗字。《名義》：“𤬴，桒對反。碎字。破也。”

破，普餓反。《毛詩》："矢舍而破。"戔云："發矢即中，如椎破物也。"《礼記》："孔子曰：君子……語小，天下莫能破焉。"《說文》："破，碎也。"《廣雅》："破，壞也。"

《詩經·小雅·車攻》："不失其馳，舍矢如破。"鄭玄箋："御者之良，得舒疾之中；射者之工，矢發則中，如椎破物也。"《禮記·中庸》："故君子語大，天下莫能載焉；語小，天下莫能破焉。"《說文》："破，石碎也。从石，皮聲。"《廣雅·釋詁一》："破，壞也。"《名義》："破，普餓反。壞也。"

硩，天歷、劮［勑］列二反。《周礼》："硩菲［蔟］氏掌覆妖鳥之巢。"《說文》："山［上］擿山巖空〈青〉。"（字同，閡，外閡門也，在門部。）①

《周禮·秋官·硩蔟氏》："硩蔟氏掌覆夭鳥之巢。"鄭玄注："夭鳥，惡鳴之鳥，若鴞鵩。""夭鳥"與"妖鳥"同。《周禮·秋官·庭氏》："庭氏掌射國中之夭鳥。"《周禮·秋官·序官》："庭氏下士一人，徒二人。"鄭玄注："庭氏主射妖鳥，令國中絜清如庭者也。"《說文》："硩，上摘巖空青珊瑚墮之。从石，折聲。《周禮》有硩蔟氏。"《名義》："硩，天歷反。距也，閡也。"吕氏校釋："'閡'字原誤。'距也，閡也'為'礙'字義，此處似有誤。"按：《殘卷》"硩"下為"礙"字，《名義》脱去"礙"字頭，而將釋義誤係於"硩"字下。

礙，午概反。《說文》："礙，止也。"《廣雅》："礙，閡也。""礙，距也。""礙，至也。"《埤蒼》："礙，掓也。"或為㘳字，在木部。②野王案：亦与〈閡〉字同，閡，外閡［閇］門也，在門部也。③

《說文》："礙，止也。从石，疑聲。"《廣雅·釋言》："礙，閡也。"又："礙，距也。"《廣雅·釋詁一》："礙，至也。""掓"與"至"義同。《方言》卷十三："掓，

① 《殘卷》"字同，閡，外閡門也，在門部"當為下"礙"字釋義誤羼入此處。
② 《名義》："㘳，午載反。止也，礙字。"
③ 《名義》："閡，臬戴反。礙也，止也，距也，塞也。"

到也。"《漢書·揚雄傳上》："洪臺掘其獨出兮，掇北極之嶟嶟。"顏師古注引應劭曰："掇，至也。"《名義》："〈礙，午概反。〉距也，閡也。"

礱，力公反。《国語》："天子之室斲而礱。"磨（也）穀為礱［襲］字，石［在］瓦部也。[1]

《説文》："礱，礲也。从石，龍聲。天子之桷椓而礱之。"《國語·晉語八》："趙文子為室，斲其椽而礱之。……天子之室斲其椽而礱之，加密石焉。諸矦礱之，大夫斲之，士首之，備其物義也，從其等禮也。"韋昭注："礱，磨也。"[2]《名義》："礱，力公反。磨也。"

䃚［硟］，思煎反。《説文》："以石研［岍］（增）繒。"

《説文》："硟，以石扞繒也。从石，延聲。"段注本"扞"作"衦"。《名義》："硟，思煎反。石研也。"呂氏校釋："《殘卷》引《説文》作'以石研增繒也'。"按：《殘卷》似當作"以石岍繒也"，《名義》"石研也"當為誤省，"研"為"岍"之形近誤字。王仁昫《刊謬補缺切韻·仙韻》（P.2011）："硟，以石衦繒。""衦"與"岍"音義同。

研，午堅反。《説文》："研，礲也。"《廣雅》："研，郭也。"或為揅字，在手部。[3]或為䂳［粠］字，在米部。[4]或為盁字，在皿部。[5]或以為筆硯之硯字也。

《説文》："研，礲也。从石，幵聲。"《名義》："研，午堅反。礲也，郭也。"呂氏校釋："'郭也'當作'孰也'。《廣雅·釋詁》作'孰也'。"按：今本《廣雅··釋

① 《名義》："襲，力公反。瓦礲也。"

② 《文選·枚乘〈上書諫吴王〉》："磨礲砥礪，不見其損，有時而盡。"李善注引賈逵《國語注》曰："礱，磨也。"

③ 《名義》："揅，吾堅反。摩也，熟也。"

④ "粠"字，呂校本作"硃"。按：《名義》未收"硃"字。《名義》："粠，午堅反。摩也，熟也。"《慧琳音義》卷八八《集沙門不拜俗議》卷三音義："研覈，五肩反。《博雅》：'研，思慮熟也。'《説文》作研字，《字書》作粠。"

⑤ 《名義》："盁，五田反。研字。"

詁三》作"檕，穀也。""穀"即"熟"字。曹憲"檕"音"研"，"穀"音"孰"。《慧琳音義》卷八九《高僧傳》卷二音義："研覈，上齧堅反。《博雅》云：'研，思慮熟也。'《說文》云：'研，磨也。從石，幵聲。'幵音牽。或從手、〈皿〉作揅、盁，並古字也，音訓並同。"又卷三四、卷六十、卷六三引《廣雅》並作"研，熟也"。《類聚名義抄》："研，《玉》云：'午堅反。礳也。郭［孰］也。'"（149•1）

硯，《字書》亦研字也。

王仁昫《刊謬補缺切韻·霰韻》（P.2011）："硯，五見反。筆硯。或作研。"呂校本字頭作"硯"。按：《殘卷》《名義》均未收"硯"字。

礳，莫賀反。《說文》："石磑也。"《埤蒼》："䃺，磏也。"野王案：以石相摩，所用以研破穀麦也。

《說文》："礳，石磑也。从石，靡聲。"《方言》卷五："碓機，陳魏宋楚自關而東謂之梴。磑或謂之磏。"郭璞注："即磨也。錯碓反。"日本中算《妙法蓮華經釋文》卷中："磨，……《玉篇》云：'以石相摩，所以破穀麥也。'"《名義》："礳，莫賀反。磑也。"

磨，《字書》亦礳字也。

《名義》："礳，莫賀反。磑也。磨，同上。"

磑，午衣、公衣二反。《世本》："公輸［輸］初作石磑。"野王案：《說文》："磑，礳也。"《方言》："磑，堅也。"郭璞曰："石物堅也。"摩切為剴字，在刀部也。[①]

① 《名義》："剴，公哀反。切也，大鐮也，近也。"

《慧琳音義》卷九四《續高僧傳》卷十七音義："磑碨，上吴對反。《世本》云：'公輸初作石磑。'"《説文》："磑，䃺也。从石，豈聲。古者公輸班作磑。"《方言》卷十二："艮，磑，堅也。"郭璞注："艮、磑皆石名物也。五碓反。"《名義》："磑，午衣反。堅也。"

吕校本反切作"午衣、公哀二反"。《廣雅·釋詁一》："磑，鑒也。"曹憲音"牛衣、牛哀"。按：《玉篇》有"居衣"切，《集韻》有"居希切"，《殘卷》"公衣"不必改。

碓，都海［誨］反。《方言》："碓機也，陳魏宋楚曰碓，自關而東謂之梃。"郭璞曰："梃，碓損［梢］也。"《説文》："碓，舂也。"野王案：所用以舂也。

《方言》卷五："碓機，陳魏宋楚自關而東謂之梃。磑或謂之䃶。"郭璞注："碓梢也。"[①]《説文》："碓，舂也。从石，隹聲。"《慧琳音義》卷五七《婦人遇辜經》音義："水碓，堆内反。顧野王云：'碓，亦以用舂也。'《方言》：'碓亦機也。'《考聲》云：'舂具也。'《説文》：'從石，隹聲也。'"又卷一〇〇《法顯傳》音義："碓臼，上堆誨反，下音舊。顧野王云：'碓，所以用舂也。'""亦以用舂也""所以用舂也"似均當作"所用以舂也"。吕校本引《方言》作"碓，機也"，引郭注作"梃，碓，梢也"，均誤。《名義》："碓，都誨反。機也，損也，舂也。"吕氏校釋："'損也'當作'梢也'。《殘卷》作'《方言》："碓，機也。陳魏宋楚曰碓，自關而東謂之挺。"郭璞曰："碓，損［梢］也。"《説文》："碓，舂也。"野王案，所用以舂也'。"按：今本《方言》郭注"碓梢也"為"碓機"之注語，吕氏斷作"碓，梢也"，誤。

碴，徒合、徒感二反。《説文》："舂已復擣曰碴。"《埤蒼》："再舂也。"

《説文》："碴，舂已復擣之曰碴。从石，沓聲。"《名義》："碴，徒合反。再舂也。"按："碴"取義於"沓"，故有"復""再"義。《集韻·合韻》："埝，累土也。""蹹，足趾重也。""嵫，山重皃。""幍，帳上覆謂之幍。"均音"達合切"，取義亦同。

磻，補佐、補阿二反。《説文》："以石著維［隿］繳也。"

---

① 《故訓匯纂》"梃"字下引《方言》卷五："碓機，陳魏宋楚自關而東謂之梃磑。""磑"誤屬上讀。

《説文》："磻，以石著隿繁也。从石，番聲。"《文選·嵇康〈贈秀才入軍〉》："流磻平皋，垂綸長川。"李善注引《説文》曰："磻，以石著弋繳也。"《史記·楚世家》："若王之於弋，誠好而不厭，則出寶弓，碆新繳，射噣鳥於東海。"裴駰集解引徐廣曰："以石傅弋繳曰碆。"《殘卷》"維"似當作"隿"。《名義》："磻，補佐反。"

碆，補何反。《史記》："出寶弓，碆新繳。"徐廣曰："以〈石〉傅戈［弋］繳曰碆。"野王案：亦磻字也。

《史記·楚世家》："若王之於弋誠好而不厭，則出寶弓，碆新繳。"裴駰集解引徐廣曰："以石傅弋繳曰碆。碆音波。"司馬貞索隱："碆作磻，音播。"《名義》："磻，補佐反。碆，補何反。同上。"

礛，貞略反。《説文》："斫之也。"野王案：以刃研［斫］物也。钁［钁］、研［斫］名礛為櫡字，在木部。① 或為錯［鐯］字，在金部也。②

吕校本此條全按《殘卷》原文照録，未予校正。

《説文》："礛，斫也。从石，箸聲。"《爾雅·釋器》："斫謂之鐯。"郭璞注："鐯，钁也。"阮元挍勘記："唐石經、單疏本、雪牎本同。《釋文》：'鐯，字又作櫡。'按：《一切經音義》卷十四引《爾雅》：'斫謂之櫡。'"《名義》："礛，貞略反。以刃研［斫］物。"吕氏校釋："同斫。《殘卷》作'《説文》："斫之也。"野王案，以刃研［斫］物也'。《名義》當作'以刃斫物'。"

砭，甫廉反。《蒼頡篇》："砭，刾也。"《説文》："以石刾病也。"《廣雅》："砭謂之柴［祡］。"

《説文》："砭，以石刺病也。从石，乏聲。"《晉書·李雄載記》："時李驤死，以其子壽為大將軍、西夷校尉，督征南費黑、征東任配攻陷巴東，太守楊謙退保建平。"

---

① 《名義》："櫡，張略反。钁也。"
② 《名義》："鐯，張略反。钁［钁］也。"

何超音義："砭，《字林》：'本砭字。萬［甫］廉反。'"《慧琳音義》卷九九《廣弘明集》卷三十音義："砭石，法廉反。《蒼頡篇》云：'死［砭］，剌也。'《說文》：'以石剌病也。'正作砭。"《慧琳音義》卷九四《續高僧傳》卷二八音義："砭疾，悲驗反。《字書》正從尸［巳］作［砭］，又作砭，刺［剌］也。《廣雅》云：'砭謂之刺［剌］也。'《文字典說》云：'砭，石針用刺［剌］病也。從石，乏聲。'《說文》亦云：'以石剌病也。從石，乏聲也。'"《廣雅·釋器》："石鍼謂之柴。"王念孫疏證："襄二十三年《左傳》：'美疢不如惡石。'服虔注云：'石，砭石也。'《說文》：'砭，㠯石刺［剌］病也。'《東山經》：'高氏之山，其下多箴石。'郭璞注云：'可以為砭箴治癰腫者。'箴與鍼同。""石鍼"即"砭"，《殘卷》"柴"當為"柴"字之訛，吕校本改作"刺"。《名義》："砭，甫廉反。剌也。"

砭，（甫）[①]《聲頡［類］》亦砭字也。

《名義》："砭，甫廉反。砭，同上。"《類聚名義抄》："砭，《玉》云：'甫廉反。以石剌病也。'"（156•1）

硯，午見反。《太公金匱》："《碩［硯］之書》曰：'石墨相著，耶心〈讒〉言，無傳［淂］汙白。'"野王案：所以研和（以研和）[②]墨用為書字者也。《漢〈書〉》曰"下至財用筆硯"是也。《說文》："石滑。"

按：此字平聲已見上，為"研"字之重文。《太平御覽》卷六〇五引《太公金匱》曰："《研之書》曰：'石墨相著，邪心讒言，無得汙白。'"《初學記》《藝文類聚》略同。《殘卷》脱"讒"字，"得"字訛作"傳"。《漢書·薛宣傳》："下至財用筆研，皆為設方略，利用而省費。"《說文》："硯，石滑也。从石，見聲。"《名義》："硯，午見反。石滑。"

礐，下革反。《說文》："石地也。"《埤蒼》："礐，确也。"

---

① 《殘卷》"甫"字旁注删節符"ミ"，當删。
② 《殘卷》於後一"以研和"三字旁注删節符"ミ"，當删。《漢語大字典》（第二版）"硯"字條引《玉篇殘卷·石部》："硯，所以研和，以研和墨，用為書字者也。"誤。

《説文》："碣，石地惡也。从石，鬲聲。"《玄應音義》卷一《大方等大集經》卷二一音義："确盡，苦角反。《孟子》曰：'确，瘠薄地也。'"《箋注本切韻·麥韻》（S.2071）："覈，實。下革反。……碣，石地。"《名義》："碣，下革反。石地。"

砠，且居反。《毛詩》："陟彼砠矣。"傳曰："土載石曰〈砠〉。"《尔雅》亦云，郭璞曰："土山上有石者也。"《說文》為岨字，在山部。①

《詩經·周南·卷耳》："陟彼砠矣，我馬瘏矣。"毛傳："石山戴土曰砠。"陸德明音義："砠，本亦作砠，同，七餘反。毛云：'石山之戴土也。'"《爾雅·釋山》："土戴石爲砠。"郭璞注："土山上有石者。"陸德明音義："砠，《説文》亦作岨，七余反。"《名義》："砠，且居反。岨。"

磋，且何反。《毛詩》："如切如磋。"傳曰："治象曰磋。"《尔雅》亦云，郭璞曰："謂治璞之名也。"《尔雅》又曰："如切如磋，道學也。"郭璞曰："骨象見［湏］切磋而為器，猶人湏學問以成德也。"《聲頡［類］》或為䃎字，在齒部也。②

《詩經·衛風·淇奧》："有匪君子，如切如磋，如琢如磨。"毛傳："治骨曰切，象曰磋，玉曰琢，石曰磨。"《爾雅·釋器》："象謂之鵠，角謂之觷，犀謂之斮，木謂之剫，玉謂之雕。"郭璞注："五者皆治樸之名。"又："金謂之鏤，木謂之刻，骨謂之切，象謂之磋，玉謂之琢，石謂之磨。"郭璞注："六者皆治器之名。""治樸之名"無"磋"，《殘卷》蓋誤。《爾雅·釋訓》："如切如磋，道學也。"郭璞注："骨象須切磋而爲器，人須學問以成德。"《名義》："磋，且何反。"

磷，力鎮反。謂之［《論語》］："不曰堅乎？磨而不磷。"孔案［安］国曰："磷，薄也。"《夲草》："雲母，一名磷石，色正白，皎然純白明徹者名磷。"〈或〉為甐字，甐甐，一弊也，在〈瓦〉部也。

---

① 《説文》："岨，石戴土也。从山，且聲。《詩》曰：陟彼岨矣。"《殘卷》："岨，且居反。《毛詩》：'陟彼岨矣。'傳曰：'石山戴土曰岨。'"《名義》："岨，且居反。石戴土。"
② 《名義》："䃎，此何反。毀也，齒差也。""䃎"與"磋"音同義異。

《論語・陽貨》："子曰：然，有是言也。曰：不曰堅乎，磨而不磷；不曰白乎，涅而不緇。"何晏集解引孔安國曰："磷，薄也。"①《神農本草經輯注》卷二："雲母，一名雲珠，一名雲華，一名雲英，一名雲液，一名雲砂，一名磷石。"《重修政和經史證類備用本草》卷三："雲母……一名磷石，色正白。"又引陶隱居云："按《仙經》，雲母乃有八種：……皎然純白明澈名磷石。"《殘卷》似當作"𤮕，亦弊也"。《周禮・考工記・輪人》："是故輪雖敝，不𤮕於鑿。"鄭玄注："𤮕，亦敝也。"陸德明音義："𤮕，本又作𨛫，音吝，李一音鱗。"《名義》無"𤮕"字。《集韻・稕韻》："𨛫，敝也。通作𤮕。"字亦作"𨛫"。吕校本"𤮕"作"粼"，缺字補作"卂"，恐非是。《名義》："磷，力鎮反。薄。"

硌，力各反。《山海經》："上申山多硌石。"郭璞曰："磊硌，大石皀也。"《老子》："琭琭［琭琭］如玉，硌硌如石。"王弼曰："玉石碌碌硌硌，軆［體盡］扵形，故不欲。"

《山海經・西山經》："又北百二十里曰上申之山，上無草木而多硌石。"郭璞注："硌，磊硌，大石貌也。"②《老子・法本》："不欲琭琭如玉，落落如石。"王弼注："玉石琭琭珞珞，體盡於形，故不欲也。"《名義》："硌，力各反。大石。"

砿，《字書》："石次玉也。"

《殘卷》此字字頭缺反切，字形與下一字頭相同，然釋義不同。《名義》："砥，石次玉。"

△按："砿"爲"砥"之俗字，與下一字頭同形，然"砥"無"石次玉也"義。疑此字即"碈"字，"碈"或作"珉"（與"瑉"音義同），與"砥"形近。《禮記・聘義》："子貢問於孔子曰：敢問君子貴玉而賤碈者，何也？"郑玄注："碈，石似玉，或作玟也。"《史記・司馬相如傳》："其石則赤玉玫瑰，琳瑉琨珸。"裴駰集解引《漢書音義》曰："珉，石次玉者。"

① 《史記・孔子世家》："孔子曰：'有是言也。不曰堅乎，磨而不磷；不曰白乎，涅而不淄。"裴駰集解引孔安國曰："磷，薄也。"

② 《文選・王延壽〈魯靈光殿賦〉》："葱翠紫蔚，礧碨瑰瑋，含光晷兮。"李善注引郭璞《山海經注》曰："礧硌，大石也。"《慧琳音義》卷九八《廣弘明集》卷二十音義："礌硌，上雷罪反，下郎各反。郭注《山海經》云：'磊硌，大石皃也。'"

砇，之視反。《尚書》："砅砇砮丹。"孔安国曰："砇細扵礪，皆〈磨〉石也。"《説文》亦庢［厎］字也。庢［厎］亦平也，直也，均也，〈在〉厂部也。[①]

《尚書·禹貢》："厥貢羽、毛、齒、革，惟金三品。杶、榦、栝、柏，礪、砥、砮、丹。"孔安國傳："砥細於礪，皆磨石也。"陸德明音義："砥，音脂，徐之履反，韋昭音旨。"《説文》："厎，柔石也。从厂，氐聲。砥，厎或从石。"《殘卷》："厎，之視反。……《説文》：'柔石也。'《蒼頡篇》：'摩厲也。'今並以厎厲為砥字，在石部。"《名義》："砅［砥］，之視反。平也，直也，均也。"吕氏校釋："'之視反。平也，直也，均也'似為上一字頭'砥'字音義。《説文》：'砅，履石渡水也。'《名義》此處有誤。"按：《殘卷》有兩"砇"字字頭，此部無"砅"字（"砅"字入水部），《玉篇》"砥""礵"之間亦無"砅"字，《名義》此字頭當改為"砥"。

礵，思陸、思鳥二反。《山海經》："京山多云［玄］礵。"郭璞曰："思［黒］砇石也。《尸子》曰：'加之黄砇。'明色非一。"

吕校本誤作"思陸、思烏二反"。

《山海經·北山經》："又東三百里曰京山，有美玉，多漆木，多竹，其陽有赤銅，其陰有玄礵。"郭璞注："黑砥石也。《尸子》曰：'加玄黄砥。'明色非一也。礵音竹篠之篠。"《尸子·勸學》："磨之以礱礪，加之以黄砥，則其刺也無前，其擊也無下。"[②]汪繼培注："《山海經》三注引'加玄黄砥'，玄乃㠯之譌。"按："玄""之"形近，"玄"當為"之"字之訛。《名義》："礵，思陸反，思烏［鳥］反。黑砥石也。"《名義》"思烏反"當作"思鳥反"。《玉篇》："礵，思六切，黑砥石。又先烏［鳥］切。"王仁昫《刊謬補缺切韻·屋韻》（P.2011）："礵，砇石。又思鳥反。"

砌，且計反。《西京賦》："設砌厓隒。"薛綜曰："砌，限也。"《廣雅》："砌，戺也。"

① 《名義》："厎，之視反。致也，平也，待也。"

② 《太平御覽》卷七六七引《尸子》："磨之以礱礪，加之以黄砥，則刺也無前，擊也無下。"

《文選·張衡〈西京賦〉》："刊層平堂，設切厓隒。"李善注："切與砌古字通。"《漢書·外戚傳下·孝成趙皇后》："切皆銅沓〈冒〉黄金塗。"顔師古注："切，門限也。"《慧琳音義》卷十四《大寶積經》卷五八音義："門閫，坤穩反。鄭注《禮記》云：'閫，門限也。'《説文》闕'閫'字而有'閬'及'楣'字。物雖是一而多名，門閫、門閾、門楣、門砌皆門限也。俗呼門砌，因以石作，遂音砌為切。"《爾雅·釋宮》："柣謂之閾。"郭璞注："閾，門限。"陸德明音義："柣，郭千結反，顧丈乙反，吕伯雍大一反。《廣雅》云：'砌也。'"邢昺疏："柣者，孫炎云：門限也。"《廣雅·釋宮》："阺，砌也。"《文選·班固〈西都賦〉》："于是玄墀扣砌，玉階彤庭。"李善注引《廣雅》曰："砌，阺也。"《慧琳音義》卷二一轉録慧苑《新譯大方廣佛花嚴經音義》卷上："階砌户牖，砌，千計反。……《廣雅》曰：'砌，阺也。'"《名義》："砌，且計反。限也，阺也。"吕氏校釋："'阺'字原訛。"按："阺"字原訛作"[illegible]"。

硊，且對反。《方言》："磑或謂之硃［硊］。"郭璞曰："即磨也。"

《方言》卷五："碓機，陳魏宋楚自關而東謂之梴。磑或謂之硊。"郭璞注："即磨也。錯碓反。"《玉燭寶典》卷六："《方言》曰：'磑謂之硊。'郭璞注云：'即摩也。硊音錯碓反。'《字苑》曰：'婕［硊］，磨也，魯班作。五磑反也。'""五磑反"疑當作"且磑反"。郭璞《方言注》"磑"音"五碓反"，"硊"音"錯碓反"，"且磑反"與"錯碓反"音同。《名義》："硊，且對反。磨也。"

磰，丁敢反。《埤蒼》："〈石〉磰出玄道。"

《太平御覽》卷九八七引《范子計然》曰："石膽，出隴西羌道。""石膽"即"石磰"。《殘卷》"磰出"前當有一"石"字。《殘卷》"[illegible]"當為"玄"字。"玄"，俗"氐"字。"氐道"亦屬隴西。《漢書·地理志上》："嶓冢道漾，東流為漢。"顔師古注："漾水出隴西氐道，東流過武關山，南為漢。"《名義》："磰，丁敢反。山石。"《名義》"山石"當有誤，"山"蓋"出"字之訛，"石"當與字頭連讀為"石磰"。

[illegible]［磌］，且果反。《埤蒼》："〈磌，山［小］石也。〉"

《名義》："磒，且果反。山石。"吕氏校釋："'山石'當從《玉篇》作'小石也'。"按：此説可從。王仁昫《刊謬補缺切韻·哿韻》（P.2011）："硝［磒］，小石。"《説文》："貟，貝聲也。从小、貝。""貟"字"从小"，故從"貟"之字或有"小"義。《爾雅·釋訓》："瑣瑣，小也。"

按：《殘卷》此字引《埤蒼》釋義缺，今據《名義》補。吕校本作"山石也"。

硫，力尤反。《埤蒼》："硫黄，藥也。"

《名義》："硫，力尤反。黄，藥。"吕氏校釋："《殘卷》引《埤蒼》作'硫黄，藥也'。"按：《名義》當與字頭連讀為"硫黄，藥"。王仁昫《刊謬補缺切韻·尤韻》（P.2011）："劉，殺。力求反。……硫，硫黄，藥。"《太平御覽》卷九八七《藥部四·石流黄》："《本草經》曰：'石流黄，味酸，生谷中，治婦人陰蝕疽痔，能作金銀物，生東海。'吴氏《本草經》曰：'流黄，一名石流黄。'"

砬，力執反。《埤蒼》："砬，剬石藥也。"

《集韻·緝韻》："砬，砬磼，石聲。一曰：石藥，能制藥毒。"《名義》："砬，力執反。石藥。"吕氏校釋："'執'字原訛。《殘卷》作'《埤蒼》砬制石藥也'。《玉篇》作'石藥'。"按："制"字原作"剬"。《史記·五帝本紀》："依鬼神以制義。"張守節正義："剬，古制字。""制"作"剬"，抄本文獻及碑刻屢見。

磫，子龍反。《廣雅》："磫礭，礪也。"

《廣雅·釋器》："磫礭，礪也。"《名義》："磫，子龍反。礦石。"吕氏校釋："《殘卷》引《廣雅》作'磫礭，礪也'。"按：《名義》"礦石"當作"礪石"。《玄應音義》卷九《大智度論》卷三三音義："磕磲，案：字體亘作磫礭二形，子容、其俱反。《廣雅》：'磫礭，礪石也。'《通俗文》：'細礪謂之磫礭。'礛礑治玉，磫礭治金。《淮南子》云'待礛礑而成器'是也。"

礭，渠俱反。《埤（也）蒼》："磫礭也。"

王仁昫《刊謬補缺切韻·虞韻》（P.2011）："礭，磫礭，礪石。"《名義》："礭，渠俱反。磫。"

礪，力制反。《山海經》："崦嵫多礪砥。"郭璞曰："磨石精者為砥，麁者為礪。"野王案：所以磨刀者也。《尚書》"若金用汝則［作］礪"是也。《說文》為厲字，在厂部。①

《殘卷》："砅，理罽反。……《古文尚書》以此砅為摩厲之礪字，在石部。②"又："厲，力逝反。……《說文》：'厲，摩石也。'野王案：今為礪字，在石部。"《山海經·西山經》："西南三百六十里曰崦嵫之山……其中多砥礪。"郭璞注："磨石也。精為砥，麄為礪也。"《尚書·禹貢》："厥貢……礪、砥、砮、丹。"孔穎達疏："砥以細密為名，礪以麄糲為稱，故砥細於礪，皆磨石也。鄭云：'礪，磨刀刃石也，精者曰砥。'"《尚書·説命上》："若金，用汝作礪。"孔安國傳："鐵須礪以成利器。"《玄應音義》卷十八《立世阿毗曇論》卷二音義："磨礪，《字詁》：'今作厲。'同，力制反。《山海經》：'崦嵫山多砥礪。'郭璞曰：'即磨石也。'《尚書》：'若金用汝作礪。'孔安國曰：'砥細於礪，皆可以磨刀刃也。'砥音脂。"《名義》："礪，力制反。磨石。"

礛，力甘反。《淮南》："璧〈瑗〉成器，礛〈諸〉之功。"許尗重曰："治玉之石也。"《埤蒼》："青礪也。"《說文》為厱［厱］字，在厂部也。③

《淮南子·説林》："璧瑗成器，礛諸之功。"高誘注："礛諸，治玉之石。礛一讀曰廉。"《太平御覽》卷八〇六引《淮南子》曰："璧瑗成器，礛諸之功。礛，治玉石。"《文子·上德》："璧鍰之器，礛礑之功也。"《殘卷》或有脱誤。王仁昫《刊謬補缺切韻·銜韻》（P.2011）："監，古銜反。……礛，礛礑，青礪，可以攻玉。亦作厱。"《箋注本切韻·銜

① 《説文》："厲，旱石也。从厂，蠆省聲。蠤，或不省。"
② 《尚書·禹貢》："礪砥砮丹。"孔安國傳："砥細於礪，皆磨石也。"
③ 《説文》："厱，厱諸，治玉石也。从厂，僉聲。讀若藍。"《名義》："厱，来含反。活［治］玉名［石］。"

韻》（S.2071）：“礛，礛磍，青礪。”《名義》：“礛，力甘反。青礪也。”吕氏校釋：“此字頭原誤作‘礰’。”

磍，之餘反。《埤蒼》：“礛磍也。”

《名義》：“磍，之餘反。礛也。”吕氏校釋：“《殘卷》引《埤蒼》作‘礛磍也’。”按：《名義》當與字頭連讀作“礛磍也”。

硂［砡］，牛六反。《廣雅》：“硂［砡］，厽［垒］也。”《埤蒼》：“硂［砡］，斉頭也。”

《廣雅·釋詁四》：“砡，齊也。“《文選·馬融〈長笛賦〉》：“夫其面旁則重巘增石，簡積頵砡。”李善注引《字林》曰：“砡，齊頭也。”音“牛六切”。《名義》：“砡，牛六反。齊頭也。”

磅，反［匹］康［庚］反。《廣雅》：“碲［磅］，聲也。”《埤蒼》：“石聲。”野王案：《上林賦》“砰磅訇磕”是也。

吕校本作“反康反”，《古音匯纂》同。曹憲《博雅音》“䃹”字音“普行”，當屬庚韻（據“罃”音“烏行”，“亨”音“呼行”，知反切下字“行”不讀唐韻，讀庚韻）。《名義》：“磅，反庚反。石聲。”吕氏校釋：“《殘卷》作‘反康反’，《玉篇》作‘匹庚反［引案：當作匹庚切］’。”△按：《殘卷》《名義》皆當作“匹庚反”。《可洪音義》“匹”或作“返”，與“返”形近，“反”“返”古今字。王仁昫《刊謬補缺切韻·庚韻》（P.2011）：“磅，撫庚反。小石落聲。”《文選·司馬相如〈上林賦〉》：“沈沈隱隱，砰磅訇磕。”李善注引：“司馬彪曰：‘砰磅、訇磕，皆水聲也。’砰，普氷切。磅，普萌切。”《漢書·司馬相如傳上》：“沈沈隱隱，砰磅訇礚。”顏師古注：“砰音普冰反。磅音普萌反。”“撫庚反”“普萌切”“普萌反”均與“匹庚反”音同。

《廣雅·釋詁四》：“䃹，聲也。”王念孫疏證：“《玉篇》：‘䃹，石聲也。’宋玉《風賦》云：‘飄忽淜滂。’《西京賦》云：‘䃹礚象乎天威。’䃹、滂義同。”

磓，丁廻反。《埤蒼》：“磕［磓］，磓也。”或為搥（守）字，在手部。[①]或為䜀（是）字，在言部。[②]《毛詩》為郭［敦］字，在攴部也。[③]

《殘卷》：“䜀，丁迴反。《蒼頡篇》：‘譎也。’《詩》云“王事䜀我”是也。野王案：《毛詩箋》云：‘䜀擿猶投也。’今並為敦字，在攴部。訓擿亦与磓字同，在石部。”《玄應音義》卷十五《僧祇律》卷十九音義：“磓墜，又作搥，同，丁迴反。謂投下也。《廣雅》：‘搥，擿也。’”《殘卷》引《埤蒼》“磓，磓也”猶“搥，擿也”。《廣雅·釋言》：“磓，磓也。”“磓”同“磓”。《名義》：“磓，丁迴反。磓也。搥字。”

磓，丁狄反。《廣雅》：“磓，罰也。”《埤蒼》：“磓，磓也。”

《廣雅·釋言》：“磓，磓也。”[④]《廣雅·釋詁四》：“磓，罰，伐也。”“伐”當為“罰”之注音字而誤入正文者。《殘卷》“磗”下引《廣雅》：“磔、磗，罰也。”《名義》：“磓，丁狄反。罰也，磓也。”

矺，都格反。《埤蒼》：“矺，磓也。”

《廣雅·釋詁三》：“㧙、擨、㦸、擿，投也。”王念孫疏證：“㦸字音義未詳，曹憲音内有‘本作𨚗，[⑤]未詳弋音’七字。考字書、韻書皆無𨚗、㦸二字。卷三云：‘投，搥，擿也。’《釋言》云：‘磓，磓也。’此云：‘㦸，擿，投也。’則㦸與搥、擿同意。《玉篇》：‘矺，竹格切。磓也。’《廣韻》又都盍切，擲地聲。又竹亞切，亦作砥。砥與㦸字相似。又《説文》：‘𢧵，擊踝也。讀若踝。’𢧵與𨚗字亦相似，未知誰是。《廣雅》原文姑竝記之，以俟考正。”△按：此“㦸”字即“矺”。“戈”“乇”

---

① 《殘卷》“守”字與“字”字形近而衍。《名義》：“搥，丁迴反。擿也。推［椎］字也。”《慧琳音義》卷四六《大智度論》卷十音義：“搥壓，又作磓，同丁迴反，謂投下也。《廣雅》：‘搥，擿也。’”

② 《殘卷》“是”字衍。《名義》：“䜀，丁田反。譎也。”

③ 《詩經·邶風·北門》：“王事敦我，政事一埤遺我。”鄭玄箋：“敦猶投擲也。”

④ 王念孫疏證：“《廣韻》、《太平御覽》引《廣雅》‘磓’作‘碓’。”按：“追”聲、“隹”聲可通。

⑤ 《益雅堂叢書》本、《叢書集成初編》影《小學彙函》本“𨚗”作“划”。

形近，邢準《新修絫音引證群籍玉篇·石部》“砙”作“砙”。“女”“石”俗字或作“歹”。《玉篇》“殌”即“媱”（同“婬”）字，《龍龕》“殦”即“磷”字，堪為佐證。《名義》：“砙，都狢反。磓。”

矸，胡幹反。甯武歌：“南山竹［矸］，白石蘭［爛］（矸）。”《埤蒼》：“矸，硟也。”

《史記·鄒陽列傳》：“甯戚飯牛車下，而桓公任之以國。”裴駰集解引應劭曰：“齊桓公夜出迎客，而甯戚疾擊其牛角，商歌曰：‘南山矸，白石爛。’”《後漢書·蔡邕傳》：“甯子有清商之歌，百里有豢牛之事。”李賢注：“《三齊記》載其歌曰：‘南山矸，白石爛。’”《藝文類聚》卷九四引《琴操》曰：“甯戚飯牛車下，叩角而商歌曰：‘南山矸，白石礀。’”《殘卷》當有誤。《名義》：“矸，胡幹反。砟。”吕氏校釋：“《殘卷》引《埤蒼》作‘磓也’。”按：《殘卷》引《埤蒼》作“硟也”，《名義》“砟”當據改。《集韻·翰韻》：“矸，硟石。”《可洪音義》“疋”作“[illegible]”，或作“[illegible]”，故“硟”或作“砟”。

碕，渠幾反。《楚辞》：“觸石碕而衡逝［遊］。”野王案：《埤蒼》：“曲岸頭也。”《上林賦》“激堆碕”是也。《淮南》：“積牒珽［旋］石，以�脩碕。”許𬨎重曰：“長邉。”

《楚辭·九歎·離世》：“遵江曲之逶移兮，觸石碕而衡遊。”洪興祖補注：“碕，曲岸，音祈。”《文選·謝靈運〈富春渚〉》：“泝流觸驚急，臨圻阻参錯。”李善注引《埤蒼》曰：“碕，曲岸頭也。”[①]《文選·司馬相如〈上林賦〉》：“觸穹石，激堆埼。”張揖注：“埼，曲岸頭也。”“埼”與“碕”音義同。[②]《漢書·司馬相如傳下》：“臨曲江之隑州兮，望南山之参差。”顔師古注：“曲岸頭曰隑。隑即碕字耳。言臨曲岸之洲，今猶謂其處曰曲江。隑音鉅依反。”《淮南子·本經》：“積牒旋石以純脩碕，抑減怒瀬以揚激波，曲拂邅迴以像溻浯，益樹蓮菱以食鼈魚。”高誘注：“以玉石致之水邊為脩碕。或作旋

① 《文選·郭璞〈江賦〉》：“或揮輪於懸碕，或中瀨而横旋。”李善注引《埤蒼》曰：“碕，曲岸頭也。”
② 《史記·司馬相如列傳》：“觸穹石，激堆埼。”裴駰集解引郭璞曰：“埼，曲岸頭，音祁。”《文選》《漢書》均以此為張揖注，《史記》蓋誤。

石，旋石切以牒累流水邊為脩碕。脩碕，曲岸水所當處也。"《文選·左思〈吴都賦〉》："碕岸為之不枯，林木為之潤黷。"李善注引許慎《淮南子注》曰："碕，長邊也。"《文選·郭璞〈江賦〉》："厓隒為之泐嵃，碕嶺為之喦崿。"李善注引許慎《淮南子注》曰："碕，長邊也。"按："脩"為長義，"脩碕"為"長邊"。《名義》："碕，渠幾反。曲岸頭也。"

磯，居依反。《廣雅》："磯，磧也。"《埤蒼》："水中磧也。"《孟子》："是不可磯（致）。"劉熙曰："磯，切也。"野王案：謂摩切也。《淮南》"磯摩（豸）勿釋"是也。与劉［劋］字義同，在刀部。①

《廣雅·釋水》："磯，磧也。"《慧琳音義》卷五八《僧祇律》卷四音義："磯激，居依反。《埤蒼》：'水中碃［磧］石也。'《廣雅》：'磯，磧也。'"《孟子·告子下》："親之過小而怨，是不可磯也。"赵岐注："磯，激也。"《淮南子·説山》："所以貴鏌邪者，以其應物而斷割也。劋靡勿釋，牛車絶轔。"高誘注："劋，切。楚人謂門切為轔，車行其上則斷之。孟子曰：'城門之軌，非兩馬之力。'轔讀近藺，急舌言之乃得也。"《名義》："磯，居依反。磧也，切也。"

硧，包禹反。《埤蒼》："硧碏［磍］，坦悵［塲］外也。"

《廣韻·語韻》："磍，硧磍，場外名也。"《埤蒼》或當作"坦塲外也"。"塲"為"場"之俗字。《方言》卷六："坦，場也。"則"坦塲"為同義連文。吕校本作"坦悵外也"，誤。《名義》："硧，包禹反。"

磍，子吕反。《埤蒼》："硧碏［磍］也。"

① 《名義·刀部》無"劋"字。楊樹達《淮南子證聞》以為"劋"當讀為"剴"，是。《名義》："剴，公哀反。切也，大鐮也，近也。"《殘卷》："磑，午衣、公衣二反。《世本》：'公輪［輸］初作石磑。'野王案：《説文》：'磑，䃺也。'《方言》：'磑，堅也。'郭璞曰：'石物堅也。'摩切為剴字，在刀部也。"

王仁昫《刊謬補缺切韻·昔韻（P.2011）："積，資昔反。……碏，硒碏。"《名義》："碏，子石［吕］反。補。"吕氏校釋："此字頭原誤。'補'似當作'硒'。"按：此字頭原誤作"碏"。《殘卷》缺"碏"字。

此字《廣韻》《集韻》有語韻、昔韻兩讀。△按：此字從石、苴聲，"苴"屬語韻，當以語韻之音為是，讀作昔韻，蓋因"苴"字因形近而訛作"昔"，故讀入昔韻。《玉篇》："碏，子吕切，硒碏。"《名義》"子石反"，"石"蓋"吕"字之訛。

硾，除為反。《埤蒼》："硾，鎮也。"野王案：鎮荏［笮］之也。《吕氏春秋》"倕［硾］之以石"是也。《字書》或為倕字，在人部。[①] 以繩有所縣為縋字，在糸部。[②]

王仁昫《刊謬補缺切韻·寘韻》（P.2011）："硾，鎮。"《玄應音義》卷十八《立世阿毘曇論》卷二音義："自縋，又作硾，同，直偽反。《説文》：'以繩有所懸鎮也。'《廣雅》：'縋，索也。'鎮笮也。"《吕氏春秋·勸學》："夫弗能兑而反説，是拯溺而硾之以石也。"高誘注："硾，沈也。"《龍龕》："磓，古；硾，今。直僞反，鎮也，重也。《春秋》云：'硾之以石也。'"《殘卷》："縋，直偽反。《左氏傳》：'夜縋而出。'杜預曰：'縋，懸也。'《説文》：'以繩有所懸也。'《廣雅》：'縋，索也。'鎮笮之縋為硾字，在石部。"《名義》："硾，除偽反。鎮也。縋字。"

硸，牛略反。《埤蒼》："大唇皀也。"《廣蒼》："硸，磑也。"

△《殘卷》《名義》"牛略反"疑當作"出略反"。《玄應音義》卷四《菩薩處胎經》卷二音義："鼻崖，魚偃反。《通俗文》云：'緩脣謂之崖硸。'硸音昌若反。"《箋注本切韻·阮韻》（S.2071）："屵，屵硸，大脣皃。硸字處灼反。""出""昌""處"均屬昌母。《名義》："硸，牛略反。磑。"吕氏校釋："此字頭原訛。《殘卷》引《廣蒼》作'磑也'。"按：此字頭原訛作"碍"。上揭《玄應音義》高麗大藏經本亦作"碍"。

碌，力木反。《埤蒼》："碌礁，多沙石也。"王［玉］皀瑔瑔［碌碌］為琭字，

① 《名義》："倕，時䂓［規］反。重也。"
② 《名義》："縋，直偽反。懸。"

在玉部。①

《慧琳音義》卷八一《三寶感通傳》卷中音義："碌磢，上籠谷反，下葱鹿反。《蒼頡篇》云：'碌磢，謂砂石麁白［皃］也。'《考聲》云：'石地不平皃也。'"《名義》："碌，力木反。多沙石。"

磢，且木反。《埤蒼》》："碌磢也。"

《名義》："磢，且木反。碌。"《唐韻殘卷・屋韻》（蔣斧印本）："瘯，瘯瘰。皮膚病。千木反。……磢，（録）碌磢，石皃。"

礬，扶園反。《埤蒼》："礬，石也。"

《名義》："礬，扶園反。石。"

磁，才恣反。《埤蒼》："石也。"野王案：《吕氏春秋》"磁石𭡚［招］鐵"是也。

《玄應音義》卷二《大般涅槃經》卷三二音義："磁石，徂茲反。《埤蒼》：'磁，石也。'謂召鐵者也。"《吕氏春秋・精通》："慈石召鐵，或引之也。""召""招"義同。吕校本作"磁石粘鐵"。按："召"字俗體或作"占""古"。《可洪音義》卷二五《新華嚴經音義》卷上音義："能𭡚，之遥反，正作招、柖二形也。"又卷三《寶女所問經》卷二音義："炶濟，之曜反，明也，正作炤、照二形。"均其證。《名義》："磁，才恣反。石也。"

① 吕校本作"玉皃，石录录為琭字"，誤。按：《殘卷》原作"[原字形]"，上"石"下"录"，為"碌"之異構字，後加重文符，當讀作"碌碌"。《名義》："琭，力木反。"《唐韻殘卷・屋韻》（蔣斧印本）："禄……盧谷反。……琭，玉名。《老子注》云：'琭琭喻少。'"

碚，古錧［鎋］反。司馬相〈如〉賦："蹠［踁］踱轕碚。"《漢書音義》曰："蹠［踁］踱，乍前乍（前）却也。轕碚，捶［搖］目吐舌也。"楊雄《長楊賦》："建轕碚之虘［虡］。"《漢書音義》曰："列［刻］猛戰［獸］為虘［虡］，故其形轕碚而盛怒也。"

《史記·司馬相如列傳》："踁踱輵轄，容以委麗兮。"裴駰集解引徐廣曰："踁踱，乍前乍卻也。"司馬貞索隱引張揖曰："踁踱，疾行皃。輵碚，前卻也。"《漢書·司馬相如傳下》："踁踱輵螛容以骫麗兮，蜩蟉偃寋怵臭以梁倚。"顏師古注引張揖曰："踁踱，互前卻也。輵螛，搖目吐舌也。"《漢書·揚雄傳下》："然後陳鐘鼓之樂，鳴鞀磬之和，建碣碚之虡。"顏師古注引孟康曰："碣碚，刻猛獸為之，故其形碣碚而盛怒也。"①《名義》："碚，古錧反。"吕氏校釋："'古錧反'當作'古鎋反'。"△按："害"字俗或作"宫"，與"官"形近。《集韻·牽韻》"轄"或作"輨"，"搳"或作"捾"，其或體所從之"官"均當作"宫"。吕校本作"錧"，誤。

碬，丁［下］加反。《埤蒼》："碚碬，高下也。"②

《名義》："碬，丁加反。高下也。"吕氏校釋："'丁加反'當作'下加反'。"《玉篇》："碬，下加切，碚碬，高下也。"

碨，扵罪反。《埤蒼》："碨礧，磊隈也。"《聲頡［類］》："碨硃［硃］，不平也。"或為鍡字，在金部。③

吕校本"硃"改作"硱"，恐非是。△按：《殘卷》"礧"下有"硃"字，云："《聲頡［類］》亦礧字也。""硃""硃"均為"硃"之訛字，"硃"同"礧"，"碨硃"同"碨礧""碨磊"。

王仁昫《刊謬補缺切韻·旨韻》（P.2011）："壘，力軌反。塹。……磊，碨磊。"《廣雅·釋訓》："鍡鑸，不平也。""鍡鑸"與"碨磊"音義同。《玉篇》："碨，烏罪切，碨礧，

① 《文選·楊雄〈長楊賦〉》："然後陳鐘鼓之樂，鳴鞀磬之和，建碣碚之虡。"李善注引孟康曰："碣碚之簴，刻猛獸為之，故其形碣碚而盛怒也。""虡"字，吕校本均誤作"虘"。
② 《集韻·牽韻》："碚，碚磁，石地不平。""磁"蓋"碬"字之訛。
③ 《名義》："鍡，扵罪反。鑸，不平。"

不平。”《名義》：“碨，扵罪反。礧，磊隈。”吕氏校釋：“此處應與字頭連讀為‘碨礧，磊隈也’。《殘卷》引《埤蒼》作‘碨礧，磊隈也’。”

䃉，夊碨字也。

《名義》：“碨，扵罪反。礧，磊隈。䃉，同上。”《玉篇》：“碨，烏罪切，碨礧，不平。䃉，同上。”

《殘卷》無“䃉”字，當據《名義》補。王仁昫《刊謬補缺切韻·賄韻》（北京故宫博物院藏）：“䃉，䃉鑸。亦作碨。”裴務齊正字本《刊謬補缺切韻·賄韻》：“䃉，䃉䃪［磊］。亦碨。”

礧，力罪反。《埤蒼》：“堤［碨］礧。”《説文》為鑸字，在金部也。[1]

《文選·王延壽〈魯靈光殿賦〉》：“葱翠紫蔚，磊碨瑰瑋，含光晷兮。”李善注引《埤蒼》曰：“磊，碨磊也。”“磊”與“礧”同。《名義》：“礧，力罪反。碨也。”

硃［磥］，《聲頡［類］》亦礧字也。

《殘卷》“碨”字下引《聲頡［類］》：“碨硃［磥］，不平也。”《名義》：“礧，力罪反。碨也。硃［磥］，同上。”《玉篇》：“礧，力罪切，碨礧，亦山名。磥，同上。”

礎，初舉反。《淮南》：“小［山］雲蒸而柱礎潤。”許𠦝重（彫楹玉舄廣）[2] 曰：“楚人謂柱寫［舄］曰〈礎〉也。”

---

① 《説文》：“鑸，鍡鑸也。从金，壘聲。”
② 《殘卷》於“彫楹玉舄廣”旁注删節符“ミ”，此五字為下“碣”字釋文羼入此處，當删。

《淮南子·説林》："山雲蒸，柱礎潤。"高誘注："礎，柱下石磌也。"[①]《名義》："礎，初舉反。柱冩也。"吕氏校釋："'冩'當作'碣'。"《慧琳音義》卷八五《辯正論》卷三音義："柱礎，音楚。卽今之柱下石矴也。亦名柱磌，一名柱碣，碣音昔，南人呼為礎。"又卷九八《廣弘明集》卷十一音義："惟礎，初舉反。許叔重注《淮南子》云：'楚人謂柱碣曰礎。'《説文》：'從石，楚聲。'碣音思婯反，亦作舄。"《倭名類聚鈔》卷十："《唐韻》云：'磌，柱礎也。''礎，柱下石也。'"

吕校本作"許叔重：彫楹玉舄。《廣〈雅〉曰：'楚人謂柱寫曰［曰舄］也'"，誤。

碣，田［思］尒［亦］反。《西京賦》："彫楹玉舄。"《廣雅》："碣，磌也。"今亦為舄字，在冩［烏］部。[②]

《文選·張衡〈西京賦〉》："雕楹玉碣，繡栭雲楣。"李善注："《廣雅》曰：'碣，磌也。'碣與舄古字通。"《文選·何晏〈景福殿賦〉》："金楹齊列，玉舄承跋。"李善注："《廣雅》曰：'碣，磌也。'"[③]《名義》："碣，思尒［亦］反。磌。"按："思尒反"當作"思亦反"。[④]

磌［磌］，之仁、徒堅二反。《公羊傳》："聞其磌［磌］然。"野王案：磌［磌］然，聲響也。《廣雅》："磌［磌］，磌。"

《公羊傳·僖公十六年》："聞其磌然，視之則石，察之則五。"陸德明音義："磌然，之人反，又大年反，聲響也。一音芳君反，本或作砰，八耕反。"按："芳君反"蓋讀如"砏"。《穀梁傳·僖公十六年》楊士勛疏："磌字，《説文》《玉篇》《字林》等無其字，學

---

① 《玄應音義》卷十八《立世阿毗曇論》卷二音義："柱礎，初舉反。《淮南》云：'山雲蒸，柱礎潤。'許尗重曰：'楚人謂柱碣曰礎。'碣音思亦反。"《慧琳音義》卷九二《續高僧傳》卷九音義："堂礎，下音楚。《淮南子》云：'山雲蒸，柱礎潤。'許叔重曰：'楚人謂柱碣為礎。'《古今正字》：'從石，楚聲。'碣音昔。按：礎即石碇也。"

② 吕校本作"在舄部"。按：《名義·烏部》："舄，思赤反。鵲也。"

③ 《廣雅·釋宫》："礎、碣、磌，磌也。"王念孫疏證："各本皆脱碣字。《文選·西京賦》、《景福殿賦》注竝引《廣雅》'碣，磌也'，《集韻》《類篇》竝引《廣雅》'礎、碣、磌，磌也'。今據補。"

④ 《可洪音義》卷一四《陰持入經》下卷音義："道迹，子昔反，正作迹。""迹"誤作"迩"，猶"亦"誤作"尒"。

士多讀為砰。據《公羊》古本並為磌字。張揖讀為磌，是石聲之類，不知出何書也。”按：今《殘卷》《名義》均有“磌”字，楊説蓋誤。《廣雅・釋宫》：“磌，礩也。”《名義》：“磌，之仁反。響。”

礩，之逸反。《説文》：“礩，柱下石也。”

《太平御覽》卷一八八引《説文》曰：“礩，柱下石也。古以木，今以石。”《廣雅・釋宫》：“礎、碣、磌，礩也。”王仁昫《刊謬補缺切韻・質韻》（P.2011）：“質，之日反。……礩，柱下石。”《名義》：“礩，之逸反。柱下石。”《玉篇》：“礩，之逸切，柱下石。又音致。”《龍龕》：“礩，之日反，柱下石也。”

碥，裨顯反。或作扁。扁，將登車履石也，在册部。

《殘卷》：“扁，補顯反。《説文》：‘扁，署也。扁，門户之文也。’《毛詩》：‘有扁斯石，履之卑兮。’傳曰：‘扁扁，乘石皀也。王后乘車履石。’箋云：‘將登車履石也。’野王案：扁，廣而薄，不方圓之皀也。《方言》‘幓［幧］頭扁者謂之頭帶’[①]是也。或為碥字也，在石部。”《名義》：“碥，裨顯反。”《玉篇》：“碥，方顯切，將登車履石也。亦作扁。”《新撰字鏡》：“碥，甫［補］顯反。履石。”

礥，丁［下］研反。《大玄經》：“物生之礥。”宋忠曰：“礥，難也。”《聲頡［類］》：“堅皀也。”

① 《方言》卷四：“絡頭、帞頭、紗繢、鬒帶、髮帶、帑、幧，幧頭也。自關以西秦晉之郊曰絡頭，南楚江湘之間曰帞頭，自河以北趙魏之間曰幧頭，或謂之帑，或謂之幧。其遍者謂之鬒帶，或謂之髮帶。”周祖謨校箋：“遍，戴、盧兩家均作偏，蓋據郭注偏疊一詞校正。案原本《玉篇》‘扁’下引《方言》云：‘繰頭扁者謂之頭帶’，頭帶當為鬒帶之訛，而其遍作扁，與今本不同。”按：“遍”蓋“匾”字之訛，“扁”與“匾”古今字。《慧琳音義》卷三五《一字頂輪王經》卷一音義：“匾匾，上邊沔反，下體鷄反。《字統》云：‘匾匾，不圓。’《考聲》：‘薄闊皃也。’《古今正字》云：‘匾匾，薄闊不圓亦不方也。’”此與上引“野王案：扁，廣而薄不方圓之皀也”堪相佐證。《慧琳音義》卷七七《釋迦方志》卷上音義：“匾匾，上遍沔反，下體伍反。《志》從辵作遍遞，錯也。”此亦“匾”訛“遍”之一例。

《太玄·礥》："陽氣微動，動而礥，礥，物生之難也。"范望注："礥，難也。"《集韻·銑韻》："礥，堅也。"《名義》："礥，丁［下］研反。難。"按：《殘卷》《名義》"丁研反"當作"下研反"。《箋注本切韻·真韻》（S.2071）："礥，鞕［鞕］。下珍反，又下怜反。"

磼，才合、才闔二反。《上林賦》："嵳峩磼碟。"《埤蒼》："磼〈碟〉，高也。"

《文選·張衡〈西京賦〉》："嵳峩崨嶫，罔識所則。""崨嶫"與"磼碟"音義同。《玄應音義》卷八《菩薩睒子經》音義："磼碟，五合、五闔二反。《埤蒼》：'磼碟，高貌也。'磼音才合反。"《史記·司馬相如列傳》："嶔巖倚傾，嵯峨磼碟，刻削峥嶸。"司馬貞索隱："磼碟，《埤蒼》云：'高皃也。'上士劫反，下魚揖反。又《字林》音磼，才帀反。碟，五帀反。"《唐韻殘卷·合韻（蔣斧印本）："雜，徂合反。……磼，磼碟，山高皃。"《名義》："磼，才合反。高也。"

碟，五合、五闔二反。《埤蒼》："磼碟也。"

《唐韻殘卷·合韻》（蔣斧印本）："噆，衆聲。五合反。……碟，磼碟。"《名義》："碟，五合反。磼。"吕氏校釋："《殘卷》引《埤蒼》作'磼碟也'。《名義》疑有誤。"《名義》"碟"當作"磼"。

磦，人丈反。《埤蒼》："碟［磦］，惠［恶］碓［雄］黄也。"

裴務齊正字本《刊謬補缺切韻·養韻》："壤，如兩反。……磦，恶雄黄。"《名義》："磦，人丈反。恶雄黄。"吕氏校釋："《殘卷》引《埤蒼》作'惠碓黄也'，為'恶雄黄也'之誤。《玉篇》作'恶雌黄'。"按："雄"字俗作"碓"，與"碓"形近。

砙，又［叉］曰［瓦］反。《埤蒼》："砙，好碓［雄］黄也。"

王仁昫《刊謬補缺切韻·馬韻》（P.2011）："碰，义［叉］瓦反。好雌黄。"《名義》："碰，叉曰反。好雄黄。"吕氏校釋："《玉篇》作'叉瓦反'。《名義》疑當作'叉曰反'。"按："叉曰反"當作"叉瓦反"。《新撰字鏡》："碰，[illegible]［？］瓦反，好雄黄。"

硟，思賢反。《埤蒼》："石之次玉者也。"

《名義》："硟，思賢反。石次玉。"《玉篇》："硟，思賢切，石次玉。"《龍龕》："硟，音先，石次玉也。"

磃，思移反。《廣雅》："磃，摩。"《埤蒼》："所以摩笴者也。"①

《廣雅·釋詁三》："磃，磨也。"《名義》："磃，思移反。摩。"

磗，吉候反。《廣雅》："磔、磗，罰也。"《埤蒼》："磗，磓也。"

《廣雅·釋詁四》："磗、磓，罰，伐也。"△疑"伐"為"罰"之注音字而誤入正文。《殘卷》"磓"字下引《廣雅》："磓，罰也。"《殘卷》"磔、磗"或當作"磓、磗"。《名義》："磗，告候反。罰也，磓也。"

硯，乃结反。《埤蒼》："硯，礬石也。"

《名義》："砠［硯］，乃结反。礬石也。"吕氏校釋："此字頭原訛。"按：《名義》字頭原訛作"砠"。《玉篇》："硯，乃結切，礬石也。"

字或作"涅"。《淮南子·俶真》："今以涅染緇則黑於涅，以藍染青則青於藍。"高誘注："涅，礬石也。"

---

① 《廣雅·釋詁三》："磃，磨也。"王念孫疏證："《廣韻》：'磃，磃磨也。'又云：'鐁，平木器名。'《釋名》云：'鐁，斯彌也，斤有高下之跡，以此斯彌其上而平之也。'鐁與磃同義。斯彌、斯磨，語之轉耳。""摩笴"或與"斯彌""斯磨"義同。

砏，普巾反。《楚辞》："臣［巨］竇䙴［遷］于［兮］砏殷。"王逸曰："聲豊礚也。"《埤蒼》："砏磤，大聲。"

《楚辭·九懷·危俊》："鉅寶遷兮砏磤，雉咸雊兮相求。"王逸注："太歲轉移聲礚磑也。"《玄應音義》卷八《大方等大雲請雨經》音義："磤聲，又作轞、殷二形，同，於近反。……《埤蒼》：'砏磤，大聲也。'"《文選·張衡〈南都賦〉》："流湍投濈，砏汃輣軋。"李善注引《埤蒼》曰："砏，大聲也。"《名義》："砏，普巾反。大聲。"

磤，扵謹反。《毛詩》："殷其雷，在南山之陽。"傳曰："殷，雷聲也。"或為轗［轞］字，在車部。① 今或為殷字，在月部。②

《殘卷》："隐，扵謹反。……聲隐為石［磤］字，在石部也。"《詩經·召南·殷其靁》："殷其靁，在南山之陽。"毛傳："殷，靁聲也。"《玄應音義》卷八《大方等大雲請雨經》音義："磤聲，又作轞、殷二形，同，於近反。《通俗文》：'雷聲曰磤。'"《名義》："磤，扵謹反。雷聲。"

礓，居良反。《埤蒼》："礓，礫石也。"

《玄應音義》卷十九《佛本行集經》卷八音義："礓石，居良反。形如薑也。《通俗文》：'地多小石謂之礓礫。'"《慧琳音義》卷三七《陀羅尼集》卷十二音義："礓石，居良反。《埤蒼》云：'礓，礫石也。'《考聲》云：'礓，石也。色白似薑，因以名之。土所化堅如石也。'③《文字典説》：'從石，畺聲也。'"《名義》："礧［礓］，居良反。礫也。"吕氏校釋："此字頭原以'量'為聲符。《玉篇》作'礓，礫石也'。"

磐，薄安反。《周易》："鳿［鴻］漸于磐。"王弼曰："磐，山〈石〉之安者也。"

---

① 《殘卷》："轞，於近反。《埤蒼》：'車聲也。'"《名義》："轞，扵近反。車声。"
② 《名義》："殷，扵近反。赤色。"
③ 《慧琳音義》卷九四《續高僧傳》卷十九音義："礓石，上音薑。《考聲》云：'礓，石色白而似薑，因以為名也。'《埤蒼》云：'土化為石也。'""土化為石也"未必為《埤蒼》之釋義。

《聲類》："大名［石］也。"《漢書》："宗族磐平［玍］。"野王案：磐平［玍］猶根據也。

《周易·漸》："六二，鴻漸于磐，飲食衎衎，吉。"王弼注："磐，山石之安者。"吕校本作"鳥漸于磐"，誤。《慧琳音義》卷七七《釋迦方志》卷下音義："磐石，上判般反。王弼注《周易》云：'磐，山石之安也。'顧野王云：'磐猶根據也。'《聲類》：'大石也。'[①]《説文》：'從石，般聲也。'"《漢書·楚元王傳》："內有管、蔡之萌，外假周公之論，兄弟據重，宗族磐互。"顔師古注："磐結而交互也。字或作牙，謂若犬牙相交入之意也。"[②]《倭名類聚鈔》卷一："陸詞云：'磐，大石也。'"《名義》："磐，薄安反。大石。"

磝，午交反。《字書》亦嶅字也。嶅，山多小石也，在山部。[③]

《殘卷》："嶅，牛交反。《尔雅》：'山多小石曰嶅。'郭璞曰：'多彊［礓］礫也。'或為磝字，在石部也。"《名義》："磝，午交反。嶅。"

硍，古拜反。《埤蒼》："石之次玉者也。"

《箋注本切韻·恠韻》（P.3696 背面）："恠，異。古壞反。……硍，石似玉。"《名義》："硍，古拜反。石次玉。"

確，口角反。《周易》："夫乾確然，亦［示］人君［易］矣。"韓康佰曰："確，

---

① 《慧琳音義》卷九十《高僧傳》卷十一音義："磐杵，上音盤。《聲類》：'磐，大石。'平而且大也。"△《故訓匯纂》作"大石平而且大也"，恐非是。《慧琳音義》卷三九、七七、九八引《聲類》均作"大石也"。《文選·木華〈海賦〉》："竭磐石，栖百靈。"李善注引《聲類》曰："磐，大石也。""磐"字或作"盤"。《文選·成公綏〈嘯賦〉》："若乃遊崇崗，陵景山，臨巖側，望流川，坐盤石，漱清泉。"《文選·古詩十九首》："良無盤石固，虛名復何益？"李善注引《聲類》並作"盤，大石也"。

② "互"字俗或作"玍"，與"牙"形近，故或訛作"牙"。《後漢書·滕撫傳》："順帝末，揚、徐盜賊群起，磐牙連歲。"李賢注："磐牙謂相連結。""磐牙"當即"磐互"。

③ 《名義》："嶅，牛亥［交］反。磝。多石。"

堅皀也。"《埤蒼》為塙字，在圡部也。[①]

《周易·繫辭下》："夫乾確然，示人易矣；夫坤隤然，示人簡矣。"韓康伯注："確，剛貌也。"《殘卷》諱"剛"，故改作"堅"。《玄應音義》卷十三《燈指因緣經》音義："端礭，又作碻，《埤蒼》作塙，同，苦學反。《周易》：'夫乾礭然。'韓康伯曰：'礭，堅貌也。'"《名義》："確，口角反。堅。"

碻，《字書》亦確字也。

王仁昫《刊謬補缺切韻·覺韻》（P.2011）："㱿，苦角反。……確，鞕。或作碻，亦作圐。"《名義》："確，口角反。堅。碻，同上。"

磖，力合反。《廣雅》："磖磼，破物聲也。"[②]

《唐韻殘卷·合韻》（蔣斧印本）："雜，徂合反。……磼，磼磼，山高皃。磖磼，壞皃。"《名義》："磖，力含反。破物聲。"吕氏校釋："當作'力合反'。"

硠，口康反。《字書》："硍［硠］硄也。"

王仁昫《刊謬補缺切韻·庚韻》（P.2011）："硄，硠。"《名義》："硄，口虎［康］反。硠。"吕氏校釋："'康'字原訛。《殘卷》作'《字書》硠硄也'。《名義》應與字頭連讀。"按："康"字原訛作"虎"。《新撰字鏡》："硄，口康反。硠硄。"

𥓌，力煎反。《字書》亦鏈字也，鏈，鈆礦也，亦銅屬也，在金部也。[③]

---

① 《名義》："塙，口角反。堅也。礭字。""礭"同"確"，猶"鶴"同"鹤"。
② 今本《廣雅》未見。由其釋義形式看，疑此為《埤蒼》或《廣蒼》之釋義。
③ 《名義》："鏈，力仙反。銅也。"

王仁昫《刊謬補缺切韻·仙韻》(P.2011)："連，力延反。鏈，鈆松[朴]。又丑連反。亦磏。"《名義》："磏，力煎反。礦。"吕氏校釋："《殘卷》作'《字書》亦鏈字也。鏈，鉛礦也'。《名義》誤省。"《新撰字鏡》："磏，力前反。鈆(也)礦。"

字或作"連"。《漢書·食貨志下》："鑄作錢布皆用銅，殽以連錫。"孟康注："連，錫之別名也。"李奇注："鉛錫璞名曰連。"應劭注："連似銅。"顏師古注引許慎云："鏈，銅屬也。"

䃼，力皎[胶]反。《字書》："磟[䃼]鳥，重[垂]。"

《名義》："䃼，力胶反。鳥重。"吕氏校釋："《殘卷》作'《字書》䃼鳥重'。胡吉宣《玉篇校釋》謂當作'䃼鳥，垂皃'。《玉篇》作'䃼碣，石垂皃'。《名義》誤。"△按："䃼鳥""䃼碣"為聯綿詞，字或作"了佻"。《方言》第七："燕趙之郊縣物於臺之上謂之佻。"郭璞注："了佻，懸物貌。""懸物"與"垂"義相承。《集韻·筱韻》："䃼，䃼碣，石垂皃。"又："碣，䃼碣，懸石皃。"《新撰字鏡》："䃼，力交反。鳥，重[垂]。"

《龍龕》："䕩，音了，䕩鳥，薰草也。"此字蓋從艸磟聲，與從石蓼聲之"䃼"字同形。

硐，徒公反。《廣雅》："硐，摩。"

"摩"同"磨"。《廣雅·釋詁三》："硐，磨也。"《文選·馬融〈長笛賦〉》："鏓硐隤墜，程表朱里。"李善注引《廣雅》曰："硐，磨也。"《名義》："硐，徒公反。摩。"

磟，力蔫反。《埤蒼》："磟碡，車輪也。"《字書》："磟碡，輾車也。"

《唐韻殘卷·沃韻》(蔣斧印本)："毒，痛也。徒沃反。……碡，磟碡，農器。出《埤蒼》。"又《屋韻》："祿，俸祿。又姓，紂子父之後。盧谷反。……磟，磟碡。又音六逐。"《新撰字鏡》："磟，直六反，入。磟碡也。"

按：《殘卷》"輪"蓋從車佥聲，為"輾"之俗體字。吕校本徑作"輾"。《集韻·綫韻》："輾，女箭切，轉輪治穀也。"《名義》此字缺，似可據補"力蔫反。輾車也"。

《玉篇》："磟，力竹切。磟碡，田器。"

碡，徒蔑反。《埤蒼》："磟碡也。"

《名義》："碡，徒毒反。磟。"吕氏校釋："此處應與字頭連讀為'磟碡'，即田器。《名義》脱'磟'字頭。"

礲，力冬反。《字書》："礲硿［硿］，石聲也。"

《玉篇》："礲，力中切，礲硿，石聲。又力冬切。"裴務齊正字本《刊謬補缺切韻·冬韻》："礲，力宗反。……硿礲，石落聲。"《名義》："礲，力冬反。石聲，降石。"按：《名義》"降石"蓋為"礲"字之誤拆。

硿［硿］，口冬反。《字書》："礲硿也。"

《玉篇》："硿，丘中切，礲硿。又户冬切。"《名義》："硿［硿］，口冬反。同上。"吕氏校釋："此處'同上'蓋指硿、礲同義。《殘卷》作'《字書》礲硿也'。"按："礲硿"蓋聯綿詞。《名義》字頭原誤從官，其誤與《殘卷》同。

磯，子田、似田二反。《楚辞》："石瀨兮磯磯。"王逸曰："疾流皀也。"《蒼頡薖［篇］》："磯，棚也。"《廣雅》："磯，攱也。"《字書》："蜀道也。"野王案：《漢書》"燒絶棧道"是也，音土［士］板反也。①

《楚辭·九歌·湘君》："石瀨兮淺淺。"王逸注："瀨，湍也。淺淺，流疾貌。"《玄應音義》卷十七《出曜論》卷十九音義："梁棧，《三蒼》作磯，同，仕諫反。《説文》：'棧，棚也。'《通俗文》：'板閣曰棧也。'"《廣雅·釋詁三》："磯，攱也。"

① 《名義》："棧，仕板反。欞木也，移［棚］也，閣。"

《集韻·産韻》："碊，《博雅》：'䃏也。'一曰：蜀道。"《玉篇》："碊，子田、似千二切，坂也，移也。"《名義》："碊，子田反。棚也，䃏［䃏］也。"《名義》"䃏也"當作"䃏也"。《玉篇》"坂也，移［棚］也"當作"䃏也，棚也"。[①]《新撰字鏡》："碊、戔，二同，士輦反。流皀，山間道也，棚也，䃏也。"《殘卷》"蜀道"之"蜀"蓋"山間"二字之誤合。

磃，〈思〉此言［呰］反。《字書》："亦宫也名［名也］。"野王案：磃祁之官［宫］也，或為㡿守［字］，在厂［广］部也。[②]

《殘卷》："㡿，思移反。《左氏傳》：'晉侯方築㡿祁之宫。'杜頇［預］曰：'（也）宫名也。在絳西卅［卌］里，臨汾水。'[③]《字書》為磃，布［在］右［石］部。"

《名義》："磃，〈□〉此言［呰］反。官名。席［㡿］字。"吕氏校釋："'官名'當作'宫名'。'㡿'字原訛。"按："㡿"字原訛作"席"。《新撰字鏡》："磃，思移反，平。館［宫］石［名］。"

《殘卷》《名義》"此言"當作"呰"，反切上字誤脱，或可據《殘卷》"㡿"字補反切上字"思"。

吕校本作"或為虒字，在厂部也"。按：《名義》有"虒"字，入虎部："虒，思移反。㡿，上字。"《説文》："虒，委虒，虎之有角者也。从虎、厂聲。"與"磃"義不相協。

砣［砫］，之庾反。《字書》亦室［宔］字也。室［宗］廣［廟］石室［宔］也，在宀部。[④]

《玉篇》："砫，之縷切，石室［宔］。"《名義》："砣［砫］，之庾反（也）。宔。"吕氏校釋："此字頭原訛。反切音後衍'也'字。"按：此字頭原訛作"砣"。《新

① 《集韻·㒨韻》："碊，坂也。"《漢語大字典》（第二版 2608 頁）此字據《玉篇》《集韻》收"移""山坡"二義，當誤。
② 《名義》："㡿，思移反。宫名也。"
③ 《左傳·昭公八年》："於是晉侯方築虒祁之宫。"杜預注："虒祁，地名，在絳西四十里，臨汾水。"陸德明音義："虒，音斯，本又作㡿，同。""虒祁"或作"傂祁"。《箋注本切韻·支韻》（S.2071）："傂，傂祁，地名，在平陽。"
④ 《名義》："宔，之庾反。宗廟石主也。砫也。主字也。"

撰字鏡》：“砫，止庚反。宔也，石屋［宔］。”

吕校本作“《字書》亦室字也。室，廣石室也，在宀部”，可謂大錯特錯。

硍，胡蕳反。《字書》：“石〈聲〉也。”

《玉篇》：“硍，諧眼切，石聲也。”王仁昫《刊謬補缺切韻·產韻》（P.2011）：“限，胡簡反。……硍，石聲。”《名義》：“硍，胡蕳反。石聲。”《周禮·春官·典同》：“凡聲：高聲碮，正聲緩，下聲肆，陂聲散，險聲斂，達聲贏，微聲韽，回聲衍，侈聲筰，弇聲鬱，薄聲甄，厚聲石。”鄭玄注：“故書碮或作硍。”陸德明音義：“作硍，音艱，又苦耕反。《字林》音限，云：‘石聲。’”《箋注本切韻·產韻》（S.2071）：“硍，石聲。”疑《殘卷》所引《字書》脱“聲”字。《名義》所據本蓋有“聲”字。《新撰字鏡》“硍，古［胡］見反。石聲。”

磂，力牛反。《字書》亦鎦字也，鎦，煞也，在金部。① 或為劉字，在刀部也。②

《玉篇》：“磂，力牛切，亦作鎦。”《名義》：“磂，力牛反。殺也。”

磯，子林反。《字書》亦櫼字也，櫼，（櫼）楔也，在木部。③ 又音且［四］絚［緫］、且［四］紺二反。東方朔《十州記》：“猛獸又作兩目，如（天）磯磹之光也。”

《慧琳音義》卷四六《大智度論》卷二音義：“掣電，充世反。掣電，陰陽激耀也。《釋名》云：‘電，殄也，言乍見即殄滅也。’《十州記》云：‘猛獸兩目如磯磹之光。’今吴名電為磯磹，音息念、大念反。三輔名為類［覢］電也。”吕校本引《十州記》，删“又作”二字。按：此二字不必删。《太平廣記》卷四引《仙傳拾遺》：“帝乃使使者勑猛獸發聲，試聽之。使者乃指獸，令發一聲。獸舐唇良久，忽如天雷霹靂之響，又作兩目如磯磹之炎光，久乃止。”《玉篇》：“磯，子林切，又先念切。磯磹，雷光也。”《廣韻·㮇韻》：“磯，

---

① 《名義》：“鎦，力牛反。殺。”
② 《名義》：“劉，力牛反。鉞也，陳也，尅也，刀也。”
③ 《名義》：“櫼，子林反。楔。磯字。”

磯譚［磹］，電光。先念切。”《名義》：“磯，子林反。楔。”

磹，達黯、達紺二反。《説文》：“礷磹，電光也。”

今本《説文》未見“礷磹”二字。王仁昫《刊謬補缺切韻·㮇韻》（P.2011）：“礷，先念反。礷磹，電光。”《名義》：“磹，達绀反。電光。”《龍龕》：“礷磹，上先念反，下徒念反，礷磹，電光也。”《元包經傳·孟陰》：“列缺搏，礷磹灼。”李江注：“礷磹，電光。”[①]

硥［硥］，薄項反。《字書》亦硑［蚌］字也，蚌，庿［蜃］蠣也，在虫部也。[②]

洪适《隸釋》卷一：“《淮南子·墬形訓》載海外三十六國，西北方有無繼民，‘硥魚在其南。’注云：‘硥魚，如鯉魚，有神靈者乘，行九野。硥讀如蚌。’[③]字書蚌或作鮮、硥。”《名義》：“硥，薄項反。蚌。”

硨，齒耶反。《字書》：“（也）硨磲［磲］，石次玉者〈也〉。”[④]

王仁昫《刊謬補缺切·麻韻》（P.2011）：“車，昌遮反。……硨，硨磲，寶石。”《慧琳音義》卷十四《大寶積經》卷六二音義：“硨磲，上音車，下音渠。《廣雅》：‘硨磲，石寶也，次於玉也。’”[⑤]《名義》：“硨，齒耶反。石次玉。”

---

① 《四庫全書簡明目録》卷十一：“《元包》五卷，附《元包數總義》二卷，後周衛元嵩撰，唐蘇源明傳，李江注，宋韋漢卿釋音，其《總義》二卷，則張行成所補撰也。”
② 《名義》：“蚌，薄講反。蜃。”
③ 《淮南子·墬形》：“自東北至西北方有跂踵民、句嬰民、深目民、無腸民、柔利民、一目民、無繼民。雒棠、武人在西北陬，硥魚在其南。”高誘注：“硥魚，如鯉魚也，有神聖者乘行九野，在無繼民之南。硥讀如蚌也。”
④ 《殘卷》“也”字原誤植於前一行“《字書》”下。
⑤ 《廣雅·釋地》：“硨磲，石之次玉。”《倭名類聚鈔》卷十一引《廣雅》云：“車渠，石之次玉也。”“車渠”下注云：“陸詞並從石作‘硨磲’也。”

礫，鉅[鉅]扵反。《字書》："硨礫也。"

《名義》："礫，鉅扵反。硨。"吕氏校釋："《殘卷》作'《字書》硨礫也'。《名義》應與字頭連讀。"

硍，古混反。《周礼》："凡聲：高聲硍。"鄭玄曰："故書硍或為硍。杜子春讀為鏗鎗之饌[鏗]，高謂鍾形〈容〉高也。鄭大夫讀為袞，玄謂〈高〉，鍾形奉上，上大也。高即〈聲〉上䁨[臧]，哀[袞]然〈旋〉如（知）重[裹]也。"

《周禮·春官·典同》："凡聲，高聲硍。"鄭玄注："故書硍或作硍。杜子春讀硍爲鏗鎗之鏗。高謂鍾形容高也。……鄭大夫讀硍爲袞冕之袞。……玄謂高，鍾形大上，上大也，高則聲上藏，袞然旋如裹。"校勘記："岳、惠校本同，婺、建、余、嘉靖、阮本'裹'作'裏'。阮校云，'袞''裹'一聲之轉，故讀從之。'袞'亦與'卷'通，卷旋即裹義也，蓋作裹是。賈本作'裏'字。"①《殘卷》蓋脱"旋"字，"如"與"知"形近而誤衍。王仁昫《刊謬補缺切韻·混韻》（P.2011）："鯀，古本反。……硍，高聲。"《名義》："硍，古混反。"

碼，草[莫]𥓐反。《字書》："碼碯[碯]，石之次〈玉〉者也。"

《廣雅·釋地》："碼碯，石之次玉。"《慧琳音義》卷七八《經律異相》卷十一音義："碼碯，上麻把反，下那老反。《考聲》云：'碼碯，似玉，有黑文，亦云斑玉也。'《字書》：'碼碯，石之次玉也。"《名義》："碼，莫𥓐反。"吕氏校釋："'𥓐'字原訛。"按："𥓐"字原訛作"[illegible]"。

碯[碯]，奴道反。《字書》："碼碯[碯]也。"

《名義》："碯[碯]，奴道反。"《玉篇》："碯，乃老切，碼碯。"

① 參彭林整理《周禮注疏》第915頁，上海古籍出版社2010年。

磾，都泥反。《漢書》者［有］金日磾也。

《慧琳音義》卷七七《釋迦方志》卷上音義："日磾，丁奚反。黑石也，可以染繒。《漢書》有金日磾，人名也。"《名義》："磾，都泥反。"《玉篇》："磾，丁泥切，《漢書》有金日磾。"

吕校本"日"誤作"曰"。

砇［砛］，之仁反。《字書》："碫也。"

《集韻·真韻》："砛，石不平皃。《太玄》：'石砛砛。'一曰：礪也。"《玉篇》："碫，都亂切，礪石也。""碫""礪"義同。《名義》："砇［砛］，之仁反。碫。"吕氏校釋："此字頭原訛。"按：此字頭原訛作"砇"。

吕校本引《字書》作"碬也"。

硊，牛委反。《山海經》："睪［臯］水ヰ［中］多硊石。"郭璞曰："未聞。"《楚辞》："硱磳磈硊，嶔〈崟〉崎嵫［峨］。"王逸曰："崔嵬，崓嵎也。"

《山海經·中山經》："臯水出焉，東流注于澧水，其中多脆石。"郭璞注："未聞。魚脆反。"《慧琳音義》卷九九《廣弘明集》卷二九音義："磈硊，上威鬼反，下危鬼反。《埤蒼》：'硱磳，〈磈〉硊。'謂迟曲也。《説文》並從石，鬼、危皆聲。迟音鄉［卿］逆反。……硱磳磈硊之義，未詳其祕奥也。"《楚辭·招隱士》："嶔岑碕礒兮硱磳磈硊。"王逸注："山阜崓嵎。崔巍，嵯嵃也。"[1] 舊注："岑，一作崟。"《殘卷》蓋脱"岑"字。《楚辭》此處八字，前四字均從"石"，後四字均從"山"，除缺字外均為左右結構，故補"崟"字。吕校本作"嶔岑碕礒"，合乎今本《楚辭》，而與《殘卷》原文有出入。《名義》："硊，牛危反。崔嵬。"

---

① 《慧琳音義》卷五三《樓炭經》卷五音義："嶔崟，綺金反，下宜金反。謂山阜之勢高下倚傾也。《楚辞》云：'嶔崟崎峨。'注云：'山阜陬峨。'非也。"高麗本作"'山阜陬嵔也。'（嶔）峨音俄，非也"，可從。

硱，口夲、口泳［冰］二反。《埤蒼》：“硱磳，阮［阢］隈也。”《聲類》：“硱磳，石皀也。”

《慧琳音義》卷九九《廣弘明集》卷二九音義：“硱磳，上虧雲反，下萴凌反。王注《楚辭》云：‘硱磳謂崔嵬㠔嵎也。’……磈硊，上威鬼反，下危鬼反。《埤蒼》：‘硱磳，〈磈〉硊。’謂迟曲也。”“石皀”即指山石迟曲皃。《名義》：“碅［硱］，口夲反。石皃。”

磳，子膠［滕］、仕反泳［冰］二。[①]《埤蒼》：“〈硱〉磳也。”

王仁昫《刊謬補缺切韻·蒸韻》（P.2011）：“憑，扶氷反。……磳，硱磳。又子騰、奇兢二反。”“扶氷反”“奇兢反”蓋誤，“扶氷反”或當作“仕氷反”，“奇兢反”或當作“查兢反”。王仁昫《刊謬補缺切韻·登韻》（P.2011）：“增，在［作］滕反。……磳，山皃。又仕氷反。”《名義》：“磳，仕冰反。碅［硱］。”

硂［硂］，且泉反。《廣雅》：“（碓）硂［硂］，度也。”《字書》亦銓［銓］字也，銓［銓］，量也，次也，在金部。[②]

《廣雅·釋詁一》：“硂，度也。”《殘卷》“碓”字蓋與“雅”形近而誤衍。《玄應音義》卷二四《阿毗達磨俱舍論》卷十一音義：“詮量，又作硂，同，七泉反。《廣疋》：‘稱謂之銓。’言知輕重也。《漢書》應劭曰：‘銓，稱衡也。量，斗斛也。’”[③]《名義》：“硂，且泉反。度也，量也，次也。”

碏，七惜、七畂［略］二反。《毛詩》：“執爨碏碏。”傳曰：“碏碏言爨竈有容也。”《朝［韓］詩》：“碏碏，敬也。”[④]《左氏傳》：“衛大夫石碏也。”

---

① 當作“子滕、仕冰二反”。
② 《名義》：“銓，且全反。次也，具也。”
③ 《漢書·王莽傳中》：“白煒象平，考量以銓。”顏師古注引應劭曰：“量，斗斛也。銓，權衡也。”
④ 胡吉宣《玉篇校釋》“朝”字徑改作“韓詩”，呂校本删“朝”字。

《詩經·小雅·楚茨》："執爨踖踖，爲俎孔碩。"毛傳："踖踖，言爨竈有容也。"陸德明音義："踖踖，七夕反，又七略反。"朱熹集傳："踖踖，敬也。"《名義》："碏，士畝反。敬。"吕氏校釋："《殘卷》作'七惜、七畝二反'。《玉篇》作'七昔、七略二切'。"按：當作"七略反"。《晉書·張闓傳》："是以石碏戮厚，叔向誅鮒，前史以為美譚。"何超音義："碏，《左傳》音鵲，《史記》音且亦反。""鵲"與"七略反"音同。《唐韻殘卷·藥韻》(蔣斧印本)："鵲，《字林》云：'雓，七雀反。'……碏，敬也。又姓，衛大夫石碏。"《左傳·隱公三年》："石碏諫曰：臣聞愛子，教之以義方，弗納於邪。"杜預注："石碏，衛大夫。"陸德明音義："碏，七略反。"

𥗽［磹］，餘成〈反〉。《方言》："𥗽［磹］，褎，習也。"郭璞曰："謂翫習也。"

《方言》卷十二："磹，裔，習也。"郭璞注："謂玩習也，音盈。"《名義》："磹，餘成反。翫習。"吕氏校釋："'翫'字原訛。"按："翫"字原訛作"𦩍"。

礣，莫鎋反。《埤蒼》："礣砎［砎］，堅也。"《字指》："礣砎［砎］，大雷聲也。"

《玄應音義》卷十四《四分律》卷十九音義："衣釛，音滑，擴礙也。未詳字出。案：《通俗文》：'堅硬不消曰礣砎［砎］。'音莫八、胡八反。今山東謂骨綰細者爲礣砅［砎］子，蓋取此爲。"《通俗文》與《埤蒼》義近。王仁昫《刊謬補缺切韻·鎋韻》(P.2011)："鎋，車軸頭鐵。古作舝。胡瞎反。……砎，礣砎，鞕。礣字暮鎋反。""鞕"（硬）與"堅"義同。《玄應音義》卷十五《僧祇律》卷三五音義："砎砎［砎砎］，胡瞎反。《字指》云：'礣砎［砎］，雷大聲也。'"《名義》："礣，莫鋺［鎋］反。雷聲。"吕氏校釋："'鎋'字原訛。"按："鎋"字原訛作"鋺"。

砎［砎］，胡瞎反。《埤蒼》："礣砎［砎］也。"

《晉書·孔愉傳》："何知幾之先覺，砎石之易悟哉！"何超音義："砎，《周易》音介。

《字林》：‘砎，堅也。’”《名義》：“砎，胡瞎反。同上。”吕氏校釋：“此處‘同上’蓋指砎、礦二字同義。《殘卷》引《埤蒼》作‘礦砎也’。”按：“礦砎”當為疊韻聯綿詞。

砰，古狎反。《埤蒼》：“山側也。”或為岬字，在止［山］部。[①]

《殘卷》：“岬，古狎反。仿佯山岬之旁也。左思《吴客》。許尗重曰：‘岬，山旁也。’左思《吴客賦》：‘倒岬岫。’劉逵曰：‘岬，兩山間也。’[②]《埤蒼》為砰字，在石部。”《殘卷》“思吴客”旁有删節符“ミ”，“左思吴客”四字當删。又“仿佯山岬之旁也”前當補“《淮南》”二字。《淮南子·原道》：“逍遥于廣澤之中，而仿洋于山峽之旁。”高誘注：“兩山之間為峽。”“峽”當作“岬”，説詳王念孫《讀書雜志》。《唐韻殘卷·狎韻》：“甲，甲兵，又甲子。古狎反。……砰，山側。”《名義》：“砰，古狎反。山側。”

砰，披前［萠］反。《甘泉賦》：“聲砰隱以陸〈離〉。”《廣雅》：“砰，（石）聲也。”《字書》：“大聲。”

《文選·揚雄〈甘泉賦〉》：“聲駍隱以陸離兮，輕先疾雷而馺遺風。”《廣雅·釋詁四》：“砰，聲也。”《玄應音義》卷二十《六度集經》卷二音義：“砰然，又作硑，同，披萠反。《字書》：‘砰，大聲也。’”《文選·潘岳〈西征賦〉》：“砰揚桴以振塵，繣瓦解而冰泮。”李善注引《字書》曰：“砰，大聲也。”《名義》：“砰，披前［萠］反。石聲。”

硑，《字書》亦砰字也。

《慧琳音義》卷三三《六度集經》卷二音義：“砰然，又作硑，同，披萠反。《字書》：‘砕［砰］，大聲也。’”《名義》：“砰，披前［萠］反。石聲。硑，同上。”

---

① 《名義》：“岬，古狎反。兩山間。”
② 《文選·左思〈吴都賦〉》：“傾藪薄，倒岬岫。”李善注引許慎《淮南子注》曰：“岬，山旁。”張銑注：“兩山間曰岬。”

硭，無時［将］反。《埤蒼》："硭硝，藥石也。"

《集韻·陽韻》："硭，硭硝，藥石。山石中採之，布於芒上。沃以水，以盎覆之。經宿飛著盎，故曰硭硝。其布於木皮曰朴硝。通作芒。"《名義》："硭，无将反。藥石。"

硝，思燋反。《史記》："飲以消［硝］石。"《埤蒼》："硭硝也。"

《史記·倉公傳》："躁者有餘病，即飲以消石一齊，出血，血如豆比五六枚。"王仁昫《刊謬補缺切韻·霄韻》（P.2011）："硝，硭硝，藥名。"《名義》："硝，思熣［燋］反。同上。"吕氏校釋："此處'同上'是指與上一字同義。《殘卷》引《埤蒼》作'硭硝也'。"按："硭硝"一物，非"硝"與"硭"同義。

硱，苦耕反。古文奅字，秦蜜［密］動［種］爪［瓜］扵麗山硱谷中。左思《吴客賦》："左号臨硱。"劉逵［逵］曰："吴東門也。"

《廣韻·庚韻》："䃘，或作硱，谷名，在麗山，昔秦密種瓜處。"《文選·左思〈吴都賦〉》："左稱彎碕，右號臨硎。"李善注："彎碕、臨硎，闔閭名也。吴後主起昭明宫于太初之東，開彎碕、臨硎二門。彎碕，宫東門。臨硎，宫西門。"《殘卷》"左号臨硱"當作"右號臨硱"，吕校本"号"誤作"兮"。《名義》："硱，苦耕反。奅字也。"

磕，口賴反。《楚辞》："憚涌湍之磕磕，聴波聲之匈匈。"《字指》："譻磕，火［大］聲也。"

《楚辭·九章·悲回風》："憚涌湍之礚礚兮，聽波聲之洶洶。"洪興祖補注："礚，苦蓋切，石聲。"《殘卷》《名義》"火聲"當作"大聲"。《慧琳音義》卷八三《大唐三藏玄奘法師本傳》卷七音義："訇磕，下看割反。《考聲》：'石相磕聲也。'《字指》云：'大聲也。'"《文選·潘岳〈藉田賦〉》："簫管嘲哳以啾嘈兮，鼓鞞硡隱以砰磕。"李善注引《字指》曰："磕，大聲也。"《名義》："磕，口頼反。火［大］聲。"《類聚名義抄》："磕磕，《玉》云：'火［大］聲。'"（151•7）

硜，苦耕反。《謂［論］語》："硜硜然小人也。"鄭玄曰："小人之皀也。"《說文》古（磬字也，）磬字也。磬，樂石也，又曰音［音口］乏反，在磬部。[①]

《論語・子路》："言必信，行必果，硜硜然小人哉，抑亦可以為次矣。"何晏集解引鄭玄曰："硜硜者，小人之貌也。"吕校本作"謂語硜硜然，小人也"，誤。《説文》："磬，樂石也。从石，殸，象縣虡之形，殳，擊之也。古者毋句氏作磬。殸，籀文省。硜，古文从巠。"[②]《名義》："硜，苦秙反。小人皀。"《新撰字鏡》："砼、硜，同，苦耕反。硜硜，小人之皀也，固也，坚也，不破裂之皀也。"

吕校本作"又曰音定反"，誤。《殘卷》"磬"字即音"口乏反"，《玉篇》"硜""又口定切"。

磊，力罪反。《楚辞》："石磊之［磊］兮葛蔓蔓。"[③]《説文》："衆名［石］也。"《蒼頡篇》："磊砢也。"

《楚辭・九歌・山鬼》："石磊磊兮葛蔓蔓，怨公子兮悵忘歸。"洪興祖補注："磊，衆石皃。"《説文》："磊，衆石也。从三石。"《玄應音義》卷二十《佛本行讚經》卷一音義："魁磊，苦迴反，下力罪反。《説文》：'衆石也。'《蒼頡篇》：'磊呵［砢］也。'"《慧琳音義》卷十六《文殊師利所説不思議佛境界經》上卷音義："磊砢，雷罪反，下勒可反。《説文》：'磊砢，衆石皃也。'"吕校本誤作"衆名也"。《名義》："磊，力罪反。砢。"《類聚名義抄》："磊砢，《玉》云：'力罪反。'"（152•6）

磥，《聲糧［類］》亦磊字也。

《慧琳音義》卷九八《廣弘明集》卷二十音義："磥硌，上雷罪反，下郎各反。郭注《山

① 當作"又音口乏反"。《名義》："磬，口定反。以石為樂。"

② 《説文》本從"巠"。段玉裁注："各本篆體誤，今依《汗簡》正。"Δ按：《説文》"巠"及"巠"聲之字，大徐本均音"余箴切"，與"苦耕反"之音不協。《慧琳音義》卷四二《瑜伽一字佛頂輪王安怛袓那法經》音義："繒磬，下輕徑反。鄭注《考工記》云：'以石為樂器，擊之如鍾磬聲也。'《説文》云：'樂石也。象懸虡之狀。攴，擊之也。'石磬，古文從巠作䃘。""䃘"疑當作"硜"。

③ 《殘卷》"之"字蓋重文符"ミ"之訛。

海經》云：‘磊硌，大石皃也。’《説文》：‘磊，衆石皃也。’或從三石。”裴務齊正字本《刊謬補缺切韻·賄韻》：“碨，落猥反。衆石。或磊。”《名義》：“磊，力罪反。砢。碨，同上。”

砉，呼獲反。《疘子》：“砉然嚮然也。”

《莊子·養生主》：“砉然嚮然，奏刀騞然。”陸德明音義：“砉然，向呼鵙反，徐許賜反，崔音畫，又古鵙反，李又呼歷反。司馬云：‘皮骨相離聲。’”《名義》：“砉，呼獲反。”吕氏校釋：“‘獲’字原訛。”按：“獲”字原訛作“𤉧”。《玉篇》：“砉，呼覓切，砉然，見《莊子》。”

騞，乎馘反。《淮南子》：“騞然莫不𠂇［中］音，合扵㮔林之舞。”

《殘卷》所引當出自《莊子》，“《淮南子》”當改為“《疘子》”。“《淮南子》”依《殘卷》體例，概稱“《淮南》”。《莊子·養生主》：“奏刀騞然，莫不中音，合於桑林之舞，乃中經首之會。”《名義》：“騞，乎馘反。”

〖磬部第三百五十二　　凡八字〗

磬，口定反。《考工記》：“刮［刮］㦸［摩］之〈工〉：聲［磬］。”野王案：以石為樂聲也。《尚書》“泗濱呼［浮］磬”是也。《世本》：“毋勾作磬。”①《礼記》：“𤆍之雜［離］磬。”《毛詩》：“抑磬控忌。”傳曰：“騁馬曰聲［磬］。”《考工記》：“一柯有半謂之磬折。”鄭玄曰：“帶以下四尺五（盡之磬）寸，磬折立即上絶［俛］也。”②《礼記》：“公族有罪，即聲［磬］于旬［甸］人。”鄭玄曰：“縣縊煞之

① 《慧琳音義》卷四三《三劫三千佛名》上卷音義：“磬聲，上輕徑反。顧野王云：‘以石為樂磬［聲］也。’《世本》云：‘母勾氏作磬。’”
② 《殘卷》“盡之磬”蓋蒙下而誤衍。

曰聲［磬］。”空盡之磬為罄字，在缶［缶］部。[①] 或為（空）窒［窒］在字［字，在］穴部也。[②]

《説文》：“磬，樂石也。从石、殸，象縣虡之形，殳擊之也。古者毋句氏作磬。”《殘卷》：“硜，苦耕反。《謂［論］語》：‘硜硜然小人也。’鄭玄曰：‘小人之皀也。’《説文》古（磬字也，）磬字也。磬，樂石也，又曰音㝎反，[③] 在磬部。”《周禮·考工記·序》：“刮摩之工：玉、楖、雕、矢、磬。”吕校本引《考工記》作“刮甗之聲”，誤。《唐韻殘卷·徑韻》（蔣斧印本）：“罄，盡也。苦定反。……磬，磬石，樂器。”《慧琳音義》卷八一《三寶感通傳》下卷音義：“磬聲，輕徑反。《字書》正從石作磬。顧野王云：‘以石為樂磬［聲］也。’《尚書》云：‘泗濱浮磬。’《世本》云：‘母句作磬。’《説文》云：‘樂石也。象懸虡［虡］之形，殳擊之也。從石，殸聲也。殸，古文磬字也。’音同上。”《禮記·明堂位》：“垂之和鍾，叔之離磬，女媧之笙簧。”鄭玄注：“《世本·作》曰：‘垂作鐘，無句作磬，女媧作笙簧。’”《詩經·鄭風·大叔于田》：“抑磬控忌，抑縱送忌。”毛傳：“騁馬曰磬。”《周禮·考工記·車人》：“一柯有半謂之磬折。”鄭玄注：“人帶以下四尺五寸，磬折立則上俛。《玉藻》曰：‘三分帶下，紳居二焉。’紳長三尺。”《禮記·文王世子》：“公族其有死罪，則磬于甸人。”鄭玄注：“縣縊殺之曰磬。”《名義》：“磬，口㝎反。以石為樂。”《類聚名義抄》：“磬，《玉》云：‘口定反。以石为樂器也。’”（156•6）

殸，《説文》：“籀文磬字也。一曰：磬聲也。”野王案：此音苦挺、苦耕二反。《礼記》：“石聲殸，殸丘［立］志［辨］”是也。《字書》：“殸，殸［敵］也。”

《説文》：“磬，樂石也。从石、殸，象縣虡之形，殳擊之也。古者毋句氏作磬。殸，籀文省。”《慧琳音義》卷四三《三劫三千佛名》卷上音義：“磬聲，上輕徑反。顧野王云：‘以石為樂磬［聲］也。’《世本》云：‘母勾氏作磬。’《古今正字》：‘從石，殸聲。’殸音苦挺反。”又卷三十《證契大乘經》卷下音義：“馨馥，上香經反。《説文》：‘馨，

① 《名義》：“罄，叵［可］定反。盡也。”

② 《殘卷》“空”字旁注删節符“ミ”，當删。“字”與“在”當互乙。吕校本作“或為声字，在士部”。按：“声”同“磬”，然《名義》未收“声”字，且與“窒”形隔。《名義》：“窒，口定反。空也。又罄也。”

③ 當作“又音口㝎反”。

香之遠聞也。從香，殸聲。'殸音口莖反。"“口莖反”與“苦耕反”音同。《禮記·樂記》：“石聲磬，磬以立辨……絲聲哀，哀以立廉，廉以立志。”《殘卷》蓋誤。裴務齊正字本《刊謬補缺切韻·耕韻》：“鏗，口莖反。……殸，敵。”“敵”俗或作“敽”，與“殸”形近。《名義》：“殸，苦耕反。同上。”《龍龕》：“殸，口耕反，敵也。”

礊［礊］，渠驕反。《尔雅》：“大磬謂之礊［礊］。”郭璞曰：“形似藜貫，以為王［玉為］之也。”

《爾雅·釋樂》：“大磬謂之礊。”郭璞注：“礊，形似犂錧，以玉石爲之。”陸德明音義：“礊，虛嬌反，又音喬。孫云：‘礊，喬也。喬，高也。謂其聲高也。’李云：‘大磬聲清燥也，故曰礊。礊，燥也。’……錧，古緩反，沈古亂反。《字林》云：‘田器也。江南人呼犂刀為錧。[①] 本亦作貫，同。”“藜貫”同“犂錧”。《殘卷》“以為王之也”當作“以玉為之也”。吕校本作“形似藜，貫以玉為之也”，恐非。《名義》：“礊，渠驕反。大磬。”

磬，徒勞反。《字書》：“擂［籀］文或鞀字。”鞀，小鼓也，在革部。[②] 或為鼗［鼗］字，在鼓部也。[③]

《説文》：“鞀，鞀遼也。从革，召聲。……磬，籀文鞀从殸、召。”《慧琳音義》卷十九《大方等大集菩薩念佛三昧經》卷八音義：“法鞉，徒刀反。鄭注《儀禮》云：‘鞉，如鼓而小，持其柄摇之者。’《説文》：‘從革，兆聲。’正作鞀，亦作鞀［鞀］、鼗、磬，義並同。籀文作磬。”《爾雅·釋樂》：“大鼗謂之麻，小者謂之料。”陸德明音義：“鼗，徒刀反。本或作鞀，同。《説文》云：‘鞀遼也。’或作鞉，又作鼗，籀文作磬，同。”《名義》：“磬，徒勞反。小鼗也。”吕氏校釋：“‘鼗’字原訛。”按：“鼗”字原訛作“[illegible]”。

① 王仁昫《刊謬補缺切韻·翰韻》（P.2011）：“貫，古段反。……錧，車軸頭鐵。一曰江南人呼犂刃。”“犂刀”或當作“犂刃”。
② 《名義》：“鞀，徒刀反。遼也。”
③ 《名義》：“鼗，徒刀反。小鼓，耳自繫［擊］，有柄。”

鼕，除隆反。《字書》："鼕，鼓聲。"

《慧琳音義》卷九九《廣弘明集》卷二九音義："競鼜，毒冬反。《韻集》及《字書》並云：'鼜謂鼓聲也。'或作鼟也。"裴務齊正字本《刊謬補缺切韻·冬韻》："彤，徒冬反。……鼕，鼓聲。""鼜""鼟""鼕""鼕"音義同。《名義》："鼕，除隆反。鼓聲。"

鼛，力宗反。《字書》："鼛鼛，鼓聲也。"

裴務齊正字本《刊謬補缺切韻·東韻》："隆，力中反。……鼜，鼓聲。"《名義》："鼕，除隆反。鼓聲。鼛，力宗反。同上。"吕氏校釋："《殘卷》作'《字書》鼛鼛，鼓聲也'。此處'同上'蓋指與上一字同義。"按："鼛鼛"為疊音詞。

鼞［鼟］，他登反。《字書》："鼛［鼟］，聲鼓［鼓聲］也。"[1]

王仁昫《刊謬補缺切韻·登韻》（P.2011）："鼟，他登反。鼓聲。"《名義》："鼟，他登反。同上。"吕氏校釋："此處'同上'蓋指與上一字同義。《玉篇》作'鼓聲'。"

鼜，口迸反。《字書》："不可近也。"

《名義》："鼜，口迸反。不可近也。"《玉篇》："鼜，口丁切，不可近也。"《龍龕》："鼜、鼜，音輕，不進皃。"

① 疑此當作"鼟，鼓聲也"。

〖自部第三百五十三　　凡二字〗

自，都迴反。《説文》：“小阜也。”《聲類》：“小瑰［塊］。”

《説文》：“自，小𠂤也。象形。”《慧琳音義》卷七六《大阿羅漢提蜜多羅所説法住記》音義：“自𠂤，上都迴反。《聲類》：‘小塊也。’《説文》：‘小阜也。象形也。’”《名義》：“自，都迴反。小阜，小塊。”《龍龕》：“自，丁回反。《玉篇》云：‘小塊也。’”

𡴎，魚逝反。《説文》：“危高也。”

《説文》：“𡴎，危高也。从自，中聲。讀若臬。”吕校本改作“高危也”，未詳所據。《名義》：“𡴎，由遊反。危高。”吕氏校釋：“疑當作‘由逝反’。”按：當作“魚逝反”。《新撰字鏡》：“𡴎，臭列反，入。山高㿥。”

〖阜部第三百五十四　　凡一百卌三字〗

阜，扶九反。《尔雅》：“高平曰陸，大陸曰阜。”《蒼頡萹》：“山庳［庳］而大也。”《廣雅》：“丘无石曰阜。阜，幼［多］也。”《周礼》：“以阜〈人〉民。”鄭玄曰：“阜，盛也。”《毛詩》：“四驖［驖］孔阜。”傳曰：“阜，大也。”《韓詩》：“阜，肥也。”《國語》：“阦阜財用。”賈逵曰：“阜，〈厚〉也。”又曰：“助生阜也。”賈逵曰：“阜，長也。”

《説文》：“𨸏，大陸山無石者。象形。”《慧琳音義》卷二七轉録大乘基《法花音訓》：“堆阜，下房僻反，陵也。《玉篇》：‘高平曰陵［陸］，大陵［陸］曰阜。大〈也〉，肥也，厚也，長也，山庳而大者也。”《爾雅·釋地》：“高平曰陸，大陸曰阜。”《玄應音義》卷十三《大愛道般泥洹經》音義：“阜恩，扶有反。阜，厚也，阜亦盛也，大也。《蒼頡篇》：‘山庳而大也。’”《廣雅·釋邱》：“無石曰阜。”王念孫疏證：“阜，本作𠂤，隸變作阜。”《詩經・小雅・頍弁》：“爾酒既旨，爾殽既阜。”鄭玄箋：“阜猶多也。”《周禮・地官・大司徒》：“以阜人民，以蕃鳥獸，以毓草木，以任土事。”鄭玄注：“阜猶盛也。”《詩經・秦風・駟驖》：“駟驖孔阜，六轡在手。”毛傳：“阜，大也。”《國語・周語上》：“行善而備敗，其所以阜財用衣食者也。”韋昭注：“阜，厚也。”[①]《國語・魯語上》：“獸虞於是乎禁罝羅，矠魚鼈以為夏槁，助生阜也。”韋昭注：“阜，長也。”[②]《名義》：“阜，扶九反。大也，肥也，長也，厚也，盛也。”《龍龕》：“阜、**𨸏**、**𠂤**，房九反，陵阜也。《釋名》云：‘厚也，厚土曰阜。’《廣疋》云：‘土無石曰阜。’又長也，服［肥］也，財厚也。三同。”

陵，力升反。《韓詩》：“无失［矢］我陵。四隤曰陵。”《尒雅》：“大阜曰陵。”“八〈陵〉：陳［東］〈陵〉阮［阠］，[③]南陵息脊，西陵威夷，中陵朱滕，北陵西隃鴈門是也。陵莫大扵加陵，梁莫大扵具［溴］梁，墳莫大扵河墳。”丘陵，陵，丘也。《廣雅》：“陵，冢也。”《周易》：“（礼）永貞之吉，終莫之陵也。”王弼曰：“永保其物莫之陵也。”[④]野王案：陵謂侵侮慢易之也。《左氏傳》“陵人不祥”是也。《左氏〈傳〉》又曰：“斉侯親鼓，之［士］陵城。”野王案：《廣雅》：“陵，乘也。”“陵，犯也。”又曰：“而不陵我。”杜預曰：“陵侮我也。”《礼記》：“喪事雖遽不陵莭（節）。”鄭玄曰：“陵，躐也。”《尒雅》：“陵，慄也。”郭璞曰：“陵遽戰慄也。”《蒼頡篇》：“陵，侵也。”《廣雅》：“陵，暴也。”“陵，馳也。”《説文》以侵犯陵遅之陵為夌字，在人［夊］部。[⑤]《字書》或為〈勎〉字，在力部也。[⑥]

《詩經・大雅・皇矣》：“陟我高岡，無矢我陵。”《廣雅・釋邱》：“四隤曰陵，四起曰京，曲京曰阿。”王念孫疏證：“《文選・長楊賦》注引薛君《韓詩章句》云：‘四平曰陵。’四平，猶四隤也。……《文選・西京賦》注及《衆經音義》卷一竝引《韓詩》云：‘曲

① 《慧琳音義》卷五四轉録《大愛道般泥洹經》玄應音義：“阜恩，扶武反。《国語》：‘所阜財用。’賈逵曰：‘阜，厚也。’”又卷十二《大寶積經》卷二七音義：“堆阜，下扶久反，吴楚之音也。《韻英》云：‘音扶武反。’《尒雅》：‘大陸曰阜。’《毛詩傳》曰：‘阜，大也。’《考聲》：‘丘類也。’賈逵注《国語》云：‘阜，厚也。’”又卷七六《大阿羅漢提蜜多羅所説法住記》音義：“𠂤阜，下扶久反。《尒雅》：‘大陸曰阜。’賈注《国語》：‘阜，厚也，長也。’”

② 《文選・左思〈魏都賦〉》：“甘荼伊蠢，芒種斯阜。”李善注引賈逵《國語》曰：“阜，長也。”

③ 吕校本誤作“八陳陵”，既無“八陵”之名，又缺“東陵”。

④ 《殘卷》“礼”字衍。王弼注與《周易》原文略同，疑有誤。

⑤ 《説文》：“夌，越也。从夊，从兴。兴，高也。一曰：夌徲［徲］也。”《名義》：“夌，力蒸反。越也，遅也，靡迤也。陵字也。”

⑥ 《名義》：“勎，力微［徵］反。陵字。侵也，侮也。”

京曰阿。’然則‘四隤曰陵’以下三句，皆《韓詩》義也。”《説文》：“陵，大𨸏也。从𨸏，夌聲。”《爾雅·釋地》：“大阜曰陵。”又：“東陵阠，南陵息慎，西陵威夷，中陵朱縢，北陵西隃鴈門是也。陵莫大於加陵，梁莫大於溴梁，墳莫大於河墳。八陵。”陸德明音義：“溴，古壁反。”按：字當作“湨”。《公羊傳·襄公十六年》：“三月，公會晉侯、宋公、衛侯、鄭伯、曹伯、莒子、邾婁子、薛伯、杞伯、小邾婁子于湨梁。”《周易·漸》：“九五，鴻漸于陵，婦三歲不孕。”李鼎祚集解引虞翻曰：“陵，丘。”《廣雅·釋邱》：“陵，冢也。”《周易·賁》：“象曰：‘永貞之吉，終莫之陵也。’”《慧琳音義》卷三四《大方廣如來藏經》音義：“劾沒，上力登反。《字書》云：‘或陵字也。’王逸云：‘陵，侵侮慢易也。’杜注《左傳》云：‘侮我也。’”《左傳·僖公十五年》：“重怒難任，陵人不祥。”《左傳·成公二年》：“齊侯親鼓，士陵城，三日，取龍。”《廣雅·釋詁四》：“夌，犯也。”《左傳·昭公十六年》：“幾爲之笑，而不陵我。”杜預注：“言數見笑，則心陵侮我。”《禮記·檀弓》：“故喪事雖遽不陵節，吉事雖止不怠。”鄭玄注：“陵，躐也。”[①]《爾雅·釋言》：“淩，慄也。”郭璞注：“淩懅戰慄。”慧苑《新譯大方廣佛花嚴經音義》卷下：“陵蔑他人，蔑，莫結反。《蒼頡篇》曰：‘陵，侵也。’《玉篇》曰：‘陵，慯也。’鄭牋《詩》曰：‘蔑，輕也。’《説文》單作麦［夌］。又有從心作者，俗通用。”吕校本引《蒼頡篇》作“陵，侵地”，“地”為“也”字之訛，《殘卷》本作“也”。《廣雅·釋言》：“淩，𣹢也。”《廣雅·釋言》：“淩，馳也。”《名義》：“陵，力升反。丘也，冢也，乘也，犯也，暴也，馳也。”《慧琳音義》卷一《大般若波羅蜜多經》卷九音義：“陵虚，力矜反。正體從力作劾。《玉篇》云：‘劾，侵侮也。’《説文》作夌。夌，越也。經文從阜作陵也。借用，非本字也。”《類聚名義抄》：“山陵，《玉》云：‘丘也，冢也，垂［乘］也，犯也，暴也，馳也。’”（211•1）

䧢，胡緍［緄］反。《説文》：“大阜也。”《蒼頡篇》：“土山也。”

《説文》：“䧢，大𨸏也。从𨸏，鯀聲。”《名義》：“䧢，胡緍［緄］反。土山也。”《玉篇》：“䧢，胡本切，大阜也，土山也。”

---

① 《文選·謝靈運〈遊赤石進帆海〉》：“周覽倦瀛堧，況乃陵窮發。”李善注引鄭玄《禮記注》曰：“陵，躪也。”“蹢”疑為“躐”字之訛，與“躐”義同。吕校本徑作“躐”。

阞，旅德反。《考工說［記］》："凡隣［溝］逆地力［阞］謂之不行。"鄭玄曰："阞猶脈理也。"《說文》："地〈理〉也。"

《周禮·考工記·匠人》："凡溝逆地防，謂之不行；水屬不理孫，謂之不行。"鄭玄注："防謂脉理。"《說文》："阞，地理也。从𨸏，力聲。"《名義》："阞，張［旅］德反。地理也。"吕氏校釋："疑當作'旅德反'。"按：《名義》"旅"多作"㫌"，與"張"形近。

陰，於金反。《尚書》："宅憂，亮陰三祀。"孔案［安］國曰："陰，默也。信默不言也。"《左氏傳》："趙孟視陰。"（鞹塗纘傳曰陰揜）杜預曰："陰（日陰），日影也。"又曰："鹿死不釋陰。"杜預曰："陰，所烋陰邊［處］也。"《毛詩》："陰鞹塗［鋈］纘。"傳曰："陰，揜軌［軌］也。"箋云："拾［揜］車［軌］在載［軾］前垂輈上。"《太玄經》："瞥天功明万物之謂陽，幽无形深不可測之謂陰。"《白虎通》："陰者〈腎〉之寫也。"《說文》："陰，闇也。水之（氣也）南山之北曰陰。"以雲蘀日之陰為霒［雺］字，在雲部也。[1]

《尚書·說命上》："王宅憂，亮陰三祀。"孔安國傳："陰，默也。居憂信默，三年不言。"《左傳·昭公元年》："趙孟視蔭曰：'朝夕不相及，誰能待五？'"杜預注："蔭，日景也。"陸德明音義："蔭，於金反，本亦作陰。"《左傳·文公十七年》："又曰：鹿死不擇音。"杜預注："音，所茠蔭之處。古字聲同，皆相假借。"《詩經·秦風·小戎》："游環脅驅，陰鞹鋈續。"毛傳："陰，揜軌也。"鄭玄箋："揜軌在軾前垂輈上。"《太玄·玄攡》："瑩天功明萬物之謂陽也，幽無形深不測之謂陰也。"《白虎通·情性》："陰者腎之寫。"《說文》："陰，闇也。水之南、山之北也。从𨸏，侌聲。"《名義》："陰，於金反。闇也。"《類聚名義抄》："陰陽，《玉》云：'默也，信然［默］フ［不］言也，日影也，揜軌［軌］也，闇也，水〈之〉（氣也）南、山之北曰陰也，雲蔽日之陰為霒［雺］字。'"（209•3）

陽，餘章反。《尚書》："歸馬華山之陽。"孔安国曰："山南陽。"《毛詩》：

① 吕校本作"以雲蘀日之陰為霒字，在雨部"。按：《名義》未收"霒"字。《名義·雲部》："雺，於今反。雲蔽日。侌，古文。"又："黔，於林反。雲覆日也。霠，古文。侌，古文。"

“春日載〈陽〉。”戔云：“陽，temp[温]也。”又：“我朱孔明[陽]。”傳曰：“陽，明也。”又曰：“清陽妙[婉]方[兮]。清陽，眉〈目〉之間也。”又曰：“君子陽陽。無所用其心也。”《韓詩》：“陽陽，君子之皀也。”又曰：“卬若陽兮。眉上曰陽。”又曰：“有美一人，陽若之何。陽(也)，傷也。”[①]《老[考]工記》：“弓人為〈弓〉……相餘[榦]欲赤黑而陽聲。”鄭玄曰：“陽猶清也。”《穀梁傳》：“山南曰陽，水北曰陽。”劉兆曰：“以見日為陽也。”野王案：《毛詩》“在南山之陽”、《左氏傳》“漢陽諸姬”是也。《周書》：“夏[喜]氣内畜，雖欲之陽[隱]之，隱[陽]嘉[喜]必見。”野王案：陽猶詳，詐也。《大載[戴]礼》“陽嘉[喜]必有恕[怒]氣，陽怒必有喜氣”是也。《尒雅》：“陽，予[予]也。”郭璞曰：“《詩》云：‘陽如之何。’也[巴]濮[濮]之人白[自]呼為何[阿]陽。”又曰：“十日[月]為陽日[月]。”郭璞曰：“叭[？]陰用事，嫌扵无陽，故次以為日[月]之别名也。”又曰：“山西曰夕陽。”郭璞曰：“暮門[乃]見日也。”(又曰也。)又曰：“山東曰朝陽。”郭璞曰：“〈旦〉即見日也。”又曰：“丘後高曰陽丘。”《方言》：“陽，雙也。燕代朝鮮洌水之間或好曰為陽。”郭璞曰：“此卒論[論]雙偶，因廣其訓，復言目也。”

《尚書·武成》：“歸馬于華山之陽，放牛于桃林之野，示天下弗服。”孔安國傳：“山南曰陽。”《經詩·豳風·七月》：“春日載陽，有鳴倉庚。”鄭玄箋：“陽，温也。”又：“我朱孔陽，為公子裳。”毛傳：“陽，明也。”《詩經·鄭風·野有蔓草》：“有美一人，清揚婉兮。”毛傳：“清揚，眉目之間。”[②]《詩經·王風·君子陽陽》：“君子陽陽，左執簧，右招我由房。”毛傳：“陽陽，無所用其心也。”《詩經·齊風·猗嗟》：“抑若揚兮，美目揚兮。”毛傳：“揚，廣揚。”[③]《詩經·陳風·澤陂》：“有美一人，傷如之何？”《周禮·考工記·弓人》：“凡相幹，欲赤黑而陽聲。赤黑則鄉心，陽聲則遠根。”鄭玄注：“陽猶清也。”《穀梁傳·僖公二十八年》：“水北爲陽，山南爲陽。”范甯集解：“日之所昭曰陽。”“昭”同“照”。《詩經·召南·殷其靁》：“殷其靁，在南山之陽。”

---

① 《殘卷》於“陽也”之“也”字旁注删節符“ミ”，當删。
② 今本《詩經》作“清揚”。《文選·傅毅〈舞賦〉》：“動朱唇，紆清陽。”李善注：“《毛詩》曰：‘有美一人，清陽婉兮。’毛萇曰：‘清陽，眉目之間。’”
③ 《玄應音義》卷十三《樓炭經》卷二音義：“當盧，字宜作顱，同，力胡反。言馬面當顱，刻金為之，所謂鏤鍚也。《詩注》云：‘眉上曰陽，刻金飾之，今當盧是也。’”《詩經·大雅·韓奕》：“鉤膺鏤鍚，鞹鞃淺幭，鞗革金厄。”毛傳：“鏤鍚，有金鏤其鍚也。”鄭玄箋：“眉上曰鍚，刻金飾之，今當盧也。”類似的注解還見於他處。《周禮·春官·巾車》：“王之五路：一曰玉路，鍚，樊纓十有再就，建大常十有二斿，以祀。”鄭玄注：“鍚，馬面當盧，刻金爲之，所謂鏤鍚也。”

毛傳："山南曰陽。"《左傳·僖公二十八年》："欒貞子曰：'漢陽諸姬，楚實盡之。'"杜預注："水北曰陽。"《逸周書·官人解》："民有五氣：喜、怒、欲、懼、憂。喜氣內蓄，雖欲隱之，陽喜必見。怒氣內蓄，雖欲隱之，陽怒必見。欲氣、懼氣、憂悲之氣皆隱之，陽氣必見。"[①]《殘卷》之"夏"蓋為"喜"之訛字。"雖欲之陽之隱"當作"雖欲隱之，陽"。《玄應音義》卷十五《十誦律》卷十七音義："陽病，養良反。《周書》云：'陽，詐也。'《通俗文》作詳，虛辞也。《漢書》作陽，不真也。經文作佯，似羊反。佯，弱也。佯非此義。"《大戴禮記·文王官人》："民有五性：喜、怒、欲、懼、憂也。喜氣內畜，雖欲隱之，陽喜必見。怒氣內畜，雖欲隱之，陽怒必見。欲氣內畜，雖欲隱之，陽欲必見。懼氣內畜，雖欲隱之，陽懼必見。憂悲之氣內畜，雖欲隱之，陽憂必見。"《爾雅·釋詁下》："陽，予也。"郭璞注："《魯詩》曰：'陽如之何？'今巴濮之人自呼阿陽。"《爾雅·釋天·月名》："十月為陽。"郭璞注："純陰用事，嫌於無陽，故以名云。"《殘卷》"巛"字，今本《爾雅》作"純"，吕校本作"巛"。按：此蓋"川"字。《集韻·諄韻》："川，穿通流水也。"音"樞倫切"，與"純"音近。《爾雅·釋山》："山西曰夕陽。"郭璞注："暮乃見日。"又："山東曰朝陽。"郭璞注："旦即見日。"《爾雅·釋丘》："後高，陵丘。"《釋名·釋丘》："丘高曰陽丘，體高近陽也。"《方言》卷二："䫄、鑠、盱、揚、睠，雙也。南楚江淮之間曰䫄，或曰睠。好目謂之順，黸瞳之子謂之矊。宋衛韓鄭之間曰鑠。燕代朝鮮洌水之間曰盱，或謂之揚。"郭璞注："《詩》曰'美目揚兮'是也。此本論雙耦，因廣其訓，復言目耳。"《殘卷》"或好曰為陽"當作"曰盱，或為陽"。"為"與"謂"同。《説文》："陽，高明也。从𨸏，昜聲。"《名義》："陽，餘章反。温也，明也，清也，予也，雙也。"《類聚名義抄》："陰陽，《玉》云：'温也，清也，予也，雙也。'"（209•4）

陸，力鞠反。《周易》："鴻漸于陸。"王弼曰："陸，高山之頂也。"《左氏傳》："日在北陸。"[②]杜頛［預］曰："陸，道也。"《尔雅》："高平曰陸。""北〈陸〉，虛（黒）也。""西陸，昴星。"《韓詩》："高平无水。"《楚辞》："長余佩之陸離。"王逸曰："陸離，乱皀也。"又曰："陸離，分離也。"《廣雅》："陸，厚也。"

① 《文選·枚乘〈七發〉》："然陽氣見於眉宇之間，侵淫而上，幾滿大宅。"李善注引《周書》曰："民有五氣，喜氣內蓄，雖欲隱之，陽喜必見。"
② 吕校本"日"誤作"曰"，"曰"字屬上讀。

《周易·漸》："九三，鴻漸于陸，夫征不復，婦孕不育，凶利禦寇。"王弼注："陸，高之頂也。"《左傳·昭公四年》："古者日在北陸而藏冰。"杜預注："陸，道也。"《爾雅·釋地》："高平曰陸。"《爾雅·釋天》："玄枵，虛也。顓頊之虛，虛也。北陸，虛也。"郭璞注："虛在正北，北方色黑。枵之言耗，耗亦虛意。"《殘卷》"黑"疑為"玄"字之郭注。此處字頭為"陸"，《殘卷》所引當作"北〈陸〉，虛也"。《爾雅·釋天》："大梁，昴也。西陸，昴也。"郭璞注："昴，西方之宿，別名旄頭。"《慧琳音義》卷二《大般若波羅蜜多經》卷八四音義："水陸，流竹反。《韓詩》云：'高平無水謂之陸。'《爾雅》《説文》亦云：'高平地也。從阜，坴聲。'"《楚辭·離騷》："高余冠之岌岌兮，長余佩之陸離。"王逸注："陸離，猶嵾嵯，衆皃也。"又："紛總總其離合兮，斑陸離其上下。"王逸注："斑，亂皃。陸離，分散也。"《殘卷》"乱皀也"蓋為"斑"字義。《廣雅·釋詁三》："陸，厚也。"《説文》："陸，高平地。从𨸏，从坴，坴亦聲。"《名義》："陸，力鞠反。道也，厚也。"

𨻸［𨺵］，《説文》籒文陸字也。

《説文》："𨺵，籒文陸。"《名義》："陸，力鞠反。道也，厚也。𨺵，同上。"按：《名義》字頭誤作"𨻸"，與《殘卷》同。

阿，扵何反。《尚書》："弗恵扵阿衡。"孔案［安］国曰："阿，倚也。"《毛詩》："考槃在阿。"傳曰："〈曲〉陵曰阿。"又曰："濕［隰］枽有阿。"傳："阿曰兵［丘］。"《儀礼》："當阿，（傳阿曰丘）東西［面］。"鄭玄曰："阿，屋棟也。"《耂［考］工記》："門阿之制五雉……殷人重屋四阿。"鄭玄曰："四阿，若今四涇［柱］也。重屋，複苲［笮］也。"《左氏傳》："阿下執事。"杜禎［預］曰："阿，比也。"《国語》："大臣弗諫而阿。"野王案：阿意，四［曲］意。人［又］曰："不阿其彧。"賈逵曰："阿，隨也。"《楚辞》："皇天無私阿。"王逸曰："竊［竊］雯［愛］曰秌［私］，所〈私〉曰阿。"《穆［穆］天子傳》："獦于阿［河］水之阿。"郭璞曰："阿，水岸也。"《廣雅》："阿，耶也。""阿，近也。"

《尚書·太甲上》："惟嗣王不惠于阿衡。"孔安國傳："阿，倚。"《詩經·衛風·考槃》："考槃在阿，碩人之薖。"毛傳："曲陵曰阿。"《詩經·小雅·隰桑》：

“隰桑有阿，其葉有難。”毛傳：“阿然美貌。”《詩經·鄘風·載馳》：“陟彼阿丘，言采其蝱。”毛傳：“偏高曰阿丘。”未見“阿曰丘”之訓。《詩經·小雅·緜蠻》：“綿蠻黃鳥，止於丘阿。”毛傳：“丘阿，曲阿也。”孔穎達疏：“《釋丘》云：‘非人為之，丘。’李巡曰：‘謂非人力所為、自然生為丘也。’《釋地》云：‘大陵曰阿。’則丘之與阿為二物矣。而以丘阿為曲阿者，以下‘丘側’‘丘隅’類之，則丘、阿非二物也。”《儀禮·士昏禮》：“賓升西階，當阿，東面致命。”鄭玄注：“阿，棟也。”《殘卷》“傳阿曰丘”當為《詩經》毛傳羼入此處，相同內容已見上文。“西”當為“面”之形近訛字。《周禮·考工記·匠人》：“殷人重屋，堂脩七尋，堂崇三尺，四阿重屋。”鄭玄注：“四阿，若今四柱屋。重屋，複笮也。”又：“王宮門阿之制五雉，宮隅之制七雉，城隅之制九雉。”鄭玄注：“阿，棟也。”《左傳·昭公二十年》：“阿下執事，臣不敢貳。”杜預注：“阿，比也。”《國語·周語上》：“大臣享其録，弗諫而阿之，亦必及焉。”韋昭注：“阿，隨也。”《國語·晉語一》：“丕鄭曰：‘吾聞事君者從其義，不阿其惑也。’”韋昭注：“阿，隨也。”《楚辭·離騷》：“皇天無私阿兮，覽民德焉錯輔。”王逸注：“竊愛為私，所私為阿。”《穆天子傳》卷一：“丙午，天子飲于河水之阿。”郭璞注：“阿，水崖也。”“崖”“岸”義同。《殘卷》“獦”同“獵”，蓋誤。《廣雅·釋詁二》：“阿，衺也。”“耶”同“邪”，“衺”同“邪”。《廣雅·釋詁三》：“阿，近也。”《名義》：“阿，於何反。渏［倚］也，丘也，比也，隨也，耶也。”吕氏校釋：“‘倚’字原訛。”按：“倚”字原訛作“渏”。《類聚名義抄》：“阿，《玉》云：‘渏［倚］也，丘也，隨也，耶也，屋棟也。’”（18 6•4）

阪，甫晚、蒲板二反。《毛詩》：“〈阪有〉桼。”傳曰：“陂者〈曰阪〉。”“茹［茹］蒼［藘］在阪。”阪，陵［陂］阾［险］。《説文》：“澤鄣也。一曰：脅也。”《廣雅》：“陵，陵也。”或為坂字，在土部。①

《詩經·秦風·車鄰》：“阪有漆，隰有栗。”毛傳：“陂者曰阪，下濕曰隰。”“桼”“漆”古今字。《詩經·鄭風·東門之墠》：“東門之墠，茹藘在阪。”《殘卷》“阪，陵阾”，吕校本作“阪，陂險”，似可從。居延漢簡“驗”或作“[illegible]”，其右旁與此字右旁形近。《廣雅·釋邱》：“陂，險也。”《廣雅·釋邱》：“陂，險也。”《説文》：“阪，坡者曰阪。一曰：澤障。一曰：山脅也。从𨸏，反聲。”《廣雅·釋詁二》：“阪，

① 《名義》：“坂，甫晚反。阪。陂也。”

衺也。”與《殘卷》異。此處字頭為“阪”，《殘卷》當有誤。疑當作“阪，陵也”。《周易・説卦》：“其於稼也爲反生。”陸德明音義：“反生，戴莩甲而出也。虞作阪，云：‘陵阪也。’”《名義》：“阪，浦板反。澤鄣也。”

陂，彼皮反。《毛詩（待）》：“彼澤之陂。”傳曰：“陂，澤鄣也。”《国語》：“陂漢以象帝舜。”賈逵曰：“彼［陂］，垂［壅］也。”《礼記》：“无漉陂池。”鄭玄曰：“水邉曰陂，穿地通水曰池。”《尔雅》：“水自洛出為陂。”《説文》：“陂，陵［阪］也。一曰池也。”《〈釋〉石［名］》：“山廣［旁］曰陂，言陂池［陁］也。”《淮南》：“陷其名［右］陂。”許琳重曰：“〈右〉陂，面［西］也。”或為坡字，在圡部。[①]又音彼寄反。《周礼》：“凡聲：阪［陂］聲散。”鄭玄曰：“陂謂徧［偏］侈也。”《礼記》：“商乱即陂。”鄭玄曰：“陂，傾也。《周易》‘无〈平不〉陂’是也。”《廣雅》：“陂，雅也。”又音普阿、蒲阿（麦）二反。[②]《上林賦》：“罷池陂陁，下属江河。”野王案：陂池［陁］猶靡迤［迤］也。

《詩經・陳風・澤陂》：“彼澤之陂，有蒲與荷。”毛傳：“陂，澤障也。”吕校本誤作“陂澤，障也”。《國語・吴語》：“乃築臺於章華之上，闕為石郭，陂漢以象帝舜。”韋昭注：“陂，壅也。”吕校本“垂”作“垂”。《禮記・月令》：“是月也，毋竭川澤，毋漉陂池，毋焚山林。”鄭玄注：“畜水曰陂，穿地通水曰池。”《爾雅・釋水》：“水自河出為灉，濟為濋，汶為瀾，洛為波。”《説文》：“陂，阪也。一曰：沱也。从𠂤，皮聲。”《釋名・釋山》：“山旁曰陂，言陂陁也。”《淮南子・兵略》：“精若轉左，陷其右陂。”高誘注：“右陂，西也。”《周禮・春官・典同》：“凡聲，高聲碮，正聲緩，下聲肆，陂聲散，險聲斂，達聲贏，微聲韽，回聲衍，侈聲筰，弇聲鬱，薄聲甄，厚聲石。”鄭玄注：“陂謂偏侈。”《禮記・樂記》：“宫亂則荒，其君驕；商亂則陂，其官壞。”鄭玄注：“陂，傾也。……《易》曰：‘無平不陂。’”《廣雅・釋詁二》：“陂，衺也。”《殘卷》“雅”同“耶”“邪”，“衺”同“邪”。《爾雅・釋地》：“陂者曰阪。”陸德明音義：“陂者，彼宜反，《字林》或彼義反。又作坡，郭音普何反。”“普何反”與《殘卷》“普阿反”音同。《集韻・戈韻》：“陂，陂陁，不平。”音“蒲波切”，與《殘卷》“蒲阿反”音同。《漢書・司馬相如傳上》：“罷池陂陁，下屬江河。”顔師古注引郭璞曰：“言旁穨也。……陂音婆。”“婆”亦與“蒲阿反”音同。《玄應音義》

① 《名義》：“坡，秘皮反。鄣也。”
② 《殘卷》於“麦”字旁注刪節符“ミ”，當刪。

卷十五《僧祇律》卷十七音義：“山坡，又作陂，同，普何反。案：陂陀猶靡迤也。”《名義》：“陂，彼皮反。壅也，陵也，池也，面［西］也，傾也。”《類聚名義抄》：“陂池，《玉》云：‘水邊曰陂，雍也，陵也，池也，面［西］也，傾也。’”（209•7）按：《殘卷》《名義》《類聚名義抄》“陵也”當作“阪也”，“面也”當作“西也”。

陬，側流、子侯二反。《山海經》：“海外西南陬至東南陬。”郭璞曰：“陬猶隅世［也］。”《尒雅》：“正月為陬。”郭璞曰：“攝提貞于孟陬。日［月］之別名也。”《廣雅》：“陬，隅［隈］也。”“陬，角也。”

《説文》：“陬，阪隅也。从𨸏，取聲。”《山海經·海外南經》：“海外自西南陬至東南陬者。”郭璞注：“陬猶隅也。音騶。”《爾雅·釋天》：“正月爲陬。”郭璞注：“《離騷》云：‘攝提貞於孟陬。’”又：“正月爲陬……十一月爲辜，十二月爲涂。”郭璞注：“皆月之別名。”《廣雅·釋邱》：“陬，隅，隈也。”《廣雅·釋言》：“隅，陬，角也。”《名義》：“陬，側流反。隅也，隈也。”吕氏校釋：“《廣雅·釋丘》作‘隈也’。隈、隅同義。”《類聚名義抄》：“陬，《玉》云：‘側流、子侯反。隅也。’”（207•6）

隅，牛俱反。《考工記》：“王宮隅七雉，城隅九雉。”鄭玄曰：“隅，角也，旱［罦］愚［罳］也。”《毛詩》：“惟德之隅。”傳曰：“廣［廉］也。”戔云：“如宮室，内繩直則外有廉隅也。”又曰：“止扵丘隅。”戔云：“丘角也。”《説文》：“隅，陬也。”

《周禮·考工記·匠人》：“王宮門阿之制五雉，宮隅之制七雉，城隅之制九雉。”鄭玄注：“宮隅、城隅謂角，浮思也。”陸德明音義：“浮思，並如字，本或作罘罳，同。”吕校本“罦罳”作“旱愚”，誤。《詩經·大雅·抑》：“抑抑威儀，維德之隅。”毛傳：“隅，廉也。”鄭玄箋：“人密審於威儀抑抑然，是其德必嚴正也。古之賢者，道行心平，可外占而知內，如宮室之制，內有繩直，則外有廉隅。”吕校本“隅，廉也”作“隅，廣也”。《詩經·小雅·緜蠻》：“緜蠻黄鳥，止于丘隅。”鄭玄箋：“丘隅，丘角也。”《説文》：“隅，陬也。从𨸏，禺聲。”《名義》：“隅，牛俱反。角也，廣也，陬也。”吕氏校釋：“‘陬’字原訛。‘廣也’當作‘廉也’。”按：“陬”字原訛作“郰”。

險，義［羲］俭反。《周易》："卦有小大，辞有险易。"野王案：险，難也。又曰："天险不可昇，地崄山〈川〉丘陵。王公設险以守其国。"野王案：险猶阻也。《周礼》："凡聲，……险〈聲斂〉。"鄭玄曰："险，徧［偏］俞［弇］〈也〉，〈险〉則（也）聲斂不越也。"《考工記》："凡相角……灰［疢］疾險中。"鄭玄曰："牛有〈久〉病即角裹傷也。"《左氏傳》："以險儌倖。"杜預曰："險猶恶也。"《国語》："必内险之。"賈逵曰："险，色［危］也。"[①]《尔雅》："蜬，具［貝］大而险。"[②] 郭璞曰："险，薄也。"《方言》："险，高也。"《廣雅》："险，𧦝［耶］也。"

《説文》："險，阻難也。从𨸏，僉聲。"《周易·繫辭上》："是故卦有小大，辭有險易。"《希麟音義》卷四《守護國界主陀羅尼經》卷四音義："危險，下虛撿反。《説文》：'危阻也。'《韻集》云：'險，難也。'又邪惡也。從𨸏，僉聲。"《周易·坎》："天險不可升也，地險山川丘陵也。王公設險以守其國。"《慧琳音義》卷一百《法顯傳》音義："險巇，上杴儼反。顧野王云：'險猶阻也。'賈注《國語》云：'險，危也。'《方言》：'高也。'《説文》：'阻難也。從𨸏，僉聲。'"《周禮·春官·典同》："凡聲，高聲硍，正聲緩，下聲肆，陂聲散，險聲斂，達聲贏，微聲韽，回聲衍，侈聲筰，弇聲鬱，薄聲甄，厚聲石。"鄭玄注："險謂偏弇也，險則聲斂不越也。"《周禮·考工記·弓人》："凡相角，……疢疾險中，瘠牛之角無澤。"鄭玄注："牛有久病則角裹傷。"《左傳·哀公十六年》："吾聞之：以險徼幸者，其求無饜，偏重必離。"杜預注："險猶惡也。"《國語·晉語一》："惡其心必内險之，害其身必外危之。"韋昭注："險，危也。"《爾雅·釋魚》："蜬，大而險。"郭璞注："險者謂污薄。"《方言》卷六："嶮，高也。"《廣雅·釋詁二》："險，衺也。"《名義》："險，義［羲］儉反。難也，阻也，恶也，免［危］也，薄也，高也，邪也。"吕氏校釋："'免也'當作'危也'。"按："義儉反"當作"羲儉反"。《類聚名義抄》："險曲，《玉》云：'難也，危（免）也，薄也，高也，邪也。'"（200•7）

限，胡眼反。《周易》："艮其限，𧙗［裂］其夤。"王弼曰："限［限］，𨈐［身］

① 《慧琳音義》卷六《大般若波羅蜜多經》卷五〇六音義："險阻，上香掩反。《玉篇》云：'險，難也。'杜預注《左傳》云：'險，惡也。'賈逵注《國語》云：'險，危也。'《方言》云：'險，高也。'《爾雅》：'險，邪也。'"
② 《廣韻·軫韻》："蜬，《爾雅》曰：'貝大而險者曰蜬。'"

之[illegible][中]也。”《家[illegible][語]》：“三尺之限，空車不能登。”野王案：限猶閾也。①《東觀漢紀》“鋸（椐）断城門消[限]”是也。《楚辞》：“浪[限]之次[以]大牧[故]。”王逸曰：“限，度也。”《史記》：“[illegible][予]服僭[僭]〈上〉，无有限度。”《說文》：“限，阻也。一且[曰]：門櫓[榍]。”《廣雅》：“限，界也。”“限，斉也。”（自貽伊。）②

《周易·艮》：“九三，艮其限，列其夤，厲薰心。”王弼注：“限，身之中也。”“列”“裂”古今字。《孔子家語·始誅》：“夫三尺之限，空車不能登者，何哉？峻故也。”《太平御覽》卷四九四引《東觀漢記》曰：“宫夜使鋸斷城門限，令車周轉出入。”吕校本改“消”字為“榍”。△按：此條字頭作“限”，則引文自當有“限”字。《楚辭·九章·懷沙》：“舒憂娱哀兮，限之以大故。”王逸注：“限，度也。”《史記·平準書》：“室廬輿服僭於上，無限度。”《殘卷》“[illegible]”蓋為“予”字，與“輿”同音通用。吕校本録作“子”，改為“輿”。《説文》：“限，阻也。一曰：門榍。从𨸏，艮聲。”《廣雅·釋詁三》：“𨸏艮，界也。”《廣雅·釋詁四》：“𨸏艮，齊也。”“𨸏艮”同“限”。《名義》：“限，胡眼反。度也，阻也，界也，齊也。”

阻，側扵反。《尚書》：“黎民伹[阻]飢。”王肅曰：“阻，難也。”《尔雅》亦云，郭璞曰：“謂险難也。”《韓詩》：“〈自貽伊〉阻。阻，憂也。”③又曰：“道阻且〈長。阻，〉险也。”《左氏傳》：“阻岳[兵]而案[安]忍，阻兵无衆，安忍无親。”杜預[預]曰：“恃兵即民殘，民殘即衆叛也。”又曰：“是役也，狂夫猶阻之。”杜預曰：“阻，疑。”《廣雅》：“阻，難也。”

《尚書·舜典》：“帝曰：‘棄！黎民阻飢，汝后稷播時百穀。’”孔安國傳：“阻，難。”《爾雅·釋詁下》：“阻，艱，難也。”郭璞注：“皆險難。”《詩經·邶風·雄雉》：“我之懷矣，自詒伊阻。”毛傳：“阻，難也。”陸德明音義：“貽，本亦作詒，以之反。”《慧琳音義》卷六《大般若波羅蜜多經》卷五〇六音義：“險阻，下莊所反。王肅曰：‘阻，難也。’《韓詩》云：‘阻，憂也。’又云：‘阻，險也。’杜預注《左傳》云：‘阻，

---

① 《經義述聞》卷十“闑西閾外”條詳辨“闑”“閾”之異：“闑，闑也，非閾也；閾，門限也，非闑也。”可參。《大廣益會玉篇》“限”字條下“閾”誤作“國”。

② 《殘卷》“自貽伊”三字當屬“阻”字條，應置於“《韓詩》”下。

③ “自貽伊”三字誤置於“限”字條之末尾，“阻”字頭之前。吕校本誤作“阻阻，憂也”。

疑也。’”《詩經·秦風·蒹葭》：“遡洄從之，道阻且長。”《殘卷》疑當作“道阻且長。阻，险也”。“阻，险也”為《韓詩章句》文，見上揭《慧琳音義》卷六，吕校本誤作“道阻且險也”。《左傳·隱公四年》：“夫州吁阻兵而安忍。阻兵無衆，安忍無親。衆叛親離，難以濟矣。”杜預注：“恃兵則民殘，民殘則衆叛。”《左傳·閔公二年》：“先丹木曰：‘是服也，狂夫阻之。’”杜預注：“阻，疑也。言雖狂夫，猶知有疑。”《廣雅》“難也”條下無“阻”字。《慧琳音義》卷五《大般若波羅蜜多經》卷四五八音義：“阻壞，莊所反。《考聲》云：‘阻，難也，疑也。’《廣雅》云：‘阻，險也。’”《説文》：“阻，險也。从𨸏，且聲。”《名義》：“阻，側扵反。難也，憂也，儉［險］也，疑也。”吕氏校釋：“‘儉也’當作‘險也’。”《類聚名義抄》：“阻，《玉》云：‘側扌［扵］反。難也。’”（203•6）

隹，徒罪反。《説文》：“隹隗，不安也。”或為崔［嶊］字，在广［屵］部也。[①]

《説文》：“隹，隹隗，高也。从𨸏，隹聲。”《殘卷》：“嶊，□［徒］菲［罪］反。《説文》：‘崔［嶊］，高也。’野王案：崔崔［嶊嶊］然高也。《聲頪［類］》亦隹字也，在阜部。”《名義》：“隹，徒罪反。不安也。”

吕校本作“或為㕍字，在广部也”。按：《名義》：“㕍，待雷反。墜也。”與“隹”音義俱異。

隗，牛罪反。《説文》：“隗，高也。”《國謂［語］》：“雀［翟］，隗姓也。”《左氏傳》有𣏟隗、季隗也。

《説文》：“隗，隹隗也。从𨸏，鬼聲。”又：“隹，隹隗，高也。从𨸏，隹聲。”《名義》：“隗，牛罪反。高也。”《國語·周語中》：“狄，隗姓也。”韋昭注：“隗姓，赤狄也。”[②]吕校本誤作“翟隗，姓也”。《國語·晉語二》：“重耳逃于狄。”韋昭注：“狄，北狄，隗姓也。”《國語·周語中》：“王怒，將以狄伐鄭。”韋昭注：“狄，隗姓之國也。”“狄”與“翟”音義同。《左傳·僖公二十三年》：“狄人伐廧咎如，獲其二女叔隗、季隗，納諸公子。”

---

① 《名義》：“嶊，徒罪反。高也。隹字。”
② 《四部叢刊》本《國語》“狄”作“翟”。

阬［阭］，瑜劇反。《説文》："阮［阭］，高也。一曰地名也。"

《説文》："阭，高也。一曰：石也。从𨸏，允聲。"《名義》："阭，瑜敷反。高也。"按：《名義》字頭原作"阬"，與《殘卷》同，其右旁似為"㝖"（同"兖"）字，《集韻·獮韻》收"阭"之或體"阬"。《玉篇》："阭，余𠭁切，高也，地名也。"

《殘卷》"瑜劇反"、《名義》"瑜敷反"均當作"瑜𠭁反"。《殘卷》引《説文》"地名也"，今本《説文》作"石也"，"石"與"名"形近，未詳孰是。

𨺅［𨻳］，力罪反。《説文》："磊也。"

《説文》："𨻳，磊也。从𨸏，厽聲。"《名義》："𨻳，力罪反。磊也。"

陖，思駿反。《説文》："陗、高也。"《聲類》或為埈字，在土部。①

《説文》："陖，陗、高也。从𨸏，夋聲。"《殘卷》："峻，思駿反。《尚書》：'峻寓雕廧。'孔安国曰：'峻，高大也。'……險峭之峻為陖字，在阜部也。"《名義》："陖，思駿反。高也。"

陗，且醮反。《淮南》："陗法刻刑。"許𠮷重曰："陗，陖也。"野王案：此謂嚴尅也。山陖［陵］险陖亦曰陗。《太玄經》"豊［豐］城之陗，其冢［崩］不遲"是。《廣雅》："陗，急。"或為峭字，在山部也。②

《説文》："陗，陖也。从𨸏，肖聲。"《淮南子·原道》："夫峭法刻誅者，非霸王之業也。"又《齊俗》："故雖峭法嚴刑，不能禁其姦。"《文選·潘岳〈西征賦〉》："懼銜橛之或變，峻徒御以誅賞。"李善注："《淮南子》曰：'峭法刻刑。'許慎曰：'峭，

① 《名義》："埈，思駿反。陗也。"

② 《殘卷》："峭，且醮反。《聲類》亦陗字也。陗，峻也，阜部。"《名義》："峭，且醮反。陵也。"

峻也。’”《文選·馬融〈長笛賦〉》：“膺峭阤，腹陘阻。”李療主：“《淮南子》曰：‘岸峭者必阤。’許慎曰：‘峭，峻也。’”《淮南子·繆稱》作“城峭者必崩，岸崝者必陀”。《慧琳音義》卷九三《續高僧傳》卷十五音義：“陗急，上音悄，謂山陵陗陖也。《廣雅》云：‘陗，急也。’許叔重注《淮南子》云：‘陗，陖也。’亦嚴列［刻］也。《説文》：‘亦陖也。從阜，肖聲。’《傳》文作峭，俗字也。”《太玄·大》：“豐牆峭阯，三歲不築，崩。測曰：豐牆之峭，崩不遲也。”范望注：“峭，峻也。”“城”與“牆”義同。吕校本“𡖋”録作“邕”，誤。△按：俗字“朋”“多”形近。王念孫《讀書雜志·管子》：“左右多黨，比周以壅其主。引之曰：多當爲朋字之誤也。”《廣韻·歌韻》：“荄，姓也，漢有荄宗。傰，上同。”均其證。《廣雅·釋詁一》：“陗，急也。”《名義》：“陗，且醮反。陵也，急也。”吕氏校釋：“‘陵’當作‘陖’。”

隥，都鄧反。《穆天子傳》：“甲午，天子絶俞之隥。”郭璞曰：“隥（陂），阪也。”① 《説文》：“隥，仰也。”《字書》或為蹬字，在足部。②

《穆天子傳·古文》：“甲午，天子西征，乃絶隃之關隥。”郭璞注：“隥，阪。”《説文》：“隥，仰也。从𨸏，登聲。”《玄應音義》卷二五《阿毗達磨順正理論》卷十四音義：“梯隥，都鄧反。《廣雅》：‘隥，履也。’③ 依之而上者也，字從阜也。”《慧琳音義》卷四五《優婆塞戒經》卷七音義：“橋隥，都鄧反。《穆天子傳》曰：‘隥，阪也。’《字書》：‘履也。’《説文》：‘卬也。從阜，登聲。’”《名義》：“隥，都鄧反。阪也，仰也。”

陋，力豆反。《論語》：“君子居之，何陋之有！”《尔雅》：“陋，隐也。”郭璞曰：“《書》云‘明〈明〉楊［揚］反［仄］陋’是也。”《楚辞》：“陵桓［恒］山其無［若］陋。”王逸曰：“陋，小也。”《説文》：“陋，𨹾［陿］也。”或為𨒪［㢵］字，在辵［匸］部。④

① 《殘卷》於“陂”字旁注删节符“ヾ”，当删。
② 《名義》：“蹬，丁鄧反。履也，仰也，登山路也。”
③ 《廣雅·釋詁一》：“蹬，履也。”
④ 《名義》：“㢵，力足［豆］反。側逃［㢵］也。陋也字。”

呂校本字頭作“陋”，與《殘卷》字形不同。

《論語·子罕》：“子曰：‘君子居之，何陋之有？’”《爾雅·釋言》：“陋，隱也。”郭璞注：“《書》曰：‘揚側陋。’”[①]《楚辭·七諫》：“凌恒山其若陋兮。”王逸注：“凌，乘也。恒山，北嶽也。陋，小也。”《殘卷》“桓”“無”誤。《説文》：“陋，阸陜也。从𨸏，㔷聲。”《慧琳音義》卷三五《最勝佛頂陀羅尼浄除業障經（地婆訶羅東都重譯）》音義：“矬陋，下樓豆反。顧野王：‘陋，醜也。’王注《楚辭》云：‘小也。’亦作㔷，義同也。”又卷十五《大寶積經》卷一一三音義：“矬陋，下婁豆反。王逸注《楚辞》云：‘陋，小也。’顧野王云：‘醜皃也。’《説文》：‘阸陿也。從阜，㔷聲。’或單作㔷。”又卷三二《藥師瑠璃光如來本願功德經》音義：“醜陋，下樓豆反。《考聲》云：‘陋，賤也。’又：‘醜也，鄙也，惡也。’顧野王云：‘陋，猥也。’《爾雅》：‘隱也。’《説文》：‘从𨸏，㔷聲也。’”“醜也”（醜皃也）、“猥也”義《殘卷》未見。《玉篇》：“陋，力豆切，醜猥也，隱小也，阸陜也。”“醜猥也，隱小也”似當作“醜也，猥也，隱也，小也”。《名義》：“陋，力豆反。隐也，小也，陿也。”《殘卷》“陿”誤作“𨺗”，《名義》作“陿”，是。《名義》字頭原作“陃”，蓋為“㔷”字。

陜，胡夾反。《尚書》：“无自廣以陜人。”《説文》：“陜，隘也。”

《尚書·咸有一德》：“后非民罔使，民非后罔事。無自廣以狹人。”《説文》：“陜，隘也。从𨸏，夾聲。”《名義》：“陜，胡夾反。隘也。”

陿，胡夾反。《礼記》：“庻［廣］即容姦，陿即𢀳［思］欲。”野王案：陿，迫隘不〈廣〉大也。《手［毛］詩序》“魏地陿隘”是也。《字書》亦陿［陜］字也。

《禮記·樂記》：“是故其聲哀而不莊，樂而不安，慢易以犯節，流湎以忘本，廣則容姦，狹則思欲。”鄭玄注：“狹謂聲急也。”《慧琳音義》卷七《大般若波羅蜜多經》卷五四一音義：“陿劣，上咸甲反。《禮記》曰：‘廣則容姦，陿則思欲。’《考聲》云：‘陿，隘也。’《玉篇》云：‘迫隘不廣大也。’”又卷十三《大寶積經》卷三八音義、又卷十九《大集須彌藏經》上卷音義、又卷三十《大方廣寶篋經》上卷音義、又卷三三

① 《尚書·堯典》作“明明揚側陋”。

《轉女身經》音義、又卷四一《大乘理趣六波羅蜜多經》卷八音義引顧野王、卷六一《根本説一切有部苾芻尼律》卷十八音義引《玉篇》均作“迫隘不廣大也”。《詩經·魏風·葛屨·序》：“《葛屨》，刺褊也。魏地陿隘，其民機巧趨利，其君儉嗇褊急而無德以將之。”陸德明音義：“陿，音洽。本或作狹，依字應作陜。”《名義》：“陿，胡夾反。陜字。”

陟，徵耕反。《毛詩》：“陟彼高山。”戔：“陟，登也。”《尒雅》：“陟，升也。”野王案：升之也。《〈毛〉寺［詩］》“陟彼崔嵬”是也。通達之𠇗［升］亦曰陟。《尚書》“三孝黜陟”是也。又曰：“山三襲，陟。”郭璞曰：“襲，重也。”古文為彳［徝］字，在彳部。①

《説文》：“陟，登也。从𠂤，从步。”《詩經·小雅·車舝》：“陟彼高岡，析其柞薪。”鄭玄箋：“陟，登也。”《爾雅·釋詁下》：“陟，陞也。”《玄應音義》卷二五《阿毗達磨順正理論》卷十六音義：“升陟，胝棘反。言進達之升曰陟。《詩》云：‘陟彼高崗。陟，登也。’《尒雅》：‘陟，升也。’謂登升之也。”《詩經·周南·卷耳》：“陟彼崔嵬，我馬虺隤。”毛傳：“陟，升也。”《尚書·舜典》：“三載考績，三考，黜陟幽明。”孔安國傳：“黜退其幽者，升進其明者。”《爾雅·釋山》：“山三襲，陟。”郭璞注：“襲亦重。”《名義》：“陟，徵棘反。登也。”

陷，音〈臽〉。《孝經》：“不陷扵不義。”野王案：陷猶墜入也。《孟子》：“以陷扵死之［亡］。”《疰子》“陷大矛［弔］”②是也。《楚辞》：“陷滯而不濟。”王逸曰：“陷，沒也。”《説文》：“高下也。一曰：随也。”《廣雅》：“陷，隤也。”或為鎐［錎］字，在金部。③《説文》以小坎［阱］為臽字，在臼部。④

《孝经·諫諍章》：“父有争子，則身不陷於不義。”《玄應音義》卷九《大智度論》

① 《名義》：“徝，猪棘反。陟字。升也，登也。”
② 胡吉宣《玉篇校釋》以為“引《莊子》為逸文”。呂校本作“陷戈矛”。△按：《莊子·外物》：“已而大魚食之，牽巨鉤，錎没而下。”陸德明音義：“錎，音陷，《字林》：‘猶陷字也。’”《殘卷》“陷大矛”蓋當作“陷大弔”，“弔”通“釣”，“釣”與“鉤”形近。“鉤”→“釣”→“弔”→“矛”蓋為其演變軌跡。
③ 《名義》：“錎，臽反。陷字。”按：“臽反”即“音臽”。
④ 呂校本誤作“《説文》以小為坎為臽字”。《説文》：“臽，小阱也。从人在臼上。”《名義》：“臽，陷反。小阱也。”按：“陷反”即“音臽”。

卷十八音義："眼陷，陷，沒也。案：陷猶墜入也。"《慧琳音義》卷四七《遺教論》音義："坑陷，下咸監反。顧野王云：'陷，墜入也。'〈王〉注《楚辭》云：'没也。'《廣雅》云：'隤也。'《説文》：'從高而下也。一曰：堕也。從阜，函聲也。'"《孟子·離婁上》："苟不志於仁，終身憂辱以陷於死亡。"《楚辭·九章·懷沙》："任重載盛兮，陷滯而不濟。"王逸注："陷，沒也。"《説文》："陷，高下也。一曰：陊也。从𨸏、臽，臽亦聲。"《殘卷》"随"同"堕"，"陊"與"堕"音義同。《廣雅·釋言》："陷，潰也。""潰也"似當作"隤也"。《廣雅·釋言》："免，隤也。"王念孫疏證補："免當為臽。臽，古陷字也。""免"當為"危"，説詳"危"字條。《慧琳音義》卷十八"陷斷"條、卷四二"欠陷"條、卷四七"坑陷"條引《廣雅》，均作"隤也"。《玄應音義》卷十三《沙曷比丘功德經》音義："陷此，古文錎，同。陷猶墜入也，亦没也。《説文》：'陷，高下也。'"《名義》："陷，音。沒也，隤也。"吕氏校釋："此處'音'後脱直音法注音用字，《殘卷》亦脱。《玉篇》作'乎監反'。"胡吉宣《玉篇校釋》："原本'音'下漏寫一字，蓋為臽字，猶臽下亦直音陷。陷、臽古今字也。"可從。

隰，辞立反。《毛詩》："徂隰徂畛。"戔云："隰謂〈新𤼵田也。畛謂〉舊田有路俓者。"《左氏傳》："遂［逐］翼侯于汾隰。"杜預曰："汾水邊也。"《尓雅》："高平曰原，下濕〈曰隰〉。"《公羊傳》："下［上］平曰原，〈下平曰隰〉。"《尚書大傳》："隰之言濕也。"《廣雅［釋名］》："〈下濕曰〉隰。隰，墊［蟄］也。墊［蟄］ㄟ［言］濕意也。"

《詩經·周頌·載芟》："千耦其耘，徂隰徂畛。"鄭玄箋："隰謂新發田也。畛謂舊田有徑路者。"《殘卷》當有誤。《左傳·桓公三年》："曲沃武公伐翼……逐翼侯于汾隰。"杜預注："汾隰，汾水邊。"《慧琳音義》卷八《大般若波羅蜜多經》卷六百音義："原隰，音習。《爾雅》：'高平曰原，下溼曰隰。'《尚書大傳》曰：'隰之言溼也。'或作隰。《説文》：'阪下溼也。從阜，㬎聲也。'"《公羊傳·昭公元年》："原者何？上平曰原，下平曰隰。"《殘卷》有脱誤。《殘卷》所引《廣雅》似當作《釋名》。《釋名·釋地》："下濕曰隰。隰，蟄也。蟄，溼意也。"《殘卷》"墊"當作"蟄"。吕校本作"《廣雅》：隰之墊也，墊之濕意也"，誤。《説文》："隰，阪下溼也。从𨸏，㬎聲。"《名義》："隰，辞立反。"

隰，《字書》亦隰字也。

《名義》："隰，辞立反。隦，同上。"

隥，苦俱反。《漢書》："䧢隥阿［河］洛之間。"《説文》："䧢隥也。"《聲類》或為嶇字，〈在〉山部也。①

《漢書·諸侯王表》："至虖陒隥河洛之間，分為二周。"顏師古注引應劭曰："陒者，狹也。隥者，踦隥也。"《太平御覽》卷八五引《漢書》作"至乎崎嶇河洛之間，分爲二周"，與《殘卷》所引同。《説文》："隥，䧢也。从𨸏，區聲。"《殘卷》："嶇，丘隅反。《史記》：'崎嶇强國之間。'《廣雅》：'崎嶇，傾側也。'《説文》為隥字，在阜部也。"《名義》："隥，苦俱反。"

隤，徒雷反。《周（礼）易》："失［夫］坤，隤然市［示］人蕳矣。"韓康佰曰："隤，𰀀［柔］皀也。"《韓詩》："昊天上帝，即不我隤。隤，〈遺〉也。"《礼記》："太山其隤乎？"野王案：《説文》："墜下也。"《楚辞》"歲忽忽其隤盡"是也。《廣雅》："隤，壞也。"㚖或為積［牘］字，〈在〉禾［片］部。②或為墤［壝］字，在圡部。③《説文》以土墜為㢈字，在广部。

《殘卷》："㢈，徒雷反。《説文》：'屋従上頊［頃］下也。'《聲頪［類］》：'㢈，墜也。'今為隤字，在阜部也。"《周易·繫辭下》："夫乾確然示人易矣，夫坤隤然示人簡矣。"韓康伯注："隤，柔貌也。"吕校本作"《周礼》：《易》夫坤，隤然示人蕳矣"。按：《殘卷》引《周易》為書證，概作"《周易》"，不作"《易》"。作"《易》"者均為引語，如引《史記》"孔子讀《易》"。《詩經·大雅·雲漢》："昊天上帝，則不我遺。"《文選·陸機〈歎逝賦〉》："樂隤心其如忘，哀緣情而來宅。"李善注引薛君《韓詩章句》曰："隤猶遺也。"吕校本不補"遺"字，反而删去後一"隤"字。《殘卷》引《韓詩》，引用正文後，即引薛君《韓詩章句》文。删去"隤"字，不合《殘

① 《名義》："嶇，丘隅反。傾側也。"
② △按：《名義·禾部》不收"積"字，"積"字亦不見於古代字書、韻書。疑"禾部"當作"片部"。吕校本改"積"字為"頹"字。《名義》未收"頹"字。《大廣益會玉篇》收入"頁部"。《名義》："牘，徒迴反。牅也。"《慧琳音義》卷二七轉録大乘基《法花音訓》："若作牅牘，舍屋破也。"與"隤"音義合。
③ 《名義》："墤（隤亻），徒雷反。墜也，壞也。"

卷》引書體例。《廣雅·釋詁一》："隤，壞也。"《禮記·檀弓上》作"泰山其頽乎"。《慧琳音義》卷八二《西域記》卷二音義："隤圮，上隊雷反。《考聲》云：'毀也。'《廣雅》：'壞也。'《禮記》：'太山其隤乎？'《説文》：'隊下也。'《字書》；'邪也。從𨸏，貴聲。'"所引與《殘卷》同。《説文》："隤，下隊也。从𨸏，貴聲。"《慧琳音義》卷八八《釋法琳本傳序》音義："隤綱，上徒雷反。……《廣雅》：'隤，壞也。'《韓詩》：'遺也。'《考聲》：'物下墜也，毀也。'《説文》：'墜下也。從𨸏，從貴聲也。'或從土作墤，義同。"又卷二七轉録大乘基《法花音訓》："隤，《説文》：'大迴反，下墜也。從𨸏，賫聲。'《廣雅》：'壞也。'古文作頽、墤二形，同。《切韻》若作頹，暴風也。若作頹，禿也。若作𦡊𦢊，舍屋破也。《玉篇》作隤，泰山其隤，言墜下，壞也。"《楚辭·九辯》："歲忽忽而遒盡兮。"又《七諫》："歲忽忽其若頽。"《殘卷》蓋混而為一。《名義》："隤，徒雷反。遺也，壞也。"《類聚名義抄》："隤落，《玉竹》作隤，墜下也，駮落也。"（200·6）

隊，馳愧反。《尔雅》："隊，落也。"《説文》："墜［隊］，従高墮也。"野王案：《考工記》"隐［殷］良［畝］而馳不墜［隊］"是。《廣雅》："墜［隊］，夫［失］也。"〈又〉音徒對反。《左氏傳》："分為二墜［隊］。"杜穎［預］曰："墜［隊］，部也。"又曰："右拔戟成一墜［隊］。"杜預曰："百人為一墜［隊］。"

《爾雅·釋詁上》："墜，落也。"陸德明音義："墜，本又作隊，同，直類反。"《説文》："隊，從高隊也。从𨸏，㒸聲。"《周禮·考工記·輪人》："良蓋弗冒弗紘，殷畝而馳不隊，謂之國工。"鄭玄注："隊，落也。"《廣雅·釋詁二》："墜，失也。"《左傳·文公十六年》："分爲二隊，子越自石溪，子貝自仞以伐庸。"杜預注："隊，部也。"陸德明音義："隊，徒對反。"《左傳·襄公十年》："狄虒彌建大車之輪，而蒙之以甲，以爲櫓。左執之，右拔戟，以成一隊。"杜預注："百人爲隊。"《名義》："隊，馳愧反。苦也，墜也。"吕氏校釋："隊同墜。'苦也'似當作'落也'。"《類聚名義抄》："隊隊，《广》云：'徒對反。言群隊相隨逐也。'《方言》：'聚也，伍部也，輩也，軍也。'《玉》云：'馳愧反。隊，落也，彳［従］高随也。又徒對反，又部也，百人為一隊。'"（205·5）

降，皷巷反。《尔雅》："降，落也。""降，下也。"野王案：《毛詩》"降而生商"是也。《国語》："明神降之。"霜［賈］逵［逵］曰："降，歸也。"《荘

子》："日夜无降。"司馬彪曰："降惟［帷］也。"《蒼頡萹》以降差之降為䧄字，在尸部。[①]又（曰）音胡江反。《尚書》："罣［皋］陶邁種德，〈德〉乃降。"孔安国曰："降，下也。"野王案：謂下而服従也。《毛詩》"我心即〈降〉"〈是〉也。攻地獲邑亦曰降。《周礼》"候［環］人掌降国［圍］邑"、《春秋》"斉人降鄣"是也。《公羊傳》："降之者何？取之也。"《礼記》："羽鳥死曰降。"鄭玄曰："降，洛［落］也。"《説文》以降服之降為夅，〈在夂〉部也。[②]

《説文》："降，下也。从𨸏，夅聲。"《爾雅·釋詁上》："降，落也。"《爾雅·釋言》："降，下也。"《詩經·商頌·玄鳥》："天命玄鳥，降而生商。"鄭玄箋："降，下也。"《國語·楚語下》："其知能上下比義，其聖能光遠宣朗，其明能光照之，其聰能聽徹之，如是，則明神降之。"韋昭注："降，下也。"吕校本"霜"校改作"覯"，為《國語》文，未詳所據。《莊子·外物》："天之穿之，日夜無降。"《尚書·大禹謨》："臯陶邁種德，德乃降，黎民懷之。"孔安國傳："降，下。"《詩經·召南·草蟲》："亦既見止，亦既覯止，我心則降。"毛傳："降，下也。"陸德明音義："降，户江反。"《詩經·小雅·出車》："既見君子，我心則降。"鄭玄箋："降，下也。"陸德明音義："降，户江反，又如字。"《周禮·夏官·環人》："環人掌……降圍邑。""環人"在"候人"後，《殘卷》當有誤。《春秋經·莊公三十年》："秋，七月，齊人降鄣。"杜預注："小國孤危，不能自固。蓋齊遥，以兵威脅使降附。"《公羊傳·莊公三十年》："秋，七月，齊人降鄣。……降之者何？取之也。"何休解詁："降者，能以德見歸，自來服者可也。"《禮記·曲禮》："羽鳥曰降，四足曰漬。"鄭玄注："降，落也。"《名義》："降，皷恭［巷］反。落也，歸也，帷也，下。"

隉，魚结反。《説文》："隉，危也。季［徐］巡説：凶也。賈侍中説：法度也。班固説：不〈安〉也。《周書》曰'𨚗［邦］之𡵂［兀］隉'字［是］也。"或為〈𡰡〉字，在〈危〉部。[③]或為䖵字，在出部。[④]

---

① 《名義》："䧄，古巷反。差也。降字也。"《慧琳音義》卷八《大般若蜜多經》卷五六七音義："降澍，上江巷反。《爾雅》：'降，下也。'《集訓》：'落也。'《蒼頡篇》作䧄。"
② 《説文》："夅，服也。从夂，㐄相承，不敢竝也。"《名義》："夅，下江反。伏也，捨，掔也，曳也。"
③ 《名義》："𡰡，牛结反。隉字。"
④ 《名義》："䖵，五结反。禾［不］案［安］也。"

《説文》："陧，危也。从𠃊，从毁省。徐巡以爲：陧，凶也。賈侍中說：陧，法度也。班固說：不安也。《周書》曰：邦之阢陧。讀若虹蜺之蜺。"《殘卷》："𩛥，牛结反。……《字書》亦陧字，元［危］，不安也，在阜部。"《玉篇》："陧，午結切，危也，不安也。或作𩛥。"《名義》："陧，臬结反。免［危］也。"吕氏校釋："'危'字原訛。"按："危"字原訛作"免"。

隕，為敏反。《尚書》："若將隕于深渕。"孔安国曰："無［若］墜深渕也。"《毛詩》："其黄而隕。"傳曰："隕，隋也。"《左氏傳》："隕子，辱矣。"杜預曰："隕，見禽獲也。"《尒雅》："隕，落也。"《説文》："従高下也。"

《尚書·湯誥》："栗栗危懼，若將隕于深淵。"孔安國傳："栗栗危心，若墜深淵，危懼之甚。"《詩經·衛風·氓》："桑之落矣，其黄而隕。"毛傳："隕，惰也。"阮元挍勘記："小字本、相臺本惰作隋，閩本、監本、毛本亦同。案：惰是誤字。《考文》：古本隋作墜，采《正義》'其葉黄而隕墜'而誤也。'黄而隕墜'，《正義》取王肅述毛語為説耳，非。傳作墜。"按："惰"當依《殘卷》所引作"隋"，"隋"與"墮"同，即隕落義。陸德明音義："隋，字又作墮，唐果反。"其字不誤。《殘卷》作"隋"，《名義》作"墮"，則《名義》或别有所據。《左傳·成公二年》："子，國卿也。隕子，辱矣。"杜預注："隕，見禽獲。"《爾雅·釋詁上》："隕，磒，落也。"郭璞注："磒猶隕也，方俗語有輕重耳。"《説文》："隕，從高下也。从𠃊，員聲。《易》曰：有隕自天。"《名義》："隕，為敏反。墮也，落也。"

阤，除蛾反。《国語》："取不陁崩。"賈逹［逵］曰："小阤肎［阤，小肎］也。"又曰："欲〈阤〉三血［孟］文子之宅。"賈逹［逵］曰："阤，毁也。"《淮南》："岸崝者必阤。"許𣏟重曰："阤，落。"《方言》："陁，壊也。"亦与杝字義同，在示［木］部也。①

《説文》："阤，小崩也。从𠃊，也聲。"《國語·周語下》："是故聚不阤崩而物有所歸。"韋昭注："大曰崩，小曰阤。"《殘卷》所引賈注似當作"阤，小肎也"。"取"

---

① 《名義》："柂，直纸反。落也。""柂"同"杝"。

通“聚”。《文選·馬融〈長笛賦〉》：“膺陗阤，腹陘阻。”李善注：“《淮南子》曰：‘岸陗者必阤。’許慎曰：‘陗，峻也。’七笑切。‘阤，落也。’直紙切。《字林》曰：‘阤，小崩也。’”《國語·魯語上》：“文公欲弛孟文子之宅。”韋昭注：“弛，毀也。”《殘卷》脱“阤”字，“阤”與“弛”音義同。“三血”當為“孟”字之誤拆。《淮南子·繆稱》：“城峭者必崩，岸崝者必陀。”高誘注：“崝，峭也。陀，落也。陀音跎。”《方言》卷六：“怠、陁，壞也。”郭璞注：“謂壞落也。音蟲豸，未曉。”《慧琳音義》卷二七轉録大乘基《法花音訓》：“阤，《説文》丈尒反：‘山［小］崩也。從𨸏，也聲。’《方言》：‘阤，壞也。’《玉篇》：‘毁〈也〉，壞也，落也。’”《名義》：“阤，除蛾［螘］反。落也。”吕氏校釋：“‘蛾’字原訛。”按：“蛾”字原作“𧓍”，疑為“螘”字。“蛾”同“蟻”，“螘”亦“蟻”字。《類聚名義抄》：“阤落，《玉竹》：‘毁、落，壞也。”（200·2）

頎，口營反。《説文》：“頎，反［仄］。”野王案：今亦為似［傾］字，在人部。[1]

《説文》：“頎，仄也。从𨸏、頃，頃亦聲。”《慧琳音義》卷六十《根本説一切有部毗奈耶律》卷十二音義：“傾積，上犬營反。《字書》：‘傾亦隤也。’顧野王云：‘佤［厄］邪也。’鄭注《礼記》：‘不正也。’《古今正字》：‘仄也。從人，頃聲也。’《説文》從阜作頎，訓用並同。”《名義》：“頎，口營反。”

陊，徒所［可］反。《説文》：“陊，落也。”《蒼頡萹》：“亦㟁［崩］也。”《廣雅》：“陵［陊］，壞也。”

《説文》：“陊，落也。从𨸏，多聲。”王仁昫《刊謬補缺切韻·紙韻》（P.2011）：“陊，山崩。”《廣雅·釋詁一》：“陊，壞也。”《玉篇》：“陊，徒可切，落也，壞也，小崩也。[2]”《名義》：“陊，徒可反。落也，崩也。”

---

① 《名義》：“傾，口營反。傷也，伏也，側也。”

② 大乘基《妙法蓮華經玄贊》卷六引《切韻》：“山崩曰陊。”《箋注本切韻·紙韻》（S.2071）：“陊，山崩。”《玉篇》“小”當作“山”。

阬，口盎、口廣二反。《説文》："阬，（閬）閬。"《聲類》："阬，虚也。"野王案：此亦阬［坑］字也，壑［壑］也，阬［坑］，陷也；阬［坑］，壍也，在圡部。[①]

《説文》："阬，門［閬］也。从𨸏，亢聲。"《希麟音義》卷三《新花嚴經》卷二四音義："溝阬，下客庚反。《爾雅》云：'阬，虚也。'《蒼頡篇》云：'阬，壑也，陷也，壍也。'《古今正字》：'從阜，亢聲。'經作坑，俗字也。"《漢書·揚雄傳上》："陳衆車於東阬兮，肆玉釱而下馳。"蕭該音義引《字書》曰："阬，閬也。"《後漢書·馬融傳》："彌綸阬澤，皐牢陵山。"李賢注引《蒼頡篇》曰："阬，壑也。"《慧琳音義》卷二七轉録大乘基《法花音訓》："坈［坑］坎，客庚反，或作硎。《玉篇》：'虚也，壍也。'"又卷三《大般若波羅蜜多經》卷二三〇音義："溝坑，下苦耕反。《爾雅》：'坑，墟也。'郭璞注云：'壍池丘墟也。'《蒼頡篇》：'壑也，陷也。'""虚""墟"古今字。又卷九五《弘明集》卷一音義："盡坑，客庚反。顧野王云：'坑，陷也，壑也，壍也。'《〈文〉字典説》：'從土，亢聲也。'"《名義》："阬，口廣反。閬也，虚也，陷也，壍也。"吕校本"壍"作"塹"，云："'塹'字原以'漸'為聲符。"按："壍"為"塹"之或體。《玉篇》："塹，七豔切。《左氏傳》注：'溝塹也。'《字書》云：'城隍也。'壍，同上。"《殘卷》《名義》"口廣反"當作"口庚反"。

隫，徒木反。《説文》："通溝也。"或為隫［瀆］字，在水部。[②] **或為豄字，在谷部也。**[③]

《説文》："隫，通溝也。从𨸏，賣聲。讀若瀆。"《玉篇》："隫，徒木切，通溝也。亦作瀆、豄。"《名義》："隫，徒木反。通溝也。瀆字。"

防，扶方反。《周礼》："衺祝掌大丧勸〈防〉之事。"鄭玄曰："防謂偹頃戲者也。"《毛詩》："日［百］夫之防。"笺云："猶當百夫也。"《左氏傳》："教之防利。"杜預曰："防恐［悪］與［興］利也。"《国謂［語］》："不防（山）川。"賈逵曰："防，障也。"《礼記》："又敢与知防？"鄭玄曰："防，禁放盗［溢］者也。"《楚辞》：

① 《名義》："坑，苦庚反。虚也，壍［塹］也，陷也。"
② 《名義》："瀆，徒鹿反。"
③ 《名義》："豄，徒鹿反。瀆字也。通溝也，清［瀆］。"

“上葳蕤而防露。”王逸曰：“防，蔽也。”《尔雅》：“容謂之防。”郭璞〈曰〉：“形如今小屏風，昌［唱］䠶［躲］者所以自防隐者。”（夫防水煞見也。《說文》：“防，淂［隄］也。”或為坊字也。）野王案：《周礼》“凡為防，廣與崇方，其煞三分去一”、《左氏傳》“弃夫防水煞見”是也。[①]《說文》：“防，淂［隄］也。”或為坊字，在圡部也。[②]

《周禮·春官·喪祝》：“喪祝掌大喪勸防之事。”鄭衆注：“勸防，引柩也。”鄭玄注：“防謂執披備傾戲。”《詩經·秦風·黄鳥》：“維此仲行，百夫之防。”毛傳：“防，比也。”鄭玄箋：“防猶當也，言此一人當百夫。”《左傳·文公六年》：“是以並建聖哲，樹之風聲，分之采物，著之話言，爲之律度，陳之藝極，引之表儀，予之法制，告之訓典，教之防利，委之常秩。”杜預注：“防惡興利。”《國語·周語下》：“晉聞古之長民者，不墮山，不崇藪，不防川，不竇澤。”韋昭注：“防，鄣也。”《禮記·檀弓》：“蕢也，宰夫也，非刀匕是共，又敢與知防？是以飲之也。”鄭玄注：“防，禁放溢。”《楚辭·七諫·初放》：“上葳蕤而防露兮，下泠泠而來風。”王逸注：“防，蔽也。”《爾雅·釋宫》：“容謂之防。”郭璞注：“形如今牀頭小曲屏風，唱射者所以自防隱。”《周禮·考工記·匠人》：“凡爲防，廣與崇方，其閷參分去一。”《周禮·考工記·玉人》：“大圭長三尺，杼上終葵首，天子服之。”鄭玄注：“杼，閷也。”陸德明音義：“閷，色界反，劉色例反，殺字之異者，本或作殺。”《説文》：“防，隄也。从𨸏，方聲。”《名義》：“防，扶方反。當也，障也，蔽也。”

隄，都奚、徒奚二反。《左氏傳》：“弃諸隄下。”野王案：《說文》：“隄，陏也。”《管子》“作隄以樹荊棘”是也。《尔雅》：“隄謂之梁。”郭璞曰：“即槗也。”《漢書》：“无隄之與［輿］。”蘓林曰：“隄，限也。”又曰：“隄封万井。”蘓林曰：“陳畄人謂舉田為隄。”如淳曰：“旁曰隄，題曰封。”韋昭曰：“積土為封限也。”臣瓚曰：“舊説宼凡也。或以為无慮也。”《蒼頡萹》：“隄，封也。”

《左傳·襄公二十六年》：“初，宋芮司徒生女子，赤而毛，棄諸堤下。”[③]《説文》：

① 《殘卷》“弃夫防水煞見”未見於今本《左傳》，俟考。
② 《名義》：“坊，扶方反。障也。”
③ 阮元挍勘記：“《釋文》堤作隄。《漢書·五行志》引作‘棄之隄下’。”

“隄，唐也。从𨸏，是聲。”《管子·度地》：“地高則溝之，下則堤之，命之曰金城，樹以荆棘。”《爾雅·釋宫》：“隄謂之梁。”郭璞注：“即橋也。或曰石絶水者爲梁，見《詩傳》。”《漢書·東方朔傳》：“又有深溝大渠，夫一日之樂不足以危無隄之輿。”顔師古注引蘇林曰：“隄，限也。”《漢書·刑法志》：“一同百里，提封萬井。”顔師古注：“蘇林曰：‘提音秪，陳留人謂舉田為秪。’李奇曰：‘提，舉也，舉四封之內也。’……李説是也。提讀如本字，蘇音非也。説者或以為積土而封謂之隄封，既改文字，又失義也。”《文選·沈約〈齊故安陸昭王碑文〉》：“都會殷負，提封百萬。”李善注：“《漢書》曰：‘天子畿方千里，提封百萬井。’臣瓚案：舊説云：提，最凡。言大舉頃畝也。李奇曰：提，舉也，舉四方爲內也。韋昭曰：積土爲封限。”《玄應音義》卷十四《四分律》卷三音義：“隄防，古文㶂，同，都奚反。《爾雅》：‘隄謂之梁。’李巡曰：‘隄，防障也。’《漢書》：‘无隄之輿。’韋昭曰：‘積土爲封限也。’”《慧琳音義》卷十二《大寶積經》卷二五音義：“堤塘，丁奚反。蘇林云：‘隄，限也。’韋昭云：‘積土以為封限也。’或作隄。”又卷二十《寶星陀羅尼經序》音義：“隄封，底泥反。如淳注《漢書》云：‘旁曰隄，題曰封。’韋昭云：‘積土為封限也。’《説文》：‘隄，隨也。從阜，是省聲也。’”又卷六七《阿毘達磨集異門足論》卷二十音義：“隄隨，上底奚反，徒奚反，義同。蘇林注《漢書》云：‘隄，限也。’《蒼頡篇》云：‘隄，封也。’韋昭云：‘積土為封限也。’”《名義》：“隄，都奚反。限也，隨也，封也。”

㶂，《字書》古文隄字也。

《玉篇》：“隄，丁兮切，塘也，橋也，限也。又徒兮切。㶂，古文。”《名義》：“隄，都奚反。限也，隨也，封也。㶂，同上。”

《古文四聲韻》載孫彊集“隄”作“[illegible]”，與“㶂”形近。

阯，之視、時止二反。《左氏傳》：“略其［基］阯，具餱糧。”杜穎［預］曰：“阯，城足也。”《説文》基〈阯〉成［彧］為址字，在土部。[①]

《左傳·宣公十一年》：“分財用，平板榦，稱畚築，程土物，議遠邇，略基趾，具餱糧，

① 《名義》：“址，諸耳〈反〉。基也。”

度有司，事三旬而成。”杜預注：“趾，城足。”《説文》：“阯，基也。从𨸏，止聲。址，阯或从土。”《名義》：“阯，之視反。基也。”

吕校本“成”改為“阯”。按：“成”“阯”字形迥異。

阺，徐［除］袮、丁第二反。《説文》：“秦謂陵阪曰阺。”《蒼頡萹》：“阺，理也。”《聲頡［類］》：“坘［阺］，下也。”

《説文》：“阺，秦謂陵阪曰阺。从𨸏，氐聲。”《玉篇》：“阺，直梨、丁兮二切，陵也，阪也，理也，下也。”《名義》：“阺，徐［除］祢反。理也，下也。”吕氏校釋：“《玉篇》作‘直梨、丁奚二切’。”《殘卷》“徐袮”、《名義》“徐祢”之“徐”均當作“除”。

陘，胡逰反。《尒雅》：“山絶，〈陘〉。”郭璞（山）[①]曰：“連𠁥［山中］断者。”《疰子》：“綏夫正陘。”司馬彪曰：“陘，限。”《左氏傳》有陘逰之田，常山有井陘縣也。

《説文》：“陘，山絶坎也。从𨸏，巠聲。”《爾雅·釋山》：“山絶，陘。”郭璞注：“連中斷絶。”《文選·謝靈運〈從斤竹澗越嶺溪行〉》：“逶迤傍隈隩，苕遞陟陘峴。”李善注：“《爾雅》曰：‘山絶曰陘。’郭璞曰：‘連山中斷曰陘。’”引郭注與《殘卷》同。《殘卷》所引《莊子》今本未見，胡吉宣以為“引《莊子》为逸文”。《左傳·桓公二年》：“哀侯侵陘庭之田。”杜預注：“陘庭，翼南鄙邑。”《漢書·地理志上》：“常山郡，……縣十八：元氏、石邑、桑中、靈壽、蒲吾、上曲陽、九門、井陘、房子、中丘、封斯、關、平棘、鄗、樂陽、平臺、都鄉、南行唐。”顔師古注引應劭曰：“井陘山在南，音刑。”《名義》：“陘，胡逰反。限也。”

阢，牛瑰反。《説文》：“石戴土也。”或為峞字，在山部。[②]

《説文》：“阢，石山戴土也。从𨸏，从兀，兀亦聲。”《殘卷》：“峞，牛非、

① 《殘卷》“山”字旁注删節符“ミ”，當删。
② 《名義》：“峞，半［牛］非反。阢字。”

五雷二反。《字書》亦阮［阢］字也。阮［阢］，石戴土也。野王案：崔嵬，今亦為嵔［嵬］字，在嵬部，[①]阮［阢］在阜部也。”又：“嵬，牛迴、牛尾二反。《毛詩》：‘陟彼崔嵬。’傳曰：‘崔嵬，石戴土者也。’《楚辞》：‘冠青雲之崔嵬。’王逸曰：‘高皀也。’（《説文》：‘高而不平。’）《説文》：‘高而不平也。’以［石］戴土為嵔字，在山部。或為阮［阢］字，在阜〈部〉。《廣雅》：‘嵬嵬，高也。’”《名義》：“阢，牛瑰反。石戴土也。”

陳，居斂、旅撿二反。《尔雅》：“重巘曰陳。”郭璞曰：“山形如累兩甑也。”《説文》：“陳，厓也。”《廣雅》：“陳，方也。”

《爾雅·釋山》：“重甗，陳。”郭璞注：“謂山形如累兩甗。甗，甑。山形狀似之，因以名云。”《慧琳音義》卷九四《續高僧傳》卷二十音義：“巖陳，下嚴檢反。郭注《爾雅》云：‘陳，山形如累兩甑也。’《説文》云：‘厓也。從阜，兼聲。’”引郭注與《殘卷》同。《説文》：“陳，崖也。从𨸏，兼聲。讀若儼。”《廣雅·釋詁一》：“陳，方也。”《名義》：“陳，張儉反。方也。”吕氏校釋：“疑當作‘旅儉反’。”按：《名義》“旅”字多作“旅”，與此處作“𣏌”形近。

隑，於賣反。《左氏傳》：“所遇又隑。”杜預［預］曰：“地险不便車也。”《楚辞》：“路幽昧以险隑。”王逸曰：“险隑，似［傾］危。”《説文》：“隑，塞。”

《左傳·昭公元年》：“彼徒我車，所遇又阨，以什共車，必克。”杜預注：“地險不便車。”《楚辭·離騷》：“惟夫黨人之偷樂兮，路幽昧以險隘。”王逸注：“險隘，諭傾危。”《説文》：“隑，塞也。从𨸏，戹聲。”《名義》：“隑，於賣反。傾也，危也。”吕氏校釋：“《殘卷》引《楚辭》‘路幽昧以險隑’王逸曰：‘險隑，似［傾］危’。《名義》當作‘傾危也’。”

隘，《毛詩》：“誕寘之隘巷。”王逸曰：“隘猶迫低［厄］也。”《礼記》：“君子以為隘也。”鄭玄曰：“隘，陋〈陋〉也。”《廣雅》：“隘，急也。”“隘，

① 《名義》：“嵬，牛迴、牛尾反。石戴土。”

陋也。”野王案：此亦陒字也。《説文》䦧［䦧］字，在䦧［䦧］部。[①]

《殘卷》：“䦧［䦧］，扵賣反。《説文》：‘陋也。’《字書》：‘今為隘字也，在阜部。’”《詩經·大雅·生民》：“誕寘之隘巷，牛羊腓字之。”《慧琳音義》卷四七《中論序》音義：“于隘，戹戒反。顧野王云：‘隘，迫側也。’鄭注《禮記》云：‘隘，狹也。’《説文》：‘從阜，益（省）聲。’正從戹從阜作陒也。”又卷九二《續高僧傳》卷十音義：“迮隘，下戹界反。《廣雅》云：‘隘，陿也。’王逸注《楚辭》云：‘險陿［隘］，傾危也。’顧野王云：‘隘猶迫側也。’《説文》義同，從阜，益聲。”“仾”或作“佂”，與《殘卷》“仾”形近，當是“仄”字之訛，與“側”音義同。[②]《禮記·禮器》：“晏平仲祀其先人，豚肩不揜豆，澣衣濯冠以朝，君子以為隘矣。”鄭玄注：“隘猶狹陋也。”“狹”或作“陿”，與“陋”形近，故《殘卷》脱“陋”字。今本《廣雅》“急也”條下無“隘”字，蓋脱。《慧琳音義》卷四一引《廣雅》作“迫也”。《廣雅·釋詁一》：“迫，急也。”又卷八一《南海寄歸内法傳》卷四音義：“窄隘，下戹界反。顧野王云：‘隘，迫側也。’《廣雅》云：‘急也，陿也。’鄭注《禮記》：‘陋也。’”引《廣雅》與《殘卷》正同。《廣雅·釋詁一》：“隘，陿也。”《名義》：“隘，白測也，急也。”吕氏校釋：“《慧琳音義》卷四七引顧野王曰：‘隘猶迫側也。’《名義》‘白測也’為‘迫側也’之誤。”按：此字與上一字頭“陒”音同，故不出反切。“迫側”猶“迫仄”“逼仄”，狹隘之義。《類聚名義抄》：“嶮隘，《玉》云：‘隘猶迫側也，陋也。亦陒字，傾危也，塞也。’”（200•1）

隔，《説文》古文䧖字（字）也。隔，塞也。[③]

《説文》：“隔，障也。从𨸏，鬲聲。”《文選·張衡〈西京賦〉》：“右有隴坻之隘，隔閡華戎。”李善注引《説文》曰：“隔，塞也。”與《殘卷》所引正同。《龍龕》：“隔、隔，音革，障也，限［限］界也。二同。隭，俗。而涉反。又新經作隔字。”《殘卷》

① 《説文》：“䦧，陋也。从𨺅，𦬱聲。𦬱，籒文嗌字。隘，籒［篆］文䦧从𨸏、益。”《名義》：“䦧，扵賣反。陋也。”《類聚名義抄》：“嶮隘，《玉》云：‘隘猶迫側也，陋也。亦陒字，傾危也，塞也。”（200·1）

② 參見“𢼄”字條。

③ 依《殘卷》體例，此字頭前應有“䧖”字。下“障”字條引《説文》亦釋作“䧖也”，《殘卷》蓋脱“䧖”字。

“隔”與“𨽻”形近。《名義》：“隔，寒［塞］也。”吕氏校釋：“《殘卷》作‘《説文》古文隔字也。隔，塞也’。《名義》‘寒也’為‘塞也’之誤。”

障，之讓、之楊二反。[①]《尓雅》：“丘上正月［曰］障丘。”郭璞曰：“平項［頂］者也。”又曰：“山上正，障。”郭璞曰：“山上平也。”《說文》：“障，隔也。”野王案：《礼記》“開［開］通道路，无有障塞”是也。《蒼頡萹》：“障，隟也。亦小城也。”野王案：《漢書》“使居一障間，能乎”、“女［狄］子［山］乗〈亭〉障”並是也。或為瘴字，在厂［广］部。[②]壅防川澤為墇字，在圡部也。[③]

《爾雅·釋丘》：“上正，章丘。”郭璞注：“頂平。”《爾雅·釋山》：“上正，章。”郭璞注：“山上平。”《説文》：“障，隔也。从𨸏，章聲。”按：《殘卷》“隔”為俗“隔”字。《禮記·月令》：“時雨將降，下水上騰，循行國邑，周視原野，修利隄防，道達溝瀆，開通道路，毋有障塞。”陸德明音義：“障，之亮反，又音章。”《文選·班彪〈北征賦〉》：“登鄣隧而遥望兮，聊須臾以婆娑。”李善注引《蒼頡篇》曰：“障，小城也。”《漢書·張湯傳》：“復曰：‘居一鄣間？’山自度辯窮且下吏，曰：‘能。’乃遣山乘鄣。”顔師古注：“鄣謂塞上要險之處，别築為城，因置吏士而為鄣蔽以扞寇也。鄣音之向反。”《殘卷》：“瘴，之讓反。《埤蒼》：‘瘴，𦶠［蔽］也。’《字書》亦障字也。障，隔也，在阜部。”《玉篇》：“障，之尚、之羊二切，隔也。或作瘴。”《慧琳音義》卷二七轉録大乘基《法花音訓》：“周墇，之亮反。《説文》：‘擁塞也。從土。’有作障，《玉篇》：‘之尚、之揚二反。’《説文》：‘隔也。’《通俗文》：‘蕃隔曰障。’”《名義》：“障，之楊反。累也。”吕氏校釋：“‘累也’當作‘隰也’。《殘卷》引《蒼頡篇》作‘障，隟［隰］也’。”按：《名義》“累”當為“隟”之誤。“隟”為“隰”之或體，《殘卷》“平”字條下引《詩經》“原隰”作“原隟”。《類聚名義抄》：“周障，《玉》云：‘平項［頂］者也，山上正曰障，累［隟］也，小城也，隔也。’”（198•4）

---

① 《類聚名義抄》：“周障，《玉竹》：‘之讓，之揚。又有作墇，之亮。’”（198・3）

② 《名義》：“瘴，之讓反。蔽也，隔也。障也。”《希麟音義》卷二《新大方廣佛花嚴經》卷一音義：“翳障，下又作鄣，同，之亮反。《切韻》：‘障，遮也，隔也。’《字書》：‘掩也。’《玉篇》云：‘亦作瘴。’《説文》云：‘從阜，章聲。’”

③ 《名義》：“墇，止楊反。防也，壅也。”

陾，扵報反。《尔雅》："陾，隈也。"郭璞曰："今江東呼為浦陾。《淮南》'陾［漁］者不争隈'是也。"又曰："内為陾。"郭璞曰："别厓〈表〉裏之名也。"《蒼頡篇》："陾，蔵也。"《説文》為陾［澳］字，在水部。① 隅陾為奥字，在穴［宀］部也。②

《爾雅·釋丘》："陾，隈。"郭璞注："今江東呼爲浦陾。《淮南子》曰：'漁者不争隈。'③"又："厓內爲陾，外爲隈。"郭璞注："别厓表裏之名。"《文選·鮑照〈蕪城賦〉》："重江複關之陾，四會五達之莊。"李善注引《蒼頡篇》曰："陾，藏也。"《説文》："陾，水隈崖也。从𨸏，奥聲。"《名義》："陾，扵報反。隈也，蔵。"

隐，扵謹反。《周易》："天地閇，賢人隐。"野王案：隐，不見也。《論語》："吾无隐乎尔（雅）。"苞咸曰："隐，𢈔［匿］也。"又曰"侍君有三曾，言及之而不言謂之隐"是也。《国語》："不可以隐扵私。"賈達［逵］曰："隐猶私也。"又曰："〈可〉以隐（居）令。"賈逵曰："隐，安也。"《礼記》："大道既隐。"鄭玄曰："隐猶（玄曰隐猶）去也。"又曰："軍旅思〈險〉，隐情以虞。"〈鄭玄曰："虞，〉度也。當思念〈己〉情之所〈能〉，以度彼將之［之將］〈然〉否也。"《尔雅》："隐，微也。"郭璞曰："微猶迯［逃］迗［匿］也。"又曰："隐，占也。"郭璞曰："隐度之也。"《孟子》："王如隐其无罪。"劉熙曰："隐，度。"《漢書》："厚築其外，隐以今［金］雅［椎］。"服虔曰："隐，築也，鐵椎築之也。"《方言》："隐，度［廋］，㝁。"《説文》："隐，蔽。"《謚法》："見着［美］堅長曰隐。隱拂不成曰隐。不顯尸国曰隐。懐情不書［盡］曰隐。"《〈廣〉雅》："隐，翳也。"《説文》以隐匿為〈乚〉守［字］，在〈乚〉部。④ 隐懅［據］之隐

---

① 《説文》："澳，隈厓也。其內曰澳，其外曰隈。从水，奥聲。"《名義》："澳，扵六反。隈也，濁也。"

② 《説文》："奥，宛也。室之西南隅。从宀，弄聲。"《名義》："奥，扵報反。室也，主也，薆也，穴也，蔵也，内也。"

③ 《淮南子·覽冥》："田者不侵畔，漁者不争隈。"高誘注："隈，曲深処，魚所聚也。"《殘卷》"陾"字當為"漁"字之訛。"魚"俗作"臭"，與"奥"形近。按：字頭為"陾"，則引文亦當有"陾"字。野王所見《淮南子》"漁"誤作"陾"。

④ 《説文》："乚，匿也。象迟曲隱蔽形。……讀若隱。"《名義》："乚［乚］，扵近反。匿也。"

為急［㥯］字，在〈㸒〉部。[①]憂痛之隐為〈㥯〉字，在心部。[②]聲隐為石［磤］字，在石部也。[③]

《周易·坤》："天地變化，草木蕃，天地閉，賢人隱。"《論語·述而》："子曰：'二三子以我為隱乎？吾無隱乎爾。'"何晏集解引包咸曰："聖人知廣道深，弟子學之不能及，以為有所隱匿，故解之。"《論語·季氏》："孔子曰：'侍於君子有三愆：言未及之而言謂之躁，言及之而不言謂之隱，未見顏色而言謂之瞽。'"何晏集解引孔安國曰："隱匿不盡情實。"《國語·晉語八》："夫正國者不可以暱於權，行權不可以隱於私。"韋昭注："以私恩隱蔽其罪，無以正國也。"[④]《國語·齊語》："君若欲速得志於天下諸侯，則事可以隱令，可以寄政。"韋昭注："隱，匿也。"吕校本改"安"為"匿"，蓋據此。按："安"與"匿"字形迥異，且"匿也"義已見上揭《論語》包咸注。《廣雅·釋詁一》："隱，安也。"蓋據賈注《國語》。《禮記·禮運》："今大道既隱，天下為家。"鄭玄注："隱猶去也。"《禮記·少儀》："軍旅思險，隱情以虞。"鄭玄注："虞，度也。當思念己情之所能，以度彼之將然否。"《爾雅·釋詁下》："隱，微也。"郭璞注："微謂逃藏也。""逃藏"與"逃匿"義同。《爾雅·釋言》："隱，占也。"郭璞注："隱度。"《孟子·梁惠王上》："王若隱其無罪而就死地，則牛羊何擇焉？"趙岐注："隱，痛也。"[⑤]《漢書·賈山傳》："道廣五十步，三丈而樹，厚築其外，隱以金椎，樹以青松。"顏師古注引服虔曰："隱，築也，以鐵椎築之。"《方言》卷三："廋，隱也。"郭璞注："謂隱匿也。"又卷六："隱、據，定也。"《說文》："隱，蔽也。从𨸏，㥯聲。"《逸周書·謚法》："隱拂不成曰隱，不顯尸國曰隱，懷情不盡曰隱。"《慧琳音義》卷四《大般若波羅蜜多經》卷四〇〇音義："隱蔽，上殷謹反。《廣雅》：'隱，翳也。'《謚法》曰：'懷情不盡曰隱。'包咸注《論語》云：'匿也。'"《史記正義》附《論例·謚法解》："隱拂不成，隱；不顯尸國，隱；見美堅長，隱。"《廣雅·釋詁一》："隱，翳也。"《名義》："隱，扵謹反。私也，安也，去也，思也，微也，古也，度也。"吕氏校釋："'古也'當作'占也'。"

---

① 《說文》："㥯，所依據也。从㸒、工。讀與隱同。"《名義》："㥯，扵謹反。所依據。"
② 《說文》："㥯，謹也。从心，㥯聲。"《名義》："㥯，扵近反。急病也，痛也，憂也，慬也，哀也。"
③ 吕校本作"聲隱為瘖字，在疒部也"。按：《名義》："瘖，扵深反。不言。"與"隱"音義俱異。《名義》："磤，扵謹反。雷聲。"
④ 《文選·顏延之〈赭白馬賦〉》："襲養兼年，恩隱周渥。"李善注引《國語注》曰："隱，私也。"
⑤ 《文選·崔瑗〈座右銘〉》："隱心而後動，謗議庸何傷。"李善注引劉熙《孟子注》曰："隱，度也。"

隈，扵曲［囬］反。《左氏傳》："秦人過拆［枿］隈。"杜穎［預］曰："隈，隐蔽之處。"《説文》："水曲隈也。"

《殘卷》："溾，於囙［回］反。……水澳曲名溾为隈字，在阜部。"《左傳·僖公二十五年》："秦人過析，隈入而係輿人。"杜預注："隈，隱蔽之處。"《説文》："隈，水曲隩也。[①] 从𨸏，畏聲。"《名義》："隈，扵迴反。水曲也。"

遣［䢟］，丘善反。《説文》："遣［䢟］適［商］，小塊也。"

《説文》："䢟，䢟商，小塊也。从𨸏，从臾。"《名義》："𠳋，丘善反。小塊也。"

𨻻，胡灑反。《説文》："水衡，官名（一）也。一曰：未［小］谿也。"或為𨻻［澥］字，在水部。[②]

《説文》："𨻻，水衡，官谷也。从𨸏，解聲。一曰：小谿。""官谷也"當作"官名也"。《漢書·百官公卿表上》："水衡都尉。"顔師古注："應劭曰：'古山林之官曰衡。掌諸池苑，故稱水衡。'張晏曰：'主都水及上林苑，故曰水衡。'"《名義》："𨻻，胡灑反。"

附，扶付〈反〉。《尚書》："天位［休］震動，用附我。"孔安国曰："依附我也。"《礼記》："凡有獄訟者，其附于刑者皈于国圡［士］。"鄭玄曰："附猶麗也。"又曰："圡［士］師之職，凡以財獄訟者，亡［正］之以附別、約廨［劑］。"鄭玄曰："附別，手書也。〈約〉廁［劑］，各所持芥［券］也。"《考工（説）[③] 記》："舉〈圍欲重〉，重欲附人。"鄭玄曰："附，近也。"《毛詩》："如塗塗附。"傳曰："附，著也。"又曰："尓［亦］附于天。"傳曰："附，至也。"《国語》："附以會［令］名。"賈逵曰：

---

① 《文選·班固〈西都賦〉》："商洛緣其隈，鄠杜濱其足。"李善注引《説文》曰："隈，水曲也。"又木華《海賦》、枚乘《七發》李善注引《説文》並同。

② 《名義》："澥，霡［霢］灑反。谿也。"

③ 《殘卷》於"説"字旁注删節符"ミ"，當删。

“附，益也。”《礼記》：“司寇正刑明辟，附從輕，攻［赦］從重。”鄭玄曰：“附謂施刑也。”《漢書》：“蕭何祭［䒫］關中老弱未附者忞詣軍。”孟庚［康］曰：“古者廿而〈附〉，三年耕有一年之儲，故廿三而役之。”《廣雅》：“附，就也。”《說文》附益之附為坿字，在人［土］部。[①] 以此音蒲口反。附嘍［塿］，小土山也。《春秋》“附塿无松栢”是也。野王案：今為培字，在土部也。[②]

《尚書·武成》：“天休震動，用附我大邑周。”孔安國傳：“天之美，應震動民心，故用依附我。”《殘卷》“礼記”當作“周礼”。《周禮·地官·大司徒》：“凡萬民之不服教而有獄訟者與有地治者，聽而斷之。其附于刑者歸于士。”鄭玄注：“附，麗也。”《周禮·秋官·士師》：“士師之職……凡以財獄訟者，正之以傅別、約劑。”鄭玄注：“傅別，中別手書也。約劑，各所持券也。”吕校本引《周禮》作“正之以附，別約廨”，引鄭玄注作“附，別手書也”，誤。《周禮·考工記·廬人》：“舉圍欲重，重欲傅人。”鄭玄注：“傅，近也。”《詩經·小雅·角弓》：“毋教猱升木，如塗塗附。”毛傳：“附，著也。”鄭玄箋：“附，木桴也。”《詩經·小雅·菀柳》：“有鳥高飛，亦傅于天。彼人之心，于何其臻？”鄭玄箋：“傅、臻皆至也。”《國語·周語下》：“命姓受氏而附之以令名。”韋昭注：“附，隨也。”《孟子·盡心上》：“附之以韓魏之家，如其自視飲然，則過人遠矣。”趙岐注：“附，益也。”《禮記·王制》：“司寇正刑明辟，以聽獄訟。……附從輕，赦從重。”鄭玄注：“附，施刑也。”《漢書·高帝紀上》：“五月，漢王屯滎陽，蕭何發關中老弱未傅者悉詣軍。”顔師古注引孟康曰：“古者二十而傅，三年耕有一年儲，故二十三而後役之。”《廣雅·釋詁三》：“傅，就也。”“傅”同“傅”，與“附”通。《説文》：“附，附婁，小土山也。从𨸏，付聲。《春秋傳》曰：附婁無松柏。”《左傳·襄公二十四年》：“部婁無松柏。”杜預注：“部婁，小阜。”[③]《名義》：“附，狭［扶］付反。灑［麗］也，近也，著也，至也，益也。”吕氏校釋：“疑當作‘扶付反’。‘灑也’當從《殘卷》作‘麗也’。”

隴，力聳反。《說文》：“天水大阪也。”《字［漢］書》有隴西君［郡］。

① 《説文》：“坿，益也。从土，付聲。”《名義》：“坿，扶付反。益也。”
② 《名義》：“培，薄来反。垣也，隄也。”
③ 阮元挍勘記：“案：《説文》‘附’字注云：‘附婁，小土山也。’引《傳》作‘附婁無松柏’。部與附蓋古字通。……應邵《風俗通義》、李注《文選·魏都賦》引並作‘培塿’。周伯琦《六書正譌》云：‘俗用培塿，非也。’”

丘冢之隴為壠字，在土部也。[①]

《説文》："隴，天水大阪也。从𨸏，龍聲。"《漢書·地理志下》："隴西郡，户五萬三千九百六十四，口二十三萬六千八百二十四。"應劭注："有隴坻在其西也。"顔師古曰："隴坻謂隴阪，即今之隴山也。此郡在隴之西，故曰隴西。"《名義》："隴，力鞏反。大阪也。"

陈，於幾反。《説文》："酒泉天陈阪也。"

《説文》："陈，酒泉天依［陈］阪也。从𨸏，衣聲。"《名義》："依［陈］，於幾反。"吕氏校釋："此字頭原誤。"按：此字頭原誤作"依"。

陜［陝］，式冉反。《公羊傳》："自陝以東周公主之，自陜以西台公王［主］之。"何休曰："今弘（儂）農陜也。"《説文》："〈弘〉農陜，古虢国也。"野王案：季之〈子〉所封也。

《公羊傳·隱公五年》："自陝而東者，周公主之；自陝而西者，召公主之。"何休解詁："陝者，蓋今弘農陝縣是也。"《説文》："陝，弘農陝也。古虢國王季之子所封也。从𨸏，夾聲。"《名義》："陜［陝］，式冉反。"吕氏校釋："此字頭原訛。"按：此字頭原作"陜"。

隲，亡徂［俱］反。《説文》："弘農除［陜］東聚（之）也。"

《説文》："隲，弘農陝東陬也。从𨸏，無聲。"《名義》："隲，亡俱反。""聚"與"陬"古文通用，參錢大昕《廿二史考異·史記三》。

① 《名義》："壠，力悚反。丘也，壟也。"

陮，居遠反。《説文》：“河東安色［邑］聚也。”

《説文》：“陮，河東安邑陬也。从𨸏，卷聲。”《名義》：“陮，居遠反。”

陭，於奇反。《説文》：“上黨陭氏陵［阪］。”野王案：《漢書》上黨有陭氏縣。

《説文》：“陭，上黨陭氏阪也。从𨸏，奇聲。”《名義》：“陭，於奇反。”

隃，式注、式于二反。《尔雅》：“八陵：西隃鳫門是也。”郭璞曰：“鳫即［即鳫］門山也。”

《説文》：“隃，北陵西隃鴈門是也。从𨸏，俞聲。”《爾雅·釋地》：“東陵，阠；南陵，息慎；西陵，威夷；中陵，朱滕；北陵，西隃鴈門是也；陵莫大於加陵；梁莫大於溴梁；墳莫大於河墳：八陵。”郭璞注：“即鴈門山也。”《名義》：“隃，式注反。”

阮，牛遠反。《吕氏春秋》：“傳［倫］乃之阮隃之陰［陰］。”高誘曰：“山名。”《説文》：“代郡五阮闗。”

吕校本作“《吕氏春秋傳》”。按：《殘卷》屢引《吕氏春秋》，未見《吕氏春秋傳》。《吕氏春秋·古樂》：“伶倫自大夏之西，乃之阮隃之陰。”高誘注：“阮隃，山名。”《説文》：“阮，代郡五阮闗也。从𨸏，元聲。”《名義》：“阮，牛遠反。”

陪，公蒿反。《説文》：“大阜也。一曰：右扶風郿有陪阜。”

《説文》：“陪，大𨸏也。一曰：右扶風郿有陪𨸏。从𨸏，告聲。”《名義》：“陪，公蒿反。大阜也。”

隕，徵京反。《說文》："丘名也。"

《説文》："隕，丘名。从𠂤，貞聲。"《名義》："隕，徵京反。"

陚，万［方］勾［句］反。《説文》："丘名也。"《廣雅》："陚，圡也。"《聲類》："小陂也。"

吕校本作"万句反"。△按：曹憲《博雅音》音"付"，"万"當作"方"。《殘卷》《名義》皆誤。

《説文》："陚，丘名。从𠂤，武聲。"《廣雅·釋地》："陚，土也。"《名義》："陚，万勾反。土也，小也，陂也。"吕氏校釋："《玉篇》作'方句切'。'小也，陂也'當作'小陂也'。"

阿，都迮反。《説文》："阿，丘名。"

《説文》："阿，丘名。从𠂤，丁聲。讀若丁。"《名義》："阿，都迮反。"

隝，為詭、虛為二反。《説文》："鄭地阪也。《春秋傳》曰：將會鄭佰［伯］于隝也。"

《説文》："隝，鄭地阪。从𠂤，爲聲。《春秋傳》曰：將會鄭伯于隝。"《玉篇》："隝，為説［詭］、許為二切，鄭地坂名。"《名義》："隝，虛為反。"

陼，之与反。《尓雅》："丘如陼者〈陼〉丘。"《説文》："水才［中］高也。"《聲類》或為陼［渚］字，在水部。[①]

① 《名義》："渚，之与反。小洲也，止也。"

《爾雅・釋丘》："如陼者陼丘。"郭璞注："水中小洲爲陼。"《説文》："陼，如渚者陼丘，水中高者也。从𨸏，者聲。"《文選・司馬相如〈子虛賦〉》："且齊東陼鉅海，南有琅邪。"李善注引《聲類》曰："陼，或作渚。"[①]《名義》："陼，之与反。水中高。"

陳，除珎反。〈《尚書》〉："失于政，陳於慈［兹］。"孔安国曰："陳，尸［久］也。"《周易》："卑髙以陳，貴賤。"〈韓〉康佰［伯］曰："陳，列也。"《周礼》："正甚［其］肆，陳其貨賄。"鄭玄曰："陳猶處。"《毛詩》："胡逝我陳。"傳曰："陳，堂塗也。"《尔雅》亦云，郭璞曰："堂下至門徑也。"《韓詩》："塗左右曰陳。"又曰："陳（堂）錫載周。陳，見也。"[②]《左氏傳》："陳魚而觀之。"杜預曰："陳，設張也。〈設〉捕魚之偹而觀之也。"《吕氏春秋》："丈夫女子陳殷。"高誘曰："陳，衆也。"《説文》："陳，宛丘也。舜徵［後］嬀蒲［滿］所封也。"《廣雅》："陳，布也。""陳，故也。"《説文》以陳列之陳為敶［敶］字，在攴部。[③]反［又］或為𨻰字，在𢊁部。[④]

《尚書・盤庚中》："失于政，陳于茲，高后丕乃崇降罪疾。"孔安國傳："今既失政，而陳久於此而不徙，湯必大重下罪疾於我。"《周易・繫辭上》："卑高以陳，貴賤位矣。"韓康伯注："天尊地卑之義既列，則涉乎萬物貴賤之位明矣。"《周禮・天官・內宰》："凡建國，佐后立市，設其次，置其敘，正其肆，陳其貨賄，出其度量淳制，祭之以陰禮。"鄭玄注："陳猶處也。"《詩經・小雅・何人斯》："彼何人斯？胡逝我陳？"毛傳："陳，堂塗也。"《爾雅・釋宫》："堂途謂之陳。"郭璞注："堂下至門徑也。"《詩經・大雅・文王》："陳錫哉周，侯文王孫子。"《左傳・隱公五年》："遂往陳魚而觀之，僖伯稱疾不從。"杜預注："陳，設張也。公大設捕魚之備而觀之。"《吕氏春秋・慎人》："丈夫女子振振殷殷，無不戴説。"高誘注："振振殷殷，衆友之盛。"《説文》："陳，宛丘，舜後嬀滿之所封。从𨸏，从木，申聲。"《廣雅・釋詁三》："敶，布也。""故

---

① 《漢書・司馬相如傳上》："且齊東陼鉅海，南有琅邪。"顔師古注："東陼鉅海，東有大海之陼。字與渚同也。"
② 《國語・周語上》："《大雅》曰：'陳錫載周。'"韋昭注："陳，布也。"《史記・周本紀》："《大雅》曰：'陳錫載周。'"裴駰集解引唐固曰："言文王布錫施利，以載成周道也。"唐固，三國吴人，曾注《國語》。
③ 《説文》："敶，列也。从攴，陳聲。"《名義》："敶，除珍反。烈［列］。敕，上文。"
④ 《名義》："𨻰，雉珎反。土也，反［久］也。"

也”義今本《廣雅》未見。《名義》：“陳，除珎反。列也，故也，處也。”

阠［䧅］，《説文》古文陳字。

《説文》：“陳，宛丘，舜後嬀滿之所封。从𨸏，从木，申聲。䧅，古文陳。”《名義》：“陳，除珎反。列也，故也，處也。䧅，同上。”《名義》字頭原誤作“阠”，與《殘卷》同。

隉，之曜反。《説文》：“耕以臿後［浚］出下壚土也。一曰：耕休田也。”《蒼頡篇》：“隉，界也。”《廣雅》：“隉，隄也。”

《説文》：“隉，耕以臿浚出下壚土也。一曰：耕休田也。从𨸏，从土，召聲。”《廣雅·釋宮》：“隉，隄也。”《名義》：“隉，之曜反。界也，場［堤］也。”《名義》“場也”當作“堤也”。王仁昫《刊謬補缺切韻·笑韻》（P.2011）：“隉，隄。”

陶，徒高反。《尒雅》：“（尒近）[①] 丘再成，陶丘。”郭璞曰：“在済陰空［定］陶城中有陶丘。”又曰：“鬱陶，喜也。”郭璞曰：“《孟子》云‘鬱陶思君’是也。”野王案：鬱陶亦哀思也。《尚書》“鬱陶乎予心”是也。《毛詩》：“駟介陶陶。”傳曰：“駈馳皀也。”《韓詩》：“君子陶陶。君子之皀也。”又曰：“令［今］我不樂，日月其陶。陶，除也。”又曰：“上帝具心［甚］陶。陶，變也。”又曰：“鼓鍾伐磬［鼛］，淮有三州，憂心且陶。陶，暢，感其樂聲陶中其人。”《左氏傳》：“使為君復陶。”杜預曰：“濩陶，主衣服官也。”《礼記》：“子逝［遊］曰：‘……人喜即斯陶。’”鄭玄曰：“鬱陶也。”《楚辞》：“陶喜［嘉］曰［月］矛［兮］惣駕。”王逸曰：“嘉及吉（將）時駈乘駟也。”《方言》：“陶，養也，陳楚鄭衛［韓］之間〈曰鞠，秦〉或曰陶。”《説文》：“《夏書》：東至于陶丘。陶丘有舜［尭］城，尭之所居，号陶唐氏。”作瓦之陶為〈匋〉字，在玉［缶］部也。[②]

---

① 《殘卷》“尒近”當為旁注字誤入正文。此蓋釋“《尒雅》”之“尒”為“近”。

② 《説文》：“匋，瓦器也。从缶，包省聲。古者昆吾作匋。案《史篇》讀與缶同。”《名義》：“匋，徒刀反。瓦器。”

《爾雅·釋丘》："再成爲陶丘。"郭璞注："今濟陰定陶城中有陶丘。"《爾雅·釋詁下》："鬱、陶、繇，喜也。"郭璞注："《孟子》曰：'鬱陶思君。'《禮記》曰：'人喜則斯陶，陶斯詠，詠斯猶。'猶即繇也，古今字耳。"《尚書·五子之歌》："鬱陶乎予心，顔厚有忸怩。"孔安國傳："鬱陶言哀思也。"《詩經·鄭風·清人》："清人在軸，駟介陶陶。"毛傳："陶陶，驅馳之貌。"《詩經·王風·君子陽陽》："君子陶陶，左執翿，右招我由敖。"毛傳："陶陶，和樂貌。"鄭玄箋："陶陶猶陽陽也。"《詩經·唐風·蟋蟀》："今我不樂，日月其除。"《慧琳音義》卷八四《集古今佛道論衡》卷一音義："陶鑄，上道刀反。《韓詩》云：'陶，除也，養也。'"《詩經·小雅·菀柳》："上帝甚蹈，無自暱焉。"毛傳："蹈，動。"鄭玄箋："蹈讀曰悼。"《殘卷》"具心"當為"甚"字之誤拆，吕校本改"具心"為"憂"，未詳所據。《玄應音義》卷五《等目菩薩所問經》上卷音義："陶現，徒高反。《詩》云：'上帝其陶。'陶，變也。"《慧琳音義》卷九五《弘明集》卷一音義"陶鑄"條引《韓詩傳》云："變也。"《詩經·小雅·鼓鍾》："鼓鍾伐鼛，淮有三洲，憂心且妯。"毛傳："妯，動也。"鄭玄箋："妯之言悼也。"陸德明音義："妯，敕留反，徐又直留反。毛：動也。鄭：悼也。郭音《爾雅》：'盧叔反，又音迪。'"《文選·枚乘〈七發〉》："陶陽氣，蕩春心。"李善注引薛君《韓詩章句》曰："陶，暢也。"《左傳·襄公三十年》："與之田，使爲君復陶。"杜預注："復陶，主衣服之官。"《禮記·檀弓》："子游曰：'……人喜則斯陶，陶斯咏，咏斯猶，猶斯舞，舞斯慍，慍斯戚，戚斯歎，歎斯辟，辟斯踊矣。'"鄭玄注："陶，鬱陶也。"《楚辭·九懷·危俊》："陶嘉月兮總駕，搴玉英兮自脩。"王逸注："嘉及吉時驅乘駟也。"《方言》卷一："台、胎、陶、鞠，養也。晉衛燕魏曰台，陳楚韓鄭之間曰鞠，秦或曰陶。"野王所據本蓋脱"曰鞠，秦"字。《説文》："陶，再成丘也，在濟陰。从𨸏，匋聲。《夏書》曰：東至于陶丘。陶丘有堯城，堯嘗所居，故堯號陶唐氏。""堯嘗所居"當作"堯之所居"或"堯嘗居之"。《漢書·高帝紀贊》："陶唐氏既衰，其後有劉累。"顔師古注引許慎《説文解字》云："陶，丘再成也，在濟陰。夏書曰東至陶丘。陶丘有堯城，堯嘗居之，後居於唐，故堯號陶唐氏。"《名義》："陶，徒高反。除也，養也。"《類聚名義抄》："陶，《玉》云：'鬱陶亦哀思也；陶陶，君子之皃。作瓦之陶作㘥。又遙一［音］。'"（203•4）又："陶練，《玉》云：'除也，養也。'"（210•6）

吕校本缺字補作"㘥"。按：《名義》無"㘥"字。《名義·目録》"缶"作"𡊅"，與"土"之俗字"圡"形近。

阽，餘占反。《楚辭》："阽余𠂤［身］以危死。"王逸曰："阽，勉［危］也。"《説文》："壁危。"

《楚辭·離騷》："阽余身而危死兮，覽余初其猶未悔。"王逸注："阽猶危也。或云：阽，近也。"吕校本引《楚辭》，改"以"為"而"。按："以""而"義同，不必改。又引王逸注作"勉也"，誤。《説文》："阽，壁危也。从𨸏，占聲。"《玉燭寶典》卷二："《楚辤·離騷經》曰：'阽余身而危死。'注云：'阽猶危也。'音丁念反。《説文》曰：'阽，壁危也。從阜，占聲。'《字林》同，曰：'壁危。音弋久［产？］反。'又曰：'久毛髝。音小［余？］廉反也。'"《名義》："阽，餘占反。壁危也。"《類聚名義抄》："阽，《玉》云：'餘占反。'"（207•7）

除，雉居反。《毛詩》："日月其除。"〈傳曰：〉"去也。"又曰："何福不除？"傳曰："除，開也。"《尔雅》："四月為除月。"《方言》："南楚疾愈者謂之除。"《漢書》："吏初除之官。"如淳曰："凡言除者，除故官就新官也。"《説文》："除，殿階也。"《廣雅》："除，道也。"

《詩經·唐風·蟋蟀》："今我不樂，日月其除。"毛傳："除，去也。"《詩經·小雅·天保》："俾爾單厚，何福不除？"毛傳："除，開也。"《爾雅·釋天》："四月為余。"《方言》卷三："差、間、知，愈也。南楚病愈者謂之差，或謂之間，或謂之知。知，通語也。或謂之慧，或謂之憭，或謂之瘳，或謂之蠲，或謂之除。"《漢書·景帝紀》："列侯薨及諸侯太傅初除之官，大行奏諡、誄、策。"顏師古注引如淳曰："凡言除者，除故官就新官也。"《説文》："除，殿陛也。从𨸏，余聲。"《廣雅·釋宫》："除，道也。"《名義》："除，雉居反。去也，道也。"《類聚名義抄》："除月，《玉》云：'四月為除月。'"（203•7）

階，古諧反。《尚書》："舞干戚于〈階〉間也。"野王案：所以登堂之道也。《記礼［礼記］》："不得階主。"鄭玄曰："階，上進也，言賓之辞不得指斥主人也。"《孟子》："使舜完稟損［捐］附階。"劉〈熙〉曰："階，梯也。"野王案：《礼記》"虞人設階"、《楚辞》"欲釋階而登天"盖是。《漢書》："顧我傷墜，爵復〈我舊〉。我既斯登，㴤［望］我舊階。先后慈〈度〉，連連孔德［懷］。"野王案：此謂官爵之階級也。《説文》："階，陛也。"

《尚書·大禹謨》："帝乃誕敷文德，舞干、羽于兩階。"孔安國傳："干，楯；羽，翳也。皆舞者所執。修闡文教，舞文舞于賓主階間，抑武事。”《慧琳音義》卷十二《大寶積經》卷二四音義：“階砌，上音皆。顧野王云：‘登堂之道也。’劉熙云：‘階，梯也。’《説文》：‘階，陛也。’”《禮記・少儀》：“不得階主。”鄭玄注：“階，上進者。言賓之辭不得指斥主人。”《孟子・萬章上》：“父母使舜完廩，捐階。”趙岐注：“階，梯也。”《禮記・喪大記》：“復有林麓則虞人設階，無林麓則狄人設階。”鄭玄注：“階，所乘以升屋者。……階，梯也。”《楚辭・九章・惜誦》：“欲釋階而登天兮，猶有曩之態也。”王逸注：“人欲上天而釋其階，知其無由登也。”《漢書・韋賢傳》：“顧我傷隊，爵復我舊。我既此登，望我舊階，先后茲度，漣漣孔懷。”《殘卷》“□”當為“望”字。《可洪音義》卷三《大方等大集經》卷十二“四□，音妄。正作望。”又卷十二《中阿含經》卷十七“活□，無放反，正作望。”兩“望”字均與“□”形近。《説文》：“階，陛也。从𨸏，皆聲。”《名義》：“階，古諧也。道也，梯也，陛。”吕氏校釋：“‘古諧也’當作‘古諧反’。”《類聚名義抄》：“階陛，《玉》云：‘所以登堂之道也。’”（201•1）

阼，辞故反。《儀礼》：“立于阼階。”鄭玄曰：“阼猶酢，車［東］階，所以荅酢賔客也。”《説文》：“主階。”

《儀禮・士冠禮》：“主人玄端爵韠，立于阼階下，直東序西面。”鄭玄注：“阼猶酢也。東階，所以荅酢賔客也。”《説文》：“阼，主階也。从𨸏，乍聲。”《名義》：“阼，辞故反。酢也，主階也。”

陔，古臺反。《史記》：“泰一壇，〈壇〉三陔。”徐廣〈曰〉：“階次也。”蘓林曰：“陔，重。”《聲類》：“陔，隴也。”《毛詩序》：“《南陔》，孝子相戒以養也。”或為垓字，〈在〉土部也。①

《説文》：“陔，階次也。从𨸏，亥聲。”《史記・孝武本紀》：“令祠官寬舒等具泰一祠壇，壇放薄忌泰一壇，壇三垓。”裴駰集解引徐廣曰：“垓，次也。”又引李

① 《名義》：“垓，柯臺反。數也，是［垦］也，該也。”

奇曰：“垓，重也。三重壇也。”[①]《文選·束皙〈補亡詩〉》：“《南陔》，孝子相戒以養也。”李善注：“《毛詩序》曰：‘有其義而亡其辭。’子夏序曰：‘南陔廢則孝友缺矣。’《聲類》曰：‘陔，隴也。’”《詩經·小雅·鹿鳴之什·序》：“《南陔》，孝子相戒以養也。”《名義》：“陔，古臺反。次也，重也，隴也。”“臺”，俗“臺”字。

陛，蒲礼反。《說文》：“升高陛也。”野王案：天子之階也。《晏子春秋》：“𢁙［梟］當階［陛］也有［布］翼。”《吕氏春秋》：“臣請伏拎陛下。”當兩階之間是也。蔡雍《獨断》曰：“陳兵拎陛以戒不虞。群臣与至尊言不指斥，故呼陛下者告之。”野王案：《史記》“今陸［陛］下興義兵，誅殘賤［賊］”是也。

《晏子春秋·內篇雜下》：“鴞當陛布翌，伏地而死。”《說文》：“陛，升高階也。从𨸏，坒聲。”《吕氏春秋·制樂》：“臣請伏於陛下以伺候之。”《獨斷》卷上：“陛下者，陛，階也，所由升堂也。天子必有近臣，執兵陳於陛側以戒不虞。謂之陛下者，群臣與天子言，不敢指斥天子，故呼在陛下者而告之，因卑達尊之意也。”《史記·秦始皇本紀》：“今陛下興義兵，誅殘賊，平定天下，海內為郡縣，法令由一統。”[②]《名義》：“陛，蒲礼反。天子階。”《類聚名義抄》：“牀陛，《玉》云：‘天子之階也。’”（201•3）

隙，丘戟反。《左氏傳》：“皆拎農隙。”杜預［預］曰：“隙，閑也。”野王案：謂閑暇。《国語》“四時之隙”是。又曰：“墙［墻］之隙壞，誹［誰］之咎也。”野王案：隙猶𥥛［穿］穴也。《史記》“白駒過隙”是也。《国謂［語］》曰：“上下无隙。”賈逵曰：“隙，舋也。”《史記》：“樂𣪊［毅］与燕王有隙。”野王案：隙猶間也。間（也）隙，所以為有怨憾也。《說文》：“隙，壁（隥）際。”[③]《廣

---

① 《史記·司馬相如列傳》：“上暢九垓，下泝八埏。”裴駰集解引《漢書音義》曰：“垓，重也。”《漢書·司馬相如傳下》：“上暢九垓，下泝八埏。”顏師古注引服虔曰：“垓，重也。”據顏師古《漢書敘例》：“《漢書》舊無注解，唯服虔、應劭等各為音義。”對照《史記》《漢書》，裴駰所引《漢書音義》，當為服虔所作。蘇林亦著有《漢書音義》。《三國志·蜀志·李严傳》：“豐官至朱提太守。”裴松之注引蘇林《漢書音義》曰：“朱音銖；提音如北方人名匕曰提也。”顧氏蓋誤以服虔《漢書音義》為蘇林《漢書音義》，故有“蘓林曰：‘陔，重。’”。

② 裴駰集解引蔡邕曰：“陛，階也，所由升堂也。天子必有近臣立於陛側以戒不虞。謂之陛下者，群臣與天子言，不敢指斥，故呼在陛下者與之言，因卑達尊之意也。上書亦如之。”此蓋即《獨斷》文。

③ 《殘卷》於“隥”字旁注刪節符“ㄟ”，當刪。

雅》："隟，裂也。"

《左傳·隱公五年》："故春蒐，夏苗，秋獮，冬狩，皆於農隙以講事也。"杜預注："各隨時事之間。"孔穎達疏："隙訓間也。""間"同"閒"，即"閑"字。《國語·楚語上》："官寮之暇於是乎臨之，四時之隙於是乎成之。"韋昭注："隙，空閒時也。"《左傳·昭公元年》："牆之隙壞，誰之咎也？"《慧琳音義》卷三一《大乘入楞伽經》卷七音義："孔隙，卿逆反。顧野王云：'隙猶穿穴也。'《廣雅》：'裂也。'《史記》云：'若白駒之過隙也。'《説文》：'壁際孔也。從阜，從𡭴，𡭴亦聲。'𡭴音同上，從二小，從白。經從巢作隟，非也。"吕校本"穿穴"作"冢穴"。按：《殘卷·冎部》"𣦸"字條"穿"作"穷"，《龍龕·穴部》"穿"作"家"，均與"冢"形近。

《史記·魏豹列傳》："豹謝曰：'人生一世間，如白駒過隙耳。'"司馬貞索隱："《莊子》云'無異騏驥之馳過隙'，則謂馬也。小顏云：'白駒謂日影也。隙，壁隙也。'以言速疾，若日影過壁隙也。"《國語·周語中》："若承命不違，守業不懈，寬於死而遠於憂，則可以上下無隙矣。"韋昭注："隙，瑕釁也。"吕校本引賈逵注作"瑕璺也"，蓋據韋注。《慧琳音義》卷二《大般若波羅蜜多經》卷一百音義："空隙，鄉[卿]逆反。《廣雅》：'隙，裂也。'賈注《國語》云：'璺也。'《説文》：'壁際小孔也。'從阜，從白，上下從小。經從巢作隟，非也。"又卷八一《三寶感通傳》下卷音義："構隙，下卿逆反。賈逵注《國語》云：'隙猶璺也。'顧野王云：'隙，因間隙所為有怨憾也。'"據此，則賈注本作"璺也"，不必補"瑕"字。《史記·樂毅列傳》："聞樂毅與燕新王有隙，欲連兵且留齊，南面而王齊。"《説文》："隙，壁際孔也。从𨸏，从𡭴，𡭴亦聲。"《廣雅·釋詁二》："隙，裂也。"《名義》："隙，丘戟反。間也，壁也，際也，裂也。"吕氏校釋："'壁也，際也'當作'壁際也'。"

陾，耳升反。《毛詩》："捄之陾陾。"傳曰："陾陾，衆也。"《説文》："築𤖅聲也。"

《詩經·大雅·緜》："捄之陾陾，度之薨薨。"毛傳："陾陾，衆也。"陸德明音義："陾，耳升反，又如之反。《説文》云：'築牆聲也。'音而。"《説文》："陾，築牆聲也。从𨸏，耎聲。《詩》云：捄之陾陾。"《名義》："陾，耳升反。築聲。"吕氏校釋："《殘卷》引《説文》作'築牆聲也'。《名義》脱'牆'字。"

際，子例反。《謂記［論語］》：“唐虞之祭［際］，扵斯為美。”孔安国曰：“際，交會之間也。”《左氏傳》：“尓未際。”杜預曰：“際，接。”野王案：此謂賔客交接也。《尓雅》：“際，捷。”郭璞曰：“捷謂接續。”《説文》：“壁會。”《廣雅》：“際，合也，方也。”

吕校本“謂記”改為“禮記”，“孔安國”改為“鄭玄”。按：《禮記》及鄭玄注未見相關內容。《論語·泰伯》：“唐虞之際，於斯為盛。”何晏集解引孔安國曰：“際者，堯舜交會之間。”《左傳·昭公四年》：“叔孫爲孟鍾曰：‘爾未際。’”杜預注：“際，接也。孟朱與諸大夫相接見。”《爾雅·釋詁下》：“際，捷也。”郭璞注：“捷謂相接續也。”《説文》：“際，壁會也。从𨸏，祭聲。”《廣雅·釋詁二》：“際，合也。”《廣雅·釋詁四》：“際，方也。”《慧琳音義》卷十二《大寶積經》卷二十音義：“涯際，下音祭。《廣雅》：‘際，合也，方也。’杜注《左傳》云：‘接也。’《考聲》云：‘畔也，界也。’《説文》：‘會也。’”《名義》：“際，子列［例］反。接也，合也，方也。”

陭［陪］，蒲杯反。《周礼》：“行即陪驂［乘］。”鄭玄曰：“陪乘，驂乘，謂車石［右］。”《毛詩》：“无陪〈无〉卿。”傳曰：“陪貳。”《左氏傳》：“陪臣敢在下風。”杜預曰：“諸侯之臣曰陪臣。”又曰：“飡［飧］有陪鼾［鼎］。”杜頇［預］曰：“陪，加也。”又曰：“亡鄭陪隣。”杜預曰：“陪，益也。”《国語》：“五物之官陪属万（方）。”賈逵曰：“陪，助也。”《論語》：“〈陪臣〉執国命。”馬融曰：“〈陪，重也。”《礼記》：“執兵而〉陪其後。”野王案：陪猶隨。又曰：“墳墓不陪，苴蘘［蓑］不補。”鄭玄〈曰〉：“陪、補猶治也。”〈又曰〉：“列国之大夫自稱曰陪臣其［某］。”《尓雅》：“陪，朝也。”郭璞曰：“陪位為朝也。”

《説文》：“陪，重土也。一曰：滿也。从𨸏，咅聲。”《周禮·夏官·齊右》：“齊右掌祭祀、會同、賔客前齊車，王乘則持馬，行則陪乘。”鄭玄注：“陪乘，参乘，謂車右也。”《詩經·大雅·蕩》：“爾德不明，以無陪無卿。”毛傳：“無陪貳也。”陸德明音義：“陪，本又作培，蒲回反。”《左傳·僖公十二年》：“若節春秋來承王命，何以禮焉？陪臣敢辭。”杜預注：“諸侯之臣曰陪臣。”《左傳·僖公十五年》：“皇天后土，實聞君之言。群臣敢在下風。”《殘卷》蓋誤合二者。《左傳·昭公五年》：“宴有好貨，飱［飧］有陪鼎。”杜預注：“陪，加也。加鼎，所以厚殷勤。”《左傳·僖公三十年》："焉用亡鄭以倍鄰？[1]鄰之厚，君之薄也。"杜預注："陪，益也。"《國語·楚語下》："五物之官陪屬萬，為萬官。"韋昭注："臣之臣為陪。"《論語·季氏》："陽虎所囚陪臣執國命三世，希不失矣。"何晏集解引馬曰："陪，重也，謂家臣也。"《文選·潘岳〈河陽縣作〉》："猥荷公叔舉，連陪廁王寮。"李善注："《論語》……又曰：'陪臣執國命。'馬融曰：'陪，重也，謂家臣也。'"均與《殘卷》所引異。《殘卷》此處當有脱文。《禮記·檀弓》："主人能，則執兵而陪其後。""陪其後"即随其後，故"野王案：陪猶隨"。且此下"又曰"後為《禮記》文，足證此前當有《禮記》。《禮記·喪服四制》："喪不過三年，苴衰不補，墳墓不培。"鄭玄注："補、培猶治也。"《殘卷》"蘘"當為"蓑"之形近而訛。《禮記·曲禮》："列國之大夫，入天子之國曰某士，自稱曰陪臣某。"鄭玄注："陪，重也。"《爾雅·釋言》："陪，朝也。"郭璞注："陪位爲朝。"《名義》："陪，蒲林反。貳也，加也，益也，助也，随也，朝也。"吕氏校釋："當作'蒲杯反'。"《類聚名義抄》："陪陼，《玉》云：'貳也，諸侯之臣曰陪〈臣〉也，加也，益也，助也，陪猶阝[隨]也，陪、補猶治也，朝也，陪位為朝也。'"（202•6）

隊[隊]，徐[除]變[兖]反。《說文》："道邊卑垣也。"

《説文》："隊，道邊庳垣也。从𨸏，彖聲。"《名義》："隊，徐[除]變[兖]反。道邊卑垣也。"按：《殘卷》《名義》"徐變反"當作"除兖反"。[2]《龍龕》："隊，持兖反，道邊埤也。"反切下字亦作"兖"。

陴，避支反。《左氏傳》："守陴者皆哭。"杜預曰："城上亻[俾]倪也。"《說文》："城上女垣也。"籒文為𩏽[鞞]字，在𩫏部也。[3]

吕校本引《左氏傳》，"亻"録作"人"，改為"僻"。《左傳·宣公十二年》："國人大臨，守陴者皆哭。"杜預注："陴，城上俾倪。"《慧琳音義》卷九五《弘明集》

---

① 阮元挍勘記："石經、宋本、淳熙本、岳本、足利本'倍'作'陪'，宋本《釋文》亦作陪。案：錢大昕云：'从自爲正。'"
② 《廣雅·釋室》："隊，垣也。"曹憲音"篆"。《玉篇》："埭，除兖切。"《集韻·獮韻》"篆""隊""埭"同屬"杜兖切"小韻。《名義·儿部》"兖"字字頭作"𠑽"，與"變"形近。
③ 《名義》："鞞，毗離反。女垣也。"

卷一音義："哀陴，婢弥反。《左傳》云：'守陴者皆哭。'杜云：'城上埤堄也。'《説文》：'城上垣陴倪也，從阝，卑聲。'籀文作𩫨。""俾倪""埤堄"音義同。《説文》："陴，城上女牆俾倪也。从𨸏，卑聲。𩫨，籀文陴从𩫖。"《名義》："陴，避支反。垣。"吕氏校釋："《殘卷》引《説文》作'城上女垣也'。"

隍，胡光反。《周易》："城湞于隍。"《説文》："城池。有水曰池，无水曰隍。"《尔雅》："隍，虚也。"又曰："隍，壍［壑］也。"郭璞曰："空即為壍［壑］也。"《蒼頡篇》："城下（坑）坑也。"①

《周易·泰》："上六，城復于隍。"王弼注："泰道將滅，上下不交，卑不上承，尊不下施，是故城復于隍，卑道崩也。"《説文》："隍，城池也。有水曰池，無水曰隍。从𨸏，皇聲。《易》曰：城復于隍。"《爾雅·釋詁下》："隍，虚也。"郭璞注："隍，城池無水者。"《爾雅·釋言》："隍，壑也。"郭璞注："城池空者爲壑。"《詩經·大雅·韓奕》："實墉實壑，實畝實藉。"孔穎達疏："《釋言》云：'隍，壑也。'舍人曰：'隍，城池也。壑，溝也。'李巡曰：'隍，城池壑也。'《易·泰卦》：'上六，城復于隍。'注亦云：'隍，壑也。'"《玄應音義》卷二一《大菩薩藏經》卷五音義："隍池，胡光反。《蒼頡篇》：'隍，城下坑也。'《説文》：'城池有水曰池，無水曰隍。'"《慧琳音義》卷三二《彌勒下生成佛經》音義："隍壍，上穫光反。《爾雅》云：'隍，虚也。'《蒼頡篇》云：'隍，城下坑也。'《説文》：'城池。有水曰池，無水曰隍也。從𨸏，皇聲。'"又卷五三《起世因本經》卷八音義："城隍，音皇。《爾疋》云：'隍，虚也。'《説文》云：'隍，城池也。有水曰池，無水曰隍。《易》云：城之復于隍也。從阝，皇聲。'"《名義》："隍，胡光反。虚也。"吕氏校釋："《殘卷》引《爾雅》作'虚也'。"

陆，斯［欺］扵反。《上林賦》："河江［江河］為陆。"② 郭璞曰："回山谷遮禽獸曰陆。"《漢書》："合陆扵天地神祇。"《音義》曰："陆，開也。合，閇也。"《說文》："依山谷為馬牛国［圉］。"《字書》或〈為〉笑字，在竹部也。③

① 《殘卷》當作"城下坑也"，"坑"字有删節符，當删。
② 《殘卷》於"河江"之右側標注乙字符"乚"，當作"江河"。《文選·司馬相如〈上林賦〉》："河江為陆，泰山為櫓。"李善注引郭璞曰："因山谷遮禽獸為陆。"亦作"河江"。
③ 《名義》："笑，丘扵反。陆字。開也。"

《漢書・司馬相如傳上》："江河為阹，泰山為櫓。"顏師古注引蘇林曰："阹，獵者圜陳遮禽獸也。"又引郭璞曰："因山谷遮禽獸為阹。"《漢書・兒寬傳》："以為封禪告成，合祛於天地神祇。"顏師古注引李奇曰："祛，開散。合，閉也。"《漢書・揚雄傳上》："近則洪厓旁皇，儲胥弩阹。"蕭該《音義》引《三蒼》曰："因山谷為牛馬圂謂之阹。音祛。"《説文》："阹，依山谷爲牛馬圈也。从𨸏，去聲。"《殘卷》"囗"字，吕校本徑録作"圈"，蓋據今本《説文》。《名義》："阹，欺扵反。開也。"

陲，時覣反。《説文》："陲，危也。"

《説文》："陲，危也。从𨸏，垂聲。"《名義》："陲，持覣反。危也。"

隖，扵古反。《説文》："小障。一曰：庳城也。"

《説文》："隖，小障也。一曰：庳城也。从𨸏，烏聲。"《太平御覽》卷三三一引《字林》曰："塢，小障。一曰：小城。字或作塢。"[①]《名義》："隖，扵古反。小障也。"

陖［院］，禹官反。《淮南》："若陖［院］之見風，无須臾之間定矣。"詩［許］⽊重曰："陖［院］，侯［候］風羽也。楚人謂之五兩。"《説文》："陖［院］，堅也。"《尔雅》或為寏字，寏，周垣也，在宀部。[②]候風羽或為綄［綄］字，在糸部。[③]

《説文》："院，堅也。从𨸏，完聲。"《殘卷》："綄［綄］，胡管反。……又音胡官反。《淮南》：'若綄之見風，无須臾之間定矣。'評［許］⽊重曰：'候風羽也，楚人謂之五两也。'或為院字，在阜部。"《淮南子・齊俗》："辟若俔之見風也，無須臾之間定矣。"高誘注："俔，候風雨也，世所謂五雨［兩］者也。"《文選・郭璞〈江賦〉》："爾乃督氛紛祲于清，覘五兩之動静。"李善注："《兵書》曰：'凡候風法，

① "字或作塢"似當作"字或作隖"。史炤《資治通鑑釋文》卷五："塢候，於古切。《字林》：'塢，小障也。或作隖。'"
② 《名義》："寏，胡官反。垣也。院字。"
③ 《名義》："綄，胡官反。練繊。"

以鷄羽重八兩，建五丈旗，取羽系其巔，立軍營中。’許慎《淮南子注》曰：‘綄，候風也，楚人謂之五兩也。’”《名義》：“院，禹官反。堅也。”

陙，時均反。《説文》：“小阜也。”

《説文》：“陙，水𠂤也。从𠂤，辰聲。”《名義》：“陙，時均反。小阜也。”

陯，力均［均］、力昆二反。《説文》：“山阜陷也。”野王案：此亦淪字也。淪，沒也，變［率］也，在水部也。[①]

《説文》：“陯，山𠂤陷也。从𠂤，侖聲。”《慧琳音義》卷五一《手杖論》音義：“沈淪，下律脣反。孔注《尚書》：‘淪，没也。’《廣雅》：‘漬也。’《尒雅》：‘小波爲淪。’《説文》亦作陯。”《名義》：“陯，力昆反。沒也，變也。”吕氏校釋：“‘變’字原訛。‘沒也，變也’為‘淪’字義。”△按：“變”字原作“[illegible]”，當是“率”字，吕校本誤作“變”字。《名義·鳥部》“鶆”作“[illegible]”，其左旁與“[illegible]”形近。《詩經·小雅·雨無正》：“若此無罪，淪胥以鋪。”毛傳：“淪，率也。”

阠，所陳、酢陳二反。《尒雅》：“八陵：東陵曰阠也。”

《爾雅·釋地》：“東陵阠，南陵息慎，西陵威夷，中陵朱滕，北陵西隃鴈門是也。陵莫大於加陵，梁莫大於溴梁，墳莫大於河墳。八陵。”《名義》：“阠，所陳反。八陵名。”吕氏校釋：“《殘卷》作‘《爾雅》：“八陵，東陵曰阠也。”’。”按：《名義》誤。

陪，烏感反。《尒雅》：“陪，闇也。”郭璞曰：“陪陪然冥皀也。”野王案：此亦晻字也，在日部也。[②]

---

① 《名義》：“淪，力均反。率也，小波也。”
② 《名義》：“晻，於感反。不明也，冥也。”

《爾雅·釋言》："陪，闇也。"郭璞注："陪然，冥貌。"《玄應音義》卷十二《義足經》卷下音義："晻忽，古文晻、陪二形，今作暗，同，於感反。《說文》：'晻，不明也。'《廣疋》：'晻晻，暗也。''晻，冥也。'"《名義》："陪，烏咸［感］反。闇也。"

隆，力弓反。《尔雅》："山宛中，隆。"郭璞曰："中央高也。"《礼記》："樂之隆，非極音也。"鄭玄曰："隆猶盛也。"又曰："班禽隆諸長者。"鄭玄曰："隆猶多也。"《字書》："今㚅［隆］字也。"㚅［隆］，豐大也，在圭［生］部。[1] 皷〈聲〉為鼕字，在皷部。[2]

《爾雅·釋山》："宛中，隆。"郭璞注："山中央高。"《禮記·樂記》："是故樂之隆，非極音也；食饗之禮，非致味也。"鄭玄注："隆猶盛也。"《禮記·祭義》："古之道，五十不為甸徒，頒禽隆諸長者，而弟達乎獀狩矣。"鄭玄注："隆猶多也。"《慧琳音義》卷九四《續高僧傳》卷二十音義："窊隆，下陸沖反。《說文》：'隆，豐大也。從夅［降］，從土。'""生"亦作"土"，其誤與《殘卷》同。吕校本引《字書》"隆"作"㙗"。按："㙗"字不見於《名義》及其他字書。《名義》："隆，力弓反。多也，豐大也。"《類聚名義抄》："絶隆，《玉》云：'力弓反。然［多］也，高也。'"（204•7）

陀，徒何反。《考工記》："輪已原［庳］，即烏［馬］終古登陀。"〈鄭玄曰〉："阪也。"《楚辞》："文異豹餙（食）侍陂陀。"王逸曰："陂陀，長陛也。或曰：侍從君遊陂陀之中也。"《子虛賦》："罷池陂陀，下属江河。"野王案：陂〈陀〉猶靡迆［池］也。《廣雅》："陂陀，阻險也。"《字書》："陂陀，不平也。"

《周禮·考工記·序》："輪已崇，則人不能登也；輪已庳，則於馬終古登阤也。"鄭玄注："阤，阪也。"《楚辭·招魂》："文異豹飾，侍陂陁些。"王逸注："陂陁，長陛也。言侍從之人皆衣虎豹之文、異采之飾，侍君堂隅衞階陛也。或曰：侍陂池，謂侍從於君遊陂池之中，赫然光華也。"《漢書·司馬相如傳上》："罷池陂陁，下屬江河。"顔師古注引郭璞曰："言旁穨也。"《廣雅·釋邱》："陖陕、阻、陂阤，險也。"

① 《說文》："隆，豐大也。从生，降聲。"《名義》："隆，生力［力中］反。豐大。"
② 《說文》："鼕，鼓聲也。从鼓，隆聲。"《名義》："鼕，力弓反（反）。"

疑顧氏所據本作“陙陝、陂阤，阻險也”。《殘卷》“陙”字下引《廣雅》作“陙夷，阻險也”。《爾雅·釋地》：“陂者曰阪。”郭璞注：“陂陀，不平。”《名義》：“陀，徒阿反。長陛也，靡迆也。”吕氏校釋：“《殘卷》作‘王逸曰：“陂陀，長陛也。”……野王案，陂〈陀〉猶靡迆也’。《名義》當從改。”△按：“靡迆”不誤。《廣雅·釋詁二》：“迤，衺也。”王念孫疏證：“《禹貢》：‘東迆北會于匯。’馬融注云：‘迆，靡也。’……《玉藻》：‘疾趨則欲發而手足毋移。’鄭注云：‘移之言靡迆也。毋移，欲其直且正。’”今本《玉篇》：“陂，……又普何切，陂陀，靡迤也。”字亦作“靡迤”。《殘卷》當據改。《類聚名義抄》：“陁，《玉》云：‘徒阿反。長陛也，靡（也）迆也。’”（186•5）

陞，始繩反。《蒼頡篇》：“陞，上也。”《廣雅》：“陞，進也。”《聲類》今升字，在升［斗］部。①

《廣雅·釋詁二》：“陞，進也。”《慧琳音義》卷三九《不空羂索經》卷十五音義：“陞座，上識烝反。《蒼頡篇》云：‘陞，上也。’《廣雅》：‘進也。’《古今正字》：‘從阜，從土，升聲也。’”《名義》：“陞，奴［始］繩反。上也，進也。”吕氏校釋：“‘奴繩反’當從《殘卷》作‘始繩反’。”

陎，丁戈〈反〉。《蒼頡篇》：“小（雅）帷［堆］也，封保也。”《字指》：“陎，臺也。”

《殘卷》“小雅帷也”當作“小堆也”，吕校本作“小堆，崖也”。《玄應音義》卷十五《十誦律》卷四七音義：“土陎，徒果反。《字林》：‘小堆也。’吴人謂積土爲陎，字體從阜。”王仁昫《刊謬補缺切韻·歌韻》（P.2011）：“陎，丁戈反，又丁果反。小堆。亦作埵、垛。”《殘卷》“封保也”未詳，吕校本作“封陎也”。《禮記·樂記》：“武王克殷反商，……封王子比干之墓，釋箕子之囚，使之行商容而復其位。”鄭玄注：“積土為封。”與“積土爲陎”義正相同。“保”蓋“堡”之古字。《玄應音義》卷二十《佛本行讚經》卷五音義：“堡聚，補道反。《聲類》：‘高土也。’《廣雅》：‘堡，隄也。’”積土則高，故“高土”與“積土”義亦相承。“臺”即“臺”。《淮南子·本經》：“高

① 《名義》：“升，舒烝反。十合也，居也，成也，躋也，短也。”

築城郭，設樹險阻，崇臺榭之隆，侈苑囿之大，以窮要妙之望。”高誘注：“積土高丈曰臺。”《名義》：“隖，丁戈反。小堆也。”

𨻶，都館反。《埤蒼》：“晉大夫子𨻶也。”《字書》亦碫字也。碫，石可以為鍛質者，在石部。①

《左傳・襄公二十六年》：“鄭七穆，罕氏其後亡者也。”陸德明音義：“子石，公孫段豐氏也。”《殘卷》：“礙［碫］，都段反。《毛詩》：‘取厲取礙［碫］。’傳曰：‘礙［碫］，石也。’戔云：‘可［所］以為𨻶質也。’②《說文》：‘《春秋》：鄭公孫礙［碫］字石。’或為𨻶字，在阜部也。”《名義》：“𨻶，都館反。礙［碫］字。”吕氏校釋：“‘礙字’當作‘碫字’。”

䧚，呼家［嫁］反。《說文》亦罅字（字）也。罅，裂也，在缶部。③亦為墟字，在圡部。④

《說文》：“墟，㙺也。从土，虖聲。䧚，墟或从𠂤。”《名義》：“䧚，呼家反。裂也。”

《殘卷》《名義》“呼家反”當作“呼嫁反”。

阾，里井反。《字書》：“阾，阪反［也］。”今亦為嶺字，在山部。⑤

《殘卷》：“嶺，力井〈反〉。《廣雅》：‘嶺，陵也。’野王案：《漢書》‘絶梓嶺’、西城［域］有（有葱）葱嶺是也。《字書》為阾字，在阜部。”《名義》：“阾，里井反。

---

① 《名義》：“碫，都段反。石也。”
② 《詩經・大雅・公劉》：“涉渭為亂，取厲取鍛。”毛傳：“鍛，石也。”鄭玄箋：“鍛石，所以為鍛質也。”陸德明音義：“鍛，本又作碫，丁亂反。鍛，石也。《說文》云：‘碫，厲石。’《字林》：‘大喚反。’”
③ 《說文》：“罅，裂也。从缶，虖聲。缶燒善裂也。”《名義》：“罅，呼嫁反。裂武［缶］也。”
④ 《名義》：“墟，呼嫁反。裂也。”
⑤ 《名義》：“嶺，力井反。陵也。”

阪也。”

阡，且回反。《史記》：“秦考［孝］公壞井田，開阡陌。”《風俗通》：“南北曰阡。”《字書》：“阡陌也。”《蒼頡篇》谸［䢩］字，在谷部。[①] 或為圲［阡］字，在土部也。[②]

《漢書·食貨志上》：“及秦孝公用商君，壞井田，開仟伯。”顏師古注：“仟伯，田間之道也。南北曰仟，東西曰伯。伯音莫白反。”《史記·秦本紀》：“四十一縣，為田開阡陌。”司馬貞索隱：“《風俗通》曰：‘南北曰阡，東西曰陌。’河東以東西為阡，南北為陌。”《玄應音義》卷十九《佛本行集經》卷七音義：“阡陌，且田反。《風俗通》曰：‘南北曰阡，東西爲陌。’《廣雅》：‘陌，道也。’《史記》：‘秦孝公壞井田，開阡陌也。’”《玉篇》：“阡，青田切，阡陌也，道也，南北曰阡，東西曰陌。或作谸、阡。”《名義》：“阡，且回反。陌也。”吕氏校釋：“《玉篇》作‘青田切’。”按：《殘卷》《名義》均當作“且田反”。

隇，扵歸反。《廣雅》：“隇夷，阻險也。”《字指》：“隇夷，深邃。”

《廣雅·釋邱》：“隇陝、阻、陂阤，險也。”疑顧氏所據本作“隇陝，陂阤，阻險也”。《殘卷》“陀”字下引《廣雅》作“陂陀，阻險也”。《文選·潘岳〈西征賦〉》：“登崤阪之威夷，仰崇嶺之嵯峨。”李善注：“《韓詩》曰：‘周道威夷。’薛君曰：‘威夷，險也。’”王仁昫《刊謬補缺切韻·微韻》（P.2011）：“威，於非反。……隇，隇陝，難危。”“威夷”與“隇陝”“隇夷”音義同。《名義》：“隇，扵歸反。阻險也。”

墉，餘鍾反。《字書》或墉字也。墉，城也，庸［𢉣］，在土部。[③] 或為田［庸］

---

① 《名義》：“䢩，且見反。阡字。遥望未分。”
② 《名義》：“阡，且田反。䢩陌也，仟也。”
③ 《名義》：“墉，餘鍾反。𢉣也。”

字，在田［用］部。[①]

《玄應音義》卷十九《佛本行集經》卷十五音義："墉堞，又作隲、牗二形，同，餘鍾反。《尒雅》：'牆［牆］謂之墉。'[②]城亦謂之墉。《詩》云'以伐崇墉'是也。"《名義》："隲，餘鍾反。城也，廧也。"吕氏校釋："《玉篇》作'城牆也'。《名義》'城也，廧也'當作'城廧也'。"按：《名義》"城也，廧也"不誤。"隲"或作"墉"。《詩經·大雅·皇矣》："以爾鉤援，與爾臨衝，以伐崇墉。"毛傳："墉，城也。"《詩經·召南·行露》："誰謂鼠無牙，何以穿我墉？"毛傳："墉，牆也。"

陚，胡逼反。《字書》古文域字也。域，封界也，營域也，在土部。[③]或為畩字，在田部。[④]

《龍龕》："陚，古文域字。"《名義》："陚，胡逼反。界也。"

隵，充陥反。《廣雅》："隵，陥也。"

《廣雅·釋詁四》："隵，陥也。"《名義》："隵，充陥反。陥也。"

隟［隟］，補木反。《左氏傳》："吴隟［隟］有釁。"杜預曰："隟［隟］在（日）南，今（書）建平郡有隟［隟］夷。"野王案：《尚書》"黴［微］、盧、彭、僕［隟］"是也。今隟字為〈濮〉，在水部也。[⑤]

《左傳·昭公元年》："吴濮有釁，楚之執事，豈其顧盟？"杜預注："吴在東，濮在南，

---

① 《名義》："庸，余鍾反。和也，功也，易也，常也，次也，能也。"《詩經·大雅·崧高》："因是謝人，以作爾庸。"毛傳："庸，城也。"陸德明音義："本亦作墉，音容。"吕校本作"邕"。按："邕"與"隲"音義俱異。
② 《爾雅·釋宫》："牆謂之墉。"
③ 《名義》："域，為逼反。居也，邦也。"
④ 《名義》："畩，胡逼反。城［域］字。"
⑤ 《名義》："濮，補禄反。"

今建寧郡南有濮夷。”《尚書·牧誓》：“及庸、蜀、羌、髳、微、盧、彭、濮人。”孔安國傳：“庸、濮在江漢之南。”《名義》：“𨺗［𨻐］，補木反。濮字。”

𨹹，大加反。《字書》：“𨹹，丘也。”

裴務齊正字本《刊謬補缺切韻·麻韻》：“荼，宅加反。……𨹹，丘。”《玉篇》：“𨹹，丈加切，丘也。”《名義》：“𨹹，大加反。丘也。”

《殘卷》《名義》“大加反”似當作“丈加反”，吕校本徑作“丈加反”。

𨼨，徒郎反。《字書》或堂，殿也，明也，盛也，在圡部。①

王仁昫《刊謬補缺切韻·唐韻》（P.2011）：“唐，徒郎反。……𨼨，殿。”《説文》：“堂，殿也。从土，尚聲。𡊽，古文堂。𩫖，籀文堂从高省。”《廣雅·釋詁四》：“堂，明也。”《文選·揚雄〈劇秦美新〉》：“况堂堂有新，正丁厥時。”李善注：“堂堂，盛也。”《玉篇》：“𨼨，徒郎切，今作堂。”《名義》：“𨼨，徒郎反。殿也，明也，盛也。”

隝，都晈、都道二反。《聲類》古文島字也。島，海中可居者，在山部。②

《慧琳音義》卷三六《毗盧遮那如來要略念誦法》卷上音義：“渚島，下刀老反。《説文》云：‘海中有山可依止曰島。從山，鳥聲。’或作嶋，亦作隝也。”《殘卷》：“島，都晈、都道二反。……古文為隝字，〈在〉阜部也。”《名義》：“隝，都道反。島字。”吕氏校釋：“‘島’字原誤。”按：“島”字原誤作“𫝀”。

𨽉，《聲類》亦古文島字也。

---

① 《名義》：“堂，達當反。殿也。𩫖，又作，殿也。𡊽，堂文。”
② 《名義》：“島，都道反，都晈反。到也。”

《集韻·晧韻》："㠀，《説文》：'海中往往有山可依止曰㠀。'或从阜，亦作嶹、隝，亦書作嶋，古作鳥。"《文選·西京賦》（P.2528）："長風激於别島，起洪濤而揚波。"注："水中之洲曰隝。"正文本作"隝"，被塗抹改成"島"。《名義》："隝，古嶋字。"吕氏校釋："隝、嶋、隖、島同字。"

阧，辞旅反。《字書》〈古〉文序字也。序，東西廂學名，在广［广］部也。[①]

《殘卷》："序，徐舉反。……古文為防［阧］字，〈在〉阜部也。"《玉篇》："阧，辭旅切，今作序。"《名義》："阧，辞旅反。序字。"

《殘卷》"阧"字後本有"䧖""㻛"二字頭，後文重出，此處均旁注删節符，故徑删不録。

（䧖，胡犬反。《蒼頡篇》："䧖，阬也。"）

（㻛，似林反。《蒼頡篇》："小阜，在三輔也。"）

𨽥，魚刧反。《蒼頡篇》："𨽥，𢈪［險］也，之［幺］危也。"野王案：今並為業字，在〈丵〉部。[②]

《詩經·商頌·長發》："昔在中葉，有震且業。"毛傳："業，危也。"《名義》："𨽥，奐刧反。𢈪也，危也。"吕氏校釋："'𢈪'當作'險'。"按：此説可從。《玉篇》："𨽥，魚刼切，險也，危也。今作業。"

䧖，胡犬反。《蒼頡篇》："䧖，阬也。"

《名義》："䧖，故犬反。陥阬也。"吕氏校釋："《殘卷》作'胡犬反'。"吕校本"阬"徑改作"坑"。按："阬"同"坑"。《名義》"陥阬也"或别有所據。《廣雅·釋水》："䧖，……臽，坑也。"王念孫疏證："䧖，各本譌作涓。《玉篇》：'䧖，乎犬切。坑也。'《廣

---

① 《名義》："序，徐舉反。舒，學也，射也。"

② 《名義》："業，奐刧反。危懼，次也，取也，大也，盛也，绪也，始，舍也，叙也，高大也，嚴也，敬也。"

韻》同。《集韻》《類篇》竝引《廣雅》：‘隕，坑也。’今據以訂正。”

隔，似林反。《蒼頡篇》：“小阜，在三輔也。”

王仁昫《刊謬補缺切韻·侵韻》（P.2011）：“隔，小堆阜，在三輔。”《名義》：“隔，似林反。小阜也。”

阽，他坫反。《蒼頡篇》：“亭也，在鄭。”《聲類》：“阽亭，在京兆。”

王仁昫《刊謬補缺切韻·桥韻》（P.2011）：“桥，他念反。……阽，亭名，在京兆。”又《忝韵》：“淰，乃簟反。……阽，亭名，在鄭。”據此，則此字兩音兩義，顧氏或有誤。《名義》：“阽，他坫反。亭。”

陕，普逼反。《蒼頡篇》：“巩［陕］，地裂也。”《字書》亦〈𨺅〉字也，在〈𨸏𨸏〉部也。

“陕”字從阜夬聲，“普逼反”之音頗為可疑。《集韻·職韻》：“陕，地裂謂之陕。或作隔。”“普逼反”當為“隔”字之音。

《説文》：“𨺅，𨸏突也。从𨸏𨸏，决省聲。”大徐本音“於决切”。《殘卷》：“[illegible]［𨺅］，所顗反。《説文》：‘皁[illegible]［突］也。’”《殘卷》“所顗反”之音亦可疑。《玉篇》：“𨺅，所巢切。皁突也。”蓋“𨺅”訛作“𨺅”，故有“所巢切”“所顗反”之音。

《名義》：“陕，普逼反。巩，地裂也。”吕氏校釋：“‘巩’未詳，疑當作‘圮’。”按：《殘卷》“巩”、《名義》“巩”皆當作“陕”。

陠，普胡反。《廣雅》：“陠，衺也。”

《廣雅·釋詁二》：“陠，衺也。”曹憲音“布乎”。王仁昫《刊謬補缺切韻·模韻》（P.2011）：“稗，普胡反。……陠，衺。”《玉篇》：“陠，普胡切，哀也。”《名義》：

“陠，普胡反。裂也。”

“衺”字《殘卷》本誤拆為“豕衣”。《名義》“裂”、《玉篇》“哀”皆當作“衺”。

陏，徒當反。《毛詩》：“中唐有甓。”戔云：“唐，堂塗也。”《尔雅》：“廣［廟］中路謂之陏。”《淮南》：“蹀堿毀陏。”許𠦑重〈曰〉：“陏，隄也。”野王案：《国謂［語］》“陂陏許［汙］庳”是也。《埤蒼》：“長沙謂隄曰陏也。”

《詩經·陳風·防有鵲巢》：“中唐有甓，邛有旨鷊。”毛傳：“唐，堂塗也。”《爾雅·釋宮》：“廟中路謂之唐。”郭璞注：“《詩》曰：‘中唐有甓。’”《淮南子·主術》：“夫防民之所害，開民之所利，威行也若發堿决塘。”高誘注：“塘，堤也。”《國語·周語下》：“陂唐污庳以鍾其美。”韋昭注：“唐，堤也。”《慧琳音義》卷六七《阿毘達磨集異門足論》卷二十音義：“隄陏，下蕩郎反。鄭箋《詩》云：‘溏［陏］，塗也。’許叔重注《淮南子》云：‘限［隄］也。’《埤蒼》云：‘長沙謂隄曰陏也。’即《國語》云‘陂陏汚庳’是也。《古今正字》：‘從阜，唐聲。’”又《衆事分阿毘曇論》卷五音義：“隄陏，下蕩郎反。《尒雅》云：‘廟中路謂之陏也。’鄭箋《詩》云：‘陏，當塗也。’許叔重注《淮南子》云：‘陏，亦隄也。’《埤蒼》云：‘長沙人謂隄曰陏也。’《考聲》云：‘陏，陪土為路也。’（云隄也）《古今正字》亦云：‘隄也，陂陏也。從阜，唐聲。’論文作堤塘，俗通用字也。”《名義》：“陏，徒當反。堤也。”

陒，居毀反。《埤蒼》：“陸陒，山名也。”《說文》亦垝字。垝，坫，在土部。[①] 或為宼字，在山［宀］部也。[②]

《山海經·中山經》：“又東北二百里曰陸郈之山，其上多㻬琈之玉，其下多堊，其木多杻橿。”郭璞注：“音如跪告之跪。”王仁昫《刊謬補缺切韻·旨韻》（P.2011）：“跽，塈軌反。……郈，山名。”《説文》：“垝，毀垣也。从土，危聲。《詩》曰：乘彼垝垣。陒，垝或从𠂤。”《爾雅·釋宮》：“垝謂之坫。”《名義》：“陒，居毀反。坫也。”吕氏校釋：“‘坫’字原訛。《殘卷》作‘《説文》亦垝字。垝，坫’。”按：

① 《名義》：“垝，居毀反。毀垣。”

② “宼”，黎本作“宼”。《名義》：“宼，半［牛］非反。阢字。”似與“陒”字不同。《名義》：“宼，居偽反。垝字。坫，毀也。”

“坫”字原訛作“[illegible]”。

阹［陓］，於千［于］反。《埤蒼》：“秦楊阹［陓］也。”野王案：《尓雅》十藪有陽阹［陓］国，《周礼》“異州之藪楊紆”是也。

《爾雅·釋地》：“魯有大野，晉有大陸，秦有楊陓，宋有孟諸，楚有雲夢，吳越之間有具區，齊有海隅，燕有昭余祁，鄭有圃田，周有焦護：十藪。”郭璞注：“今在扶風汧縣西。”《周禮·夏官·職方氏》：“河內曰冀州，其山鎮曰霍山，其澤藪曰楊紆。”王仁昫《刊謬補缺切韻·虞韻》（P.2011）：“陓，陽陓澤，在冀州。”《名義》：“陓，於于反。”吕氏校釋：“此字頭原訛。”按：此字頭原訛作“[illegible]”，與《殘卷》同。

陑［陑］，呼矩反。《蒼頡篇》：“赦陑［陑］鄉，在安也邑［邑也］。”

王仁昫《刊謬補缺切韻·麌韻》（P.2011）：“陑，鄉名，在安邑。”《名義》：“陑，呼矩反。鄉名。”

陎，補明［朋］反。《說文》古文崩字也。崩，壞、死也，在山部。①

《說文》：“崩，山壞也。从山，朋聲。陎，古文从𠂤。”《殘卷》：“崩，補朋反。《毛詩》：‘不虧不崩。’戔云：‘崩，毁壞也。’又曰：‘尓牧東思，於於兢兢，不騫不崩。’傳曰：‘騫，曜也。崩，羣疾也。’②《論語》：‘封分崩折［析］離。’孔安国曰：‘民有異心曰分，欲去曰崩。’《尓雅》：‘崩，死也。’《穀梁傳》：‘髙曰崩。’古文為陎字，在阜部也。”《名義》：“[illegible]［陎］，補用反。壞也，死也。”吕氏校釋：“當作‘補朋反’。”按：此説可從。《玉篇》：“崩，布朋切，壞也，毁也，厚也。亦陎字。”

---

① 《名義》：“崩，補朋反。毁也，死也。古陎。”

② 《詩經·小雅·無羊》：“爾羊來思，矜矜兢兢，不騫不崩。”毛傳：“騫，虧也。崩，羣疾也。”孔穎達疏：“騫虧，定本亦然，《集注》虧作曜。”又《詩經》上章有“爾牧來思”。《殘卷》“東”為“來”字之訛。

隑，渠鎧、牛哀二反。《司馬相如賦》："臨曲江之隑州。"《漢書音義》曰："隑，長也。"《方言》："隑佱［企］，立也。東斉海伐［岱］燕之郊謂委痿［痿］而跪謂之隑佱［企］。"郭璞曰："脚躄不能行者也。"又曰："隑，倚也。"郭璞曰："江南人呼梯為隑，所以倚物而攻者。"

《史記·司馬相如傳》："臨曲江之隑州兮，望南山之參差。"裴駰集解引《漢書音義》曰："隑，長也。"《漢書·司馬相如傳下》："臨曲江之隑州兮，望南山之參差。"顏師古注引張揖曰："隑，長也。"《方言》卷七："跟蹬，隑企，立也。東齊海岱北燕之郊跪謂之跟蹬，委痿謂之隑企。"郭璞注："脚躄不能行也。"《方言》卷十三："隑，陭也。"郭璞注："江南人呼梯爲隑，所以隑物而登者也。音剴切也。"《殘卷》"攻"當作"登"，蓋蒙下注音字"剴切"之"切"而誤。《名義》："隑，牛哀反。長也，倚也。"

阦，胡公反。《廣雅》："阦，阬也。"

《廣雅·釋水》："阦，坑也。"曹憲音"洪"。《玉篇》："阦，户工切，阬也。"《名義》："阦，胡公反。坑也。"

䧯，充善反。《尔雅》："水自汶出為䧯。"《蒼頡萹》："魯危［邑］名也。"

《爾雅·釋水》："水自河出為灉，濟為濋，汶為瀾。"陸德明音義："瀾，字或作䧯，同，昌善反。李云：'溢也。'"《公羊傳·哀公八年》："夏，齊人取讙及僤。"陸德明音義："僤，昌善反，一音昌然反。《字林》作䧯，《左氏》作闡。"《名義》："䧯，充善反。水名。"吕氏校釋："《殘卷》引《爾雅》作'水自汶出為䧯'。"

陌，武佰反。《左氏傳》："俻練三反［百］，由［曲］踊三反［百］。"杜預曰："陌猶勸也。"《風俗通》："南北為阡［阡］，東西為陊［陌］。"《廣雅》："陌，道也。"

《左傳·僖公二十八年》："距躍三百，曲踊三百。"杜預注："百猶勵也。"陸德明音義："百音陌。"《左傳・襄公三年》："使鄧廖帥組甲三百，被練三千。……其能免者，組甲八十，被練三百而已。"杜預注："組甲、被練，皆戰備也。"《殘卷》"偹練"蓋誤。《玄應音義》卷十九《佛本行集經》卷七音義："阡陌，且田反。《風俗通》曰：'南北曰阡，東西爲陌。'《廣疋》：'陌，道也。'《史記》：'秦孝公壞井田開阡陌也。'"《慧琳音義》卷二七轉録大乘基《法花音訓》："陌，莫百反。《玉篇》：'東西爲陌。陌，道也。"《廣雅・釋宫》："陌，還也。"《名義》："陌，武佰反。勸也，道也。"

參上"阡"字條。

隧，辞醉反。《周礼》："隧人掌邦㞢［之］㞢［野］。①"野王案：五家為鄰，五鄰為里，四里為酇，（為）五酇〈為鄙〉，五鄙為縣，〈五縣〉為隧，皆〈有〉地域也。鄭衆曰："謂王畿百里外也。"又曰："冢人掌以度為丘隧。"鄭玄曰："隧，羨道也。"又曰："遂王［士］掌田［四］郊。"鄭衆曰："謂百里外至三百里也。"鄭玄曰："其地雖［距］三［王］城百里外至三［二］百里也。"《左氏傳》："伐吴為三［二］隧。"杜預曰："隧，道也。"又曰："請隧，不許。曰：'王章也。'"杜預曰："掘地通路為隧。王之塟礼，諸侯縣棺而下也。"又曰："當陳隧者井堙木刑［刊］。"杜預曰："隧，侄［径］。"《聲類》為䢾字，在䢾部。②通水之隧為隧［澻］字，在水部也。③

《周禮・地官・遂人》："遂人掌邦之野。以土地之圖經田野，造縣鄙形體之瀍。五家爲鄰，五鄰爲里，四里爲酇，五酇爲鄙，五鄙爲縣，五縣爲遂，皆有地域。"《周禮・地官・序官》："遂人中大夫二人。"鄭玄注引鄭衆云："遂謂王國百里外。"《周禮・春官・冢人》："冢人掌公墓之地……及竁，以度爲丘隧，共喪之窆器。"鄭玄注："隧，羨道也。"《周禮・秋官・遂士》："遂士掌四郊。"鄭玄注引鄭衆云："謂百里外至三百里也。"鄭玄注："其地則距王城百里以外至二百里。"《左傳・哀公十三年》："丙子，越子伐吴，爲二隧。"杜預注："隧，道也。"《左傳・僖公二十五年》："請隧，弗許。曰：'王章也。'"杜預注："闕地通路曰隧。王之葬禮也，諸侯皆縣柩而下。"《左傳・襄公二十五年》："初，陳侯會楚子伐鄭，當陳隧者，井堙木刊，鄭人怨之。"杜預注："隧，徑也。"《殘卷》："䢾［䢾］，似季反。《聲類》：'近道也。'今為隧字，在阜部。"《名義》：

① 《殘卷》"㞢"為上"㞢"［之］字之重，旁注"ミ"似為重文符，然非重"之"，實當重下"野"字。
② 《名義》："䢾，似季反。近［延］道也。"
③ 《名義・水部》未見"澻"（或湪）字，蓋脱。

“隧，辞醉反。佺也。”

隓，許規反。《尚書》：“𦙶［股］𦜘［肱］𡐦［隓］哉。”孔安国曰：“隓，癈。”《左氏傳》：“随［隓］軍實而長𡨋［寇］雠。”〈杜預曰：“隨［隓］，毁也。”又曰：“毋墮乃力。”〉杜預曰：“墮［隓］，損也。”《㯋梁傳》：“墮［隓］猶（損）取也。”《方言》：“墮［隓］，壊也。”《說文》：“阪［敗］成［城］阜曰墮［隓］也。”

《尚書·益稷謨》：“元首叢脞哉，股肱惰哉，萬事墮哉！”孔安國傳：“君如此，則臣懈惰，萬事墮廢，其功不成。”《左傳·僖公三十三年》：“武夫力而拘諸原，婦人暫而免諸國，墮軍實而長寇讎，亡無日矣。”杜預注：“墮，毀也。”《左傳·昭公二十八年》：“行乎敬之哉，毋墮乃力。”杜預注：“墮，損也。”《殘卷》或有脱文。《慧琳音義》卷九四《續高僧傳》卷十九音義：“隳壞，上血規反，《字書》正作墮。孔注《尚書》云：‘隳，廢也。’杜預注《左傳》云：‘隳，毁也，損也。’《方言》云：‘壞也。’《説文》：‘從阜，從左［差］聲。’”《類聚名義抄》：“隳敗，《玉》云：‘壞也，益［取？］也，捐［損］也。亦作墮。’”（197•6）《穀梁傳·定公十二年》：“叔孫州仇帥師墮郈。墮猶取也。”《方言》卷十三：“陊，壞也。”《説文》：“陊，敗城𨸏曰陊。从𨸏，𢀩聲。𡐦，篆文。”吕校本引《説文》作“阪成阜曰墮也”，失校。《名義》：“墮，許規反。廢也，毀也，損。”《名義》“毁也”不見《殘卷》。

隮，子詣反。《周礼》：“視祲掌十煇之法，九曰隮。”鄭玄［衆］曰：“隮，〈升〉氣也。”鄭玄曰：“隮謂虹。”野王案：《毛詩》云“朝濟［隮］于西”是也。《聲類》亦躋字也，在𧾷部也。①

《周禮·春官·眡祲》：“眡祲掌十煇之灋，……九曰隮。”鄭玄注引鄭衆云：“隮者，升氣也。”鄭玄注：“隮，虹也。《詩》云：‘朝隮于西。’”“隮，〈升〉氣也”吕校本作“鄭玄曰：隮，陰陽氣相侵也”。按：《周禮·春官·序官》：“眡祲中士二人，史二人，徒四人。”鄭玄注：“祲，陰陽氣相侵漸成祥者。”據此，則“陰陽氣相侵”為“祲”

① 《名義》：“躋，子計反。升也，登也。”

字義，非“隮”字義。《詩經·鄘風·蝃蝀》：“朝隮于西，崇朝其雨。”毛傳：“隮，升。”陸德明音義：“隮，子西反，升也。徐又子細反。鄭注《周禮》云：‘隮，虹氣。’”①《唐韻殘卷·霽韻》（蔣斧印本）：“霽，晴也。子計反。……隮，升。又（計）作躋。又子奚反。”《名義》：“隮，子詣反。氣也，虹也。”

陣，除鎮反。《周礼》：“列陣如戰之陣。”野王案：謂陳師旅也。《左氏傳》：“為魚麗之陣，先徧［偏］後伍，伍羕［承］縩縫。”〈杜〉預曰：“此魚麗陣之法也。”《謂［論］語》：“衛靈公問㪺陣。”孔安国曰：“軍陣行列之法也。”

《周禮·夏官·大司馬》：“中春，教振旅，司馬以旗致民，平列陳，如戰之陳。”《左傳·桓公五年》：“祭仲足爲左拒，原繁、高渠彌以中軍奉公爲魚麗之陳。②先偏後伍，伍承彌縫。”杜預注：“《司馬法》：‘車戰二十五乘爲偏。’以車居前，以伍次之，承偏之隙而彌縫闕漏也。五人爲伍。此蓋魚麗陳法。”《論語·衛靈公》：“衛靈公問陳於孔子。”何晏集解引孔安國曰：“軍陳行列之法。”《名義》：“陣，除鎮反。師也，旅也。”按：《名義》“師也，旅也”當作“師旅也”，與字頭連讀為“陣［陳］師旅也”。

隯，麻嫁反。《方言》：“隯，益也。”郭璞曰：“謂增益也。”

《方言》卷十三：“隯，益也。”郭璞注：“謂增益也。音罵。”《名義》：“隯，麻家［嫁］反。益。”“麻家反”當作“麻嫁反”。

隵，虛奇反。《字書》：“隵，危險。”〈或為巇字〉，在山部。③或為壚字，在土部。④

《殘卷》：“巇，許奇反。《楚辞》：‘然芜薉而險巇。’王逸曰：‘險巇，猶色［危］

① 《經典釋文》此條下為“氣應”條，“虹氣”之“氣”蓋蒙下“氣”字而衍。
② 阮元挍勘記：“《後漢書·劉表傳》注引《傳》文作‘魚儷’。《集韻》云：‘魚䴡，陣名。通作麗。’”
③ 《名義》：“巇，計［許］奇反。危也，毀也。”
④ 《名義》：“壚，虛猗反。毀也，羸［贏］也。”

也。’《埤蒼》：‘巇，毀也。’或為𡼼字，在阜部。”《玄應音義》卷十五《五分律》卷二音義：“險𡼼，又作巇，同，許奇反。險𡼼，危也。”《名義》：“𡼼，虛奇反。危險。”

隁，扵建反。《周礼》：“官［宮］人掌為其井隁，除其不䪷。”[①] 鄭衆曰：“隁，踞［路］廁也。”鄭玄曰：“隁，隁猪也，[②]（諸）謂霤下之地［池］受畜水而流者也。”《左氏傳》：“䂓隁潴。”杜預曰：“隁渚，下濕之地。”野王案：隁，所以畜水也。鄭玄（曰）注《周礼》“魚梁即隁”是也。《廣雅》：“隁，借。”《字書》：“隁，坑也。”

《周禮·天官·宮人》：“宮人掌王之六寢之脩，為其井匽，除其不蠲，去其惡臭。”鄭衆注：“匽，路厠也。”鄭玄注：“匽猪，謂霤下之池受畜水而流之者。”《殘卷》“諸”字旁注刪節符“ミ”，當刪。《左傳·襄公二十五年》：“甲午，蔿掩書土田，度山林，鳩藪澤，辨京陵，表淳鹵，數疆潦，規偃豬，町原防，牧隰皐，井衍沃，量入脩賦。”杜預注：“偃豬，下濕之地。”《慧琳音義》卷七二《阿毘達磨顯宗論》卷七音義：“隁江，上焉幰反。顧野王云：‘隁，所以畜水也。’《考聲》云：‘隁，塞也。’《古今正字》：‘從𨸏，匽聲。’匽音上同。論文作堰，俗字通用。”《周禮·天官·𩋇人》：“𩋇人掌以時𩋇為梁。”鄭玄注引鄭衆云：“梁，水偃也。”陸德明音義：“偃，於建反，徐本作匽，一返反。”“偃”“匽”並同“隁”。《廣雅·釋詁二》：“貣、荼、𢻞、且、假、貸，借也。”未見“隁”字。《廣雅·釋宮》：“湝，隁也。”《殘卷》所據本蓋誤“湝”為“借”，又與“隁”誤乙。吕校本作“隁，湝”，今本《廣雅》未見。《名義》：“隁，扵建反。借也，坑也。”

隝，胡勞反。《釋名》：“城下道曰豪［隝］。豪［隝］，翔［翶］也，都色［邑］之內所翶翔也。”摯虞《决疑要注》：“城下道為峼［崤］。豪［隝］，高之秤［称］也。”傳曰：“二峼［崤］（之峼［崤］）之間。”或作隝字也。

王仁昫《刊謬補缺切韻·豪韻》（P.2011）：“豪，胡刀反。……濠，城濠。崤，

---

① 《漢語大字典》：“䪷，除去。梅堯臣《玉汝贈永興冰蜜梨十顆》：“遺之析朝酲，亦以䪷煩疾。”按：“䪷”同“蠲”。

② 《殘卷》引鄭注，“隁”字下為重文符，吕校本誤作“之”字，録作“隁之豬也”。

山名，在弘農。又羽交反……隩，城下道。”《釋名·釋道》：“城下道曰隩。隩，翱也。言都邑之內人所翱翔祖駕之處也。”續修四庫本《殘卷》“決疑要注”後漫漶不清，此據黎本，似有誤。《左傳·僖公三十二年》：“晉人禦師必於殽。”陸德明音義：“殽，本又作崤，户交反，劉昌宗音豪。”又：“其南陵，夏后皐之墓也；其北陵，文王之所辟風雨也。”杜預注：“此道在二殽之間。”《名義》：“隩，故勞反。”《名義》“故勞反”當作“胡勞反”。

陏，辞規反。《漢書》南陽有〈陏〉縣也。

《漢書·地理志上》载“南陽郡”“縣三十六”，其中即有“隨”。《名義》：“陏，辞親［規］反。”吕氏校釋：“‘辞規反’原誤作‘辞親反’。”

㥘，力侯〈反〉。《漢書》交阯郡有羸㥘縣。

吕校本作“力候反”，誤。

王仁昫《刊謬補缺切韻·麌韻》（P.2011）：“縷，立主反。……㥘，羸㥘，縣名，在交阯。羸字洛于反。”《漢書·地理志下》：“交趾郡，户九萬二千四百四十，口七十四萬六千二百三十七。縣十：羸㥘，……”顔師古注引孟康曰：“羸音蓮。㥘音受土簍。”《名義》：“㥘，力候反。”按：《名義》“力候反”當作“力侯反”。王仁昫《刊謬補缺切韻·侯韻》（P.2011）：“樓，落侯反。……簍，籠。……㥘，縣名。”《玉篇》：“㥘，力侯切，縣名。”

〖𨺅部第三百五十五　　凡五字〗

𨺅，扶救反。《說文》：“兩阜之間也。”

《説文》：“𨺅，兩𠂤之間也。从二𠂤。”《玉篇》：“𨺅，扶救切。《説文》云：‘兩阜之間。’”《名義》：“𨺅，扶救反。兩阜上間也。”吕氏校釋：“當作‘兩阜之間也’。”

䦡［𨸝］，於賣反。《説文》："陋也。"《字書》今為隘字也，在阜部。[①]

《説文》："𨸝，陋也。从𨸏，𦦝聲。𦦝，籀文嗌字。隘，籀［篆］文𨸝从𨸏、益。"《玉篇》："𨸝，於懈切，陋也。今作隘。"《名義》："𨸝，於賣反。陋也。"《名義》字頭誤作"䦡"。

䦡［𨺅］，所顗反。《説文》："阜𥥛［突］也。"

《説文》："𨺅，𨸏突也。从𨸏，決省聲。"《殘卷》："𨸶，普逼反。《蒼頡篇》：'𨸶［𨸶］，地裂也。'《字書》亦〈𨺅〉字也，在〈𨸏〉部也。"《玉篇》："𨺅，所𢍰切，阜突也。"《名義》："𨺅，所覬反。阜突也。"按：《名義》字頭误作"䦡"。

"夬"聲字不當音"所覬反"，《玉篇》《名義》誤從"吏"聲。《玉篇》《名義》"突"字當作"突"。《説文》："突，穿也。从穴，決省聲。""𨸏突"與"地裂"義近。

𨺗，似季反。《聲類》："近［延］道也。"今為隧字，在阜部。[②]

《殘卷》："隧，辞醉反。《周礼》……又曰：'冢人掌以度為丘隧。'鄭玄曰：'隧，羡道也。'……《聲類》為𨺗字，在𨸏部。"《玉篇》："𨺗，似醉切，延道也。今作隧。"《名義》："𨺗，似季反。近［延］道也。"吕氏校釋："《玉篇》作'延道也'。"按：當作"延道"，義同"羡道"。《殘卷》《名義》誤同。《名義》字頭誤作"䦡"。

𨼆［𨼆］，似季反。《説文》："塞上亭湰。"篆文為燧字，在火部。[③]

《説文》："𨼆，塞上亭守湰火者。从𨸏，从火，遂聲。㷸，篆文省。"《玉篇》："燧，似醉切，以取火於日。亦作鐆。㷸，同上。𨼆，同上。"《名義》："𨼆，燧字。"

① 《名義》："陒，於賣反。傾也，危也。隘，白［迫］測［側］也，急也。"
② 《名義》："隧，辞醉反。俓也。"
③ 《名義》："燧，慈醉反。墜、燧，同上。"

《名義》字頭原作"[illegible]"，與《殘卷》字頭形近。

〖厽部第三百五十六　　凡四字〗

厽，力捶反。《説文》："累栊［坺］土為㿻壁也。"野王案：《古文尚書》以此為㕘字，音［㿻］含反。

《説文》："厽，絫坺土爲牆壁。象形。"《尚書·西伯戡黎》："乃罪多，參在上，乃能責命于天？"陸德明音義："參，七南反。馬云：'參字累在上。'"孫星衍《尚書今古文注疏》引段玉裁云："《汗簡》《古文四聲韻》皆云：'絫字見《石經尚書·戡黎篇》，字作厽。'"《名義》："厽，力捶反。㕘字。音含。"吕氏校釋："'捶'字原訛。《殘卷》作'野王案，古文《尚書》以此為參字，㿻含反'。《名義》'音含'為誤省。"按："捶"字原訛作"[illegible]"。"音含"當作"㿻含反"。

絫，力捶反。《歸藏》："縈〈縈〉之華，絫絫之實。"野王案：小實也。《公羊傳》："不以私危［邑］絫公色［邑］。"劉兆曰："絫，次積也。"《楚辞》："層壹［臺］絫樹［榭］。"王逸曰："絫，重也。"《漢書》："權輕重者不失〈黍〉絫。"應（欲）劭曰："十黍為一絫，（為）十絫為一銖。"①《説文》："絫，增也。絫，十黍之重也。"《廣雅》："乘、絫，積也。"今為累字，在糸部。②

《公羊傳·昭公五年》："不以私邑累公邑也。"何休解詁："累，次也。"《慧琳音義》卷三《大般若波羅蜜多經》卷三四六音義："囑累，下力偽反。王注《楚辭》云：'重也。'《左傳》：'相時而動，無累後人。'劉兆注《公羊》云：'累，次積也。'《廣雅》：'委、託，累也。'《説文》：'累，增也。拔［坺］土為牆曰累。'古文作垒、絫，皆象形字也。或從三田作壘，或作累、纍。"《楚辭·招魂》："層臺累榭，臨高山些。"王逸注："層、累，皆重也。"《漢書·律曆志上》："度長短者不失豪氂，量多少者

① 《殘卷》於"欲"字之下、"為十絫"之"為"字之旁注删節符"ミ"，當删。
② 《名義》："纍，力鯡［隹］反。繫也，索也，論也。累，上字。"

不失圭撮，權輕重者不失黍絫。”顔師古注引應劭曰：“十黍為絫，十絫為一銖。”《説文》：“絫，增也。从厽，从糸。絫，十黍之重也。”《廣雅·釋詁一》：“薀、崇、委、冣、嗇、茨、壘、稽、寖、殖、揲、秭、稙、稛、貯，積也。”疑《殘卷》所據《廣雅》“稛”（或作“種”）誤作“乘”。《殘卷》：“纍，力錐［隹］反。……重積之累音力捶反。或為絫字，在厽部。”《名義》：“絫，力捶反。重也，增也，積也。”吕氏校釋：“‘捶’字原訛。”按：“捶”字原訛作“[illegible]”。

垒，力揆反。《説文》：“垒，塹［墼］。”[①]《聲類》亦壘字也。壘，軍壁，在土部。[②]

《説文》：“垒，絫墼也。从厽，从土。”《玉篇》：“垒，力揆切，累也。亦作壘。”《名義》：“垒，力揆反。塹［墼］也，亦也。”吕氏校釋：“《殘卷》作‘《聲類》亦壘字也’。《名義》‘亦也’為誤訓。”

《殘卷》《名義》“塹也”當作“墼也”。《廣韻·至韻》：“垒，垒墼也。出《字林》。”吕校本誤作“塹”。

叅，廣［唐］躭反。《尚書》：“乃罪多，叅〈在〉上。”孔安国曰：“言汝罪悪衆多，叅列在天也。”野王案：《礼記》“聖人叅扵天地，並扵鬼神”、“王命王［三］公叅聽之”、“色［邑］土居民必叅相淂”是也。《周易》：“叅伍（在）以變。”劉瓛［瓛］〈曰〉：“叅天兩地而畸數也，變三言叅者，（諸）謂相叅也。變五言明［朋］伍也。”[③]野王案：《廣雅》：“叅即三也。”《孝工［礼］記》：“日［月］者三〈日〉即成魄，三日［月］即成時，是以礼有三讓，建国必三立［立三］𠃌［卿］三賓者，政孝［教］子［之］〈夲〉，礼之大叅。”鄭玄曰：“言礼者陰，大數取法扵月也。”《方言》：“叅，分也。斉曰叅。”郭璞曰：“謂分宔［割］也。”皇［星］名為叅［曑］字，音所令［今］反，在品部。[④]叅著［差］不文日［斉］為

① 段玉裁《説文解字注》：“積坺土爲墻曰厽，積墼爲墻曰垒。”
② 《説文》：“壘，軍壁也。从土，畾聲。”《名義》：“壘，屢捺［揆］反。重也。”
③ 《殘卷》於“諸”字旁注删節符“ミ”，當删。
④ 《説文》：“曑商，星也。从晶，㐱聲。曑，曑或省。”《名義》：“曑，所今反。參。星也，伐也。”

篸字，音楚今反，在竹部。[①]

《尚書・西伯戡黎》："嗚呼！乃罪多，參在上，乃能責命于天。"孔安國傳："言汝罪惡衆多，參列於上天。"《禮記・禮運》："故聖人參於天地，並於鬼神，以治政也。"《禮記・王制》："大司寇以獄之成告於王，王命三公參聽之。"又："凡居民，量地以制邑，度地以居民。地邑民居，必參相得也。"《周易・繫辭上》："參伍以變，錯綜其數。通其變，遂成天下之文。"《廣雅・釋言》："參，三也。"《禮記・鄉飲酒義》："月者三日則成魄，三月則成時。是以禮有三讓，建國必立三卿。三賔者，政教之本，禮之大參也。"鄭玄注："言禮者陰也，大數取法於月也。"《方言》卷六："參，分也。齊曰參。"郭璞注："謂分割也。"《玄應音義》卷九《大智度論》卷三二音義："叅倍，錯耽反。《廣雅》：'叅，三也。'《方言》：'叅，分也。齊曰叅。'郭璞曰：'謂分割也。'"《殘卷》："曑，所金反。……曑伍之曑，音㽬肰反，在厽部。"《玉篇》："參，千含切，相參也，相謁也，分也，即三也。又所今切，星名。亦作曑。又楚今切，參差也。亦作篸。"《名義》："叅，廣［㽬］躭反。分也。"吕氏校釋："'廣'字原訛。"按："廣"字原作"[illegible]"，當是"㽬"字之訛。

① 《説文》："篸，𢀩也。从竹，參聲。"《名義》："篸，楚林反。參差也，洞簫也。"

玉篇卷苐廿二

延喜四年正月十五日收為典藥頭宅書

【玉篇卷苐廿三】

〖鹿部第三百七十二　　凡　字〗存一字

麋，莫悲反。《周礼》："獸人夏獻麋。"野王案：《說文》："鹿属也，以夏至解角。"《白虎通》："射矦射麋者，示遠迷惑人者也。麋之為言迷也。"《方言》："麋，老也。"郭璞曰："麋猶眉也云云。"[①]

《周禮·天官·獸人》："冬獻狼，夏獻麋，春秋獻獸物。"《説文》："麋，鹿屬。从鹿，米聲。麋冬至解其角。"又："麚，牡鹿。从鹿，叚聲。以夏至解角。"《殘卷》"夏至"當作"冬至"。《白虎通·鄉射》："諸侯射麋何？示遠迷惑人也。麋之言迷也。"《方言》卷十二："麋、梨，老也。"郭璞注："麋猶眉也。"《名義》："麋，莫悲反。先也，眉也。"

① 本條内容不見於《原本玉篇殘卷》，此據《香藥字抄》第10頁。

【玉篇卷第廿四】

〖魚部第三百九十七　　凡　字〗存廿字，殘一字

〈鲄，蒲梗反。《説文》："鲄，蚌也。"或作蠯，在蚰〉部也。

此字吕校本失收。中華本、《續修四庫全書》本均在《魚部》殘卷次頁中部，今依《名義》調整次序。《殘卷》僅於"鮚"字頭上存"部也"二字。

《説文》："鲄，蚌也。从魚，丙聲。"《玉篇》："鲄，步梗切，蚌也。"《名義》："鲄，蒲梗反。蚌也。"《新撰字鏡》："鲄，扶幸、夫［扶］拯二反。蛢、[illegible]［蠯？］、蜱皆同。"《名義》："蠯，蒲哽反。蛤也。"依《殘卷》體例，似可補"鲄，蒲梗反。《説文》：'鲄，蚌也。'或作蠯，在蚰"。

鮚，渠慓［慄］反。《説文》："鮚，蚌也。《漢律》：會𥡴郡獻鮚醬二升。"[①]

吕校本反切誤作"渠慓反"，《古音匯纂》失收原本《玉篇》反切注音。

《説文》："鮚，蚌也。从魚，吉聲。《漢律》：會稽郡獻鮚醬。"《名義》："鮚，渠慄反。蚌。"《新撰字鏡》："鮚，巨乚反。[illegible]［蚌］。"

鰿，子赤反。《説文》："鰿，魚名也。"野王案：此亦与鯖字同，鯖即鮒魚也。[②]

---

① 段玉裁《説文解字注》作"二斗"，云："'二'字依《廣韻》補。《廣韻》'斗'誤'升'，小徐本作'三斗'。"按：《太平御覽》卷九四一引《漢書》曰："《漢律》：會稽獻鮚醬二升。"與《殘卷》同。

② 《名義》："鮒，扶句反。鯖［鰿］。""鰿，子益反。鮒也。"

《説文》："鰿，魚名。从魚，脊聲。"《廣雅·釋魚》："鰿，鮒也。"王念孫疏證："《楚辭·大招》：'煎鰿臛雀。'王逸注云：'鰿，鮒也。'……《説文》作鰿字。"《玉篇》："鰿，子亦切，鮒也。"《名義》："鰿，子赤反。鮒。"《新撰字鏡》："鰿，次［資］昔反。"

鰻［鰻］，莫安反。《説文》："鰻［鰻］，魚名也。"

《説文》："鰻，魚名。从魚，曼聲。"《玉篇》："鰻，莫安切，魚也。"《名義》："鰻，莫案反。"《名義》"莫案反"似當作"莫安反"。王仁昫《刊謬補缺切韻·寒韻》（P.2011）："瞞，武安反。……鰻，魚名。"《新撰字鏡》："鰻，莫安反。"

鰿，子益反。《楚辞》："煎鰿炙鸛。"王逸曰："鰿，鮒也。"

《楚辭·大招》："煎鰿臛雀，遽爽存只。"王逸注云："鰿，鮒也。"《玉篇》："鰿，子亦切，鮒也。鰿、鯽，並同上。"《名義》："鰿，子益反。鮒也。"《新撰字鏡》："鰿，子石反，去［入？］。鮪鮒。"

鯽，《字書》或鰿字也。《説文》□為鰂字也。野王案：今以為鮒魚之鰿字也。

呂校本"□"作"或"。

《説文》："鰂，烏鰂，魚名。从魚，則聲。鯽，鰂或从即。"《玄應音義》卷十七《出曜論》卷二音義："烏鱡，下又作鰂、鯽二形，同，才勒反。《埤蒼》：'鰞鰂魚，腹中有骨，出南海郡，背有一骨，闊二寸。有鬠，甚長。口中有墨，瞋即潠人。'《臨海記》云：'以其懷板含墨，故号小史魚也。'"《玉篇》："鰿，子亦切，鮒也。鰿、鯽，並同上。"《名義》："鰿，子益反。鮒也。鯽，同上。"呂氏校釋："此字頭原訛。"按：此字頭原作"[illegible]"，左旁當為"即"字之省，右旁為"魚"之俗字"奥"，結構上可視為從魚即省聲。

鱯，胡跨反。《説文》："魚也。"《字書》："似鮎。"野王案：鱯者，鮎之大者也。

《説文》："鱯，魚名。从魚，蒦聲。"《玄應音義》卷十一《正法念經》卷十三音義："鱯魚，獲、樺二音。《尒疋》：'魾大者，鱯。'孫炎曰：'鱯，似鮎而大，色白也。'魾音俻飢反。鮎，奴兼反。"《山海經·北山經》："洧水……其中有鱯、黽。"郭璞注："鱯，似鮎而大，白色也。"《名義》："鱯，胡跨反。鮎大。"

魾，□［俻］飢反。《尔雅》："魾，大鱯。"郭璞曰："鱯，似鮎而大。"《聲類》："魾，黧［黎］鮇［鯠］也。"又音婢惟反。《尔雅》："魴，魾。"郭璞曰："江東呼魴鱼為鯿，鯿别名魾也。"

《説文》："魾，大鱯也。其小者名鮡。从魚，丕聲。"《爾雅·釋魚》："魾，大鱯；小者鮡。"郭璞注："鱯，似鮎而大，白色。"《殘卷》"黧鮇"當作"黎鯠"。《爾雅·釋魚》："黎鯠。"郭璞注："未詳。"陸德明音義："黎，力兮反，又音棃。《廣雅》云：'魾，黎。'鯠，郭音來。《埤蒼》云：'黎鯠，魾也。'《字林》作鰊，音七。""鰊"蓋"鯠"字之訛。究其致誤之由，蓋因"膝"俗或作"脥"，由此反推，"鯠"遂作"鰊"。《爾雅·釋魚》："魴，魾。"郭璞注："江東呼魴魚爲鯿，一名魾，音毗。"《廣雅·釋魚》："鮷、鯷，鮎也。"王念孫疏證："《御覽》引《廣志》云：'鱯魚，似鮎大口。'大口，故名為鱯。《周頌·絲衣篇》釋文引何承天云：'魚之大口者名吴。胡化反。'案：其字當作鱯，音義皆協。承天不達字體，乃臆撰吴字，從口下大，斯為妄矣。今揚州人謂大鮎為鱯子，聲如獲。古方言之存也。"《名義》："魾，俻飢反。同上。"吕氏校釋："此處'同上'是指與上一字同義。《殘卷》引《爾雅》作'魾，大鱯'。"《新撰字鏡》："魾，苻悲反。大鱗［鱯］也。魴，鯿。"

《殘卷》反切上字漫漶不清，今依《名義》及"鱯"字條下所引《玄應音義》補"俻"字。

鰥，胡瓦反。《説文》："鰥，鯉也。"《聲類》："鰥，鱧也。"《廣雅》："大鰥謂之鰒也。"

《説文》："鰥，鱧也。从魚，果聲。"《玄應音義》卷十九《佛本行集經》卷三十音義："鯷鱧，達疑反，下音礼。《字林》：'鯷，鮎也。鱧，鰥也。'《廣雅》：'鮷、鯷，鮎也。'青州名鮎為鯷。鰥音胡瓦反，鮷音徒奚反。"《廣雅·釋魚》："大鰥謂之鰒。"

吕校本“鮍”誤作“鱁”。《名義》：“鱢，胡瓦反。鯉，鱧也。”《新撰字鏡》：“鱢，胡瓦反。鱧。”

鱬，如珠反。《山海經》：“即□［翼］□［之］澤多赤鱬，狀如魚，人□［面］，□［其］□［音］□［如］鴛鴦，食之不疾也。”[①]

《山海經·南山經》：“即翼之澤其中多赤鱬，其狀如魚而人面，其音如鴛鴦，食之不疥。”郭璞注：“一作疾。”《名義》：“鱬，如珠反。如奐，人面。”《新撰字鏡》：“鱬，日朱反。奐身人面。”

䲁，禹貴反。《山海經》：“樂遊山，桃水出焉，其中多䲁魚，狀如虵而四𧺆，食魚。”

《山海經·西山經》：“樂游之山桃水出焉，西流注于稷澤，是多白玉，其中多鮹［䲁］魚，其狀如蛇而四足，（是）食魚。”郭璞注：“音滑［渭］。”《名義》：“䲁，禹貴反。如虵，四足。”《新撰字鏡》：“䲁，禹貴反。如虵而四𧺆，食奐。”

鰩，与日［昭］反。《山海經》：“觀水多鰩魚，狀如鯉，魚身鳥翼，蒼文白首，赤喙，常自西□［海］遊於□［東］□［海］，□［以］夜飛，音如鸞〈雞〉，其味酸甘，見則天下□［大］□［穰］也。”

吕校本反切作“与照反”，反切下字誤。“魚身鳥翼”之“魚”誤屬上讀。

《山海經·西山經》：“泰器之山觀水出焉，西流注于流沙，是多文鰩魚，狀如鯉魚，魚身而鳥翼，蒼文而白首，赤喙，常行西海，遊於東海，以夜飛，其音如鸞雞，其味酸甘，食之已狂，見則天下大穰。”[②]《名義》：“鰩，与昭反。如鯉，翼。”吕氏校釋：

① 中華書局本《殘卷》此字釋文原割裂為兩處，參蘇芃《〈玉篇〉“魚部”殘卷誤綴考》，《中國語文》2009年第3期。按：《續修四庫全書》本誤同。

② 《文選·左思〈吴都賦〉》：“精衛銜石而遇繳，文鰩夜飛而觸綸。”李善注引《西山經》曰：“秦［泰］器之山，濩［灌］水出焉，是多鰩魚，狀如鯉，魚身而鳥翼，蒼文而白首，赤喙，常行西海，而遊於東海，夜飛而行。”

“此字頭原訛。《殘卷》作‘与照反。《山海經》：“觀水多䱂魚，狀如鯉，魚身鳥翼，蒼文白首赤喙……”’。”按：此字頭原訛作“**䱂**”。

鰠，蘓高反。《山海經》：“鳥鼠同穴山多鰠魚，狀如鱣魚，動則其邑大有兵。”

《山海經·西山經》：“鳥鼠同穴之山，其上多白虎白玉，渭水出焉，而東流注于河，其中多鰠魚，其狀如鱣魚，動則其邑有大兵。”“有大兵”當作“大有兵”。《名義》：“鰠，蘓高反。如蟺也。”吕氏校釋：“《殘卷》引《山海經》作‘狀如鱣魚’。”按：“蟺”與“鱣”音義同。《新撰字鏡》：“鰠，蘓連［遭］反。”

魮，婢葵反。《山海經》：“濃［濫］水多如魮之魚，状覆銚，鳥首而魚尾，音如聲［磬］石之聲也。”

《山海經·西山經》：“濫水出于其西，西流注于漢水，多絮魮之魚，其狀如覆銚，鳥首而魚翼魚尾，音如磬石之聲，是生珠玉。”《名義》：“魮，婢蔡反。”吕氏校釋：“疑當作‘婢葵反’。”《新撰字鏡》：“魮，𥜡［婢］葵反。”

鱢，祖道反。《山海經》：“滾澤之水多鱢魚，状如狸而雞豆，食之已肬。”

《山海經·北山經》：“獄法之山瀤澤之水出焉，而東北流注于泰澤，其中多鱢魚，其狀如鯉而雞足，食之已疣。”《名義》：“鱢，粗［祖］道反。”吕氏校釋：“‘粗’字原訛。《殘卷》作‘租道反’。”按：“粗”字原訛作“粗”，實當作“祖”。《玉篇》：“鱢，祖道切，魚名。”

鱵，之深反。《山海經》：“沢水多鱵魚，状如鯈魚，其喙如葴［箴］，食者無疫疾。”郭璞曰：“出東海，今江東水中忽有也。”

《山海經·東山經》：“沢水出焉，而北流注于湖水，其中多箴魚，其狀如鯈，其喙如箴，食之無疫疾。”郭璞注：“出東海，今江東水中亦有之。”《名義》：“鱵，之深反。”《新撰字鏡》：“鱵，〈之〉深反，平。”

鰔，古禫反。《山海經》：“减［減］水中多鰔魚。”郭璞曰：“一名黄類［頰］魚也。”野王案：即魠魚也。

《山海經·東山經》：“減水出焉，北流注于海，其中多鰔魚。”郭璞注：“一名黄頰，音感。”《廣雅·釋魚》：“魠、魧、鱅，魠也。”王念孫疏證：“《説文》：‘魠，哆口魚也。’《史記·司馬相如傳》：‘鰅鰫鰬魠。’徐廣注與《説文》同。《漢書注》載郭璞注云：‘魠，鰔也。一名黄頰。’[①]《東山經》：‘番條之山，減水出焉。其中多鰔魚。’注亦云：‘一名黄頰。’”《名義》：“鰔，古撢反。”《名義》“古撢反”當作“古禫反”。《新撰字鏡》：“鰔，古撢［禫］〈反〉。”

鮯，公币反。《山海經》：“緣［深］澤有魚，狀如鯉而六𧾷，鳥尾，名曰鮯，鮯之魚鳴自叫也。”

《山海經·東山經》：“其名曰深澤，……有魚焉，其狀如鯉而六足，鳥尾，名曰鮯。鮯之魚，其鳴自叫。”吕校本作“绿澤”，誤。《玉篇》：“鮯，公帀切，深澤有魚，狀如鯉，六足，鳥尾。”《名義》：“鮯，公帀反。如鯉，六足，鳥尾。”《新撰字鏡》：“鮯，古沓反。”

鮡，治矯反。《尔雅》：“魾，大鱯，小者鮡。”郭璞曰：“鮷之者，大曰鱯。”

《説文》：“鮡，魚名。从魚，兆聲。”《爾雅·釋魚》：“魾，大鱯，小者鮡。”郭璞注：“鱯，似鮎而大，白色。”《玄應音義》卷十一《正法念經》卷十三音義：“鱯魚，獲、樺二音。《尒疋》：‘魾大者鱯。’孫炎曰：‘鱯似鮎而大，色白也。’”《殘卷》“鮷”當為“鮧”之俗字。吕校本作“鮧”，恐非。“鮷之者，大曰鱯”疑當作“鮷之大者曰鱯”。

① 《漢書·司馬相如傳上》：“鰅鰫鰬魠。”顔師古注引郭璞曰：“魠，鰔也，一名黄頰。”顔師古注：“鰔音感也。”

《説文》："鮷，大鲇也。"《名義》："鮡，治矯反。鱯，小。"吕氏校釋："《殘卷》作'《爾雅》："魾，大鱯。小者鮡"'。《名義》誤省。"《新撰字鏡》："鮡，治矯反。"

鮵，徒括反。《尔雅》："鯉，大鮦，小者鮵。"郭璞曰："兖州亽名小鮦為鮵也。"

《爾雅·釋魚》："鯉，大鮦，小者鮵。"郭璞注："今青州呼小鱺爲鮵。"《名義》："鮵，徒枯。鯉大。"吕氏校釋："'徒枯'當作'徒括反'。《殘卷》引《爾雅》郭注作'兖州亦名小鮦為鮵也'。"《名義》"鯉大"義未詳。《新撰字鏡》："鮵，徒括反。小鮦。"

鮂，徐鳩反。《尔雅》："鮂，黑茲。"郭璞曰："鮂，白鯈也，江東呼鮂。"音義曰："荆楚人又名白鰺。"或作部也。[①]

《爾雅·釋魚》："鮂，黑鰦。"郭璞注："即白鯈魚，江東呼爲鮂。"《名義》："鮂，徐鳩反。鱯也。"吕氏校釋："《殘卷》引《爾雅》郭注作'白鯈也'。"《名義》"鱯也"義未詳。《新撰字鏡》："鮂，即由反。鳥化為也，頂上有細骨如鳥毛者也。"王仁昫《刊謬補缺切韻·尤韻》（P.2011）："逎，即由反。……鮂，鳥化為魚，項［頂］上有細骨如鳥毛。"《龍龕》："鮂，音囚，白鷩［鶩］化為〈鮂〉，頂上有毛也。"

---

① 《殘卷》"或作"下似脱"鲉"字。"部也"居於"鮚"字頭前，當歸於"鲄"字頭下，説詳"鲄"字。另參蘇芃《〈玉篇〉"魚部"殘卷誤綴考》，《中國語文》2009年第3期。

【玉篇卷苐廿七】

凡七部　四百廿二字

糸部苐四百廿五　亡狄反　系部苐四百廿六　奚計反
素部苐四百廿七　蘓故反　絲部苐四百廿八　蘓姿反
𦃃［黹］部苐四百廿九　丁雉反　率部苐四百卅　山律反
索部苐四百卅一　蘓各反

〖糸部苐四百廿五　凡三百九十二字〗

糸，亡狄反。《説文》：“細絲也。”《廣雅》：“系［糸］，微也。”“糸，連也。”

《説文》：“糸，細絲也。象束絲之形。……讀若覛。”《廣雅·釋詁四》：“糸，微也。”《殘卷》引《廣雅》：“糸，連也。”今本《廣雅·釋詁四》作“系，連也”。《龍龕》：“系，莫辟反，細絲也，微也，速［連］也。又胡計反，緒也，又姓。”《龍龕》“系”形兼“糸”“系”二字。《名義》：“糸，亡狄反。微也，連也，细也，絲也。”吕氏校釋：“‘微’字原誤。《殘卷》作‘《説文》：“細絲也。”《廣雅》：“糸，微也。”“糸，連也。”’《名義》‘细也，絲也’當作‘细絲也’。”按：“微”字原誤作“徵”。《類聚名義抄》：“糸，《玉》云：‘徵［微］、連也，細絲也。’”（287•1）

𢆶［幺］，《説文》古文糸字也。”

此字字頭《殘卷》作“丝”，當即“幺”字，吕校本作“絲”。《説文》：“幺，古文糸。”《名義》：“丝［幺］，古糸字。”

繭，何［柯］殄反。《礼記》：“世婦卆［卒］蠶，奉璽以示于君。”“蠶事既登，分璽稱絲。”野王案：《説文》：“璽，蠶衣也。”《釋名》：“煮璽曰幕，或曰牽雒［離］。”《礼記》：“言容（容）璽璽。”鄭玄曰：“聲氣（衛）微也。”纊著袉［袍］為襺字，在衣部。[①]行而足爾［璽］傷之爾［璽］，《荘子》《淮南》並為趼字，在足部。[②]糸或為此字。

《慧琳音義》卷十四《大寶積經》卷八三音義：“蠶繭，下堅顯反。《禮記》：‘世婦卒蠶，奉繭以示于君。’[③]‘蠶事既登，奉繭稱絲。’[④]《説文》云：‘繭，蠶衣也。從糸，從虫，從芇者［省］。’或作絸，古字也。”《釋名·釋采帛》：“煮繭曰莫。莫，幕也，貧者著衣可以幕絡絮也。或謂之牽離，煮熟爛牽引使離散如綿然也。”《禮記·玉藻》：“喪容纍纍，色容顛顛，視容瞿瞿梅梅，言容繭繭。”鄭玄注：“聲氣微也。”《説文》：“繭，蠶衣也。从糸，从虫，芇省。”《名義》：“繭，何［柯］殄反。蠶衣也，襺。”

△按：“繭”為見母字，《殘卷》《名義》“何殄反”當作“柯殄反”。[⑤]《古音匯纂》改“何”為“古”，音合，然兩字字形不近，似不妥。《名義》“襺”意指“繭”與“襺”相通。《殘卷》“纊著袉為襺字”疑當作“纊著袍為襺字”。《説文》：“襺，袍衣也。从衣、繭聲。以絮曰襺，以緼曰袍。”又：“纊，絮也。”“以絮”猶“以纊”，“袍以纊”猶“纊著袍”。

絸，《説文》古文爾［璽］字也。

《説文》：“絸，古文繭从糸、見。”《玄應音義》卷十七《阿毗曇毗婆沙論》卷

① 《名義》：“襺，公殄反。爾［璽］也。”
② 《名義》：“趼，奠見反。獸足也。”《莊子·天道》：“吾固不辭遠道而來願見，百舍重趼而不敢息。”《淮南子·修務》：“自魯趍而十日十夜，足重繭而不休息。”
③ 《禮記·祭義》：“歲既單矣，世婦卒蠶，奉繭以示于君，遂獻繭于夫人。”吕校本作“稱示于君”。按：《續修四庫全書》本原作“稱”，筆劃較細、淡，後以較粗筆劃改為“以”字。
④ 《禮記·月令》：“蠶事既登，分繭稱絲，效功以共郊廟之服，無有敢惰。”
⑤ 《新撰字鏡》：“絸，可殄反。璽也，蚕也，衣也。”“可殄反”當作“柯殄反”，“蚕也，衣也”當作“蚕衣也”。

二六音義："以繭，古文絸，同，古典反。蠶縈絲者也。《蒼頡解詁》云：'繭，未繰也。'"《名義》："絸，古繭字。"

繅，蘓高反。《礼記》："及良日，夫人繅，三盆手。"鄭玄曰："三盆手，三淹也。凡繅，每淹大総而手振以出丝也。"又音子老反。《周礼》："弁師掌王之五冕，皆……五采繅。"鄭玄曰："繅，雜文之名也。合五采丝為之，垂之延前後，各十二，所謂前後遂延者也。"鄭衆曰："繅當為緣[繰]，緣[繰]，今字也。繅，古字也。同意[音]。"又曰："王執大圭，繅藉五采；公執桓珪，侯執信圭，伯執躬圭，皆繅三采；子執穀帛[璧]，男執滿[蒲]璧，皆繅二采。"鄭玄曰："有采文，所以廌[薦]玉也。木為中幹，用韋衣而畫之。"野王案：冕流玉繅，《說文》為璅字，在玉部。[①] 朝覲繅席為藻字，在草部。[②] 今礼家通為此字，夊為緣[繰]字。

《禮記·祭義》："及良日，夫人繅，三盆手。"鄭玄注："三盆手者，三淹也。凡繅，每淹大揔而手振之以出緒也。"《周禮·夏官·弁師》："弁師掌王之五冕，皆玄冕，朱裏，延，紐。五采繅十有二就，皆五采玉十有二，玉笄，朱紘。"鄭玄注："繅，雜文之名也。合五采絲爲之，繩垂於延之前后，各十二，所謂邃延也。"又："諸侯之繅斿九就，瑉玉三采，其餘如王之事。"鄭玄注引鄭衆云："繅當爲藻。繅，古字也。藻，今字也。同物同音。"《周禮·春官·典瑞》："王晉大圭，執鎮圭，繅藉五采五就，以朝日；公執桓圭，侯執信圭，伯執躬圭，繅皆三采三就；子執穀璧，男執蒲璧，繅皆二采再就，以朝、覲、宗、遇、會、同于王。"鄭玄注："繅有五采文，所以薦玉。木爲中榦，用韋衣而畫之。"《說文》："繅，繹繭爲絲也。从糸，巢聲。"《名義》："繅，蘓高反。緣[繰]字也。"吕氏校釋："《殘卷》作'繰'。緣同繰。"按：《殘卷》不作"繰"（見上引）。"緣"或作"綠"，為"繰"之俗寫，猶"操"或作"摻"。[③] 王仁昫《刊謬補缺切韻·豪韻》（P.2011）："騷，蘇遭反。……綠，絡繭取絲。又七聊反，深色紺。又所銜反，旗垂皃。正作繅。"《新撰字鏡》："繅，正。蘓高反，平。借子老反，上。夫人繅，三盆手。三淹也。凢繅，每淹大捴而手振以出丝也。"

---

① 《説文》："璅，石之似玉者。从玉，巢聲。"與"冕流玉繅"義無涉。又："璪，玉飾如水藻之文。从玉，喿聲。《虞書》曰：璪火黺米。"《名義》："璅，子道反。璪也。"

② 《説文》："藻，水艸也。从艸，从水，巢聲。《詩》曰：于以采藻。藻，藻或从澡。"《名義》："藻，績道反。落[藻]字。"

③ 《吕氏春秋·古樂》："昔葛天氏之樂，三人操牛尾，投足以歌八闋。"畢沅新校正："操，舊作摻，俗字。"

綤，《字書》古文繅字。

《名義》："綤，古繅字。"《新撰字鏡》："繅，正。蘓髙反，平。借子老反，上。夫人繅，三盆手。三淹也。凡繅，每淹大捻而手振以出丝也。綤，上字。"按：《說文》"巢"字作"𡿺"，可隸定為"𡿺"，"綤"字右旁當即"𡿺"字省略"巛"而略有變形。

繹，曳石反。《尓雅》："繹，陳也。"野王案：《尚書》"克猶繹之"、《毛詩》"會同有繹"是也。《韓詩》："四牝［牡］繹繹。繹繹，盛皀也。"《論語》："繹之為貴。"馬融曰："尋繹行之為貴也。"《方言》："繹，長也。""繹，理也，絲曰繹之。"郭璞曰："言觧釋［繹］之也。"又曰："眷［羞］繹，言既廣又大也。東甌之間或謂之眷［羞］繹。"郭璞曰："東甌，越地，今臨海不［永］寧是也。"《說文》："柚［抽］絲也。"《廣雅》："繹，事也。""繹，終也。""繹，充也。"又祭之繹，《蒼頡萹》為饆字，在食部。[①] 種生繹ㄋ［之繹］為釋字，在耒部。[②] 司補［捕］睪［辠］人為睪字，在幸［㚔］部。[③] 終猒之繹為斁字，在文［攵］部。[④]

《爾雅·釋詁上》："繹，陳也。"《尚書·立政》："自古商人亦越我周文王，立政、立事、牧夫、準人，則克宅之，克由繹之，兹乃俾乂。"孔安國傳："言用古商湯，亦於我周文王立政、立事，用賢人之法能居之於心，能用陳之，此乃使天下治。"《詩經·小雅·車攻》："赤芾金舄，會同有繹。"毛傳："繹，陳也。"《詩經·大雅·韓奕》："四牡奕奕，孔脩且張。"又《小雅·車攻》："駕彼四牡，四牡奕奕。"《文選·楊雄〈甘泉賦〉》："是時未轃夫甘泉也，迺望通天之繹繹。"李善注薛君《韓詩章句》曰："繹繹，盛貌。"《論語·子罕》："巽與之言，能無說乎？繹之為貴。"何晏集解引馬融曰："巽，恭也。謂恭孫謹敬之言，聞之無不說者，能尋繹行之乃為貴。"《方言》卷一："繹，長也。"又卷六："紕、繹、督、雉，理也。秦晉之間曰紕。凡物曰督之，絲曰繹之。"郭璞注："言解繹也。"又卷二："羞繹，紛毋，言既廣又大也。東甌之間或謂之羞繹，紛毋。"

---

① 《名義》："饆，餘石反。祭也。"《玉篇》："饆，余石切。祭之明日又祭曰饆。"字亦作"襗"。《玉篇》："襗，音亦。祭之明日又祭。殷曰肜，周曰襗。亦作繹。"

② 《名義》："釋，餘石反。耕也，調，生也。"

③ 《說文》："睪，目［司］視也。从横目，从㚔。令吏將目［司］捕罪人也。"《名義》："睪，餘石反。伺視也，調也，樂也。"吕校本作"司補睪人為睪字，在幸部"，誤。

④ 《說文》："斁，解也。从攴，睪聲。《詩》云：服之無斁。斁，厭也。一曰：終也。"《名義》："斁，余石反，都故反也。觧，義，猒。"

郭璞注："東甌，亦越地，今臨海永寧是也。"《説文》："繹，抽絲也。从糸，睪聲。"《廣雅・釋詁四》："繹，終也。"又："繹，充也。"《殘卷》引《廣雅》："繹，事也。"今本《廣雅・釋詁三》作"縡，事也"。[①]"縡""繹"形近，疑《殘卷》誤。《慧琳音義》卷十一《大寶積經序》音義："尋繹，盈益反。《方言》云：'繹，理也，長也。'《廣雅》：'繹，事也，終也。'"蓋亦據《玉篇》。《玄應音義》卷九《大智度論》卷五三音義："尋繹，夷石反。《方言》：'繹，理也。'《三蒼》：'繹，抽也，解也。'"《名義》："繹，曳石反。陳也，長也，理也，事也，终也，充也。"《新撰字鏡》："繹，羊益反。理也，陳也，長也，終也，充也。"《類聚名義抄》："尋繹，《玉》云：'陳也，長也，事也，終也，充也。'"（297•3）

緒，詞旅反。《毛詩》："纘禹之緒。"傳曰："緒，業也。"《尓雅》："舒、業、敘、従，緒也。"郭璞曰："謂端緒也。"又曰："緒，事也。"《楚辞》："欸秋之緒風。"王逸曰："緒，餘也。"野王案：謂殘餘也。《荘子》"曩者先生有〈緒〉言"是也。《説文》："絲端也。"《廣雅》："緒，末也。"

《詩經・魯頌・閟宫》："奄有下土，纘禹之緒。"毛傳："緒，業也。"鄭玄箋："緒，事也。"《爾雅・釋詁上》："舒、業、順，敘也。"郭璞注："皆謂次序。"又："舒、業、順、叙，緒也。"郭璞注："四者又為端緒。"《殘卷》改"順"為"従"乃避諱。《爾雅・釋詁上》："緒，事也。"《楚辭・九章・涉江》："乘鄂渚而反顧兮，欸秋冬之緒風。"王逸注："緒，餘也。"[②]《莊子・漁父》："曩者先生有緒言而去，丘不肖，未知所謂。"《莊子・讓王》："道之真以治身，其緒餘以為國家，其土苴以治天下。"陸德明音義："緒餘，並如字。徐上音奢，下以嗟反。司馬、李云：'緒者，殘也。'謂殘餘也。"《慧琳音義》卷五一《成唯識寶生論》卷四音義："問緒，徐與反。郭璞注《尓雅》云：'緒謂端緒也。'又曰：'緒，事也。'《毛詩傳》曰：'緒，業也。'王逸注《楚辭》云：'緒，餘也。'《説文》：'緒，端也。從糸者聲。'"《説文》："緒，絲耑也。从糸，者聲。"《名義》："緒，訶［詞］旅反。業也，事也，餘，束也，丝端。"吕氏校釋：

① 《廣雅・釋詁三》："縡，事也。"王念孫疏證："《堯典》：'有能奮庸熙帝之載。'《史記・五帝紀》'載'作'事'。《大雅・文王篇》：'上天之載。'毛傳云：'載，事也。'《漢書・揚雄傳》：'上天之縡。'縡與載通。"按："堯典"當作"舜典"。《新撰字鏡》："縡，止［？］代反，事也，載也。"

② 張傑《〈玉篇殘卷・糸部〉校證》（河北大學碩士論文 2017 年）認為"'秋'後脱'冬'字"，可從。

“《殘卷》作‘詞旅反’。《殘卷》引《廣雅》作‘末也’。《名義》‘束也’當作‘末也’。”按：此説可從。《新撰字鏡》：“緒，徐吕、緒旅二反。業也，端也，末也。”

緬，弭善反。《穀梁傳》：“改塟之礼緦，舉下，緬也。”劉兆曰：“緬謂輕而薄也。”《國語》：“緬然引領南望。”賈逵曰：“緬，思皀也。”《説文》：“微絲也。”

《穀梁傳·莊公三年》：“改葬之禮緦，舉下，緬也。”《國語·楚語上》：“彼懼而奔鄭，緬然引領南望。”韋昭注：“緬猶邈也。”《慧琳音義》卷二一轉録慧苑《新譯大方廣佛花嚴經音義》卷上：“緬惟，上彌演反。賈逵注《國語》曰：‘緬，思皃也。’”又卷十《新譯仁王經序》音義：“緬尋，綿典反。賈注《國語》云：‘緬，思也。’《説文》：‘微絲也。從糸，面聲。’”又卷八八《集沙門不拜俗議》卷一音義：“緬至，彌衍反。賈注《國語》：‘緬，思貌。’劉兆注《公羊》：‘輕而薄也。’[①]《説文》：‘從糸，面聲。’亦作絤。”《説文》：“緬，微絲也。从糸，面聲。”《名義》：“緬，弭善反。微丝也。”《新撰字鏡》：“緬，亡善反，上。微縷也，遠也，思也，輕也，遥也。”《類聚名義抄》：“緬，《玉》云：‘微絲也。’”（293•3）

䋖［絤］，《字書》⺈緬字也。

《名義》：“緬，弭善反。微丝也。絤，上字。”吕氏校釋：“此字頭原訛。”按：此字頭原作“䋖”，右旁為“丏”之俗寫。[②]《新撰字鏡》：“緬，亡善反，上。微縷也，遠也，思也，輕也，遥也。䋖，上同。”

純，時均［均］反。《論語》：“麻冕，礼也，今也純，儉。”孔安國曰：“古者績麻卅升，布以為冕，今絲易成，故儉也。”《尚書》：“政事惟純。”孔安國曰：“純，粹也。”野王案：純，至美也。《周易》“大㦲，乹乎！堅強中正，純粹精也”是也。又曰：“嗣尔股肱純。”孔安國曰：“為純一之行也。”《儀礼》：“二筭［筭］為純。”

---

① 《隋書·經籍志一》載“《春秋公羊穀梁傳》十二卷，晉博士劉兆撰”。《舊唐書·經籍志上》載“《春秋公羊穀梁左氏集解》十一卷，劉兆撰”。此處當作“劉兆注《穀梁》”。

② 《可洪音義》“沔”作‘汅’，“眄”作“眄”。參韓小荆《〈可洪音義〉研究》第589頁，巴蜀書社2009年。

鄭玄曰："純猶令［全］也。"《考工記》："諸侯純九，大夫純五。"鄭玄曰："純猶皆也。"《左氏傳》："潁［潁］考埘，純孝也。"杜預曰："純，薦也。"《國語》："守終純固。"賈逵曰："純，專也。"《論語》："縱之純如也。"何晏曰："純純，和諧也。"《尒雅》："大也。"野王案：《尚書》"純祐康［秉］德"、《毛詩》"錫尒純嘏"是也。《方言》："純，好也。"又曰："純，文也。"《廣雅》："純，績也。""純，絲也。"鄭玄注《礼記》："古文緇字或作絲［糸］旁才。"所以書家多誤以緇為純字。《説文》以專、粹、皆、一之純為醇字，在酉部。[①] 訓大之純為奄字，在大部。[②] 又音之潤、之允二反。[③]《周礼》："凡立市，出其度量純制。"杜子春曰："純謂幅廣［廣］也。"又曰："司几莚常設莫［莞］席〈紛〉純。"鄭衆曰："純，緣也。"《儀礼》："純衣緇帶。"鄭玄曰："純，絲衣也。"《穆天子傳》："獻錦組百純。"郭璞曰："純，端名也。《周礼》'純帛不過五兩'是也。"又音徒損反。《毛詩》："白莠［茅］純束。"傳曰："純，苞之也。"

《論語·子罕》："子曰：'麻冕，禮也。今也純，儉，吾從衆。"何晏集解引孔安國曰："冕，緇布冠也。古者績麻三十升，布以為之。純，絲也。絲易成，故從儉。"《尚書·説命中》："惟厥攸居，政事惟醇。"孔安國傳："其所居行皆如所言，則王之政事醇粹。"《慧琳音義》卷六四《優波離問佛經》音義："純尨，上殊倫反。鄭注《儀禮》云：'純，不雜也。'顧野王案：'純，至美也。'"《周易·乾》："大哉，乾乎！剛健中正，純粹精也。"《尚書·酒誥》："妹土嗣爾股肱純，其藝黍稷，奔走事厥考厥長。"孔安國傳："今往，當使妹土之人繼汝股肱之教，為純一之行，其當勤種黍稷，奔走事其父兄。"《儀禮·鄉射禮》："二筭為純。"鄭玄注："純猶全也。"《周禮·考工記·玉人》："諸侯純九，大夫純五，夫人以勞諸侯。"鄭玄注："純猶皆也。"《左傳·隱公元年》："君子曰：'潁考叔，純孝也。'"杜預注："純猶篤也。"《國語·周語上》："吾聞夫犬戎樹惇，能帥舊德而守終純固，其有以禦我矣！"韋昭注："純，專也。"[④]《論語·八佾》："始作翕如也，從之純如也、皦如也、繹如也以成矣。"何晏集解："從讀曰縱也。言五音既發，放縱盡其聲，純純如和諧也。"《爾雅·釋詁上》："純，大

① 《説文》："醇，不澆酒也。从酉，𦎧聲。"《名義》："醇，時均［均］反。粹，皆，薦，專。"

② 《説文》："奄，大也。从大，屯聲。讀若鶉。"《名義》："奄，視均反。大。"

③ △吕校本"允"字誤作"九"。《續修四庫全書》本作"九"，當是"允"字。《經典釋文》卷二九《爾雅·釋器》音義："純，之閏反，又章允反。"又卷十三《禮記·雜記下》音義："純以，之閏反，又支允反。"《漢書·揚雄傳上》："皇車幽輵，光純天地。"顏師古注："純音之允反。"反切下字均作"允"，堪為佐證。

④ 《文選·枚乘〈七發〉》："純馳浩蜺，前後駱驛。"李善注引賈逵《國語注》曰："純，專也。"

也。”《尚書·君奭》：“亦惟純佑，秉德，迪知天威，乃惟時昭文王。”孔安國傳：“文王亦如殷家，惟天所大佑。”[①]《詩經·小雅·賓之初筵》：“錫爾純嘏，子孫其湛。”鄭玄箋：“純，大也。”《方言》卷十三：“純，好也。”又：“純，文也。”《廣雅·釋器》：“純、續，絲也。”曹憲音“辭足”。《殘卷》“績”似當為“續”字之訛。《禮記·玉藻》：“天子佩白玉而玄組綬，公侯佩山玄玉而朱組綬，大夫佩水蒼玉而純組綬，世子佩瑜玉而綦組綬，士佩瓀玟而緼組綬。”鄭玄注：“純當為緇，古文緇字或作絲旁才。”《禮記·祭統》：“是故天子親耕於南郊，以共齊盛；王后蠶於北郊，以共純服。”孔穎達疏：“凡言純者，其義有二：一絲旁才，是古之緇字；二是絲旁屯，是純字。但書文相亂，雖是緇字，並皆作純。”△按：“緇”字古文作“紂”，“純”字俗字作“紝”，兩者形近。《周禮·天官·內宰》：“凡建國，佐后立市，設其次，置其叙，正其肆，陳其貨賄，出其度量淳制，祭之以陰禮。”鄭玄注：“故書淳爲敦，杜子春讀敦爲純。純謂幅廣也。”《周禮·春官·司几筵》：“凡大朝覲、大享射，凡封國、命諸侯，王位設黼依，依前南鄉，設莞筵紛純，加繅席畫純，加次席黼純，左右玉几。”鄭玄注引鄭衆云：“純讀爲均服之均。純，緣也。”《儀禮·士冠禮》：“爵弁，服纁裳，純衣，緇帶，韎韐。”鄭玄注：“純衣，絲衣也。”《穆天子傳·古文》：“乃執白圭玄璧以見西王母，好獻錦組百純，□組三百純。”郭璞注：“純，疋端名也。《周禮》曰：‘純帛不過五兩。’”《詩經·召南·何彼襛矣》：“林有樸樕，野有死鹿，白茅純束。”毛傳：“純束，猶包之也。”陸德明音義：“純，徒本反。沈云：鄭徒尊反。”《慧琳音義》卷四六《大智度論》卷五音義：“純淑，時均反。《尚書》：‘政事唯純。’孔安國曰：‘純，粹也。’謂專精純一也。《尒雅》：‘純，大也。’《方言》：‘純，好也。’”《説文》：“純，絲也。从糸，屯聲。《論語》曰：今也純儉。”《名義》：“純，時均［均］反。粹也，至美也，合［全］也，缘也，文也，皆也，專也，大也，好也。”吕氏校釋：“《殘卷》作‘野王案：純，至美也’。《名義》‘合也’未詳，疑當作‘全也’。”按：《殘卷》誤作“令”，當作“全”。《新撰字鏡》：“紝，正。時均反，平。絲也，粹也，皆也，階也，全也，萬也，專也，續絲也，謂精也，大也，好也。淳字同，借之閏反，去。又從［徒］損反，上。”《類聚名義抄》：“純淑，《玉》云：‘令［全］也，緣也，文也，皆也，篤也，專也。’”（293•4）

① 張傑《〈玉篇殘卷·糸部〉校證》（河北大學碩士論文 2017 年）認為“殘卷用‘康’不用‘秉’，應是唐人避唐世祖李昞之諱而改”，恐非是。《殘卷》誩部“竸”字條、龠部“龠”字條下均見“秉”字。“竸”字條下“秉”作“秉”，“龠”字條下“秉”作“秉”，均與“康”形近。《可洪音義》卷廿一《佛本行讚》卷七音義：“康炬，上音丙，執持也。正作秉也，悞。”又卷十七《根本説一切有部毗奈耶頌》卷五音義：“不康，音丙。”《名義·禾部》“稈”字條下“秉”作“康”，“秉”與“康”形同。

綃，思燋反。《礼記》："綃黼［黼］丹朱中衣。"鄭玄曰："綃，繒名也。《詩》玄［云］'素衣朱綃'是也。"① 又曰："綃幕，魯也。"鄭玄曰："綃，縑也。"又曰："君子狐青裘，衣［玄］綃衣以裼［裼］之。"鄭玄曰："綃，綺属也。"《説文》："生絲也。"《蒼頡萹》："綃，素也。""綃，緯也。"

《慧琳音義》卷三六《大日經》卷七音義："綃縠，上音消。鄭注《礼記》云：'綃，繒，古今名也。'《毛詩傳》：'綃，縑也。'又云：'綺屬也。'"《禮記·郊特牲》："臺門而旅樹，反坫，繡黼丹朱中衣，大夫之僭禮也。"鄭玄注："繡讀為綃。綃，繒名也。《詩》云：'素衣朱綃。'"《禮記·檀弓上》："布幕，衛也；縿幕，魯也。"鄭玄注："縿，縑也。縿讀如綃。"② 陸德明音義："縿音綃，徐又音蕭。"按：此蓋以"縿"為"繰"。《禮記·玉藻》："君子狐青裘豹褎，玄綃衣以裼之。"鄭玄注："綃，綺屬也。"《説文》："綃，生絲也。从糸，肖聲。"《玉篇》："綃，思焦切，生絲也，素也，緯也。"《名義》："綃，思燋也。缣也，生丝也，素也，緯也。"吕氏校釋："'思燋也'當作'思燋反'。"《新撰字鏡》："綃，私遙反，平。生絲繒曰綃，謂頸鬢也，③ 綺也，緯也，素也，生絲也，縫也，縠也。"《類聚名義抄》："綃縠，《玉》云：'繒名也，縊［缣］也，生絲也，素、緯也。'"（293•6）

緒，口皆反。《説文》："大絲也。"

《説文》："緒，大絲也。从糸，皆聲。"王仁昫《刊謬補缺切韻·皆韻》（P.2011）："揩，客皆反。……緒，大絲。"《名義》："緒，口皆反。大絲也。"《新撰字鏡》："緒，口皆反。絲大。"

絖，呼光反。《説文》："絲蔓莚也。"

《説文》："絖，絲曼延也。从糸，巟聲。"《玉篇》："絖，呼光切，絲曼延也。"

① 吕校本作"《詩》玄素衣朱綃是也"，誤。
② 《廣雅·釋器》："繰謂之缣。"曹憲音"早"。
③ 《玄應音義》卷十五《十誦律》卷三音義："頭綃，私遥反。《通俗文》云：'生絲繒曰綃。'謂頭鬢也。"上引"頸鬢"當作"頭鬢"，為"頭綃"之釋義。

《名義》："統，呼光反。丝蔦莚也。""蔦莚""曼延""蔓莚"音義同。王仁昫《刊謬補缺切韻·唐韻》（P.2011）："統，絲延。"《新撰字鏡》："統，古光反，絲懮也。"均誤。

紇，音齕（反）。《說文》："絲下也。《春秋》有臧孫紇。"

《說文》："紇，絲下也。从糸，气聲。《春秋傳》有臧孫紇。"《名義》："紇，音齕（反）。丝下。"吕氏校釋："'音齕反'衍一'反'字，為直音法。"按：《名義》沿《殘卷》之誤。《新撰字鏡》："紇，相［胡］結（反）、下沒二反。"

紙［紙］，丁奚反。《說文》：'絲滓［滓］也。'"

《說文》："紙，絲滓也。从糸，氏聲。"王仁昫《刊謬補缺切韻·齊韻》（P.2011）："佂，當兮反。……紙，絲滓。"《名義》："紙，丁奚反。丝滓。"《新撰字鏡》："紙，丁奚反。丝滓。紑，上字。"

繠，餘均反。《說文》："繠，絲色也。"

《說文》："繠，絲色也。从糸，樂聲。"《名義》："繠，餘均反。"《新撰字鏡》："繠，余灼反。絲色。"

絓，胡卦反。《左氏傳》："驂絓於木而止。"野王案：絓猶礙也，離遇也。《淮南》"飛鳥不動，不絓冈羅"是也。《楚辞》："心結絓而不解。"王逸曰："絓，縣也。"《方言》："絓，持［特］也。晉曰絓。"《說文》："爾［璽］牓［滓］絓頭以作纁絮。一曰：繫繠也。"《廣雅》："絓，止也。""絓，獨也。"《聲類》："有所儗也。"

《左傳·成公二年》："將及華泉，驂絓於木而止。"《淮南子·兵略》："虎豹不動，不入陷阱；麋鹿不動，不離罝罘；飛鳥不動，不絓網羅；魚鼈不動，不擐脣喙。”《楚辭·九章·悲回風》：“心絓結而不解兮，思蹇産而不釋。”王逸注：“絓，懸。”舊注：“一作結絓。”《方言》卷六：“絓、挈、僥、介，特也。楚曰僥，晉曰絓，秦曰挈。物無耦曰特，獸無耦曰介。”《殘卷》“持”當為“特”字之訛，《名義》沿《殘卷》之誤。《説文》：“絓，繭滓絓頭也。一曰：以囊絮練也。从糸，圭聲。”《廣雅·釋詁三》：“挂，止也。”“挂”與“絓”通。《廣雅·釋詁三》：“絓，獨也。”《慧琳音義》卷八一《三寶感通傳》卷中音義：“絓是，上胡卦反。王逸注《楚辭》云：‘絓，懸也。’《方言》：‘持也。’《左傳》云：‘驂絓於木而止也。’顧野王云：‘礙。’”又卷八六《辯正論》卷六音義：“網絓，下華卦反。顧野王云：絓，礙也。《淮南子》云：‘飛鳥不動，不絓網羅也。’”又卷九六《弘明集》卷十一音義：“絓諸，上瓜華反，音卦。《廣疋》云：‘絓，止也。’《聲類》：‘有所礙也。’《方言》：‘持也。’《説文》：‘繭滓絓頭作囊絮。從糸，圭聲。’”《殘卷》“閡”與“礙”音義同，吕校本作“凝”，改為“礙”。《玉篇》：“絓，胡卧［卦］切，止也，有行［所］礙也，懸也，持［特］也。”《名義》：“絓，胡卦反。礙也，懸也，持［特］也，止也，獨也。”吕氏校釋：“《殘卷》引《楚辭》王逸注曰：‘絓，縣也。’引《方言》曰：‘絓，持也。’”《類聚名義抄》：“絓，《玉》云：‘胡卦反。礙也，懸也，持［特］也，止也，獨也。’”（297•4）

繀，蘓對反。《方言》：“繀車，趙魏之間謂之歷鹿車，東斉海岱之間謂之道軌。”《説文》：“著絲扵筟車。”

《方言》卷五：“繀車，趙魏之間謂之轣轆車，東齊海岱之間謂之道軌。”郭璞注：“蘇對反。”《廣雅·釋器》：“繀車謂之麻鹿，道軌謂之鹿車。”張揖蓋誤讀《方言》為“繀車，趙魏之間謂之轣轆。轆車，東齊海岱之間謂之道軌”。《説文》：“繀，著絲於筟車也。从糸，崔聲。”《名義》：“繀，籀［蘓］對反。”吕氏校釋：“籀同籕。《殘卷》作‘蘓對反’。”按：《名義》當作“蘓對反”。《新撰字鏡》：“繀，先內反，去。車也。”

經，雞迮反。《尚書》：“弗克經歷。”孔安國曰：“經久歷遠也。”又曰：“寧失不經。”孔安國曰：“經，常也。”又曰：“䑓既得下［卜］則經營。”孔安國曰：“則經營軏［軌］度之也。”《周礼》：“體國經野。”鄭玄曰：“經謂為之里數也。”鄭衆曰：“營國方九里，國中九經九緯。”又曰：“六典，一曰治典，水［以］經邦國。”鄭玄曰：“經，法也。”又曰：“司市分地而經市。”鄭玄曰：“經，界也。”又曰：

“逐［遂］人掌邦之野，經田𡌪［野］[①]，造縣鄙形體之〈瀴〉。”鄭玄曰：“經、形體皆謂制分界也。”《周易》：“顛頤，拂經于丘。”王弼曰：“經猶義也。”《考工記》：“輈欲孤［弧］而无折，經而无絶。”鄭玄曰：“經夂謂従理也。”《毛詩》：“經之營之。”傳曰：“經，度也。”《公羊傳》：“霊王經而死。”何休曰：“經，自經也。”《大戴礼》：“凡地，東西為緯，南北為經。”《尓雅》：“角謂之經。”郭璞曰：“五音別名也。其義未詳。”[②]《風俗通》：“一［十］千曰萬，十萬曰億，十億曰兆，十兆曰經。”《說文》：“經，織也。”《廣雅》：“經，俓也。”“經，絞也。”“經，示也。”[③]

《尚書·君奭》：“天命不易，天難諶。乃其墜命，弗克經歷。”孔安國傳：“天命不易，天難信。無德者乃其墜失王命，不能經久歷遠，不可不慎。”《尚書·大禹謨》：“與其殺不辜，寧失不經。”孔安國傳：“經，常。”《尚書·召誥》：“厥既得卜，則經營。”孔安國傳：“其已得吉卜，則經營規度城郭、郊廟、朝市之位處。”《周禮·天官·序》：“惟王建國，辨方正位，體國經野，設官分職，以爲民極。”郑玄注：“經謂爲之里數。”又引鄭衆云：“營國方九里，國中九經九緯。左祖右社，面朝後市，野則九夫爲井，四井爲邑之屬是也。”《周禮·天官·大宰》：“大宰之職，掌建邦之六典，以佐王治邦國。一曰治典，以經邦國，以治官府，以紀萬民。”鄭玄注：“經（也），瀴也。”《周禮·地官·司市》：“司市掌市之治、教、政、刑、量度、禁令，以次敘分地而經市。”鄭玄注：“經，界也。”《周禮·地官·遂人》：“遂人掌邦之野，以土地之圖經田野，造縣鄙形體之瀴。”鄭玄注：“經、形體皆謂制分界也。”《周易·頤》：“六二，顛頤，拂經于丘，頤征凶。”王弼注：“經猶義也。”《周禮·考工記·輈人》：“輈欲弧而〈無〉折，[④]經而無絶。”鄭玄注：“經亦謂順理也。”[⑤]《詩經·大雅·靈臺》：“經始靈臺，經之營之。”毛傳：“經，度之也。”《公羊傳·昭公十三年》：“衆罷而去之，靈王經而死。”何休解詁：“君因自經，故加弑也。”徐彦疏：“經者，謂懸縊而死也。”《大戴禮記·易本命》：“凡地，東西為緯，南北為經。”《爾雅·釋樂》：“宮謂之重，商謂之敏，角謂之經，徵謂之迭，羽謂之柳。”郭璞注：“皆五音之別名，其義未詳。”《玄應音義》卷三《光讚般若經》

① “𡌪”字，吕校本録作“墅”。△按：今本《周禮》作“野”。《龍龕》：“墅，以者反，郊外也。又石頙［預］反，村墅也。”“以者反”即為“野”字，字形與“𡌪”相近。
② 吕校本“詳”誤作“祥”。
③ 吕校本“示”作“梳”，恐非。
④ 阮元挍勘記：“各本‘而’下有‘無’字，此本脱。”
⑤ 《殘卷》改“順”為“従”，避諱。

卷一音義：“垓刼，古文姟、奒二形，今作姟，同，古才反。數名也。《風俗通》曰：‘十億曰丠，十丠曰經，十經曰姟。’姟猶大數也。”[①]《説文》：“經，織也。从糸，巠聲。”《廣雅·釋言》：“經，徑也。”《廣雅·釋詁四》：“經，絞也。”又：“經，示也。”《慧琳音義》卷二七轉録大乘基《法花音訓》：“經，貫穿也，攝也。《玉篇》云：‘久也，常也，經營規求也，經里數也，法也，理也，度也。凡東西爲緯，南北爲經。’”《名義》：“經，雞迋反。常也，法也，界也，義也，度也，識也，侄也，示也。”《名義》“識也”當作“織也”。“侄”同“徑”。《新撰字鏡》：“絰、經，二同。奚［雞］迋反，平。儀也，常也，法也，界也，織也，典也，識也，亦［示］也，度也，經［徑］也，絞也。”《類聚名義抄》：“經緯，《玉》云：‘常也，法也，界也，義也，度也，織也，徑也，示也；經歷，經久歷遠也；從理也，角謂之經也，五音別名也，絞也。’”（287•5）

織，之力反。《國語》：“親織玄紞。”野王案：設經緯以機織繒布也。《礼記》“治絲爾［璽］，織紝組紃”是也。又曰：‘組織地德。’賈逵曰：“織，成也。”《説文》：“作布帛之総名也。”又音之貮反。《尚書》：“厰篚織文。”孔安國曰：“錦綺之属也。”又曰：“梁州貢織皮。”孔安國曰：“今之罽也。”《毛詩》：“織文鳥章。”戔云：“織（文），徽幟也。”《礼記》：“士不衣織。”鄭玄曰：“染絲織之也。”旍旗徽織為幟字也，在巾部。[②]

《國語·魯語下》：“王后親織玄紞。”《禮記·內則》：“執麻枲，治絲繭，織紝組紃，學女事，以共衣服。”《國語·魯語下》：“是故天子大采朝日，與三公、九卿祖識地德。”韋昭注：“《禮》：‘天子以春分朝日，示有尊也。’虞説云：‘大采，衮織也；祖，習也；識，知也；地德，所以廣生。’昭謂《禮·玉藻》：‘天子玄冕以朝日。’玄冕，冕服之下，則大采非衮織也。《周禮》：‘王者搢大圭，執鎮圭，藻五采五就以朝日。’則大采謂此也。言天子與公卿因朝日以修陽政而習地德，因夕月以治陰教而糾天刑。日照晝，月照夜，各因其照以修其事。”今本“織”作“識”，訓為“知也”，與《殘卷》所引不同。《説文》：“織，作布帛之總名也。从糸，戠聲。”《尚書·禹貢》：“厥貢漆絲，厥篚織文。”孔安國傳：“織文，錦綺之屬。”又：“厥貢……熊、羆、狐、貍織皮。”孔安國傳：“貢四獸之皮。織，金罽。”《史記·夏本紀》：“貢……熊、羆、狐、貍、織皮。”裴駰集解引孔安國曰：“貢四獸之皮也。織皮，今罽也。”與《殘卷》合，今本《尚書》“金”為“今”

---

① 唐李籍《九章算術音義》：“十萬曰億，十億曰兆，十兆曰京。”“京”與“經”音義同。
② 《名義》：“幟，昌志反。幡。”

之訛。《詩經・小雅・六月》："織文鳥章，白旆央央。"鄭玄箋："織，徽織也。"《禮記・玉藻》："士不衣織。"鄭玄注："織，染絲織之。"《名義》此字缺。《玉篇》："織，之力切，作帛布之緫名。又之異切，織文錦綺之屬。"《新撰字鏡》："織，正。之力反，入。借之貳反，去。作布帛之捴名。幟同。綿［錦］綺之属。絬、紶，二上同。"《類聚名義抄》："圭織，《玉》云：'成也。'"（294•7）

絬，《說文》："樂浪挈令織字也。"《字書》："古文織字也。"

《說文》："絬，樂浪挈令：織，从糸，从式。"徐鉉以為"《挈令》，蓋律令之書也"，若其說是，則當標點作"《說文》：'《樂浪契令》織字也'"。《殘卷》"㓞"為"契"之俗字，其字本從"大"，俗從"廾"，即"𠬞"。《說文》載"揚雄說：収从兩手"，"挈"當即"㓞"字。《玉篇》："織，之力切，作帛布之緫名。又之異切，織文錦綺之屬。絬、紶，並古文。"《類聚名義抄》："絬，《玉》云：'上古字也。'"（295•2）

紶，《字書》亦古文織字也。

《玉篇》："織，之力切，作帛布之緫名。又之異切，織文錦綺之屬。絬、紶，並古文。"《類聚名義抄》："紶，《玉》云：'上古文。'"（295•2）

紝，如深、女林二反。《左氏傳》："以執斵、執鍼、織紝皆百人。"杜預曰："執鍼，女工也。紝織［織紝］，織繒布者也。"[①]《說文》："紝，機上縷也。"

《左傳・成公二年》："以執斵、執鍼、織紝皆百人，公衡爲質。"杜預注："織紝，織繒布者。"《說文》："紝，機縷也。从糸，壬聲。"《慧琳音義》卷九八《廣弘明集》卷十三音義："機紝，任蔭反。《考聲》：'機織縷也。'杜注《左傳》云：'執斵，匠人；執鍼，女工；織紝，織布者也。'《說文》：'機上縷也。紝，或作紝也。'"《詩經・召南・采蘋・序》："《采蘋》，大夫妻能循法度也。"毛傳："女子十年不出姆教，

① 其中"紝織"旁有乙字符號"〼"。

婉娩聽從，執麻枲，治絲繭，織紝組紃，學女事以共衣服。”陸德明音義：“紝，女金反，何如鴆反，繒帛之屬。”《名義》：“絍，如深反。繒布。”《新撰字鏡》：“絍、絍，二同，汝鴆反。女工也，織絍也。”又：“纴，如林反。織也。”

絍，《説文》忽絍字也。

《説文》：“紝，機縷也。从糸，壬聲。絍，紝或从任。”《名義》：“絍，如深反。繒布。絍，维［絍］字。”吕氏校釋：“‘维字’當作‘絍字’。”

綜，子宗反。《列女傳》：“織可以喻治政，推而往弘而來者，綜也。綜可以為閞内師。”野王案：《説文》：“機縷持丝交者也。”[①]《太玄經》：“乃綜（也）于名。”宋忠曰：“所以紀綜之也。”[②]

《列女傳·母儀傳·魯季敬姜》：“推而往引而來者，綜也。綜可以為關內之師。”《殘卷》“閞”同“關”，吕校本誤作“開”。《説文》：“綜，機縷也。从糸，宗聲。”《太玄·玄首都序》：“贊上羣綱，乃綜乎名。”《慧琳音義》卷二四《方廣大莊嚴經》卷十二音義：“該綜，下子宋反。宋忠註《大玄經》曰：‘綜，紀也。’《説文》：‘綜，機縷持絲（文）交者也。從糸，宗聲也。’”又卷二九《金光明冣勝王經》卷八音義：“博綜，下宗宋反。《烈女傳》云：‘織者可以喻治政，推而往引而來者曰綜。’顧野王云：‘機縷持絲交者也，綜理絲縷使不相亂曰綜。’[③]”《名義》：“綜，子宋反。列，機績丝交者也。”吕氏校釋：“《殘卷》作‘子宗反。《列女傳》：“織可以喻治政，推而往引而來者，綜也。”……野王案，《説文》：“機縷持絲交者也”’。”《名義》“列”為誤訓（誤以《列女傳》

---

① 張傑《〈玉篇殘卷·糸部〉校證》（河北大學碩士論文 2017 年）認為“野王案語是引《説文》解釋《列女傳》的‘綜’字，蓋《列女傳》原無注，故野王引《説文》而釋之，以‘野王案’形式出現，此種引甲而釋乙的注釋方式，為原本《玉篇》之一通例”。按：《列女傳》原雖無注，但“推而往引而來者，綜也”亦可看作“綜”字之釋義。且顧氏所引《説文》之釋義，未必切合《列女傳》。就“通例”而言，《玉篇》殘卷基本格式往往是先列乙書之文句，再用“野王案”引出甲書，但甲書後一般都有“是也”或“是”。

② 此處據文意似當作“綜，所以紀之也”。《慧琳音義》卷六二《根本説一切有部毗奈耶雜事律》卷二十音義引宋忠注《太玄經》云：“綜，所以紀也。”

③ 《慧琳音義》卷三四《稱讚大乘功德經》音義：“綜攝，上子宋反。《列女傳》：‘織可以喻治政，推持絲而往引而來者曰綜。’《説文》：‘機縷交者也。從糸，宗聲也。’”按：此處“推”字下“持絲”二字當置於“機縷”之下，《一切經音義三種校本合刊》失校。

之“列”為義項），“繢”當作“縷”，又脱“持”字。《玄應音義》卷十四《四分律》卷五一音義：“綜練，子送反。《説文》：‘機縷持絲交者也。’”《名義》“子宋反”不誤，《殘卷》“宋”誤作“宗”。《玉篇》：“綜，子宋切，持絲交。”《新撰字鏡》：“綜，子送反。綩也，絶也，牽也，紀也，習也，理也，集也。錯，廁也，言相間廁也。錯亽挍也，理也。”①

絡［綹］，力九反。《説文》：“維十丝為絡［綹］。”

《説文》：“綹，緯十縷爲綹。从糸，咎聲。讀若柳。”《名義》：“綹，力九反。緯十絲為綹。”吕氏校釋：“‘綹’字原誤。”按：“綹”字原誤作“絡”，《名義》為沿《殘卷》之誤。王筠《説文解字句讀》：“《集韻》：‘絲十為綸，綸倍為綹。’以絲計，非以緯計。”其説是。《説文》“緯十縷爲綹”當作“十縷爲綹”，《名義》“緯十絲為綹”當作“十絲為綹”，“緯”蓋“縷”之訛字（俗字“韋”“婁”形近）。王仁昫《刊謬补缺切韻·有韻》（P.2011）：“綹，十絲為綹。”《新撰字鏡》：“絡［綹］，力九反。十絲為〈綹〉。”堪為佐證。

繢，胡憒反。《礼記》：“纅［緇］布冠繢緌，諸侯之齋冠也。”《蒼頡篇》：“似纂色赤也。”《説文》：“織餘也。”

《禮記·玉藻》：“玄冠朱組纓，天子之冠也；緇布冠繢緌，諸侯之冠也。”鄭玄注：“諸侯緇布冠有緌，尊者飾也。繢或作繪。”《文選·宋玉〈神女賦〉》：“五色竝馳，不可殫形。詳而視之，奪人目精。其盛飾也，則羅紈綺繢盛文章。”李善注：“《蒼頡篇》曰：‘繢，似纂色赤。’”②《説文》：“繢，織餘也。从糸，貴聲。”《名義》：“繢，胡憒反。織餘也。”《新撰字鏡》：“繢，胡對反，去。文章爛然也，畫也。繪字同，織餘也。”又：“繿，其偽反，去。殘繿，織餘。”《類聚名義抄》：“錯繢，《玉》云：‘纅［緇］

① “錯，廁也，言相間廁也。錯亽挍也，理也”應為“錯”字義。《玄應音義》卷二三《顯揚聖教論》卷一音義：“錯綜，祖送反。謂錯要其文綜理其義也。《廣雅》：‘錯，廁也。’言相間廁也。‘綜，捻也。’捻括文義也。錯亦捻［挍］也，挍理也。《説文》：‘綜，機縷也。’謂持絲交者屈繩制經令開合也。綜，紀也，紀領絲别也。”

② 《慧琳音義》卷九六《弘明集》卷六音義：“飾繢，下迴內反。《古今正字》云：‘似綦赤色。從糸，貴聲也。’”“綦”蓋“纂”（俗作“纂”）字之訛。

布冠繢緌，諸侯齊冠也，似纂色赤也，織餘也。’”（296•3）

緯，禹畏反。《左氏傳》：“天地之經緯。”野王案：《大戴礼》：“東西為緯，南北為經。”又曰：“嫠不恤其緯。”杜預曰：“織者常苦緯少，寡婦所宜憂也。”《國語》：“經之以天，緯之以地。”賈逵曰：“經者，道上也；緯者，所〈以〉成經也。”《大戴礼·夏小正》：“畏［農］緯厮表［耒］。”鄭玄曰：“緯，束也。”《說文》：“横織丝也。”[①]《楚辞》或以此為幃字，幃，香囊也，音呼違反，在巾部。[②]

《左傳·昭公二十五年》：“禮，上下之紀，天地之經緯也。”杜預注：“經緯，錯居以相成者。”《大戴禮記·易本命》：“凡地，東西為緯，南北為經。”《左傳·昭公二十四年》：“嫠不恤其緯，而憂宗周之隕，爲將及焉。”杜預注：“嫠，寡婦也。織者常苦緯少，寡婦所宜憂。”陸德明音義：“嫠，本又作釐，力之反。”《國語·周語下》：“經之以天，緯之以地，經緯不爽，文之象也。”韋昭注：“以天之六氣為經，以地之五行為緯而成之。”《大戴禮記·夏小正》：“農緯厥耒。緯，束也。”《說文》：“緯，織横絲也。从糸，韋聲。”《慧琳音義》卷七六《撰集三藏經及雜藏經》音義：“經緯，下為貴反。《大戴禮》：‘東西為緯也。’《國語》云：‘經之以天，緯之以地。’《說文》：‘横成絲也。從糸，韋聲也。’”《玉篇》：“緯，于貴切，横織絲。”《名義》：“緯，禹畏反。束也，横織丝。”《新撰字鏡》：“緯，云貴反。束也，横絲也，囊也。”

緷，古混反。《尔雅》：“百羽謂之緷。”郭璞曰：“別羽數多少之名也。”《說文》：“緷，緈［緯］也。”《廣雅》：“緷，束也。”《埤蒼》：“大束也。”

《爾雅·釋器》：“一羽謂之箴，十羽謂之縳，百羽謂之緷。”郭璞注：“別羽數多少之名。”《說文》：“緷，緯也。从糸，軍聲。”《廣雅·釋詁三》：“緷，束也。”《名義》：“緷，古混反。緯也，束也。”《新撰字鏡》：“緷，古夲反。継也，緯也，

---

① 《慧琳音義》卷九五《弘明集》卷一“讖緯”條音義引《說文》：“横織絲也。從糸，韋聲也。”與今本《說文》異，而與《殘卷》及《名義》同。

② 《楚辭·離騷》：“椒專佞以慢慆兮，榝又欲充夫佩幃。”王逸注：“幃，盛香之囊。”《名義》：“幃，呼韋反。香囊也。”

束也。"

《玉篇》："緷，古本切，大束也。"《周禮·春官·大卜》："其經運十，其别九十。"鄭玄注："運或爲緷，當爲煇。"陸德明音義："緷，胡本反。《字林》云：'大束也。'《説文》音運，云：'緯也。'聶音徽。"《爾雅·釋器》："百羽謂之緷。"陸德明音義："緷，古本反，又户本、苦本二反。《埤蒼》云：'大束也。'"

紀，居擬反。《尚書》："何［俶］擾天紀。"[①]孔安國曰："天紀謂時日也。"又曰："五紀：一曰歲，二曰日，三曰月，四曰星辰，五曰歷數。"又曰："既歷三紀，世變風移。"孔安國曰："十二年曰紀，父子曰世。"《毛詩》："維紀四方。"戔云："以冈罟喻為政，張之謂維，理之為紀。"又曰："有紀有堂。"傳曰："紀，基也。"《左氏傳》："黄帝以雲紀，故為雲師而雲名。"杜預曰："以雲紀事也。"又曰："不知紀極。"野王案：紀極猶終極也。《國語》："紀農協功。"賈逵曰："紀猶録也。協，同也。"《礼記》："衆之紀也，散而衆乱。"鄭玄曰："絲縷之數有紀者也。"又曰："中和之紀。"鄭玄曰："紀，総要之名也。"又曰："（日）月窮于紀。"[②]鄭玄曰："紀猶會也。"又曰："喪紀以服之輕重為叙。"鄭玄曰："紀猶事也。"野王案：《周礼》"委人掌礼俗、喪紀、祭祀之禁令"是也。《吕氏春秋》："万事之紀。"高誘曰："（地）紀猶貫囙也。"又曰："九沸九變，大［火］為之紀。"高誘曰："紀猶莭也。"《方言》："紀，緒也。"《漢書》："衆庶冤［寃］而紀之。"野王案：紀猶紀識之也。《白虎通》："紀者理也，所張理上下𫠉［整］斉人道，是以維紀為化，（首［若］）……。"《説文》："丝别也。"《廣雅》："紀，識也。""天地開闢至魯哀公十四年，積二百七十六萬歲，分為十紀，曰：九頭、五龍、挻［攝］𨑳［提］、合雄［雒］、建［連］通、序［序］命、循蜚［蜚］、囙提、禪通、流［疏］記［訖］也。"

《尚書·胤征》："俶擾天紀，遐棄厥司。"孔安國傳："紀謂時日。"《尚書·洪範》："五紀：一曰歲，二曰月，三曰日，四曰星辰，五曰厤數。"《尚書·畢命》："既歷三紀，世變風移。"孔安國傳："十二年曰紀，父子曰世。"《詩經·大雅·棫樸》："勉勉我王，綱紀四方。"鄭玄箋："以網罟喻為政，張之為綱，理之為紀。"《殘卷》改"綱"為"維"，避諱。《詩經·秦風·終南》："終南何有？有紀有堂。"毛傳："紀，

① 草體"可"與"叔"形近。《急就章》"椒"作"[草書]"，王羲之"河"作"[草書]"，可證。
② 吕校本作"日月窮千紀"，誤。

基也。”《左傳·昭公十七年》：“昔者黄帝氏以雲紀，故爲雲師而雲名。”杜預注：“黄帝受命，有雲瑞，故以雲紀事，百官師長皆以雲爲名號。”《左傳·文公十八年》：“貪于飲食，冒于貨賄，侵欲崇侈，不可盈厭，聚斂積實，不知紀極，不分孤寡，不恤窮匱。”《慧琳音義》卷二一轉録《新譯大方廣佛花嚴經音義》卷上：“不可紀極，紀，居理反。《廣雅》曰：‘紀，記也。’鄭注《禮記》：‘極，盡也。’言記之不可窮盡也。”《國語·周語上》：“稷則徧誡百姓，紀農協功。”韋昭注：“紀猶綜理也；協，同也。”《文選·陸雲〈為顧彦先贈婦〉》：“佳麗良可美，衰賤焉足紀？”李善注引賈逵《國語注》曰：“紀猶録也。”《禮記·禮器》：“是故君子之行禮也，不可不慎也。衆之紀也，紀散而衆亂。”鄭玄注：“紀，絲縷之數有紀。”《禮記·樂記》：“故樂者，天地之命，中和之紀，人情之所不能免也。”鄭玄注：“紀，揔要之名也。”《禮記·月令》：“是月也，日窮于次，月窮于紀，星回于天，數將幾終。”鄭玄注：“紀，會也。”《禮記·文王世子》：“喪紀以服之輕重為序，不奪人親也。”鄭玄注：“紀猶事也。”《周禮·地官·委人》：“委人掌斂野之賦，斂薪芻，凡疏材、木材，凡畜聚之物。”《周禮·地官·土均》：“土均掌平土地之政，以均地守，以均地事，以均地貢，以和邦國都鄙之政令刑禁與其施舍，禮俗、喪紀、祭祀皆以地媺惡爲輕重之灋而行之，掌其禁令。”《委人》《土均》兩篇相鄰，顧氏蓋誤。《吕氏春秋·孝行》：“夫孝，三皇五帝之本務，而萬事之紀也。”高誘注：“紀猶貫因也。”①《吕氏春秋·本味》：“九沸九變，火之為紀。”高誘注：“紀猶節也。”《方言》卷十：“緤、末、紀，緒也。南楚皆曰緤。或曰端，或曰紀，或曰末，皆楚轉語也。”《漢書·王章傳》：“章為京兆二歲，死不以其罪，衆庶冤紀之，號為三王。”吕校本“冤”誤作“冕”。《釋名·釋言語》：“紀，記也，記識之也。”《白虎通·三綱六紀》：“何謂綱紀？綱者，張也。紀者，理也。大者爲綱，小者爲紀。所以張理上下整齊人道也。人皆懷五常之性，有親愛之心，是以紀綱爲化，若羅網之有紀綱而萬目張也。”《殘卷》“首”當為“若”字之訛，又當屬下讀，可删。《殘卷》改“綱”為“維”，避諱。《説文》：“紀，絲别也。从糸，己聲。”《廣雅·釋詁二》：“紀，識也。”《廣雅·釋天》：“天地辟、設人皇以來，至魯哀公十有四年，積二百七十六萬歲，分為十紀，曰：九頭、五龍、攝提、合雒、連通、序命、循蜚、因提、禪通、疏訖。”王念孫疏證：“各本攝譌作挺，雒譌作雄，連譌作建，循蜚譌作脩蜚，疏訖譌作流記。司馬貞補《三皇紀》引《春秋緯》云：‘十紀，一曰：九頭紀，二曰五龍紀，三曰攝提紀，四曰合雒紀，五曰連通紀，六曰序命紀，七曰循飛紀，八曰因提紀，

① 張傑《〈玉篇殘卷·糸部〉校證》（河北大學碩士論文 2017 年）認為“‘貫目’‘貫因’皆費解，‘目’‘因’疑皆是‘毌’之誤”，與吴承仕“注文本作‘紀猶毌也’”之説相合。

九曰禪通紀，十曰疏訖紀。’《禮記正義》引《六藝論注》云：‘六紀者：九頭紀、五龍紀、攝提紀、合洛紀、連通紀、序命紀。’《書正義》引《廣雅》云：‘十紀者：九頭、五龍、攝提、合雒、連通、序命、循蜚、因提、禪通、疏仡。’今據以訂正。”《殘卷》“挻”蓋“提”字之譌。《名義》：“紀，居擬反。識，十年曰記也，基也，録也，會，事也，莭也，理也，記也。”《名義》“十年曰記也”當作“十二年曰紀也”。吕校本誤作“識十年曰記也”。《慧琳音義》卷二七轉録大乘基《法花音訓》：“年紀，居擬反。十二年爲紀。紀，記也。”《新撰字鏡》：“紀，居擬反。絲列［别］也，繞也，極也，録也，理也，會也，正也，頁［貫］也，事也，莭也，緒也，織也，年也，繩也，基也，十二年為一紀。”

繈，居兩反。《漢書》：“出繈千萬。”[①]李竒曰：“繈，落也。”孟康曰：“錢貫也。”《管子》曰“凶歳糴釜千繈”是也。《説文》：“捔［觕］纇也。”繈緥之繈為襁字，在衣部。[②]

《漢書·食貨志下》：“使萬室之邑必有萬鍾之臧，臧繈千萬；千室之邑必有千鍾之臧，臧繈百萬。”顔師古注引李奇曰：“繈，落也。”又引孟康曰：“繈，錢貫也。”顔師古注：“孟説是也。繈音居兩反。”《管子·國蓄》：“歲適美，則市糶無予，而狗彘食人食；歲適凶，則市糴釜十繈，而道有餓民。”《説文》：“繈，觕纇也。从糸，強聲。”《名義》：“繈，居丙［兩］反。落也，錢貫。”吕氏校釋：“‘兩’字原訛。”按：“兩”字原訛作“丙”。《新撰字鏡》：“繈、繦，二同，居□反，上。絲有莭也，負兒帶也。”《類聚名義抄》：“繈緥，《玉》云：‘居兩反。落也，錢貫也。’”（300•3）

字或作“襁”。《文選·王融〈永明九年策秀才文〉》：“既龜貝積寢，緡襁專用。”李善注：“《漢書》曰：‘王莽居攝，更作金銀龜貝錢布之品。’寢猶息也。《漢書》曰：‘武帝初筭緡錢。’李斐曰：‘緡，絲以貫錢也。’《管子》曰：‘凶歳糴釜千襁。’孟康《漢書注》曰：‘襁，錢貫也。’”

纇，力對反。《左氏傳》：“刑之纇頗。”杜預曰：“緣事纇以成徧［偏］頗也。”野王案：類［纇］謂不調紑也。《淮南》：“明月之珠不能无纇。”許𠶷重曰：“纇，

① 今本《漢書·食貨志下》作“臧繈千萬”。
② 《説文》：“襁，負兒衣。从衣，强聲。”《名義》：“襁，居兩反。負兒衣也。”

朋纇也。”《説文》：“纇，丝莭也。”

《左傳·昭公十六年》：“子産怒曰：‘發命之不衷，出令之不信，刑之頗類，獄之放紛，會朝之不敬，使命之不聽，取陵於大國，罷民而無功，罪及而弗知，僑之恥也！’”杜預注：“緣事類以成偏頗。”孔穎達疏：“服虔讀類爲纇，解云：‘頗，偏也。纇，不平也。’”《淮南子·氾論》：“明月之珠不能無纇。”高誘注：“纇磐若絲之結纇也。”《説文》：“纇，絲節也。从糸，頪聲。”《慧琳音義》卷五二轉録《中阿含經》卷二九玄應音義：“節纇，力外反。《通俗文》云：‘多節曰纇。’亦絲節也。”《玉篇》：“纇，力對切，絲節，不調也。”《名義》：“纇，力對反。丝莭。”

紿，徒愷反。《公羊傳》：“故相与往紿乎晉。”何休曰：“紿，疑也，疑讞於晉。齊人語也。”《穀梁》：“惡公子之紿。”劉兆曰：“紿，相負欺也。”《説文》：“丝勞即紿也。”《廣雅》：“紿，緩也。”

《公羊傳·襄公五年》：“莒将滅之，故相與往殆乎晉也。”何休解詁：“殆，疑，疑讞于晉。齊人語。”“殆”“紿”音義同。《穀梁傳·僖公元年》：“此其言獲，何也？惡公子之紿。”范甯集解：“紿，欺紿也。”《慧琳音義》卷九五《弘明集》卷一音義：“詐紿，臺乃反。何休注《公羊》云：‘紿，疑也。’劉兆云：‘相欺負也。’《説文》：‘從糸，台聲也。’”又卷九九《廣弘明集》卷三十音義：“欺紿，臺乃反。劉兆注《穀梁傳》云：‘紿謂相欺負也。’《説文》：‘紿，疑也。從糸，台聲。’”《史記·高祖本紀》：“高祖為亭長，素易諸吏，乃紿為謁曰賀錢萬，實不持一錢。”裴駰集解引應劭曰：“紿，欺也。音殆。”司馬貞索隱：“韋昭云：‘紿，詐也。’劉氏云：‘紿，欺負也。’何休云：‘紿，疑也。’”劉氏蓋即劉兆。《殘卷》“相負欺”似當作“相欺負”。《説文》：“紿，絲勞即紿。从糸，台聲。”《廣雅·釋詁二》：“紿，緩也。”珠光《浄土三部経音義》：“绐，徒愷切，疑也，欺也。”《名義》：“绐，徒愷反。疑也，缓也。”《新撰字鏡》：“紿，徒亥反。言不實也，絲也，勞也，疑也，緩也。”“絲也，勞也”當作“絲勞也”。《類聚名義抄》：“紿，《玉》云：‘徒愷反。疑也，緩也。’”（300•4）

納，奴荅反。《毛詩》：“十月納禾稼。”戔云：“納，内也。”《公羊傳》：“納者何？納者，八［入］辞也。”野王案：《尚書》“女作納言”、《周礼》“會其出，

納其餘”是也。《左氏傳》：“君其納之。”杜預曰：“納，藏也。”《國語》：“煞三郄而納其室。”賈逵曰：“納，取也。”《楚辞》：“衣納納而掩露。”王逸曰：“納納，薄［濡］濕皀也。”《説文》：“丝温［濕］納納也。”《廣雅》：“紩（紩），著，納也。”補納為衲字，在衣部。①柔耎納納為軜字，在[韋]［韋］部。②

《詩經·豳風·七月》：“十月納禾稼，黍稷重穋，禾麻菽麥。”鄭玄箋：“納，內也。”《公羊傳·莊公九年》：“夏，公伐齊，納糾。納者何？入辭也。”《尚書·舜典》：“命汝作納言，夙夜出納朕命，惟允。”孔安國傳：“納言，喉舌之官。聽下言納於上，受上言宣於下，必以信。”《周禮·地官·泉府》：“凡國之財用取具焉，歲終，則會其出入而納其餘。”鄭玄注：“納，入也。”《左傳·宣公九年》：“公卿宣淫，民無効焉。且聞不令，君其納之。”杜預注：“納，藏。”《國語·晉語六》：“於是乎君伐智而多力，怠教而重斂，大其私暱，殺三郤而尸諸朝，納其室以分婦人。”韋昭注：“納，取也。”《楚辭·九歎·逢紛》：“裳襜襜而含風兮，衣納納而掩露。”王逸注：“納納，濡濕皃也。”《殘卷》“[薄]”當為“濡”字之訛。“濡”字俗體或作“濡”，與“溥”形近。《説文》：“納，絲溼納納也。从糸，內聲。”《廣雅·釋言》：“紩、著，納也。”《名義》：“納，奴荅反。內也，藏也。”《新撰字鏡》：“納，奴荅反。內也，藏也，取也，補也。”《類聚名義抄》：“納衣，《玉》云：‘納猶綴衣。’”（298•2）

紡，孚往反。《左氏傳》：“或託於紀鄣，紡焉〈以度〉。”杜預曰：“因紡纑，連所紡以度城也。”《國語》：“執而紡之。”賈逵曰：“紡猶懸也。”《儀礼》：“賄（有）用束紡。”鄭玄曰：“紡，紡丝為之，今之縛也。”《説文》：“[切]丝也。”

《左傳·昭公十九年》：“及老，託於紀鄣，紡焉以度而去之。”杜預注：“因紡纑，連所紡以度城而藏之，以待外攻者，欲報讎。”《國語·晉語九》：“獻子執而紡於庭之槐。”韋昭注：“紡，懸也。”《儀禮·聘禮》：“賔裼，迎大夫賄，用束紡。”鄭玄注：“紡，紡絲為之，今之縳也。”《慧琳音義》卷五一《百字論》音義：“紡織，上芳冈反。③杜注《左傳》：‘紡纑也。’鄭注《儀礼》：‘紡絲爲今之縛也。’《考聲》：‘糾絲令緊也。’糾音經酉反。《説文》：‘絲也。【糸即捩也，索也。】從糸，方聲。’”△按：《殘卷》

① 《名義》：“衲，奴合反。補也。纳字。”
② 《名義》：“軜，奴荅反。耎。”
③ “冈”或作“冈”，同“网”。

“**切**”疑為“切”字。《説文》:“紡，網絲也。从糸，方聲。”杜馥義證:“戴侗曰:‘蜀本作拗絲。’《急就篇》:‘纍繘繩索絞紡纑。’顔注:‘紡謂紡切麻絲之屬爲纑縷也。’”“紡切”同義連文。[①] 吕校本作“拗”，蓋據戴侗所引蜀本《説文》，然“**切**”與“拗”字形迥異。[②]《名義》:“紡，孚往反。懸也，缚也。”《類聚名義抄》:“紡，《玉》云:‘縣也，縛也。(325•1)”按:《名義》“缚”、《類聚名義抄》“縛”為《殘卷》“縛”字之訛。

絶，似悦反。《尚書》:“天用勦绝其命。”孔安國曰:“勦，截也。截绝謂滅之也。”又曰:“非〈天〉天民，〈民〉中绝命。”野王案:《說文》:“绝，断也。”又曰“绝〈地〉天通”、“火始燄燄，厥逌焯叙，弗其绝”是也。又曰:“無胥绝遠。”孔安國曰:“无相与绝遠棄癈之也。”《尔雅》:“绝澤謂之銑。”郭璞曰:“言取有光澤也。”《穆天子傳》:“戊寅，天〈子〉北征，乃绝障小[水]。”郭璞曰:“绝猶截也。”《漢書》:“绝梓嶺，梁北何[河]。”如淳曰:“绝，渡也。”《廣雅》:“绝，滅也。”“绝，落也。”

《尚書·甘誓》:“有扈氏威侮五行，怠棄三正，天用勦絶其命。”孔安國傳:“勦，截也。截絶謂滅之。”《尚書·高宗肜日》:“惟天監下民，典厥義，降年有永有不永。非天夭民，民中絶命。”《説文》:“絶，斷絲也。从糸，从刀，从卩。”《尚書·吕刑》:“乃命重黎，絶地天通，罔有降格。”《尚書·洛誥》:“無若火始燄燄，厥攸灼敘，弗其絶。”“逌”“攸”古今字。《尚書·盤庚中》:“永敬大恤，無胥絶遠。”孔安國傳:“長敬我言，大憂行之，無相與絶遠棄廢之。”《爾雅·釋器》:“絶澤謂之銑。”郭璞注:“銑即美金，言最有光澤也。《國語》曰:‘玦之以金銑者。’謂此也。”《穆天子傳·古文》:“戊寅，天子北征，乃絶漳水。”郭璞注:“絶猶截也。”吕校本“障”改“漳”。按:《殘卷》“障”與“漳”相通，不必改。《漢語大詞典》“障滏”條:“漳水和滏水。障，通‘漳’。”[③]《漢書·衛青傳》:“絶梓領，梁北河，討蒲泥，破符離。”

---

① 《急就篇》卷三:“纍繘繩索絞紡纑。”顔師古注:“索，緫，謂切撚之令緊者也。”《廣雅·釋詁三》:“紉，索也。”王念孫疏證:“紉之言切也，謂切撚之使緊也。”王念孫《讀書雜志·淮南内篇》:“‘伯余之初作衣也，緂麻索縷，手經指挂。’高注曰:‘緂，鋭。索，功也。’念孫案:……索如‘宵爾索綯’之‘索’，謂切撚之也。高云:‘索，功也。’功即切字之誤。顔師古注《急就篇》曰:‘索謂切撚之令緊者也。’《廣雅》曰:‘紉，索也。’紉與切通。”“切撚”亦同義連文。

② 張傑《〈玉篇殘卷·糸部〉校證》(河北大學碩士論文2017年)有詳細討論，文繁不具引。北齊《元子邃墓誌》:“怛切三荆。”“切”作“**忉**”，與“**切**”形近。

③ 張傑《〈玉篇殘卷·糸部〉校證》(河北大學碩士論文2017年)認為“俗書‘氵’‘阝’相混，……‘障小’應為‘漳水’之訛”。

顔師古注引如淳曰："絶，度也。"《廣雅·釋詁四》："絶，滅也。"《廣雅·釋詁三》："絶，落也。"《名義》："絶，似悦反。断，截也，癈也，滅，落。"按：《名義》"癈也"為誤訓。《新撰字鏡》："絶，似悦反，入。截也，断也，渡也，滅也，行也，移也，洛［落］也。"《類聚名義抄》："絶，《玉》云：'截也，廢也，滅也，落也。'"（302•2）

㡭，《説文》古文绝字也。

《説文》："㡭，古文絶，象不連體絶二絲。"《慧琳音義》卷三七《菩提莊嚴陀羅尼經》音義："繼嗣，上鶏詣反。王逸［弼］注《周易》：'繼謂不絶也。'賈注《國語》云：'繼，餘也。'《尓雅》：'紹也。'《説文》：'續也。從糸，㡭聲。'㡭音同上。經文從迷作継，俗字也。無來處，草書誤也。《説文》（㡭）及《字書》古文㡭字也。㡭音絶也，斷字等從絶。"《名義》："㡭，上古文。"

續，似録反。《尔雅》："續，继也。"野王案：《尚書》"予訝續乃命于天"、《國語》"礼世不續"是也。《礼記》："續衽鈎鈎［邉］。"鄭玄曰："續猶属也。"《説文》："續，連也。"又音辞属反。《毛詩》："陰靷塗［鋈］續。"傳曰："續，續靷也。"

《爾雅·釋詁上》："續，繼也。"《尚書·盤庚中》："予迓續乃命于天，予豈汝威？"孔安國傳："言我徙，欲迎續汝命于天，豈以威脅汝乎。"《國語·吴語》："今伯父有蠻荆之虞，禮世不續。"《禮記·深衣》："續衽鉤邊，要縫半下。"鄭玄注："續猶屬也。"《説文》："續，連也。从糸，賣聲。""辞属反"當作"辞屢反"。《詩經·秦風·小戎》："游環脅驅，陰靷鋈續。"毛傳："續，續靷也。"陸德明音義："續，如字，徐音辭屢反。"《玉篇》："續，似録切，繼也，連也。又似屢切。""属""屢"俗或形近可通。《可洪音義》卷一八《薩婆多毗尼毗婆沙》卷四音義："舍屢，市玉反，正作属。"《名義》："續，似録反。继，連也。"《新撰字鏡》："續，似足反。継也，属也，連也，靷也。"

纘，子〈□〉反。《尔雅》："纘，继也。"野王案：《尚書》"纘禹舊服"、《毛詩》"載纘武功"是也。

《説文》："纘，繼也。从糸，贊聲。"《爾雅·釋詁上》："紹、胤、嗣、續、纂、緌、績、武、係，繼也。"陸德明音義："纂，子管反。""纂"與"纘"音義同。《尚書·湯誓》："天乃錫王勇智，表正萬邦，纘禹舊服。"《詩經·豳風·七月》："二之日其同，載纘武功。"毛傳："纘，繼。"《慧琳音義》卷八五《辯正論》卷四音義："乃纘，下祖管反。《考聲》云：'纘，承也。'《爾雅》云：'継也。'《尚書》'纘禹舊服'是也。"又卷九一《續高僧傳》卷二音義："修纘，祖管反。亦作纂，賈註《國語》云：'纂，繼也。'《説文》：'細［組］也。從糸，算聲也。'"[①]《名義》："纘，子〈□〉反。继也。"吕氏校釋："'子反'脱反切下字。"按：《名義》沿《殘卷》之誤。[②]《新撰字鏡》："纘，子死［兖］反。継也，功也。"[③]《類聚名義抄》："纘，《玉》云：'子卵反。继也。'"（297•1）

綫，酋翦、昌善二反。《説文》："偏［偏］缓也。"

《説文》："綫，偏緩也。从糸，羨聲。"《名義》："綫，昌善反。偏缓。"吕氏校釋："《説文》作'偏緩也'。"按：《名義》沿《殘卷》之誤。《玉篇》："綫，徐剪切，又昌善切。偏緩也。"《新撰字鏡》："綫，徐輦反，緩也。"

紹，時少反。《毛時［詩］》："匪紹匪遊。"戔云："紹，缓也。"《韓詩》："紹遅上下。紹，取也。"《大戴礼》："紹介以為助。"野王案：紹介，相佑助也。《史記》"請為紹介"是也。《尔雅》："紹，继也。"野王案：《毛詩》"弗念厥紹"是也。《説文》："一曰：緊糾也。"《謚法》："踈逺继位曰紹。"劉熙曰："无他才徳，直以逺世族继切臣之胤，如立蕭何後之類也。"

《詩經·大雅·常武》："匪紹匪遊，徐方繹騷。"鄭玄箋："紹，緩也。"《詩經·周

① 《漢書·景帝紀》："夏四月詔曰：'雕文刻鏤，傷農事者也；錦繡纂組，害女紅者也。'顔師古注引臣瓚曰："許慎云：'纂，赤組也。'"

② 張傑《〈玉篇殘卷·糸部〉校證》（河北大學碩士論文 2017 年）認為"殘卷脱反切下字'卵'"。按：此字恐難遽定。個人傾向於脱"管"字，理由如下：1.《殘卷》未見用"卵"作反切下字者，而屢見用"管"作反切下字，如"綄""緩""緩"均音"胡管反"，"䋻"音"奴管反"，"絣"一音"補管反"。2.《經典釋文》有"哉管反""祖管反""子管反"，《慧琳音義》有"祖管反""鑽管反"，反切下字均為"管"字。

③ "功也"為誤訓。

頌·訪落》："紹庭上下，陟降厥家。"鄭玄箋："紹，繼也。"今本《大戴礼记》未见"紹介以為助"。《爾雅·釋詁下》："亮、介、尚，右也。"郭璞注："紹介、勸尚皆相佑助。"《史記·魯仲連列傳》："平原君曰：'勝請為紹介而見之於先生。'"裴駰集解引郭璞曰："紹介，相佑助者。"《爾雅·釋詁上》："紹，繼也。"《詩經·大雅·抑》："女雖湛樂從，弗念厥紹。"毛傳："紹，繼。"《説文》："紹，繼也。从糸，召聲。一曰：紹，緊糾也。"《史記正義》附論例謚法解："疏遠繼位，紹。"《慧琳音義》卷一《大般若波羅蜜多經》卷一音義："紹尊，時遶反。《尒雅》：'紹，継也。'《釋名》：'遠也。'《謚法》曰：'遠継先位曰紹。'"《名義》："紹，時少反。缓也，取也，继也。"《新撰字鏡》："紹、綤，二同，市小反。緩也。"《類聚名義抄》："紹継，《玉》云：'緩也，取也。'"（301•1）

綤，《説文》古文紹字也。

《説文》："綤，古文紹从邵。"《名義》："絽，時少反。缓也，取也，继也。綤，上古文。"《玉篇》："綤，古文。"《龍龕》："綤、紹，二俗；紹，正；絽，今。時遶反，継也，緒也。"《新撰字鏡》："紹、綤，二同，市小反。緩也。"

緅，他丁反。《説文》："緅，缓也。"

《説文》："緅，緩也。从糸，盈聲。讀與聽同。"《名義》："緅，他丁反。缓。"《新撰字鏡》："緅，他丁反，平。解也，緩也，列也。"

綎，《説文》忽緅字也。《埤蒼》："佩終［綬］也。"

《説文》："綎，緅或从呈。"《名義》："綎，上緅字。"《廣雅·釋詁二》："緅，緩也。"疑《埤蒼》"佩綬"義有誤，"緩""綬"形近。《集韻·清韻》："緅，絲綬也。或作綎。"其誤與《殘卷》同。吕校本作"佩終"，亦誤。

縱，子用反。《尚書》："欲敗度，縱敗礼。"孔安國曰："放縱情欲，毁敗

礼度也。”野王案：縱猶恣也。《礼記》“欲不可縱，志不可滿”是也。《毛詩》：“抑縱送忌。”傳曰：“돯矢曰縱。”又曰：“縱我不徃，子寧不来？”野王案：《廣雅》：“縱，罝［置］也。”《左氏傳》：“而縱尋斧焉。”杜預曰：“縱，放也。”《礼記》：“縱言至扵礼。”鄭玄曰：“縱言，記［氾］說事也。”《尔雅》：“縱，乱也。”郭璞曰：“縱放乱法也。”《説文》：“縱，緩也。”

《尚書·太甲中》：“欲敗度，縱敗禮，以速戾于厥躬。”孔安國傳：“言已放縱情欲，毁敗禮儀法度，以召罪於其身。”《禮記·曲禮》：“敖不可長，欲不可從，志不可滿，樂不可極。”陸德明音義：“從，足用反，放縱也。”《詩經·鄭風·大叔于田》：“抑磬控忌，抑縱送忌。”毛傳：“發矢曰縱。”《詩經·鄭風·子衿》：“縱我不往，子寧不來？”《廣雅·釋詁四》：“縱，置也。”《左傳·文公七年》：“此諺所謂‘庇焉而縱尋斧焉’者也。”杜預注：“縱，放也。”《禮記·仲尼燕居》：“仲尼燕居，子張、子貢、言游侍，縱言至於禮。”鄭玄注：“縱言，汎説事。”《殘卷》“記説事”之“記”蓋“氾”字之形近而訛。其字從水，㔾聲（犯、峐諸字從此得聲），與“汎”音義同。吕校本改作“汎”。《爾雅·釋詁下》：“縱、縮，亂也。”郭璞注：“縱放、掣縮皆亂法也。”《説文》：“縱，緩也。一曰：舍也。从糸，從聲。”《慧琳音義》卷十八《大乘大集地藏十輪經》卷三音義：“容縱，足用反。《考聲》：‘縱，緩也，亂也。’王注《楚詞》云：‘放也。’《説文》：‘從糸，〈從〉聲。”《玉篇》：“縱，子容切，縱横也。又子用切，恣也，放也，緩也，置也。”《名義》：“縱，子用反。恣也，放也，縱也，置，乱也，緩。”按：《名義》“縱也”與字頭同，為誤訓。《類聚名義抄》：“縱横，《玉》云：‘恣也，放也，縱也，置也，乱也，緩也。’”（303•7）其誤與《名義》同。《新撰字鏡》：“縦、緃、縱，三同。正。将用反，去。恣也，置也，放也，乱也，放乱法也，緩也。又所倚反，上。纚，婦人首服也。”①

紓，始居反。《韓詩》：“彼交匪紓。紓，緩也。”《左氏傳》：“以紓楚國之難。”杜預曰：“紓，緩也。”《方言》：“紓，解也。”野王案：《左氏傳》“而脩礼［祀］紓禍”是也。或為悆字，在人部。②

① “又所倚反，上。纚，婦人首服也”當為“縰”字義。

② 《名義》：“悆，始扵反。缓也，舒也，解也。”

《説文》："紓，緩也。从糸，予聲。"《詩經·小雅·采菽》："彼交匪紓，天子所予。"毛傳："紓，緩也。"《左傳·莊公三十年》："鬬穀於菟爲令尹，自毀其家，以紓楚國之難。"杜預注："紓，緩也。"《方言》卷十二："抒，解也。"[①]《左傳·僖公二十一年》："若封須句，是崇皞濟而脩祀紓禍也。"《名義》："紓，始居反。緩也，解也。"《新撰字鏡》："紓，如［始］居反，上［平］。緩也，解也。"

繎，如緣反。《説文》："繎，丝勞也。"

《説文》："繎，絲勞也。从糸，然聲。"桂馥《説文解字義證》："絲勞也者，《集韻》：'絲難理曰絲勞。'"王筠句讀："《集韻》：'絲難理曰絲勞。'《廣韻》：'繎，絲難理。'《急就篇》：'烝栗絹紺缙紅繎。'黄注：'繎，絲勞也。'《玉篇》：'繎，絲縈也。'似非。"按：段玉裁注："勞，《玉篇》作縈，蓋《玉篇》爲是，與下文紆義近也。"△按："縈"有繞、纏、紆諸義，正與"難理"義相應。《古今韻會舉要》："紿，欺也，又絲縈難理也。"又《説文》廁"繎"於"紆"字之前，兩字當義同或義近。"紆"訓"縈也"，則"絲勞"自當作"絲縈"。《名義》："繎，如缘反。丝勞。"《新撰字鏡》："繎，如緣反。絲勞也。"

紆，弘于反。《左氏傳》："書［盡］而不紆。"杜預曰："不紆曲也。"《説文》："紆，詘也。一曰：縈也。"

《左傳·春秋序》："四曰盡而不汙，直書其事，具文見意，丹楹刻桷，天王求車，齊侯獻捷之類是也。"陸德明音義："汙，於俱反，曲也。"《慧琳音義》卷八八《集沙門不拜俗議》卷四音義："親紆，依于反。杜注《左傳》云：'紆，曲也。'《説文》：'縈，紆也。從糸，于聲。'[②]"《説文》："紆，詘也。从糸，亏聲。一曰：縈也。"《名義》："紆，亥［弘］于反。詘也，縈也。"吕校本作"引于反"。按："弘"同"引"。《新撰字鏡》："紆，伊于反，平。屈也，縈也，曲也，詘也。"

---

① 《慧琳音義》卷八一《集神州三寶感通傳》中卷音義："用紓，庶諸反。《左傳》：'以紓楚國之難也。'杜預注曰：'紓猶緩也。'《方言》云：'解也。'《説文》：'從糸，予聲。'"
② "縈，紆也"當作"紆，縈也"。

綼，胡鼎反。《說文》："綼，直也。"訓很為婞字，在女部。[①]

《説文》："綼，直也。从糸，𡚁聲。讀若陘。"《名義》："綼，胡鼎反。直也。"《新撰字鏡》："綼、綼，二同。古丁反，冝［直］也，婞也。""古丁反"當作"胡頂反"，"冝也"當作"直也"。

緐，扶元反。《說文》："緐，冕也。"

《説文》："緐，冕也。从糸，番聲。"《名義》："緐，扶元反。冤也。"《玉篇》："緐，扶元切，寃也。"《新撰字鏡》："緐，附遠［袁］反。緐帣，乱取也，寃也。"按：《名義》"冤也"、《玉篇》《新撰字鏡》"寃也"當作"冕也"。吕校本亦誤作"冤也"。[②]

纖，思廉反。《尚書》："厥䈴［篚］玄纖縞。"孔安國曰："纖，緦［細］也。"《礼記》："禫而纖。"鄭玄曰："黑經白緯曰纖。……或作綅字。"[③]《方言》："纖，小也。自開而西秦晉之郊梁益之間凡物小或謂之纖，缯帛之细謂之纖。"《史記》："周人既纖。"《漢書音義》曰："纖，儉嗇也。"《廣雅》："纖，微也。"或為孅字，在女部。[④]

《説文》："纖，細也。从糸，韱聲。"《尚書·禹貢》："厥篚玄纖縞。"孔安國傳："纖，細也。"《禮記·間傳》："中月而禫，禫而纖，無所不佩。"鄭玄注："黑經白緯曰纖。……纖或作綅。"《方言》卷二："纖，小也。自關而西秦晉之郊梁益之間凡物小者謂之私；小或曰纖，繒帛之細者謂之纖。"《史記·貨殖列傳》："周人既纖，而師史尤甚。"裴駰集解引《漢書音義》曰："儉嗇也。"[⑤]《廣雅·釋詁二》："㜪、

---

① 《説文》："婞，很也。从女，𡚁聲。《楚詞》曰：鮌婞直。"《名義》："婞，胡鼾反。很也。"
② 張傑《〈玉篇殘卷·糸部〉校證》（河北大學碩士論文 2017 年）認為"'冕'為'冤'字之誤"，可參。段玉裁《說文解字注》："《玉篇》緐下曰：'冤也。'《集韵》引《説文》同。"徐承慶《説文解字注匡謬》謂："《集韻》並未引《説文》，造言欺人，貽誤滋甚。"
③ 《殘卷》："綅，思廉反。……《埤蒼》：'黑經白緯曰綅。'野王案：《礼記》以此作纖字也。"
④ 《名義》："孅，思廉反。小也，细也。"
⑤ 《故訓匯纂》"儉"下引作"儉，嗇也"，誤。

笙、掔、摻、𪏭、稗、細、纖、微、纱、麽、懱、私、茦、葼、㸬、莜、杪、肖、尐、區、眇、鄙，小也。”《慧琳音義》卷二九《金光明㝡勝王經》（義浄譯）卷五音義：“纖長，相閻反。孔注《尚書》云：‘纖，細也。’《説文》：‘微也。從糸，韱聲。’”《名義》：“繊，思廉反。緦也，小也，微也。”吕氏校釋：“《玉篇》作‘細小也’。”按：《名義》“緦也，小也”當作“細也，小也”。《名義》“緦也”沿《殘卷》之誤。[①]《新撰字鏡》：“繊，思廉反，平。小也，細謂之織［繊］也，縞也。”

細，思計反。《尚書》：“三細弗宥。”孔安國曰：“细，小也。”《説文》：“细，微也。”

《尚書·君陳》：“狃于姦宄，敗常亂俗，三細不宥。”孔安國傳：“習於姦宄凶惡，毀敗五常之道，以亂風俗之教，罪雖小，三犯不赦，所以絶惡源。”《慧琳音義》卷一《大般若波羅蜜多經》卷一音義：“綑滑，上思計反。孔注《尚書》：‘細，小也。’《説文》：‘微也。從糸，囟聲也。’”《説文》：“絗，微也。从糸，囟聲。”《名義》：“細，思討［计］反。小也，微也。”吕氏校釋：“‘思討反’當作‘思計反’。”《新撰字鏡》：“䌷，止［心］計反。小也，素也，求也，法也，細也，微也。”

恖，《説文》古文细字也。

《説文》：“絗，微也。从糸，囟聲。”《名義》：“絗，上古文。”《名義》字頭原作“恖”，“恖”同“怱”。《名義》蓋沿《殘卷》之誤。今本《説文》“細”字下不載古文。疑此字本作“𦃃”，上從囟，下從糸，與“恖”形近。吕校本此字頭改為“絗”。“絗”與“恖”字形迥異，且非《説文》古文。按：《古文四聲韻》載崔希裕《纂古》“細”作“𢗊”，與“恖”形近。若作“𢗊”“恖”，則不當入糸部。

緢，亡狡反。《尚書》：“维緢有智［稽］。”孔安國曰：“惟緢察甚［其］皀，有所考合也。”《説文》：“秏丝也。”

---

① 張傑《〈玉篇殘卷·糸部〉校證》（河北大學碩士論文 2017 年）認為“‘緦’應為‘細’之俗字”。按：此説不可從，《殘卷》“細”“緦”分用劃然。

《尚書・吕刑》："簡孚有衆，惟貌有稽。"孔安國傳："簡核誠信，有合衆心，惟察其貌，有所考合。"《説文》："緢，旄絲也。从糸，苗聲。《周書》曰：惟緢有稽。"《名義》："緢，三［亡］挍反。秏丝。"吕氏校釋："'三挍反'當據《殘卷》作'亡挍反'。"△按："秏丝"當作"旄絲"，"緢"通"旄"。段玉裁《説文解字注》："賈子《容經》：'跘旋之容，旄如濯絲。'旄同緢，言細如濯絲也。"吕校本作"牦絲"。按：《殘卷》《名義》未見"牦"字。《新撰字鏡》："緢，亡交反，旄絲也。"

縒，且各反。《説文》："絭縒也。"野王案：今為錯字，在金部。[①]《字書》："一曰：鮮也。"

《説文》："縒，参縒也。从糸，差聲。"《玉篇》："縒，且各切，参縒也。亦作錯。"《箋注本切韻・哿韻》（P.3693）："縒，鮮潔皃。蘇可反。"《名義》："縒，且各反。絭也。"吕氏校釋："《殘卷》引《説文》作'参縒也'。《名義》應與字頭連讀。"《新撰字鏡》："縒，蘓可反，上。鮮潔也，錯也，辦也。"《類聚名義抄》："縒，《玉》云：'且各反。絭也。'"（305•3）

紊［紊］，莫愠反。《尚書》："若网在维，有條而弗紊。"孔安國曰："紊［紊］，乱也。"

《尚書・盤庚上》："若網在綱，有條而不紊。"孔安國傳："紊，亂也。"[②]《殘卷》避諱，改"綱"為"維"。《説文》："紊，亂也。从糸，文聲。《商書》曰：有條而不紊。"《玉篇》："紊，亡愠切，亂也。"《名義》："紊，莫愠反。乱。"《新撰字鏡》："紊，无運反。乱也。"《類聚名義抄》："紊，《玉》云：'亂也。'"（321•3）

縮，所陸反。《韓詩》："縮板以載。縮，斂也。"《儀礼》："磬階間縮畄［霤］，北面面［而］皷之。"鄭玄曰："宿［縮］，楤［縱］也。雷［霤］以東西為楤［縱］。……

---

① 《名義》："錯，七各反，七故反。雜也，摩也，鏤也。"

② 《慧琳音義》卷六四《四分律删補隨機羯磨》卷上音義："紊亂，上音問。《尚書》云：'若冈在綱，有條而不紊。'孔安國曰：'紊猶亂也。'"

古文宿［縮］為蹙。”野王案：《礼記》“古者冠縮縫，今也横縫”是也。《國語》：“若於目觀則美，其缩財用則遺［匱］。”賈逵曰：“缩，盡也。”又曰：“盈缩轉化。”賈逵曰：“缩，退也。”《孟子》：“自反而縮。”劉熙曰：“缩，〈直〉也。”宋忠曰：“缩，止也。”[①]《尔雅》：“繩之謂之縮。”郭璞曰：“缩者，約束之名也。《詩》云‘縮板以載’是也。”又曰：“缩，乱也。”郭璞曰：“掔缩乱法也。”又曰：“缩，綸也。”郭璞曰：“綸，繩也。謂牽轉［縛］缩絡之也，今俗語忽然。”《説文》：“一曰：蹙也。”蹴引之縮為缩［摍］字，在手部。[②]

《詩經·大雅·緜》：“縮版以載，作廟翼翼。”毛傳：“乘謂之縮。”《儀禮·鄉飲酒禮》：“磬階閒縮霤，北面鼓之。”鄭玄注：“縮，從也。霤以東西為從。……古文縮為蹙。”《禮記·檀弓》：“古者冠縮縫，今也衡縫。”鄭玄注：“縮，從也。今禮制，衡讀為横。今冠横縫，以其辟積多。”《國語·楚語上》：“若於目觀則美，縮於財用則匱。”韋昭注：“縮，取也。”《國語·越語下》：“得時無怠，時不再來；天予不取，反為之灾。贏縮轉化，後將悔之。”韋昭注：“贏縮，進退也。”《孟子·公孫丑上》：“自反而不縮，雖褐寬博，吾不惴焉；自反而縮，雖千萬人，吾往矣。”趙岐注：“縮，義也。”《殘卷》“縮”下脱訓釋字，吕校本補“直”字，似可從，下揭《新撰字鏡》收“直也”義。《太玄·玄文》：“不先時而起。不後時而縮。動止微章。不失其法者，其唯君子乎？”《爾雅·釋器》：“繩之謂之縮之。”郭璞注：“縮者，約束之。《詩》曰：‘縮版以載。’”《爾雅·釋詁下》：“縱、縮，亂也。”郭璞注：“縱放、掔縮皆亂法也。”《爾雅·釋詁下》：“貉，綃［縮］，綸也。”郭璞注：“綸者，繩也，謂牽縛縮貉之，今俗語亦然。”[③]《説文》：“縮，亂也。从糸，宿聲。一曰：蹴也。”《慧琳音義》卷十四《大寶積經》卷五七音義：“拳縮，霜云［六］反。賈注《國語》：‘縮，退也，盡也。’宋忠注《太玄經》云：‘止也。’《韓詩》云：‘斂也。’”又卷二十《寶星陀羅尼經》卷九音義：“惱縮，所陸反。《韓詩》云：‘縮，斂也。’賈逵注《國語》云：‘縮，退也。’宋衷注《太玄經》：‘縮，止也。’《説文》：‘縮，乱也。從糸，宿聲。’”又卷五四《治禪病秘要法經》音義：“癵縮，下色六反。《韓詩》云：‘縮，歛也。’

① 據下引《慧琳音義》的資料，“縮，止也”當為宋忠（或作衷）注《太玄經》的内容。
② 《説文》“摍，蹴引也。从手，宿聲。”《名義》：“摍，所陸反。蹴引也。缩也。”
③ 鄭樵注：“貉未詳。”按：“貉”當作“絡”，形近而訛。郭注“縮貉”，《殘卷》引作“缩絡”。《慧琳音義》卷十三《大寶積經》卷五五音義：“交絡，郎各反。郭璞云：‘絡，繞也。’《爾雅》：‘絡，綸也。’”引《爾雅》正作“絡”。《殘卷》“綸”字下《太玄》宋忠注“綸，絡也”。則“絡”“綸”義同。朱駿聲《説文通訓定聲》：“貉叚借……為絡。《爾雅·釋詁》：‘貉，綸也。’”

賈逵注《國語》云：‘盡也，退也。’《説文》云：‘縮，乱也。’就［蹴］引之縱縮也。”《名義》：“縮，所陸反。斂也，盡也，退也，止也，乱也，綸也。”《新撰字鏡》：“縮，所六反，入。綸也，乱也，從也，直也，短也，正［止］也，抽也，斂也，退也，屈也，綸繩也。”《類聚名義抄》：“褰縮，《玉》云：‘斂也，退也，止也，乱也，綸也，蹙也，縱東西為縱也，約束之名也。’”（305•6）

纍，九足反。《説文》：“纍，绚［約］也。”《廣雅》：“纍，連也。”“纍，缠也。”

《説文》：“纍，約也。从糸，具聲。”《廣雅・釋詁四》：“纍，連也。”又：“纍，纏也。”《名義》：“纍，九足反。绚，連，缠也。”按：《名義》“绚”當為沿《殘卷》之誤。今本《説文》作“約”，與“連”“纏”義近。《殘卷》蓋誤“約”為“約”，又轉寫成正體“絢”。[①]《新撰字鏡》：“纍，几足反。約也，連也，纒也。”堪為佐證。

級，畸立反。《國語》：“明等级以道之礼。”賈逵曰：“等級，上下等差也。”《左氏傳》：“云［公］降一级而辞。”[②]杜預曰：“下階一級也。”野王案：階之等數名曰级也。《礼記》“主人就東階，客就西階，……涉級聚足，連步以上”是也。《礼記》又曰：“授車以级。”鄭玄曰：“级，次也。”《史記》：“秦始皇賜爵一级。”野王案：官仕自卑至高，猶階梯而升，所以（一）命一等，名為階级也。《左氏傳》“加勞賜一级”是也。又曰：“斬首廿三级。”野王案：師旅斬賊首一人，賜爵一級，因名賜［賊］首為级也。《説文》：“丝次弟也。”

《國語・楚語上》：“則明施舍以道之忠，明久長以道之信，明度量以道之義，明等級以道之禮，明恭儉以道之孝，明敬戒以道之事，明慈愛以道之仁，明昭利以道之文，明除害以道之武，明精意以道之罰，明正德以道之賞，明齊肅以耀之臨。”韋昭注：“等級，貴賤之品。”《左傳・僖公二十三年》：“公子降拜稽首，公降一級而辭焉。”杜預注：

---

① 《新撰字鏡》：“絢，許縣反。組也，綾也，文皃也。約，上字。”“約”亦當作“約”。
② 吕校本作“《左氏傳》云：降一级而辞”。按：《殘卷》凡引《左氏傳》後均不加“云”，“云”當為“公”之形近而訛。《法國國家圖書館藏敦煌西域文獻》第 26 册《秋吟一本》（P.3618）“魂”作“䰟”，其左旁之“云”即作“公”。

“下階一級。”《禮記·曲禮》：“主人就東階，客就西階，……主人先登，客從之，拾級聚足，連步以上。”鄭玄注：“拾當為涉，聲之誤也。級，等也。”《禮記·月令》“命僕及七騶咸駕，載旌旐，授車以級，整設于屏外。”鄭玄注：“級，等次也。”《史記·秦始皇本紀》：“是歲，賜爵一級。”《左傳·僖公九年》：“以伯舅耋老，加勞賜一級，無下拜。”杜預注：“級，等也。”《史記·樊噲列傳》：“常從沛公擊章邯軍濮陽，攻城先登，斬首二十三級，賜爵列大夫。”《説文》：“級，絲次弟也。从糸，及聲。”《玄應音義》卷一《大方廣佛華嚴經》卷四十音義：“或級，羇立反。《礼記》：‘級，次也。’《左傳》：‘加勞賜一級。’又云：‘斬首二十三級。’[①] 案：師旋［旅］斬首一人，賜爵一級，因名賊首為級也。”又卷九《大智度論》卷八十音義：“級其，羇立反。級，次也，謂階之等數名曰級。師旋［旅］斬首一人，賜爵一級，因名賊首為級也。”《殘卷》“賜首為级”當作“賊首為级”，吕校本删“賜”字，恐非。《慧琳音義》卷四五《菩薩善戒經》音義：“四級，下今邑反。賈注《國語》云：‘級，上下等差也。’杜注《左傳》云：‘下階，下級也。’顧野王云：‘階之等數名曰級。’鄭注《禮記》云：‘級，次也。’《説文》：‘絲次第也。從糸，及聲。’”《名義》：“級，畸立反。次也。”《新撰字鏡》：“級，及［汲］音。次也，層也，階也，等也。”

綢，直周反。《毛詩》：“绸繆束薪。”[②] 傳曰：“绸繆猶緾綿（之）也。”《礼記》：“有虞氏之緌［綏］，夏后氏之绸練，殷之崇牙，周之璧翣。”鄭玄曰：“緌亽旍之緌巴［也］，夏綢其袵［杠］，以練為之流。[③] 殷人［又］刻繒為之牙，餝其側，亽弥多餝也。”《廣雅》：“韜也，緾也。”《礼記》或音吐刀反。

《説文》：“綢，繆也。从糸，周聲。”《詩經·唐風·綢繆》：“綢繆束薪，三星在天。”毛傳：“綢繆猶纏綿也。”《禮記·明堂位》：“有虞氏之綏，夏后氏之綢練，殷之崇牙，周之璧翣。”鄭玄注：“綏，亦旌旗之緌也。夏綢其杠，以練為之旒。殷又刻繒為重牙，

---

① 依《殘卷》體例，“野王案”至“是也”均為野王案語，“又曰：‘斬首廿三級’”承接前文“《史記》：‘秦始皇賜爵一級’”，故“斬首廿三級”為《史記》引文，而非《左氏傳》引文。《玄應音義》誤。

② 吕校本録作“綢繆東薪”，誤。按：《殘卷》本作“綢繆束薪”，與今本《詩經》合。

③ 吕校本作“夏綢，其袵以練為之流”，誤。

以飾其側，亦飾彌多也。"[①] 陸德明音義："綢，吐刀反，注同，徐音籌。"《廣雅·釋言》："綢，縚也。""縚""韜"音義同。《廣雅·釋詁四》："綢，纏也。"《慧琳音義》卷七四轉録《佛所行讚經傳》卷二玄應音義："綢繆，直流反。《詩》云：'綢繆束薪。'傳曰：'綢繆，猶纏綿也。'《廣雅》：'綢，韜也，纏也。'"《名義》："綢，直周反。韜也，缠也。"《新撰字鏡》："綢繆，上似周反，平。経［纒］也，韜也。綢，密也，束也。下莫侯、氏［亡］彪二反，平。静也。綢也，纒綿也。"[②]《類聚名義抄》："綢繆，《玉》云：'韜也，缠也。'"（298•6）

總，子孔反。《尚書》："百里賦納緫。"孔安國曰："甸服之内近王城者也。[③] 禾稾［藁］曰總，入之供食馬也。"野王案：歫手［王］城百里也。又曰："惟汝不怠，緫朕師。"孔安國曰："摠攝我衆，欲使攝之也。"《周礼》："（一）辨其財用而執其緫。"鄭玄曰："緫，薄［簿］〈書〉之種別与大凡也。"[④] 又曰："王后五路：（緫）重翟，朱緫。"鄭衆曰："以繒為之，緫著馬勒直兩耳与兩鑣也。"鄭玄曰："車軒［衡］轄［輨］夂冝有焉。"《左氏傳》："緫其罪人。"杜預曰："緫，將領也。"《礼記》："緫干而山立。"鄭玄曰："緫干，持盾也。"[⑤] 又曰："丧事欲其緫緫尔。"鄭玄曰："緫緫，趍事皀也。"又曰："寒氣緫至。"鄭玄曰："緫猶猥卒也。"《楚辞》："紛緫緫其離合。"王逸曰："緫緫猶噂噂，聚皀也。"又曰："建黄昬之緫旄。"王逸曰："緫，合也。"《方言》："履［蠡］，蠡［履］也。南楚緫謂之蠡。"野王案：緫猶普也。《説文》："緫，聚束也。"《廣雅》："緫，皆也。""緫，竅也。""緫，結也。""緫緫，衆也。"或為捴字，在手部。[⑥] 束髮之緫為鬆字，在髟部。[⑦] 束數之緫為稯字，在禾部。[⑧]

---

① 張傑《〈玉篇殘卷·糸部〉校證》（河北大學碩士論文 2017 年）認為"'之牙'為'崇牙'二字之誤"。按："為之牙"與上文"為之流"相對，文從字順。張傑又謂"'崇'疑原本作'重'，蓋因避五代晉出帝之名而改"。按："崇""重"義同，故《禮記》原文作"崇"，鄭玄注以"重"釋之。張傑又謂"'飾彌多'為'彌多飾'之誤倒"。

② "綢也，纒綿也"當作"綢繆，纒綿也"。

③ 吕校本"者"上衍"之"字。

④ 吕校本"薄"字改為"書"。按："薄"當為"簿"字之形近而訛，今本《周禮》作"簿書"。吕校本於"大凡"後補"官府之有財物入，若關市之屬"，似不必。

⑤ 吕校本録作"持有也"，誤。△按：《殘卷》本作"有"，當是"盾"字。唐《趙晃墓誌》"遁"作"遁"，《名義·鳥部》"鶻"作"鶻"，《龍龕·圭部》"鮭"作"鮭"，堪為佐證。又，"盾"為"干"字之釋義。

⑥ 《名義》："捴，子孔反。合也，皆也，冣也，结也，束也，将領也，大凡也。"

⑦ 《名義》："鬆，哉孔反。兩角髦也。鬆，鬆字也。"

⑧ 《説文》："稯，布之八十縷爲稯。从禾，㚇聲。"《名義》："稯，子公反。數也，束。"

《尚書・禹貢》："百里賦納緫，二百里納銍，三百里納秸服。"孔安國傳："甸服內之百里近王城者。禾稾曰緫，入之供飼國馬。"《尚書・大禹謨》："汝惟不怠，揔朕師。"孔安國傳："汝不懈怠於位，稱揔我衆，欲使攝。"《周禮・天官・職內》："職內掌邦之賦入，辨其財用之物，而執其緫。"鄭玄注："緫謂簿書之種別與大凡。"《周禮・春官・巾車》："王后之五路：重翟，錫面朱緫；厭翟，勒面繢緫；安車，彫面鷖緫，皆有容蓋。"鄭玄注引鄭衆云："鷖緫者，青黑色，以繒爲之，緫著馬勒直兩耳與兩鑣。"鄭玄注："朱緫、繢緫，其施之如鷖緫，車衡輨亦宜有焉。""衡"蓋一誤為"衘"，再誤為"軒"。"輨"與"轄"（或作舝）形近。陸德明音義："輨，劉音管，一音胡瞎反。""音管"為"輨"字，"胡瞎反"為"轄"字。《左傳・僖公七年》："若揔其罪人以臨之，鄭有辭矣，何懼？"杜預注："揔，將領也。"《禮記・樂記》："夫樂者，象成者也。緫干而山立，武王之事也；發揚蹈厲，大公之志也；武亂皆坐，周召之治也。"鄭玄注："緫干，持盾也。"《禮記・檀弓上》："喪事欲其縱縱爾。"鄭玄注："趨事貌。縱讀如緫領之緫。"《禮記・月令》："寒氣緫至，民力不堪，其皆入室。"鄭玄注："緫猶猥卒。"《楚辭・離騷》："紛緫緫其離合兮，斑陸離其上下。"王逸注："緫緫猶僔僔，聚貌也。"《楚辭・九歎・遠逝》："舉霓旌之墆翳兮，建黄纁之緫旄。"王逸注："緫，合也。"《方言》卷四："𧞣，履也。……南楚江沔之間緫謂之𧞣。"《殘卷》"履，𧞣也"當作"𧞣，履也"。《説文》："緫，聚束也。从糸，悤聲。"《廣雅・釋詁三》："緫，皆也。"《廣雅・釋詁三》："緦，聚也。"王念孫疏證："緦為聚者，緦當作緫。《説文》：'緫，聚束也。''緦'本作'緫'，與'緫'字相似，故'緫'訛作'緦'。曹憲音'思'，失之也。"《殘卷》"㝡"、《名義》"冣也"即"聚也"。[①]《廣雅・釋詁四》："緫，結也。"《廣雅・釋訓》："緫緫，衆也。"《名義》："総，子孔反。合也，普也，冣也，结也，聚束也。"《新撰字鏡》："総，止公反。領也，攝也，合也，普也，皆也，最也，结也。"《類聚名義抄》："総布，《玉》云：'合也，普也，皆也，㝡也，結也，聚束也。'"（306•1）

約，於略反。《周易》："納约自牖。"野王案：《尔［廣］雅》："约，少也。""约，儉也。""约，薄也。"《毛詩》："约之閣閣。"傳曰："约，束也。"箋云："约

---

① 張傑《〈玉篇殘卷・糸部〉校證》（河北大學碩士論文2017年）認為"'緫'訓'最也'，不見於今本《廣雅》。《廣雅・釋訓》：'緫緫，眾也。'……'最'為'眾'字之誤"。△按：《殘卷》"最"字或作"㝡"，其用或同"聚"。"輸"字條下引《廣雅》"輸，㝡也"，今本《廣雅・釋詁三》作"輸，聚也"；"溙"字條下引《廣雅》"溙，㝡也"，今本《廣雅・釋詁三》作"溙，聚也"。且《殘卷》引《廣雅》已有"総総，衆也"，此處自然不當重出"眾也"之訓。

謂缩板也。”《左氏傳》：“人尋约。”杜預曰：“约，繩也。”《論語》：“不可以久處約。”孔安國曰：“久困則為非也。”《考工記》：“凡任，索约，大汲其林［板］，謂之无任。”鄭玄曰：“约，缩也。築廧，以繩缩其板。大弘之，言板橈也。築之則〈土〉不堅矣。”《礼記》：“孔子曰：‘小人貧斯约。’”鄭玄曰：“约猶窮也。”《說文》：“约，纒也。”又音扵妙反。《周礼》：“司約掌邦國及萬民之約劑。”鄭玄曰：“约，言語之约束也。”野王案：今忽以此音於託［謔］反。《周礼》音扵妙反。《漢郊歌》“雷（雷）震震，電耀耀，明德鄉，治卆约”忽即是也。又音焉教反。《楚辞》：“土伯九约。”王逸曰：“约，屈也。”野王案：謂屈莭也。《吕氏春秋》“旄象之约”是也。

《周易·坎》：“樽酒簋貳，用缶，納約自牖，終无咎。”《廣雅·釋詁三》：“約，少也。”《廣雅·釋言》：“約，儉也。”《廣雅·釋詁一》：“約，䙏也。”王念孫疏證：“䙏，各本譌作䙏，今訂正。經傳通作薄。”按：“約”或作“葯”。《方言》卷十三：“葯，薄也。”郭璞注：“謂薄裹物也，葯猶纏也。”《詩經·小雅·斯干》：“約之閣閣，椓之橐橐。”毛傳：“約，束也。”鄭玄箋：“約謂縮板也。”《左傳·哀公十一年》：“公孫揮命其徒曰：‘人尋約，吴髮短。’”杜預注：“約，繩也。八尺爲尋。吴髮短，欲以繩貫其首。”《論語·里仁》：“不仁者不可以久處約，不可以長處樂。”何晏集解引孔安國曰：“久困則為非。”《周禮·考工記·匠人》：“凡任，索約，大汲其版，謂之無任。”鄭玄注：“約，縮也。汲，引也。築防若牆者，以繩縮其版。大引之，言版橈也。版橈，築之則鼓，土不堅矣。”《禮記·坊記》：“子云：‘小人貧斯約，富斯驕，約斯盜，驕斯亂。’”鄭玄注：“約猶窮也。”《說文》：“約，纏束也。从糸，勺聲。”《周禮·春官·大史》：“凡邦國都鄙及萬民之有約劑者，藏焉，以貳六官，六官之所登。”鄭玄注：“約劑，要盟之載辭及券書也。”《周禮·秋官·序官》：“司約下士二人，府一人，史二人，徒四人。”鄭玄注：“約，言語之約束。”陸德明音義：“約，劉於妙反，一音如字，注同。”《殘卷》經、注不相匹配。《殘卷》“於託反”當作“於謔反”。《新撰字鏡》“扵謔反”之“謔”作“[illegible]”，與“託”形近。沈德潛輯《古詩源》卷二《漢詩·唐山夫人〈安世房中歌〉》：“雷震震，電耀耀。明德鄉，治本約。”《楚辭·招魂》：“土伯九約，其角觺觺些。”王逸注：“約，屈也。”《吕氏春秋·本味》：“肉之美者，猩猩之唇，貛貛之炙，隽觾之翠，述蕩之掔，旄象之約。”高誘注：“約，飾也。……一曰：約，美也。”《名義》：“約，扵略反。小也，儉，薄也，缠也，束也，绳也，缩也，窮也。”吕氏校釋：“‘小也’當作‘少也’。”按：此說可從。《玉篇》：“約，於畧切，少也，儉也，薄也，束也，纏也。又於妙切。”《新撰字鏡》：“約，正。

扵略反。少也，撿也，束也，繩也，縮也，薄也，窮也。借扵妙反，去。又扵謔反，入。屈也，空也。”

繚，力鳥反。《儀礼》：“奠爵于𢈈［薦］西，與［興］，右取脚［肺］，却左手執夲，坐，弗繚，右絶未［末］以祭，尚左手。”鄭玄曰：“繚猶紾也。大夫以上威儀多紾絶之，高［尚］左手者，明垂〈紾〉之，及［乃］絻［絶］其未［末］也。”《礼記》：“士（帶）緇紕，再繚四寸。”鄭玄曰：“玉［士］以練，廣二寸，又再繚之也。”野王案：繚猶繞也。《楚辞》：“繚之以杜［杜］蘅。”王逸曰：“繚，缚束也。”《説文》：“繚，纒也。”

《儀禮·鄉飲酒禮》“奠爵于薦西，興，右手取肺，卻左手執本，坐，弗繚，右絶末以祭，尚左手。”鄭玄注：“繚猶紾也。大夫以上威儀多紾絶之，尚左手者，明垂紾之，乃絶其末。”《禮記·玉藻》：“士緇辟二寸，再繚四寸。”鄭玄注：“士以練，廣二寸，再繚之。”《楚辭·九歌·湘夫人》：“芷葺兮荷屋，繚之兮杜衡。”王逸注：“繚，縛束也。”《説文》：“繚，纏也。从糸，尞聲。”《慧琳音義》卷二七轉録大乘基《法花音訓》：“繚戾，上力小反，《説文》力鳥反：‘繚，繞也。繚，纒也。’謂纒繞。《切韻》唯有了達、蓼菜、目睛明瞭、長鬖鬗，四字之外，更無了音之字。繚字有二：力小、力召反，一繚繞，二繚灸。繚灸或作繚戾【魯帝反】也。”又卷五五《禪秘要法經》音義：“繚綟，上聊鳥反。顧野王云：‘繚猶繞也。’《説文》云：‘纒也。從糸，尞聲。’”《名義》：“繚，力鳥反。繞也，缠，缚束也。”《新撰字鏡》：“繚，力鳥反，上。縛也，繞也。宜為了，了戾也。”

纒，除連反。《淮南》：“纒以朱丝。”《説文》：“纒，约也。”日月行、舍為躔字，在𧾷部。①

《淮南子·齊俗》：“譬若芻狗土龍之始成，文以青黄，絹以綺繡，纏以朱絲。”《説文》：“纏，繞也。从糸，廛聲。”《慧琳音義》卷五一《成唯識寶生論》卷五音義：“重纒，徹連反。《淮南子》云：‘纒以朱絲。’《説文》：‘纒，約也。從糸，厘聲。’”《希

① 《名義》：“躔，直連反。循也，行也，舍也。”

麟音義》卷三《新譯十地經》卷四音義："纏裹，上直連反。《考聲》云：'繞也，束也。'《說文》云：'纏，約也。從糸，廛聲。'"又卷四《大乘瑜伽千鉢文殊大教王經》卷六音義："纏縛，上直連反。俗又作纏。《切韻》：'繞也。'"引《說文》作"纏，約也"。"纏，繞也"引自《考聲》或《切韻》，不引《說文》，足證《說文》本不作"纏，繞也"。《名義》："緾［纏］，除連反。约也。"吕氏校釋："此字頭原誤。"按：此字頭原作"緾"，其下"土"字誤作雙行小字。"緾"為"纏"之俗字。《新撰字鏡》："緾，直連反。繞也，約也，日月行，舍，道。"《類聚名義抄》："纏縛，《玉》云：'約也。'"（306•2）王仁昫《刊謬補缺切韻・仙韻》（P.2011）："纒，直連反。繞。通俗作緾。躔，日月行。或作踸。"《漢書・律曆志》："日月初躔，星之紀也。"顏師古注引孟康："躔，舍也。二十八舍列在四方，日月行焉，起於星紀，而又周之，猶四聲為官紀也。"

繞，如小反。《淮南》："俠［使］繞其舩。"《說文》："繞，纏也。"

吕校本"使"録作"俠"，改作"挾"。《淮南子・道應》："兩蛟夾繞其舩。"又《氾論》："荆佽非兩蛟夾繞其船而志不動。"《殘卷》"使"本作"𠊱"，當是"俠"字，與"夾"通。△按："俠""使"二字形近，古籍或相混用。《重廣補注黄帝内經素問・腹中論篇第四十》："歧伯曰：'此下則因陰，必下膿血；上則迫胃脘，生鬲，俠胃脘内癰。'"林億等新校正云："按：《太素》'俠胃'作'使胃'。"《玉臺新咏・鮑照〈代白紵歌辭〉》："春風澹蕩使思多，天色浄緑氣妍和。"吴兆宜箋注："使，一作俠。"《說文》："繞，纏也。从糸，堯聲。"《名義》："繞，如小反。上字。"吕氏校釋："此處'上字'是指與上一字同義。"《新撰字鏡》："繞，饒小反，上。緾也，繚也。"

紾，徒展反。《考工記》："凡相角……老牛之角紾而錯。"鄭衆曰："讀為抮縛之抮，謂牛搉角理也。"《說文》："紾，縛也。"

《周禮・考工記・弓人》："凡相角，秋䋄者厚，春䋄者薄。穉牛之角直而澤，老牛之角紾而昔。"鄭玄注引鄭衆云："紾讀爲抮縳之抮，昔讀爲交錯之錯，謂牛角捔理錯也。"陸德明音義："紾，劉徒展反，許慎尚展反，又徒展反，與注'抮縛'之'抮'同，角絞縛之意。昔，七各反，下同。抮縛，並與紾同，縛又徒轉反。"《說文》："紾，轉也。从糸，㐱聲。"按：今本《說文》作"轉也"，與《殘卷》所引異。"紾"通"抮"。

《淮南子·説林》：“抮和切適，舉坐而善。”高誘注：“抮，轉也。”《名義》：“紾，徒展反。缚也。”吕氏校釋：“《殘卷》引《考工記》鄭注作‘（紾）讀為抮縛之抮’。紾同抮。”按：《名義》“缚也”當作“缚也”。《新撰字鏡》：“紾，徒展反。轉也。”

繯，禹善、胡串二反。《國語》：“繯山扵有宇［牢］。”賈逵曰：“繯，還也。”《方言》：“所以懸㡚［㡚］也，宋魏江淮之間謂之繯，或謂之環。”《説文》：“繯，是［茖］也。”[①]野王案：《羽獵賦》“虹蜺為繯”是也。《蒼頡篇》：“繯，繘也。”

《國語·齊語》：“管子對曰：‘以魯為主。反其侵地棠、潛，使海於有蔽，渠弭於有渚，環山於有牢。”韋昭注：“環，繞也。”[②]《方言》卷五：“所以縣㡚，關西謂之綸，東齊海岱之間謂之縺，宋魏陳楚江淮之間謂之繯，或謂之環。”《説文》：“繯，落也。从糸，睘聲。”《文選·楊雄〈羽獵賦〉》：“青雲為紛，紅蜺為繯。”李善注引韋昭曰：“繯，旗上繫也。”《名義》：“繯，禹善反。還也，是［茖］也，繘也。”吕氏校釋：“‘是也’未詳。”△按：“是也”當作“茖也”，《名義》沿《殘卷》之誤。“茖”同“落”，“落”通“絡”。《漢書·揚雄傳上》：“青雲為紛，紅蜺為繯，屬之虖昆侖之虛。”蕭該音義：“該案：《説文》《字林》《三蒼》並于善反，云：‘繯，絡也。’陳武音環。《通俗文》曰：‘所以懸繩，楚曰繯。’繯，胡犬反。”《新撰字鏡》：“繯、繯，二同，古［胡］串反。還也，絡也，虹也，繘也。”

辮，蒲殄反。《説文》：“辮，交也。”

《説文》：“辮，交也。从糸，辡聲。”《文選·張衡〈思玄賦〉》：“辮貞亮以爲鞶兮，雜伎藝以爲珩。”舊注：“辮，交織也。”李善注引《説文》曰：“辮，交也。”《名義》：“辮，蒲斿反。交。”吕氏校釋：“‘蒲斿反’當從《殘卷》作‘蒲殄反’。”《新撰字鏡》：

---

① 吕校本於“是也”前補“絡也”二字。按：依《殘卷》體例，“是也”二字一般出現於顧氏引證之後，《説文》前没有“野王案”三字，則不當有“‘繯，絡也’是也”。

② 《後漢書·馬融傳》：“然後舉天網，頓八紘，摰斂九藪之動物，繯橐四野之飛征。”李賢注：“繯音胡犬反，又胡串反。《説文》曰：‘繯，落也。’《國語》曰：‘繯於山有罕［牢］。’賈逵注云：‘繯，還也。’”段玉裁《説文解字注》：“《國語》：‘繯於山有牢。’今本譌作‘環山於有牢。’韋注曰：‘環，繞也。’山於誤倒，環為俗字。”按：《國語》作“使海於有蔽，渠弭於有渚，環山於有牢”，句式整齊，“山於”恐非誤倒。《馬氏文通》以為“言‘有蔽於海，有渚於渠弭，有牢於環山’也”。

“辮，薄顯反，上。編髮也，交辮也，織繩曰辮織也。”

緭，古忽反。《說文》：“緭，结也。”《廣雅》：“緭结，不鮮也。”或為愲字，在心部。①

《說文》：“緭，結也。从糸，骨聲。”《廣雅·釋詁四》：“緭，結也。”王念孫疏證：“《說文》：‘緭，結也。’《釋訓》云：‘結緭，不解也。’《漢書·息夫躬傳》：‘心結愲兮傷肝。’《楚辭·九思》：‘心結緭兮折摧。’愲與緭通。《莊子·徐無鬼篇》：‘頡滑有實。’向秀注云：‘頡滑，錯亂也。’頡滑與結緭義亦相近。”《慧琳音義》卷九九《廣弘明集》卷二九音義：“結緭，昆兀反。《廣雅》：‘結緭，不解也。’《說文》：‘緭亦結也。’或從心作愲也。”《殘卷》“緭结”當作“结緭”，吕校本録作“緭，結不解也”。《名義》：“緭，古忽反。结也。”《新撰字鏡》：“緭，古忽反。愲也，緭結。”

结，吉姪反。《尚書》：“结怨于民。”孔安國曰：“与民结怨也。”《毛詩》：“心如結兮。”傳曰：“言執義一則用心固也。”《左氏傳》：“使陰里结之。”杜預曰：“结，成也。”又曰：“衣有禬，帶有結。”杜預曰：“〈帶〉结也。”又曰：“成而不结。”杜預曰：“不结（國）固也。”又曰：“始结陳好。”野王案：结猶構也。《楚辞》：“结余軫扵西山。”王逸曰：“结，旋也。”《淮南》：“君子行斯乎其所结。”許𪳆重曰：“结，要也。”《吕氏春秋》：“車不结帆［軌］。”高誘曰：“结，交也。”《說文》：“结，缔也。”《廣雅》：“结，詘也。”

《尚書·泰誓下》：“自絶于天，結怨于民。”孔安國傳：“不敬天，自絶之；酷虐民，結怨之。”《詩經·曹風·鳲鳩》：“其儀一兮，心如結兮。”毛傳：“言執義一，則用心固。”《左傳·襄公十二年》：“齊侯許昏，王使陰里逆［結］之。”② 杜預注：“結，成也。”《左傳·昭公十一年》：“衣有禬，帶有結。”杜預注：“結，帶結也。”《左傳·襄公二十五年》：“其五月，秦晉爲成。……成而不結。”杜預注：“不結固也。”《左傳·莊公二十五年》：“春，陳女叔來聘，始結陳好也。”《文選·陶淵明〈飲

① 《名義》：“愲，古窔反。乱也，擾也。”
② 阮元挍勘記：“毛本‘逆’作‘結’，是也。案：十行本初刻是‘結’字，後改誤‘逆’。”

酒〉》："結廬在人境，而無車馬喧。"李善注："結猶構也。"《楚辭·九歎·遠遊》："結余軫於西山兮，横飛谷以南征。"王逸注："結，旋也。"《淮南子·繆稱》："故君子行思乎其所結。"高誘注："結，要終也。"與許注略異。按："要"與"結"同義。《國語·魯語下》："夫盟，信之要也。"韋昭注："要猶結也。"《吕氏春秋·勿躬》："平原廣城，車不結軌，士不旋踵。"高誘注："結，交也。"《説文》："結，締也。从糸，吉聲。"《廣雅·釋詁四》："結，詘也。"《名義》："结，古姪反。成也，構也，旋，要也，缔也，詘也。"《新撰字鏡》："結，吉姪反，入。成也，構也，旋也，就也，要也，交也，詘也，締也。"《類聚名義抄》："結，《玉》云：'成也，搆也，旋也，要也，交也，締也，詘也。'"（301•7）

締，徒計反。《楚辞》："氣繚轉而自缔。"王逸曰："缔，结也。"《説文》："不觧也。"

《慧琳音義》卷八十《大唐内典録》卷三音義："締構，上音提。王逸注《楚辭》云：'締猶結也。'《説文》云：'結不解也。從系，帝聲也。'"《殘卷》引《説文》脱"結"字。《楚辭·九章·悲回風》："心鞿羈而不形兮，氣繚轉而自締。"王逸注："思念緊卷而成結也。"《説文》："締，結不解也。从糸，帝聲。"《名義》："締，従［徒］計反。结也。"吕氏校釋："'徒'字原誤。"按："徒"字原誤作"従"。《新撰字鏡》："締，達計反，去。丁礼反，平［上］。結也，紼也。"

綳，彼萠反。《墨子》："禹塟會稽，稠［桐］棺三寸，葛以綳之。"《説文》："綳，束也。"

《墨子·節葬下》："禹東教乎九夷，道死，葬會稽之山，衣衾三領，桐棺三寸，葛以緘之。"孫詒讓閒詁："'緘'，當作'綳'。《説文·糸部》云：'綳，束也。'引《墨子》曰'禹葬會稽，桐棺三寸，葛以綳之'，即此文。《藝文類聚》十一、《御覽》三十七引《帝王世紀》亦云：'禹葬會稽，葛以綳之。'段玉裁云：'"綳"，今《墨子》此句三見，皆作"緘"。古蒸、侵二部音轉最近也。'畢云：'《太平御覽》引"緘"作"綳"，注云"補庚切"，則此"緘"字俗改。'"《説文》："綳，束也。从糸，崩聲。《墨子》曰：禹葬會稽，桐棺三寸，葛以綳之。"《廣雅·釋詁三》："綳，束也。"《名義》："繃，彼萠反。束也。"《新撰字鏡》："繃，甫萠反，平。束兒衣也，棺緒也。"

縛，扶矍反。[1]《左氏傳》："襄公縛秦囚。"野王案：《說文》："縛，束也。"又曰："許男面縛。"杜預曰："縛手扵後，見其面也。"

《左傳·文公二年》："戰之明日，晉襄公縛秦囚，使萊駒以戈斬之。"《說文》："縛，束也。从糸，尃聲。"《左傳·僖公六年》："許男面縛，銜璧。"杜預注："縛手於後，唯見其面。"《名義》："縛，扶瞿反。束也。"《名義》"扶瞿反"當依《殘卷》改作"扶矍反"。《玉篇》："縛，扶攫切，束縛也。"《新撰字鏡》："縛，苻躍反。繫也，束也，收也。"

絿，渠周反。《毛詩》："不競不絿。"傳曰："絿，急也。"《廣雅》："絿，求也。"

《說文》："絿，急也。从糸，求聲。《詩》曰：不競不絿。"《詩經·商頌·長發》："不競不絿，不剛不柔。"毛傳："絿，急也。"《廣雅·釋詁三》："絿，求也。"《名義》："絿，渠周反。色也，求也。"吕氏校釋："《殘卷》引《詩》毛傳作'急也'。《名義》'色也'為'急也'之誤。"按：此說可從。《玉篇》："絿，巨周切，急也。"《新撰字鏡》："絿，巨周反。急也，求。"

絅，苦營反。《說文》："引急也。"

《說文》："絅，急引也。从糸，冋聲。"《名義》："絅，苦營反。引忽也。"吕氏校釋："《殘卷》引《說文》作'引急也'。《名義》誤。"按：《新修絫音引證群籍玉篇·糸部》："絅，古營切，引急也。"《玉篇》："絅，古營切，引急也。"裴務齊正字本《刊謬補缺切韻·冥韻》："扃，古螢反。……絅，引急。"

---

① 吕校本録作"扶瞿反"。《殘卷》本作"矍"，當是"矍"字。"縛"為入聲字，其反切下字不當為"瞿"。

纚，力卧反。《説文》："不紃也。"《蒼頡篇》："不勾［匀］也。"

《説文》："纚，不均也。从糸，羸聲。"《名義》："纚，力卧反。不勾［匀］也。"吕氏校釋："'不勾也'當作'不匀也'。"按：《殘卷》亦作"勾"，《名義》沿《殘卷》之誤。《新撰字鏡》："纚，力卧反，不紃也，不勾［匀］也。"其誤同。《玉篇》："纚，力卧切，相足也，不紃也，不均也。""均""匀"義同。

《殘卷》"不紃也"當與"不均也"同。裴務齊正字本《刊謬補缺切韻·箇韻》："纚，魯卧反。下［不］均。"《廣韻·諄韻》"詳遵切"小韻（"紃"字屬之）："洵，均也。……𥢶，均也。"《廣韻·過韻》："纚，不細［紃］也。又不均也。""不細也"為"不紃也"之誤。

給，居及反。《周礼》："享［亨］人掌供鼎鑊以給水火之齊。"野王案：給猶供也。《左氏傳》"私欲養求，不給則應"是也。《左氏傳》："車服従給。"杜預曰："𤴓給事也。"《國語》："豫而後給。"賈逵曰："給，及也。"又曰："聡敏肅給。"賈逵曰："給，𤴓也。"又曰："内外齊給。"賈逵曰："給，俻也。"《論語》："御人以給。"孔安國曰："佞人口辞捷給也。"《礼記》："孔子曰：恭而不中礼謂之給。"《説文》："相𤴓也。"或為㿠字，在广部。[①]

《周禮·天官·亨人》："亨人掌共鼎鑊以給水火之齊。"《慧琳音義》卷四一《大乘理趣六波羅蜜多經》卷七音義："賙給，下金立反。顧野王云：'給猶供也。'賈注《國語》：'給，及也，足也，備也。'《説文》：'相供足也。從糸，合聲也。'"[②]《左傳·昭公二十年》："私欲養求，不給則應。"孔穎達疏："民不共給，則應之以罪。"《左傳·襄公九年》："國無滯積，亦無困人，公無禁利，亦無貪民，祈以幣更，賓以特牲，器用不作，車服從給。"杜預注："足給事也。"《國語·晉語一》："戒莫如豫，豫而後給，夫子戒也。"韋昭注："給，及也。"《國語·晉語七》："知羊舌職之聰敏肅給也，使佐之。"韋昭注："給，足也。"《國語·周語下》："身聳除潔，外內齊給，敬也。"韋昭注："給，備也。"《論語·公冶長》："禦人以口給，屢憎於人。"

① 《名義》："㿠，居邑反。古給。"

② 《希麟音義》卷一《大乘理趣六波羅蜜多經》卷七音義："賙給，下金立反。顧野王云：'給，權供也。'賈注《國語》云：'給，及也，足也，備也。'《説文》：'相供足也。從糸，合聲。'""權"當作"猶"。

何晏集解引孔安國曰："佞人口辭捷給，數為人所憎惡。"《禮記·仲尼燕居》："子曰：'敬而不中禮謂之野，恭而不中禮謂之給，勇而不中禮謂之逆。'"鄭玄注："子貢辨，近於給。"孔穎達疏："給謂捷給。"《説文》："給，相足也。从糸，合聲。"《殘卷》："㕁，居邑反。《字書》古文給守［字］也。給，相足也，在糸部。"《名義》："給，居及反。供也，及也，足也，偹也。"《新撰字鏡》："給，居立反，入。供也，反［及］也，偹也，相乏也。"《類聚名義抄》："周給，《玉》云：'供也，及也，足也，偹也。'"（303•2）

綝，丑林反。《尒雅》："綝，若也。"《説文》："綝，止也。"

《爾雅·釋詁上》："綝，善也。"《名義》"若也"為沿《殘卷》之誤。[①]《玉篇》："綝，丑林切，善也，止也。"《説文》："綝，止也。从糸，林聲。讀若郴。"《名義》："綝，丑林反。若也，止也。"《新撰字鏡》："綝，力［丑］林反。〈止〉也，善也。"《龍龕》："綝，丑林反，繕也。""繕"當作"善"。《慧琳音義》卷九十《高僧傳》卷九音義："法綝，丑林反。僧名也。《考聲》：'綝，善也，上也。"'"上"當作"止"。

縪，補謐、補蔑二反。《儀礼》："冠六升，外縪，纓條属，猒。"鄭玄曰："縪謂縫著於武也。"《考工記》："天子圭中縪。"鄭玄曰："縪謂以組約其中央，為執之，偹失墜也。"《説文》："縪，止也。"《埤蒼》："冠縫[②]也。"

《儀禮·既夕禮》："冠六升，外縪纓條屬厭。"鄭玄注："縪謂縫著於武也。"《周禮·考工記·玉人》："天子圭中必。"鄭玄注："必讀如鹿車縪之縪，謂以組約其中央，

① 王念孫《讀書雜志·晏子春秋》："公曰：'若。是孤之罪也。'念孫案：若當爲善。公曰善者，善晏子之言也。是孤之罪也，别爲一句，不與上連讀。《外篇》上記景公命去禮，晏子諫之，事略與此同，彼文亦作'公曰善也'。今本善作若，則既失其句，而又失其義矣。善、若字相似，又涉上文'若欲無禮'而誤。《諫下》篇'善其衣服節儉'、《雜下》篇'以善爲師'，今本善字竝誤作若。"張傑《〈玉篇殘卷·糸部〉校證》（河北大學碩士論文 2017 年）："《爾雅·釋詁》：'若、綝，善也。'……《漢書·禮樂志》：'神若宥之。'顏師古注：'若，善也。''綝''若'二字皆有'善'義，故《殘卷》'綝'訓'若'也。"形訛、義同兩説似皆可通。兩相權衡，我們以為形訛説似更勝一籌。《爾雅》釋義，似應選用更為常見的"善"字，而不是選用此義的罕用字"若"。可以有"若、綝，善也"，但似乎不應有"綝，若也""若，綝也""善，若也""善，綝也"。

② 《殘卷》"縫"，吕校本、《小學蒐佚·埤倉》誤作"絳"。

爲執之，以備失隊。”《説文》：“縪，止也。从糸，畢聲。”《唐韻殘卷·質韻》（蔣斧印本）：“必，審也。《説文》従弋八。卑吉反。……縪，冠縫。出《埤蒼》。”《玉篇》：“縪，布一、布結二切，止也，冠縫也。”《新撰字鏡》：“縪，甫一反。止也，縫也。”

按：此字《名義》脱，似可補“縪，補謐反。止也，冠絳也”。

紌，渠周反。《説文》：“紌，引也。”

今本《説文》未收“紌”字，“縪”“終”之間收“紈”字，與“紌”形近，釋為“素也”。段玉裁注：“‘紈’篆舊在‘終’篆前，非也。今依《玉篇》次此，與‘繒’為伍，《玉篇》必仍許也。”則《説文》本或有“紌”字，今本偶脱。《名義》：“紌，渠周反。引也。”

終，之戎反。《尚書》：“受終于文祖。”王肅曰：“受尭之終事也。”野王安［案］：《廣雅》：“終，極也。”“終，窮也。”〈又〉曰“吝厩終，惟其始”、《周易》“大明終始”是也。又曰：“汝終陟无［元］后。”孔安國曰：“汝終當升為天子也。”《周礼》：“死終則各（各）盡［書］其所以。”鄭玄曰：“小［少］曰死，老曰終。”《毛詩》：“終朝来［采］菜［緑］。”[①]傳曰：“自旦及時食［食時］為終朝。”《儀礼》：“惟［廣］〈終〉幅，長六尺。”[②]鄭玄曰：“終，充也。”《左氏傳》：“求終事也。”杜預曰：“終，竟也。”《國語》：“高朗令終。”賈逵曰：“終猶成也。”《礼記》：“子張曰：君子曰终，小人曰死。”鄭玄曰：“事卒為終。”又曰：“莭文終遂焉。”鄭玄曰：“終遂猶充俻也。”《説文》：“終，綵丝也。”《司馬法》[③]：“六尺為步，步百為畞，畞百為夫，夫三為屋，屋三為井，井十為通，通十為城，城十為終。”《埤蒼》以死沒之終為殁字，在歹部。[④]

---

① 張傑《〈玉篇殘卷·糸部〉校證》（河北大學碩士論文 2017 年）：“《説文·艸部》：‘菉，王芻也。’訓‘王芻’之‘緑’為‘菉’之借字。殘卷‘菜’當為‘菉’字之誤。”“菜”“菉”形近，此説可從。

② 吕校本“惟”改“終”。△按：“惟”與“終”形隔。“惟”當為“廣”之形近而訛，其下又脱“終”字。

③ 《殘卷》“《司馬法》”原作“《馬司法》”，於“司”字右側旁注乙字符“⌟”，故當改為“《司馬法》”。

④ 《名義》：“殁，之戎反。殁也。终字。”

《尚書·舜典》：“正月上日，受終於文祖。”孔安國傳：“終謂堯終帝位之事。”《廣雅·釋詁一》：“終，極也。”《廣雅·釋詁四》：“終，窮也。”《尚書·蔡仲之命》：“爾其戒哉！慎厥初，惟厥終。”《周易·乾》：“雲行雨施，品物流形，大明終始，六位時成。”《尚書·大禹謨》：“予懋乃德，嘉乃丕績，天之歷數在汝躬，汝終陟元后。”孔安國傳：“汝終當升為天子。”《周禮·天官·疾醫》：“凡民之有疾病者，分而治之，死終則各書其所以，而入于醫師。”鄭玄注：“少者曰死，老者曰終。”《詩經·小雅·采緑》：“終朝采緑，不盈一匊。”毛傳：“自旦及食時為終朝。”鄭玄箋：“緑，王芻也，易得之菜也。”《殘卷》當據改。《儀禮·士冠禮》：“緇纚廣終幅，長六尺。”鄭玄注：“終，充也。”《左傳·昭公十三年》：“晉禮主盟，懼有不治，奉承齊犧而布諸君，求終事也。”杜預注：“終，竟也。”《國語·周語下》：“故高朗令終，顯融昭明，命姓受氏而附之以令名。”韋昭注：“終猶成也。”《禮記·檀弓》：“子張病，召申祥而語之曰：‘君子曰終，小人曰死。’”鄭玄注：“死之言澌也。事卒為終，消盡為澌。”《禮記·鄉飲酒義》：“賔出，主人拜送，節文終遂焉，知其能安燕而不亂也。”鄭玄注：“終遂猶充備也。”《説文》：“終，絿絲也。从糸，冬聲。”《周禮·地官·小司徒》：“九夫爲井，四井爲邑，四邑爲丘，四丘爲甸，四甸爲縣，四縣爲都。”鄭玄注引《司馬法》曰：“六尺爲步，步百爲畮，畮百爲夫，夫三爲屋，屋三爲井，井十爲通。……通十爲成。……十成爲終。……十終爲同。”“十成爲終”當作“成十爲終”，“十終爲同”當作“終十爲同”。《慧琳音義》卷八八《釋法琳本傳》卷三音義：“而終，衆戎反。《埤蒼》云：‘終，殁也，死也。’《古今正字》：‘從歺，冬聲。’今從糸作終，通用。”《名義》：“終，之戎反。極也，死也，竟也，成也，窮。”《新撰字鏡》：“終，之融反，平。竟也，盡也，鬒也，極也，窮也，充也，成也，死也，小也，殆數［？］也。”《類聚名義抄》：“終，《玉》云：‘極也，死也，成也，宀［窮］也。’”（306•7）

[illegible]［弃］，《説文》古文終字也。

《説文》：“終，絿絲也。从糸，冬聲。弃，古文終。”《名義》：“終，之戎反。極也，死也，竟也，成也，窮。弃，上古文。”《名義》字頭本作“[illegible]”，當録作“殁”，其字從歹［歺］，夂［弃］聲。《殘卷》“[illegible]”為此字之訛變。珠光《浄土三部経音義》：“終，之戎切。極也，窮也，死也。古文㚖。”“㚖”蓋“弃”字之變。

㚏，夂古文終字也。《古文尚書》如此。

《名義》："穿，上古文。"按：《古文四聲韻》載崔希裕《纂古》"終"一作"𠬢"，王存乂《切韻》作"𠬢"，與"㚖"形近；王存乂《切韻》又作"𠬢"，與"穿"形近。

緁，辞接、子立二反。《説文》："緁，合也。"《蒼頡萹》："蠻夷貨名也。"《春秋傳》"齊侯獻戎緁"是也。野王案：左思《吴客賦》"緁賄紛紜"是也。

《説文》："緁，合也。从糸，从集。讀若捷。"《唐韻殘卷·緝韻》(蔣斧印本)："噍，嘈噍皃。姊入反。……緁，合也。又蠻夷貨反［名］。"《左傳·莊公三十一年》："六月，齊侯來獻戎捷。"杜預注："捷，獲也。"孔穎達疏："捷，勝也。戰勝而有獲，獻其獲，故以捷爲獲也。"《文選·左思〈吴都賦〉》："緁賄紛紜，器用萬端。"劉逵注："緁，蠻夷貨名也。"《名義》："緁，子立反。合。"《新撰字鏡》："緁，姊入反。緁，合也，夷財名。"

繒，似陵、似登二反。《説文》："帛緫名也。"

《説文》："繒，帛也。从糸，曾聲。"《名義》："繒，似登反。帛緫也。"《名義》當依《殘卷》作"帛緫名也"。《文選·謝惠連〈雪賦〉》："北户墐扉，裸壤垂繒。"李善注引《字林》曰："繒，帛總名也。"《新撰字鏡》："繒，疾陵反，平。旌［？］也，麾也，帛惣名也。旌［？］、麾二字繒也。"《類聚名義抄》："繒纊，《玉》云：'似曾反。緫也。'"（294•5）

綷［綷］，《説文》："籀文繒字。楊雄以為：《漢律》：宗廣祠，丹書告日也。"

《説文》："繒，帛也。从糸，曾聲。綷，籀文繒从宰省。揚雄以爲：《漢律》：祠宗廟丹書告。"《名義》："綷，上字。"吕校本字頭作"綷"，與《説文》《殘卷》均不合。

吕校本"日"作"曰"，恐誤。

絩，他叫反。《説文》："綺丝之數也。《漢律》：綺丝數謂之絩［絩］，希［布］

謂之援［稯］，綬組謂之逘［首］。”

《説文》：“絩，綺絲之數也。《漢律》曰：綺絲數謂之絩，布謂之總，綬組謂之首。从糸，兆聲。”参桂馥《説文解字義證》“絩”字條。吕校本“援”録作“椶”，改作“總”。按：“椶”“總”字形迥異。《名義》：“絩，他叫反。绮丝數。”《新撰字鏡》：“絩，他叫反。絲数也。”

綺，袪［祛］倚反。《范子計然》：“綺出齊郡。”野王案：《淮南》“慎［帩］以綺繡”是也。《説文》：“有文繒也。”

《慧琳音義》卷一《大般若波羅蜜多經》卷一音義：“綺飾，上欺紀反。《范子計然》云：‘綺出齊郡。’案：用二色彩絲織成文，華次於錦，厚於綾。《説文》云：‘有文繒也。從糸，奇聲也。’”《淮南子·齊俗》：“文以青黄，絹以綺繡。”《殘卷》“慎”當為“帩”字之訛。“帩”同“絹”。吕校本“慎”字改作“綃”，亦誤。《莊子·天運》：“夫芻狗之未陳也，盛以篋衍，巾以文繡，尸祝齊戒以將之。”“巾”與“絹”義近。《説文》：“綺，文繒也。从糸，奇聲。”[①]《名義》：“綺，祛倚反。有文缯。”《新撰字鏡》：“綺，墟彼反。繒也，繡也，阿［綱］也。”《類聚名義抄》：“綺，《玉》云：‘有文繒也。’”（307•1）

縠，胡木反。《戰國策》：“憂國愛民，不如愛尺之縠。”《説文》：“細練也。”《釋名》夂謂之紗縠。

《慧琳音義》卷二十《寶星陀羅尼經》卷四音義：“綺縠，下洪禄反。《戰國策》云：‘憂國愛民，不如愛尺之縠也。’《説文》：‘絢縛也。從糸，㱿聲。’【㱿音腔角反，縛音張卷反。】”又卷三九《不空羂索陀羅尼經》音義：“白縠，紅屋反。《釋名》云：‘縠，紗縠也。’《説文》：‘細縛也。從糸，縠省聲。’縛音直轉反。”《戰國策·齊策四》：“王之憂國愛民，不若王愛尺縠也。”鮑彪注：“縠，細繗也。”吕校本引《戰國策》，“縠”

① 《玄應音義》引《説文》作“有文曰綺”。《慧琳音義》屢引《説文》，均作“有文繒也”，蓋據顧氏。

誤作“縠”。《説文》：“縠，細縳也。从糸，殸聲。”《希麟音義》卷五《金剛頂修習毘盧遮那三摩地法》音義：“紗縠，下胡谷反。《玉篇》云：‘羅縠也，似羅而輕者也。’”《玉篇》：“縠，胡木切，細纆也，紗縠也。”《名義》：“縠，胡木反。細練。”吕氏校釋：“《説文》作‘細縳也’。”△按：《説文》當作“細縳也”，《名義》不誤。《玉篇》“細纆也”亦當作“細縳也”。[①]“練”“縳”皆繒類，僅生熟之異。

縑，古嫌反。《説文》：“兼丝缯也。”《廣雅》：“縹謂之縑。”

《説文》：“縑，并絲繒也。从糸，兼聲。”《廣雅·釋器》：“縹謂之縑。”《慧琳音義》卷九三《續高僧傳》卷十四音義：“賜縑，下頰嫌反。《廣雅》：‘緝［縹］謂〈之〉縑。’《説文》：‘縑，絲繒也。從糸，兼聲也。’”又卷九二《續高僧傳》卷六音義：“縑纊，上頰嫌反。《説文》云：‘縑，合絲繒也。從糸，兼聲。’”按：《殘卷》引《説文》作“兼絲繒也”，今本《説文》作“并絲繒也”，《慧琳音義》卷九二引《説文》作“合絲繒也”，“兼”“并”“合”義同。《名義》：“縑，古嫌反。縹之繒。”吕氏校釋：“《殘卷》引《説文》作‘絲繒也’，引《廣雅》作‘縹謂之縑’。《名義》誤省。”《類聚名義抄》：“縑緗，《玉》云：‘縹之繒。’”（294•2）其誤與《名義》同。“之”蓋“絲”字之訛，其前又脱“合”（或“兼”“并”）字。《新撰字鏡》：“縑，古咸反，平。絹也，繒也。”

縺，宜［直］轉反。[②]《左氏傳》：“縳一如䪨［瑱］。”杜預曰：“縳，卷也。”野王案：謂苞之也。又曰“以惟［帷］縳其妾［妻］”、《考工記》“卷而縺之”是也。《尒雅》：“十羽謂之縺。”郭璞曰：“列［别］羽數多少之名也。”《説文》：“一曰鮮支也。”又音居椽［掾］反。《聲類》：“今作絹字。”

《左傳·昭公二十六年》：“申豐從女賈，以幣錦二兩，縳一如瑱。”杜預注：“縳，卷也。”陸德明音義：“縳，直轉反，卷也。”“䪨”字從耳，真聲，與“瑱”字音義同。《説文》：

① “縳”字形近訛作“縛”，又以同義詞“纆”替换。
② 張傑《〈玉篇殘卷·糸部〉校證》（河北大學碩士論文2017年）：“‘宜轉反’，宋本《玉篇·糸部》作‘直轉反［引案：當作直轉切］’。‘縺’《廣韻·獮韻》音‘持兖切’，為澄母上聲獮韻字，又《廣韻·線韻》‘七戀切［引案：當作直戀切］’，為澄母去聲線韻字，與直轉反音同。”按：反切下字“轉”屬獮韻，不屬線韻。《殘卷》“瑑”字音“治轉反”，屬獮韻；《廣韻》“×轉反”均為獮韻字。

“瑱，以玉充耳也。从玉，真聲。《詩》曰：玉之瑱兮。䩆，瑱或从耳。”《左傳·襄公二十五年》：“閭丘嬰以帷縳其妻而載之，與申鮮虞乘而出。”《周禮·考工記·鮑人》：“卷而摶之，欲其無迤也。”鄭玄注引鄭衆云：“卷讀爲‘可卷而懷之’之卷。摶讀爲‘縳一如瑱’之縳。謂卷縳韋革也。”《爾雅·釋器》：“一羽謂之箴，十羽謂之縳，百羽謂之緷。”郭璞注：“别羽數多少之名。”《説文》：“縳，白鮮色也。从糸，專聲。”《殘卷》引《説文》“一曰鮮支也”當作“白鮮支也”。段注本《説文》作“縳，白鮮卮也”，云：“卮，各本作色，今正。下文云：‘縞，鮮卮也。’今本訛‘鮮色’，則此色誤亦同。卮與支音同，縞爲鮮支，縳爲鮮支之白者。”《儀禮·聘禮》：“賔裼，迎大夫賄，用束紡。”鄭玄注：“紡，紡絲為之，今之縳也之。”陸德明音義：“縳，劉音須。一本作縳，息絹反。案：《説文》：‘白鮮色也。’居掾反。《聲類》以為今正絹字。”[①]《周禮·天官·內司服》：“內司服掌王后之六服：褘衣、揄狄、闕狄、鞠衣、展衣、緣衣、素沙。”鄭玄注：“素沙者，今之白縳也。”陸德明音義：“白縳，劉音絹。《聲類》以為今作絹字。《説文》云：‘鮮色也。’居援反，徐升卷反，沈升絹反。”“居援反”蓋當作“居掾反”。[②]《名義》：“繐［縺］，宜［直］轉反。卷也。”吕氏校釋：“此字頭原訛。”按：此字頭原訛作“繐”。《名義》“宜轉反”為沿《殘卷》之誤，當作“直轉反”，吕校本誤作“宜轉反”。《新撰字鏡》：“縺，直轉反。卷也，絹也，數名也。”

綈，徒奚反。《管子》：“民俗為綈。”《説文》：“綈，厚繒也。”野王案：《史記》“取一綈袍以賜之”是也。《釋名》：“似蝷虫之色，緑而澤也。”

《管子·輕重戊》：“魯梁之民俗為綈，公服綈，令左右服之，民從而服之。”尹知章注：“徒奚反，繒之厚者謂之綈。”《説文》：“綈，厚繒也。从糸，弟聲。”《史記·范雎列傳》：“乃取其一綈袍以賜之。”司馬貞索隱：“按：綈，厚繒也，音啼，蓋今之絁也。”張守節正義：“今之麤袍。”《釋名·釋采帛》：“綈，似蝷蟲之色，緑而澤也。”《名義》：“綈，徒奚反。厚繒。”《新撰字鏡》：“綈、緹，二同。度嵇反，平。繒也，原［厚］繒，色緑而深也，[③]綿也。緹，帛夂［赤］黄之色。”

---

① 阮元挍勘記引戴震曰：“《周禮·內司服》注：‘素沙者，今之白縳也。’《釋文》：‘劉音絹。《聲類》以為今作絹字。’此獨作縳。縳乃繻之俗體。繻，因有須音，然與《周禮音義》刺謬，以《聲類》證之，音絹是也，須乃絹之訛。以《周禮》證之，作縳是也，《釋文》訛而為縳。”

② 張傑《〈玉篇殘卷·糸部〉校證》（河北大學碩士論文 2017 年）誤録作“居椽反”。《古音匯纂》“縳”字下亦誤録作“居椽反”。

③ 王仁昫《刊謬補缺切韻·齊韻》（P.2011）：“綈，厚繒，色緑而深。”《龍龕》：“綈，音提，赤黄色。《切韻》：‘厚繒，色緑而染也。’”“染”為“深”字之訛。

縞，古到、右［古］倒二反。《毛詩》："縞衣綦巾。"傳曰："縞，白色也。"《說文》："（綖）鮮支也。"《廣雅》："阿縞，練也。"

《詩經·鄭風·出其東門》："縞衣綦巾，聊樂我員。"毛傳："縞衣，白色男服也。"《說文》："縞，鮮色［卮］也。从糸，高聲。"[①]《廣雅·釋器》："絅縞，練也。"《慧琳音義》卷三六《大毗盧遮那經》卷一音義："縞素，上高考反。《韻詮》：'縞，白也。'《小尒雅》云：'絹之精者曰縞也。'"《名義》："縞，吉到反。白色。"《新撰字鏡》："縞，古到、古老二反。素也，練也，白也。"《類聚名義抄》："縞素，《玉》云：'白色也，練也。'"（307•3）

練，力見反。《周礼》："染人掌……春暴練。"鄭玄曰："暴練，練其素而暴之也。"《說文》："練，繒也。"煮區［漚］丝為湅字，在水部。[②]治金之練為鍊字，在金部。[③]蕳擇之練為揀字，在手部。[④]

《周禮·天官·染人》："染人掌染絲帛。凡染，春暴練，夏纁玄，秋染夏，冬獻功。"鄭玄注："暴練，練其素而暴之。"《說文》："練，湅繒也。从糸，柬聲。"疑《殘卷》引《說文》脫"湅"字。《戰國策·秦策一》："得太公陰符之謀，伏而誦之，簡練以為揣摩。"高誘注："練，湅帛也。""湅帛"與"湅繒"義同。《玉篇》："練，力見切，煑漚也。"《名義》："練，力見反。繒也。"《新撰字鏡》："練、綀，二同。李見反，去。繒也，帛也。"

纚，尸移、思移二反。《說文》："粗紬也。"《蒼頡萹》："細曰絟［絟］[⑤]，粗曰紵。纚，総大者也。"《字書》："一曰：經緯不同也。"

---

① 《說文》"縛，白鮮卮也。"段玉裁注："卮，各本作色。今正。下文云：'縞，鮮卮也。'今本譌鮮色，則此色誤亦同。卮與支音同。"
② 《名義》："湅，力見反。煑。"
③ 吕校本"治金"誤作"冶金"。《名義》："鍊，力見反。治金。"
④ 《名義》："揀，力見反。擇也，擢也。練字。"
⑤ 《殘卷》原文如此，當校改作"絟"。《說文》："紵，緂屬，細者為絟，粗者為紵。"

《説文》："纚，粗緒也。从糸，璽聲。"王仁昫《刊謬補缺切韻·支韻》（P.2011）："斯，息移反。……纚，經緯不同。又尺［尸］移反。亦作繩。"《廣雅·釋器》："纚，紬也。""纚""纚"同。

繬［繩］，《蒼頡篇》："經緯不同也。"夊生紬也。《字書》夊纚字也。

《名義》："繩，生紬。"吕氏校釋："此字頭下無反切注音。《殘卷》此處有'纚'字，音'尸移、思移二反'。纚同繩。《名義》脱'纚'字頭。"《玉篇》："纚，始移切，又思移切。粗細經緯不同者。繩、絁，並同上。"《龍龕》："繩，俗；繵、繬，正。音斯，經緯不仝。又尺［尸］支反，亦粗紬也。"

紬，除笛反。《説文》："大丝繒也。"

《説文》："紬，大絲繒也。从糸，由聲。"《名義》："紬，除留反。天［大］丝缯。"吕氏校釋："'天丝缯'當作'大丝缯'。"《類聚名義抄》："紬，《玉》云：'大絲繒也。'"（298•4）

綮，苦體反。《説文》："緻繒也。一曰：徽幟信也，有縈［齒］。"《聲類》："一曰：戟衣也。"

《説文》："綮，㩛繒也。一曰：徵幟信也，有齒。从糸，𢼄聲。"[①] 裴務齊正字本《刊謬補缺切韻·薺韻》："啓，康礼反。……綮，戟衣，又戟支［支］。"《名義》："綮，苦體反。戟衣。"《玉篇》："綮，苦禮切，緻繒也，戟衣也。"《龍龕》："綮、䋟，二或作；綮，正。康礼反，戟支，一曰：戟衣。"

綾，力升反。《方言》："東齊謂布帛之细者曰綾。"《埤蒼》："似綺而細也。"

① 胡吉宣《玉篇校釋》、張傑《〈玉篇殘卷·糸部〉校證》（河北大學碩士論文 2017 年）均以為"齒"為"縈"之誤。

《説文》："綾，東齊謂布帛之細曰綾。从糸，夌聲。"《方言》卷二："東齊言布帛之細者曰綾。"《名義》："綾，力升反。绫也，似绮，细也。"吕氏校釋："'绫也，似绮，细也'當作'绫似绮，细也'。"按：此説可從。《慧琳音義》卷六六《集異門足論》卷四音義："繡綾，下力升反。《埤蒼》云：'綾，似綺而細也。'"《新撰字鏡》："**綾**，力膺反。錦也。"《類聚名義抄》："綾，《玉》云：'似綺細也。'"（308•1）

緭，胡貴反。《説文》："緭，緭［繒］也。"《埤蒼》："緭，緒也。"

《説文》："緭，繒也。从糸，胃聲。"《玉篇》："緭，胡貴切，緭，緒也。"《名義》："緭，胡貴反。缯也，绪也。"《新撰字鏡》："緭、**䋿**，二同。古［胡］貴反。缯也，绪也。"

縵，莫旦反。《周礼》："服車五乘，……卿乘夏縵。"鄭玄曰："夏縵𠂊五乘［采］，書［畫］而无篆也。"又曰："磬師掌……教之縵樂。"鄭玄曰："縵樂，雜聲之和樂者也。"《礼記》："不學幓［操］縵，不能安弦。"鄭玄曰："雜并［弄］也。"《左氏傳》："降服乘縵。"杜預曰："車无文也。"《説文》："繒无文也。《漢律》'賜衣者，縵表白裏'是也。"

《周禮・春官・巾車》："服車五乘：孤乘夏篆，卿乘夏縵，大夫乘墨車，士乘棧車，庶人乘役車。凡良車、散車不在等者，其用無常。"鄭玄注："夏縵，亦五采，畫無瑑爾。"《周禮・春官・磬師》："磬師掌教擊磬、擊編鍾，教縵樂燕樂之鍾磬。"鄭玄注："縵讀爲縵錦之縵，謂雜聲之和樂者也。《學記》曰：'不學操縵，不能安弦。'"《禮記・學記》："不學操縵，不能安弦。"鄭玄注："操縵，雜弄。"吕校本作"雜并"。△按："弄"之俗字與"并"形近。《名義・人部》"倥"字條下"弄"作"**弃**"，《名義・目部》"睃"字條下"弄"作"**弃**"，《可洪音義》卷十八《善現律毗婆沙》卷十五音義："戏**弃**，……下音弄。唉**弃**，音弄。調**弃**，……下音弄，悞。"均其證。《左傳・成公五年》："故山崩川竭，君爲之不舉、降服、乘縵、徹樂、出次、祝幣、史辭以禮焉。"杜預注："車無文。"《慧琳音義》卷六四《十誦要用羯磨》音義："縵衣，上滿伴反。《左傳》云：'降服、乗縵。'杜注云：'車蓋無文也。'《説文》云：'繒無文也。從衣［糸］，曼聲。'"《説文》："縵，繒無文也。从糸，曼聲。《漢律》曰：賜衣者，縵表白裏。"《玉篇》："縵，莫旦切，大文也。”“大文也”似當作“无文也”。《名義》：“縵，莫旦反。缯无文。”《新撰字鏡》：“縵，鞔字同，㒼音。覆也，繒无文也。”《類聚名義抄》：“網縵，《玉》云：‘縵樂，雜聲之和樂者也，雜并［弄］也，車無文也，繒無文也。’”（308•1）

繡，思又反。《考工記》：“書［畫］繪之事……五采偹謂之繡。”野王案：《尚書》“黼［黼］黻［黻］絺繡”是也。

《周禮·考工記·畫繢》：“畫繢之事雜五色，……青與赤謂之文，赤與白謂之章，白與黑謂之黼，黑與青謂之黻，五采備謂之繡。”《尚書·益稷》：“藻、火、粉、米、黼、黻、絺、繡，以五采彰施于五色，作服，汝明。”孔安國傳：“五色備曰繡。”《説文》：“繡，五采備也。从糸，肅聲。”《慧琳音義》卷六六《集異門足論》卷四音義：“繡綾，上修宥反。《考工記》云：‘畫繪之事……五色備謂之繡也。’《説文》云：‘五色備也。從糸，肅聲也。’”《名義》：“繡，思又反。五采也。”吕氏校釋：“《玉篇》作‘五采備也’。”按：《名義》當作“五采備”。《類聚名義抄》：“繡，《玉》云：‘五采也。’”（308•3）其誤與《名義》同。

繪，胡撌反。《尚書》：“山、龍、華、虫作繪。”孔安國曰：“繪，會五采也。”《論語》：“繪事後素。”鄭玄曰：“繪，會也。”

《尚書·益稷》：“予欲觀古人之象，日、月、星、辰、山、龍、華、蟲，作會宗彝。”孔安國傳：“會五采也。以五采成此畫焉。”陸德明音義：“會，馬、鄭作繪，胡對反。”《論語·八佾》：“子曰：‘繪事後素。’”何晏集解引鄭玄曰：“繪，畫文也。”《説文》：“繪，會五采繡也。《虞書》曰：山、龍、華、蟲作繪。《論語》曰：繪事後素。从糸，會聲。”《玄應音義》卷二二《瑜伽師地論》卷四音義：“繪車，胡槓反。雜色也。《論語》：‘繪事後素。’鄭玄曰：‘繪，畫也。’《尚書》：‘山、龍、華、虫曰［作］繪。’孔安國曰：‘繪，會也，會合五彩也。’”《慧琳音義》卷十五《大寶積經》卷一二〇音義：“繪以，音會。孔注《尚書》云：‘會畫以五彩曰繪。’鄭注《論語》云：‘繪，畫也。’或作繢也。”《名義》：“繪，胡槓反。會五采。”《新撰字鏡》：“繢，胡對反。文章爛然也，畫也。繪字同，織餘也。繪，右［胡］憒反，上訓同。”

絢，許縣反。《毛詩》："于嗟絢兮。"傳曰："絢，遠也。"《儀礼》："玄纁［纁］（纁），繫長尺絢組。"鄭玄曰："采文成［成文］曰絢。"《論語》："素以為絢兮。"馬融曰："絢，文皀也。"

《説文》："絢，《詩》云：素以爲絢兮。从糸，旬聲。"《詩經·邶風·擊鼓》："于嗟洵兮，不我信兮。"毛傳："洵，遠。"陸德明音義："洵，呼縣反，遠也。本或作詢，誤也。詢音荀。《韓詩》作夐，夐亦遠也。"按："詢"蓋"絢"字之訛。《儀禮·聘禮》："皆玄纁，繫長尺絢組。"鄭玄注："采成文曰絢……今文絢作約。"《論語·八佾》："子夏問曰：'巧笑倩兮，美目盼兮，素以為絢兮，何謂也？'"何晏集解引馬融曰："絢，文貌。"[①]《名義》："絢，許縣反。遠也。"《新撰字鏡》："絢，許縣反。組也，綾也，文皃也。"《類聚名義抄》："絢藻，《玉》云：'許縣反。遠也。'"（309•4）

約［約］，《聲類》忽絢字也。

《儀禮·聘禮》："皆玄纁，繫長尺絢組。"陸德明音義："約，音巡。劉音圜，《聲類》以為約［絢］字。"《名義》："絢，許縣反。遠也。約［約］，上字。"《新撰字鏡》："絢，許縣反。組也，綾也，文皃也。約［約］，上字。"《類聚名義抄》："指約［約］，《玉竹》絢字。"（309·3）又："約，《玉》云：'上字。'"（309•4）

絃［絃］，《廣雅》："絃［絃］，索也。"《聲類》忽絢字也。

《廣雅·釋器》："絃，索也。"《名義》："絃［絃］，絃［絃］索也，上字。"呂氏校釋："'絃索也'衍一'絃'字。"《新撰字鏡》："絢，許縣反。組也，綾也，文皃也。約［約］，上字。絃，亦上字。"

---

① 《史記·仲尼弟子列傳》："子夏問：'巧笑倩兮，美目盼兮，素以為絢兮。何謂也？'"裴駰集解引馬融曰："絢，文貌。"《文選·謝朓〈和伏武昌登孫權故城〉》："幸籍芳音多，承風采余絢。"李善注引馬融《論語注》曰："絢，文貌也。"《慧琳音義》卷八八《集沙門不拜俗議》卷四音義："彩絢，血絹反。馬注《論語》：'絢，文皃也。'鄭注《儀礼》：'彩文成曰絢。'"

緀，且奚反。《毛詩》："緀兮斐兮，成是貝錦。"傳曰："緀、斐，文章相錯也。"《韓詩》："文皀也。"

《説文》："緀，白文皃。《詩》曰：緀兮斐兮，成是貝錦。从糸，妻聲。"《詩經·小雅·巷伯》："萋兮斐兮，成是貝錦。"毛傳："萋、斐，文章相錯也。"《玉篇》："緀，且兮切，文皃。"《名義》："緀，且奚反。文章相錯。"

絥，莫軆反。《尚書》："藻、火、粉、粖［絥］。"孔安國曰："繡文若聚米也。"

《説文》："絥，繡文如聚細米也。从糸，从米，米亦聲。"[①]《尚書·益稷》："藻、火、粉、米、黼、黻、絺、繡。"孔安國傳："米若聚米。"陸德明音義："粉米，《説文》作黺𪓐，徐本作絥，音米。"按：《説文》無"𪓐"字。《説文》："璪，玉飾如水藻之文。从玉，喿聲。《虞書》曰：璪、火、黺、米。"字亦作"米"。《名義》："絥，莫體反。繡文如聚米。"《新撰字鏡》："絥，莫礼反。繡文如聚米。"

絹，居掾反。《説文》："生霜［繒］如陵［麦］稍［稍］也。"《廣雅》："絭、総、鮮支、縠，絹也。"《聲類》："絹，緗也。"今以為縳字，《字書》："生繒也。"

《説文》："絹，繒如麥稍。从糸，肙聲。"《殘卷》引《説文》"陵稍"當作"麦稍"。"稍"與"稍"形近。"生霜"義未詳，疑當作"生繒"（《字書》釋作"生繒也"，堪為佐證）。"霜"蓋"繒"之訛字，下文"繰"字條"繒"亦訛作"霜"。

《唐韻殘卷·線韻》（蔣斧印本）："絹，縑。《廣雅》云：'繁［絭］、緫、鮮支、穀［縠］，絹也。'古緣［掾］反。"《廣雅·釋器》："絭、繱、鮮支、縠，絹也，"《玉篇》："絹，居掾切，生繒也。"《名義》："絹，居掾反。緗，縳也，縠絹也。"《名義》"縠絹也"為誤訓。《新撰字鏡》："絹，吉緣［掾］反。緗也，縳也，繒也。"《類聚名義抄》："絹，《玉》云：'居掾反。緗也，繐［縳］也；縠，絹也。'"（293•7）

---

① 張傑《〈玉篇殘卷·糸部〉校證》（河北大學碩士論文 2017 年）："《名義》《新撰字鏡》'絥'字下訓釋均無'細'字，疑今本《説文》'細'字衍。"按：此説可從。《廣韻·薺韻》："絥，繡文如聚米。出《説文》。"

緑，力足反。《楚辞》："緣［緑］葉兮素榮。"王逸曰："緣［緑］，青也。"《說文》："帛青（皀）色也。"古文為綠字，在帛部。①

《楚辭·九章·橘頌》："緑葉素榮，紛其可喜兮。"王逸注："緑猶青也。"《説文》："緑，帛青黄色也。从糸，录聲。"《殘卷》引《説文》"皀"字蓋與"色"形近而誤衍。吕校本"皀"作"皃"，改為"黄"，蓋據今本《説文》。按："皃""黄"字形迥異。《慧琳音義》卷五《大般若經波羅蜜多經》卷四一八音義："碧緑，下力足反。《説文》云：'帛青色。'或作碌，石碌也。又作綠，古字也。"《名義》："緑，力足反。"《類聚名義抄》："緑，《玉》云：'青也。'"（291•1）

縹，匹繞反。《楚辞》："翠縹兮為裳。"王逸曰："衣服燿青葱也。"又曰："顧列字［孛］兮縹〈縹〉。"王逸曰："視彗光弊弊［瞥瞥］也。"《說文》："帛青白色也。"末細之縹為（為）蔈字，在草部。②

《楚辭·九懷·通路》："紅采兮騂衣，翠縹兮爲裳。"王逸注："衣色瓌瑋耀青葱也。"③《楚辭·九懷·危俊》："顧列孛兮縹縹，觀幽雲兮陳浮。"王逸注："邪視彗星光瞥瞥也。"《説文》："縹，帛青白色也。从糸，㬥聲。"《慧琳音義》卷四五《佛藏經》下卷音義："縹色，上漂眇反。王注《楚辞》云：'衣服炫燿青葱也。'《説文》：'帛青白色也。從糸，票聲。'"又卷九九《廣弘明集》卷三十音義："縹瞥，上漂眇反，下偏滅反。王逸注《楚辞》云：'縹謂視彗星光瞥瞥也。'④《説文》：'縹，青白色。從糸，票聲。'"《名義》："縹，匹繞反。帛青白色。"《新撰字鏡》："縹，敷沼反。青黄。"《類聚名義抄》："紅縹，《玉》云：'帛青白色。'"（309•7）

䌤，餘祝反。《說文》："帛青經縹緯［緯］也。一曰：䌤陽染也。"

---

① 《名義》："綠，力足反。青缯。"
② 《名義》："蔈，芳繞反。穀華黄也。"
③ 張傑《〈玉篇殘卷·糸部〉校證》（河北大學碩士論文 2017 年）認為"'青葱'為一種顏色，與衣色義有重複，故今本王注'衣色'應為'衣服'之誤"。按：此説證據不足。李時珍《本草綱目》卷四十："蜻蛉，言其色青葱也。"且《楚辭》諸本此處並無異文。《慧琳音義》卷五十引王注《楚辞》云："衣服耀青葱也。"蓋據顧氏《玉篇》。
④ 張傑《〈玉篇殘卷·糸部〉校證》（河北大學碩士論文 2017 年）認為"'瞥'與'弊'音同，'瞥'假借為'弊'。""瞥"為入聲字，"弊"為去聲字，兩者音不同，假借説恐無據。

《説文》："綌，帛青經縹緯。一曰：育陽染也。从糸，育聲。""育陽"或作"綌陽"，又作"淯陽"，同。[1]《名義》："綌，餘祝反。帛青。"吕氏校釋："《殘卷》引《説文》作'帛青經縹緯也'。《名義》誤省。"《新撰字鏡》："綌，與遂［逐］反，入。青經曰［白］縷［緯］，綌陽所織。"

絑，之瑜反。《尚書大傳》："大瑟絑弦達越，大琴絑［練］絃達越。"鄭玄曰："〈練〉、朱，赤［互］文也。"《説文》："純赤繒也。《虞書》舟［丹］〈朱〉字也如此。"

《尚書大傳·虞夏傳》："古者帝王升歌清廟之樂，大琴練弦達越，大瑟朱弦達越，以韋為鼓，謂之搏拊，何以也？"鄭玄注："練弦、朱弦，互文也。"《殘卷》"朱，赤文也"義未詳，疑有脱誤，"赤"或當作"互"。"互"字俗作"㸦"，與"赤"形近。《説文》："絑，純赤也。《虞書》丹朱如此。从糸，朱聲。"《名義》："絑，之瑜反。赤繒。"按：《名義》"赤繒"前脱"純"字。《新撰字鏡》："絑，止俞反。赤色。"

纁，虚軍反。《尒雅》："三染謂之纁。"郭璞曰："纁，（璞）降［絳］也。"《考工記》："染三入為纁。"《説文》："淺絳也。"

《爾雅·釋器》："三染謂之纁。"郭璞注："纁，絳也。"《周禮·考工記·鍾氏》："三入爲纁，五入爲緅，七入爲緇。"鄭玄注："染纁者三入而成。"《説文》："纁，淺絳也。从糸，熏聲。"《名義》："纁，虚軍反。降也，淺絳。"吕氏校釋："'降也'似當作'絳也'。"按：《名義》沿《殘卷》之誤。《殘卷》"璞降也"當作"絳也"。"璞"為衍文，承上"郭璞曰"而衍。《新撰字鏡》："纁，許云反。絳也，緟也，三染絳也。"

絀，式出反。《史記》："却冠鉥［鉥］絀。"徐廣曰："絀，絳［絳］也，紩之別名也。"《蒼頡萹》："紩也。"

---

① 胡吉宣《玉篇校釋》認為"'育'字蓋後人依《地理志》改。《説文·水部》作'淯'，《邑部》'鄁'下云：'南陽淯陽鄉。'淯陽以地處淯水之陽為名。《切韻》：'綌，青經白緯，綌陽所織。'綌陽竝當為淯陽。"

“銶”字，今本《史記》作“秫”。裴駰集解：“駰案，徐廣曰：‘《戰國策》作“秫縫”，絀亦縫，紩之别名也。秫者，綦鍼也。古字多假借，故作“秫絀”耳。此蓋言其女功鍼縷之麤拙也。’”瀧川資言考證：“秫絀，《策》作秫縫，蓋析草莖作絲用縫衣也，秫絀卒不可通，恐訛文。”△按：此説非。“銶”為訛字，“秫”為借字，其本字當作“鉥”。《説文》：“鉥，綦鍼也。”“求”“术”形近易訛。《可洪音義》卷一九《阿毗達磨順正理論》卷廿二音義：“但逑，時律反，著也，立也。正作述也。又音求，非也，久悮。”又卷二七《大唐西域求法高僧傳》下卷音義：“見逑，市律反。正作述也。又音求，悮。”《生經》卷一：“其婦不信，謂為不然。又瞋：‘獮猴誘詸我夫，數令出入。當圖殺之，吾夫乃休。’”據大正藏校勘記，高麗藏本“詸”作“訹”。《名義》：“絀，式出反。绛也。”《説文》：“絀，绛也。从糸，出聲。”《玉篇》：“絀，式出切，绛也，紩也。”按：《説文》《名義》《玉篇》之“绛”似皆當作“縫”。《龍龕》：“絀，竹律反，縫也。又音黜。”《新撰字鏡》：“絀，式出反。縫也，紩也，不［下］也。”《類聚名義抄》：“絀，《玉》云：‘式出反。绛也。’”（309•7）

绛［絳］，古贛反。《説文》：“大赤繒也。”《蒼頡萹》：“绛［絳］縣在河東。”野王案：晉所都也。《左氏傳》“自雍及绛［絳］”是也。

《説文》：“絳，大赤也。从糸，夅聲。”《漢書·地理志上》載“河東郡，……縣二十四”，其中即有“絳”。顔師古注：“晉武公自曲沃徙此。有鐵官。應劭曰：‘絳水出西南。’”《左傳·僖公十三年》：“秦於是乎輸粟于晉，自雍及絳相繼。”杜預注：“絳，晉國都。”《名義》：“绛，古贛反。赤缯。”按：《名義》“赤缯”前似脱“大”字。《新撰字鏡》：“绛，古向反。緋，大赤缯。”《玉篇》：“絳，古巷切，赤色也。”似别有所據。《淮南子·墬形》：“珠樹、玉樹、琁樹、不死樹在其西，沙棠、琅玕在其東，絳樹在其南，碧樹、瑶樹在其北。”高誘注：“絳，赤色也。”《類聚名義抄》：“絳，《玉》云：‘古贛反。赤繒也。’”（292•4）

綰，烏晥反。[①]《淮南》：“綰枹而皷。”許㭊重曰：“綰，貫也。”《説文》：“悪色绛［絳］也。一曰：綃［絹］也。”

---

① 吕校本反切下字作“腕”，誤。“綰”“晥”為上聲字，“腕”為去聲字。

《淮南子・兵略》："知土地之宜，習險隘之利，明奇政之變，察行陳解贖之數，維枹綰而鼓之，白刃合，流矢接，涉血屬腸，輿死扶傷，流血千里，暴骸盈場，乃以決勝，此用兵之下也。"高誘注："綰，貫。枹係於臂以擊鼓也。"《説文》："綰，惡也，絳也。从糸，官聲。一曰：絹也。讀若雞卵。"△按：今本《説文》"惡也，絳也"當作"惡色絳也"。"色"字或訛為"也"。[①]《説文》"綰"前之"緑、縹、繬、絑、纁、絀、絳"、其後之"縉、綪、緹、縓、紫、紅、繱、紺、綥、繰、緇、纔、緂、緟、"均與繒帛之色有關，"綰"字自亦不能例外。《名義》"綃也"為沿《殘卷》之誤，當作"絹也"，《玉篇》作"羂也"。"絹"、"羂"音義同。《名義》："綰，烏晥反。貫也，绡［绢］也。"《新撰字鏡》："綰，烏版反，上。□也，繫也，貫也。綰抱［枹］而皷。許烼重曰：綰。[②]"《類聚名義抄》："綰達，《玉》云：'烏晥反。維綰也，悪色絳也，一曰絹也。'"（323•4）"維綰"蓋"維枹綰"之誤，為引證而非釋義。

縉，子燼反。《説文》："帛赤色也。《春秋傳》有縉雲氏，《祀［礼］記》有縉緣也。"

《説文》："縉，帛赤色也。《春秋傳》縉雲氏。《禮》有縉緣。从糸，晉聲。"戴侗《六書故》："《説文》引《禮》有'縉緣'。按：《禮》止有'縓緣'，縓、縉聲相近，豈即一字與？"方以智《通雅・衣服》："《説文》引《禮》有'縉緣'。按：《禮》止有'縓緣'，二音相近，或即一字，未可知也。"《慧琳音義》卷八一《大唐西域求法高僧傳》上卷音義："縉紳，上音晉。《説文》：'帛作赤白色曰縉。《左傳》有縉雲氏，《莊子》有縉紳先生。'"所引與《殘卷》、今本《説文》異。《名義》："縉，子燼反。帛赤。"《名義》"帛赤"下省"色"字。

緹，他礼反。《周礼》："赤緹用羊。"鄭玄曰："縓色也。"《説文》："帛赤黄色也。"

---

① 《文選・李康〈運命論〉》："故遂絜其衣服，矜其車徒，冒其貨賄，淫其聲色。"《六臣注文選》："五臣本作也字。"《鐵圍山叢談》卷六："建谿龍茶，始江南李氏，號'北苑龍焙'者，在一山之中間，其周遭則諸葉地也。居是山，號'正焙'，一出是山之外，則曰'外焙'。'正焙'、'外焙'，色香必迥殊，此亦山秀地靈所鍾之有異色已。"校："張本'色'作'也'。"（［宋］蔡絛撰　馮惠民、沈錫麟點校，中華書局 1983 年）

② 《新撰字鏡》此下缺，據《殘卷》當補"貫也"。

《周禮·地官·草人》："凡糞種，騂剛用牛，赤緹用羊，墳壤用麋，渴澤用鹿，鹹潟用貆，勃壤用狐，埴壚用豕，彊檃用蕡，輕爂用犬。"鄭玄注："赤緹，縓色也。"《説文》："緹，帛丹黄色。从糸，是聲。"按：《説文》當作"帛赤黄色也"。《玄應音義》卷十二《普曜經》卷五音義："緹幔，他礼反。《説文》：'帛赤黄色也。'"今本《説文》作"帛丹黄色"，當為《字林》之義。《文選·張衡〈西京賦〉》："緹衣韎韐，睢盱拔扈。"李善注引《字林》曰："緹，帛丹黄色，他迷切。"《名義》："緹，他礼反。縓色，帛赤黄。"《名義》"帛赤黄"下省"色"字。《新撰字鏡》："綈、緹，二同。度嵇反，平。繒也，原［厚］繒，色绿而深也，[①] 綿也。緹，帛夵［赤］黄之色。"

綪，且見反。《左氏傳》："綈旃綪旍。"杜預曰："綪綈，大赤也，取染草名也。"

《左傳·定公四年》："分康叔以大路少帛綪茷旃旌。"杜預注："綪茷，大赤，取染草名也。"《文選·張衡〈東京賦〉》："鸞旗皮軒，通帛綪旆。"李善注："《國語》曰：'分魯公以少帛綪茷。'韋昭曰：'綪茷，大赤也。'""綪茷"與"綪旆（或作旆）"音義同。《殘卷》引《左氏傳》文字似有誤。俗體"市"或作"朩"，"旆"之右旁與"弟"形近。《説文》："綪，赤繒也。以茜染，故謂之綪。从糸，青聲。"《名義》："綪，且見反。赤，取染草。"吕氏校釋："《殘卷》引《左傳》杜注作'綪綈，大赤也，取染草名也'。"

縓，睢［睢］絹反。《尒雅》："一染謂之縓。"郭璞曰："今之紅也。"鄭玄注《儀礼》："縓，淺絳也。"《説文》："帛赤黄色也。"

吕校本反切作"睢絹反"，誤。

《爾雅·釋器》："一染謂之縓。"郭璞注："今之紅也。"《儀禮·喪服》："公子為其母練冠麻，麻衣縓緣；為其妻縓冠，葛絰帶，麻衣縓緣，皆既葬除之。"鄭玄注："縓，淺絳也，一染謂之縓。"《説文》："縓，帛赤黄色，一染謂之縓，再染謂之經，三染謂之纁。从糸，原聲。"《名義》："縓，睢绢反。一染，红，帛。""睢绢反"，吕氏校釋徑改作"雎绢反"。《名義》"帛"當作"帛赤黄色"，編者蓋誤讀為"縓，帛，赤黄色"。吕氏校釋作"紅帛"，恐非是，"紅"義乃據《爾雅》郭璞注。

---

① 王仁昫《刊謬補缺切韻·齊韻》（P.2011）："綈，厚繒，色绿而深。"

紫，子尔反。《論語》："恶紫之奪朱。"《説文》："青赤色也。"

《論語·陽貨》："子曰：'惡紫之奪朱也，惡鄭聲之亂雅樂也，惡利口之覆邦家者。'"何晏集解引孔安國曰："朱，正色。紫，間色之好者。惡其邪好而奪正色。"《説文》："紫，帛青赤色。从糸，此聲。"《名義》："紫，子尔反。青赤色。"《類聚名義抄》："紫，《玉》云：'青赤色。'"（310•1）

紅，胡工反。《論語》："紅紫不以為褻［褻］服。"《説文》："帛赤白色也。"《廣雅》："縓謂之紅。"《漢書》："女紅之物。"如淳曰："紅夊左［工］也。"陳粟為粠字，在米部。①

《論語·鄉黨》："君子不以紺緅飾，紅紫不以為褻服。"《説文》："紅，帛赤白色。从糸，工聲。"《廣雅·釋器》："縓謂之紅。"《漢書·哀帝紀》："齊三服官、諸官織綺繡，難成，害女紅之物，皆止，無作輸。"顏師古注引如淳曰："紅亦工也。"《名義》："紅，胡工反。帛赤白也。"《名義》"帛赤白"下省"色"字。《類聚名義抄》："紅，《玉》云：'帛赤白也。'"（309•5）

緫，且公反。《説文》："青白色也。"今或為蒶字，在草部。②

《説文》："繱，帛青色。从糸，蔥聲。"《名義》："緫，且公反。青白也。"《名義》"青白"下省"色"字。《玄應音義》卷十二《别譯阿含經》卷三音義："緫布，音忩。《通俗文》：'輕絲絹曰緫。'緫，赤青白色也。"徐時儀校："赤，《磧》作'亦'。"按：作"亦"是。《玉篇》："繱，千公切，青白色也。"《龍龕》："緫……又倉紅反，色青黄也，又紬絹也。"③

---

① 《説文》："粠，陳臭米。从米，工聲。"《名義》："粠，胡周［同］反。腐米。"
② 《名義》脱"蒶"字，可據補。《急就篇》："葵韭葱䪥蓼蘇薑。"顏師古注："葱，青白雜色之名也。""葱"同"蒶"。
③ "紬絹也"當作"細絹也"。《新撰字鏡》："緫，倉江反。色青黄，又細絹。"《唐韻·東韻》（P.2018）："〈緫〉，色青黄，又細絹。"

紺，古感反。《論語》："君子不以紺緅餝。"《説文》："白［帛］深青而楊［揚］赤色也。"

《論語·鄉黨》："君子不以紺緅飾，紅紫不以為褻服。"何晏集解引孔安國曰："紺者，齊服盛色。"《説文》："紺，帛深青揚赤色。从糸，甘聲。"《玄應音義》卷六音義、卷十四《四分律》卷四十音義引《説文》作"帛染青而揚赤色也"。[①]《文選·潘岳〈藉田賦〉》："纚幃服於縹軛兮，紺轅綴於黛耜。"李善注引《説文》曰："紺，染青而揚赤色也。""染"均當作"深"。《殘卷》"深"作"[illegible]"，與"染"形近。《名義》："紺，古咸反。白青楊赤。"吕氏校釋："《殘卷》引《説文》作'帛深青而揚赤色也'。"

綨，渠基、渠記二反。《尚書》："四人綦弁，執弋［戈］。"孔安國曰："綦文鹿子皮弁，夂士也。"《毛詩》："縞衣綦巾。"傳曰："蒼艾色也。"戔云："綦，綦文也。"《穀梁傳》："兩𤴓不能相過，齊〈謂之綦，楚〉謂之踂，衛謂之㲛。"劉兆曰："天性然者也。綦，連絣也。踂，聚合不觧放也。㲛，如見絆也。"《礼記》："世子……綦組綬。"鄭玄曰："綦，文雜色也。"又曰："偪屨著綦。"鄭玄曰："綦，屨繫也。"《方言》："車下鐵［鐵］，陳宋淮楚之間謂之畢，大車謂之綦。"郭璞〈曰〉："鹿車也。"《説文》："女厉幣也。一曰：不借綦也。"《廣雅》："履給［紟］謂之綦。""蹇也。"或為〈璂〉字，右［在］〈玉〉部。[②]

《尚書·顧命》："四人綦弁，執戈上刃，夾兩階戺。"孔安國傳："綦文鹿子皮弁，亦士。"陸德明音義："綦，音其。馬本作騏，云：'青黑色。'"《詩經·鄭風·出其東門》："縞衣綦巾，聊樂我員。"毛傳："綦巾，蒼艾色女服也。"鄭玄箋："綦，綦文也。"《穀梁傳·昭公二十年》："輒者何也？曰：兩足不能相過，齊謂之綦，楚謂之踂，衛謂之輒。"陸德明音義："齊謂之綦，音其，又其㠯反。劉兆云：'綦，連

---

① 徐時儀《一切經音義三種校本合刊》失校。

② 吕校本缺字補作"綥""糸"。按：依《殘卷》體例，若異文同部，則當作"某，夂某字"之類，凡作"或為某字，在某部"者，必為異部重文。《名義》："璂，渠其反。王屬也。"《説文》："璂，弁飾往往冒玉也。从玉，綦聲。琪，璂或从基。"《周禮·夏官·弁師》："王之皮弁，會五采玉璂，象邸，玉笄。"鄭衆注："璂，讀如綦車轂之綦。"鄭玄注："璂讀如薄借綦之綦。綦，結也，皮弁之縫中，每貫結五采玉十二以爲飾，謂之綦。《詩》云"會弁如星"、又曰"其弁伊綦"是也。"張傑《〈玉篇殘卷·糸部〉校證》（河北大學碩士論文 2017 年）認為"殘卷有脱文，當在'為'字後補'棋'字，'右'為'在'字之誤，其後脱'巾'字"。按：《名義》未見"棋"字。

併也。’楚謂之䋚，女輒反。劉兆云：‘聚合不解也。’衛謂之輒，本亦作縶。劉兆云：‘如見縶糾也。’”《禮記·玉藻》：“世子佩瑜玉而綦組綬。”鄭玄注：“綦，文雜色也。”《禮記·內則》：“左佩紛、帨、刀、礪、小觿、金燧，右佩玦、捍、管、遰、大觿、木燧，偪屨著綦。”鄭玄注：“綦，屨繫也。”吕校本“偪屨”誤作“偪履”，“屨繫”誤作“履繫”。《方言》卷九：“車下鐵，陳宋淮楚之間謂之畢。大車謂之綦。”郭璞注：“鹿車也。”《説文》：“綥，帛蒼艾色。从糸，畀聲。《詩》：縞衣綥巾，未嫁女所服。一曰：不借綥。綦，綥或从其。”《廣雅·釋器》：“……，履也。……其紟謂之綦。”[①]《殘卷》“履給”當作“履紟”。吕校本删“蹇”字，誤。《廣雅·釋詁三》：“綦，蹇也。”《名義》：“綨，渠基反。鹿子皮文。”《類聚名義抄》：“綨，《玉》云：‘渠基反。鹿子皮文。’”（310•2）《名義》、《類聚名義抄》“鹿子皮文”當為《尚書》孔傳“綦文鹿子皮弁”之誤省。《新撰字鏡》：“綨，巨紀反。綦也，連也，組也，蹇也，絆也，帺也。”

綦，《字書》亦綨字也。

《名義》：“綨，渠基反。鹿子皮文。綦，上字。”《玉篇》：“綨，巨箕切，又巨記切，雜文也。綦，同上。”《類聚名義抄》：“綦，《玉》云：‘上字。’”（310•3）

繰，子老反。《説文》：“帛如紺色也。或曰：深霜［繒］也。”《廣雅》：“繰，青也。”《字書》或為〈藻〉字，在〈草〉部。[②]五采之繰為繰［璪］，為繅字。[③]

① 王念孫疏證：“紟之言禁也。屨系謂之紟，衣系謂之紟，佩系謂之紟，其義一也。紟、綦一聲之轉。綦之言戒也，戒亦禁也。屨系謂之綦，車下紩謂之綦，其義一也。《説文》‘綥’字注云：‘一曰：不借綥。’《周官·弁師》注作‘薄借綦’。《士喪禮》：‘組綦繫于踵。’注云：‘綦，屨係也，所以拘止屨也。綦讀如馬絆綦之綦。’《內則》云：‘屨著綦。’”

② 《名義》：“藻，績道反。薻字。”“薻”即“藻”之俗字。張傑《〈玉篇殘卷·糸部〉校證》（河北大學碩士論文2017年）認為“殘卷脱‘繅’‘糸’二字，當補。”按：此説恐非是。《殘卷》凡謂“或為某字，在某部”，則必為異部重文。

③ 《殘卷》此處當有誤，似當作“五采之繰為璪字，在玉部”。《名義》：“璪、璪，作道反。雜文王也。”《禮記·禮器》：“天子之冕，朱緑藻，十有二旒。”陸德明音義：“繰，本又作璪，亦作藻，同，子老反。”《慧琳音義》卷九六《弘明集》卷十音義：“天璪，音早。鄭注《周禮》云：‘皆五采曰璪，雜文之名也。’《説文》：‘飾如水藻也。從玉，喿聲。”《説文》：“璪，玉飾如水藻之文。从玉，喿聲。《虞書》曰：璪火黺米。”《周禮·春官·典瑞》：“王晉大圭，執鎮圭，繅藉五采五就以朝日。”鄭玄注：“繅，有五采文，所以薦玉，木爲中幹，用韋衣而畫之。”《廣韻·晧韻》：“繅，雜五綵文。”

《説文》："繰，帛如紺色。或曰：深繒。从糸，喿聲。讀若喿。"《殘卷》"深霜"當作"深繒"。前文"絹"字條下"繒"亦誤作"霜"。《廣雅·釋器》："繰，青也。"《名義》："繰，子老反。帛绀，青。"吕氏校釋："《殘卷》作'《説文》："帛如紺色也。"……《廣雅》："繰，青也"'。《名義》誤省。"

緇，側飢反。《毛詩》："緇衣之冝兮。"傳曰："緇，黑色也。"《考工記》："染羽……七入為緇。"

《詩經·鄭風·緇衣》："緇衣之宜兮，敝予又改為兮。"毛傳："緇，黑色。"鄭玄箋："緇衣者，居私朝之服也。"《周禮·考工記·鍾氏》："鍾氏染羽……三入爲纁，五入爲緅，七入爲緇。"鄭玄注："染纁者三入而成，又再染以黑則爲緅，……又復再染以黑乃成緇矣。"《殘卷》"側飢反"，"飢"為"飢"之俗字。《名義》："緇，側飢反。黑。"《名義》"黑"下省"色"字。《類聚名義抄》："緇素，《玉》云：'黑也。'"（298•7）

紂，《周礼》："入幣紂帛。"鄭玄曰："實緇字（字）也，古作緇，以才為聲。"

《周禮·地官·媒氏》："凡嫁子娶妻，入幣純帛，無過五兩。"鄭玄注："純，實緇字也，古緇以才為聲。"《玉篇》："緇，側其切，黑色也。紂，同上。"《名義》："緇，側飢反。黑。紂，上字。"吕氏校釋字頭作"紂"。

纔，使監、仕緘二反。《説文》："帛雀頭色也。一曰微黑色也。一曰如紺也。一曰淺也。"《漢書》："纔數月耳。"文頴［穎］曰："音聲。"野王案：此忩音似来反，猶僅餂、劣［劣？］餂也。鄭玄注《周官》《礼記》忩為裁字，《東觀漢記》及諸史、賈逵注《國語》並為財字也。

《説文》："纔，帛雀頭色。一曰：微黑色，如紺。纔，淺也。讀若讒。从糸，毚聲。"《漢書·賈山傳》："然身死纔數月耳，天下四面而攻之，宗廟滅絶矣。"顔師古注："纔音財，暫也，淺也。"《殘卷》此處似有誤。今本《漢書》"纔""財"諸字未見文穎音，且“纔”無“聲”音。胡吉宣《玉篇校釋》録作“暫”。“暫”為釋義而非注音，《殘卷》當有訛脱。吕校本“音”下補“財”字，“聲”改為“暫”。《玄應音義》卷十七《俱舍論》卷六音義：“纔出，在灾反。《廣雅》：‘纔，蹔也。’《漢書》作纔，僅也，劣也，不久也。鄭玄注《禮記》作裁。《東觀漢記》及諸史、賈逵注《國語》並作財，隨作無定體。”《慧琳音義》卷六《大般若波羅蜜多經》卷四八〇音義：“纔出，藏來反。《考聲》：‘纔，蹔也。’顧野王云：‘纔猶僅也。’鄭注《禮記》音為裁字。《漢書》及《東觀漢記》、諸史書及賈逵注《國語》竝為財字。”又卷四十《聖閻曼德威怒王立成大神驗念誦法經》音義：“纔誦，上音財。顧野王云：‘纔猶僅能也。’”“劣”作副詞有“僅”“才”義，“劣能”與“僅能”義同。吕校本徑改作“才能”。《名義》：“纔，仕緘反。紺，浅色。”吕氏校釋：“《殘卷》引《説文》作‘帛雀頭色也。一曰微黑也。一曰如紺也，一曰淺也’。《名義》誤省。”按：《名義》“淺色”當作“淺也”。《新撰字鏡》：“纔，正。使監、仕緘二反。淺也，僅也，劣也，不久也，暫也，微也。”王仁昫《刊謬補缺切韻・銜韻》（P.2011）：“衫，所銜反。……纔，帛青色。又昨來反。”“所銜反”與《殘卷》“使監反”音同，“昨來反”與《殘卷》“似来反”音同。《集韻・咸韻》“纔”音“鋤咸切”，與《殘卷》“仕緘反”音同。[1]《類聚名義抄》：“纔入，《玉》云：‘紺，淺色［也］。’”（310•4）

緂，他敢反。《説文》：“帛騅［騅］色也。《詩》曰‘毳衣如緂’是也。”《韓詩》為緂字，在帛部。[2]今並為菼字，在草部。[3]

《説文》：“緂，帛騅色也。从糸，剡聲。《詩》曰：毳衣如緂。”《詩經・王風・大車》：“大車檻檻，毳衣如菼。”毛傳：“菼，鵻也，蘆之初生者也。”鄭玄箋：“菼，薍也。”《玉篇》：“緂，他敢切，騅色。今作菼、緂。”《名義》：“緂，他敢反。帛騅。”吕氏校釋：“《説文》作‘帛騅色也’。《名義》誤省。”按：《名義》省“色”字。《新撰字鏡》：“緂，他敢反。緂，〈帛騅〉色也，黄也。”

① 張傑《〈玉篇殘卷・糸部〉校證》（河北大學碩士論文 2017 年）認為“‘仕緘反’，《名義》同。‘纔’《廣韻・銜韻》音‘所銜切’，為生母平聲銜韻字。而‘仕’為崇母字，不應作為‘纔’的反切上字，‘仕’字誤。”按：與“所銜切”對應的是“使監反”。《漢書・揚雄傳》蕭該音義引韋昭音“仕兼反”，《玉篇》有“仕緘切”，《集韻》有“鋤咸切”，足證“仕”字不訛。大徐本《説文》“纔”所附反切為“七咸切”，“七”蓋為“士”字之形近而訛。

② 《名義》：“緂，他敢反。白黄也。”

③ 《説文》“葪，雚之初生，一曰：薍。一曰：鵻。从艸，剡聲。菼，葪或从炎。”《名義》：“菼，通敢反。騅也，草，薍也，蘆初生也。”

綟，力計反。《漢書》：“金璽綟綬。”如淳曰：“録［緑］色也。綬以緑為質也。”晉灼曰：“草名也，出琅琊平昌縣，似艾，可染緑也。”《説文》：“帛莀染也［色］。”《聲類》此忽莀字也，在草部。①

《漢書·百官公卿表》：“諸侯王高帝初置，金璽盭綬，掌治其國。”顏師古注：“如淳曰：盭，音戾，緑也，以緑為質。晉灼曰：盭，草名也，出琅邪平昌縣，似艾，可染緑，因以為綬名也。”“盭”與“綟”音義同。《殘卷》“録色”當作“緑色”。《説文》：“綟，帛戻艸染色。从糸，戻聲。”《名義》：“綟，力計反。绿色，草。”《新撰字鏡》：“綟，盧□［結］〈反〉②，又力計反。□緩［綬］也，麻綟也。”《類聚名義抄》：“咼綟，《玉》云：‘草名。’”（310•6）

紑，孚不、孚丘二反。《毛詩》：“丝衣其紑。”傳曰：“絜鮮皀也。”《韓詩》：“盛皀也。”

《説文》：“紑，白鮮衣皃。从糸，不聲。《詩》曰：素衣其紑。”《詩經·周頌·絲衣》：“絲衣其紑，載弁俅俅。”毛傳：“紑，絜鮮貌。”王仁昫《刊謬補缺切韻·尤韻》（P.2011）：“颫，匹尤反。……紑，盛皃。又孚不反。”《名義》：“紑，孚丘反。絜鮮色。”吕校本作“絜鮮皃”。《新撰字鏡》：“紑，孚丘反。絲衣也，潔鮮也，盛也。”“絲衣也”為誤訓。

緂，充甘反。③《淮南》：“婦人不淂緂麻考縷。”《説文》：“穴謂之緂。謂衣采色鮮也。”《蒼頡篇》：“緂如，衣皀也。”

《淮南子·人間》：“婦人不得剡麻考縷。”張雙棣校釋：“《氾論篇》作‘緂麻索縷’，

① 《名義》：“莀，来計反。茈草也，青黄雜色也。”

② 裴務齊正字本《刊謬補缺切韻·屑韻》：“奊，練結反。……綟，麻三斤為綟。”《龍龕》：“𦃓，俗；綟，正。郎計反，黄色衣也。又練結反，絲麻綟也。”

③ 張傑《〈玉篇殘卷·糸部〉校證》（河北大學碩士論文 2017 年）認為“‘充甘反’，《名義》作‘充耳反’。‘緂’《廣韻·鹽韻》音‘處占切’，為昌母平聲鹽韻字。而‘耳’為止韻、蒸韻字，‘甘’為談韻字。不應作為‘緂’的反切下字，疑‘甘’與‘耳’皆為‘占’之誤”。按：“耳”作反切下字，當屬止韻，不屬蒸韻。“緂”字，《廣韻·談韻》有“他酣切”，與《殘卷》“充甘反”音同。《名義》“耳”為“甘”之形近訛字。

與此義同，即搓麻而成為縷也。”[①]《説文》：“緂，白鮮衣皃。从糸，炎聲。謂衣采色鮮也。”[②]《説文》“白鮮衣皃”為上一字“紑”字義。[③]“穴謂之緂”未詳，疑“穴”為“衣”字之誤。《集韻·敢韻》：“裧，毳衣謂之裧。”“裧”與“緂”音義同。《名義》：“緂，充耳反。衣采鮮。”吕氏校釋：“‘充耳反’當作‘充甘反’。《玉篇》作‘衣綵色鮮也，又衣皃’。”按：《名義》“衣采鮮”當作“衣采色鮮”。《類聚名義抄》：“緂，《玉》云：‘充甘反。衣采鮮。’”（310•6）其誤與《名義》同。

繻，汝俱反。《周礼》：“羅氏掌……，蜡則作羅繻。”鄭衆曰：“羅繻，細密之羅也。”《説文》：“繒采色也。”又音思俱反。《漢書》：“開吏与終軍繻。”張晏曰：“苻，書帛裂而分之，若券別也矣。”臣瓚以為漢制出入開用傳，猶今過所也，皆用印對［封］，无裂繒帛之製也。此故用傳耳，而復更有券識其往還，故開吏曰“為復傳，還當合苻也”，未必是繒帛也。或曰：可以為苻信券名也。[④]蘇林曰：“繻，帛邊也，舊開出入皆以傳，傳煩，回裂繻頭，合以為苻信也。”野王案：《左氏傳》杞子帛字［名］裂繻。《埤蒼》為〈䋈〉字，在巾部。[⑤]

《周禮·夏官·羅氏》：“羅氏掌羅烏鳥，蜡則作羅襦。”鄭玄注引鄭衆云：“襦，細密之羅。襦讀爲‘繻有衣袽’之繻。”陸德明音義：“襦，女俱反，或音須。”“女俱反”與《殘卷》“汝俱反”音同，“音須”與《殘卷》“思俱反”音同。《説文》：“繻，繒采色。从糸，需聲。讀若《易》‘繻有衣’。”《漢書·終軍傳》：“初，軍從濟南當詣博士，步入關，關吏予軍繻。軍問：‘以此何為？’吏曰：‘為復傳，還當以合符。’軍曰：‘大丈夫西游，終不復傳還。’棄繻而去。軍為謁者，使行郡國，建節東出關，關吏識之，曰：‘此使者乃前棄繻生也。’”顔師古注：“張晏曰：‘繻音須。繻，符也，書帛裂而分之，若券契矣。’蘇林曰：‘繻，帛邊也。舊關出入皆以傳，傳煩，因裂繻頭，

---

① 張雙棣《淮南子校釋》（增訂本）第 1952 頁，北京大學 2013 年第 2 版。

② 段玉裁注：“六字葢非許語。依《玉篇》則‘白鮮衣皃’四字，當作‘衣采色鮮也’五字。”王筠句讀：“謂衣采色鮮也，此葢庾注之存者。言采色，則非白明矣。《玉篇》亦祇此義。”“庾”指庾儼默，《隋書·經籍志一》：“《説文》十五卷，許慎撰。梁有《演説文》一卷，庾儼默注，亡。”

③ 胡吉宣《玉篇校釋》：“六朝《説文》作‘衸謂之緂’，蓋即《爾雅》‘衸謂之褮’。郭注云：‘衣開孔。’釋衸從穴義。”

④ 以上諸“券”字，張傑《〈玉篇殘卷·糸部〉校證》（河北大學碩士論文 2017 年）均誤録作“劵”。

⑤ 吕校本缺字補作“帤”。《名義》：“帤，思俱反。匹端裂。”音義與“繻”合。《名義》：“䋈，田［思］俱反。帓也。”《玉篇》：“䋈，思俱切，帓也。亦作繻。”又：“帓，丁皎切。帓䋈，繒頭也。”音義與“繻”亦合。

合以為符信也。’”《殘卷》“券别”與“券契”義同。《説文》：“券，契也。从刀，𢍏聲。券别之書，以刀判契其旁，故曰契券。”今本《漢書》無臣瓚此注。《史記·孝景本紀》：“四年，……復置津關，用傳出入。”裴駰集解：“應劭曰：‘文帝十二年，除關，無用傳，至此復置傳，以七國新反，備非常也。’張晏曰：‘傳，信也，若今過所也。’如淳曰：‘傳音“檄傳”之“傳”，兩行書繒帛，分持其一，出入關，合之乃得過，謂之傳。’”《釋名·釋書契》：“傳，轉也，轉移所在執以為信也。亦曰過所，過所至關津以示之也。”王先謙《釋名疏證補》引畢沅曰：“《御覽》引作‘過所至關津以示。或曰：傳，轉也，移轉所在識為信也。”又引蘇輿曰：“《中華古今注》：‘程雅問傳者何云。’答曰：‘傳者，以木為之，長一尺五寸，書符信於其上，又一板封以御史印章，所以為期信，即如今之過所也，言經過所在為證也。”《春秋·隱公二年》：“紀子帛莒子盟于密。”杜預注：“子帛，裂繻字也。”《名義》：“繻，汝但反。缯宗也。”吕氏校釋：“《殘卷》引《説文》作‘繒采色也’。《名義》疑有誤。”△按：《名義》“汝但反”當作“汝俱反”。“缯宗也”本作“缯宗色”，當作“缯采色”，若是“也”字，依體例當寫成“、”。《新撰字鏡》：“繻、繻，二同。正。汝俱反，平。細密羅也，繒采色也。借思俱反，平。”

縟，如属反。《喪服傳》：“喪成人者其文縟，喪未成人者其文不縟。”鄭玄曰：“縟猶數也。文數者，謂變除之莭也。”《説文》：“繁采餝也。”

《儀禮·喪服傳》：“喪成人者其文縟，喪未成人者其文不縟。”鄭玄注：“縟猶數也。其文數者，謂變除之節也。”《説文》：“縟，繁采色也。从糸，辱聲。”桂馥義證：“李善注《文賦》引同，又注《七啟》、《西京賦》竝引作‘繁采飾也’。《後漢書·延篤傳》注亦引作‘飾’。”[①]《類聚名義抄》：“縟，《玉》云：‘數也，繁（也）采（也）飾也。’”（310•7）

① 張傑《〈玉篇殘卷·糸部〉校證》（河北大學碩士論文 2017 年）：“按《説文》篆説體例，‘縟’字説解當與上篆‘繻’字義近，‘繻’訓‘繒采色也’，故‘縟’當以‘繁采色也’為是，今本《説文》不誤。”△按：“繒采色也”與“繁采色也”内部結構不同，“繒采色也”猶“采色之繒”，“繁采色也”卻非“采色之繁”，難以類比。“繁采色”當作“繁采飾”。《慧琳音義》卷九四《續高僧傳》卷二四音義：“縟錦，上儒燭反。……《説文》云：‘縟，繁采飾也。從糸，辱聲也。’”又卷九八《廣弘明集》卷十五、《廣弘明集》卷十九音義引竝作“繁采飾也”。又卷七七《釋迦氏略譜》音義：“繁縟，下儒燭反。《説文》：‘縟，繁也，采飾也。從糸，辱聲。’”“繁也，采飾也”亦當作“繁采飾也”。《名義》：“縟，如属反。數也，繁采餝。”均其證。

纚，山綺反。《儀礼》：“〈緇〉纚廣終幅，長六尺。”鄭玄曰：“纚，今之幘涼也。終，充也。纚一幅六尺，足以致［弢］髮而結之也。”《説文》：“冠織也。”野王案：所以為冠也。《漢書》“江充冠單纚步搖”是也。《釋名》：“纚，簁也。麤［麄］可以簁物也。”《楚辞》：“索胡繩之纚纚。”王逸曰：“索好皀也。”又曰：“舒佩兮禁［森］纚。”野王案：森纚，好皀也。《西京賦》：“奮長袖之颯纚。”薛綜曰：“長袖皀也。”

《儀禮·士冠禮》：“緇布冠缺項，青組纓屬于缺，緇纚廣終幅，長六尺。”鄭玄注：“纚，今之幘梁也。終，充也。纚一幅長六尺，足以韜髮而結之矣。”“涼”“梁”音同義通，其正字或作“綡”。裴務齊正字本《刊謬補缺切韻·陽韻》：“綡，綡纚。”△《殘卷》“致”蓋為“弢”字之訛。“弢”與“韜”音義同。吕校本“致”字改作“韜”。《漢書·藝文志》：“周史《六弢》六篇。”顔師古注：“即今之《六韜》也，蓋言取天下及軍旅之事。弢字與韜同也。”《説文》：“纚，冠織也。从糸，麗聲。”《漢書·江充傳》：“充衣紗縠襌衣，曲裾後垂交輸，冠襌纚步搖冠，飛翮之纓。”顔師古注引服虔曰：“冠襌纚，故行步則搖，以鳥羽作纓也。”顔師古注：“纚，織絲為之，即今方目紗是也。纚音山爾反。”《釋名·釋采帛》：“纚，簁也，粗可以簁物也。”《楚辭·離騷》：“矯菌桂以紉蕙兮，索胡繩之纚纚。”王逸注：“纚纚，索好皃。”《楚辭·九懷·通路》：“舒佩兮綝纚，竦余劍兮干將。”洪興祖補注：“綝，林、森二音。”“綝纚”同“森纚”。《玄應音義》卷十三《梵摩喻經》音義：“披纚，今作縰，同，山綺反。案：森纚，好皃也。颯纚，長袖皃也。纚，簁也。”①

《名義》：“纚，山绮反。簁也，冠識［織］也。”按：《名義》“冠識也”似當作“冠織也”。《文選·宋玉〈高唐賦〉》：“縰縰莘莘，若生於鬼，若出於神。”李善注：“《説文》曰：‘纚，冠織也。’”《玉篇》：“纚，山綺切，冠織也。”《新撰字鏡》：“纚，所綺反。韜髮者也，附也。今作縱［縰］，山綺反，上。好皃。”《類聚名義抄》：“被纚，《玉》云：‘冠織也。’”（311•1）

縱［縰］，《字書》亦纚字也。

---

① 張傑《〈玉篇殘卷·糸部〉校證》（河北大學碩士論文 2017 年）：“‘禁’‘綝’為古今字，殘卷野王案‘綝’作‘森’，‘森’為‘禁’字之誤。”按：“綝纚”“森纚”為雙聲聯綿詞，作“禁”恐非。

《玉篇》："纚，山綺切，冠織也。又颯纚，長袖皃。縰，同上。"《名義》："纚，山绮反。簁也，冠識［織］也。縱［縰］，上字。"《新撰字鏡》："纚，所綺反。韜髮者也，附也。今作縱［縰］，山綺反，上。好皃。"又："縱、緵、縱，三同。……又所倚反，上。纚，婦人首服也。""縱、緵、縱三形均誤"，"縱"當作"縰"，"緵、縱"均為縰之訛俗字。

紘，為萠反。《周礼》："弁師掌王之五冕，皆……朱纮。"鄭玄曰："朱組為紘也。紘，〈一〉條属兩端扵武，纓也。"鄭玄注《礼記》："冴有笄者有［為］紘，紘在纓處，兩端上属，下不結也。"杜預注《左氏傳》："纮，纓従下而上者也。"《說文》："冴卷也。"《儀礼》："頌（聲）磬西纮。"鄭玄曰："纮，編磬繩也。"《淮南》："知八紘九野之刑埒［埒］。"許𣳾重曰："紘，維也。"野王案：楊雄《觧難》"燭六合，㷔［燿］八纮"是也。

《周禮·夏官·弁師》："五采繅，十有二就，皆五采玉十有二，玉笄朱紘。"鄭玄注："朱紘，以朱組爲紘也。紘，一條屬兩端於武，纓……。"《禮記·雜記》："孔子曰：'管仲鏤簋而朱紘，旅樹而反坫，山節而藻棁，賢大夫也，而難為上也。'"鄭玄注："冠有笄者為紘。紘在纓處，兩端上屬，下不結。"《左傳·桓公二年》："衮、冕、黻、珽，帶、裳、幅、舄，衡、紞、紘、綖，昭其度也。"杜預注："紘，纓從下而上者。"《說文》："紘，冠卷也。从糸，厷聲。"《儀禮·大射》："簜在建鼓之閒，鼗倚于頌磬西紘。"鄭玄注："紘，編磬繩也。"《淮南子·原道》："是故疾而不搖，遠而不勞，四支不動，聰明不損，而知八紘九野之形埒者，何也？"高誘注："八紘，天之八維也。"[①] 吕校本"形埒"之"埒"誤作"埒"。《慧琳音義》卷二十《寶星陀羅尼經序》音義："作紘，獲萠反。許叔重注《淮南子》云：'紘，維也。'顧野王曰：'八紘謂八極也。'"又卷八五《辯正論》卷四音義："八紘，下話萠反。許叔重注曰：'紘，維也。'亦冈紉［紐］也。《淮南子》云：'知八紘九野之形埒也。'許叔重注曰：'紘亦維也。'楊雄曰'燭六合，埒［燿］八紘'是也。《古今正字》：'從糸，厷聲。'亦從引作紭。"《漢書·揚雄傳下》："日月之經不千里，則不能燭六合，燿八紘。"顏師古注："八紘，八方之綱維也。紘音宏。"《文選·劉楨〈贈徐幹〉》："兼燭八紘內，物類無頗偏。"李善注："楊雄《解嘲》云：'日月之經不千里，則不能燭六合，耀八紘。'《音義》曰：'八方之綱維也。'"《名

① 《文選·歐陽建〈臨終詩〉》："天網布紘綱，投足不獲安。"李善注引許慎《淮南子注》曰："紘，維也。"

義》："紘，為萠反。冠卷，维。"《新撰字鏡》："紘，下耕、為明［萌］二反，平。綖也，纓也，冠卷也，𰀀道也，維也，朱組也，綱也。"《類聚名義抄》："紘，《玉》云：'為萠反。冠卷也，維也。'"（311•2）

紭，《說文》亦紘字也。

《説文》："紘，冠卷也。从糸，厷聲。紭，紘或从弘。"《名義》："紘，為萠反。冠卷，维。紭，上字。"《類聚名義抄》："紭，《玉》云：'上字。'"（311•2）

紻，於兩反。《說文》："紻，纓也。"《蒼頡篇》："亦題勒也。"

《説文》："紻，纓卷也。从糸，央聲。""紻"字或作"鞅"。《釋名·釋車》："鞅，嬰也，喉下稱嬰，言纓絡之也。""嬰"與"纓"音義同。△《殘卷》"題勒"義未詳。《文選·張衡〈東京賦〉》："銘勛彝器，歷世彌光。"李善注引《字林》曰："銘，題勒也。""紻"與此義無涉。《説文》："鞅，頸靼［韁］也。"《急就篇》卷三："轡勒鞅韅靽羈韁。"顏師古注："在首曰轡，亦謂之勒。在頸曰鞅。"《慧琳音義》卷二三轉録慧苑《新譯大方廣佛花嚴經音義》卷下："斷貪鞅，鞅，於仰反。鞅謂扐［扐］牛頭木繩，牛以此繩不能脱於重載。""扐"即"勒"之俗字。《廣韻·姥韻》："韁，韁勒名。"《集韻·姥韻》："韁，馬鞨也。"《廣韻·陽韻》："鞨，馬額上韁。"《集韻·陽韻》："鞨，馬韁。"《廣韻·獮韻》："韅，勒韁名也。""鞅""韁""勒""鞨""韅"義同。[①]據此，則《蒼頡篇》之"題勒"，猶《廣韻》之"額上韁"。《名義》："紻，於兩反。纓也。"《新撰字鏡》："紻，於□反。纓也，題勒。"

紞［紞］，丁敢反。《國語》："親織玄紞［紞］。"賈逵曰："冠垂者也。"《說文》："冕冠垂塞耳也。"《儀礼》："緇衾赬裏无紞［紞］。"鄭玄曰："紞［紞］，

① 王念孫《讀書雜志·淮南內篇》"乃為韁蹻而超千里肩負儋之勤也"條謂"韁皆當為靼，字從旦不從且"。△按："且"聲字多有阻滯義，從且或不誤。《説文》："趄，趑趄也。""趑，趑趄，行不進也。""柤，木閑。"徐鍇繫傳："柤之言阻也。"《廣雅·釋宮》："柤，匽也。"王念孫疏證："柤之言阻遏也。"《詩經·大雅·雲漢》："旱既太甚，則不可沮。"毛傳："沮，止也。"《吕氏春秋·知士》："能自知人，故非之弗為阻。"高誘注："阻，止。"

被之織［識］也。"《礼記》："衾五幅无紞［紞］。"鄭玄曰："紞，以組類為之，綴之領側，若今被識，生時単被有識，死去也。"

《國語·鲁語下》："王后親織玄紞。"韋昭注："説云：紞，冠之垂前後者。昭謂：紞，所以懸瑱當耳者也。"《左傳·桓公二年》："衮、冕、韍、珽，帶、裳、幅、舄，衡、紞、紘、綖，昭其度也。"杜預注："紞，冠之垂者。"《孔子家語·正論》："其母曰：'古者王后親織玄紞，公侯之夫人加之紘綖。'"王肅注："紞，冠垂者。"訓義竝同。《説文》："紞，冕冠塞耳者。从糸，冘聲。"《儀禮·士喪禮》："緇衾赬裏無紞。"鄭玄注："紞，被也。"阮元挍勘記："徐本同，《釋文》《通典》《集釋》《通解》楊、敖、毛本'被'下有'識'字。張氏曰：'紞，被之識也，所以識前後也。無識字，則句不成文。'"《禮記·喪服大記》："絞、紟如朝服。絞一幅為三，不辟。紟五幅，無紞。"鄭玄注："紞，以組類為之，綴之領側，若今被識矣。生時禪被有識，死者去之，異於生也。"《名義》："紞，丁取反。冠垂也。"吕氏校釋："'丁取反'當作'丁敢反'。"《新撰字鏡》："紞，丁紺反，去。多也，[①]〈一〉曰：冠垂髣也。又都敢反，上。"

纓，扵成反。《周礼》："鞶纓十有再就。"鄭衆曰："當馬胷前，削革為之。"鄭玄曰："馬鞅也。"《礼記》："玄冠朱組纓，天子之齋冠；玄冠丹組［組］纓，諸侯之齋冠；玄冠綦組纓，士之齋冠也。"《説文》："纓，冠系也。"

《周禮·春官·巾車》："王之五路：一曰玉路，錫，樊纓十有再就，建大常十有二斿以祀。"鄭玄注："樊，讀如鞶帶之鞶，謂今馬大帶也。……纓，今馬鞅。"又引鄭衆云："纓謂當胷。《士喪禮》下篇曰：'馬纓三就。'禮家説曰：'纓當胷，以削革爲之。'"《禮記·玉藻》："玄冠朱組纓，天子之冠也；緇布冠繢緌，諸侯之冠也；玄冠丹組纓，諸侯之齊冠也；玄冠綦組纓，士之齊冠也。"《説文》："纓，冠系也。从糸，嬰聲。"《名義》："纓，扵成反。馬鞍［鞅］也，冠系。"吕氏校釋："《殘卷》引《周禮》鄭注作'馬鞅也'。"按：當作"馬鞅也"。《文選·張衡〈西京賦〉》："璿弁玉纓，遺光儵爚。"薛綜注："纓，馬鞅也。"《新撰字鏡》："纓，扵盈反。冠系也。"《類聚名義抄》："華纓，《玉》云：'馬鞍也，馬勾［匈］鞅也。'"（311•4）

① "多也"義未詳。《新撰字鏡》"多"本作"𢀖"，疑為"玄"字。《名義》"伭"字作"𠈁"，堪為佐證。此為引證而非釋義。

緌，乳隹反。《周礼》："夏采掌大喪，……以乘車建緌復于四郊。"鄭玄曰："以旄牛〈尾〉為之，綴之扵橦上，所謂注旄〈干〉首者也。"《礼記》："有虞氏之緌。"鄭玄曰："緌，所云大麾也。"《周礼》"建大麾以田"是也。又曰："武車緌扵［旍］。"鄭玄曰："盡飾也。緌謂垂舒之也。"《儀礼》："始冠緇布之冠也，太古冠布，齋則繢［緇］之其緌也。孔子曰：吾未之前聞也，冠而弊之可也。"鄭玄曰："緌，冠餝。太古質，盖无餝也。"野王案：鄭玄注《礼記》："纓之餝也。"《礼記》"拂（髮）髦冠緌纓""緇布冠繢緌，諸侯之冠也""自天子下達，有事然後緌"是也。《尔雅》："緌，継也。"又曰："縭，緌也。"郭璞曰："緌，繫也。"《説〈文〉》："継冠纓也。"

《周禮·天官·夏采》："夏采掌大喪，以冕服復于大祖，以乘車建綏復于四郊。"鄭玄注："《明堂位》曰：'凡四代之服器，魯兼用之，有虞氏之旂，夏后氏之緌。'則旌旂有是綏者，當作緌，字之誤也。緌，以旄牛尾爲之，綴於橦上，所謂注旄於干首者。……《士冠禮》及《玉藻》冠緌之字，故書亦多作綏者，今禮家定作蕤。"《禮記·明堂位》："有虞氏之旂，夏后氏之綏，殷之大白，周之大赤。"鄭玄注："綏當爲緌，讀如冠蕤之蕤。有虞氏當言緌，夏后氏當言旂，此蓋錯誤也。緌謂注旄牛尾於杠首，所謂大麾。"《周禮·春官·巾車》："木路，前樊鵠纓，建大麾以田，以封蕃國。"《禮記·曲禮》："武車綏旌。"鄭玄注："盡飾也，綏謂垂舒之也。"陸德明音義："綏，耳隹反。""緌"作"綏"，猶"餒"作"餧"。《儀禮·士冠禮》："始冠緇布之冠也，大古冠布，齊則緇之其緌也。孔子曰：'吾未之聞也，冠而敝之可也。'"鄭玄注："緌，纓飾。未之聞，大古質，蓋亦無飾。"《禮記·內則》："子事父母，雞初鳴，咸盥、漱、櫛、縰、笄、總、拂髦、冠、緌、纓、端、韠、紳、搢笏。"鄭玄注："緌，纓之飾也。"《禮記·玉藻》："緇布冠繢緌，諸侯之冠也。"《禮記·玉藻》："自天子下達，有事然後緌。"《殘卷》此處有誤。依體例，當調整為：《礼記》："拂（髮）髦冠緌纓。"鄭玄曰："纓之餝也。"野王案：《礼記》"緇布冠繢緌，諸侯之冠也""自天子下達，有事然後緌"是也。《爾雅·釋詁上》："緌，繼也。"《爾雅·釋水》："縭，緌也。"郭璞注："緌，繫。"陸德明音義："緌，如誰反。"《説文》："緌，系冠纓也。从糸，委聲。"《殘卷》"継"與"系"音義同。《慧琳音義》卷九九《廣弘明集》卷二九音義："青緌，蕤隹反。鄭注《儀礼》云：'緌，冠飾也。'郭注《介雅》：'纓也。'《説文》：'謂継冠纓也，紫青色也。從糸，委聲也。’①”《名義》：“緌，乳隹反。继也，繫也，冠餝。”《新撰字鏡》：“緌、緌，二同。而唯、乳隹二反。継也，繋也，冠纓也。”《類聚名義抄》：“緌，《玉》云：‘乳隹反。繼也，繋也，冠飾也。’”（311•5）

緄，古夲反。《毛詩》：“竹閇緄縢［縢］。”傳曰：“緄，繩也。”《說文》：“織成帶也。”

《詩經·秦風·小戎》：“虎韔鏤膺，交韔二弓，竹閉緄縢。”毛傳：“緄，繩。”《說文》：“緄，織帶也。从糸，昆聲。”《名義》：“緄，古夲反。繩也，識［織］成帶。”吕氏校釋：“‘識成帶’當從《殘卷》作‘織成帶’。”按：此說可從。《文選·曹植〈七啟〉》：“緄佩綢繆，或彫或錯。”李善注引《說文》曰：“緄，織成帶也。”《新撰字鏡》：“緄，古夲反。繩也，織成帶也。”

紳，舒仁反。《論語》：“子張書諸紳。”孔安國曰：“紳，大帶也。”鄭玄注《礼記》：“所以自紳约也。”《廣雅》：“紳，束也。”或為鞞字，在革部。②

《説文》：“紳，大帶也。从糸，申聲。”《論語·衛靈公》：“子張書諸紳。”何晏集解引孔安國曰：“紳，大帶。”《禮記·內則》：“子事父母，雞初鳴，咸盥、漱、櫛、縰、笄、總、拂髦、冠、緌、纓、端、韠、紳、搢笏。”鄭玄注：“紳，大帶，所以自紳約也。”《廣雅·釋詁三》：“紳，束也。”《慧琳音義》卷八三《大唐三藏玄奘法師本傳》卷八音義：“搢紳，下失真反。孔注《論語》：‘紳，大帶也。’《廣雅》：‘紳，束也。’《說文》：‘從糸，申聲。’”《玉篇》：“紳，式真切。大帶也，束也。亦作鞞。”《名義》：“紳，舒仁反。束也，大帶。”《類聚名義抄》：“紳，《玉》云：‘束也，大帶也。’”（299•1）

縌［綖］，宜戟反。《續漢書》：“黄赤綬、緑青綬，綖皆長三尺二寸為之，与綬同采而首半之。綖者古佩襚也。佩襚相迎受，故曰綖。紫綬以上綖綬之間淂施玉環，

---

① “紫青色也”當非“緌”字義。《後漢書·南匈奴傳》：“賜單于冠帶、衣裳、黄金璽、盭緺綬。”李賢注：“緺，古蛙反。又《說文》曰：‘紫青色也。’”《名義》：“緺，古華反。绶紫青色。”“紫青色也”似為“緺”字義。

② 《名義》：“鞞，尸仁反。绅也。大帶。”

黑綬、黄綬，〈縌〉皆長二尺，与綬同采而首半之。凡織綬，光［先］合单纺為一丝，四丝為一扶，五扶為一首，五首成一文，文采淳為一圭，首多者丝细，少者丝麁，皆廣尺六寸。”《説文》：“紱縌也。”《蒼頡篇》：“綬丝也。”

《太平御覽》卷六八二引董巴《輿服志》曰：“戰國解去紱珮，留其絲襚，以為章表。秦乃以采組連結於襚，光明章表，轉相結綬，故謂之綬。乘輿黄赤綬四采，黄、赤、縹、紺，淳黄圭，長二丈九尺，五百首。王赤綬四采，赤、黄、縹、紺，淳赤圭，長二丈八尺，三百首。諸國貴人相國緑綬三采，緑、紫、白，淳緑圭，長二丈一尺，百四十首。將軍紫綬二采，紫、白，淳紫圭，長一丈七尺，百八十首。九卿中二千石，一云青緺綬。二千石青綬三采，青、白、紅，淳青圭，長一丈八尺，一百二十首。自青綬已上，縌皆長三尺二寸，與綬同采而首半之。縌者，古佩襚也。佩襚相迎受，故曰縌。紫綬之間得施玉環玦。千石六百黑綬三采，青、赤、紺，淳青圭，長丈六尺，八十首。四百丞尉、三百長相、二百石皆黄綬一采，淳黄圭，長丈五尺，六十首。自黑綬以下，縌長三尺，綬同采而首半之。百石青紺綬一采，宛轉繆織，圭長丈二尺。凡先合單紡為一絲，四絲為一扶，五扶為一首，五首成一文，文采淳為一圭。首多者絲細，少者麤，皆廣六寸。”《殘卷》所引，蓋《續漢書》之《輿服志》。《説文》：“縌，綬維也。从糸，逆聲。”[①]《玉篇》：“縌，宜戟切，紱綬也，綬絲也。”《唐韻殘卷·陌韻》（蔣斧印本）：“逆，宜戟反。……縌，《漢書》云：‘古佩襚。’[②]”《名義》：“縌，冝戟反。古佩襚。”《新撰字鏡》：“縌，兀格反。絲也，綒也，佩也。”

繟，充善反。《毛詩》：“檀車繟繟。”傳曰：“繟繟，弊皀也。”《礼記》：“其樂心感者，其聲繟以緩。”鄭玄曰：“繟，寬繟之皀也。”《説文》：“繟，帶緩也。”《聲類》亦為幝字也，在巾部。[③]

《詩經·小雅·杕杜》：“檀車幝幝，四牡痯痯，征夫不遠。”毛傳：“幝幝，敝貌。”陸德明音義：“幝，尺善反，又勑丹反，敝貌。《説文》云：‘車敝也。從巾、單。’《韓詩》作緂，音同。”《禮記·樂記》：“其樂心感者，其聲嘽以緩。”鄭玄注：“嘽，

① 張傑《〈玉篇殘卷·糸部〉校證》（河北大學碩士論文 2017 年）羅列諸家之説，可參。
② 《漢書》當指《後漢書》。《後漢書·輿服志下》：“縌者，古佩璲也。佩綬相迎受，故曰縌。”
③ 《名義》：“幝，先［充］善反。車蔽皃。”

寬綽貌。”陸德明音義：“嘽，昌善反，寬緩也。”《説文》：“繟，帶緩也。从糸，單聲。”《慧琳音義》卷九二《續高僧傳》卷九音義：“繟師，上昌演反。鄭註《礼記》云：‘繟，寬綽皃。’《説文》：‘繟，猶帶緩也。從糸，單聲。’”《名義》：“繟，充善反。帶缓也。”《新撰字鏡》：“繟，充千［干］反。緩，寬綽皃。”

綬，時帚反。《周礼》：“幕人掌帷幕幄〈帟〉綬之事。”鄭衆曰：“綬組，所以繫帷也。”《礼記》：“天子玄組綬，公侯朱組綬，大夫書［緇］組綬，〈世〉子綦組綬，士緼組綬也。”鄭玄曰：“綬者所以貫佩玉相美受者也。”《尔雅》：“遂，綬也。”郭璞曰：“即佩玉之組，所以（車）通［連］繫瑞玉，曰通謂之遂也。”《續漢書》：“古者佩玉，尊卑有叙，五霸迭與［興］，義［戰］兵不息，佩非戰器，紱非兵旗，拎是解去紱佩，單［留］其丝［系］襚，紱佩既癈，秦乃以采組連結拎襚，光明章表，傳［轉］相結綬，故謂之綬也。”《廣雅》：“綸、組、紱，綬也。”

《令集解》三：“綬，時帚反。《周礼》：‘綬人掌帷幕幄縍綬之事。’鄭衆曰：‘綬組，所以繫帷也。’《礼記》：‘天子玄組綬，公侯朱組綬，大夫純組綬，世子綦組綬，士緼〈組〉綬也。’鄭玄曰：‘綬者，所以貫佩玉相承受者也。’《尔雅》：‘遂，綬也。’郭璞曰：‘即佩玉之組，所以連繫瑞玉，因通謂之遂也。’”（第71頁）《周禮・天官・幕人》：“幕人掌帷、幕、幄、帟、綬之事。”鄭玄注引鄭衆云：“綬，組綬，所以繫帷也。”《禮記・玉藻》：“天子佩白玉而玄組綬，公侯佩山玄玉而朱組綬，大夫佩水蒼玉而純組綬，世子佩瑜玉而綦組綬，士佩瓀玟而緼組綬。”鄭玄注：“綬者，所以貫佩玉相承受者也。純當為緇。古文緇字或作絲旁才。”《殘卷》“書”當為“緢”（“緇”之俗字）字之訛。《爾雅・釋器》：“緣，綬也。”郭璞注：“即佩玉之組，所以連繫瑞玉者，因通謂之緣也。”《後漢書・輿服志》：“古者君臣佩玉，尊卑有度；上有韍，貴賤有殊。佩，所以章德，服之衷也。韍，所以執事，禮之共也。故禮有其度，威儀之制，三代同之。五霸迭興，戰兵不息，佩非戰器，韍非兵旗，於是解去韍佩，留其係璲，以為章表。故《詩》曰‘鞙鞙佩璲’，此之謂也。韍佩既廢，秦乃以采組連結於璲，光明章表，轉相結受，故謂之綬。”《慧琳音義》卷三七《佛説七俱知佛毋準泥大明陀羅尼經》音義：“綬帶，上音受。《礼記》云：‘天子玄組綬，公侯朱組綬，大夫緇組綬，世子綦組綬，士緼組綬。’鄭玄曰：‘綬者，所以貫佩玉相承綬［受］者也。綬，繫也。’《續漢書》云：‘古者佩玉，尊畀［卑］有叙，五霸迭與［興］，戰争不息，佩非戰器，紱非兵旗，於是解去紱佩，留其糸襚，以爲章表。紱佩既廢，秦乃以采組連結於襚，官高者加以環玦。光明章表，轉相結綬，故謂之綬。’

綬亦帶也。”《廣雅·釋器》：“綸、組、紱，綬也。”吕校本“綸”誤作“編”。《殘卷》本作“綸”，《日本歷代書聖名迹書法大字典》載“綸”字或作“綸”，與《殘卷》所載形近。《説文》：“綬，韍維也。从糸，受聲。”《名義》：“綬，時帚反。貫佩玉相承。”吕氏校釋：“《殘卷》引《禮記》鄭注作‘綬者，所以貫佩玉相承受者也’。”《類聚名義抄》：“綬，《玉》云：‘貫佩玉相承。’”（311•7）按：《名義》《類聚名義抄》省“受者”。

緺，古華、公蛙二反。《説文》：“綬紫青色也。”

《説文》：“緺，綬紫青也。从糸，咼聲。”今本《説文》脱“色”字。[①]《後漢書·南匈奴傳》：“詔賜單于冠帶、衣裳、黄金、璽盭、緺綬。”李賢注：“緺，古蛙反。《説文》曰：‘紫青色也。’”《玉篇》：“緺，古華、古蛙二切，綬紫青色也。”《名義》：“緺，古華反。绶紫青色。”《新撰字鏡》：“緺，古華反。青緺，綬。”

组，作古反。《尚書》：“厰篚玄緟［纁］璣组。”孔安國曰：“组，绶也。”《説文》：“绶属也。其小者以為冠纓。”《尔雅·釋草》：“似组，東海有之。”郭璞曰：“海中草生有象组者，因以為名也。”

《尚書·禹貢》：“厥篚玄纁璣組。”孔安國傳：“組，綬類。”陸德明音義：“組，音祖。馬云：‘組，文也。’”《説文》：“組，綬屬，其小者以爲冕纓。从糸，且聲。”《爾雅·釋草》：“綸似綸，組似組，東海有之。”郭璞注：“組，綬也，海中草生彩理有象之者，因以名云。”《名義》：“組，作古反。绶。”《類聚名義抄》：“組，《玉》云：‘綬也。’”（312•1）

纂，子緩反。《國語》：“縷纂［纂］以為奉。”賈逵曰：“奉，藉也，所以藉玉之縷也，以縷織綦［纂］，取其易也。”《楚辞》：“纂［纂］組綺縞。”王

① 段玉裁《説文解字注》：“各本無色，今依《後漢·南匈奴傳》《大平御覽》正。《百官公卿表》曰：‘丞相，金印紫綬。高帝十一年更名相國，綠綬。’徐廣曰：‘似紫。紫綬名緺綬，其色青紫。何承天云：緺，青紫色也。’按，紫者，水剋火之閒色。又因水生木而色青，是為紫青色。”

逸曰："纂［纂］組，綬類也。"《漢書》："錦〈繡〉纂［纂］組，害女功。"[①] 應劭曰："今五采属綷［綷］也。"《説文》："似組而赤黑也。"

《令集解》三："纂，《國語》：'縷纂［纂］以為奉。'賈逵曰：'奉，藉也，所以藉玉之縷也，以縷織纂［纂］，取其易也。'《楚辞》：'纂［纂］組綺縞。'《漢書》：'錦繡纂［纂］組，宫［害］女功。'應劭曰：'今五采属綷也。'《説文》：'似組而赤黑也。'"（第71頁）《國語·齊語》："縷綦以為奉。"韋昭注："奉，藉也，所以藉玉之藻也。縷綦，以縷織綦，不用絲，取易共也。綦，綺文。"《楚辭·招魂》："纂組綺縞，結琦璜些。"王逸注："纂組，綬類也。"《漢書·景帝紀》："雕文刻鏤，傷農事者也；錦繡纂組，害女紅者也。"顏師古注引應劭曰："纂，今五采屬綷是也。"又引臣瓚曰："許慎云：'纂，赤組也。'"又曰："瓚説是也。綷，會也。會五綵者，今謂之錯綵，非纂也。"《説文》："纂，似組而赤。从糸，算聲。"△按：今本《説文》脱"黑"字。《慧琳音義》卷六二《根本説一切有部毘奈耶雜事律》卷四十音義："纂集，上纘管反。……《説文》云：'纂，似組而赤黑也。'"《名義》："纂，子緩反。似俎赤黑。"吕氏校釋："'似俎赤黑'當從《殘卷》作'似組赤黑'。"《新撰字鏡》："纂，佐管反。組也，奉藉也。"[②] 又："纂，作管反，上。組。"又："纂，子犬反，上。纂，組也。"《類聚名義抄》："纂修，《玉》云；'似組赤黑也。'"（297•1）

《慧琳音義》卷三九《不空羂索經》卷三音義："能纂，臧管反。賈逵注《國語》云：'纂，集也。'"此義不見於《殘卷》。

纗［纗］，《字書》忽纂［纂］字也。

《名義》："纂，子緩反。似俎［組］赤黑。纗，上字。"《玉篇》："纂，子緩切，組類也。纗，同上。"《新撰字鏡》："纂，佐管反。組也，奉藉也。纗，上同。"《殘卷》《名義》字頭當為"纗"之俗字，猶"鐫"或作"鎸"、"攜"或作"携"。《新撰字鏡》"纗"與"纗""纗"形近。

《玄應音義》卷十一《增一阿含經》卷四八音義："纂修，古文纗，同，子夘［卵］

---

① 張傑《〈玉篇殘卷·糸部〉校證》（河北大學碩士論文2017年）認為"殘卷'錦'字後脱'繡'字。"按：《殘卷》"繡"字寫作"綉"，故此處據補"綉"字。

② "奉藉也"為誤訓。

反。字或作纘，繼也，繼前修者也。”

紐，女九反。《周礼》：“弁師掌王之五冕，皆……延、紐。”鄭玄曰：“細［紐］，小鼻在武上，笄所貫也。今時冠差［卷］當䆅［簪］者，廣衣［袤］以冠縱［縰］，其舊象與？”《説文》：“紐，丝［系］也。一曰：結可解也。”野王案：《礼記》“弟子縞帶并紐”是也。《廣雅》：“紐，采［束］也。”① 劔鼻之紐為玬字，在王［玉］部。② 或為鈕字，在金部。③

《周禮・夏官・弁師》：“弁師掌王之五冕，皆玄冕、朱裏、延、紐。”鄭玄注：“紐，小鼻在武上，笄所貫也。今時冠卷當簪者，廣袤以冠縰，其舊象與？”《説文》：“紐，系也。一曰：結而可解。从糸，丑聲。”《禮記・玉藻》：“大夫素帶，辟垂；士練帶，率下辟；居士錦帶，弟子縞帶，并紐約用組。”《名義》：“紐，女九反。丝，采也。”《新撰字鏡》：“紐，女九反。糸［系］也，束也，鈕也。”吕氏校釋：“《殘卷》作‘《説文》：“紐，丝也。”……《廣雅》：“紐，采也”’。《説文》作‘系也’。《廣雅・釋詁》作‘束也’。《名義》‘丝采也’似當作‘系也，束也’。”按：此説可從。《文選・王巾〈頭陀寺碑文〉》：“竝振頽綱，俱維絶紐。”李善注引《説文》曰：“紐，系也。”《慧琳音義》卷六四《四分僧羯磨》上卷音義：“絶紐，下女久反。鄭注《礼記》：‘紐，冠上鼻也。’《廣雅》：‘綄［紐］，束也。’《説文》：‘結而可解曰紐也。’”又卷九二《續高僧傳》卷七音義：“紐虜，上女九反。《廣雅》云：‘紐，束也。’鄭玄註《周礼》云：‘紐，冠冕上小鼻，笄所貫也。’《説文》云：‘系也。從糸，丑聲。一曰：結可解也。’”《類聚名義抄》：“紐，《玉》云：‘絲［系］、采［束］也。’”（299•3）

---

① “采”旁俗或作“米”“来”（如《可洪音義》卷一五《摩訶僧祇律》卷四十音義：“抷蜜，上倉改反，正作採。”又卷六《六度集經》卷三音義：“菜糜，上倉代反，下美為反。上又音来，非也。”），“束”旁俗亦或作“米”“来”（如《名義・目録》：“光，勑［勅］亮反。”“勑”同“勅”。《可洪音義》卷二七《續高僧傳》卷二音義：“竦顧，上息勇反，正作踈［竦］也。”），故兩字形近可通。

② 《名義》：“玬，女九反。印鼻也。”

③ 《名義》：“鈕，女久反。仰［印］鼻。”

綸[①]，力旬、公頑二反。《周易》：“弥綸天地之道。”劉瓛曰：“弥，廣也。綸，經理也。”《毛詩》：“之子手［于］釣，言綸之繩。”戔云：“綸，釣繳也。”《礼記》：“（公）子曰：王言如丝，其出其［如］綸。”鄭玄曰：“今有秋［秩］，盡［嗇］夫所佩也。”《續漢書》：“百（百）石，青納［紺］綸一采，婉轉繆織，長〈丈〉二尺。”《說文》：“纠青丝綬也。”《范子計然》：“布平［卒］者綸絮之未［末］，其无丝之國出布，不可以布平［卒］為綸未［末］也。”野王案：此謂麻［摩］丝挐［絮］為綸也。[②]《尔雅·釋草》：“綸，東海有之。”郭璞曰：“海有象之，回以為名也。”《太玄經》：“鴻綸天〈元〉。”宋忠曰：“綸，絡也。”《方言》：“或謂車紂為曲綸。”郭璞曰：“今江東通呼索為綸也。”

《周易·繫辭上》：“故能彌綸天地之道，仰以觀於天文，俯以察於地理。”陸德明音義：“綸，音倫。京云：‘彌，遍。綸，知也。’王肅云：‘綸，纏裹也。’荀云：‘彌，終也。綸，迹也。’”《玄應音義》卷一《大方廣佛華嚴經》卷三音義：“弥綸，力旬反。周布也。《易》云：‘弥綸天地之〈道〉。’注云：‘弥，廣也。綸，經理也。’”《詩經·小雅·采緑》：“之子于釣，言綸之繩。”鄭玄箋：“綸，釣繳也。”《禮記·緇衣》：“子曰：‘王言如絲，其出如綸；王言如綸，其出如綍。’”鄭玄注：“綸，今有秩嗇夫所佩也。”《後漢書·仲長統傳》：“身無半通青綸之命，而竊三辰龍章之服。”李賢注：“《續漢·輿服志》曰：‘百石，青紺綸一采，宛轉繆織，長丈二尺。’《說文》：‘綸，青絲綬也。’鄭玄注《禮記》曰：‘綸，今有秩嗇夫所佩也。’”《說文》：“綸，青絲綬也。从糸，侖聲。”[③]《爾雅·釋草》：“綸似綸，組似組，東海有之。”郭璞注：

---

① 《新撰字鏡》第681頁有“綸”字，與此大同小異。“公頑”作“工頑”。“二反”下衍“及”字。引《礼記》“公子曰”作“孔子曰”，與今本“子曰”義同。“秩”亦誤作“秋”。“盡夫”之“盡”作“嗇”，為“嗇”之俗字，當從。“百百石”作“百石”，“納綸”作“紺綸”，“長二尺”作“長丈二尺”，並是。“布平者”作“右平者”，“以布平”作“以布”。“麻丝挐”作“摩絲絮”。引《尒雅·釋草》作“綸似綸，東海有之。郭璞曰：海中有草象之，国［回］以為名也”。引《太玄經》，“天”下有“元”字，是。引《方言》，“郭璞曰”下衍“也”字。

② 胡吉宣《玉篇校釋》：“引《范子計然》，‘絮’字未誤［引案：實誤作挐］，而‘麻’字譌為‘摩’。”按：似當作“‘摩’字譌為‘麻’”。《續修四庫全書》本“麻丝挐”，《新撰字鏡》作“摩絲絮”，可據以訂正。

③ 段玉裁注：“各本無糾字，今依《西都賦》李注、《急就篇》顏注補。糾，三合繩也。糾青絲成綬，是為綸。郭璞賦云：‘青綸競糾。’正用此語。《緇衣》注曰：‘綸，今有秩嗇失所佩也。’《釋艸》：‘綸似綸。’郭曰：‘今有秩嗇夫所帶糾青絲綸。’法言：‘五兩之綸。’李軌云：‘綸，糾青絲綬也。’今本《法言》改糾為如，不可通矣。”桂馥義證：“《後漢書·仲長統傳》注引同。李善引作‘糾青絲綬也’，《御覽》引同。顏注《急就篇》：‘綸，糾青絲綬也。’郭注《爾雅》：‘綸，今有秩嗇夫所帶糾青絲綸。’《後漢書·班固傳》：‘絡以綸連。’注云：‘綸，糾青絲綬也。’”

"綸，今有秩嗇夫所帶糾青絲綸。組，綬也。海中草生彩理有象之者，因以名云。"《太玄·太玄告》："故玄鴻綸天元，婁而拑之於將來者乎。"范望注："綸，率也。"《慧琳音義》卷十三《大寶積經》卷四八音義："苦綸，律屯反。郭璞注《方言》云：'綸，索也，今江東通呼爲綸。'宋忠注《太玄經》云：'綸，絡也。'《説文》：'紺青絲綬也。從糸，倫省聲也。'[①]"又卷四一《大乘理趣波羅蜜多經序》音義："紛綸，下律迍反。《易》曰：'綸，經理也。'宋忠注《太玄經》云：'綸，絡也。'"《方言》卷九："車紂，自關而東周洛韓鄭汝潁而東謂之緻，或謂之曲綯，或謂之曲綸。"郭璞注："今江東通呼索〈為〉綸，音倫。"《名義》："綸，力旬反。络。"《新撰字鏡》："綸，力均反，平。繩也，緩也，巾也，釣也，經也，絡也，枯也。"《類聚名義抄》："苦綸，《玉》云：'絡也。'"（312•2）

綎，達丁反。《吕氏春秋》："莫敢愉綎。"高誘曰："愉，觧也。綎，綬也。"《説文》："丝［系］緩［綬］也。"

《吕氏春秋·勿躬》："百官慎職，而莫敢愉綖。"高誘注："愉，解。綖，緩。"王念孫《讀書雜志·餘編上》："綖當為綎，亦字之誤也。綎讀為挺。《仲夏篇》：'挺衆囚。'高注曰：'挺，緩也。'鄭注《月令》曰：'挺猶寬也。'寬亦緩也。《後漢書·臧宮傳》：'宜小挺緩，令得逃亾。'《傅燮傳》：'賊得寬挺。'李賢竝云：'挺，解也。'解亦緩也，故《序卦傳》云：'解者，緩也。'挺與綎古字通。……此以贏、精、綎、名為韻，若作綖，則失其韻矣。"《殘卷》正可訂今本之誤。《説文》："綎，系綬也。从糸，廷聲。"《名義》："綎，達丁反。缓。"吕氏校釋："'缓'當作'綬'。"按：此説恐非，《名義》作"緩"不誤，《殘卷》"綬也"當據《名義》正，詳参上揭王念孫説。

絙，胡官反。《説文》："絙，缓也。"

《説文》："緪，緩也。从糸，亘聲。"《名義》："絙，胡宫反。缓。"吕氏校釋："當作'胡官反'。'缓'當作'綬'。"按：此説可從。《玄應音義》卷一《大方廣

① "紺"蓋"糾"字之訛。《文選·班固〈西都賦〉》："裛以藻綉，絡以綸連。"李善注引《説文》曰："綸，糾青絲綬也。"《太平御覽》卷八一九引《説文》曰："綸，糾青絲綬也。""糾"與"糾"同。

佛華嚴經》卷五八音義："亘生，歌鄧反。《詩》云：'亘之秬秠。'傳曰：'亘，遍也。'經文有作緪，音桓，綬也。"《類聚名義抄》："緪，《玉》云：'胡官反。綬也。'"（301•6）

繐，思銳反。《喪服經》："繐衰裳。"鄭玄曰："治縷如小㓛，而成布四升半，細其縷者也。凡布細而疏者謂之繐。今南陽有鄧繐布也。"《説文》或以為今有如白越布者也。

《儀禮·喪服》："繐衰裳，牡麻絰，既葬除之者。"又《喪服傳》："繐衰者何？以小功之繐也。"鄭玄注："治其縷如小功，而成布尊四升半。[①] 細其縷者，以恩輕也。升數少者，以服至也。凡布細而疏者謂之繐，今南陽有鄧繐。"《説文》："繐，細疏布也。从糸，惠聲。"今本《説文》未見《殘卷》所引者。[②]《後漢書·皇后紀上·馬皇后》："太后感析別之懷，各賜王赤綬，加安車駟馬，白越三千端，雜帛二千匹，黃金十斤。"李賢注："白越，越布。"《名義》："繐，思銳反。布細疏。"《新撰字鏡》："繐、䌨、繸，三同。思叡反，去。萬［蜀］白細布也。凡布細而疏者謂之繐。又歲音。"

䌨，《説文》："蜀細布也。"《聲類》忿繐字也。

《説文》："䌨，蜀細布也。从糸，彗聲。"《玄應音義》卷八《虛空孕經》上卷音義："為繐，又作䌨、繸二形，同，思叡反。《説文》：'蜀白細布也。'凡布細而疏者謂之繐。"王仁昫《刊謬補缺切韻·祭韻》（P.2011）："歲，相芮反。……繐，疎布。又似歲反。亦作䌨。"《名義》："繐，思銳反。布細疏。䌨，上字。"

繸，《聲類》忿繐字也。

① 阮元挍勘記："徐本同，毛本無'尊'字。"《殘卷》與毛本同。
② 胡吉宣校釋："二徐《説文》：'繐，細疏布也。'脱落'或以為今有如白越布者也'一句。"按：疑此説非。《説文》："䌨，蜀細布也。"《玄應音義》卷八引作"蜀白細布也"。"蜀"或訛作"粵"，"粵"與"越"音義同。

《玉篇》："繐，思惠切，細布也。繸，同上。"《名義》："繐，思鋭反。布细疏。……繸，上字。"

纀，補各反。《說文》："領連也。"野王案：此忽襆字也。襆，𧝓［黼］領也，在衣部。[①]

《説文》："纀，頸連也。从糸，暴省聲。"《玉篇》："纀，布各切，領連也。亦作襮。"《名義》："纀，補各反。領連反。"吕氏校釋："'領連反'當從《殘卷》作'領連也'。"

紟，渠禁、渠金二反。《儀礼》："絞、紟、衾。"鄭玄曰："紟，單紟，單秡［被］也。"鄭玄注《礼記》："既斂所用束堅之者也。"《礼記》："婦事舅姑……紟纓。"鄭玄曰："紟，帶也。"《說文》："衣丝［系］也。"《聲類》："帶綴也。"或為衿字，在衣部。[②]

《儀禮・士喪禮》："厥明，滅燎。陳衣于房，南領，西上，綪。絞、紟、衾二。"鄭玄注："紟，單被也。"《禮記・喪大記》："小斂：布絞，縮者一，横者三。"鄭玄注："絞，既斂所用束堅之者。"《殘卷》蓋誤"絞"為"紟"。此處下文有"絞、紟不在列"。《禮記・內則》："婦事舅姑，如事父母，……衿纓綦屨。"鄭玄注："衿猶結也。"陸德明音義："衿嬰，本又作紟，其鴆反。"《説文》："紟，衣系也。从糸，今聲。"《名義》："紟，渠金反。單被也，帶也，缀。"吕氏校釋："《殘卷》引《聲類》作'帶綴也'。《名義》'帶也，缀'當作'帶缀也'。"按：《名義》或當作"單被也，帶，帶綴也"（"帶"字後之"丶"或為疊字符）。"紟"或作"衿"。《漢書・揚雄傳上》："衿芰茄之綠衣兮，被夫容之朱裳。"顏師古注引應劭曰："衿音衿系之衿，衿，帯也。"《殘卷》亦有與《名義》相應的三個釋義。《新撰字鏡》："紟、絵，二同，巨禁反。單被也，帶也，結也。衿字也。"亦有"帶也"義。

絵，《字書》籀文紟字也。

---

① 《名義》："襮，補各反。領，表也。"
② 《名義》："衿，渠金反。單被也，结也。"

《説文》："紟，衣系也。从糸，今聲。紷，籀文从金。"《玉篇》："紟，巨今、巨禁二切，單被也，結衣也。亦作衿。絵，籀文。"《名義》："紟，渠金反。單被也，帶也，缀。紷，上字。"

緣，餘衆［泉］、餘絹二反。《尔雅》："緣謂之�。"郭璞曰："衣緣餝也。"《礼記》："緣廣寸半。"鄭玄曰："緣，餝邊也。"又曰："明王以相緣也。"鄭玄曰："緣猶因襲也。"《荘子》："有蝨蝱僕緣，而拊之不時，則鈌銜、毁首。"野王案：謂緣附而登上之也。《家語》"譬緣木務高而畏滋甚"、《淮南》"猨貁淂茂木，不去而跳；貆貉得堙［�］防，弗去而緣"是也。《史記》："求〈事〉為小吏，未有囙緣。"野王案：《續漢書》"常欲去之，未有雅緣"是也。《方言》："懸掩［裺］謂之緣。"郭璞曰："縫緣也。"《廣雅》："緣，循也。"

呂校本"餘衆"之"衆"改為"袁"。△按："緣""泉"均屬仙韻，袁屬元韻。就字形而言，"衆""泉"形近，古書或相混。羅泌《路史》卷三十："永陵，零陵，今永州固作衆陵，一作泉陵。"《漢書・王子侯表上》："泉陵節侯賢。"沈欽韓疏證："《一统志》：泉陵故城在永州府零陵縣北。刊本作衆，誤。"

《説文》："緣，衣純也。从糸，彖聲。"《爾雅・釋器》："緣謂之純。"郭璞注："衣緣飾也。"《禮記・玉藻》："袪尺二寸，緣廣寸半。"鄭玄注："飾邊也。"《禮記・樂記》："禮樂之情同，故明王以相沿也。"鄭玄注："沿猶因述也。孔子曰：'殷因於夏禮，所損益可知也；周因於殷禮，所損益可知也。'沿或作緣。"《莊子・人間世》："適有蚉虻僕緣，而拊之不時，則缺銜、毁首、碎胷。"呂校本"僕"誤作"撲"。《孔子家語・入官》："為上者，譬如緣木焉，務高而畏下兹甚。"《淮南子・齊俗》："猨狖得茂木，不舍而穴；狟狢得埵［堞］防，弗去而緣。""穴"似以作"跳"義長。何寧集釋引陳季臯云："（埵）字當作'堞'，即'塍'字。"《廣雅・釋宮》："塍，……防，……隄也。""埵防"即"塍防"。《史記・田叔列傳》："留，求事為小吏，未有因緣也，因占著名數。"《方言》卷四："懸裺謂之緣。"郭璞注："衣縫緣也。"《廣雅・釋詁四》："緣，循〈也〉。"《名義》："緣，餘絹反。修［循］也。"《新撰字鏡》："緣，正。餘泉反，平。猶自［囙］襲也，純也，循也。借餘絹反。餝也，縫也。"《類聚名義抄》："緣，《玉》曰：'又餘絹反。循也。'"（289•6）

絝［綺］，口故反。《淮南》："短衣不絝［綺］，以便涉游。"野王案：《説文》：

“脛衣也。”相如《上林賦》：“絝白虎。”《漢書音義》曰：“絝，絆絡之也。”

《淮南子·原道》：“短綣不絝，以便涉游；短袂攘卷，以便刺舟，因之也。”《説文》：“絝，脛衣也。从糸，夸聲。”《史記·司馬相如列傳》：“蒙鶡蘇，絝白虎。”裴駰集解引郭璞曰：“絝謂絆絡之。”《名義》：“絝，口故反。脛衣。”《新撰字鏡》：“絝，口古［故］反。袴也，羽［脛］衣也。”

繑，近遥反。《説文》：“絝紐也。”或為幧字，在巾部。①

《説文》：“繑，絝紐也。从糸，喬聲。”②《名義》：“繑，近遥反。绔紐。”《新撰字鏡》：“縞、繑，二同。去囂反。紐也，幧也，禹所乘。”

緥，補道反。《淮南》：“成王在繈緥之中。”《説文》：“小兒衣也。”或為褓字，在衣部。③

《淮南子·要略》：“武王立三年而崩，成王在褓繈之中，未能用事。”《説文》：“緥，小兒衣也。从糸，保聲。”《名義》：“緥，補道反。小兒衣。”《類聚名義抄》：“繈緥，下音保。《玉》云：‘小兒衣也。’”（300•3）

縳，子昆反。《説文》：“蕿貉民女子无絝，以帛為脛空，同補絮核④**，名曰縳衣，狀如襜襦也。”《蒼頡篇》：“母縳，布名也。”**

《説文》：“縳，蕿貉中女子無絝，以帛爲脛空，用絮補核，名曰縳衣，狀如襜褕。从糸，

① 《名義》：“幧，口驕反。绔也，纡细［绔纽］。”

② 《小學蒐佚·考聲》作“繑，袴袖也”。按：《慧琳音義》卷九八《廣弘明集》卷十三音義：“矯足，驕夭反。王逸注《楚辭》：‘矯，舉也。’《集》從糸作繑，音綺妖反。《考聲》謂袴細也，未詳其義。”“袴細也”“袴袖也”均當作“袴紐也”。

③ 《名義》：“褓，補老反。小兒被。”

④ 似當作“用絮補核”。《急就篇》卷二：“襌衣蔽膝布毋縳。”顔師古注：“布毋縳者，蕿貉女子以布為脛空，用絮補核，狀如襜褕。”

尊聲。”《急就篇》卷二：“襌衣蔽膝布母縳。”顔師古注：“説者或云：母縳，布名。非也。”《名義》：“縳，子昆反。衣，如襜襦。”吕氏校釋：“即縳衣，狀如襜襦。”按：《名義》當與字頭連讀為“縳衣，如襜襦”。《新撰字鏡》：“縳，止［子］昆反。布。”

纀，補木反。《尒雅》：“裳削幅謂之纀。”郭璞曰：“削煞其〈幅〉，裣［深］（之）衣之裳也。”《字書》為襆字，在衣部。①

《説文》：“纀，裳削幅謂之纀。从糸，僕聲。”《爾雅·釋器》：“裳削幅謂之纀。”郭璞注：“削殺其幅，深衣之裳。”《殘卷》於“衣”前之“之”字旁注删字符“꞉”。《殘卷》“裣”蓋“淚”字之訛，又脱“幅”字。《玉篇》：“纀，布木切，裳削幅也。亦作襆。”《龍龕》：“䌂，俗；纀，正。音卜，《尒疋》云：‘裳前［削］幅謂之纀。’纀，朝祭之服也。”《名義》：“纀，補木反。裳削幅。”《新撰字鏡》：“纀，甫［補］木反。襆。”

紴，補柯、補靡二反。《説文》：“扁諸属也。”《蒼頡篇》：“錦類也。”《聲類》：“水波錦文也。”

《説文》：“紴，絛屬。从糸，皮聲。讀若被。或讀若水波之波。”按：《殘卷》“扁諸”義同“扁緒”“偏諸”。《説文》：“紴，絛屬。”“絛，扁緒也。”《殘卷》：“緁，且立反。……《漢書》：‘緁以扁緒。’晉灼曰：‘以扁諸縫著衣也。’”《漢書·賈誼傳》：“今民賣僮者，為之繡衣絲履偏諸緣。”顔師古注：“偏諸，若今之織成以為要襻及褾領者也，古謂之車馬裘。”又：“白縠之表，薄紈之裏，緁以偏諸。”《玉篇》：“紴，布何切，又怖靡切，水紴錦文也。”《玉篇》“水紴錦文也”似當作“水波錦文也”。王仁昫《刊謬補缺切韻·紙韻》（P.2011，《唐五代韻書集存》287 頁）、北京故宫博物院藏王仁昫《刊謬補缺切韻·紙韻》（同前 472 頁）、北京故宫博物院舊藏裴務齊正字本《刊謬補缺切韻·紙韻》（同前 571 頁）並作：“紴，水波錦文。”《名義》：“紴，補柯反。水波錦文。”《新撰字鏡》：“紴，方何反，平。絛屬，又波文也。”

---

① 《名義》：“襆，補木反。裳削幅。”

縧［絛］，吐刀反。《周礼》："革路襲［龍］勒，絛纓五就。"鄭玄曰："其樊、纓以絛丝餝之也。"《説文》："扁諸也。"

《周禮·春官·巾車》："革路龍勒，條纓五就，建大白以即戎，以封四衛。"鄭玄注："條讀爲絛。其樊及纓以絛絲飾之而五成。不言樊字，蓋脱爾。"《慧琳音義》卷六二《根本説一切有部毗奈耶雜事律》卷七音義："絛亦，上討刀反。鄭注《周礼》云：'其樊、纓以絛絲飾之。'《字書》云：'编絲爲繩也。'《古今正字》云：'編諸属也。從糸，從攸省聲也。'"《説文》："絛，扁緒也。从糸，攸聲。"《名義》："絛，吐刀反。"

絨，禹月反。《説文》："絨，采也［色］也。一名事［車］馬君［帬］也。"《蒼頡篇》："希繐類也。"

《説文》："絨，采彰也。一曰：車馬飾。从糸，戉聲。"《殘卷》引《説文》"采也也"疑當作"采色也"。今本《説文》作"采彰"，與"采色"義同。《殘卷》"事馬君"疑當作"車馬帬"。段注本作"車馬帬"，云："帬，各本作飾，今正。師古《漢書注》曰：'偏諸，若今之織成，以為要襻及褾領者也。古謂之車馬帬，其上為乘車及騎從之象。'《急就篇》'絨'注曰：'絨，織采為之。一名車馬飾，即今之織成也。'按：二注皆用許為訓。顔意偏諸即絨也。一作飾，不同者，後人改之耳。"《名義》："絨，禹月反。采。"《新撰字鏡》："絨，尤月反。采也，希。""希"蓋"餙"字之訛。"飾"或作"餙"，"餙"誤作"希"。

縱，子凶反。《説文》："絨［絨］属也。"

《説文》："縱，絨屬。从糸，从從省聲。"《名義》："絨，禹月反。采。縱，上字。"吕氏校釋："此處'上字'是指與上一字同義。《殘卷》引《説文》作'絨屬也'。"按：《殘卷》引《説文》本作"絨属也"，當為"絨属也"之誤。《新撰字鏡》："絨，尤月反。采也，希。縱，上［子］凶反。上字同。"

縱，《字書》匊縱字也。

《説文》“縱”字“从從省聲”，此字从“從聲”不省。

紃，遁遵反。《礼記》：“韠……紃以五采。”鄭玄曰：“紃，施諸縫中，若今之絛也。”又曰：“織紝組紃。”鄭玄曰：“紃，絛也。”①

吕校本録作“遁遵反”，“遁”改作“循”。按：《殘卷》本作“遁”，當是“遁”字。《説文》：“紃，圜采也。从糸，川聲。”《慧琳音義》卷九二《續高僧傳》卷六音義：“相紃，下音旬。《字書》或作緢，緢猶繞也。《説文》：‘紃謂圜繞也。從糸，川聲。’”《禮記·雜記》：“韠長三尺，下廣二尺，上廣一尺，會去上五寸，紕以爵韋六寸，不至下五寸，純以素，紃以五采。”鄭玄注：“紃，施諸縫中，若今時條也。”《禮記·內則》：“執麻枲，治絲繭，織紝組紃，學女事以共衣服。”鄭玄注：“紃，條。”《名義》：“紃，道［遁］尊反。條也。”《新撰字鏡》：“紃，似均［均］、昌緣二反。綵絛［條］也。平。謂雜也，縷也，組也。”②

緟，除恭反。《説文》：“增益也。”《蒼頡篇》：“緟，疊也。”《聲類》：“緟，複［複］也。”《字書》或為褈字，在衣部。③今並為重字，在重部。④

《説文》：“緟，增益也。从糸，重聲。”《玉篇》：“緟，除恭切，增也，疊也，益也，複也。或作褈，今作重。”《名義》：“緟，除恭反。疊也，複也。”《新撰字鏡》：“緟，雉共［恭］反。渾（也，）棘也，益也，疊也，複也，朱組也，維也。渾棘二字緣也。”

纕，先羊反。《國語》：“懷挾［挾］纓纕。”賈逵曰：“馬纕帶也。”《楚辞》：“既替余以蕙纕。”王逸曰：“佩帶也。”《説文》：“紆辟［辟］也。”《廣雅》：

---

① 《殘卷》“絛”“絛”均即“條”字。

② 《玄應音義》卷十五《僧祇律》卷九音義：“紃羊，似均、昌緣二反。紃謂雜也，縷也。”“平”字似當置於“二反”後。

③ 《名義》脱“褈”字，可據補。

④ 《名義》：“重，除龍反。厚也，多也，善也，難也，尊也，尚也。崔，古文。”

“絭謂之纕。”《聲類》：“收衣袖絭也。”

《國語·晉語二》：“亡人之所懷挾纓纕以望君之塵垢者。”韋昭注：“挾，持也。纓，馬纓。纕，馬腹帶。”《楚辭·離騷》：“既替余以蕙纕兮，又申之以攬茝。”王逸注：“纕，佩帶也。”《說文》：“纕，援臂也。从糸，襄聲。”段玉裁注：“援臂者，捋衣出其臂也。”《殘卷》作“紆辟”，於義為長。《殘卷》諸義均與“纏繞”義相關。疑今本《說文》“援臂”當作“攘臂”，“攘”與“纕”義同。《廣雅·釋器》：“絭謂之纕。”《說文》：“絭，攘臂繩也。”《史記·滑稽列傳》：“若親有嚴客，髡帣韝鞠䏪，待酒於前。”裴駰集解引徐廣曰：“帣，收衣褏也。褏，袂也。”“褏”同“袖”。《玉篇》：“纕，思羊切，帶也，後臂也，收衣袖絭。”《玉篇》“後臂也”蓋“援臂也”之訛。《名義》：“纕，先羊反。馬纕帶。”《新撰字鏡》：“纕，……又息良反，喪衣也，又馬腹帶。”①《類聚名義抄》：“纕，《玉》云：‘馬纕（也）帶也。’”（294•3）

纗，尤恚、胡卦二反。《說文》：“維紘中繩也。”

《說文》：“纗，維綱中繩。从糸，巂聲。讀若畫。或讀若維。”《說文》“維綱中繩”或當作“維網中繩”。《集韻·𡊮韻》：“纗，《說文》：‘維網中繩。’”《文選·張衡〈思玄賦〉》：“纗幽蘭之秋華兮，又綴之以江蘺。”李善注引《說文》曰：“纗，網中繩。”《名義》：“纗，胡卦反。维紭中繩。”《新撰字鏡》：“[illegible]、[illegible]，二同。古［胡］桂［挂］反。維紘中繩。”

緭，禹貧反。《考工記》：“上维下维〈出〉舌尋，緭寸焉。”鄭衆曰：“緭，籠维也。”《說文》：“维［緭］，持维繩纽者也。”

《周禮·考工記·梓人》：“上綱與下綱出舌尋，緭寸焉。”鄭玄注引鄭衆云：“綱，連侯繩也。緭，籠綱者。”吕校本除《殘卷》字頭外，兩“緭”字均誤作“絹”，《說文》字頭亦誤改作“絹”。《殘卷》《名義》“籠維”蓋避諱。《說文》：“緭，持綱紐也。

---

① “喪衣也”應為“縗”字義，《新撰字鏡》混“縗”“纕”為一字，“纕”字下音“鹿［㲊］雷反……又息良反”，即為明證。

从糸，員聲。《周禮》曰：緽寸。”《名義》：“緽，禹貧反。籠维。”《新撰字鏡》：“緽，禹貧反。細繩也。”

綅，思廉反。《毛詩》：“貝胄朱綅。”傳曰：“以朱綅綴之也。”《韓詩》：“綅，綫也。”《說文》：“縫［絳］綥［線］也。”《埤蒼》：“黑經白緯曰綅。”野王案：《礼記》以此作纖字也。①

《詩經·魯頌·閟宮》：“公徒三萬，貝胄朱綅，烝徒增增。”毛傳：“朱綅，以朱綅綴之。”陸德明音義：“綅，息廉反。《說文》云：‘綫也。’沈又倉林反，又音侵。”《說文》：“綅，絳綫也。从糸，侵省聲。《詩》曰：貝胄朱綅。”《名義》：“綅，思廉反。线，白緯。”吕氏校釋：“《殘卷》作‘《韓詩》：“綅，淺也。”……《埤蒼》：“黑經白緯曰綅”’。《名義》誤省。”按：《殘卷》引《韓詩》作“綫也”，不作“淺也”。吕氏校釋作“线白緯”，誤。《新撰字鏡》：“綅，息廉反。白経黑緯也，綫也，綴也，線也，纖也。”“白経黑緯”當作“黑経白緯”。《玉篇》：“綅，思廉切，綫也，縫綫也，黑經白緯也。”“縫綫也”當作“絳綫也”。“縫”或作“縫”，與“絳”形近。朱駿聲《說文通訓定聲補遺》：“絳”，“當作縫”。

絘，胡珠［玦］反。《說文》：“縷一枚也。”《聲類》：“絘謂之袋。縷一條也。”（野也。）野王案：《尔雅》為袕字，在衣部。②

《說文》：“絘，縷一枚也。从糸，穴聲。”《爾雅·釋器》：“袕謂之袋。”郭璞注：“衣開孔也。”《名義》：“絘，胡珠反。縷。”吕氏校釋：“《殘卷》引《說文》作‘縷一枚也’。《名義》誤省。”《名義》“胡珠反”當作“胡玦反”，《名義》沿《殘卷》之誤。《新撰字鏡》：“絘，古［胡］□反。縷，袕。”

縷，力禹反。《尔雅》：“旂［旒］维以縷。”郭璞曰：“用朱縷連持旂，令不曳地也。”野王案：《說文》“縷，綫也”、《楚辞》“秦篝齊縷”是也。《公

---

① 《殘卷》：“纖，思廉反。……《礼記》：‘禫而纖。’鄭玄曰：‘黑經白緯曰纖。或作綅字。’”
② 《名義》：“袕，胡决反。鬼衣。”《爾雅·釋器》：“袕謂之袋。”郭璞注：“衣開孔也。”

羊傳》：“牛馬維縷。”何休曰：“繫馬曰维，繫牛曰縷。”《方言》：“襜褕，以布而无缘，弊而紩之謂之襤縷。”又曰：“襤縷，敗也。南楚凡人貧衣被醜弊謂之襤縷。故《左氏傳》：蓽路襤縷，以硌［啟］山林。殆謂此也。”又曰：“帪縷，毳也。陳宋鄭衛之間謂之帪縷。”郭璞曰：“謂物之行弊者也。”

《爾雅·釋天》：“飾以組，維以縷。”郭璞注：“用朱縷維連持之，不欲令曳地。《周禮》曰‘六人維王之大常’是也。”《説文》：“縷，綫也。从糸，婁聲。”《楚辭·招魂》：“秦篝齊縷。”王逸注：“篝，落。”“落”同“絡”。“韝”為本字，“篝”為借字。《公羊傳·昭公二十五年》：“且夫牛馬維婁，委已者也，而柔焉。”何休解詁：“繫馬曰維，繫牛曰婁。”陸德明音義：“婁，力主反。”“力主反”即為“縷”字之音。《方言》卷四：“襜褕，江淮南楚謂之𧝓䘢，自關而西謂之襜褕，其短者謂之裋褕。以布而無緣，敝而紩之謂之襤褸。”又卷三：“褸裂、須捷、挾斯，敗也。南楚凡人貧衣被醜弊謂之須捷。或謂之褸裂，或謂之襤褸，故《左傳》曰‘蓽路褸襤，以啟山林’，殆謂此也。”又卷二：“帪縷，毳也。……陳宋鄭衛之間謂之帪縷。”郭璞注：“音脆。皆謂物之行蔽也。”①《慧琳音義》卷四十《十一面觀自在菩薩心密語儀軌經》上卷音義：“緋縷，下力矩反。顧野王云：‘縷，綫也。’”《名義》：“縷，力禹反。线也，繫牛。”吕氏校釋：“《公羊傳》何休注作‘繫馬曰維，繫牛曰縷’。”《新撰字鏡》：“縷，力羽、力禹二反。合線也，綫也，詮也。”《類聚名義抄》：“索縷，《玉》云：‘襤縷，敗也。’”（291•4）

綫，思箭反。《周礼》：“縫人掌王宫之縫線之事。”鄭衆曰：“綫，縷也。”

《説文》：“綫，縷也。从糸，戔聲。”《周禮·天官·縫人》：“縫人掌王宫之縫線之事，以役女御，以縫王及后之衣服。”鄭玄注引鄭衆云：“線，縷也。”《名義》：“綫，思箭反。上字。”吕氏校釋：“此處‘上字’是指與上一字同義。”

線，《説文》古文糸［綫］字也。

① 周祖謨校箋：“《集韻》‘帪’字注引作‘行敝’。《原本玉篇》縷字注引本書郭注作‘謂物之行弊者也’。《萬象名義》艦下云‘物行弊者’，亦本郭注。是注文當作‘皆謂物之行弊者也’。劉台拱云：‘《周禮·司市》：利者使阜，害者使亡。後鄭注：利，利於民，謂物實厚者。害，害於民，謂物行苦者。《淮南子·繆稱訓》：周政至，殷政善，夏政行。高誘注：行尚麁也。物以攻緻為貴，故敝者曰行；物以精細為貴，故麁者曰行。行猶敝也，故曰行敝。’案劉説甚碻。”

《説文》："線，古文綫。"《名義》："線，古文糸［綫］也。"吕氏校釋："'古文系也'當作'古文綫也'。"按：《名義》沿《殘卷》之誤。《類聚名義抄》："線，《玉》云：'古文。'"（291•6）

縫，扶封反。《周礼》："縫人掌王宫之縫線之事以役女御。"鄭玄曰："女御，縫裁王及王后衣服者也。"《記礼［礼記］》："縫齊倍要。"鄭玄曰："縫紩下齊也。"野王案：《説文》："以鍼紩衣也。"《毛詩》"可以縫常"、"羔羊之縫"是也。《左氏傳》："伍蒹弥縫。"杜預曰："蒹隟而弥縫闕漏也。"又曰："弥縫弊邑。"杜預曰："彌縫猶補合也。"《廣雅》："縫，會也。"

《周禮·天官·縫人》："縫人掌王宫之縫線之事，以役女御，以縫王及后之衣服。"鄭玄注："女御，裁縫王及后之衣服。"《禮記·玉藻》："深衣三袪，縫齊倍要。"鄭玄注："縫，紩也。紩下齊倍要中齊，丈四尺四寸。縫或為逢，或為豐。"《説文》："縫，以鍼紩衣也。从糸，逢聲。"《詩經·魏風·葛屨》："摻摻女手，可以縫裳。""常"、"裳"異體字，從巾、從衣義得相通。《説文》："常，下帬也。……裳，常或从衣。"《詩經·召南·羔羊》："羔羊之縫，素絲五總。"毛傳："縫言縫殺之，大小得其制。"《左傳·桓公五年》："曼伯爲右拒，祭仲足爲左拒，原繁、高渠彌以中軍奉公爲魚麗之陳，先偏後伍，伍承彌縫。"杜預注："《司馬法》：車戰，二十五乘爲偏，以車居前，以伍次之，承偏之隙而彌縫闕漏也。"《左傳·昭公二年》："季武子拜曰：'敢拜子之彌縫敝邑，寡君有望矣。'"杜預注："彌縫猶補合也。"《廣雅·釋詁四》："夆，會也。""夆"與"縫"音義同。《慧琳音義》卷三十《寶雨經》卷八音義："縫綴，上伏蒙反。鄭注《周禮》云：'女御，裁縫王及王后之服也。'杜注《左傳》云：'縫，補合也。'《説文》：'以鍼紩衣也。從糸，逢聲。'"《名義》："縫，扶封反。以鍼紩衣也，會也。"《新撰字鏡》："縫，夫［扶］封反。紩也，會也，緘［緎？］也。"

緁，且立反。《喪服傳》："齋，緁也。"野王案：謂紩常下也。《漢書》："緁以扁緒。"晉灼曰："以扁諸縫著衣也。"《説文［廣雅］》："緶、緭，緁也。"《廣雅》："緁，索也。"或為緝［緝］字。

《儀禮·喪服傳》："若齊，裳內衰外。"鄭玄注："齊，緝也。凡五服之衰，一斬四緝。緝裳者內展之，緝衰者外展之。”《漢書・賈誼傳》：“白縠之表，薄紈之裏，緁以偏諸，美者黼繡，是古天子之服。”顔師古注引晉灼曰：“以偏諸緁著衣也。”《説文》：“緶，交枲也。一曰：緁衣也。”又：“緁，緶衣也。从糸，疌聲。䌌，緁或从習。”疑《殘卷》所引非《説文》。《廣雅・釋詁一》：“緶、䌌、襘，緁也。”今本《廣雅》“索也”下未收“緁”字。《廣雅・釋器》：“緝，索也。”曹憲音“而勇”。王念孫疏證未釋此字。錢大昭疏義：“緝者，皮之索也。《玉篇》：‘緝，亦作鞾。’又云：‘鞾，革也。’”△按：據《玉篇》，“緝”無“索”義。此“緝”字疑為“緝”字之訛，“緝”同“緁”。《名義》：“緁，且立反。素［索］也。”吕氏校釋：“‘素也’當作‘索也’。《殘卷》引《廣雅》作‘索也’。”《新撰字鏡》：“緁，且妾反。緶［緶］䌌也，袍也，索也，弭也。”①

䌌，《楚辞》：“襲莫［英］衣兮緹䌌。”王逸曰：“重我縫袍，服衣鮮也。”《説文》為緁字也。

《楚辭・九懷・昭世》：“襲英衣兮緹䌌，披華裳兮芳芬。”王逸注：“重我絳袍，采色鮮也。”《説文》：“䌌，緁或从習。”《名義》：“緁，且立反。素［索］也。䌌，上字。”《新撰字鏡》：“緁，且妾反。緶［緶］䌌也，袍也，索也，弭也。䌌，上字。”

紩，治銍反。《尔雅》：“爾［黹］，紩也。”郭璞曰：“今人為呼縫紩衣爾［黹］。”《方言》：“紩衣謂之褸。”《説文》：“緁衣也。”《廣雅》：“紩，納也。”“紩，索也。”古文為鉄字，在金部。②

《爾雅・釋言》：“黹，紩也。”郭璞注：“今人呼縫紩衣爲黹。”《方言》卷四：“楚謂無緣之衣曰襤，紩衣謂之褸，秦謂之緻。”《説文》：“紩，縫也。从糸，失聲。”《廣雅・釋言》：“紩，納也。”《廣雅・釋器》：“紩，索也。”《慧琳音義》卷九八《廣弘明集》卷十四音義：“重禰，陟紀反。《尒雅》云：‘黹，紩也。’郭注云：‘今人呼縫紩衣爲黹。’《廣雅》：‘紩，納也。’《説文》：‘鍼縷所黹紩也。’③或作黹。”

---

① “袍也”為誤訓，“弭也”當作“緝也”。
② 《名義》：“鉄，池理反。治銍［銍］也［反］。”
③ 《説文》：“黹，箴縷所紩衣。从㡀，丵省。”

《名義》："紩，治銍反。纳也，索也。"

緛，女兖反。《説文》："衣蹙也。"《廣雅》："緛，縮也。"《聲類》："減縫衣也。"

《説文》："緛，衣戚也。从糸，耎聲。"吕校本與今本《説文》同。△按：《殘卷》本作"[illegible]"，當是"蹙"字。"蹙"字，《殘卷》"欿"下作"[illegible]"，"縮"下作"[illegible]""[illegible]"，"縐"下作"[illegible]"，均與"[illegible]"形近。《玉篇》："緛，如兖切，衣蹙也，縮也，減維［绛］衣也。"《名義》："緛，女兖反。缩。"《新撰字鏡》："緛，如兖反。縮也，衣戚也，縫衣也。"

組，除蕘［莧］反。《説文》："補縫也。"《聲類》："縫鮮也。"或為裢［綻］字，在衣部。①

《説文》："組，補縫也。从糸，旦聲。"《慧琳音義》卷十五《大寶積經》卷一一四音義："綻壞，宅限反。《考聲》云：'縫解也。'或從衣作裢，《説文》作袒，從衣，旦聲也。"②《名義》："組，除蕘反。補缝。"《名義》"除蕘反"當作"除莧反"，作"除蕘反"者，承《殘卷》而誤。《經典釋文》卷十二："綻，字或作裢，直莧反。"《急就篇》卷二："鍼縷補縫綻紩緣。"顔師古注："綻，丈莧反。"反切下字均作"莧"，且與"蕘"（俗字從莌聲）形近。《名義》"裢"字亦音"除莧反"。《新撰字鏡》："袒，尼質反，入。近身衣也，壇也。又丈莧反，衣縫解。"③"衣縫解"義亦音"丈莧反"。

繕，時戰反。《周礼》："繕人掌王之用弓矢。"鄭玄曰："繕之言勁也，善也。"《左氏傳》："[illegible]［征］繕以輔孺子。"杜預曰："繕，治也。"《説文》："繕，補也。"

① 《名義》："裢，除莧反。鮮也。"
② 《説文》："袒，衣縫解也。从衣，旦聲。"
③ "尼質反"當為"衵"字。

《周禮·夏官·繕人》："繕人掌王之用弓、弩、矢、箙、矰、弋、抉、拾。"《周禮·夏官·序官》："繕人上士二人，下士四人，府一人，史二人，胥二人，徒二十人。"鄭玄注："繕之言勁也，善也。"《左傳·僖公十五年》："征繕以輔孺子。"杜預注："繕，治也。"《殘卷》"征"從"歹"，當是俗字。《英藏敦煌文獻》第6册《文樣·星使大夫》（S.4642）"御"作"御"，《名義·兮部》"羲"字下"御"作"御"，均其證。《説文》："繕，補也。从糸，善聲。"《玉篇》："繕，市扇切，補也，持也，善也。"《玉篇》"持也"義同"治也"。"繕"字此義為避諱，或改為"理"，或改為"持"，"治""理"義同，"治""持"音同。[①]《名義》："繕，時戰反。善也，治也，補也。"《新撰字鏡》："繕，市戰反，去。治也，補也，收也，動［勁］也，恣也。"

絬，思裂反。《論語》："絬裘長，短右袂。"《蒼頡篇》："絬，堅也。"《字書》亦褻字也。褻，私服也，燕衣也，在衣部。[②]

《説文》："絬，《論語》曰：絬衣長短右袂。从糸，舌聲。"段注補"衣堅也"三字為釋義，徐承慶指此與段氏所謂"有但引經文不釋字義者"自相矛盾。《玉篇》"堅也"義本自《蒼頡篇》，非"本諸《説文》古本"。段説恐非是。《論語·鄉黨》："褻裘長，短右袂。"《慧琳音義》卷五六《正法念經》卷三二音義："鄙褻，古文絬、媟、暬、渫四形，今作褻，同，息列反。褻黷也。《論語》云：'紅紫不以為褻服。'王肅曰：'謂私服，非公會之服也。'"《玉篇》："絬，思列切，堅也。"《名義》："絬，思裂反。堅也。"《新撰字鏡》："絬，止烈反。堅也，亵也。"[③]

《殘卷》引《蒼頡篇》作"絬，堅也"，此義僅見於字書、韻書。疑"堅"為"襞"字之訛。《玄應音義》卷十六《善見律》卷十六音義："卷褺，徒頰反。襞也。《字林》：'重衣也。'"此字從衣執聲，與從衣埶聲之褻音義皆異，然古籍每有相混者。[④]《慧琳音義》卷六二《根本説一切有部毗奈耶雜事律》卷三五音義："襞褺，下恬葉反。《字書》云：'疊積也。'《考聲》：'襞也。'《説文》：'褺，重衣也。從衣，執聲。'""褺，

① 《文選·左思〈魏都賦〉》："修其郛郭，繕其城隍。"劉良注："繕，理也。"《慧琳音義》卷二《大般若波羅蜜多經》卷五三音義："修治，下音里，……又音持，亦通。"又卷三《大般若波羅蜜多經》卷三一二音義："裝治，下音持。《字書》云：'治，理也。'"

② 《名義》："褻，思烈反。燕也，衣也［燕衣也］。"

③ "止烈反"之"止"疑當作"思"，"止"為"思"字下半部"心"之形近而訛。

④ 王念孫《讀書雜志》："褻與褺不同字。褻，親身衣也。從衣，埶聲。讀若漏泄之泄。先列反。褺，重衣也。字本作褺，從衣，執聲。讀若重疊之疊。大篋反。其執字或在衣中作褻，轉寫小異耳，與褻衣之褻字從埶者不同。"

韄也”一誤為“褻，韄也”，再誤為“褻，堅也”，三誤為“絬，堅也”。

纍，力雒［隹］反。《左氏傳》：“兩釋累［纍］囚。”杜預曰：“累［纍］，繫也。”《國語》：“甲不鮮累［纍］，兵不鮮翳。”賈逵曰：“累［纍］，甲蔵也。翳，所以蕣兵也。”《論語》：“雖在累［纍］紲之中。”孔安國曰：“累［纍］，黒索也。”《荘子》：“夫揭竿［竿］累［纍］。”司馬彪曰：“累［纍］，綸也。”《説文》：“綴得理也。一曰：大索也。”又音力偽反。《尚書》：“弗矜［矜］細行，終累［纍］大德。”孔安國曰：“輕忽小物而積害毁大也。”《左氏傳》：“相時而動，无累［纍］後人。”野王案：為人所接持經始曰累［纍］。《公羊傳》：“宋晳［督］煞其君與夷，及其大夫孔子［父］。及者何？累［纍］也。……仇牧、荀息皆累［纍］也。”何休曰：“累［纍］，從君死，齊人語也。”《穀梁傳》：“及慶宣［寅］。慶宣［寅］，累［纍］也。”劉兆曰：“累［纍］，黨属也。”又曰：“箕鄭，累［纍］也。”劉兆曰：“累［纍］，連及也。”《礼記》：“孔子曰：不累［纍］長上。”鄭玄曰：“累［纍］猶絲［係］也。”《及［反］騒》：“弔楚湘之［之湘］累［纍］。”《漢書音義》曰：“諸不以罪死曰累［纍］，荀息、仇牧是也。”野王案：此義忩或音力錐反。重積之累［纍］音力捶反。或為絫字，在厽部。[①]

《左傳·成公三年》：“兩釋纍囚，以成其好。”杜預注：“纍，繫也。”《國語·齊語》：“諸侯甲不解纍，兵不解翳。”韋昭注：“纍，所以盛甲也。翳，所以蔽兵也。”《論語·公冶長》：“子謂公冶長：‘可妻也。雖在縲絏之中，非其罪也。’以其子妻之。”何晏集解引孔安國曰：“縲，黑索。”[②]吕校本“黑索”誤作“思索”。《莊子·外物》：“夫揭竿累，趣灌瀆，守鯢鮒，其於得大魚，難矣。”陸德明音義：“累，劣彼反，謂次足不得並足也。本亦作纍，司馬云：‘力追反。（云）綸也。’”吕校本於“揭竿累”下補“趣”字。按：“趣”字屬下讀，不必補。《説文》：“纍，綴得理也，一曰：大索也。从糸，畾聲。”《尚書·旅獒》：“不矜細行，終累大德。”孔安國傳：“輕忽小物，積害毁大，故君子慎其微。”[③]《左傳·隱公十一年》：“度德而處之，量力而行

① 《名義》：“絫，力捶反。重也，增也，積也。”

② 《史記·仲尼弟子列傳》：“孔子曰：‘長可妻也。雖在累紲之中，非其罪也。’”裴駰集解引孔安國曰：“累，黑索也。”《慧琳音義》卷八四《集古今佛道論衡》卷三音義：“纍紲，上律追反，下仙列反。孔注《論語》云：‘纍，黑索也。’”

③ 《慧琳音義》卷十《實相般若經》音義：“障累，下壘墜反。《考聲》：‘家累也。’孔注《尚書》云：‘輕忽小罪而積害毁大也。’劉兆注《公羊傳》云：‘連及也。’”

之，相時而動，無累後人。”《公羊傳·桓公二年》：“王正月，戊申，宋督弑其君與夷，及其大夫孔父。及者何？累也。弑君多矣，舍此無累者乎？曰：有，仇牧、荀息皆累也。”何休解詁：“累累，從君而死，齊人語也。”《穀梁傳·襄公二十三年》：“陳殺其大夫慶虎，及慶寅。稱國以殺，罪累上也，及慶寅。慶寅，累也。”《穀梁傳·文公九年》：“晉人殺其大夫士縠，及箕鄭父。稱人以殺，誅有罪也。鄭父，累也。”《慧琳音義》卷三三《轉女身經》音義：“思累，力僞反。《左傳》曰：‘相時而動，無累後人也。’劉兆註《穀梁傳》曰：‘累謂連及也。’”《禮記·儒行》：“儒有不隕穫於貧賤，不充詘於富貴，不慁君王，不累長上，不閔有司，故曰儒。”鄭玄注：“累猶係也。”《殘卷》“絲”蓋“係”字之訛。《漢書·揚雄傳上》：“因江潭而淮記兮，欽弔楚之湘纍。”顔師古注引李奇曰：“諸不以罪死曰纍，荀息、仇牧皆是也。屈原赴湘死，故曰湘纍也。”《文選·劉孝標〈辯命論〉》：“至乃伍員浮尸于江流，三閭沈骸于湘渚。”李善注：“楊雄《反騷》曰：‘欽弔楚之湘纍。’音義曰：‘諸不以罪死曰纍。屈原赴湘死，故曰〈湘〉纍也。’”吕校本“反騷”二字之間補“離”字。按：《反離騷》亦作《反騷》，上引《文選》李善注所引即作“反騷”（《文選》李善注屢見）。《慧琳音義》卷三一《大乘密嚴經》卷一音義：“纍紲，上律追反。正體字。杜注《左傳》云：‘纍，繫也。’孔注《論語》云：‘纍，黑索也。’《說文》：‘大索也。從糸，畾聲。’”《殘卷》：“絫，力捶反。……今為累字，在糸部。”《名義》：“纍，力錐［隹］反。繫也，素［索］也，論也。”吕氏校釋：“‘索’字原誤。‘論也’當作‘綸也’。”按：“索”字原誤作“素”。“力錐反”當作“力隹反”。《名義》沿《殘卷》之誤。《玉篇》：“纍，力隹切，繫也，綸也，得理也，黑索也。又力偽切，延及也。又力捶切，十黍也。亦作絫。”《新撰字鏡》：“累，正。力錐反，平。繫也，甲蔵也，槧也，綸也。借力彼反，平［上］。又力瑞反，去。黨属也，連及也，重也。纍、絫、厽，三上同。”《類聚名義抄》：“纍，《玉》云：‘力錐［隹］反。繫也，索也，綸也。’”（299•6）

累，《字書》夊纍字也。

《玉篇》：“纍，力隹切，繫也，綸也，得理也，黑索也。又力偽切，延及也。又力捶切，十黍也。亦作絫。累，同上。”《名義》：“纍，力錐［隹］反。繫也，索也，論［綸］也。累，上字。”《類聚名義抄》：“累，《玉》云：‘上字。’”（299•6）

緱，胡溝反。《說文》：“釖維［緱］也。”《蒼頡篇》：“力［刀］劒首青丝扁緾也。”《漢書》：“河南有緱氏縣。”

《説文》：“緱，刀劍緱也。从糸，侯聲。”《慧琳音義》卷八三《大唐三藏玄奘法師本傳》卷一音義：“緱氏，上苟侯反。《漢書》云：‘河南有緱氏縣也。’”《漢書·地理志上》載“河南郡”“縣二十二”，其中即有“緱氏”。《名義》：“緱，胡溝反。釼维［緱］。”吕氏校釋：“《殘卷》引《説文》作‘釼維也’。《説文》作‘刀劍緱也’。”按：當作“劍緱”。《殘卷》字頭原作“**維**”，與“維”形近。[①]《殘卷》又引《蒼頡篇》曰：“力［刀］劒首青丝扁緾也。”吕校本“刀”訛作“力”。箋注本《切韻》一（斯 2071，《集存》91 頁）：“緱，……又刀劍頭緾絲。”北京故宫博物院藏王仁昫《刊謬補缺切韻·侯韻》(《集存》467 頁）：“緱，緱氏，縣在河南。又刀劒頭纏絲。”此即“緱”字義，與名詞“維”義隔，當以作“緱”為是。《新撰字鏡》：“緱，古侯反。緱氏縣，又刀劒頭緾絲。”

縭，力支反。《毛詩》：“紼縭［縭］維之。”傳曰：“縭，緌也。”《尔雅》夊云，郭璞曰：“謂繫之也。”《韓詩》：“縭，笮［筰］也。”《毛詩》又曰：“親結其縭。”傳曰：“婦人之褘謂之縭。”〈《尔雅》〉：“縭，緌也。”郭璞曰：“即今之香嬰［纓］也。褘，邪交結［絡］帶，繫之扵體，囙名為褘。緌，繫也。”《音義》曰：“此女子既許嫁之所著，夊［示］繫属扵人，義見《礼記》。《詩》曰：親結其縭。謂母送女，重結其可［所］繫者，以申戒之也。”又曰：“縭，介也。”郭璞曰：“縭者，繫也，介猶閡也。”《字書》或作纚，《韓詩》：“縭，〈帶〉也。”《説文》：“以絲介履也。”

《詩經·小雅·采菽》：“汎汎楊舟，紼纚維之。”毛傳：“纚，緌也。”陸德明音義：“纚，力馳反。《韓詩》云：‘筰也。’筰音才各反。”《殘卷》“笮也”，吕校本作“笄

① 俗字“隹”“侯”形近易混。《可洪音義》卷二三《諸經要集》卷十音義：“**喉**侯，上音惟，正作唯。”又卷二七《續高僧傳》卷四音義：“**維**氏，上古侯反。”

也”，並誤，當作“筰也”。[①]《慧琳音義》卷九十《高僧傳》卷十音義：“引筰，音昨。《蒼頡篇》云：‘筰，竹索也。’案：筰者，蜀川西山有深絶澗，不可越，施竹索也於兩岸，人乘其上，機關自繫，往來如橋梁，名曰筰。從竹，作聲。”“筰”字或作“笮”。《太平御覽》卷七七一：“《纂文》曰：‘竹索謂之笮，茅索謂之索。’”“綍纚”均指繩索。《詩經・豳風・東山》：“親結其縭，九十其儀。”毛傳：“縭，婦人之褘也。母戒女，施衿結帨。”孔穎達疏：“《釋器》云：‘婦人之褘謂之縭。縭，緌也。’孫炎曰：‘褘，帨巾也。’郭璞曰：‘即今之香纓也。褘，邪交絡帶，繫於體，因名爲褘。緌，繫也。’此女子既嫁之所著，示繫屬於人，義見《礼記》。《詩》云：親結其縭。謂母送女，重結其所繫著，以申戒之。”《爾雅・釋器》：“婦人之褘謂之縭。縭，緌也。”郭璞注：“即今之香纓也。褘，邪交落帶，繫於體，因名爲褘。緌，繫也。”《爾雅・釋言》：“縭，介也。”郭璞注：“縭者繫，介猶閡。”《説文》：“縭，以絲介履也。从糸，离聲。”《殘卷》引《韓詩》“縭也”，“縭”下當有脱文，疑脱“帶”。《玉篇》：“縭，力支切，緌也，介也，帶也。”《新撰字鏡》：“絺、縭，二同。……下力支、力褆二反，平。緌也，管也，分［介］也，帶也，悪絮也，婦人香纓也，又以糸［絲］介履也。”《文選・張衡〈思玄賦〉》：“獻環琨與琛縭兮，申厥好以玄黄。”舊注：“縭，今之香纓。”李善注引薛君《韓詩章句》曰：“縭，帶也。”《名義》：“縭，力支反。緌也，竿［笮］也，繫也。”

繄，於奚反。《周礼》：“安車，繄［繄］総。”鄭衆曰：“繄，青黑色也。”《方言》：“繄袼謂之褔。”郭璞曰：“即小兒次［次］衺［褎］衣也。”《説文》：“戟徽也。一曰赤黑色繒也。”語發聲為瞖字，在言部。[②]

《周禮・春官・巾車》：“王后之五路：重翟，鍚面朱總；厭翟，勒面繢總；安車，

① 張傑《〈玉篇殘卷・糸部〉校證》（河北大學碩士論文 2017 年）：“《文選》卷一五張衡《思玄賦》‘獻環琨與琛縭兮’，李善注引《韓詩章句》：‘縭，帶也。’宋本《玉篇・糸部》：‘縭，力支切。緌也，介也，帶也。’《論語・八佾》‘其争也君子’，何晏集解引馬融曰：‘多筭飲少筭。’陸德明釋文：‘竿，本今作筭。’……‘筭’應為‘帶’字之誤。”按：薛君《韓詩章句》訓“縭”為“帶”，當屬《詩經・豳風・東山》“親結其縭”，王先謙《詩三家義集疏》即引《韓説》“縭，帶也”。且《殘卷》下文已有《韓詩》“縭也”，張氏於“縭”下補“帶”字，足證此處不當亦作“帶也”。

② 《名義》：“瞖，扵題反。助也，然也。”《慧琳音義》卷六七《阿毗達磨界身足論後序》音義：“繄可，上壹奚反。《考聲》云：‘繄，歎聲也。’顧野王云：‘繄，發語聲為繄也。’《文字典説》云：‘助語之辝也。從糸，殹聲。’”

彫面鷖總，皆有容蓋。”鄭玄注引鄭衆：“鷖讀爲鳧鷖之鷖。鷖總者，青黑色。”《方言》卷四：“繄袼謂之褔。”郭璞注：“即小兒次衣也。”吕校本“褭”録作“衰”，又删去之以合今本《方言》。按：《説文》：“褔，編枲衣。从衣、區聲。一曰：頭褔。一曰：次裹衣。”①

《説文》：“繄，戟衣也。从糸，殹聲。一曰：赤黑色繒。”“徽”本指古代婦女用來蔽膝或裹頭的佩巾，《殘卷》“戟徽”當指裹戟之巾，與“戟衣”義同。《殘卷》：“翳，於題反。《毛詩》：‘自詒翳阻。’箋云：‘翳猶是也。’《左氏傳》：‘翳伯田男［朗］是〈賴〉。’杜預曰：‘翳，發聲也。’又曰：‘尔有母遺翳。’杜預曰：‘語助也。’《方言》：‘翳，然也。南楚凡言然或曰翳。’今或為翳［繄］字，在系［糸］部。”《玉篇》：“繄，於兮切，青黑繒。”《龍龕》：“繄，烏奚反，是也，詞也，語助也，又赤黑繒，亦戟衣。”《名義》：“繄，於奚反。青黑。”《類聚名義抄》：“繄梨，《玉》云：‘青黑。’”（313•6）《名義》《類聚名義抄》省“色”字。《新撰字鏡》：“繄，於奚反。褔也，小也次裹［裹］衣，繒也。”②

縿，所巖反。《尒雅》：“緟［纁］帛，縿也。素升龍于縿。”郭璞曰：“衆旒所著也。”《說文》：“旍旗之㳺［游］也。”或為䩶字，在革部。③

《爾雅·釋天》：“纁帛縿，素陞龍于縿。”郭璞注：“纁帛，絳也。縿，衆旒所著。”《説文》：“縿，旌旗之游也。从糸，參聲。”《名義》：“縿，所巖反。於［旍］旗游。”吕氏校釋：“‘游’字原訛。《殘卷》引《説文》作‘旌旗之游也’。《名義》誤。”《類聚名義抄》：“縿，《玉》云：‘所嚴反。於［旍］旗游。’”（313•7）按：《名義》《類聚名義抄》當作“旍旗游”。“游”字《殘卷》《名義》《類聚名義抄》原作“㳺”，與“游”之俗字“斿”形近。俗字“方”或作“扌”，此字則“方”“扌”並存。《説文》：“游，旌旗之流也。从㫃，汓聲。”《新撰字鏡》：“縿，所敢［巖］反，平。控也，牽也。䩶也。絡蠒取絲。”④《龍龕》：“繅、縿，二通；繰、縿，二今。……又所銜反，旗垂皃，又絳帛也。”

---

① 方以智《通雅·衣服》（光緒重刻本）：“《説文》：‘褔，編枲衣。一曰：頭褔〔音歐〕。一曰：次〔音前〕裹衣。’次裹衣即涎衣也。”“裹”當為“褭”字之形近而訛。《殘卷》之“褭”正在“裹”“褭”之間。

② “小也次裹衣”當作“小兒次裹衣”。

③ 《名義》：“䩶，所巖反。縿字。”

④ “絡蠒取絲”應為“繰”（繅）字義。

䋠[縼]，方結反。《説文》："編繩也。一曰：弩要鈎帶也（帶也）。"《蒼頡篇》："躲莫也。"

《説文》："縼，扁緒也。一曰：弩罥鉤帶。从糸，斲聲。"《名義》："縼，方结反。繩也，弩要釣帶。"《名義》"繩也"似當作"編繩也"，"弩要釣帶"當作"弩要鉤帶"。今本《説文》作"扁緒也"，疑誤。王筠句讀："'扁緒也'不與'條'類廁，而下文皆言繩。《集韻》：'縶，編繩。'其説似合。"《新撰字鏡》："縼，防[方]结反。編繩也，躲肙[莫]也。"

徽，虚歸反。《周易》："宣[寘]于徽纆。"野王案：徽纆，所以繫也。《尚書》："昚徽五典。"王肅曰："徽，美也。"《尔雅》："徽，善也。"郭璞曰："《詩》云'太姒嗣徽音'是也。"又曰："婦人之徽謂之縭。"郭璞曰："即今香嬰[纓]也。徽，耶交絡帶，繫之扵體，曰名為徽也。"《楚辞》："破伯牙之號鍾，扶[挾]人筝而張[彈]徽。"王逸曰："徽，張弦也。"《淮南》："鄒忌〈一〉徽而威王終又[夕]悲。"許沝重曰："皷琴循弦謂之徽。"《説文》："耶幅也。一曰：絫糾繩也。一曰：大索也。"《蒼頡篇》："弩伏也。武庫有徽，徽狀如鋋，婦人縭也。"《尔雅》或為禕字，在衣部。[①]旗徽幟為㣲[微]字，在巾部。[②]

《周易·坎》："繫用徽纆，寘于叢棘。"《殘卷》所引當有誤，"宣"蓋"寘"字之訛。《尚書·舜典》："愼徽五典，五典克從。"孔安國傳："徽，美也。"陸德明音義："徽，許韋反。王云：'美。'馬云：'善也。'"[③]《爾雅·釋詁上》："徽，善也。"郭璞注："《詩》曰：……'大姒嗣徽音。'"《爾雅·釋器》："婦人之褘謂之縭。縭，緌也。"郭璞注："即今之香纓也。褘，邪交落帶，繫於體，因名爲褘。緌，繫也。"[④]《楚辭·九歎·愍命》："破伯牙之號鍾兮，挾人箏而彈緯。"王逸注："緯，張絃也。"《文選·張協〈七命〉》："音朗號鍾，韻清繞梁。"李善注："《楚辭》曰：'操伯牙之號鍾兮，挾秦箏而彈徵。'""徵"蓋"徽"字之訛。《淮南子·主術》："夫榮啓期一彈，而

① 《名義》："禕，呼歸反。畫衣也。"
② 《名義》："微，呼歸反。幟也，幡。"
③ 《玄應音義》卷五《幻士仁賢經》音義："普徽，虚歸反。《尒疋》：'徽，善也。'《尚書》云：'昚徽五典。'王肅曰：'徽，美也。'"
④ 阮元挍勘記："唐石經、單疏本、雪牎本同。《釋文》：'幃，本或作禕，又作徽，同。"

孔子三日樂，感于和；鄒忌一徽，而威王終夕悲，感于憂。”高誘注：“徽，鼈彈也。”《文選·陸機〈文賦〉》：“猶弦麽而徽急，故雖和而不悲。”李善注：“《淮南子》曰：‘鄒忌一徽琴而威王終夕悲。’許慎注曰：‘鼓琴循弦謂之徽。’”《説文》：“徽，衺幅也。一曰：三糾繩也。从糸，微省聲。”今本《説文》“徽”下無“大索”義，蓋脱。《文選·潘岳〈西征賦〉》：“于是弛青鯤于網巨，解頳鯉于粘徽。”李善注：“《説文》曰：‘粘，相著也。’女廉切。又曰：‘徽，大索也。’”《名義》：“徽，虚歸反。美也，善也。”《新撰字鏡》：“徽，虚帰反，平。美也，吉也，弦也，禕也。”

紉，女巾、女鎮二反。《礼記》：“衣裳綻裂，紉針請補綴。”野王案：紉，繩縷也。《楚辞》：“紉秋蘭以為佩。”王逸曰：“紉，索也。”展而續之也。《方言》：“剿，續也。楚謂之紉。”郭璞曰：“今夊以綫貫針為紉。”《説文》：“撣繩也。”《廣雅》：“紉，襞也。”“紉，〈戻〉也。”柔紉之紉為韌字，在韋部。[①]

《禮記·內則》：“衣裳綻裂，紉箴請補綴。”《慧琳音義》卷八八《集沙門不拜俗議》卷四音義：“紉緇，女珎反。顧野王云：‘紉，繩縷也。’郭璞注《方言》：‘今亦作［以］線貫針爲紉。’《廣雅》：‘紉，裂［襞］也。’”《楚辭·離騷》：“扈江離與辟芷兮，紉秋蘭以為佩。”王逸注：“紉，索也。”朱熹集注：“紉，續也。”《太平御覽》卷七六六引《通俗文》曰：“合繩曰糾，單展曰紉，織繩曰辮，大繩曰絙。”《方言》卷六：“擱、剿，續也。秦晉續折謂之擱，繩索謂之剿。擘，楚謂之紉。”郭璞注：“今亦以線貫針為紉，音刃。”《説文》：“紉，繟繩也。从糸，刃聲。”“繟繩”即“單繩”，偏旁類化所致。《楚辭·惜誓》：“傷誠是之不察兮，并紉茅絲以為索。”王逸注：“單為紉，合為索。”《玄應音義》卷二五《阿毗達磨順正理論》卷二八音義：“紉繩，女珍反。《字林》云：‘單繩曰紉。’紉，索也。”《殘卷》“撣”蓋誤。《玉篇》：“紉，女巾切，又女鎮切，繩縷也，展而續之。”《名義》：“紉，女巾反。索也，襞也。”吕氏校釋：“《殘卷》引《廣雅》作‘襞也’。”按：《廣雅·釋言》：“紐，擘也。”王念孫疏證：“紉，各本譌作紐。《方言》：‘擘，楚謂之紉。’郭璞音刃。今據以訂正。……辟、擘竝與襞通。”《殘卷》《名義》用本字，《廣雅》用借字。《廣雅·釋詁四》：“紉，盭也。”王念孫疏證：“戻與盭通。”吕校本删“襞也”後之“紉也”二字。《新撰字鏡》：“紉，女真反。環也，索也，襞也，結也。”《類聚名義抄》：“紉繩，《玉》云：‘女

---

① 《名義》：“韌，如振反。柔也。”

鎮反。索也，縶也。’”（299•1）

綪，側耕反。《儀礼》：“陳襲衣［事］于房中，西領，南上，不綪。”鄭玄曰：“綪，屈也。江淮之間謂縈收繩曰綪。”《說文》：“紆縈繩也。一曰：急殆［弦］之聲也。”

《儀禮·士喪禮》：“陳襲事于房中，西領，南上，不綪。”鄭玄注：“綪讀為綪。綪，屈也。襲事少，上陳而下不屈。江沔之閒謂縈收繩索為綪。古文綪皆為精。”按:《殘卷》“江淮之間”似當作“江沔之間”。《史記·楚世家》：“王綪繳蘭臺，飲馬西河，定魏大梁，此一發之樂也。”張守節正義:“鄭玄云:‘綪，屈也。江沔之間謂（之）縈收繩索綪也。’”《說文》：“綪，紆未縈繩。[①]一曰：急弦之聲。从糸，爭聲。讀若旌。”《名義》：“綪，側耕反。屈也。”《新撰字鏡》：“綪，側耕反，繩也，縈也，夂屈也。”

繩，視升反。《尚書》：“督［督］糺繩謬［繩督糺謬］，格其非心。”孔安國曰：“殫［彈］正過（謬）誤，檢其非妄之心也。”又曰：“木從繩則正。”野王案：《説文》：“繩，索也。”《世夲》：“倕作規矩准繩。”[②]宗［宋］忠曰：“倕，舜臣也。繩，所以取直也。”《毛詩》：“其繩則直。”傳曰：“直［言］不失繩直也。垂［乘］之謂之縮。”戔云：“繩者，營其廣輪方制之正也。既正，則以索縮其築板，上下相柔。乘，聲之誤也，當為繩。”又曰：“繩其祖武。”傳曰：“繩，戒也。”《礼記》：“以繩德厚。”鄭玄曰：“繩猶度也。”《尔雅》：“繩繩，戒脊也。”野王案：《毛詩》“冝尔子孫繩繩兮”是也。《韓詩》：“繩繩，敬皀也。”《廣雅》：“繩，直也。”繩譽之繩為繩［譝］字，在言部。[③]

《尚書·冏命》：“繩愆糾謬，格其非心，俾克紹先烈。”孔安國傳：“言侍左右之臣，彈正過誤，檢其非妄之心，使能繼先王之功業。”《尚書·説命上》：“惟木從繩則正，后從諫則聖。”《説文》：“繩，索也。从糸，蠅省聲。”《慧琳音義》卷四《大般若

① 按:“未”似為衍文。《殘卷》引作“紆縈繩也”。“紆”“縈”同義。《説文》或本作“縈繩也”。《玄應音義》卷十五《僧祇律》卷三五音義:“綪卷，側耕反。《説文》:‘綪，縈繩也。’江沔之間謂（之）縈收繩爲綪。綪亦屈。”

② 此“准”字從氵，隼省聲，與淮河之淮異，今作“准”。

③ 《名義》：“譝，視陵反。譽也。”

波羅蜜多經》卷四〇〇音義："繩柲，上常仍反。《考聲》：'索類也。'《〈世〉本》：'倕作規矩准繩。'宋忠曰：'倕，舜臣也。繩，所以取直也。'《廣雅》：'繩，直也。'《説文》：'繩，索也。從糸【音覔】，從蠅省聲也。'"《詩經·大雅·緜》："其繩則直，縮版以載，作廟翼翼。"毛傳："言不失繩直也。乘謂之縮。"鄭玄箋："繩者，營其廣輪方制之正也。既正，則以索縮其築版，上下相承。而起廟成，則嚴顯翼翼然。乘，聲之誤，當為繩也。"《詩經·大雅·下武》："昭茲來許，繩其祖武。"毛傳："繩，戒。"《禮記·樂記》："然後立之學等，廣其節奏，省其文采，以繩德厚。"鄭玄注："繩猶度也。"《爾雅·釋訓》："兢兢、憴憴，戒也。"郭璞注："皆戒慎。"邢昺疏："《小雅·小旻》云：'戰戰兢兢。'《大雅·抑篇》云：'子孫繩繩。'此皆小心戒慎也。憴、繩音義同。"阮元挍勘記："繩，正字。憴，俗字也。"《詩經·周南·螽斯》："螽斯羽薨薨兮，宜爾子孫繩繩兮。"毛傳："繩繩，戒慎也。"《詩經·大雅·抑》："子孫繩繩，萬民靡不承。"鄭玄箋："繩繩，戒也。王之子孫敬戒，行王之教令，天下之民不承順之乎？言承順也。"《廣雅·釋詁三》："繩，直也。"《殘卷》："譝，視陵反。《左氏傳》：'故譝息媯。'杜預曰：'譝，譽也。'《字書》或為憴字，在心部。今或〈為〉繩字，在糸部。"《名義》："繩，視升反。索也，度也，直也。"《新撰字鏡》："[illegible]，亦作；[illegible]，食陵反，索也，法也，直也，戒也，度也。縄，上字，俗作。"《類聚名義抄》："繩，《玉》云：'度也，直也。'"（313•7）

縈，於宫［營］反。《毛詩》："葛虆縈之。"傳曰："縈，旋也。"《説文》："縈，收鲞也。"

《詩經·周南·樛木》："南有樛木，葛藟縈之。"毛傳："縈，旋也。"陸德明音義："帶，本又作縈，烏營反。《説文》作藥。"《説文》："藥，艸旋皃也。从艸，榮聲。《詩》曰：葛藟藥之。"《説文》："縈，收鲞也。从糸，熒省聲。"《慧琳音義》卷三八《文殊師利根本大教王經金翅鳥王品》音義："縈繞，上伊營反，下饒少反。《毛詩傳》云：'縈，旋也。'《説文》：'縈，收鲞也。從糸，熒省聲。'"吕校本反切作"於宫反"。《名義》："縈，扵營反。旋也。"吕氏校釋："《殘卷》作'於宫反'。"《古音匯纂》録《殘卷》注音亦為"於宫反"。△按：當作"於營反"。《經典釋文》卷八："縈社，烏營反。"又卷十："謂縈，於營反。"《慧琳音義》卷二三轉録慧苑《新譯大方廣佛花嚴經音義》卷下："泉流縈映，縈，於營反。"又卷八《大般若波羅蜜多經》卷五七二音義："所縈，恚營反。"又卷三一《新翻密嚴經》卷三音義："氣縈，下與營反。"又卷三四《佛為勝光天子説王法經》音義："縈身，於營反。"又卷三六《金剛頂瑜伽修習毘盧遮那三摩地法》音義："縈繞，瑩營反。"又卷三八《文殊師利根本大教王經金翅鳥王品》音義："縈繞，上伊營反。"又卷四十《千手千眼觀世音菩薩無礙大悲心陀羅尼經》音義："縈身，上瑩營反。"《玉篇》："縈，於營切，旋也，收卷也。"《俗務要名林·女工部》："縈，於營反。"其反切下字均作"營"。《殘卷》當據正。《新撰字鏡》："縈，一瓊反。收績曰縈也，旋也，勞也，葛也。"①

絇，求俱反。《周礼》："履［屨］人掌赤繶、青約［絇］。"鄭玄曰："絇，救也。著於寫［舃］屨之頭以為行戒也。"鄭玄（曰）注《儀礼》："絇之言拘也，狀如刀衣，鼻在屨頭也。"《尔雅》："絇謂之救。"郭璞曰："救丝以為絇也。或曰：亽曰［罥］名也。"《説文》："纑繩絇也。"《字書》為屩字，在履部。②

《周禮·天官·屨人》："屨人掌王及后之服屨，爲赤舄、黑舄、赤繶、黄繶、青句、素屨、葛屨。"鄭玄注："絇謂之拘，著舄屨之頭以爲行戒。"陸德明音義："之救，戚如字，劉音拘。"陆本"拘"作"救"，與《殘卷》所引同。"屨人""舄屨"，吕校本作"履人""舄履"，誤。《儀禮·士冠禮》："屨夏用葛，玄端黑屨，青絇繶純，純博寸。"鄭玄注："絇之言拘也，以為行戒，狀如刀衣，鼻在屨頭。"《爾雅·釋器》："絇謂之救。"郭璞注："救絲以爲絇。或曰：亦罥名。"《説文》："絇，纑繩絇也。从糸，句聲。讀若鳩。"《名義》："絇，求俱反。救也。"《新撰字鏡》："絇、絢，二同，求具反。救也，纑也。"《類聚名義抄》："絇，《玉》云：'求俱反。救也。'"（309•5）

縋，直偽反。《左氏傳》："夜縋而出。"杜預曰："縋，懸也。"《説文》："以繩有所懸也。"《廣雅》："縋，索也。"鎮笮之縋為硾字，在石部。③

《左傳·僖公三十年》："夜縋而出。"杜預注："縋，縣城而下。"《説文》："縋，以繩有所縣也。《春秋傳》曰：夜縋納師。从糸，追聲。"《廣雅·釋器》："縋，索也。"《殘

---

①　《玄應音義》卷十五《十誦律》卷四六音義："作縈，一瓊反。《通俗文》：'收績曰縈。'縈，旋也。"

②　《名義》："屩，渠虞反。履頭飾也。"

③　《名義》："硾，除偽反。鎮也。縋字。"

卷》："硾，除為反。《埤蒼》：'硾，鎮也。'野王案：鎮荏［笮］之也。《吕氏春秋》'倕［硾］之以石'是也。……以繩有所縣為縋字，在糸部。"《玄應音義》卷十八《立世阿毗曇論》卷二音義："自縋，又作硾，同，直偽反。《説文》：'以繩有所懸鎮也。'《廣雅》：'縋，索也。'鎮笮也。"《名義》："縋，直偽反。懸。"《新撰字鏡》："縋，直偽、直類二反，去。硾字同。謂懸重曰縋也，懸鎮曰縋，懸繩。"

絭，祛媛反。《説文》："攘䢃［辟］繩也。"

《説文》："絭，攘臂繩也。从糸，𢍏聲。"桂馥《札樸》卷八《金石文字》："《説文》：'絭，纕臂繩也。'纕，毛晉刻本誤作攘。《玉篇》：'纕，收衣袖絭。'"按：作"攘"或不誤。《廣雅·釋器》："絭謂之纕。"王念孫疏證："《説文》：'絭，攘臂繩也。'《淮南子·原道訓》：'短袂攘卷以便刺舟。'卷與絭、攘與纕竝聲近義同。"《名義》："絭，祛媛反。攘臂绳。"《新撰字鏡》："絭，去願反，束臂繩。又居玉反，入。纕辟繩。"

緘，古咸反。《荘子》："其㢒［厭］也如緘。"《説文》："束篋也。"《廣雅》："緘，索也。"

《莊子·齊物論》："其厭也如緘，以言其老洫也。"《説文》："緘，束篋也。从糸，咸聲。"《廣雅·釋器》："緘，索也。"《玄應音義》卷十六《鼻柰耶律》卷一音義："緘縢，古咸反，下達曾反。《説文》：'緘，束篋也。'《廣雅》：'緘，索也。'"《名義》："緘，古咸反。束篋也，索。"《新撰字鏡》："緘，古咸反，平。束篋也，封也，索也，閇也。"

縢，達曾反。《尚書》："以啓［啟］金縢之書。"孔安國曰："縢，緘也。"《毛詩》："竹閇緄縢。"傳曰："縢，約［約］也。"又曰："朱英緑［綠］縢。"傳曰："縢，繩也。"

《説文》："縢，緘也。从糸，朕聲。"《尚書·金縢》："王與大夫盡弁，以啟金縢之書。"又："武王有疾，周公作金縢。"孔安國傳："為請命之書，藏之於匱，緘之以金，不欲人開之。"《詩經·秦風·小戎》："虎韔鏤膺，交韔二弓，竹閉緄縢。"毛傳："縢，約也。"吕校本誤作"絢也"。《詩經·魯頌·閟宫》："公車千乘，朱英緑縢，二矛重弓。"毛傳："縢，繩也。"吕校本作"緣縢"。按："朱"與"緑"相對，"緣"字誤。《名義》："縢，達曾反。缄也，约也，繩也。"

編，卑綿、蒲典二反。《周礼》："追師掌王后之首餝，為编。"鄭玄曰："编，编列髮為之，其遺象若今之假髻也，服也［之］以垂［桒］。"《公羊傳》："《春秋》编年。"劉兆曰："編，比連也。"《疰子》："或编曲，或皷琴而歌。"野王案：《蒼頡萹》："编，織也。"《楚辞》"糺思心以為纕，编愁苦以為膺"是也。《淮南》："編户齊民。"野王案：編猶列也。《漢書》"諸將故与㡠［帝］為編户"是也。《說文》："次簡也。"野王案：《史記》"孔子記［讀］《易》，韋编三绝"是也。《聲類》："以繩编次物也。"

《周禮·天官·追師》："追師掌王后之首服，爲副、編、次，追衡、笄，爲九嬪及外内命婦之首服，以待祭祀、賔客。"鄭玄注："編，編列髮爲之，其遺象若今假紒矣，服之以桑也。"《公羊傳·隱公六年》："《春秋》編年。四時具，然後為年。"陸德明音義："編，必連反。《字林》《聲類》皆布千反，一音甫連反。"《莊子·大宗師》："孔子聞之。使子貢往待事焉。或編曲，或鼓琴，相和而歌。"陸德明音義："編曲，必連反。《字林》布千反，郭父殄反，《史記》甫連反。"《楚辭·九章·悲回風》："糺思心以為纕兮，編愁苦以為膺。"王逸注："編，結也。"《淮南子·俶真》："天鳥飛千仞之上，獸走叢薄之中，禍猶及之，又況編户齊民乎？"《淮南子·齊俗》："故其為編户齊民，無以異。"《漢書·高帝紀下》："諸將故與帝為編户民，北面為臣，心常鞅鞅，今乃事少主，非盡族是，天下不安。"《說文》："編，次簡也。从糸，扁聲。"《史記·孔子世家》："讀《易》，韋編三絶。"《慧琳音義》卷十五《大寶積經》卷九六音義："編絡，鼈綿反。劉兆注《公羊傳》云：'編，比連也。'《蒼頡篇》云：'編，織也。'顧野王：'編，列也。'《說文》：'次簡也。'《聲類》：'以繩編次物也。'"又卷七七《大周刊定衆經目録》卷二一音義："編之，畢綿反。劉兆注《公羊傳》云：'編者，比連也。'《淮南子》許叔重注云：'編猶列也。'《聲類》：'以繩編次之［物］。'《說文》：'次簡也。從糸，扁聲。'"堪與《殘卷》互證。《名義》："編，卑绵反。比連也，織也，列也。"《新撰字鏡》："編，方顯反，上。連也，織也，列也，次也。"《類聚名義抄》："編椽，《玉》云：'比連也，列也。'"（314•4）

維，翼錐反。《周礼》：“建牧立監以維邦國。”鄭玄曰：“维猶聯结也。”又曰：“節服氏[illegible][掌]维王之太常。”鄭衆曰：“维，持之也。”《毛詩》：“縶之维之。”傳曰：“维，繫也。”《國語》：“皆在北维。”賈逵曰：“北维，北方也。”《楚辞》：“韓[斡]维焉繫？”王逸曰：“维，纮也。”《管子》：“礼儀廉耻，是謂四维。四维不張，國乃滅亡。”《淮南》：“天有四维，東北為報德之维，西南為信[倍]陽之维，東〈南〉為〈常〉陽之维，西北〈為〉[illegible][號]道[通]之维。”《説文》：“車盖维也。”《廣蒼》：“維，豈也。”“维，隅也。”

《周禮·夏官·大司馬》：“建牧立監，以維邦國。”鄭玄注：“維猶連結也。”《周禮·夏官·節服氏》：“節服氏掌祭祀朝覲衮冕，六人維王之太常。”鄭玄注引鄭衆云：“維，持之。”《詩經·小雅·白駒》：“縶之維之，以永今朝。”毛傳：“維，繫也。”《國語·周語下》：“星與日辰之位皆在北維。”韋昭注：“北維，北方水位也。”《楚辭·天問》：“斡維焉繫？天極焉加？”王逸注：“維，綱也。”《殘卷》作“紘也”，為避諱。《管子·牧民》：“何謂四維？一曰禮，二曰義，三曰廉，四曰恥。”又：“四維不張，國乃滅亡。”[①]《淮南子·天文》：“丑寅、辰巳、未申、戌亥爲四鉤。東北爲報德之維也，西南爲背陽之維，東南爲常羊之維，西北爲蹏通之維。”《殘卷》“號”蓋“蹏”字之訛。吕校本“信”字改為“背”，與今本《淮南子》合。△按：“信”當為“倍”字之形近而訛。[②]《説文》：“維，車蓋維也。从糸，隹聲。”《廣雅·釋詁四》：“惟，豈也。”《廣雅·釋言》：“維，隅也。”《殘卷》引“《廣蒼》”疑當作“《廣雅》”。《玄應音義》卷三《金剛般若經（羅什法師譯）》音義：“四維，翼隹反。《廣疋》：‘維，隅也。’《淮南子》云‘天有四維’是也。”《名義》：“維，翼錐反。聯结也，豈也，隅也。”《名義》“隅也”，吕氏校釋作“隔也”，誤。《玉篇》：“維，翼隹切，紘也，繫也，隔也。”亦誤作“隔”。《廣雅·釋言》：“維，隅也。”“隅”同“隅”。《類聚名義抄》：“四維，《玉》云：‘豈也。’”（314•7）

紱，庋[皮]秋[秘]、扶幅二反。《説文》：“車紱也。”《蒼頡篇》：“茵

① 《漢書·賈誼傳》：“筦子曰：‘禮義廉恥，是謂四維；四維不張，國乃滅亡。’”

② 王念孫《讀書雜志·戰國策》：“凡隸書從言、從音之字多相似，故倍譌作信。”張傑《〈玉篇殘卷·糸部〉校證》（河北大學碩士論文2017年）亦以為“‘信陽’當為‘背陽’”。

絥也。”或為軙字，在車部。[①] 或為鞴字，在韋部。[②] 或為鞁字，在革部。[③]

呂校本反切作“庋秋、扶福二反”。按：“庋”字音不合。“庋”蓋“皮”字之形近而訛。《名義》“軙，皮秘反”“鞴，皮祕反”，堪為佐證。王仁昫《刊謬補缺切韻·至韻》(P.2011)：“備，平秘反。……鞴，車軾［軙］。亦作鞁、韛、絥、軙等。又並扶福反。”“皮秘”與“平秘”音同，“扶幅”與“扶福”音同。

《説文》：“絥，車絥也。从糸，伏聲。”《名義》：“絥，扶幅反。茵絥。”呂氏校釋：“《殘卷》引《蒼頡篇》作‘茵絥也’。”按：《説文》：“茵，車重席。”“茵絥”“車絥”義同。《新撰字鏡》：“絥，夫［扶］福反。軙也，鞁。”

紅，之成反。《説文》：“紅綊，乘輿馬餝也。”

《説文》：“紅，乘輿馬飾也。从糸，正聲。”《名義》：“紅，之成反。輿馬餝。”呂氏校釋：“《殘卷》引《説文》作‘乘輿馬飾也’。《名義》誤省。”《新撰字鏡》：“䋊、紅，二同。之成反，平。垂［乘］輿馬餝也。”

綜合《殘卷》“紅”“綊”兩字釋義，《説文》當作“紅，紅綊，乘輿馬飾也”。

綊，胡篋反。《説文》：“紅綊也。”

《説文》：“綊，紅綊也。从糸，夾聲。”《名義》：“綊，胡篋反。紅。”呂氏校釋：“此處應與字頭連讀為‘紅綊’。”《新撰字鏡》：“綊，古［胡］夹反。紅綊也。”

《玉篇》：“綊，胡篋切，綖也。”按：《玉篇》“綖也”疑當作“紅也”。

繁［緐］，扶元反。《説文》：“馬髮髦餝也。《春秋傳》‘可以稱鈴［旍］繁［緐］乎’是也。

---

① 《名義》：“軙，皮秘反，扶福反。古［車］軾”
② 《名義》：“鞴，皮祕反。軾。”
③ 《名義》：“鞁，扶福反。車軾。”

《説文》："緐，馬髦飾也。从糸，每聲。《春秋傳》曰：可以稱旌緐乎。"《殘卷》"鬓"為"髮"之俗字。吕校本"鈴"字徑改作"旌"。按："鈴"當為"旍"字之形近而訛，"旍"同"旌"。《玉篇》："緐，扶元切，馬髦飾。"《名義》："繁，扶元反。馬髮。"吕氏校釋："此字頭下文重出。此處當疑為'緐'字。"按：此説可從，上引《説文》《玉篇》可證。《名義》"馬髮"誤省。唯"此處當疑為"當作"此處當為"或"此處疑為"。《新撰字鏡》："緐，夫［扶］元〈反〉。馬髩之餝也。"《類聚名義抄》："寔繁，《玉》云：'扶元反。馬夌［鬓］。又扶藩反，多、盛也。'"（304•5）

紼，《説文》忽緐字也。

《説文》："緐，緐或从畁。畁，籀文弁。"《玉篇》："緐，扶元切，馬髦飾。紼，同上。"《名義》："繁，扶元反。馬髮。紼，上字。"《新撰字鏡》："緐，夫［扶］元〈反〉。馬髩之餝也。紼，上字。"

繮，居半［羊］反。《説文》："馬紲也。"或為韁字，在革部。①

《説文》："繮，馬紲也。从糸，畺聲。"《名義》："繮，居半［羊］反。緤馬也。"吕氏校釋："《殘卷》引《説文》作'馬緤也'。"按：當作"馬緤也"。"居半反"當作"居羊反"。《名義》沿《殘卷》之誤。《新撰字鏡》："繮，公良反，平。馬緤也。"《慧琳音義》卷四九《大莊嚴論李百藥序》音義："韁鎖，上音薑。《漢書》曰：'貫仁誼之羈絆，繫名聲之韁鎖。'《蒼頡篇》云：'馬紲也。'《説文》從糸作繮，《玉篇》從革作韁。"

紛，孚云反。《尚書》："敷重筍席，玄紛純。"孔安國曰："玄紛，黑綬也。"《左氏傳》："獄之放紛。"杜預曰："縱，放也。紛，乱也［放，縱也。紛，乱也］。（紛）"《楚辞》："紛吾既有此内美。"王逸曰："紛，盛皀也。"《孟子》："紛紛与百工交易。"野王案：《廣雅》："紛紛，乱也。"《方言》："紛無，言既廣又大也。東甌之間或謂之紛無。"《説文》："馬尾韬［韜］也。"《蒼頡篇》："馬

① 《名義》："韁，居羊反。馬绀［紲］。"

尾䉡也。"《廣雅》："紛紛，衆也。""紛纈，不善也。""紛，苦［喜］也。"《聲類》："緺也。"繽紛鬭争為鬪［鬩］字，在門［鬥］部。[①]

《尚書·顧命》："西夾南嚮，敷重筍席，玄紛純，漆仍几。"孔安國傳："玄紛，黑綬。"《左傳·昭公十六年》："獄之放紛，會朝之不敬。"杜預注："放，縱也。紛，亂也。"《殘卷》有誤。《楚辭·離騷》："紛吾既有此內美兮，又重之以脩能。"王逸注："紛，盛皃。"《孟子·滕文公上》："何爲紛紛然與百工交易？"《廣雅·釋訓》："衯衯，亂也。"[②]《方言》卷二："恒慨、蔘綏、羞繹、紛毋，言既廣又大也。荊揚之間凡言廣大者謂之恒慨，東甌之間謂之蔘綏，或謂之羞繹、紛毋。"《説文》："紛，馬尾韜也。从糸，分聲。"《廣雅·釋訓》："紛紛，衆也。"又："紛纈，不善也。"《廣雅·釋詁一》："紛，喜也。"《殘卷》《名義》"苦也"當作"喜也"。《周易·巽》："用史巫紛若，吉无咎。"陸德明音義："紛，芳云反。《廣雅》云：'衆也，喜也。'一云盛也。"《慧琳音義》卷二七轉録大乘基《法花音訓》："繽紛，下孚云反。《玉篇》：'紛，乱也，盛皃也，衆也。'《廣雅》：'繽繽，衆也。紛紛，亂也。'謂衆多下也。《字林》：'繽紛，盛皃也。'《切韻》：'飛也。'"《名義》："紛，孚云反。亂也，苦也。"《新撰字鏡》："紛，撫云反，平。乱也，蹤也，放也，緩［綬］也，盛也，告［喜］也。"

《聲類》"緺也"義今不見群籍，吕校本改為"緼也"。《説文》："緺，綬紫青也。"《史記·滑稽列傳》："及其拜為二千石，佩青緺出宫門，行謝主人。"裴駰集解引徐廣曰："音瓜，一音螺，青綬。""紛"正有"綬"義。《周禮·春官·司几筵》："凡大朝覲、大享射，凡封國命諸侯，王位設黼依，依前南鄉，設莞筵紛純。"鄭玄注："紛，如綬，有文而狹者。"《玉篇》《新撰字鏡》收"緩也"，"緩"蓋"綬"字之訛。《集韻》《類篇》"紒"字下收"緺也"義，蓋誤。"紒""紛"形近。《類聚名義抄》："紛動，《玉》云：'孚云反。玄紛，黑綬也；縱，放也；亂也，盛皃，馬尾韜也；紛紛，眾也；苦［喜］也，緺也。'"（312•5）又："繽紛，《玉》云：'苦［喜］也，亂也。'"（312•7）

𢘾［惍］，《字書》古文紛字也。

《名義》："紛，孚云反。亂也，苦也。惍，上古文。"《集韻·文韻》："惍，心亂。"

---

① 《名義》："鬩，訪云反。纷字。"

② 王念孫疏證："《吕刑》云：'泯泯棼棼。'《孫子·兵勢篇》云：'紛紛紜紜。'竝與衯衯同。"

音“敷文切”，與此字頭形、音、義俱同。《古文四聲韻·文韻》載《義雲章》“紛”字作“[古文]”“[古文]”。[1]按:《説文》古文“民”作“[古文]”，與《義雲章》所載古文左旁之“每”形近，“安”與“分”形近。

紂，除柳反。《方言》：“自關而西謂之紂。”《説文》：“馬緧也。”《謚法》：“殘義害德曰紂，賊民多煞曰紂。”劉熙曰：“回殷紂恶如是，就以為謚也。”

《方言》卷九：“車紂，自關而東周洛韓鄭汝潁而東謂之緻，或謂之曲綯，或謂之曲綸。自關而西謂之紂。”《説文》：“紂，馬緧也。从糸，肘省聲。”《尚書·西伯戡黎》：“殷始咎周，周人乘黎，祖伊恐，奔告于受。”孔安國傳：“受，紂也。”孔穎達疏：“《謚法》云：‘殘義損善曰紂。’殷時未有謚法，後人見其惡，爲作惡義耳。”《史記·殷本紀》：“帝乙崩，子辛立，是為帝辛，天下謂之紂。”裴駰集解引《謚法》曰：“殘義損善曰紂。”《莊子·人間世》：“且昔者桀殺關龍逢，紂殺王子比干。”成玄英疏：“《謚法》：‘賊民多殺曰桀。殘義損善曰紂。’”《獨斷·帝謚》：“殘義損善曰紂。”《殘卷》似有誤。《名義》：“紂，除柳反。自關而紂也。”吕氏校釋：“《殘卷》作‘《方言》：“自關而西謂之紂。”《説文》：“馬緧也”’。《名義》誤省。”

緧，且牛反。《考工記》：“車［其］下阤［阤］，不援其邪，必緧其牛後。”鄭衆曰：“緧，紂也。”《方言》：“紂，自關而東周洛韓鄭汝潁而東謂之緧也。”

《説文》：“緧，馬紂也。从糸，酋聲。”《周禮·考工記·輈人》：“故登阤者，倍任者也，猶能以登。及其下阤也，不援其邸，必緧其牛後。”鄭玄注：“故書緧作鰌。”又引鄭衆云：“鰌讀爲緧。關東謂紂爲緧。”吕校本“援”字誤作“授”。《方言》卷九：“車紂，自關而東周洛韓鄭汝潁而東謂之緻。”吕校本删“鄭”字，未詳所據;“潁”誤作“穎”。《玉篇》：“緧，七由切，牛馬緧也。亦作鞧。”

緻，《字書》亦緧字也。或復為鞧字，在革部。[2]

---

① 參楊明明《原本〈玉篇〉殘卷隸定古文考釋四則》（《中國文字研究》2017 年第 1 期）。
② 《名義》：“鞧，且流反。馬紂。”

《名義》："緧，且牛反。字。"吕氏校釋："此處'字'當作'上字'，意思是與上一字同義。《殘卷》引《考工記》鄭注曰：'緧，紂也'。"《新撰字鏡》："緧，且字［牛］反。紂也，鞧。"

絆，補湯反。《漢書》："貫仁義之羈絆。"《説文》："馬畢［馽］也。"

《漢書·叙傳上》："今吾子已貫仁誼之羈絆，繫名聲之韁鎖，伏周、孔之軌躅，馳顔面、閔之極摯，既繫攣於世教矣，何用大道爲自眩曜？"《説文》："絆，馬縶也。从糸，半聲。"又："馽，絆馬也。从馬，囗其足。《春秋傳》曰：'韓厥執馽前。'讀若輒。縶，馽或从糸，執聲。"《慧琳音義》卷七八《經律異相》卷十五"鐵絆"音義："下般慢反。《考聲》云：'絆，繫兩足也。'《漢書》：'貫仁義之羈絆也。'《説文》：'馬馽也。從糸，半聲。'""縶""馽"音義並同。《殘卷》"馽"作"畢"，蓋形近而訛。《玉篇》："畢，乎關切，爲萌切。馬一歲也。"此義《説文》作"馵"。《説文》："馵，馬一歲也。从馬；一，絆其足。"

縝，先酒反。《疰子》："連之以羈縝。"《説文》："絆前兩𧾷也。《漢書［令］》：蠻夷卒［卆］（今）有臬縝也。"

《説文》："縟，絆前兩足也。从糸，須聲。《漢令》：蠻夷卒有縟。"《名義》："縝，先酒反。伴［绊］前兩足。"吕氏校釋："'绊'字原誤。"按："绊"字原誤作"伴"。《新撰字鏡》："縝，思主反，上。絆馬前足。"又："縝，息拱反。絆前𧾷。"

按：《名義》字頭原作"縝"。今本《説文》"縟"字"从糸，須聲"，"須"俗作"湏"，與"酒"字俗體"湏"同形。"縟"或省形作"縝"。《文選·左思〈吴都賦〉》："馘䶳䶜，縝麋麖，驀六駮，追飛生。"劉逵注："縝，絆前兩足也。《莊子》曰：'連之羈縝。'音聳。"《莊子·馬蹄》："我善治馬，燒之剔之，刻之雒之，連之以羈馽，編之以阜棧，馬之死者十二三矣。"陸德明音義："馽，丁邑反，徐丁立反，絆也。李音述，本或作𢍉，非也。𢍉，之樹反，司馬、向、崔本並作縝。向云：馬氏音竦。崔云：絆前兩足也。"進一步訛變作"緢"。《玉篇》："縝，相俞切，絆前兩足也。"又："緢，先酒切，絆前兩足也。"

紖，直忍反。《礼記》："迎牲，君執紖。"鄭玄曰："所以牽牲也。《周礼》作紖［絼］。"又曰："牛則執紖。"鄭玄曰："所以繫制之者也。"《廣雅》："紖，索也。"

《説文》："紖，牛系也。从糸，引聲。讀若矤。"《禮記·祭統》："及迎牲，君執紖，卿大夫從，士執芻，宗婦執盎從，夫人薦涚水。"鄭玄注："紖，所以牽牲也。《周禮》作絼。"陸德明音義："紖，直忍反，注同，徐以忍反。……絼，直忍反。"《禮記·少儀》："犬則執緤，守犬、田犬則授擯者，既受乃問犬名。牛則執紖，馬則執靮，皆右之。"鄭玄注："緤、紖、靮，皆所以繫制之者。"《廣雅·釋器》："紖，索也。"《慧琳音義》卷六十《根本説一切有部毗奈耶大律》卷二五音義："其紖，下陳忍反。《廣雅》：'紖，索也。'鄭注《礼記》云：'紖，所谓牽牲犢之係也。牛曰紖，馬曰韁。'"《晉書·武帝紀》："有司嘗奏御牛青絲紖斷，詔以青麻代之。"何超音義："青絲紖，《字林》曰：'牛系也。丈忍反。'"《名義》："紖，直忍反。索。"《新撰字鏡》："紖、絁、緣，三同，直忍反，上。謂牛鼻繩，又索也，牢獸也。"

王仁昫《刊謬補缺切韻·軫韻》（P.2011）："紖，直引反。牛紖。亦作緣［絼］、靷、絁。"

緣［絼］，《周礼》："祭祀，餝牛，置緣［絼］。"鄭衆曰："著牛鼻繩，所以𠂢［牽］牛者也，今之謂之雉。"鄭玄曰："字當以豙［豸］為聲也。"《字書》忽紖字也。

《周禮·地官·封人》："凡祭祀，飾其牛牲，設其楅衡，置其絼，共其水槀。"鄭玄注引鄭衆云："絼，著牛鼻繩，所以牽牛者，今時謂之雉，與古者名同，皆謂夕牲時也。"鄭玄注："絼字當以豸爲聲。"陸德明音義："絼，本又作紖，持忍反。"《名義》："紖，直忍反。索。絼，上字。牛鼻繩也。"

絁，《字書》忽紖字也。

《玄應音義》卷一《大方等大集經》卷十五音義："鞦紖，又作絁、絼二形，同，直忍反。謂牛鼻繩也。"《名義》："紖，直忍反。索。絼，上字。牛鼻繩也。絁，上字。"

緃，詞緝［絹］反。《説文》："以長繩係牛也。"《字書》或為摝字，在手部。[①]

《説文》："緃，以長繩繫牛也。从糸，旋聲。"《名義》："緃，詞绢反。長繩係牛。"吕氏校釋："《殘卷》作'詞緝反'。"按：當作"詞絹反"，《殘卷》誤。《廣雅·釋詁二》："緃，係也。"曹憲音"隨絹"。《文選·馬融〈長笛賦〉》："或乃植持緃纆，佁儗寬容。"李善注："《説文》曰：'緃，以長繩繫牛也。'徐絹切。"其反切下字皆作"絹"。《新撰字鏡》："緃，止［夕］員［絹］反。系牛繩也。"

縻，靡知反。《説文》："牛轡也。"《蒼頡篇》："牛纆也。"《廣雅》："縻，繫也。"野王案：《史記》"羈縻勿绝"是也。又曰："（廣）縻，小也。""縻，御也。""縻，索也。"散失之縻為靡字，在麻部。

《説文》："縻，牛轡也。从糸，麻聲。"《廣雅·釋詁二》："縻，係也。"《史記·司馬相如列傳》："蓋聞天子之於夷狄也，其義羈縻勿絶而已。"司馬貞索隱："案：羈，馬絡頭也。縻，牛韁也。《漢官儀》：'馬云羈，牛云縻。'"《廣雅·釋器》："縻，索也。"《慧琳音義》卷八十《大唐内典録》卷五音義："羈縻，下媚悲反。《廣雅》云：'縻猶繫也。'《史記》云：'羈縻使勿編［絶］也。'"《孫子兵法·謀攻》："不知軍之不可以進而謂之進，不知軍之不可以退而謂之退，是謂縻軍。"曹操注："縻，御也。"《名義》："縻，靡知反。牛索，御也，繫。"吕氏校釋："《廣雅·釋詁》：'縻，微也'。"△按："小也""微也"當為"麽"字義。《廣雅·釋詁二》："麽，小也。"曹憲音"莫可"。《新撰字鏡》："縻，靡為反，平。纂也，嗣［副］也。"《名義》："靡，美皮反。散也，共也。"《廣雅·釋言》："靡，共也。"《廣韻·支韻》："靡，散也。"按：此字或作"靡""糜""縻"。《周易·中孚》："我有好爵，吾與爾靡之。"李鼎祚集解引虞翻曰："靡，共也。"陸德明音義："靡，本又作縻，同，亡池反，散也。干同。徐又武寄反，又亡彼反。《韓詩》云：'共也。'孟同。《埤蒼》作'縻'，云：'散也。'"

絟，尸賜反。《聲類》："絟，重也。"《説文》以為夊縻字也。

① 《名義》："摝，因［囚］绢反。縱［緃］字，長引也。"

《廣雅·釋詁四》："絼，重也。"《說文》："絼，縻或从多。"《名義》："絼，尸賜反。重也。"《新撰字鏡》："絼，以止［企］反。重也，縻也。"

纆，文勒反。《周易》："係用黴纆，寘于藂蕀。"野王案：《説文》："纆，索也。"《淮南》"共擔纆採薪"是也。

《周易·坎》："上六，係用徽纆，寘于叢棘，三歲不得凶。"陸德明音義："纆，音墨。劉云：'三股曰徽，兩股曰纆。'皆索名。"《説文》："纆，索也。从糸，黑聲。"《淮南子·道應》："臣有所與供儋纒采薪者九方堙。"高誘注："纒，索也。"王念孫《讀書雜志》："纒，當爲纆字之誤也。"《名義》："纆，文勒反。索也。"《新撰字鏡》："纆，亡六［北］反。採薪繩。"

纆，《聲類》忽纆字也。

《名義》："纆，文勒反。索也。纆，上字。"《新撰字鏡》："纆，亡六［北］反。採薪繩。纆，上字。"

絠，翼宰反。《説文》："彈彄也。"《蒼頡萹》："絠，紘［紘］也。"

《説文》："絠，彈彄也。从糸，有聲。"吕校本"紘"録作"結"，改作"彄"。《名義》："絠，翼宰反。彈彄也，纮也。"吕氏校釋："《玉篇》作'弦也'。《名義》'纮也'當作'弦也'。"△按：當作"紘"。《殘卷》"紘"為"紘"之俗寫。從口、從厶每得相通。《集韻·海韻》："絠，《説文》：'彈彄也。'一曰：冠卷。"按：《説文》："紘，冠卷也。""紘"與"絃"形近[①]，"絃"與"弦"異體，故《玉篇》訛作"弦"。《新撰字鏡》："絠，戈［弋］宰〈反〉。弹彄也，絠，絖［紘］也。"

---

① 《玉篇》："纗，……維紘中繩也。"《龍龕》："纗，胡卦反，絃中絶也。"《龍龕》之"絃"當為"紘"字之訛。

紲，思列反。《左氏傳》："臣負羈紲。"杜預曰："紲，馬繮也。"野王案：凡所以繫制畜牲者皆曰紲。《礼記》"大［犬］則執紲"是也。《論語》："雖在累紲之中。"孔安國曰："紲，攣也，所以拘罪人也。"《考工記》："弓人為弓，……桓［恒］角而達，避[①]始［如］終紲，非弓之利也。"鄭玄曰："紲，弓抉［柲］也，送矣［矢］不［太］疾，則若見紲於抉［柲］者。……為癈［發］絃時備預［頓］[②]傷也。《詩》云'竹抉［柲］緍［緄］縢'是也。"《楚辞》："登浪風（雨）而紲馬。"王逸曰："紲，繫也。"《方言》："紲，緒也。南楚曰紲。"《廣雅》："紲，索也。"

《説文》："紲，系也。从糸，世聲。《春秋傳》曰：臣負羈紲。"《左傳·僖公二十四年》："臣負羈絏，從君巡於天下。"杜預注："絏，馬繮。"陸德明音義："絏，息列反。《説文》云：'繫也。'"《玄應音義》卷七《正法華經》卷二音義："縶紲，下又作緤，同，息列反。……紲，馬韁也，所以縶制畜牲者皆曰紲。紲，繫也。"《慧琳音義》卷二八"縶"字上加"艹"，當以作"繫"為是。[③]《禮記·少儀》："犬則執緤，守犬、田犬則授擯者，既受乃問犬名。牛則執紖，馬則執靮，皆右之。"《論語·公冶長》："子謂公冶長：'可妻也。雖在縲絏之中，非其罪也。'以其子妻之。"何晏集解引孔安國曰："絏，攣也，所以拘罪人。"《周禮·考工記·弓人》："弓人爲弓……恒角而達，譬如終紲，非弓之利也。"鄭玄注："紲，弓鞦角，過淵接則送矢太疾，若見紲於鞦矣。弓有鞦者，爲發弦時備頓傷。《詩》云：'竹鞦緄縢。'"《楚辭·離騷》："登閬風而緤馬。"王逸注："緤馬，繫馬也。"《文選·屈原〈离騷〉》："登閬風而紲馬。"李善注引王逸："紲，繫也。"《方言》卷十："緤、末、紀，緒也。南楚皆曰緤。"《廣雅·釋器》："紲，索也。"《慧琳音義》卷三一《大乘密嚴經》卷一音義："纍紲，下先節反。顧野王云：'凡所以繫制畜性［牲］者，紲也。'孔注《論語》云：'紲，攣也。'王注《楚辞》：'紲，繫也。'《廣雅》：'索也。'"《名義》："紲，思列反。馬繮也，攣也，弓抉［柲］也。"呂氏校釋："'弓抉也'當作'弓柲也'。"按：此説可從。《殘卷》誤作"弓抉"，"抉"與"扶"形近。《類聚名義抄》："縶紲，《玉》云：'攣也，弓扶［柲］也，緒也。'"（315•4）亦誤作"弓扶也"。《周禮·考工記·弓人》鄭玄注作"弓鞦"，《詩經·秦風·小戎》：

① 通"譬"。《北大老子》："避（譬）道之在天下，猷小谷之與江海。"

② "預"，今本《周禮》作"頓"。"頓"字俗作"頓"，與"預"形近。《經典釋文》卷五《毛詩音義上》引作"損"，"頓""損"形近義同，未詳孰是。

③ 《慧琳音義》卷三一引顧野王作"繫"。《禮記·少儀》："犬則執緤，……牛則執紖，馬則執靮，皆右之。"鄭玄注："緤、紖、靮，皆所以繫制之者。"《玉篇》："靮，丁狄切。韁也，所以繫制馬也。""靮""紲"義同。

"竹閉緄縢。"毛傳："閉，紲。"陸德明音義："閉，悲位反，本一作鞑。鄭注《周禮》云：'弓檠曰鞑。弛則縛於弓裏，備損傷也。'""柲""鞑""閉"音義同。吕校本"抶"均改作"鞑"，於義則通，於形則隔。《新撰字鏡》："紲、緤，二同。息列反。緒也，馬韁也，縲也，攣［攣］也，彊也，促也，繫也，索也。絷、紲訓同。"

緤，《說文》忩紲字也。

《説文》："紲，系也。从糸，世聲。《春秋傳》曰：臣負羈紲。緤，紲或从枼。"《名義》："紲，思列反。馬繮也，攣也，弓抶［柲］也。緤，上字。"

緪，公曽反。《楚辞》："緪瑟兮交皷。"王逸曰："緪，急張絃也。"野王案：《淮南》"大絃緪則小絃绝"、《大戴礼》"太師緪瑟而稱不習"是也。《淮南》又曰："緪履趹步。"許𠦜重曰："緪，劝也。趹，疾也。"《説文》："緪，〈大〉索也。"忩与桓［搄］字同。搄，急引也，在手部。[①]

《楚辭·九歌·東君》："緪瑟兮交鼓，簫鍾兮瑶簴。"王逸注："緪，急張絃也。"《淮南子·繆稱》："治國辟若張瑟，大絃組則小絃絶矣。"高誘注："組，急也。"王念孫《讀書雜志》："組皆當爲緪，字之誤也。緪讀若亙，字本作揯，又作緪。"《大戴禮記·保傅》："比及三月者，王后所求聲音非禮樂，則太師緼瑟而稱不習。"孔廣森補注："韜瑟於囊曰緼。"《殘卷》所據本蓋誤。[②]《淮南子·修務》："昔者南榮疇恥聖道之獨亡於己，身淬霜露，敇蹻趹，跋涉山川，冒蒙荆棘。"高注："敇猶箸也。蹻，履。趹，趣也。"《殘卷》"劝"同"勑""勅"，通"敇"。王念孫《讀書雜志》以為"'趹'下本有'步'字"。《殘卷》"緪履趹步"猶"敇蹻趹步"。"緪""敇""趹"義同。《莊子·庚桑楚》："南榮趎蹵然正坐。"陸德明音義："《淮南》作南榮幬，云：'敇蹻趹步，百舍不休。'亦作疇。"《説文》："緪，大索也。一曰：急也。从糸，恆聲。"《慧琳音義》卷七六《佛説法句經》音義："緪繩，上剛恒反。王逸注《楚辭》：'緪，忽［急］張弦也。'《説文》：'大索也。從糸，恒聲也。'"又卷一百《法顯傳》音義："懸

① 《名義》："搄，公劉反。充［引］也，急受也，引也。"
② 胡吉宣《玉篇校釋》："引《大戴礼》為《保傅篇》文，今本作緼瑟，亦由'緪'省作'絙'，而形誤為緼也。"

緪，古恒反。《説文》云：‘緪，大索也。從糸，恒聲。’”《晉書·石季龍載記上》：“鍾一沒于河，募浮沒三百人入河，繫以竹絙，牛百頭，鹿櫨引之乃出。”何超音義：“絙，《字林》：‘大索也。古恒反。’”疑《殘卷》《名義》均脱“大”字。《名義》：“緪，公曾反。急張弦也，索。”《新撰字鏡》：“絙、緪，二同，古劉［鄧］反，去。又户九［丸］反，平。緩［綬］也，弦也，亘也。”又：“緪，胡登反，平。大絃緪小絃繩［絶］，又急也。”

繘，居律反。《周易》：“汔至夂未繘井。”《方言》：“關西謂綆為繘。”郭璞曰：“汲水索也。”古文為䋌字，在丝部。[①]

《周易·井》：“汔至亦未繘井，羸其瓶，凶。”陸德明音義：“繘，音橘，徐又居密反。鄭云：‘綆也。’《方言》云：‘關西謂綆為繘。’郭璞云：‘汲水索也。’”堪為佐證。《方言》卷五：“繘，自關而東周洛韓魏之間謂之綆，或謂之絡。關西謂之繘綆。”郭璞注：“汲水索也。音橘。”《説文》：“繘，綆也。从糸，矞聲。䋌，古文从絲。”《名義》：“繘，居律反。汲水索。”《新撰字鏡》：“繘，古穴反，入。綆也，汲繩也。”

綆，格杏反。《左氏傳》：“陳畚抅[②]，目［具］綆𦈢［缶］。”杜預曰：“綆，汲繩也。”《方言》：“繘，自關而東周洛韓魏之間謂之綆。”《考工記》：“望轂欲其眼也，視其綆欲其爪之正。”鄭玄曰：“爪謂輻入身［牙］中者也。”鄭衆曰：“綆讀（曰）為〈關〉東言餅，謂輪裹［箄］也。”音補〈管〉反。[③]鄭玄曰：“輪離［雖］裹［箄］，牙爪正也。”

《説文》：“綆，汲井綆也。从糸，更聲。”《左傳·襄公九年》：“火所未至，徹小屋，

① 《殘卷》：“絴，古遹反。《説文》籀文繘字也。繘，汲綆也，在糸部。”又：“䋌，《説文》夂古文繘字也。”《名義》：“絴，古遹反。汲綆也，常也，尊也。”又：“䋌，上古文。”

② △“抅”即“拘”之俗字，今本《左傳》亦作“挶”，與“梮”同。《玉篇》：“梮，居録切，輿食器也，又土轝［轝］也。”《國語·周語中》：“其時儆曰：‘收而場功，偫而畚梮。’”韋昭注：“畚，器名，土籠也。梮，舁土之器。具汝畚梮，將以築作也。”“偫而畚梮”與“陳畚抅［挶］”義同。此字亦通作“輂”。《漢書·五行志上》：“陳畚輂，具綆缶。”顏師古注引應劭曰：“畚，草籠也，讀與本同。輂，所以輿土也。”

③ 《殘卷》原缺“管”字。《周禮·考工記》音義：“綆，依注音餅。李方善反，又姑杏反。《玉篇》云：‘鄭衆音補管反。’”

塗大屋，陳畚挶，具綆缶。”杜預注：“綆，汲索。”《慧琳音義》卷六二《根本說一切有部毘奈耶雜事律》卷十五音義：“無綆，庚杏反。杜注《左傳》云：‘綆，汲繩也。’”《希麟音義》卷八《根本説一切有部毘奈耶藥事》卷七音義：“罐綆，下古杏反。《玉篇》云：‘汲繩也。’《說文》云：‘汲井綆也。從糸，更聲。’”與《殘卷》同。《方言》卷五：“繘，自關而東周洛韓魏之間謂之綆。”《周禮·考工記·輪人》：“望其轂，欲其眼也；進而眡之，欲其幬之廉也；無所取之，取諸急也；眡其綆，欲其蚤之正也。”鄭玄注：“蚤當爲爪，謂輻入牙中者也。鄭司農云：‘綆讀爲關東言餅之餅，謂輪箄也。’玄謂輪雖箄，爪牙必正也。”△按：所謂“關中言餅”，當指“䉽”。《箋注本切韻·旱韻》（S.2071）：“䉽，屑米餅。愽管反。”“愽管反”與“補管反”音同。《名義》：“綆，格杏反。汲繩。”《新撰字鏡》：“綆、絎，二同，古杏反。井索也，繘。”

繳，之若反。《孟子》：“以為鴻鵠將至，思援弓繳而躲之。”野王案：繳即矰矢射也。《說文》：“生絲縷也。”《廣雅》：“縞謂之繳。”又曰：“繳，緾也。”

《孟子·告子上》：“一人雖聽之，一心以爲有鴻鵠將至，思援弓繳而射之。”《慧琳音義》卷九七《廣弘明集》卷十一音義：“繳，章若反。顧野王云：‘繳即矰矢射也。’”《說文》：“繳，生絲縷也。从糸，敫聲。”《廣雅·釋器》：“縞謂之䋞。”《說文》：“䋞，白約縞也。从素，勺聲。”“𦃃”本“从糸、𠂢”，“䋞”字左旁之“𦃃”上下結構變左右結構，則“䋞”與“繳”形近。顧氏所據本蓋誤。《廣雅·釋詁四》：“繳，纏也。”《名義》：“繳，之若反。缠也，丝缕。”《名義》“絲縷也”當作“生絲縷也”。《慧琳音義》卷四一《大乘理趣六波羅蜜多經》卷三音義：“矰繳，下章若反。《廣雅》云：‘繳，纏也。’《說文》云：‘生絲縷也。從糸，敫聲。’”卷九二《續高僧傳》卷九音義：“矰繳，下章弱反。顧野王云：‘繳即矰矢具也。’《說文》云：‘繳，生絲縷也。從糸，敫聲。’”《新撰字鏡》：“繳，之若反，入。身［躲］也，縷也。”

䌟，補戟反。《尔雅》：“䌟謂之罿［罿］，罿［罿］謂之罬。”郭璞曰：“今幡車也，有兩轅，中施罓以捕鳥也。”《字書》或為罼字，在罓部。①

---

① 《名義》：“罼，補戟反。罿也。”

《説文》："䋊，䋊謂之罿，罿謂之罬，罬謂之罦，捕鳥覆車也。从糸，辟聲。"《爾雅·釋器》："䋊謂之罿。罿，罬也。罬謂之罦。罦，覆車也。"郭璞注："今之翻車也，有兩轅，中施罥以捕鳥。展轉相解，廣異語。"《名義》："䋊，補戟反。幡車。"吕氏校釋："'幡'字原訛。"按："幡"字原作"憣"，俗字從"忄"從"巾"每相混，"憣"當即"幡"字。"幡車"亦稱"翻車""覆車"。《新撰字鏡》："䋊，匕格反。捕鳥冈幡車也，罼也。"

絡，匹甫反。《説文》："絡，治敝絮也。"

《説文》："絡，治敝絮也。从糸，咅聲。"《名義》："絡，匹甫反。治敝絮［絮］。"《名義》"治敝絮"當作"治敝絮"。

緡，亡巾反。《毛詩》："其釣伊何，維丝伊緡。"傳曰："緡，綸也。"又曰："言緡之丝。"傳曰："緡，被也。"戔云："言木荏苒然，人則被之弦以為弓也。"《尒雅》："緡，綸也。"郭璞曰："江東謂之緡。"《史記》："物［初］筭［笇］緡錢。"李斐曰："糸［絲］也，貫錢，一貫千錢也。'如淳曰：'胡公云：名錢為緡者，《詩》云：抱布貿糸［絲］。故謂緡錢。"臣瓚曰："商賈居積及伎巧之家，非農桒所生謂之緡。《茂陵中書》'有緡田奴婢'是也。"《方言》："緡，施也。秦曰緡，吴越之間脱衣相被謂之緡綿。"郭璞曰："相覆及之名也。"《説文》："釣魚縶也。"并［笇］緡錢，《説文》為鍲字，在金部。[①]

《詩經·召南·何彼襛矣》："其釣維何？維絲伊緡。"毛傳："伊，維。緡，綸也。"《詩經·大雅·抑》："荏染柔木，言緡之絲。"毛傳："緡，被也。"鄭玄箋："柔忍之木荏染然，人則被之弦以為弓。"《爾雅·釋言》："緡，綸也。"郭璞注："《詩》曰：'維絲伊緡。'緡，繩也，江東謂之綸。"《玄應音義》卷十五《十誦律》卷四六音義："作緡，忙巾反。《説文》：'釣魚繳也。'《尒雅》：'緡，綸也。'郭璞曰：'江東謂之緡。'"[②]《漢

① 《説文》："鍲，業也。賈人占鍲。从金，昏聲。"段玉裁注："以業訓之，尤不可通。""業"蓋"筭"字之訛。《廣雅·釋言》："鍲，筭也。"《名義》："鍲，靡巾反。業［筭］。"《殘卷》"并緡錢"之"并"當為"笇"字，同"算""筭"。

② 張傑《〈玉篇殘卷·糸部〉校證》（河北大學碩士論文 2017 年）："'緡'異於'綸'。《玉篇校釋》云：'今本郭注作"江東謂之綸"，誤也。'胡説可從。"按："緡""綸"義同。

書・武帝紀》："初算緡錢。"顔師古注："李斐曰：'緡，絲也，以貫錢也，一貫千錢，出算二十也。'臣瓚曰：'《茂陵書》："諸賈人末作貰貸，置居邑儲積諸物及商以取利者，雖無市籍，各以其物自占，率緡錢二千而一算。"此緡錢是儲錢也。故隨其用所施，施於利重者，其算亦多也。"《史記・平準書》："異時算軺車賈人緡錢皆有差，請算如故。"裴駰集解："李斐曰：緡，絲也，以貫錢也。一貫千錢，出二十算也。《詩》云："維絲伊緡。"'如淳曰：'胡公名錢為緡者，《詩》云："氓之蚩蚩，抱布貿絲。"故謂之緡也。'"又："卜式相齊，而楊可告緡徧天下。"裴駰集解引臣瓚曰："商賈居積及伎巧之家，非桑農所生出，謂之緡。《茂陵中書》'有緡田奴婢'是也。"《方言》卷六："緍、綿，施也。秦曰緍，趙曰綿。吴越之間脱衣相被謂之緍綿。"郭璞注："相覆及之名也。音旻。"《説文》："緍，釣魚繁也。从糸，昏聲。吴人解衣相被謂之緍。"《名義》："緡，亡巾反。綸也，被也，施也。"《新撰字鏡》："緍，亡巾反。釣魚繳也，綸也，錢貫也，被也，糸［絲］也，施也。"

紙，之是反。《東觀漢記》："蔡倫典作紙，尚方所謂蔡侯紙者也。"《説文》："紙，箬［笘］也。一曰：絮也。"或為帋字，在巾部。①

《初學記》卷二一："《東觀漢記》云：'黄門蔡倫典作尚方作帋，所謂蔡侯紙是也。'又魏人河間張揖上《古今字詁》其巾部云：'紙，今帋。'則其字從巾之謂也。"《説文》："紙，絮一苫也。从糸，氏聲。"段玉裁注本作"絮一箈也"，云："箈，各本譌笘，今正。箈下曰：'潎絮簀也。'潎下曰：'於水中擊絮也。'《後漢書》曰：'蔡倫造意，用樹膚、麻頭及敝布、魚网以為紙。元興元年奏上之，自是莫不從用焉。天下咸稱蔡侯紙。'按，造紙昉於漂絮，其初絲絮為之，以箈荐而成之。今用竹質木皮為紙，亦有緻密竹簾荐之是也。"△按："絮一苫"固非是，"絮一箈"亦未必是。若依段説，"絮一箈"實為"箈絮"，"一"字無著。疑當作"絮，一曰苫"，"苫"又為"笘"之俗字。《初學記》卷二一引服虔《通俗文》曰："方絮曰紙。"《説文》："笘，折竹箠也。从竹，占聲。潁川人名小兒所書寫爲笘。"此指古代孩童習字的竹片，其用與紙正同。《名義》："紙，之是〈反〉。箬也，絮。"吕氏校釋："'之是'後脱'反'字。"《新撰字鏡》："紙，止氏反。箬也，絮也。帋字同。"又："帋，止氏反。紙字，絮也。"《類聚名義抄》："紙，《玉》云：'箬也，絮也。'"（315•4）《殘卷》《名義》《新撰字鏡》《類聚

① 《名義》："帋，之氏反。箬［笘］也。纸字。"

名義抄》“箬也”皆當作“笞也”。

絮，思據反。《盖［孟］子》：“麻縷〈絲〉絮輕重同。”《説文》：“幣帛［緜］也。”《漢書》：“以冒［冒］絮提文帝。”晉灼曰：“巴蜀以頭上巾為冒［冒］絮。”《博物志》：“蜀人以絮巾為帽絮。”又音勑慮反。《礼記》：“无絮羹，客絮羹，主人辞不能享。”鄭玄曰：“為其詳於味也。絮猶調也。”

《孟子·滕文公上》：“麻縷絲絮輕重同，則賈相若。”《説文》：“絮，敝緜也。从糸，如聲。”《漢書·周勃傳》：“文帝朝，太后以冒絮提文帝。”顔師古注引應劭曰：“陌頟絮也。”又引晉灼曰：“《巴蜀異志》謂頭上巾為冒絮。”《太平御覽》卷七一六、卷八一九引《博物志》曰：“蜀人以絮巾為帽絮。”吕校本作“蜀人以絮巾為帽”，“絮”屬下讀，誤。《禮記·曲禮》：“侍食於長者……毋絮羹……客絮羹，主人辭不能亨。”鄭玄注：“為其詳於味也。絮猶調也。”陸德明音義：“絮，勑慮反。調也，謂加以鹽梅也。”《名義》：“絮，思據反。幣帛也，調也。”按：《殘卷》《名義》“幣帛也”當作“敝緜也”。《尚書·禹貢》：“厥貢漆、枲、絺、紵，厥篚纖纊。”孔安國傳：“纊，細綿。”《史記·夏本紀》作“貢漆、絲、絺、紵，其篚纖絮”，裴駰集解引孔安國曰：“細緜也。”則“絮”與“纊”同義。《新撰字鏡》：“絮，正。思據反，去。弊綿也，以頭上巾爲帽絮。借勑慮反，去。猶調也。”《類聚名義抄》：“絮，《玉》云：‘思據反。幣［敝］帛也，調也。’”（315•5）

絡，力各反。《山海經》：“九五［丘］（之）以木［水］絡之。”郭璞曰：“絡，繞也。”《方言》：“自關而東周洛韓魏之間或謂繞為絡。”《楚辞》：“秦篝齊縷鄭綿絡。”王逸曰：“絡，縛也。”《尓雅》：“絡，綸也。”郭璞曰：“綸，繩也。謂牽縛縮絡之也，今俗語皃然。”《方言》：“絡謂之格。”郭璞曰：“所以轉篗絡車也。”《説文》：“絡，絮也。一曰：麻未漚也。”《蒼頡萹》：“未練也。絡布也。”或為緖字，在索部。①

《山海經·海内經》：“有鹽長之國，有人焉，鳥首，名曰鳥氏。有九丘以水絡之。”

① 《殘卷》：“緖，力各反。《字書》皃絡字也。絡，纒繞也，在糸部。”《名義》：“緖，力各反。給［络］也，繞也。”

郭璞注："絡猶繞也。"今本《方言》作"繘汲水索也，音橘，自關而東周洛韓魏之間謂之綆，或謂之絡音洛，關西謂之繘"。《慧琳音義》卷六《大般若波羅蜜多經》卷四六九音義："交絡，郎各反。郭注《山海經》：'絡，繞也。'《方言》：'韓魏之間謂繞為絡。'《爾雅》：'絡，綸也。'郭璞云：'綸，繩也。'"又卷四三《金剛恐怖觀自在菩薩最勝明王經》音義："角絡，郎各反。郭璞云：'絡，繞也。'《方言》：'自關而東洛韓魏之間或謂繞為絡也。'"所引《方言》均作"謂繞為絡"，與《殘卷》同。《楚辭·招魂》："秦篝齊縷，鄭綿絡些。"王逸注："絡，縛也。"《爾雅·釋詁下》："貉、縮，綸也。"郭璞注："綸者，繩也，謂牽縛縮貉之，俗語亦然。""貉"蓋"絡"之借字。《方言》卷五："篗，榬也。兖豫河濟之間謂之榬。絡謂之格。"郭璞注："所以轉篗絡車也。"《說文》："絡，絮也。一曰：麻未漚也。从糸，各聲。"《慧琳音義》卷六《大般若波羅蜜多經》卷四六九音義："交絡，郎各反。郭注《山海經》：'絡，繞也。'《方言》：'韓魏之間謂繞為絡。'《尒雅》：'絡，綸也。'郭璞云：'綸，繩也。'或作貉，古字也。"又卷六三《根本說一切有部百一羯磨》卷四音義："絣絡，下郎各反。郭注《山海經》云：'絡，繞也。'《尒雅》云：'絡，綞也。'王逸注《楚辞》云：'縛也。'《文字典説》云：'經絡也。從系［糸］，各聲。'"《名義》："絡，力各反。繞也，缚也，绳也，綸也，絮。"《新撰字鏡》："絡，力各反，入。絹也，絮也，縛也，一曰天［未］漚也，繞也，綸也，布也。"《類聚名義抄》："絞絡，《玉》云：'繩也，綸也，絮也。'"（295•6）

絮，女於反。《說文》："絮，緼也。一曰：弊絮也。《易》曰'濡有衣絮［絮］'是也。"《廣雅》："絮［絮］，塞也。"或為袽［袽］字，在衣部。[①]

《說文》："絮，絜緼也。一曰：敝絮。从糸，奴聲。《易》曰：需有衣絮。"按：文獻"絮""絮"每每相混。《殘卷》後二"絮"字當作"絮"。《周易·既濟》："繻有衣袽，終日戒。"陸德明音義："袽，女居反，絲袽也。王肅音如。《說文》作絮，云：'緼也。'《廣雅》云：'絮，塞也。'子夏作茹，京作絮。"《公羊傳·昭公二十年》："或為主于國，或為主于師。"何休解詁："次宜為君者持棺絮從，所以備不虞。"陸德明音義："絮，女居反。《說文》曰：'絮，緼也。一曰：敝絮也。'""絮"皆當作"絮"。《廣雅·釋詁三》："絮，塞也。"王念孫疏證："《玉篇》音女於切。字或作袽、茹、

① 《名義》："袽，女閭反。弊衣。"

絮、帤。”《名義》：“絮，女拎反。缊也，塞也。”

纊，音曠。《左氏傳》：“皆如挾纊。”《礼記》：“纊為爾［繭］。”鄭玄曰：“纊，今之綿也。”《説文》：“纊，絮也。”《廣雅》：“紵絮謂之纊。”

《左傳·宣公十二年》：“三軍之士皆如挾纊。”杜預注：“纊，綿也。”孔穎達疏：“《玉藻》云：‘纊爲繭，緼爲袍。’鄭玄云：‘纊，新緜也。’”《禮記·玉藻》：“纊為繭，緼為袍。”鄭玄注：“衣有著之異名也。纊謂今之新綿也，緼謂今纊及舊絮也。”《説文》：“纊，絮也。从糸，廣聲。《春秋傳》曰：皆如挾纊。”今本《廣雅》未見“紵絮謂之纊”。[①]《玄應音義》卷五《央掘魔羅經》卷三音義：“緜纊，古文絖，同，音曠。《説文》：‘纊，絮也。’《小尒疋》云：‘纊，緜也。絮之細者曰纊。’”《慧琳音義》卷九二《續高僧傳》卷六音義：“縑纊，下廓潢反。鄭註《禮記》云：‘纊，綿也。’《説文》：‘纊，絮也。從糸，廣聲。’”《名義》：“纊，曠也反。绵也，絮也。”吕氏校釋：“‘曠也反’當作‘音曠’。《殘卷》作‘音曠’。”《名義》“絮也”當作“絮也”。《新撰字鏡》：“纊、絖、絖，三同。古［苦］浪反，去。綿也，絮也。”

絖，《漢書》：“一月之禄十絖，布二疋，或帛疋。”音義曰：“絖，八十縷也。”《說文》忽纊字也。

《漢書·王莽傳中》：“自公卿以下，一月之禄十緵，布二匹，或帛一匹。”顔師古注引孟康曰：“緵，八十縷也。”此字《説文》作“稯”：“稯，布之八十縷爲稯。从禾，嵏聲。稅，籀文稯省。”“稅”字所從之“兇”與“光”形近，《殘卷》所據《漢書》蓋誤為“絖”。《説文》：“纊，絮也。从糸，廣聲。《春秋傳》曰：皆如挾纊。絖，纊或从光。”《名義》：“纊，曠也反。绵也，絮［絮］也。絖，上字。”

---

① △孫星衍據《一切經音義》輯《三倉》：“纊，緜也，絮之細者曰纊也。”（見孫星衍輯《倉頡篇》，岱南閣叢書本）按：此為誤輯。《玄應音義》卷六《妙法蓮華經》卷二音義：“繒纊，在陵反，下古文絖，同，音曠。《説文》：‘繒，帛也。纊，絮也。’《小尒雅》：‘通五色皆曰繒。’《三蒼》‘雜帛曰繒’是也。又云：‘纊，綿也，絮之細者曰纊也。’”其中的“又”承接的是前文之《小尒雅》，而非《三倉》。《慧琳音義》屢引《小爾雅》（或作《小雅》）“絮之細者曰纊”。

繫，古詣［詣］反。《周易》："拘繫之乃維従［従維］之。"野王案：繫忽拘束之也，䊮滯之也。《論語》："吾豈匏瓜也栽，繫而不食？"何晏曰："不如匏爪［瓜］繫滯一處也。"《周礼》："以九兩繫邦國之民。"鄭玄曰："繫，連綴也。"《説文》："繫纁也。一曰：恶絮也。"音口奚反。《蒼頡篇》："絮也。"以繫束為係字，在人部。①

《周易·隨》："上六，拘係之乃從維之。"《慧琳音義》卷十四《大寶積經》卷八一音義："繫閉，鷄詣反。顧野王云：'拘束也。留滯也。'鄭玄曰：'連綴也。'"《論語·陽貨》："吾豈匏瓜也哉？焉能繫而不食？"何晏集解："匏，瓠也，言瓠瓜得繫一處者，不食故也。"《周禮·天官·大宰》："以九兩繫邦國之民。"鄭玄注："繫，聯綴也。"按：《慧琳音義》卷十八《大乘大集地藏十輪經》卷一音義："撿繫，下經曳反。鄭注《周禮》云：'繫，連綴也。'"與《殘卷》《名義》《新撰字鏡》同。《説文》："繫，繫纁也。一曰：惡絮。从糸，毄聲。"《名義》："繫，古詣［詣］反。連缀。"吕氏校釋："'詣'字原誤。"按："詣"字原誤作"詣"，《名義》沿《殘卷》之誤。《新撰字鏡》："繫，正。古詣反，去。絜束也，□［恶］絮也，拘束也，留滯也，連綴也。一曰：恶絮也。借口奚反，平。係，上字。"

纁，力奚反。《説文》："繫纁也。一曰：絓也。"

《説文》："纁，繫纁也。一曰：維也。从糸，虒聲。"桂馥義證："當依《玉篇》作'一曰絓纁也'，亦疊韻字，乃繫纁之轉語也。"

絘，且利反。《説文》："績之所緝也。"

《説文》："絘，績所緝也。从糸，次聲。"《名義》："絘，且利反。續［績］所緝。"吕氏校釋："《殘卷》引《説文》作'續之所缉也'。"按：《名義》當作"績所緝"，"續"字誤。"緝"為"缉"之俗字（其右旁為"咠"之異體），猶"揖"俗作"揖"。《新撰字鏡》："絘，七四反。績所未緝者也。"

① 《名義》："係，古諦反。束也。繫也。"

緝，且入反。《毛詩》：“援［授］几有緝御。”傳曰：“緝𨔵［御］，〈踧〉踖之容也。”戔云：“緝，續也。御，侍也。”《國語》：“緝，明也。”野王案：《毛詩》“施［扵］緝熙单，厰心……”“扵緝熙敬止”是也。《尒雅》：“緝，光也。”《韓詩》：“緝緝繽繽，謀欲譖言。緝緝，往來皀也。”《方言》：“所以懸櫂謂之緝。”郭璞曰：“繫繞［橈］頭索也。”野王案：櫂，楫也。《説文》：“緝，績也。”齊［齋］緝裳下為緁字。[①]聚會緝緝為㣱［咠］字，在十部。[②]

“緝”字從糸咠聲，“咠”為“胥”之俗字。“且入反”字當從咠。

《詩經・大雅・行葦》：“肆筵設席，授几有緝御。”毛傳：“緝御，踧踖之容也。”鄭玄箋：“緝猶續也。御，侍也。”“𨔵”當為“熙”字，蓋蒙下文“緝熙”而誤，今本《詩經》作“御”。《國語・周語下》：“緝熙，亶厥心，肆其靖之。……緝，明也。”《詩經・周頌・昊天有成命》：“於緝熙單，厥心肆其靖之。”毛傳：“緝，明。”《殘卷》“於”訛作“施”，又本句引用未完。《詩經・大雅・文王》：“穆穆文王，於緝熙敬止。”《爾雅・釋詁下》：“緝，光也。”《詩經・小雅・巷伯》：“緝緝翩翩，謀欲譖人。”毛傳：“緝緝，口舌聲。翩翩，往來貌。”《慧琳音義》卷九四《續高僧傳》卷二十音義：“繽紛，上匹民反，下妨文反。《韓詩外傳》云：‘繽繽，往來貌也。’王逸注《楚辭》云：‘繽，盛貌也。’亦繁衆。”據此，則“往來皀”當為“繽繽”“翩翩”之釋義，而非“緝緝”之釋義，《殘卷》誤。《方言》卷九：“楫謂之橈，或謂之櫂。……所以縣櫂謂之緝。”郭璞注：“繫櫂頭索也。”△《殘卷》“繞頭”當作“橈頭”，“橈”“繞”形近，“橈”“櫂”義同。《玉篇校釋》、張傑改“繞”為“櫂”，恐非。吕校本作“繫，繞頭索也”，誤。此處當為釋“緝”，非釋“繫”也。《楚辭・九歌・湘君》：“桂櫂兮蘭枻，斲冰兮積雪。”王逸注：“櫂，楫也。”《説文》：“緝，績也。从糸，咠聲。”《慧琳音義》卷七二《阿毗達磨顯宗論》卷二四音義：“緝句，上侵入反。鄭箋《詩》云：‘緝，續也。’《詩》云‘穆穆文王，緝熙敬止’也。《文字典説》云：‘緝，績也。從糸，咠聲。’”《名義》：“緝，且入反。續也，明，光也。”《新撰字鏡》：“緝，七立反，入。續也，明也，光也。”《類聚名義抄》：“緝綴，《玉》云：‘且入反。續也，明也，光也。’”（316•1）

“齊緝裳下為緁字”，吕校本作“齊緝裳下為繼字”。按：《殘卷》原作“𦃇”，顯為“緁”字。“緁”同“緁”。

① 《殘卷》：“緁，且立反。《喪服傳》：‘齋緁也。’野王案：謂紩常下也。……或為緝字。”《説文》：“緁，緶衣也。从糸，疌聲。䌌，緁或从習。”又：“齋，緶也。从衣，齊聲。”又：“緶，交枲也。一曰：緁衣也。从糸，便聲。”

② 《名義》：“咠，茲立反。辞，集也。”

吕校本“聚會緝緝為愲［卙］字，在十部”作“聚會緝緝為慴字，在忄部”。案：“慴”字與“聚會”義不協。此字當從十咠聲，為“卙”之異構字。

紨，豊［豐］扶反。《説文》：“紨，布也。一曰：粗紬也。”《漢書》：嚴延年女名羅紨。

《説文》：“紨，布也。一曰：粗紬。从糸，付聲。”《漢書·武五子傳》：“臣敞故知執金吾嚴延年字長孫，女羅紨，前為故王妻。”《名義》：“紨，豊［豐］扶反。布也，粗紬也。”《新撰字鏡》：“紨，撫于反。麁細［紬］也，布也。”

績，子狄反。《國語》：“公父文佰［伯］退朝，其母方緕［績］。”野王案：《説文》：“績，緝也。”《穀梁傳》：“績，叻也。叻，事也。”《尓雅》亽云，郭璞曰：“謂叻勞也。”野王案：《尚書》“庶績咸熙”是也。《尓雅》又曰：“績，继也。”“績，事也。”“績，業也。”郭璞曰：“謂叻業也。”又曰：“績，成也。”郭璞曰：“叻績有成者也。”《聲類》以叻績為勣字，在力部。①

《國語·魯語下》：“公父文伯退朝，朝其母，其母方績。”此處野王案語似脱。《慧琳音義》卷六四《五分尼戒本》音義：“績縷，上音積。顧野王云：‘謂緝績麻紵以爲布也。’《説文》：‘績，緝也。從糸，責聲。’”《殘卷》可據補。《説文》：“績，緝也。从糸，責聲。”《穀梁傳·宣公十二年》：“晉師敗績。績，功也。功，事也。”《爾雅·釋詁下》：“績、勳，功也。”郭璞注：“謂功勞也。”《尚書·舜典》：“庶績咸熙，分北三苗。”《爾雅·釋詁上》：“績，繼也。”又：“績，事也。”《爾雅·釋詁下》：“烈、績，業也。”郭璞注：“謂功業也。”又：“功，績，成也。”郭璞注：“功、績皆有成。”《玄應音義》卷四《觀佛三昧海經》卷二音義：“敗績，今作勣，同，子歷反。《聲類》云：‘勣，功也。’”《名義》：“績，子狄反。緝也，叻也，继也，事也，業也，成。”《新撰字鏡》：“績，勣，上字古文。子狄反，入。成也，事也，業也，継也，功也，緰也，緝也。”《類聚名義抄》：“功績，《玉》云：‘功勞也，继也，事也，景［業］也，成也。’”（296•5）

---

① 《名義》：“勣，子磿反。叻。績字。”

纑，力胡反。《孟子》：“身織縷，妻辟纑。”劉熙曰：“辟績陳縷以為纑繩也。”《史記》：“山西饒……纑。”徐廣曰：“紵属也，可以為布。”《方言》：“纑謂之縝。”郭璞曰：“謂縷也。”《説文》：“布縷也。”《蒼頡篇》：“未練〈緝績〉者也（者也）。”《廣雅》：“纑，績［縝］也。”《聲類》：“纑，緶也。”

《孟子·滕文公下》：“彼身織屨，妻辟纑，以易之也。”趙岐注：“緝績其麻曰辟，練其麻曰纑，故云辟纑。”《史記·貨殖列傳》：“夫山西饒材、竹、穀、纑、旄、玉石。”裴駰集解引徐廣曰：“紵屬，可以為布。”司馬貞索隱：“纑，山中紵，可以為布，音盧。”《方言》卷四：“纑謂之縝。”郭璞注：“謂纑縷也。”《説文》：“纑，布縷也。从糸，盧聲。”《慧琳音義》卷三七《文殊師利菩薩六字經》音義：“纑縷，上音盧，下力主反。郭注《方言》云：‘纑即布縷也。’《蒼頡篇》：‘未練緝績曰纑。’徐廣曰：‘紵属也。’”又卷七六《撰集三藏經及雜藏經》音義：“纑綫，魯都反。《方言》：‘纑謂之續也。’郭注云：‘纑縷也。’《説文》：‘亦布縷也。從糸，盧聲。’”“纑，績也”今本《廣雅》未見。△按：《方言》卷四：“纑謂之縝。”郭璞注：“謂纑縷也。音振。”《廣雅·釋器》：“縝、縷，纑也。”曹憲音“敕真”。《殘卷》“績也”疑當作“縝也”。《名義》：“纑，力胡反。紵也，緶［緶］也，布縷。”吕氏校釋：“《殘卷》引《聲類》作‘緶也’。”《名義》當據改。《新撰字鏡》：“纑，勒故［胡］反，平。布縷也，繩也，績也，緶［緶］。”

絡［綌］，祛逆反。《毛詩》：“為絺為絡［綌］。”傳曰：“精曰絺，麁曰絡［綌］。”《韓詩》：“結曰絺，辟曰絺［綌］。”[①]《説文》：“粗葛也。”

《詩經·周南·葛覃》：“是刈是濩，為絺為綌，服之無斁。”毛傳：“精曰絺，麤曰綌。”《説文》：“綌，粗葛也。从糸，谷聲。”《名義》：“絡［綌］，祛逆反。麁也。”《名義》字頭原誤作“絡”，與《殘卷》同。

綌［綌］，《字書》忽絡［綌］字也。

《名義》：“絡［綌］，祛逆反。麁也。綌，上字。”吕氏校釋：“此字頭原訛。”

① 吕校本作“結曰絺，辟曰絺”，誤。

按：此字頭原訛從“缶”聲，《殘卷》亦從“缶”（吕校本亦作綹）。《新撰字鏡》：“綛、綹、綌，三同。去逆反，入。麄葛布。”

《經典釋文》卷十：“若綌，敕其反。細葛也。劉作綹，音卻。”“音卻”或當作“音郤”“音郤”則當為“綌”字。“綌”作“綛”，猶“卻”作“却”。

絺，丑飢反。《尚書》：“青州貢塩、絺。”孔安國曰：“细葛也。”[①]

《說文》：“絺，細葛也。从糸，希聲。”《尚書·禹貢》：“海岱惟青州，……厥貢鹽、絺，海物惟錯。”孔安國傳：“絺，細葛。”《殘卷》：“希，虛衣反。……野王案：《說文》以踈罕之希為稀字，在禾部。希望為睎字，在目部。以此或為絺綌［綌］之絺字，音丑梨反，在糸部。”《名義》：“絺，丑飢反。细葛。”《新撰字鏡》：“絺、縭，二同。丁［丑］之、丑九［几］二反。黹也，細葛布。又勑其反，平。下力支、力禔二反，平。緌也，管也，分［介］也，帶也，悪絮也，婦人香纓也，又以糸［絲］介履也。”《類聚名義抄》：“絺，《玉》云：‘細葛也。’”（316•4）

絺［緰］，《說文》絺或從（糸）絡［絺］従甫［黹］省。

吕校本作“絺，《說文》絺或從糸，綌［俗］從朿省”。按：“絺”“絺”皆從糸，按《殘卷》體例，不當表述為“或從糸”。“絺”所從之“希”即同“希”字，與“朿”毫無關聯，“從朿省”不知從何說起。

按：今本《說文》無此重文，《名義》作“緰”，然其字形與“絺”相去甚遠。《名義》：“緰，絡字。”吕氏校釋：“‘絡字’當作‘絺字’。”

上字字頭作“絺”，爲“絺”字異體。此處字頭作“絺”，右旁即為“希”字俗體。然《殘卷》所引《說文》釋形部分不見今本，且與“絺”字字形不合。疑此為下“紵”字異體“緒”之釋義。“緒”字字頭《殘卷》作“緒”，《名義》作“緒”，其右旁均與“黹”形近。《說文》：“黹，蠶衣也。从糸，从虫，黹省。”又：“紵，緂屬。細者爲絟，粗者爲紵。从糸，宁聲。緒，紵或从緒［者］省。”“者”字小篆作“者”，“黹”字小篆作黹，疑“者”先誤作“黹”，再誤作“甫（芾）”。

① 《史記·夏本紀》：“厥貢鹽、絺。”裴駰集解引孔安國曰：“絺，細葛。”

縐，側救反。《毛詩》：“蒙彼縐絺。”傳曰：“絺之靡者為（絺）縐。”戔云：“絺之蹙者也。”《說文》：“絺之細也。一曰：繊［緘］也。”

《詩經·鄘風·君子偕老》：“蒙彼縐絺，是紲袢也。”毛傳：“絺之靡者為縐。”鄭玄箋：“縐絺，絺之蹙蹙者。”《說文》：“縐，絺之細也。《詩》曰：蒙彼縐絺。一曰：蹴也。从糸，芻聲。”王仁昫《刊謬補缺切韻·屋韻》(P.2011)：“蹙，子六反。追［迫］。……踧，踧踖，行而謹敬皃。……緘，縮。”“緘”與《說文》之“蹴”、鄭玄笺之“蹙”音義同。《玉篇》作“纖”，源自《殘卷》。

縐［縐］，《字書》亦縐字也。

《玉篇》：“縐，仄又切，縐布也，纖也。縐，同上，俗。”《名義》：“縐，縐字。”《新撰字鏡》：“縐、縐、縐，三同，則［側］求［救］反。細絺也，綯也，繊。”“綯”為“縐”之俗字，當為誤釋，“繊”當作“緘”。

絟［絟］，采令［全］、千劣二反。《漢書》：“遺建絟、葛。”《音義》曰：“細布也，見《律》。”服虔曰：“絟亦葛也。”今或為荃字，在草部。①

《漢書·景十三王傳》：“遣人通越繇王閩侯，遺以錦帛奇珍，繇王閩侯亦遺建荃、葛、珠璣、犀甲、翠羽、蝯熊奇獸，數通使往來，約有急相助。”蘇林注：“荃音詮，細布屬也。”服虔注：“音蓀，細葛也。”臣瓚注：“荃，香草也。”顏師古注：“服、瓚二説皆非也。許慎云：‘荃，細布也。’字本作絟，音千全反，又音千劣反，蓋今南方筩布之屬皆為荃也。葛即今之葛布也。以荃及葛遺建也。”《說文》：“絟，細布也。从糸，全聲。”《殘卷》“絟”字當作“絟”。《漢書·景十三王傳·江都易王劉非》：“繇王閩侯亦遺建荃葛。”顏師古注：“蘇林曰：‘荃音詮，細布屬也。’服虔曰：‘荃音蓀，細葛也。’臣瓚曰：‘荃，香草也。’服、瓚二説皆非也。許慎云：‘荃，細布也。’字本作絟，音千全反，又音千劣反。盖今南方筩布之屬皆為荃也。”吕校本删“見《律》”二字，所據未詳。《殘卷》“告”“輿”條下有“《律》”。《慧琳音義》卷五一《唯识二十論·論後序》音義：

① 《名義》：“荃，趍緣反。香草。筌字。”

“紕荃，下七泉反。王逸注《楚辭》云：‘荃，細布名也。’《説文》：‘從艸，全聲。’或作絟。”王仁昫《刊謬補缺切韻·薛韻》（P.2011）：“纚，七絶反。……絟，細布。又采全反。”《名義》：“絟，千劣反。细布也，葛。”《新撰字鏡》：“絟，此緣反。葛，細布。”

紵，除旅反。《周礼》：“典枲掌布緦縷紵之麻草之物。”鄭云［玄］曰：“緦，十五升布抽半者也。白而細曰紵。”《毛詩》：“可以漚［漚］紵。”《説文》：“絲属細也。”草名之紵或為苧字，在草部。[1]

《周禮·天官·典枲》：“典枲掌布緦縷紵之麻草之物，以待時頒功而授齎。”鄭玄注：“緦，十五升布抽其半者。白而細疏曰紵。”《詩經·陳風·東門之池》：“東門之池，可以漚紵。”孔穎達疏引陸機疏：“紵亦麻也，科生數十莖，宿根在地中，至春自生，不歲種也。荊楊之間一歲三收，今官園種之，歲再刈，刈便生剥之，以鐵若竹挾之，表厚皮自脱，但得其裏韌如筋者，謂之徽紵，今南越紵布皆用此麻。”《説文》：“紵，緐屬。細者爲絟，粗者爲紵。从糸，宁聲。”按：“紵”當為“緐属粗也”，“細者爲絟”。《慧琳音義》卷八一《集神州三寶感通傳》卷中音義：“種紵，下除吕反。《周礼·典枲》云：‘紵麻草之物。’鄭玄注：‘繩［緦］，十五升布抽〈半〉。而細白曰紵。’《説文》云：‘緐屬細者也。從糸，宁聲。’”又卷八五《辯正論》卷四音義：“袯紵，下除吕反。《周禮》：‘典〈枲〉掌布緦縷麻紵之物也。’鄭注：‘緦，十五升布抽半也。又色白而細曰紵也。’”則慧琳所據《説文》已誤。《集韻·語韻》：“紵，緐之粗者。”又：“紵，《説文》：‘緐屬，細者為絟，粗者為紵。’”可從。《名義》：“紵，除旅反。白细布也。”《新撰字鏡》：“紵，除吕反，上。白布細也，苧也，緦也，緐也，絟也，纁也。”

[illegible]［緖］，《説文》夊紵字也。《字書》籒文紵字也。

《説文》：“緖，紵或从緒省。”《名義》：“紵，除旅反。白细布也。[illegible]［緖］，上字。”《新撰字鏡》：“紵，除吕反，上。白布細也，苧也，緦也，緐也，絟也，纁［緒］也。[illegible]，上字。”《殘卷》《名義》字頭均當作“緖”。

---

① 《名義》：“苧，直吕反。紵。蔣苧青蘋也。”

緦，斯梨反。《喪服傳》："緦者十五升布，抽其半，有事其縷，无事其布曰緦。"鄭玄曰："謂之緦者，其縷紬［細］絮［如絲］也。或曰有丝也。"《説文》："一曰：兩麻〈一〉丝布也。"

《儀禮·喪服傳》："緦者十五升，抽其半，有事其縷，無事其布曰緦。"鄭玄注："謂之緦者，治其縷細如絲也。或曰有絲。"《殘卷》"紬"當作"細"，"絮"當作"如絲"。《説文》："緦，十五升布也。又：兩麻一絲布。从糸，思聲。"《名義》："緦，斯梨反。"《新撰字鏡》："緦，息慈反，平。布，一曰：兩歷［麻］〈一〉絲市［布］这也，細縷。"①

緆，先狄反。《喪服傳》："緆者麻之有緆也，十五升布抽其半，有［无］事其縷，无［有］事其布曰賜［緆］。"鄭玄曰："治其布，使之滑易也。"或為𪎭字，在麻部。②

《説文》："緆，細布也。从糸，易聲。"《儀禮·喪服傳》："錫者何也？麻之有錫者也。錫者十五升抽其半，無事其縷，有事其布曰錫。"鄭玄注："謂之錫者，治其布，使之滑易也。""錫"、"緆"音義同。《名義》："緆，先狄反。"《新撰字鏡》："緆，之石反。紵也。"

緰，徒侯反。《説文》："緰旹，布也。"

《説文》："緰，緰貲，布也。从糸，俞聲。"《急就篇》卷二："服瑣緰旹與繒連。"顔師古注："緰旹，緆布之尤精者也。"《名義》："緰，徒侯反。旹布。"按：《名義》本作"旹布"，吕氏校釋誤作"㡭布"。《新撰字鏡》："緰，託侯反。紫［旹］布也。"

縗［縗］，且雷反。《周礼》："凡喪，為天王斬衰，王后齋衰，王為三公六卿緆衰，為諸侯緦衰，為大夫、士疑衰。"《喪服傳》："縗長六寸，博四寸。"鄭玄曰："凡服，上曰衰，下曰裳。廣〈袤〉當心，前後布［有］衰、負〈版〉，左右有辟領，孝子哀戚，

① "歷"似當作"麻"。"歷"本或作"麻""麻"，與"麻"形近。"市"當作"布"。
② 《名義》："𪎭，先歷反。緆字。細布。"

无不在心也。”

《説文》:“縗,服衣,長六寸,博四寸,直心。从糸,衰聲。”《周禮・春官・司服》:“凡喪,爲天王斬衰,爲王后齊衰,王爲三公六卿錫衰,爲諸侯緦衰,爲大夫、士疑衰。”《儀禮・喪服傳》:“衰長六寸,博四寸。”鄭玄注:“廣袤當心也,前有衰,後有負版,左右有辟領,孝子哀戚,無所不在。”吕校本作“前有衰,後有負板”,以合今本《儀禮》。按:“前後有”似不必改,與下文“左右有”相對。《名義》:“纕[縗],且雷反。”《新撰字鏡》:“纕,鹿[麁]雷反。摧也,摧縗也,傷[傷]摧也。又息良反,喪衣也,又馬腹帶。”①

絰,〈徒〉結反。《喪服傳》:“首[苴]絰大〈搹〉,五分去一以為布帶;齋衰之絰,斬衰之帶,五分去一以為帶;大切之絰,齋衰之帶,五分去一以為帶;小切之絰[絰],大功之帶,五分去一以為帶;緦麻之絰[絰],小切之帶,去五分一以為帶。”鄭玄曰:“麻在首在腰皆曰絰[絰]。絰[絰],實也,明有中實為制此服焉。首絰[絰]象緇布冠之缺項,腰絰[絰]象大帶,又有絞帶象革帶也。”《礼記》:“絰[絰]也者,實也。”鄭玄曰:“所〈以〉表哀戚也。”

《説文》:“絰,喪首戴也。从糸,至聲。”《儀禮・喪服傳》:“苴絰者,麻之有蕡者也。苴絰大搹,左本在下,去五分一以為帶;齊衰之絰,斬衰之帶也,去五分一以為帶;大功之絰,齊衰之帶也,去五分一以為帶;小功之絰,大功之帶也,去五分一以為帶;緦麻之絰,小功之帶也,去五分一以為帶。”《儀禮・喪服》:“喪服。斬衰裳,苴絰、杖、絞帶,冠繩纓,菅屨者。”鄭玄注:“麻在首在要皆曰絰。絰之言實也。明孝子有忠實之心。故為制此服焉。首絰象緇布冠之缺項,要絰象大帶,又有絞帶象革帶。”《禮記・檀弓》:“絰也者,實也。”鄭玄注:“所以表哀戚。”《名義》:“絰,结反。實也。”吕氏校釋:“‘结反’脱反切上字。《殘卷》黎本作‘徒結反’。”《新撰字鏡》:“絰,徒結反,入。服也,喪也,纕[縗]也。”

緶,裨旃反。《説文》:“交糸也。一曰:縫衣也。”《蒼頡篇》:“齎衣也。”

---

① “麁雷反”為“縗”字,“息良反”為“纕”字。“喪衣也”亦為“縗”字義。

《聲類》："緯［縷］縫也。"

《説文》："緶，交枲也。一曰：緁衣也。从糸，便聲。"張傑《〈玉篇殘卷·糸部〉校證》（河北大學碩士論文 2017 年）認為"今本《説文》'緁'與'縫'形近，'緁'應為'縫'字之訛。"按：儘管"緁""縫"形近義同，但"緶"以訓作"緁衣"為長。《廣雅·釋詁一》："緶，緁也。"《説文》："緁，緶衣也。""緁""緶"互訓，然未見"縫""緶"互訓者。《名義》："緶，裨旃反。灾糸也，缝衣。"吕氏校釋："《殘卷》引《説文》作'交糸也'。《説文》作'交枲也'。《名義》誤。"《新撰字鏡》："緶，方顕反。縷縫，裳褰［褰裳］也，交枲。"

《蒼頡篇》訓"齎衣也"。《説文》："齎，緶也。从衣，齊聲。""齎""緶"義同。

《聲類》"緯縫也"（吕校本同）當作"縷縫也"，俗字"韋""婁"形近易訛。

絓，胡瓦反。《方言》："絓、屨、麄，履也。西南梁益或謂之絓。"《説文》："一曰：素［青］絲繩履也。"

《方言》卷四："扉、屨、麤，履也。……西南梁益之間或謂之屦（他回反，字或作屦），音同，或謂之絓（下瓦反，一音畫）。"吕校本作"絓屨，麄屨也"。《説文》："絓，履也。一曰：青絲頭履也。讀若阡陌之陌。从糸，户聲。"《名義》："絓，扆，胡瓦反。麄履也。"吕氏校釋："'扆'為誤字，其上'絓'字蓋為校者加。"《名義》"麄履也"為誤訓。《方言》卷四："扉、屨、麤，履也。徐兖之郊謂之扉。自關而西謂之屨，中有木者謂之複舃。自關而東複履其庳者謂之鞔下，禪者謂之鞮，絲作之者謂之履，麻作之者謂之不借，麤者謂之屨。東北朝鮮洌水之間謂之鞇角。南楚江沔之間總謂之麤。西南梁益之間或謂之屦，或謂之絓。履，其通語也。"郭璞注："下瓦反，一音畫。"據此，"麄"（麤）亦為"履"義，《名義》當作"履也"。《新撰字鏡》："絓，市［乎］起［卦］反。[1]以青絲繩履也。"

紨，方孔反。《説文》："枲履也。"《蒼頡篇》："小兒履也。"

---

① 《集韻·卦韻》"絓"字音"胡卦切"。《日本歷代書聖名迹書法大字典》載"起"字或作"[illegible]""[illegible]""[illegible]"，與"卦"形近。

《説文》："紺，枲履也。从糸，封聲。"裴務齊正字本《刊謬補缺切韻·董韻》："琫，方孔反。……綦，小兒履，又繩履。"《名義》："紺，方孔反。小兒履。"《新撰字鏡》："綦、[illegible]、紺，三同，方孔反。小兒履。"

緉，旅繈反。《方言》："緉，挍［絞］，關之東西或謂之緉。"郭璞曰："謂履中絞也。"《説文》："履兩頭也。一曰：绂［絞］也。"

《方言》卷四："緉，絞也。關之東西或謂之緉。"郭璞注："謂履中絞也。音校。"《説文》："緉，履兩枚也。一曰：絞也。从糸，从兩，兩亦聲。"《殘卷》"一曰：绂也"當作"一曰：絞也"。《方言》卷四："緉、緛，絞也。關之東西或謂之緉，或謂之緛。絞，通語也。"《名義》："緉，旅繈反。绂［绞］。"《新撰字鏡》："緉，力讓反。絞也，兩也，地名，履雙作兩，通。"

絜，公節、胡结二反。《毛詩》："濟濟鏘鏘，絜尓牛羊。"野王案：《左氏傳》"絜粢豊盛""享祀豐絜"是也。《礼記》："所以自絜也。"鄭玄曰："絜猶清也。"又曰："君子有絜矩之道。"鄭玄曰："絜猶结也。君子有结法之道也。"《荘子》："其大蔽牛，絜百圍。"野王案：絜猶束約之也。束約知其圍大小也。《史記》"度長絜大，比權量力"是也。《説文》："麻一端也。"《謚法》："不汚［行］非義曰絜。"《字書》夊㓗字也，在女部。①

《詩經·小雅·楚茨》："濟濟蹌蹌，絜爾牛羊。"《左傳·桓公六年》："奉盛以告曰：'絜粢豐盛。'"《左傳·僖公五年》："吾享祀豐絜，神必據我。"《禮記·鄉飲酒義》："洗當東榮，主人之所以自絜，而以事賓也。"鄭玄注："絜猶清也。"《禮記·大學》："是以君子有絜矩之道也。"鄭玄注："絜猶結也，挈也。矩，法也。君子有挈法之道，謂當執而行之，動作不失之。"吕校本"結法之道"改為"挈法之道"以合今本《禮記》。按："結""挈"同義，"結法之道"可通。《莊子·人閒世》："匠石之齊，至乎曲轅，見櫟社樹，其大蔽牛，絜之百圍。"《妙法蓮華經釋文》卷中："《玉篇》云：'庄子其大敞［敝］牛，絜百圍。'野王案：潔［絜］猶束約，束約知其圍大小也。"《史

① 《名義》："㓗，公節反。清也。或潔［絜］。"

記・秦始皇本紀》："試使山東之國與陳涉度長絜大，比權量力，則不可同年而語矣。"裴駰集解引《漢書音義》曰："'絜束'之'絜'。"《史記・陳涉世家》："嘗試使山東之國與陳涉度長絜大，比權量力，則不可同年而語矣。"司馬貞索隱："絜音下結反。謂如結束知其大小也。"《漢書・陳勝傳》："試使山東之國與陳涉度長絜大，比權量力，不可同年而語矣。"顏師古注："絜謂圍束之也。"《說文》："絜，麻一耑也。从糸，韧聲。"《玄應音義》卷十六《善見律》卷一音義："絜裹，古文作䊗，同，古纈反。絜，束也，繫也。《字林》：'〈麻〉一耑也。'"[①]《慧琳音義》卷三五《一字奇特佛頂經》卷上音義："嚴潔，下潔音結。鄭注《禮記》云：'潔，清也。'《謚法》曰：'不行不義曰潔。'《禮記》又云：'静也，精微也。'"《殘卷》"汚"當作"行"。"汚"或作"汙"，與"行"形近。《名義》："絜，公莭反。清也，结也。"《新撰字鏡》："絜，古字作䊗，古纈反，入。束也。繫也。麻一耑也，清也。"《類聚名義抄》："絜裹，《玉》云：'清也，結也。'"（316•6）

繆，莫侯反。《淮南》："訟繆胷中。"許[許]䊵重曰："訟，容也。繆，静也。"《說文》："枲之十絜也。一曰：綢繆也。"《廣雅》："綢繆，綿連也。"

《淮南子・泰族》："今夫道者，藏精於內，棲神於心，静漠恬淡，訟繆胸中。"高誘注："訟，容也。繆，静也。"《說文》："繆，枲之十絜也。一曰：綢繆。从糸，翏聲。"《廣雅・釋詁四》："綢繆，纏也。"《廣雅・釋訓》："綢繆，纏緜也。"《廣雅・釋詁四》："緜、聯，連也。"《殘卷》似有誤。《名義》："繆，莫侯反。静也，綢繆。"《新撰字鏡》："綢繆，……下莫侯、氏[亡]彪二反，平。静也，綢也，纏綿也。"

絣，方茎、方𡴘[幸]二反。《記[說]文》："立[氐]人蹠婁布也。"《字書》："一曰：无文綺也。"或為〈迸〉字，在辵部。[②]

《說文》："絣，氐人殊縷布也。从糸，并聲。"段玉裁注："殊縷布者，蓋殊其

① 黃仁瑄校注："'麻'字原闕，今據磧藏本補。"
② 吕校本缺字補作"迸"，張傑亦以為"或為"二字後宜補"迸"字。《名義》："迸，彼争反。跰字。走也，散也。"與"絣"義不合。按：當補"迸"字。《名義》："迸，補幸[幸]反。絣也。布也。"

縷色而相間織之。”按：此説恐非。“絣”或釋作“無文綺”，與“殊其縷色”不合。“殊”似以作“跣”為長。《漢書·揚雄傳下》：“闢之以休咎，絣之以象類。”宋祁引《字林》：“布莖反，縷布也。”《玄應音義》卷十二《長阿含經》卷十九音義：“拼之，古文抨，同，補耕反。謂彈繩墨為拼也。經中作絣。《字林》：‘無文綺也。’”《名義》：“絣，方茎反。无文綺。”《新撰字鏡》：“絣，北萠反。振繩墨也，无文綺也。”

緼，於昆反。《論語》：“衣弊緼袍。”孔安國曰：“緼，枲也。”《礼記》：“纊為繭，緼為布［袍］。”鄭玄曰：“緼謂今纊及舊絮也。纊，今綿也。”《説文》：“緼，紼也。”《廣雅》：“緼，乱也。”

《論語·子罕》：“子曰：‘衣敝緼袍，與衣狐貉者立而不恥者，其由也與？’”何晏集解引孔安國曰：“緼，枲著。”①《禮記·玉藻》：“纊為繭，緼為袍。”鄭玄注：“衣有著之異名也。纊謂今之新綿也，緼謂今纊及舊絮也。”《禮記》原文“纊”在前，“緼”在後，則鄭注亦當“纊”在前，“緼”在後。《殘卷》所引次序有誤。《説文》：“緼，紼也。从糸，𥁕聲。”《廣雅·釋詁三》：“緼，亂也。”《名義》：“緼，於昆反。枲也，紼也，乱也。”《新撰字鏡》：“緼，於問反。乱麻也，紼也，〈枲〉也，絮也，綿也，乱也。”《類聚名義抄》：“麻緼，《玉》云：‘枲也，紼也，乱也。’”（308•4）

紼，甫物反。《周礼》：“及埜，師［帥］而属人［六］紼。”鄭玄曰：“舉棺索也。”鄭玄注《儀礼》：“引棺在軸輴曰紼。”《礼記》：“助埜必執紼。”鄭玄曰：“挽車索也。”《尔雅》：“紼，䋿也。”郭璞曰：“謂索也。”野王案：凡索皆曰紼，不止於舉柩、引車也。《毛詩》“汎汎楊舟，紼纚［纚］維之”是也。《韓詩》：“君子至止，紼衣繡裳。異色繼袖曰紼。”《説文》：“乱麻也。”《蒼頡篇》：“緼枲也。”《字書》：“一曰：挽舩索也。”

《周禮·地官·遂人》：“及葬，帥而屬六綍。”鄭玄注：“綍，舉棺索也。”《爾雅·釋水》：“汎汎楊舟，紼縭維之。紼，䋿也。”郭璞注：“䋿，索。”《禮記·曲禮》：“助葬必執紼。”鄭玄注：“紼，引車索。”《殘卷》“挽”同“挽”，引、挽義同。《五

① 《後漢書·崔駰傳附崔寔》：“寔至官，斥賣儲峙，為作紡績織紝練緼之具以教之，民得以免寒苦。”李賢注引孔安國《論語注》曰：“緼，枲也。”

經文字·糸部》："紱、紼，並音弗，上綬也，下輓車索。""輓""挽"音義同。《詩經·小雅·采菽》："汎汎楊舟，紼纚維之。"毛傳："紼，繂也。"《詩經·秦風·終南》："君子至止，黻衣繡裳。"毛傳："黑與青謂之黻，五色備謂之繡。"王先謙《詩三家義集疏》："袖，當為繡字之誤。"《説文》："紼，亂系也。从糸，弗聲。"《蒼頡篇》"緼枲也"，"緼"與"枲"義同。《名義》："紼，甫物反。乱麻也，上字。"吕氏校釋："此處'上字'是指與上一字同義。"按：《玄應音義》卷十二《別譯阿含經》卷十九音義："麻緼，一問反。《説文》：'緼，亂麻也。'"《新撰字鏡》："綍，甫物反。棺索也，挽車索也，継袖衣也，乱麻也，温［緼］枲，挽舩索也。紼、繂、䋎，三字上同。"

綍，《字書》亦紼字也。

《玉篇》："紼，甫勿切，引棺索也，車索也，亂麻也。綍，同上。"《龍龕》："紼、綍，二或作；繂，通；繂，正。夫勿反，大索引棺車也，又亂麻也。"《名義》："紼，甫物反。乱麻也，上字。綍，上字。"

繂，《字書》亦紼字也。

《爾雅·釋水》："汎汎楊舟，紼縭維之。紼，䌸也。"郭璞注："䌸，索。"陸德明音義："紼，本或作繂，又作紱，同，甫勿反。"《名義》："紼，甫物反。乱麻也，上字。綍，上字。繂，上字。"

緉，所鎩反。《方言》："諫［緉］，綏［絞］也。關文［之］東西謂之緉。"郭璞曰："謂履中絞也。"

《方言》卷四："緉、緉，絞也。關之東西或謂之緉，或謂之緉。絞，通語也。"郭璞注："謂履中絞也。音校。"《名義》："緉，所鎩反。緩也，履中绞。"吕氏校釋："'緩也'疑當作'绞也'。"按：《名義》沿《殘卷》之誤。《廣雅·釋器》："緉，絞也。"《新撰字鏡》："䋭［緉］、緓、緉、纕，四同。所兩反。履中絞繩也，絞。"

紕，補寐、扶規二反。《毛詩》："素丝紕之。"傳曰："紕，所以織組也。揔紕扵此，成文扵彼也。"《韓詩》："織組噐也。"《礼記》："縞冠素紕，既祥之冠也。"鄭玄曰："紕，緣邊也。"又曰："韠……紕以爵韋。"鄭玄曰："在旁曰紕，在下曰純。"《尓雅》："紕，餝也。"郭璞曰："謂緣餝也。見《詩》《礼》。"《方言》："紕，理也。秦晉之間曰雉，宋鄭曰紕。"《説文》："燕人罽也。"野王案：《周書》"正西……以紕［紕］為献"是也。《廣雅》："紕，緣也。"又音匹毗反。《礼記》："一物紕繆，則民莫淂其死。"鄭玄曰："紕猶錯也。"

《詩經·鄘風·干旄》："素絲紕之，良馬四之。"毛傳："紕，所以織組也。總紕於此，成文於彼。"《禮記·玉藻》："縞冠素紕，既祥之冠也。"鄭玄注："紕，緣邊也。紕讀如埤益之埤。"《禮記·雜記》："韠長三尺，下廣二尺，上廣一尺，會去上五寸。紕以爵韋六寸，不至下五寸。"鄭玄注："在旁曰紕，在下曰純。"《爾雅·釋言》："紕，飾也。"郭璞注："謂緣飾，見《詩》。"《方言》卷六："紕、繹、督、雉，理也。秦晉之間曰紕，凡物曰督之，絲曰繹之。"按：周祖謨校箋："今本秦晉之間下脱'曰雉宋鄭'四字。當據補。"《説文》："紕，氐人繝也。讀若《禹貢》'玭珠'。从糸，比聲。"《逸周書·王會》："正西崐崙、狗國、鬼親、枳己、闟耳、貫胸、雕題、離丘、漆齒，請令以丹青、白旄、紕罽、江歷、龍角、神龜爲獻。"《廣雅·釋詁二》："紕，緣也。"《禮記·大傳》："五者一物紕繆，民莫得其死。"鄭玄注："紕繆猶錯也。"按：《玄應音義》卷二十《婆藪槃豆傳》音義："紕謬，匹毗反。《禮記》：'一物紕謬。'鄭玄曰：'紕猶錯也。'"與《殘卷》所引正同。《名義》："紕，扶規反。缘邊也，餝也，理也，缘也，錯。"吕氏校釋："'錯'字原訛。"按："錯"字原訛作"腊"。《新撰字鏡》："紕、紕，二同，正。補寐反，去。借扶規反，平。缘餙也。索［素］丝纰之，所以織組也。謬錯也，又絹踈鮮也，又曰帛縷併也。又𠑆［㑆］，同。作繒欲壞也。"《類聚名義抄》："紕繆，《玉》云：'缘邊也，飾也，理也，緣也，錯也。'"（316•6）

繝，凡［几］厲反。《周書》："正西……以白旄、紕繝為献。"野王案：《説文》："西故［胡］毳布也。"《漢書》"織罽刾文繡""賈人无淂衣罽"是也。《尓雅》："𣭙［氂］，罽也。"郭璞曰："毛𣭙［氂］，所以作罽者也。"或為〈瓾〉字，在毛部。① 今或為罽字，在冈部。②

① 《名義》："瓾，畸滯反。氂也。罽也。"
② 《名義》："罽，居例反。毛布，網。"

《逸周書·王會》："正西崐崘、狗國、鬼親、枳已、闟耳、貫胸、雕題、離丘、漆齒，請令以丹青、白旄、紕罽、江歷、龍角、神龜爲獻。"《説文》："䌶，西胡毳布也。从糸，罽聲。"《漢書·西域傳上·罽賓國》："其民巧，雕文刻鏤，治宫室，織罽，刺文繡，好治食。"《漢書·高帝紀下》："賈人毋得衣錦、繡、綺、縠、絺、紵、罽，操兵，乘騎馬。"顔師古注："罽，織毛若今毼及氍毹之類也。"《爾雅·釋言》："氂，罽也。"郭璞注："毛氂，所以爲罽。"邢昺疏："罽者，織毛爲之，若今之毛氍毹，以衣馬之帶鞅也。"《名義》："䌶，几厲反。毳布也。"按：《名義》釋義當據《殘卷》所引《説文》而有省略。《新撰字鏡》："䌶，几厲反。毛毳布也，錦罽，文繡也。罽字。"

縊，扵豉反。《左氏傳》："莫敖縊于荒谷。"杜預曰："自經也。"

《説文》："縊，經也。从糸，益聲。《春秋傳》曰：夷姜縊。"《左傳·桓公十三年》："莫敖縊于荒谷，群帥囚于冶父。"杜預注："縊，自經也。"《慧琳音義》卷八一《集神州三寶感通録》卷一音義："自縊，下伊計反。《左傳》云：'莫敖縊于荒谷。'《考聲》云：'縊猶白［自］刑死也。'《公羊傳》云：'靈王自縊而死。'何休注云：'謂自經而死。'"《名義》："縊，扵豉反。自經。"《新撰字鏡》："縊、䋬，二同。一至、扵賜二反。絞也，經也。"《類聚名義抄》："縊，《玉》云：'才［扵］豉反。自經也。'"（325•4）

緎，為逼反。《毛詩》："素丝五緎。"傳曰："緎，縫也。"《尔雅》："羔裘之縫也。"郭璞曰："〈縫〉餙羔裘之名也。"《韓詩（詩）》："緎，數也。"或（或）為黬字，在黑部。① 或為韄字，在革部。②

《詩經·召南·羔羊》："羔羊之革，素絲五緎。"毛傳："緎，縫也。"陸德明音義："緎，徐音域，又于域反，縫也。孫炎云：'緎，縫之界域。'"《爾雅·釋訓》："緎，羔裘之縫也。"郭璞注："縫飾羔皮之名。"《羔羊》又云："羔羊之皮，素絲五紽。""羔羊之縫，素絲五總。"王引之《經義述聞》卷五："今繹三章文義，寔不當如《爾雅》所訓。紽、緎、總皆數也。五絲為紽，四紽為緎，四緎為總。"《殘卷》所引《韓詩》，正可證成王説。

---

① 《名義》："黬，為逼反。羔裘縫。"
② 《名義》："韄，胡偪反。羔裘缝。"

《名義》："緎，為逼反。缝也，數也。"《新撰字鏡》："緎，况逼反，入。衣縫也。"《類聚名義抄》："緎，《玉》云：'為逼反。縫也，記也，數也。'"（317•1）

彜，餘之反。《周礼》："司尊彜掌六尊六彜之位，春祠夏礿，祼用雞彜鳥彜；秋甞冬蒸，祼用斝彜黃彜；四時之間祀，祼用虍彜蜼彜。"鄭玄曰："彜亦（彜亦）尊也。欝鬯曰彜。彜，法也。言為尊之正［金］也。"《尒雅》："彜、罍，器也。"又曰："彜，常也。"野王案：《尚書》"无従匪彜""彜倫攸〈叙〉"是也。或為𦃞［纛］字，在〈素〉部。[①]古文為緷字，在鉾［絲］部。[②]

吕校本引《周礼》脱首字"司"。《說文》："彝，宗廟常器也。从糸，糸，綦也。収持米，器中實也。彑聲。此與爵相似。《周禮》：六彝：雞彝、鳥彝、黃彝、虎彝、蟲彝、斝彝，以待祼將之禮。"《周禮·春官·司尊彝》："司尊彝掌六尊、六彝之位，詔其酌，辨其用與其實。春祠夏禴，祼用雞彝、鳥彝，皆有舟；其朝踐用兩獻尊，其再獻用兩象尊，皆有罍，諸臣之所昨也。秋嘗冬烝，祼用斝彝、黃彝，皆有舟；其朝獻用兩著尊，其饋獻用兩壺尊，皆有罍，諸臣之所昨也。凡四時之間祀追享朝享，祼用虎彝、蜼彝，皆有舟；其朝踐用兩大尊，其再獻用兩山尊，皆有罍，諸臣之所昨也。"《周禮·春官·序官》："司尊彝下士二人，府四人，史二人，胥二人，徒二十人。"鄭玄注："彝亦尊也。鬱鬯曰彝。彝，法也，言爲尊之法也。"《說文》載"灋"之古文為"金"，《殘卷》"正"為"金"字之訛。吕校本誤作"正"。《爾雅·釋器》："彝、卣、罍，器也。"郭璞注："皆盛酒尊，彝其揔名。"《爾雅·釋詁上》："典、彝、法、則、刑、範、矩、庸、恒、律、戛、職、秩，常也。"郭璞注："庸、戛、職、秩義見《詩》、《書》，餘皆謂常法耳。"《尚書·湯誥》："凡我造邦，無從匪彝，無即慆淫。"孔安國傳："彝，常。"吕校本引《尚書》"彝倫攸"下補"斁"字。《尚書·洪範》："我不知其彝倫攸叙。"孔安國傳："言我不知天所以定民之常，道理次叙，問何由。"又："帝乃震怒，不畀洪範九疇，彝倫攸斁。……天乃錫禹洪範九疇，彝倫攸叙。"《慧琳音義》卷八八《集沙門不拜俗議》卷三音義："彝章，以脂反。鄭注《礼記》云：'彝，法也。'《尒雅》：'常也。'《尚書》'彝倫攸叙'是也。《說文》：'從糸、米、廾、彐［彑］。'"據此，《尚書》有"彝

① 《殘卷》："纛，餘之反。《字書》亦彝字也。彝，尊也，常也，在糸部。"《名義》："纛，餘之反。尊也，常也。"

② 吕校本作"鉾部"。按：《殘卷》《名義》無鉾部，"鉾部"當作"絲部"。《殘卷·絲部》："緷，餘之反。《說文》古文彝字也。彝，常也。彝，尊也。在糸部。"《名義·絲部》："緷，餘之〈反〉。古上［彝］字。尊也，常也。"

倫攸叙”“彝倫攸斁”，《慧琳音義》引作“彝倫攸叙”，則以補“叙”為優。《名義》：“彝，餘之反。尊也，法也，常也。”《新撰字鏡》：“彝，以昨［脂］反，平。尊也，常也，倫也，常器，在糸部也。”又：“𢑱，与止［之］反。尊也，常也，觧也，法也，器也。”

綏，髓惟反。《尚書》：“五百里綏服。”孔安國曰：“安服王者政教也。”野王案：邒王城千一百里至千五百里也。《毛詩》：“有孤［狐］綏綏。”傳曰：“綏綏，匹行也。”又曰：“雄狐綏綏。”傳曰：“相隨綏綏然也。”《國語》：“綏謗言。”賈逵曰：“綏，止也。”《尒雅》：“綏，安也。”野王案：《毛詩》“福履綏之”是也。《論語》：“升車必正立執綏。”周生烈曰：“執綏，所以為安也。”野王案：《說文》：“車中枙也。”《左氏傳》：“出戰交綏。”杜預曰：“《司馬法》：‘逐奔不遠，從〈綏〉不及。逐奔不遠則難誘，從綏不及則難（誘）陥。’然則古者名退軍為綏也。……争而兩退，故曰交綏。”行遲綏綏為〈夊〉字，在〈夊〉部。①

《尚書·禹貢》：“五百里綏服。”孔安國傳：“綏，安也。侯服外之五百里，安服王者之政教。”《尚書·益稷》：“弼成五服，至于五千。”孔安國傳：“五服，侯、甸、綏、要、荒服也。服，五百里。四方相距爲方五千里。”距王城五百里爲甸服，一千里爲侯服，一千五百里爲綏服。《詩經·衛風·有狐》：“有狐綏綏，在彼淇梁。”毛傳：“綏綏，匹行貌。”《詩經·齊風·南山》：“南山崔崔，雄狐綏綏。”毛傳：“雄狐相隨，綏綏然無別，失陰陽之匹。”《國語·齊語》：“惟慎端慤以待時，使民以勸，綏謗言。”韋昭注：“綏，止也。”《慧琳音義》卷七五轉録《雜寶藏經》卷七玄應音義：“綏化，恤隨反。《尚書》：‘五百里綏服。’孔安國曰：‘王者政教也。’《尒疋》：‘綏，安也。’”《詩經·周南·樛木》：“樂只君子，福履綏之。”毛傳：“綏，安也。”《論語·鄉黨》：“升車必正立執綏。”何晏集解引周生烈曰：“必正立執綏，所以為安車。”按：《經典釋文·序錄》：“周生烈，燉煌人。《七録》云：‘字文逢，本姓唐，魏博士、侍中。’”《説文》：“綏，車中把也。从糸，从妥。”“枙”，今本《説文》作“把”，《玉篇》引《説文》作“靶”，《群經音辨》作“挹”，段玉裁改為“靶”。△按：“靶”為正字，“把”為俗字，《説文》釋義或不避俗字，“枙”“挹”均與“把”形近。《左傳·文公十二年》：“‘秦以勝歸，我何以報？’乃皆出戰交綏。”杜預注：“《司馬法》曰：‘逐奔不遠，

① 《説文》：“夊，行遲曳夊夊。”《名義》：“夊，思隹反。缓［綏］字。匹行也。”

從綏不及。逐奔不遠則難誘，從綏不及則難陷。’然則古名退軍爲綏。秦晉志未能堅戰，短兵未至，争而兩退，故曰交綏。”《名義》：“綏，髓惟反。止，女也。”吕氏校釋：“‘止女也’當作‘止也，安也’。”《新撰字鏡》：“綏、緌，二同。私焦、先追二反。安也，量也，冠緒也，止也。”

綷，作憒反。《方言》：“綷，同也，宋衛之間曰綷也。”

《方言》卷三：“綷，同也。……宋衛之間曰綷。”郭璞注：“作憒反。”《説文》：“䊜，會五采繒色。从黹，綷省聲。”“䊜”“綷”音義同。《玉篇》：“綷，子内切，周［同］也。”《名義》：“綷，作憒反。同上。”吕氏校釋：“《殘卷》引《方言》作‘同也’。《名義》‘同上’為誤訓。”《新撰字鏡》：“綷，子對反，去。會也，五色也，同也，地名。綷，上字。”

繼，公㹧反。《周易》：“兩明［明兩］作離，大人以继明照于四方。”王弼曰：“継謂不绝也。”《國語》：“文［又］鮮其継。”賈逵曰：“継，餘也。”《尒雅》：“纘、紹，継也。”《説文》：“継，續也。”《喪服傳》：“继母如母，继母之配父，与〈冝〉母同，故孝子不敢殊（服）也。……夫死，妻[illegible]［稺］子幼，子无大切之親，与之適［適］人，所適［適］者忽無大切之親。所適［適］者，以其貨財為之築宫廣［廟］，歲時使之祀焉，妻不敢与，是則継父之道也。”

吕校本反切下字誤作“肆”。按：《殘卷》本作“[illegible]”，當是“㹧”字，為“隸”之俗體字。

《周易·離》：“明兩作離，大人以繼明照于四方。”王弼注：“繼謂不絶也。”《國語·周語下》：“不可作重幣以絶民資，又鑄大鐘以鮮其繼。”韋昭注：“鮮，寡也。寡其繼者，用物過度，妨於財也。”《慧琳音義》卷三十七《菩提莊嚴陀羅尼經》音義：“繼嗣，上鶏詣反。王逸注《周易》：‘繼謂不絶也。’賈注《國語》云：‘繼，餘也。’《尒雅》：‘紹也。’《説文》：‘續也。從糸，㡭聲。’㡭音同上。經文從迷作継，俗字也，無來處，草書誤也。”又卷六九《阿毗達磨大毗婆沙論》卷一九五音義：“繼嗣，上雞藝反。王弼注《周易》云：‘繼謂不絶也。’賈逵注《國語》云：‘繼，餘也。’《介雅》：‘繼，紹也。’《説文》：‘續也。從糸，從㡭，㡭亦聲。’或作㡭。”《爾雅·釋詁上》：

“紹、胤、嗣、續、纂、綏、績、武、係，繼也。”“纉”與“纂”音義同。《説文》：“繼，續也。从糸，从㡭。一曰：反㡭爲繼。”《儀禮·喪服》：“繼母如母。”《儀禮·喪服傳》：“繼母何以如母？繼母之配父，與因母同，故孝子不敢殊也。”《儀禮·喪服》：“繼父同居者。”《儀禮·喪服傳》：“夫死，妻穉子幼，子無大功之親，與之適人，而所適者亦無大功之親。所適者，以其貨財為之築宫廟，歲時使之祀焉，妻不敢與焉。若是，則繼父之道也。”《名義》：“繼，公疑反。餘也，續也。”《新撰字鏡》：“継、繼，二同，古計反。□［續］也，餘也。”《類聚名義抄》：“紹継，《玉》云：‘餘也。’”（301•2）

継，今俗繼字也。

《玉篇》：“繼，公第切，續也，紹繼也。継，同上，俗。”《名義》：“継，今俗繼。”

綯，徒高反。《毛詩》：“宵尒索綯。”傳曰：“綯，絞也。”《尒雅》亦云，郭璞曰：“糾絞繩索也。”《方言》：“自關而東周洛韓鄭汝頴［潁］而東或謂車紂為曲綯。”郭璞曰：“亦繩名也。”謝美《漢後［後漢］書》有敗布綯。野王案：綯亦幬［幬］也。

《詩經·豳風·七月》：“晝爾于茅，宵爾索綯。”毛傳：“綯，絞也。”《爾雅·釋言》：“綯，絞也。”郭璞注：“糾絞繩索。”邢昺疏引李巡曰：“綯，繩之絞也。”《方言》卷九：“車紂，自關而東周洛韓鄭汝潁而東謂之緻，或謂之曲綯。”郭璞注：“綯亦繩名。《詩》曰：‘宵爾索綯。’”吕校本“潁”誤作“穎”。《太平御覽》卷四二五引謝承《後漢書》曰：“羊續，字興祖，泰山人。為廬江太守，卧一幅布綯，穿敗，糊紙以補綯。”《北堂書鈔》卷三八有“布裯穿敗，糊紙補之”。《太平御覽》卷六九九引謝承《後漢書》曰：“羊續為廬江太守，卧一幅布幬，幬穿敗，糊紙補之。”“綯”與“裯”“幬”同。《名義》：“綯，徒高反。绞也，幬也。”吕氏校釋：“‘幬’字原誤。《殘卷》作‘野王案，綯亦幬也’。”按：“幬”字原誤作“幬”。《新撰字鏡》：“綯，徒高反。絞也，繩也，檮［幬］也。”《類聚名義抄》：“綯，《玉》云：‘徒高反。絞也，擣［幬］也。’”（309•5）

綺，《字書》古文綯字也。

《名義》："綯，徒高反。绞也，檮［幬］也。綺，上字。"《玉篇》："綺，古文。""綺"當作"綺"。"綺"字本當從"夲"得聲，參胡吉宣《玉篇校釋》、熊加全《〈玉篇〉疑難字考釋與研究》。《新撰字鏡》："綯，徒高反。絞也，繩也，幬也。綺，上字。"《古文四聲韻》載崔希裕《纂古》"綯"字作"[篆字]"，與"綺"形近。

繁，扶藩反。《毛詩》："正月繁霜。"傳曰："繁，多也。"《礼記》："孔子曰：辞讓之莭繁。"鄭玄曰："繁猶盛也。"又音蒲柯反，人姓也，《漢書》有繁延壽。

《詩經·小雅·正月》："正月繁霜，我心憂傷。"毛傳："繁，多也。"《禮記·鄉飲酒義》："三揖至于階，三讓以賓升，拜至獻酬辭讓之節繁。"鄭玄注："繁猶盛也。"《玄應音義》卷二三《廣百論》卷七音義："寔繁，下扶園反。……《詩》……又云：'六［正］月繁霜。'傳曰：'繁，多也。'《礼記》：'孔子：辞讓之節繁。'鄭玄曰：'繁，盛也。'"《漢書·元帝紀》："二月，御史大夫延壽卒。"顏師古注："即繁延壽也。繁音蒲何反。"《漢書·谷永傳》："建昭中，御史大夫繁延壽聞其有茂材，除補屬，舉為太常丞，數上疏言得失。"顏師古注："即李延壽也。一姓繁，音蒲何反。"《廣韻·戈韻》："繁，姓也。《左傳》殷人七族有繁氏。漢有御史大夫繁延壽。"音"薄波切"。《名義》："繁，扶藩反。多，盛也。"《新撰字鏡》："繁，正。扶蒲［藩］反。多也，盛也，姓也。"《類聚名義抄》："寔繁，《玉》云：'扶元反。馬麦［髮］。又扶藩反，多、盛也。'"（304•5）

繾，祛善反。《毛詩》："以謹繾綣。"傳曰："繾綣，反覆也。"《左氏傳》："繾綣従公。"杜預曰："繾綣，不離散也。"《字書》夂饍字也，𩚵［捜］也，黏也，進［嗤］也，在食部。[①]

《詩經·大雅·民勞》："無縱詭隨，以謹繾綣。"毛傳："繾綣，反覆也。"《左

① 《名義》："饍，去善反。嗤也，黏也。"《廣雅·釋詁三》："饍，摶也。"《殘卷》"𩚵"字從食，叀聲，疑為"捜"之俗字，"捜"同"摶"。

傳・昭公二十五年》："繾綣從公，無通外內。"杜預注："繾綣，不離散。"《慧琳音義》卷九六《弘明集》卷十三音義："繾綣，上牽善反，下闕。《毛詩傳》云：'繾綣，反覆也。'杜注《左傳》云：'不離散也。'《古今正字》義同。"《殘卷》："䊴，去善反。《廣雅》：'䊴，槵［摶］也。'《埤蒼》：'噍[①]也。'《聲類》：'黏也。'或為繾字，在糸部。"《名義》："繾，杜［祛］善反。進［噍］也，绻也。䊴。"吕氏校釋："疑當作'祛善反'。'绻也'應與字頭連讀為'繾绻也'。"《新撰字鏡》："㛪綣夊繾綣，……繾，去演反，上。䊴也，黏［黏］也，進［噍］也。"《名義》《新撰字鏡》"進也"為沿《殘卷》之誤，當作"噍"。《玉篇》："䊴，去善切，噍也。"吕校本亦失校。

綣，吴阮反。《礼記》："綣綣服膺，不失之矣。"鄭玄曰："綣綣，奉持之皀也。"又曰："今夫〈山〉，一綣石之多。"鄭玄曰："綣猶區也。"又曰："綣豚行，不舉足，齊如流。"鄭玄曰："綣，轉〈也〉，肦［豚］之言若有所循也。"《字書》夊綣［䅌］字也，䅌，揰［摶］也，在黍部。[②]

《禮記・中庸》："子曰：'回之爲人也，擇乎中庸，得一善，則拳拳服膺而弗失之矣。'"鄭玄注："拳拳，奉持之貌。"陸德明音義："拳拳，音權，又起阮反，徐羌權反。"《禮記・中庸》："今夫山，一卷石之多，及其廣大，草木生之，禽獸居之，寶藏興焉。"鄭玄注："卷猶區也。"陸德明音義："卷，李音權，又羌權反，范羌阮反。"《禮記・玉藻》："圈豚行，不舉足，齊如流。"鄭玄注："圈，轉也。豚之言若有所循。"陸德明音義："圈，舉遠反，又去阮反，注同。豚，本又作豚，同，大本反，徐徒困反，注同。齊如，音咨，本又作齋，同。"《名義》："綣，吴院反。區也。"吕氏校釋："《殘卷》作'吴阮反。……鄭玄曰："綣猶區也"'。"按："綣"屬溪母，"吴"屬疑母，《殘卷》《名義》反切上字誤，疑當作"溪"，其右旁"奚"字與"吴"形近。光緒《睢寧縣志稾・人物志》（成文出版社影光緒十二年刻本）："孫登山、王方朋在凌城社禦賊，一被殺，一投河死。張士宏、張士能、袁大齡、奚家梅凡四人，瓜蔓社禦賊被殺。""奚"，《徐州府志》作"吴"。《新撰字鏡》："㛪綣夊繾綣，……下祛阮反，上。區也，轉也，

① 此據黎庶昌本，《續修四庫全書》本、羅振玉本作"唯"。
② 《名義》："䅌，丘遠反。博［摶］也。绻也。""揰"為"摶"之俗字。

綣也。二合猶𦆼倦也，謂不相離。”[①]《類聚名義抄》：“繾綣，下《玉》云：‘區也；繾綣，反覆也。’”（317•4）

紗，所加反。《周礼》：“内司服掌王后之六服：褘衣、揄狄、鞠衣、展〈衣〉、禄［褖］衣、素紗。”鄭衆曰：“赤衣也。”鄭玄曰：“謂今之白絹也。六服者，皆袍制，以白絹為其裹，使人張顯也。今世有紗縠者，名出於此耳。”《廣雅》：“紗，少［小］也。”“紗，微也。”

《周禮·天官·内司服》：“内司服掌王后之六服：褘衣、揄狄、闕狄、鞠衣、展衣、緣衣、素沙。”鄭衆注：“素沙，赤衣也。”鄭玄注：“素沙者，今之白縳也。六服皆袍制，以白縳爲裹，使之張顯。今世有沙縠者，名出于此。”陸德明音義：“緣衣，或作褖，同，吐亂反。……白縳，劉音絹，《聲類》以爲今作絹字。《説文》云：‘鮮色也。’居椽反，徐升卷反，沈升絹反。”今本《周禮》“六服”有七種，或當從《殘卷》。《廣雅·釋詁二》：“纱，小也。”王念孫疏證：“纱，各本訛作紗，自宋時本已然，故《集韻》《類篇》紗字竝音師加切，引《廣雅》：‘紗，小也。’案：《説文》《玉篇》《廣韻》俱無紗字，《集韻》師加切之音未詳所據。……《廣雅》紗字在麽字上，明是纱字之訛，《集韻》音師加切，非是，今訂正。”“纱”與“紗”、“少”與“小”形近，顧氏所據本蓋誤。《廣雅·釋詁四》：“幾、尾、緦、纱、糸、綅、緰、麽，微也。”王念孫疏證：“緦、纱、糸、綅、細皆絲之微也。”按：疑此字亦當作“纱”，微、小義同。《名義》：“紗，所加反。赤衣也，少也，微也。”吕氏校釋：“《殘卷》作‘鄭衆曰：“素紗，赤衣也。”……《廣雅》：“紗，少也。”“紗，微也。”’。”《新撰字鏡》：“紗，所加反。絹属也，少也，微也，緺也。”[②]《類聚名義抄》：“紗，《玉》云：‘赤衣也，今亦曰絹也，少也，微也。’”（317•1）按：《殘卷》《名義》《新撰字鏡》《類聚名義抄》“少也”當作“小也”。

繶，於力反。《周礼》：“屨人掌為……赤繶、黄〈繶〉。”鄭衆曰：“以赤黄之丝為下缘也。礼家説：繶〻謂以采丝礫其下也。”鄭玄曰：“謂縫中紃也。”《廣

---

① 《玄應音義》卷二十《治禪病祕要經》卷一音義：“婉綣，於遠反，下袪阮反。婉綣猶繾綣。繾綣謂不相離也。”

② “緺也”似有誤。

雅》："繶，絛也。"或為韂字，在革部。[①]

《周禮·天官·屨人》："屨人掌王及后之服屨，為赤舄、黑舄、赤繶、黄繶、青句、素屨、葛屨。"鄭衆注："赤繶、黄繶，以赤黄之絲為下緣。《士喪礼》曰：'夏葛屨，冬皮屨，皆繶緇純。'礼家説：繶亦謂以采絲礫其下。"鄭玄注："繶，縫中紃。"吕校本"下緣"誤作"天下緣"。《廣雅·釋器》："繶，絛也。"《玉篇》："繶，於力切，絛也。或作韂。"《名義》："繶，扵力。絛。"《新撰字鏡》："繶，扵力反，入。絛繩也，縫中紃。"

綖，餘戰、餘旃二反。《周礼》："弁師掌王之五冕，皆玄冕、朱裹、綖、紐。"《左氏傳》："衡紞紘綖。"杜預曰："綖，冠上覆也。"《礼記》："天子玉璪，十有二流，前後遂綖。"鄭玄曰："綖，冕上覆也。遂綖言皆出冕前後而垂也。"

《周禮·夏官·弁師》："弁師掌王之五冕，皆玄冕、朱裏、延、紐。"鄭玄注："延，冕之覆，在上，是以名焉。"《左傳·桓公二年》："衮、冕、黻、珽，帶、裳、幅、舄，衡、紞、紘、綖，昭其度也。"杜預注："綖，冠上覆。"《禮記·玉藻》："天子玉藻，十有二旒，前後邃延，龍卷以祭。"鄭玄注："前後邃延者，言皆出冕前後而垂也，天子齊肩。延，冕上覆也。"陸德明音義："延，如字，徐餘戰反。《字林》作綖，弋善反。"《慧琳音義》卷七四《佛本行讃傳》卷一音義："綩綖，下演錢反。杜注《左傳》：'綖，冠上覆也。'鄭注《礼記》：'冕上覆也。'"《名義》："綖，餘戰反。冠上覆。"《新撰字鏡》："綖、線，二同。綫、緢、綖同，千［于］尔［獮］反。系也，冠上覆也，謂縫衣縷也。"[②]《類聚名義抄》："綖，《玉》云：'冠上覆也。'"（291•6）

緻，馳致反。《礼記》："德産之緻也精微。"鄭玄曰："緻，密也。"《方言》："紩，秦謂之緻。"又曰："襜褕弊謂之緻。"郭璞曰："縫納弊故之名也。"又曰："縷謂之緻。"郭璞曰："襤縷，緻紩者也。"《廣雅》："緻，補也。""緻，練也。""緻，至也。"

---

① 《名義》："韂，扵力反。繶。"
② 《玄應音義》卷二十《陀羅尼雜集》卷二音義："一線，今作綫，又作緢，同。私賤反。謂縫衣縷也。"

《説文》:“緻,密也。从糸,致聲。”《禮記·禮器》:“德産之致也精微。”鄭玄注:“致,致密也。”阮元挍勘記:“孫志祖挍云:‘《文選·何敬祖〈雜詩〉》注引《禮記》曰:德産之緻也精微。鄭元曰:緻,密也。疑唐初本如此,後傳寫誤耳。’按:致、緻古今字。段玉裁云:‘《説文·糸部》緻字乃徐鉉所增。’”《方言》卷四:“楚謂無緣之衣曰襤,紩衣謂之褸,秦謂之緻。”《方言》卷四:“襜褕,江淮南楚謂之褈裗,自關而西謂之襜褕,其短者謂之裋褕,以布而無緣敝而紩之謂之襤褸。自關而西謂之統裾,其敝者謂之緻。”郭璞注:“緻,縫納敝故之名也。”又:“褸謂之緻。”郭璞注:“襤褸,綴結也。”《廣雅·釋詁四》:“緻,補也。”《廣雅·釋器》:“緻,練也。”《廣雅·釋詁一》:“致,至也。”又:“擻,至也。”王念孫疏證:“鄭注《禮器》云:‘致之言至也。’……擻亦致也。”《慧琳音義》卷三六《蘇婆呼童子請問經》上卷音義:“密緻,下池利反。鄭注《禮記》:‘緻即密也。’《廣雅》:‘至也。’”“緻”“擻”“致”音義同。《慧琳音義》卷六十《根本説一切有部毗奈耶律》卷二三音義:“密緻,下馳利反。《廣雅》:‘緻,補也,至也。’郭注《方言》云:‘縷密謂之緻。’《文字典説》:‘緻亦密也。從糸,致聲。’”又卷三九《不空羂索經》卷二一音義:“堅緻,馳致反。鄭注《礼記》云:‘緻,密也。’《廣雅》云:‘緻,補也。’《古今正字》:‘從糸,致聲。’”《名義》:“緻,馳致反。蜜[密]也,補也,至也。”《新撰字鏡》:“緻、緻,二同。遟致反,去。密也,堅也,固也,精也,捕[補]也,練也。”《類聚名義抄》:“綵緻,《玉》云:‘縷謂之緻,補也,至也。’”(317•5)

繽,匹仁反。《韓詩》:“緝緝繽繽,諆[謀]欲譖言。繽繽,往來皀也。”《楚辞》:“繽紛其繁錺。”王逸曰:“繽紛,盛皀也。繁,衆也。”《尚書大傳》:“大廣[磨]之中,繽乎其猶模𦄅也。”鄭玄曰:“言文章之可觀也。”《廣雅》:“繽繽,衆也。”繽紛,鬪争,《説文》為闠字,在門[鬥]部。①

《詩經·小雅·巷伯》:“緝緝翩翩,謀欲譖人。”毛傳:“緝緝,口舌聲。翩翩,往來貌。”陸德明音義:“緝,七立反。《説文》作咠,云:‘聶語也。‘又子立反。翩,音篇,字又作扁。”《慧琳音義》卷二七轉録大乘基《法花音訓》:“繽紛,上四[匹]仁反。《玉篇》:‘繽繽,往来皃,或盛皃,衆也。’”又卷九四《續高僧傳》卷二十音義:“繽紛,上匹民反,下妨文反。《韓詩外傳》云:‘繽繽,往來貌也。’王逸注《楚辭》云:‘繽,

① 吕校本“闠”字誤作“闤”。《説文》:“闠,鬭也。从鬥,賓省聲。讀若賓。”又:“鬩,鬭,連結闠紛相牽也。从鬥,燹聲。”“闠鬩”即“繽紛”。《名義》:“闠,匹寘反。争也,闠鬩也。”

盛貌也。’亦繁衆。”[①]《楚辭·離騷》：“佩繽紛其繁飾兮，芳菲菲其彌章。”王逸注：“繽紛，盛皃。繁，衆也。”《尚書大傳·洛誥》：“太廟之中，繽乎其猶模繡也。”鄭玄注：“言文章之可觀也。”《廣雅·釋訓》：“繽繽，衆也。”《名義》：“繽，匹仁反。衆也。”吕氏校釋：“《殘卷》引《楚辭》‘佩繽紛其繁飾’王逸注作‘繽紛，盛皃也。繁，衆也’。《名義》誤訓。”按：此説恐非。《名義》蓋據《廣雅》。《新撰字鏡》：“繽，敷賓反。繽紛，飛也，盛也，衆也。”

綵，且宰反。《尚書》：“以五采彰施于五色。”野王案：《蒼頡萹》：“繒色也。”《周礼》：“王執大圭，繅藉五采以朝日。”鄭玄曰：“有〈五〉采文也。”《考工記》“畫繪之事……五采偹謂之繡”是也。《廣雅》：“春草、雞翹、美［蒸］（衆）栗、欝金、瑰瑋、麴塵、〈緑綟、紫〉綟、无臥［緑］、綦綺、笛［畄］〈黄〉，綵也。”[②]

《尚書·益稷》：“以五采明施于五色，作尊卑之服。”“彰”“明”義同。《慧琳音義》卷二一轉録慧苑《新譯大方廣佛華嚴經音義》卷上：“彩雲，《尚書》云：‘以五彩彰施於五色。’顧野王曰：‘彩猶色也。’”又卷二十《寶星陀羅尼經》卷四音義：“繒綵，下倉宰反。《尚書》云：‘以五綵彰施于五色。’《考工記》云：‘五綵備者謂之繡。’”引《尚書》均作“彰”，與《殘卷》同。《周禮·春官·典瑞》：“王晉大圭，執鎮圭，繅藉五采五就以朝日。”鄭玄注：“繅有五采文。”《殘卷》誤省。《周禮·考工記·畫繢》：“畫繢之事……青與赤謂之文，赤與白謂之章，白與黑謂之黼，黑與青謂之黻，五采備謂之繡。”《廣雅·釋器》：“菩草、鷄翹、蒸粟、鬱金、魄幃、麴塵、録綟、紫綟、無緑、綦綺、畱黄，綵也。”“美”字上部與“艹”之俗書同。《名義》：“紵［綵］，且宰反。增色。”吕氏校釋：“此字頭原訛。”按：此字頭原訛作“紵”。《新撰字鏡》：“綵，七在反，上。染繒雜也，五色惣名也。”

綽，齒灼反。《毛詩》：“綽綽有裕。”傳曰：“綽，寛也。”《韓詩》：“寛兮綽兮。綽，柔皀也。”《尓雅》：“綽綽，緩也。”野王案：《毛詩》“寛兮綽兮”

---

① “或盛皃，衆也”“亦繁衆”均當作“繁，衆也”，《慧琳音義》誤。

② 《康熙字典》“緑”字下云：“《博雅》：‘無文綵也。’”實當作“無緑，綵也”。

是也。或為䋘［繛］字，在素部。[①] 綽約、婉約、婉従之綽或為婥字，在女部。[②]

《詩經·小雅·角弓》："此令兄弟，綽綽有裕。"毛傳："綽綽，寬也。"《詩經·衛風·淇奥》："寬兮綽兮，倚重較兮。"毛傳："綽，緩也。"鄭玄箋："綽兮，謂仁於施舍。"《慧琳音義》卷七九《經律異相》卷三一音義："華婥，下昌弱反。《毛詩》：'婥婥，寬閑皃也。'《韓詩》：'柔皃也。'《考聲》：'婥約，婦人耎弱皃。'《説文》：'從女，卓聲。'或作綽也。或作繛。"《爾雅·釋訓》："綽綽，緩也。"《慧琳音義》卷八三《大唐三藏玄奘法師本傳》卷八音義："綽有，上昌略反。《毛詩傳》：'綽，寬也。'《尒雅》：'綽，緩也。'"《説文》："繛，緐也。从素，卓聲。綽，繛或省。"吕校本"柔"誤作"寬"，"繛"誤作"䋘"，脱"婉約"二字。《名義》："綽，齒灼反。寬也，缓也。"《新撰字鏡》："綽，杵藥、齒灼二反，入。麗也，泰也，寬也，媛［緩］也，婉也。"

𦃃，亡侯反。《埤蒼》："𦃃，缚也。益州云。"

《玉篇》："𦃃，亡侯切，缚［縛］也。"《名義》："𦃃，亡侯反。缚［縛］也。"按："缚"當作"縛"。《廣雅·釋器》："𦃃，絹也。"[③]"絹"與"縛"音義同。《廣韻·尤韻》："𦃃，缚也。"余迺永校注："缚當作'縛'。"《殘卷》："絹，居掾反。……《廣雅》：'𦃃、綂、鲜支、縠，絹也。'"

綾，几免反。《廣雅》："綾，縮也。"

《廣雅·釋詁三》："綾，縮也。"王念孫疏證："司馬相如《子虚賦》：'襞積褰縐。'張注云：'縮也。'《漢書·董仲舒傳》：'日朘月削。'孟康注云：'朘謂轉褰踧也。'

① 《殘卷》："繛，齒灼反。《説文》：'繛，緩也。'或為綽字，在糸部。"《名義》："繛，齒灼反。缓也。"

② 《名義》："婥，大约、齒约二反。病，婉约也。"

③ 曹憲《博雅音》："苦矦、苦茂二反。"按："苦"當作"芒"。《集韻·矦韻》"墟侯切"小韻："𦃃，《博雅》：'𦃃、繐，絹也。'"又《候韻》"丘堠切"小韻："𦃃，《博雅》：'絹也。'"所據蓋即誤本《廣雅》。"𦃃"從"敄"得聲，不當讀溪母。

褰與綣通。”《名義》：“綣，几免反。缩。”《名義》字頭原誤從“虔”聲，當從“虔”聲。吕氏校釋作“綣”。《新撰字鏡》：“綣，几免反。褰字形。縮也。經為騫之［也］。”

絗，且骨反。《字書》：“絗，素也。”

按：“素也”疑當作“索也”。《廣雅·釋詁三》：“絗，索也。”《玉篇》：“絗，七忽切，索也。”《名義》：“絗，且骨反。素。”《新撰字鏡》：“絗，且骨反。索也。”

紽，達柯反。《毛詩》：“羔羊之皮，素丝五紽。”傳曰：“紽，數也。”

《詩經·召南·羔羊》：“羔羊之皮，素絲五紽。”毛傳：“紽，數也。”陸德明音義：“它，本又作他，同，徒何反。它，數也。本或作紽。”《名義》：“紽，達柯反。數。”《新撰字鏡》：“紽，徒何反。絲縷數也，絲五紽。絁，上字。式支〈反〉。繒似布。”

縺，力煎反。《字書》：“縺縷，不鮮也。”

《玄應音義》卷四《十住斷結經》卷一音義：“緾縺，力前反。《字書》：‘縺縷，不解也。’”又卷十四《四分律》卷三九音義：“皮連……律文作縺，力煎反。《字林》：‘〈縺〉縷，不解也。’”“縺縷”或作“謰謱”。《殘卷》：“謱，……《字書》：‘謰謱，不鮮也。’”《名義》：“縺，力煎反。〈縺〉縷，不鮮。”《新撰字鏡》：“縺，落賢反。縺［縺］縷也，寒具也。”

縶，猪及反。《毛詩》：“縶之维之。”傳曰：“縶，絆也。”《左氏傳》：“筣而縶者誰？”杜預曰：“拘執也。”《觳［穀］梁傳》：“兩足不相過，衛謂之縶。”劉兆曰：“天性然者也。縶如見絆也。”或為馽字，在馬部。①

① 《名義》：“馽，知及反。绊。”

《説文》："馽，絆馬也。从馬，囗其足。《春秋傳》曰：韓厥執馽前。讀若輒。縶，馽或从糸，執聲。"《詩經·小雅·白駒》："縶之維之，以永今朝。"毛傳："縶，絆。"《左傳·成公九年》："晉侯觀于軍府，見鍾儀，問之曰：'南冠而縶者，誰也？'"杜預注："縶，拘執。"《穀梁傳·昭公二十年》："兩足不能相過，齊謂之綦，楚謂之踙，衛謂之輒。"陸德明音義："輒，本亦作縶。劉兆云：'如見絆縶也。'"《玄應音義》卷十《十住毗婆沙論》卷六音義："如縶，知立反。《詩》云：'縶之維之。'傳曰：'縶，絆也。'謂拘執也。兩足不相過謂之縶也。"《莊子·秋水》："東海之鱉，左足未入，而右膝已縶矣。"陸德明音義："已縶，豬立反。司馬云：'拘也。'《三蒼》云：'絆也。'"《名義》："縶，猪及。絆。"吕氏校釋："'猪及'後脱'反'字。"《新撰字鏡》："縶，馬中［馽］同。知立反。絆也，拘執也。"

緅，側鳩反。《論語》："君子不以紺緅餝。"孔安國曰："一入曰緅。三年小祥，以緅餝衣也。"《考工記》："染羽五入為緅。"鄭玄曰："染纁者三入而成（文）也，又再入以為緅。緅，今礼俗文作爵，言如爵頭色也。"《廣雅》："緅，青也。"《聲類》："間色也。"《字書》："青赤色也。"

《論語·鄉黨》："君子不以紺緅飾。"何晏集解引孔安國曰："一入曰緅。飾者不以為領袖緣也。紺者，齊服盛色以為飾衣，似衣齊服。緅者，三年練以緅飾衣，為其似衣喪服，故皆不以為飾衣。"《周禮·考工記·鍾氏》："三入爲纁，五入爲緅，七入爲緇。"鄭玄注："染纁者三入而成，又再染以黑則爲緅。緅，今禮俗文作爵，言如爵頭色也。"《廣雅·釋器》："緅，青也。"王仁昫《刊謬補缺切韻·尤韻》（P.2011）："郰，側鳩反。……緅，青赤色。"《名義》："緅，側鳩反。一入曰緅也，青。"《新撰字鏡》："緅，子句、子侯二反。青赤色也。"《類聚名義抄》："緅，《玉》云：'側鳩反。一入曰緅也，青也，青赤色也。'"（318•2）

絩，力周反。《字書》："旌旗之流。"今為旒字，在㫃部。①

《玄應音義》卷一《大方等大集經》卷十五音義："旒幢，《字書》作絩，同，吕

① 《名義》："旒，旅周反。旗垂皃。"

周反。謂旌旗之垂者也。天子十二旒，諸侯九旒是。”《漢書・揚雄傳上》：“泰華為旒，熊耳為綴。”顔師古注：“旒，旌旗之旒也。”“旒”“綂”“流”音義同。《名義》：“綂，力周反。旒也。”吕氏校釋：“‘旒’字原訛。綂同旒。”按：“旒”字原訛作“方离”。《新撰字鏡》：“綂，力周反。旗旒也。”

緰，力冉反。《方言》：“所以懸㰈，關西謂之緰。”野王案：㰈，所以懸蠶薄之横者也。

《方言》卷五：“槌，宋魏陳楚江淮之間謂之植。自關而西謂之槌，齊謂之㭒。其横，關西曰概，宋魏陳楚江淮之間謂之㰈，齊部謂之㭭。所以縣㰈，關西謂之緰。”郭璞注：“絲蠶薄柱也。度畏反。”《玉篇》：“緰，力冄切，懸蠶薄横也。”《名義》：“緰，力冄反。懸㰈。”《新撰字鏡》：“緰，力冄反。㰈也，地名。”

繏，思懸反。《方言》：“所以懸㰈，東斉海岱之間謂之繏［繏］。”《廣雅》：“繏，索也。”

《方言》卷五：“所以縣㰈，關西謂之緰，東齊海岱之間謂之繏。”《廣雅・釋器》：“繏，索也。”《説文》：“㮄，槌之横者也。關西謂之㯏。”“繏”“繏”“㯏”音義同。《名義》：“繏，思懸反。索。”《新撰字鏡》：“繏，止［心］千反。索，地名。”

綶［綶］，丁果反。《蒼頡萹》：“綶，䒵前垂者也。”

吕校本引《蒼頡篇》脱“者”字。王仁昫《刊謬補缺切韻・哿韻》（P.2011）：“埵，丁果反……綶，冕前垂。”《名義》：“綶，丁果。冠前垂者。”吕氏校釋：“‘丁果’後脱‘反’字。”《新撰字鏡》：“綶，丁果反。冕前垂。”

緟，鉅［鉅］扵反。《字書》：“緟，履緑［緣］也。”

《名義》："縩，鉅扵反。履缘。"吕氏校釋："當作'履绿'。"按：《集韻·魚韻》："縩，《博雅》：'履，其緣謂之無縩。一曰：綵名。'或作綼。"《廣雅·釋器》："其緣謂之無綼。"王念孫疏證："履緣謂之無綼，亦謂以采絲為緣也。《周官》：'屨人為赤繶、黄繶。'鄭衆注云：'以赤黄之絲為下緣。'"則《名義》作"履緣"不誤，吕校不可從。《玉篇》："縩，巨於切，綵名也，履緣也。"《新撰字鏡》："縩，求魚反，平。履緣也。"

緝，如用反。《字書》么鞾字也，鞾［鞾］，鞍毳餝也，在革部。[①]

《慧琳音義》卷二六轉録雲公《大般涅盤經音義》："鞾衣，《三蒼》：'而容反。'《説文》：'韏毳飾也。'"又卷五八《僧祇律》卷二八音義："持鞾，《字書》作緝，同，而用反。案［韏］毳飾也。"《玉篇》："緝，如用切。亦作鞾。"《名義》："緝，如用反。鞍毳餝。"《新撰字鏡》："緝，妄用反。鞾也，韏也，毳飾也。"[②]

緋，甫違反。《字書》："緋，緉也。"

王仁昫《刊謬補缺切韻·漾韻》（P.2011）："亮，力讓反。……緉，履屐雙曰緉。"與"緋"義不合，《殘卷》似有誤。《慧琳音義》卷四十《聖威德金剛童子陀羅尼經》音義："緋綫，上音非。《字書》云：'緋，絳也。'《古今正字》：'從糸，非聲。'"又《十一面觀自在菩薩心密語儀軌經》卷上音義："緋縷，上匪微反。《字書》云：'緋，絳色也。"所引《字書》與《殘卷》異。《名義》："緋，甫違反。緉。"吕氏校釋："'緉'當作'練'。《玉篇》作'絳練也'。"《新撰字鏡》："緋，匪肥反。綵［絳］也。"《類聚名義抄》："緋，《玉》云：'繡也。'"（318•2）

繾，丘權反。《廣雅》："繾，情［幘］也。"《聲類》么罨［罨］字也，罨［罨］，

① 《説文》："鞾，韏毳飾也。从革，茸聲。"《名義》："鞾，如用反。毳飾。"
② "妄"字未詳。"韏也，毳飾也"當作"韏毳飾也"。

小兒情［幘］也，在冈［冃］部。[①]

《廣雅·釋器》："䘏、帉，幘也。"

《名義》："䘏，丘權反。情［幘］也，小兒情［幘］也。"吕氏校釋："'幘'字原誤。"按："幘"字原誤作"情"。《慧琳音義》卷七七《釋迦譜》卷五音義："冠幘，下争革反。《廣雅》：'䘏，帉［帉］，幘也。''幘，錯［結］也。'《方言》云：'覆髺謂之幘巾，或謂之承露。'蔡雍《獨斷》：'幘者，卑賤執事下［不］冠者之所服也。有緣幘、赤幘，執事者貴賤皆服之。文者長耳，武者短耳，稱其冠也。'《説文》：'幘，髮中有巾曰幘。從巾，責聲。'"《新撰字鏡》："䘏，丘卷反。幘也，四卷［罨］也，〈小〉兒幘。"

縚，勑［勑］高反。《聲類》忽韜字也。韜，劒衣也，在韋部。[②]**《字書》忽弢字也。弢，弓衣也，在弓部。**[③]

吕校本作"勑高反"，改"勑"為"剃"。按："勑"同"敕"，或作"勅"，亦作"勑"，"勑"字不誤。《玄應音義》卷三《摩訶般若波羅蜜經》卷八音義："涙洟，古文鮷，同，勑計反。"又卷二《大般涅槃經》卷一音義："戰掉，徒吊反。《字林》：'掉，摇也。'《廣疋》：'掉、振，動也。'經文作挑，勑聊反。"又卷七《正法華經》卷四音義："嗟嘆，下勑旦反。"又卷第十一《正法念經》卷六四音義："痶瘓，相承勑典、勑断反。"[④]均以"勑"切透母字。

《名義》："縚，勑［勑］高反。韜也，劒衣。""勑高反"當作"勑高反"，《説文》："韜，劍衣也。从韋，舀聲。"《新撰字鏡》："縚、絛，二同。勑高反。韜［韜］也，劍衣。弢衣，弓衣也。"《類聚名義抄》："縚，《玉》云：'勑高反。韜也，劍衣也。'"（318•3）

① 吕校本作"亦罯字也，……在网部"。張傑《〈玉篇殘卷·糸部〉校證》（河北大學碩士論文 2017 年）"幘"字改作"帽"，"在冈部"作"在網部"。按："幘"字不誤。《名義·网部》無"罯"字。《名義》："罨，丘權反。墳［幘］。"《玉篇》："罨，丘權切，小兒帽。"

② 《名義》："韜，吐勞反。藏也，寬也，劍衣。"

③ 《名義》："弢，坐［吐］勞反。弓衣也。"

④ 《慧琳音義》卷六三《根本説一切有部百一羯磨》卷一音義："痶瘓，上天典反，下湍卵反。""天""湍"均為透母字。

紏，他口反。《字書》亦黈字也。黈，黄色也，在黄部。[①]

《玄應音義》卷十三《賴吒和羅經》音義："黈羅啚吒國，古文作紏、黈二形，同，他口反。"王仁昫《刊謬補缺切韻·厚韻》（P.2011）："黈，冕垂纊。亦作黈。"《玉篇》："紏，他口切。亦作黈字。"《名義》："紏，他口反。黈字，黄色。"《新撰字鏡》："紏，他口反。黈，黄色。"

糕，子尧反。《字書》亦蕉字也。蕉，生枲未漚也，在草部。[②]

《名義》："糕，子尧反。蕉字。生枲未漚。"《説文》："蕉，生枲也。从艸，焦聲。"《玉篇》："糕，子堯切，亦作蕉，生枲未漚也。"《新撰字鏡》："糕，止［子］吕反。蕉也，生枲未漚。"

綑，口緄反。《字字［書］》亦捆字也。捆，緻也，織也，就也，齊等也，在手部。[③]

《玉篇》："綑，口本切。亦作裍。"又："捆，口袞切，取也，齊等也，織也，抒也，纂組也。"《名義》："綑，口緄反。緻也，織也，就也，等。"《新撰字鏡》："綑，口屯反。梱［捆］也，緻也，織也，就也，齊。"

字亦作"稛"。《方言》卷三："稛，就也。"郭璞注："稛稛，成就貌。"[④]

緵，子公反。《尒雅》："緵罟［罟］謂之九罭。九罭，魚網也。"郭璞曰："今之白［百］囊網也。"《字書》亦稯字也。稯，束也。十莒也，在〈禾〉部。[⑤]

---

① 《名義》："黈，他口反。黄色。黈，黈［黈］字也。"

② 《名義》："蕉，子姚反。生枲也，芭蕉也。"

③ 《名義》："捆，口鑾反。𢭏［抒］也，織也，就也，緻也，组也。"《玉篇》："捆，口袞切，取也，齊等也，織也，抒也，纂組也。"

④ 周祖謨《方言校箋》引劉台拱云："梱字俱當作稛，成就當作成孰。"據此，則"就也"當作"孰也"。

⑤ 《名義》："稯，子公反。數也，束。"

《名義》：“緵，子公反。束也，白囊纳也。”吕氏校釋：“‘白囊纳也’當作‘百囊網也’。”按：此説可從。《詩經·豳風·九罭》：“九罭之魚鱒魴。”毛傳：“九罭，緵罟，小魚之網也。”陸德明音義：“緵，子美反，又子公反，字又作緫。罟音古。今江南呼緵罟為百囊網也。”《爾雅·釋器》：“緵罟謂之九罭。九罭，魚罔也。”郭璞注：“今之百囊罟是，亦謂之䍡，今江東呼為緵。”《名義》“納”當為《殘卷》“䋞”（同網）字之形近而訛。《新撰字鏡》：“緵，子紅反，縷也，䋞也。”

緞，胡加反。《説文》㣺韒字也。韒，根也，在韋部。[1]或為鞎字，在革部。[2]

《名義》：“緞，胡加反。根也。”吕氏校釋：“《殘卷》黎本作‘跟也’。”按：作“根”不誤。《玉篇》：“韒，胡加切，履根。亦作鞎。”《集韻·麻韻》：“韒，《説文》：‘履也。’一曰：履根後帖。”[3]“根”“跟”同源字。《新撰字鏡》：“緞，古［胡］加反。靸也，韒也，履根。”

緒，但［徂］各反。《山海經》：“〈緒〉姑之水出陽華山，東注于門外［水］。”《字書》㣺筰字也。筰，竹繩也，在竹部。[4]

《山海經·中山經》：“陽華之山……筰姑之水出于其陰，而東流注于門水。”《玉篇》：“緒，才各切，亦笮字，竹繩。”《名義》：“緒，但［徂］各反。竹绳。”《新撰字鏡》：“緒，徂各反。笮也，竹绳也。”

《殘卷》《名義》“但各反”當作“徂各反”。

《慧琳音義》卷九十《高僧傳》卷十音義：“引筰，音昨。《蒼頡篇》云：‘筰，竹索也。’案：筰者，蜀川西山有深絶澗不可越，施竹索（也）於兩岸，人乘其上，機關自繫，往來如橋梁，名曰筰。從竹，作聲。傳文從糸作絈，非也。”“緒”“筰”“絈”音義同。

---

① 《説文》：“韒，履也。从韋，叚聲。”《名義》：“韒，胡加反。履〈根〉。”
② 《名義》：“鞎，胡加反。履根也。”
③ 《集韻》蓋誤合“韒”“鞎”為一。《説文》：“韒，履也。”又：“鞎，履後帖也。”《新撰字鏡》：“韒、鞎，二形作，古［胡］加反。履也，一復［履］後帖。”其誤與《集韻》同。
④ 《名義》：“筰，財各反。《篇》：‘竹索。’引舩也。”

紝［網］，無仰反。《字書》亦冈［罔］字也。冈［罔］，羅也，在冈［罔］部。[①]

《玉篇》：“網，無兩切，亦作罔，羅也。”《名義》：“網，無仰反。羅也。冈字。”《名義》字頭原訛作“𫄧”，應是《殘卷》“紝”形之訛。“紝”字從糸亡聲，可隶定為“𬙊”。《名義》“冈字”同“网字”，吕氏校釋作“罔字”。《新撰字鏡》：“紝，无仰反。冈也，纲也。網、綑，二同。亡徃反。”《類聚名義抄》：“網，《玉》云：‘无徃反。羅罟惣名。’”（297•7）

綟，力之、力式二反。[②]**《字書》亦𣯛［斄］字也。𣯛［斄］，强毛也，在氂部。**[③]**或為庲［厎］字，在厂部。**[④]**或為秏字，在毛部。**[⑤]

《説文》：“斄，彊曲毛，可以箸起衣。从犛省，來聲。厎，古文斄省。”《殘卷》：“庲，力臺反。……《説文》古文犛［斄］字也。犛［斄］，强毛起也，在犛［氂］部。或為毛［秏］字，在毛部。或為綟字，在糸部。”《名義》：“綟，力之反。強毛也。”《新撰字鏡》：“綟、綟，二同。力戠反。氂也，秏［秏］也，庲也，強毛。”

吕校本作“在犛部”，誤。“庲”字從“广”，為“舍”義，與“强毛起”義無涉。“或為庲字，在广部”當據《説文》改作“或為厎字，在厂部”。《名義》失收厎字，《殘卷》庲、厎兩字因形近釋義誤混。

縬，子陸反。《廣雅》：“縬，縮也。”

吕校本字頭作“纗”。按：《殘卷》原作“縬”，顯為“縬”字。

《廣雅·釋詁三》：“蹴，縮也。”王念孫疏證：“蹴即戚朒之戚。《説文》：‘縮，蹴也。’《小雅·節南山篇》：‘蹙蹙靡所騁。’鄭箋云：‘蹙蹙，縮小之貌。’成十六年《左傳》云：‘南國蹴。’《哀公問》云：‘孔子蹴然辟席而對。’《論語·鄉

---

① 《名義》：“罔，莫往反。無也，结網。”
② 《殘卷》“力式”反切音有誤，疑當作“力戠”。“戠”與“式”形近。
③ 《名義》：“斄，力之反。秏字也。”
④ 《名義》：“庲，力臺反。合［舍］也。”
⑤ 《名義》：“秏，力臺反。氂。強毛起。”

黨篇》云：'踧蹜如也。'竝字異而義同。蹙與縮古亦同聲，故《儀禮》古文縮皆作蹙、蹴。"按：曹憲音"子六"。"蹴""緘"音義同。《名義》："纑，子陸反。縮。"《新撰字鏡》："緘，側六反，入。綄［縮］也，文也。"《類聚名義抄》："緘，《玉》云：'縮也。'"（318•3）

綨，渠記反。《埤蒼》："所以連鍦［鍤］也。"

《名義》："綨，渠記反。連錘［鍤］。"《說文》："鈢，綦鍼也。從金，朮聲。"桂馥義證："馥案：《廣雅》：'綨，鍼也。'《廣韻》：'綨，連鍼也。'綨鍼即綦鍼。"按：《殘卷》"鍦"當是"鍤"字。《名義》《玉篇》"錘"字與之形近，當是一字之訛。《廣雅·釋器》："鍤、鈢、綨，鍼也。"《說文》："鍤，郭衣鍼也。"《玉篇》："鍤，丑涉、楚洽二切，長鍼也。"據此，則"連鍤"與"連鍼"義同。《新撰字鏡》："綨，渠記反。連針。"

緙，口革反。《埤蒼》："緙繬，緻紩也。"

《名義》："緙，口草［革］反。繬，緻紩。"吕氏校釋："'革'字原誤。此處應與字頭連讀為'緙繬，緻紩'。"按："革"字原誤作"草"。《新撰字鏡》："緙，口革反。繬也，緻紩。"

繬，所稤反。《廣雅》："繬，縫也。""繬，合也。"《埤蒼》："緙繬也。"

《廣雅·釋詁二》："繬，合也。"又："繬，縫也。"《名義》："繬，所稤反。縫也，合也，同上。"吕氏校釋："此處'同上'是指與上一字同義。《殘卷》引《埤蒼》作'緙繬也'。"《新撰字鏡》："繬，所稤反。縫也，合也，緙。"

字或作"嗇"。《方言》卷十二："嗇，合也。"

縺，力仁反。《埤蒼》："絡繹也。"

《名義》："繗，力仁反。络繹。"《新撰字鏡》："繗，力仁反。絡繹也。"

《玉篇》："繗，力仁切，紹也。"胡吉宣《玉篇校釋》以為"紹"為"絡"之形誤。熊加全以為"紹也"即"絡繹也"之譌脱。[①] 當以熊説為是。

纕，山羊反。《埤蒼》："纕，浅黄色也。"

《名義》："纕，山羊反。浅黄色。"《新撰字鏡》："纕、絁，二同，山羊反。浅黄色。"

字或作"緗"。裴務齊正字本《刊謬補缺切韻·陽韻》："襄，息良反。……緗，淺黄絹。"《慧琳音義》卷八八《釋法琳本傳》卷五音義："褫緗巾，中想羊反。《考聲》云：'淺黄色。'正作纕。"

紈，胡端反。《淮南》："弱緆羅紈。"評［許］炑重曰："紈，素也。"

《淮南子·齊俗》："有詭文繁繡、弱緆羅紈，必有菅屩跐踦、短裼不完者。"高誘注："紈，素也。"《文選·潘岳〈籍田賦〉》："衝牙錚鎗，綃紈綷縩。"李善注引許慎《淮南子注》曰："紈，素也。"《玉篇》："紈，胡端切，累也，結也。"[②]《名義》："紈，胡端反。素。"《新撰字鏡》："紈，胡官反。索［素］紈。"《類聚名義抄》："紈，《玉》云：'素也。'"（318•4）

絙［綡］，力楊反。《埤蒼》："綡，纚也。"

北京故宫博物院藏王仁昫《刊謬補缺切韻·陽韻》："綡，纚。"《玉篇》："綡，力羊切，冠纚也。"《名義》："絹［綡］，力楊反。纚。"吕氏校釋："此字頭原誤。"

---

① 受《玉篇》"繗，力仁切，紹也"釋義之影響，後世有以"繗"為"紹"義者，明陸應陽《廣輿記》卷三："蔡羽，……甥徐繗，字紹卿。"（正德）《瓊臺志》卷三六："唐繗，字紹之，瓊山東廂人。"又卷三八："陳繗，字克紹，瓊山蒼原人。"

② 胡吉宣《玉篇校釋》以為"累也；結也"二義當爲"素也；絹也"之譌。

按：此字頭原誤作“絹”。《新撰字鏡》：“綡，渠京反。綡鯢也。”[①]

縕，扵近反。《埤蒼》：“縕，缘紩也。”《廣雅》：“縕，絣也。”

吕校本“絣”改“絎”，誤。《廣雅·釋詁二》：“縕，絣也。”《名義》：“縕，扵近反。缘紩也，絣。”《新撰字鏡》：“縕，扵近反，上。衣也，縫衣相著也。”

按：《埤蒼》“緣”“紩”為同義連文。《廣雅·釋詁二》：“絎，緣也。”王念孫疏證：“《玉篇》：‘絎，行孟切，縫紩也。’《廣韻》云：‘刺縫也。’今俗語猶呼刺縫為絎，音若行列之行。”

絎，行盂[孟]反。《廣雅》：“絎，緣也。”《埤蒼》：“絎，紩也。”

《名義》：“絎，行盡[孟]反。上字。”吕氏校釋：“《殘卷》作‘行孟反’。此處‘上字’是指與上一字同義。《殘卷》引《廣雅》作‘緣也’，引《埤蒼》作‘紩也’。”按：《名義》“行盡反”當作“行孟反”。《廣雅·釋詁二》：“絎，缘也。”曹憲音“下孟”。《玉篇》：“絎，行孟切，縫紩也。”《廣韻·映韻》音“胡孟切”。《史記·韓長孺列傳》：“車旗皆帝所賜也，即欲以侘鄙縣。”裴駰集解引徐廣曰：“侘，一作絎也。”司馬貞索隱：“絎音寒孟反。”反切下字均作“孟”。《新撰字鏡》：“絎，户良[郎？]反，去。麁縫也。”

紷，力丁反。《埤蒼》：“紷綼，丝纕[繐]百廿[升]。”

《名義》：“紷，力丁反。丝繐百廿[升]。”吕氏校釋：“‘繐’字原訛。《殘卷》引《埤蒼》作‘紷綼，絲繐百廿[升]’。”按：《殘卷》《名義》“廿”均當作“升”。北京故宫博物院藏王仁昫《刊謬補缺切韻·青韻》：“紷綼，絲百升。”《廣韻·青韻》：“紷綼，絲一百升。”《名義》“繐”字原作“[繐]”，未詳。《殘卷》作“[纕]”，當是“纕”字之俗體。“絲纕”不詞，似以作“絲繐”為是。《玉篇》：“紷，力丁切，綼，絲繐。”《新撰字鏡》：“紷，力丁反。綼，絲繐。”

---

① 《新撰字鏡》蓋誤以“綡”為“鯨”。《慧琳音義》卷八五《辯正論》卷上音義：“鯨鯢，上竟京反。下藝雞反。《韻詮》云：‘海中寂大魚也。雄曰鯨，雌曰鯢。身長千餘里，目如日。’”

綼，蒲狄、補役二反。《儀礼》："縓綼緆。"鄭玄曰："一染謂之縓。今江［紅］也。餝裳左［在］幅曰綼，在下曰緆。"《字書》："紟綼也。"

《儀禮·既夕禮》："縓綼緆。"鄭玄注："一染謂之縓。今紅也。飾裳在幅曰綼，在下曰緆。"《玉篇》："綼，步狄切，又必役切，裳左幅也。"《玉篇》"裳左幅"當作"飾裳在幅"。《名義》："綼，補役反。餝裳络也。"《名義》"餝裳络也"未詳。疑當作"餝裳，紟也"，"餝裳"為"餝裳左［在］幅"之省，"絡"為"紟"字之訛，與字頭連讀為"紟綼也"。《新撰字鏡》："綼，甫［補］役反。紅也，緆。"

繝，戈［弋］冉反。《方言》："繝，續也。秦晉續折木謂之繝也。"

王仁昫《刊謬補缺切韻·琰韻》(P.2011)："琰，以冉反。……繝，續折木。"《方言》卷一："嫘、蟬、繝、撚、未［末］，續也。楚曰嫘。蟬，出也。楚曰蟬，或曰未及也。"又卷六："擱，剿，續也。秦晉續折謂之擱，繩索謂之剿。""繝""擱"音義同。《名義》："繝，戈［弋］冉反。續也。"吕氏校釋："'弋'字原誤。"按："弋"字原誤作"戈"，此為沿《殘卷》之誤。《新撰字鏡》："繝，戈冄反。續也，析木。"[①]

縐，山卓反。《埤蒼》："縐，緘也。"

《唐韻殘卷·葉韻》(蔣斧印本)："縐，《埤蒼》云：'緘也。'"《名義》："縐，山卓反。缄。"《新撰字鏡》："縐，山卓反。缄也。"

縨，亡狄反。《廣雅》："縨，索也。"《埤蒼》："颿索也，荆州云。"

《廣雅·釋器》："縨，索也。"《集韻·錫韻》："縨，《博雅》：'索也。'一說：荆州謂帆索曰縨。""帆"，俗"帆"字，與"颿"音義同。《名義》："縨，亡狄反。

① 《新撰字鏡》當作"繝，弋冄反。續折木也"。

索。”《新撰字鏡》：“縹、繚，二同，亡狄〈反〉。（䌸）素也，颿素，地名。”[1]

緢，亡到反。《埤蒼》：“緢，剢也。”

王仁眴《刊謬補缺切韻·号韻（P.2011）：“緢，剢。”《名義》：“緢，亡到。剢[剢]。”《新撰字鏡》：“緢，亡到反。剢。”

綄[綄]，胡管反。《荘子》：“綄綄然在纆約之車[中]。”《字書》：“綄[綄]，練緎也。”又音胡官反。《淮南》：“若綄之見風，无須臾之間㝎矣。”評[許]𠇾重曰：“候風羽也，楚人謂之五兩也。”或為院字，在𨸏部。[2]

《莊子·天道》：“睆睆然在纆繳之中。”《殘卷》“車”為“中”字之訛。“繳”音“灼”，《殘卷》“約”蓋“繳”之旁注字“灼”之形近而訛。“睆睆”與“綄綄”音義同。“綄，練緎也”義未詳，吕校本改作“綄，纏，緎也”，未詳所據。《淮南子·齊俗》：“辟若俔之見風也，無須臾之間定矣。”高誘注：“俔，候風雨[羽]也，世所謂五雨[兩]者也。”《文選·郭璞〈江賦〉》：“爾乃督氛紛祲于清，覘五兩之動静。”李善注：“《兵書》曰：‘凡候風法，以鷄羽重八兩，建五丈旗，取羽系其巔，立軍營中。’許慎《淮南子注》曰：‘綄，候風也，楚人謂之五兩也。’”《殘卷》：“院[院]，禹官反。《淮南》：‘若院之見風，无須臾之間㝎矣。’許𠇾重曰：‘院[院]，侯[候]風羽也。楚人謂之五兩。’《説文》：‘院[院]，堅也。’《尔雅》或為寏字，寏，周垣也，在宀部。候風羽或為綄[綄]字，在糸部。”《名義》：“綄，胡官反。練緎。”吕氏校釋：“《殘卷》引《字書》作‘練緎也’。”按：《殘卷》：“緎，子陸反。《廣雅》：‘緎，縮也。’”《新撰字鏡》：“綄、綄，二同。正。胡管反，上。練緎也，即是衣縮也，緍[纆]也。”

紩[絒]，亡結反。《蒼頡篇》：“紩[絒]，細也。”

---

① 《新撰字鏡》兩“素”字均當作“索”，“地名”為誤訓。《殘卷》作“颿索也，荊州云”，意為“荊州謂颿索為縹”，《集韻》即作“荊州謂帆索曰縹”。《新撰字鏡》蓋誤解“縹”為“荊州”，故訓為“地名”。

② 《名義》：“院，禹官反。堅也。”

《廣韻·屑韻》："纅，細也，出《蒼頡篇》。"《廣雅·釋詁四》："纅，微也。"曹憲音"蔑"。"微""細"義同。《名義》："纅，亡结反。细。"《新撰字鏡》："**纅**，亡结反。細。"

《玉篇》："緬，彌善切，微絲也，思皃也，輕也。纅，同上。又亡結切，細也。"按：此字頭《殘卷》作"**纅**"，《名義》作"**纅**"。"緬"之異體"纅"已見前。

縟，詞林反。《埤蒼》："縟，續也。"今忽為尋字，在寸部。[①]

王仁昫《刊謬補缺切韻·侵韻》（P.2011）："縟，續。"《玉篇》："縟，似林切，續也。今作尋。"《名義》："縟，詞林反。續也。"《新撰字鏡》："縟，司［詞］林反。續也，**尋**［尋］。"

《慧琳音義》卷二一轉録慧苑《新譯大方廣佛花嚴經音義》卷上："尋亦去世，杜注《左傳》曰：'尋，續也。'"

縝，丑仁反。《上林賦》："縝紛乾［軋］物［沕］。"郭璞曰："皆不可分了皀也。"《方言》："纑謂之縝。"郭璞曰："謂纑縷也。"《廣雅》："縝、縷，纑也。"[②] **《埤蒼》："縝，紛也。"稠密之縝音之忍反，忽為禎［稹］字，在禾部。**[③]

《史記·司馬相如列傳》："於是乎周覽泛觀，瞋盼軋沕，芒芒恍忽。"裴駰集解引郭璞曰："皆不可分貌。"《漢書·司馬相如傳》："於是乎周覽氾觀，縝紛軋芴，芒芒怳忽。"顔師古注引孟康曰："縝紛，衆盛也。軋芴，緻密也。"《文選·司馬相如〈上林賦〉》："於是乎周覽泛觀，縝紛軋芴，芒芒恍忽。"李善注引孟康曰："縝紛，衆盛也。軋芴，緻密也。""縝紛"與"瞋盼"音義同，《殘卷》"乾"當作"軋"。"瞋盼""軋沕"（"軋芴"）均為聯綿詞。吕校本改"分了"為"分之"，恐非是。《孔叢子·與從弟書》："其餘錯亂，文字摩滅，不可分了，欲垂待後賢，誠合先君闕疑之義。""分了"猶明了。《方言》卷四："纑謂之縝。"郭璞注："謂纑縷也。音振。"《廣雅·釋器》："縝、縷，纑也。"《名義》："縝，丑仁反。纷也。"《新撰字鏡》："縝，丑仁反，上。纑縷也，

---

① 《名義》："尋，似林反。重也，八尺也為。"
② "纑也"義字或作"紾"。《廣韻·真韻》："紾，纑也。縝，上同。"
③ 《名義》："稹，之忍反。緻也，概也。"

紛也，馬中也，鈦［？］也，結也，馬中縝也。鈦［？］，鎮也。”①《類聚名義抄》：“縝，《玉》云：‘丑仁反。紛也。’”（318•4）

緧，詞遵反。《方言》：“繞緧謂之襪裺。”郭璞曰：“衣督齎也。”

吕校本“齎”作“齊”，改作“脊”。按：“齎”字不誤。《方言》卷四：“繞緧謂之襪裺。”郭璞注：“衣督脊也。”周祖謨校箋：“‘脊’，《原本玉篇》‘緧’下引作齎，當據正。齎者縫也。襪裺為衣背縫，故郭云衣督齎也。”按：“督”同“裻”。《説文》：“裻，背縫。”

縹，力質反。《廣雅》：“美縹，綵也。”

《殘卷》“美”蓋“烝”字之訛。《廣雅·釋器》：“蒸縹，綵也。”《釋名·釋綵帛》：“蒸栗，染紺使黄，色如蒸栗然也。”《名義》：“縹，力質反。綵。”吕氏校釋：“‘綵’字原誤。”按：“綵”字無誤。

緥，並［普］賣反。《蒼頡篇》：“緥，散丝也。”

《説文》：“緥，散絲也。从糸，𠂢聲。”《名義》：“緥，普賣反。散丝。”吕氏校釋：“《殘卷》作‘並賣反’。”按：當作“普賣反”，《殘卷》誤。《玉篇》：“緥，普賣切，散絲也。”《廣韻·卦韻》：“緥，未緝麻也。《説文》曰：‘散絲也。’”音“匹卦切”。《集韻·卦韻》音“卜卦切”“普卦切”。《新撰字鏡》：“緥，匹卦反。未緝麻也，散糸［絲］也。”

---

① “丑仁反”為平聲，此處作“上”，或脱“之忍反”音。《新撰字鏡》釋義當有誤。“馬中”似為“䮤”字，“鈦”本作“[illegible]”，疑當作“𢧵”，為“戾”之古字。《名義》：“戾，力計反。罪也，止也，乖也，立也，法也，定也，善也。𢧵，同上。”《玉篇》：“戾，力計切，來也，至也，待也，勢也，止也，立也，法也，定也，利也，虐也，著也。𢧵，古文。”《淮南子·本經》：“淌游瀷減，菱杼紾抱。”高誘注：“紾，戾也。”“紾”與“縝”音義同。

絽，力舉反。《廣雅》："絽縈，絣也。"《埤蒼》："絽縈，紩也。"

《廣雅·釋詁二》："絽縈，絣也。"《玉篇》："絽，力與切，絽縈，紩衣也。"《名義》："絽，力舉反。縈，紩。"吕氏校釋："《殘卷》引《埤蒼》作'絽縈，紩也'。《名義》應與字頭連讀。"《新撰字鏡》："絽，力□反。縈也，絣也，紩也。"

縈，力謔反。《廣雅》："絽，縈也。"

《廣雅·釋言》："絽，縈也。"《唐韻殘卷·藥韻》（蔣斧印本）："略，……離灼反。……縈，紩。"《名義》："縈，力謔反。絽。"《新撰字鏡》："縈，吕約反。紩也。"

⿰丝刂［紼］，於輙反。《埤蒼》："⿰丝刂［紼］緤，縫袓也。"

《廣雅·釋詁二》："紼緤，縫也。"曹憲音"於輒"。王仁昫《刊謬補缺切韻·葉韻》（P.2011）："敂，於輒反。……紼，紼緤。"《玉篇》："紼，居業切，紼緤，續縫。"《名義》："⿰丝刂［紼］，扵輙反。縫袓。"《新撰字鏡》："⿰丝刂［紼］，扵輙反。緤，縫袓。"按："袓"同"組"。《説文》："組，補縫也。"《殘卷》《名義》"縫袓"為同義連文。

緤，牛輙反。《埤蒼》："紼緤也。"

《廣雅·釋詁二》："紼緤，縫也。"曹憲音"魚刼"。王仁昫《刊謬補缺切韻·葉韻》（P.2011）："敂，尼輒反。……緤，紼緤。"《玉篇》："緤，牛輒切，紼緤也。"《名義》："緤，牛輙反。上字。"吕氏校釋："此處'上字'是指與上一字同義。《殘卷》引《埤蒼》作'紼緤也'。"《新撰字鏡》："緤，牛輙反。⿰丝刂［紼］也。"

絯，公財反。《淮南》："洞目［同］覆而无所絯。"許咻重曰："絯，挂也。"

《埤蒼》："絯，中約也。"野王案：《疰子》"國有侍絯而後見"[①]是也。

吕校本引《淮南》作"涸目"，"目"改為"日"，未詳所據。《淮南子・繆稱》："洞同覆載而無所礙。"高誘注："礙，挂也。""礙"字或作"硋"，與"絯"形近。《名義》："絯，公財反。挂也，中约也。"《玉篇》："絯，公才切，挂也，中約也。"《新撰字鏡》："絯，公才反。桂［挂］也，中约。"

"中約"未詳。《廣雅・釋詁三》："絯，束也。"王念孫疏證："絯者，《玉篇》：'絯，挂也，中約也。'《莊子・天地篇》：'方且爲物絯。'釋文引《廣雅》：'絯，束也。'《説文》：'該，軍中約也。'義與絯亦相近。"按："該"字從言，"軍中約"之"約"為契約、合約義，似與"絯"字義不同。疑"中約"當作"束，約"。《廣雅・釋詁三》："約、絯，束也。"

䌨，思剌［刺］反。《淮南》："所以鍼縷䌨〈緻〉之間。"評［許］𠦑重曰："䌨〈緻〉，綃𣪠［殺］也。"

《名義》："䌨，思剌［刺］反。綃殺。"吕氏校釋："《殘卷》作'許叔重曰："䌨，綃縠也"'。"按：《殘卷》"思剌"本作"思剌"，當為"思刺"。《名義》"思剌反"當作"思刺反"。《集韻・曷韻》："䌨，綃屬。"音"桑葛切"，與"思刺反"同音。吕校本徑作"思刺反"。

《淮南子・要略》："氾論者，所以箴縷䌨緻之間，攕揳唲齵之郄也。"高誘注："䌨，綃煞也。"馬宗霍《淮南舊注參正》："'緻'即'綴'字，綴有衣縫之義。……綃煞疑即謂綃衣之縫。"何寧集釋："'緻'乃'綴'之俗體，……'綴'書作'㲋'，與'縠'形近。"據此，《名義》"綃縠"當作"綃綴"。《玉篇》："䌨，思曷切，絹縠也。""絹"當作"綃"。《新撰字鏡》："䌨，止［思］剌［刺］反。綃［綃］𣪠［殺］。"

緋，補奚反。《廣雅》："緋，并也。"《埤蒼》："縷并也。"《字書》或為㤳字，㤳𢗼誤也，在心部。[②]或為諀字，在言部。[③]

---

① 今本《莊子》未見。"侍"疑為"待"字之訛。
② 《名義》："㤳，補奚反。誤也。"
③ 《名義》："諀，補奚反。誤也，謬也。"

《廣雅・釋言》："綼，并也。"《殘卷》："諀，補奚反。《字書》或綼字也。綼，縷并也，在糸部。或為性字，性，誤也，謬也，在心部。"《玉篇》："綼，必奚切，縷并也。亦倠［諀］。"《名義》："綼，補遠［迷］反。縷并"。吕氏校釋："《殘卷》作'補奚反'。《名義》'補遠反'未詳。"按：《名義》"遠"字原作"遠"，似為"迷"字。"補遠反"當作"補迷反"。《新撰字鏡》："紕、綼，二同，正。補寐反，去。借扶規反，平。緣餙也。索［素］丝纰之，所以織組也。謬錯也，又絹踈觧也，又曰帛縷併也。又倠［性］，同作。繒欲壞也。"

綩，於逺反。《韓詩》："我遘之子，綩衣繡裳。綩衣，緟［纁］衣也。"《蒼頡篇》："綩，紘也。"

《詩經・豳風・九罭》："我覯之子，衮衣繡裳。"毛傳："衮衣，卷龍也。"《慧琳音義》卷七四《佛本行讚傳》卷一音義："綩綖，上於遠反。《毛［韓］詩》：'綩衣繡衣［裳］。'注云：'綩衣，緟［纁］衣也。'《蒼頡篇》：'紘也。'"《名義》："綩，扵逺反。平，紘。"吕氏校釋："'平'未詳，'紘'字原誤。"△按："平"疑"衣"字之訛。"卒"字或作"卆"，又作"卆"，"衣"與"平"形近。《名義》"衣"當與字頭連讀，為引證而非釋義。《龍龕》："綩，於遠反，衣也。"堪為佐證。"纮"字原誤作"竑"。《新撰字鏡》："綩綣夊縺綣，綩字於逺反。纁也，紘也，冠卷也。……二合猶繾倦也，謂不相離。"《類聚名義抄》："綩綖，上《玉》云：'平，紘也。'"（292•2）其誤與《名義》同。

縡，子代反。《甘泉賦》："上天之縡，香［杳］旭卉。聖皇穆穆，信厵對。"《埤蒼》："縡，事也。"今並為載字，在車部。[1]

《文選・楊雄〈甘泉賦〉》："上天之縡，杳旭卉兮。聖皇穆穆，信厥對兮。"李善注："縡，事也。……縡與載同。"《漢書・揚雄傳上》："上天之縡，杳旭卉兮。聖皇穆穆，信厥對兮。"顏師古注："縡，事也。……縡讀與載同。"《廣雅・釋詁三》："縡，事也。"《唐韻殘卷・代韻》（蔣斧印本）："縡，事也。出《字林》。"《名義》："縡，

[1] 《名義》："載，子戴反。承也，舟也，車也，偽也，處也，設也，行也，成也，為也，識也，始也，言也，歲也，乘，閣，致，与。"

子代反。事。”《新撰字鏡》：“縡，止［足］代反。事也，載也。”《類聚名義抄》：“縡，《玉》云：‘事也。’”（318•5）

緝，如止反。《毛詩》：“六轡緝緝。”傳曰：“緝緝然至盛也。”《蒼頡篇》：“文［六］轡㿝也。”

《詩經·魯頌·閟宫》：“六轡耳耳，春秋匪解。”毛傳：“耳耳然至盛也。”王仁昫《刊謬補缺切韻·止韻》（P.2011）：“耳，而止反。……緝，緝緝，轡盛。”

吕校本改“文轡㿝也”為“六轡皃也”，可從。李登《重刊詳校篇海·糸部》：“緝，如止切，音耳。緝緝，六轡盛皃。”

《名義》：“緝，如止反。轡皃。”《新撰字鏡》：“緝，如止反。轡也，盛［轡盛也］。”

絧，徒弄反。《埤蒼》：“馬［鴻］絧，相通也。”

裴務齊正字本《刊謬補缺切韻·湅韻》：“絧，相通也。”《文選·楊雄〈羽獵賦〉》：“徽車輕武，鴻絧緁獵。”李善注：“鴻絧，相連貌也。”《名義》：“絧，徒寺［弄］反。相通。”《新撰字鏡》：“絧，徒同反，馬［鴻］絧，相通。”

綐，徒外反。《埤蒼》：“綐，紬也。”《聲類》：“細紬也。”

《名義》：“綐，徒外反。细。”吕氏校釋：“《殘卷》引《聲類》作‘細紬也’。《名義》誤省。”按：《名義》“細”或為“紬也”之誤。《廣雅·釋器》：“綐，紬也。”[①]《新撰字鏡》：“綐，徒外反。細［紬］，糸細綐。”

緩，胡管反。《國語》：“如秦謝緩賂。”賈達［逵］曰：“緩，遲也。”《尒雅》：“緩，舒也。”郭璞曰：“謂遲緩也。”野案王［王案］：緩謂寬也。《考工記》“一

---

① “綐”有細義，字或作“兑”。《説文》：“孅，鋭細也。”《集韻·鹽韻》：“孅，《説文》：‘兊細也。’”“兊”與“細”同義連文。

方緩，一方急”是也。或為𦄍字，在素部。[①]

《國語·晉語三》：“丕鄭如秦謝緩賂。”韋昭注：“緩，遲也。”《爾雅·釋言》：“舒，緩也。”郭璞注：“謂遲緩。”《慧琳音義》卷五三《阿那律八念經》音義：“筋緩，下胡管反。鄭注《考工記》：‘緩，寬也。’《尒雅》云：‘舒也。’賈注《國語》：‘遲也。’”又卷十二《大寶積經》卷三五音義：“皮緩，户滿反。《尒雅》：‘緩，舒也。’顧野王云：‘寬也。’”《周禮·考工記·鮑人》：“信之而枉，則是一方緩一方急也。”《説文》：“𦄍，繛也。从素，爰聲。緩，𦄍或省。”《殘卷》：“𦄍，胡管反。《説文》：‘繛也。’或為緩字，在糸部。”《名義》：“緩，胡管反。遲也，舒也。”《新撰字鏡》：“緩，古［胡］官［管］反，上。遲也，舒也，漸也，紓也，寬也。”《類聚名義抄》：“緩，《玉》云：‘遲也，舒也。’”（318•5）

潁，呼善反。《埤蒼》：“潁，綴也。”野王案：《礼記》以為檾字，草名，枲属也，音孔潁、孔逈二反，在𣏟部。[②]

《説文》：“檾，枲屬。从𣏟，熒省聲。《詩》曰：衣錦檾衣。”《詩經·衛風·碩人》：“碩人其頎，衣錦褧衣。”鄭玄箋：“褧，禪也。”陸德明音義：“褧，苦逈反，徐又孔穎反。《説文》作檾：‘枲屬也。’”《箋注本切韻·迥韻》（P.3693）：“檾，草名，枲属。”《玉篇》：“潁，呼善切，綴也。又口逈切，禪也。”[③]《名義》：“潁，呼善反。缀也，枲也。”

緪，古賢、古兩二反。《公羊傳》：“成公四年鄭佰［伯］緪卆。”

《名義》：“絚［緪］，古賢反。人各［名］。”吕氏校釋：“‘名’字原誤。”按：“名”字原誤作“各”。據反切注音，此字字頭似當從“臣”作“緪”。《殘卷》正作“緪”。《公羊傳·成公四年》：“三月壬申，鄭伯堅卒。”陸德明音義：“伯臤，苦刃反，本或作堅。”“臤”

① 《名義》：“繛，齒灼反。缓也。𦄍，胡管反。上字。”
② 《名義》：“檾，口迥反。羅縠為衣也。褧。”
③ 《玉篇》“禪”當作“禪”。“檾”字或作“褧”。《詩經·鄭風·豐》：“衣錦褧衣，裳錦褧裳。”鄭玄箋：“褧，禪也，蓋以禪縠爲之。”

與“緸”並從“臣”聲。《釋名·釋綵帛》：“絹，絚也，其絲絚厚而踈也。”《初學記》卷二七引加注曰：“絚，一音古費［賢？］反，又音古兩反。”“古兩反”頗為可疑，疑當作“古雨反”。字訛從“巨”，音隨形變。《玉篇》：“絚，古于［千］、古兩二切，成公四年鄭伯絚卒。”《新撰字鏡》：“緸，古賢、古兩二反。苹。”①

縷，阿侯反。《儀礼》：“會［鬠］笄用乘［桒］，長四寸，腰［縷］中。”鄭玄曰：“桒之言喪也，用以為笄，長四寸，不冴也。縷，笄之中央（以）以安髪也。”注人［又］曰：“今文褸為縷也。褸謂削約屈［握］之中央以安髪也。”在衣部。②

《儀禮·士喪禮》：“鬠笄用桑，長四寸，縷中。”鄭玄注：“桑之為言喪也，用為笄，取其名也。長四寸，不冠故也。縷，笄之中央以安髪。”又：“握手用玄纁裏長尺二寸，廣五寸，牢中旁寸，著組繫。”鄭玄注：“牢讀為樓。樓謂削約握之中央以安手也。今文樓為縷。”吕校本作“褸謂削約，屈之中央，以安髪也”。《名義》：“縷，阿侯反。笄中央安髪。”吕氏校釋：“《殘卷》作‘笄之中央以安髪也’。”《新撰字鏡》：“縷，阿侯反。文褸也。”③

絅，口逈反。《蒼頡篇》：“布名也。《詩》云：‘衣錦絅衣。’”野王案：《毛詩》為聚［褧］字，在衣部。④

《説文》：“褧，緥也。《詩》曰：衣錦褧衣。示反古。从衣，耿聲。”《廣韻·東韻》：“絧，布名。”“絧”蓋“絅”字之訛。王仁昫《刊謬補缺切韻·迥韻》（P.2011）：“褧，口迴反。褧，絅。又布名。”《詩經·衛風·碩人》：“碩人其頎，衣錦褧衣。”《名義》：“絅，口逈反。布也。”吕氏校釋：“《殘卷》引《蒼頡篇》作‘布名也’。”《新撰字鏡》：“絤［絅］，口囬［冋］反，布名，褧。”

絻，莫愠反。《儀礼》：“主人括〈髪〉，組。衆主人絻于房。”鄭玄曰：“齎

① “苹”當作“苎”，為引證而非釋義。
② 《名義》：“褸，力侯反。衽，裳際，裂，婦人敝膝也。”
③ 《新撰字鏡》蓋誤解“今文褸為縷也”為“今以文褸為縷也”。
④ 《名義》：“褧，苦迴反。禪也，衣裳無裏。”

衰將袓［袒］，以免代冠，免之制未聞焉。舊說以為如冠状，廣一寸。《喪服小記》曰：'斬衰括髮以麻，免而以布。'此用麻布為之，状如今之者［著］幓頭矣，自項中而前交額上，却繞髮〈紒〉。今文皆作絻。"《礼記》："冠，至尊也，……故云絻以狀［代］之。"或為俛字，在巾部。[①]《說文》或冕字也。冕，冠也，音縻卷反，在冈［冃］部。[②]

《儀禮·士喪禮》："主人髻髮，袒。衆主人免于房。"鄭玄注："衆主人免者，齊衰將袒，以免代冠。冠，服之尤尊，不以袒也。免之制未聞，舊說以為如冠狀，廣一寸。《喪服小記》曰："斬衰髻髮以麻，免而以布。"此用麻布為之，狀如今之著幓頭矣。自項中而前交於額上，卻繞紒也。……今文免皆作絻，古文髻作括。"陸德明音義："幓，七消反。""幓"為"幧"之俗訛字。吕校本"狀如"之"狀"誤屬上讀。《禮記·問喪》："冠，至尊也，不居肉袒之體也，故為之免以代之也。"鄭玄注："免，狀如冠而廣一寸。"陸德明音義："免，音問。"與《殘卷》"莫愠反"音同。王仁昫《刊謬補缺切韻·問韻》（P.2011）："絻，喪服。亦作俛。"《廣韻·問韻》："絻，喪服。亦作免。"《名義》："絻，莫愠反。"《新撰字鏡》："絻，无運切。冠也，冕也，喪服也。俛字。"

縻，丘損反。《左氏傳》："羅无勇縻之。"杜預曰："縻，束縛也。"又曰："求諸侯而縻至。"杜預曰："縻，羣也。"

《左傳·哀公二年》："繁羽御趙羅，宋勇爲右。羅無勇麇之。"杜預注："麇，束縛也。"陸德明音義："麇，丘隕反。"胡吉宣以為"麇""當作縻"。按："縻"爲本字，"麇"爲假借字，不必改。《廣雅·釋詁三》："稛，束也。"王念孫疏證："稛與下囷字同。《說文》：'稛，絭束也。'《齊語》：'稛載而歸。'韋昭注云：'稛，絭也。'《管子·小匡篇》作攟。哀二年《左傳》：'羅無勇麇之。'杜預注云：'麇，束縛也。'《釋文》：'麇，邱隕反。'稛、囷、麇聲近義同，今俗語猶謂束物為稛矣。"《左傳·昭公五年》："求諸侯而麇至，求昏而薦女。"杜預注："麇，群也。"《名義》："縻，丘損反。束缚也，羣也。"

① 《名義》："俛，莫愠反。絻。"

② 《說文》："冕，大夫以上冠也，邃延垂瑬紞纊。从冃，免聲。古者黄帝初作冕。絻，冕或从糸。"《名義》："冕，靡璉反。衮。"

緗，所梁反。《續漢書》："賈人嫁娶，衣緗縹［縹］而已。"《廣雅》："緒［綃］謂之緗。"《廣雅》："緗，桒初生之色也。"

《後漢書·輿服志》："公主、貴人、妃以上，嫁娶得服錦綺羅縠繒，采十二色，重緣袍。特進、列侯以上錦繒，采十二色。六百石以上重練，采九色，禁丹紫紺。三百石以上五色采——青、絳、黄、紅、緑。二百石以上四采——青、黄、紅、緑。賈人緗縹而已。"《殘卷》"緒謂之緗"未詳。《太平御覽》卷八一六引《廣雅》曰："綃謂之緗。"[①]"緒"蓋"綃"字之訛。吕校本即作"綃謂之緗"。《釋名·釋綵帛》："緗，桑也，如桑葉初生之色也。"《殘卷》引"《廣雅》"或當作"《釋名》"。《名義》："緗，所梁反。緒［綃］也，桒。"吕氏校釋："《殘卷》作'《廣雅》："緒謂之緗。"《廣雅》："緗，初生之色也"'。'緒'當作'絹'。《名義》'桒'為誤省。"按：《殘卷》引《廣雅》作"桒初生之色也"，吕氏校釋脱"桒"字。《新撰字鏡》："緗，所梁反。桒也，初生桒也，緒［綃］，紩。"[②]

纜，力蹔反。《吴志》："更增舸纜。"野王案：纜，維舩也。

《三國志·吴書·甘寧傳》："敕船人更增舸纜，解衣臥船中。"《文選·謝靈運〈登臨海嶠初發彊中作與從弟惠連見羊何共和之一首〉》："日落當棲薄，繫纜臨江樓。"李善注："纜，維舟索也。《吴志》曰：'更增舸纜。'"《慧琳音義》卷六一《根本説一切有部毘奈耶律》卷三三音義："繫纜，上音計，下音濫。顧野王云：'繫纜者，繫舩纜索也。或麻或竹，繫於河岸也。'"《名義》："纜，力蹔反。维舩也。"《類聚名義抄》："纜，維舩也。《玉》云。"（289•2）

緫，呼骨反。《廣雅》："緫，（衛）微也。"

《名義》："緫，呼骨反。衛微。"吕氏校釋："《殘卷》引《廣雅》作'衛微也'。"按："衛"蓋"微"之誤重，"衛微"當作"微"。《廣韻·沒韻》："緫，微也。"《集韻·沒韻》："緫，《博雅》：'微也。'通作忽。"《廣雅·釋詁四》："緫，微也。"

---

① 今本《廣雅·釋器》作"綃謂之絹"。

② 此處當與字頭連讀為"緗紩"，"紩"同"帙"。

曹憲音“忽”。吕氏校釋字頭誤作“緫”。《新撰字鏡》：“緫，呼勿反。微。”

縲，力追反。《字書》：“縲，落也。”

《名義》：“縲，力追反。落。”吕氏校釋：“《玉篇》作‘縲紲也’。《名義》似當作‘絡也’。”按：此説恐非。“落”通“絡”。《漢書·揚雄傳上》：“爾廼虎路三嵕以為司馬，圍經百里而為殿門。”顔師古注：“落，纍也，以繩周繞之也。”[①]《新撰字鏡》：“縲，力追反，繫也，絡。”《類聚名義抄》：“縲紲，上《玉》云：‘落也。’”（300•1）

絧，齐洛［咨］反。《廣雅》：“絧，補也。”

《廣雅·釋詁四》：“絧，補也。”曹憲音“辭”。《名義》：“絧，齊洛［咨］反。補。”吕氏校釋：“‘咨’字原誤作‘洛’。”按：《名義》沿《殘卷》之誤。[②]《新撰字鏡》：“絧，齊次［咨］反。補。”

絅，遏何反。《子虚賦》：“被絅緆，揄紵［紵］縞。”《縸［漢］書音義》曰：“絅，細繒也。”

《史記·司馬相如列傳》：“被阿錫，揄紵縞。”裴駰集解引《漢書音義》曰：“阿，細繒也。”吕校本“漢書音義”誤作“漢書音儀”。《文選·司馬相如〈子虚賦〉》：“被阿緆，揄紵縞。”郭璞注引張揖曰：“阿，細繒也。”“阿”“絅”古今字。《名義》：“絅，遏何反。细缯。”《新撰字鏡》：“絅，焉可［阿］反。細繒也，紵縞。[③]”

---

① 《廣雅·釋器》：“緣，絡也。”王念孫疏證：“凡繩之相連者曰絡。《莊子·胠篋篇》云：‘削格羅落罝罘之知多。’落與絡同，緣與纍同。”

② “咨”“洛”形近易訛。《慧琳音義》卷七七《釋迦譜》卷九音義：“佛頿，子雌反。《説文》云：‘頿，口上須也。從須，此聲。’今《譜》中從洛從毛，非也。本俗字從咨從毛作㲞，書人不會，又改從洛，偽中更偽，亦非也。”此即“咨”訛“洛”之一例。

③ “紵縞”當為引證而非釋義。

繖，思爤反。《東觀漢記》："時大雨，上騎持繖盖，従百餘騎。"野王案：繖即盖也。《諸葛亮集》"不得持烏育及幓，但持繖"是也。

吕校本"思爤反"誤作"思蘭反"。

《慧琳音義》卷十一《大寶積經》卷二音義："繖蓋，上桑嬾反。《玉篇》云：'繖即蓋也。'"又卷三四《佛說內藏百寶經》音義："繖蓋，上珊亶反。《東觀漢記》：'時天大雨，上騎持繖蓋。'顧野王云：'繖即蓋也。'"又卷三七《陀羅尼集》卷三音義："繖蓋，上珊亶反。經作傘，俗字也。《東觀漢記》云：'時天大雨，上騎持繖蓋從百餘騎。'顧野王云：'繖即蓋也。'"堪與《殘卷》相佐證。《北堂書鈔》卷一三二"帳幔耀日"："諸葛亮軍令云：'軍行，人將一斗乾飰，不得持烏育及幔。餘大車乘帳幔，什光耀日①，往就與會矣。'"《名義》："繖，思爤反。盖。"《新撰字鏡》："繖，傘同。桒爛反。盖也。傘，上字，在人部。"又："傘，繖字同。先岸、桒爛二反。盖也。"

綀，所閭反。《文士傳》："祢衡著布單衣、綀巾。"《吴志》："綀帳縹［縹］被。"《釋名》："紡麁丝織曰綀。綀，料也，料料然疏也。"

《後漢書·文苑傳·禰衡》："衡乃著布單衣、疎巾，手持三尺棁杖，坐大營門，以杖捶地大罵。《三國志·魏書·荀彧傳》："至日晏，衡著布單衣，疏巾［綀布］履，坐太祖營門外，以杖捶地，數罵太祖。"《三國志·吴書·蔣欽傳》："權嘗入其堂內，母疎帳縹被，妻妾布裙。"《釋名·釋綵帛》："紡麤絲織之曰疏。疏，寥也，寥寥然也。"《名義》："綀，所閭反。紡麁丝織。"《新撰字鏡》："綀，色魚反。綀葛也，料也，織荒［疏］系［絲］也。"

纙，徒到反。《蒼頡篇》："不青不黄也。"《聲類》："绿色也。"

王仁昫《刊謬補缺切韻·号韻》（P.2011）："導，徒到反。……纙，不青不黄。"《名義》："纙，徒到反。绿色。"《新撰字鏡》："纙，徒到反。绿色繒。"

---

① 《資治通鑑·漢紀·孝獻皇帝辛》作"精光耀日"。

緸，亡勾反。《埤蒼》：“繅淹餘，緸也。”

《名義》：“緸，亡勾反。繅淹餘也。”吕氏校釋：“《殘卷》引《埤蒼》作‘繅淹餘緸也’。《名義》應與字頭連讀。”按：此説恐非。王仁昫《刊謬補缺切韻·遇韻》（P.2011）：“緸，繅淹餘。”《玉篇》：“緸，亡句切，繅淹餘也。”《集韻·遇韻》：“緸，繅絲餘也。”“淹”與“繅絲”有關。《廣韻·梵韻》：“淹，没也，又繅絲一淹也。”《集韻·豔韻》：“掩，繅絲以手振出緒也。或从糸。通作淹。”

“勾”，俗“句”字。

纏，直連反。《方言》：“初［袀］纏謂之繟［襌］。”郭璞曰：“今忽呼涼衣也。”

《方言》卷四：“袀纏謂之襌。”郭璞注：“今又呼為涼衣也。灼、纏兩音。”《玉篇》：“纏，自［直］連切，約纏謂之襌也。”“約纏”同“袀纏”，从糸、从衣，例得相通。《名義》：“纏，直連反。涼衣。”《新撰字鏡》：“纏，直連反。涼衣。”

緆，去厥反。《埤蒼》：“緆，狄衣也。”野王案：王后文服也，今礼家並為闕字。

《名義》：“緆，去報［厥］反。狄衣也。”吕氏校釋“厥”作“厥”，云：“‘厥’字原訛。”按：“厥”字原訛作“報”。《玉篇》：“緆，去月切，緆，狄衣也。亦作闕。”《龍龕》：“緆，去月反，狄人衣也。又九勿反，翟衣也。”《新撰字鏡》：“緆，屈音。翟衣也，山鳥羽餝衣，皇后服也。”《類聚名義抄》：“緆，《玉》云：‘去厥反。狄衣也。’”（319•5）

《禮記·玉藻》：“君命屈狄，再命褘衣，一命襢衣，士褖衣。”鄭玄注：“屈，《周禮》作闕，謂刻繒為翟，不畫也。”《周禮·天官·内司服》：“内司服掌王后之六服：褘衣、揄狄、闕狄、鞠衣、展衣、緣衣、素沙。”鄭玄注引鄭衆曰：“屈者，音聲與闕相似。”《名義》“狄”為“翟”之假借，《龍龕》釋為“狄人衣”，誤。

紆，公但反。《字書》㐅衦字也。衦，靡［摩］展衣也，在衣部。①

《慧琳音義》卷六十《根本説一切有部毘奈耶律》卷二十音義：“衦成，干旱反。《説文》云：‘衦者，由如衦餅，今［令］摩展匹叚［段］也。從衣，干聲也。’”《玉篇》：“紆，公旦切，亦作衦，摩展之［衣］也。”《名義》：“紆［紆］，公但反。紆［紆］字。靡［摩］展衣。”吕氏校釋：“《玉篇》作‘摩展衣也’。《名義》‘靡展衣’當從改。”《名義》為沿《殘卷》之誤。《名義》字頭原誤作“紆”。《玉篇》“摩展之也”當作“摩展衣也”。《説文》：“衦，摩展衣。”《新撰字鏡》：“紆，公旦反。衦也，展衣也。”

綖，所除、所去二反。《蒼頡萹》：“綖，〈継〉也。”《字書》㐅蹏［疏］字也。蹏［疏］，書所記也，在𠫓［㐬］部。②或為疋字，在𤴓［疋］部。③

吕校本引《蒼頡篇》作“綖也”，誤。胡吉宣《玉篇校釋》缺字補“継”字，可從。王仁昫《刊謬補缺切韻·語韻》（P.2011）：“綖，繼。又所除反。”《名義》：“綖，所去反。”《新撰字鏡》：“綖，所去反。蹏。”

《集韻·御韻》：“疏，所據切。《博雅》：‘條疏也。’或作綖。”

繂［繂］，力出反。《聲類》：“舟素［索］也。”㐅綍也。《字書》㐅𦈏字也。𦈏，索也，在素部。④或為𦈏字，在索部。⑤

《廣韻·術韻》：“繂，繩船上用。亦作𦈏。”《玉篇》：“繂，力出切，井索也。”《詩經·小雅·采菽》：“汎汎楊舟，紼纚維之。”毛傳：“紼，繂也。”孔穎達正義：“《釋水》云：‘紼縭維之。紼，繂也。縭，緌也。’……李巡曰：‘繂，竹為索，所以維持舟者。’”

---

① 《名義》：“衦，公但反。展衣也。”
② 《名義》：“疏，所居反。麁也，徹也，除也，分也，通也，遲也，遠也，識也。”
③ 《名義》：“疋，山舉反。𤴓也，待也。”
④ 《殘卷》：“𦈏，力出反。……《尔雅》：‘紼，𦈏也。’鄭［郭］璞曰：‘謂索也。’《説文》：‘素屬也。’”又：“𦈏［𦈏］，力出反。《字書》：‘舉棺索也。’或為𦈏字，在素部。或為繂字，在糸部。”《名義》：“𦈏，力出反。素。”
⑤ 《殘卷》：“𦈏［𦈏］，力出反。《字書》：‘舉棺索也。’……或為繂字，在糸部。”《名義》：“𦈏，力出反。舉棺索也。”

《玉篇》："縴，力出切，舉船索也。或作綷、䋩。"據此，當作"舟索也"，"井索也""舟素也"均為"舟索也"之誤。《名義》："綷，力出反。舟索也，綺也。"

《殘卷》"綒"字右旁與"孚"形近，《名義》"呼"作"𠰄"，堪為佐證。[①]"綒"蓋"綍"之異體，從孚、從孛或可相通。[②]

吕校本録作"《字書》亦䋩字也。䋩，索也，在索部。或為䋩，在索部"，删去"或為䋩，在索部"，不妥。

紾，居忍反。《聲類》亦緊字也。緊，急也，糾也，在緊部。[③]

《名義》："紾，居忍反。糺[糾]也。緊字。"《名義》"糺也"當作"糾也"。《廣雅·釋詁一》："緊，急也。"《廣雅·釋言》："緊，糾也。"《新撰字鏡》："紒、紾，二同，之忍反，居忍反。衣單也，緊也，急也，糺也。""糺""糺"並與"糾"同。《類聚名義抄》："緊郙羅，《玉》云：'糺也，急也。'"（322•3）

絪，於神反。《周易》："天地絪縕，萬物化醇。"《廣雅》："絪絪[絪絪]，元氣也。"《漢書》："如[加]畫繡絪。"如淳曰："絪亦茵也。"

《周易·繫辭下》："天地絪縕，萬物化醇。男女構精，萬物化生。"《廣雅·釋訓》："烟烟、煴煴，元氣也。"王念孫疏證："絪縕與烟煴同，重言之則曰烟烟、煴煴。"《漢書·霍光傳》："廣治第室，作乘輿輦，加畫繡絪馮，黄金塗，韋絮薦輪，侍婢以五采絲輓顯，游戲第中。"顏師古注："茵，蓐也，以繡為茵馮而黄金塗輿輦也。"又引如淳曰："絪亦茵。"張傑認為今本"加"當為"如"字之誤，恐非是。《玉篇》："絪，於仁切。《易》曰：'天地絪縕，萬物化生。'絪縕，元氣也。"《名義》："絪，於神反。茵。"

紱，甫物反。《蒼頡萹》："紱，綬也。"

---

① 胡吉宣《玉篇校釋》疑為"綍"或"紼"，吕校本徑作"紼"。

② 《可洪音義》卷六《大灌頂經》卷七音義："浮浡，二同，蒲没反，上悮。浡浡如雲。"又卷一一《瑜伽師地論》卷二六音義："悖悪，蒲没反上，正作悖。"

③ 《名義》："緊，居忍反。缠丝急也，纠也，急也。"

《文選·班固〈西都賦〉》："英俊之域，紱冕所興。"李善注引《蒼頡篇》曰："紱，綬也。"《慧琳音義》卷八八《集沙門不拜俗議》卷三音義："簪紱，下分物反。《蒼頡篇》：'紱，綬也。'"《名義》："紱，甫物反。绶。"《新撰字鏡》："紱、紼，二字同。甫勿反。緩［綬］也。下字大索。"《類聚名義抄》："紱婆，《玉》云：'綬也。'"（318•7）

紼［紼］，《字書》忽紱字也。

《慧琳音義》卷八八《集沙門不拜俗議》卷三音義："簪紱，下分物反。《蒼頡篇》：'紱，綬也。'《説文》：'從糸，犮聲。'《字書》亦作紼。"《玉篇》："紱，甫勿切，綬也。紼，同上。"《名義》："紼，紱字。"《龍龕》："紱，俗；紼，或作；紱，正。夫勿反，紱，綬也。"

縯［縯］，餘忍反。《漢書》："淮陽舅［憲］王欽孫名縯。"《後漢》齊武王縯字佰［伯］升。

《漢書·宣元六王傳》："淮陽憲王欽，元康三年立，母張倢伃有寵於宣帝。……子文王玄嗣，二十六年薨。子縯嗣，王莽時絶。"孟康注："縯音引。"顏師古注："音弋善反。"《後漢書·宗室四王三侯列傳·齊武王縯傳》："齊武王縯字伯升，光武之長兄也。"李賢注："縯，引也，音衍。"《名義》："縯，餘忍反。人名。"

絍，乃心反。《字書》："絍，織也。"

《玉篇》："絍，乃心切，絍，織也。"《名義》："絍，乃心反。織。"《新撰字鏡》："絍，乃心反，平。織也。"按：此與"紝"（或作"絍""紴"）音義同。《玄應音義》卷二二《瑜伽師地論》卷十九音義："繩紝，又作絍，同，女心反。謂牆繩也，夲機上縷也。"

**紋，胡交反。《儀礼》："麛……哀［褎］，紋衣以裼之。"鄭玄曰："倉黃之色也。”野王案：又曰“大夫不摇絞”是也。《大戴礼·夏小正》：“八月玄絞。玄者黒也，絞者若缘［緑］色然，婦人未嫁者衣也。”《礼記》又曰：“小斂（又）：布絞，縮者二［一］，横者三。……大斂：布絞，縮者三，横者五。布紟，二衾。……絞、紟如朝服，一幅為三，不辟……”鄭玄曰：“二衰［衾］，或廗［廌］也，如朝服者，謂布精麁也。……小斂之絞廣終幅，枡其末，其末以為堅之强也。大斂之絞，一幅三析用之，以為堅之急也。絞、紟，既斂所用束堅之者也。”

《儀禮·聘禮》：“裼，降立。”鄭玄注：“《玉藻》曰：‘裘之裼也，見美也。’又曰：‘麛裘青豻褎，絞衣以裼之。’”《禮記·玉藻》：“麛裘青豻褎，絞衣以裼之。”鄭玄注：“絞，蒼黄之色也。”“野王案”下“又曰”所引亦為《禮記》内容，足證《殘卷》“儀礼”當作“礼記”。《禮記·雜記》：“大夫不揄絞，屬於池下。”鄭玄注：“揄，揄翟也。采青黄之間曰絞。”《禮記·玉藻》：“王后褘衣，夫人揄狄。”鄭玄注：“揄讀如摇。”陸德明音義：“揄，音摇，羊消反。”《殘卷》“不摇絞”與“不揄絞”音義同。《大戴禮記·夏小正》：“八月：剥瓜。畜瓜之時也。玄校。玄也者，黑也。校也者，若緑色然。婦人未嫁者衣之。”《禮記·喪大記》：“小斂：布絞，縮者一，横者三。”鄭玄注：“絞，既斂所用束堅之者。”又：“大斂：布絞，縮者三，横者五。布紟，二衾。……絞紟如朝服，絞一幅為三，不辟紟五幅，無紞。”鄭玄注：“二衾者，或覆之，或薦之。如朝服者，謂布精麤，朝服十五升。小斂之絞也，廣終幅，析其末，以為堅之强也。大斂之絞，一幅三析用之，以為堅之急也。”廗當為“廌”字，“廌”同“薦”。《殘卷》有脱誤和錯亂。《玉篇》：“絞，乎交切，緑色也，〈未〉嫁者衣也。”《名義》：“絞，胡交反。倉黄色。”

〖系部第四百廿六　凡五字〗

系，《尔雅》：“系，継也。”《世本》布［有］《帝系篇》，謂子孫相継續也。《説文》：“系，繫也。”《風俗通》：“延喜［嘉］中，……婦人始嫁，作染［柒］書［畫］履，五采系為之。”野王案：今以繫屧者也。籀文為丝［𦃃］字，在丝部。①

① 《名義》：“𦃃，奚計反。継也。糸［系］。”

《爾雅·釋詁上》："係，繼也。""布"當作"有"。吕校本徑删"布"字。《慧琳音義》卷七七《釋迦氏略譜》音義："系嫡，上奚計反。《爾雅》云：'系，繼也。'《世本》有《帝系篇》，謂子孫相繼續也。《説文》：'亦繫也。從系，系聲也。籀文從爪作𦃃。'"《説文》："系，繫也。从糸，厂聲。……𦃃，籀文系从爪、絲。"《太平御覽》卷六四四引《風俗通》曰："延嘉中，京師長者皆著木屐，婦人始嫁，至作漆畫〈屨〉，五采爲系。"又卷六九八引作"延嘉中，京師長者皆着木屐，婦女始嫁，作漆畫屐，五色綵為系"。《玄應音義》卷十五《僧祇律》卷三四音義："施系，奚計反。謂屧系、履系等皆作系。"《名義》："系，奚計反。继也，繫。"又："𦃃，胡計反。系字。子孫相繫續也。"《新撰字鏡》："系，奚計反，継也，繫也。又古帝反，去。緒也。"《類聚名義抄》："系頭，《玉》云：'繫也。'"（287•2）

孫，蘇昆反。《尒雅》："子之子為孫，孫之子為曽孫，曽孫之子為玄孫，玄孫之子為来孫，来孫之子為昆孫，昆孫之子為仍孫，仍孫之子為雲孫。謂出之子曰離孫，姪之子曰歸孫，女子之子為外孫。"郭璞曰："玄者言親属微昧也。来者言有来往之礼也。昆，後也。《汲冢書》：'不窋之昆孫也。'仍忩重也。雲言漸遠如雲漢也。"《漢書》："内外公孫耳孫。"應劭曰："〈内外〉公孫謂王侯内外孫。耳孫，上［言］去其曽高益遠，但耳聞之也。"晉灼曰："玄孫之曽孫也。在《諸侯王表》也。"古文為〈孫〉字，在子部。①

《爾雅·釋親》："子之子為孫。"郭璞注："孫猶後也。"又："孫之子為曾孫。"郭璞注："曾猶重也。"又："曾孫之子為玄孫。"郭璞注："玄者言親屬微昧也。"又："玄孫之子為來孫。"郭璞注："言有往來之親。"又："來孫之子為晜孫。"郭璞注："晜，後也。《汲冢竹書》曰：'不窋之晜孫。'"又："晜孫之子為仍孫。"郭璞注："仍亦重也。"又："仍孫之子為雲孫。"郭璞注："言輕遠如浮雲。"又："謂出之子為離孫，謂姪之子為歸孫，女子之子為外孫。"吕校本"《汲冢書》"云云作"汲［仍］，冢書不穴［六］出之昆孫也"，不知所云，大誤。《漢書·惠帝紀》："上造以上及内外公孫耳孫有罪當刑及當爲城旦舂者，皆耐爲鬼薪白粲。"顔師古注引應劭曰："内外公孫，謂王侯内外孫也。耳孫者，玄孫之子也，言去其曾高益遠，但耳聞之也。"又引晉灼曰："耳孫，玄孫之曾孫也。《諸侯王表》在八世。"《説文》："孫，子之子曰孫。从子，

① 《名義》："孫，息昆反。孫字。"

从系。系，續也。”《名義》：“孫，蘇昆反。”《新撰字鏡》：“孫，蘇屯反。昆孫也，順也。”

“孫”字古文吕校本補作“孨”，與黎本同。按：“孨”當為“子”字加重文符，為“子子”，“子之子”爲“孫”，是爲會意字。惟“孨”字出現時代偏晚，姑且存疑。

緜，弭旃反。《毛詩》：“綿綿葛虆。”傳曰：“綿綿，長不絶皀也。”又曰：“綿蠻黄鳥。”傳曰：“小鳥皀也。”又曰：“綿綿翼翼。”傳曰：“綿綿，静也。”《韓詩》：“綿蠻，文皀也。”《尒雅》：“綿綿，䕸［藨］也。”郭璞曰：“謂私［秐］〈耨〉精也。”《穀梁傳》：“綿地千里。”劉兆曰：“綿猶經歷也。”《楚辞》：“秦篝齊縷，〈鄭〉綿絡。”王逸曰：“綿，緾也。（准也。）”①《淮南》：“綿以方域［城］。”評［許］林重曰：“綿，絡也。”又曰：“綿乎小哉，曠乎大哉。”野王案：綿，微末之言也。《大戴礼》“无綿綿之事者，无赫赫之功”是也。《方言》：“綿，施也。趙曰綿，吴越之間脱衣相被謂之紙綿也。”郭璞曰：“相覆及之名也。”《漢書》：“越人綿力薄材。”音義曰：“綿力，薄力也。”《説文》：“綿聯，（衛）微也。”《釋名》：“綿絮者，綿猶緬，緬，柔而无文也。”《字書》：“新絮也。”

《詩經·王風·葛藟》：“緜緜葛藟，在河之滸。”毛傳：“緜緜，長不絶之貌。”《詩經·小雅·緜蠻》：“緜蠻黄鳥，止於丘阿。”毛傳：“緜蠻，小鳥貌。”《詩經·大雅·常武》：“緜緜翼翼，不測不克，濯征徐國。”毛傳：“緜緜，靚也。”鄭玄箋：“王兵安靚，且皆敬，其勢不可測度，不可攻勝。”陸德明音義：“緜，如字。《韓詩》作民民，同。”“靚”與“静”音義同，“安靚”同“安静”。“《韓詩》：‘綿蠻，文皀也。’”當置於上引《毛詩》“‘綿蠻黄鳥。’傳曰：‘小鳥皀也。’”之後。《文選·何晏〈景福殿賦〉》：“綿蠻黮䨴，隨雲融泄。”李善注：“《韓詩》曰：‘綿蠻黄鳥。’薛君曰：‘綿蠻，文貌。’”《爾雅·釋訓》：“緜緜，穮也。”郭璞注：“言芸耨精。”陸德明音義：“麃，《字書》作穮，同，方遥反，耘也。《字林》云：‘耕禾間也。’《左傳》云‘譬如農夫是穮是蓘’是也。《説文》云：‘穮，耨鋤田也。’芸字亦作耘，同，音云。”《殘卷》“私”蓋“秐”字之訛，又脱“槈”（同“耨”）字。《經典釋文》“麃”字似當作“藨”，“藨”與“穮”音義同。《穀梁傳·文公十四年》：“長轂五百乘，緜地千里。”范甯集解：“緜猶彌漫。”《楚辭·招魂》：“秦篝齊縷，鄭綿絡些。”王逸注：“綿，纏也。”《淮南子·兵畧》：“垣

① 按：“准也”為衍文，“准”當為下《淮南》“淮”字之訛。

之以鄧林，緜之以方城。”高誘注：“緜，落也。”“絡”“落”音義同。《慧琳音義》卷九十《高僧傳》卷十四音義：“緜亘，滅編反。《毛詩傳》曰：‘緜緜，長而不絶皃也。’王逸注《楚辞》云：‘緜，緾也。’許叔重注《淮南子》：‘綿猶絡也。’”《淮南子·繆稱》：“故言之用者，昭昭乎小哉；不言之用者，曠曠乎大哉。”何寧集解：“‘昭昭’當作‘緜緜’，字之誤也。”《孔子家語·觀周》：“焰焰不滅，炎炎若何；涓涓不壅，終為江河；綿綿不絶，或成網羅；毫末不札，將尋斧柯。”王肅注：“綿綿，微細。”《廣雅·釋詁二》：“緜，小也。”《希麟音義》卷五《新譯仁王護國般若波羅蜜多經》卷上音義：“綿絡，上彌編反。《切韻》：‘微也，歷也。’”《大戴禮記·勸學》：“是故無憤憤之志者，無昭昭之明；無緜緜之事者，無赫赫之功。”《方言》卷六：“緍、綿，施也。秦曰緍，趙曰綿。吴越之間脱衣相被謂之緍綿。”郭璞注：“相覆及之名也。音旻。”《漢書·嚴朱吾丘主父徐嚴終王賈傳》：“且越人緜力薄材，不能陸戰，又無車騎弓弩之用，然而不可入者，以保地險，而中國之人不能其水土也。”顔師古注引孟康曰：“緜音滅，薄力也。”顔師古注：“緜，弱也，言其柔弱如緜，讀如本字。孟説非也。”《説文》：“緜聯，微也。从系，从帛。”《釋名·釋采帛》：“綿猶湎，湎，柔而無文也。”《玉篇》：“緜，彌然切，新絮也，纏也，緜緜不絶。今作綿。”《名義》：“緜，弭旃反。静也，歷也，緾也。”《新撰字鏡》：“綿，□□反。聯也，緾也，絡也，施也。緜，弭千反。上字。纇也，絡也，韋也，緾也。”

䌛，与招、与周二反。《尚書》：“弔䌛〈霊。〉（鞠汏輈。”杜預曰：“䌛，壺也。”）孔安國曰：“即［弔］，䍃［至］也。霊，善也。言至（也）用善也。”《左氏傳》：“䌛鞫［輈］汏輈。”杜預曰：“䌛，過也。”《尔雅》：“䌛［䌛］，道也。”又曰：“䌛，喜也。”郭璞曰：“《礼記》：‘人喜則斯陶，陶斯詠，詠斯猶。’即䌛，字今古也。”《説文》：“隨従也。”野王案：此⺀与傜字同。傜⺀使、役、邪也，在人部。[①]或以此為與猶［猷］字，同。猷音与周反，在犬部。[②]或以為卦兆之籀字，音除靁反，在竹部。[③]

《類聚名義抄》：“䖵䌛，《玉》云：‘与招、与周反。䌛，壺也；即［弔］，牟［至］

①《名義》：“�，与招反。遥役也，使也，喜也。”“邪也”義蓋當作“淫”，“淫”同“淫”，與“傜”形近。《楚辭·離騷》：“衆女嫉余之蛾眉兮，謡諑謂余以善淫。”王逸注：“淫，邪也。”
②《名義》：“猷，餘周反。謀也，啚也，若也，道也，圓［圖］也。”《爾雅·釋詁下》：“䌛，道也。”《方言》卷三：“猷，道也。”“䌛”與“猷”音義同。
③《名義》：“籀，除救反。抙也，占辞也，讀書。”

也；霝，善也；言至（也）用善也。過也，道也，喜也；猶，即繇，今古也。隨從也；此亦与傜字，或為猶，同。或為卦兆之籀字，在竹部。’”（322•1）

《說文》：“䌛，隨從也。从系，𠭥聲。”《尚書·盤庚下》：“肆予沖人，非廢厥謀，弔由靈。”孔安國傳：“弔，至。靈，善也。非廢謂動謀於衆，至用其善。”《殘卷》“鞠汰輈。’杜預曰：‘繇，壺也。’”為衍文，當為下《左傳》及杜預注文。“壺”又為“喜”字之訛，為下《尔雅》語。《左傳·昭公二十六年》：“繇朐汰輈，匕入者三寸。”杜預注：“朐，車軛。輈，車轅。繇，過也。”陸德明音義：“繇，音由。朐，其俱反，本又作軥，同。”《殘卷》“鞠”當為“軥”字之俗字。《爾雅·釋詁下》：“繇，道也。”又：“繇，喜也。”郭璞注：“《禮記》曰：‘人喜則斯陶，陶斯詠，詠斯猶。’猶即繇也，古今字耳。”《殘卷》“字今古”當作“古今字”。《漢書·文帝紀》：“占曰：‘大橫庚庚，余為天王，夏啟昌光。’”顏師古注：“繇音丈救反，本作籀。籀，書也，謂讀卜詞。”《玉篇》：“䌛，與招切，用也，隨也，過也。又以周切。繇，同上。”《名義》：“繇，与周反。過也，道也。”《新撰字鏡》：“䌛，正。余招反，直右反，去。隨從也，憂也，卦兆辞。傜字同。借余周反，平。予［弔］繇霝也，予［弔］，至也。過也，道也，喜也，用心也。霝，善也。繇，由也。”

纛，徒到反。《周礼》：“及葚，執纛以与近［匠］師御廧［匶］。”鄭衆曰：“纛，羽葆幢也。”蔡雍《獨新［断］》：“乘輿（與）車，……黃屋左纛。……纛者，以旄牛尾為之，大如斗，在亩右騑馬頭上也。”《字書》亦翿字也。翿，舞者所持羽，翳也，在羽部。①

《周禮·地官·鄉師》：“及葬，執纛以與匠師御匶而治役。”鄭玄注引鄭衆云：“翿，羽葆幢也。《爾雅》曰：‘纛，翳也。’”《藝文類聚》卷七一引蔡邕《獨斷》曰：“凡乘輿車，皆羽盖金華。又黃屋、左翿、金錽。黃屋者，盖以黃為裏也。左翿者，以旄牛尾為之。大如斗，在左騑馬頭上。金錽者，馬冠也。”《名義》：“纛，徒到反。羽葆幢也。”

《爾雅·釋言》：“翿，纛也。”郭璞注：“今之羽葆幢。”《慧琳音義》卷三五《菩提場所說一字頂輪王經》卷一音義：“旗纛，上音其，下毒。鄭注《周禮》云：‘纛，

① 《名義》：“翿，徒到反。翳。”《詩經·王風·君子陽陽》：“君子陶陶，左執翿，右招我由敖。”毛傳：“翿，纛也，翳也。”孔穎達疏：“《釋言》云：‘翿，纛也。’李巡曰：‘翿，舞者所持纛也。’孫炎曰：‘纛，舞者所持羽也。’”

羽葆幢也。’”又卷八三《大唐三藏玄奘法師本傳》卷一音義：“稍纛，下同禄反。鄭衆注《周禮》：‘纛，羽葆幢也。’蔡邕《獨斷》：‘纛者，以旄牛尾為之。’《說文》：‘從縣，毒聲。’”

〖素部第四百廿七　　凡八字〗

𥿋［縈］，蘓故反。《毛詩》：“素丝五紽。”傳曰：“素，绵也。”《考工記》：“凡畫繪之事後工素。”鄭玄曰：“素，白乎［采］也。”《礼記》：“韠……紕以素。”鄭玄曰：“素，生帛也。”《范子計然》：“白素出三輔，匹八百。”《說文》：“白緻繒也。”《周礼》：“稾人掌……先［矢］人［八］物，菔［箙］夊如之。春獻素，秋獻成。”鄭玄曰：“春作秋成也。”《毛詩》：“不素湌兮。”傳曰：“素，空也。”野王案：謂空虛也。《左氏傳》：“与其素属［厲］，寧為无勇也。”《韓詩》：“素，質也，人但有質朴，无治民之才，戹位食位，多併君之加賜，名曰素湌。”《儀礼》：“……椁。獻成、素。”鄭玄曰：“刑法立為素，飾畢為成。”《左氏傳》：“不愆于素。”杜預曰：“不過素所慮之期也。”《國語》：“素見成事。”賈逵［逵］曰：“素猶豫也。”《喪服傳》：“既練，……反素食。”鄭玄曰：“素猶故也。謂復平生時故食也。”《礼記》：“有哀素之心。”鄭玄曰：“凡物無餝曰素。”又曰：“孔子：達於礼而不達於素。”鄭玄曰：“素猶所也。”《方言》：“素，廣也。”又曰：“素，夲也。”郭璞曰：“五色之夲也。”《漢書》：“昌色［邑］王居喪不素食，私買雞肫以食。”野王案：素食，菜粗食也。又曰“每有水旱，莽輙素食”是也。《謚法》：“達礼不達樂曰素。”

《詩經・召南・羔羊》：“素絲五紽。”毛傳：“素，白也。”《殘卷》《名義》疑有誤。“綿”疑為“帛”，“帛”常通“白”。《周禮・考工記・畫繢》：“凡畫繢之事，後素功。”鄭玄注：“素，白采也。”《禮記・雜記》：“韠長三尺，下廣二尺，上廣一尺，會去上五寸。紕以爵韋六寸，不至下五寸。純以素，紃以五采。”鄭玄注：“素，生帛也。”《太平御覽》卷八一四引《范子計然》曰：“白素出三輔，疋八百。”《說文》：“縈，白緻繒也。从糸，𠂹，取其澤也。”《周禮・夏官・稾人》：“矢八物皆三等，箙亦如之。春獻素，秋獻成。”鄭玄注：“矢箙，春作秋成。”《詩經・魏風・伐檀》：“彼君子兮，不素餐兮。”毛傳：“素，空也。”陸德明音義：“餐，七丹反。《說文》

作餐，云：‘或從水。’《字林》云：‘吞食也。’”《玄應音義》卷二《大般涅槃經》卷四音義：“素在，蘓故反。《方言》：‘素，夲也。’‘素，空也。’謂空虛也。”《左傳·定公十二年》：“與其素厲，寧爲無勇。”杜預注：“素，空也。”《文選·傅咸〈贈何劭王濟〉》：“違君能無戀，尸素當言歸。”李善注引《韓詩》曰：“何為素餐？素者質，人但有質朴，無治民之材，名曰素餐。”《儀禮·士喪禮》：“主人偏視之，如哭椁。獻素，獻成，亦如之。”鄭玄注：“形法定為素，飾治畢為成。”吕校本“椁”作“捍”，且徑删。《殘卷》《名義》“頙也”皆當作“預也”。《國語·吴語》：“夫謀必素見成事焉而後履之。”韋昭注：“素猶豫也。”“豫”與“預”音義同。《文選·潘岳〈關中詩〉》：“將無專策，兵不素肄。”李善注引賈逵《國語注》曰：“素，預也。”《儀禮·喪服傳》：“既練舍外寢，始食菜果，飯素食。”鄭玄注：“素猶故也，謂復平生時故食也。”吕校本改“反素食”為“飯素食”，與今本《儀禮》同。按：據鄭注，似當作“反素食”，“反”訓為“復”。[①]《禮記·檀弓》：“奠以素器，以生者有哀素之心也。”鄭玄注：“哀素，言哀痛無飾也。凡物無飾曰素。”《禮記·仲尼燕居》：“子曰：‘……達於禮而不達於樂謂之素，達於樂而不達於禮謂之偏。”鄭玄注：“素與偏，俱不備耳。”未見訓“素”為“所”者。《禮記·仲尼燕居》：“子曰：‘禮也者，理也。樂也者，節也。君子無理不動，無節不作。不能詩，於禮繆。不能樂，於禮素。薄於德，於禮虚。’”鄭玄注：“素猶質也。”《殘卷》“所”蓋“質”之上部。《名義》沿《殘卷》之誤。《續通志》卷一二〇《諡略中·宋蘇洵嘉祐諡法》：“達禮不達樂曰素。”《方言》卷十三：“素，廣也。”又：“猴，本也。”錢繹箋疏：“《廣雅》：‘睺、素，本也。’義本此。睺，曹憲音矦。睺即猴之譌。哀元年《左氏傳》云：‘夫屯，晝夜九日，如子西之素。’杜預注云：‘子西本計九日而成。’《列子·天端［瑞］篇》云：‘太素者，質之本始也。’《易乾鑿度》同。鄭注云：‘地質之所本始也。’是素為本也。王褒《洞簫賦》：‘惟詳察其素體兮。’李善注引《方言》曰：‘素，本也。’《衆經音義》卷二引《方言》曰：‘素，本也。’各本並脱素字，今據以補正。”《漢書·霍光傳》：“昌邑王宜嗣後，遣宗正、大鴻臚、光禄大夫奉節使徵昌邑王典喪。服斬縗，亡悲哀之心，廢禮誼，居道上不素食，……常私買雞豚以食。”吕校本改“肫”為“豚”，與今本《漢書》同。按：“肫”同“豚”，不必改。《爾雅·釋獸》：“豠子，貗。”郭璞注：“豠，豚也，一名貗。”陸德明音義：“豚，音屯，本又作肫。”吕校本引野王案作“素食菜，粗食也”。《漢書·王莽傳上》：“每有水旱，莽輒素食，左右以白。”顔師古注：“素

---

① 《論語·陽貨》：“夫君子之居喪，食旨不甘，聞樂不樂，居處不安，故不為也。”皇侃義疏：“《喪服傳》曰：‘既練，反素食。’鄭玄曰：‘謂復平生時食也。’”《武威漢簡》本《儀禮》亦作“反素食”。

食即菜食也。”《玉篇》：“素，先故切，白也，本也，廉［廣］也，白緻繒也。𥾯，同上，出《説文》。䌑，同上。”《名義》：“𥾯，蘓故反。绵也，空也，預也，故也，所也，廣。”《新撰字鏡》：“素，蘓胡［故］反。帛也，繒也，所也，夲也，成［？］預也，廣也，粗也，采也，質也。𥾯，上字。”《類聚名義抄》：“素在，《玉》云：‘綿也，預也，故也，所也，廣也。’”（289•3）

按：《殘卷》《名義》字頭作“䌑”，與《玉篇》所列異體“䌑”形近。

素，今俗䌑字也。

《名義》：“𥾯，蘓故反。绵也，空也，預也，故也，所也，廣。素，上字。”

按：“䌑”與上“𥾯”之字頭作“䌑”同。

䌑［㯮］，凡［几］㞐反。《説文》：“素属也。”

《説文》：“㯮，素屬。从素，収聲。”[①]《名義》：“㯮，凡［几］足反。素。”吕氏校釋：“《殘卷》引《説文》作‘素屬也’。”吕氏校釋作“凡足反”。按：“凡足反”當作“几足反”。《新撰字鏡》：“䌑，素字。几㞐反。”

䊮，餘灼反。《説文》：“白䊮，縞也。”《廣雅》：“䊮，練也。”

《説文》：“䊮，白約，縞也。从素，勺聲。”《廣雅·釋器》：“䊮，練也。”《名義》：“䊮，餘灼反。縞也，練也。”吕氏校釋：“‘練’字原誤。”按：“練”字原誤作“䌴”。

䌶［𦆝］，力出反。《左氏傳》：“藻［藻］𦆝鞞鞛。”杜預曰：“藻𦆝，以韋為之，所以藉玉者，王五采，諸侯三采，子（子）男二采也。”《礼記》：“𦆝帶，諸侯大夫皆五采，士二采。”鄭玄曰：“此謂襲尸大帶也。𦆝，綷也，〈綷〉之不加箴

---

① 按：“収聲”不諧，疑《説文》衍“聲”字。若為形聲字，則當從“臼”聲（“臼”與“㯮”同音），然小篆字形從収不從臼。

𡏮也。"《尔雅》："紼，繂也。"鄭［郭］璞曰："謂索也。"《說文》："素属也。"《字書》或為繂字，在索部。[①] 或為繂字，在糸部。[②]

《左傳·桓公二年》："藻率鞞鞛，鞶厲游纓，昭其數也。"杜預注："藻率，以韋爲之，所以藉玉也。王五采，公侯伯三采，子男二采。"[③]《禮記·雜記》："率帶，諸侯大夫皆五采，士二采。"鄭玄注："此謂襲尸之大帶。率，繂也，繂之不加箴功。"陸德明音義："率帶，上音律，下音帶，本亦作帶。"《爾雅·釋水》："汎汎楊舟，紼縭維之。紼，繂也。"郭璞注："繂，索。"《説文》："繂，素屬。从素，率聲。"《殘卷》："繂［繂］，力出反。《聲類》：'丹［舟］素［索］也。'忽綒［綒］也。《字書》忽繂字也。繂，索也，在素部。或為繂字，在索部。"又："繂［繂］，力出反。《字書》：'舉棺索也。'或為繂字，在素部。或為繂字，在糸部。"《名義》："繂，力出反。素。"吕氏校釋："'素'當作'索'。《殘卷》引《爾雅》郭注作'索也'。"按：此説可從。"繂"或作"繂""繂"，均有"索"義。《新撰字鏡》："繂，力出反。鞞鞛也，紼也，大帶也。"

䋘，齒灼反。《說文》："䋘，緩也。"或為綽字，在糸部。[④]

《説文》："䋘，䌝也。从素，卓聲。綽，䋘或省。"《殘卷》："綽，齒灼反。《毛詩》：'綽綽有裕。'傳曰：'綽，寛也。'《韓詩》：'寛兮綽兮。綽，柔皀也。'[⑤]《尔雅》：'綽綽，緩也。'野王案：《毛詩》'寛兮綽兮'是也。或為䋘［䋘］字，在素部。綽約、婉約、婉從之綽或為婥字，在女部。"《名義》："䋘，齒灼反。缓也。"

䌝，胡管反。《說文》："䋘也。"或為緩字，在糸部。[⑥]

---

① 《名義》："繂，力出反。舉棺索也。"
② 《名義》："繂，力出反。舟索也，綺也。"
③ 阮元挍勘記："《文選·東京賦》李善注引'率'作'繂'，非是。"按："率""繂""繂""繂"音義並同。
④ 《名義》："綽，齒灼反。寛也，缓也。"
⑤ 《慧琳音義》卷七九《經律異相》卷三一音義："華婥，下昌弱反。《毛詩》：'婥婥，寬閑皃也。'《韓詩》：'柔皃也。'《考聲》：'婥約，婦人耎弱皃。'《説文》：'從女，卓聲。'或作綽也，或作䋘。"
⑥ 《名義》："緩，胡管反。遅也，舒也。"

《説文》："縓，韓也。从素，爰聲。緩，縓或省。"《殘卷》："緩，胡管反。《國語》：'如秦謝緩賂。'賈逵［逵］曰：'緩，遲也。'《尔雅》：'緩，舒也。'郭璞曰：'謂遲緩也。'野案王［王案］：緩謂寛也。《考工記》'一方緩，一方急'是也。或為縓字，在素部。"《玉篇》："縓，乎管切，綽也。今作緩。"《名義》："縓，胡管反。上字。"吕氏校釋："此處'同上'是指與上一字同義。縓同緩。"《新撰字鏡》："縓，古［胡］官［管］反。綽也，遲也，緩也。"

彝［纛］，餘之反。《字書》夂彝字也。彝，尊也，常也，在糸部。①古文為緋字，在丝部。

《説文》："纛，䋼，皆古文彝。"《殘卷》："緋，餘之反。《説文》古文彝字也。彝，常也。彝，尊也。在糸部。或為彝［纛］字，在素部。"又："彝，餘之反。《周礼》：'司尊彝掌六尊六彝之位，春祠夏礿，祼用雞彝鳥彝；秋甞冬蒸，祼用斝彝黄彝；四時之間祀，祼用虎彝蜼彝。'鄭玄曰：'彝夂（彝夂）尊也。欝呇曰彝。彝，法也。言為尊之正〈金〉也。'《尔雅》：'彝、罍，器也。'又曰：'彝，常也。'野王案：《尚書》'无從匪彝''彝倫攸〈叙〉'是也。或為彝［纛］字，在〈素〉部。古文為緋字，在絣［絲］部。"《名義》："纛，餘之反。尊也，常也。"

〖絲部第四百廿八　　凡七字〗

絲，蘓姿反。《尚書》："沇州青州貢丝。"《周礼》："豫州之利丝、枲。"《説文》："蠶所吐也。"

《尚書·禹貢》："濟河惟兖州，……厥貢漆絲，厥篚織文。"又："海岱惟青州，……厥貢鹽絺，海物惟錯，岱畎絲枲，鈆松怪石。"吕校本"沇州"誤作"沈州"。《周禮·夏官·職方氏》："河南曰豫州……其利林、漆、絲、枲。"《説文》："絲，蠶所吐也。从二糸。"《名義》："絲，蘓姿反。蠶所吐。"《類聚名義抄》："絲、絲，《玉》云：

① 《名義》："彝，餘之反。尊也，法也，常也。"

‘蠶所吐也。’”（287•3）

繇，奚計反。《説文》籒文系字也。系，継也，在糸部。[①]

《説文》：“繇，籒文系从爪，絲。”又：“奚，大腹也。从大，繇省聲。繇，籒文系字。”《殘卷》：“系，奚計反。《尔雅》：‘系，継也。’[②]《世夲》布［有］《帝系萹》，謂子孫相継續也。……籒文為丝［繇］字，在丝部。”《名義》：“繇，奚計反。继也。糸。”吕氏校釋：“‘糸’當作‘系’。繇為籒文系字。”《新撰字鏡》：“䌛［繇］，奚計反。系也，継也。”

轡，碑愧反。《毛詩》：“執轡如如［組］。”野王案：所以制馭車中馬轡也。《字書》：“馬縻也。”

《説文》：“轡，馬轡也。从絲，从叀，與連同意。《詩》曰：六轡如絲。”《詩經・邶風・簡兮》：“有力如虎，執轡如組。”毛傳：“組，織組也。”《慧琳音義》卷五三《起世因本經》卷二音義：“持轡，下悲媚反。《毛詩》云：‘執轡如組。’顧野王云：所以制馭叀［車］中馬也。”《名義》：“轡，碑愧反。馬縻。”吕氏校釋：“《殘卷》引《字書》作‘馬縻也’。”按：《玄應音義》卷十六《僧祇比丘尼戒本》音義：“轡勒，鄙愧反。《字書》：‘馬縻也。’”《慧琳音義》卷八九《高僧傳》卷四音義：“奮宏轡，下悲媚反。《毛詩》云：‘執轡如紃。’顧野王云：‘轡，所以制車中馬也。’又：‘轡，馬勒也。’”《新撰字鏡》：“轡，□同，鄙愧反。繫也，索也，馬縻也，繮也，御也，小也。”

絲，（古遹反。《説文》籒文繘字也。繘，汲綆也，在糸部。）〈古環反。《説文》：“織絹以絲貫杼也。”〉

《説文》：“絲，織絹从糸貫杼也。从絲省，卝聲。”今本《説文》“織絹从糸貫杼”

① 《名義》：“系，奚計反。继也，繫。”
② 《爾雅・釋詁》：“係，繼也。”

似當作“織緝以絲貫杼”。“緝”字俗體作“緝”，與“絹”形近。“織緝”同義連文。《名義》：“䜌，古環反。丝貫杼。”吕氏校釋：“‘古環反。丝貫杼’為‘絣’字音義。《玉篇》作‘織緝以絲貫杼也’。《名義》誤省。”按：《集韻·諫韻》：“絣，以絲貫杼為絣。”則《名義》不誤。《新撰字鏡》：“絲［絣］，古環反，平。以絲貫杼也，經中行織也。”

䜌，(古環反。《説文》：“織絹以絲貫杼也。”)〈古遹反。《説文》籒文繘字也。繘，汲綆也，在糸部。[①]〉

《説文》：“繘，綆也。从糸，矞聲。……䜌，籒文繘。”《名義》：“絣，古遹反。汲绠也，常也，尊也。”吕氏校釋：“‘古遹反。汲绠也’為‘䜌’（繘）字音義。《名義》‘常也，尊也’未詳，抑或‘䋣’（彝）字義誤衍於此。”按：此當為“䋣”（彝）字義誤入此處，説詳下“䋣”字。《新撰字鏡》：“䜌，古遹反。汲綆也。”

《殘卷》“絣”“䜌”二字音義互易，《名義》沿誤。

䋾，《説文》亦古文繘字也。

《説文》：“繘，綆也。从糸，矞聲。䋾，古文从絲。”《殘卷》：“繘，居律反。《周易》：‘汔至亦未繘井。’《方言》：‘關西謂綆為繘。’郭璞曰：‘汲水索也。’古文為䋾字，在丝部。”《名義》：“䋾，上古文。”按：此“上古文”當指“䜌”（繘）字之古文。

䋣，餘之反。《説文》古文彝字也。彝，常也。彝，尊也。在糸部。[②] 或為彝［𦃛］字，在素部。

《説文》：“𦃛、䋣，皆古文彝。”與《殘卷》所引字形有異。《殘卷》：“彝［𦃛］，餘之反。《字書》亦彝字也。彝，尊也，常也，在糸部。”又：“彝，餘之反。《周礼》：‘司尊彝掌六尊六彝之位，春祠夏礿，祼用雞彝鳥彝；秋嘗冬蒸，祼用斝彝黄彝；四時之間祀，

① 《名義》：“繘，居律反。汲水索。”
② 《名義》：“彝，餘之反。尊也，法也，常也。”

祼用虎彝蜼彝。’鄭玄曰：‘彝𠂊（彝𠂊）尊也。欝鬯曰彝。彝，法也。言為尊之正〈金〉也。’《尔雅》：‘彝，罍，器也。’又曰：‘彝，常也。’野王案：《尚書》‘无從匪彝’‘彝倫攸〈叙〉’是也。或為𢑴［𦃓］字，在〈素〉部。古文為䋊字，在絲［絲］部。”亦謂“古文為䋊字”，不云“《説文》古文彝字”。《名義》：“䋊，餘之。古上字。尊也，常也。”吕氏校釋：“‘餘之’後脱‘反’字。《殘卷》作‘《説文》古文彝字也’。《名義》‘古上字’未詳，此部亦未有‘彝’字頭。當改為‘古彝字’。”

按：此為絲部，其字頭當從絲。“䋊”疑為“𦇧”字之訛。《説文》《玉篇》並作“𦇧”，吕校本亦作“𦇧”。

〚𦃓［㡀］部第四百廿九　　凡七字〛

𦃓［㡀］，丁雉反。《周礼》：“祭社稷、五祀，則𦃓［㡀］冕。”鄭玄曰：“但刾粉米，无畫也。”《尔雅》：“𦃓［㡀］，紩也。”郭璞曰：“今人呼紩衣為𦃓［㡀］。”《説文》：“鍼縷所𦃓［㡀］紩文［衣］也。”或為襹字，在衣部。①

《周禮・春官・司服》：“祭社稷、五祀，則希冕。”鄭玄注：“希讀為絺，或作㡀，字之誤也。……希刺粉米，無畫也。”《爾雅・釋言》：“㡀，紩也。”郭璞注：“今人呼縫紩衣爲㡀。”《説文》：“㡀，箴縷所紩衣。从㡀，丵省。”《慧琳音義》卷九八《廣弘明集》卷十四音義：“重襹，陟紀反。《尒雅》云：‘㡀，紩也。’郭注云：‘今人呼縫紩衣為㡀。’《廣雅》：‘紩，納也。’《説文》：‘鍼縷所㡀紩也。’或作㡀。㡀從㡀，丵省聲。丵音仕角反。紩音袟。集從爾作𧝐，寫誤也。”《名義》：“𦃓［㡀］，丁雉反。紩。”《名義》字頭原與《殘卷》同。《殘卷》㡀部㡀字均誤作“𦃓”。

黻，甫物反。《考工記》：“畫繪之事……黑与青謂之黻。”野王案：《尚書》“黼黻絺”是也。柱［杜］預注《左氏傳》：“兩己相戾也。”《尔雅》：“黻，章也。”

《説文》：“黻，黑與青相次文。从㡀，犮聲。”《周禮・考工記・畫繢》：“青

① 《名義》：“襹，竹几反。滿［㡀］反［也］。”

與赤謂之文，赤與白謂之章，白與黑謂之黼，黑與青謂之黻，五采備謂之繡。”《尚書·益稷》：“藻、火、粉、米、黼、黻、絺、繡。”陸德明音義：“黻，音弗，黑與青謂之黻。”《左傳·昭公二十五年》：“爲九文、六采、五章以奉五色。”杜預注：“黻若兩已相戾。《傳》曰：‘火龍黼黻，昭其文也。’”《文選·張衡〈東京賦〉》：“火龍黼黻，藻綷鞶厲。”李善注：“《左氏傳》曰：‘火龍黼黻，昭其文也；藻綷鞞鞛鞶厲斿纓，昭其數也。’杜預曰：‘……白與黑謂之黼黻，兩已相戾也。’”《爾雅·釋言》：“黼、黻，彰也。”郭璞注：“黻，文如兩已相背。”《慧琳音義》卷七四《佛本行讚傳》卷一音義：“黼黻，下芳勿反。《考工記》曰：‘繢畫［畫繢］之事……黑與青謂之黻。’《爾雅》：‘黻，章也。’《尚書》‘黼黻絺繡’是也。《説文》：‘從黹，從犮。’”又卷九五《弘明集》卷一音義：“黼黻，上音甫，下音弗。《考工記》云：……‘黑與青謂之黻。’杜注《左傳》云：‘兩已相戾也。’”《名義》：“黻，甫物反。章也，兩相戾。”《新撰字鏡》：“𪓐、黻，甫物反。二形同。兩已相戾也，章。”

黼，弗禹反。《考工記》：“畫繪之事，……白与黑謂之黼。”《尔雅》：“黼，章也。”“斧謂之黼。”郭璞曰：“黼，文畫為斧形也。”野王案：《毛詩》“玄衮及黼”是也。《礼記》：“君黼襈以誓𤡉［獮］。”鄭玄曰：“以羔以［与］狐白雜為黼文也。”

《説文》：“黼，白與黑相次文。从黹，甫聲。”《周禮·考工記·畫繢》：“青與赤謂之文，赤與白謂之章，白與黑謂之黼，黑與青謂之黻，五采備謂之繡。”《爾雅·釋言》：“黼、黻，彰也。”郭璞注：“黼，文如斧。”《爾雅·釋器》：“斧謂之黼。”郭璞注：“黼，文畫斧形，因名云。”《詩經·小雅·采菽》：“又何予之？玄衮及黼。”毛傳：“白與黑謂之黼。”《禮記·玉藻》：“唯君有黼裘以誓省，大裘非古也。”鄭玄注：“黼裘，以羔與狐白雜為黼文也。省當為獮。獮，秋田也。”《殘卷》“襈”同“衮”。《名義》：“黼，甫禹反。白黑，章。”《新撰字鏡》：“黼，弗禹反。章也。”

黸，初旅反。《毛詩》：“蜉蝣之羽，衣裳黸黸。”傳曰：“鮮狠也。”《説文》：“合會五采鮮色也。”今忽為楚字，在林部。[1]

---

① 《名義》：“楚，初旅反。荊也，叢木也。”

《詩經・曹風・蜉蝣》："蜉蝣之羽，衣裳楚楚。"毛傳："楚楚，鮮明貌。"陸德明音義："楚楚，如字。《説文》作'黼黼'，云：'會五綵鮮色也。'"《殘卷》"狠"為俗"貌"字。吕校本改"狠"為"明"。《説文》："䵰，合五采鮮色。从黹，虘聲。《詩》曰：衣裳䵰䵰。"《名義》："䵰，初旅反。合會也。楚也。"吕氏校釋："䵰通楚。䵰為'衣冠楚楚'之本字。《殘卷》引《説文》作'合會五采鮮色也'。《名義》誤省。"《新撰字鏡》："䵰，礿［初］張［旅］反。鮮皀，合會五采鮮皀［色］。"

黺，甫憤反。《尚書》："藻、火、黺、米。"孔安國曰："若粟米也。"《説文》："書［畫］粉也。"今忩為粉字，在米部。[①]

《尚書・益稷》："藻、火、粉、米、黼、黻、絺、繡，以五采彰施于五色，作服，汝明。"孔安國傳："藻，水草有文者。火爲火字，粉若粟氷，米若聚米，黼若斧形，黻爲兩己相背。葛之精者曰絺，五色備曰繡。"《殘卷》"若粟米也"蓋脱"氷"（同冰）字，誤連下文"米"字。"藻"右下之"㕘"，俗每與"喿"相混，"操"或作"㩉"是。《説文》："黺，衮衣。山龍華蟲黺畫粉也。从黹，粉省。衛宏説。"《名義》："黺，甫憤反。粉字。"《新撰字鏡》："黺，甫憤反。粉字。"

䊖，子内反。《説文》："會五采繒也。"或為綷字，在巾部。[②]

《説文》："䊖，會五采繒色。[③]从黹，綷省聲。"《名義》："䊖，子内反。缯。"吕氏校釋："《殘卷》引《説文》作'會五采繒也'。"吕氏校釋字頭作"䊖"，恐非是。此字頭未詳。《新撰字鏡》："䊖，子内反。會五綵僧［繒］。"

䊖，《字書》忩䊖字也。

《名義》："䊖，子内反。缯。䊖，上字。"《新撰字鏡》："䊖，子内反。會五綵僧［繒］。

① 《名義》："粉，甫憤反。細粖也，豆屑。"
② 《名義》："綷，子内反。蔽［䊖］字。"
③ 小徐本無"色"字，與《殘卷》所引同。

𦅾，上字。求素［索］也，清也，終也，用也。"

〖𢖍部第四百卅　凡一字〗

𢖍，山律反。《尔雅》："𢖍，循也。""𢖍，自也。"《論語》："子路𢖍尔如對。"何晏曰："𢖍尔先三人而對也。"《説文》："捕鳥畢也。"以訓循、白［自］為衛字。衛夊將領也，行也，尊也，用也，在行部。[①] 先道之𢖍為逵字，在辵部。[②] 野王案：今夊通為此字。又音山律、力出二反。《礼記》："古之獻爾［繭］者，其𢖍用此与？"野王案：《史記》"有軍功者各以𢖍受〈上〉爵"、《漢書》"以口𢖍計，断獄少於成、哀之間十七八"是也。《蒼頡篇》："計數也，什［計？］𢖍也。"《廣雅》："〈𢖍〉，計，挍也。"又音所劣反。《史記》："黥罰疑其赦百𢖍［黥〈辟〉疑赦，其罰百𢖍］。"徐廣曰："率即鍰也。"野王案：《説文》為金［鋝］字，在金部。[③]

《爾雅·釋詁上》："遹、遵、率，循也。"郭璞注："三者又爲循行。"又："率，自也。"郭璞注："自猶從也。"《論語·先進》："子路率爾而對。"何晏集解："率爾先三人對。"《説文》："率，捕鳥畢也。象絲罔，上下其竿柄也。"又："衛，將衞也。从行，率聲。"《禮記·祭義》："古之獻繭者，其率用此與？"《史記·商君列傳》："有軍功者，各以率受上爵。"《漢書·刑法志》："以口率計，斷獄少於成、哀之間什八，可謂清矣。"《集韻·至韻》："率，計數之名。"《廣雅·釋言》："率，計，校也。"《史記·周本紀》："黥辟疑赦，其罰百率。""罰""赦"二字位置互易。按：《尚書·吕刑》："墨辟疑赦，其罰百鍰。"《殘卷》誤。《玉篇》："率，山律切，循也，將領也，尊也。《説文》云：'捕鳥畢也，象絲罔上下其竿柄也。又力出切。"《名義》："𢖍，山律反。循也，行也，尊也，用，鍰也。"《殘卷》《玉篇》《名義》"尊也"當作"遵也"。《左傳·宣公十二年》："今鄭不率，寡君使羣臣問諸鄭，豈敢辱候人？"杜預注："率，遵也。"《慧琳音義》卷二二轉録慧苑《新譯大方廣佛華嚴經音義》卷中："率土，《玉篇》曰：'率，遵也，用也。'"《名義》"衛"下釋義亦作"遵也"。《新撰字鏡》：

---

① 《名義》："衛，所律反。循也，将也，遵也，行也，自也，用也。"
② 《名義》："逵，山律反。導也，引也。"
③ 《説文》："鍰，鋝也。从金，爰聲。《罰［虞］書》曰：'列［罰］百鍰。'"《名義》："鋝，所劣反。量名。鋢，古文。"

“率，正。出［山］律反，入。修［循］也，白［自］也，盡也。借力出反，入。計數也，計校也。為□□［銔字］。”

〖suff部第四百卅一　　凡三字〗

索，蘓各反。《尚書》：“北［牝］雞之晨，惟家之索。”孔安國曰：“索，盡也。”野王案：謂竭盡也。《左氏傳》“患［悉］索弊賦”、《儀礼》“取矢不索”並是也。《周易》：“震索索，視矍矍。”王弼曰：“懼而索也。”《毛詩》：“宵尔索𦀚［綯］。”野王〈案〉：糾繩曰索。《淮南》“衣褐帶索”、《楚辞》“并細［紉］〈茅〉丝以為索”並是也。《左氏傳》：“啟以商政，彊以周索。”杜預曰：“索，法也。”《礼記》：“吾離羣而索居。”鄭玄曰：“索猶散也。”《太玄經》：“小索大索，周行九度。”宋忠曰：“索，數也。”《大戴礼》：“十尋曰索。”《說文》：“草木有茎葉可為繩索也。”《廣雅》：“螣［縢］、朔、緎、紲、絃［紘］、緄、緝［緈］、紩、絚、縻、紖、縋、纀、徽、纆、絧［綯］、笅［筊］、累，索也。”又曰：“索，獨也。”求索之索為索字，音所格反，在宀部。①

《尚書·牧誓》：“牝雞之晨，惟家之索。”孔安國傳：“索，盡也。”《慧琳音義》卷二四《菩薩十住行道經》音義：“索了無所有，桑落反。孔註《尚書》云：‘索，盡也。’顧野王：‘謂竭盡也。’鄭註《禮記》云：‘索猶散也。’”《左傳·襄公八年》：“敝邑之人不敢寧處，悉索敝賦。”杜預注：“索，盡也。”“悉”或作“悉”，《殘卷》“患”與之形近而誤。《儀禮·鄉射禮》：“若矢不備，則司馬又袒，執弓如初升，命曰取矢不索。”鄭玄注：“索猶盡也。”《周易·震》：“上六，震索索，視矍矍，征凶。”王弼注：“居震之極，求中未得，故懼而索索，視而矍矍，无所安親也。”《詩經·豳風·七月》：“晝爾于茅，宵爾索綯。”鄭玄箋：“女當晝日往取茅，歸夜作絞索，以待時用。”吕校本引《詩經》誤作“霄尔索綯”。《慧琳音義》卷七二《阿毗達磨顯宗論》卷十六音義：“索拼，上畧作反。顧野王云：‘糾繩曰索也。’《楚辞》云：‘并細［紉］絲以為索。’《文［大］戴》云：‘十尋曰索也。’”《淮南子·道應》：“有客衣褐帶索而見。”《楚辭·惜誓》：“傷誠是之不察兮，并紉茅絲以為索。”王逸注：“單為紉，合為索。”吕校本引《楚辭》

① 《名義》：“索，蹠帛反。求也，取也，簡擇好也。”

誤作“并細絲以為索”。《左傳・定公四年》：“陶叔授民，命以《康誥》而封於殷虛，皆啟以商政，疆以周索。”杜預注：“索，法也。”《禮記・檀弓》：“吾離群而索居，亦已久矣。”鄭玄注：“索猶散也。”《太玄・告》：“小索大索，周行九度。”范望注：“小索謂二、四、六、八也，大索謂一、三、五、七、九。”《太玄・攡》：“一晝一夜，陰陽分索。”范望注：“索，數也。”《大戴禮記・主言》：“十尋而索，百步而堵，三百步而里，千步而井，三井而句烈。”《説文》：“索，艸有莖葉，可作繩索。从宋、糸。”《廣雅・釋器》：“縢、絜、緘、紲、紘、緶、緝、紩、緪、絃、縻、紖、縋、繳、纆、徽、纆、絇、筊、纍、繩，索也。”《殘卷》“騰”為“縢”字之訛。曹憲“絜”音“朔”，《殘卷》“朔”同“絜”。《殘卷》“絃”為“紘”字之訛，“緝”為“緝”字之訛，“綢”為“絇”字之訛。《廣雅・釋詁三》：“索，獨也。”“索”與“索”音義同。《名義》：“索，蘇合［各］反。書［盡］也，法也，散也，數也，獨也。”吕氏校釋：“‘書也’當作‘盡也’。”《新撰字鏡》：“索，正。桒落反。入。盡也，□□［也］，糺繩曰索，又法也，十尋〈曰〉索，又獨也，姓也，散也。借生百反，入。求也。索，上古文，傷也。”《類聚名義抄》：“已索，《玉》云：‘法也，散也，數也，獨也。’”（289•5）又：“索，《玉》云：‘十尋曰索，糺繩曰索。’”（325•2）

䋯［繂］，力出反。《字書》：“舉棺索也。”或為繂字，在素部。[①] **或為繂字，在糸部。**[②]

《殘卷》：“繂，力出反。……《尔雅》：‘紼，繂也。’鄭［郭］璞曰：‘謂索也。’《説文》：‘素属也。’”又：“繂，力出反。《聲類》：‘丹［舟］素［索］也。’夂䋯［綒］也。《字書》夂繂字也。繂，索也，在素部。或為繂字，在索部。”《玉篇》：“繂，力出切，舉船索也。或作繂、繂。”《名義》：“繂，力出反。舉棺索也。”《新撰字鏡》：“□、繂，二同。力出反，舉棺也，大索。”

△按：“舉船索”“舉棺索”兩説均可通。《名義》：“繂，力出反。舟索也。”《詩經・小雅・采菽》孔穎達正義引李巡曰：“繂，竹為索，所以維持舟者。”王引之《經義述聞》卷二八：“引棺索謂之紼，亦謂之繂。鄭注《檀弓》曰：‘於碑閒為鹿盧，下棺以繂繞。’正義曰：‘繂即紼也。’《喪大記》：‘君葬用輴，四綍二碑。’注曰：‘綍或爲率。’率與繂同。《釋名》曰：‘從前引之曰紼，縣下壙曰繂。’維舟索謂之繂，亦謂之紼，

① 《名義》：“繂，力出反。素。”
② 《名義》：“繂，力出反。舟索也，綺也。”

其義一也。”

䋄，力各反。《字書》亦絡字也。絡，纏繞也，在糸部。[①]

《殘卷》：“絡，力各反。《山海經》：‘九五［丘］之以木［水］絡之。’郭璞曰：‘絡，繞也。’《方言》：‘自關而東周洛韓魏之間或謂繞為絡。’……或為䋄字，在索部。”《玉篇》：“䋄，力各切，亦作絡，纏絲也。”《名義》：“䋄，力各反。给［絡］也，繞也。”吕氏校釋：“‘给也’當作‘絡也’。䋄同絡。”《新撰字鏡》：“䋄，力各反。絡也，繞也，纒也。”

① 《名義》：“絡，力各反。繞也，缚也，绳也，綸也，絮。”

【玉篇卷第廿八】

〖巾部第四百卅二　　凡　字〗存六字

巾，羈銀反。《周礼》："中［巾］車掌公車之政合［令］。"鄭玄曰："巾猶衣也。"《毛詩》："出其東門，有女如雲，縞衣綦巾。"傳曰："綦巾，女服也。"《方言》："魏宋〈南〉楚之間謂蔽厀為大巾。"《説文》："佩巾也。"野王案：夲所以拭物，後人稍著之拎頭以當衧也。《漢書》："平諸病吏，白巾出府門。"《東觀漢記》："縫襜褕絺巾。"郭林宗折角巾之例是也。①

《周禮·春官·序官》："巾車下大夫二人，上士四人，中士八人，下士十有六人。"鄭玄注："巾猶衣也。"《慧琳音義》卷二一轉録慧苑《新譯大方廣佛花嚴經音義》卷上："巾馭汝寶乘，……《晉書·輿服志》曰：'《周礼》：巾車大赤以朝，大白以成［戎］。'案：巾，調飾也。鄭玄注《周礼》曰：'巾猶衣也。'"《詩經·鄭風·出其東門》："出其東門，有女如雲。……縞衣綦巾，聊樂我員。"毛傳："綦巾，蒼艾色，女服也。"《方言》卷四："蔽厀，江淮之間謂之褘，或謂之袚。魏宋南楚之間謂之大巾，自關東西謂之蔽厀，齊魯之郊謂之袡。"《説文》："巾，佩巾也。从冂，丨象糸也。"《玉篇》："巾，几銀切，佩巾也，本以拭物，後人著之於頭。"《漢書·朱博傳》："皆斥罷諸病吏，白巾走出府門。""斥"或作"戸""庍"，與"平"形近易訛。《北堂書鈔》卷一二九《衣冠部下·襜褕二十八》："《東觀記》云：'耿純率宗族賓客，至于二千人，皆縑襜褕巾，迎上於費。上大悦之。'"孔廣陶校注："聚珍本《東觀記》卷十《耿純傳》'于'下有'餘'字，'皆'下有'衣'字，'褕'下有'絳'字，'迎上'以下作'奉迎詣上所在'。姚輯本作'奉迎世祖'。又《御覽》八百十九無'至于'字，'縑'作'繒'，'褕'作'絺'。"《殘卷》"縫"（本作"絳"）蓋"絳"字之訛。《後漢書·郭太傳》："嘗於陳梁閒行遇雨，巾一角墊。時人乃故折巾一角，以為林宗巾。"《名義》："巾，

① 本條內容不見於《原本玉篇殘卷》，此據《新撰字鏡》第368頁。

羈銀反。衣也，佩巾也。”

帉，孚云反。《礼記》：“老［左］佩帉帨。”鄭玄曰：“帉，拭物巾也。今齐人有言帉者。”《方言》：“大巾謂之帉。”郭璞曰：“今江東通呼巾為帉也。”①

《説文》：“帉，楚謂大巾曰帉。从巾，分聲。”《禮記·內則》：“左佩紛帨、刀、礪、小觿、金燧。”鄭玄注：“紛帨，拭物之佩巾也。今齊人有言紛者。”陸德明音義：“紛，芳云反，拭物巾。或作帉，同。”《方言》卷四：“幏，巾也。大巾謂之帉。嵩嶽之南，陳穎之間謂之帤，亦謂之幏。”郭璞注：“江東通呼巾帉耳。”《名義》：“帉，孚云反。拭物巾。”《新撰字鏡》：“帉，撫云反。巾也，拭巾也，幘也。帉，上同。”

帉，《廣雅》：“帉，幘也。”《字書》忩帉字也。②

《廣雅·釋器》：“帞，幘也。”王念孫疏證：“帞，各本譌作帉。凡隸書從介、從分之字往往譌溷，曹憲音芳云反，則所見本已譌作帉。案：諸書無訓帉為幘者，帉即下文帉字，乃巾名，非幘名也。《玉篇》《廣韻》：‘帞，音介，幘也。’《輿服志》注引晉公《鄉禮秩》云：‘太傅司空徒著黑介幘。’介與帞通。今據以訂正。”《玉篇》：“帉，孚云切，拭物巾。帉，同上。”《名義》：“帉，上字。幘也。”

帨，如［始］銳反。《毛詩》：“无感我帨。”傳曰：“佩乃［巾］也。”《礼記》：“老［左］佩帉帨。”鄭玄曰：“拭物巾也。”③

《説文》：“帥，佩巾也。从巾，𠂤。帨，帥或从兑。”《詩經·召南·何彼襛矣》：“舒而脱脱兮，無感我帨兮。”毛傳：“帨，佩巾也。”《禮記·內則》：“左佩紛帨、刀、礪、小觿、金燧。”鄭玄注：“紛帨，拭物之佩巾也。今齊人有言紛者。”《名義》：“帨，如［始］銳反。拭物巾。”《新撰字鏡》：“帨，式芮反，去。佩巾也，拭物巾。”

① 本條內容不見於《原本玉篇殘卷》，此據《新撰字鏡》第 368 頁。
② 本條內容不見於《原本玉篇殘卷》，此據《新撰字鏡》第 368 頁。
③ 本條內容不見於《原本玉篇殘卷》，此據《新撰字鏡》第 368 頁。

帶，都大反。《毛詩》："垂帶而厲。"《左氏傳》："帶裳幅舄。"《礼記》："雜帶：君朱緑，大夫玄華，士緇［緇］辟。二寸，再繚曰［四］寸。凡帶，有率，无葴［箴］功。"鄭玄曰："雜猶餝也。"《方言》："厲謂之帶。"郭璞曰："《小尒雅》云：帶之垂者為厲。"又曰："帶，行也。"郭璞曰："随人行者也。"《説文》："帶，〈紳〉也。"《考工記》："鳧氏為鍾，帶帶謂之篆也。"①

《詩經·小雅·都人士》："彼都人士，垂帶而厲。"《左傳·桓公二年》："衮、冕、黻、珽，帶、裳、幅、舄，衡、紞、紘、綖，昭其度也。"杜預注："帶，革帶也。"《禮記·玉藻》："大夫大帶四寸，雜帶：君朱緑，大夫玄華，士緇辟。二寸，再繚四寸。凡帶，有率，無箴功。"鄭玄注："雜猶飾也。"《方言》卷四："厲謂之帶。"郭璞注："《小爾雅》曰：'帶之垂者為厲。'"《説文》："帶，紳也。男子鞶帶，婦人帶絲，象繫佩之形，佩必有巾。从巾。""帶帶"之後一"帶"字本作重文符。此重文符當置於前一"帶"字之前，為"鍾"字之重文。《周禮·考工記·鳧氏》："鳧氏爲鍾……鍾帶謂之篆。"鄭玄注："帶，所以介其名也。"《名義》："帶，都大反。行。"吕氏校釋："《殘卷》引《小爾雅》曰：'帶，行也'。"按："又曰：'帶，行也。'"之"又"當指《方言》。《方言》卷十三："帶，行也。"郭璞注："隨人行也。"《新撰字鏡》："带、帶，都大反。行也，紳也。"《類聚名義抄》："帶，《玉》云：'行也。'"（279•6）

帔，鈹議反。《左氏傳》："霊王翠帔以見子革。"杜預曰："以翠羽餝帔也。"《方言》："陳楚之間謂裦帔。"《説文》："弘農謂帬曰帔。"《釋名》："帔，被也，被肩背不及下也。"又音濞皮反。《山海經》："猬獸豪如帔蓑。"野王案：帔之扵背上也。《楚辞》："惟桀紂之昌帔。"王逸曰："昌帔，衣不帶之皀也。"又曰："帔明月兮佩寳璐。"王逸曰："在背曰帔也。"②

《左傳·昭公十二年》："楚子次于乾谿，以爲之援。雨雪，王皮冠，秦復陶。翠被，豹舄，執鞭以出。"杜預注："以翠羽飾被。"《方言》卷四："帬，陳魏之間謂之帔。"《初學記》卷二六《器物部·裙第十》："揚雄《方言》曰：'陳魏之間謂裙為帔。'"《説文》："帔，弘農謂帬帔也。从巾，皮聲。"《釋名·釋衣服》："帔，披也，披之肩

① 本條內容不見於《原本玉篇殘卷》，此據《新撰字鏡》第367頁。
② 本條內容不見於《原本玉篇殘卷》，此據《新撰字鏡》第367頁。

背不及下也。”《山海經・西山經》：“三危之山……有獸焉，其狀如牛，白身，四角，其毫如披蓑，其名曰傲狪。”《慧琳音義》卷三三《佛説逝童子經》音義：“帔袈裟，上音丕。顧野王曰：‘帔謂帔之於背上也。’王註《楚辞》云：‘在背曰帔也。’《説文》：‘從巾，皮聲。’”又卷六三《根本説一切有部百一羯磨》卷八音義：“被帔，下伾被反。《釋名》云：‘帔，披也。’顧野王云：‘帔者，披之於背上也。’王逸注《楚辞》：‘在背曰帔也。’《説文》：‘弘農人謂帬曰帔也。從巾，皮聲。’”《楚辭・離騷》：“何桀紂之猖披兮，夫唯捷徑以窘步。”王逸注：“猖披，衣不帶之皃。”《楚辭・九章・涉江》：“被明月兮珮寶璐，世溷濁而莫余知兮。”王逸注：“在背曰被。”《名義》：“敀［帔］，鈹議反。被也。”吕氏校釋：“‘鈹’字原訛。《玉篇》作‘披也’。”按：“鈹”字原訛作“敀”。《類聚名義抄》：“帔，《玉》云：‘鈹議反。被也。’”（280•1）

〖衣部第四百卅五　　凡　字〗存二字

袞，古夲反。《周礼》：“享先王，則袞冕。”鄭衆曰：“卷龍衣。”野王案：鄭玄戔《毛詩》云：“謂玄衣而畫龍也。”《尒雅》：“袞，蔽［黻］也。”郭璞曰：“袞衣有蔽［黻］文也。”《説文》：“從衣，㕣聲。”㕣音胡緬反。《左氏傳》：“譬如農夫，是穮是蓘。”杜預曰：“壅苗根為蓘也。”[①]

《周禮・春官・司服》：“王之吉服，祀昊天上帝則服大裘而冕，祀五帝亦如之，享先王則袞冕。”鄭玄注引鄭衆云：“袞，卷龍衣也。”《詩經・小雅・采菽》：“又何予之？玄袞及黼。”毛傳：“玄袞，卷龍也。”鄭玄箋：“玄袞，玄衣而畫以卷龍也。”《爾雅・釋言》：“袞，黻也。”郭璞注：“袞衣有黻文。”陸德明音義：“袞，古本反。《説文》云：‘從衣，從台也。’台，羊耎反。或云：‘從公、衣。’”《香藥字抄》“蔽”蓋“黻”字之形近而訛。《説文》：“袞，天子享先王，卷龍繡於下幅，一龍蟠阿上鄉。从衣、公聲。”《左傳・昭公元年》：“武將信以爲本，循而行之，譬如農夫，是穮是蓘。”杜預注：“壅苗爲蓘。”《説文》：“穮，耕禾閒也。从禾、麃聲。《春秋傳》曰：是穮是袞。”小徐本“袞”作“蓘”，與《左傳》同。《名義》：“衮，古夲反。蔽［黻］。”

① 本條内容不見於《原本玉篇殘卷》，此據《香藥字抄》第13頁。

裛，於業反。《説文》："裛，緾也。"《廣雅》："裛謂之衺。"《字書》此槖［？］字也，一曰衣帊也。[①]

《説文》："裛，書囊也。从衣、邑聲。"《文選·班固〈西都賦〉》："屋不呈材，牆不露形，裛以藻繡，絡以綸連。"李善注引《説文》曰："裛，纏也。"《文選·嵇康〈琴賦〉》："鎪會裛廁，朗密調均。"李善注："裛廁，謂裛纏其填廁之處也。《説文》曰：'裛，纏也。'"《後漢書·班固傳》："屋不呈材，牆不露形，裛以藻繡，絡以綸連。"李賢注引《説文》曰："裛，纏也。"今本《説文》"纏也"為"裹"字義，"裹"字居於"裛"字之前。《廣雅·釋器》："裛謂之衺。"《殘卷》"《字書》此槖字也，一曰衣帊也"疑有誤，或當作"《字書》此囊也，一曰衣帊也"，為釋義而非溝通字形。《集韻·業韻》："裛，《説文》：'書囊也。'帢，幧頭也。"《廣雅·釋器》："帢，囊也。"《方言》卷四："帢，幧頭也。""帊"（或作帕、帞）亦有"幧頭"義。《玉篇》："裛，於曄切。囊也，纏也，衣帊也。"《名義》："裛，扵業反。緾，衺。"

〖采部第五百七　凡　字〗存一字

審，詩甚反。《尚書》："乃審厥象。"野王案：審猶詳、諦也。《國語》："不審固。"賈逵曰："審，信也。"[②]

《尚書·説命上》："乃審厥象，俾以形旁求于天下。"《吕氏春秋·察微》："公怒不審，乃使郈昭伯將師徒以攻季氏，遂入其宫。"高誘注："審，詳也。"《廣雅·釋詁三》："審，諟也。""諦""諟"音義同。《國語·周語中》："然則民莫不審固其心力，以役上令。"《説文》："宷，悉也。知悉諦也。从宀，从釆。審，篆文宷从番。"《玉篇》："宷，尸甚切，定也，詳也，諦也，信也，悉也，宷知諟也。審，同上。"《吕氏春秋·順民》："故凡舉事，必先審民心，然後可舉。"高誘注："審，定也。"《名義》："宷［宷］，訶其反。㝎也，信也。審，上字。"吕氏校釋："'訶其反'當作'訶甚反'。"按：當作"詩甚反"。

---

① 本條內容不見於《原本玉篇殘卷》，此據《香藥字抄》第 13 頁。
② 本條內容不見於《原本玉篇殘卷》，此據《令集解》二第 34 頁。

參考文獻

〔周〕吕　望：《六韜》，《四部叢刊》影常熟瞿氏鐵琴銅劍樓藏景宋鈔本。

〔戰國〕左丘明撰　〔三國吴〕韋　昭注：《國語》，上海古籍出版社2015年。

〔漢〕班　固：《漢書》，中華書局1962年。

〔漢〕蔡　邕：《獨斷》，《四部叢刊三編》影常熟瞿氏鐵琴銅劍樓藏弘治十六年刊本。

〔漢〕伏　勝撰〔漢〕鄭　玄注〔清〕陳壽祺輯校：《尚書大傳》，《四部叢刊》影上海涵芬樓藏閩陳氏原刊本。

〔漢〕韓　嬰：《韓詩外傳》，《四部叢刊》影上海涵芬樓藏明吴郡沈氏野竹齊刊本。

〔漢〕劉　向集録　〔南宋〕姚　宏、鮑　彪等注：《戰國策》，上海古籍出版社2015年。

〔漢〕司馬遷：《史記》（點校本二十四史修訂本），中華書局2014年。

〔漢〕許　慎：《説文解字》，中華書局1963年。

〔魏〕劉　徽注　〔唐〕李淳風等注釋　〔宋〕李籍音義：《九章算術》，《四部叢刊》影上海涵芬樓藏微波榭刊本。

〔西晉〕陳　壽：《三國志》，中華書局1982年。

〔劉宋〕范　曄：《後漢書》，中華書局1965年。

〔梁〕顧野王：《〈玉篇〉殘卷》，《續修四庫全書》第228册，上海古籍出版社2002年。

〔梁〕顧野王：《原本玉篇殘卷》，中華書局1985年。

〔梁〕蕭　統編　〔唐〕李　善注：《文選》，中華書局1997年。

〔梁〕蕭　統編　〔唐〕李　善等注：《六臣注文選》，中華書局2012年。

〔梁〕蕭　統編　〔唐〕吕延濟等注：《日本足利學校藏宋刊明州本六臣注文選》，人民文學出版社2008年。

〔隋〕杜臺卿：《玉燭寶典》，商務印書館1939年。

〔唐〕獨孤及：《毘陵集》，《四部叢刊》影上海涵芬樓藏武進趙懷玉亦有生齋校刊本。

〔唐〕段成式：《酉陽雜俎》，中華書局2018年。

〔唐〕房玄齡等：《晉書》，中華書局1974年。

〔唐〕慧　琳〔遼〕希　麟：《正續一切經音義》，上海古籍出版社1986年。

〔唐〕慧　琳：《一切經音義》，《中華大藏經》第57—59册，中華書局1993年。

〔唐〕林　寶：《元和姓纂》，中華書局1994年。

〔唐〕陸德明：《經典釋文》，上海古籍出版社1985年。

〔唐〕歐陽詢：《宋本藝文類聚》，上海古籍出版社2013年。

〔唐〕歐陽詢：《藝文類聚》，上海古籍出版社1982年。

〔唐〕蘇　鶚：《蘇氏演義》（外三種），中華書局2012年。

〔唐〕蘇　敬等撰　尚志鈞輯校：《新修本草》（輯復本第二版），安徽科學技術出版社2005年。

〔唐〕唐玄度：《新加九經字樣》，中華書局1985年。

〔唐〕魏　徵等：《隋書》，中華書局1973年。

〔唐〕徐　堅等：《初學記》，中華書局1962年。

〔唐〕玄　應：《一切經音義》，《高麗大藏經》第32册，高麗大藏經完刊推進委員會，1976年。

〔唐〕玄　應：《一切經音義》，《中華大藏經》第56—57册，中華書局1993年。

〔唐〕虞世南：《北堂書鈔》，学苑出版社2015年。

〔後晉〕可　洪：《新集藏經音義隨函録》，《中華大藏經》第59—60册，中華書局1993年。

〔後晉〕劉　昫等：《舊唐書》，中華書局1975年。

〔南唐〕徐　鍇：《説文解字繫傳》，中華書局1986年。

〔宋〕蔡　絛：《鐵圍山叢談》，中華書局1983年。

〔宋〕陳彭年等：《大廣益會玉篇》，中華書局1987年。

〔宋〕陳彭年等：《鉅宋廣韻》，上海古籍出版社1989年。

〔宋〕陳彭年等：《宋本廣韻》，《宋本廣韻　永録本韻鏡》，江蘇教育出版社2002年。

〔宋〕丁　度等：《集韻》，中國書店1983年影揚州使院重刻本。

〔宋〕丁　度等：《集韻》，上海古籍出版社1985年影上海圖書館藏述古堂影宋鈔本。

〔宋〕丁　度等：《宋刻集韻》，中華書局1988年影北京圖書館藏本。

〔宋〕丁　度等：《集韻》，線裝書局2001年日本宫内廳書陵部藏宋元版漢籍影印叢書本。

〔宋〕郭忠恕、夏　竦《汗簡　古文四聲韻》，中華書局1983年。

〔宋〕李　昉等：《文苑英華》，中華書局1966年。

〔宋〕李　昉等：《太平廣記》，中華書局1961年。

〔宋〕李　昉等：《太平御覽》，中華書局1960年。

〔宋〕洪興祖：《楚辭補注》，中華書局1983年。

〔宋〕史　炤：《資治通鑑釋文》，《四部叢刊》影烏程蔣氏密韻樓藏宋刊本。

〔宋〕司馬光：《類篇》，上海古籍出版社1988年。

〔宋〕司馬光：《類篇》，中華書局1984年。

〔宋〕司馬光：《太玄集注》，中華書局2013年。

〔宋〕司馬光：《資治通鑑》，中華書局2011年。

〔宋〕蘇　洵：《嘉祐謚法》，《欽定續通志》，光緒浙江書局刊本。

〔宋〕孫逢吉：《職官分紀》，清文淵閣四庫全書本。

〔宋〕王觀國：《學林》，中華書局1988年。

〔宋〕王　溥：《唐會要》，中華書局1960年。

〔宋〕朱　熹：《詩集傳》，中華書局2017年。

〔遼〕行　均：《龍龕手鏡》，中華書局1985年。

〔金〕韓道昭：《成化丁亥重刊改併五音類聚四聲篇海》，《續修四庫全書》229册，上海古籍出版社1996年。

〔金〕邢　準：《新修絫音引證群籍玉篇》，《續修四庫全書》229册，上海古籍出版社1996年。

〔明〕程　榮：《漢魏叢書》，吉林大學出版社1992年。

〔明〕李時珍：《本草綱目》（校點本第二版），人民衛生出版社2007年。

〔明〕解　縉等：《永樂大典》，中華書局1986年。

〔清〕陳　立：《白虎通疏證》，中華書局1994年。

〔清〕陳　立：《公羊義疏》，中華書局2017年。

〔清〕陳士珂：《孔子家語疏證》，鳳凰出版社2018年。

〔清〕陳元龍：《格致鏡原》，清文淵閣四庫全書本。

〔清〕戴　震：《方言疏證》，上海古籍出版社2017年。

〔清〕段玉裁：《說文解字注》，上海古籍出版社1988年。

〔清〕顧藹吉：《隸辨》，中華書局1986年。

〔清〕桂　馥：《說文解字義證》，中華書局1987年。

〔清〕桂　馥：《札樸》，中華書局1992年。

〔清〕郭慶藩：《莊子集釋》，中華書局2012年。

〔清〕郝懿行：《山海经笺疏》，中華書局2019年。

〔清〕胡承珙：《小爾雅義證》，黄山書社2011年。

〔清〕嵇　璜、刘　墉等：《欽定續通志》，光緒浙江書局刊本。

〔清〕孔廣森：《大戴禮記補注》，中華書局2013年。

〔清〕李富孫：《詩經異文釋》，《清經解　清經解續編》本，鳳凰出版社2005年。

〔清〕龍　璋：《小學蒐佚》，國家圖書館出版社2013年。

〔清〕羅士琳等：《舊唐書校勘記》，臺灣正中書局1979年。

〔清〕彭定球等：《全唐詩》，上海古籍出版社1986年。
〔清〕錢大昭：《廣雅疏義》，上海古籍出版社2018年。
〔清〕錢大昭：《廣雅疏義》，中華書局2016年。
〔清〕錢　繹：《方言箋疏》，中華書局2013年。
〔清〕阮　元：《十三經注疏》，中華書局1980年。
〔清〕阮　元：《十三經注疏校勘記》，北京大學出版社2015年。
〔清〕沈德潛：《古詩源》，中華書局2018年。
〔清〕沈欽韓：《漢書疏證》（外二種），江蘇古籍出版社2006年。
〔清〕孫星衍：《尚書今古文注疏》，中華書局2010年。
〔清〕孫詒讓：《大戴禮記斠補》，中華書局2010年。
〔清〕孫詒讓：《墨子閒詁》，中華書局2001年。
〔清〕吴兆宜：《玉臺新詠箋注》，中華書局2017年。
〔清〕吴卓信：《漢書地理志補注》，全國圖書館文獻縮微中心2003年。
〔清〕薛福辰批閱句讀：《重廣補注黄帝內經素問》（影宋本），學苑出版社2009年。
〔清〕王念孫：《廣雅疏證》，江蘇古籍出版社1984年。
〔清〕王念孫：《讀書雜志》，江蘇古籍出版社1985年。
〔清〕王聘珍：《大戴禮記解詁》，中華書局1983年。
〔清〕王先謙：《漢書补注》，中華書局1983年。
〔清〕王先謙：《後漢書集解》，中華書局1983年。
〔清〕王先謙：《詩三家義集疏》，中華書局1987年。
〔清〕王先謙：《釋名疏證補》，中華書局2008年。
〔清〕王先謙：《荀子集解》，中華書局2013年。
〔清〕王引之：《經義述聞》，江蘇古籍出版社1985年。
〔清〕王　筠：《説文解字句讀》，中華書局2016年。
〔清〕吴任臣：《山海經廣注》，中華書局2020年。
〔清〕徐承慶：《説文解字注匡謬》，清張氏寒松閣抄本。
〔清〕徐元誥：《國語集解》（修訂本），中華書局2002年。
〔清〕張玉書等：《康熙字典》，中華書局1958年。
〔清〕趙殿成：《王右丞集箋注》，上海古籍出版社1984年。
〔清〕朱駿聲：《説文通訓定聲》，中華書局1984年。

北京圖書館金石組：《北京圖書馆藏中國歷代石刻拓本匯編》，中州古籍出版社1989年。

陳奇猷：《吕氏春秋新校釋》，上海古籍出版社2002年。
程樹德：《論語集釋》，中華書局1990年。
遲　鐸：《小爾雅集釋》，中華書局2008年。
崔　濤：《孔子家語疏證》，鳳凰出版社2017年。
大乘基：《妙法蓮華經玄贊》，《大正新修大藏經》第34册。
董治安：《唐代四大類書》，清華大學出版社2003年。
范祥雍：《戰國策箋證》，上海古籍出版社2006年。
傅亞庶：《孔叢子校釋》，中華書局2011年。
高步瀛：《文選李注義疏》，中華書局1985年。
高　明：《帛書老子校注》，中華書局1996年。
高天霞：《敦煌寫本〈俗務要名林〉研究》，上海辭書出版社2018年。
龔　斌：《世説新語校釋》，上海古籍出版社2011年。
漢語大字典編輯委員會：《漢語大字典》第二版，崇文書局、四川辭書出版社2010年。
何　寧：《淮南子集釋》，中華書局1998年。
胡吉宣：《〈玉篇〉校釋》，上海古籍出版社1989年。
華學誠：《揚雄方言校釋匯證》,中華書局2006年。
黄懷信：《鶡冠子校注》，中華書局2014年。
黄懷信：《小爾雅彙校集釋》，三秦出版社2003年。
黄懷信等：《鶡冠子彙校集注》（修訂本），上海古籍出版社2007年。
黄　侃箋識　黄　焯編次：《量守廬羣書箋識》，武漢大學出版社1985年。
黄仁瑄：《大唐衆經音義校注》，中華書局2018年。
黄　焯：《經典釋文彙校》，中華書局2006年。
蔣冀騁：《段注改篆評議》，湖南教育出版社1993年。
金少華：《敦煌吐魯番本〈文選〉輯校》，浙江大學出版社2017年。
靳士英：《〈異物志〉釋析》，學苑出版社2017年。
黎翔鳳：《管子校注》，中華書局2004年。
梁春勝：《楷書部件演變研究》，線裝書局2012年。
梁曉虹：《佛教與漢語史研究——以日本資料為為中心》，上海古籍出版社2008年。
劉傳鴻：《〈酉陽雜俎〉校證：兼字詞考釋》，北京大學出版社2014年。
劉文典：《淮南鴻烈集解》，中華書局2013年。
劉文典：《莊子補正》，中華書局2015年。
樓宇烈：《老子道德經注校釋》，中華書局2008年。

呂　浩：《〈篆隸萬象名義〉校釋》，學林出版社2007年。
呂　浩：《〈玉篇〉文獻考述》，上海人民出版社2018年。
馬繼興：《神農本草經輯注》，人民衛生出版社1995年。
馬宗霍：《淮南舊注參正 墨子閒詁參正》，齊魯書社1984年。
彭　林整理：《周禮注疏》，上海古籍出版社2010年。
任乃强：《華陽國志校補圖注》，上海古籍出版社1987年。
阮毓崧：《重訂莊子集注》，上海古籍出版社2018年。
施安昌：《顔真卿書干禄字書》，紫禁城出版社1990年。
石光瑛：《新序校釋》，中華書局2017年。
石聲漢：《四民月令校注》，中華書局2013年。
汪維輝：《東漢—隋常用詞演變研究》（修訂本），商務印書館2017年。
王國維：《觀堂集林》，中華書局1959年。
王　卡點校：《老子道德經河上公章句》，中華書局1993年。
王闓運：《尚書大傳補注》，中華書局1985年。
王利器：《風俗通義校注》，中華書局2010年。
王利器：《吕氏春秋注疏》，巴蜀書社2002年。
王利器：《顔氏家訓集解》（增補本），中華書局2013年。
王　明：《抱朴子内篇校釋》，中華書局1985年。
王天海：《荀子校釋》（修訂本），上海古籍出版社2016年。
王貽樑等：《穆天子傳匯校集釋》，中華書局2019年。
王　震：《司馬法集釋》，中華書局2018年。
吴冠文等：《玉臺新詠彙校》，上海古籍出版社2014年。
吴樹平：《東觀漢記校注》，中華書局2008年。
吴毓江：《墨子校注》，中華書局2006年。
吴則虞：《晏子春秋集釋》（增訂本），國家圖書館出版社2011年。
向宗魯：《説苑校證》，中華書局1987年。
熊加全：《〈玉篇〉疑難字考釋與研究》，中華書局2020年。
徐　復：《廣雅詁林》，江蘇古籍出版社1998年。
徐時儀：《玄應和慧琳〈一切經音義〉研究》，上海人民出版社2009年。
徐時儀：《〈一切經音義〉三種校本合刊》（修訂第二版），上海古籍出版社2012年。
徐震堮：《世説新語校箋》，中華書局1984年。
許維遹：《韓詩外傳集釋》，中華書局1980年。

許逸民：《酉陽雜俎校箋》，中華書局2015年。
閻振益　鍾　夏：《新書校注》，中華書局2000年。
楊丙安：《十一家注孫子校理》，中華書局2012年。
楊伯峻：《列子集釋》，中華書局2013年。
楊明照：《抱朴子外篇校箋》上，中華書局1991年。
楊明照：《抱朴子外篇校箋》下，中華書局1997年。
楊樹達：《漢書窺管》，上海古籍出版社2006年。
楊　勇：《世説新語校箋》，中華書局2019年。
佚　名：《唐鈔文選集注彙存》，上海古籍出版社2011年。
余嘉錫：《世説新語箋疏》，中華書局2015年。
余迺永：《新校互註宋本廣韻定稿本》，上海人民出版社2008年。
袁　珂：《山海經校注》（最終修訂版），北京聯合出版公司2014年。
曾雪梅：《酉陽雜俎校釋》，山東人民出版社2018年。
張傳官：《急就篇校理》，中華書局2017年。
張純一：《晏子春秋校注》，中華書局2014年。
張國風：《太平廣記會校》，北京燕山出版社2011年。
張　傑：《〈玉篇殘卷·糸部〉校證》,河北大學碩士論文2017年。
張雙棣：《淮南子校釋》（增訂本），北京大學2013年。
張涌泉主編、審訂：《敦煌經部文獻合集》，中華書局2008年。
趙善詒：《新序疏證》，華東師範大學出版社1989年。
鄭萬耕：《太玄校釋》，中華書局2014年。
周祖謨：《方言校箋》，中華書局1993年。
周祖謨：《唐五代韻書集存》，中華書局1983年。
朱葆華：《原本〈玉篇〉文字研究》，齊魯書社2004年。
朱謙之：《老子校釋》，中華書局1984年。
朱鑄禹：《世説新語彙校集注》，上海古籍出版社2002年。
諸祖耿：《戰國策集注彙考》（增補本），鳳凰出版社2008年。
宗福邦等：《古音匯纂》，商務印書館2019年。
宗福邦等：《故訓匯纂》，商務印書館2003年。

［日］北川博邦：《日本歷代書聖名跡書法大字典》，華夏出版社2001年。
［日］昌　住：《新撰字鏡》，日本西東書房1916年。

［日］大藏經刊行會編：《大正新修大藏經》，臺灣新文豐出版有限公司1996年。

［日］空　海：《篆隸萬象名義》，臺灣臺聯國風出版社1975年。

［日］空　海：《篆隸萬象名義》，中華書局1995年。

［日］瀧川資言：《史記會注考證》，上海古籍出版社2016年。

［日］源　順著　那波道円校：《倭名類聚鈔》，日本元和古活字本。

［日］中　算：《妙法蓮華經釋文》，《古辭書音義集成》本。

［日］珠　光：《浄土三部経音義》，日本勉誠社，昭和43年。

［日］築島裕：《古辭書音義集成》，日本汲古書院1978－1981年。

［日］佚　名：《圖書寮本類聚名義抄》，日本勉誠社1976年。

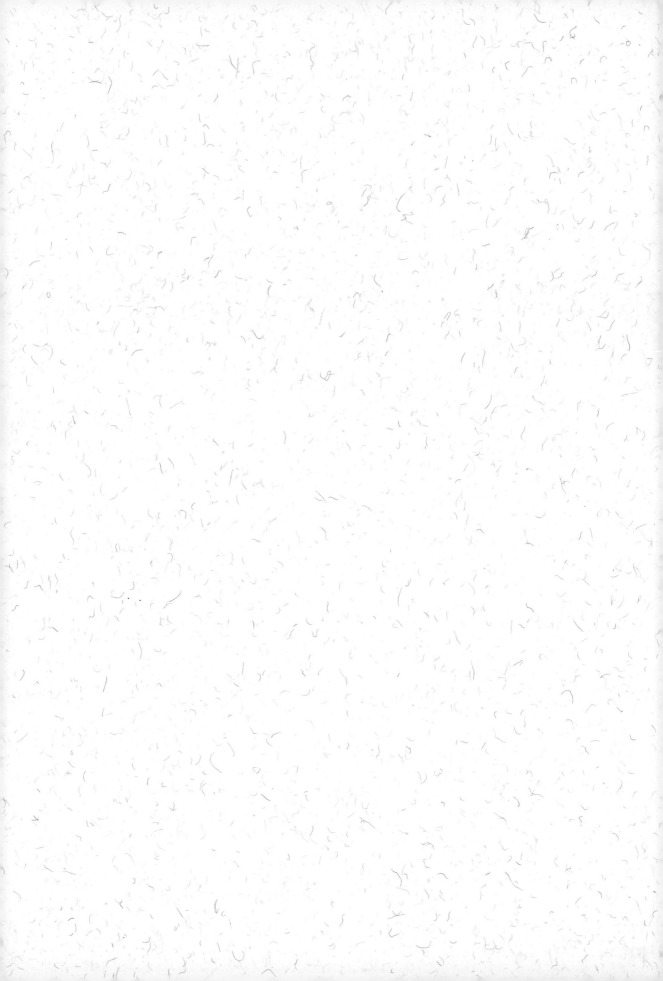